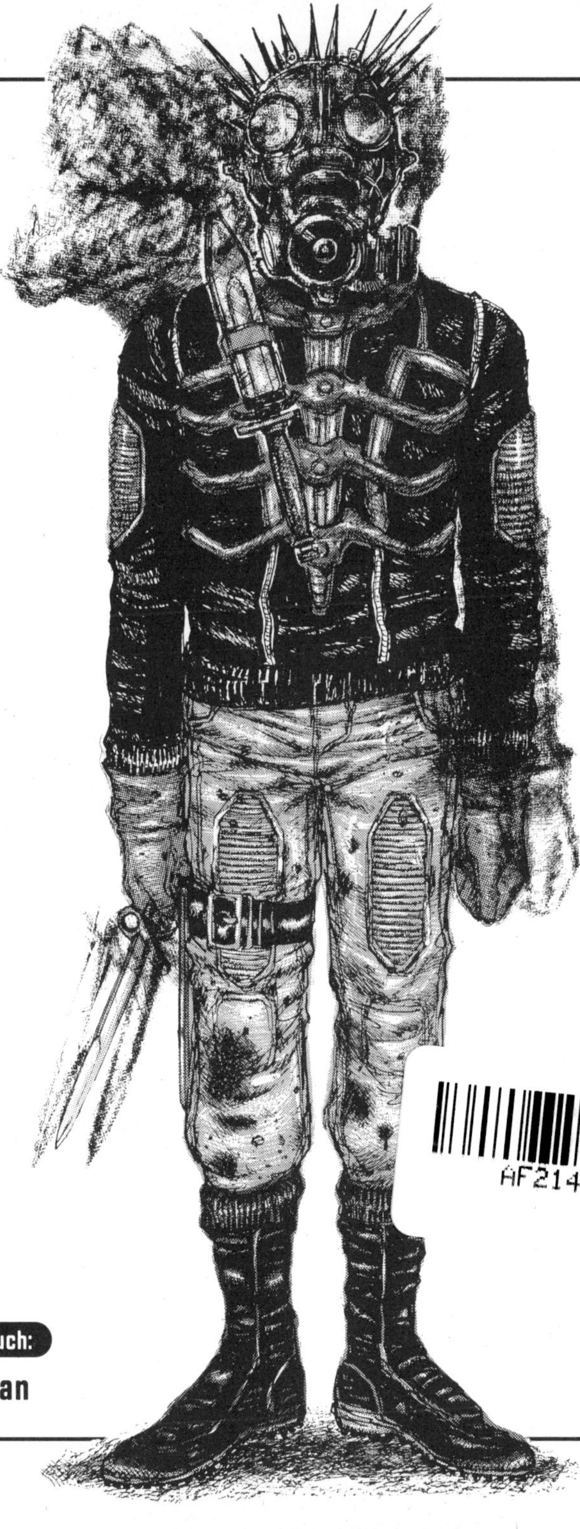

001. Fluch: Caiman

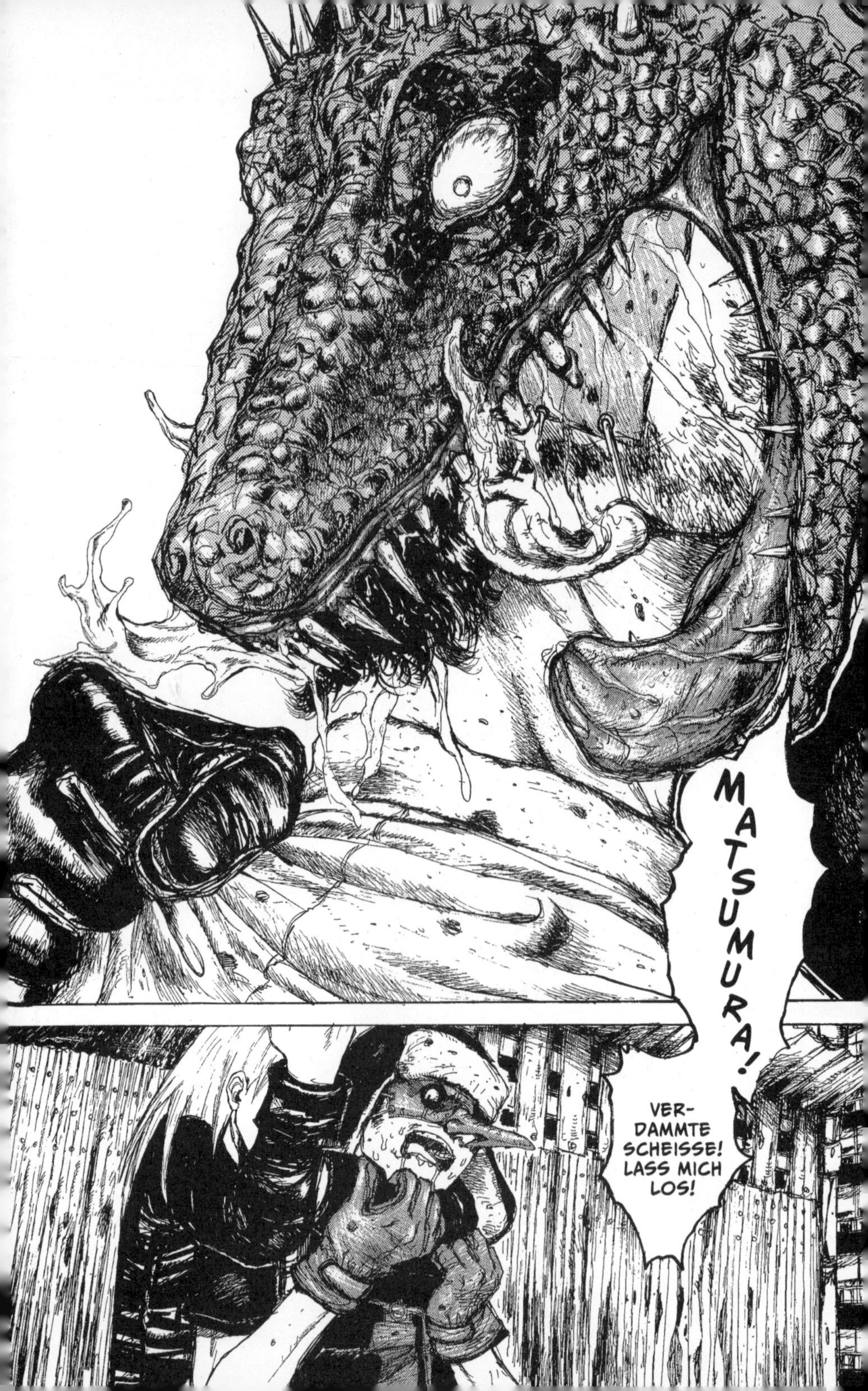
MATSUMURA!
VER-
DAMMTE
SCHEISSE!
LASS MICH
LOS!

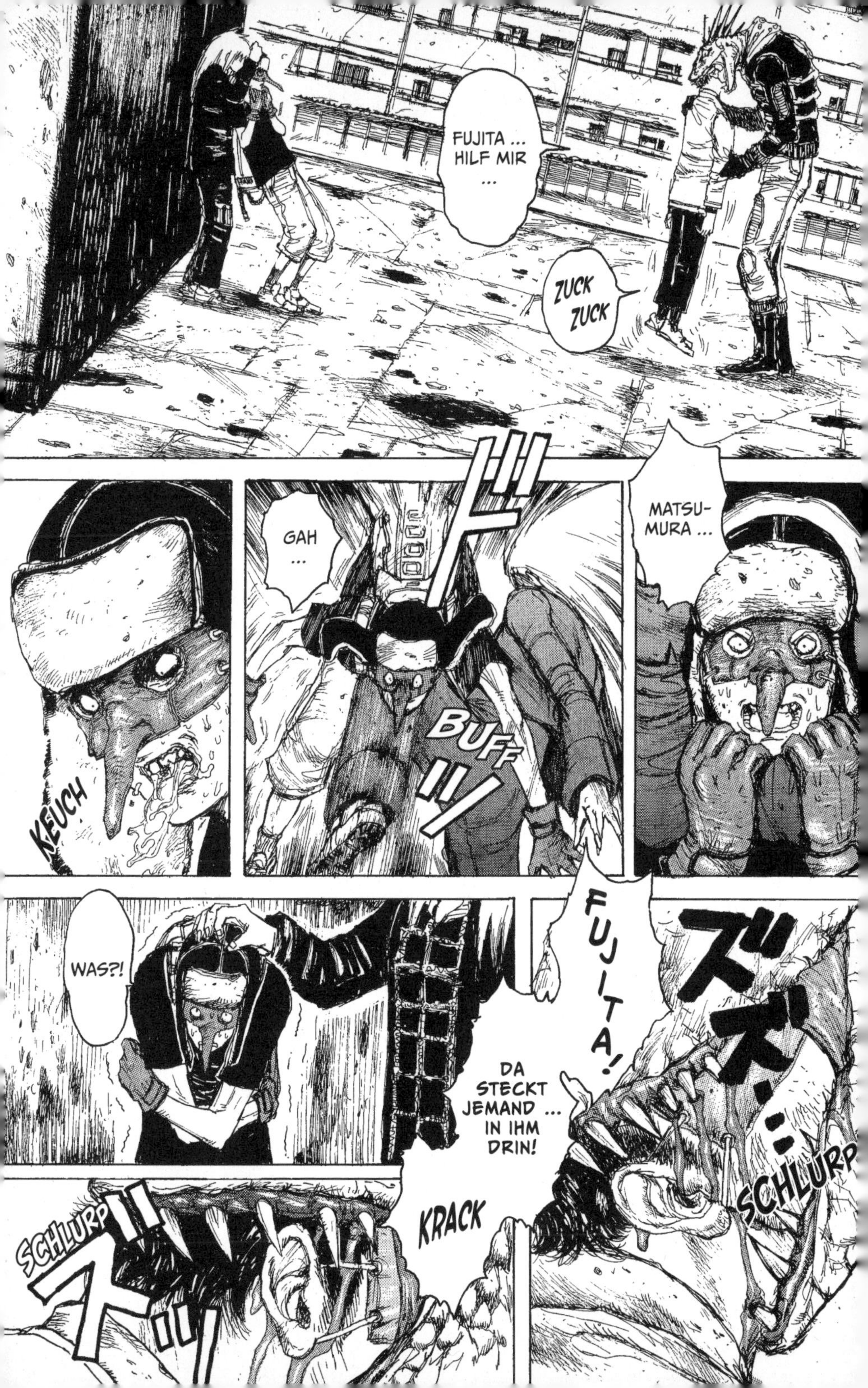

FUJITA ... HILF MIR ...
ZUCK ZUCK
MATSU-MURA ...
GAH ...
BUFF
KEUCH
FUJITA!
WAS?!
DA STECKT JEMAND ... IN IHM DRIN!
SCHLURP
KRACK
SCHLURP

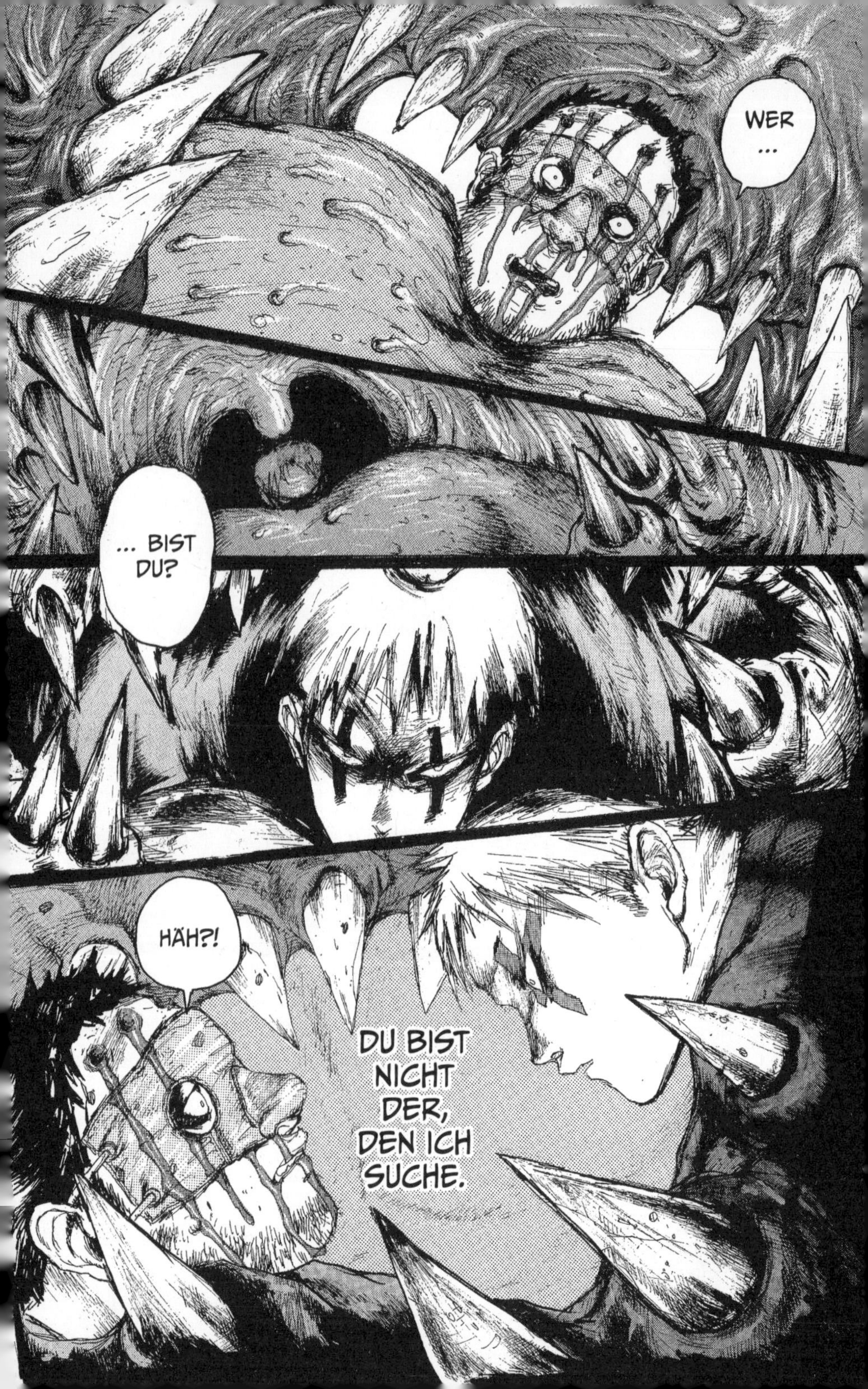
WER ...
... BIST DU?
HÄH?!
DU BIST NICHT DER, DEN ICH SUCHE.

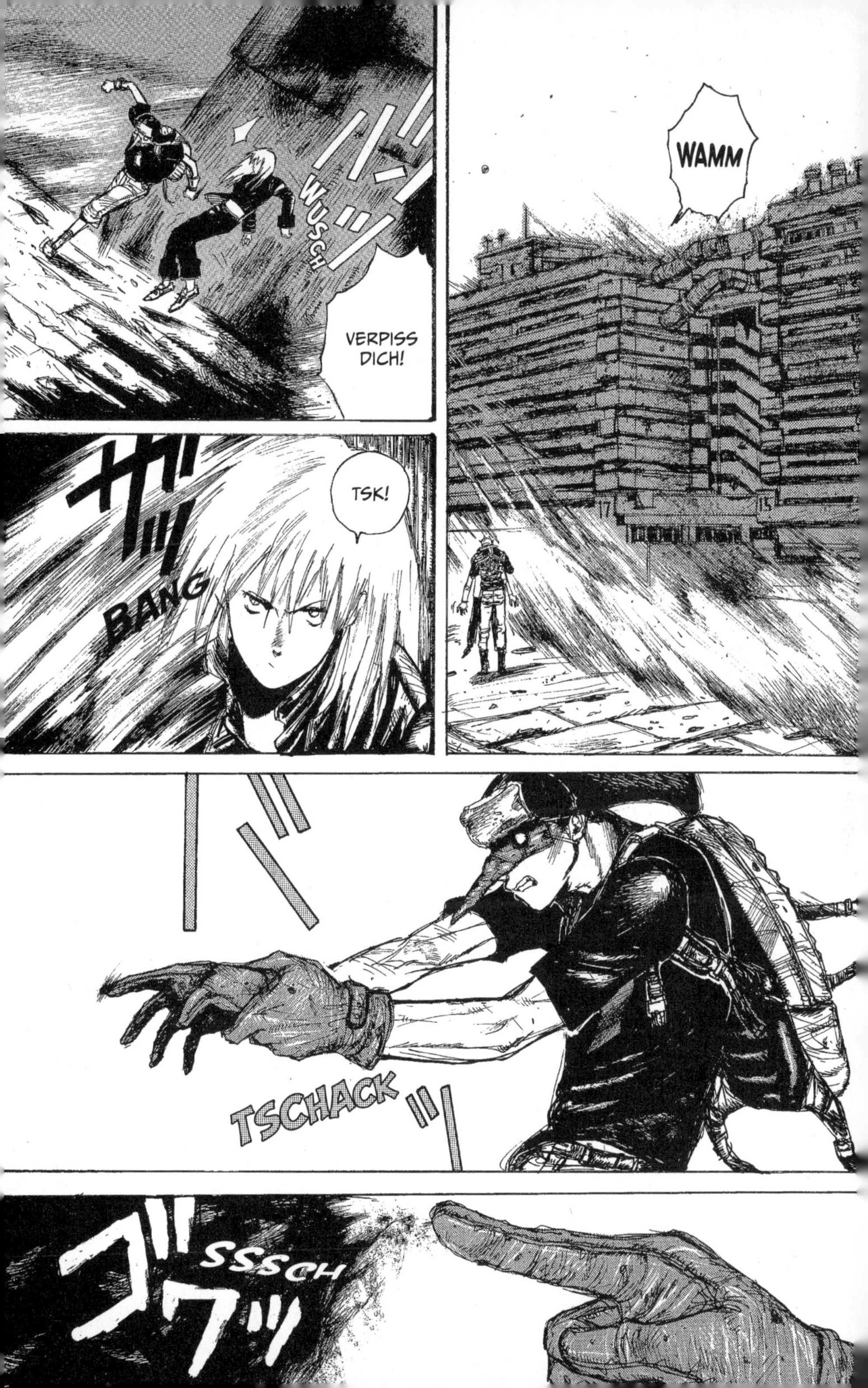
WAMM
WUSCH
VERPISS DICH!
TSK!
BANG
TSCHACK
SSSCH

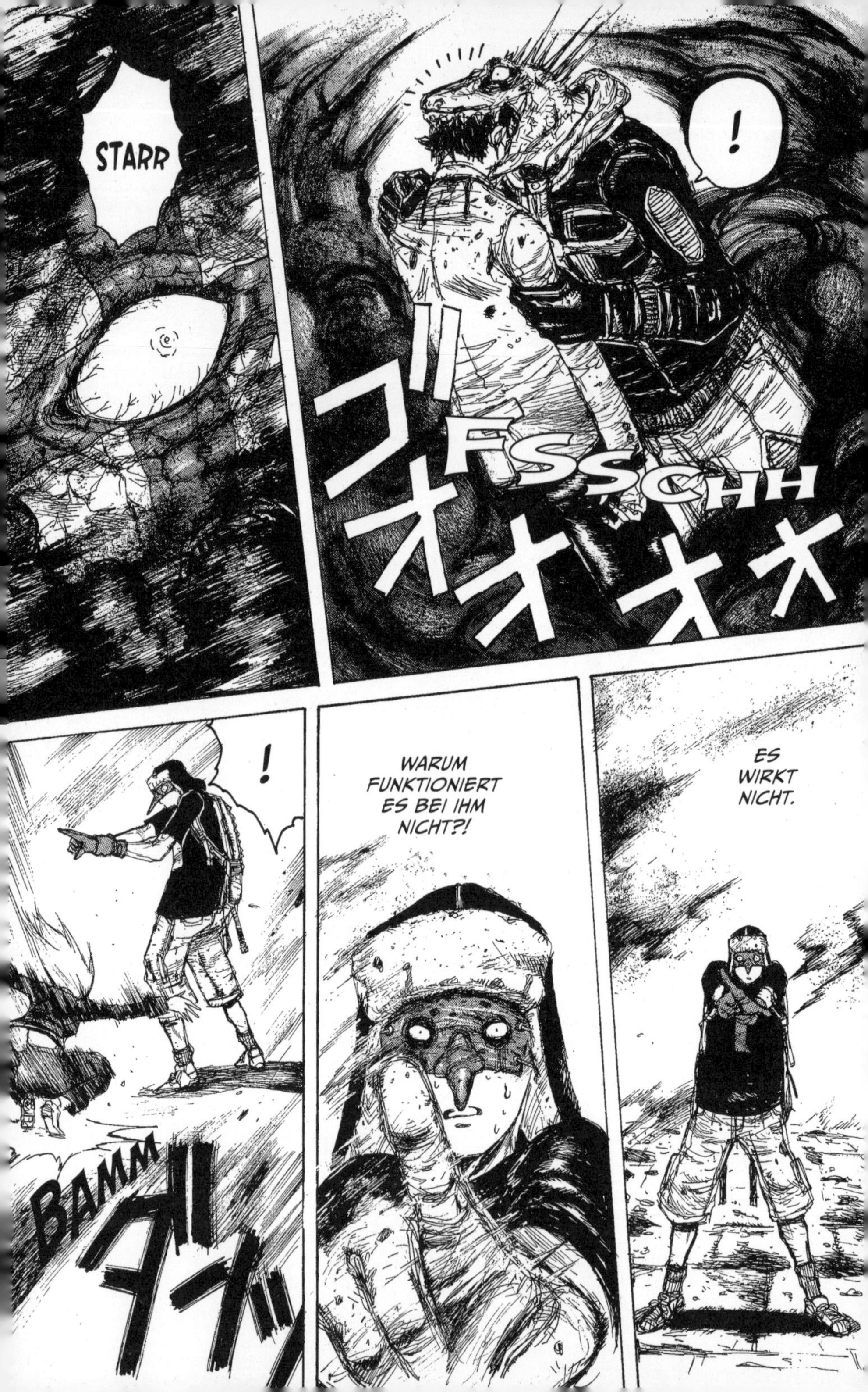
!
FSSCHH
STARR
ES WIRKT NICHT.
WARUM FUNKTIONIERT ES BEI IHM NICHT?!
!
BAMM

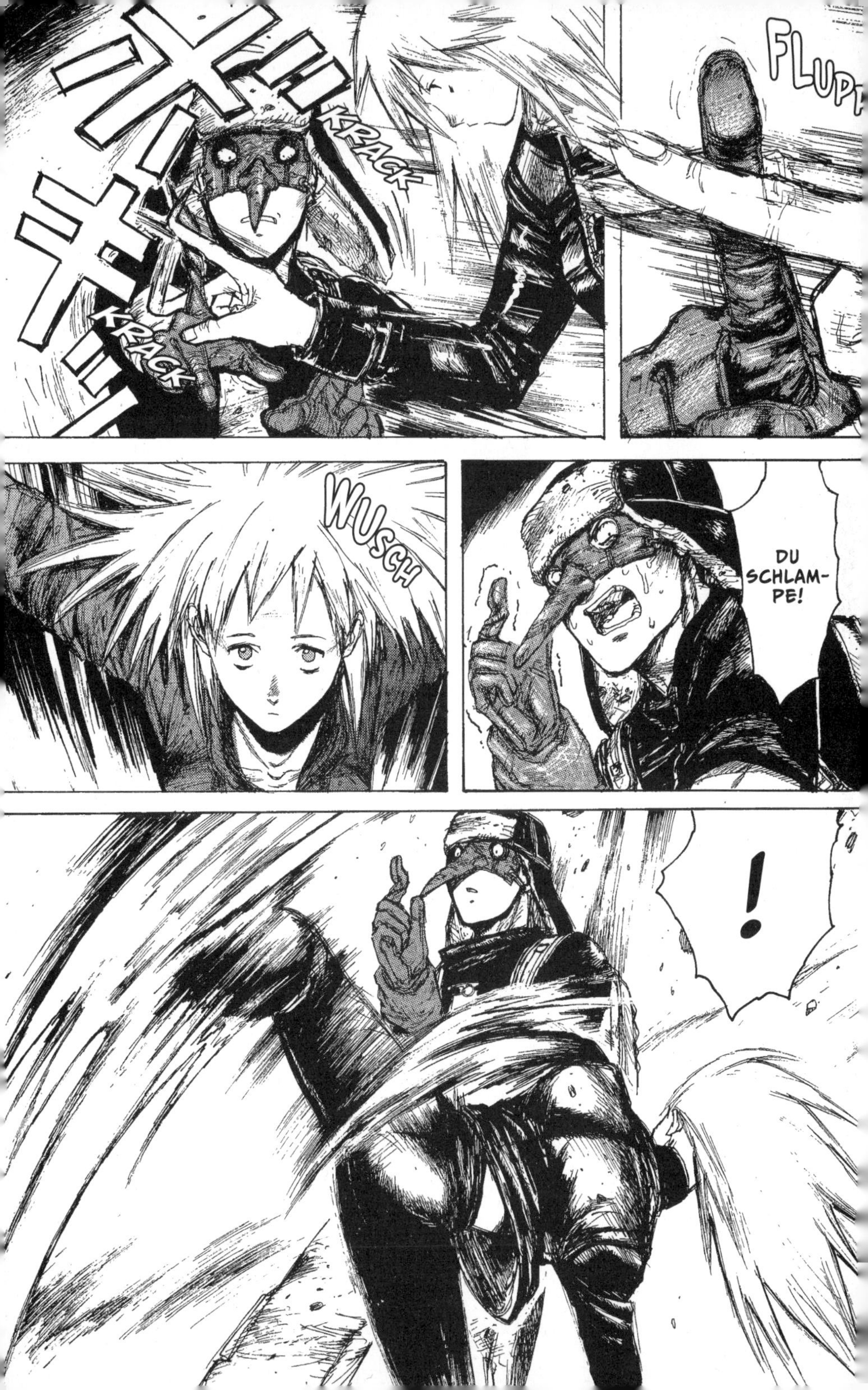
FLUPP
KRACK
KRACK
WUSCH
DU SCHLAM-PE!
!

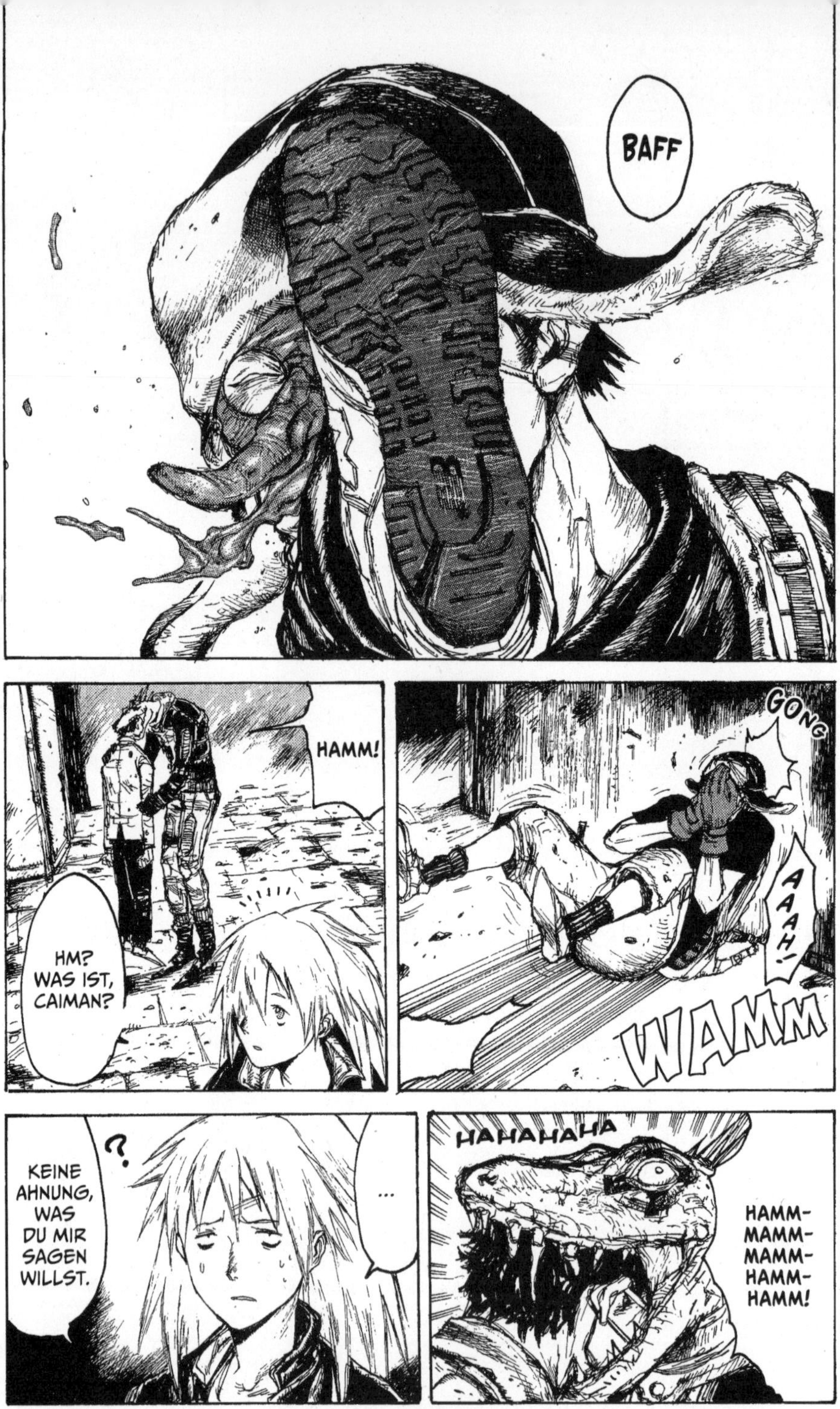
BAFF
GONG
AAAH!
WAMM
HAMM!
HM? WAS IST, CAIMAN?
HAHAHAHA
HAMM-MAMM-MAMM-HAMM-HAMM!
...
?
KEINE AHNUNG, WAS DU MIR SAGEN WILLST.

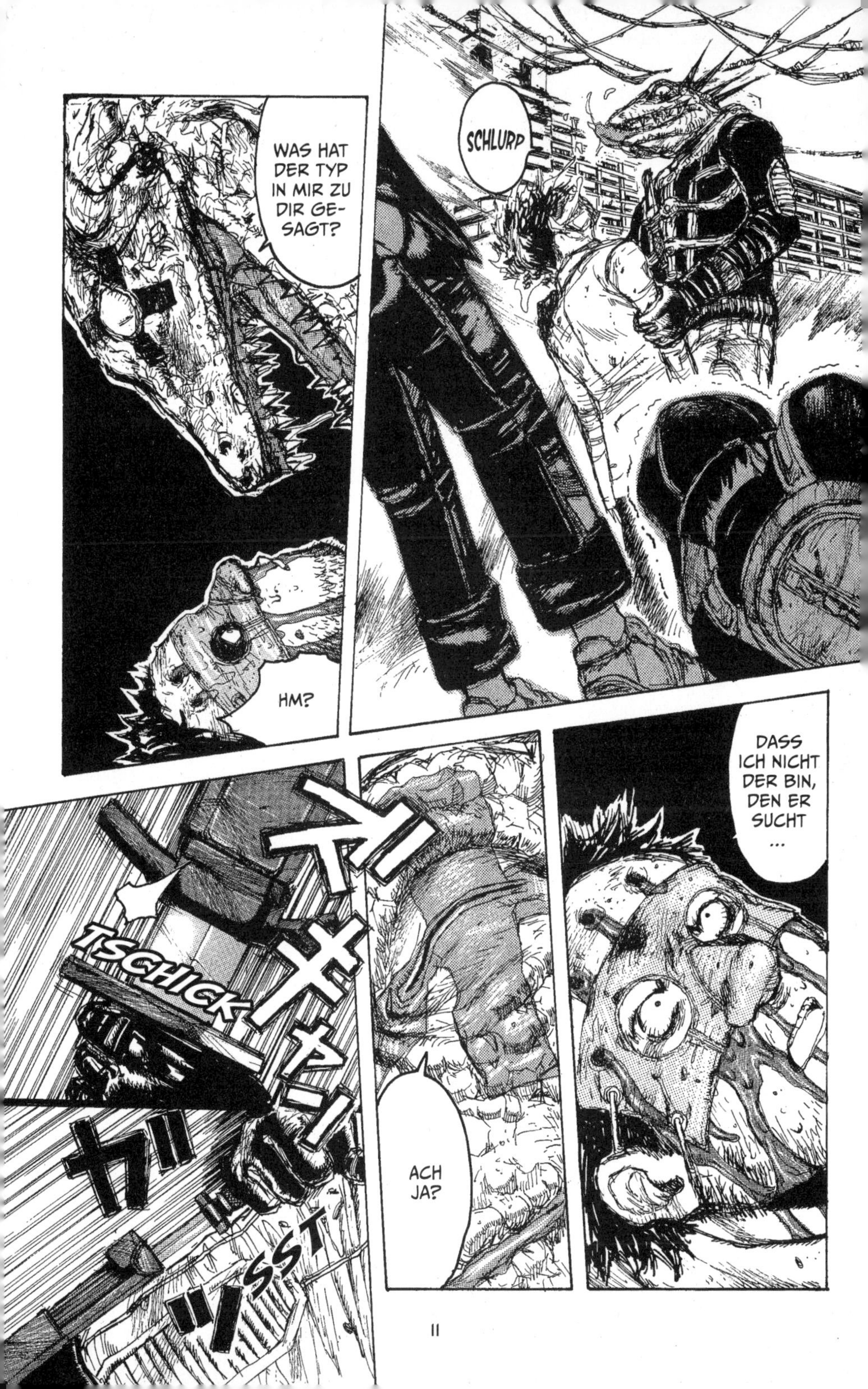
SCHLURP
WAS HAT DER TYP IN MIR ZU DIR GE-SAGT?
HM?
DASS ICH NICHT DER BIN, DEN ER SUCHT ...
ACH JA?
TSCHICK
SST

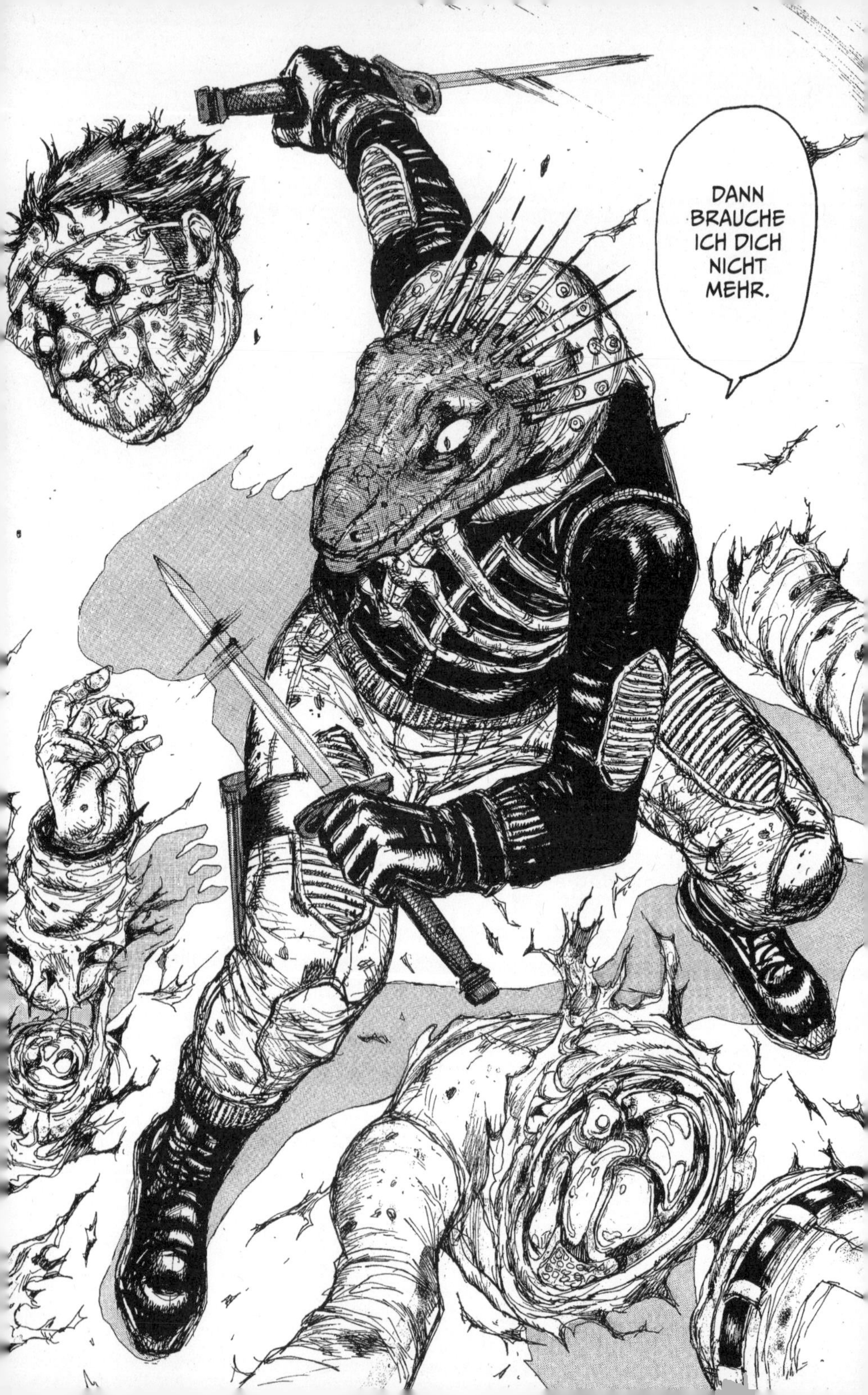
DANN BRAUCHE ICH DICH NICHT MEHR.

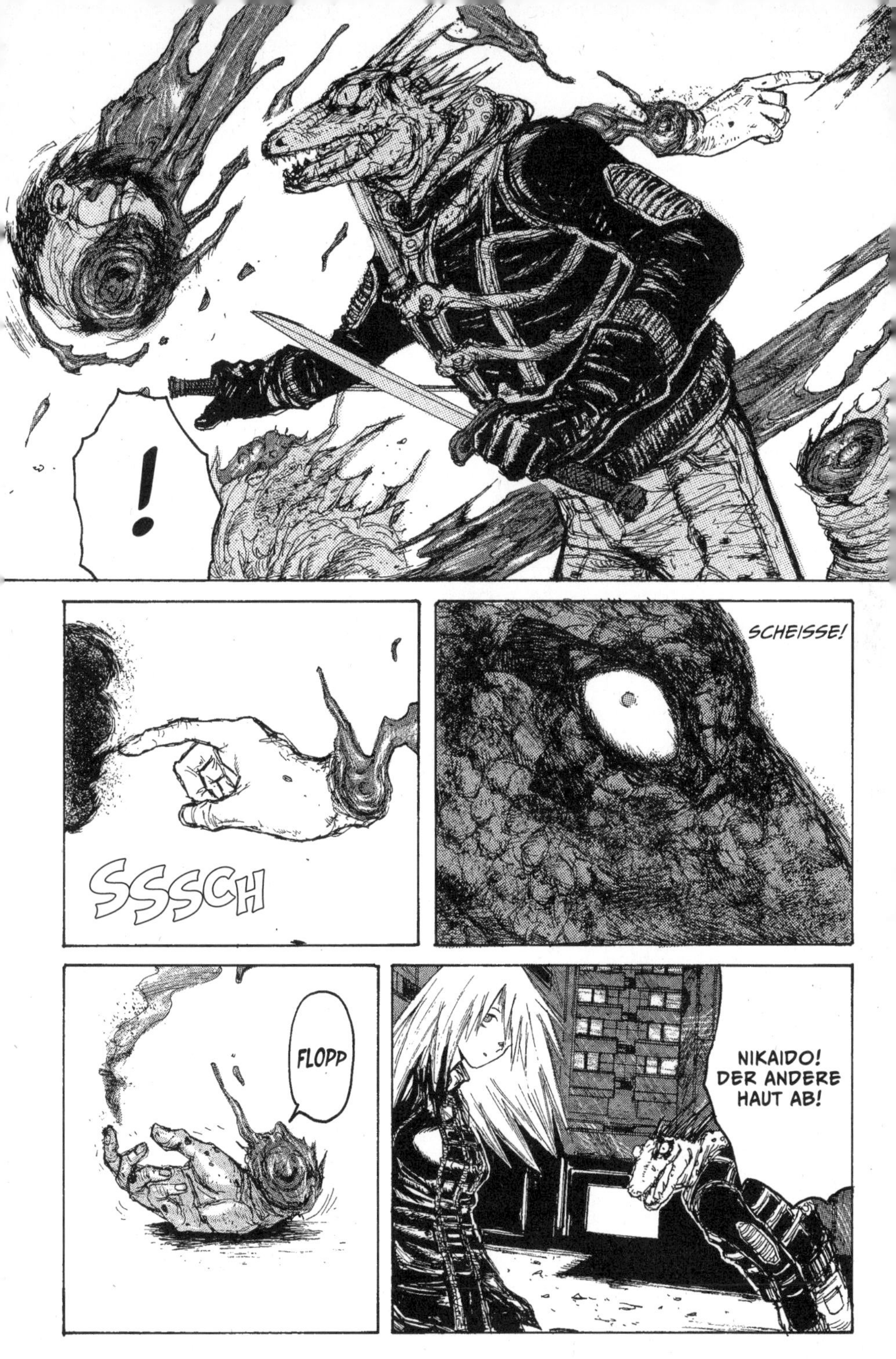
!
SSSCH
SCHEISSE!
FLOPP
NIKAIDO! DER ANDERE HAUT AB!

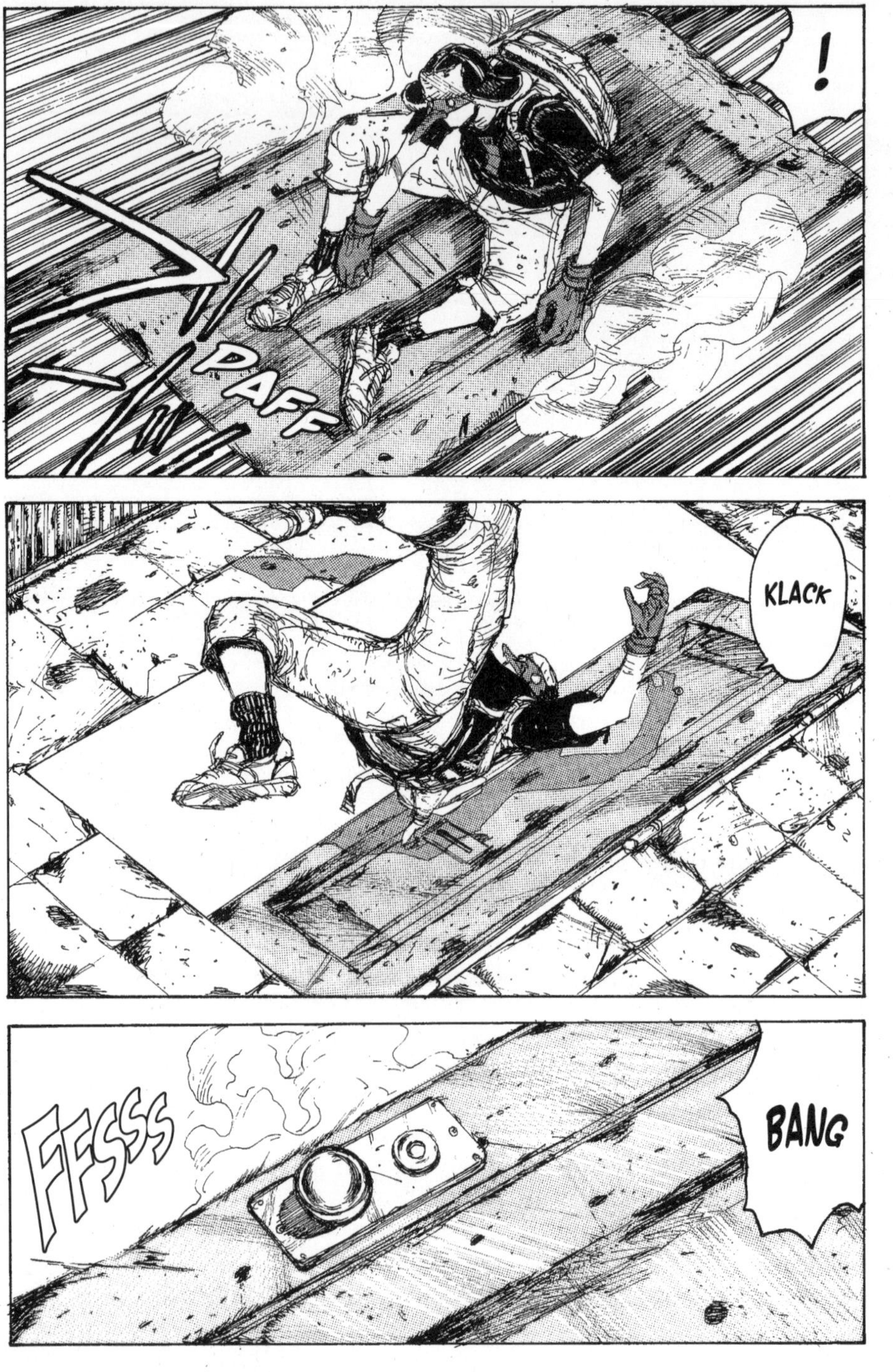
!
PAFF
KLACK
FFSSS
BANG

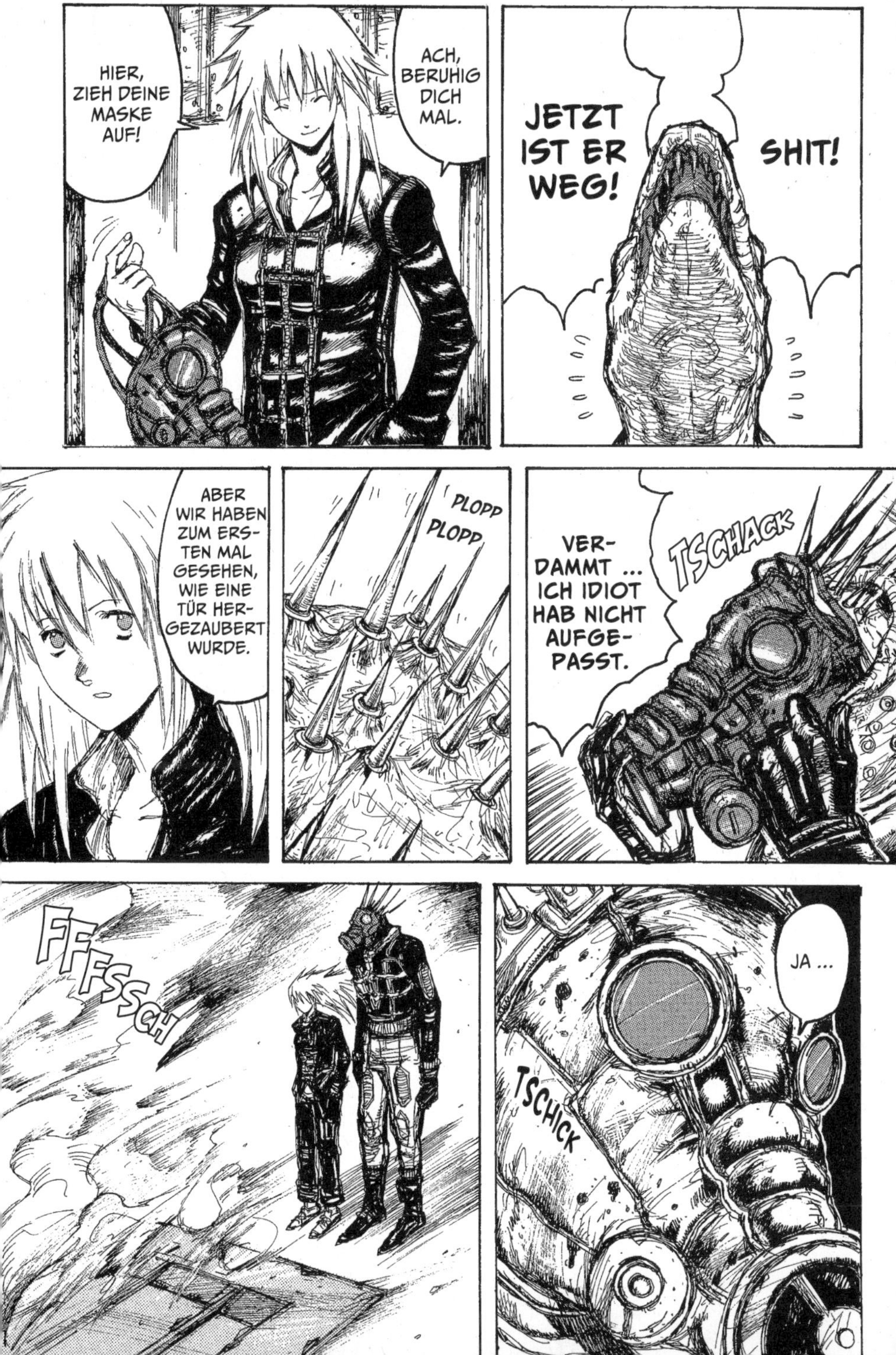
SHIT!
JETZT IST ER WEG!
HIER, ZIEH DEINE MASKE AUF!
ACH, BERUHIG DICH MAL.
TSCHACK
VERDAMMT ... ICH IDIOT HAB NICHT AUFGEPASST.
PLOPP
PLOPP
ABER WIR HABEN ZUM ERSTEN MAL GESEHEN, WIE EINE TÜR HERGEZAUBERT WURDE.
JA ...
TSCHICK
FFFSSCH

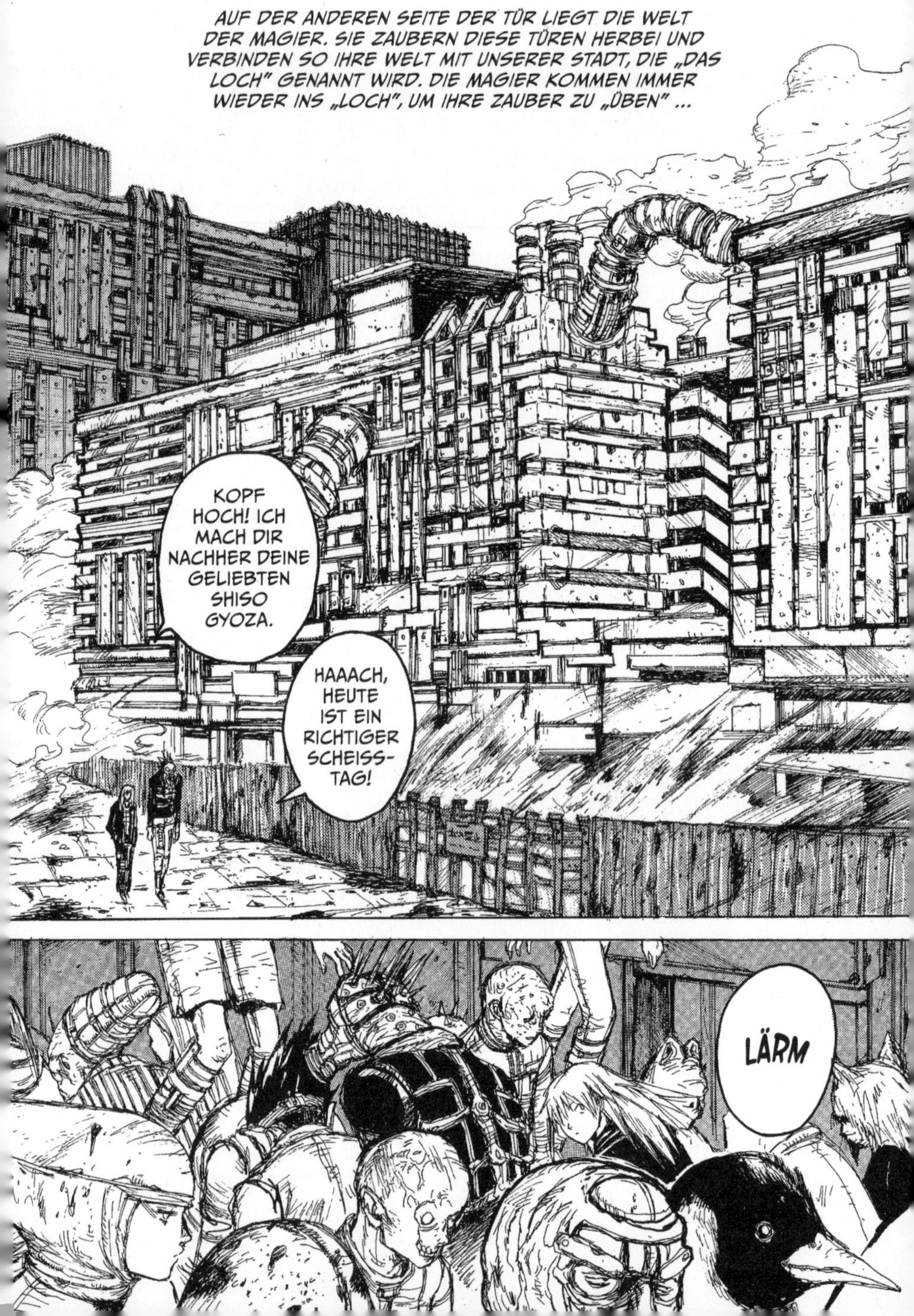
AUF DER ANDEREN SEITE DER TÜR LIEGT DIE WELT DER MAGIER. SIE ZAUBERN DIESE TÜREN HERBEI UND VERBINDEN SO IHRE WELT MIT UNSERER STADT, DIE „DAS LOCH" GENANNT WIRD. DIE MAGIER KOMMEN IMMER WIEDER INS „LOCH", UM IHRE ZAUBER ZU „ÜBEN" ...
KOPF HOCH! ICH MACH DIR NACHHER DEINE GELIEBTEN SHISO GYOZA.
HAAACH, HEUTE IST EIN RICHTIGER SCHEISS-TAG!
LÄRM

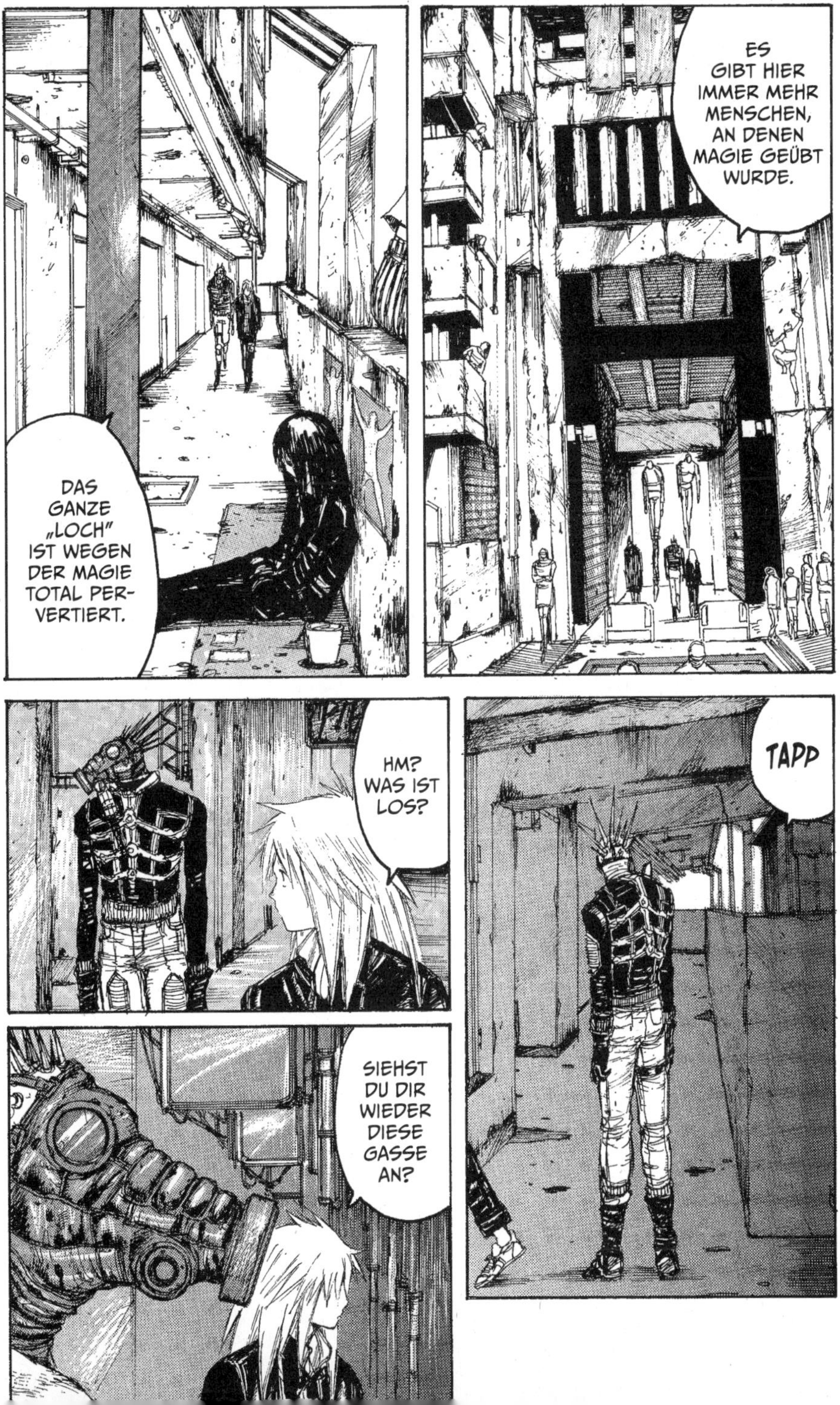
ES GIBT HIER IMMER MEHR MENSCHEN, AN DENEN MAGIE GEÜBT WURDE.
DAS GANZE „LOCH“ IST WEGEN DER MAGIE TOTAL PER-VERTIERT.
TAPP
HM? WAS IST LOS?
SIEHST DU DIR WIEDER DIESE GASSE AN?

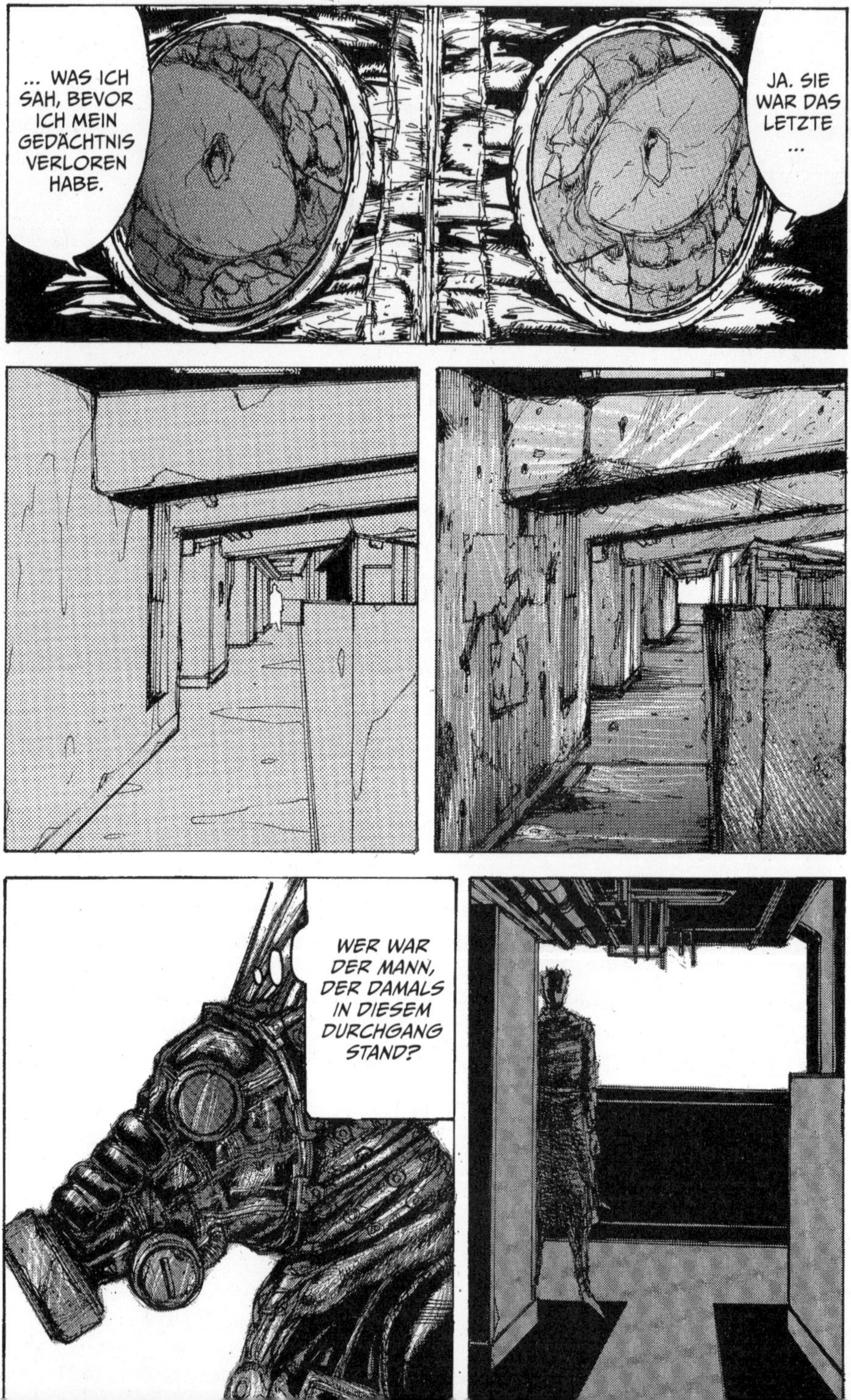
... WAS ICH SAH, BEVOR ICH MEIN GEDÄCHTNIS VERLOREN HABE.
JA. SIE WAR DAS LETZTE ...
WER WAR DER MANN, DER DAMALS IN DIESEM DURCHGANG STAND?

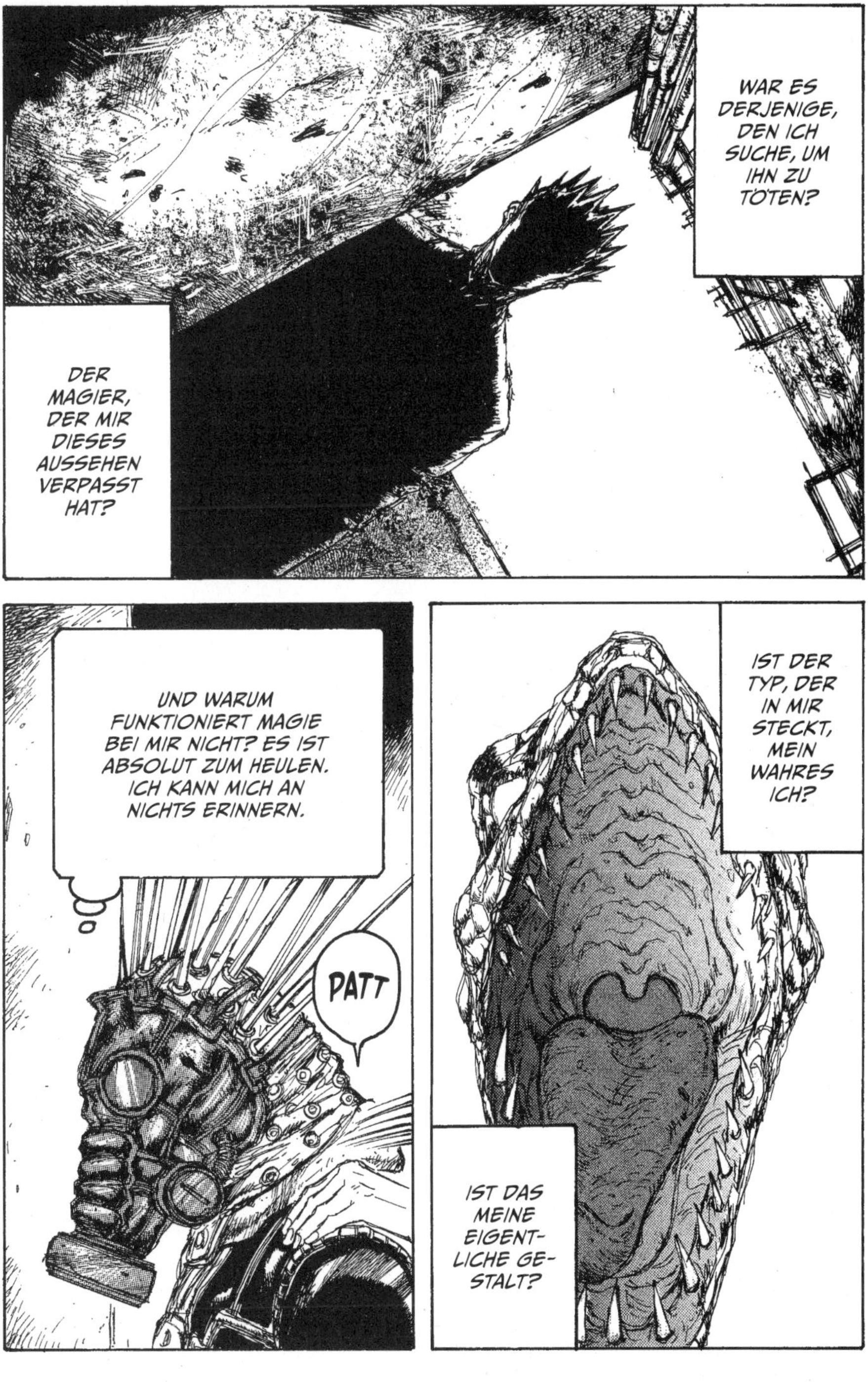
WAR ES DERJENIGE, DEN ICH SUCHE, UM IHN ZU TÖTEN?
DER MAGIER, DER MIR DIESES AUSSEHEN VERPASST HAT?
IST DER TYP, DER IN MIR STECKT, MEIN WAHRES ICH?
UND WARUM FUNKTIONIERT MAGIE BEI MIR NICHT? ES IST ABSOLUT ZUM HEULEN. ICH KANN MICH AN NICHTS ERINNERN.
PATT
IST DAS MEINE EIGENTLICHE GESTALT?

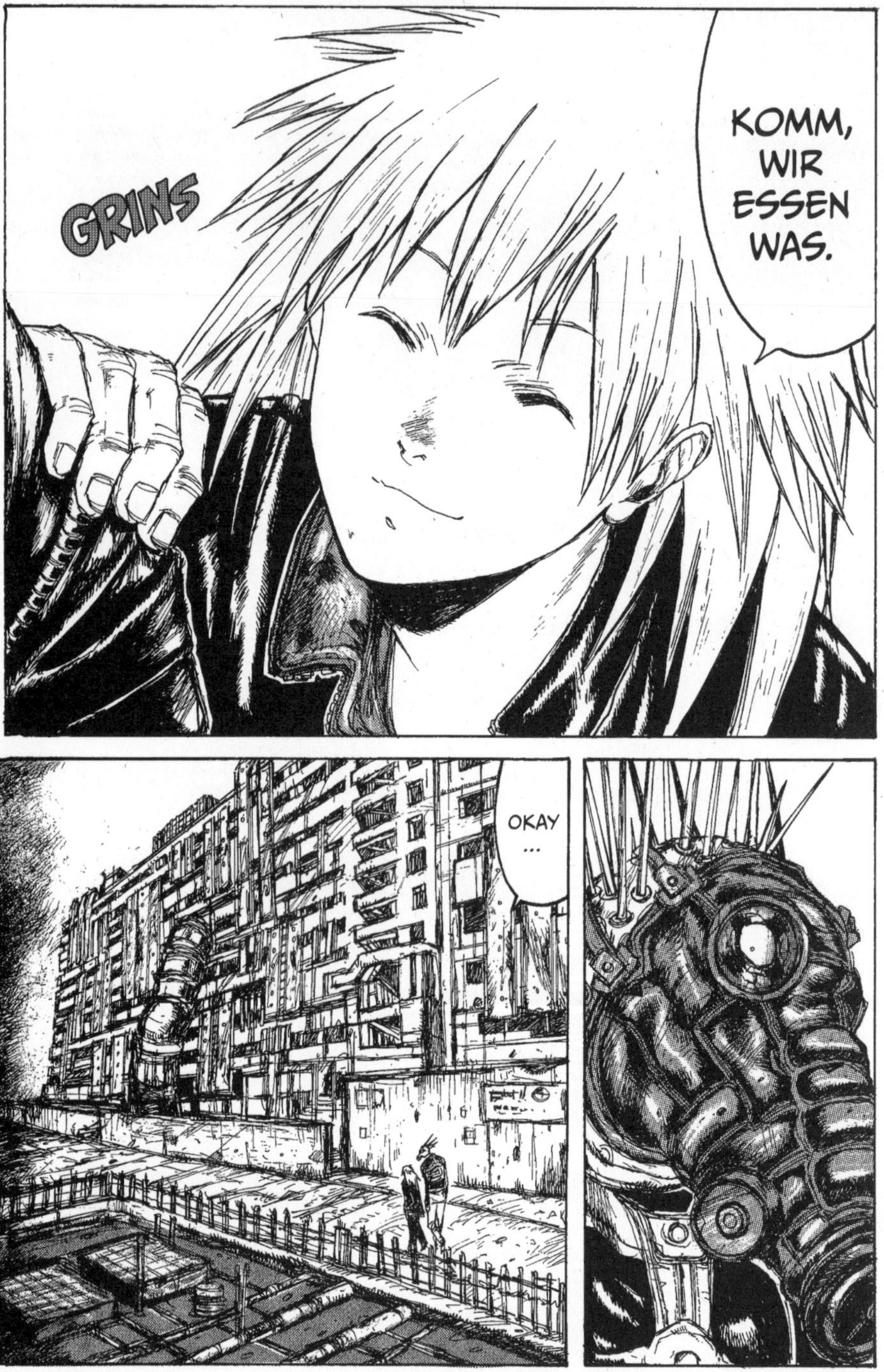
KOMM, WIR ESSEN WAS.
GRINS
OKAY ...

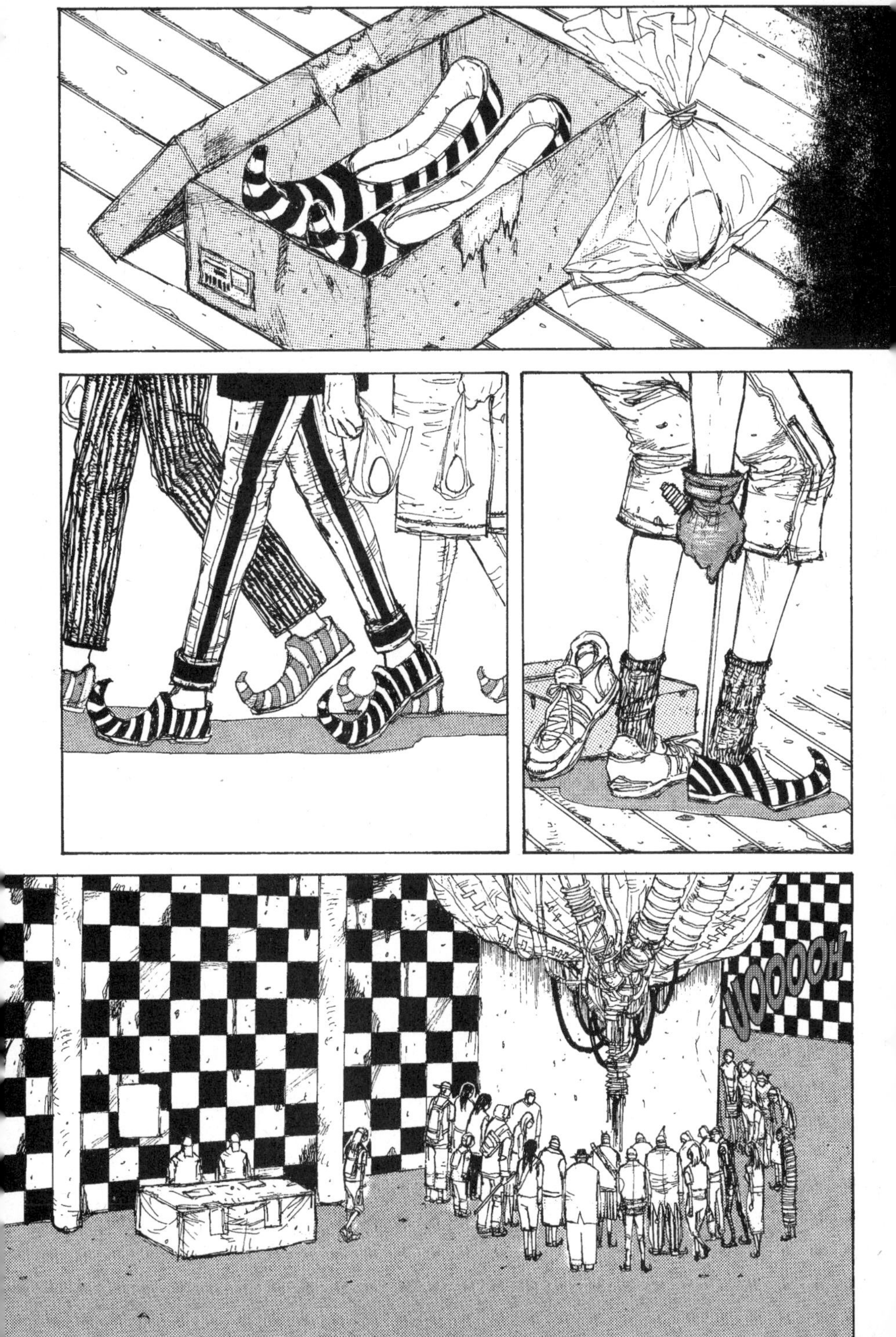
VOOOOH

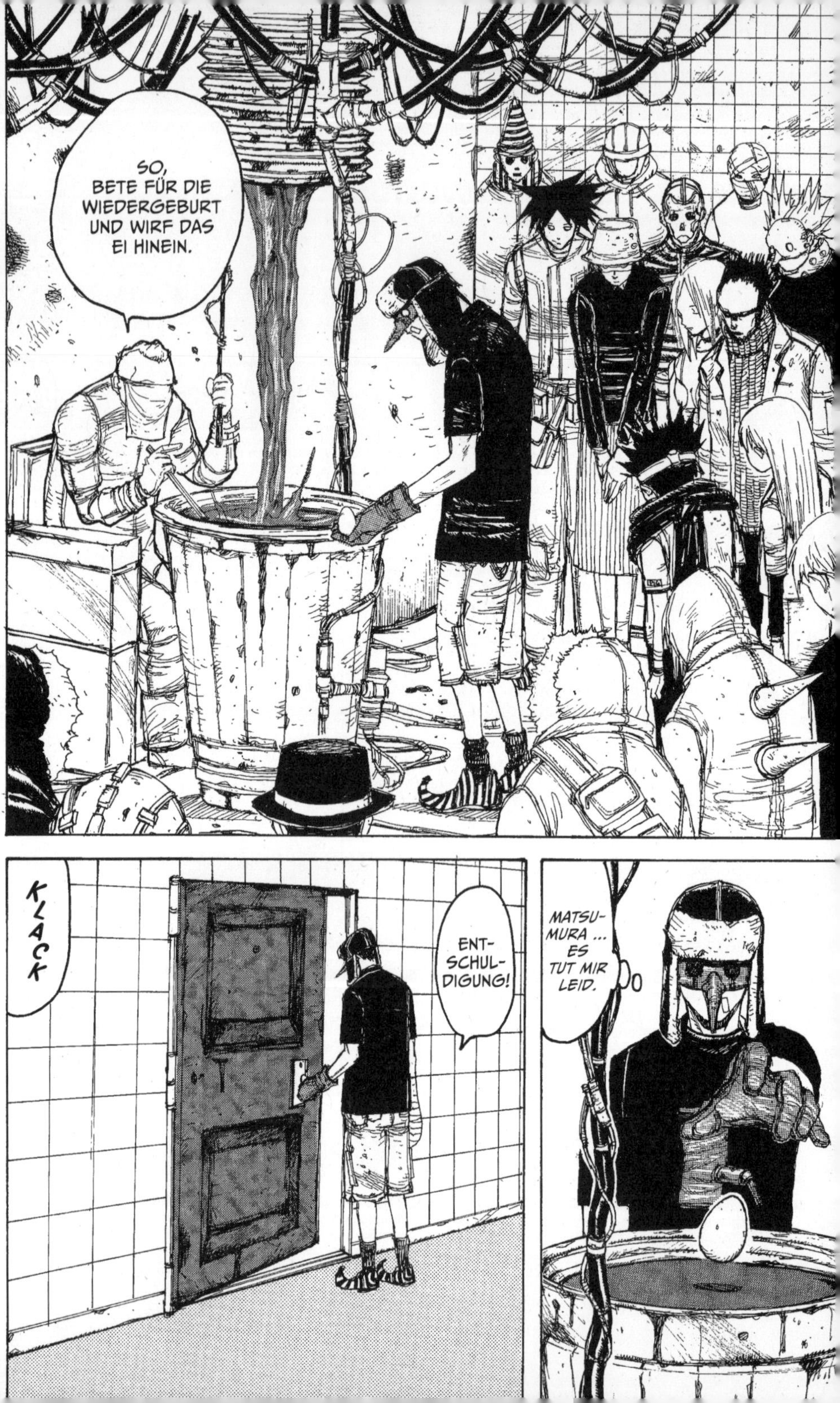
SO, BETE FÜR DIE WIEDERGEBURT UND WIRF DAS EI HINEIN.
KLACK
ENT-SCHUL-DIGUNG!
MATSU-MURA ... ES TUT MIR LEID.

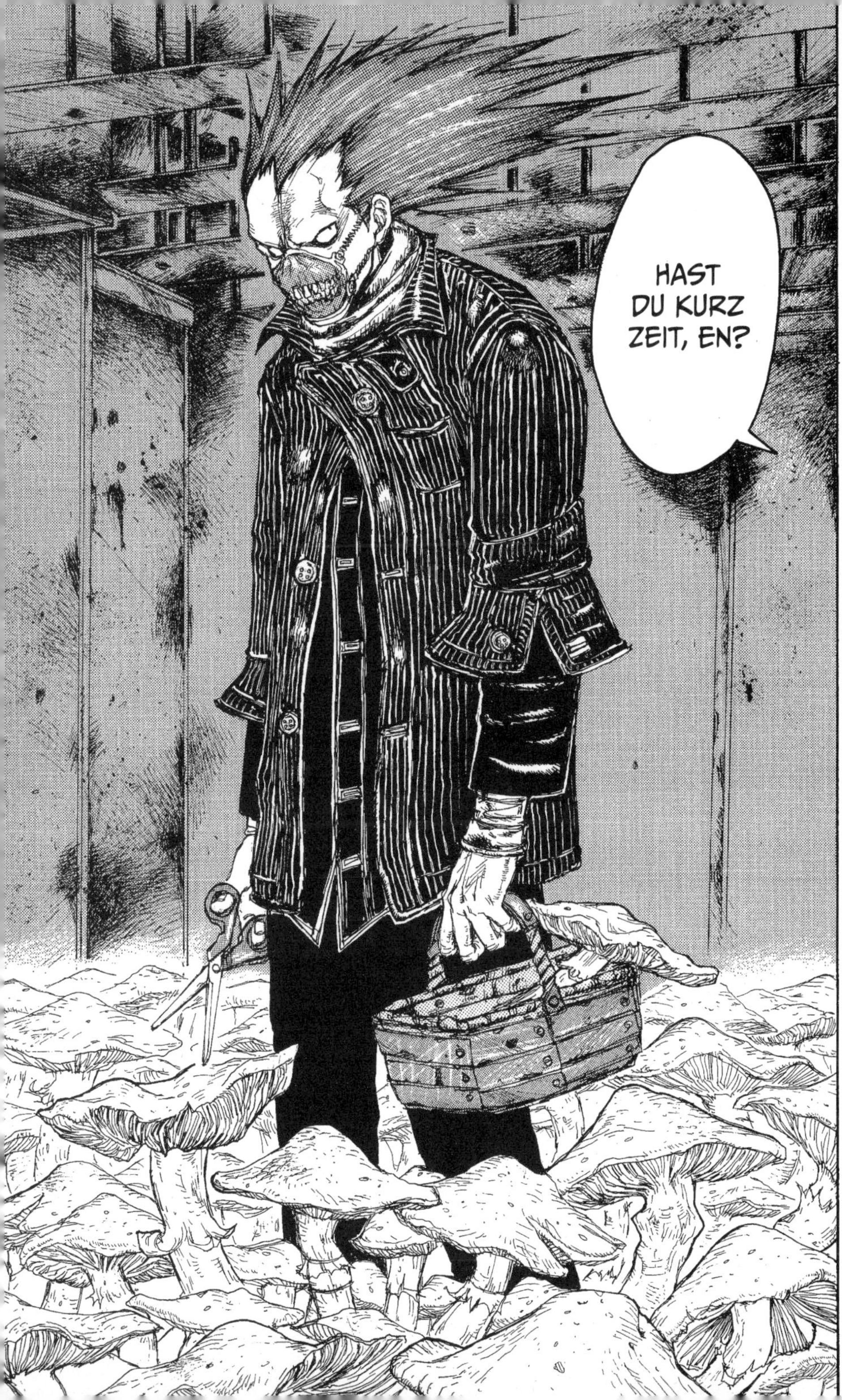
HAST DU KURZ ZEIT, EN?

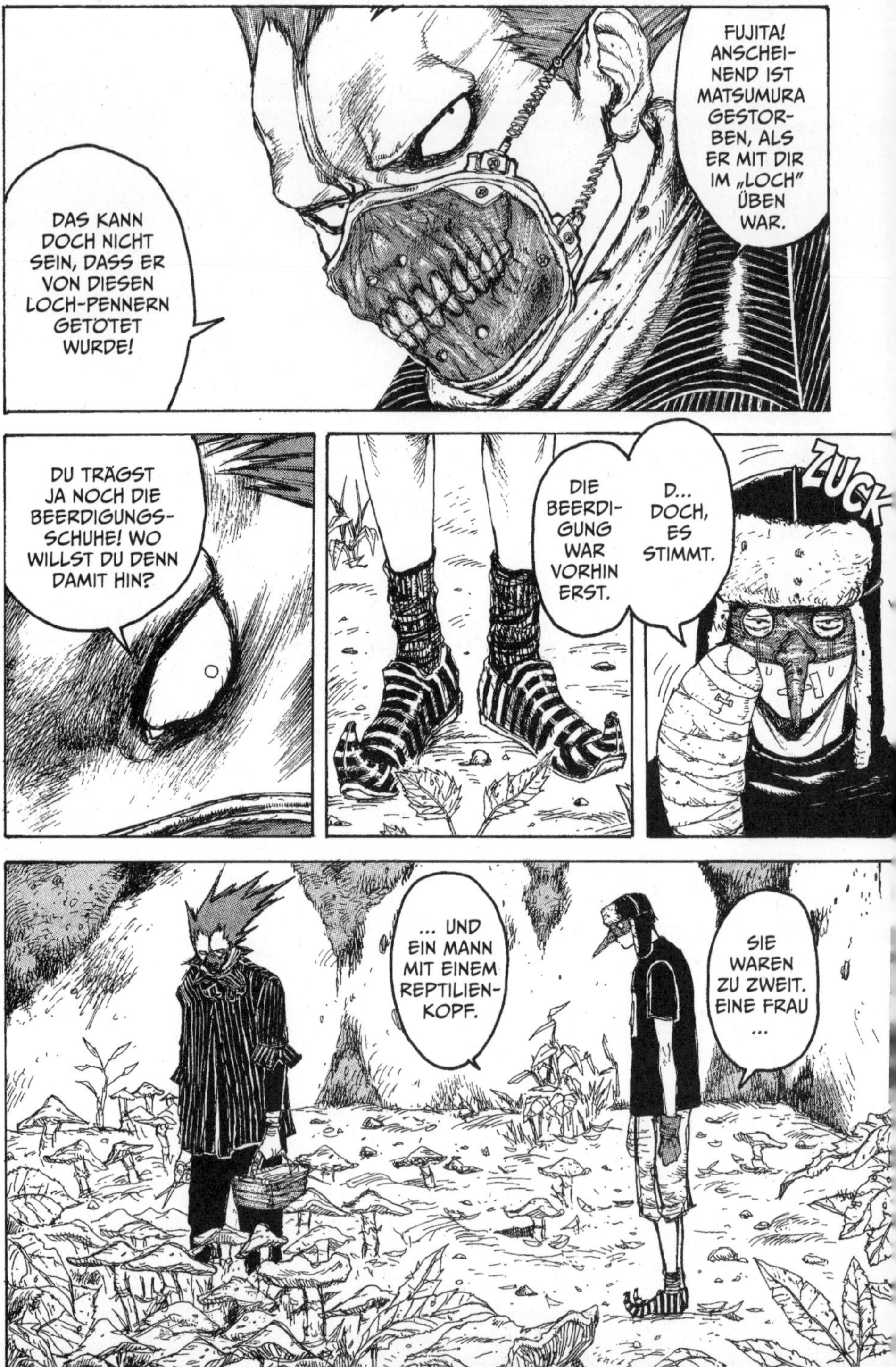
FUJITA! ANSCHEINEND IST MATSUMURA GESTORBEN, ALS ER MIT DIR IM „LOCH" ÜBEN WAR.
DAS KANN DOCH NICHT SEIN, DASS ER VON DIESEN LOCH-PENNERN GETÖTET WURDE!
ZUCK
D... DOCH, ES STIMMT.
DIE BEERDIGUNG WAR VORHIN ERST.
DU TRÄGST JA NOCH DIE BEERDIGUNGSSCHUHE! WO WILLST DU DENN DAMIT HIN?
SIE WAREN ZU ZWEIT. EINE FRAU ...
... UND EIN MANN MIT EINEM REPTILIENKOPF.

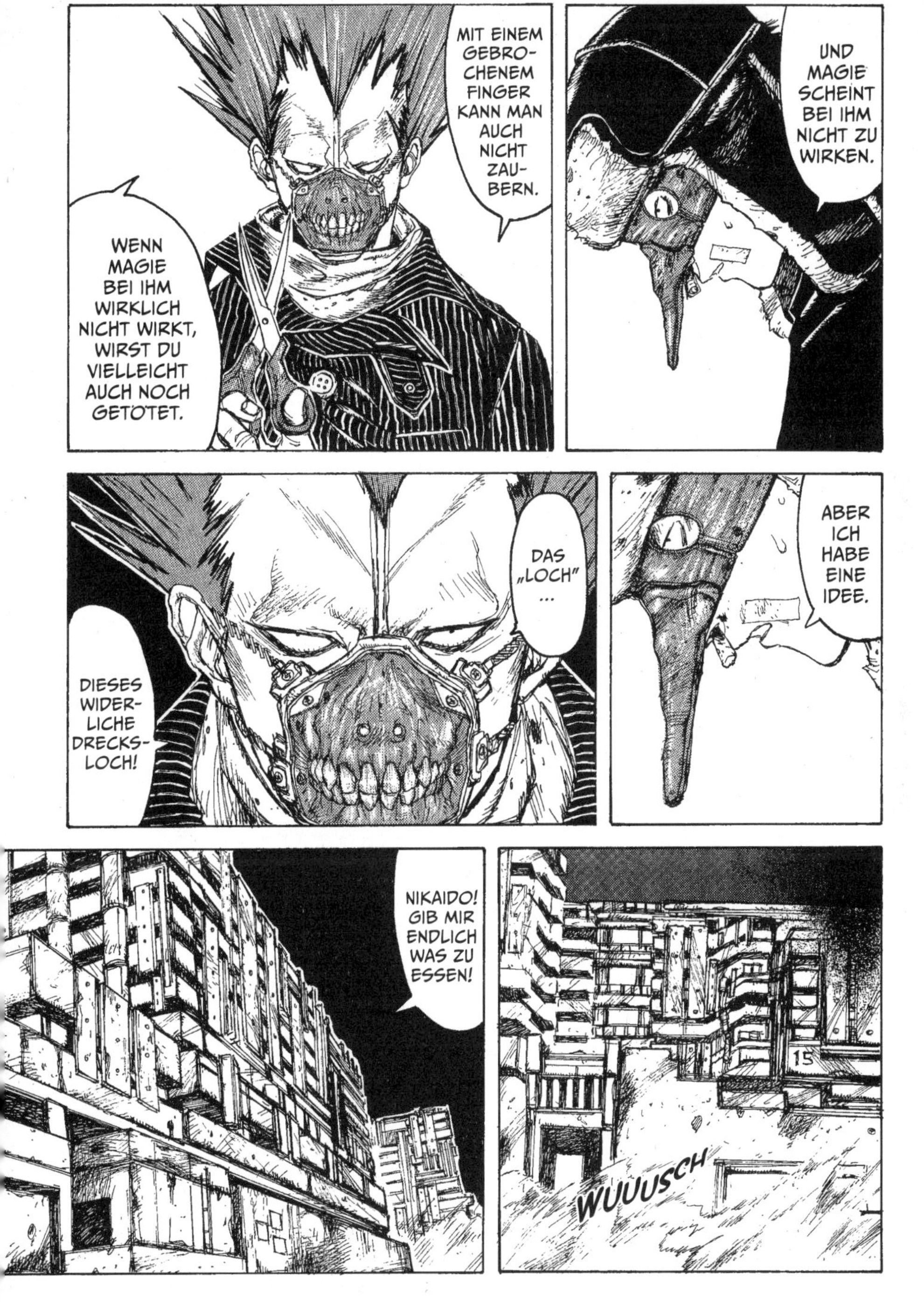
MIT EINEM GEBRO-CHENEM FINGER KANN MAN AUCH NICHT ZAU-BERN.
WENN MAGIE BEI IHM WIRKLICH NICHT WIRKT, WIRST DU VIELLEICHT AUCH NOCH GETÖTET.
UND MAGIE SCHEINT BEI IHM NICHT ZU WIRKEN.
DAS „LOCH" ...
DIESES WIDER-LICHE DRECKS-LOCH!
ABER ICH HABE EINE IDEE.
NIKAIDO! GIB MIR ENDLICH WAS ZU ESSEN!
15
WUUUSCH

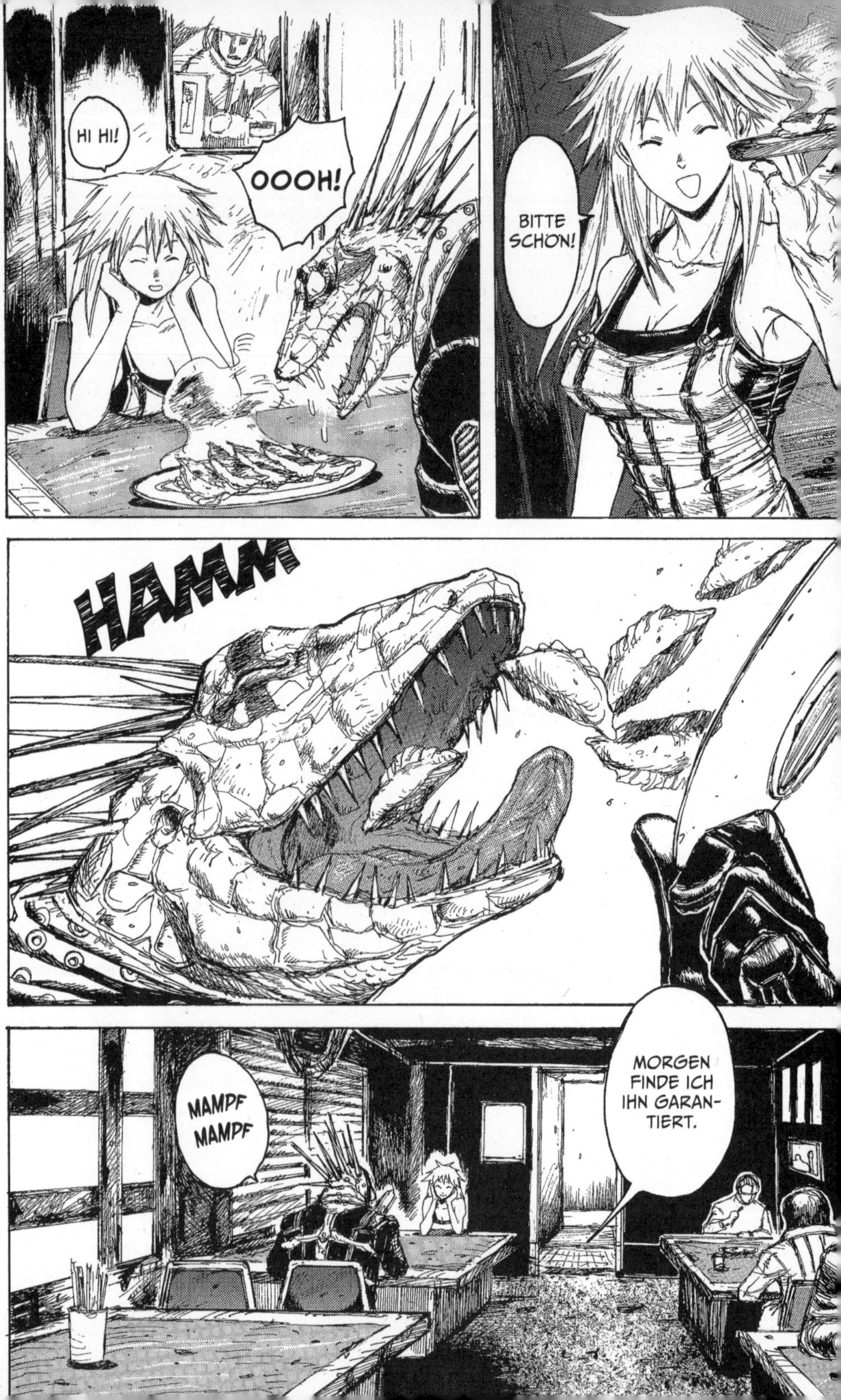
BITTE SCHÖN!
OOOH!
HI HI!
HAMM
MORGEN FINDE ICH IHN GARANTIERT.
MAMPF MAMPF

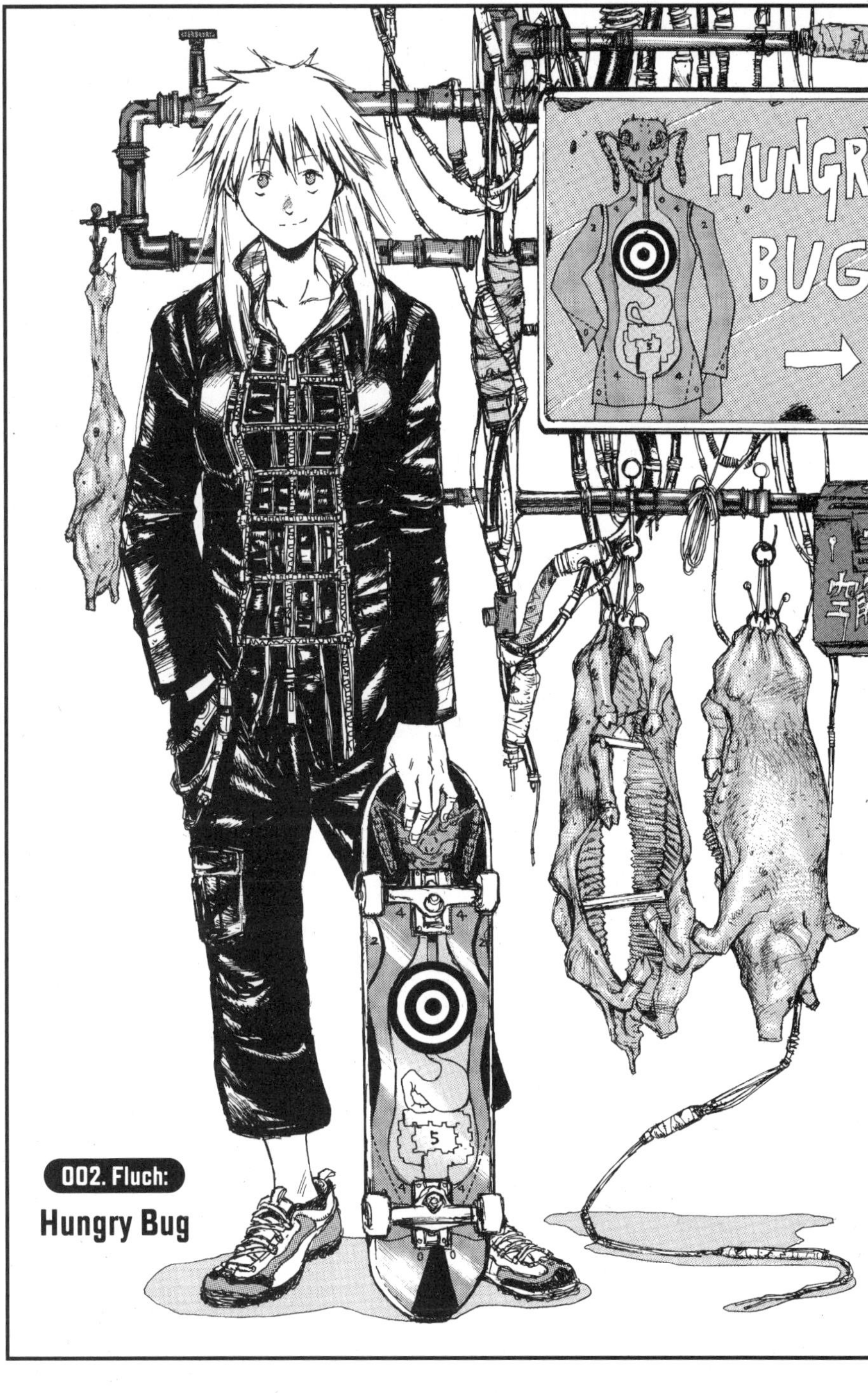

002. Fluch: Hungry Bug

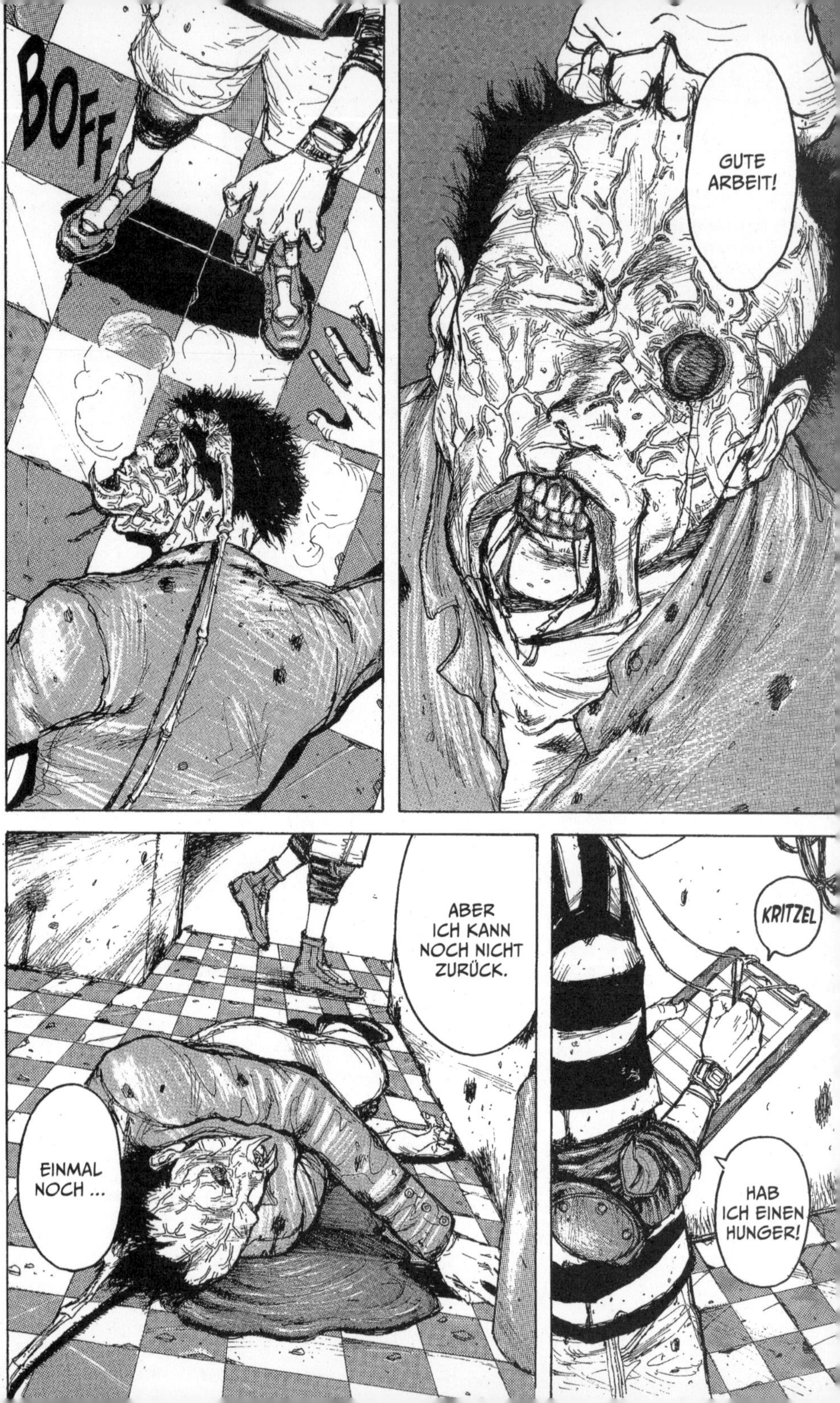
GUTE ARBEIT!
BOFF
ABER ICH KANN NOCH NICHT ZURÜCK.
KRITZEL
HAB ICH EINEN HUNGER!
EINMAL NOCH ...

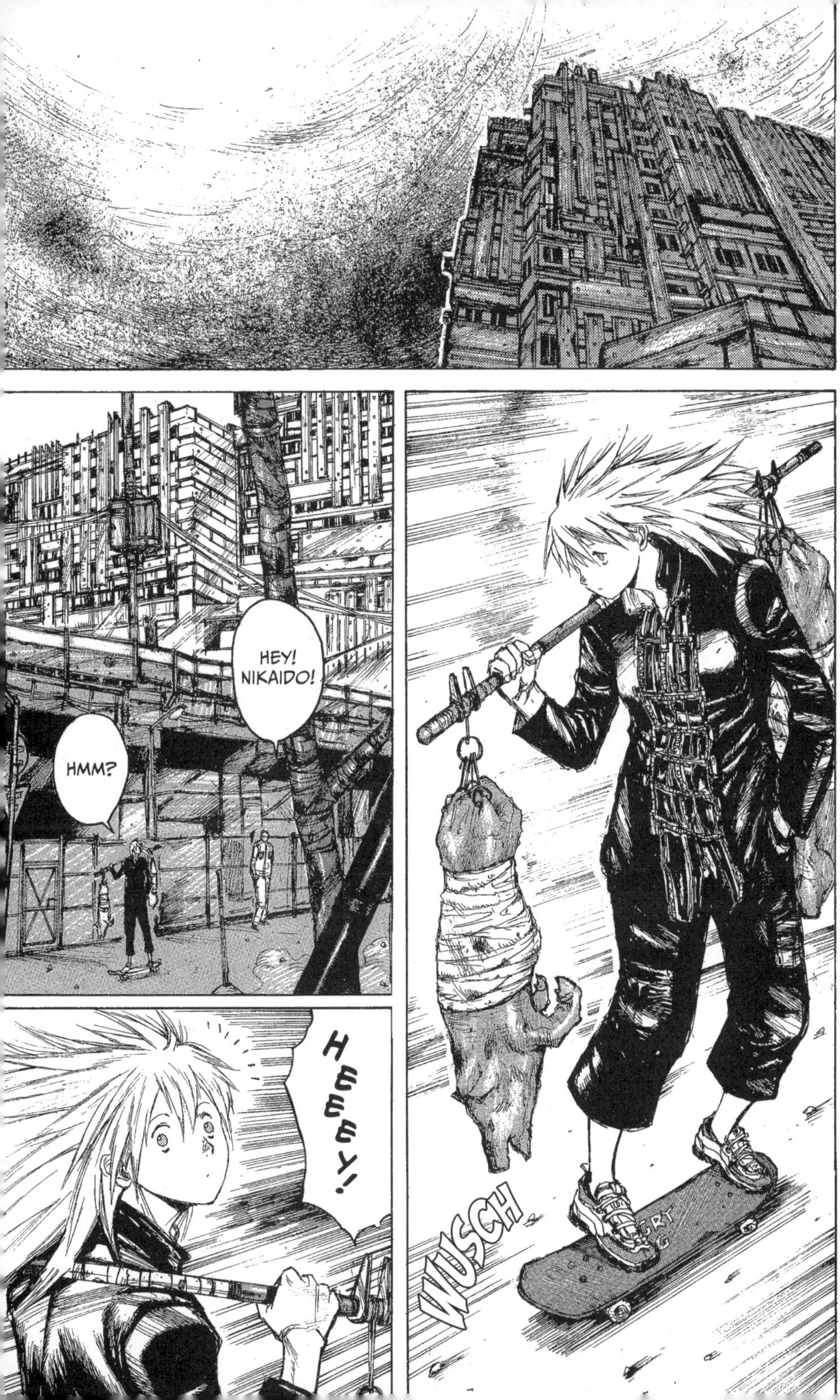
WUSCH
HEY! NIKAIDO!
HMM?
HEEEY!

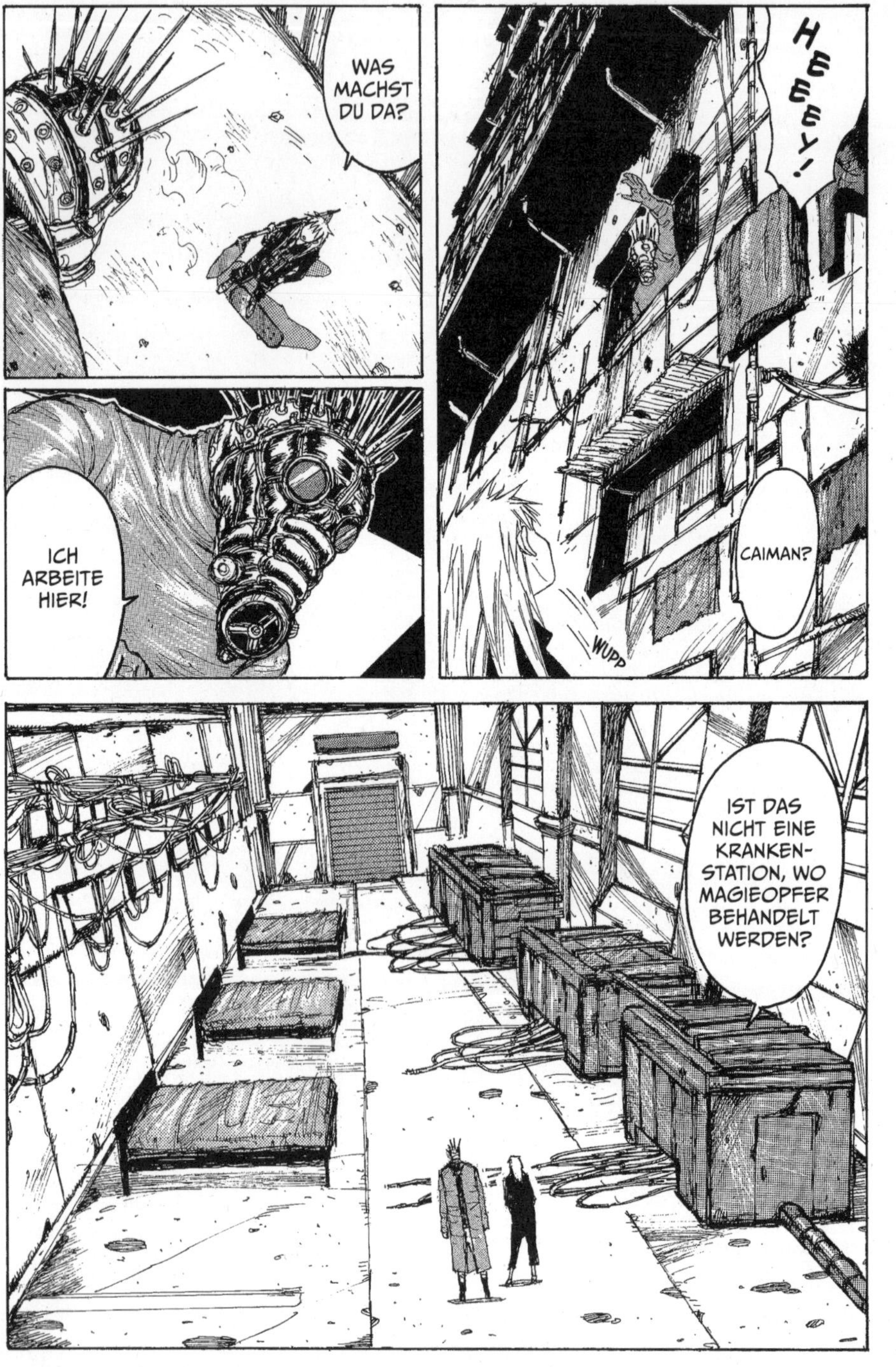
HEEEY!
CAIMAN?
WUPP
WAS MACHST DU DA?
ICH ARBEITE HIER!
IST DAS NICHT EINE KRANKEN-STATION, WO MAGIEOPFER BEHANDELT WERDEN?

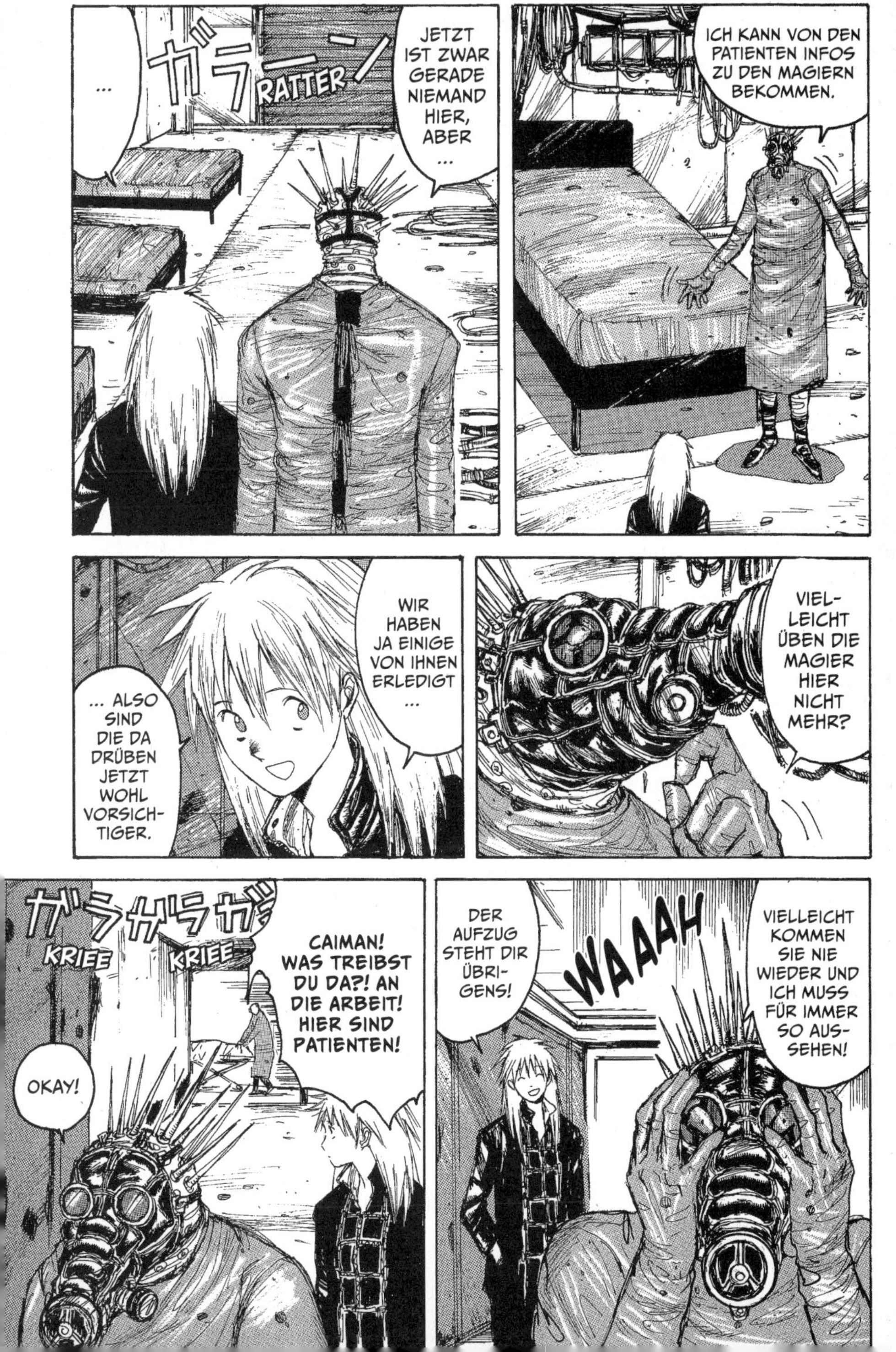
ICH KANN VON DEN PATIENTEN INFOS ZU DEN MAGIERN BEKOMMEN.
ガラーン
RATTER
JETZT IST ZWAR GERADE NIEMAND HIER, ABER ...
...
VIEL-LEICHT ÜBEN DIE MAGIER HIER NICHT MEHR?
WIR HABEN JA EINIGE VON IHNEN ERLEDIGT ...
... ALSO SIND DIE DA DRÜBEN JETZT WOHL VORSICHTIGER.
VIELLEICHT KOMMEN SIE NIE WIEDER UND ICH MUSS FÜR IMMER SO AUS-SEHEN!
WAAAH
DER AUFZUG STEHT DIR ÜBRIGENS!
KRIEE
KRIEE
CAIMAN! WAS TREIBST DU DA?! AN DIE ARBEIT! HIER SIND PATIENTEN!
OKAY!

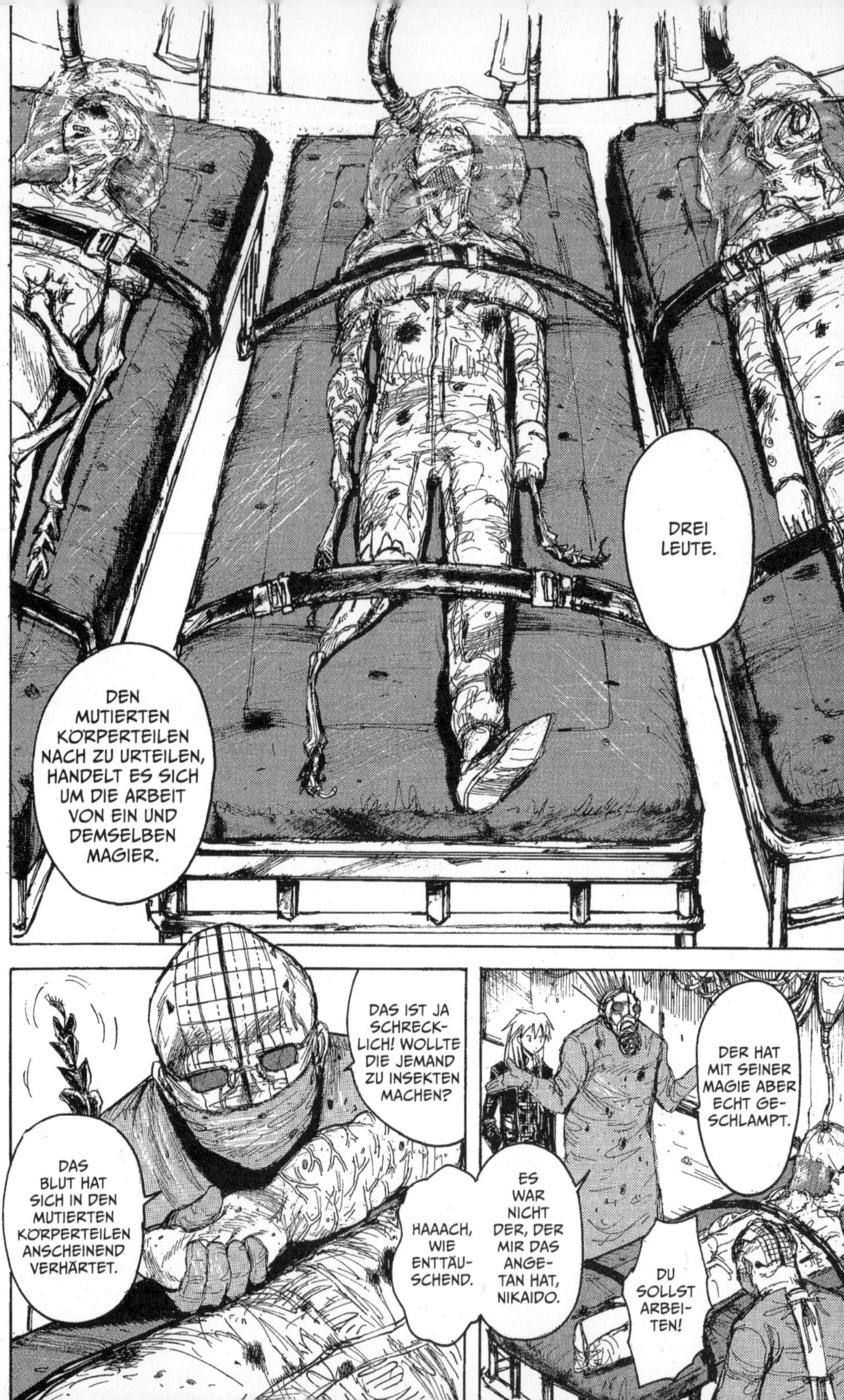
DREI LEUTE.
DEN MUTIERTEN KÖRPERTEILEN NACH ZU URTEILEN, HANDELT ES SICH UM DIE ARBEIT VON EIN UND DEMSELBEN MAGIER.
DER HAT MIT SEINER MAGIE ABER ECHT GE-SCHLAMPT.
ES WAR NICHT DER, DER MIR DAS ANGE-TAN HAT, NIKAIDO.
DU SOLLST ARBEI-TEN!
DAS IST JA SCHRECK-LICH! WOLLTE DIE JEMAND ZU INSEKTEN MACHEN?
HAAACH, WIE ENTTÄU-SCHEND.
DAS BLUT HAT SICH IN DEN MUTIERTEN KÖRPERTEILEN ANSCHEINEND VERHÄRTET.

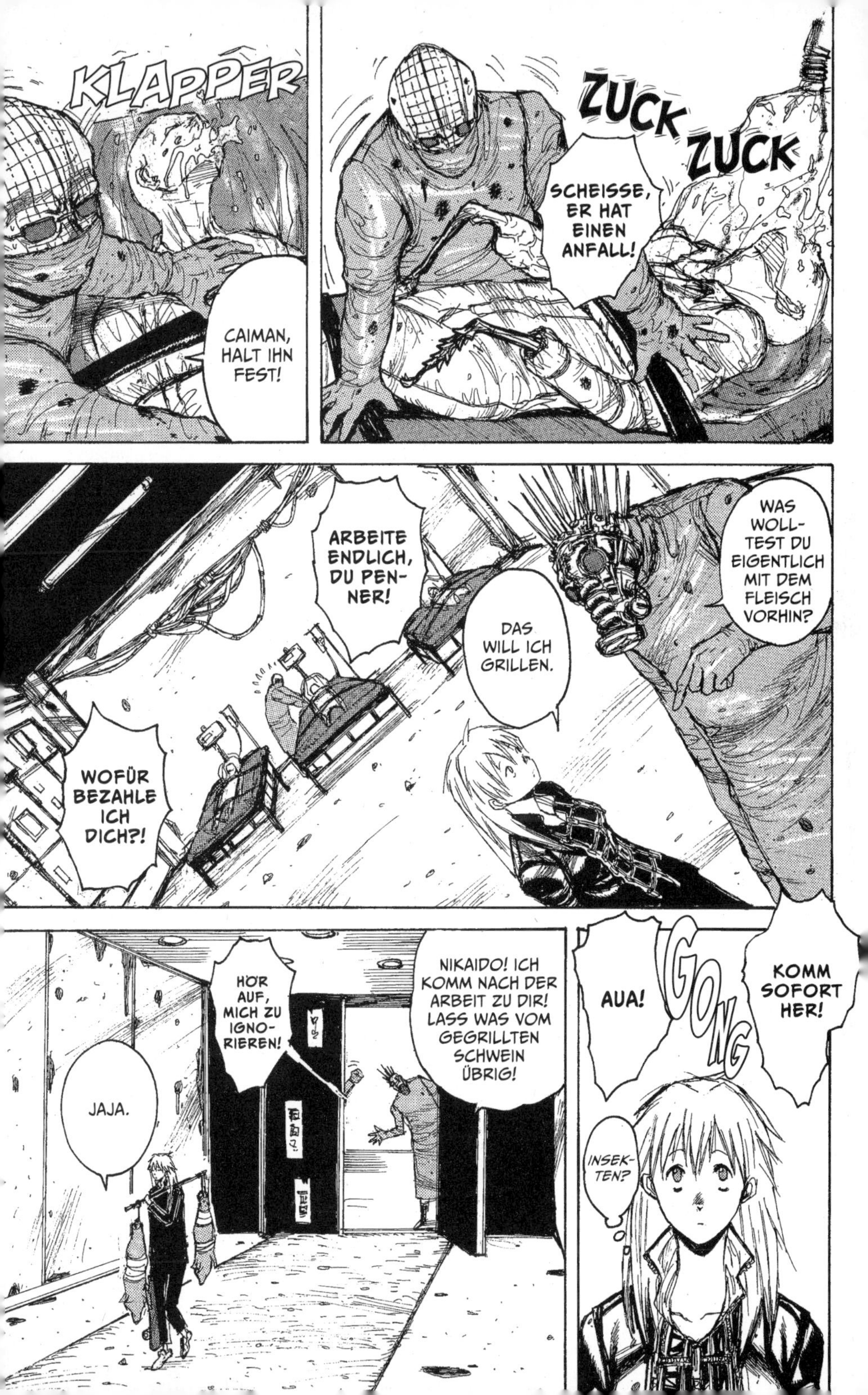
ZUCK
ZUCK
SCHEISSE, ER HAT EINEN ANFALL!
KLAPPER
CAIMAN, HALT IHN FEST!
WAS WOLLTEST DU EIGENTLICH MIT DEM FLEISCH VORHIN?
DAS WILL ICH GRILLEN.
ARBEITE ENDLICH, DU PENNER!
WOFÜR BEZAHLE ICH DICH?!
KOMM SOFORT HER!
GONG
AUA!
INSEKTEN?
NIKAIDO! ICH KOMM NACH DER ARBEIT ZU DIR! LASS WAS VOM GEGRILLTEN SCHWEIN ÜBRIG!
HÖR AUF, MICH ZU IGNORIEREN!
JAJA.

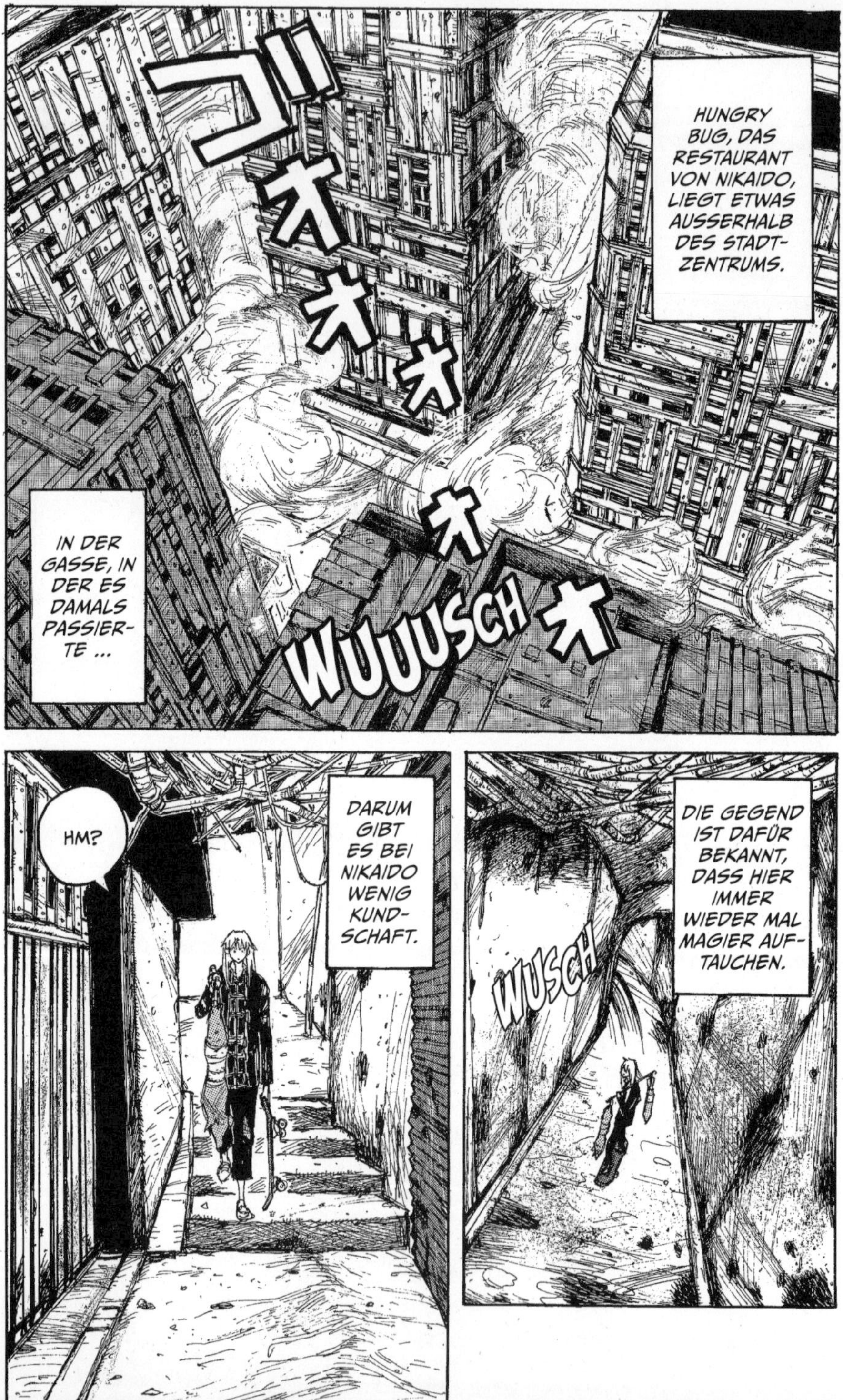
HUNGRY BUG, DAS RESTAURANT VON NIKAIDO, LIEGT ETWAS AUSSERHALB DES STADT-ZENTRUMS.
ゴオオオオオ
WUUUSCH
IN DER GASSE, IN DER ES DAMALS PASSIERTE ...
DIE GEGEND IST DAFÜR BEKANNT, DASS HIER IMMER WIEDER MAL MAGIER AUFTAUCHEN.
WUSCH
DARUM GIBT ES BEI NIKAIDO WENIG KUNDSCHAFT.
HM?

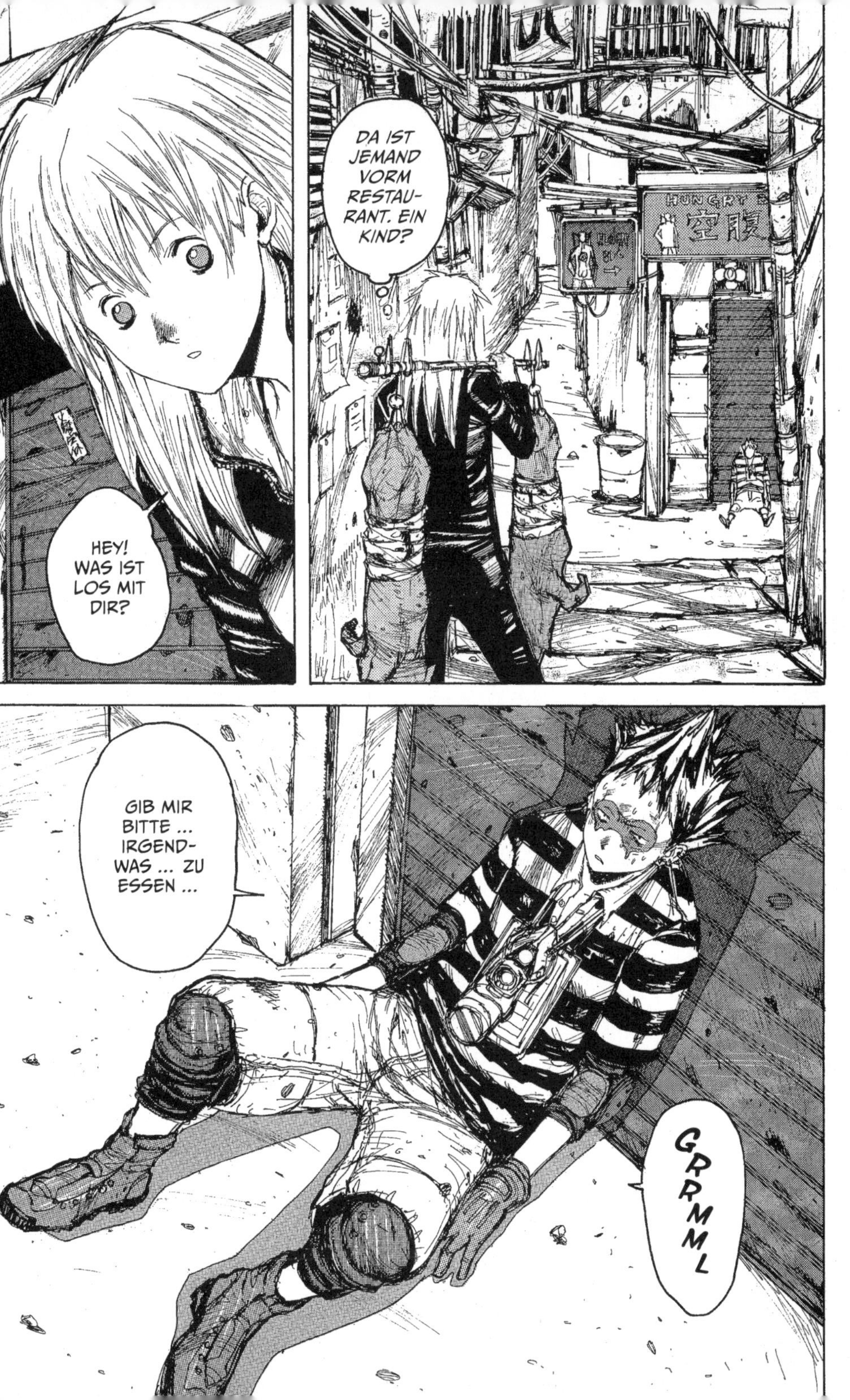
DA IST JEMAND VORM RESTAURANT. EIN KIND?
HUNGRY
空腹
HEY! WAS IST LOS MIT DIR?
GIB MIR BITTE ... IRGENDWAS ... ZU ESSEN ...
GRRMML

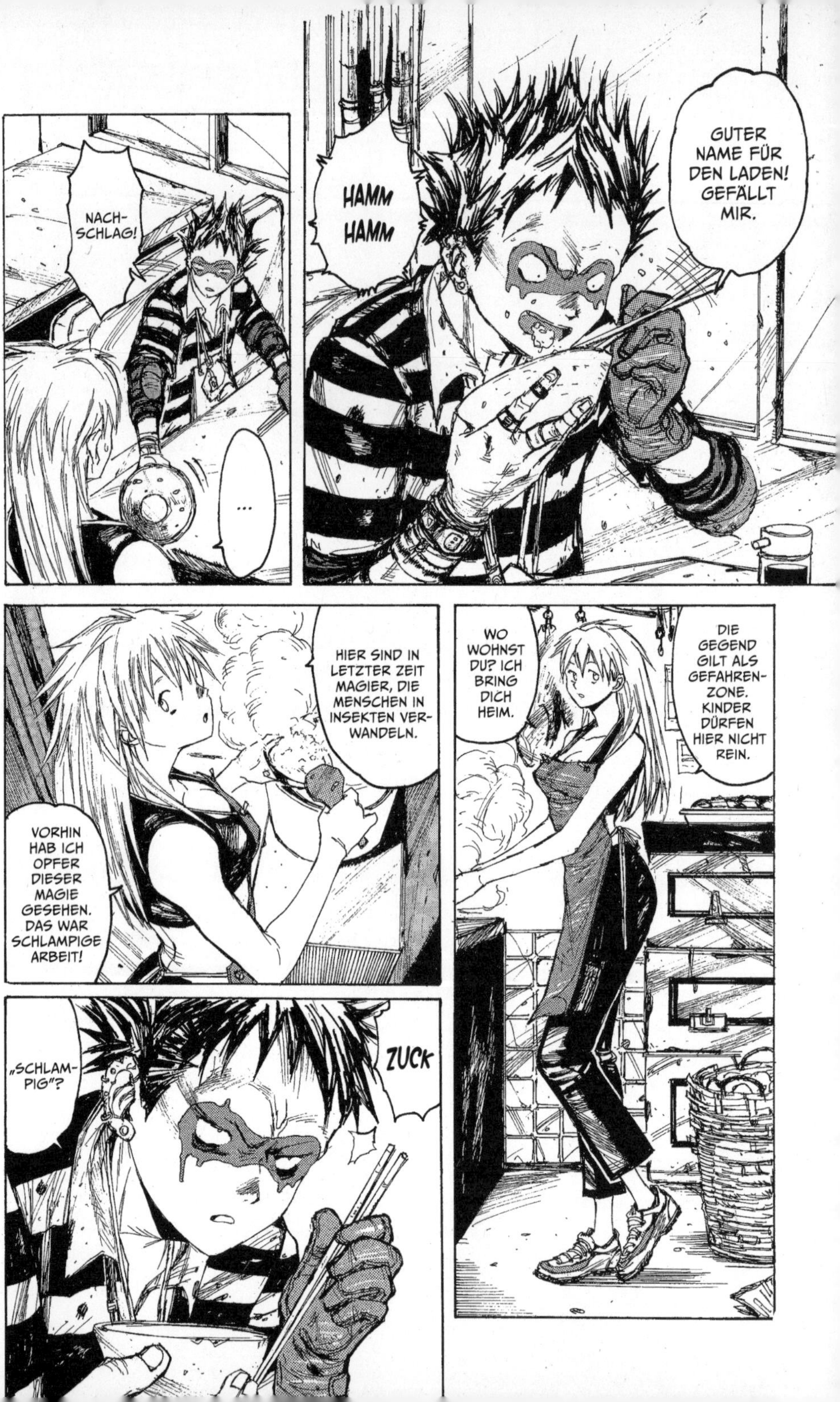

GUTER NAME FÜR DEN LADEN! GEFÄLLT MIR.
HAMM HAMM
NACH-SCHLAG!
...
DIE GEGEND GILT ALS GEFAHREN-ZONE. KINDER DÜRFEN HIER NICHT REIN.
WO WOHNST DU? ICH BRING DICH HEIM.
HIER SIND IN LETZTER ZEIT MAGIER, DIE MENSCHEN IN INSEKTEN VER-WANDELN.
VORHIN HAB ICH OPFER DIESER MAGIE GESEHEN. DAS WAR SCHLAMPIGE ARBEIT!
ZUCK
„SCHLAM-PIG"?

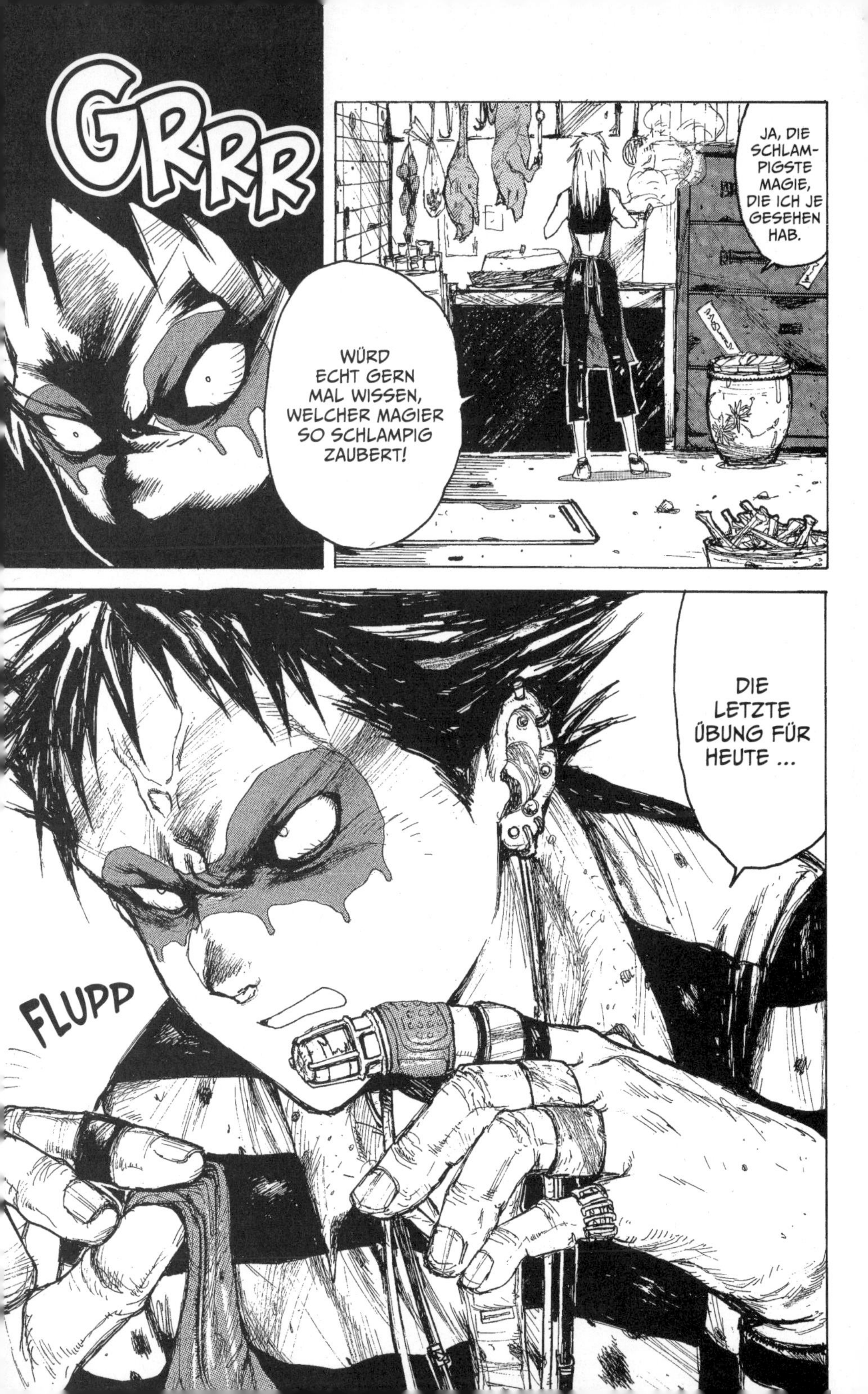
GRRR
JA, DIE SCHLAMPIGSTE MAGIE, DIE ICH JE GESEHEN HAB.
WÜRD ECHT GERN MAL WISSEN, WELCHER MAGIER SO SCHLAMPIG ZAUBERT!
DIE LETZTE ÜBUNG FÜR HEUTE ...
FLUPP

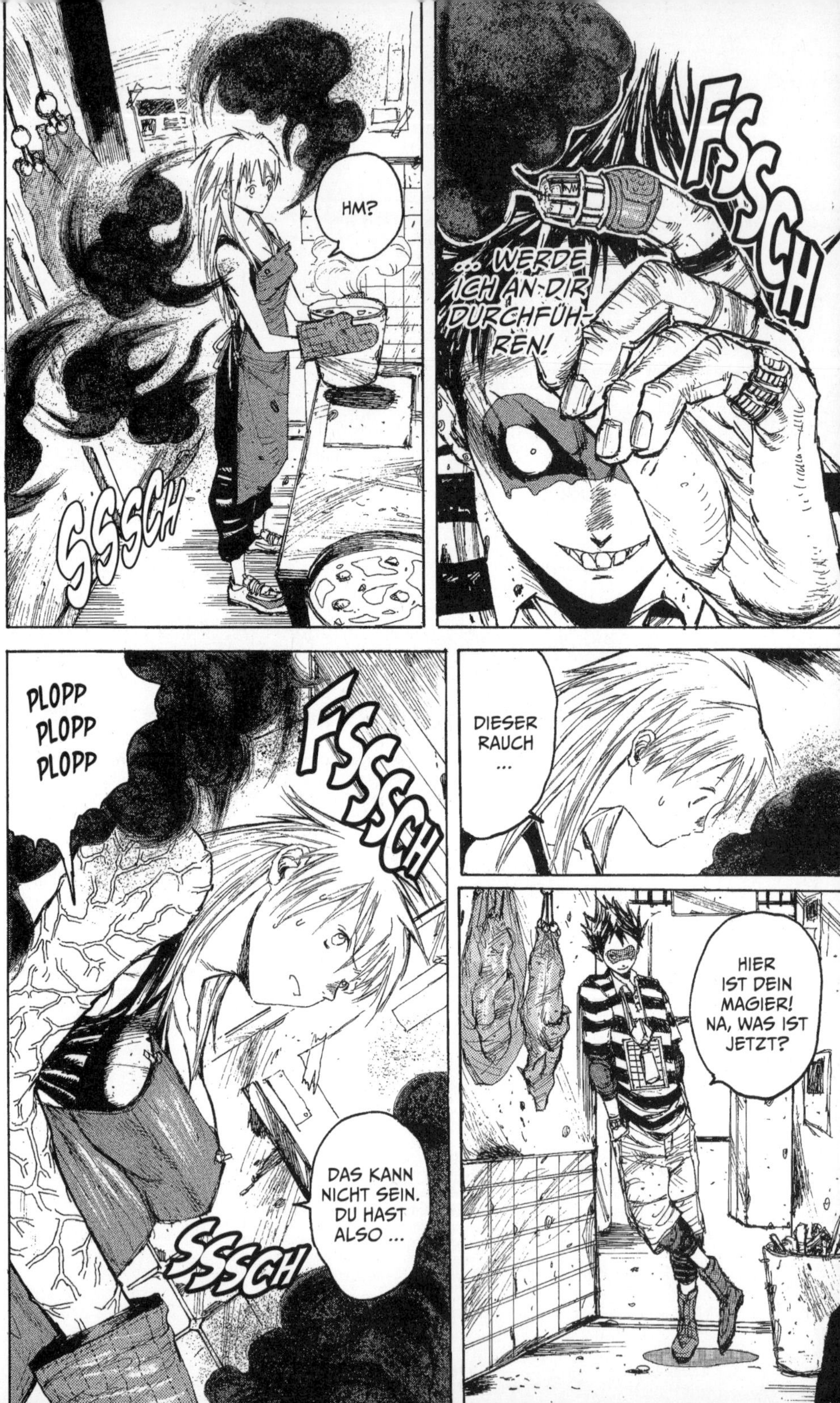

FSSCH
... WERDE ICH AN DIR DURCHFÜHREN!
HM?
SSSCH
DIESER RAUCH ...
HIER IST DEIN MAGIER! NA, WAS IST JETZT?
PLOPP PLOPP PLOPP
FSSCH
DAS KANN NICHT SEIN. DU HAST ALSO ...
SSSCH

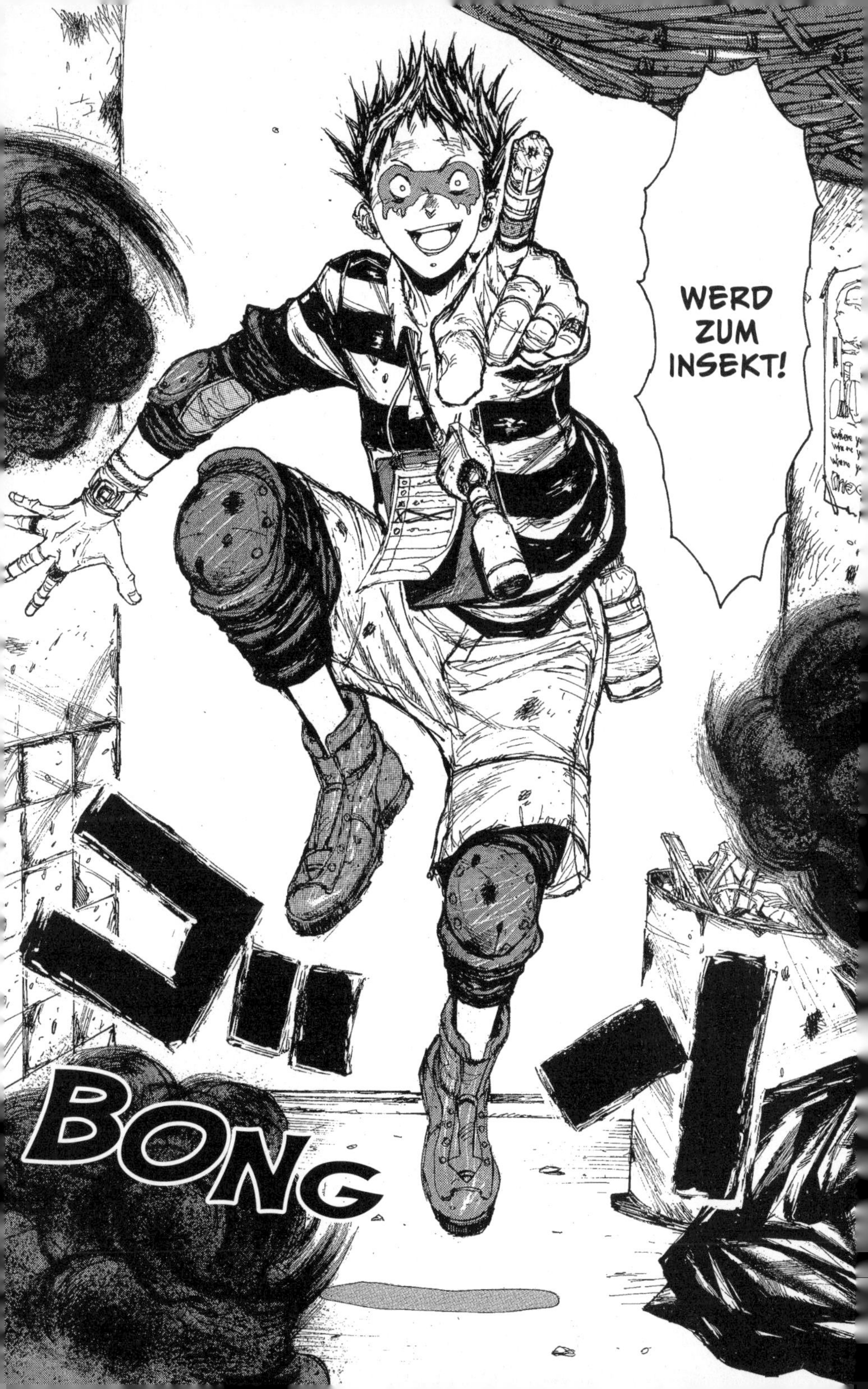
WERD ZUM INSEKT!
BONG

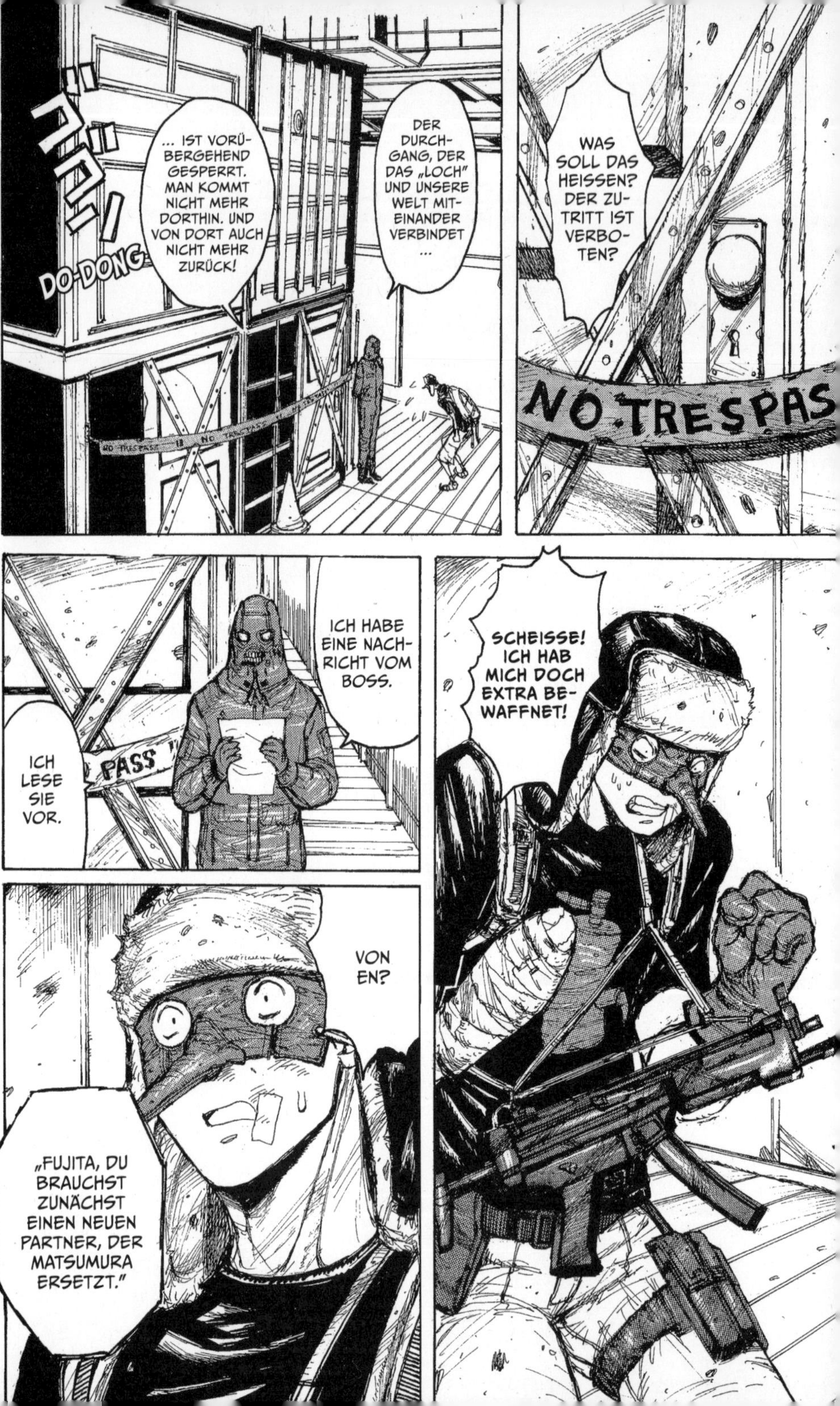
DO-DONG
... IST VORÜBERGEHEND GESPERRT. MAN KOMMT NICHT MEHR DORTHIN. UND VON DORT AUCH NICHT MEHR ZURÜCK!
DER DURCHGANG, DER DAS „LOCH" UND UNSERE WELT MITEINANDER VERBINDET ...
WAS SOLL DAS HEISSEN? DER ZUTRITT IST VERBOTEN?
NO TRESPAS
SCHEISSE! ICH HAB MICH DOCH EXTRA BEWAFFNET!
ICH HABE EINE NACHRICHT VOM BOSS.
ICH LESE SIE VOR.
PASS
VON EN?
„FUJITA, DU BRAUCHST ZUNÄCHST EINEN NEUEN PARTNER, DER MATSUMURA ERSETZT."

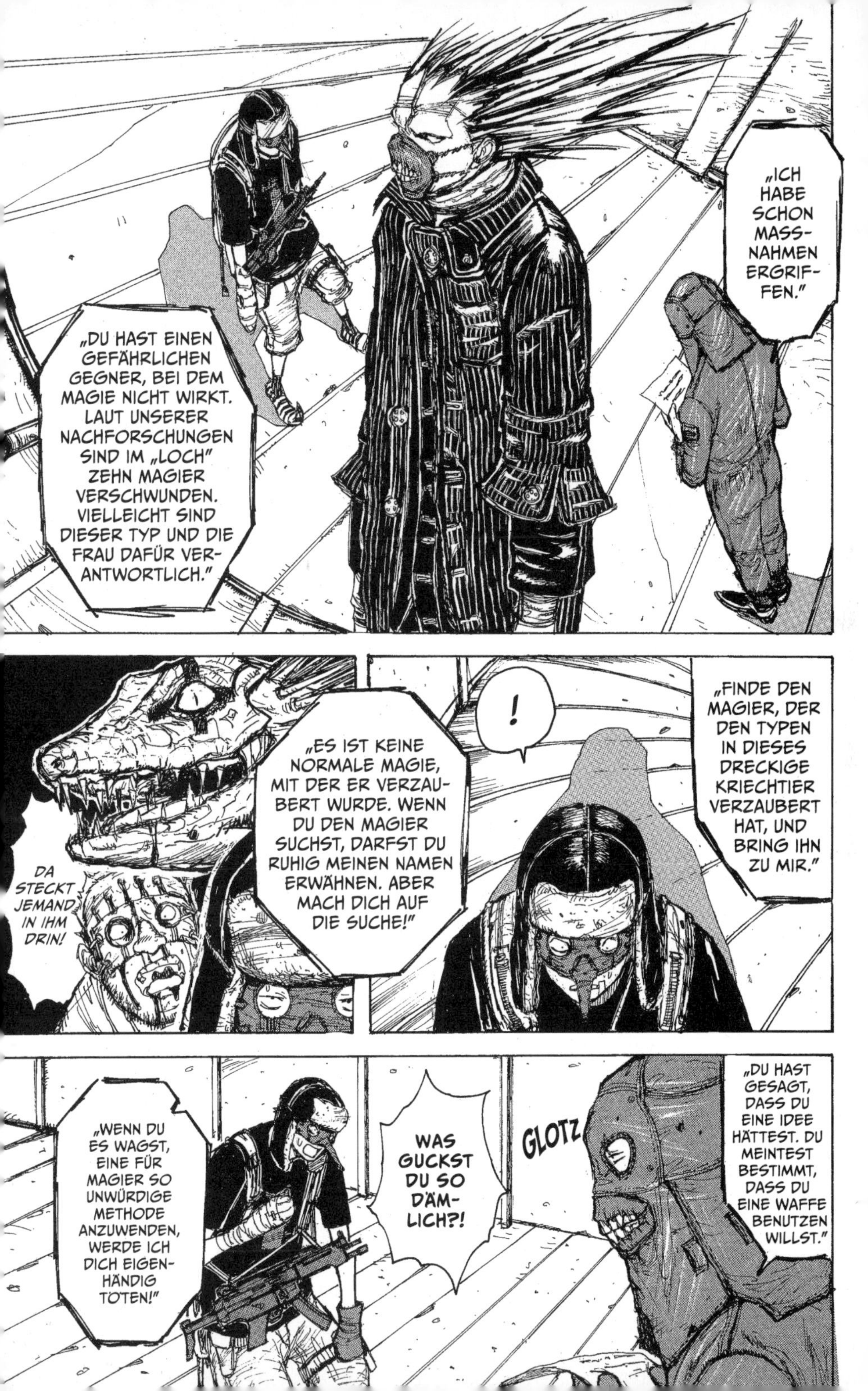
„ICH HABE SCHON MASS-NAHMEN ERGRIF-FEN."
„DU HAST EINEN GEFÄHRLICHEN GEGNER, BEI DEM MAGIE NICHT WIRKT. LAUT UNSERER NACHFORSCHUNGEN SIND IM „LOCH" ZEHN MAGIER VERSCHWUNDEN. VIELLEICHT SIND DIESER TYP UND DIE FRAU DAFÜR VER-ANTWORTLICH."
„FINDE DEN MAGIER, DER DEN TYPEN IN DIESES DRECKIGE KRIECHTIER VERZAUBERT HAT, UND BRING IHN ZU MIR."
!
„ES IST KEINE NORMALE MAGIE, MIT DER ER VERZAU-BERT WURDE. WENN DU DEN MAGIER SUCHST, DARFST DU RUHIG MEINEN NAMEN ERWÄHNEN. ABER MACH DICH AUF DIE SUCHE!"
DA STECKT JEMAND IN IHM DRIN!
„DU HAST GESAGT, DASS DU EINE IDEE HÄTTEST. DU MEINTEST BESTIMMT, DASS DU EINE WAFFE BENUTZEN WILLST."
GLOTZ
WAS GUCKST DU SO DÄM-LICH?!
„WENN DU ES WAGST, EINE FÜR MAGIER SO UNWÜRDIGE METHODE ANZUWENDEN, WERDE ICH DICH EIGEN-HÄNDIG TÖTEN!"

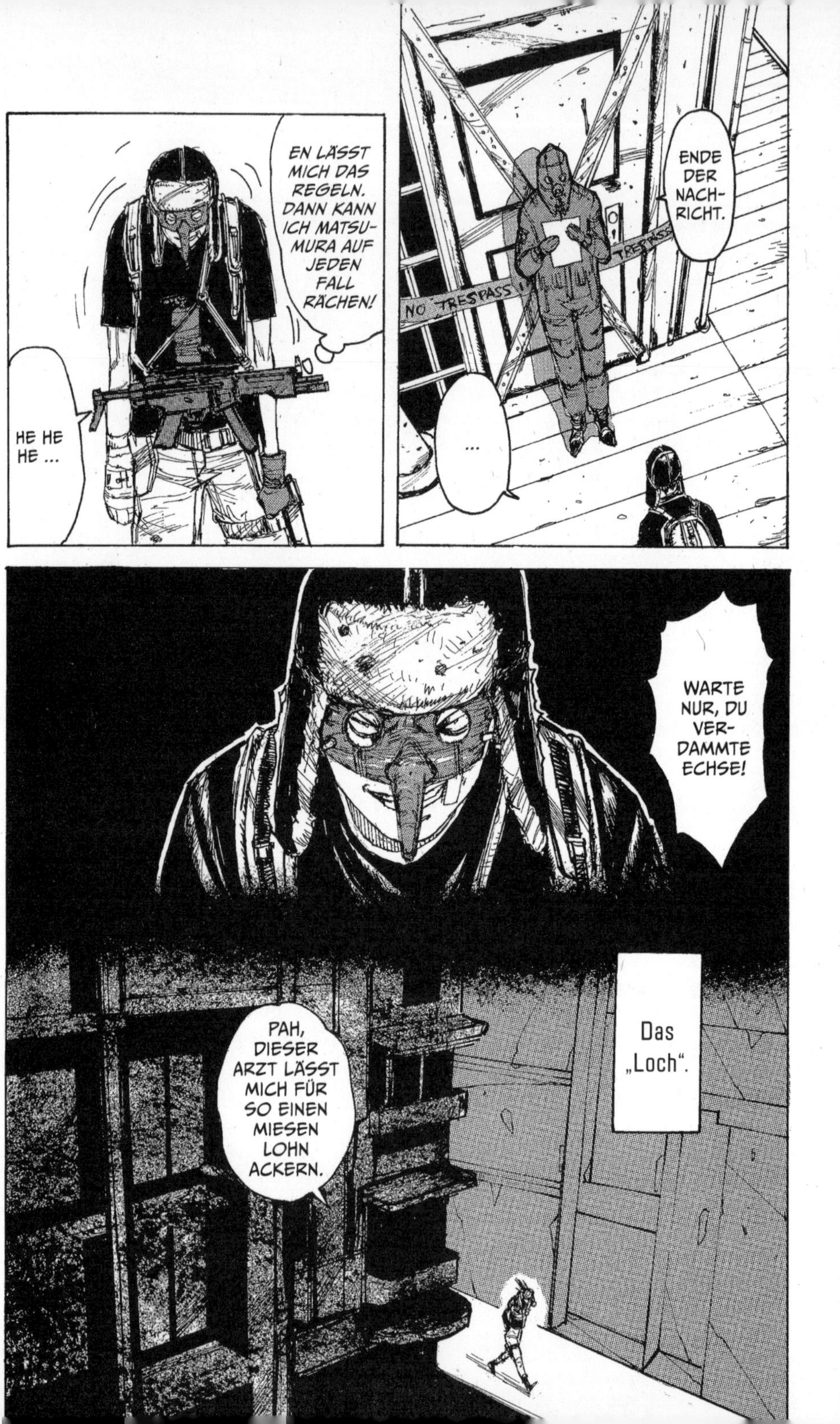
ENDE DER NACHRICHT.
...
NO TRESPASS
EN LÄSST MICH DAS REGELN. DANN KANN ICH MATSUMURA AUF JEDEN FALL RÄCHEN!
HE HE HE ...
WARTE NUR, DU VERDAMMTE ECHSE!
Das „Loch“.
PAH, DIESER ARZT LÄSST MICH FÜR SO EINEN MIESEN LOHN ACKERN.

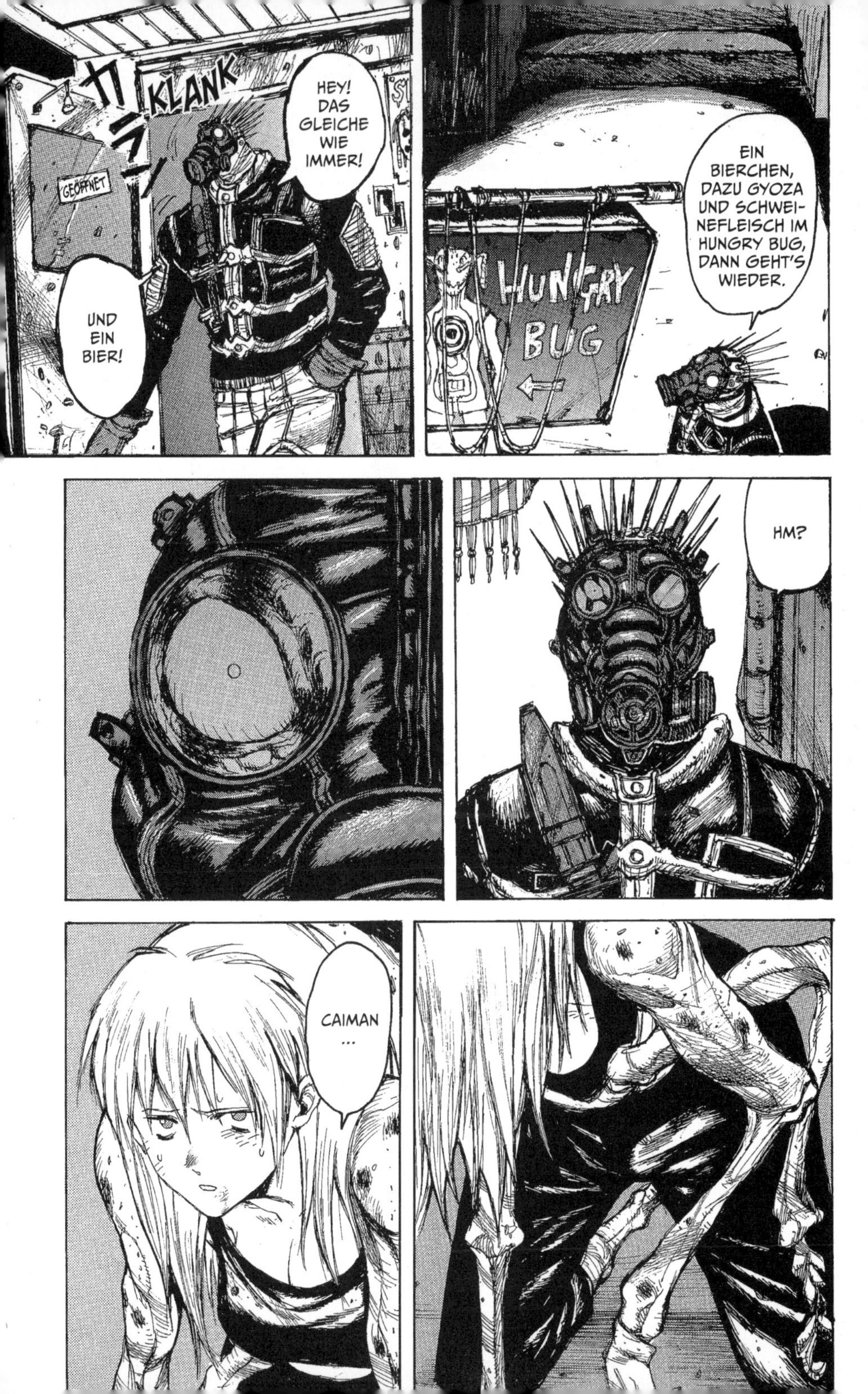

KLANK
GEÖFFNET
HEY! DAS GLEICHE WIE IMMER!
UND EIN BIER!
EIN BIERCHEN, DAZU GYOZA UND SCHWEINEFLEISCH IM HUNGRY BUG, DANN GEHT'S WIEDER.
HUNGRY BUG
HM?
CAIMAN ...

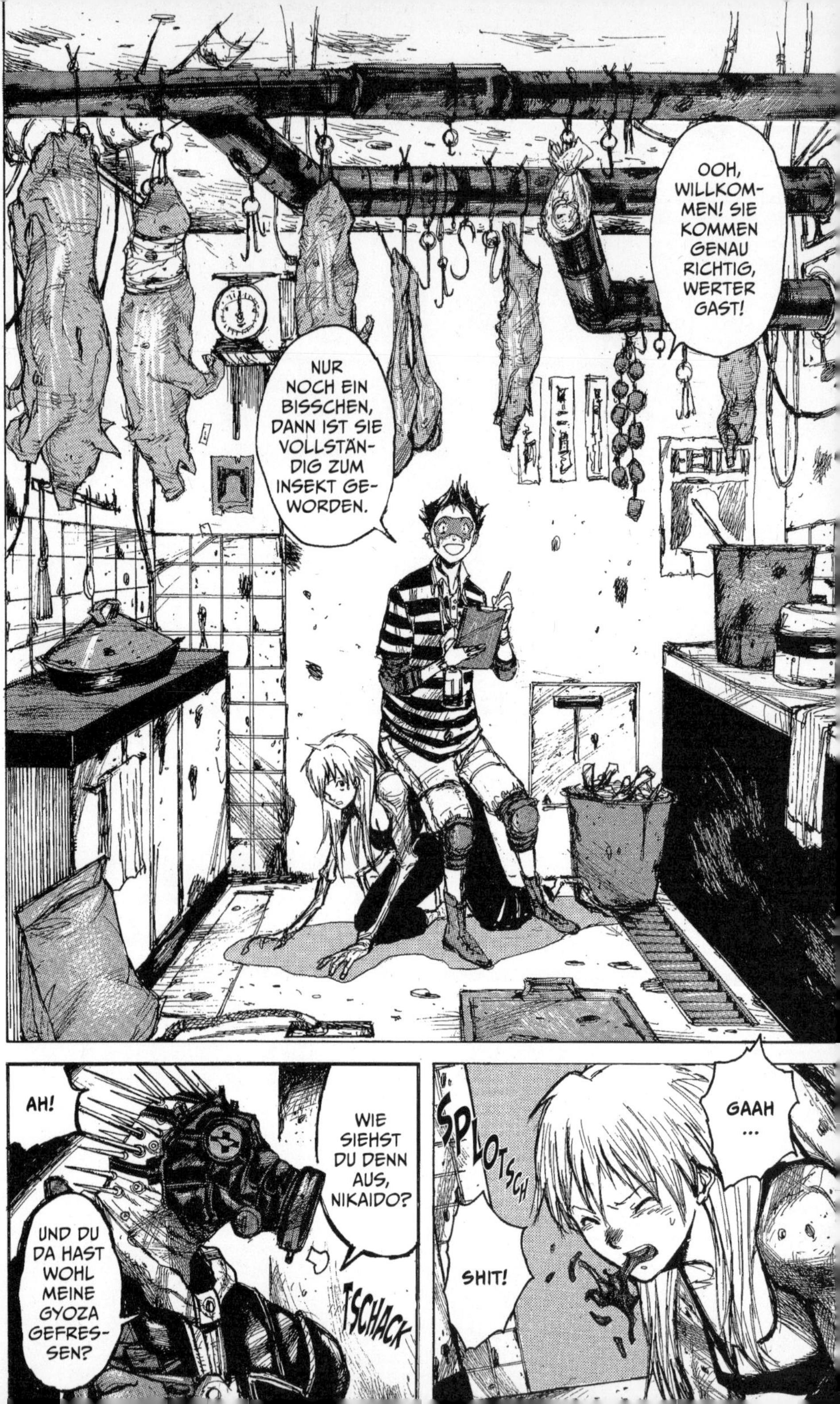
OOH, WILLKOMMEN! SIE KOMMEN GENAU RICHTIG, WERTER GAST!
NUR NOCH EIN BISSCHEN, DANN IST SIE VOLLSTÄNDIG ZUM INSEKT GEWORDEN.
GAAH ...
SPLOTSCH
SHIT!
WIE SIEHST DU DENN AUS, NIKAIDO?
AH!
UND DU DA HAST WOHL MEINE GYOZA GEFRESSEN?
TSCHACK

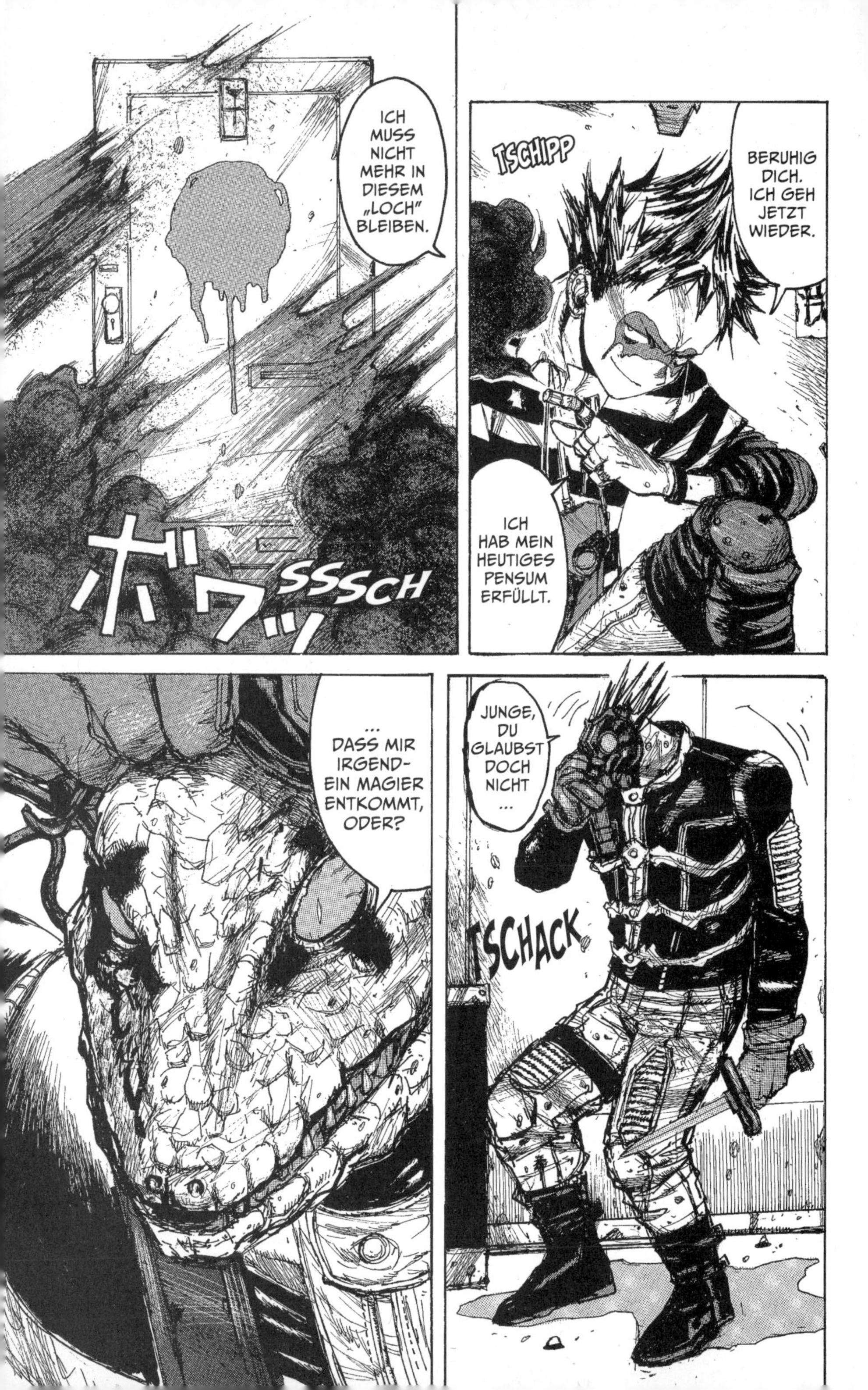
TSCHIPP
BERUHIG DICH. ICH GEH JETZT WIEDER.
ICH HAB MEIN HEUTIGES PENSUM ERFÜLLT.
ICH MUSS NICHT MEHR IN DIESEM „LOCH" BLEIBEN.
ボワッ
SSSCH
JUNGE, DU GLAUBST DOCH NICHT ...
TSCHACK
... DASS MIR IRGEND-
EIN MAGIER ENTKOMMT, ODER?

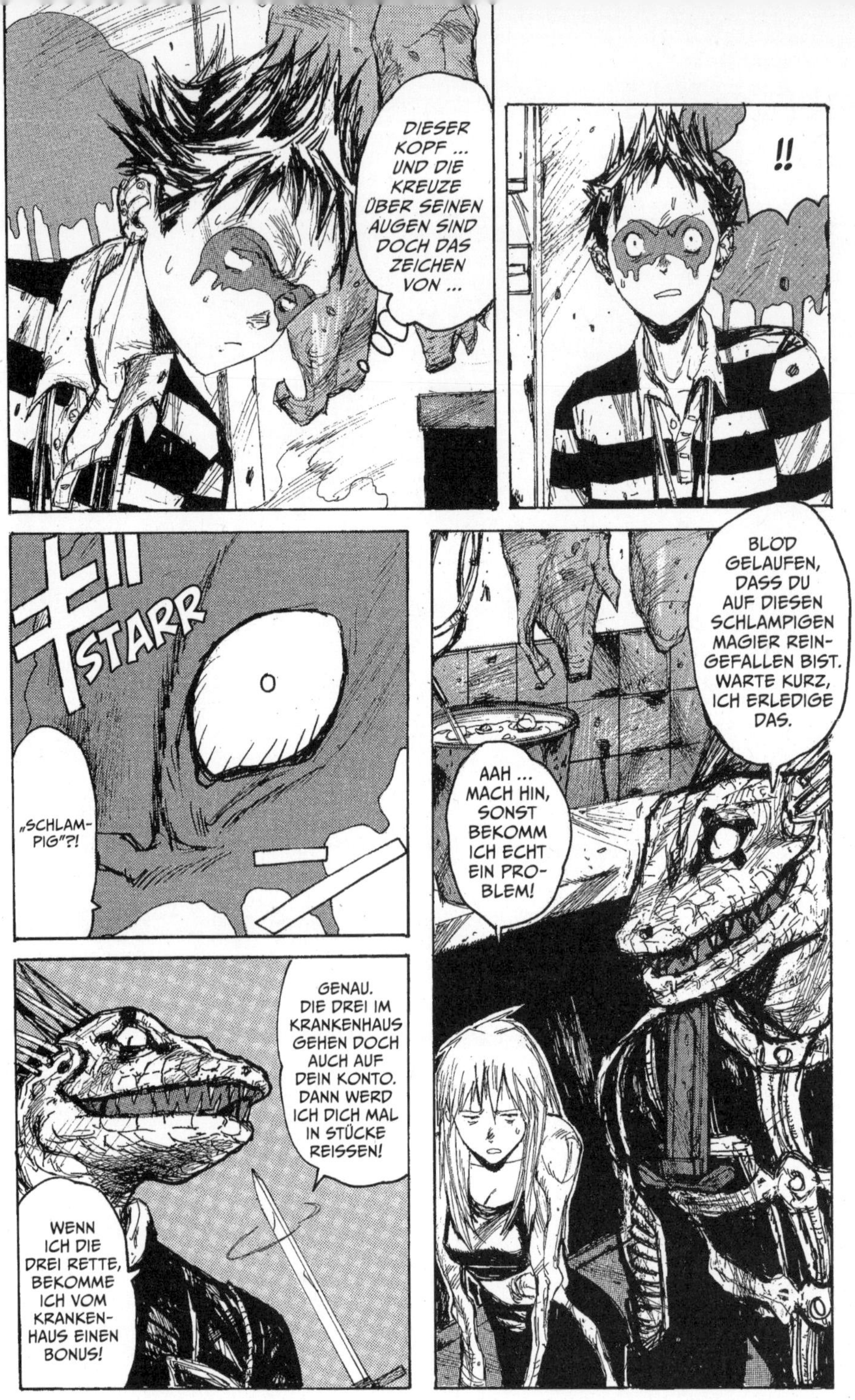
!!
DIESER KOPF ... UND DIE KREUZE ÜBER SEINEN AUGEN SIND DOCH DAS ZEICHEN VON ...
BLÖD GELAUFEN, DASS DU AUF DIESEN SCHLAMPIGEN MAGIER REIN-GEFALLEN BIST. WARTE KURZ, ICH ERLEDIGE DAS.
AAH ... MACH HIN, SONST BEKOMM ICH ECHT EIN PRO-BLEM!
STARR
„SCHLAM-PIG"?!
GENAU. DIE DREI IM KRANKENHAUS GEHEN DOCH AUCH AUF DEIN KONTO. DANN WERD ICH DICH MAL IN STÜCKE REISSEN!
WENN ICH DIE DREI RETTE, BEKOMME ICH VOM KRANKEN-HAUS EINEN BONUS!

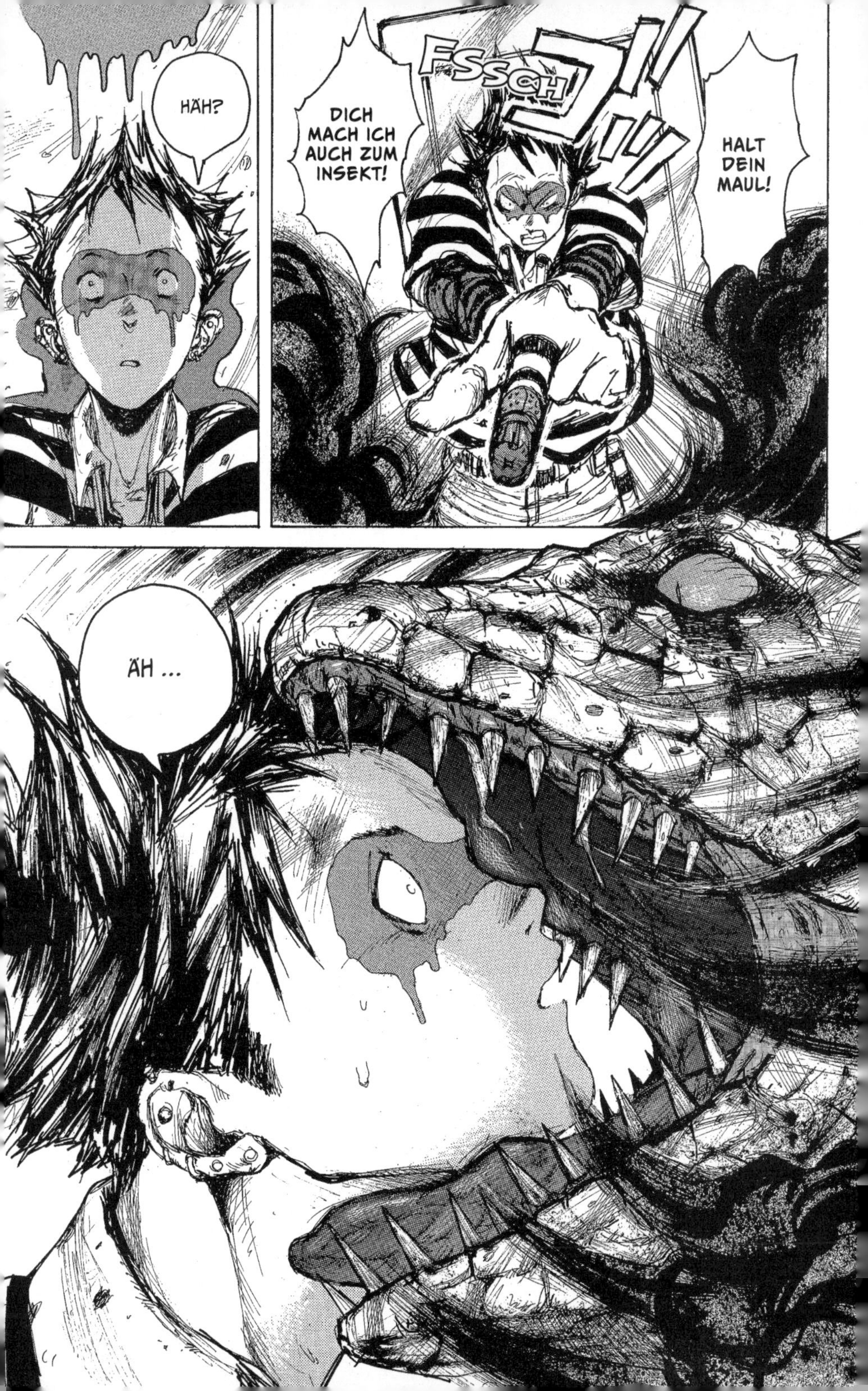
HALT DEIN MAUL!
FSSCH
DICH MACH ICH AUCH ZUM INSEKT!
HÄH?
ÄH ...

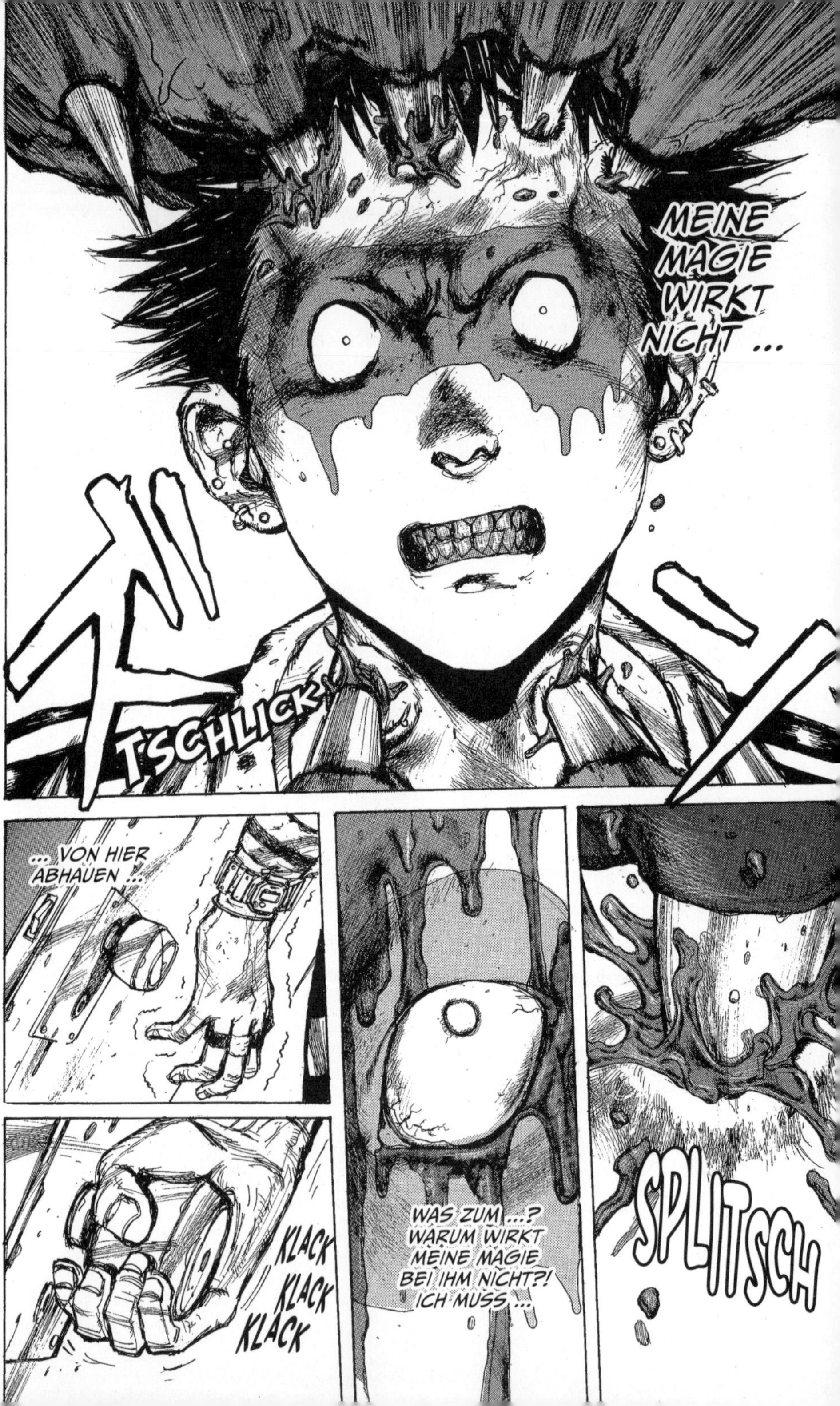

MEINE MAGIE WIRKT NICHT ...
TSCHLICK
SPLITSCH
WAS ZUM ...? WARUM WIRKT MEINE MAGIE BEI IHM NICHT?! ICH MUSS ...
... VON HIER ABHAUEN ...
KLACK KLACK KLACK

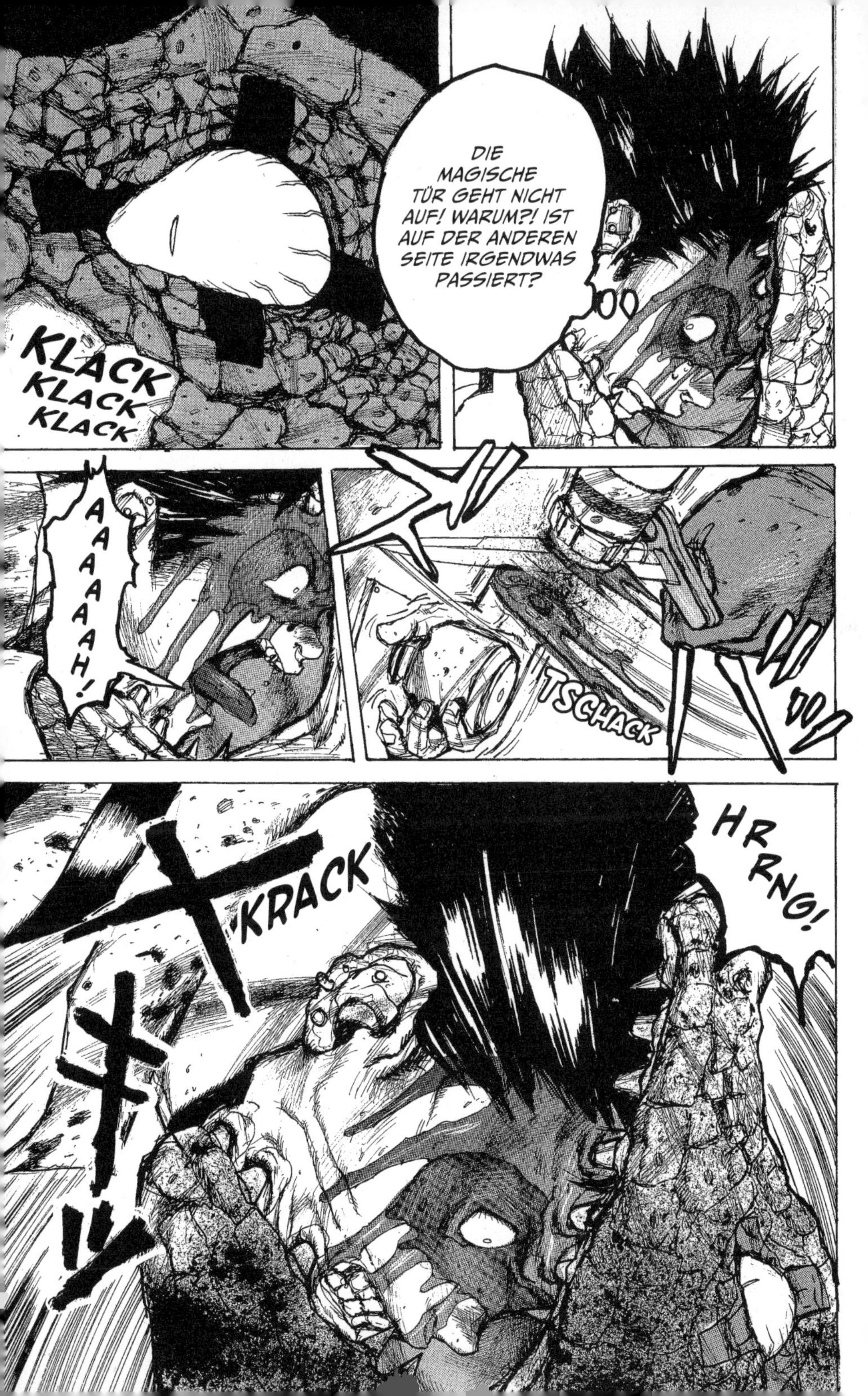
DIE MAGISCHE TÜR GEHT NICHT AUF! WARUM?! IST AUF DER ANDEREN SEITE IRGENDWAS PASSIERT?
KLACK KLACK KLACK
TSCHACK
AAAAAAAH!
HRRNG!
KRACK

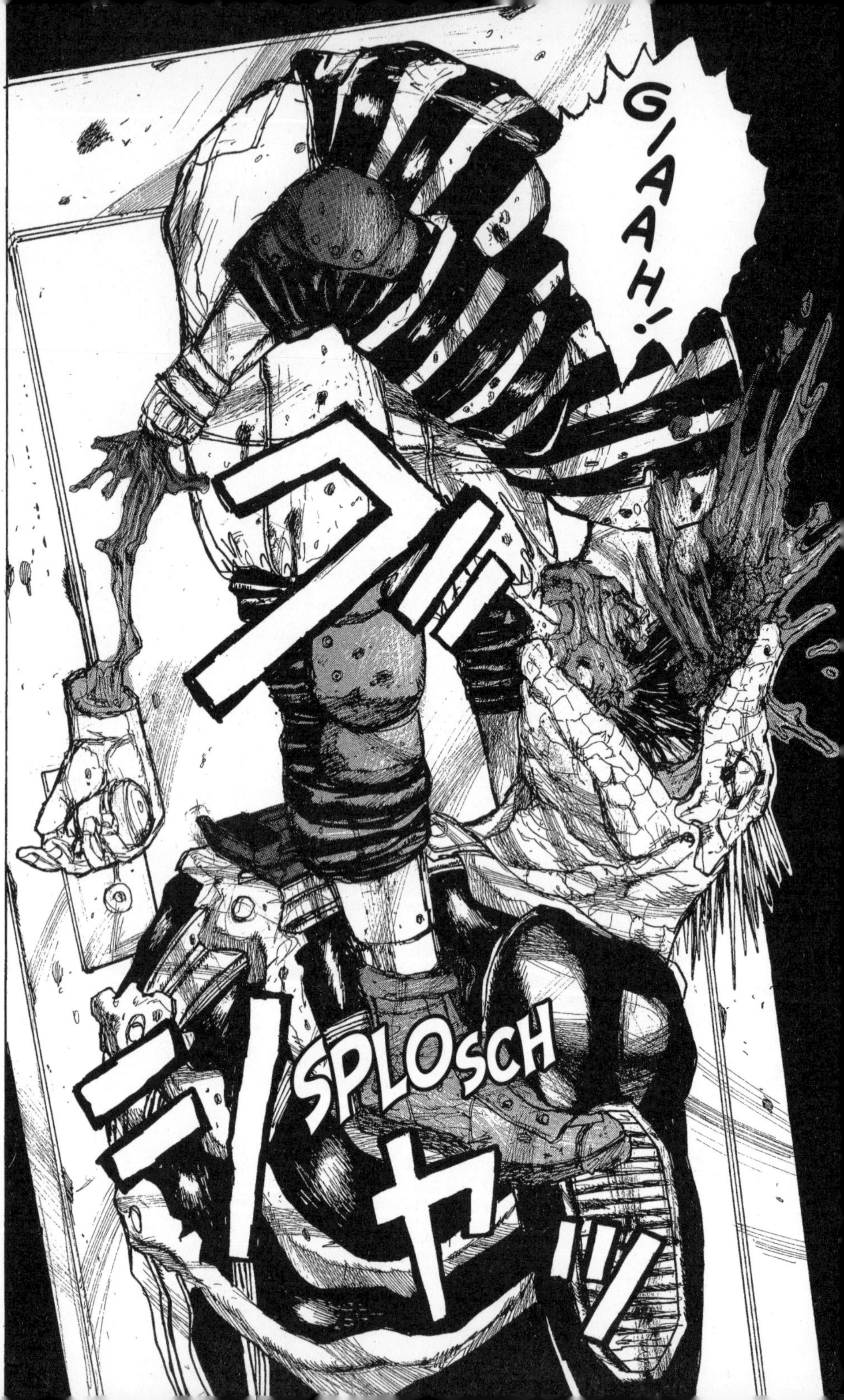
GAAH!
SPLOSCH

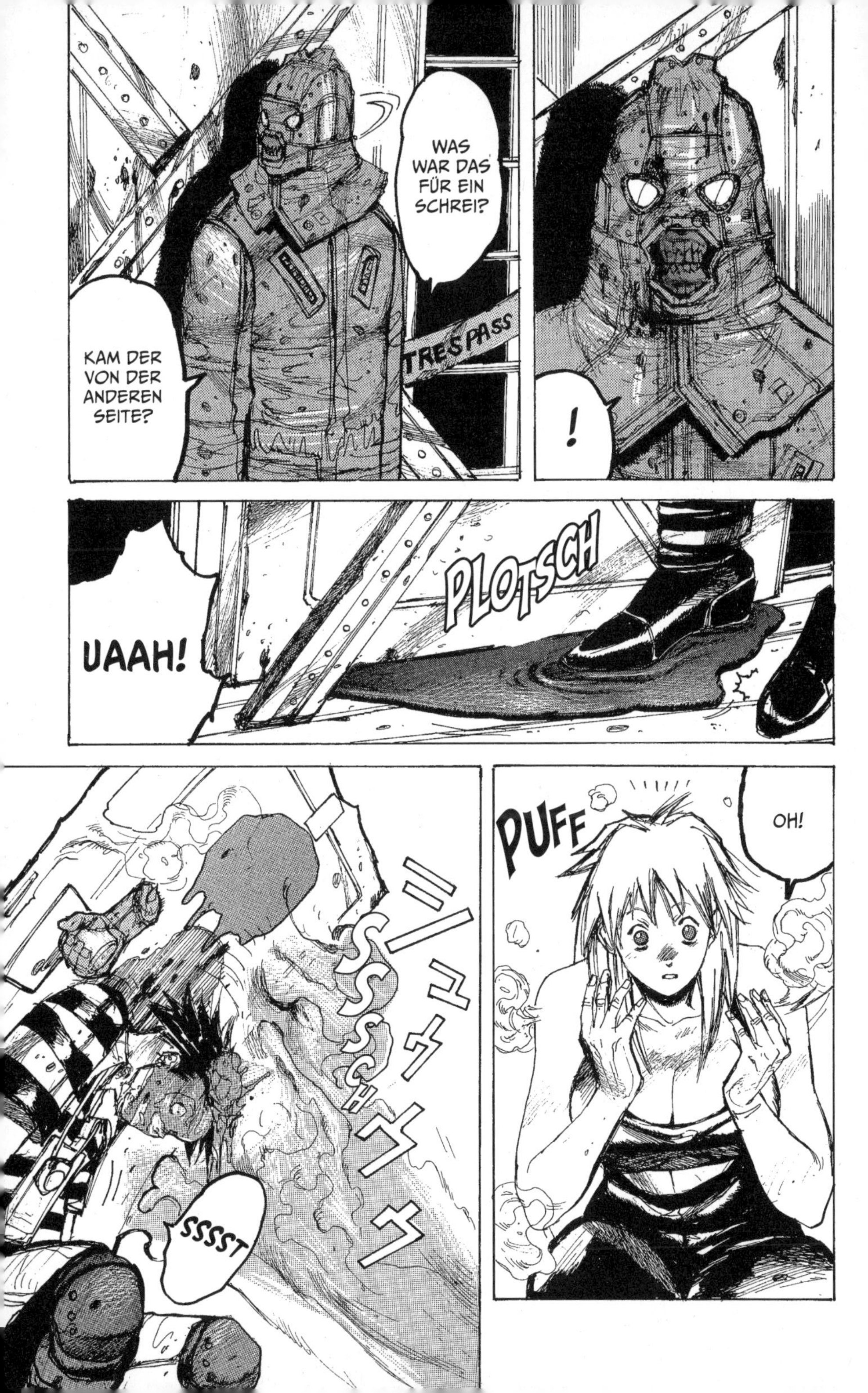
WAS WAR DAS FÜR EIN SCHREI?
KAM DER VON DER ANDEREN SEITE?
TRESPASS
!
PLOTSCH
UAAH!
OH!
PUFF
SSSSCH
SSSST

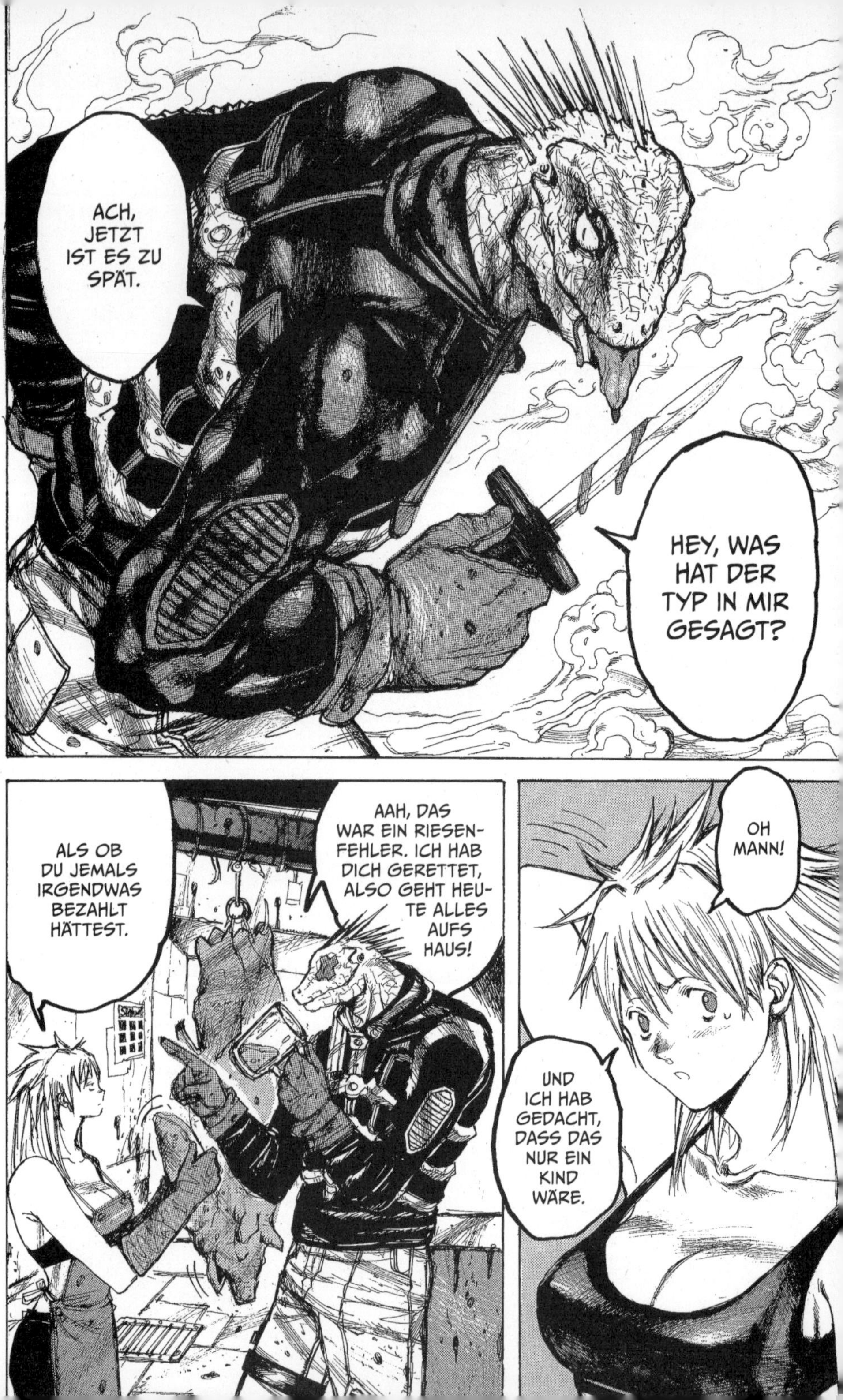
HEY, WAS HAT DER TYP IN MIR GESAGT?
ACH, JETZT IST ES ZU SPÄT.
OH MANN!
UND ICH HAB GEDACHT, DASS DAS NUR EIN KIND WÄRE.
AAH, DAS WAR EIN RIESEN-FEHLER. ICH HAB DICH GERETTET, ALSO GEHT HEU-TE ALLES AUFS HAUS!
ALS OB DU JEMALS IRGENDWAS BEZAHLT HÄTTEST.

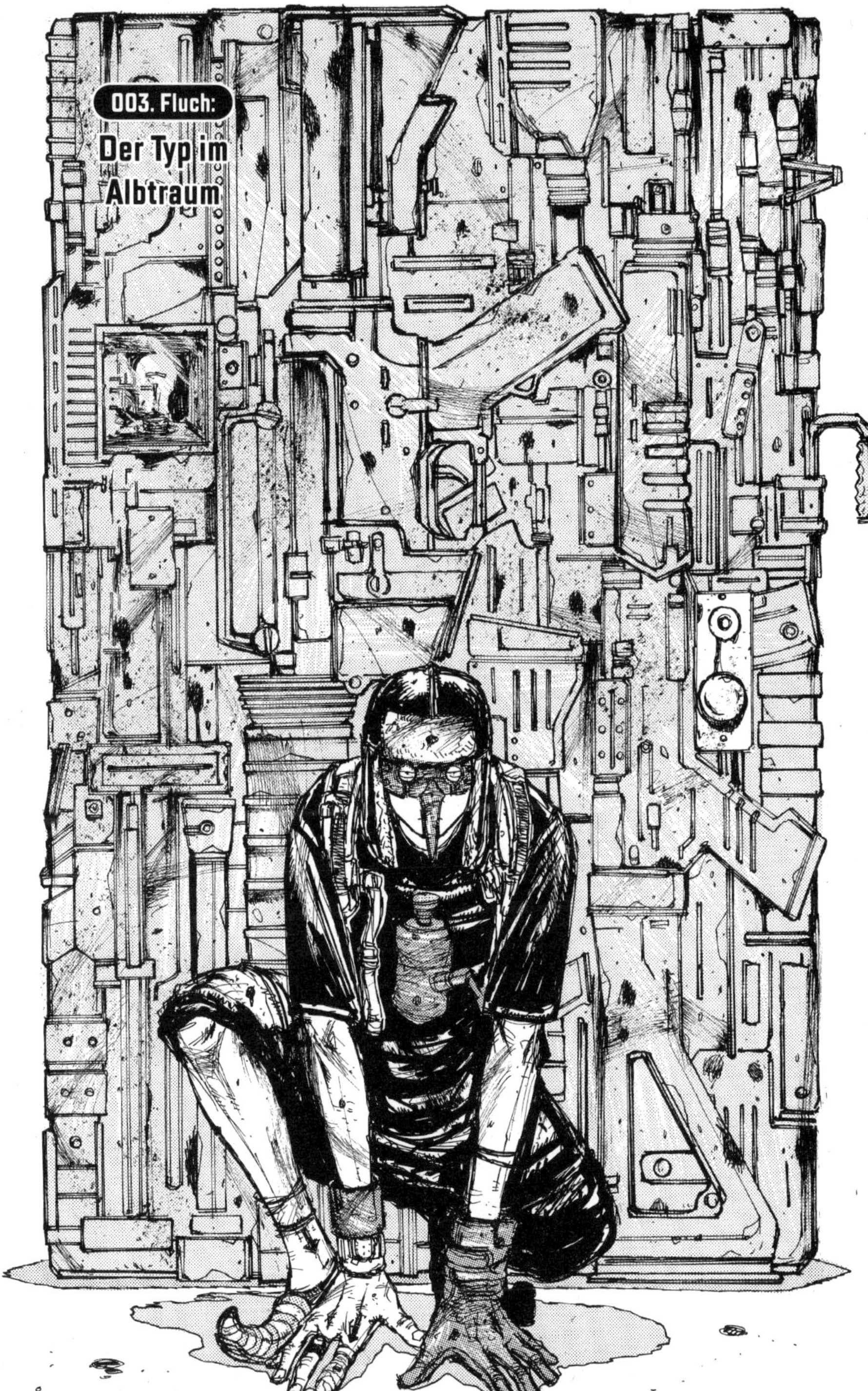
003. Fluch:
Der Typ im Albtraum

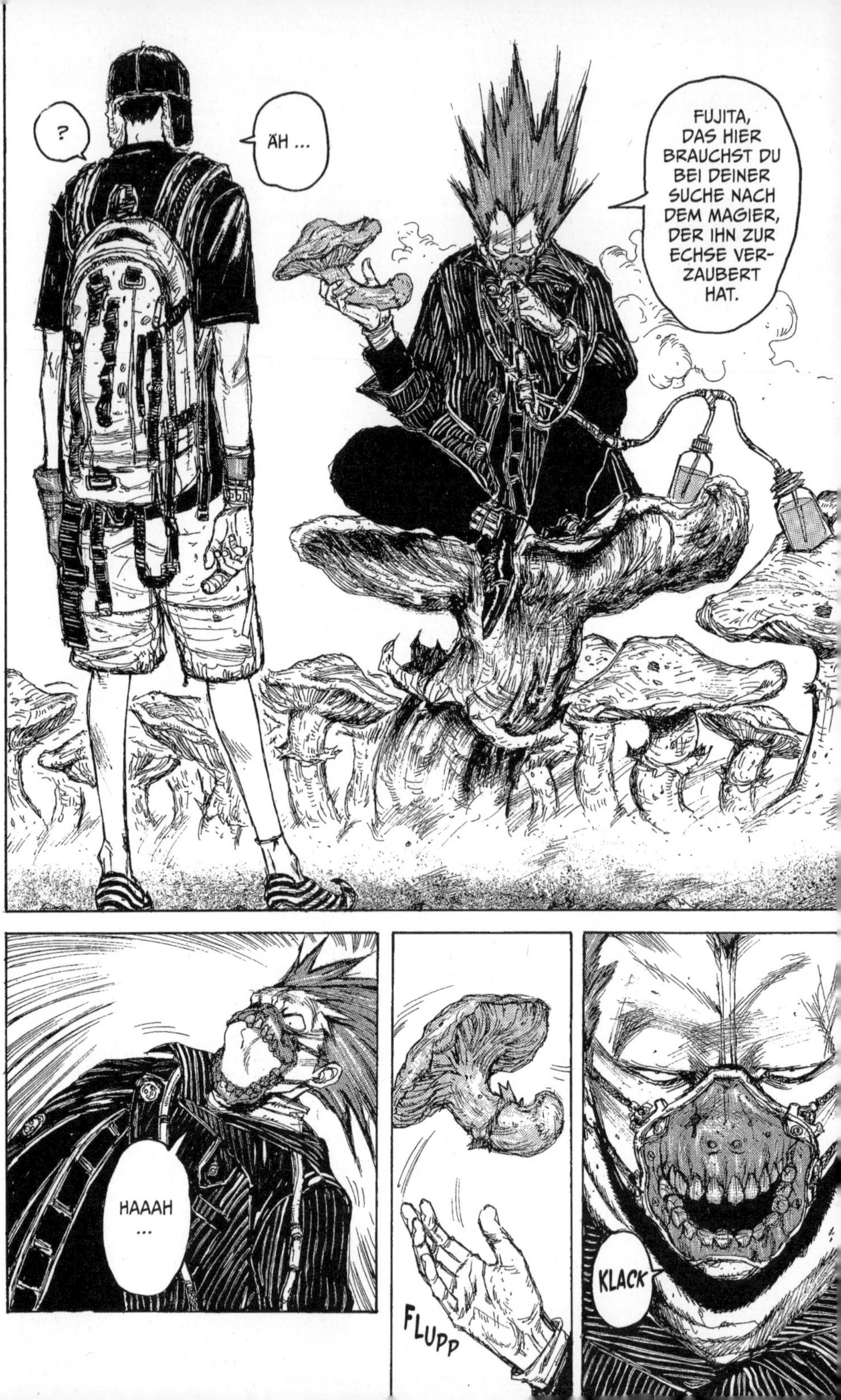

FUJITA, DAS HIER BRAUCHST DU BEI DEINER SUCHE NACH DEM MAGIER, DER IHN ZUR ECHSE VER-ZAUBERT HAT.
ÄH ...
?
HAAAH ...
FLUPP
KLACK

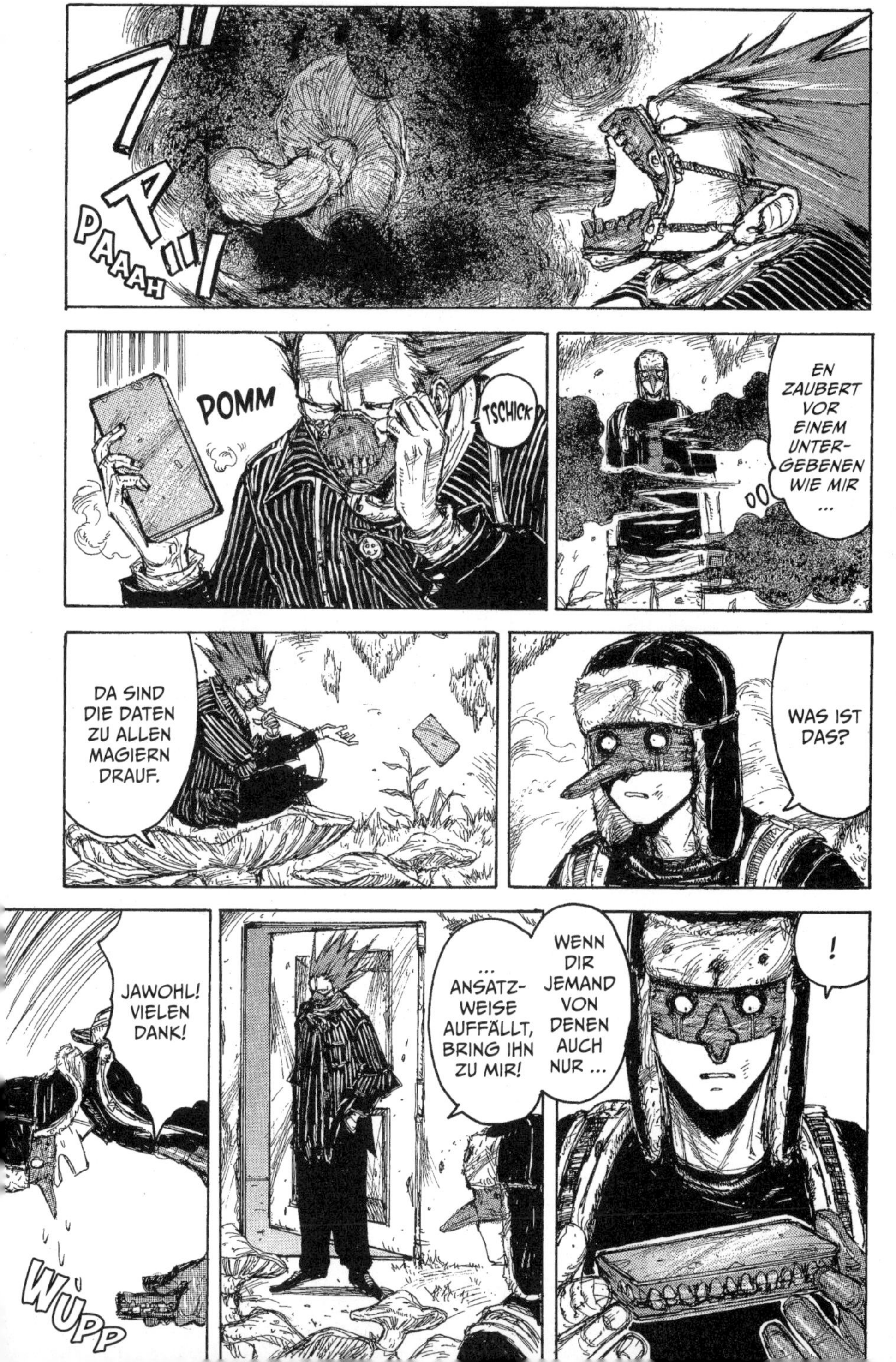
PAAAAH
EN ZAUBERT VOR EINEM UNTER-GEBENEN WIE MIR ...
TSCHICK
POMM
WAS IST DAS?
DA SIND DIE DATEN ZU ALLEN MAGIERN DRAUF.
!
WENN DIR JEMAND VON DENEN AUCH NUR ...
... ANSATZ-WEISE AUFFÄLLT, BRING IHN ZU MIR!
JAWOHL! VIELEN DANK!
WUPP

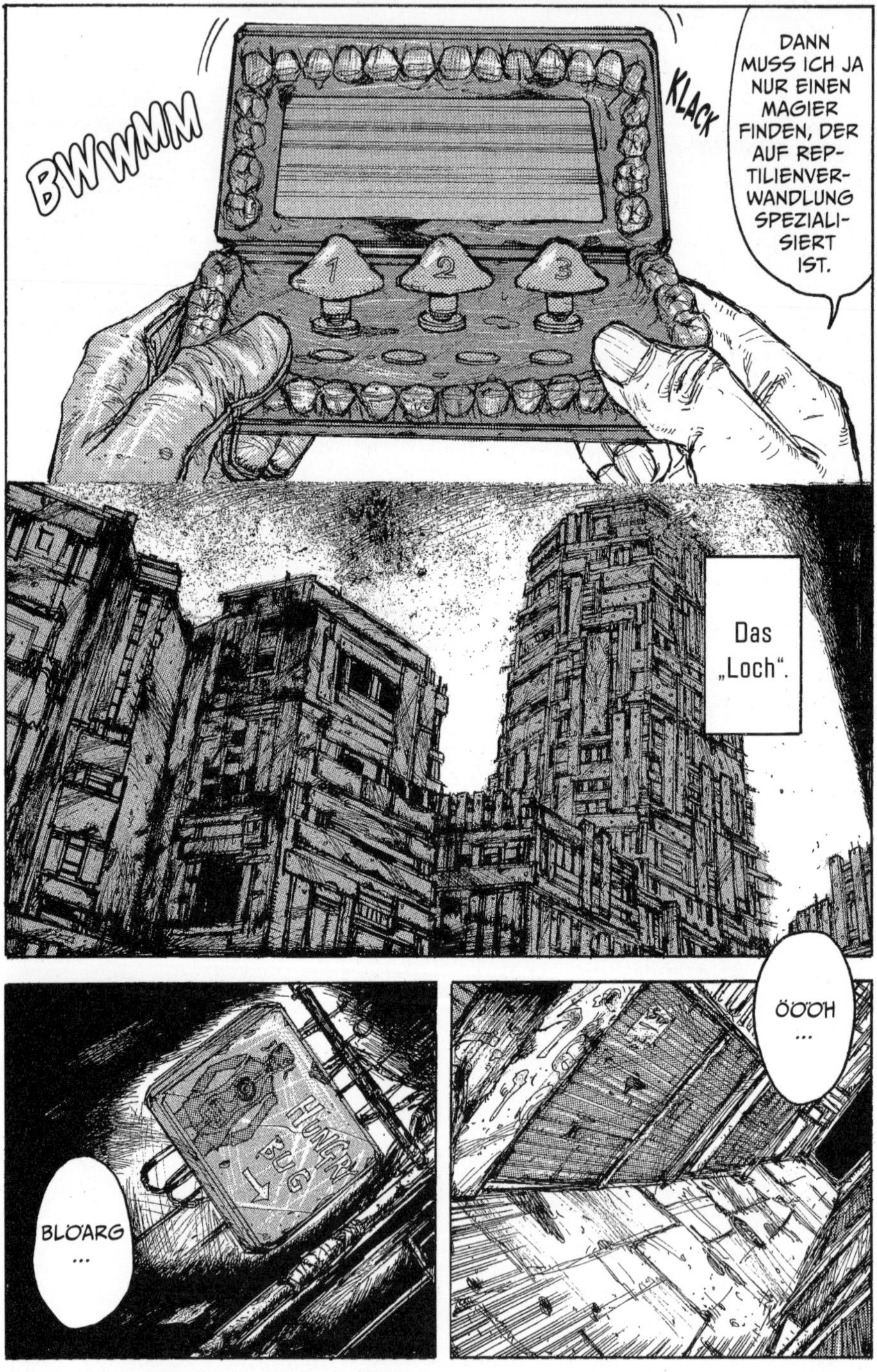
BWWMM
KLACK
DANN MUSS ICH JA NUR EINEN MAGIER FINDEN, DER AUF REPTILIENVERWANDLUNG SPEZIALISIERT IST.
Das „Loch“.
ÖÖÖH ...
HUNGRY BUG
BLÖARG ...

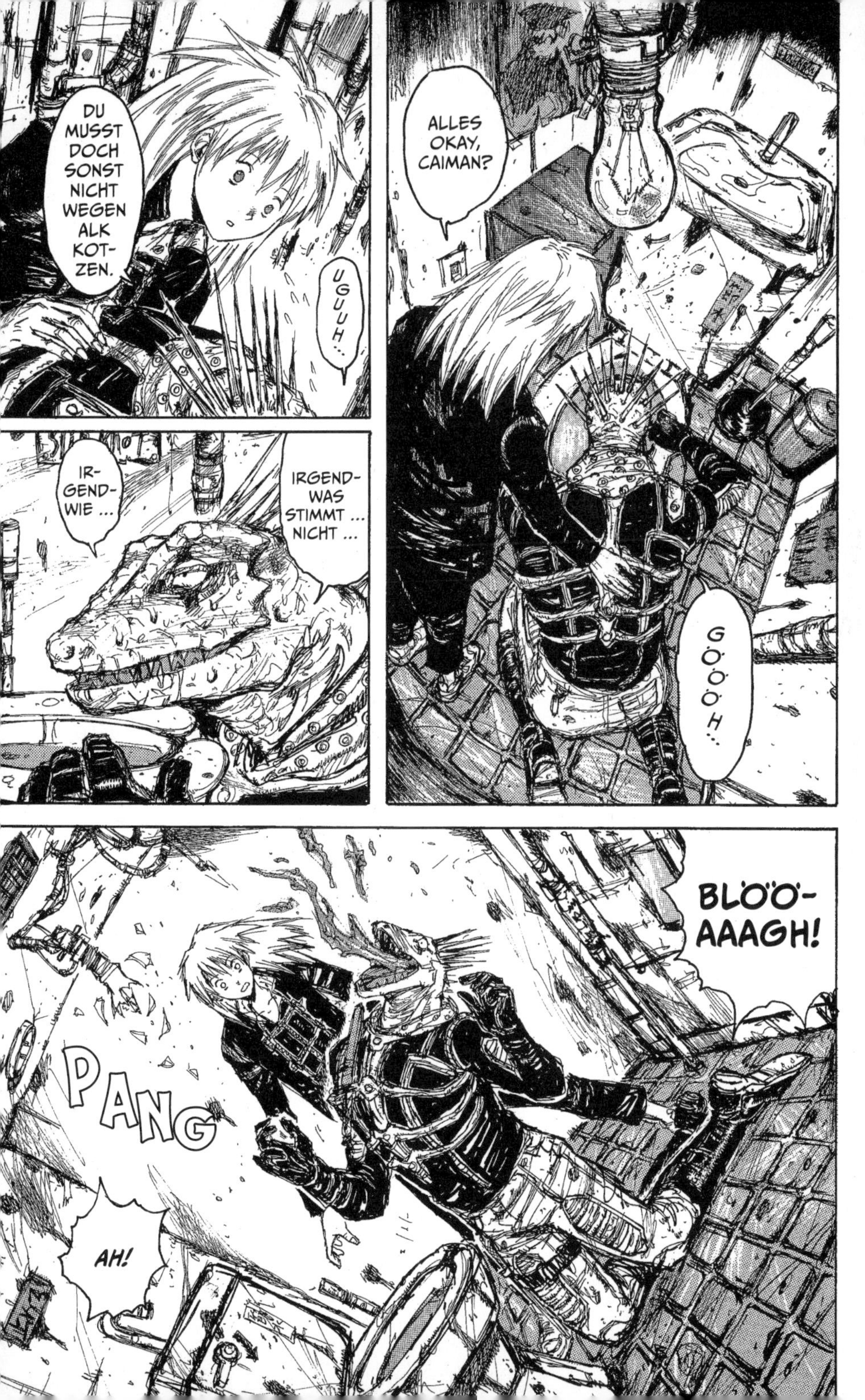

ALLES OKAY, CAIMAN?
DU MUSST DOCH SONST NICHT WEGEN ALK KOT-ZEN.
UGUUH ...
GÖÖÖH ...
IRGEND-WAS STIMMT ... NICHT ...
IR-GEND-WIE ...
BLÖÖ-AAAGH!
PANG
AH!

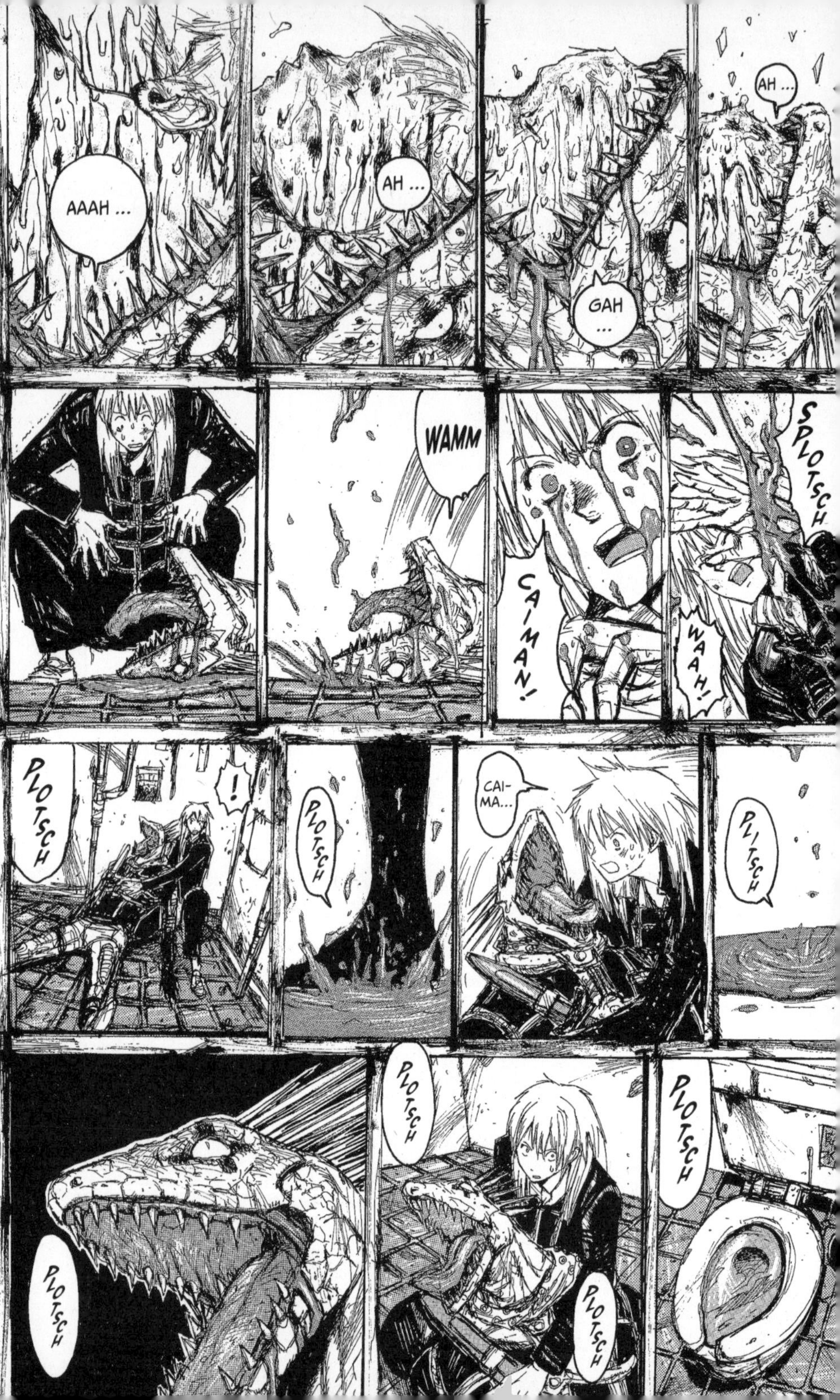
AH ...
GAH ...
AH ...
AAAH ...
SPLOTSCH
WAAH!
CAIMAN!
WAMM
PLITSCH
CAI-MA...
PLOTSCH
!
PLOTSCH
PLOTSCH
PLOTSCH
PLOTSCH
PLOTSCH

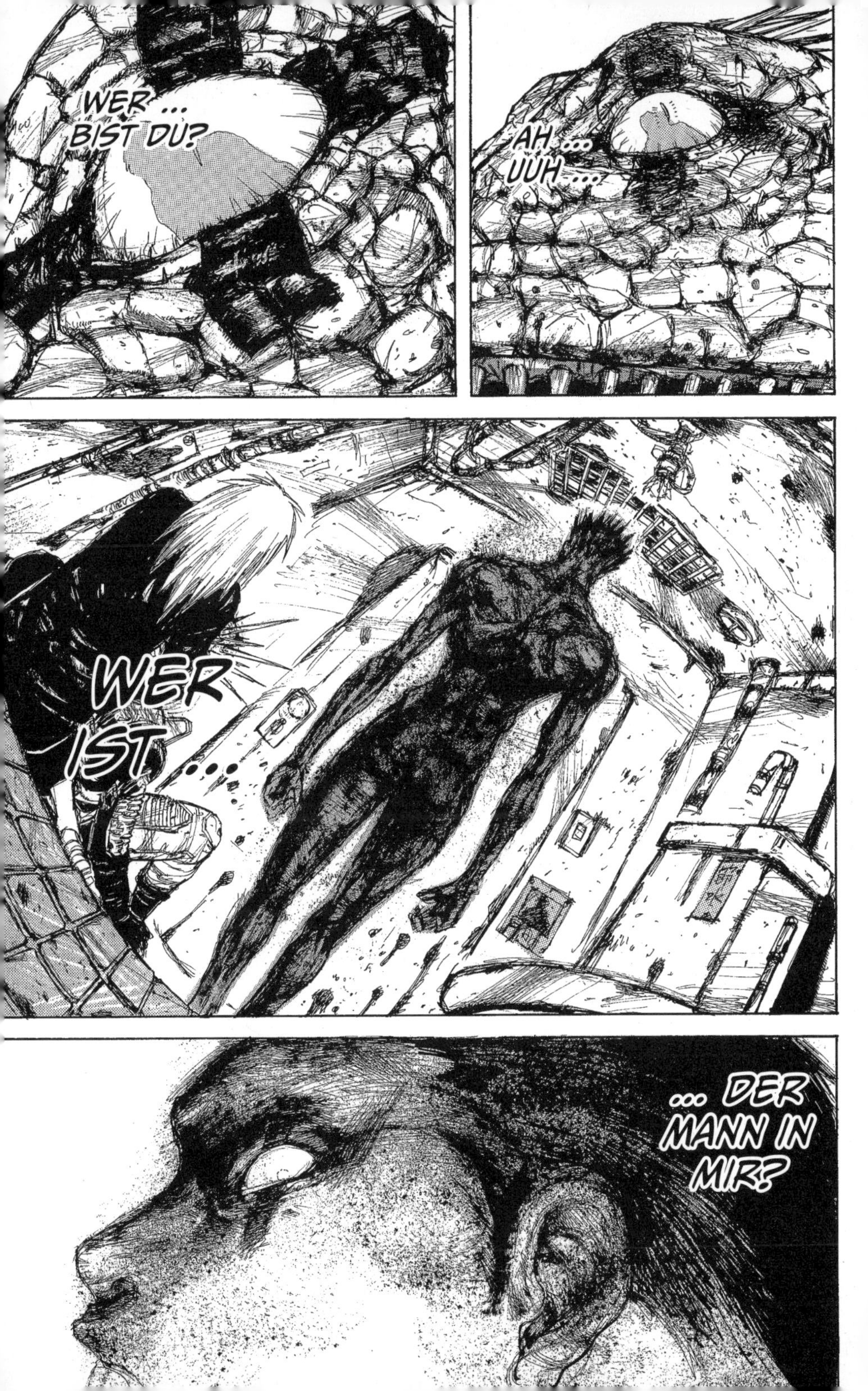
WER ...
BIST DU?
AH ...
UUH ...
WER
IST ...
... DER
MANN IN
MIR?

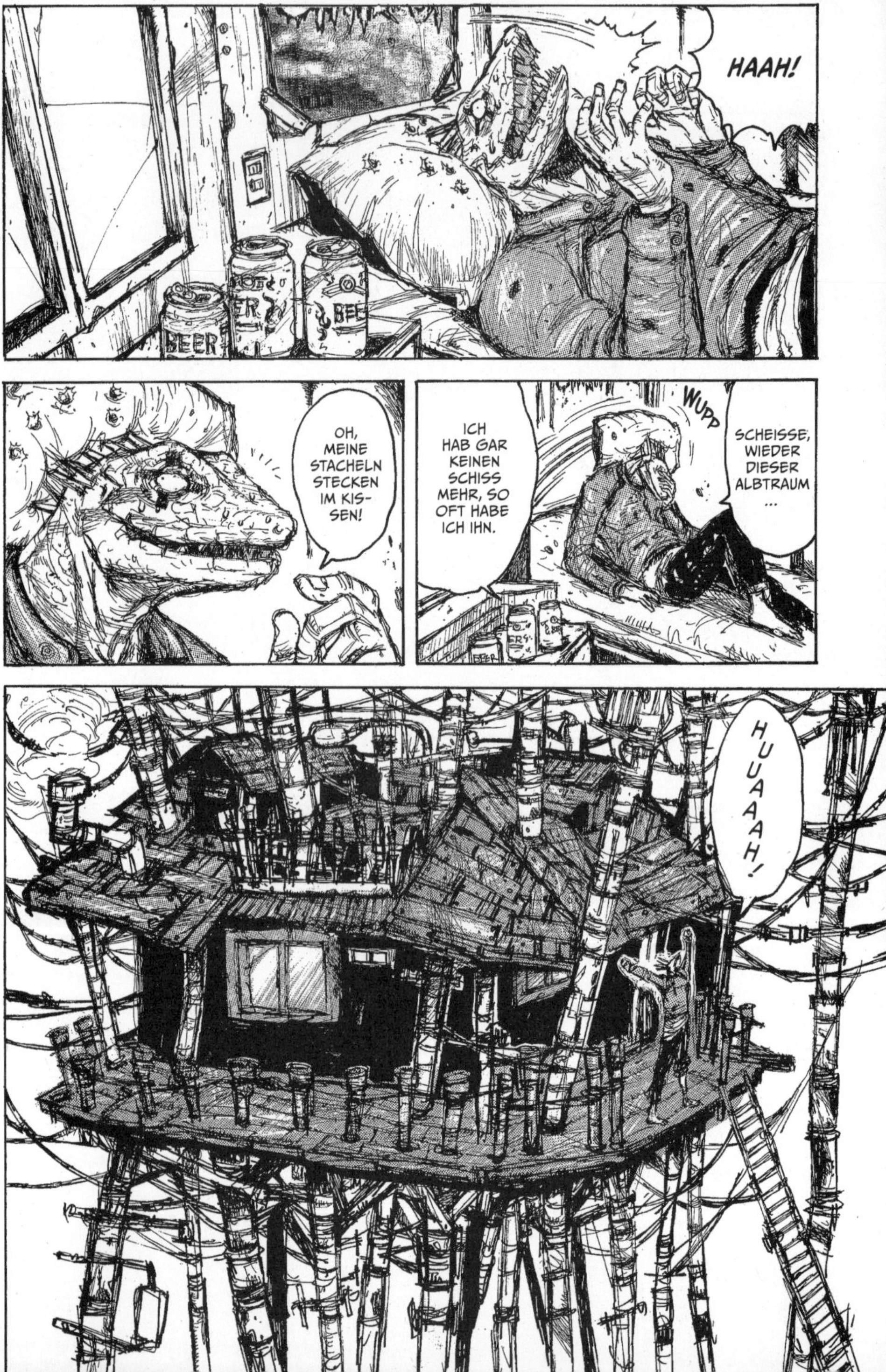
HAAH!
OH, MEINE STACHELN STECKEN IM KIS-SEN!
WUPP
SCHEISSE, WIEDER DIESER ALBTRAUM ...
ICH HAB GAR KEINEN SCHISS MEHR, SO OFT HABE ICH IHN.
HUUAAAH!

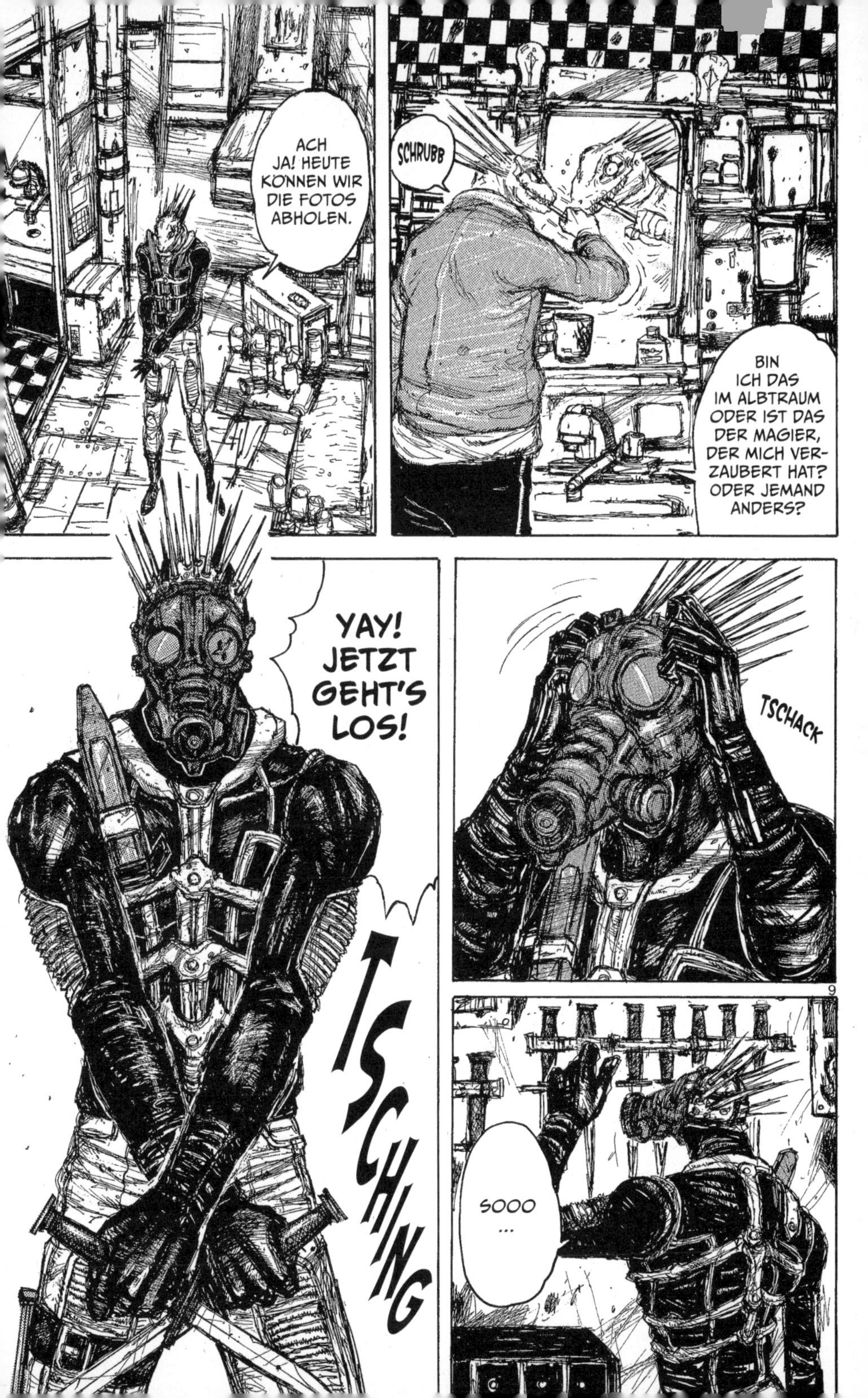
SCHRUBB
BIN ICH DAS IM ALBTRAUM ODER IST DAS DER MAGIER, DER MICH VERZAUBERT HAT? ODER JEMAND ANDERS?
ACH JA! HEUTE KÖNNEN WIR DIE FOTOS ABHOLEN.
YAY! JETZT GEHT'S LOS!
TSCHING
TSCHACK
SOOO ...

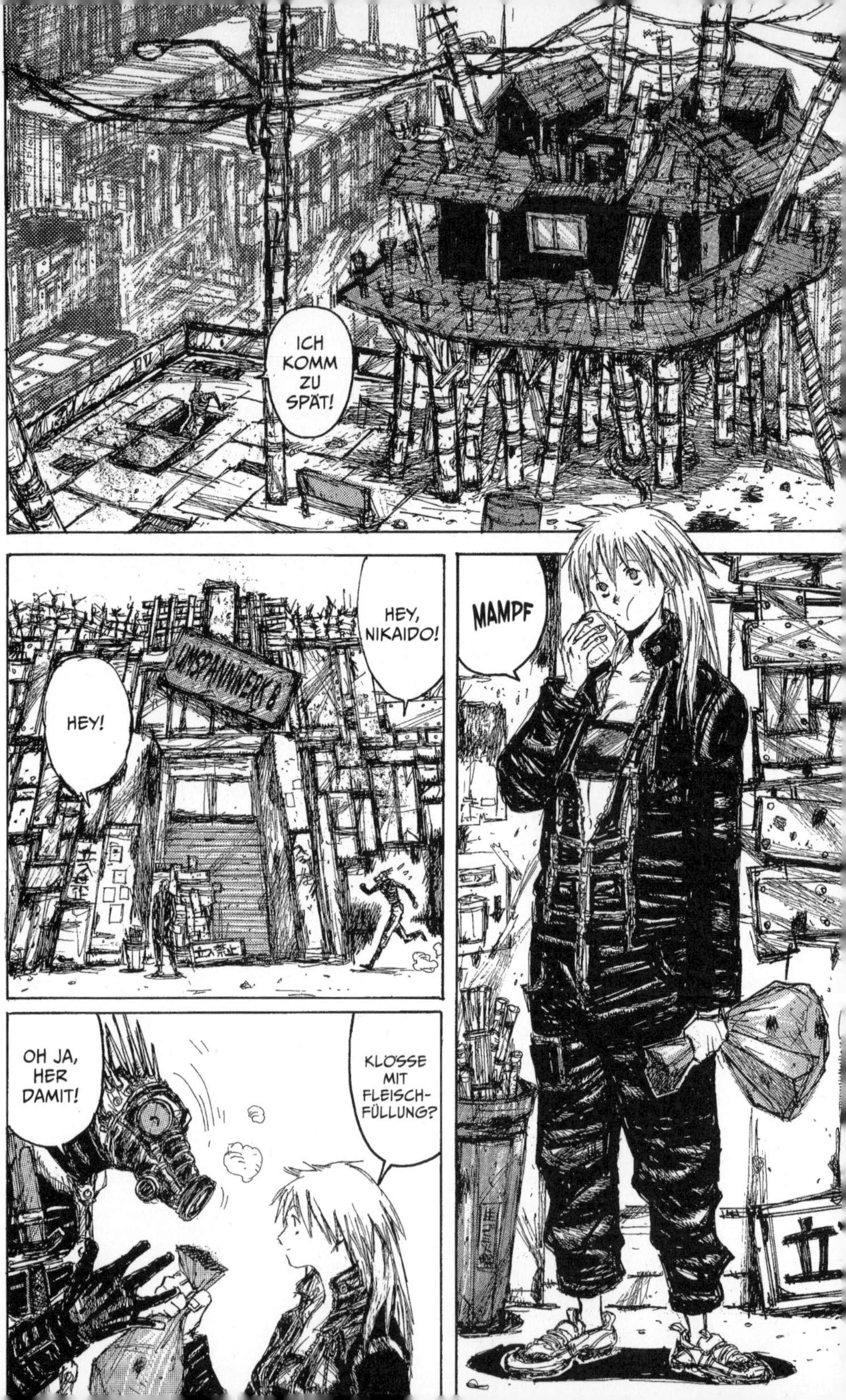
ICH KOMM ZU SPÄT!
MAMPF
HEY, NIKAIDO!
HEY!
KLÖSSE MIT FLEISCH-FÜLLUNG?
OH JA, HER DAMIT!

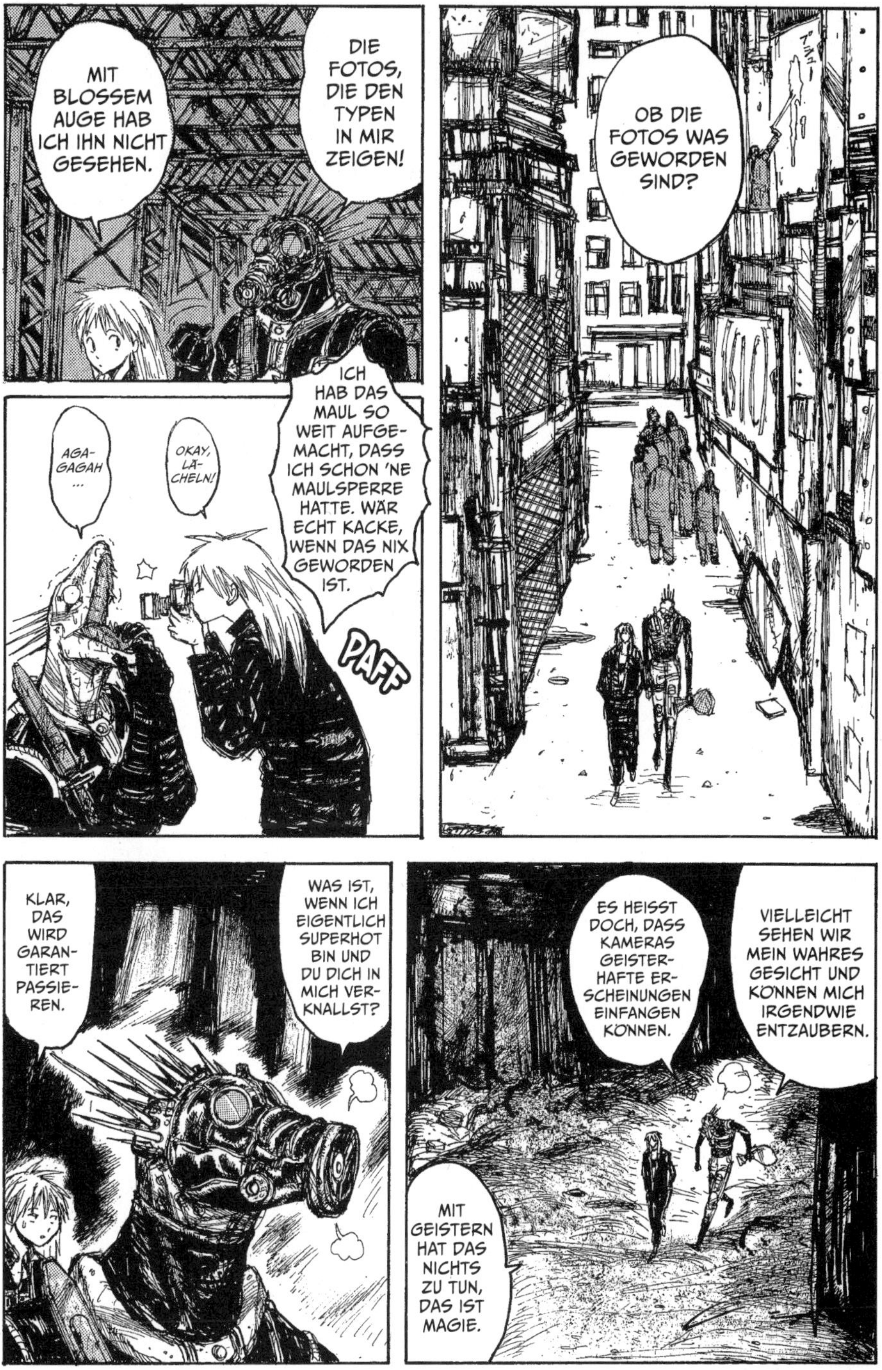
OB DIE FOTOS WAS GEWORDEN SIND?
DIE FOTOS, DIE DEN TYPEN IN MIR ZEIGEN!
MIT BLOSSEM AUGE HAB ICH IHN NICHT GESEHEN.
ICH HAB DAS MAUL SO WEIT AUFGE-MACHT, DASS ICH SCHON 'NE MAULSPERRE HATTE. WÄR ECHT KACKE, WENN DAS NIX GEWORDEN IST.
PAFF
OKAY, LÄ-CHELN!
AGA-GAGAH ...
VIELLEICHT SEHEN WIR MEIN WAHRES GESICHT UND KÖNNEN MICH IRGENDWIE ENTZAUBERN.
ES HEISST DOCH, DASS KAMERAS GEISTER-HAFTE ER-SCHEINUNGEN EINFANGEN KÖNNEN.
MIT GEISTERN HAT DAS NICHTS ZU TUN, DAS IST MAGIE.
WAS IST, WENN ICH EIGENTLICH SUPERHOT BIN UND DU DICH IN MICH VER-KNALLST?
KLAR, DAS WIRD GARAN-TIERT PASSIE-REN.

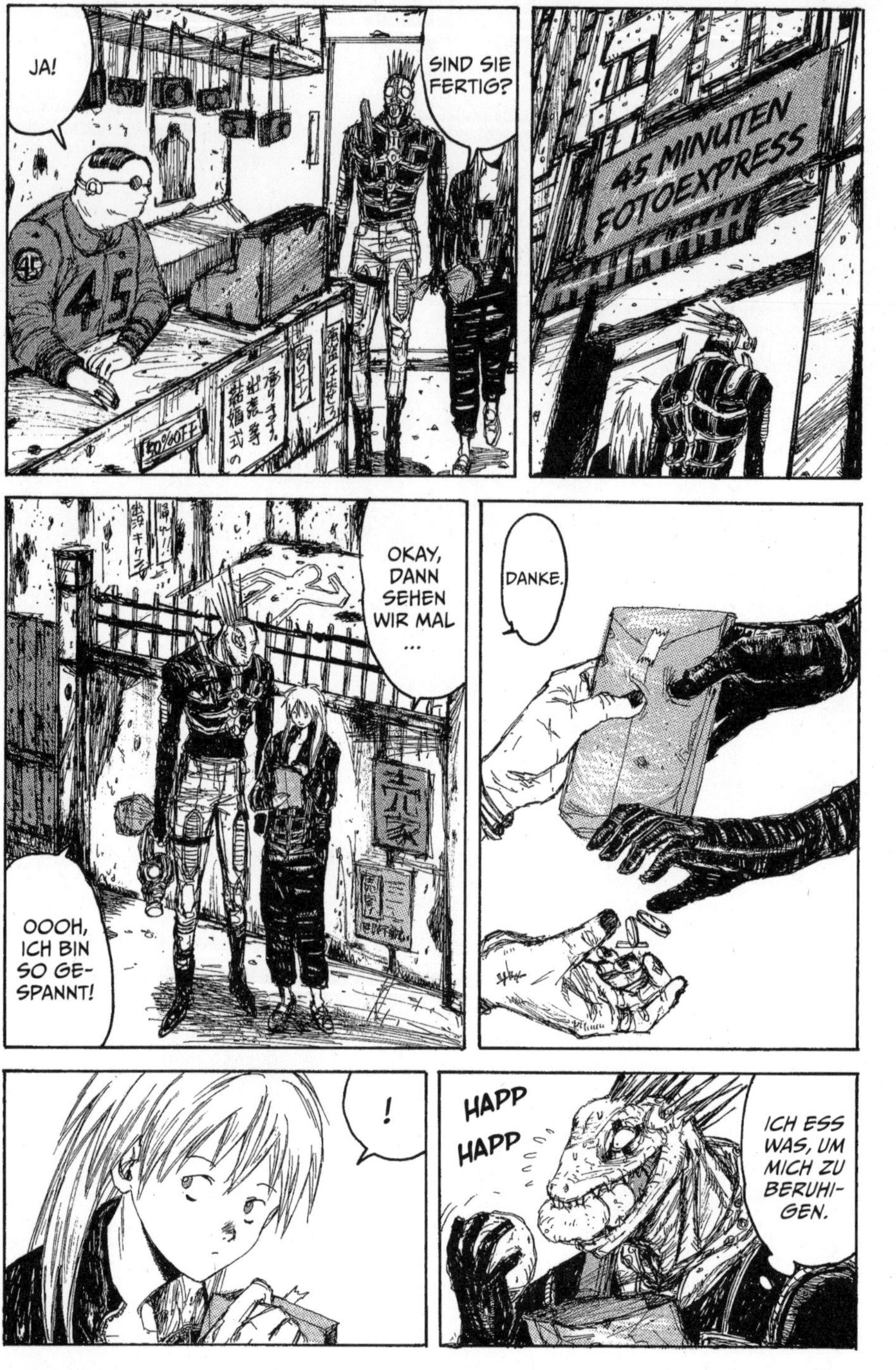
45 MINUTEN FOTOEXPRESS
SIND SIE FERTIG?
JA!
DANKE.
OKAY, DANN SEHEN WIR MAL ...
OOOH, ICH BIN SO GESPANNT!
ICH ESS WAS, UM MICH ZU BERUHIGEN.
HAPP HAPP
!

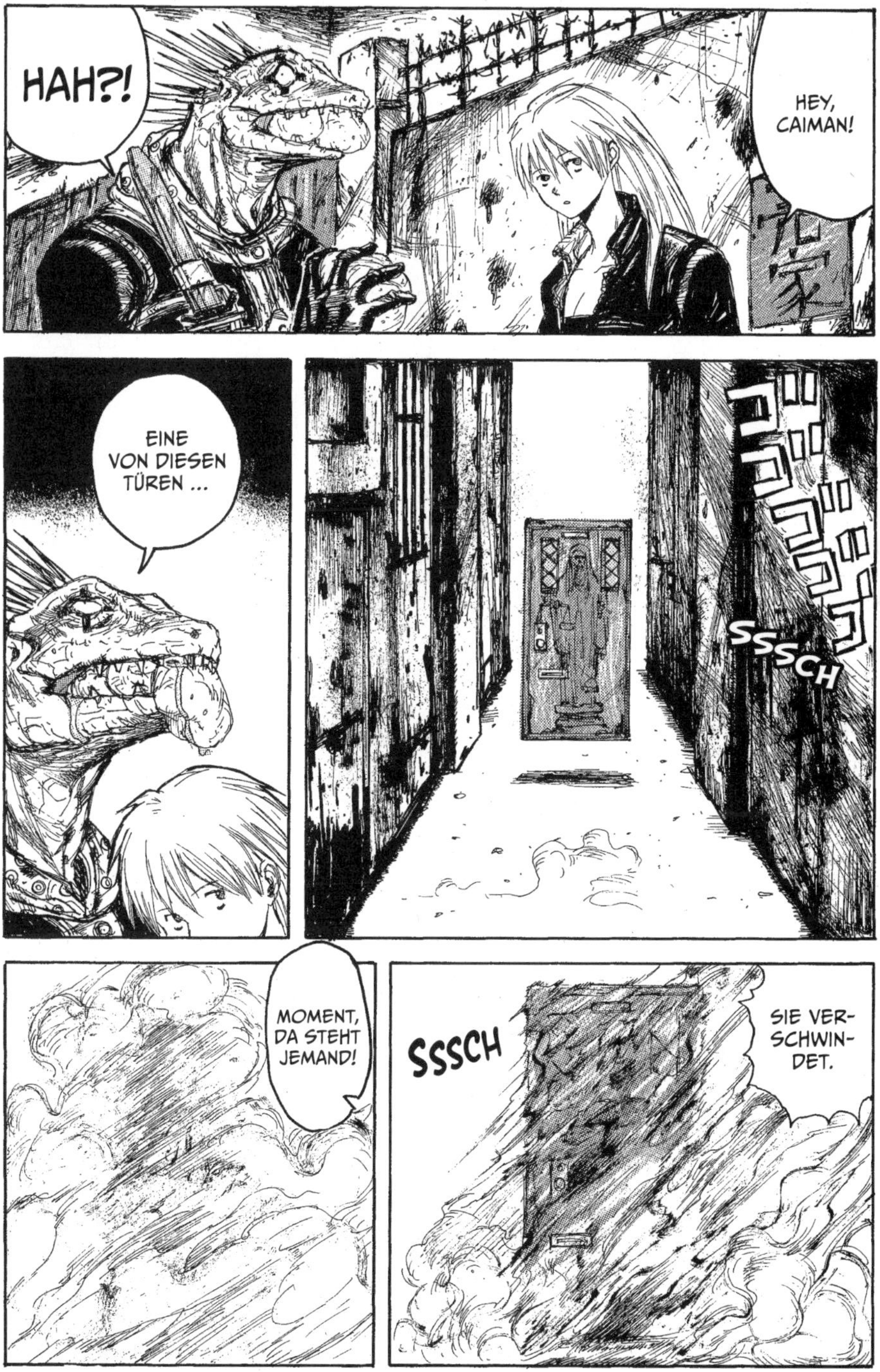
HEY, CAIMAN!
HAH?!
SSSCH
EINE VON DIESEN TÜREN ...
SIE VER-SCHWIN-DET.
SSSCH
MOMENT, DA STEHT JEMAND!

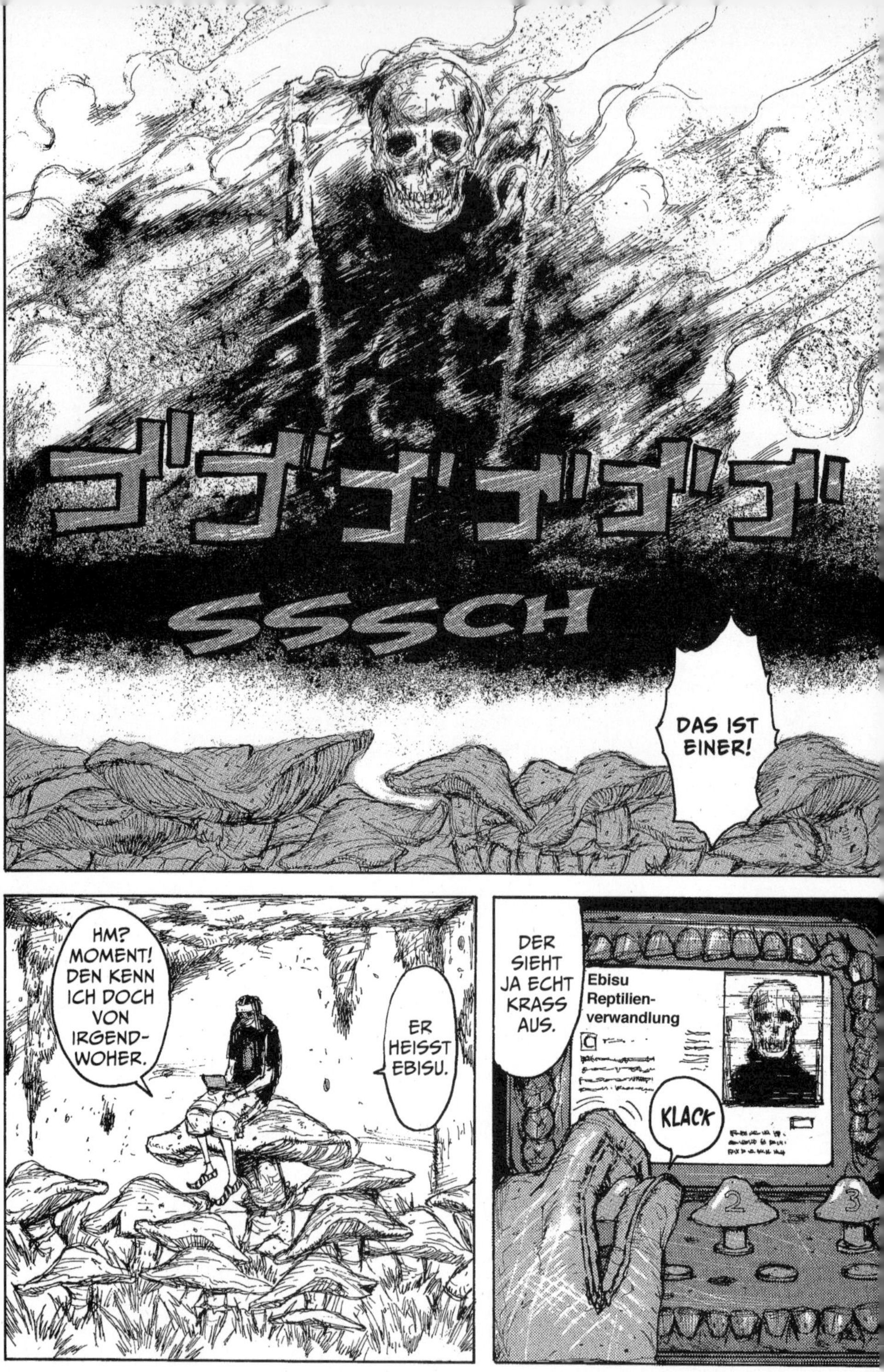
ゴゴゴゴゴゴ
SSSCH
DAS IST EINER!
DER SIEHT JA ECHT KRASS AUS.
Ebisu
Reptilienverwandlung
KLACK
ER HEISST EBISU.
HM? MOMENT! DEN KENN ICH DOCH VON IRGENDWOHER.

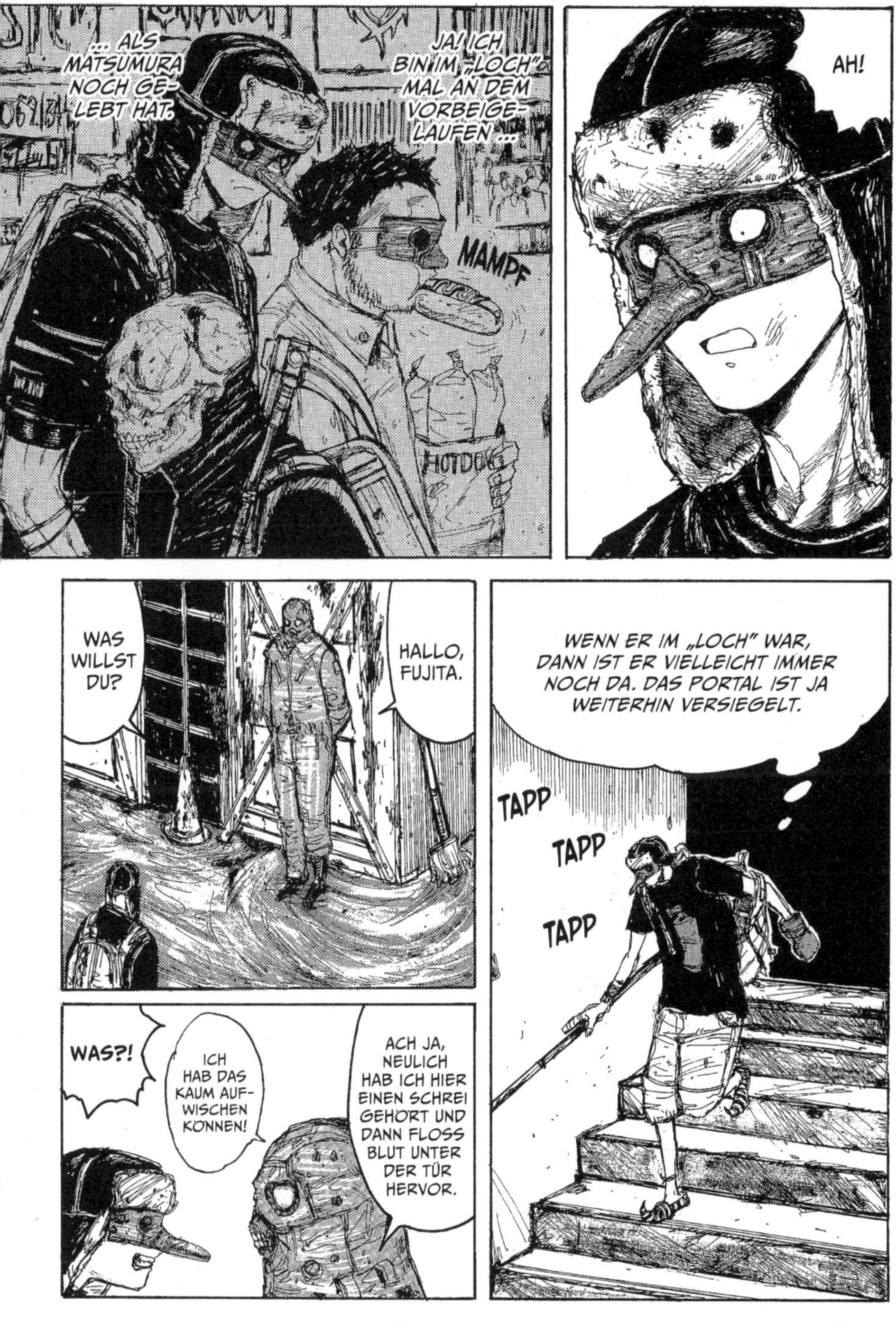
JA! ICH BIN IM „LOCH" MAL AN DEM VORBEIGE-LAUFEN ...
... ALS MATSUMURA NOCH GE-LEBT HAT.
MAMPF
HOTDOG
AH!
WENN ER IM „LOCH" WAR, DANN IST ER VIELLEICHT IMMER NOCH DA. DAS PORTAL IST JA WEITERHIN VERSIEGELT.
TAPP
TAPP
TAPP
HALLO, FUJITA.
WAS WILLST DU?
ACH JA, NEULICH HAB ICH HIER EINEN SCHREI GEHÖRT UND DANN FLOSS BLUT UNTER DER TÜR HERVOR.
ICH HAB DAS KAUM AUF-WISCHEN KÖNNEN!
WAS?!

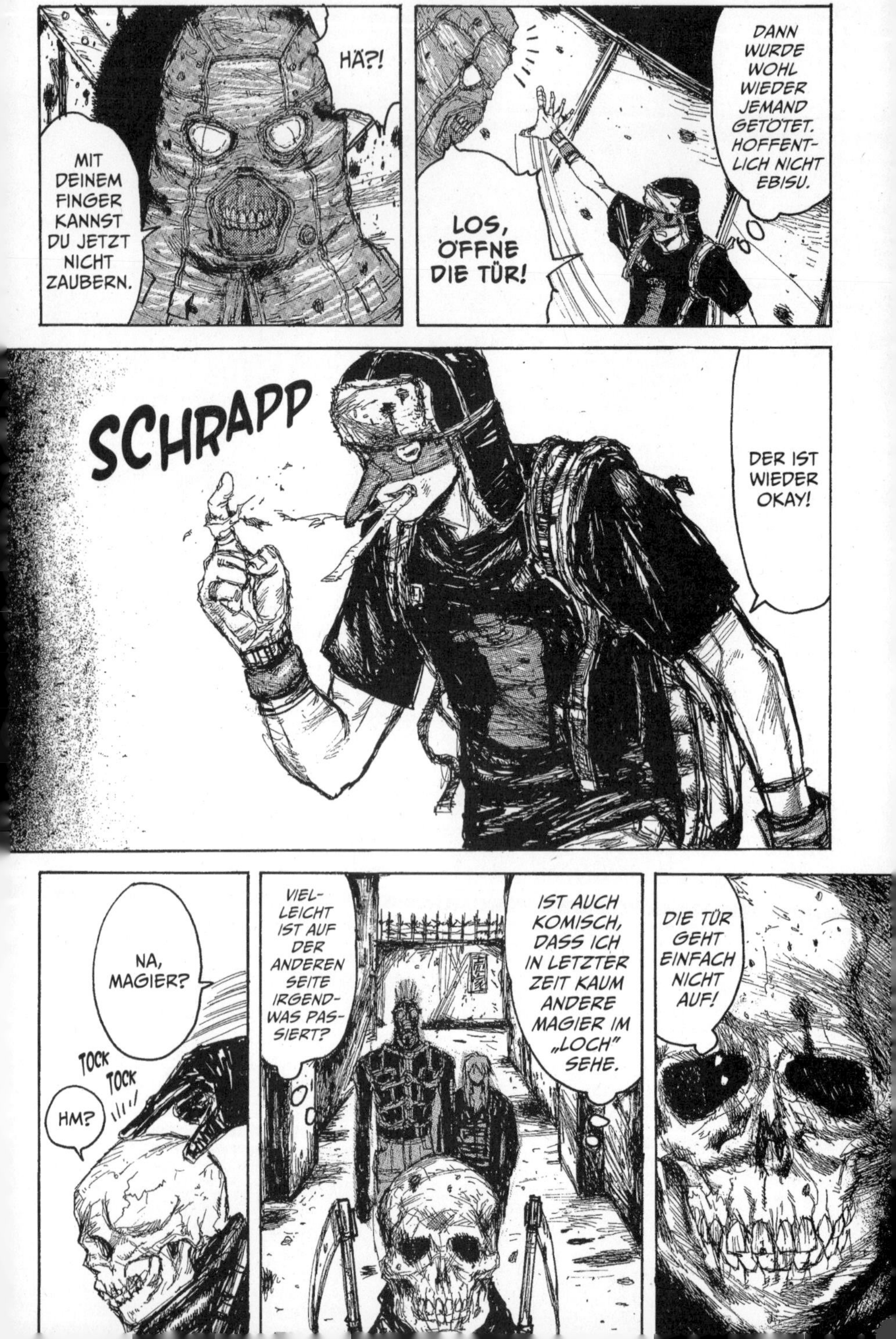
DANN WURDE WOHL WIEDER JEMAND GETÖTET. HOFFENT-LICH NICHT EBISU.
LOS, ÖFFNE DIE TÜR!
HÄ?!
MIT DEINEM FINGER KANNST DU JETZT NICHT ZAUBERN.
DER IST WIEDER OKAY!
SCHRAPP
DIE TÜR GEHT EINFACH NICHT AUF!
IST AUCH KOMISCH, DASS ICH IN LETZTER ZEIT KAUM ANDERE MAGIER IM „LOCH" SEHE.
VIEL-LEICHT IST AUF DER ANDEREN SEITE IRGEND-WAS PAS-SIERT?
NA, MAGIER?
TOCK TOCK
HM?

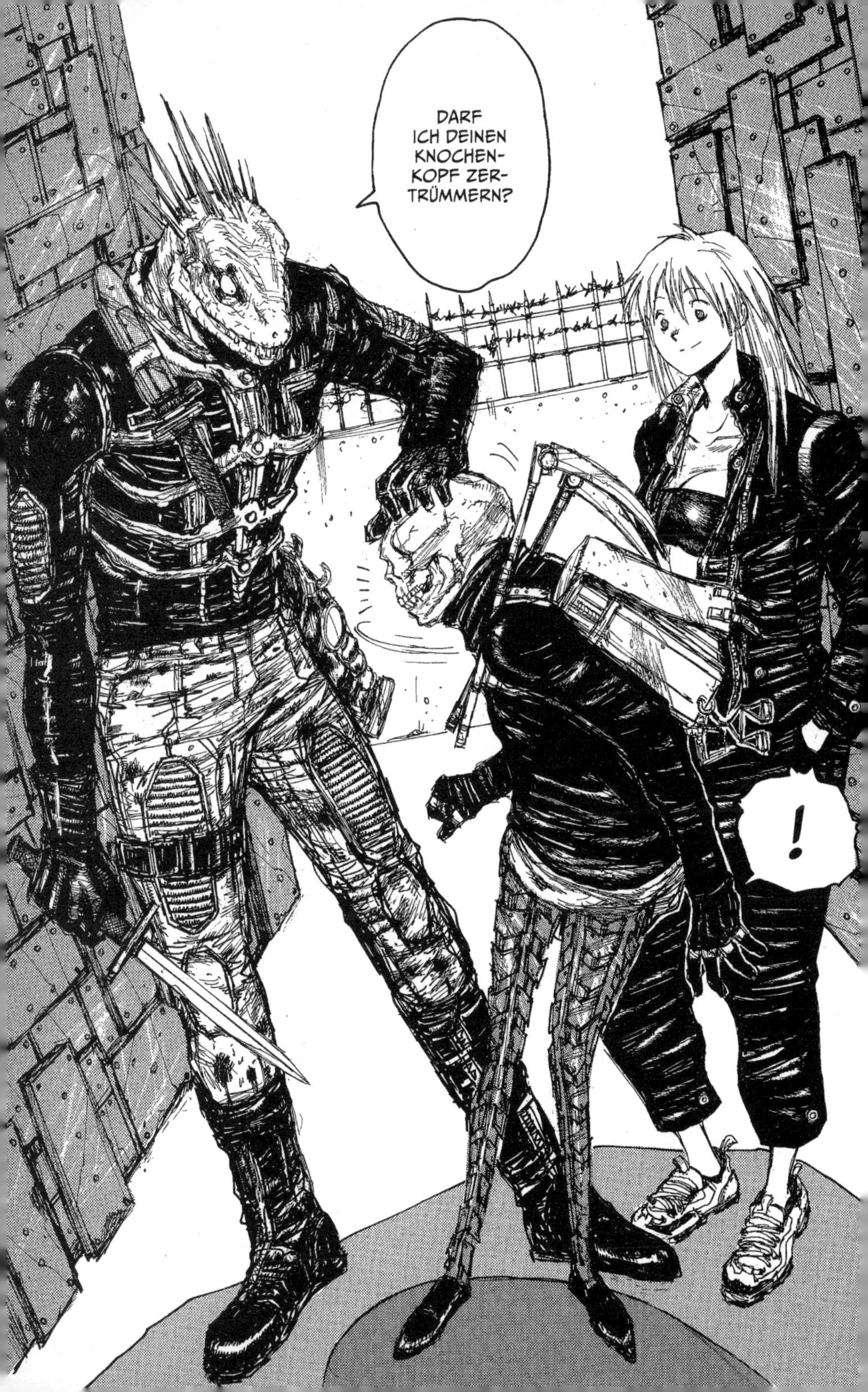
DARF ICH DEINEN KNOCHEN-KOPF ZER-TRÜMMERN?
!

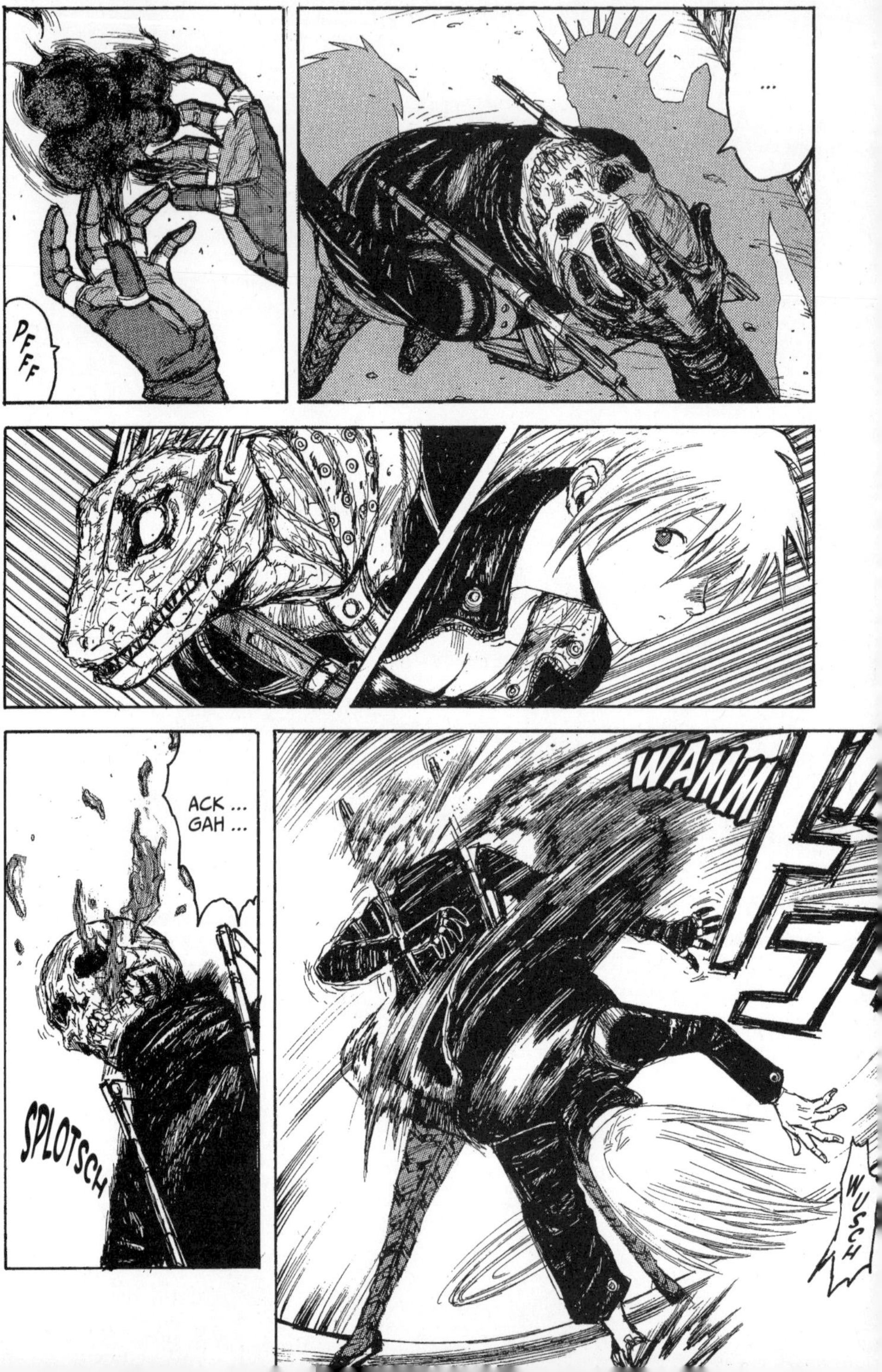
PFFF
...
ACK ... GAH ...
SPLOTSCH
WAMM
WUSCH

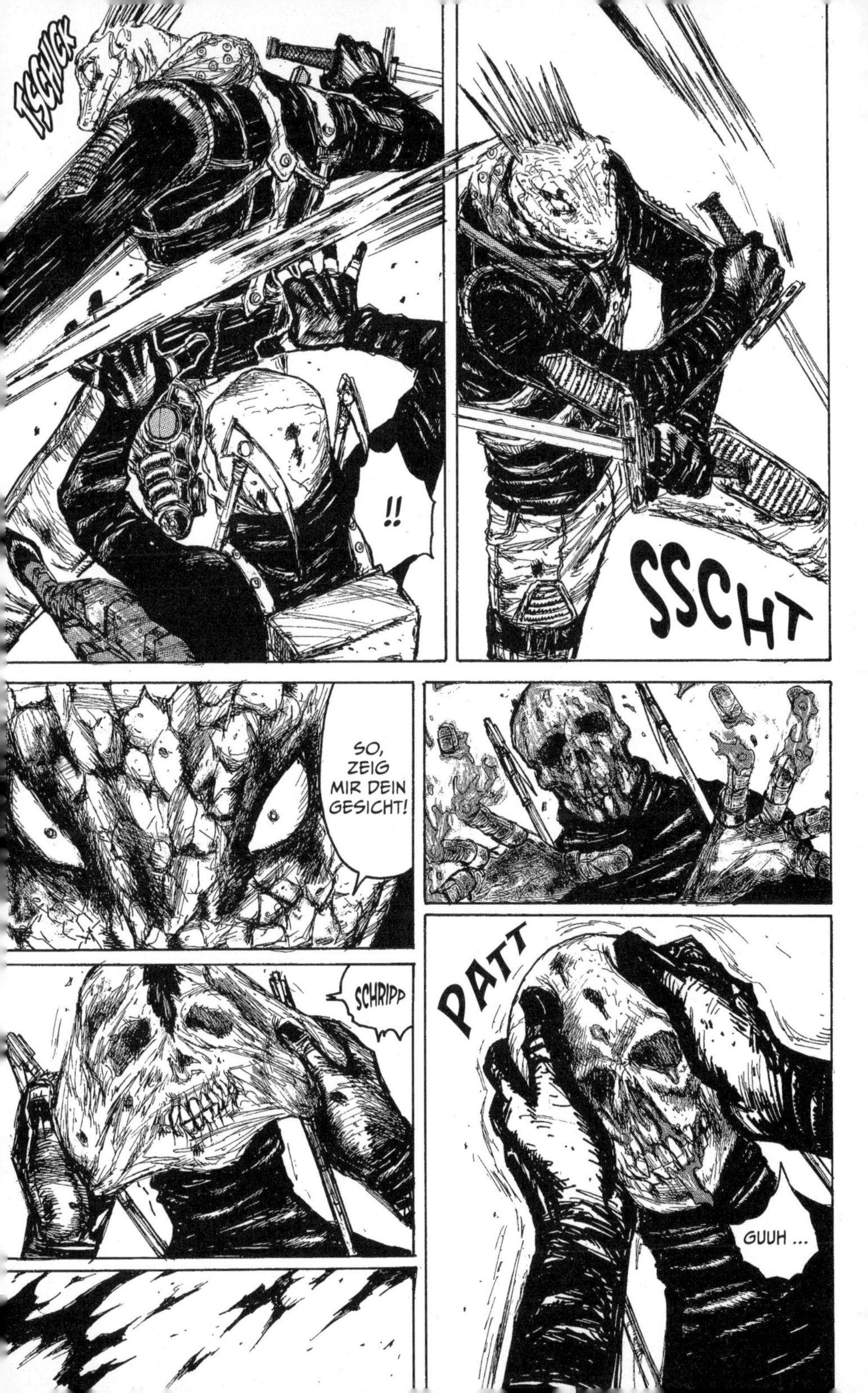

TSCHICK
!!
SSCHT
SO, ZEIG MIR DEIN GESICHT!
PATT
SCHRIPP
GUUH ...

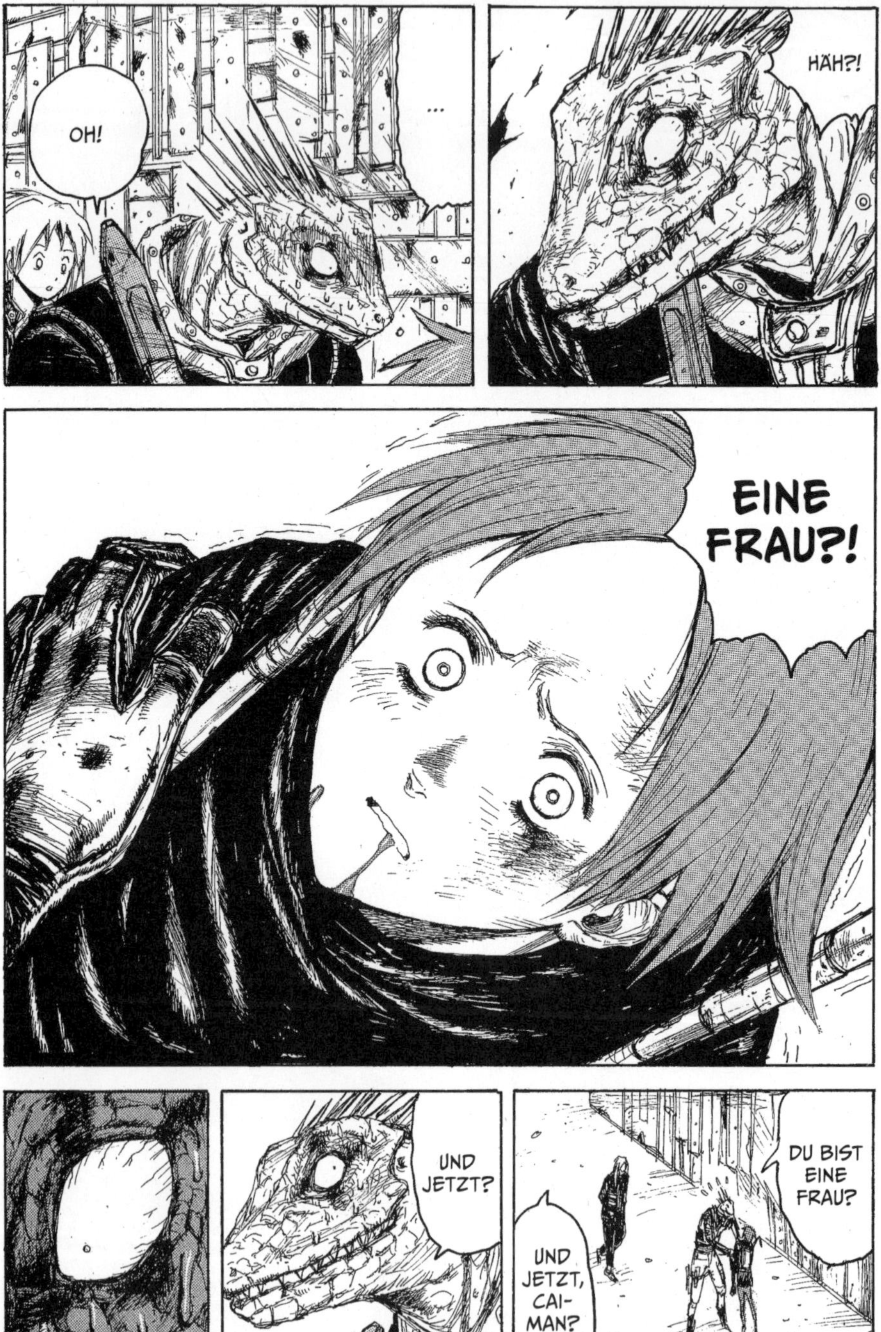
HÄH?!
OH!
...
EINE FRAU?!
DU BIST EINE FRAU?
UND JETZT, CAIMAN?
UND JETZT?

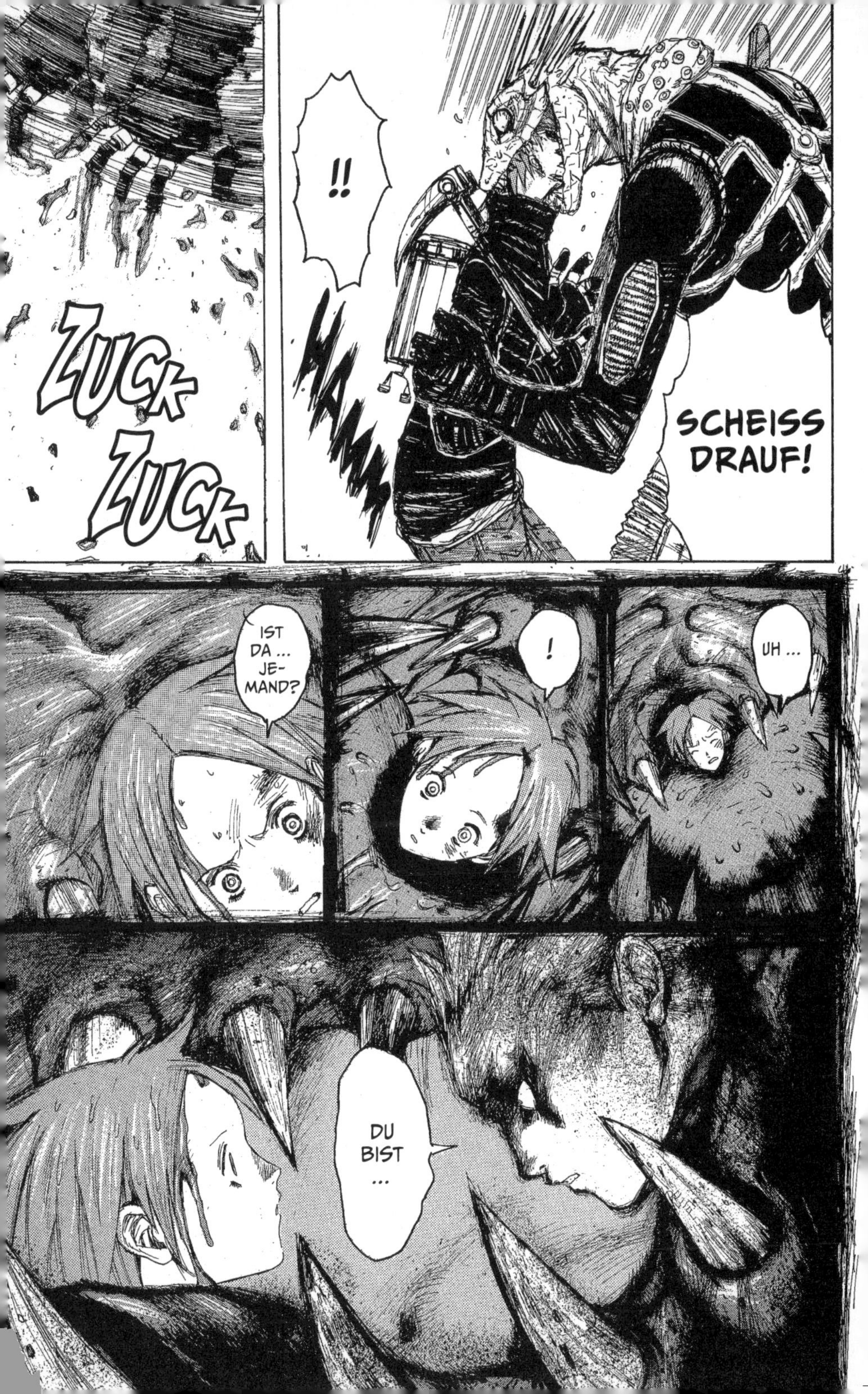
!!
SCHEISS DRAUF!
ZUCK ZUCK
UH ...
!
IST DA ... JE-MAND?
DU BIST ...

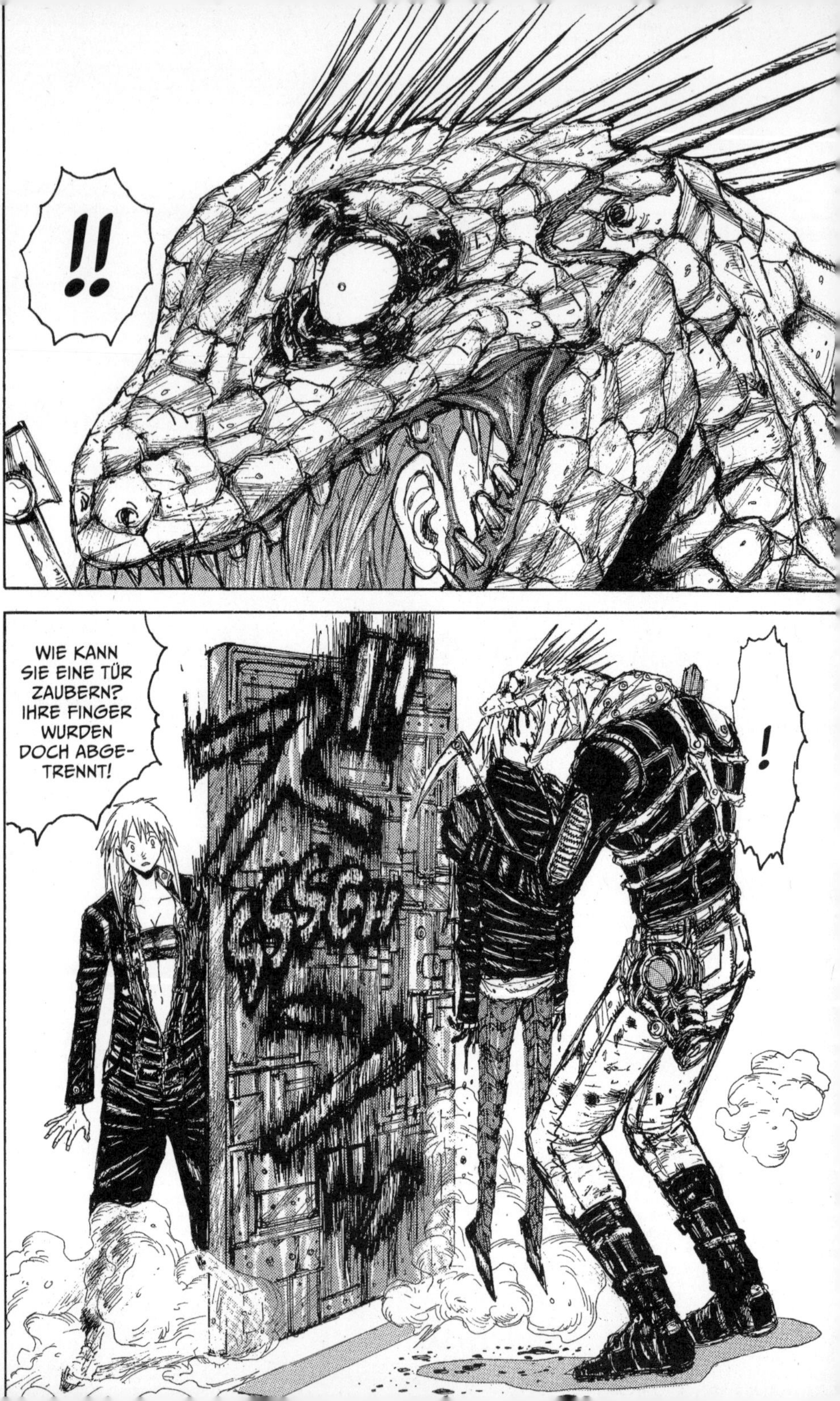
!!
!
WIE KANN SIE EINE TÜR ZAUBERN? IHRE FINGER WURDEN DOCH ABGE-TRENNT!
GSSGU

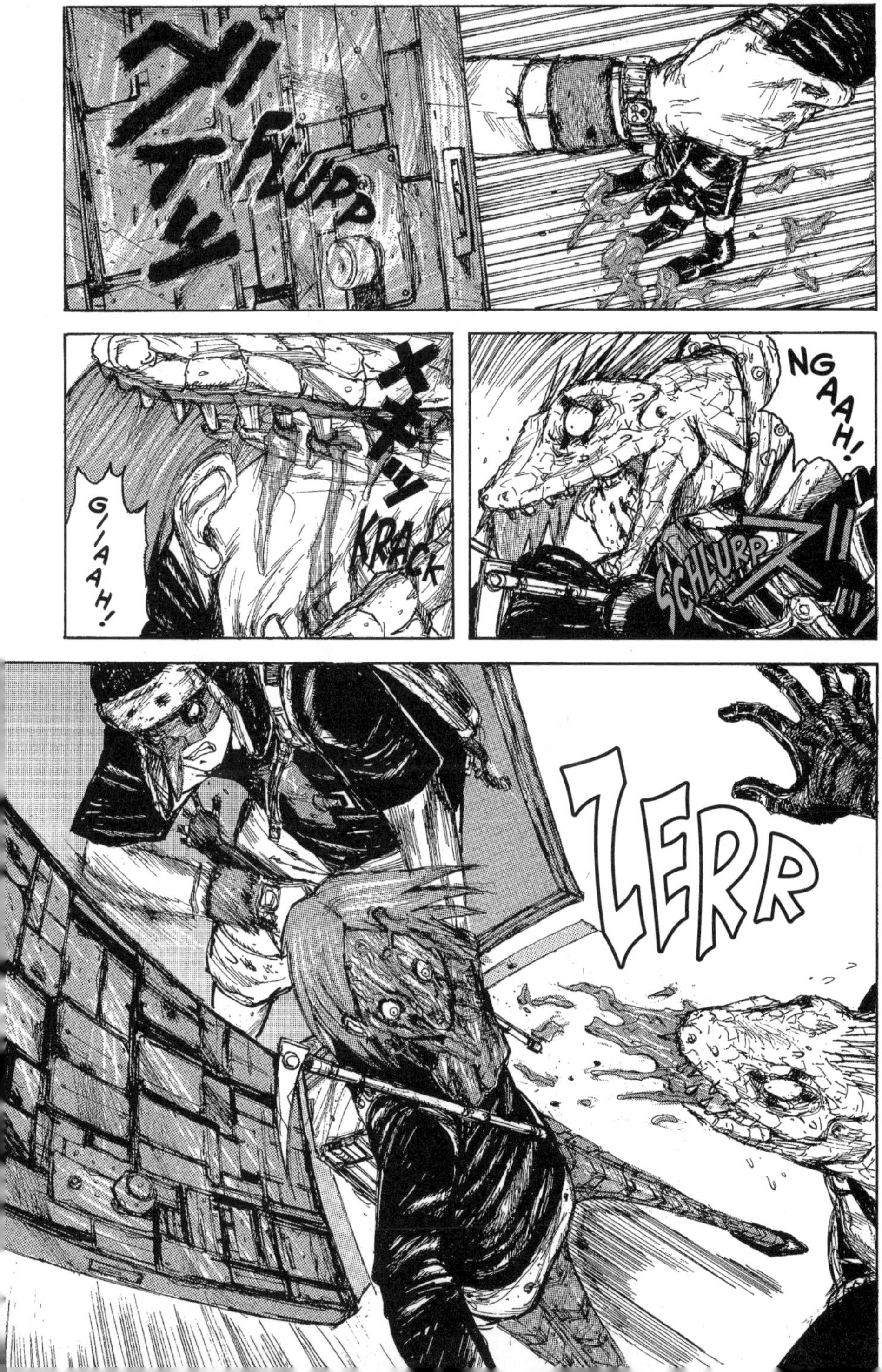
FLUPP
NGAAAH!
SCHLURP
KRACK
GIIAAH!
ZERR

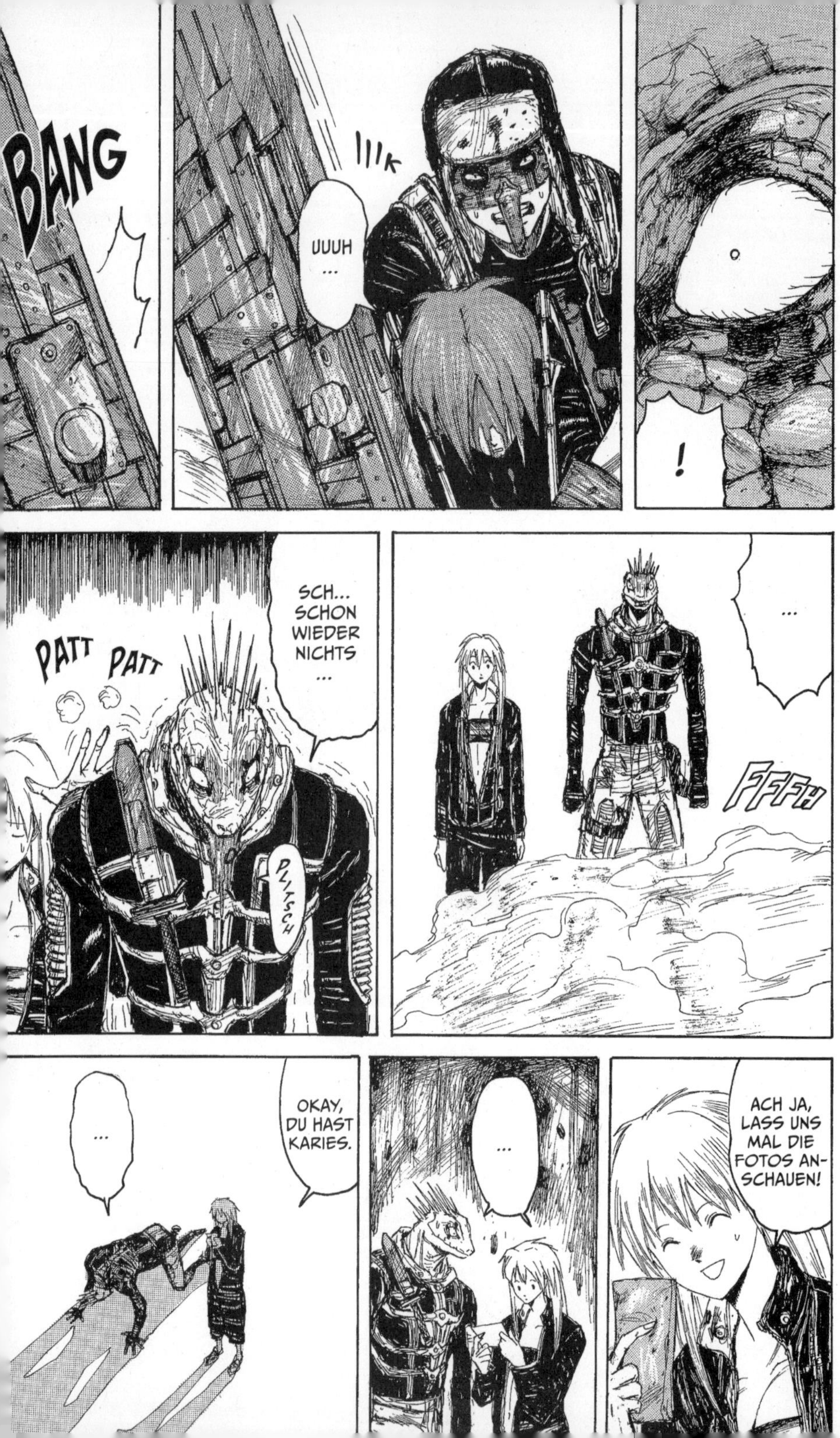
!
IIIK
UUUH ...
BANG
...
FFFH
SCH... SCHON WIEDER NICHTS ...
PATT PATT
PLITSCH
ACH JA, LASS UNS MAL DIE FOTOS AN-SCHAUEN!
...
OKAY, DU HAST KARIES.
...

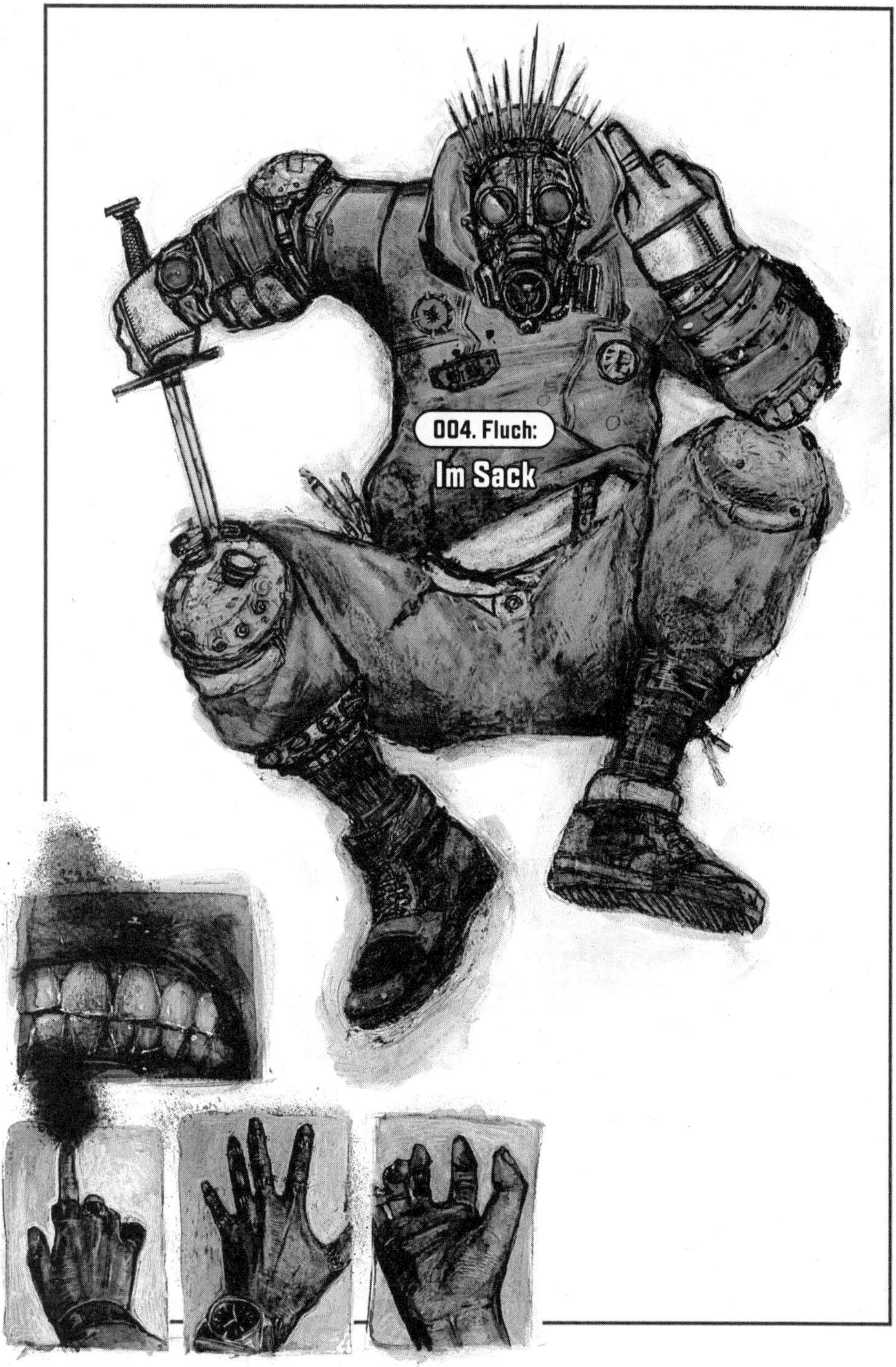
004. Fluch:
Im Sack

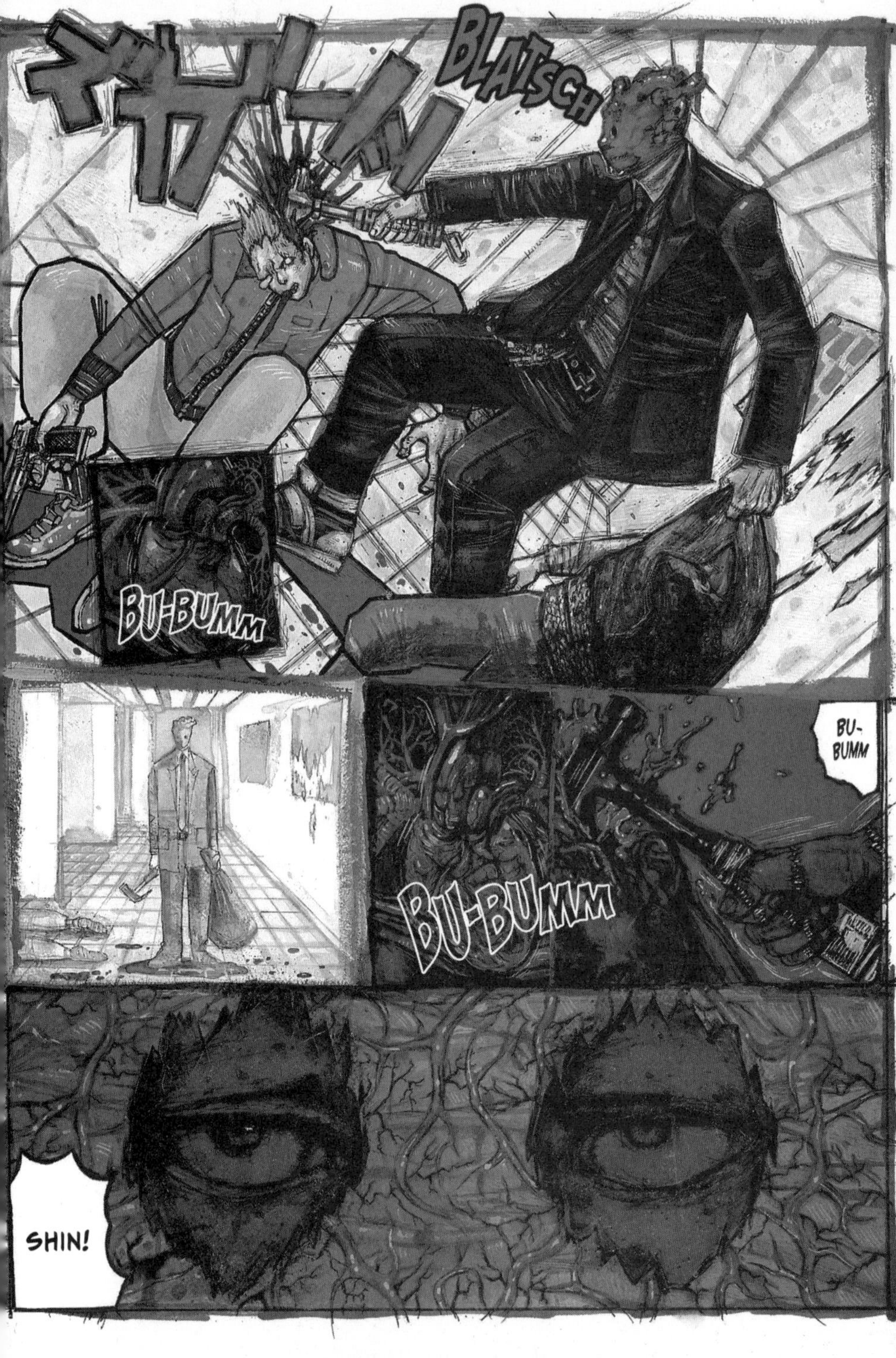
BLATSCH
BU-BUMM
BU-BUMM
BU-BUMM
SHIN!

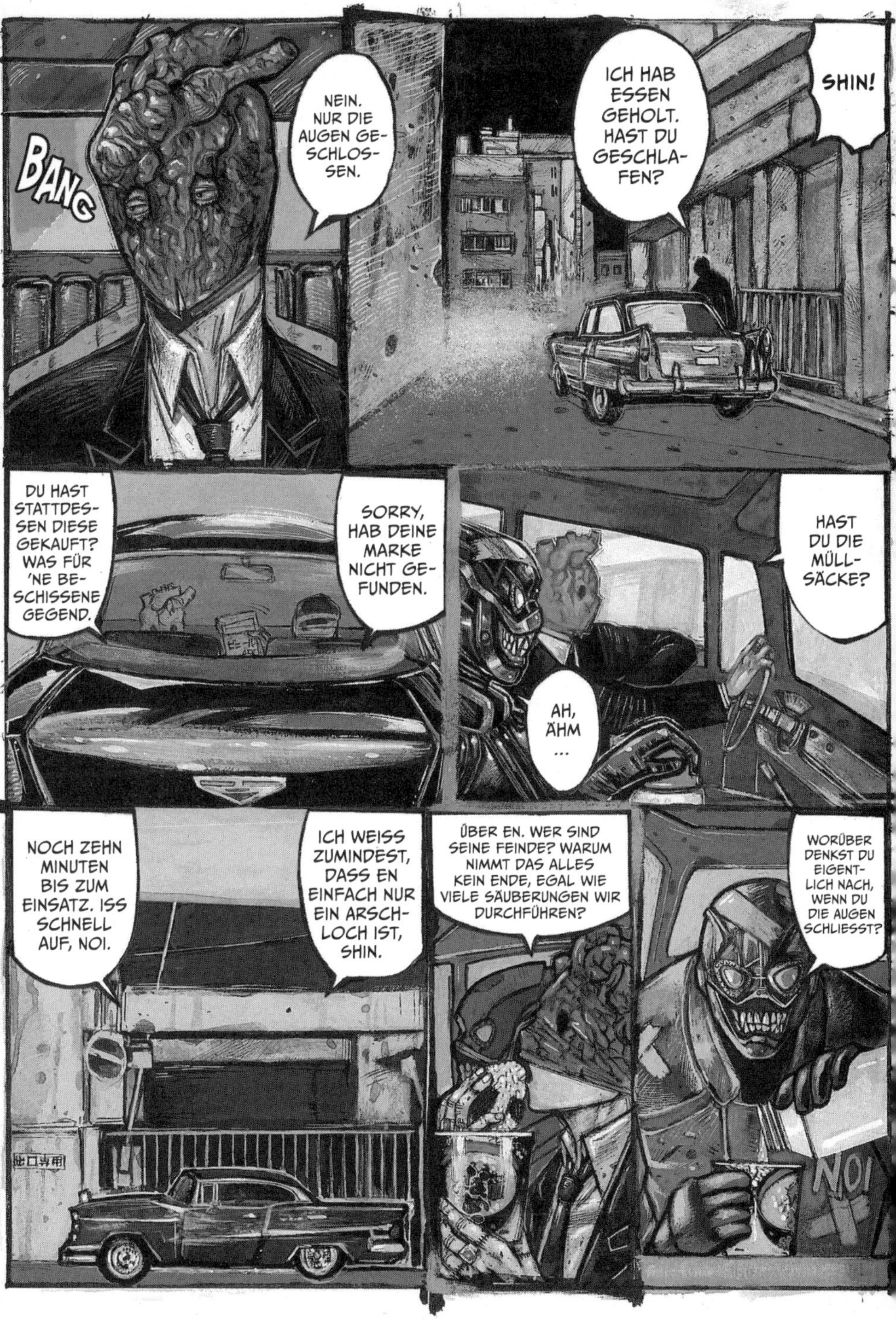
SHIN!
ICH HAB ESSEN GEHOLT. HAST DU GESCHLAFEN?
BANG
NEIN. NUR DIE AUGEN GESCHLOSSEN.
HAST DU DIE MÜLLSÄCKE?
AH, ÄHM ...
SORRY, HAB DEINE MARKE NICHT GEFUNDEN.
DU HAST STATTDESSEN DIESE GEKAUFT? WAS FÜR 'NE BESCHISSENE GEGEND.
WORÜBER DENKST DU EIGENTLICH NACH, WENN DU DIE AUGEN SCHLIESST?
NOI
ÜBER EN. WER SIND SEINE FEINDE? WARUM NIMMT DAS ALLES KEIN ENDE, EGAL WIE VIELE SÄUBERUNGEN WIR DURCHFÜHREN?
ICH WEISS ZUMINDEST, DASS EN EINFACH NUR EIN ARSCHLOCH IST, SHIN.
NOCH ZEHN MINUTEN BIS ZUM EINSATZ. ISS SCHNELL AUF, NOI.
出口専用

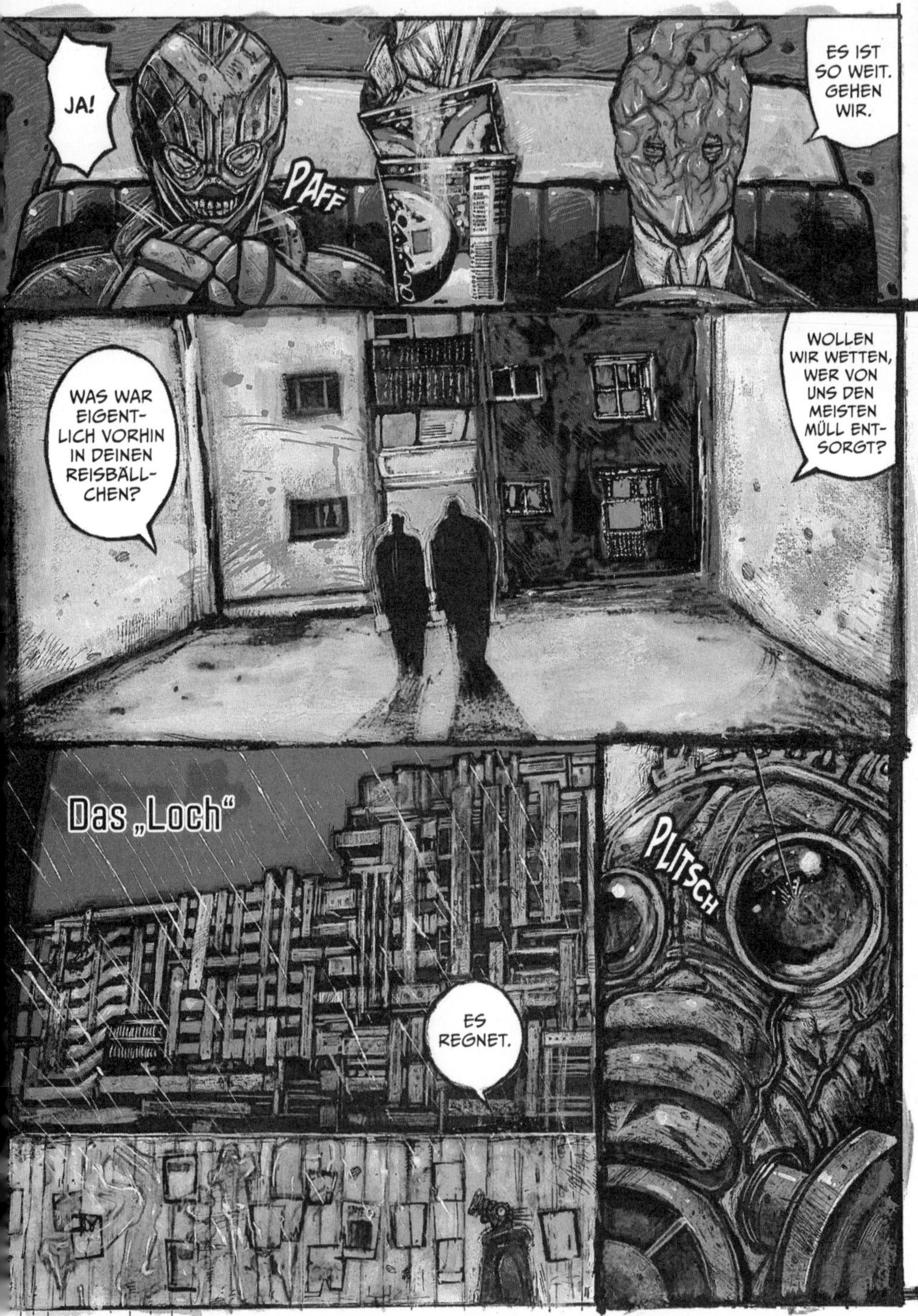
ES IST SO WEIT. GEHEN WIR.
PAFF
JA!
WOLLEN WIR WETTEN, WER VON UNS DEN MEISTEN MÜLL ENTSORGT?
WAS WAR EIGENTLICH VORHIN IN DEINEN REISBÄLLCHEN?
Das „Loch“
ES REGNET.
PLITSCH

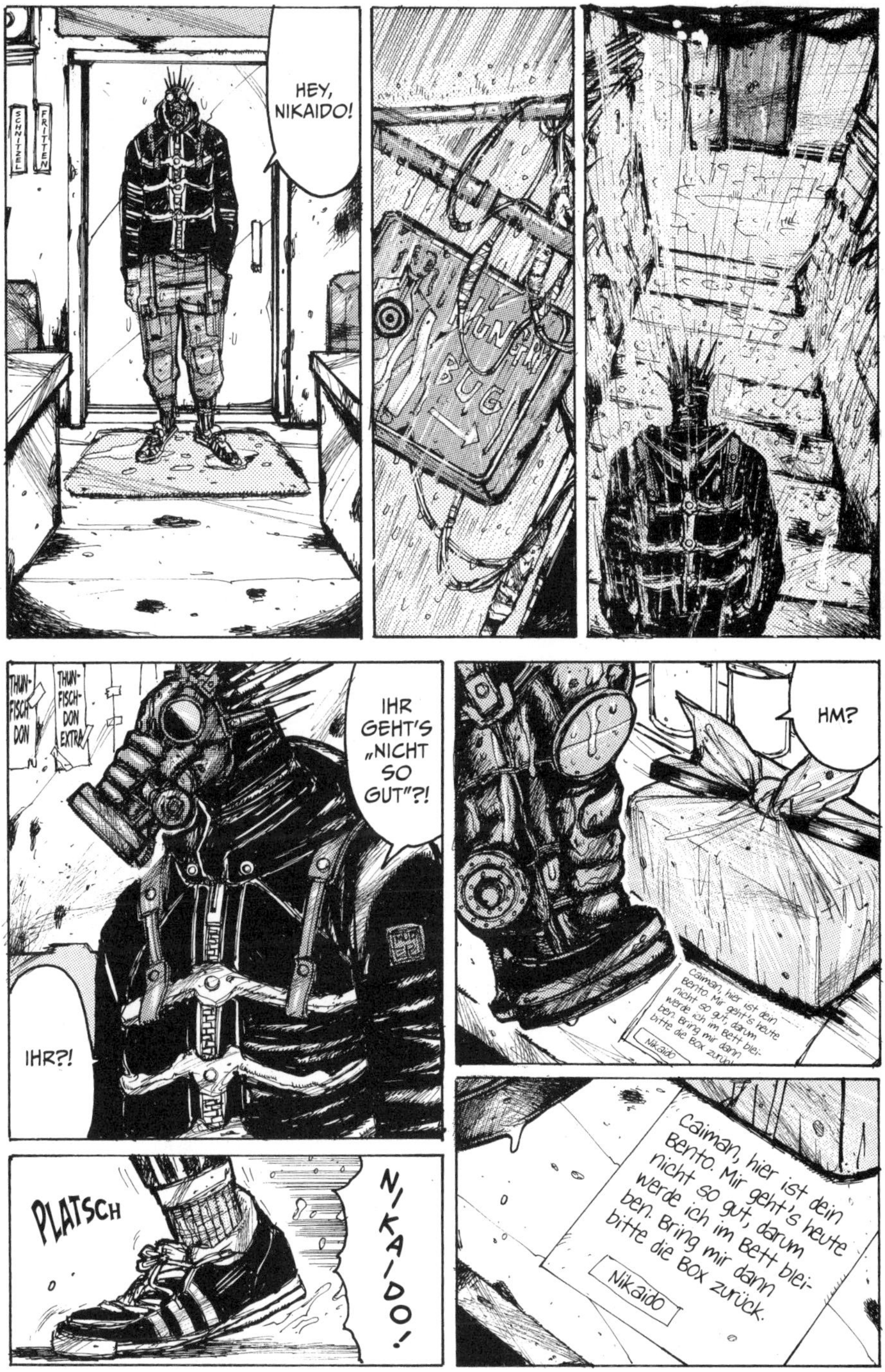
HUNGRY BUG
HEY, NIKAIDO!
SCHNITZEL
FRITTEN
HM?
Caiman, hier ist dein Bento. Mir geht's heute nicht so gut, darum werde ich im Bett bleiben. Bring mir dann bitte die Box zurück.
Nikaido
THUNFISCH-DON
THUNFISCH-DON EXTRA
IHR GEHT'S „NICHT SO GUT"?!
IHR?!
PLATSCH
NIKAIDO!

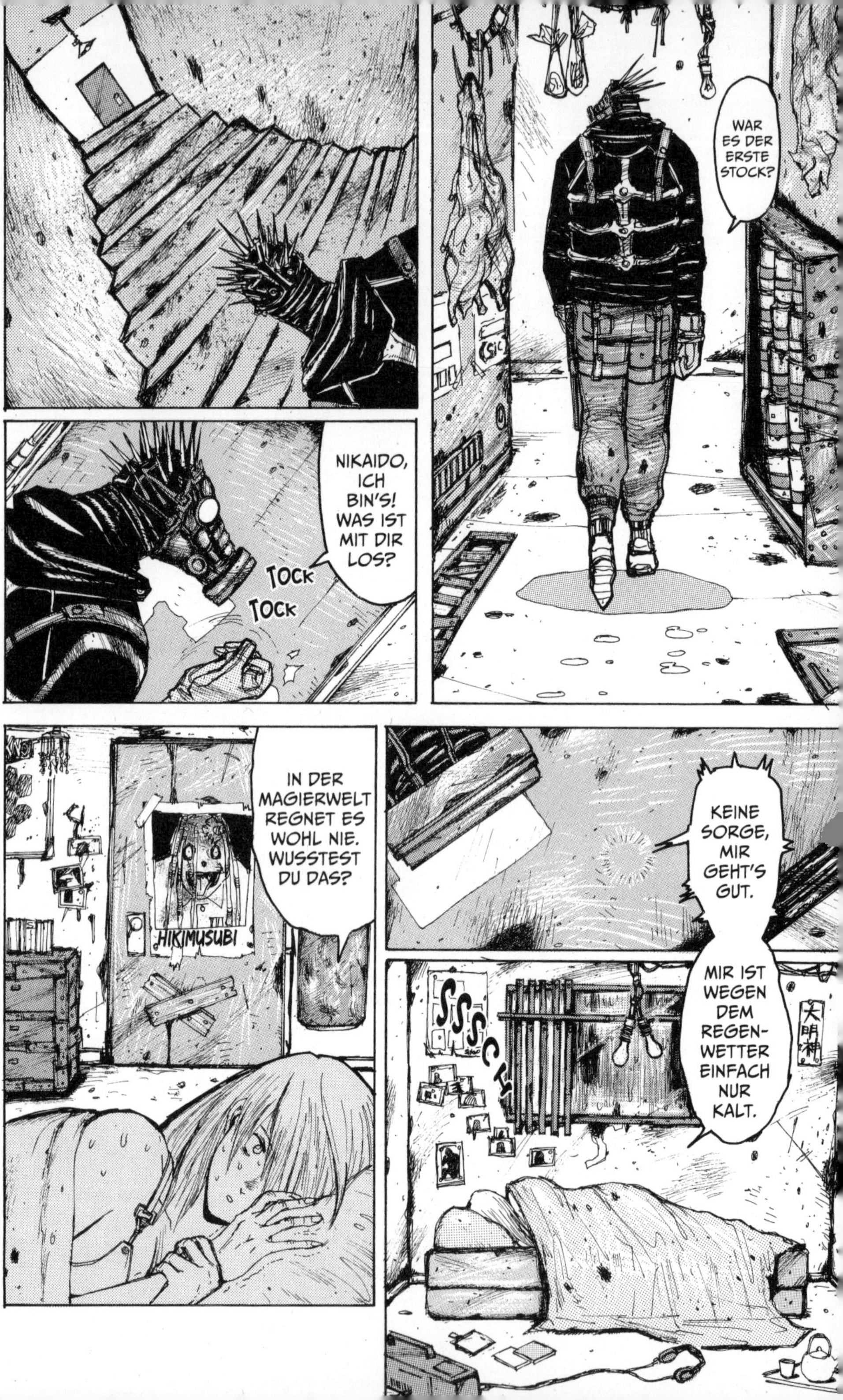

WAR ES DER ERSTE STOCK?
NIKAIDO, ICH BIN'S! WAS IST MIT DIR LOS?
TOCK
TOCK
KEINE SORGE, MIR GEHT'S GUT.
MIR IST WEGEN DEM REGEN-WETTER EINFACH NUR KALT.
SSSCH
大明神
IN DER MAGIERWELT REGNET ES WOHL NIE. WUSSTEST DU DAS?
HIKIMUSUBI

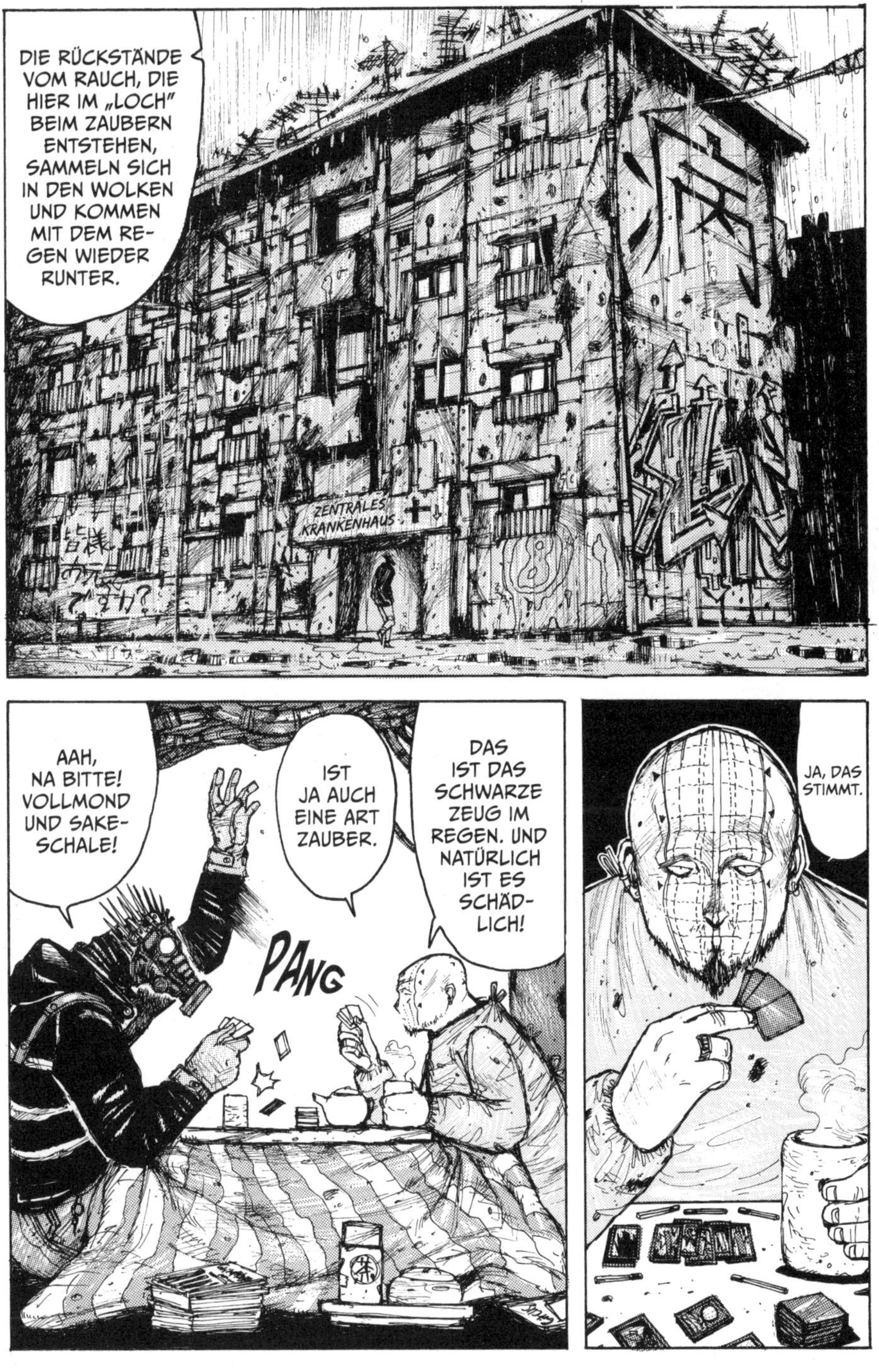
DIE RÜCKSTÄNDE VOM RAUCH, DIE HIER IM „LOCH" BEIM ZAUBERN ENTSTEHEN, SAMMELN SICH IN DEN WOLKEN UND KOMMEN MIT DEM RE-GEN WIEDER RUNTER.
ZENTRALES KRANKENHAUS
AAH, NA BITTE! VOLLMOND UND SAKE-SCHALE!
IST JA AUCH EINE ART ZAUBER.
DAS IST DAS SCHWARZE ZEUG IM REGEN. UND NATÜRLICH IST ES SCHÄD-LICH!
PANG
JA, DAS STIMMT.

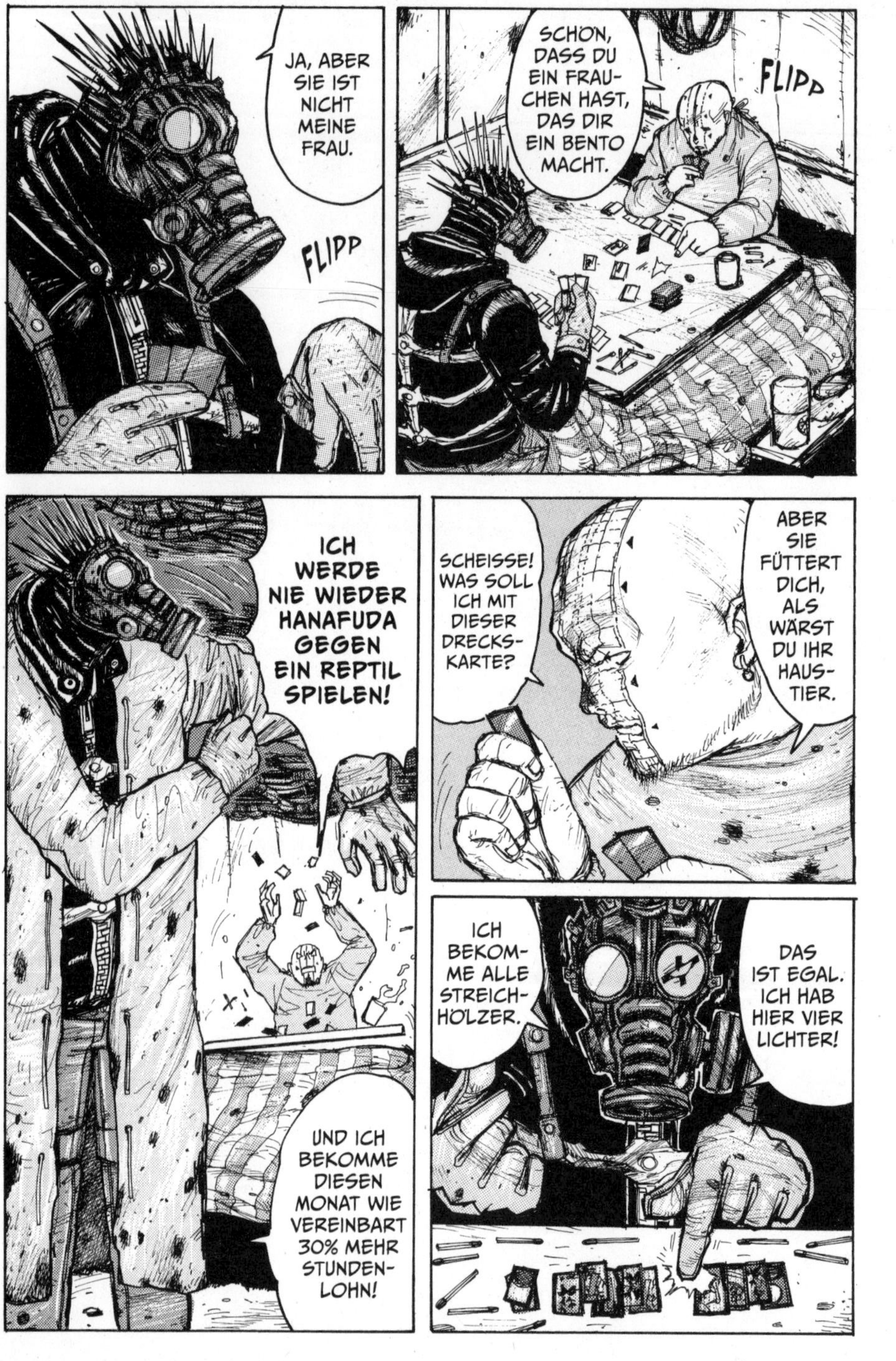
SCHÖN, DASS DU EIN FRAUCHEN HAST, DAS DIR EIN BENTO MACHT.
FLIPP
JA, ABER SIE IST NICHT MEINE FRAU.
FLIPP
ABER SIE FÜTTERT DICH, ALS WÄRST DU IHR HAUSTIER.
SCHEISSE! WAS SOLL ICH MIT DIESER DRECKSKARTE?
DAS IST EGAL. ICH HAB HIER VIER LICHTER!
ICH BEKOMME ALLE STREICHHÖLZER.
ICH WERDE NIE WIEDER HANAFUDA GEGEN EIN REPTIL SPIELEN!
UND ICH BEKOMME DIESEN MONAT WIE VEREINBART 30% MEHR STUNDENLOHN!

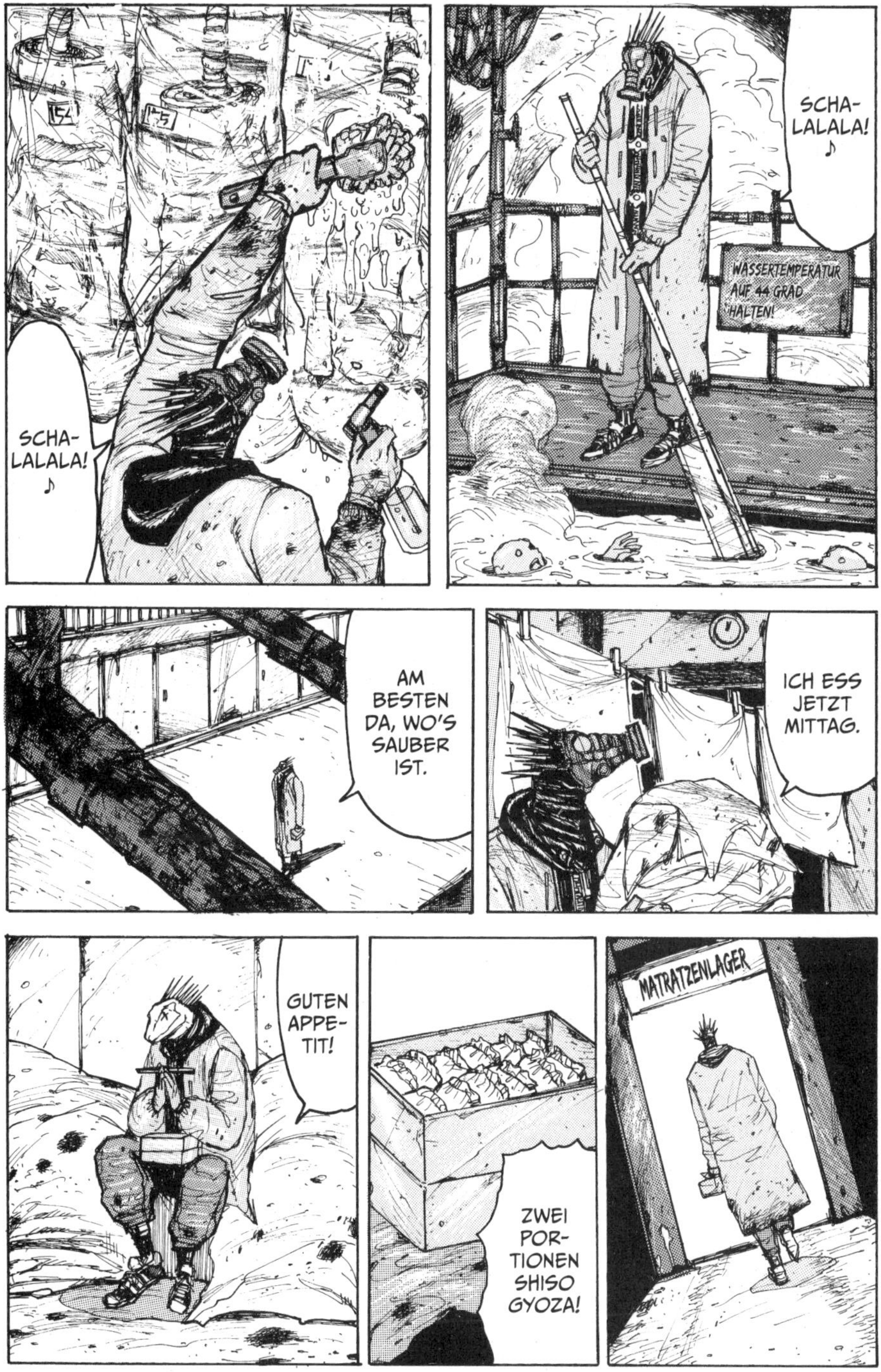
SCHA-LALALA! ♪
WASSERTEMPERATUR AUF 44 GRAD HALTEN!
SCHA-LALALA! ♪
ICH ESS JETZT MITTAG.
AM BESTEN DA, WO'S SAUBER IST.
MATRATZENLAGER
ZWEI PORTIONEN SHISO GYOZA!
GUTEN APPETIT!

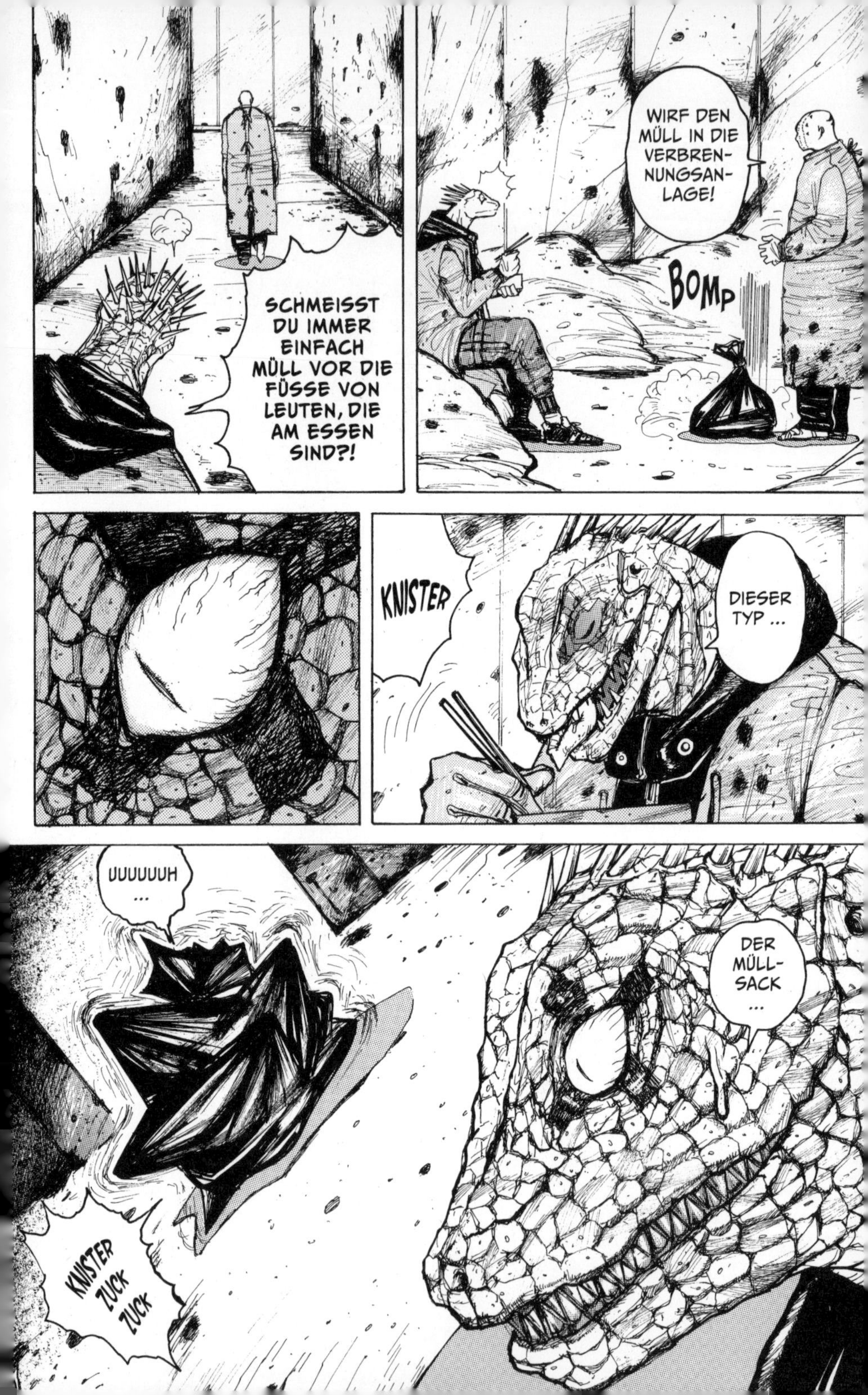
SCHMEISST DU IMMER EINFACH MÜLL VOR DIE FÜSSE VON LEUTEN, DIE AM ESSEN SIND?!
WIRF DEN MÜLL IN DIE VERBRENNUNGSANLAGE!
BOMP
KNISTER
DIESER TYP ...
UUUUUUH ...
DER MÜLLSACK ...
KNISTER ZUCK ZUCK

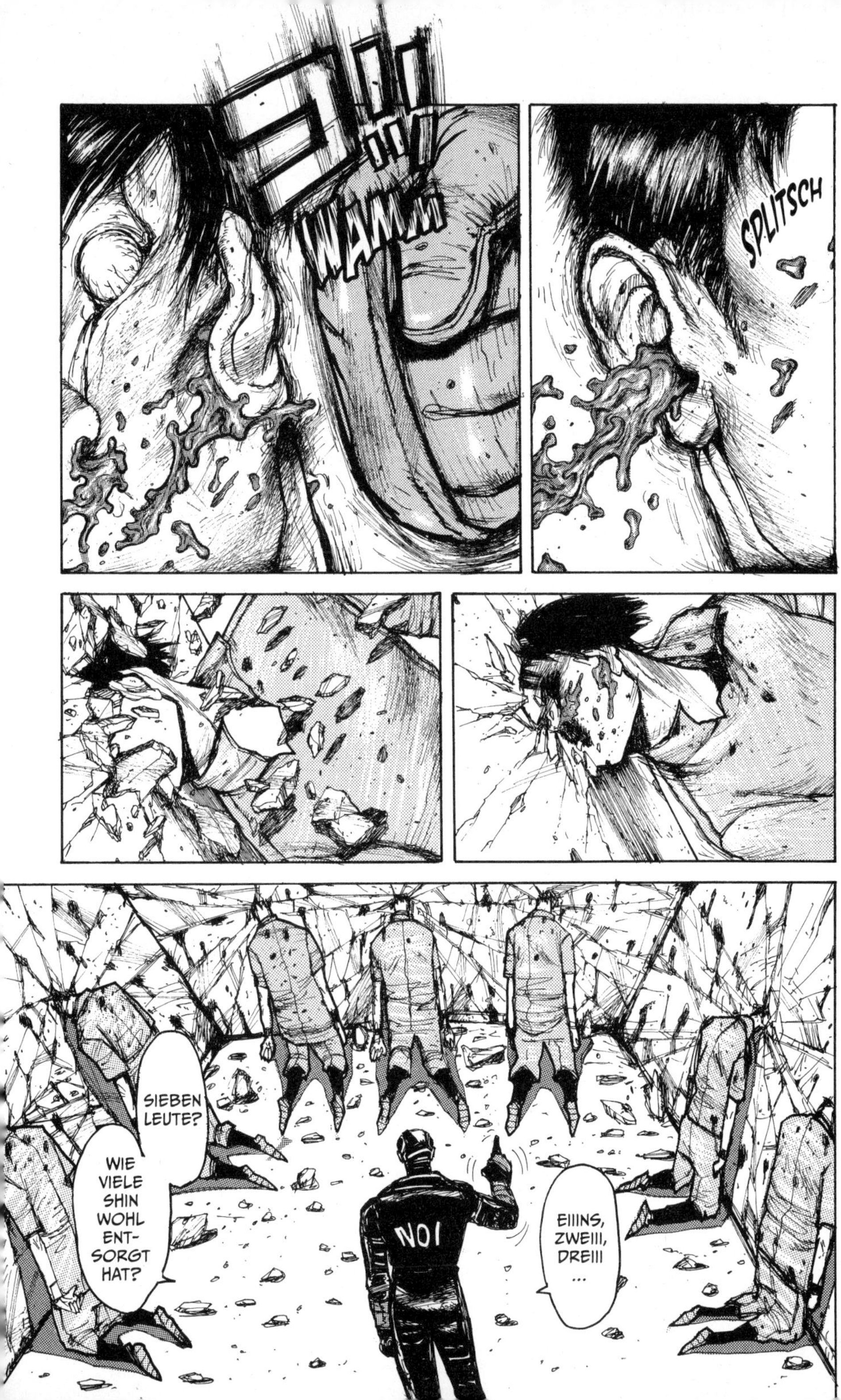
WAMM
SPLITSCH
EIIINS, ZWEIII, DREIII ...
SIEBEN LEUTE?
WIE VIELE SHIN WOHL ENT-SORGT HAT?

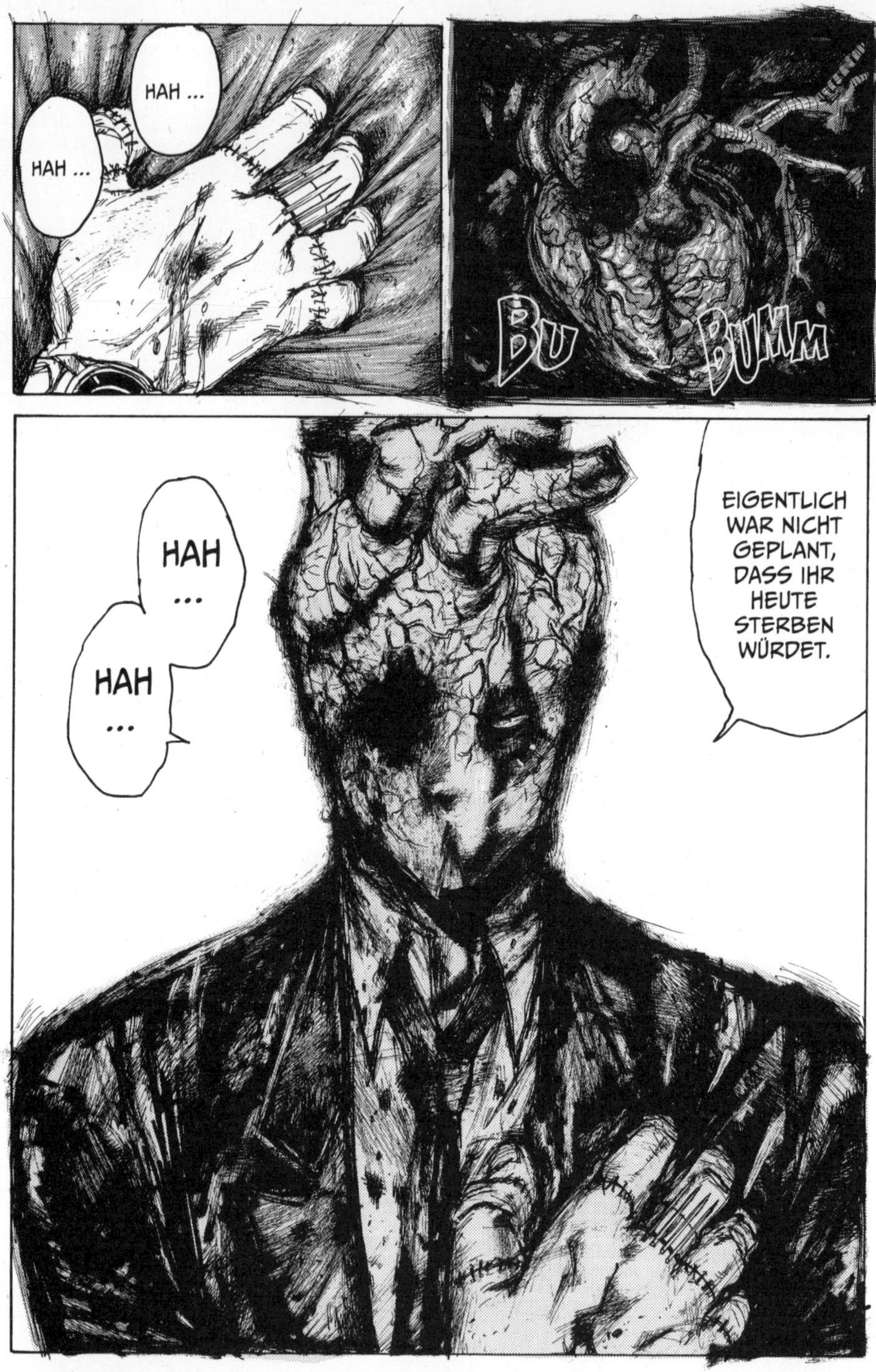
HAH ...
HAH ...
BU
BUMM
EIGENTLICH WAR NICHT GEPLANT, DASS IHR HEUTE STERBEN WÜRDET.
HAH ...
HAH ...

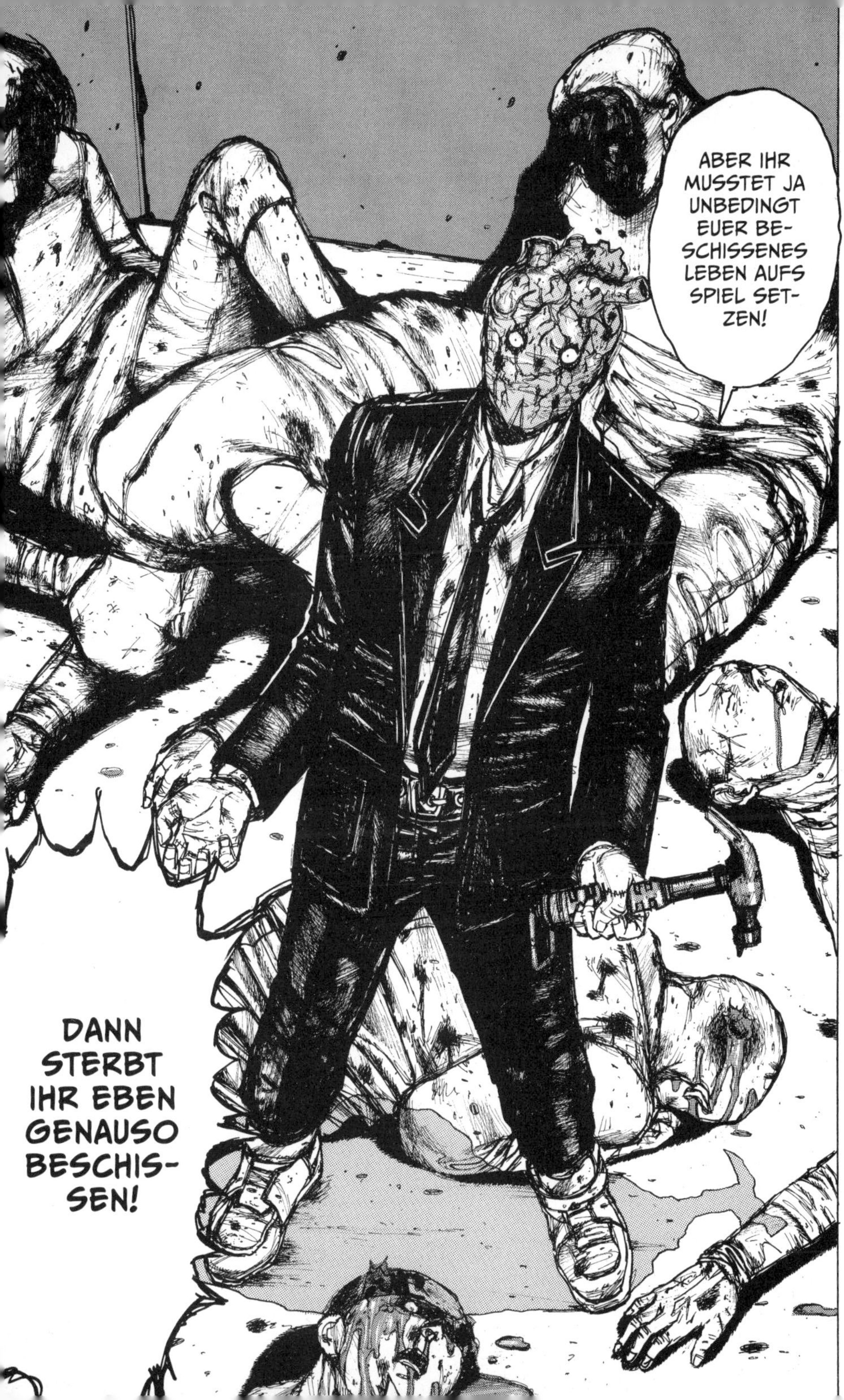
ABER IHR MUSSTET JA UNBEDINGT EUER BE-SCHISSENES LEBEN AUFS SPIEL SET-ZEN!
DANN STERBT IHR EBEN GENAUSO BESCHIS-SEN!

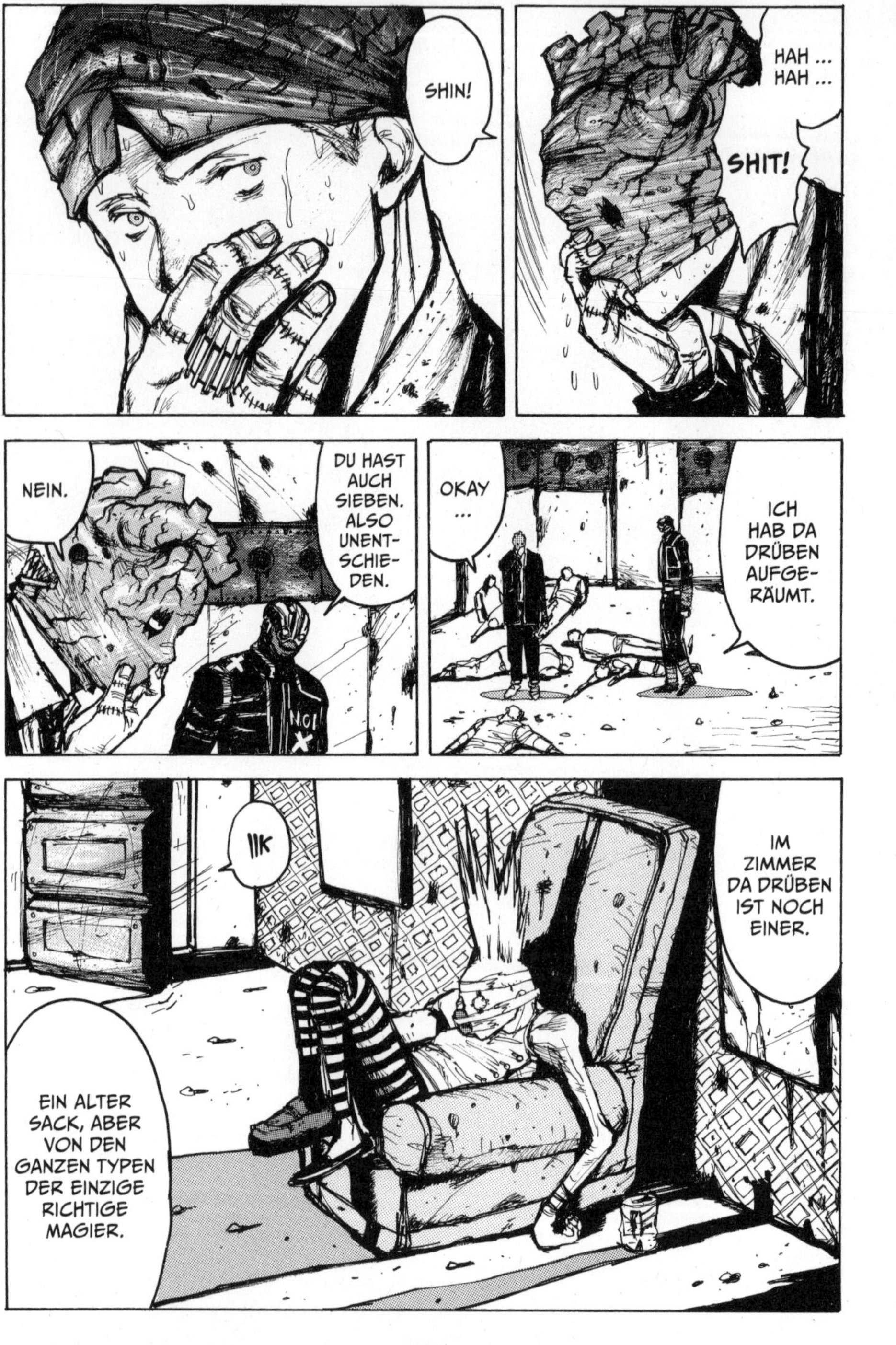
HAH ... HAH ...
SHIT!
SHIN!
ICH HAB DA DRÜBEN AUFGERÄUMT.
OKAY ...
DU HAST AUCH SIEBEN. ALSO UNENTSCHIEDEN.
NEIN.
IM ZIMMER DA DRÜBEN IST NOCH EINER.
IIK
EIN ALTER SACK, ABER VON DEN GANZEN TYPEN DER EINZIGE RICHTIGE MAGIER.

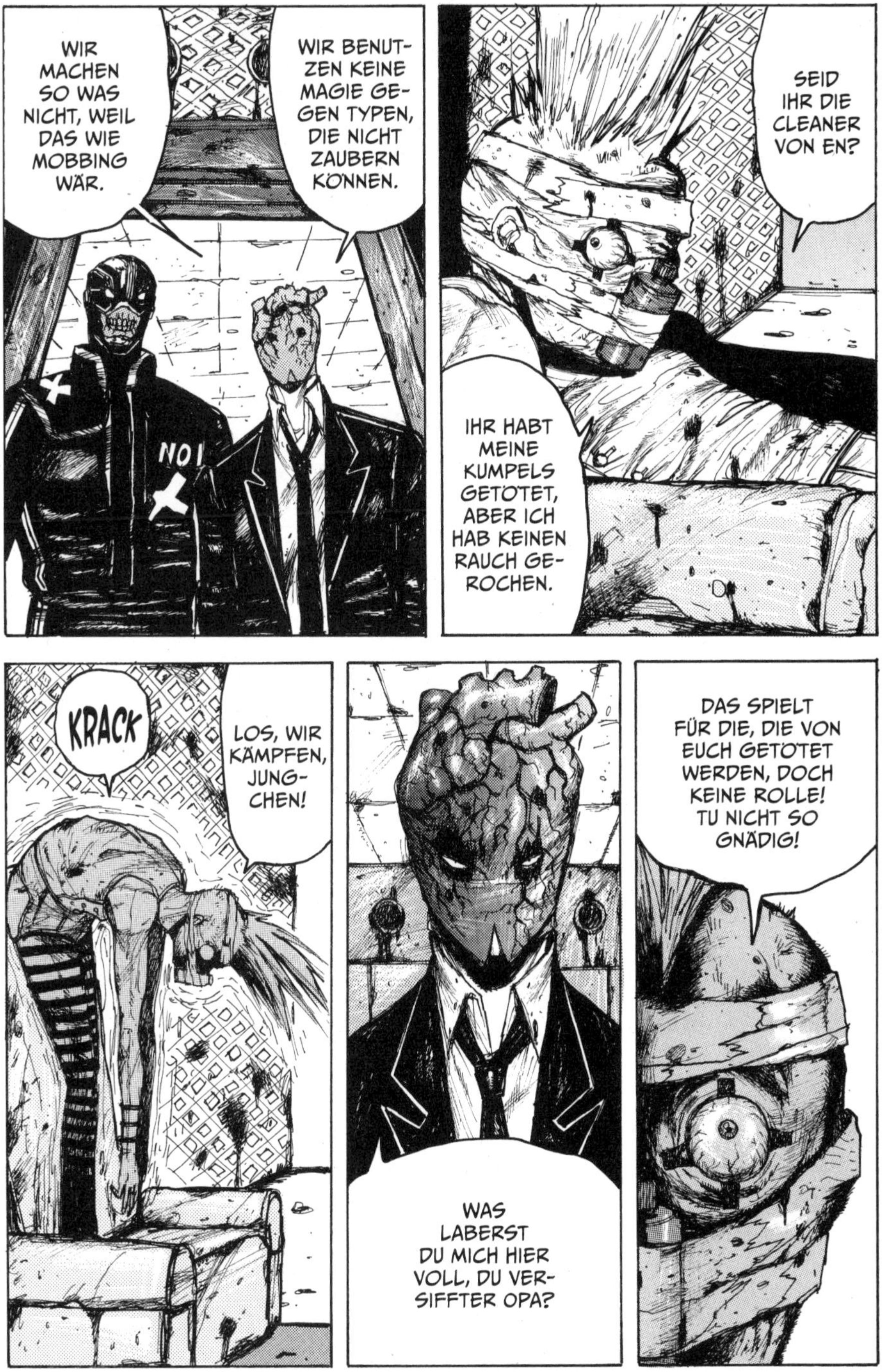
SEID IHR DIE CLEANER VON EN?
IHR HABT MEINE KUMPELS GETÖTET, ABER ICH HAB KEINEN RAUCH GEROCHEN.
WIR BENUTZEN KEINE MAGIE GEGEN TYPEN, DIE NICHT ZAUBERN KÖNNEN.
WIR MACHEN SO WAS NICHT, WEIL DAS WIE MOBBING WÄR.
DAS SPIELT FÜR DIE, DIE VON EUCH GETÖTET WERDEN, DOCH KEINE ROLLE! TU NICHT SO GNÄDIG!
WAS LABERST DU MICH HIER VOLL, DU VERSIFFTER OPA?
KRACK
LOS, WIR KÄMPFEN, JUNGCHEN!

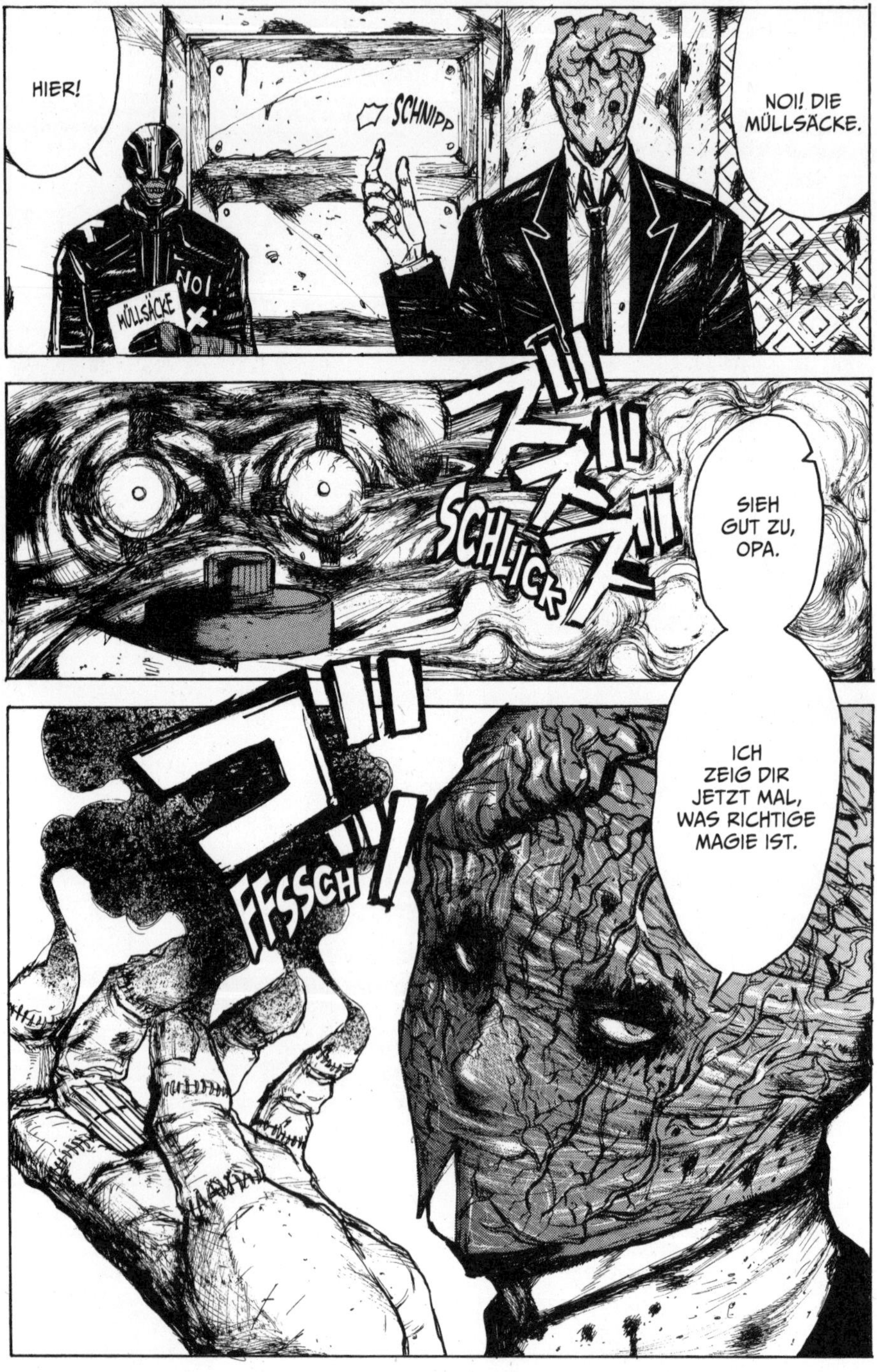

NOI! DIE MÜLLSÄCKE.
SCHNIPP
HIER!
NOI
MÜLLSÄCKE
SIEH GUT ZU, OPA.
SCHLICK
ICH ZEIG DIR JETZT MAL, WAS RICHTIGE MAGIE IST.
FFSSCH

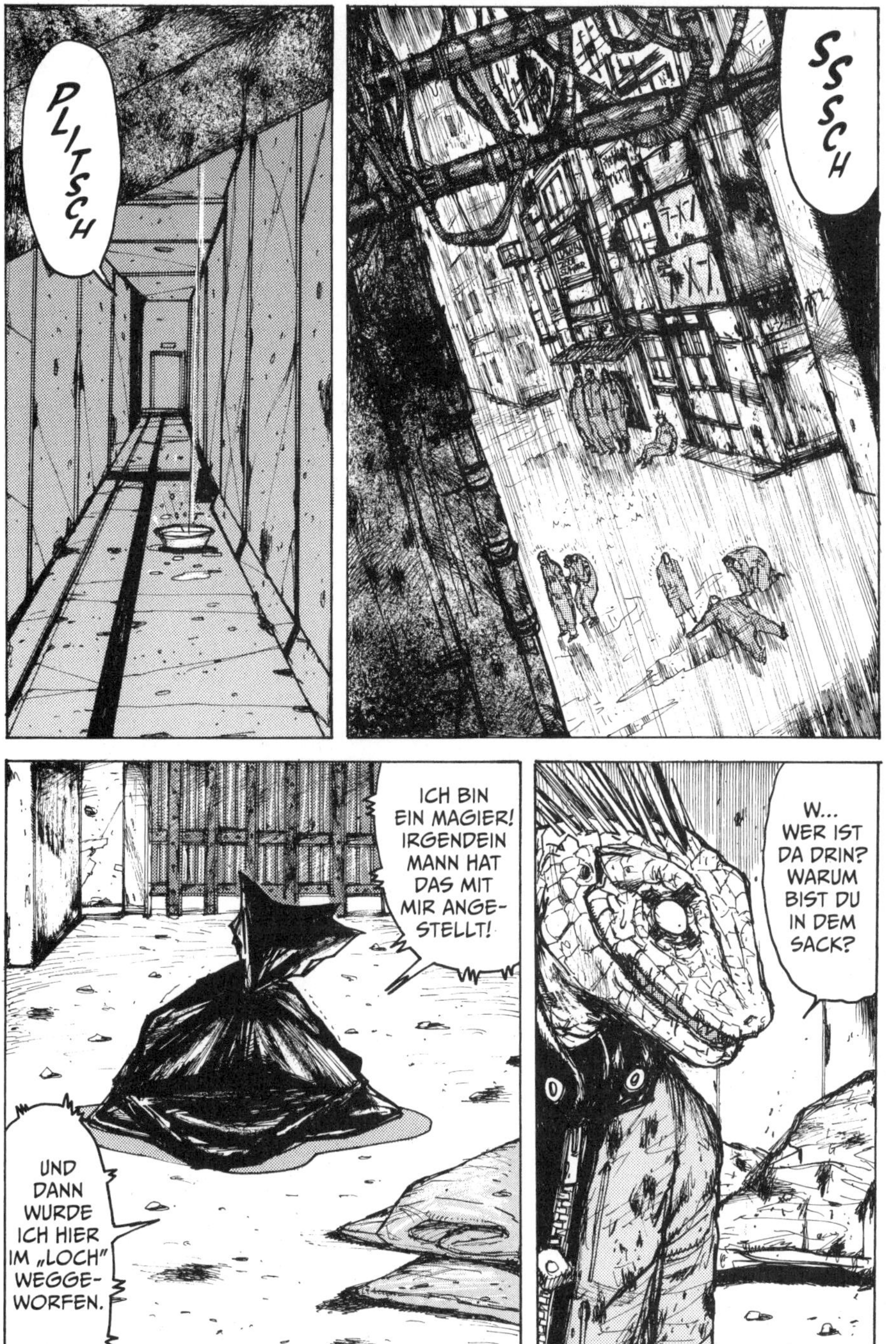
SSSCH
PLITSCH
W... WER IST DA DRIN? WARUM BIST DU IN DEM SACK?
ICH BIN EIN MAGIER! IRGENDEIN MANN HAT DAS MIT MIR ANGE-STELLT!
UND DANN WURDE ICH HIER IM „LOCH" WEGGE-WORFEN.

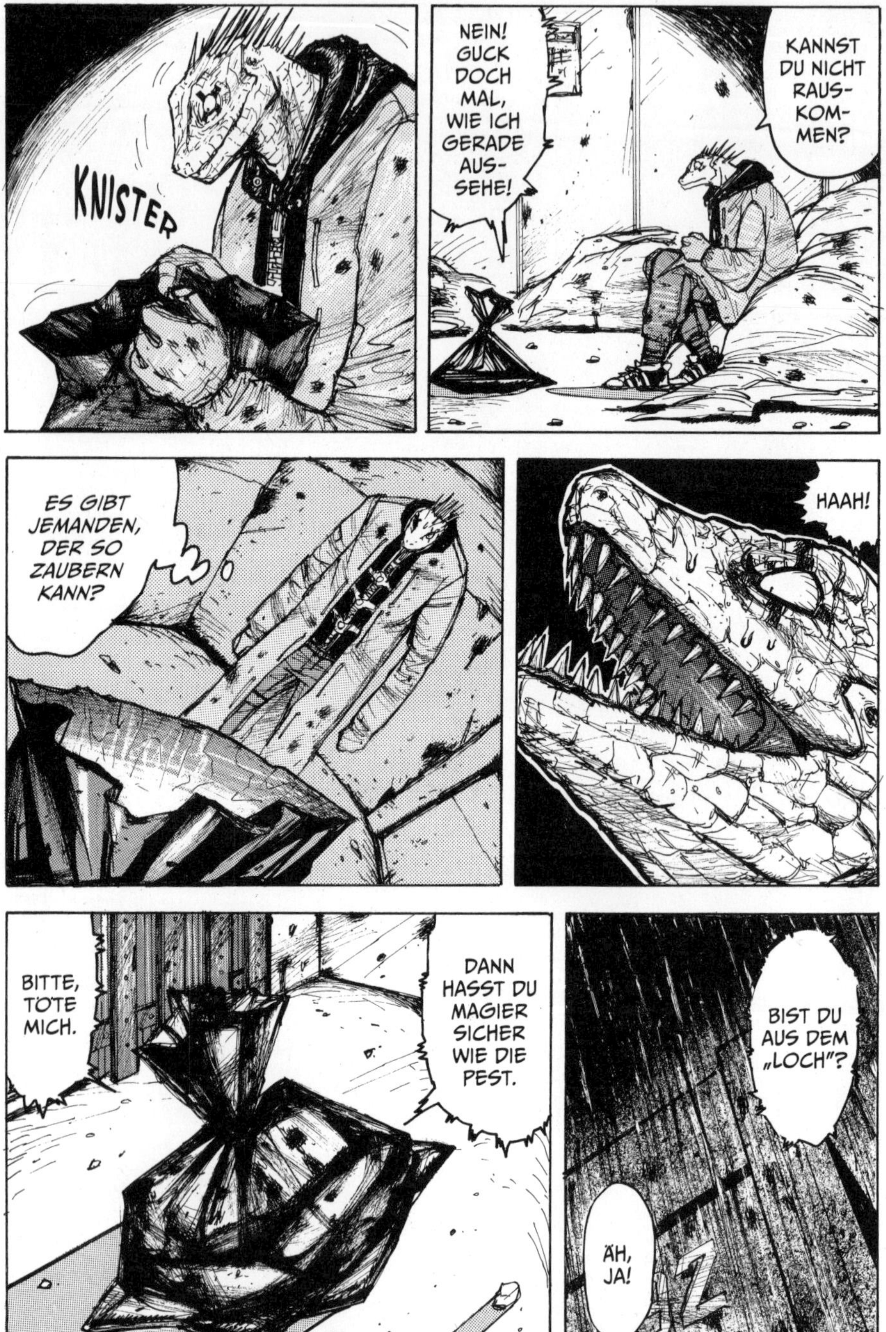
KANNST DU NICHT RAUS-KOMMEN?
NEIN! GUCK DOCH MAL, WIE ICH GERADE AUS-SEHE!
KNISTER
HAAH!
ES GIBT JEMANDEN, DER SO ZAUBERN KANN?
BIST DU AUS DEM „LOCH“?
ÄH, JA!
DANN HASST DU MAGIER SICHER WIE DIE PEST.
BITTE, TÖTE MICH.

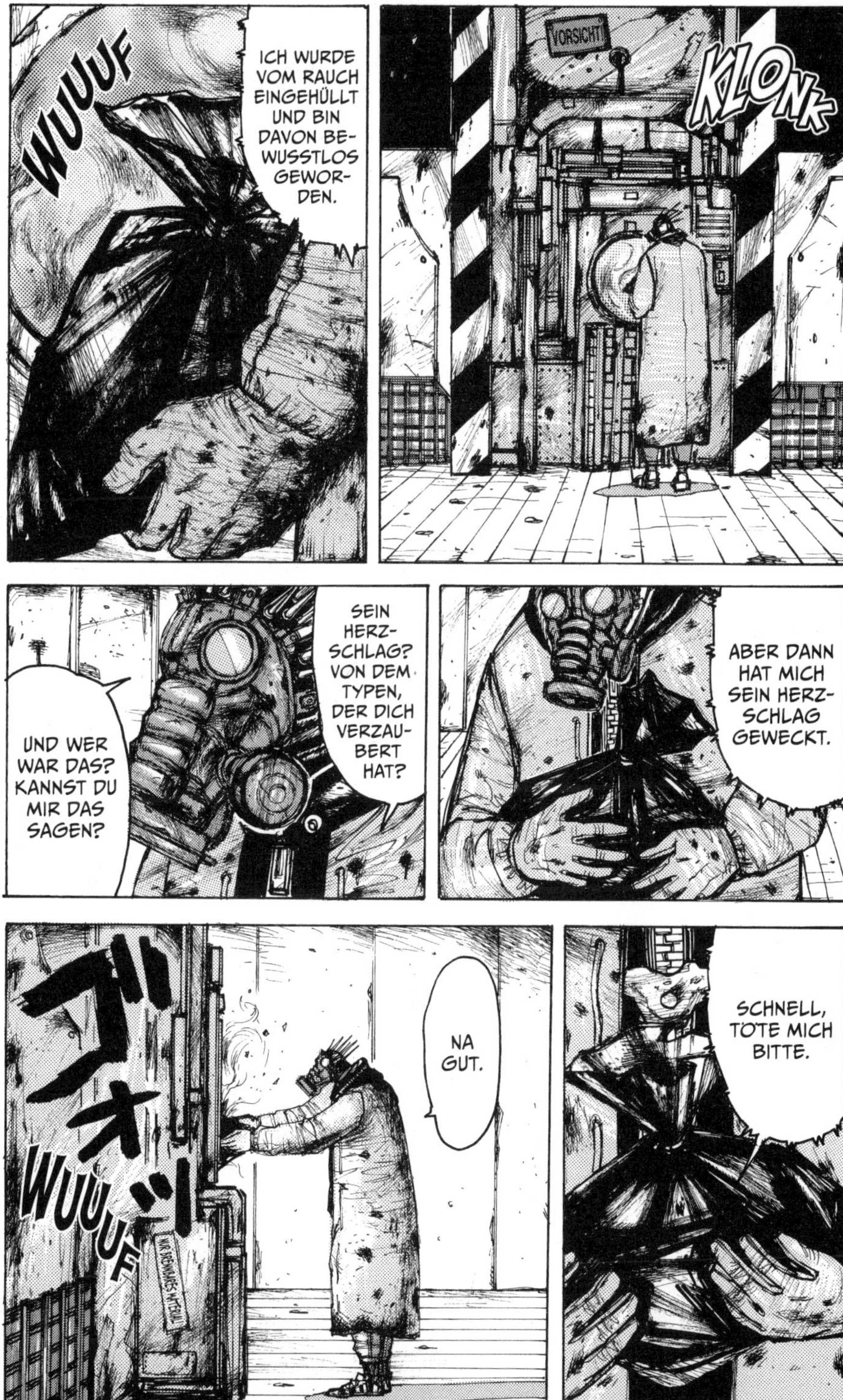
VORSICHT!
KLONK
WUUUF
ICH WURDE VOM RAUCH EINGEHÜLLT UND BIN DAVON BE-WUSSTLOS GEWOR-DEN.
ABER DANN HAT MICH SEIN HERZ-SCHLAG GEWECKT.
SEIN HERZ-SCHLAG? VON DEM TYPEN, DER DICH VERZAU-BERT HAT?
UND WER WAR DAS? KANNST DU MIR DAS SAGEN?
SCHNELL, TÖTE MICH BITTE.
NA GUT.
WUUUF

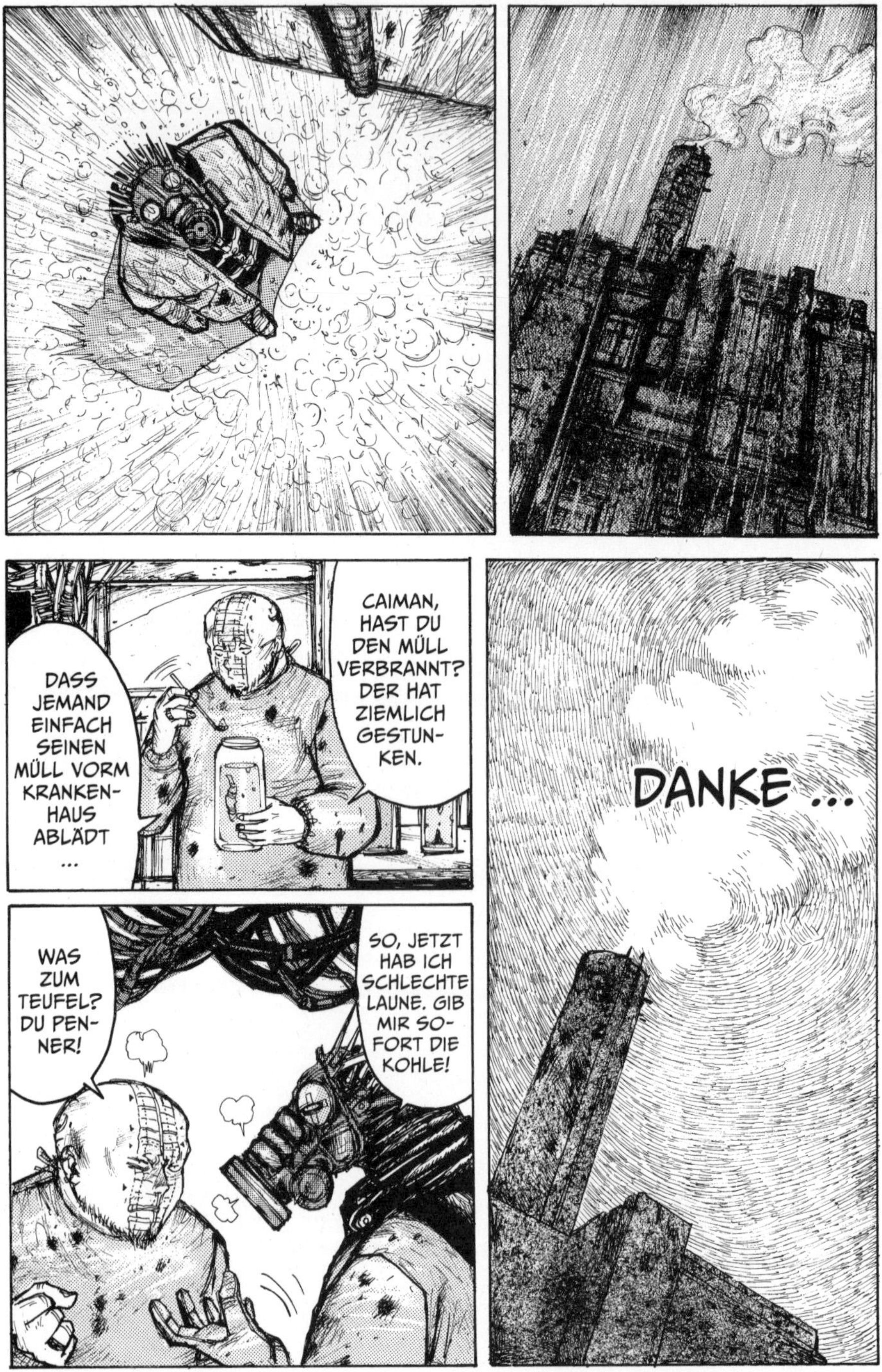
DANKE ...
CAIMAN, HAST DU DEN MÜLL VERBRANNT? DER HAT ZIEMLICH GESTUNKEN.
DASS JEMAND EINFACH SEINEN MÜLL VORM KRANKENHAUS ABLÄDT ...
SO, JETZT HAB ICH SCHLECHTE LAUNE. GIB MIR SOFORT DIE KOHLE!
WAS ZUM TEUFEL? DU PENNER!

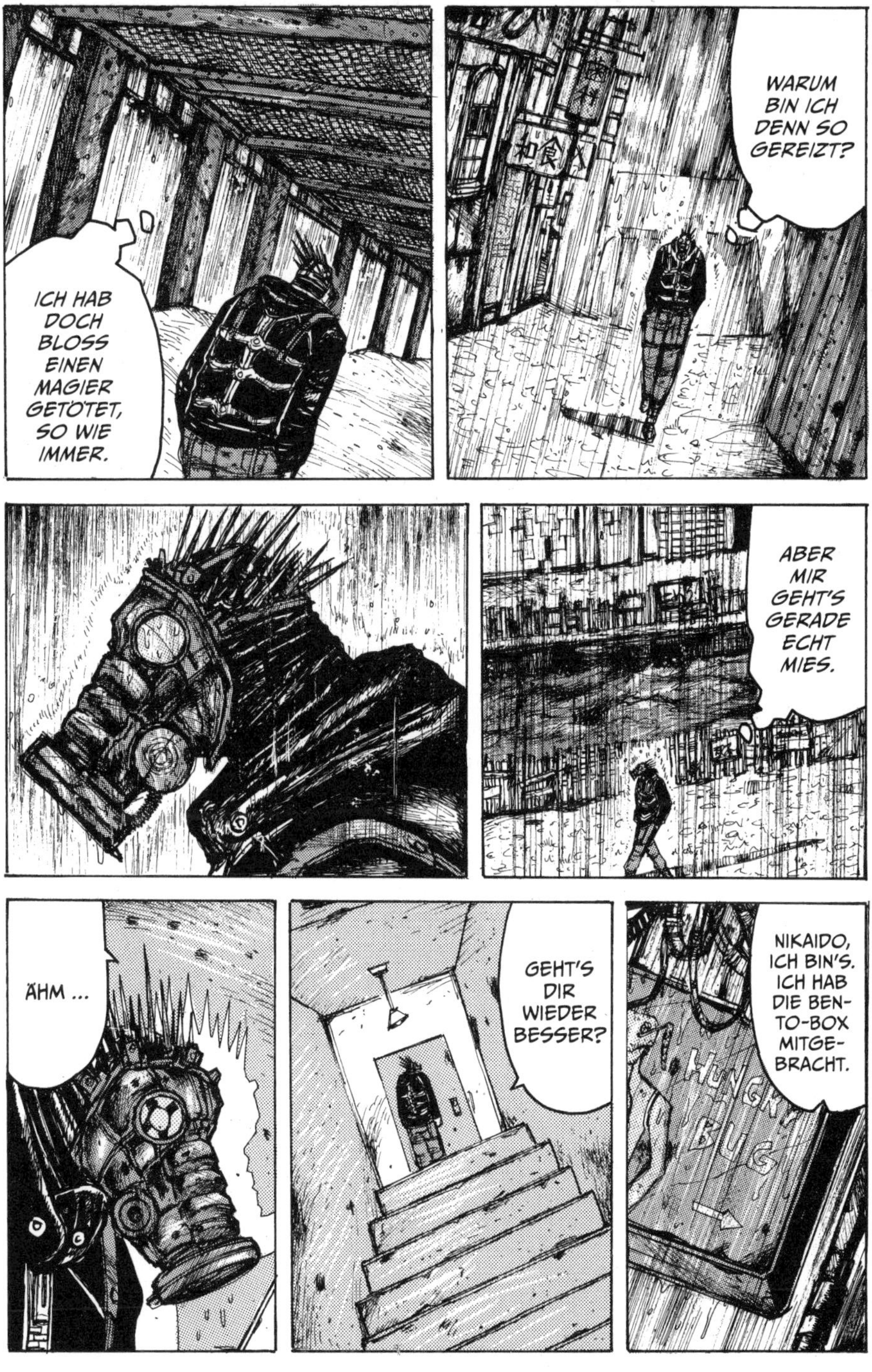
WARUM BIN ICH DENN SO GEREIZT?
ICH HAB DOCH BLOSS EINEN MAGIER GETÖTET, SO WIE IMMER.
ABER MIR GEHT'S GERADE ECHT MIES.
NIKAIDO, ICH BIN'S. ICH HAB DIE BENTO-BOX MITGEBRACHT.
HUNGRY BUG
GEHT'S DIR WIEDER BESSER?
ÄHM ...

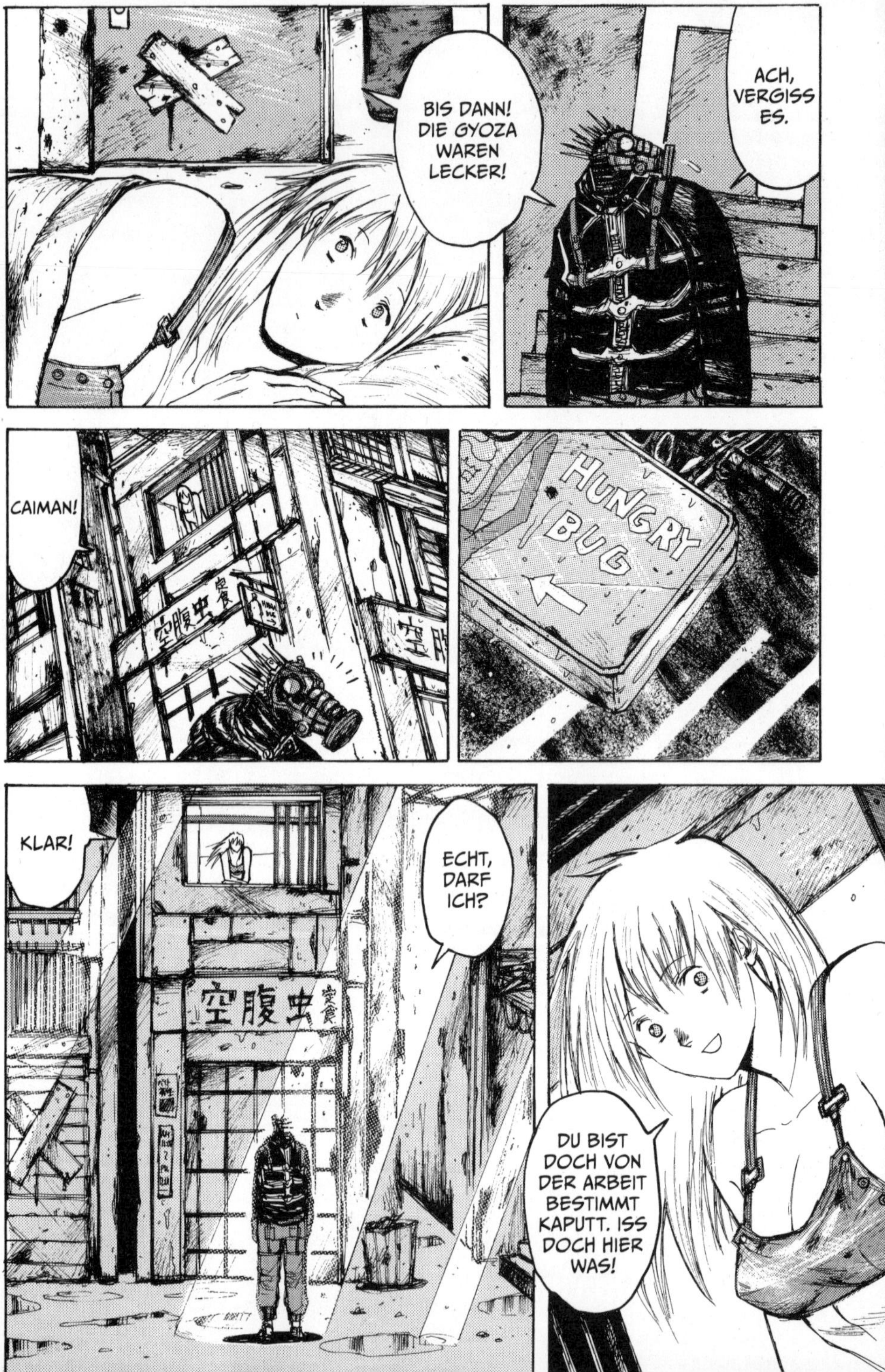
ACH, VERGISS ES.
BIS DANN! DIE GYOZA WAREN LECKER!
HUNGRY BUG
CAIMAN!
空腹虫
定食
DU BIST DOCH VON DER ARBEIT BESTIMMT KAPUTT. ISS DOCH HIER WAS!
ECHT, DARF ICH?
KLAR!

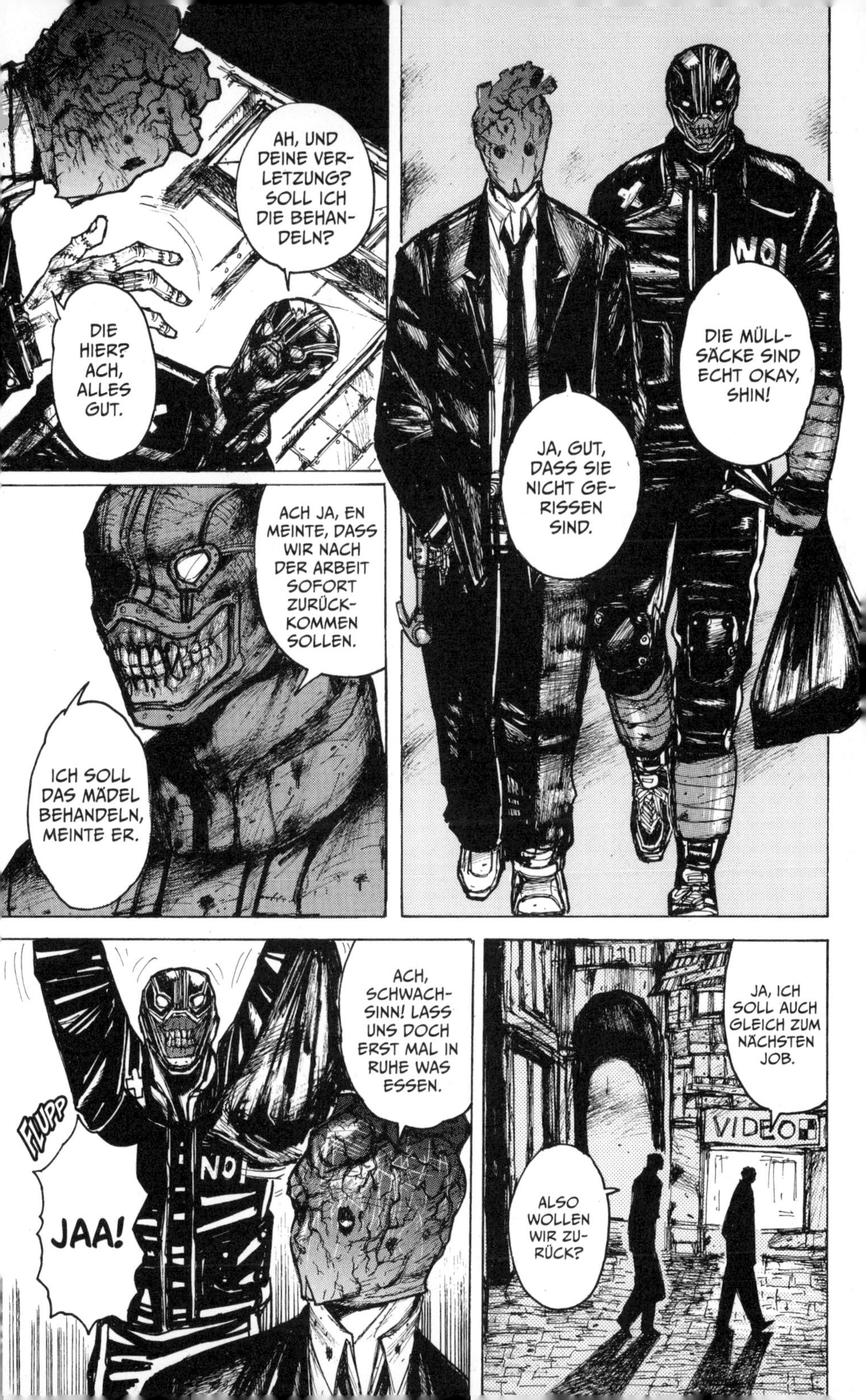
DIE MÜLL- SÄCKE SIND ECHT OKAY, SHIN!
JA, GUT, DASS SIE NICHT GE- RISSEN SIND.
AH, UND DEINE VER- LETZUNG? SOLL ICH DIE BEHAN- DELN?
DIE HIER? ACH, ALLES GUT.
ACH JA, EN MEINTE, DASS WIR NACH DER ARBEIT SOFORT ZURÜCK- KOMMEN SOLLEN.
ICH SOLL DAS MÄDEL BEHANDELN, MEINTE ER.
ALSO WOLLEN WIR ZU- RÜCK?
JA, ICH SOLL AUCH GLEICH ZUM NÄCHSTEN JOB.
VIDEO
ACH, SCHWACH- SINN! LASS UNS DOCH ERST MAL IN RUHE WAS ESSEN.
FLUPP
JAA!

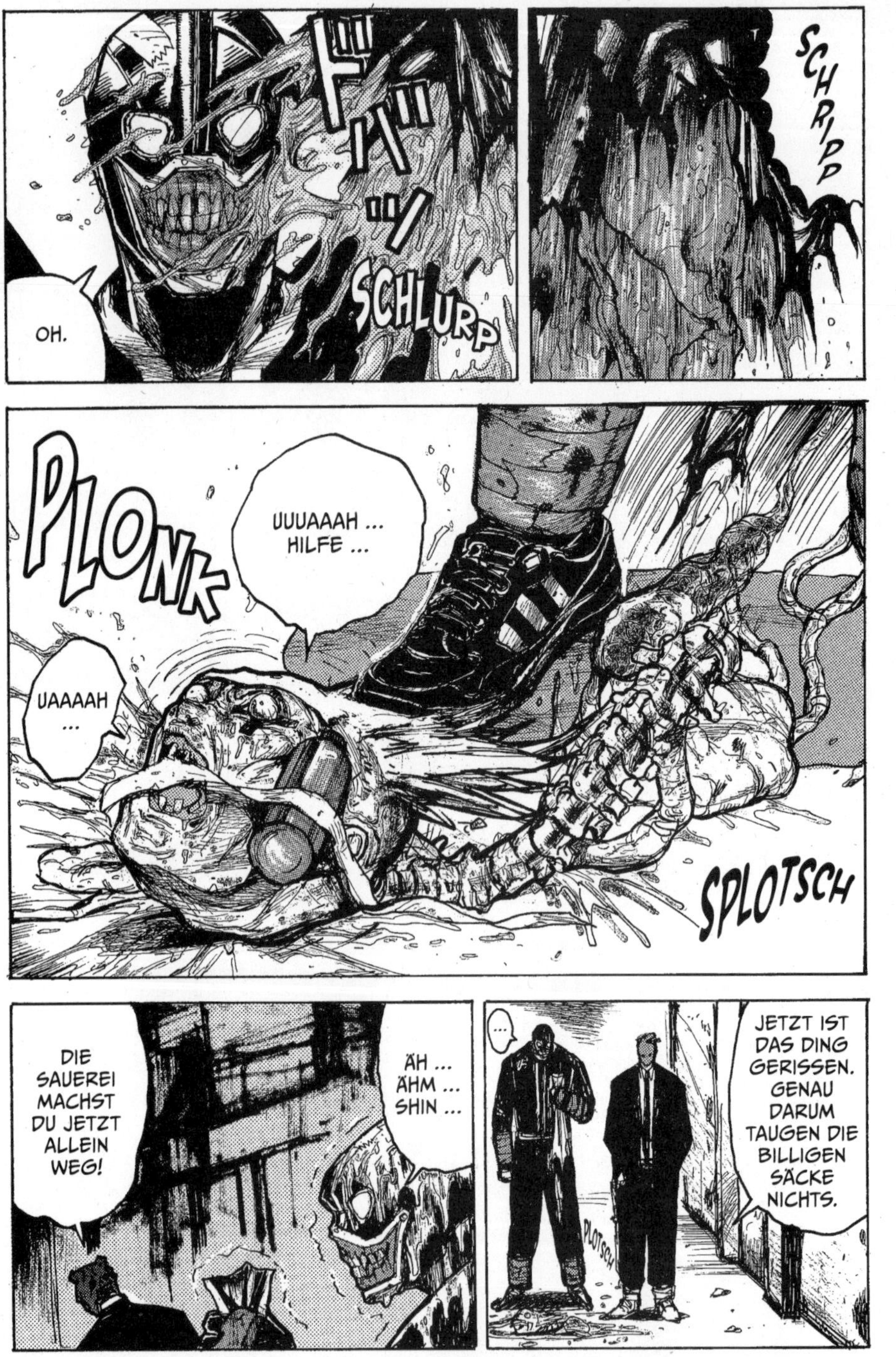
SCHRIPP
SCHLURP
OH.
PLONK
UUUAAAH ... HILFE ...
UAAAAH ...
SPLOTSCH
...
JETZT IST DAS DING GERISSEN. GENAU DARUM TAUGEN DIE BILLIGEN SÄCKE NICHTS.
PLOTSCH
ÄH ... ÄHM ... SHIN ...
DIE SAUEREI MACHST DU JETZT ALLEIN WEG!

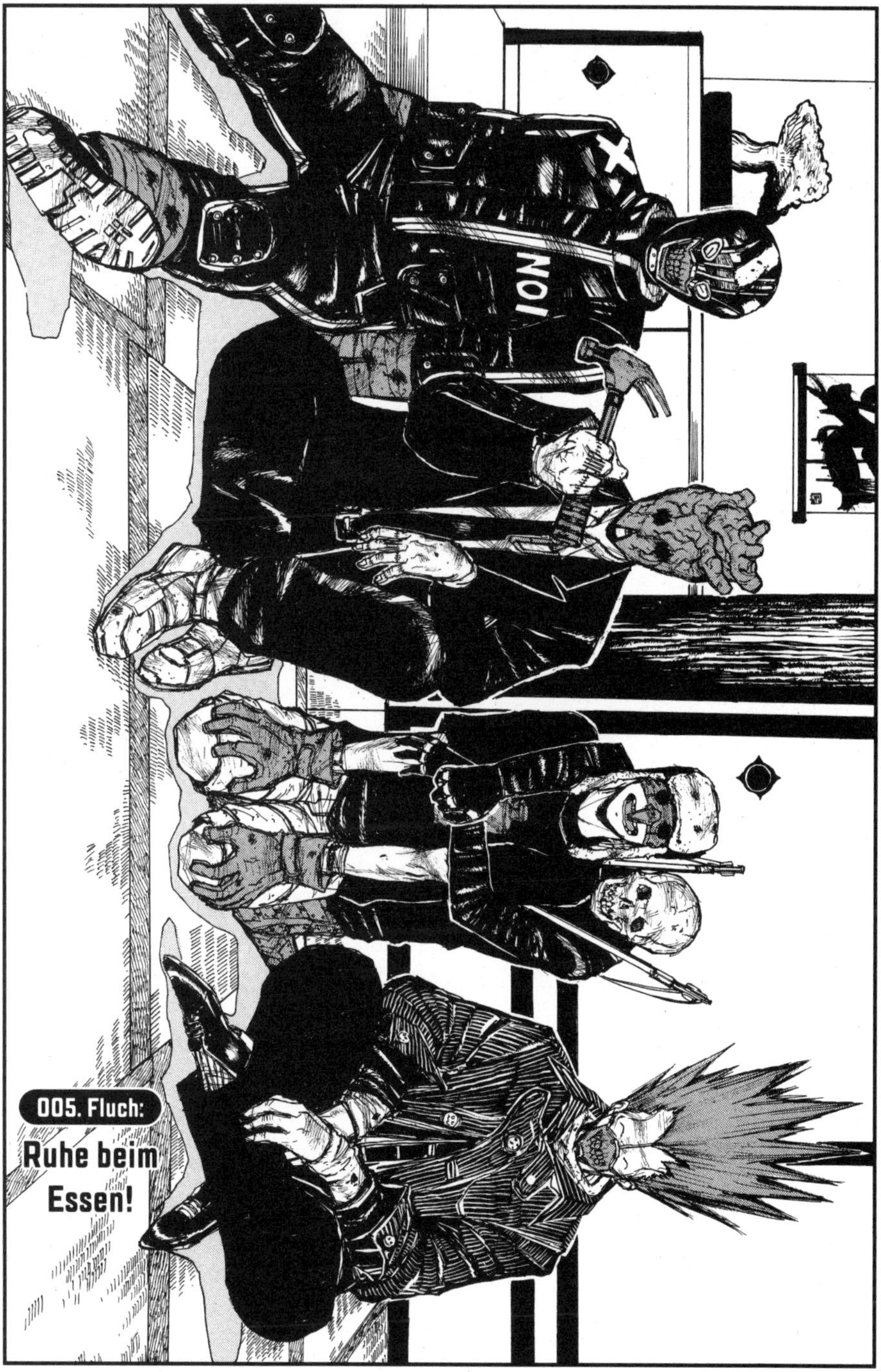
005. Fluch:
Ruhe beim Essen!

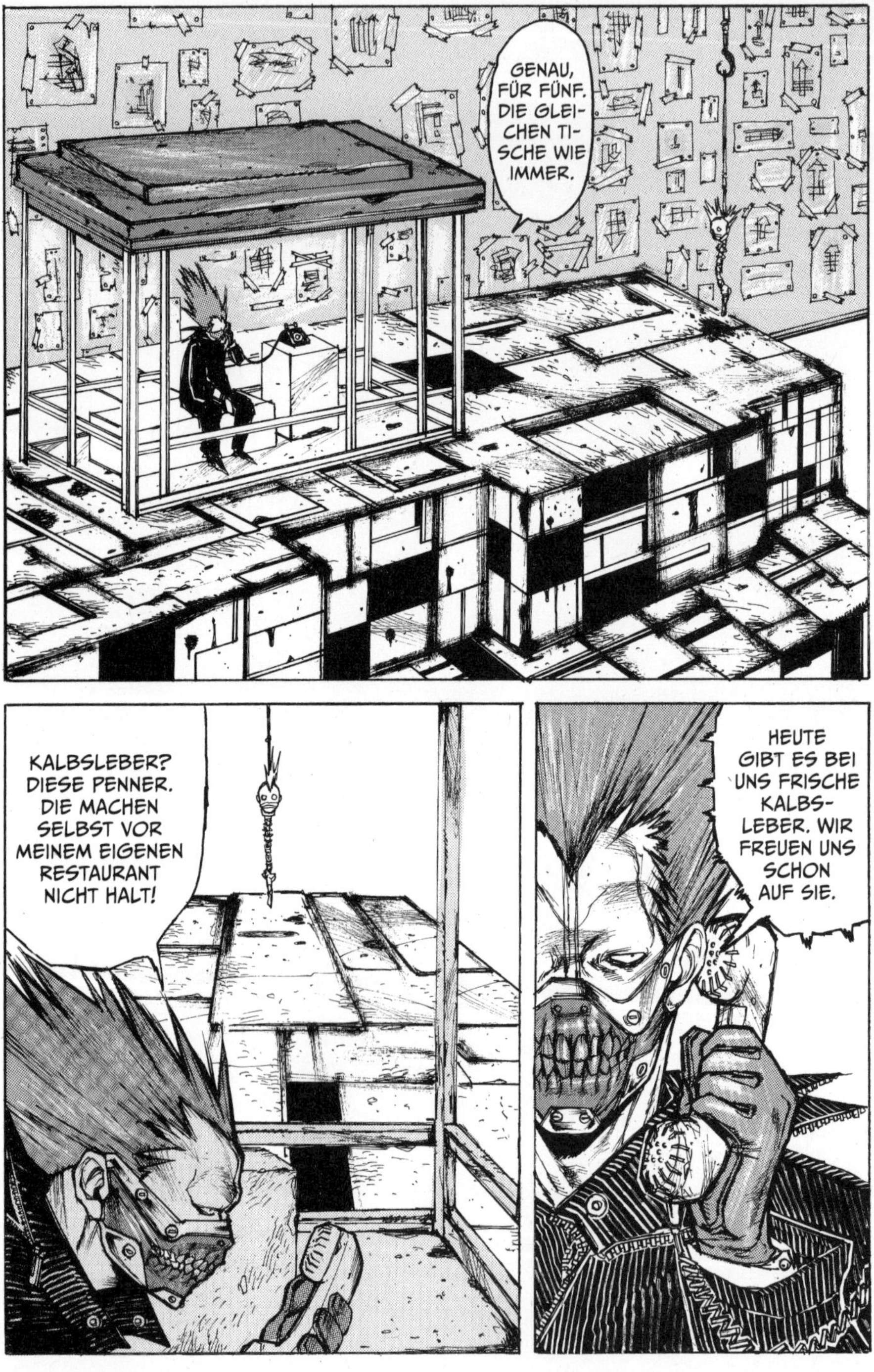
GENAU, FÜR FÜNF. DIE GLEICHEN TISCHE WIE IMMER.
HEUTE GIBT ES BEI UNS FRISCHE KALBSLEBER. WIR FREUEN UNS SCHON AUF SIE.
KALBSLEBER? DIESE PENNER. DIE MACHEN SELBST VOR MEINEM EIGENEN RESTAURANT NICHT HALT!

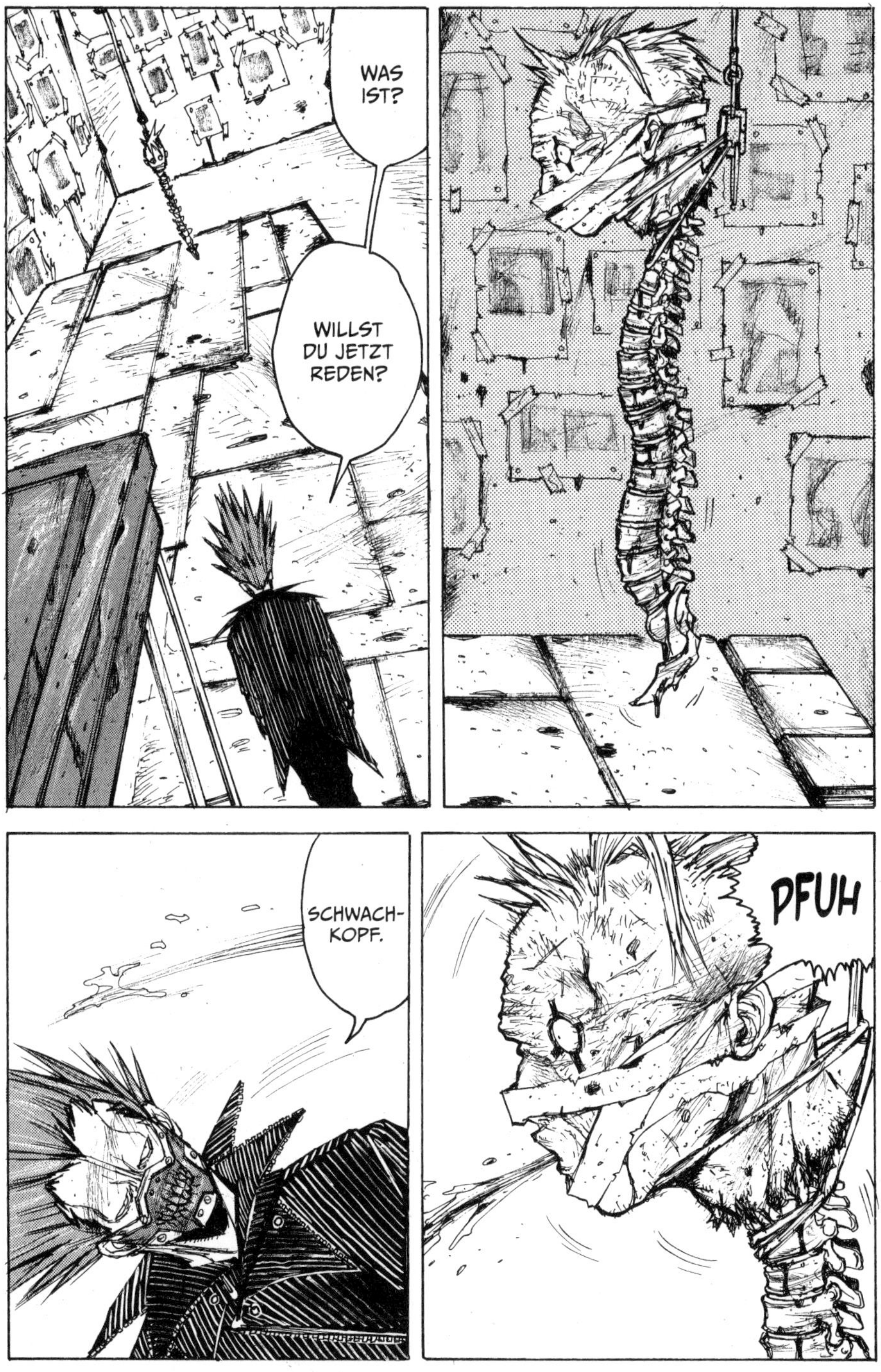
WAS IST?
WILLST DU JETZT REDEN?
SCHWACH-KOPF.
PFUH

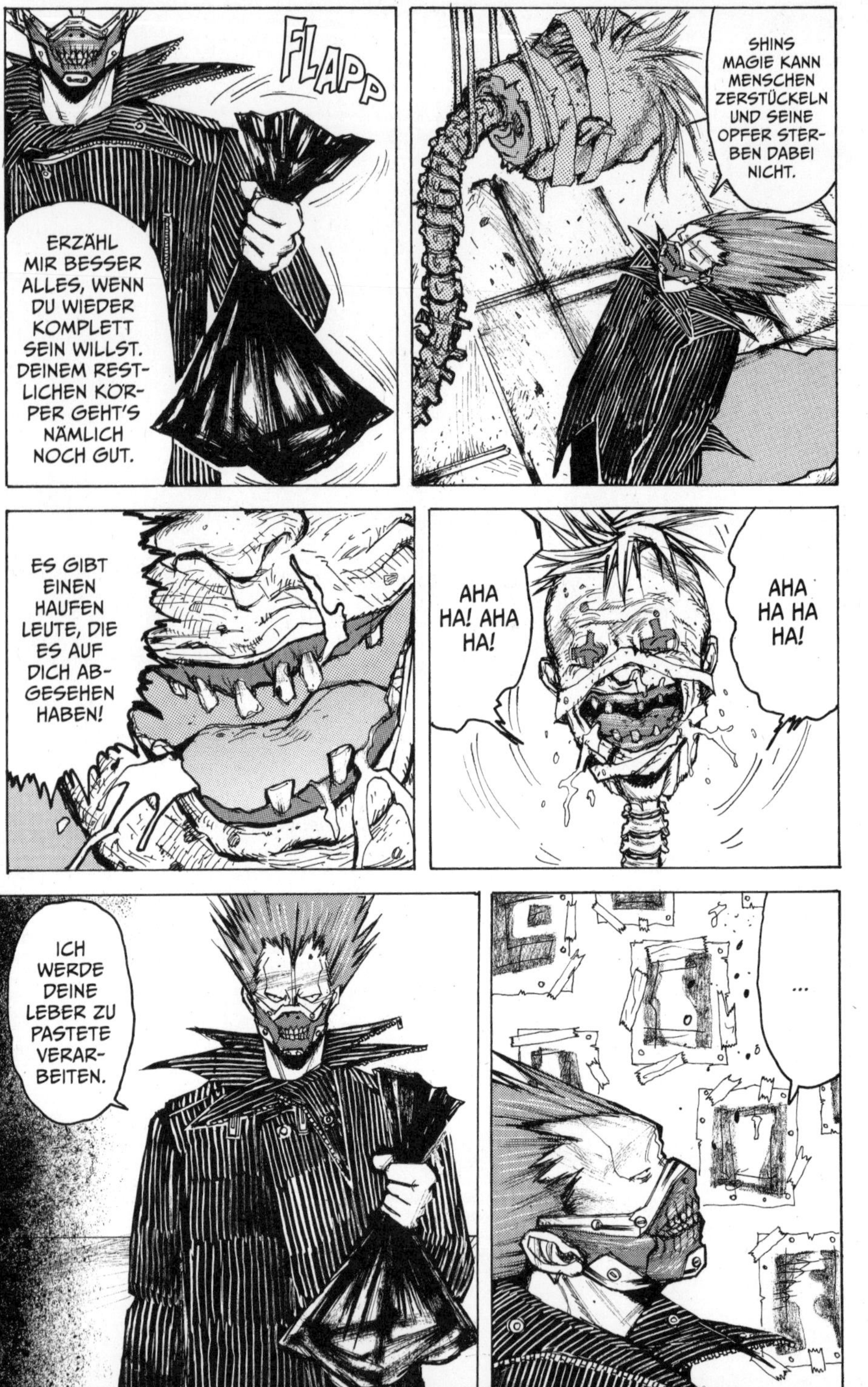
SHINS MAGIE KANN MENSCHEN ZERSTÜCKELN UND SEINE OPFER STERBEN DABEI NICHT.
FLAPP
ERZÄHL MIR BESSER ALLES, WENN DU WIEDER KOMPLETT SEIN WILLST. DEINEM RESTLICHEN KÖRPER GEHT'S NÄMLICH NOCH GUT.
AHA HA HA HA!
AHA HA! AHA HA!
ES GIBT EINEN HAUFEN LEUTE, DIE ES AUF DICH ABGESEHEN HABEN!
...
ICH WERDE DEINE LEBER ZU PASTETE VERARBEITEN.

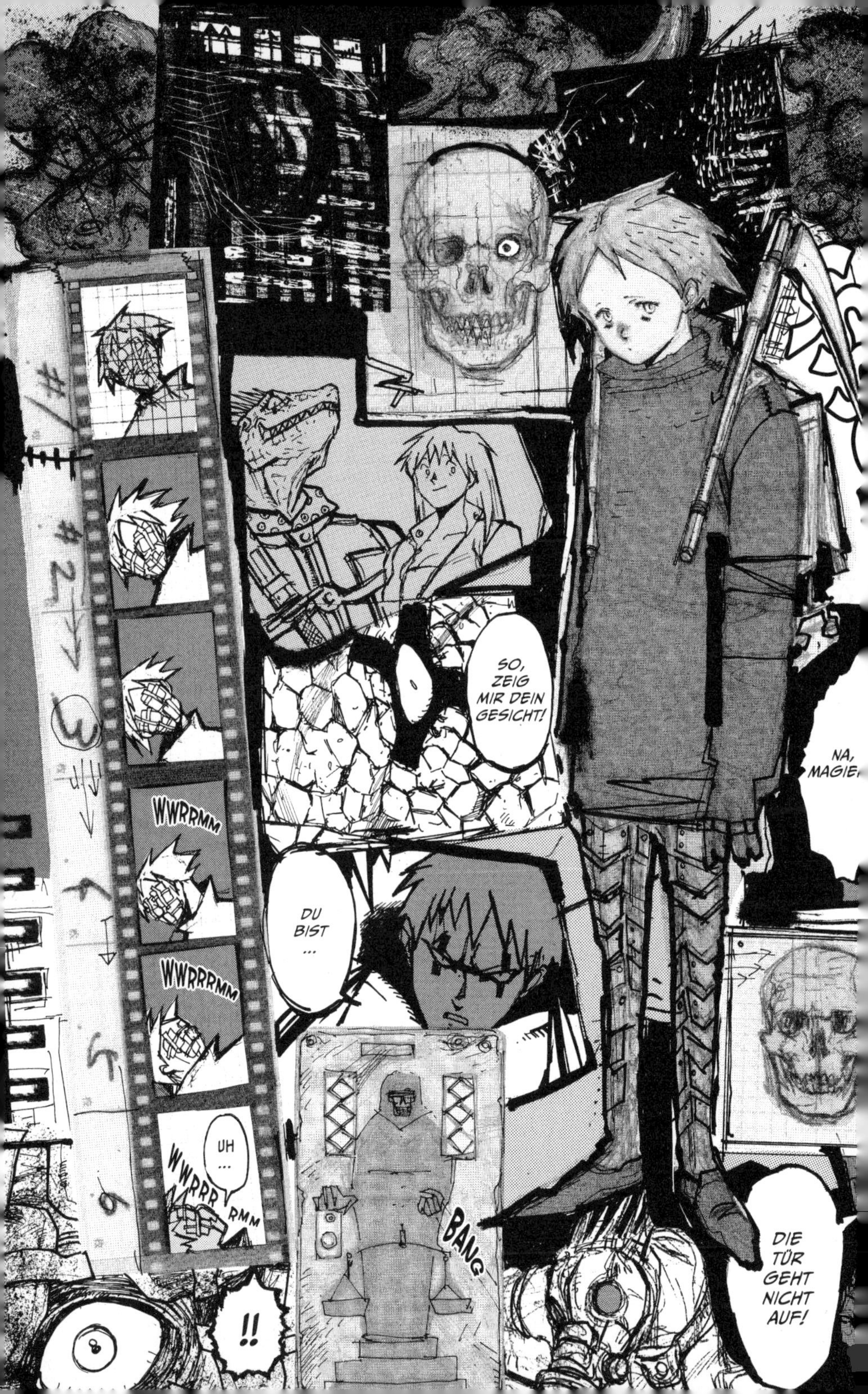
NA, MAGIE!
SO, ZEIG MIR DEIN GESICHT!
DU BIST ...
WWRRMM
WWRRRRMM
UH ...
WWRRRRMM
DIE TÜR GEHT NICHT AUF!
BANG
!!

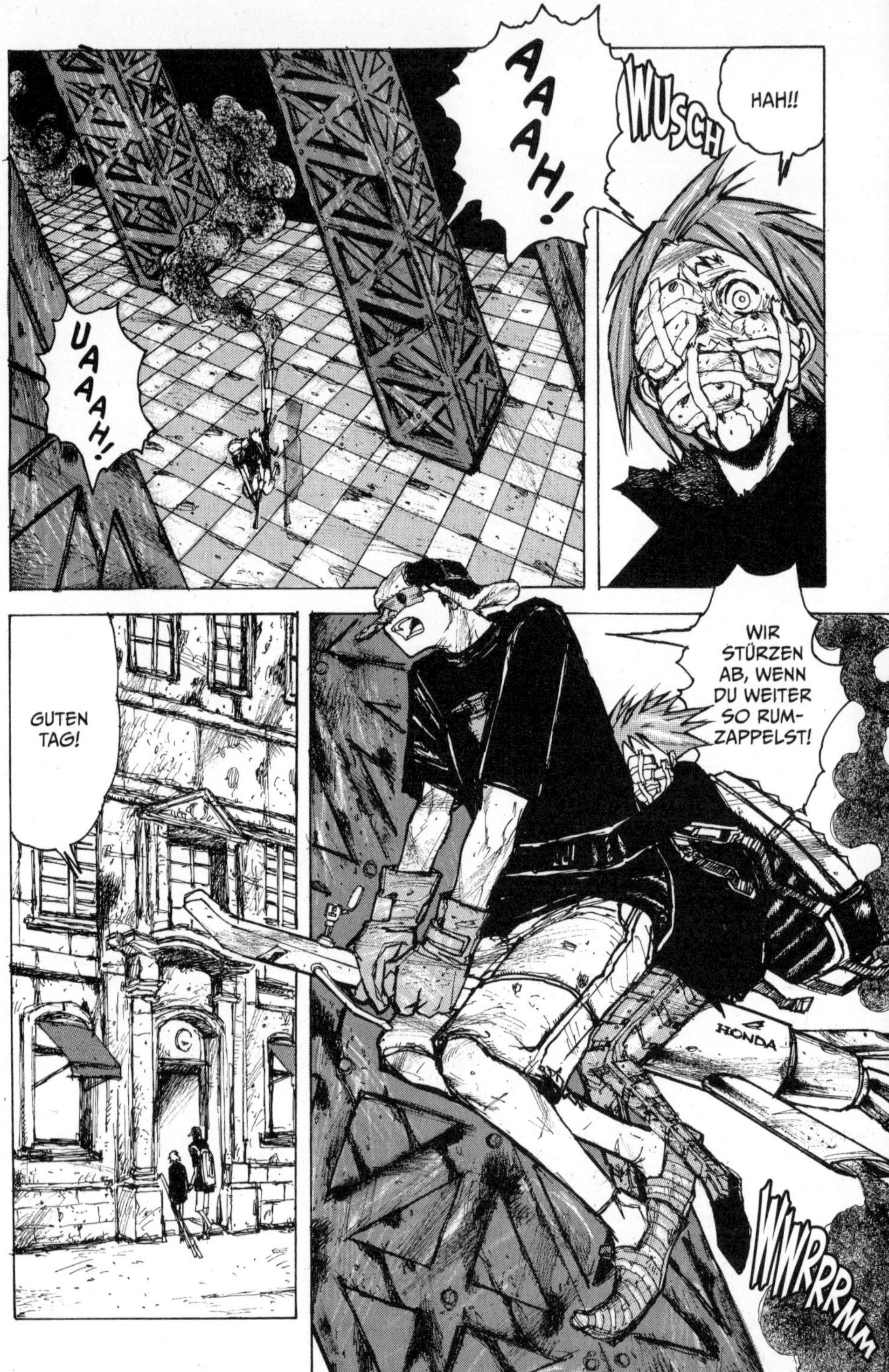
HAH!!
WUSCH
AAAAH!
UAAAAH!
WIR STÜRZEN AB, WENN DU WEITER SO RUM-ZAPPELST!
HONDA
WWRRRMM
GUTEN TAG!

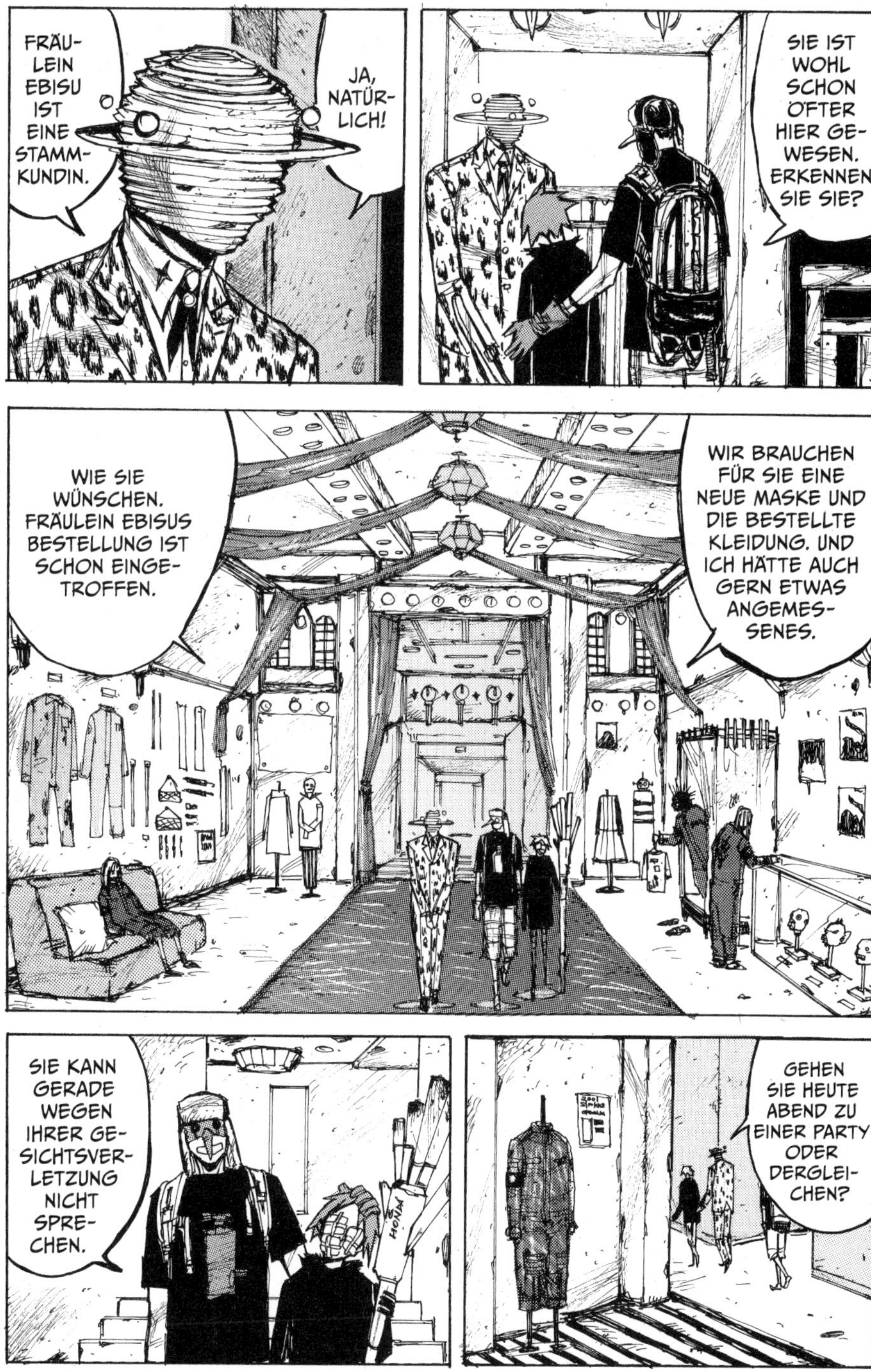
SIE IST WOHL SCHON ÖFTER HIER GEWESEN. ERKENNEN SIE SIE?
JA, NATÜRLICH!
FRÄULEIN EBISU IST EINE STAMMKUNDIN.
WIR BRAUCHEN FÜR SIE EINE NEUE MASKE UND DIE BESTELLTE KLEIDUNG. UND ICH HÄTTE AUCH GERN ETWAS ANGEMESSENES.
WIE SIE WÜNSCHEN. FRÄULEIN EBISUS BESTELLUNG IST SCHON EINGETROFFEN.
GEHEN SIE HEUTE ABEND ZU EINER PARTY ODER DERGLEICHEN?
SIE KANN GERADE WEGEN IHRER GESICHTSVERLETZUNG NICHT SPRECHEN.

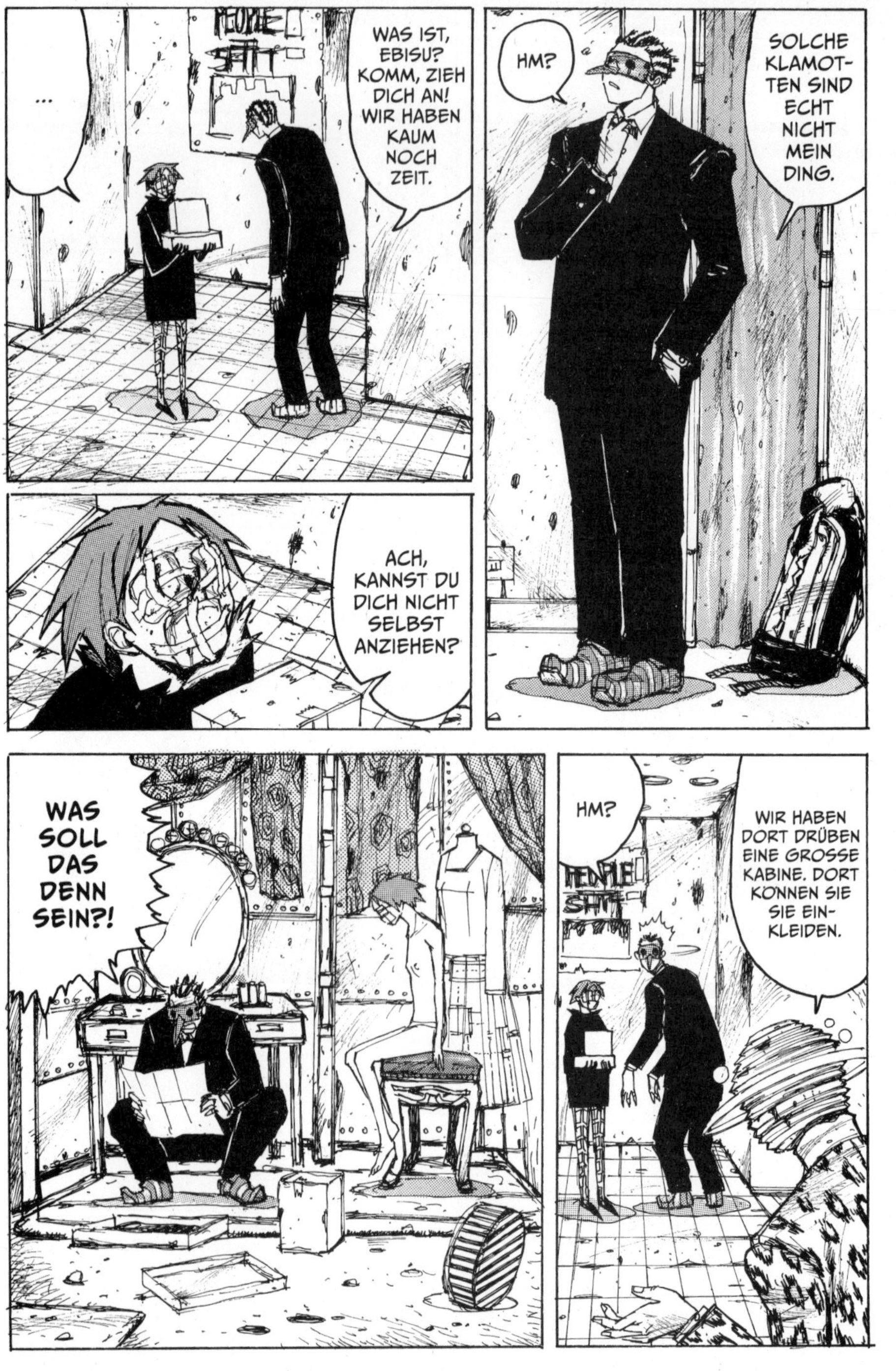
SOLCHE KLAMOTTEN SIND ECHT NICHT MEIN DING.
HM?
WAS IST, EBISU? KOMM, ZIEH DICH AN! WIR HABEN KAUM NOCH ZEIT.
...
ACH, KANNST DU DICH NICHT SELBST ANZIEHEN?
WIR HABEN DORT DRÜBEN EINE GROSSE KABINE. DORT KÖNNEN SIE SIE EINKLEIDEN.
HM?
WAS SOLL DAS DENN SEIN?!

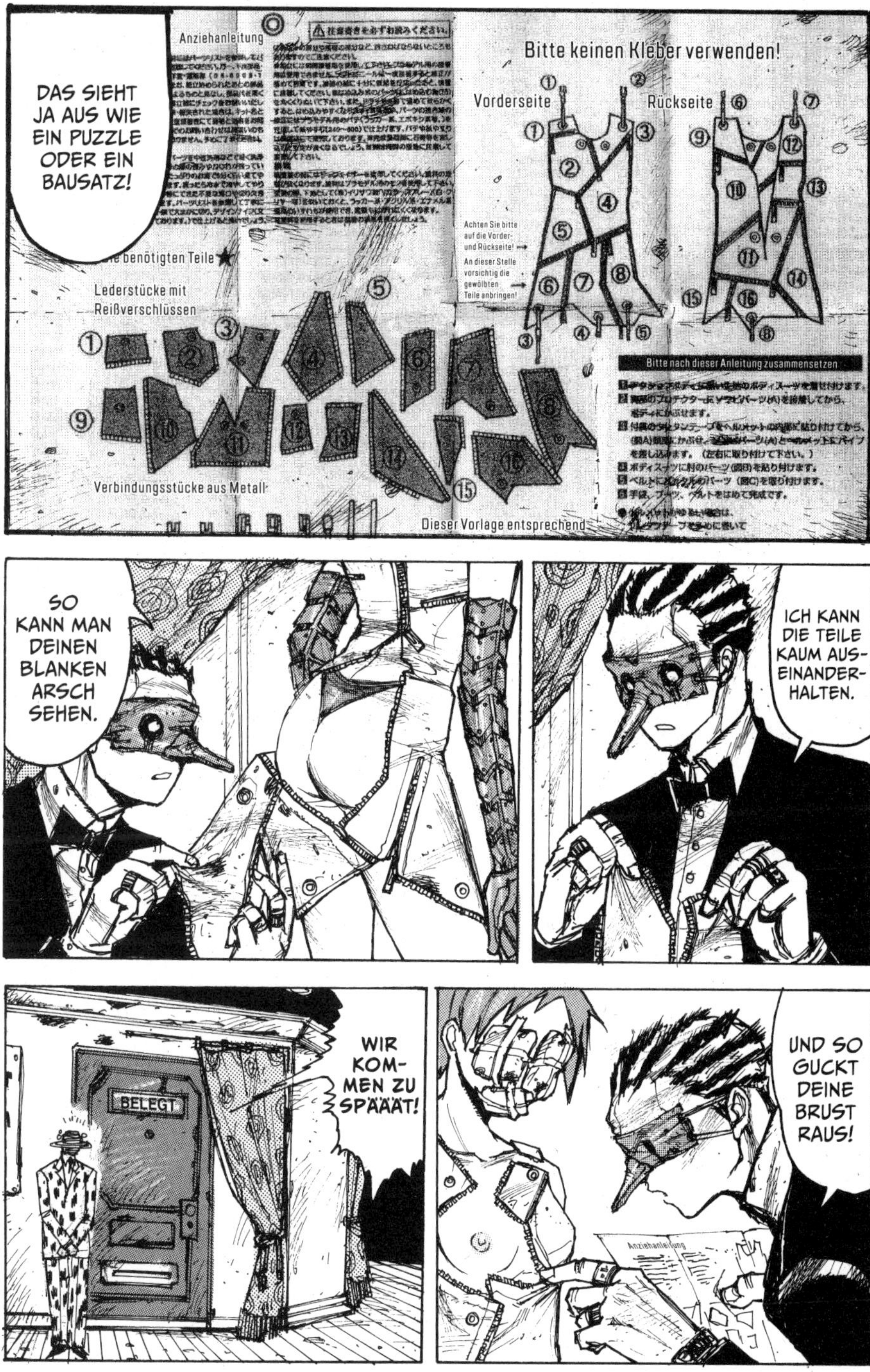
DAS SIEHT JA AUS WIE EIN PUZZLE ODER EIN BAUSATZ!
Anziehanleitung
Bitte keinen Kleber verwenden!
Vorderseite
Rückseite
Achten Sie bitte auf die Vorder- und Rückseite!
An dieser Stelle vorsichtig die gewölbten Teile anbringen!
benötigten Teile
Lederstücke mit Reißverschlüssen
Bitte nach dieser Anleitung zusammensetzen
Verbindungsstücke aus Metall
Dieser Vorlage entsprechend
ICH KANN DIE TEILE KAUM AUS-EINANDER-HALTEN.
SO KANN MAN DEINEN BLANKEN ARSCH SEHEN.
UND SO GUCKT DEINE BRUST RAUS!
Anziehanleitung
WIR KOM-MEN ZU SPÄÄÄT!
BELEGT

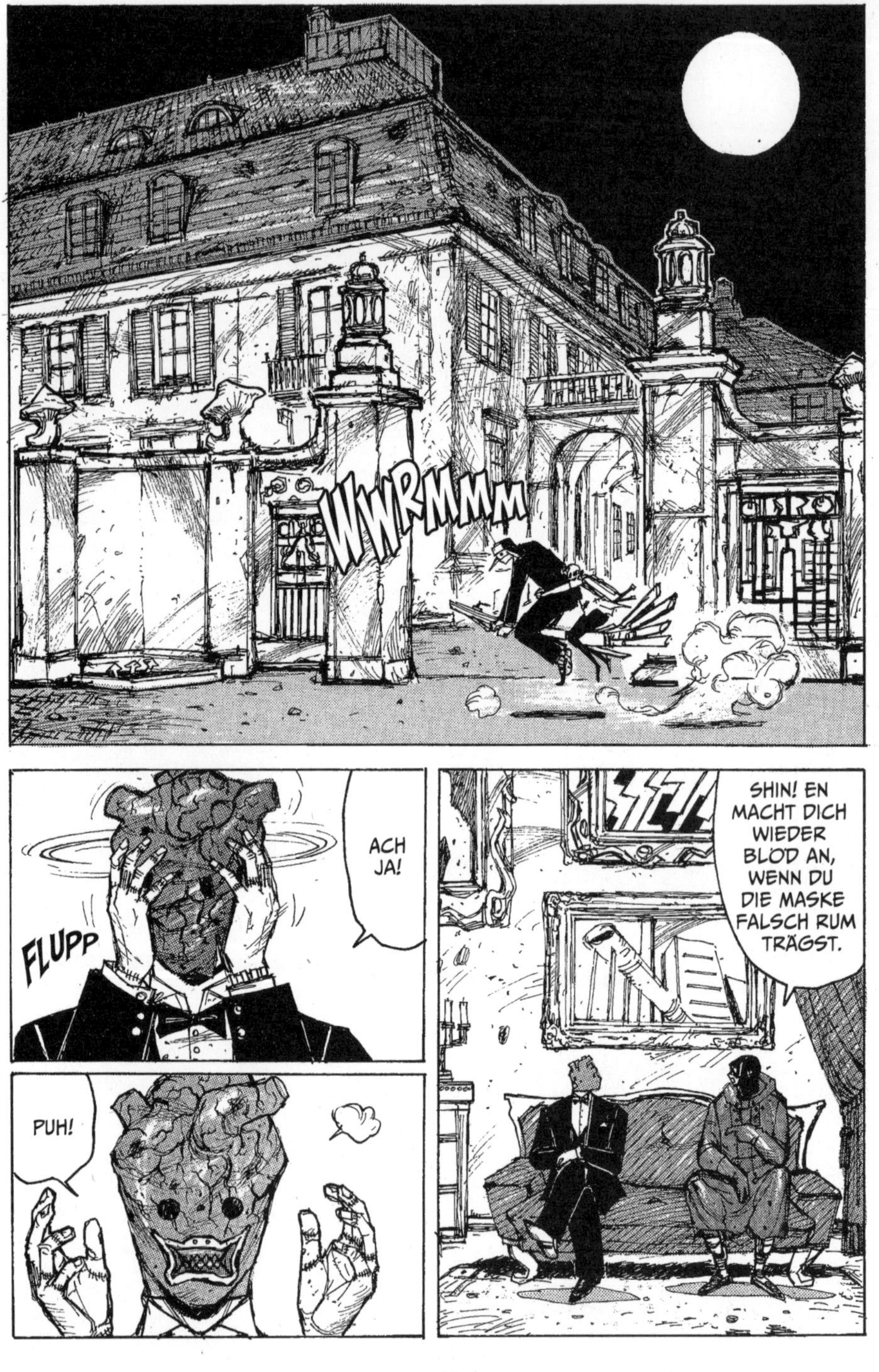
WWRMMM
SHIN! EN MACHT DICH WIEDER BLÖD AN, WENN DU DIE MASKE FALSCH RUM TRÄGST.
ACH JA!
FLUPP
PUH!

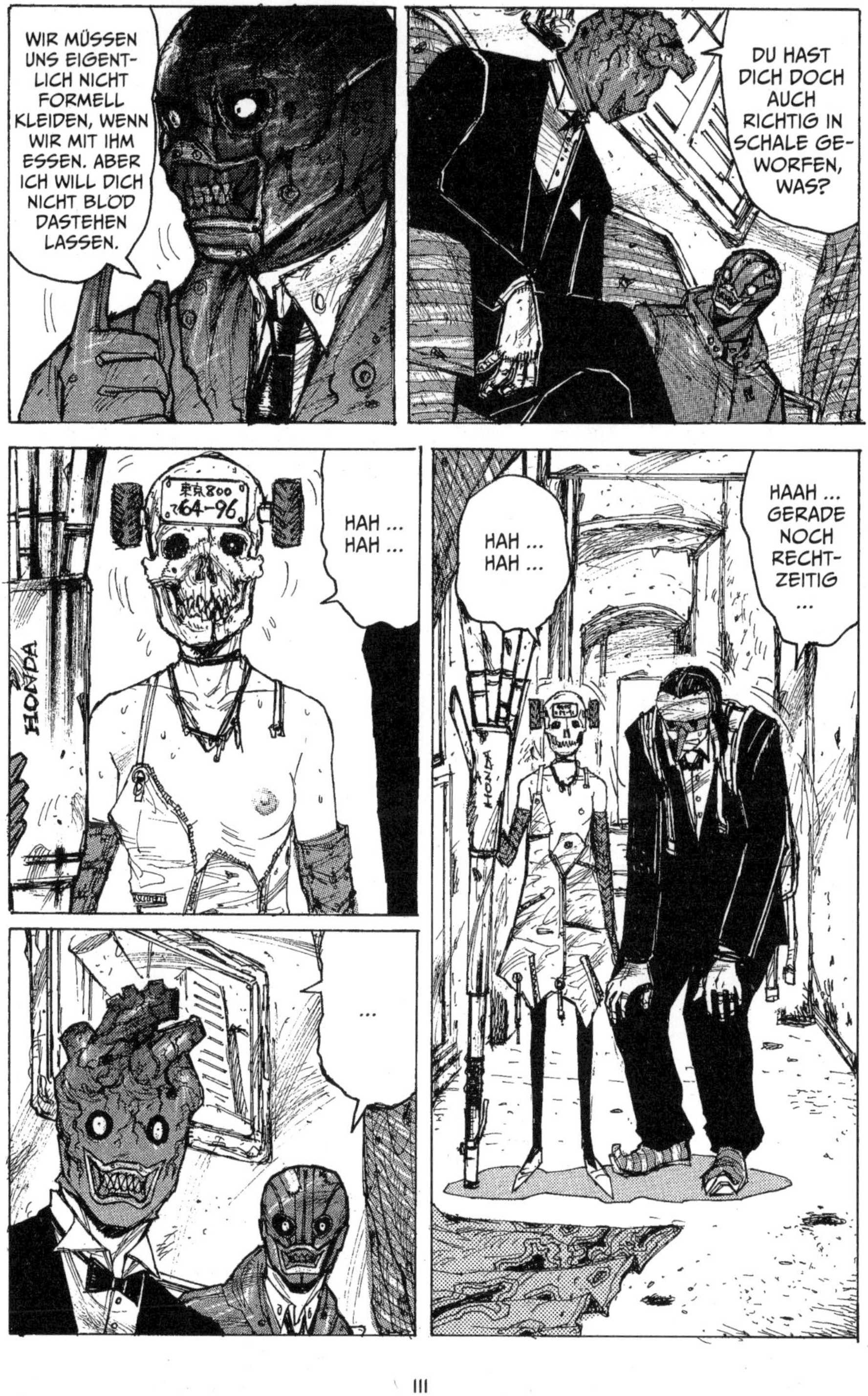
WIR MÜSSEN UNS EIGENTLICH NICHT FORMELL KLEIDEN, WENN WIR MIT IHM ESSEN. ABER ICH WILL DICH NICHT BLÖD DASTEHEN LASSEN.
DU HAST DICH DOCH AUCH RICHTIG IN SCHALE GEWORFEN, WAS?
東京800 て 64-96
HONDA
HAH ... HAH ...
HAAH ... GERADE NOCH RECHTZEITIG ...
HAH ... HAH ...
...

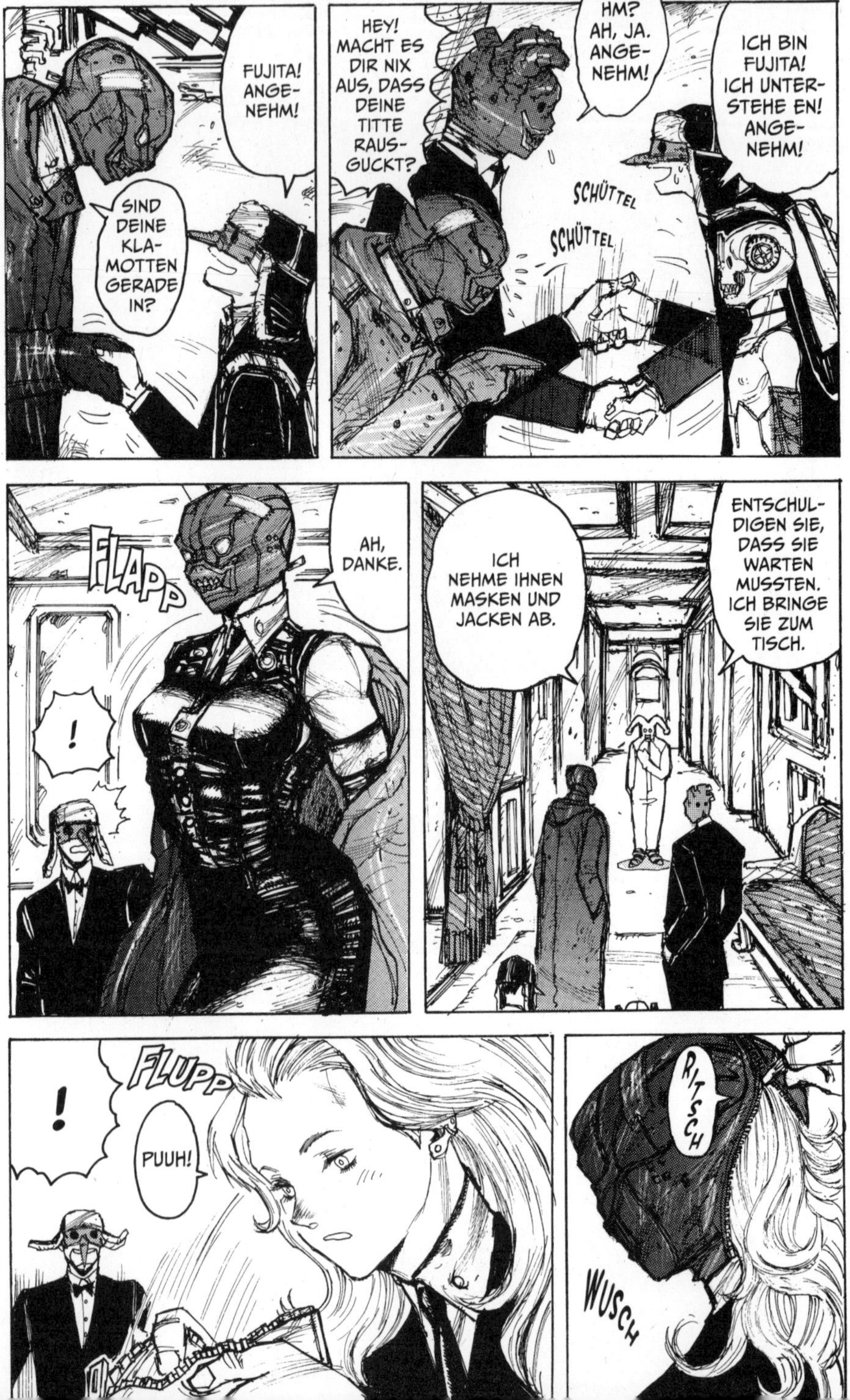

ICH BIN FUJITA! ICH UNTERSTEHE EN! ANGENEHM!
HM? AH, JA. ANGENEHM!
SCHÜTTEL
SCHÜTTEL
HEY! MACHT ES DIR NIX AUS, DASS DEINE TITTE RAUSGUCKT?
FUJITA! ANGENEHM!
SIND DEINE KLAMOTTEN GERADE IN?
ENTSCHULDIGEN SIE, DASS SIE WARTEN MUSSTEN. ICH BRINGE SIE ZUM TISCH.
ICH NEHME IHNEN MASKEN UND JACKEN AB.
AH, DANKE.
FLAPP
!
RITSCH
WUSCH
FLUPP
!
PUUH!

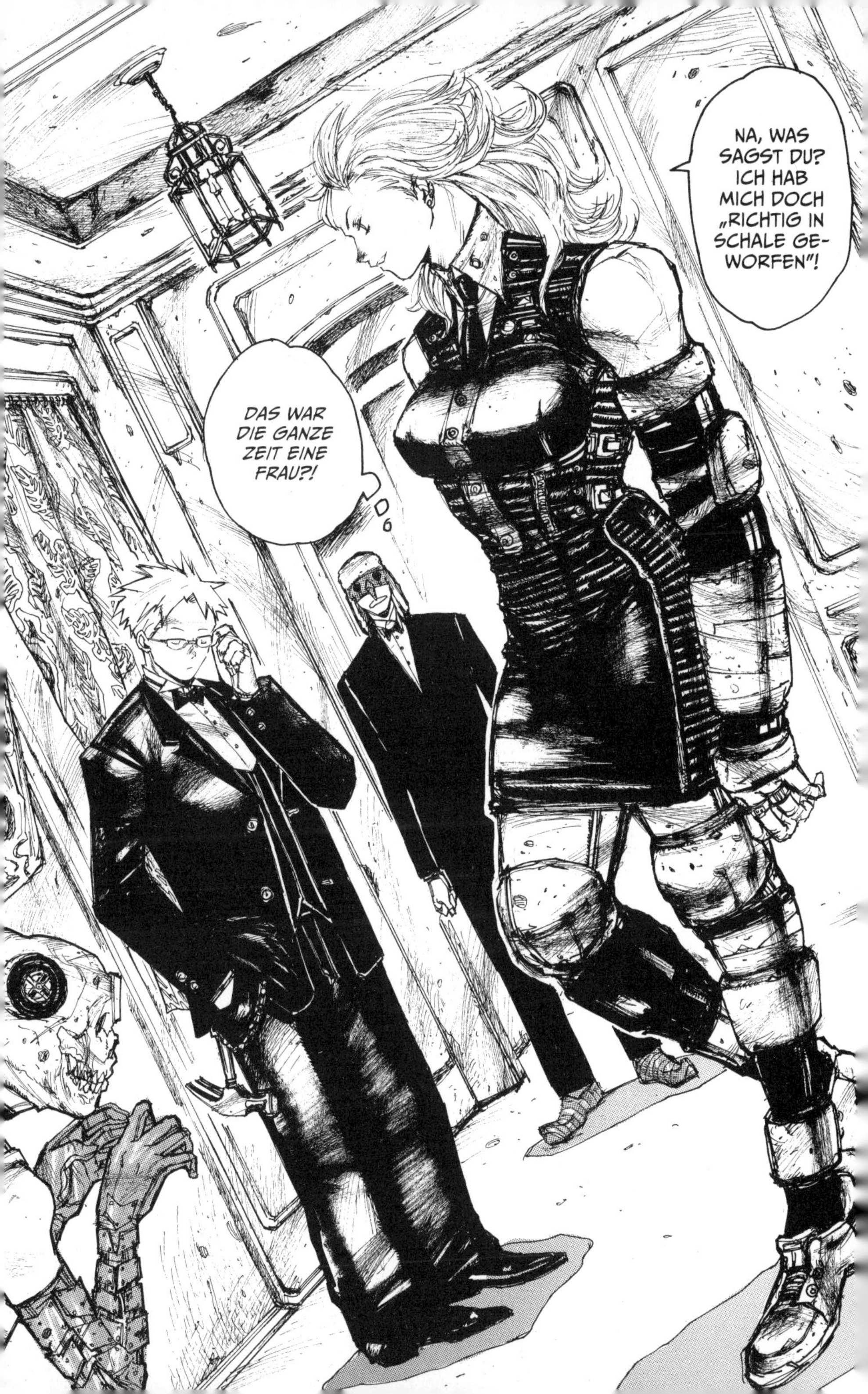
NA, WAS SAGST DU? ICH HAB MICH DOCH „RICHTIG IN SCHALE GEWORFEN"!
DAS WAR DIE GANZE ZEIT EINE FRAU?!

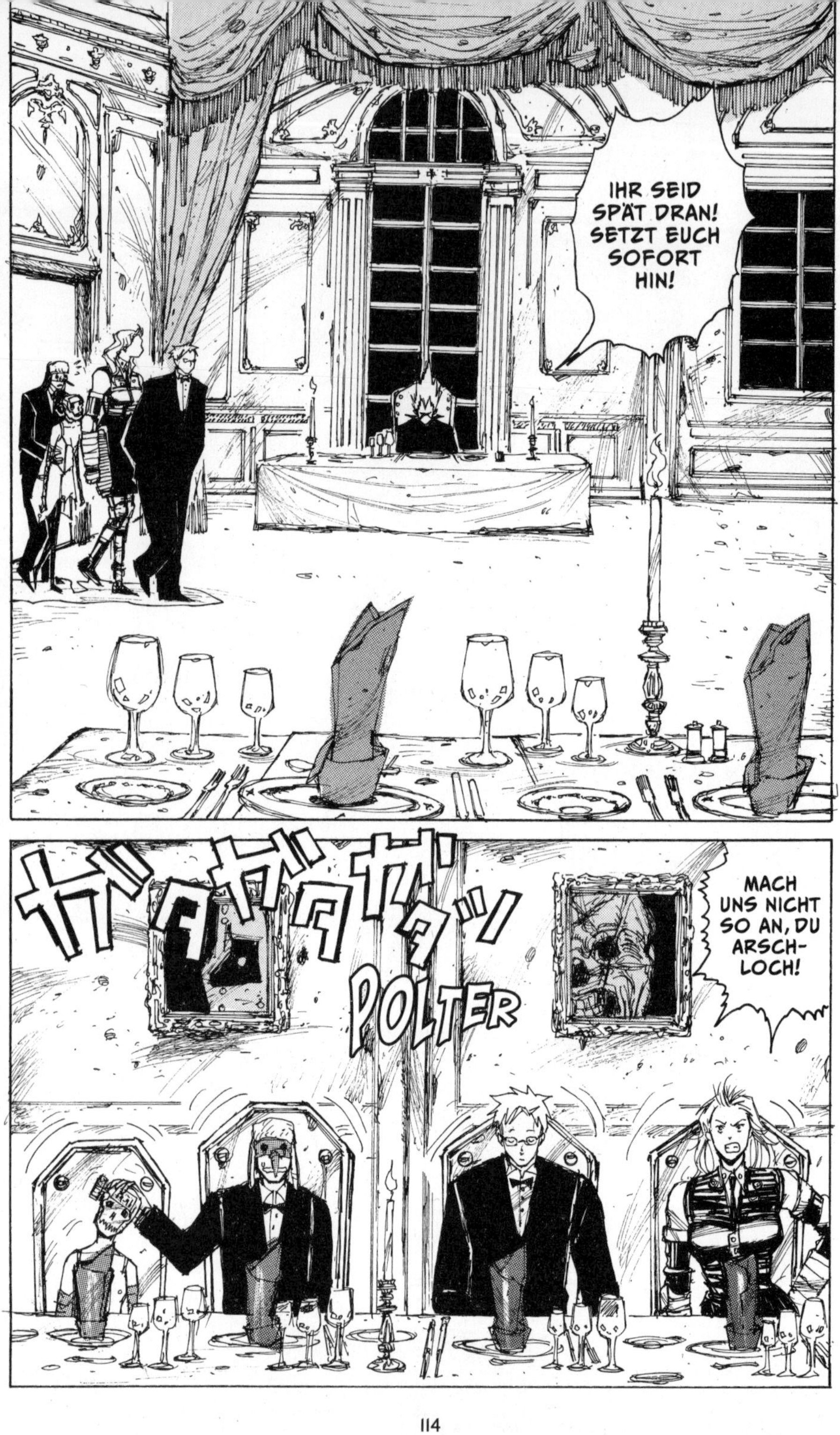
IHR SEID SPÄT DRAN! SETZT EUCH SOFORT HIN!
POLTER
MACH UNS NICHT SO AN, DU ARSCHLOCH!

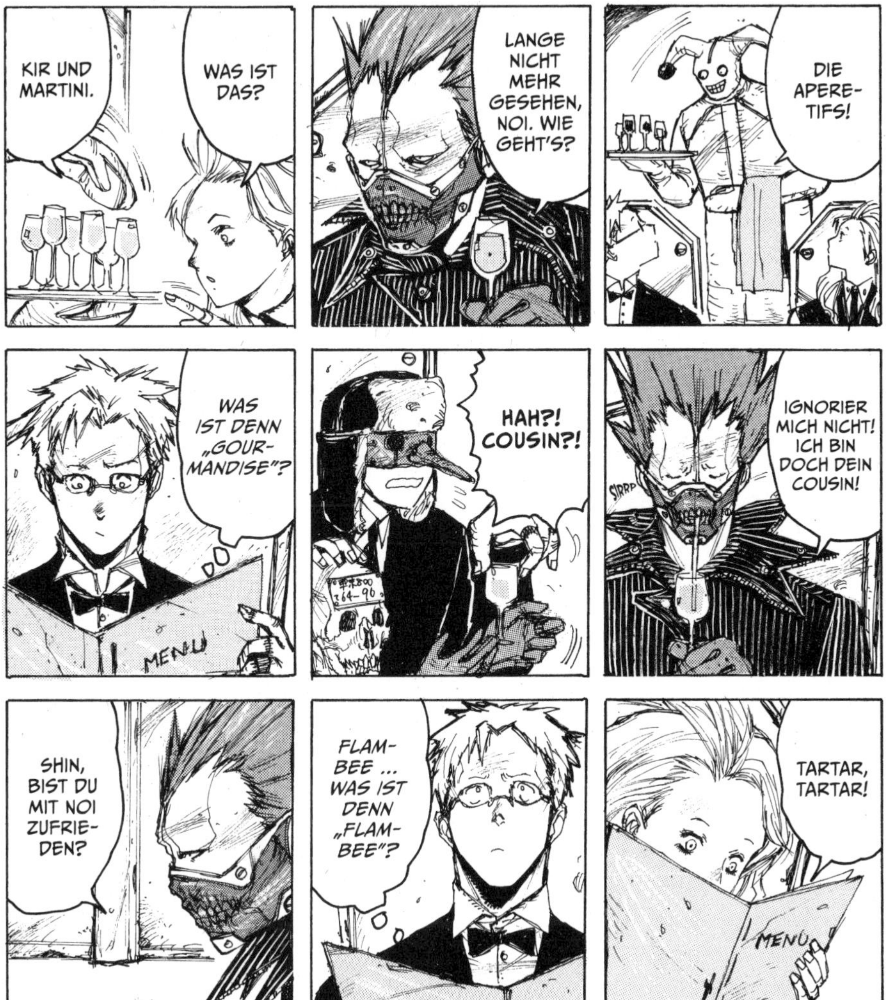
DIE APERETIFS!
LANGE NICHT MEHR GESEHEN, NOI. WIE GEHT'S?
WAS IST DAS?
KIR UND MARTINI.
IGNORIER MICH NICHT! ICH BIN DOCH DEIN COUSIN!
SIRRP
HAH?! COUSIN?!
WAS IST DENN „GOURMANDISE"?
MENU
TARTAR, TARTAR!
MENU
FLAMBEE ... WAS IST DENN „FLAMBEE"?
SHIN, BIST DU MIT NOI ZUFRIEDEN?
KLAR BIST DU MIT MIR ZUFRIEDEN!
MENU
HM?
ÄH ... ÄHM ...

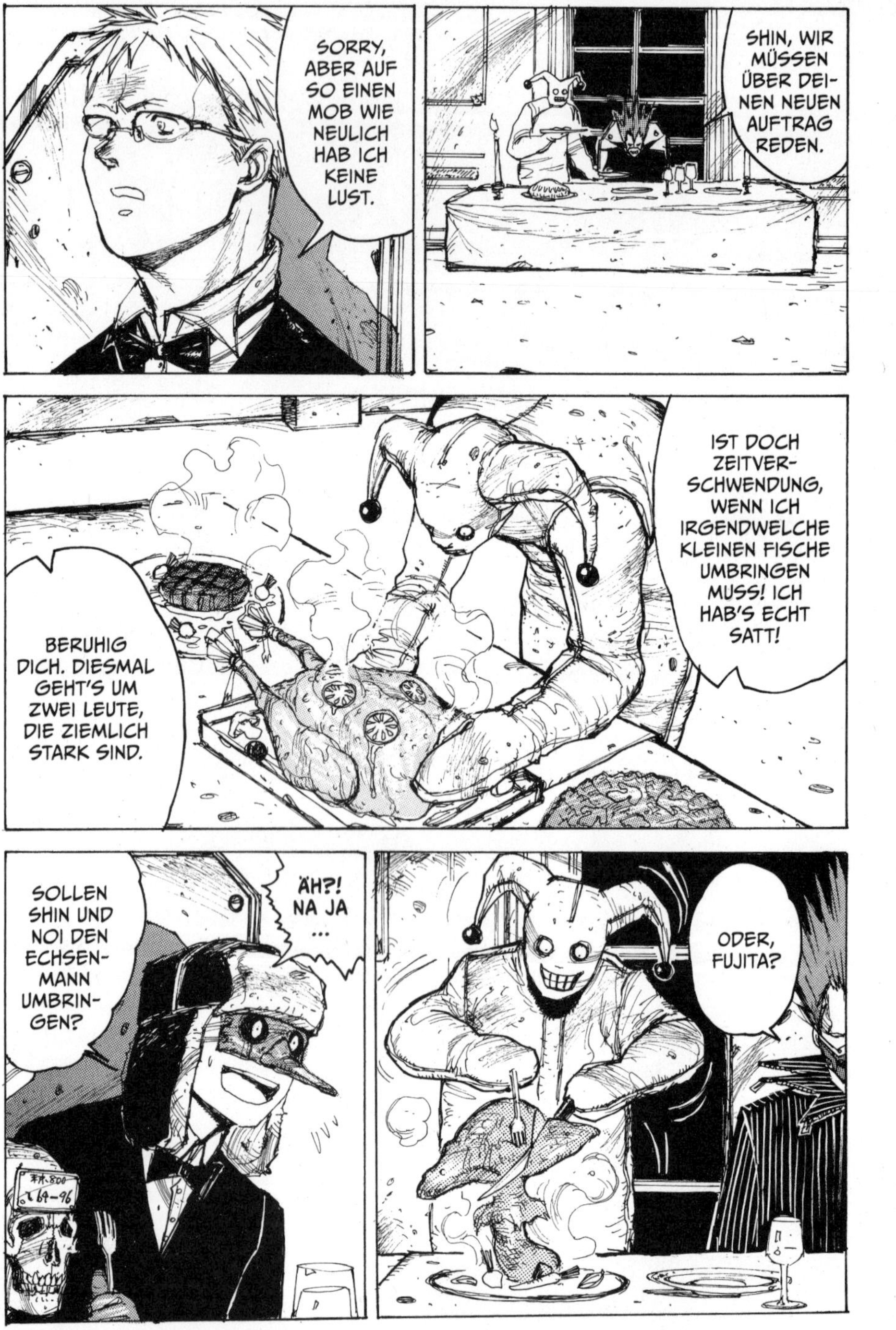
SHIN, WIR MÜSSEN ÜBER DEINEN NEUEN AUFTRAG REDEN.
SORRY, ABER AUF SO EINEN MOB WIE NEULICH HAB ICH KEINE LUST.
IST DOCH ZEITVERSCHWENDUNG, WENN ICH IRGENDWELCHE KLEINEN FISCHE UMBRINGEN MUSS! ICH HAB'S ECHT SATT!
BERUHIG DICH. DIESMAL GEHT'S UM ZWEI LEUTE, DIE ZIEMLICH STARK SIND.
ODER, FUJITA?
ÄH?! NA JA ...
SOLLEN SHIN UND NOI DEN ECHSENMANN UMBRINGEN?

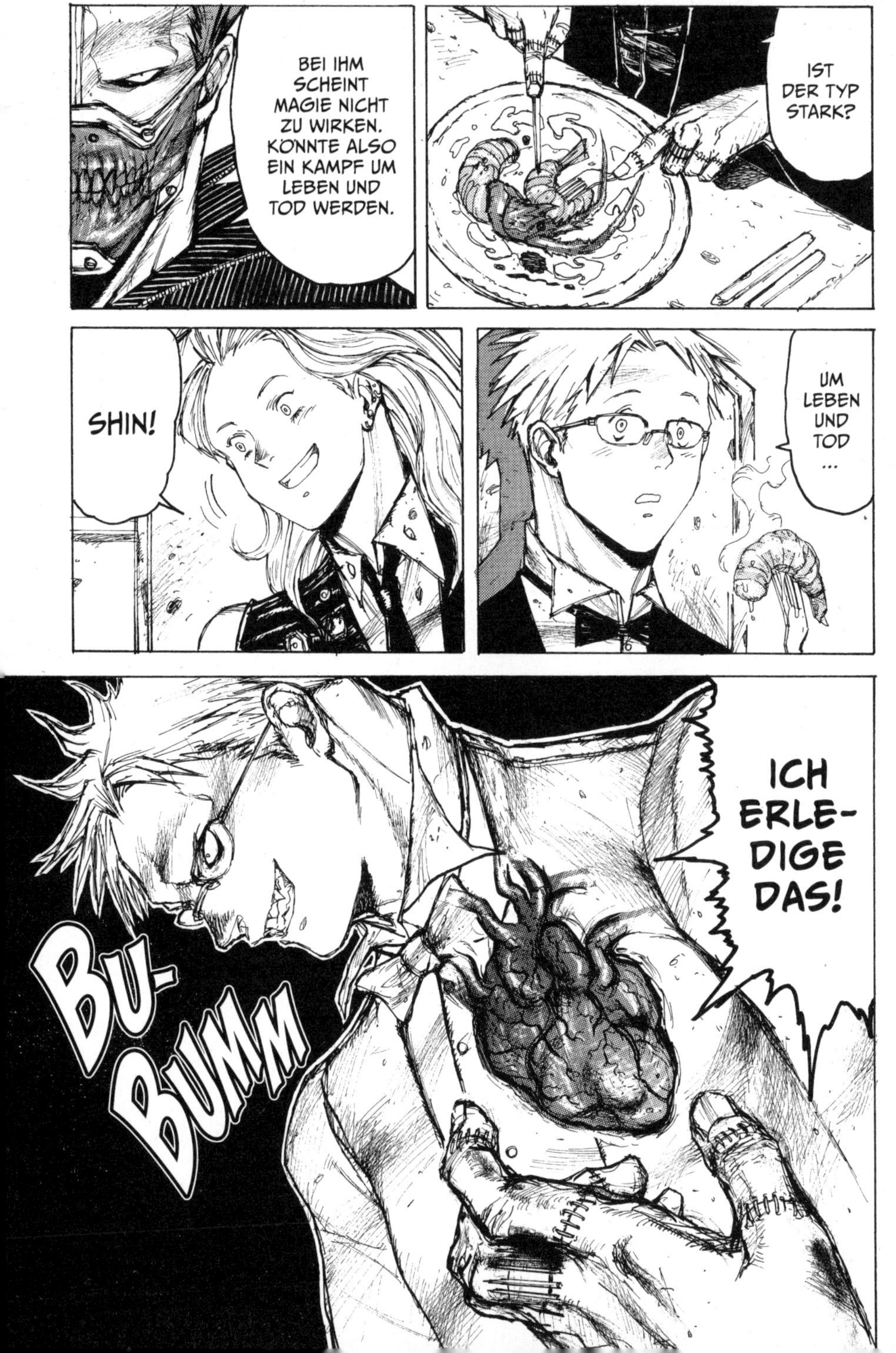
IST DER TYP STARK?
BEI IHM SCHEINT MAGIE NICHT ZU WIRKEN. KÖNNTE ALSO EIN KAMPF UM LEBEN UND TOD WERDEN.
UM LEBEN UND TOD ...
SHIN!
ICH ERLE-DIGE DAS!
BU-BUMM

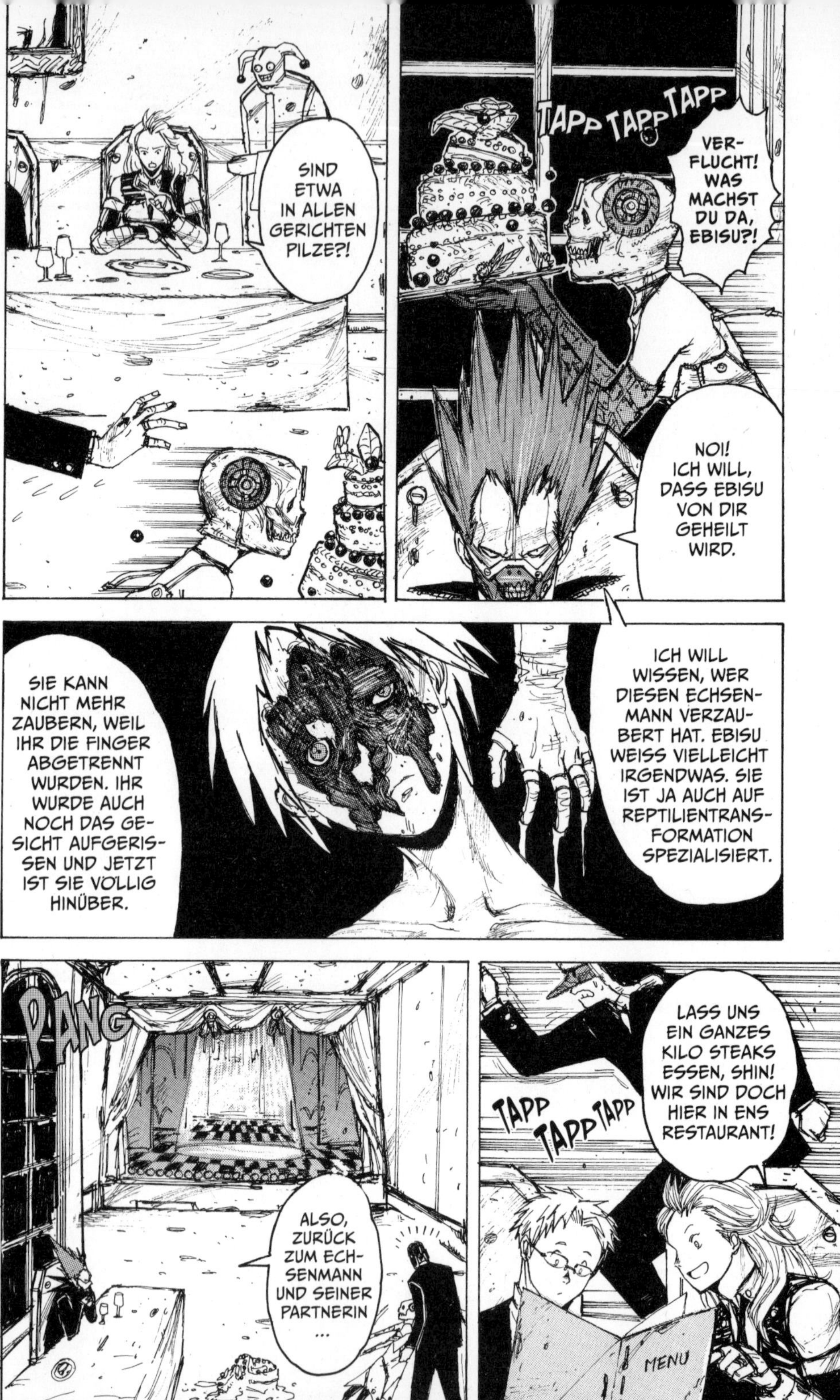
TAPP TAPP TAPP
VERFLUCHT! WAS MACHST DU DA, EBISU?!
NOI! ICH WILL, DASS EBISU VON DIR GEHEILT WIRD.
SIND ETWA IN ALLEN GERICHTEN PILZE?!
ICH WILL WISSEN, WER DIESEN ECHSENMANN VERZAUBERT HAT. EBISU WEISS VIELLEICHT IRGENDWAS. SIE IST JA AUCH AUF REPTILIENTRANSFORMATION SPEZIALISIERT.
SIE KANN NICHT MEHR ZAUBERN, WEIL IHR DIE FINGER ABGETRENNT WURDEN. IHR WURDE AUCH NOCH DAS GESICHT AUFGERISSEN UND JETZT IST SIE VÖLLIG HINÜBER.
TAPP TAPP TAPP
LASS UNS EIN GANZES KILO STEAKS ESSEN, SHIN! WIR SIND DOCH HIER IN ENS RESTAURANT!
MENU
PANG
ALSO, ZURÜCK ZUM ECHSENMANN UND SEINER PARTNERIN …

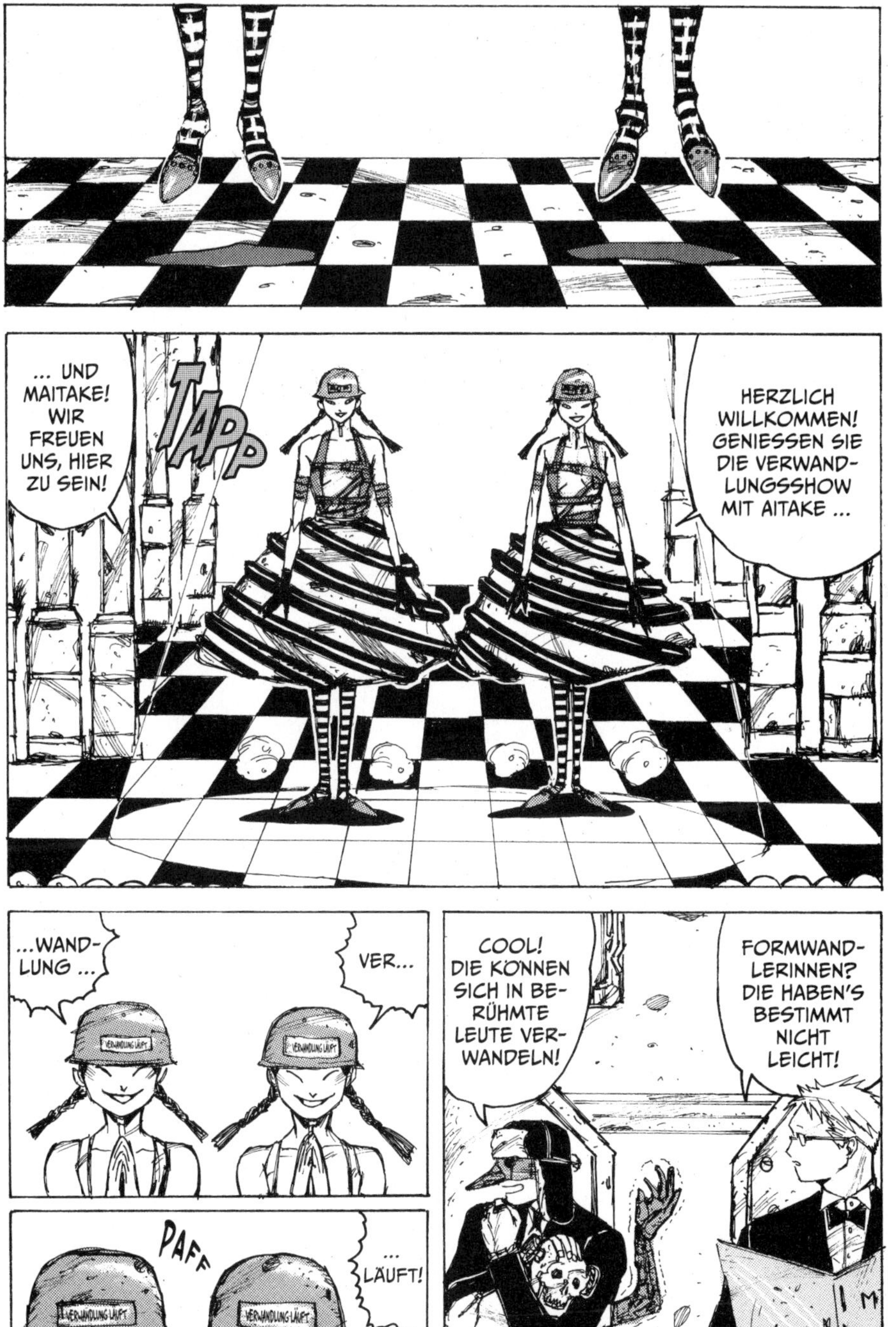

HERZLICH WILLKOMMEN! GENIESSEN SIE DIE VERWAND-LUNGSSHOW MIT AITAKE ...
... UND MAITAKE! WIR FREUEN UNS, HIER ZU SEIN!
TAPP
FORMWAND-LERINNEN? DIE HABEN'S BESTIMMT NICHT LEICHT!
COOL! DIE KÖNNEN SICH IN BE-RÜHMTE LEUTE VER-WANDELN!
VER...
...WAND-LUNG ...
VERWANDLUNG LÄUFT
VERWANDLUNG LÄUFT
PAFF
... LÄUFT!
VERWANDLUNG LÄUFT
VERWANDLUNG LÄUFT

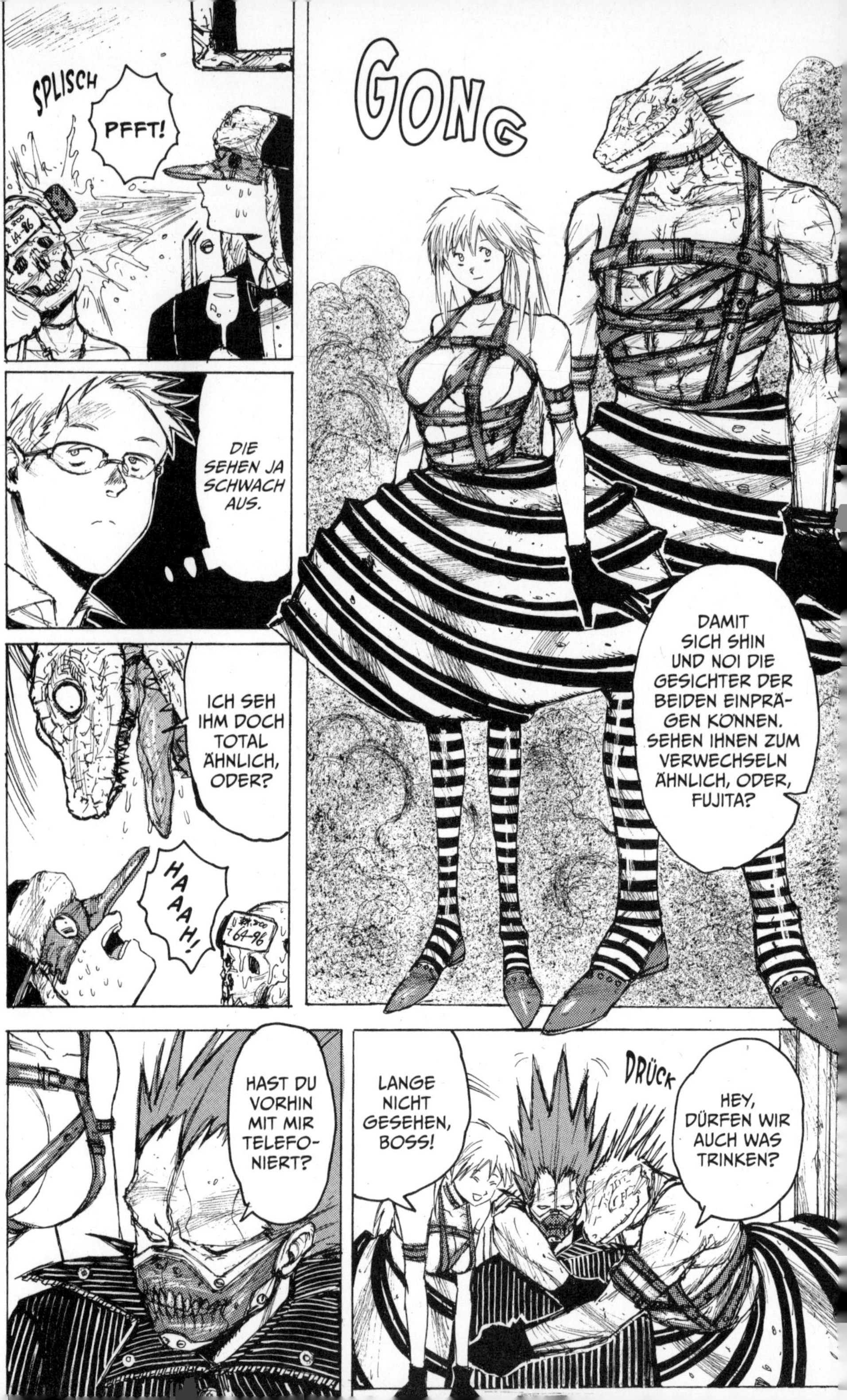
GONG
DAMIT SICH SHIN UND NOI DIE GESICHTER DER BEIDEN EINPRÄGEN KÖNNEN. SEHEN IHNEN ZUM VERWECHSELN ÄHNLICH, ODER, FUJITA?
SPLISCH
PFFT!
DIE SEHEN JA SCHWACH AUS.
ICH SEH IHM DOCH TOTAL ÄHNLICH, ODER?
HAAAAH!
HEY, DÜRFEN WIR AUCH WAS TRINKEN?
DRÜCK
LANGE NICHT GESEHEN, BOSS!
HAST DU VORHIN MIT MIR TELEFONIERT?

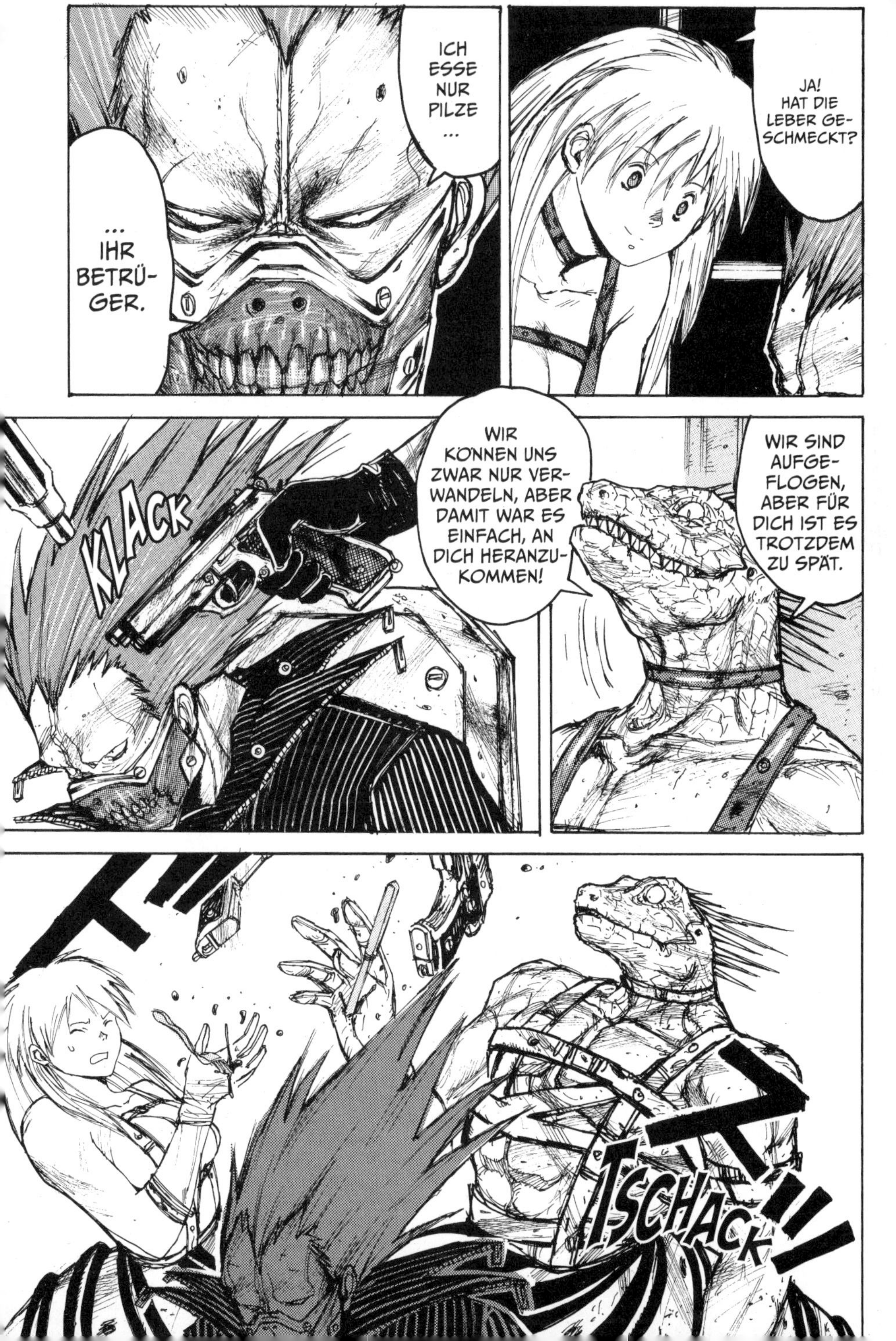

JA! HAT DIE LEBER GESCHMECKT?
ICH ESSE NUR PILZE ...
... IHR BETRÜGER.
WIR SIND AUFGEFLOGEN, ABER FÜR DICH IST ES TROTZDEM ZU SPÄT.
WIR KÖNNEN UNS ZWAR NUR VERWANDELN, ABER DAMIT WAR ES EINFACH, AN DICH HERANZUKOMMEN!
KLACK
TSCHACK!!!

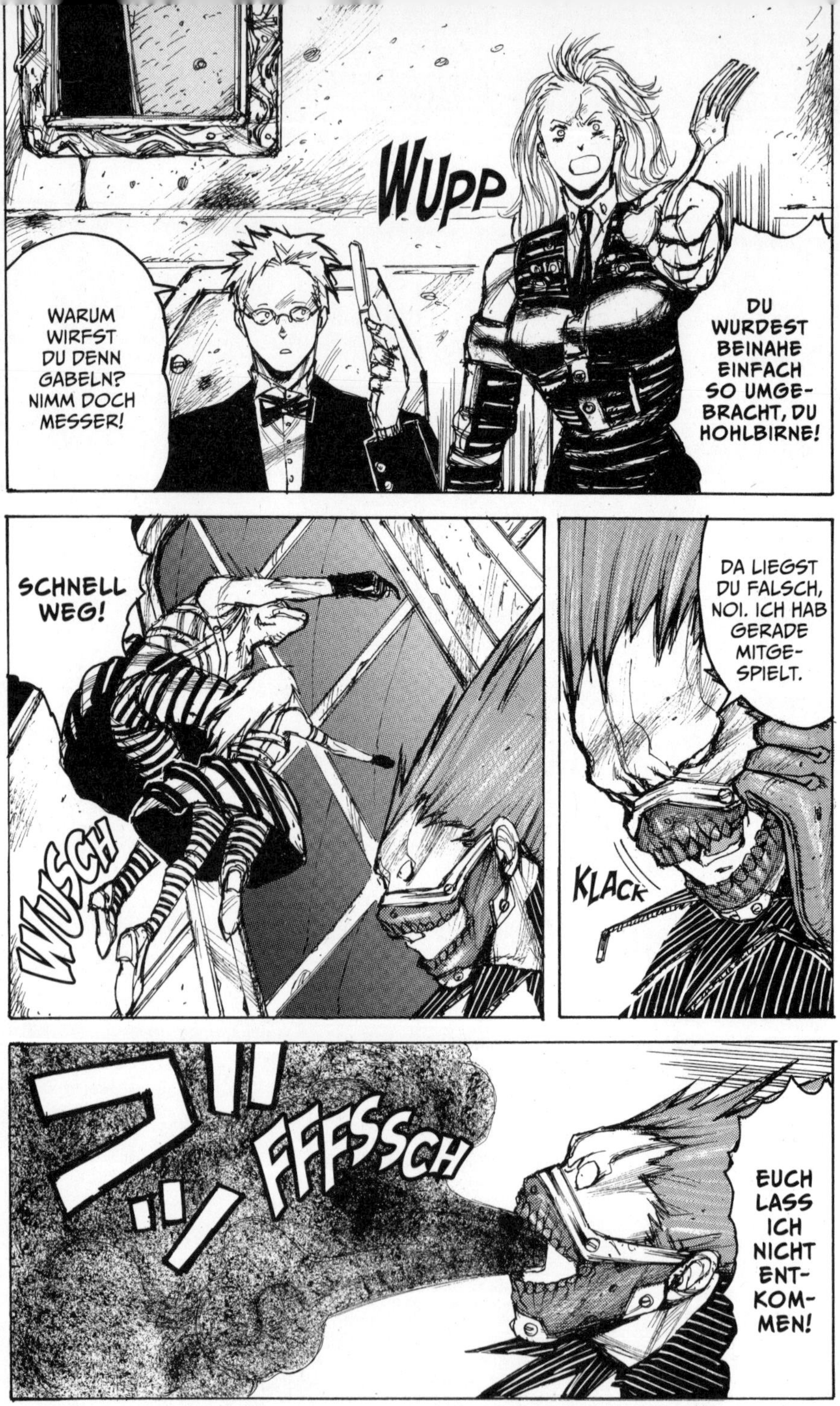
WUPP
DU WURDEST BEINAHE EINFACH SO UMGEBRACHT, DU HOHLBIRNE!
WARUM WIRFST DU DENN GABELN? NIMM DOCH MESSER!
DA LIEGST DU FALSCH, NOI. ICH HAB GERADE MITGESPIELT.
KLACK
SCHNELL WEG!
WUSCH
FFFSSCH
EUCH LASS ICH NICHT ENTKOMMEN!

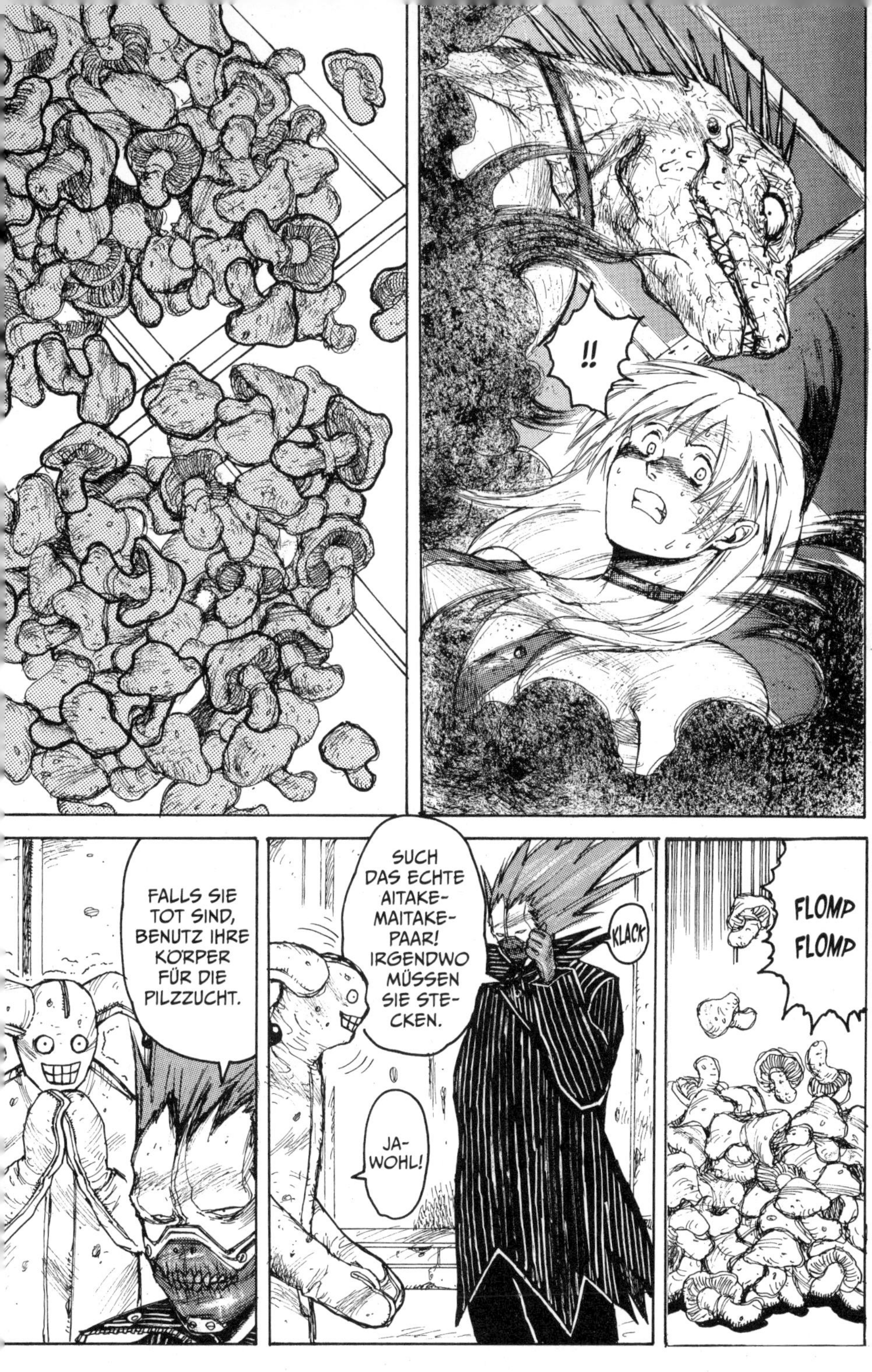

!!
FLOMP
FLOMP
SUCH DAS ECHTE AITAKE-MAITAKE-PAAR! IRGENDWO MÜSSEN SIE STE-CKEN.
KLACK
JA-WOHL!
FALLS SIE TOT SIND, BENUTZ IHRE KÖRPER FÜR DIE PILZZUCHT.

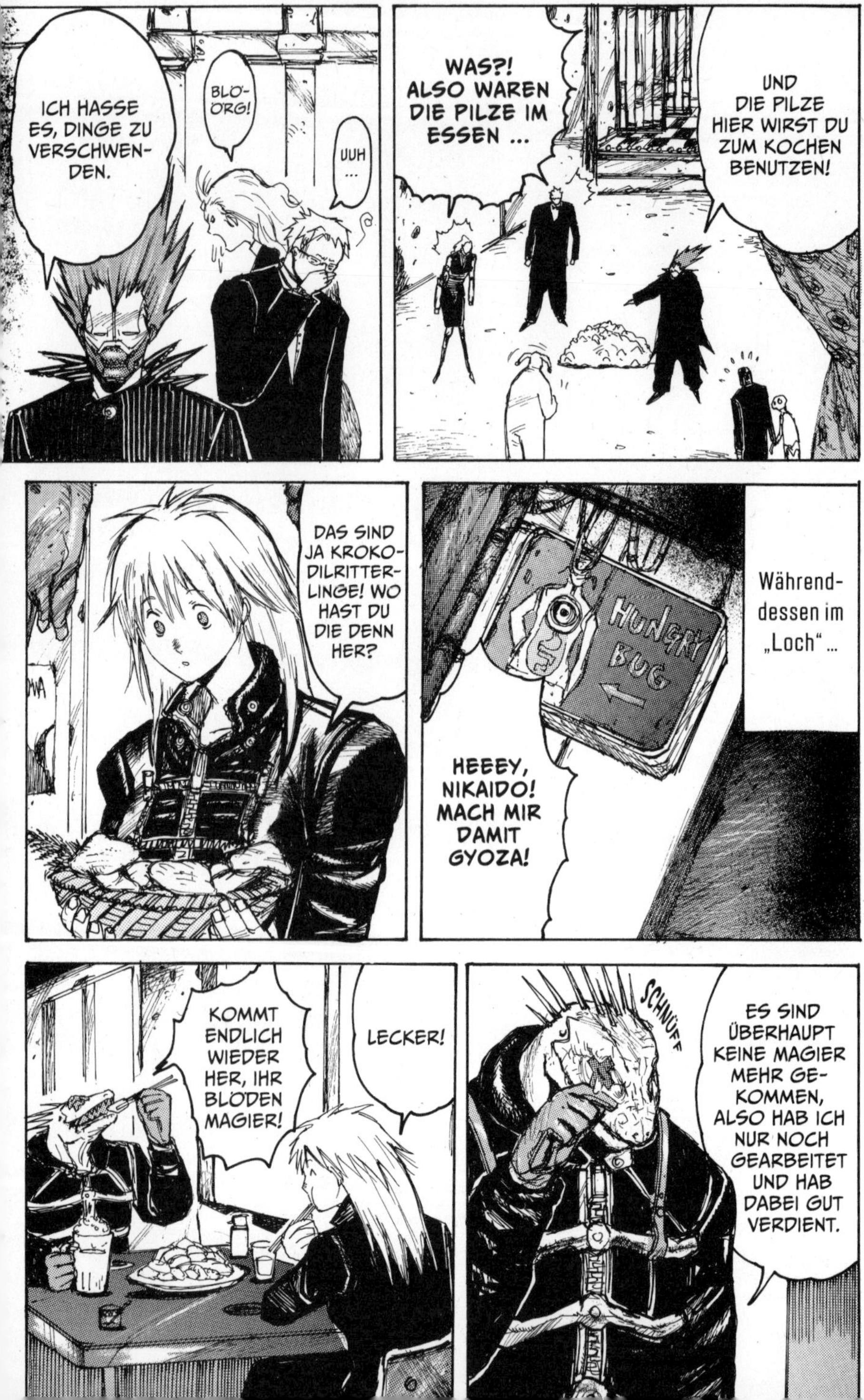
ICH HASSE ES, DINGE ZU VERSCHWENDEN.
BLÖ-ÖRG!
UUH ...
WAS?! ALSO WAREN DIE PILZE IM ESSEN ...
UND DIE PILZE HIER WIRST DU ZUM KOCHEN BENUTZEN!
DAS SIND JA KROKODILRITTERLINGE! WO HAST DU DIE DENN HER?
HUNGRY BUG
Währenddessen im „Loch“ ...
HEEEY, NIKAIDO! MACH MIR DAMIT GYOZA!
KOMMT ENDLICH WIEDER HER, IHR BLÖDEN MAGIER!
LECKER!
SCHNÜFF
ES SIND ÜBERHAUPT KEINE MAGIER MEHR GEKOMMEN, ALSO HAB ICH NUR NOCH GEARBEITET UND HAB DABEI GUT VERDIENT.

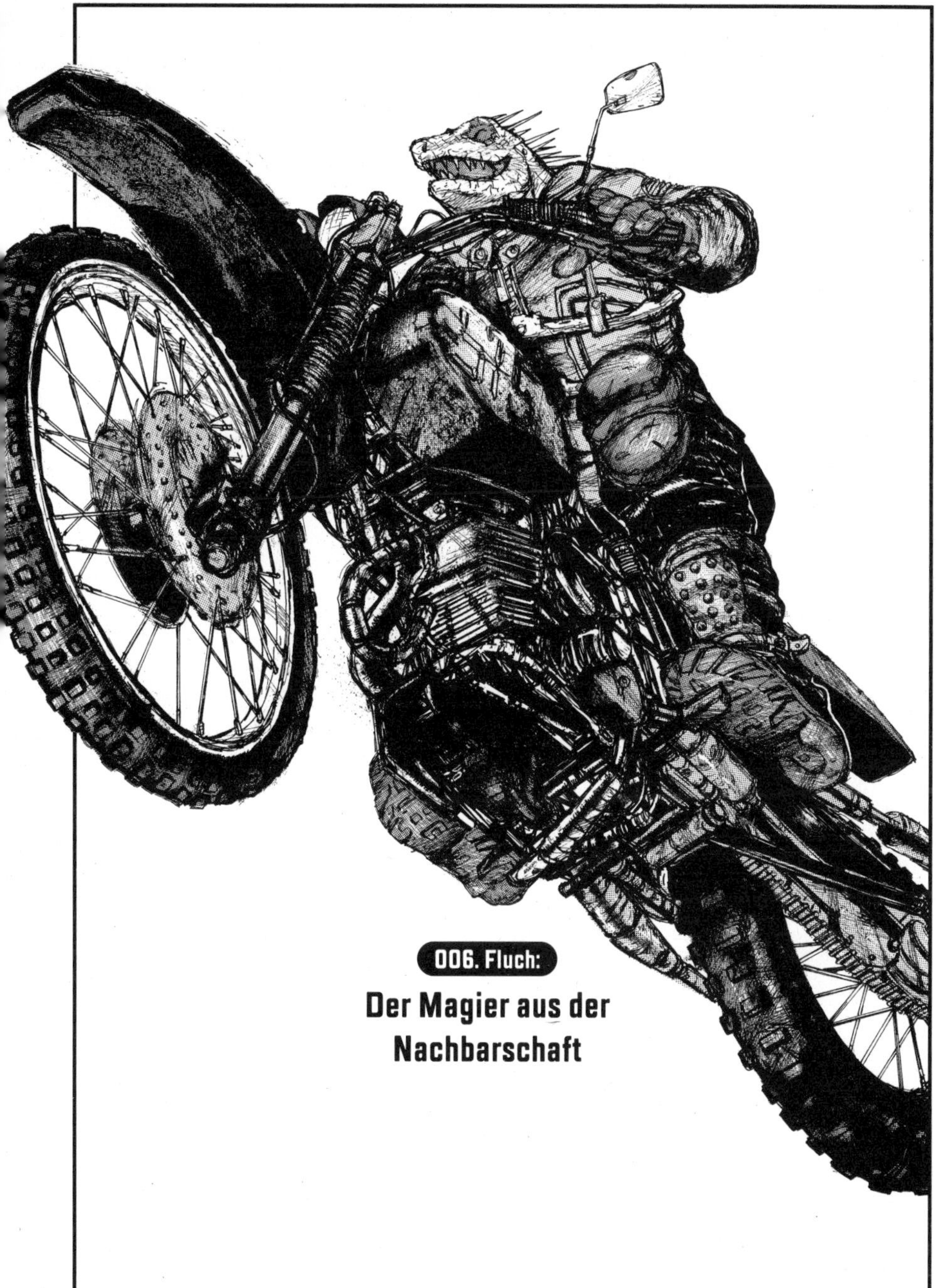

006. Fluch:

Der Magier aus der Nachbarschaft

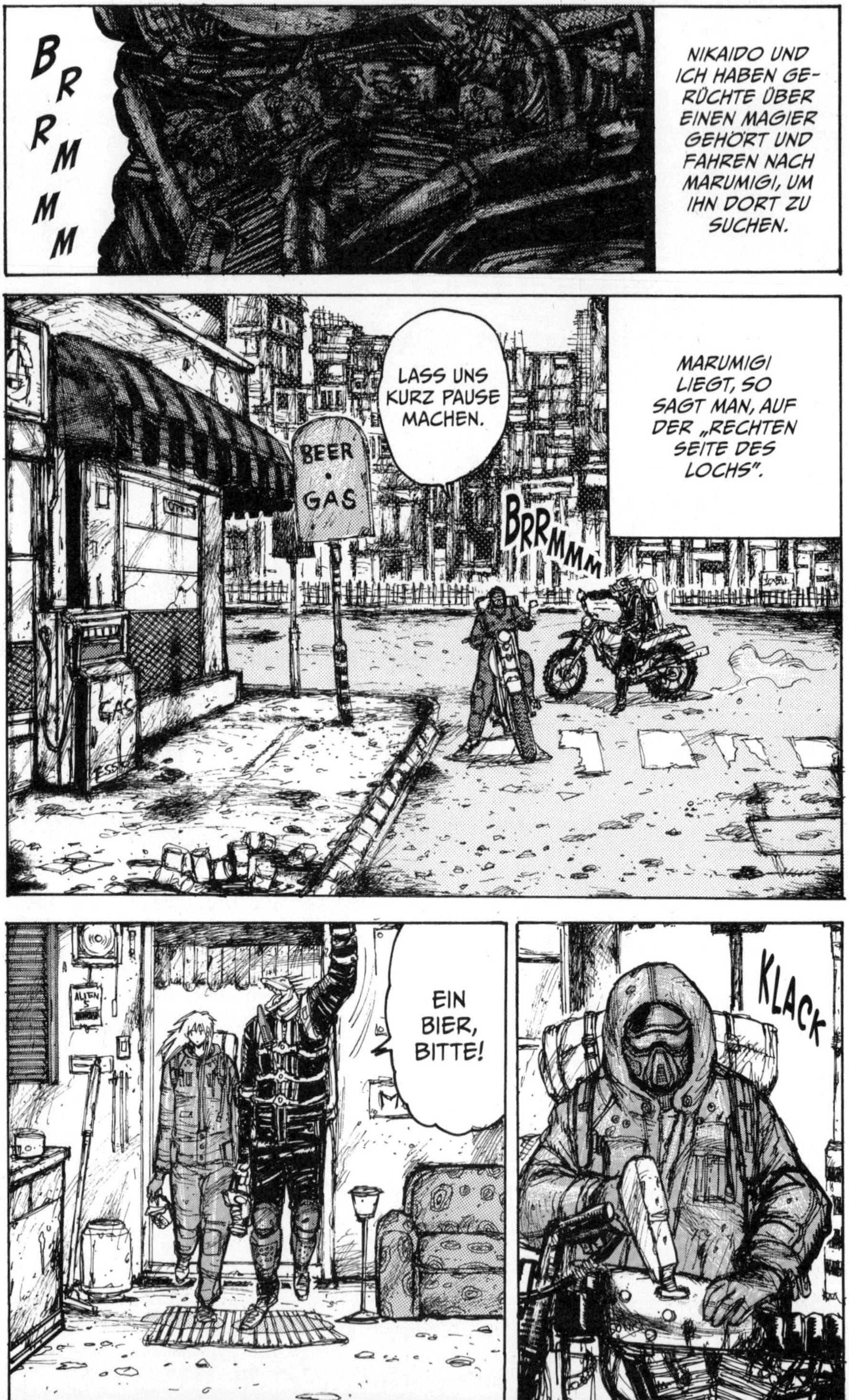
BRRMMM
NIKAIDO UND ICH HABEN GERÜCHTE ÜBER EINEN MAGIER GEHÖRT UND FAHREN NACH MARUMIGI, UM IHN DORT ZU SUCHEN.
MARUMIGI LIEGT, SO SAGT MAN, AUF DER „RECHTEN SEITE DES LOCHS".
LASS UNS KURZ PAUSE MACHEN.
BEER
GAS
BRRMMM
KLACK
EIN BIER, BITTE!

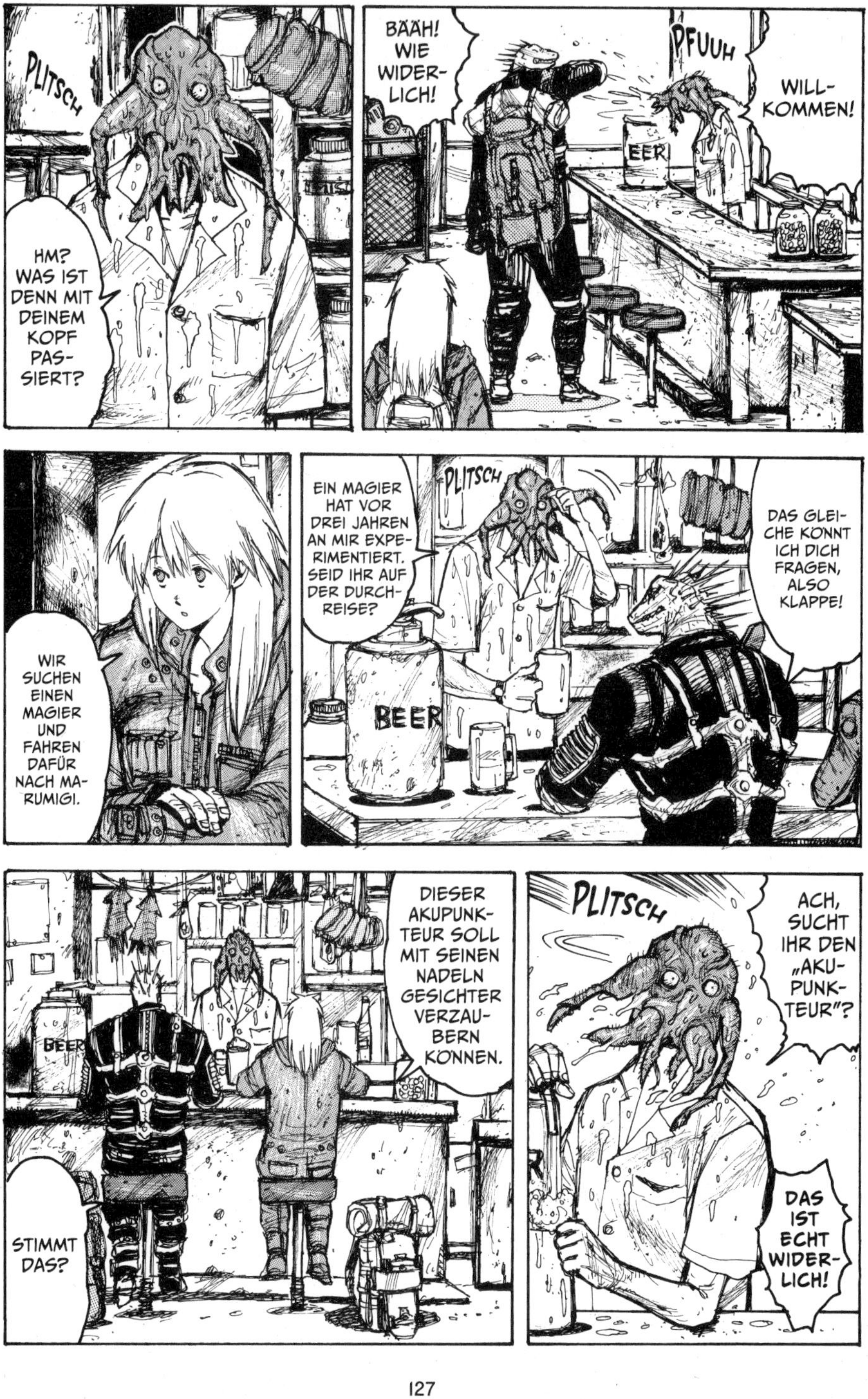
WILL-KOMMEN!
PFUUH
BÄÄH! WIE WIDER-LICH!
PLITSCH
HM? WAS IST DENN MIT DEINEM KOPF PAS-SIERT?
DAS GLEI-CHE KÖNNT ICH DICH FRAGEN, ALSO KLAPPE!
PLITSCH
EIN MAGIER HAT VOR DREI JAHREN AN MIR EXPE-RIMENTIERT. SEID IHR AUF DER DURCH-REISE?
BEER
WIR SUCHEN EINEN MAGIER UND FAHREN DAFÜR NACH MA-RUMIGI.
PLITSCH
ACH, SUCHT IHR DEN „AKU-PUNK-TEUR"?
DAS IST ECHT WIDER-LICH!
DIESER AKUPUNK-TEUR SOLL MIT SEINEN NADELN GESICHTER VERZAU-BERN KÖNNEN.
STIMMT DAS?

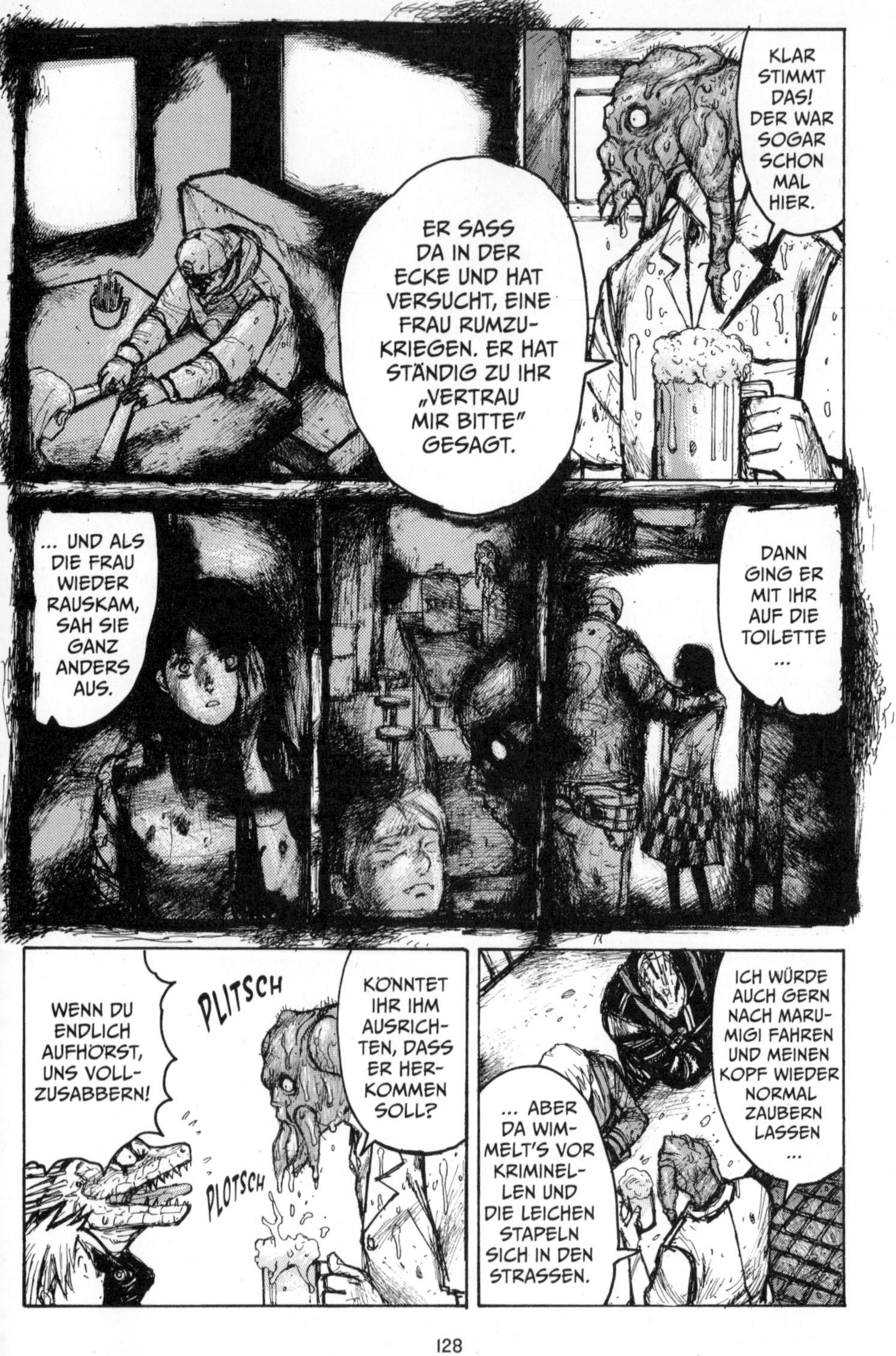
KLAR STIMMT DAS! DER WAR SOGAR SCHON MAL HIER.
ER SASS DA IN DER ECKE UND HAT VERSUCHT, EINE FRAU RUMZU-KRIEGEN. ER HAT STÄNDIG ZU IHR „VERTRAU MIR BITTE" GESAGT.
DANN GING ER MIT IHR AUF DIE TOILETTE ...
... UND ALS DIE FRAU WIEDER RAUSKAM, SAH SIE GANZ ANDERS AUS.
KÖNNTET IHR IHM AUSRICHTEN, DASS ER HER-KOMMEN SOLL?
PLITSCH
PLOTSCH
WENN DU ENDLICH AUFHÖRST, UNS VOLL-ZUSABBERN!
ICH WÜRDE AUCH GERN NACH MARU-MIGI FAHREN UND MEINEN KOPF WIEDER NORMAL ZAUBERN LASSEN ...
... ABER DA WIM-MELT'S VOR KRIMINEL-LEN UND DIE LEICHEN STAPELN SICH IN DEN STRASSEN.

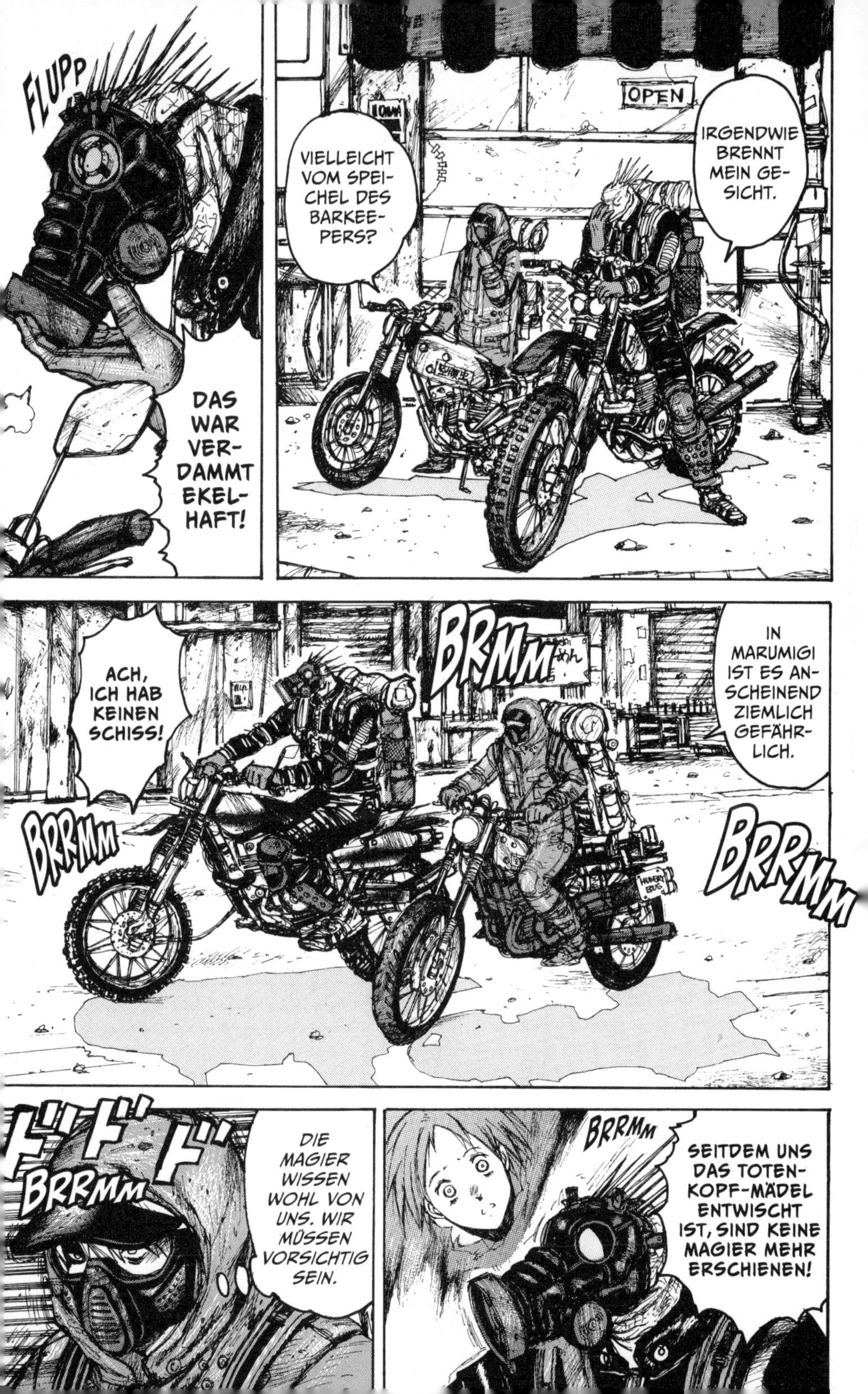
IRGENDWIE BRENNT MEIN GESICHT.
OPEN
VIELLEICHT VOM SPEICHEL DES BARKEEPERS?
FLUPP
DAS WAR VERDAMMT EKELHAFT!
IN MARUMIGI IST ES ANSCHEINEND ZIEMLICH GEFÄHRLICH.
BRRMM
BRMM
ACH, ICH HAB KEINEN SCHISS!
BRRMM
BRRMM
SEITDEM UNS DAS TOTENKOPF-MÄDEL ENTWISCHT IST, SIND KEINE MAGIER MEHR ERSCHIENEN!
DIE MAGIER WISSEN WOHL VON UNS. WIR MÜSSEN VORSICHTIG SEIN.
BRRMM

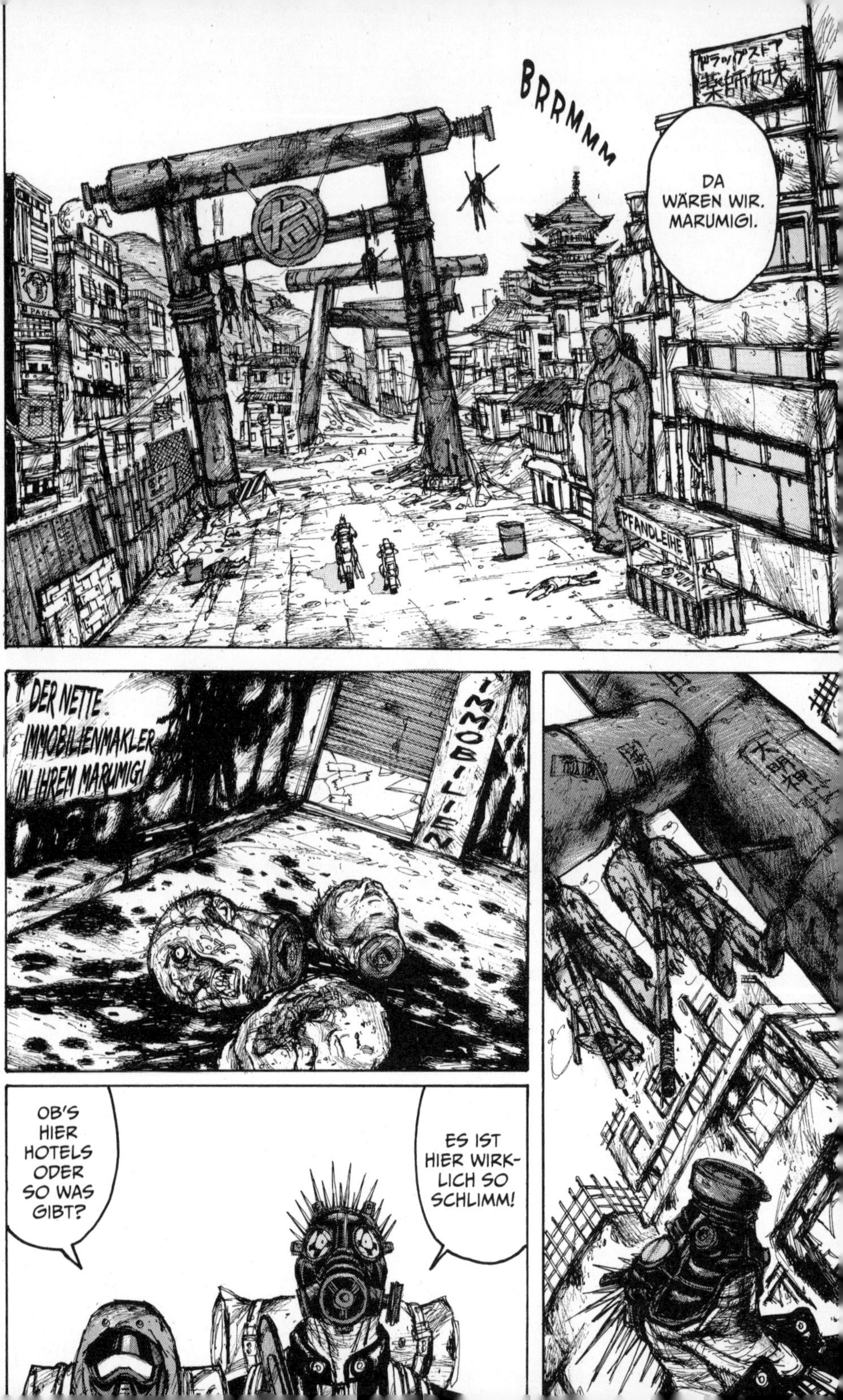
BRRMMM
ドラッグストア 薬師如来
DA WÄREN WIR. MARUMIGI.
PFANDLEIHE
DER NETTE IMMOBILIENMAKLER IN IHREM MARUMIGI
IMMOBILIEN
ES IST HIER WIRKLICH SO SCHLIMM!
OB'S HIER HOTELS ODER SO WAS GIBT?

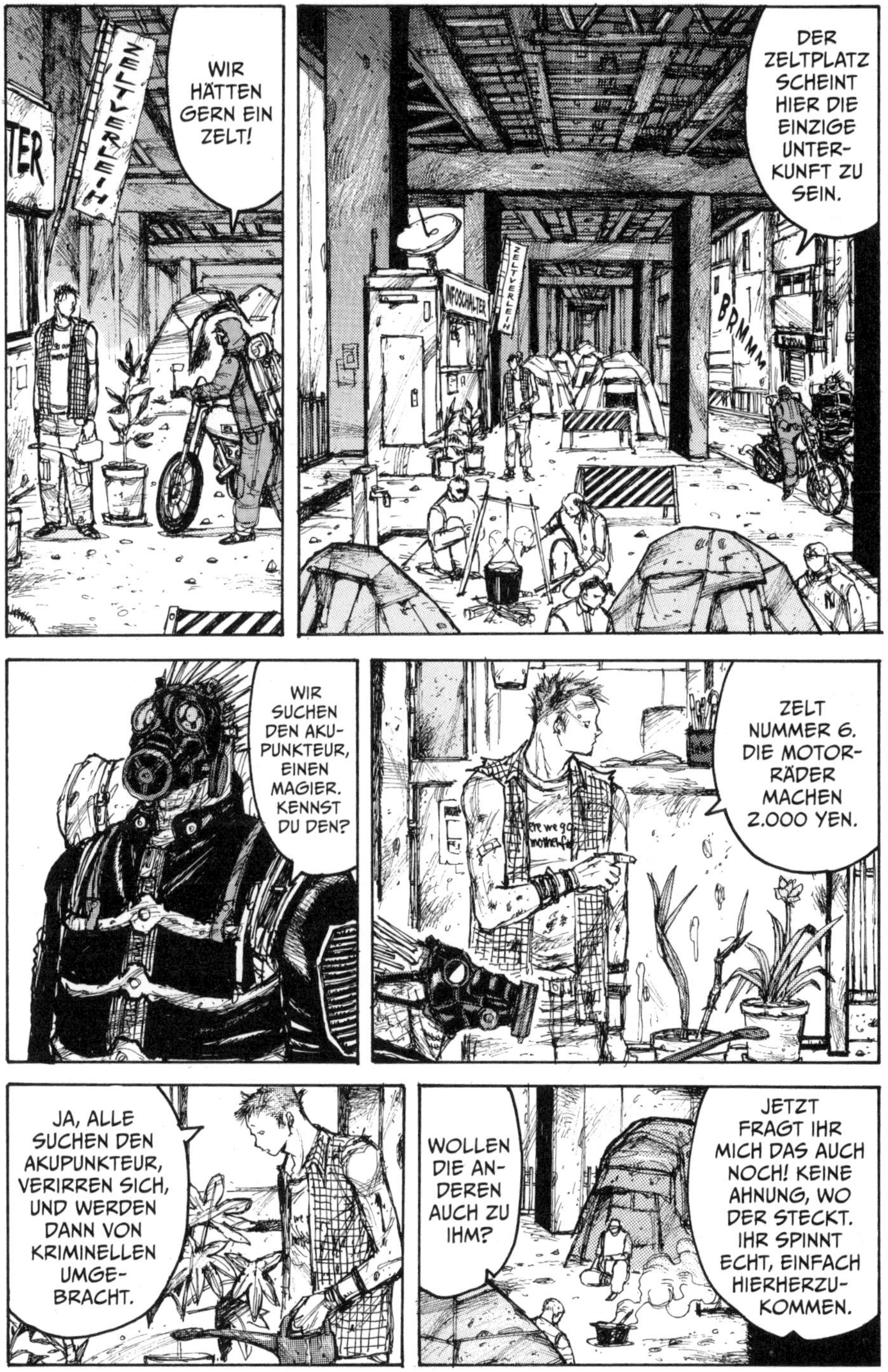
DER ZELTPLATZ SCHEINT HIER DIE EINZIGE UNTERKUNFT ZU SEIN.
ZELTVERLEIH
INFOSCHALTER
BRMMM
WIR HÄTTEN GERN EIN ZELT!
ZELTVERLEIH
ZELT NUMMER 6. DIE MOTORRÄDER MACHEN 2.000 YEN.
WIR SUCHEN DEN AKUPUNKTEUR, EINEN MAGIER. KENNST DU DEN?
JETZT FRAGT IHR MICH DAS AUCH NOCH! KEINE AHNUNG, WO DER STECKT. IHR SPINNT ECHT, EINFACH HIERHERZUKOMMEN.
WOLLEN DIE ANDEREN AUCH ZU IHM?
JA, ALLE SUCHEN DEN AKUPUNKTEUR, VERIRREN SICH, UND WERDEN DANN VON KRIMINELLEN UMGEBRACHT.

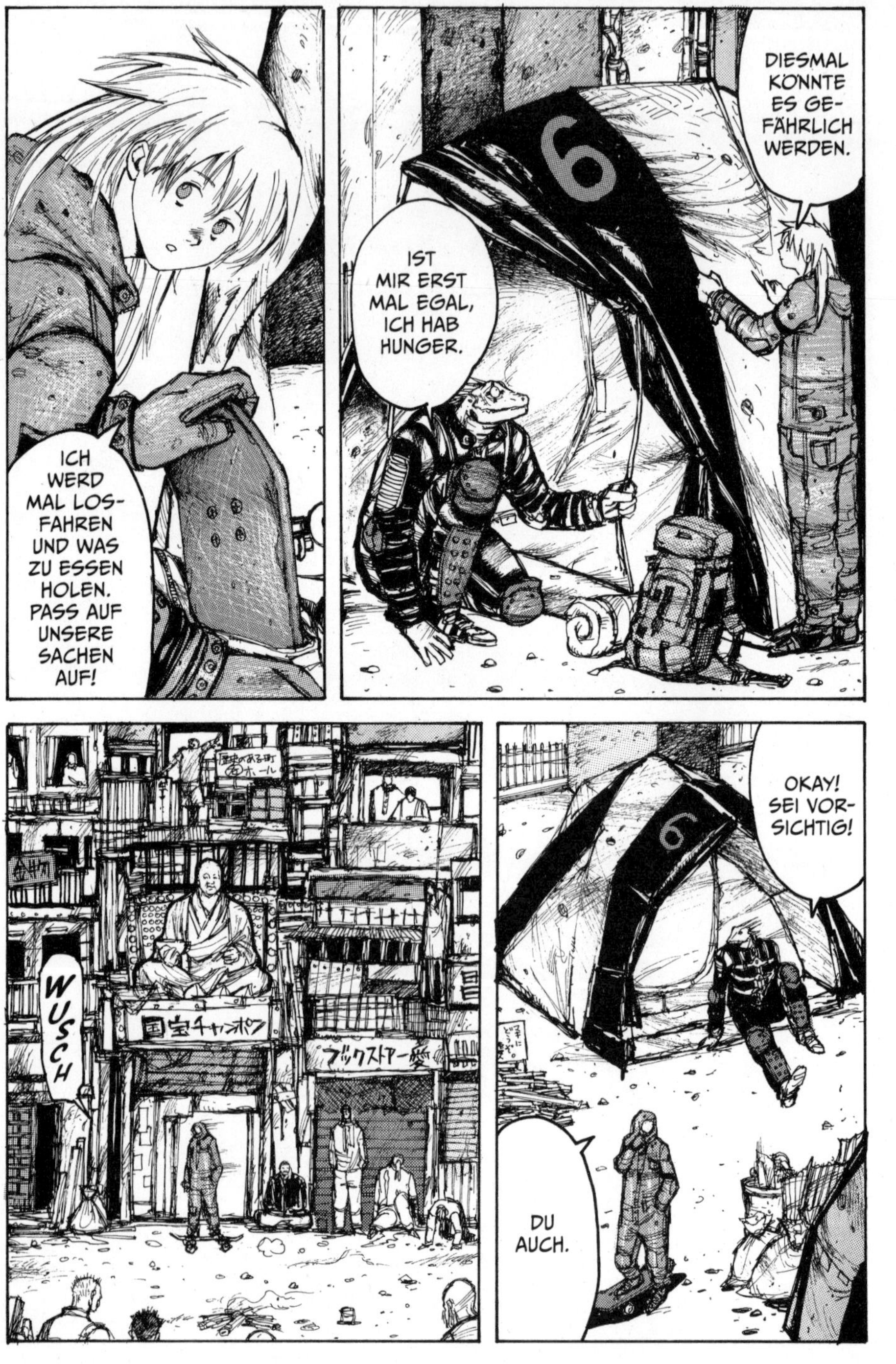
DIESMAL KÖNNTE ES GEFÄHRLICH WERDEN.
IST MIR ERST MAL EGAL, ICH HAB HUNGER.
ICH WERD MAL LOSFAHREN UND WAS ZU ESSEN HOLEN. PASS AUF UNSERE SACHEN AUF!
OKAY! SEI VORSICHTIG!
DU AUCH.
WUSCH

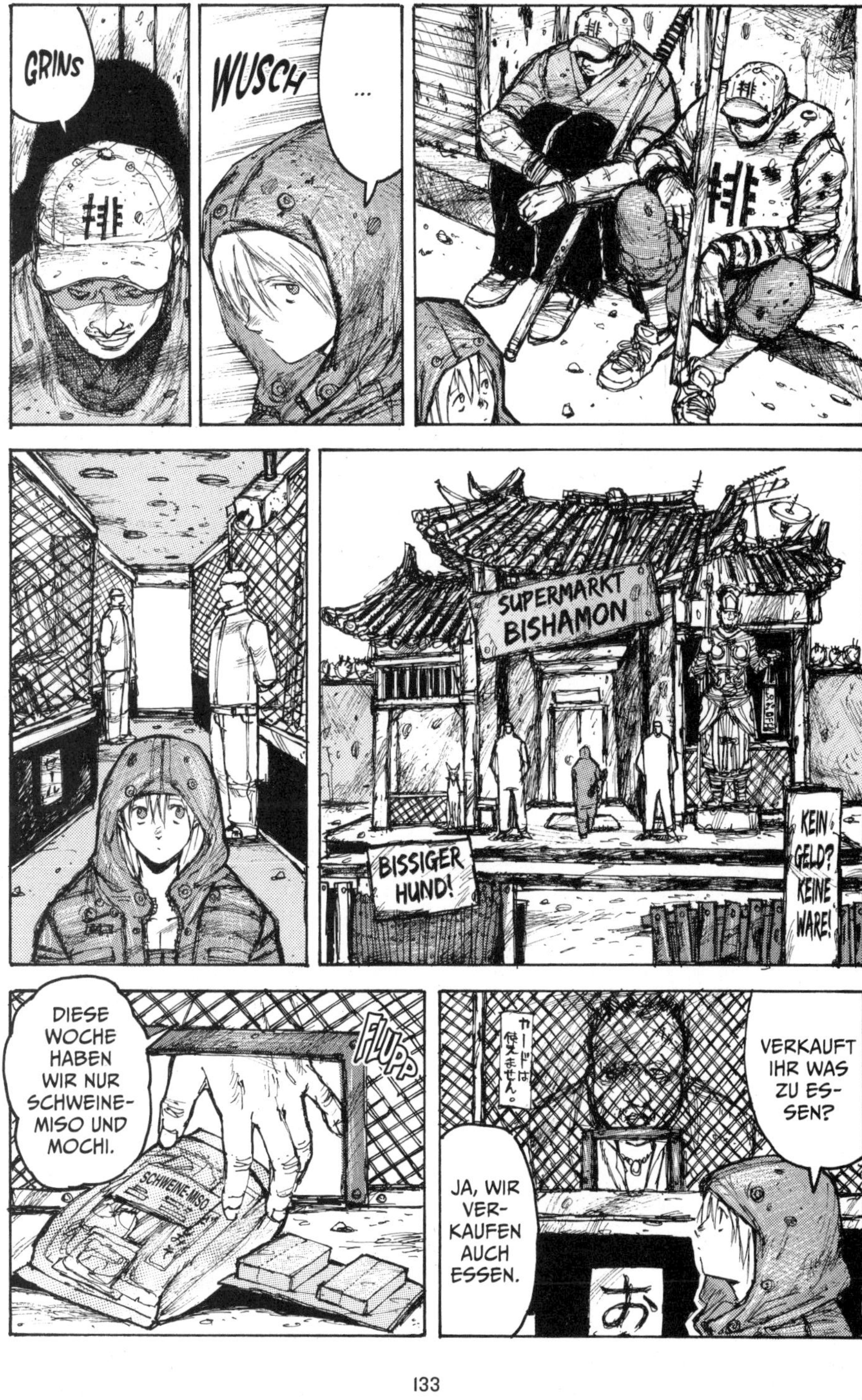
WUSCH
...
GRINS
SUPERMARKT BISHAMON
KEIN GELD? KEINE WARE!
BISSIGER HUND!
VERKAUFT IHR WAS ZU ES-SEN?
カードは使えません。
JA, WIR VER-KAUFEN AUCH ESSEN.
お
FLUPP
DIESE WOCHE HABEN WIR NUR SCHWEINE-MISO UND MOCHI.
SCHWEINE-MISO

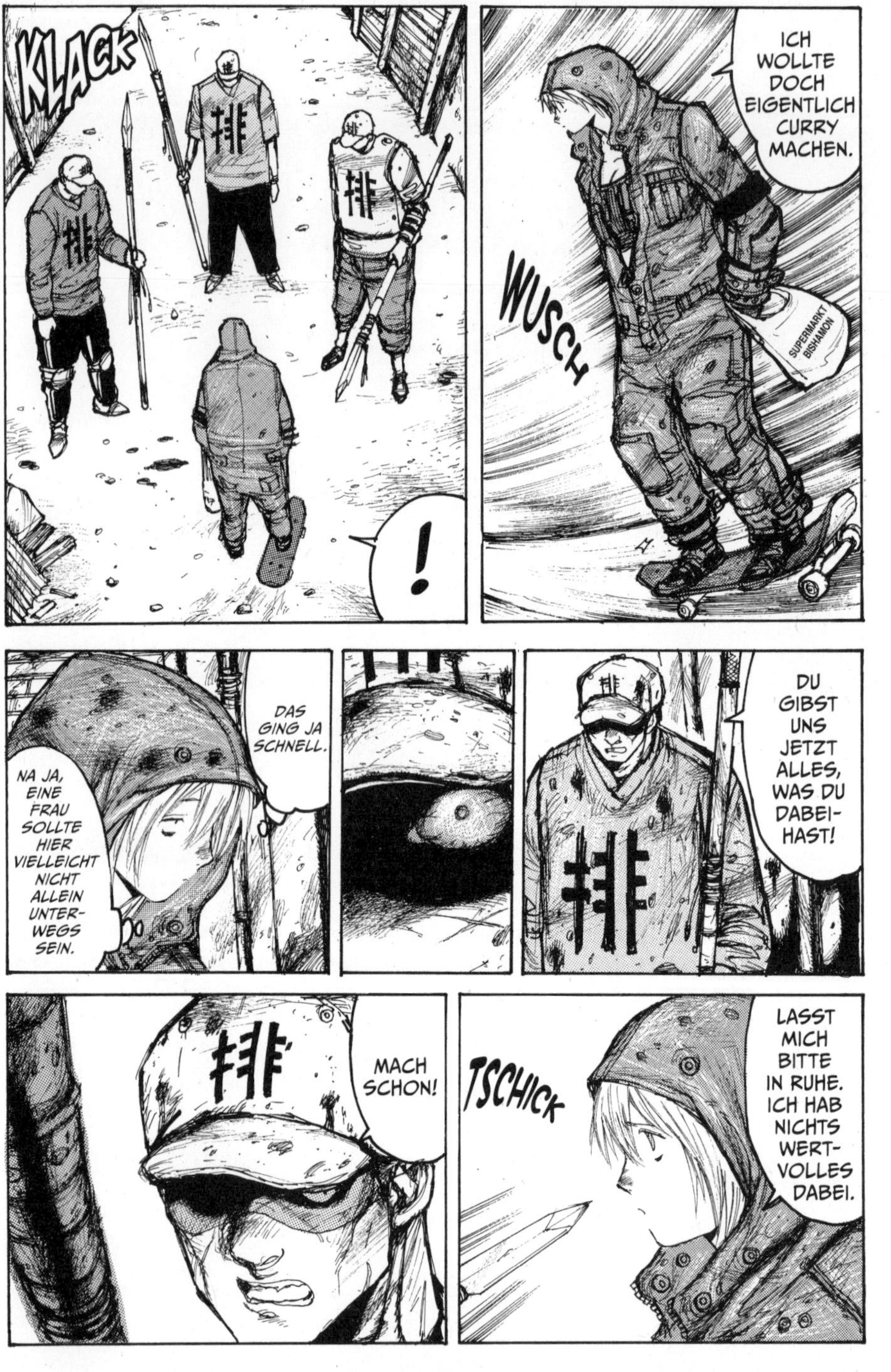
ICH WOLLTE DOCH EIGENTLICH CURRY MACHEN.
WUSCH
SUPERMARKT BISHAMON
KLACK
!
DU GIBST UNS JETZT ALLES, WAS DU DABEI-HAST!
DAS GING JA SCHNELL.
NA JA, EINE FRAU SOLLTE HIER VIELLEICHT NICHT ALLEIN UNTER-WEGS SEIN.
LASST MICH BITTE IN RUHE. ICH HAB NICHTS WERT-VOLLES DABEI.
TSCHICK
MACH SCHON!

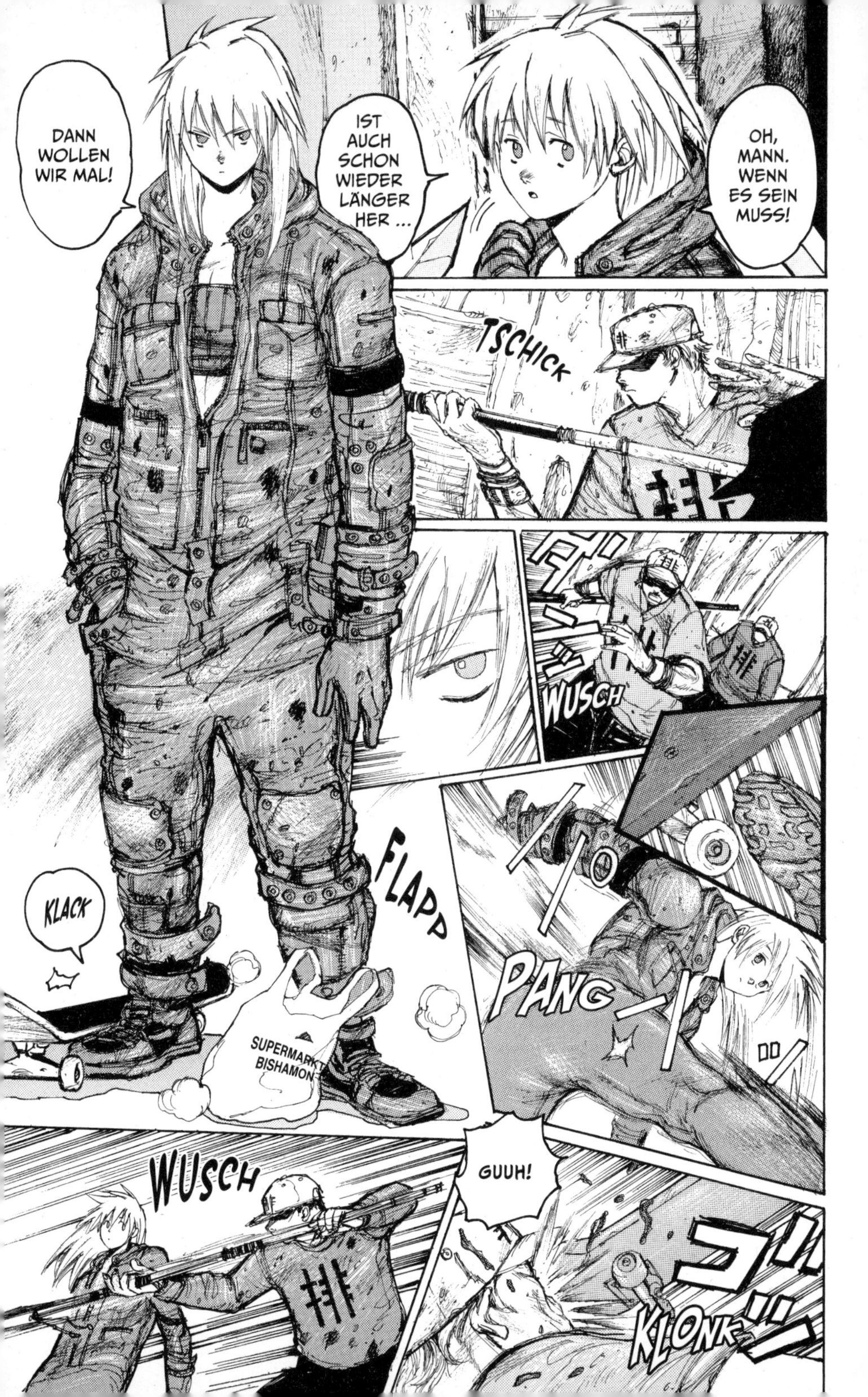

OH, MANN. WENN ES SEIN MUSS!
IST AUCH SCHON WIEDER LÄNGER HER ...
DANN WOLLEN WIR MAL!
TSCHICK
WUSCH
PANG
FLAPP
KLACK
SUPERMARKT BISHAMON
GUUH!
KLONK
WUSCH

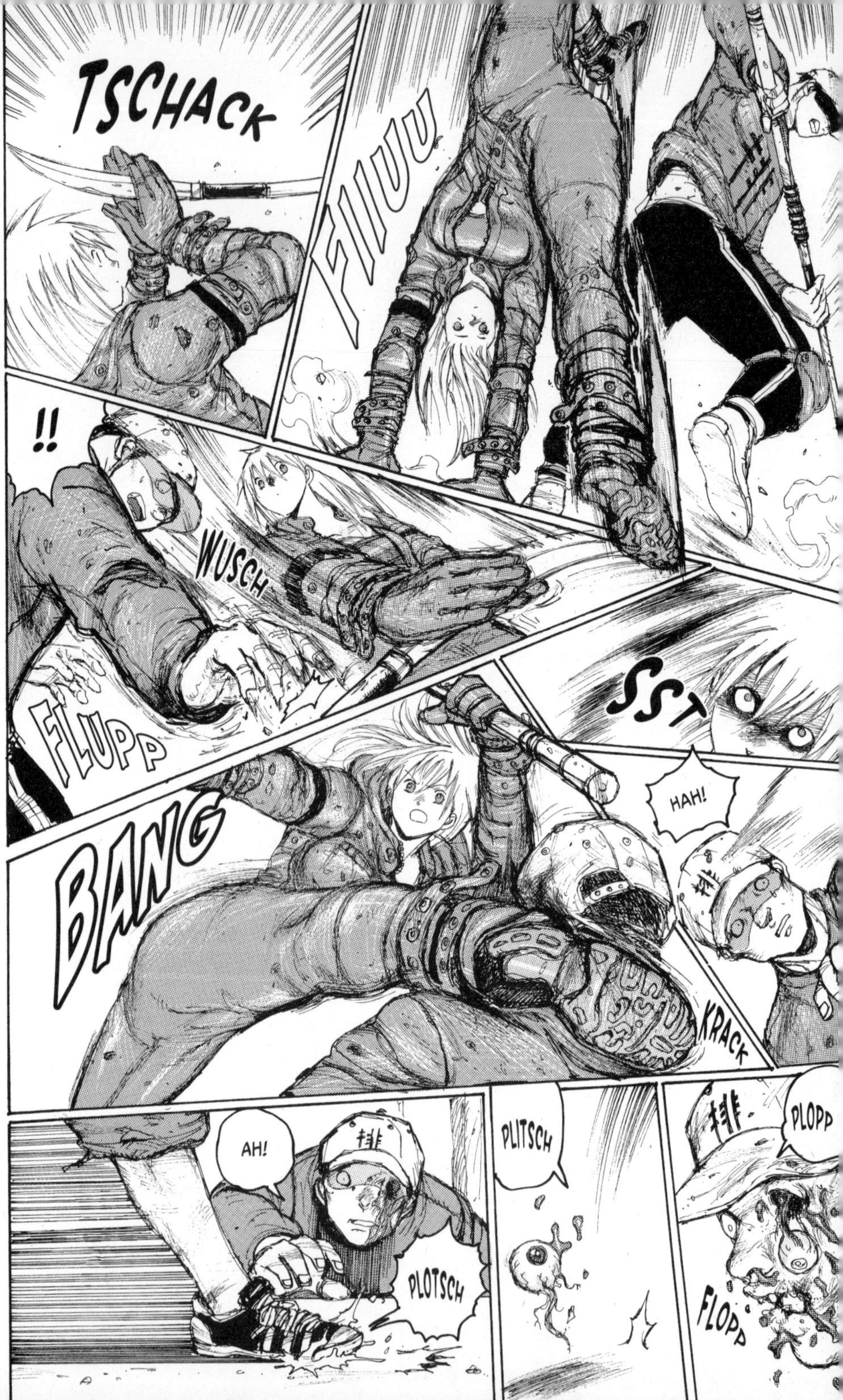
FIIIUU
TSCHACK
!!
WUSCH
FLUPP
SST
HAH!
BANG
KRACK
PLOPP
FLOPP
PLITSCH
AH!
PLOTSCH

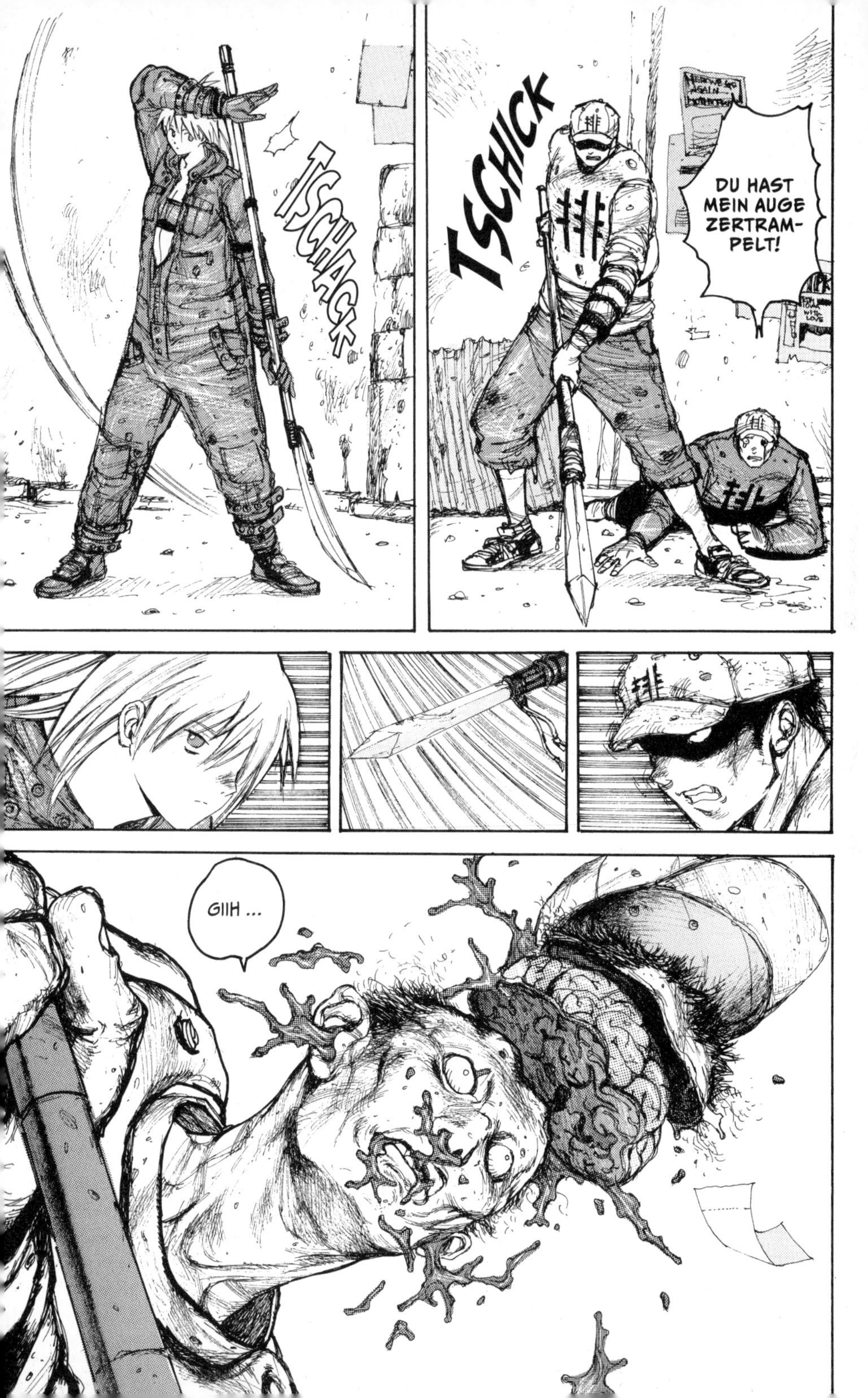

TSCHICK
DU HAST MEIN AUGE ZERTRAMPELT!
TSCHACK
GIIH ...

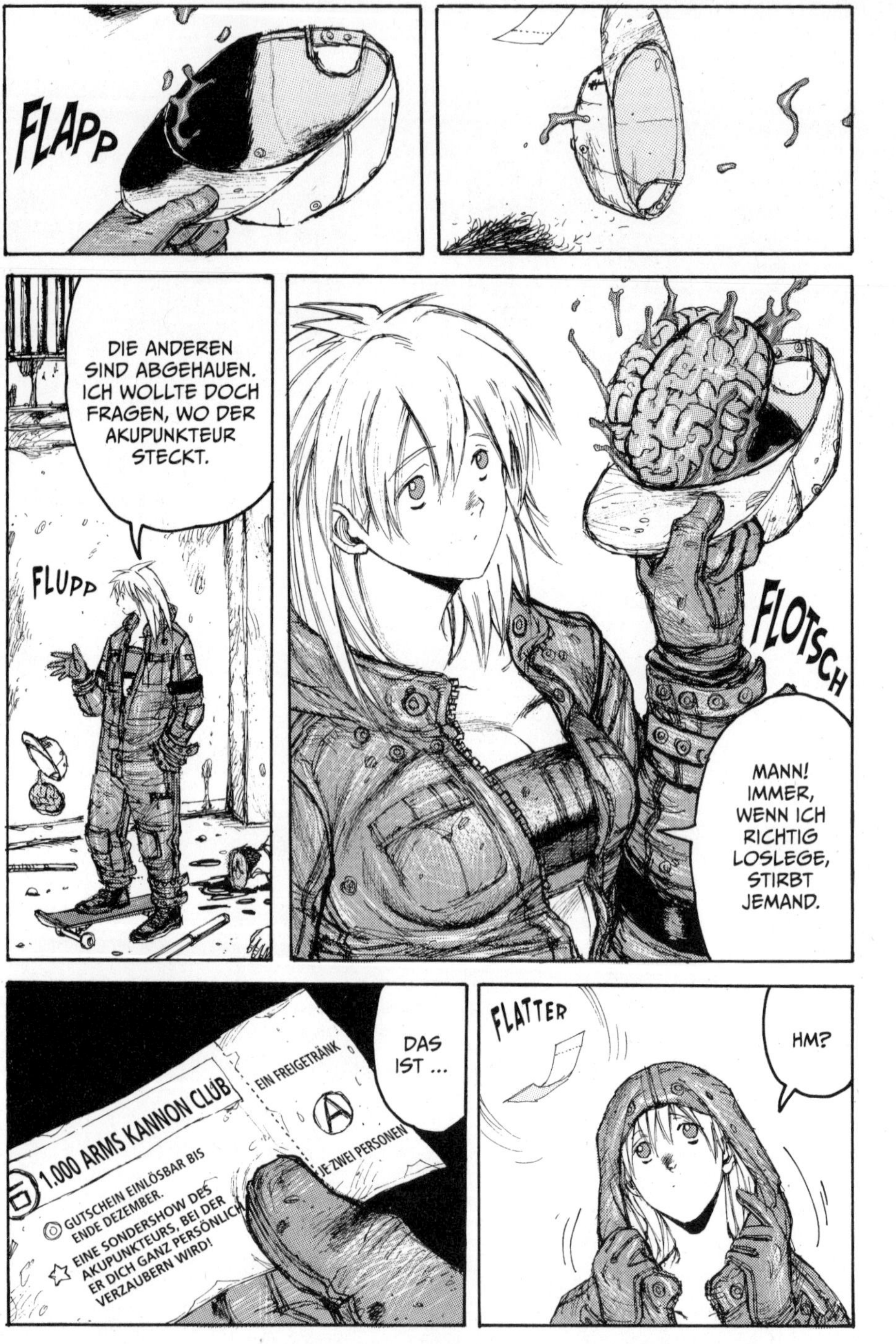
FLAPP
DIE ANDEREN SIND ABGEHAUEN. ICH WOLLTE DOCH FRAGEN, WO DER AKUPUNKTEUR STECKT.
FLUPP
FLOTSCH
MANN! IMMER, WENN ICH RICHTIG LOSLEGE, STIRBT JEMAND.
1.000 ARMS KANNON CLUB
EIN FREIGETRÄNK
JE ZWEI PERSONEN
GUTSCHEIN EINLÖSBAR BIS ENDE DEZEMBER.
EINE SONDERSHOW DES AKUPUNKTEURS, BEI DER ER DICH GANZ PERSÖNLICH VERZAUBERN WIRD!
DAS IST ...
FLATTER
HM?

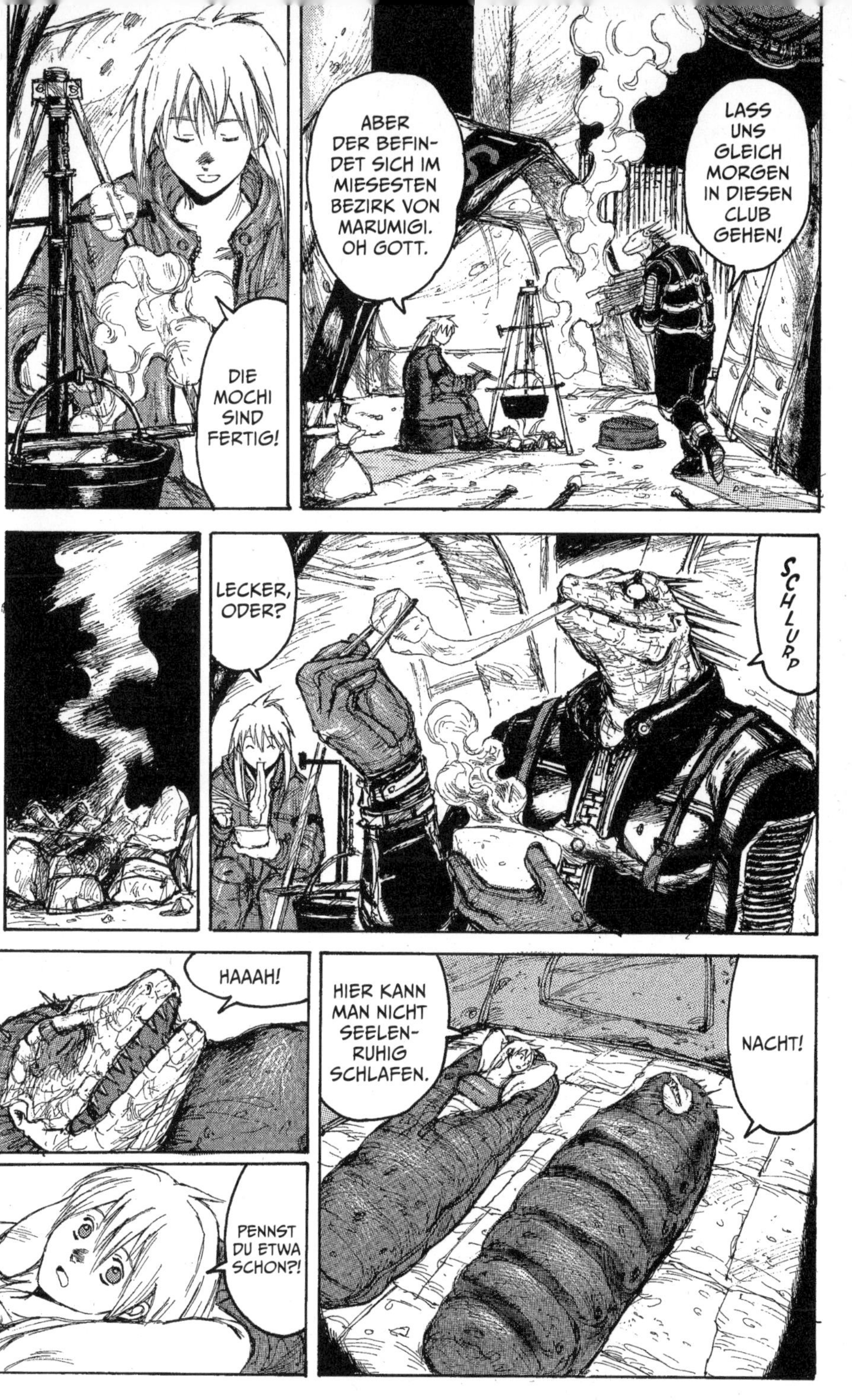
LASS UNS GLEICH MORGEN IN DIESEN CLUB GEHEN!
ABER DER BEFINDET SICH IM MIESESTEN BEZIRK VON MARUMIGI. OH GOTT.
DIE MOCHI SIND FERTIG!
SCHLURP
LECKER, ODER?
NACHT!
HIER KANN MAN NICHT SEELENRUHIG SCHLAFEN.
HAAAH!
PENNST DU ETWA SCHON?!

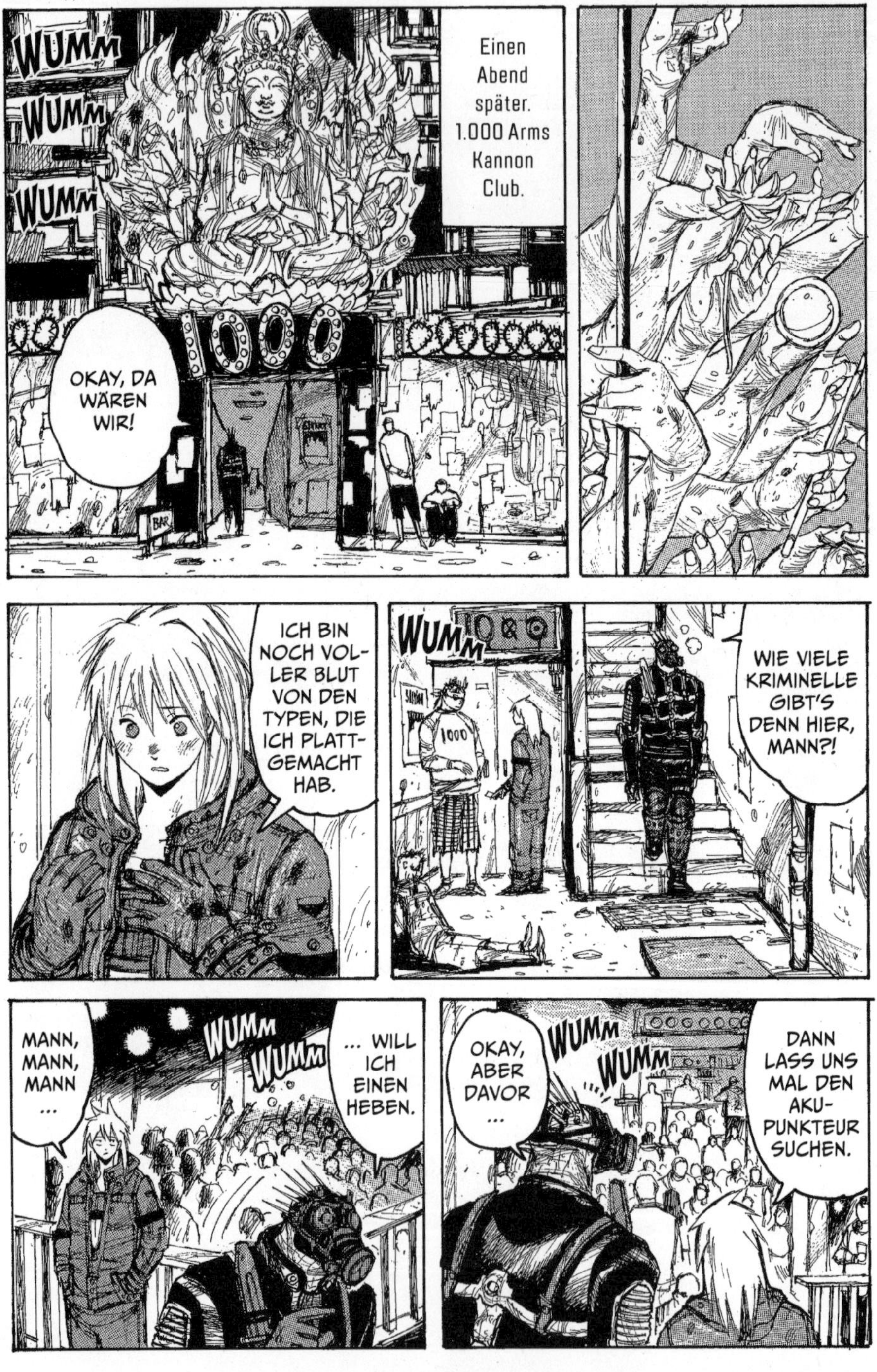
WUMM
WUMM
WUMM
Einen Abend später. 1.000 Arms Kannon Club.
OKAY, DA WÄREN WIR!
BAR
ICH BIN NOCH VOLLER BLUT VON DEN TYPEN, DIE ICH PLATTGEMACHT HAB.
WUMM
1000
WIE VIELE KRIMINELLE GIBT'S DENN HIER, MANN?!
MANN, MANN, MANN ...
WUMM
WUMM
... WILL ICH EINEN HEBEN.
OKAY, ABER DAVOR ...
WUMM
WUMM
DANN LASS UNS MAL DEN AKUPUNKTEUR SUCHEN.

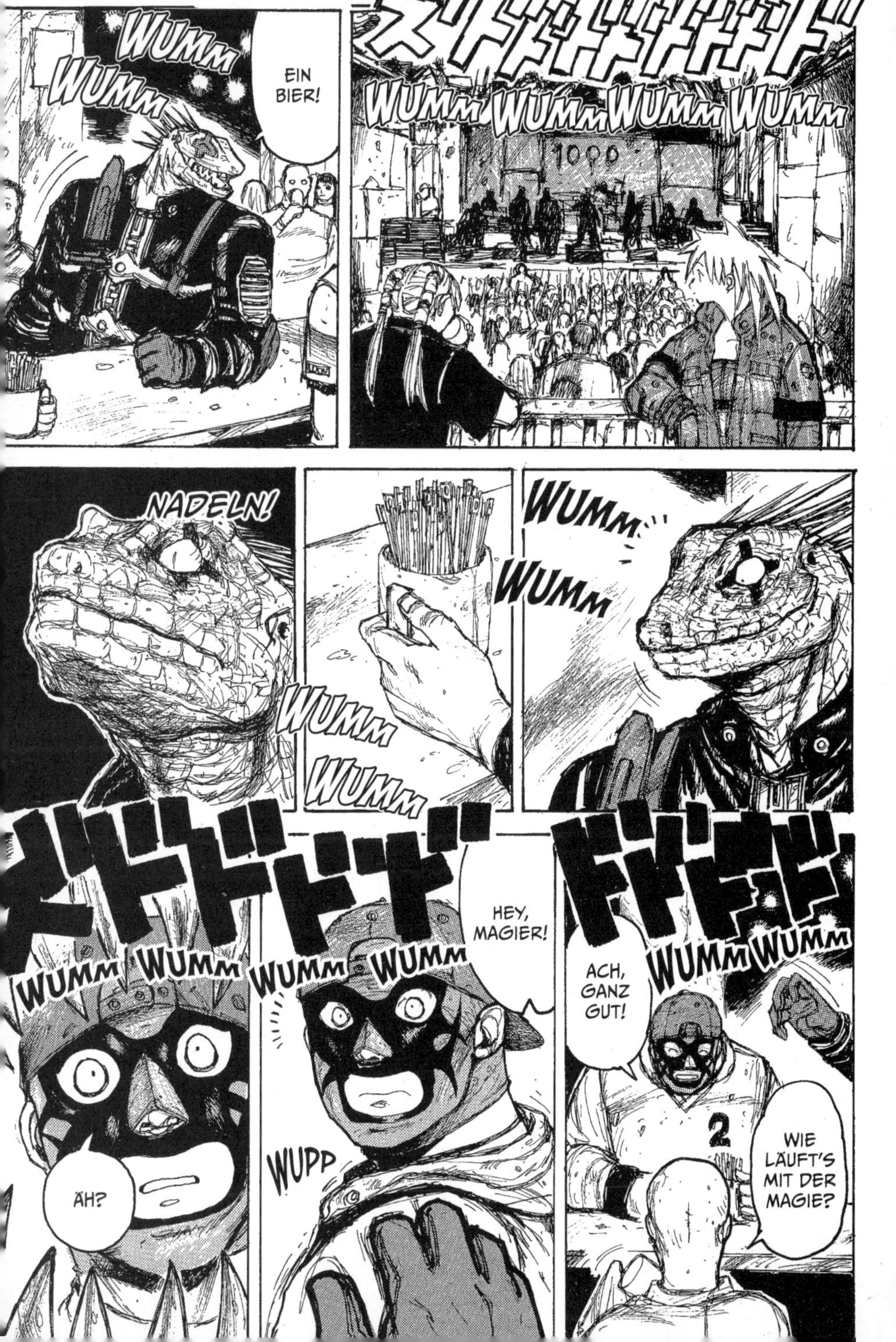
WUMM WUMM WUMM WUMM
WUMM
WUMM
EIN BIER!
WUMM
WUMM
WUMM
WUMM
NADELN!
WUMM WUMM
WIE LÄUFT'S MIT DER MAGIE?
ACH, GANZ GUT!
HEY, MAGIER!
WUMM WUMM WUMM WUMM
WUPP
ÄH?

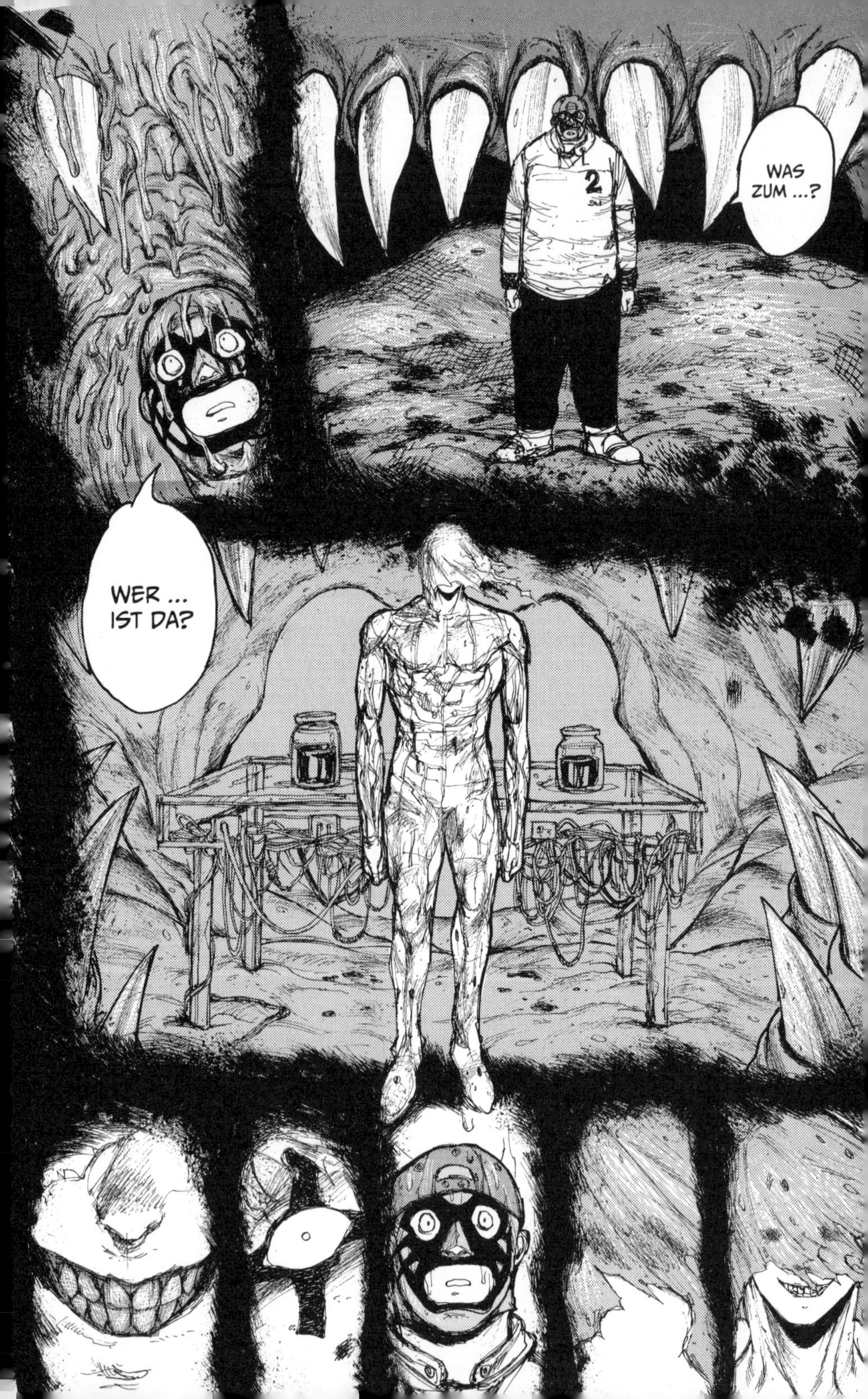
WAS ZUM ...?
WER ... IST DA?

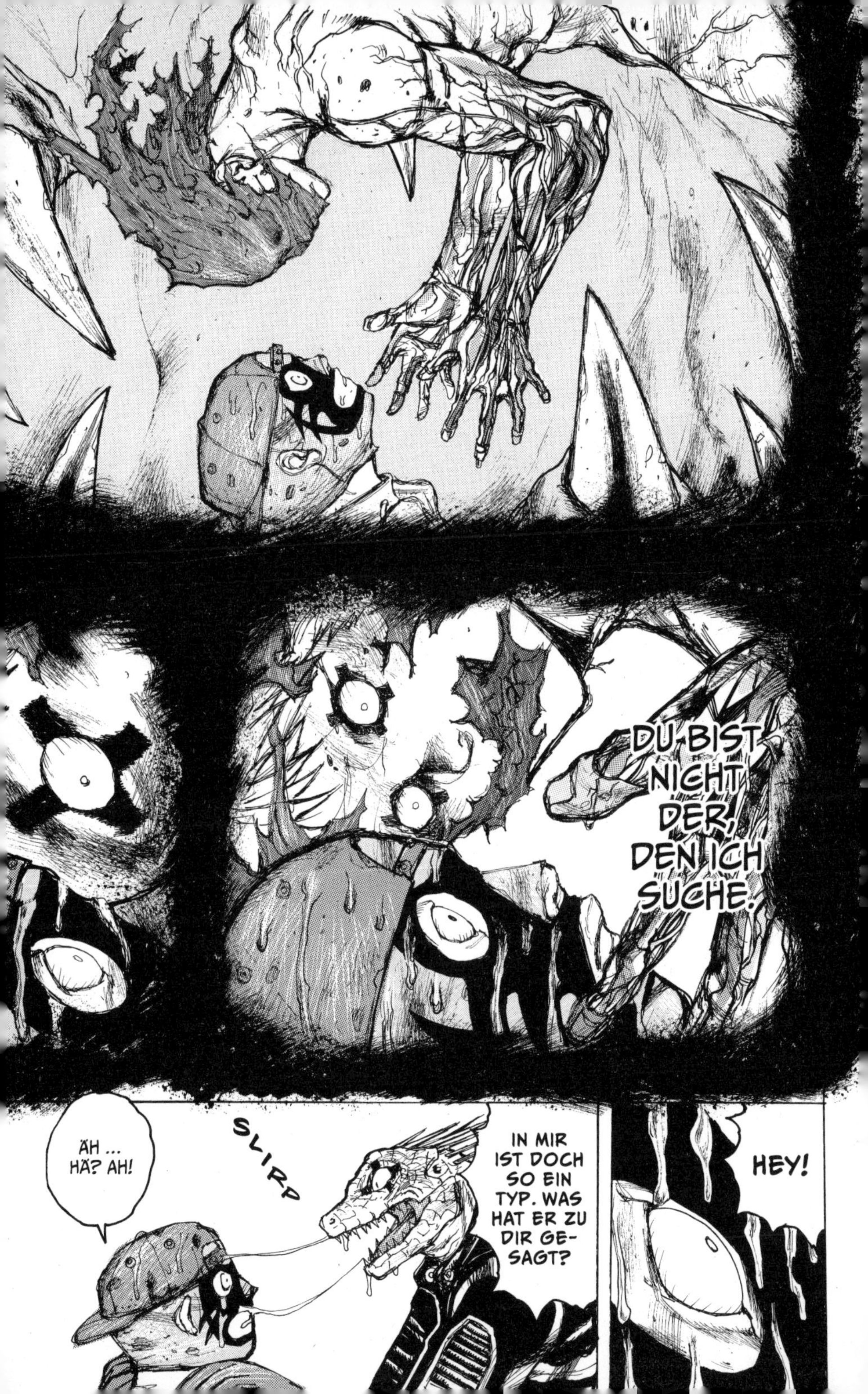
DU BIST NICHT DER, DEN ICH SUCHE.
HEY!
IN MIR IST DOCH SO EIN TYP. WAS HAT ER ZU DIR GE-SAGT?
SLIRP
ÄH ... HÄ? AH!

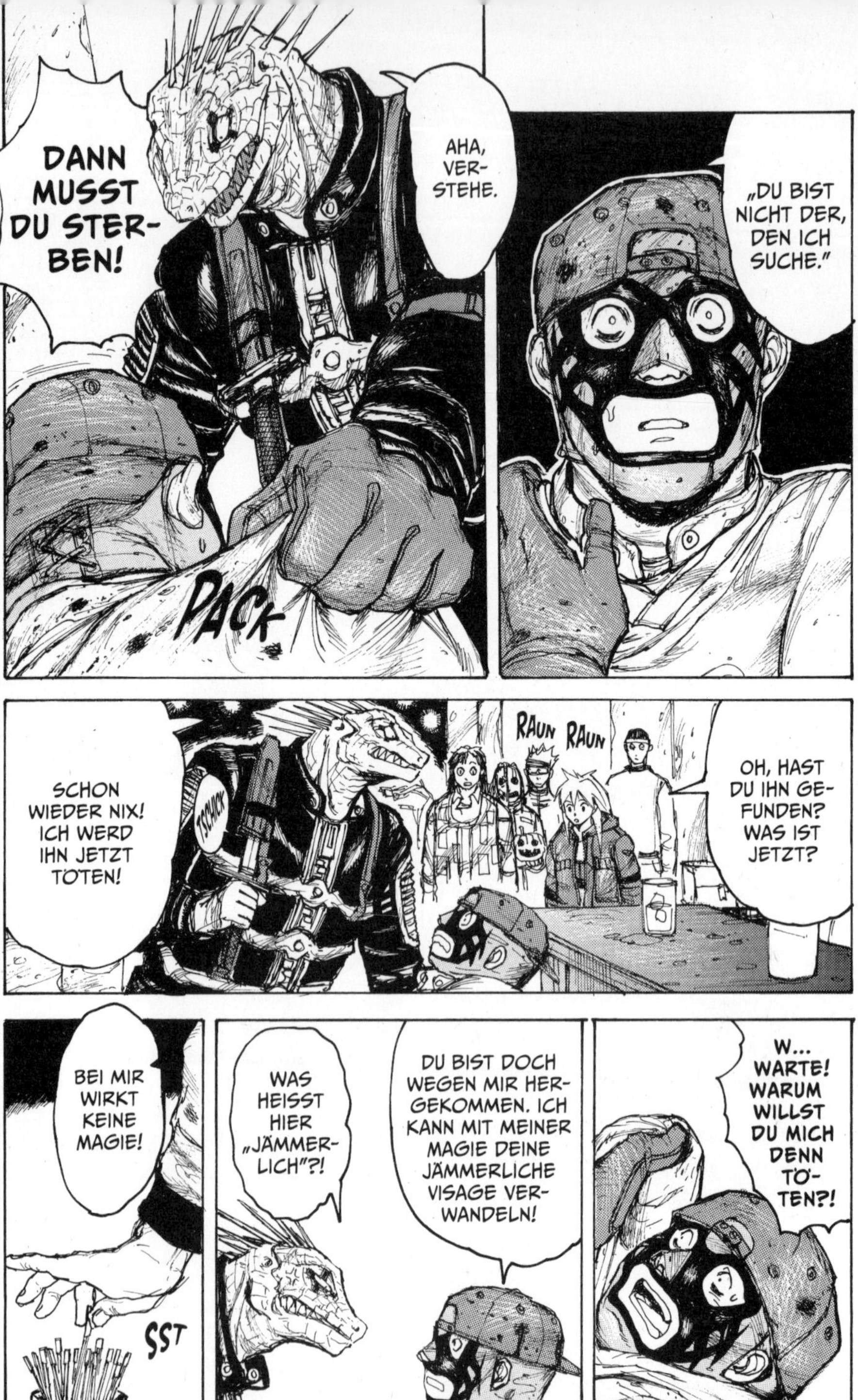
DANN MUSST DU STERBEN!
AHA, VERSTEHE.
„DU BIST NICHT DER, DEN ICH SUCHE."
PACK
SCHON WIEDER NIX! ICH WERD IHN JETZT TÖTEN!
TSCHICK
RAUN RAUN
OH, HAST DU IHN GEFUNDEN? WAS IST JETZT?
W... WARTE! WARUM WILLST DU MICH DENN TÖTEN?!
DU BIST DOCH WEGEN MIR HERGEKOMMEN. ICH KANN MIT MEINER MAGIE DEINE JÄMMERLICHE VISAGE VERWANDELN!
WAS HEISST HIER „JÄMMERLICH"?!
BEI MIR WIRKT KEINE MAGIE!
SST

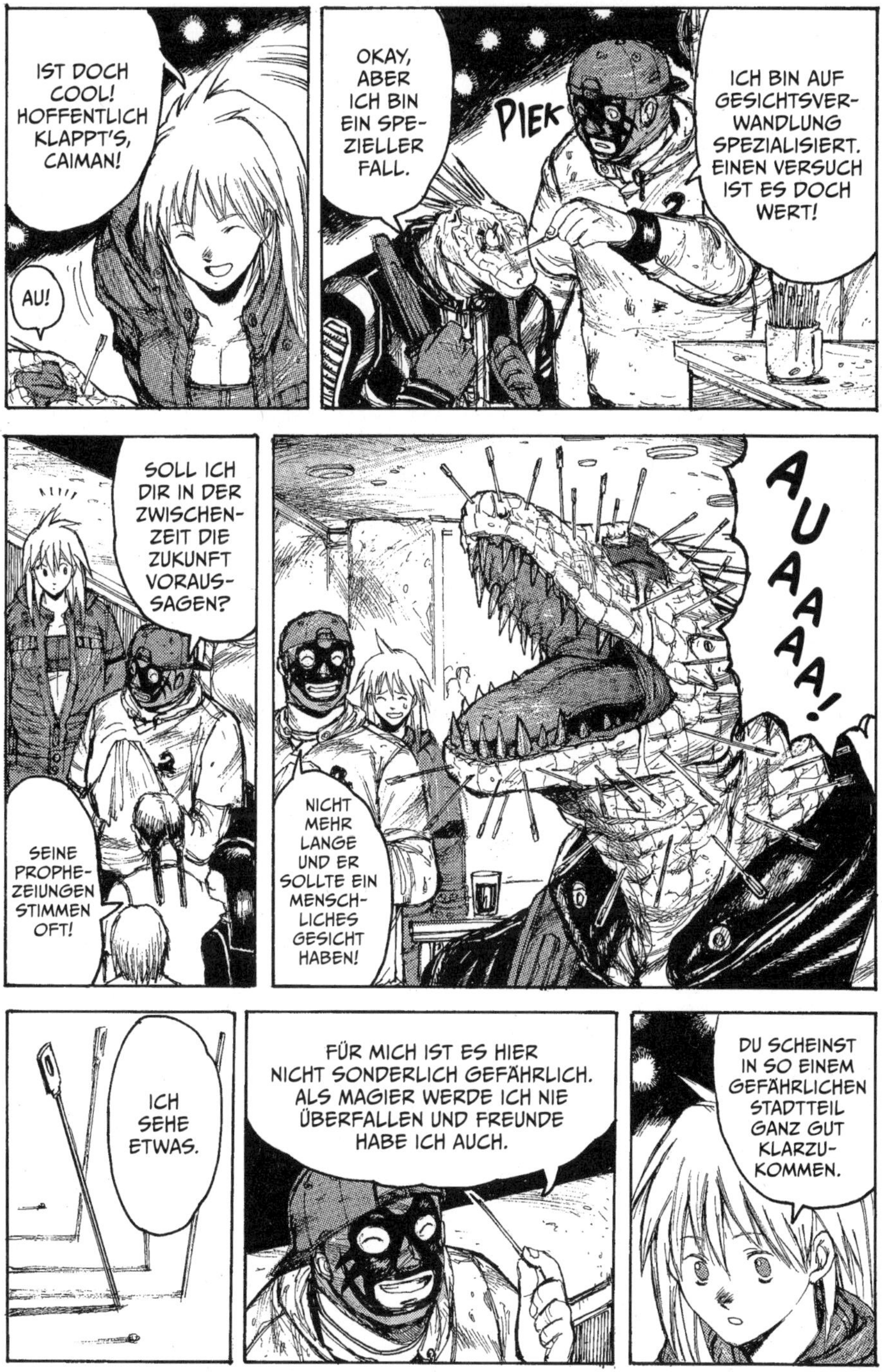
ICH BIN AUF GESICHTSVERWANDLUNG SPEZIALISIERT. EINEN VERSUCH IST ES DOCH WERT!
PIEK
OKAY, ABER ICH BIN EIN SPEZIELLER FALL.
IST DOCH COOL! HOFFENTLICH KLAPPT'S, CAIMAN!
AU!
AUAAAAA!
NICHT MEHR LANGE UND ER SOLLTE EIN MENSCHLICHES GESICHT HABEN!
SOLL ICH DIR IN DER ZWISCHENZEIT DIE ZUKUNFT VORAUSSAGEN?
SEINE PROPHEZEIUNGEN STIMMEN OFT!
DU SCHEINST IN SO EINEM GEFÄHRLICHEN STADTTEIL GANZ GUT KLARZUKOMMEN.
FÜR MICH IST ES HIER NICHT SONDERLICH GEFÄHRLICH. ALS MAGIER WERDE ICH NIE ÜBERFALLEN UND FREUNDE HABE ICH AUCH.
ICH SEHE ETWAS.

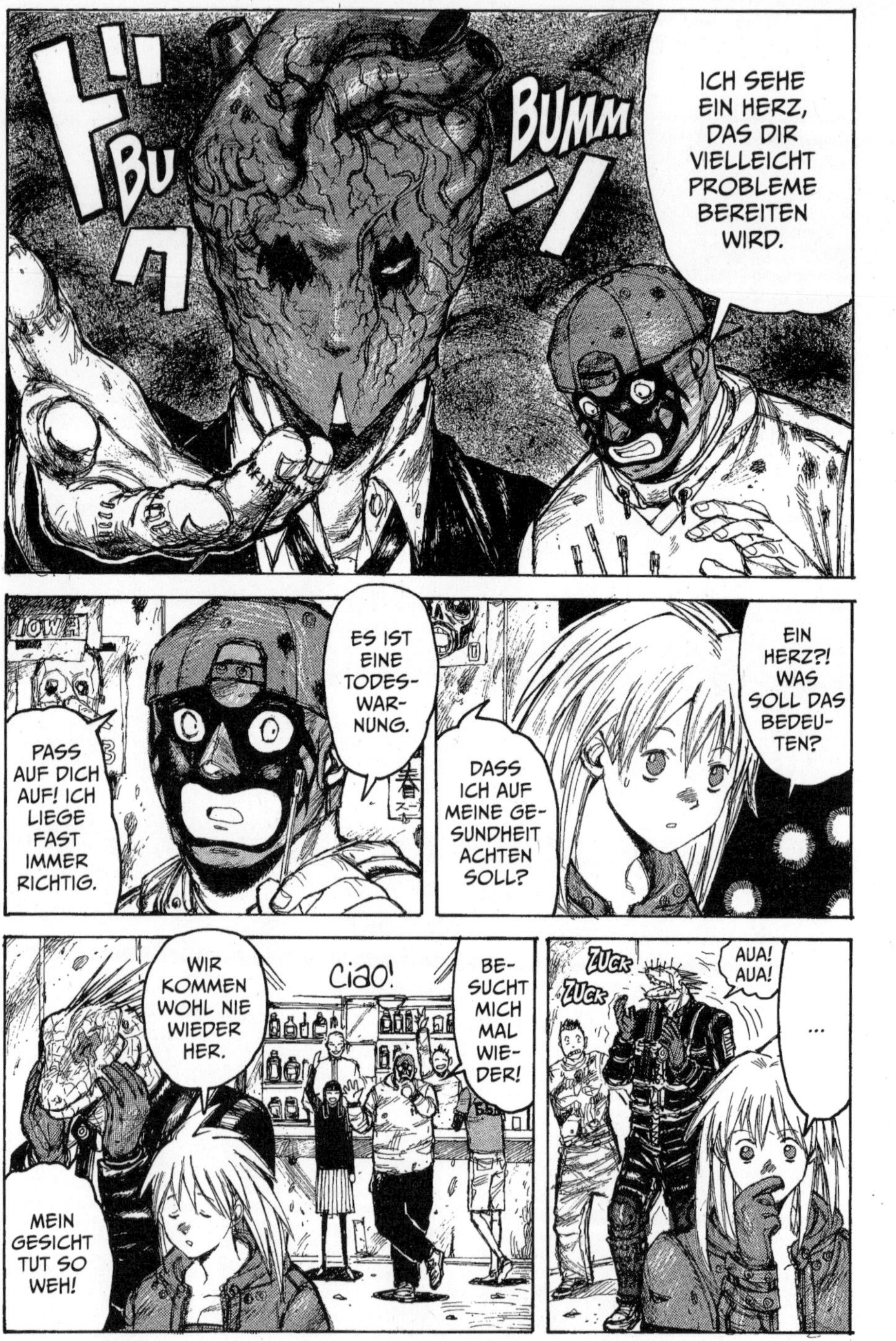
ICH SEHE EIN HERZ, DAS DIR VIELLEICHT PROBLEME BEREITEN WIRD.
BUMM
BU
EIN HERZ?! WAS SOLL DAS BEDEUTEN?
DASS ICH AUF MEINE GESUNDHEIT ACHTEN SOLL?
ES IST EINE TODESWARNUNG.
PASS AUF DICH AUF! ICH LIEGE FAST IMMER RICHTIG.
AUA! AUA!
ZUCK
ZUCK
...
BESUCHT MICH MAL WIEDER!
Ciao!
WIR KOMMEN WOHL NIE WIEDER HER.
MEIN GESICHT TUT SO WEH!

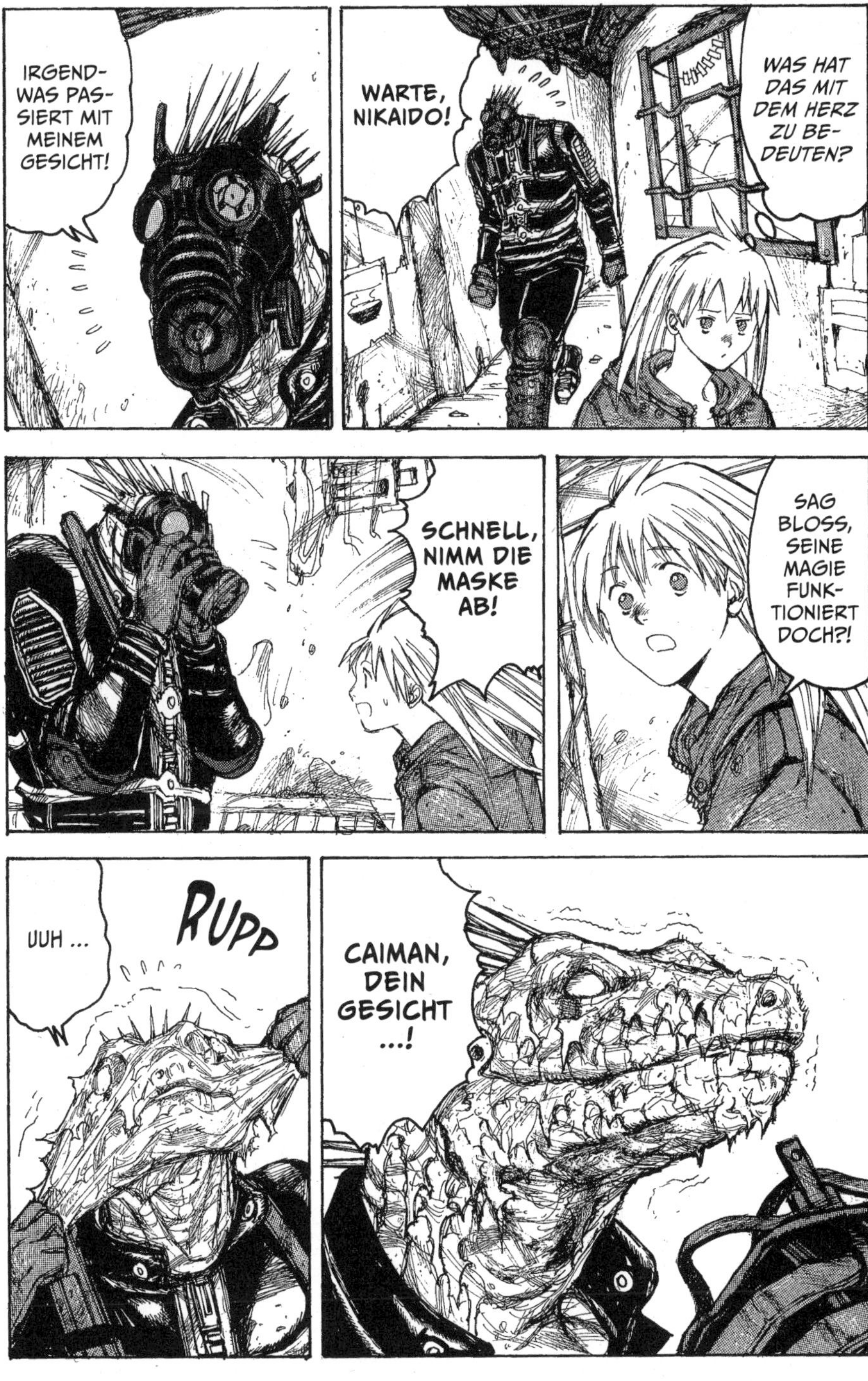

IRGEND-WAS PAS-SIERT MIT MEINEM GESICHT!
WARTE, NIKAIDO!
WAS HAT DAS MIT DEM HERZ ZU BE-DEUTEN?
SCHNELL, NIMM DIE MASKE AB!
SAG BLOSS, SEINE MAGIE FUNK-TIONIERT DOCH?!
UUH ...
RUPP
CAIMAN, DEIN GESICHT ...!

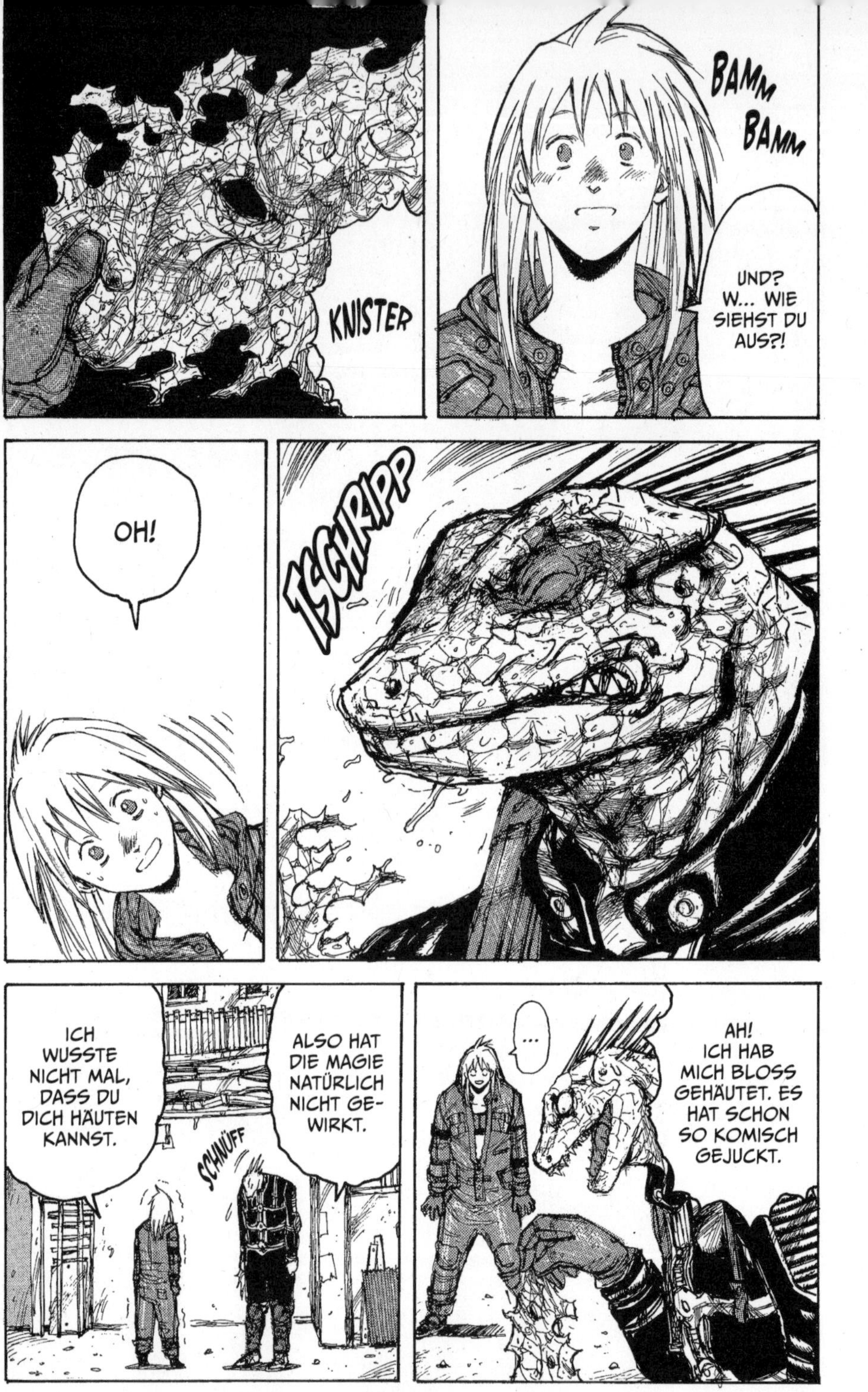
BAMM
BAMM
UND? W... WIE SIEHST DU AUS?!
KNISTER
TSCHRIPP
OH!
...
AH! ICH HAB MICH BLOSS GEHÄUTET. ES HAT SCHON SO KOMISCH GEJUCKT.
ALSO HAT DIE MAGIE NATÜRLICH NICHT GE-WIRKT.
SCHNÜFF
ICH WUSSTE NICHT MAL, DASS DU DICH HÄUTEN KANNST.

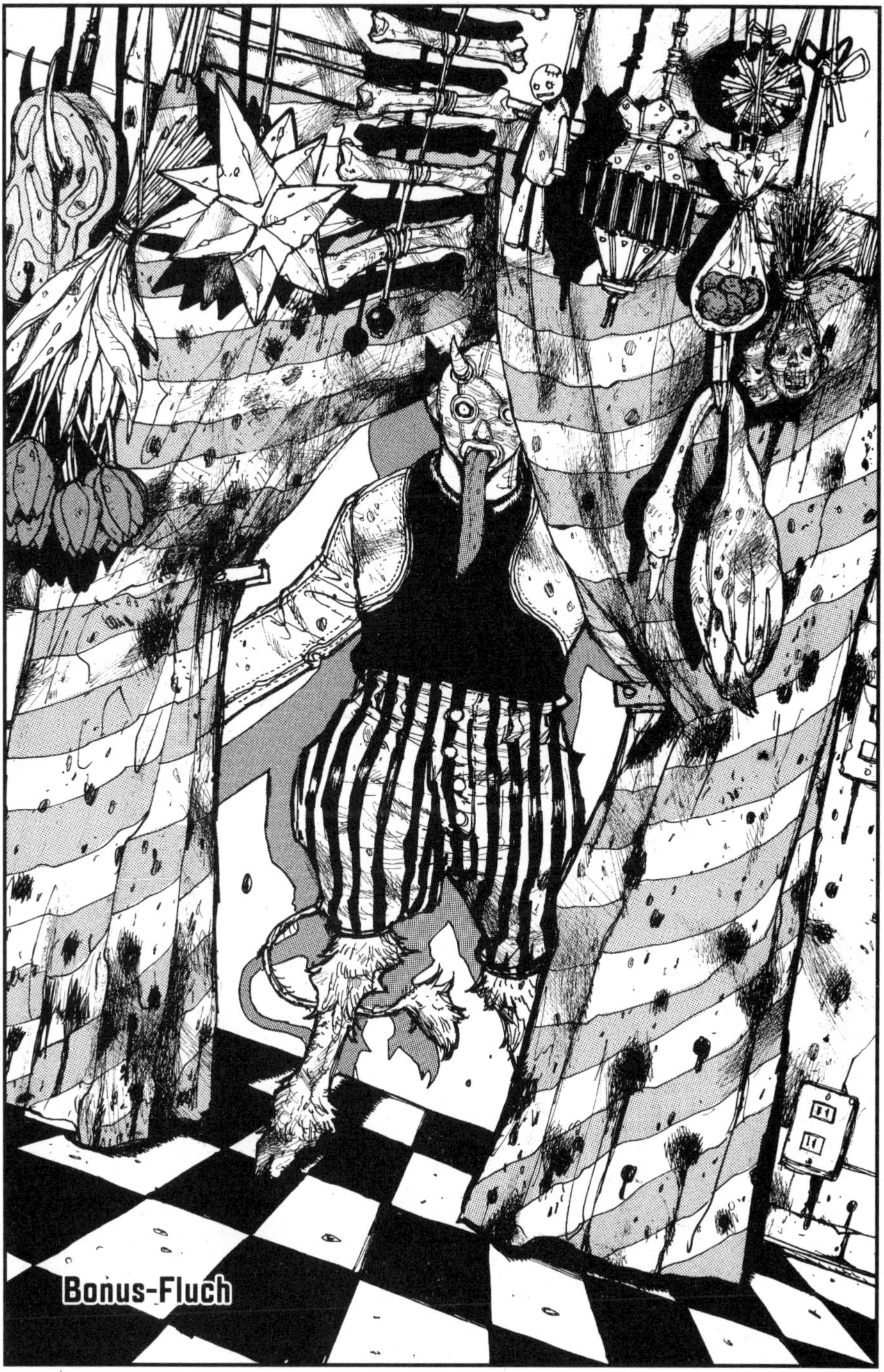
Bonus-Fluch

Achtung! Dies sind Bonusseiten, die du nirgendwo sonst lesen kannst. Du kannst dich glücklich schätzen!

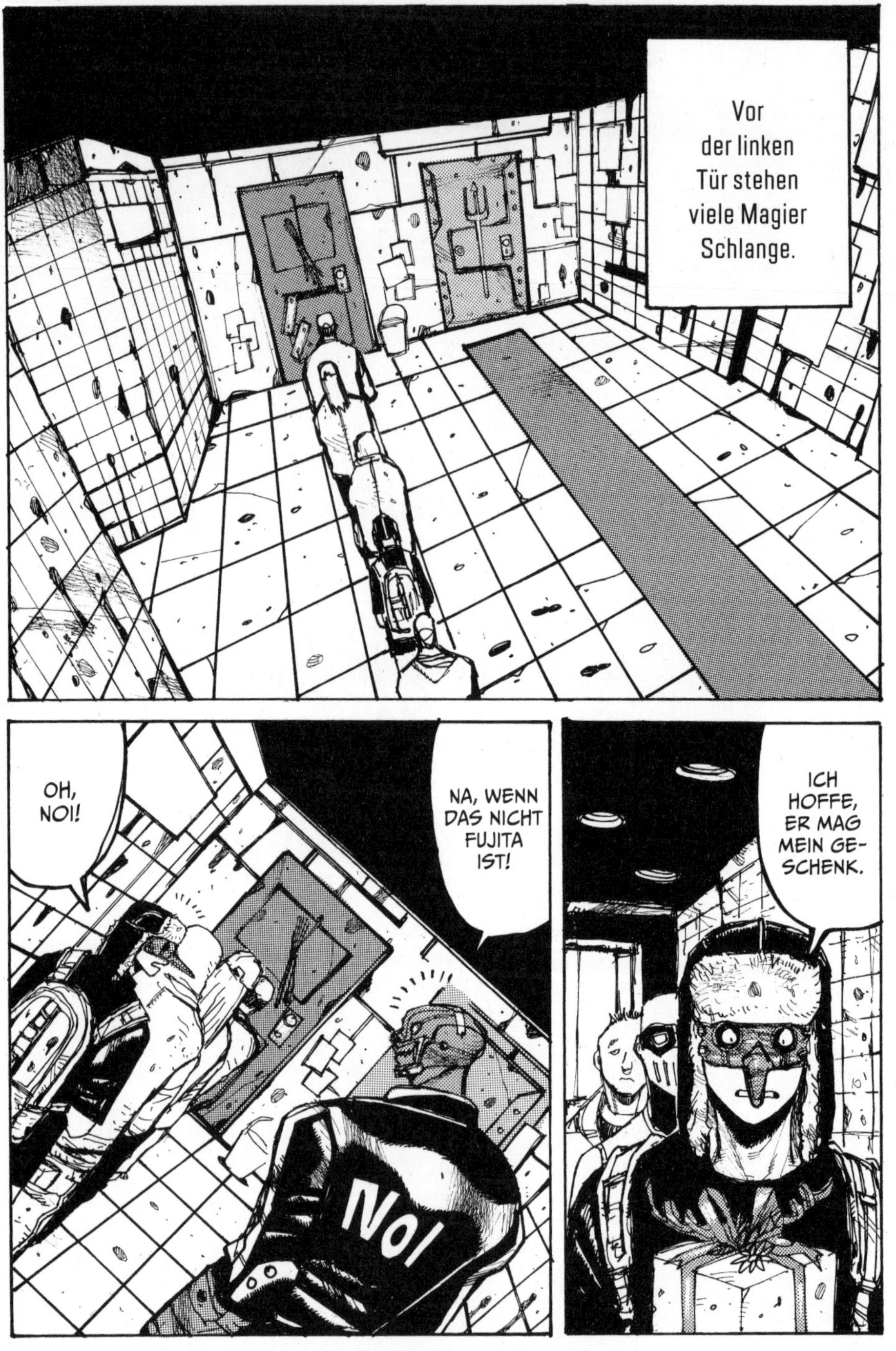

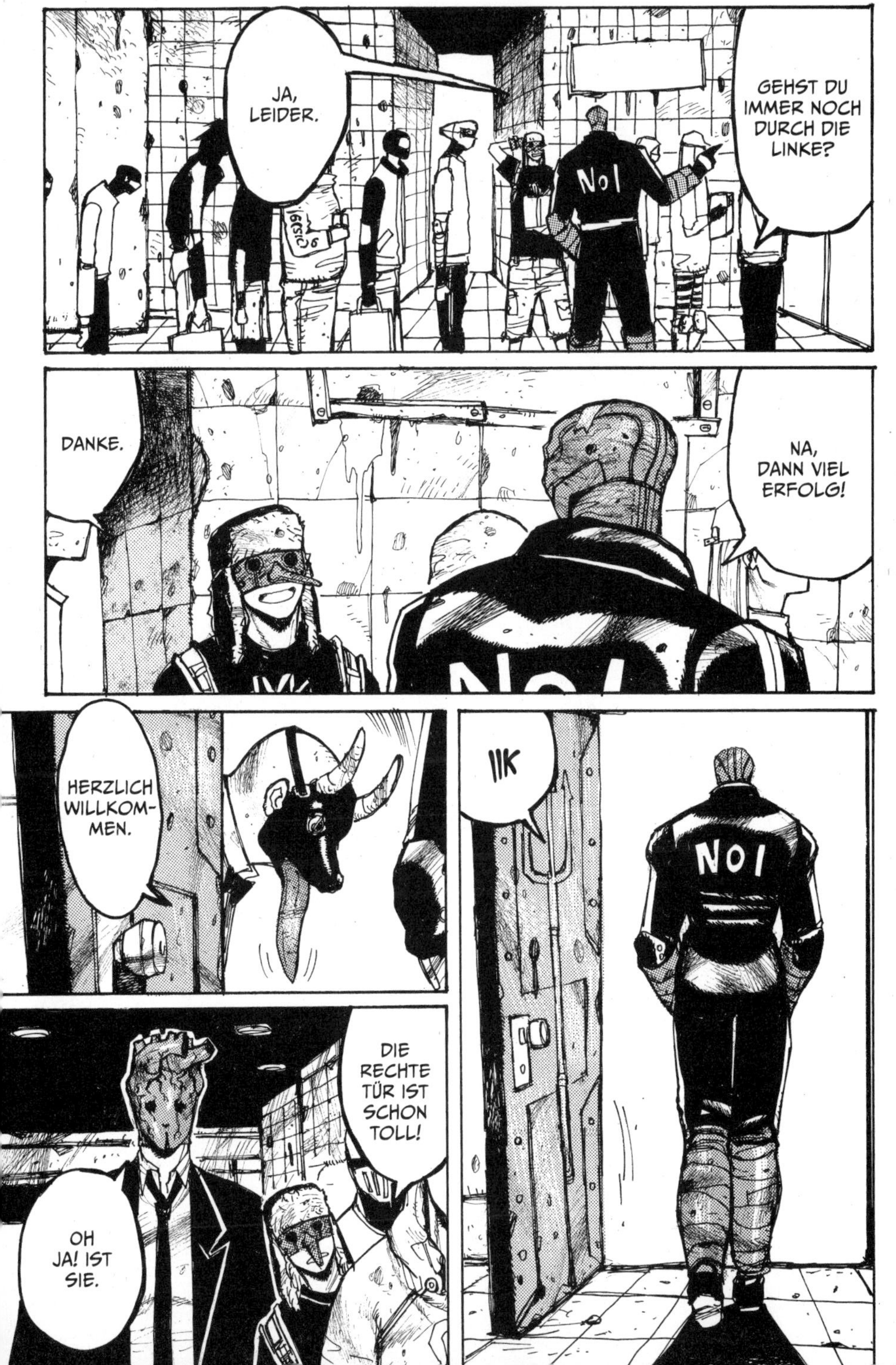
GEHST DU IMMER NOCH DURCH DIE LINKE?
JA, LEIDER.
NA, DANN VIEL ERFOLG!
DANKE.
IIK
HERZLICH WILLKOMMEN.
DIE RECHTE TÜR IST SCHON TOLL!
OH JA! IST SIE.
NO1

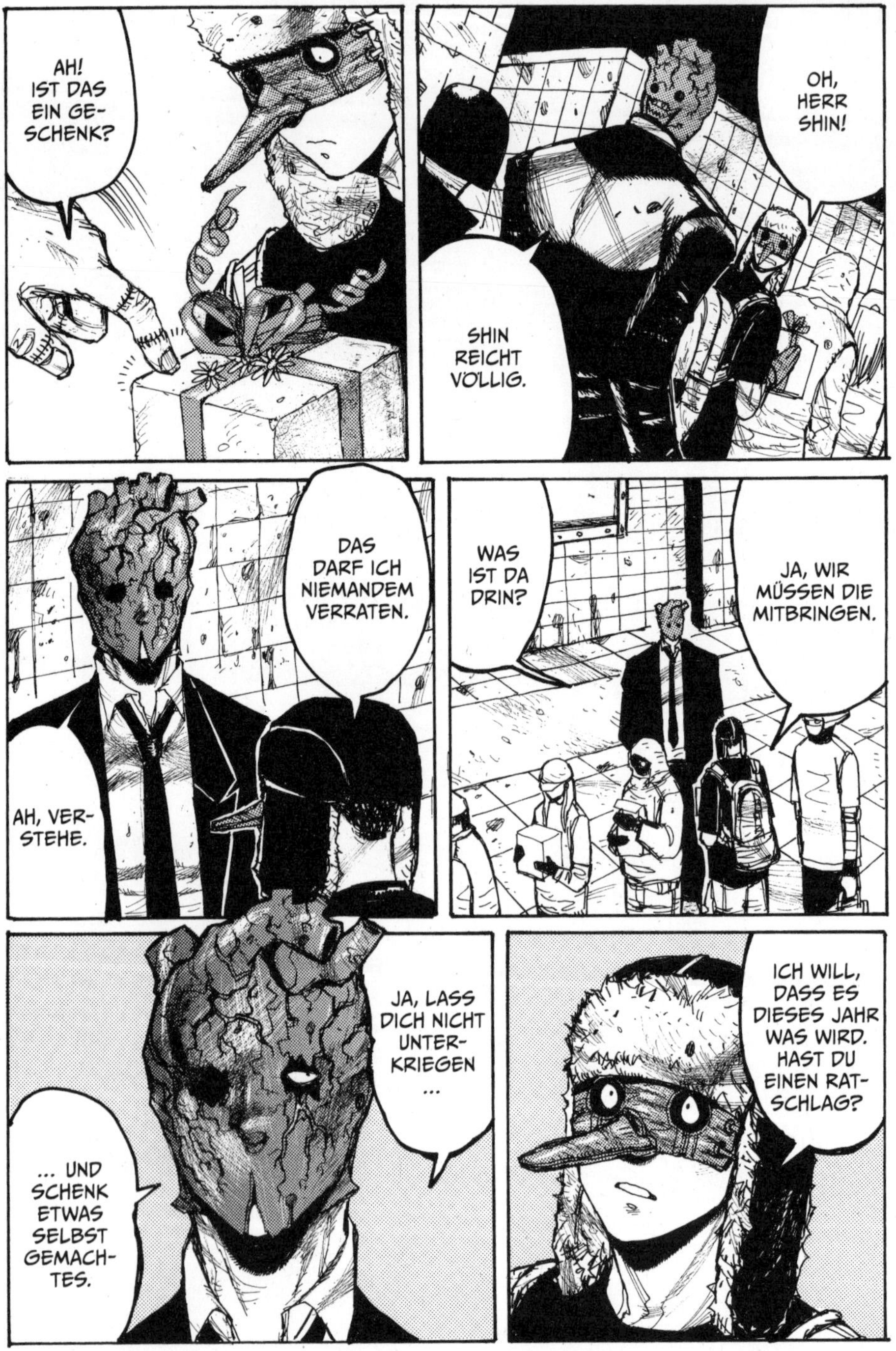
OH, HERR SHIN!
SHIN REICHT VÖLLIG.
AH! IST DAS EIN GESCHENK?
JA, WIR MÜSSEN DIE MITBRINGEN.
WAS IST DA DRIN?
DAS DARF ICH NIEMANDEM VERRATEN.
AH, VERSTEHE.
ICH WILL, DASS ES DIESES JAHR WAS WIRD. HAST DU EINEN RATSCHLAG?
JA, LASS DICH NICHT UNTERKRIEGEN ...
... UND SCHENK ETWAS SELBST GEMACHTES.

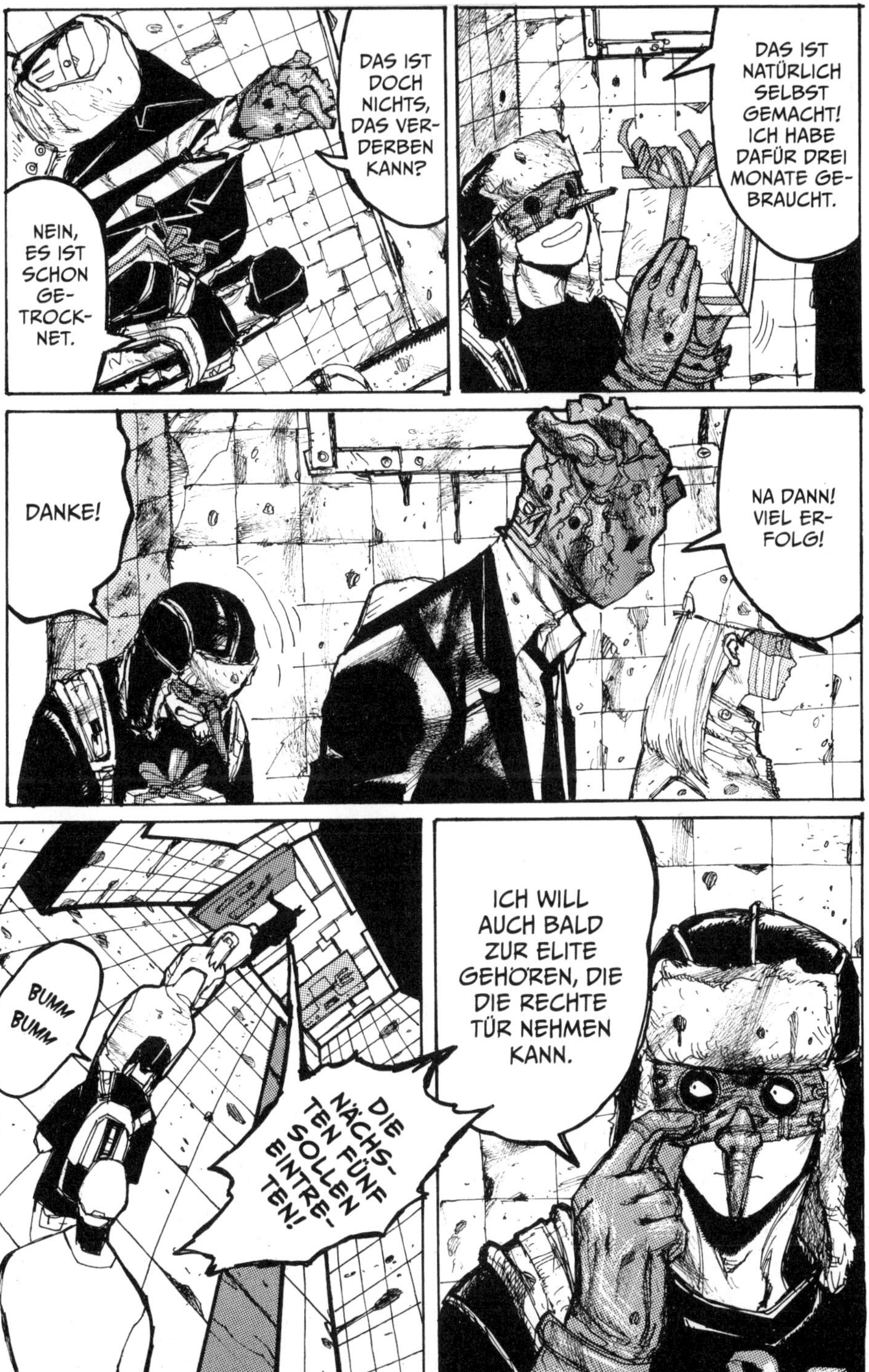

DAS IST NATÜRLICH SELBST GEMACHT! ICH HABE DAFÜR DREI MONATE GEBRAUCHT.
DAS IST DOCH NICHTS, DAS VERDERBEN KANN?
NEIN, ES IST SCHON GETROCKNET.
NA DANN! VIEL ERFOLG!
DANKE!
ICH WILL AUCH BALD ZUR ELITE GEHÖREN, DIE DIE RECHTE TÜR NEHMEN KANN.
DIE NÄCHSTEN FÜNF SOLLEN EINTRETEN!
BUMM BUMM

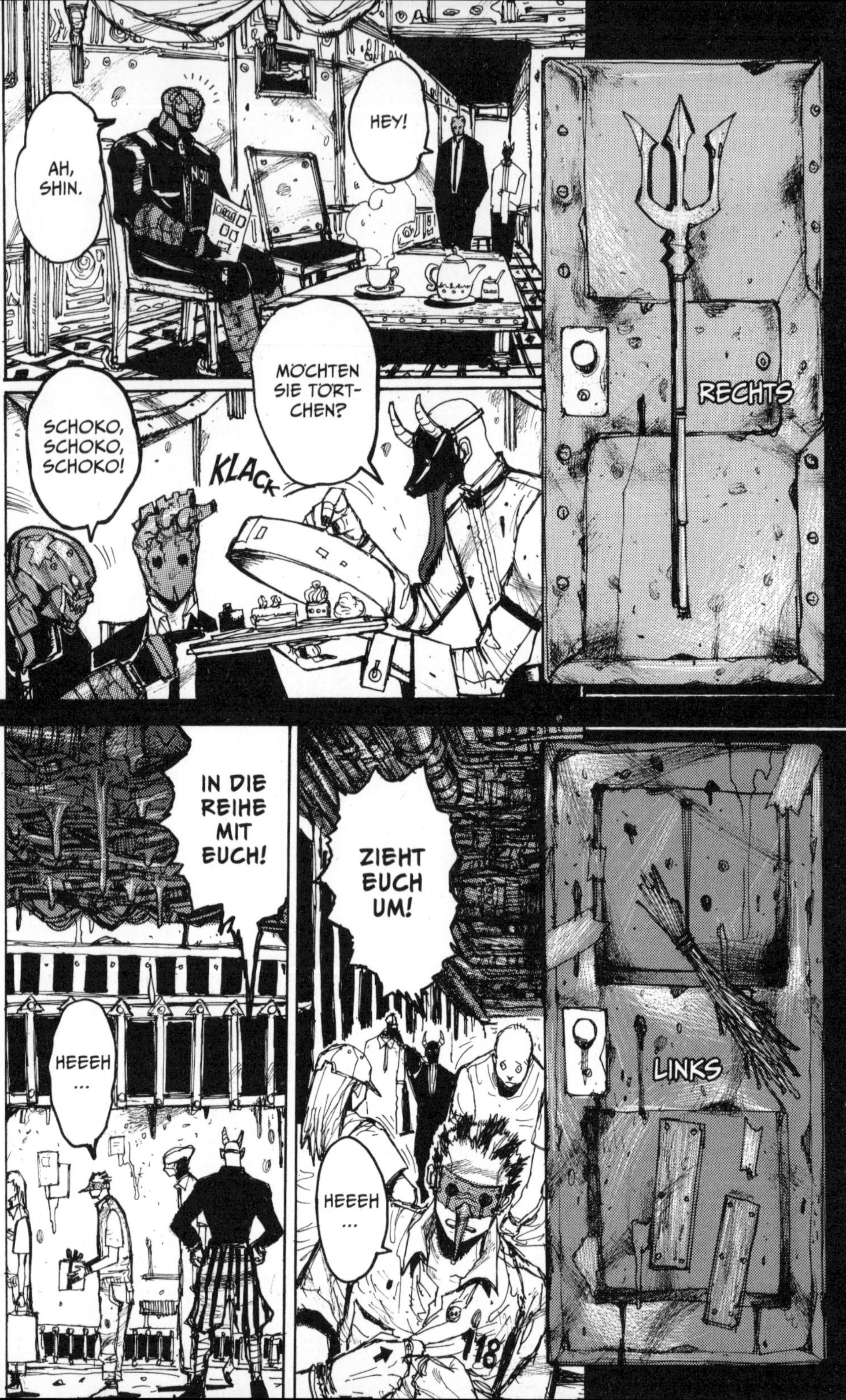
RECHTS
HEY!
AH, SHIN.
MÖCHTEN SIE TÖRT-CHEN?
KLACK
SCHOKO, SCHOKO, SCHOKO!
LINKS
ZIEHT EUCH UM!
IN DIE REIHE MIT EUCH!
HEEEH ...
118
HEEEH ...

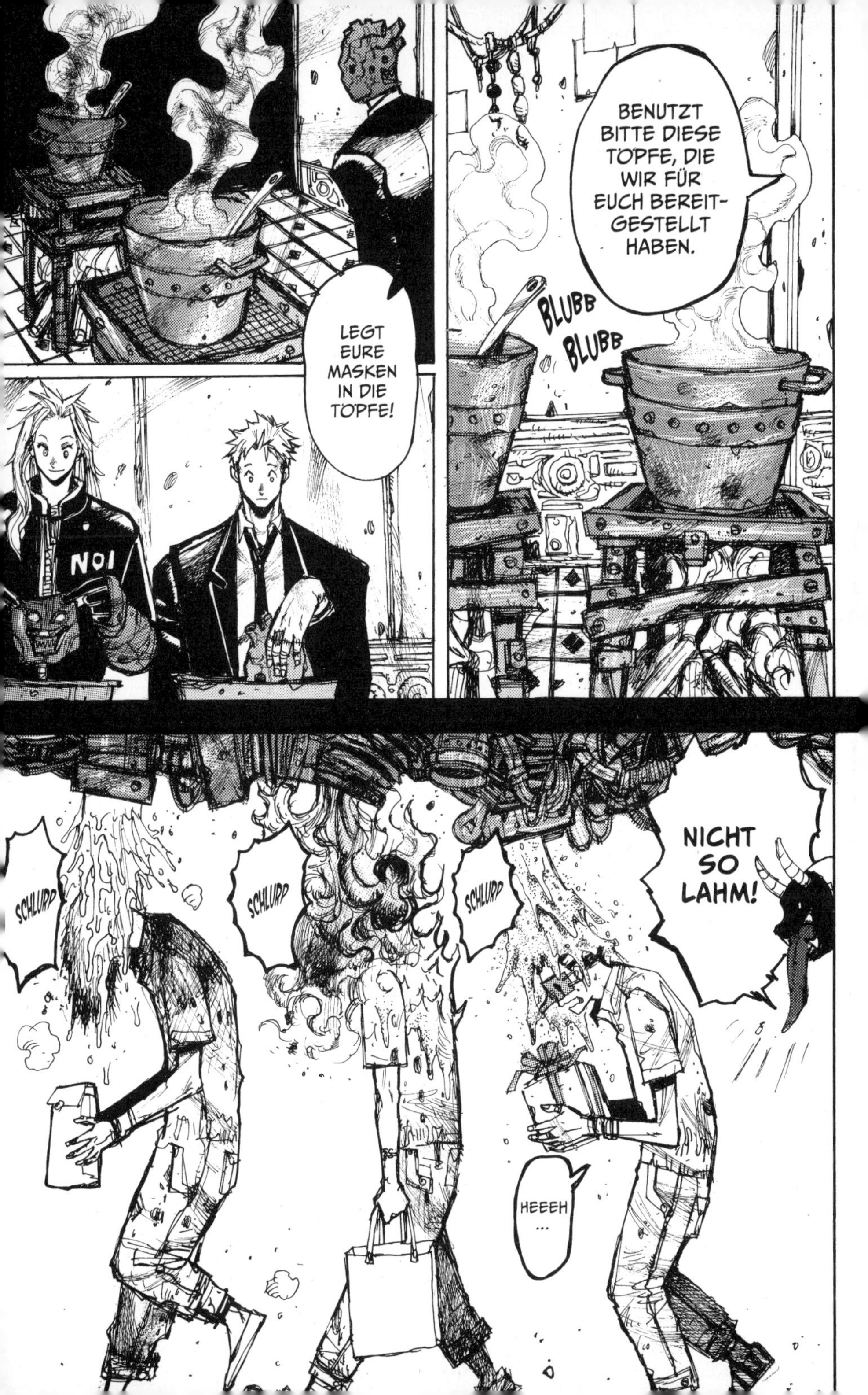
BENUTZT BITTE DIESE TÖPFE, DIE WIR FÜR EUCH BEREIT-GESTELLT HABEN.
BLUBB
BLUBB
LEGT EURE MASKEN IN DIE TÖPFE!
NOI
NICHT SO LAHM!
SCHLURP
SCHLURP
SCHLURP
HEEEH ...

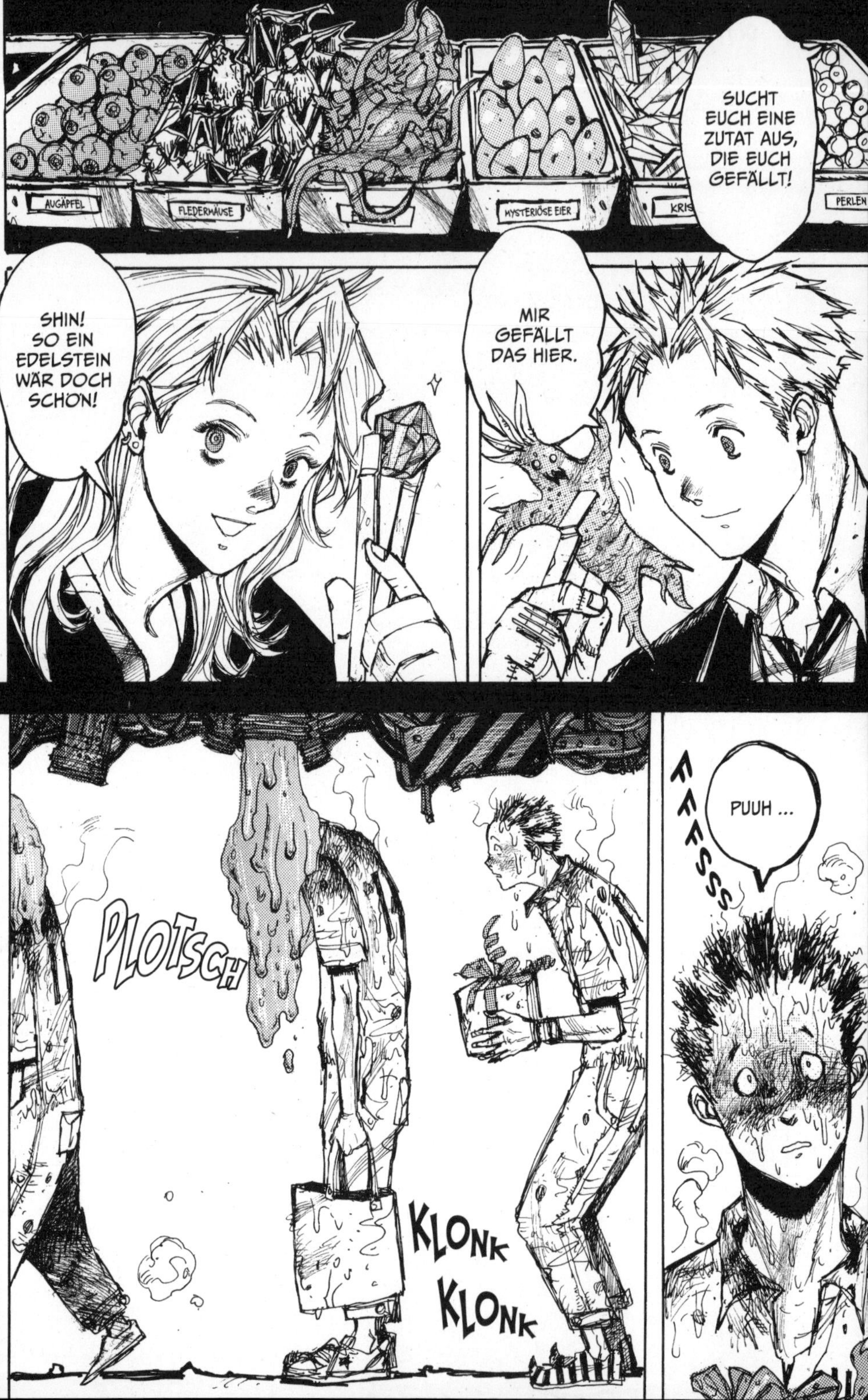
PERLEN
MYSTERIÖSE EIER
FLEDERMÄUSE
AUGÄPFEL
SUCHT EUCH EINE ZUTAT AUS, DIE EUCH GEFÄLLT!
MIR GEFÄLLT DAS HIER.
SHIN! SO EIN EDELSTEIN WÄR DOCH SCHÖN!
FFFSSSS
PUUH ...
PLOTSCH
KLONK
KLONK

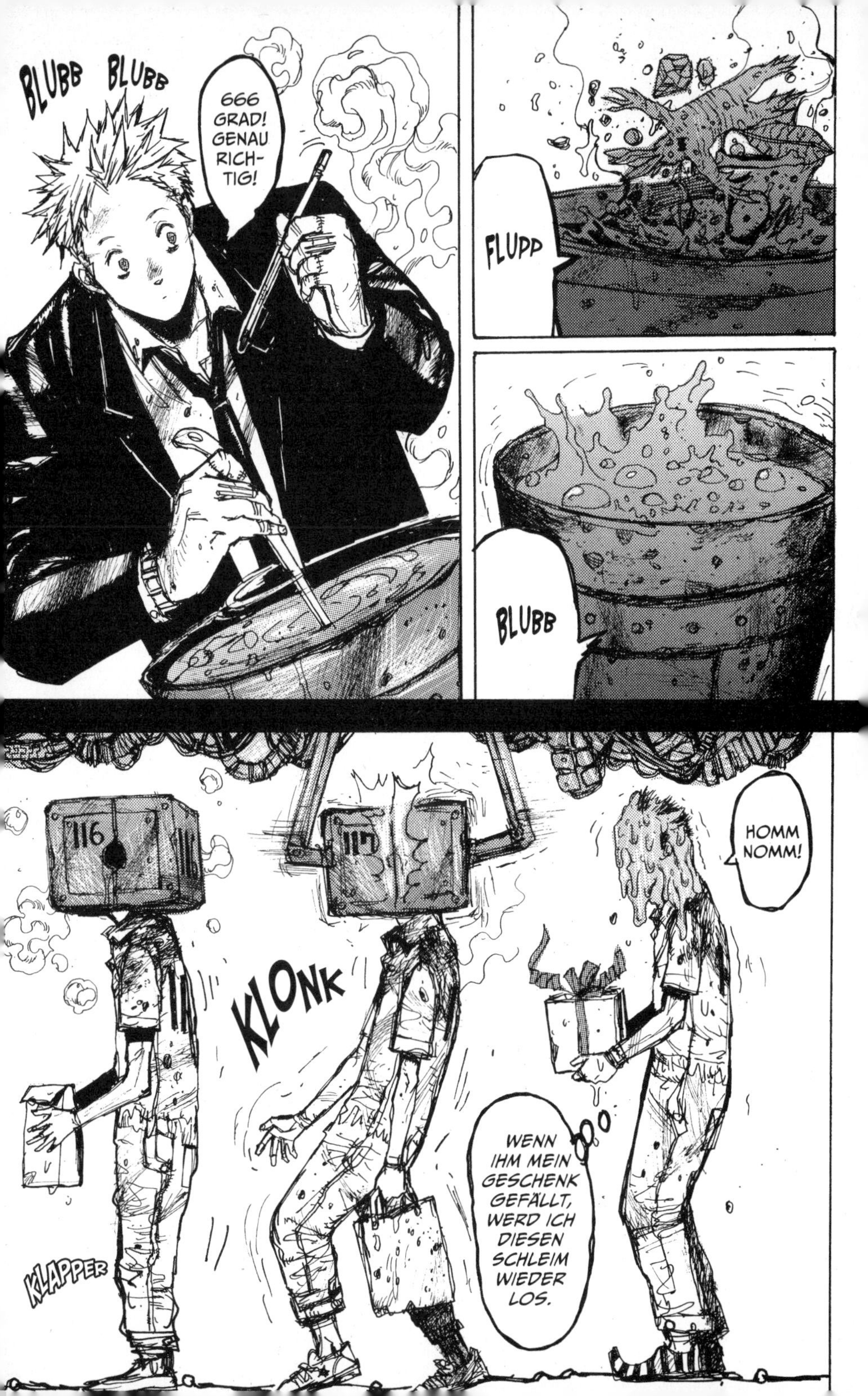
BLUBB BLUBB
666 GRAD! GENAU RICH-TIG!
FLUPP
BLUBB
HOMM NOMM!
KLONK
WENN IHM MEIN GESCHENK GEFÄLLT, WERD ICH DIESEN SCHLEIM WIEDER LOS.
KLAPPER

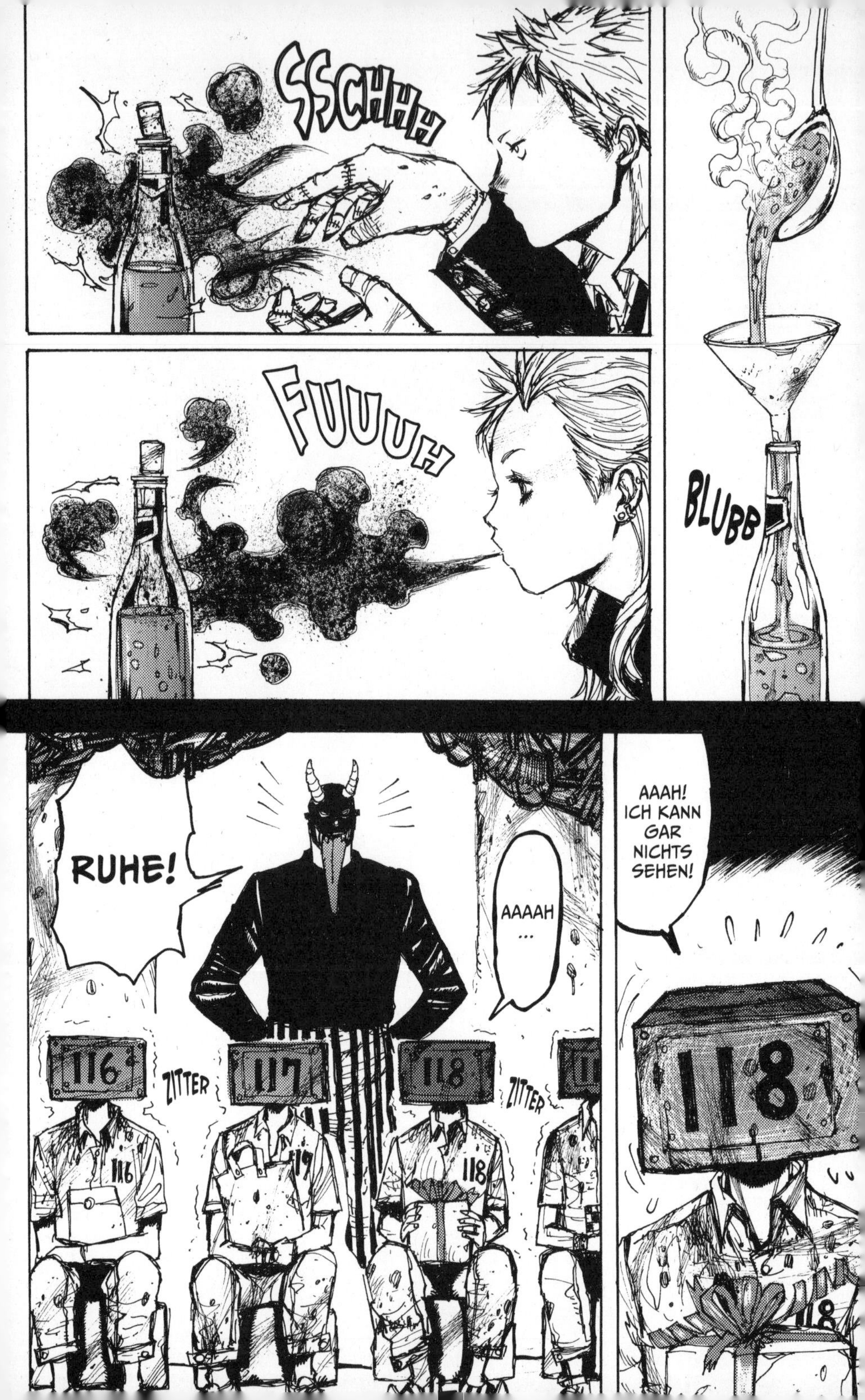
SSCHHH
FUUUH
BLUBB
AAAH! ICH KANN GAR NICHTS SEHEN!
AAAAH ...
RUHE!
116
ZITTER
117
118
ZITTER
118

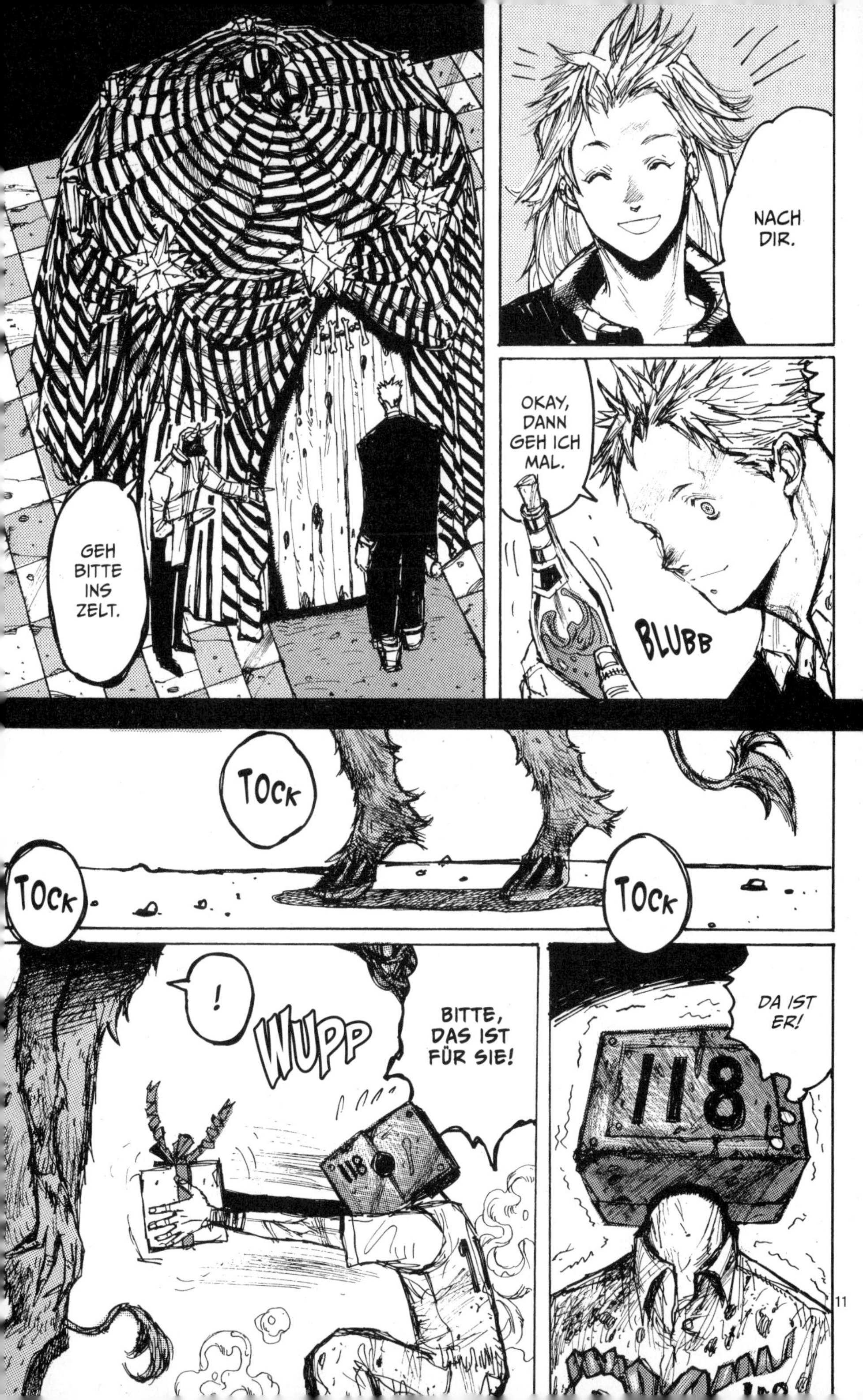
NACH DIR.
OKAY, DANN GEH ICH MAL.
BLUBB
GEH BITTE INS ZELT.
TOCK
TOCK
TOCK
DA IST ER!
118
!
WUPP
BITTE, DAS IST FÜR SIE!

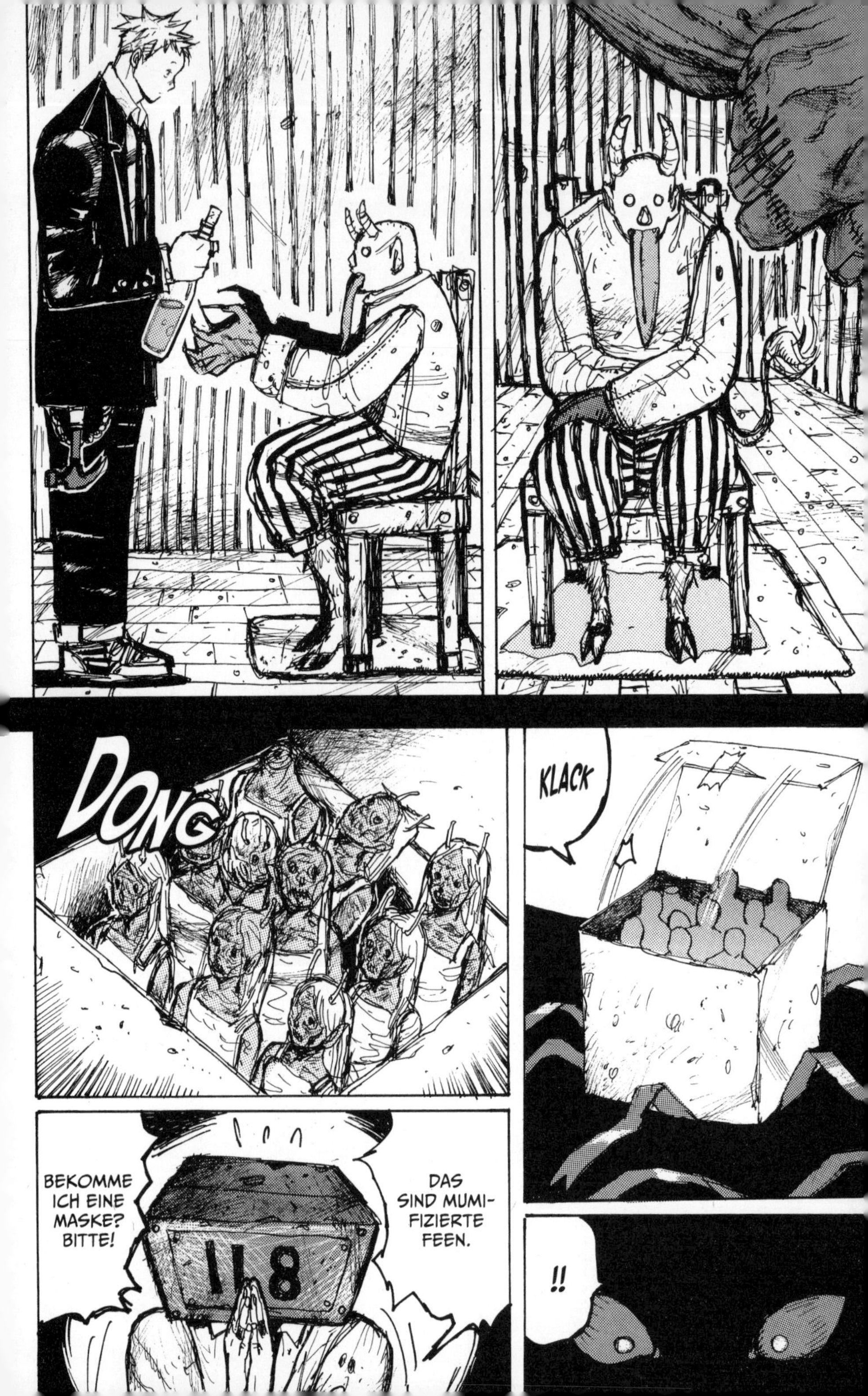
DONG
KLACK
DAS SIND MUMI-FIZIERTE FEEN.
BEKOMME ICH EINE MASKE? BITTE!
118
!!

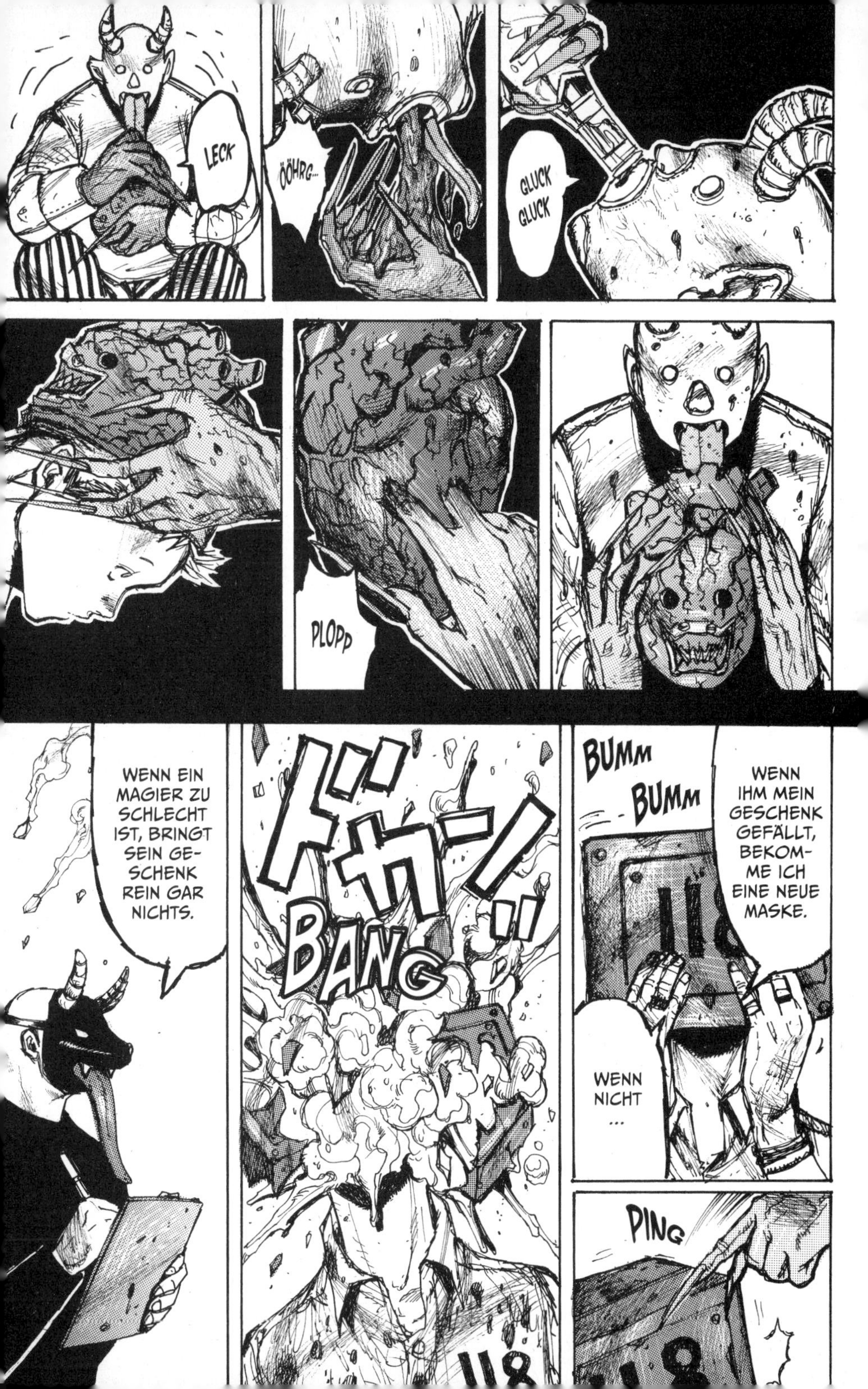
GLUCK GLUCK
ÖÖHRG...
LECK
PLOPP
BUMM
BUMM
WENN IHM MEIN GESCHENK GEFÄLLT, BEKOMME ICH EINE NEUE MASKE.
WENN NICHT ...
PING
BANG
WENN EIN MAGIER ZU SCHLECHT IST, BRINGT SEIN GESCHENK REIN GAR NICHTS.

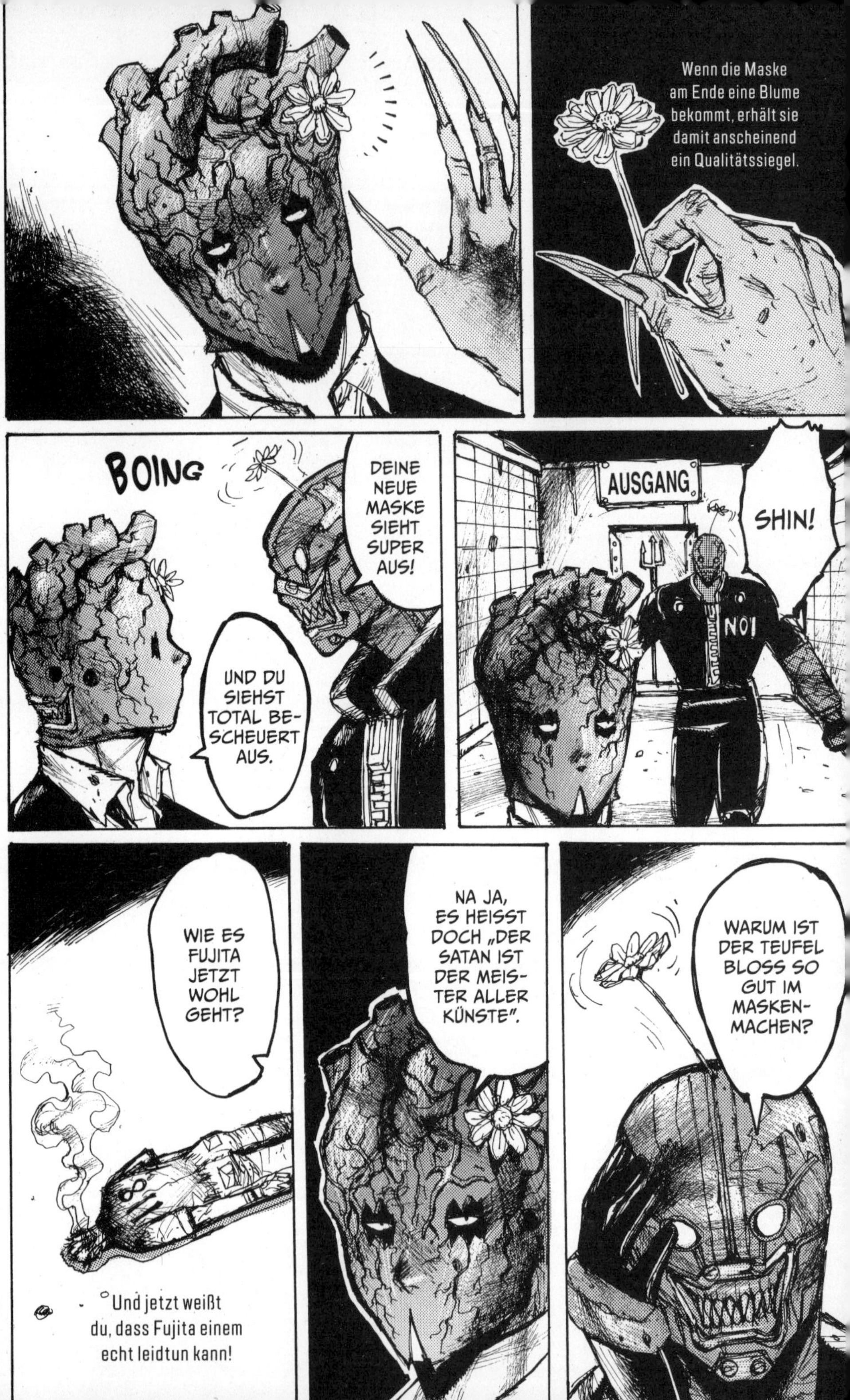
Wenn die Maske am Ende eine Blume bekommt, erhält sie damit anscheinend ein Qualitätssiegel.
BOING
DEINE NEUE MASKE SIEHT SUPER AUS!
UND DU SIEHST TOTAL BE-SCHEUERT AUS.
AUSGANG
SHIN!
NOI
WIE ES FUJITA JETZT WOHL GEHT?
Und jetzt weißt du, dass Fujita einem echt leidtun kann!
NA JA, ES HEISST DOCH „DER SATAN IST DER MEIS-TER ALLER KÜNSTE".
WARUM IST DER TEUFEL BLOSS SO GUT IM MASKEN-MACHEN?

Und was du durch Teil 1 sonst noch weißt:

① Caiman liebt Gyoza.

② Caiman jobbt nebenbei.

③ Caiman träumt manchmal.

④ Im „Loch“ gibt es einen Expressfotodienst.

⑤ Caiman kann Hanafuda spielen.

⑥ Magier essen auch französisch.

⑦ Caiman kann sich häuten.

⑧ Der Yen ist die Währung im „Loch“.

Und was wirst du nach Teil 2 wissen?
Es bleibt chaotisch!

Willkommen bei DOROHEDORO!

DOROHEDORO TEIL 02

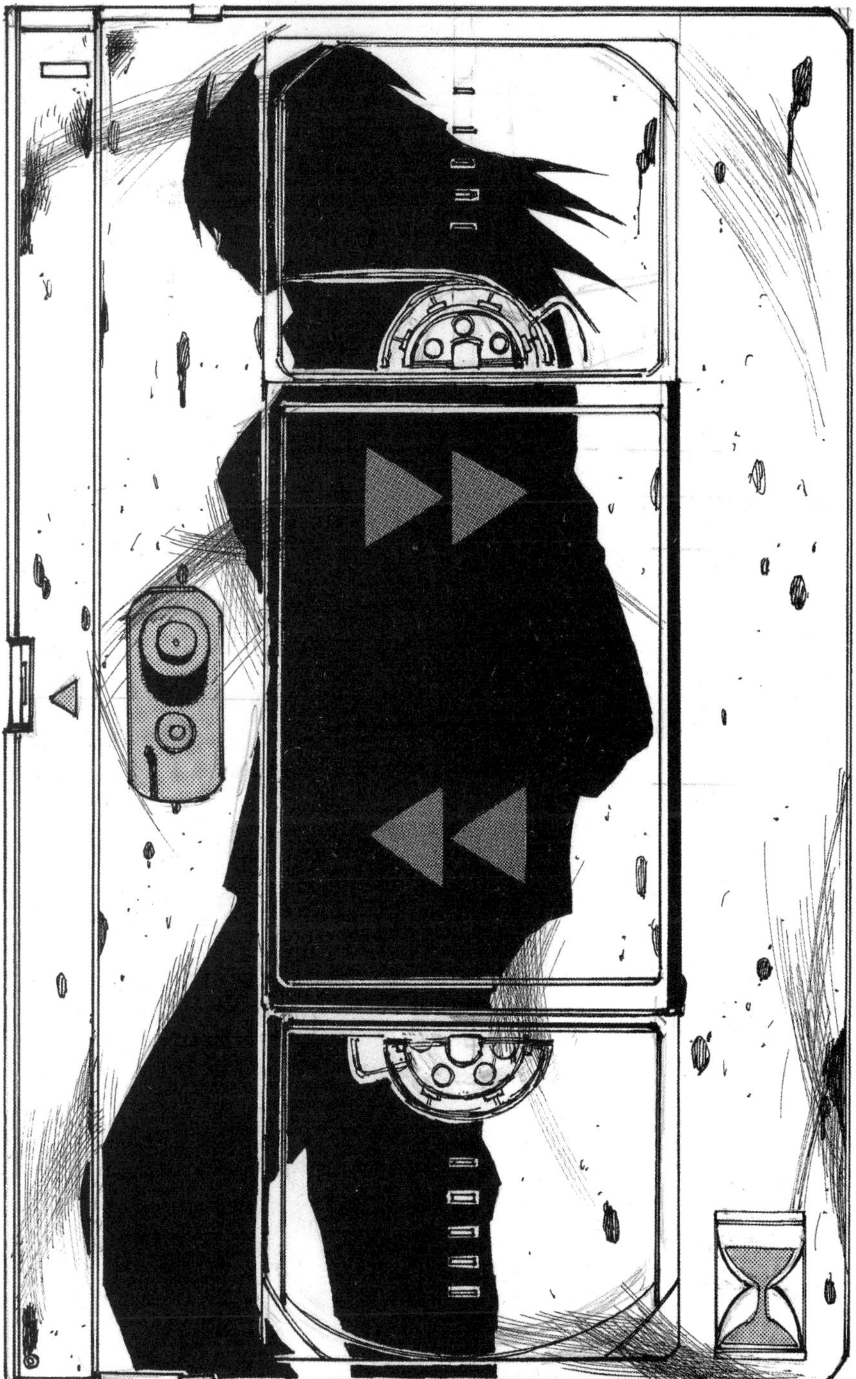

Q-HAYASHIDA

DOROHEDORO 01

INHALT

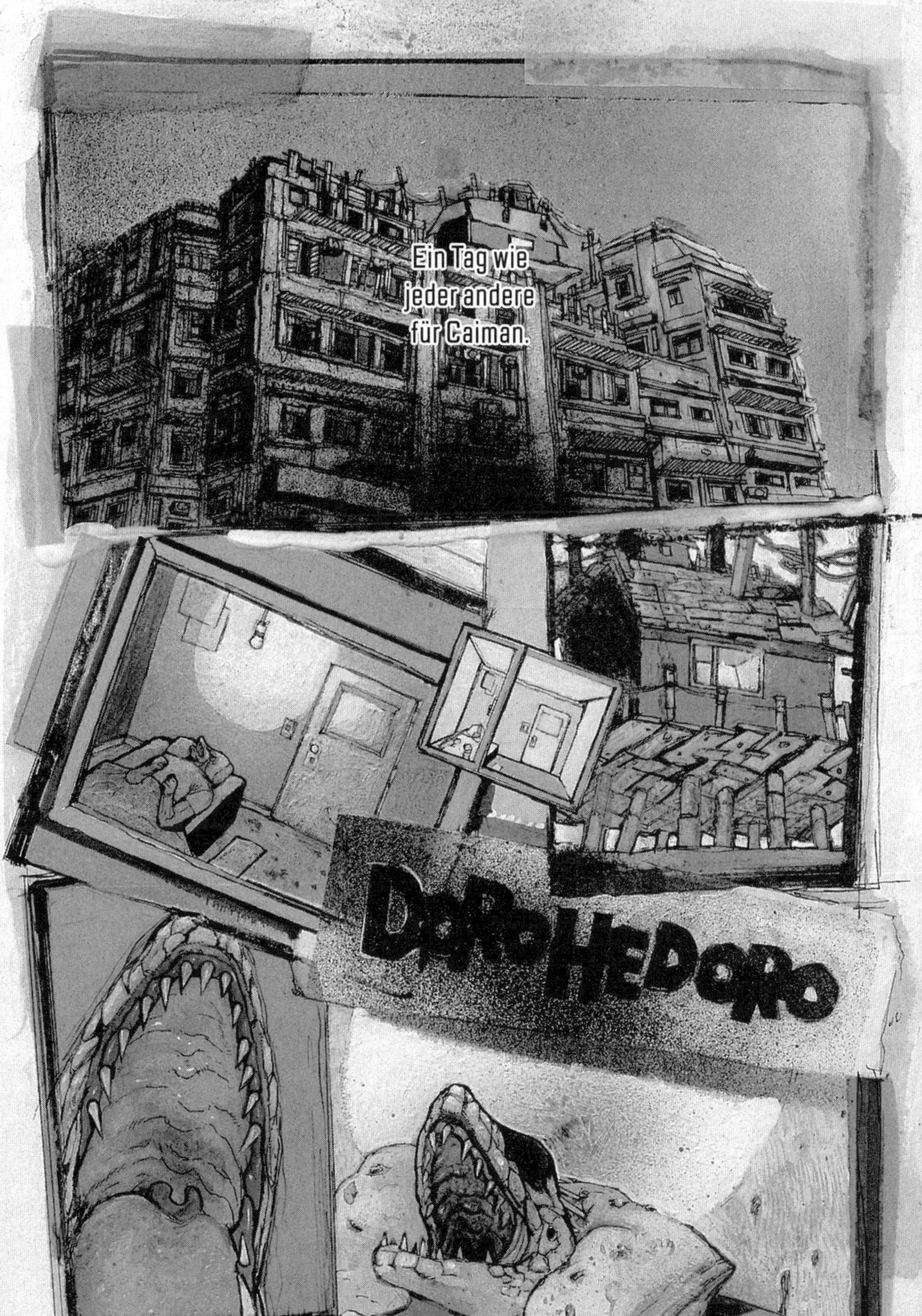
Ein Tag wie
jeder andere
für Caiman.
DoRoHEDoRo

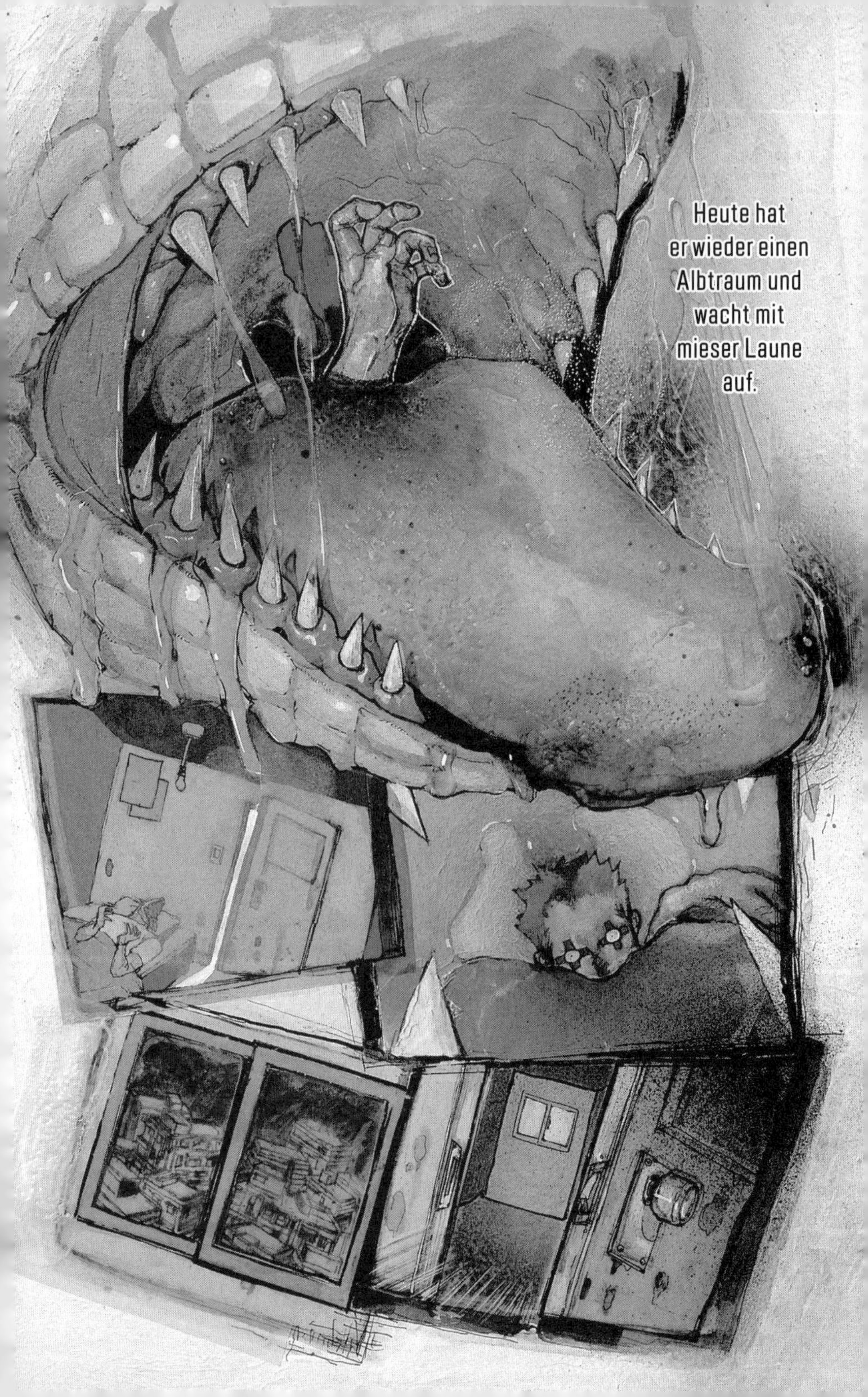
Heute hat er wieder einen Albtraum und wacht mit mieser Laune auf.

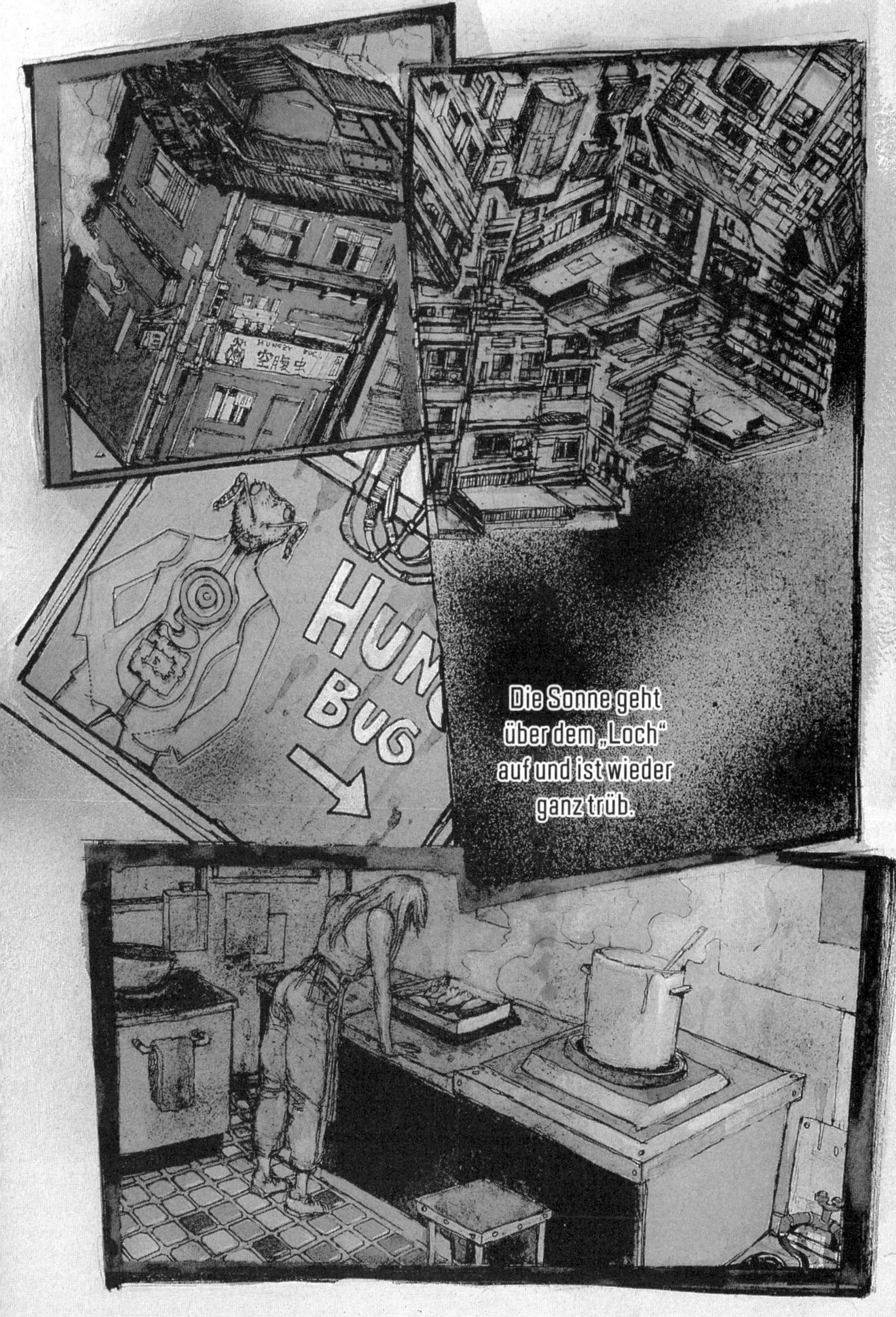
空腹虫
Die Sonne geht über dem „Loch“ auf und ist wieder ganz trüb.

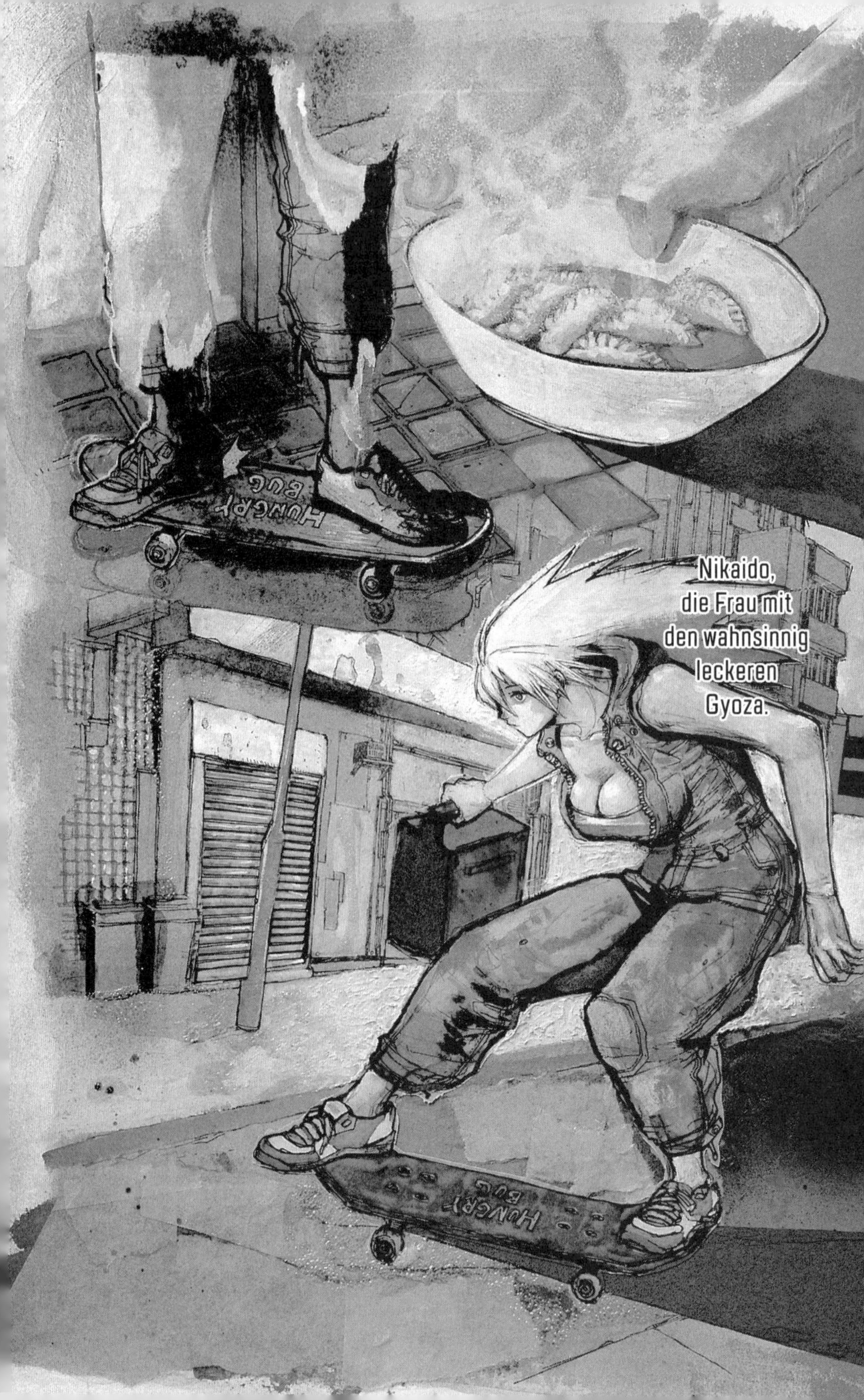
Nikaido, die Frau mit den wahnsinnig leckeren Gyoza.
HUNGRY BUG
HUNGRY BUG

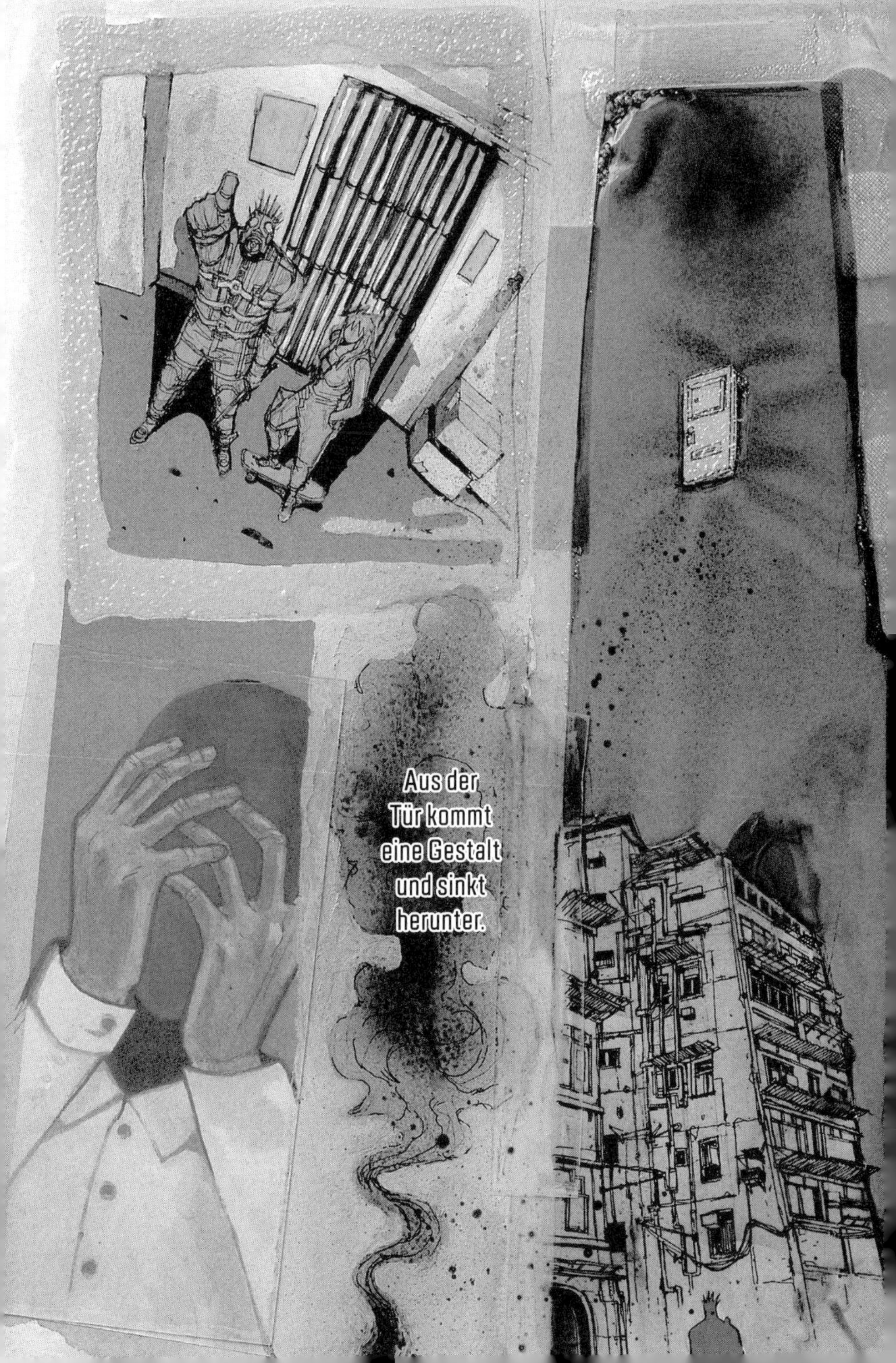
Aus der Tür kommt eine Gestalt und sinkt herunter.

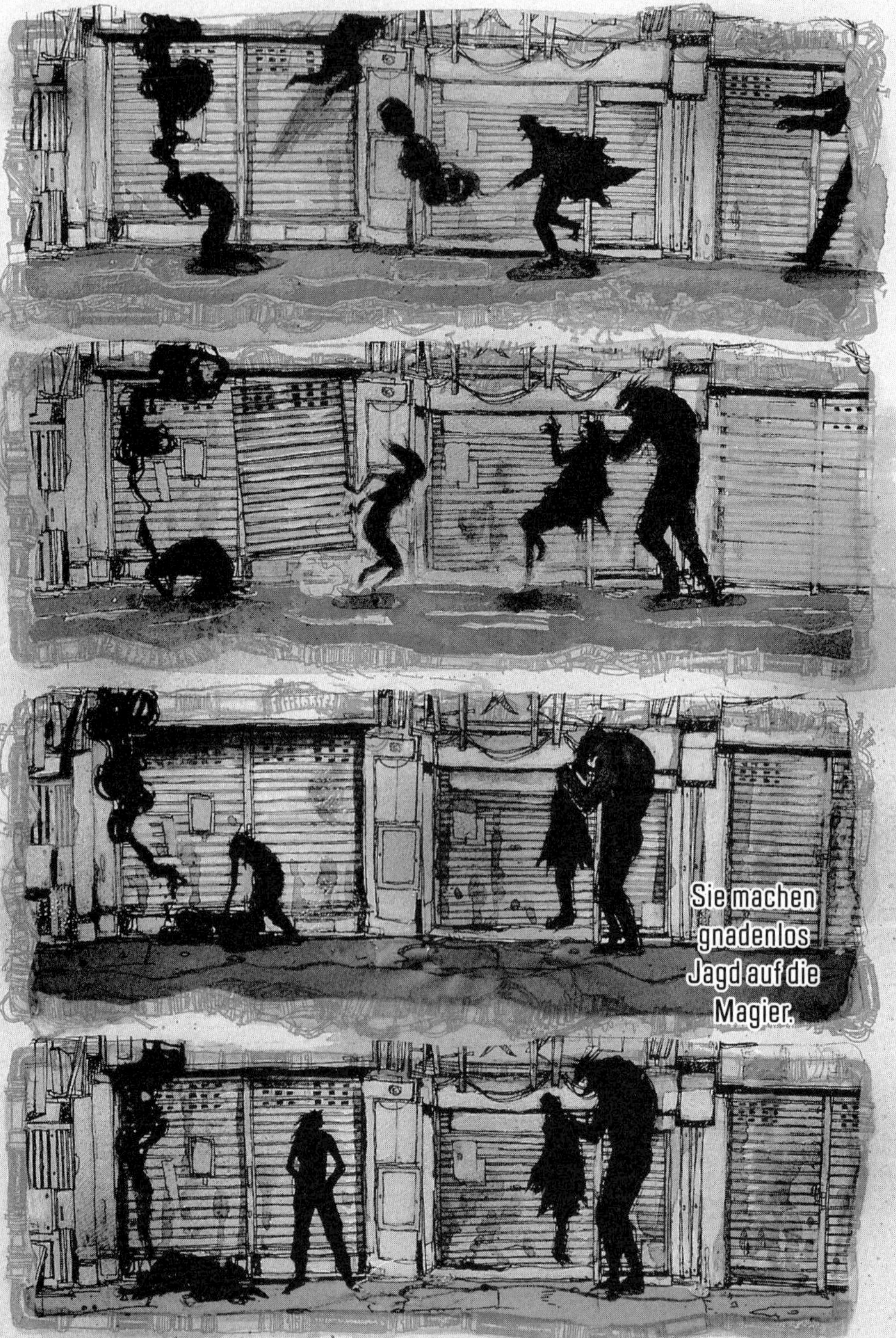
Sie machen gnadenlos Jagd auf die Magier.

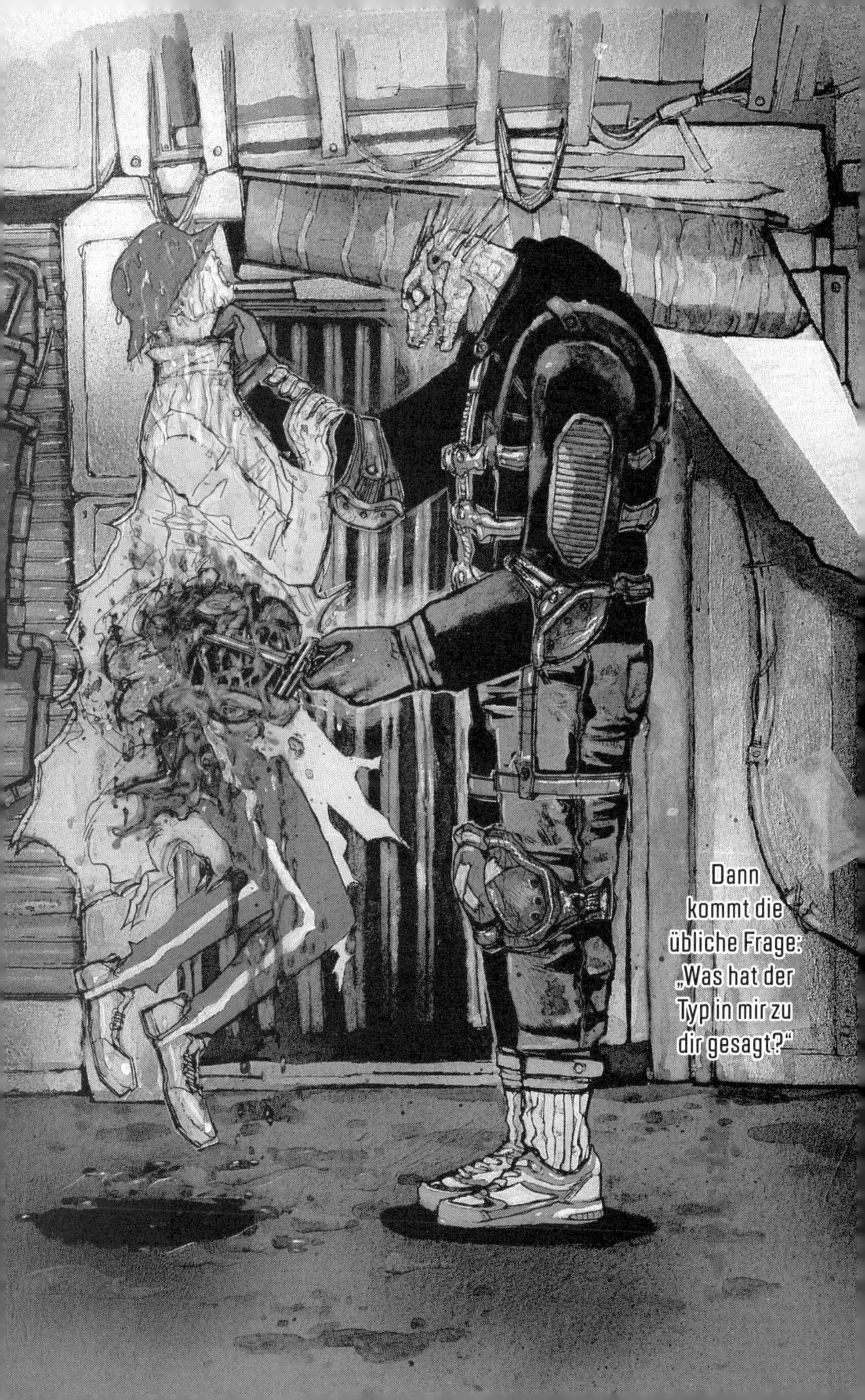
Dann kommt die übliche Frage: „Was hat der Typ in mir zu dir gesagt?“

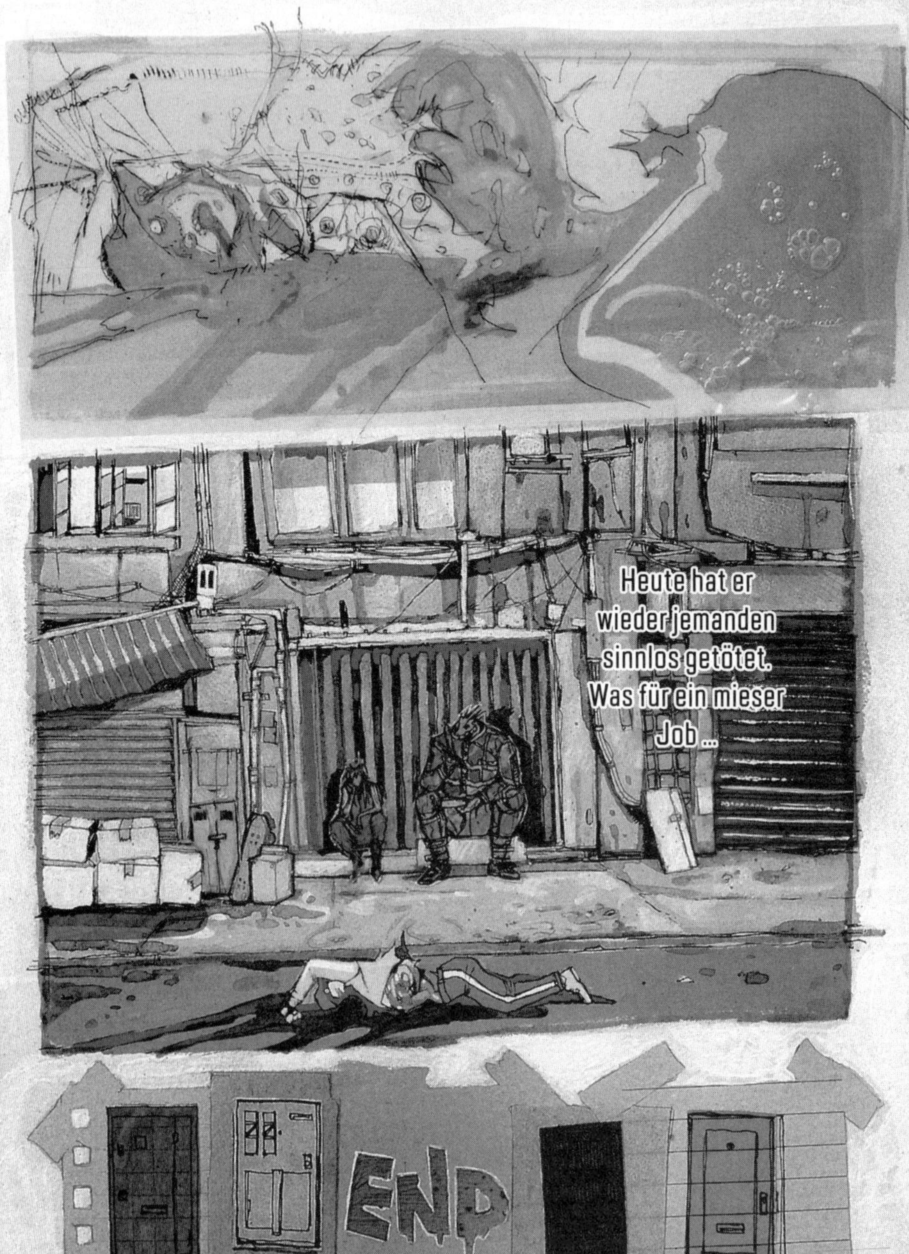
Heute hat er wieder jemanden sinnlos getötet. Was für ein mieser Job ...
END

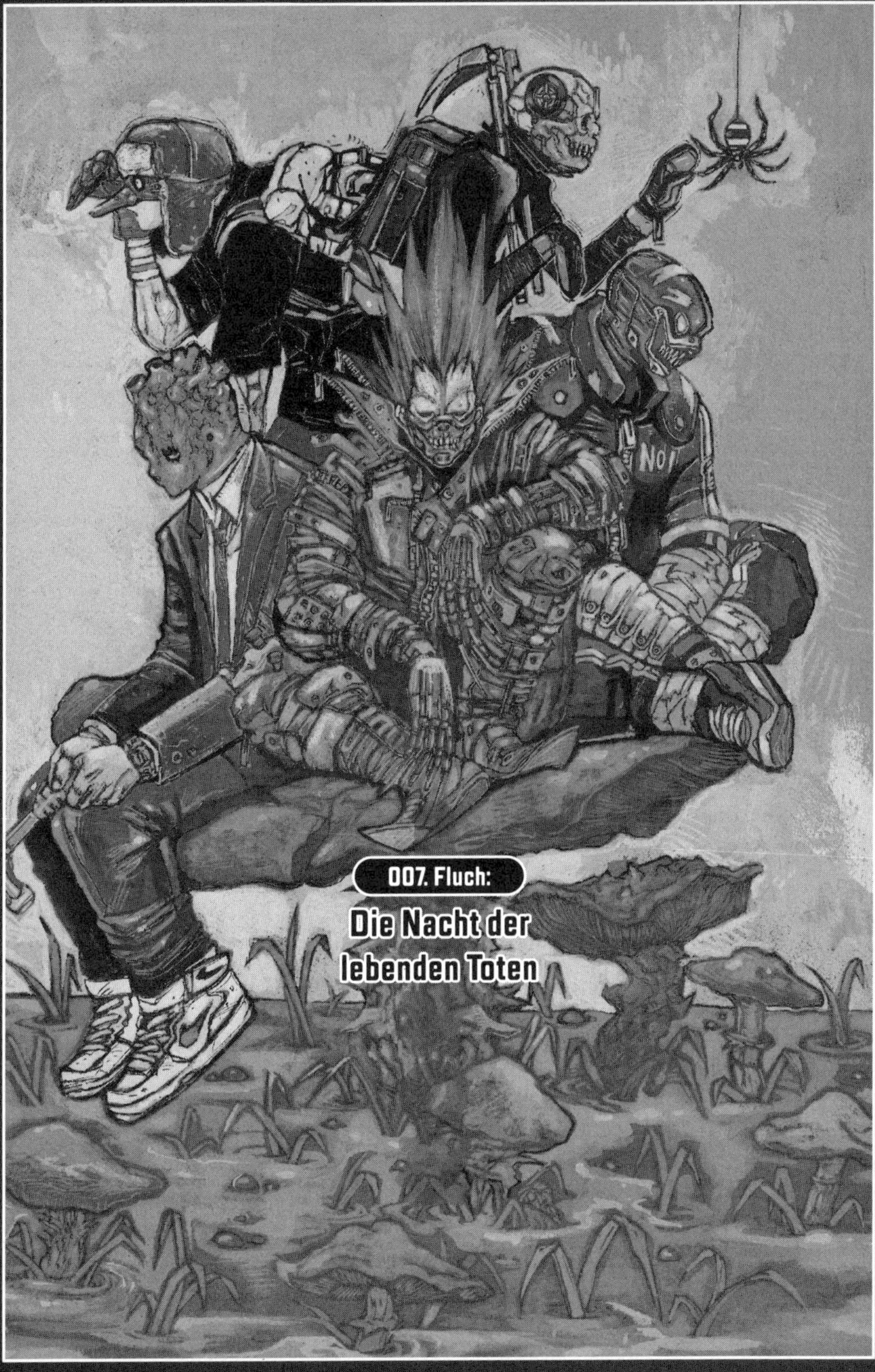
007. Fluch:
Die Nacht der lebenden Toten

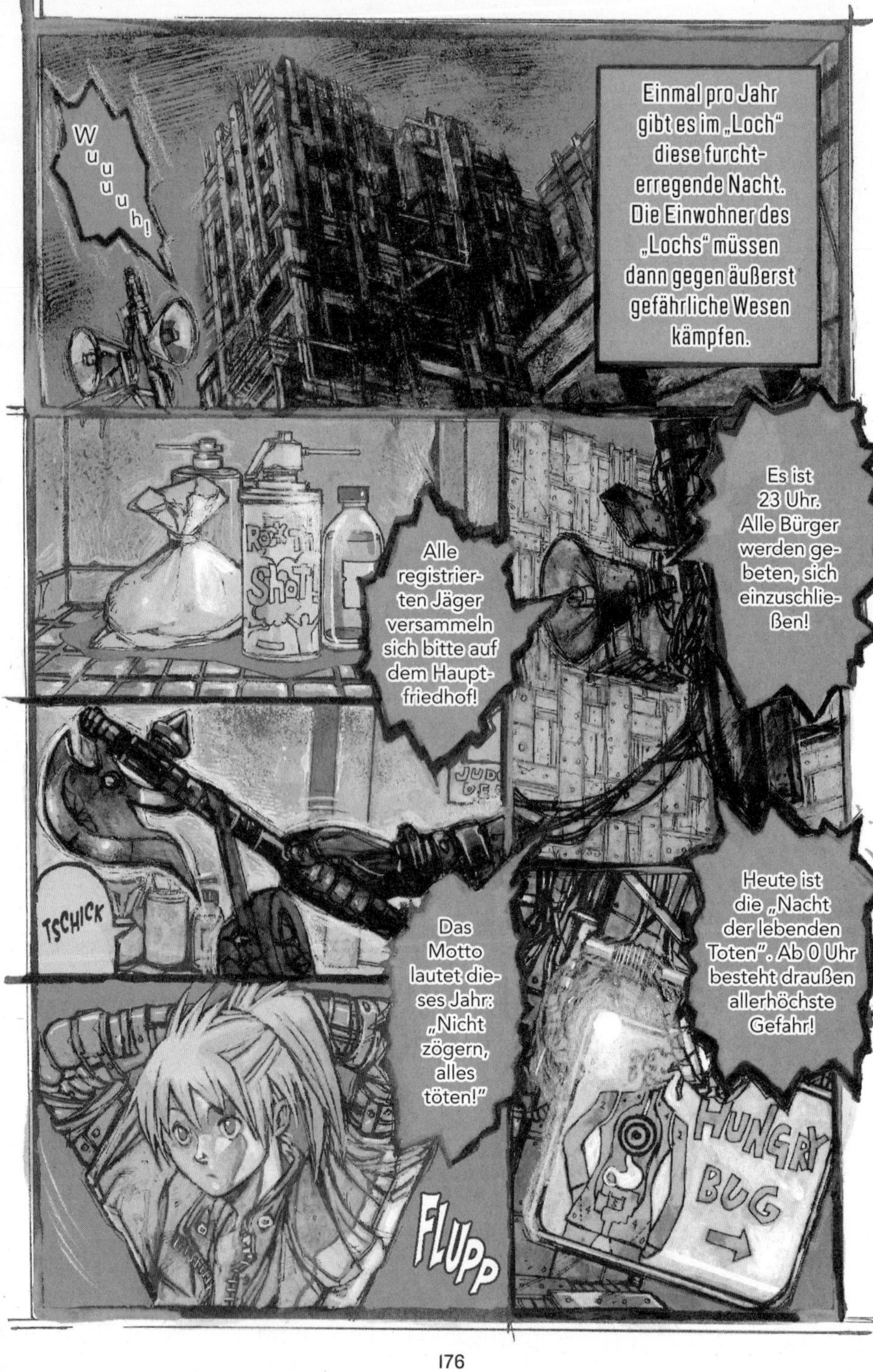

Wuuuuh!
Einmal pro Jahr gibt es im „Loch“ diese furchterregende Nacht. Die Einwohner des „Lochs“ müssen dann gegen äußerst gefährliche Wesen kämpfen.
Es ist 23 Uhr. Alle Bürger werden gebeten, sich einzuschließen!
Alle registrierten Jäger versammeln sich bitte auf dem Hauptfriedhof!
Heute ist die „Nacht der lebenden Toten“. Ab 0 Uhr besteht draußen allerhöchste Gefahr!
TSCHICK
Das Motto lautet dieses Jahr: „Nicht zögern, alles töten!“
FLUPP
HUNGRY BUG

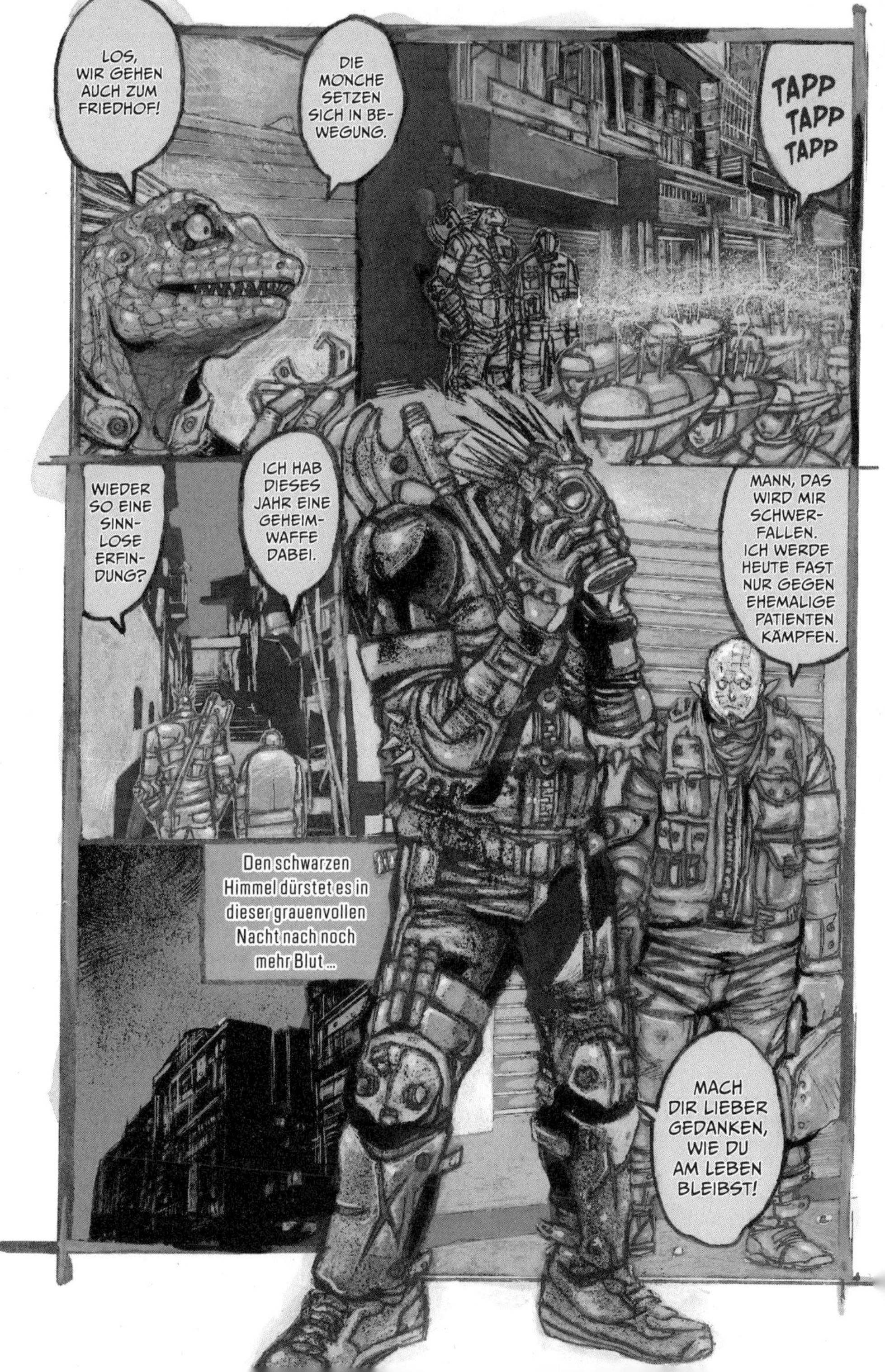
LOS, WIR GEHEN AUCH ZUM FRIEDHOF!
DIE MÖNCHE SETZEN SICH IN BEWEGUNG.
TAPP TAPP TAPP
WIEDER SO EINE SINNLOSE ERFINDUNG?
ICH HAB DIESES JAHR EINE GEHEIMWAFFE DABEI.
MANN, DAS WIRD MIR SCHWERFALLEN. ICH WERDE HEUTE FAST NUR GEGEN EHEMALIGE PATIENTEN KÄMPFEN.
Den schwarzen Himmel dürstet es in dieser grauenvollen Nacht nach noch mehr Blut ...
MACH DIR LIEBER GEDANKEN, WIE DU AM LEBEN BLEIBST!

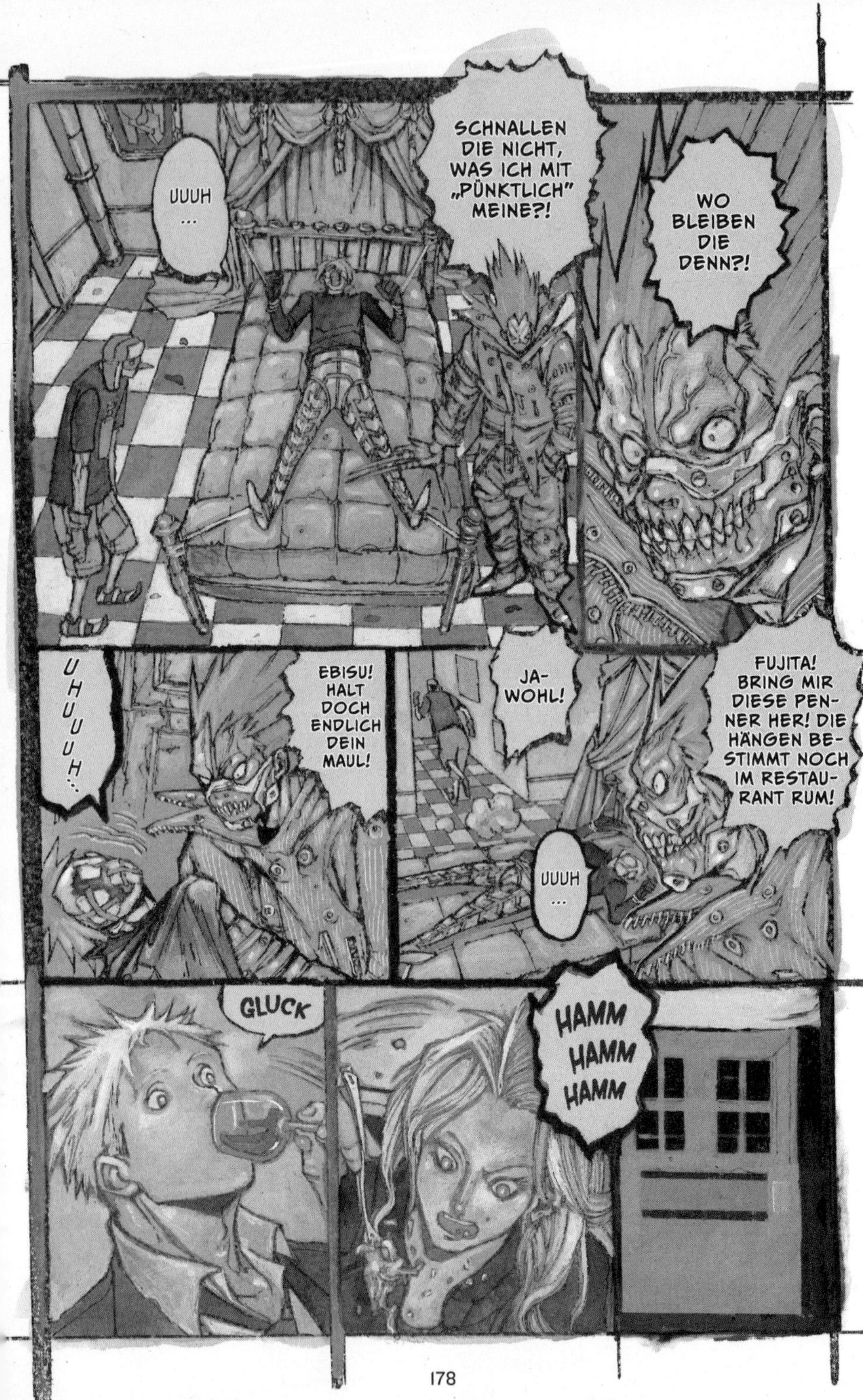
SCHNALLEN DIE NICHT, WAS ICH MIT „PÜNKTLICH“ MEINE?!
UUUH ...
WO BLEIBEN DIE DENN?!
FUJITA! BRING MIR DIESE PENNER HER! DIE HÄNGEN BESTIMMT NOCH IM RESTAURANT RUM!
JA-WOHL!
UUUH ...
EBISU! HALT DOCH ENDLICH DEIN MAUL!
UHUUUUH ...
GLUCK
HAMM HAMM HAMM

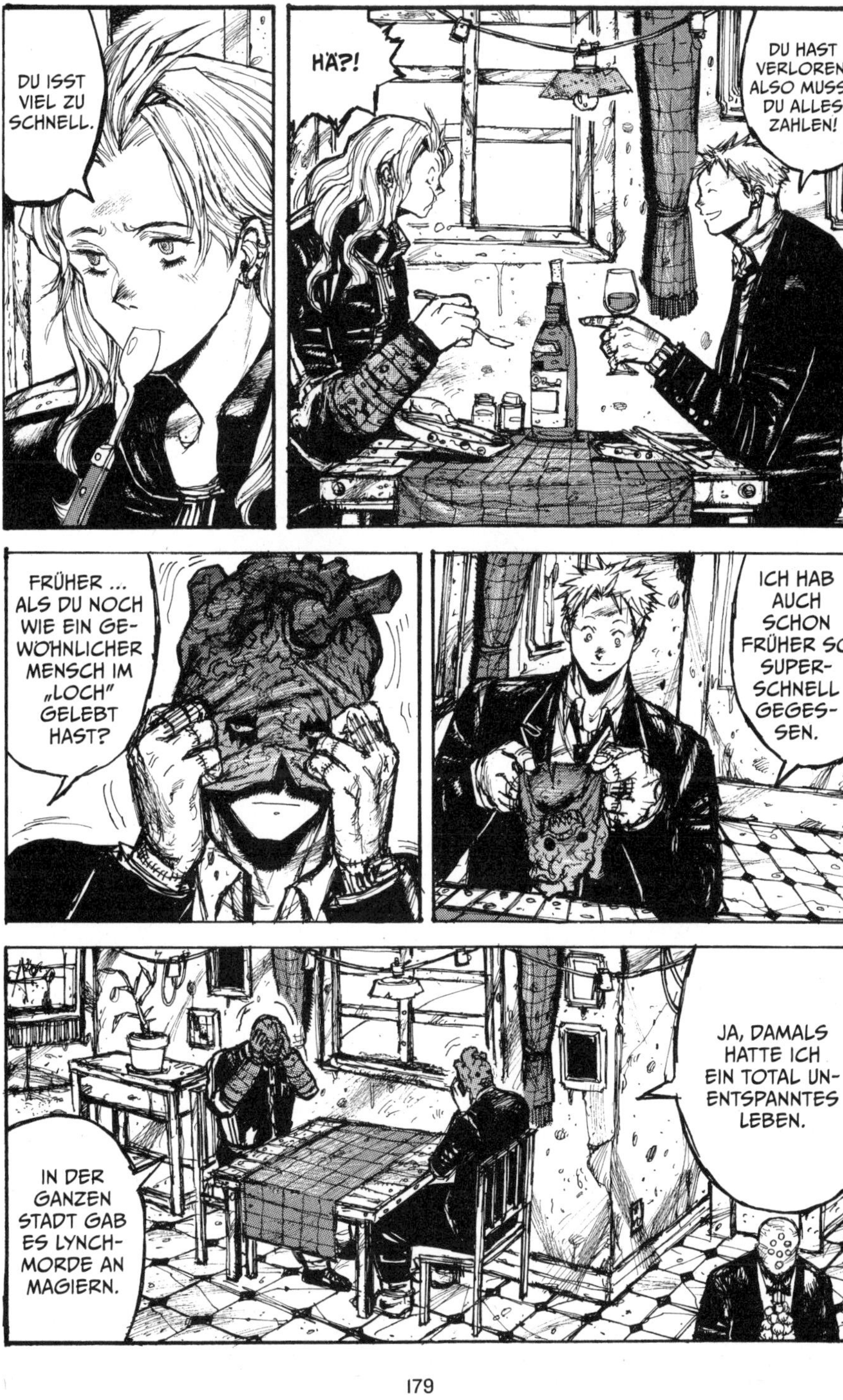
DU HAST VERLOREN! ALSO MUSST DU ALLES ZAHLEN!
HÄ?!
DU ISST VIEL ZU SCHNELL.
ICH HAB AUCH SCHON FRÜHER SO SUPER-SCHNELL GEGES-SEN.
FRÜHER ... ALS DU NOCH WIE EIN GE-WÖHNLICHER MENSCH IM „LOCH" GELEBT HAST?
JA, DAMALS HATTE ICH EIN TOTAL UN-ENTSPANNTES LEBEN.
IN DER GANZEN STADT GAB ES LYNCH-MORDE AN MAGIERN.

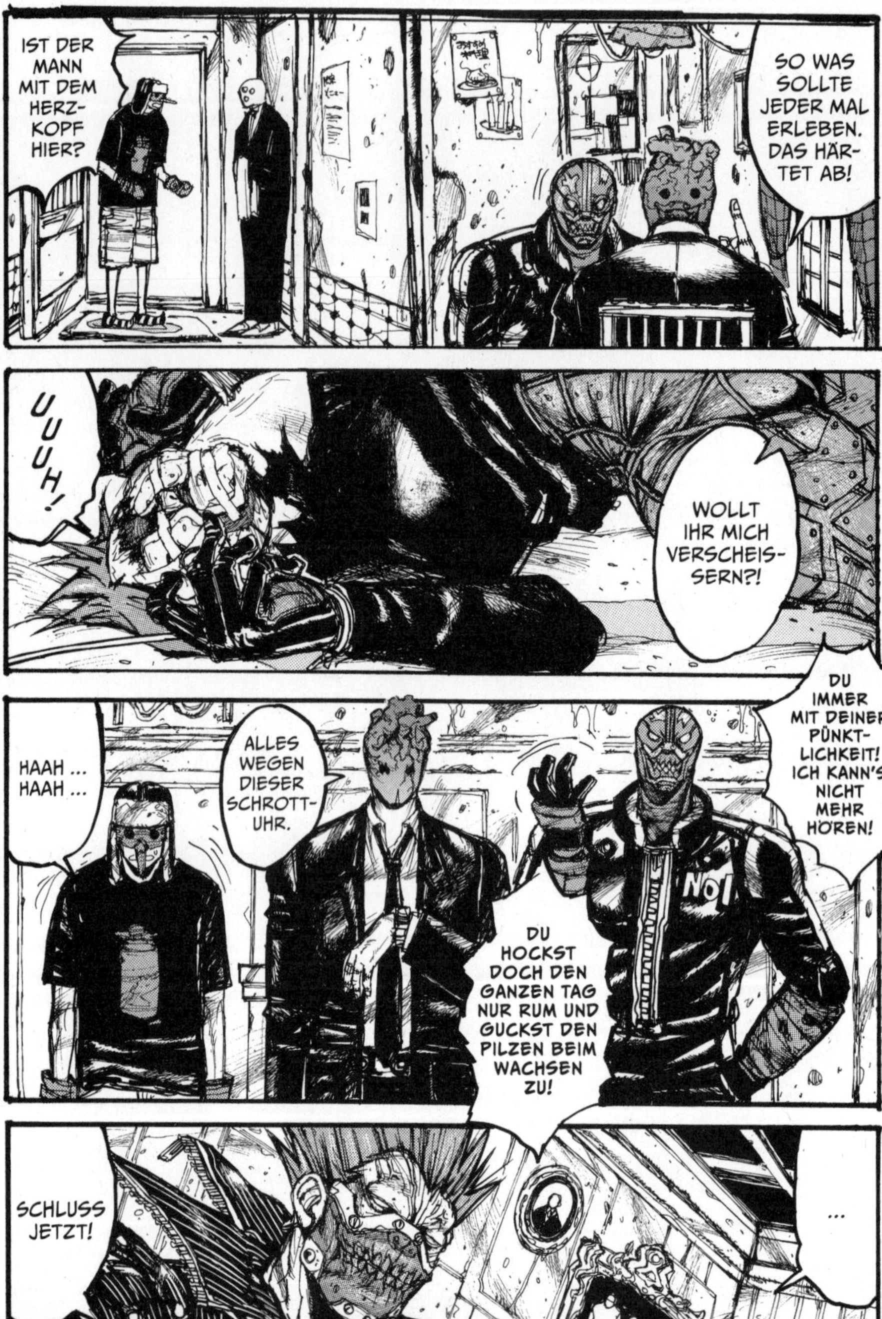
SO WAS SOLLTE JEDER MAL ERLEBEN. DAS HÄRTET AB!
IST DER MANN MIT DEM HERZKOPF HIER?
WOLLT IHR MICH VERSCHEISSERN?!
UUUH!
DU IMMER MIT DEINER PÜNKTLICHKEIT! ICH KANN'S NICHT MEHR HÖREN!
ALLES WEGEN DIESER SCHROTTUHR.
HAAH ... HAAH ...
DU HOCKST DOCH DEN GANZEN TAG NUR RUM UND GUCKST DEN PILZEN BEIM WACHSEN ZU!
...
SCHLUSS JETZT!

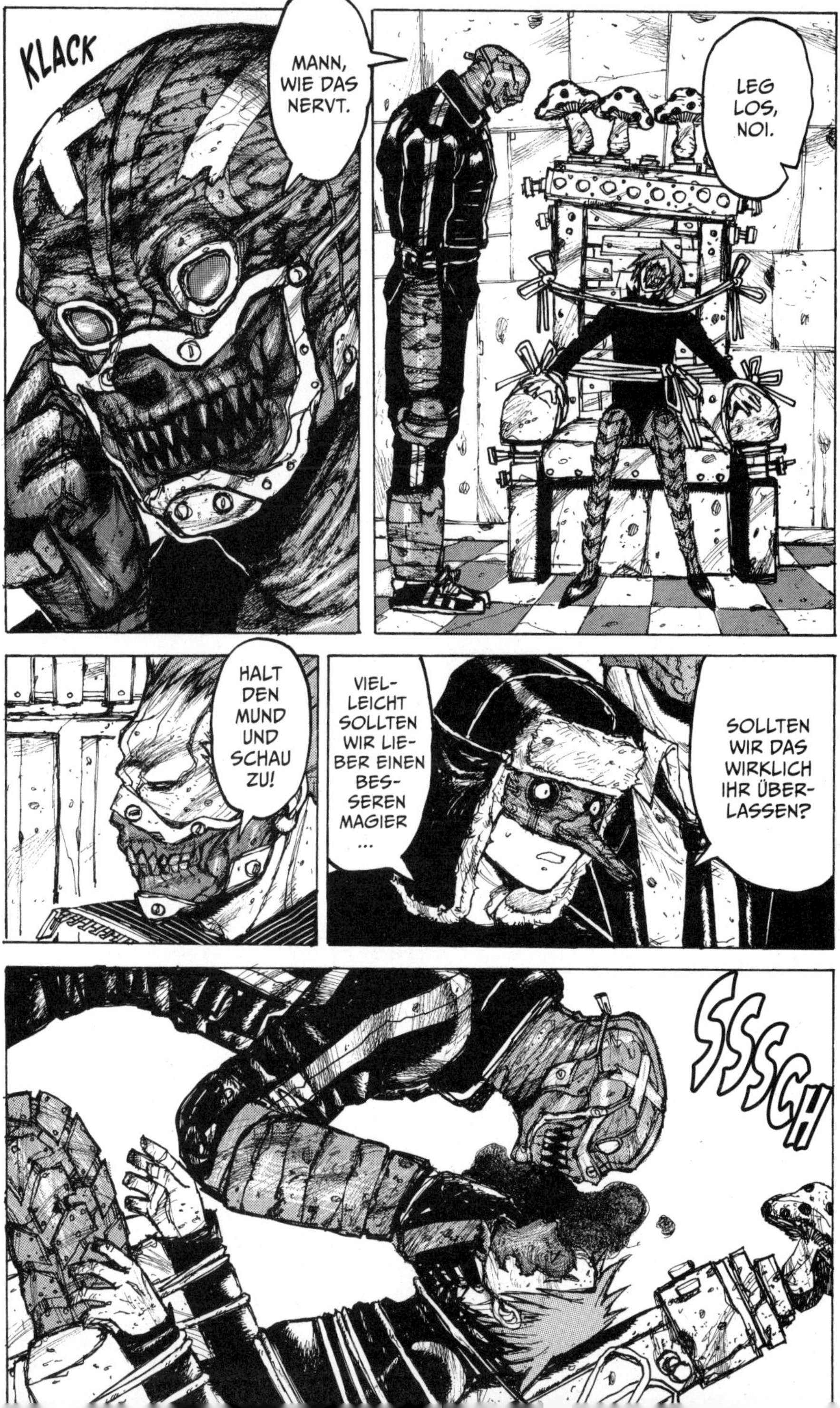
LEG LOS, NOI.
MANN, WIE DAS NERVT.
KLACK
SOLLTEN WIR DAS WIRKLICH IHR ÜBERLASSEN?
VIELLEICHT SOLLTEN WIR LIEBER EINEN BESSEREN MAGIER ...
HALT DEN MUND UND SCHAU ZU!
SSSCH

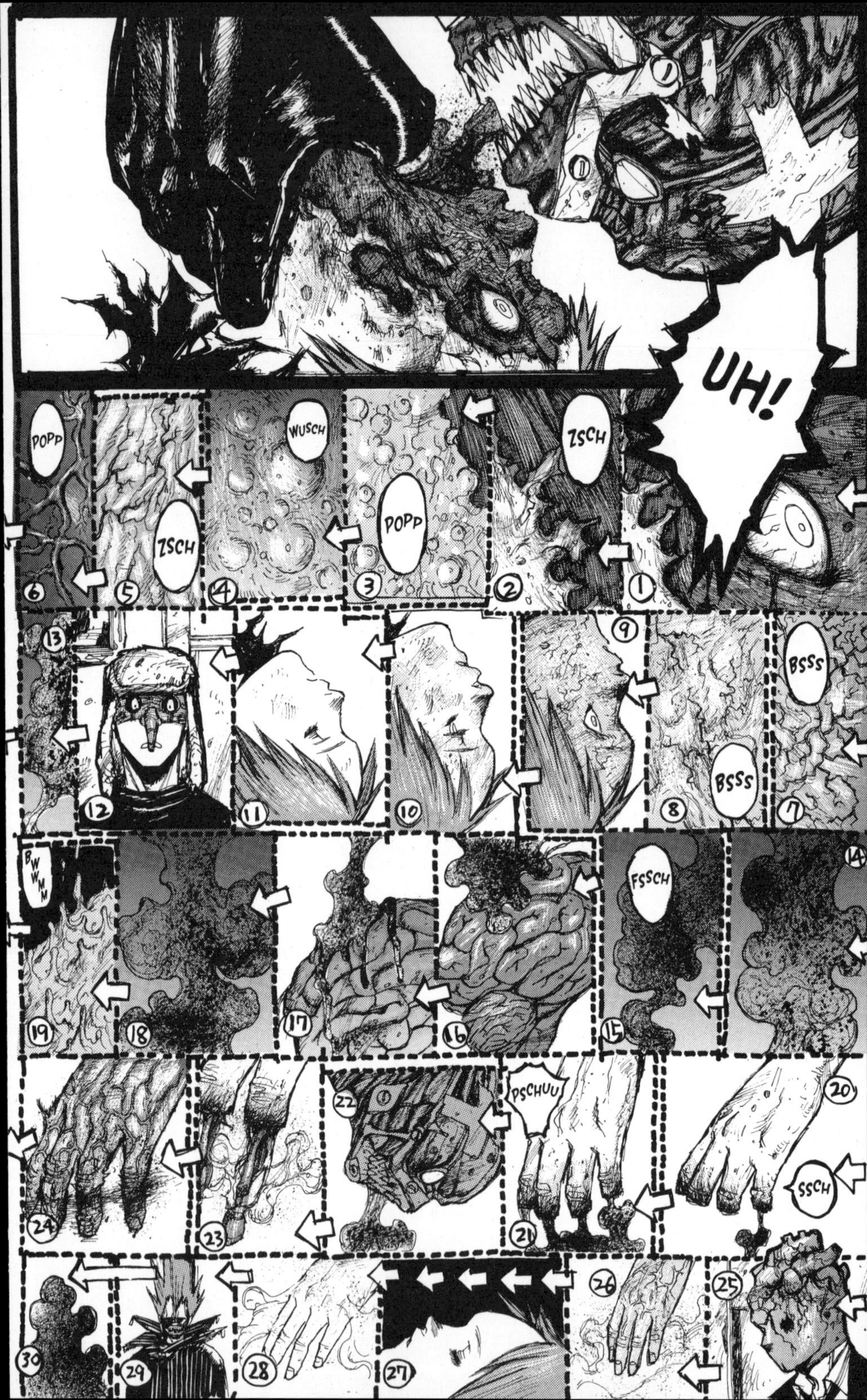
UH!
ZSCH
POPP
WUSCH
ZSCH
POPP
BSSS
BSSS
FSSCH
BWWMM
SSCH
PSCHUU

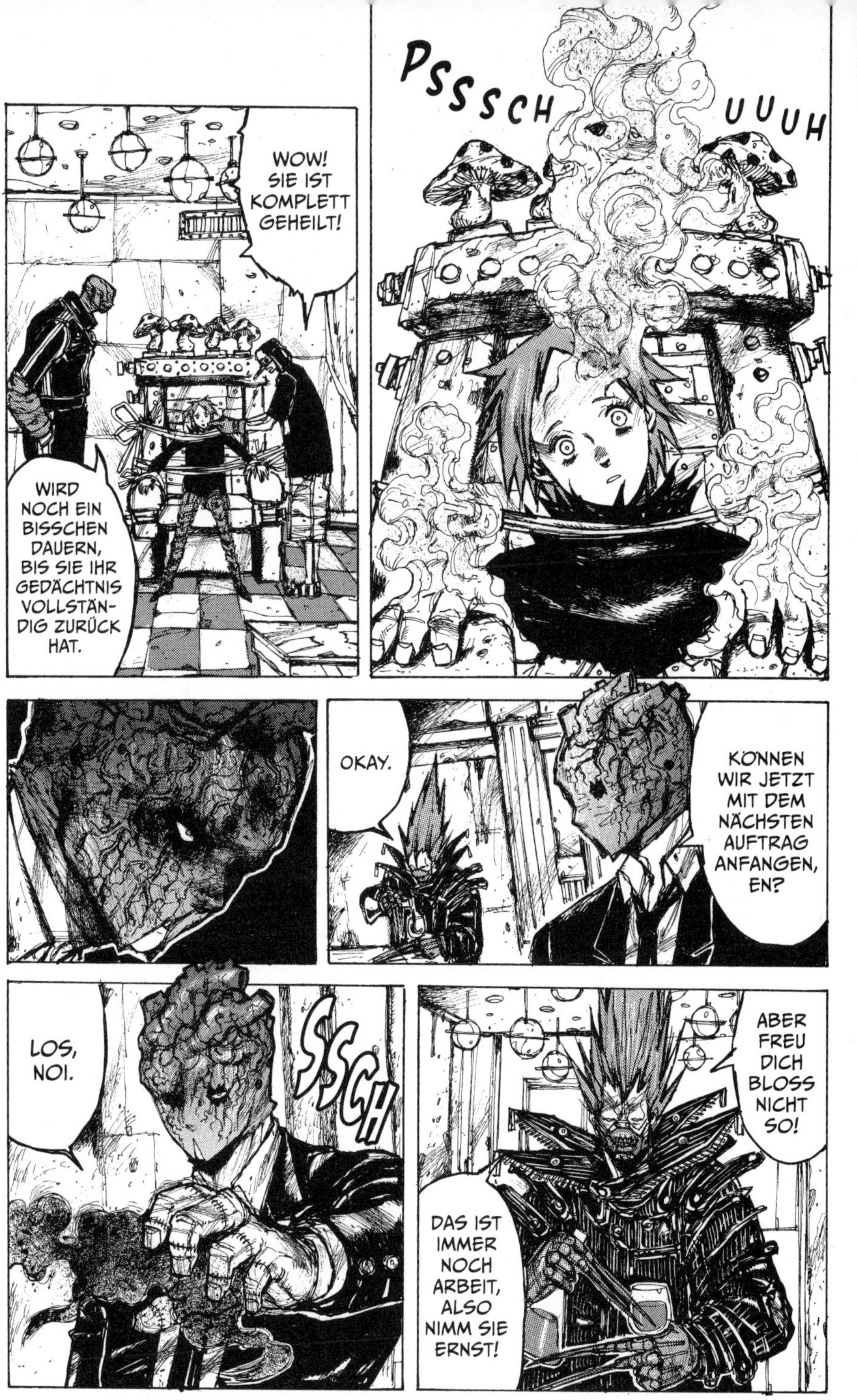
PSSSCH UUUH
WOW! SIE IST KOMPLETT GEHEILT!
WIRD NOCH EIN BISSCHEN DAUERN, BIS SIE IHR GEDÄCHTNIS VOLLSTÄNDIG ZURÜCK HAT.
KÖNNEN WIR JETZT MIT DEM NÄCHSTEN AUFTRAG ANFANGEN, EN?
OKAY.
ABER FREU DICH BLOSS NICHT SO!
DAS IST IMMER NOCH ARBEIT, ALSO NIMM SIE ERNST!
SSCH
LOS, NOI.

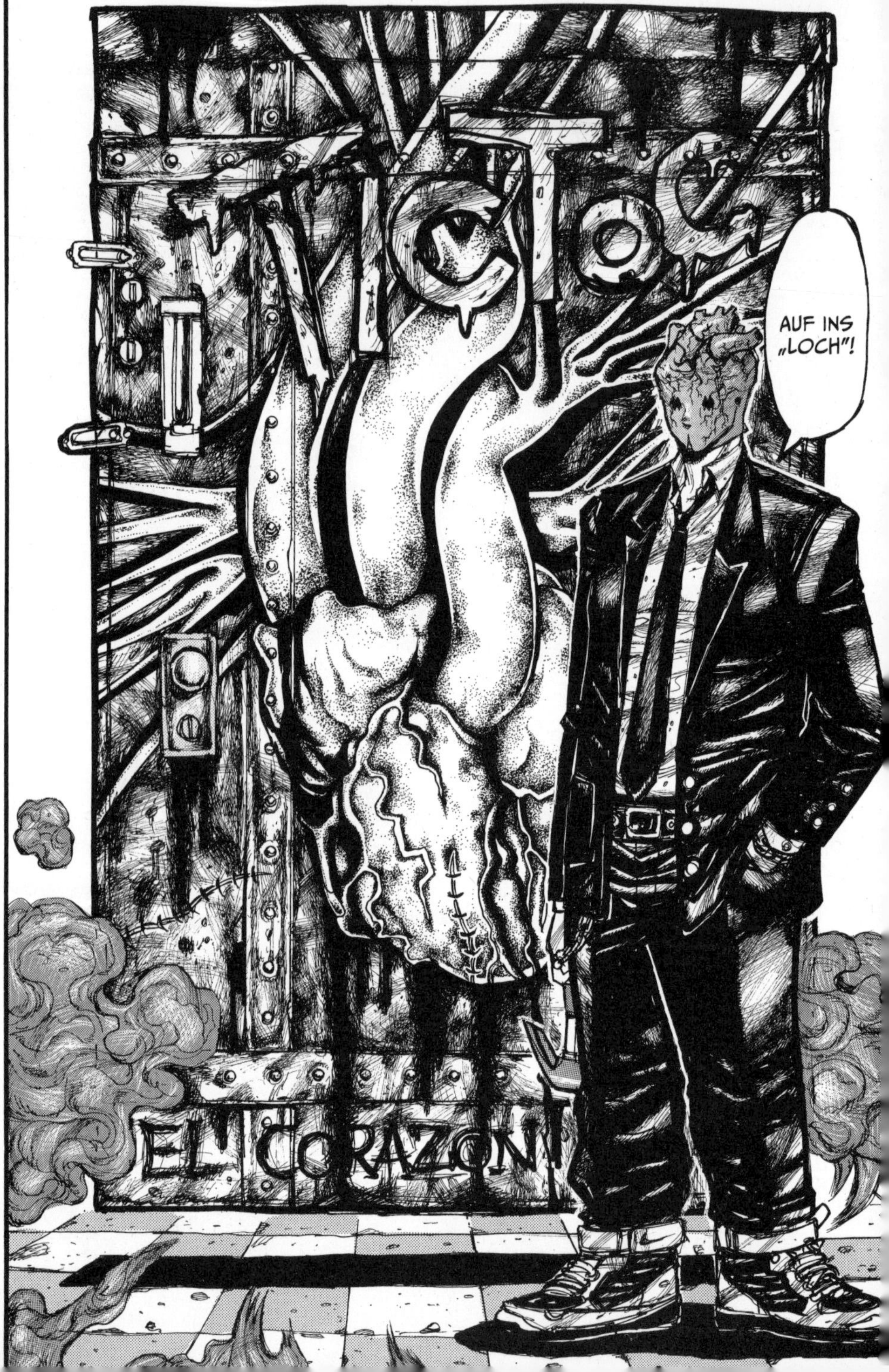
AUF INS „LOCH"!
EL CORAZON!

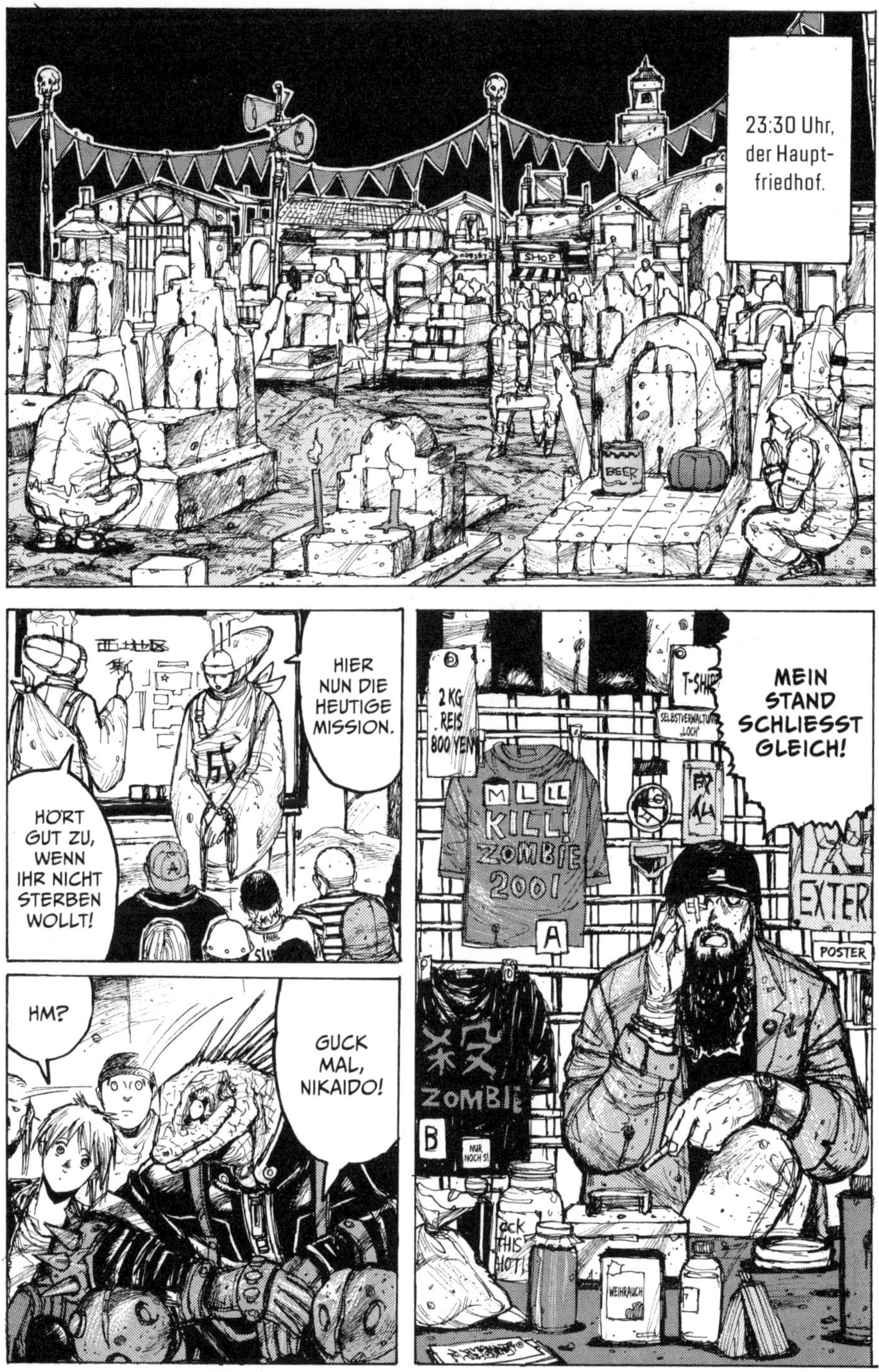
23:30 Uhr, der Haupt-friedhof.
SHOP
BEER
MEIN STAND SCHLIESST GLEICH!
2 KG REIS 800 YEN
KILL! ZOMBIE 2001
POSTER
ZOMBIE
NUR NOCH 5!
WEIHRAUCH
HIER NUN DIE HEUTIGE MISSION.
HÖRT GUT ZU, WENN IHR NICHT STERBEN WOLLT!
GUCK MAL, NIKAIDO!
HM?

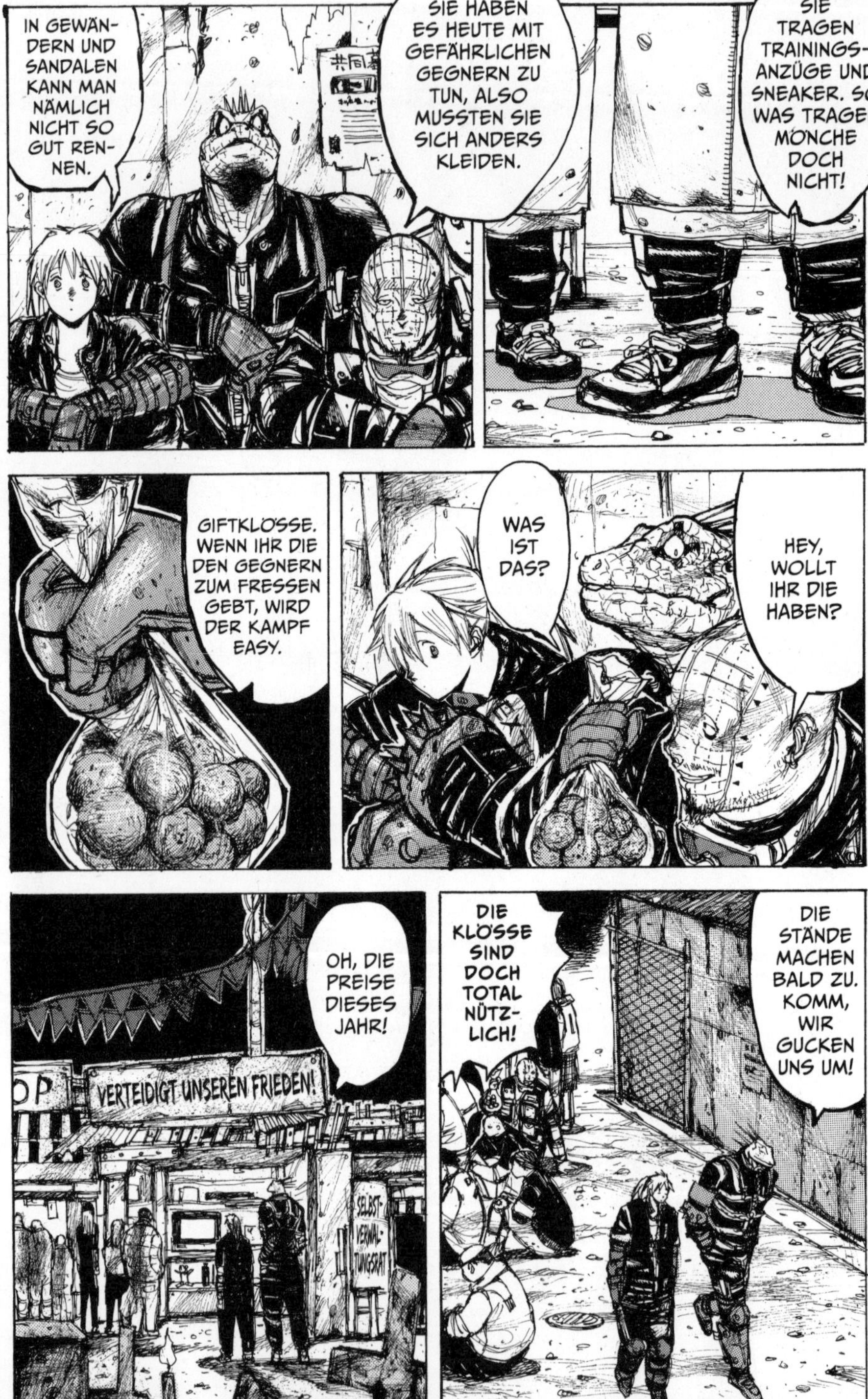
SIE TRAGEN TRAININGSANZÜGE UND SNEAKER. SO WAS TRAGEN MÖNCHE DOCH NICHT!
SIE HABEN ES HEUTE MIT GEFÄHRLICHEN GEGNERN ZU TUN, ALSO MUSSTEN SIE SICH ANDERS KLEIDEN.
IN GEWÄNDERN UND SANDALEN KANN MAN NÄMLICH NICHT SO GUT RENNEN.
HEY, WOLLT IHR DIE HABEN?
WAS IST DAS?
GIFTKLÖSSE. WENN IHR DIE DEN GEGNERN ZUM FRESSEN GEBT, WIRD DER KAMPF EASY.
DIE STÄNDE MACHEN BALD ZU. KOMM, WIR GUCKEN UNS UM!
DIE KLÖSSE SIND DOCH TOTAL NÜTZLICH!
OH, DIE PREISE DIESES JAHR!
VERTEIDIGT UNSEREN FRIEDEN!
SELBSTVERWALTUNGSRAT

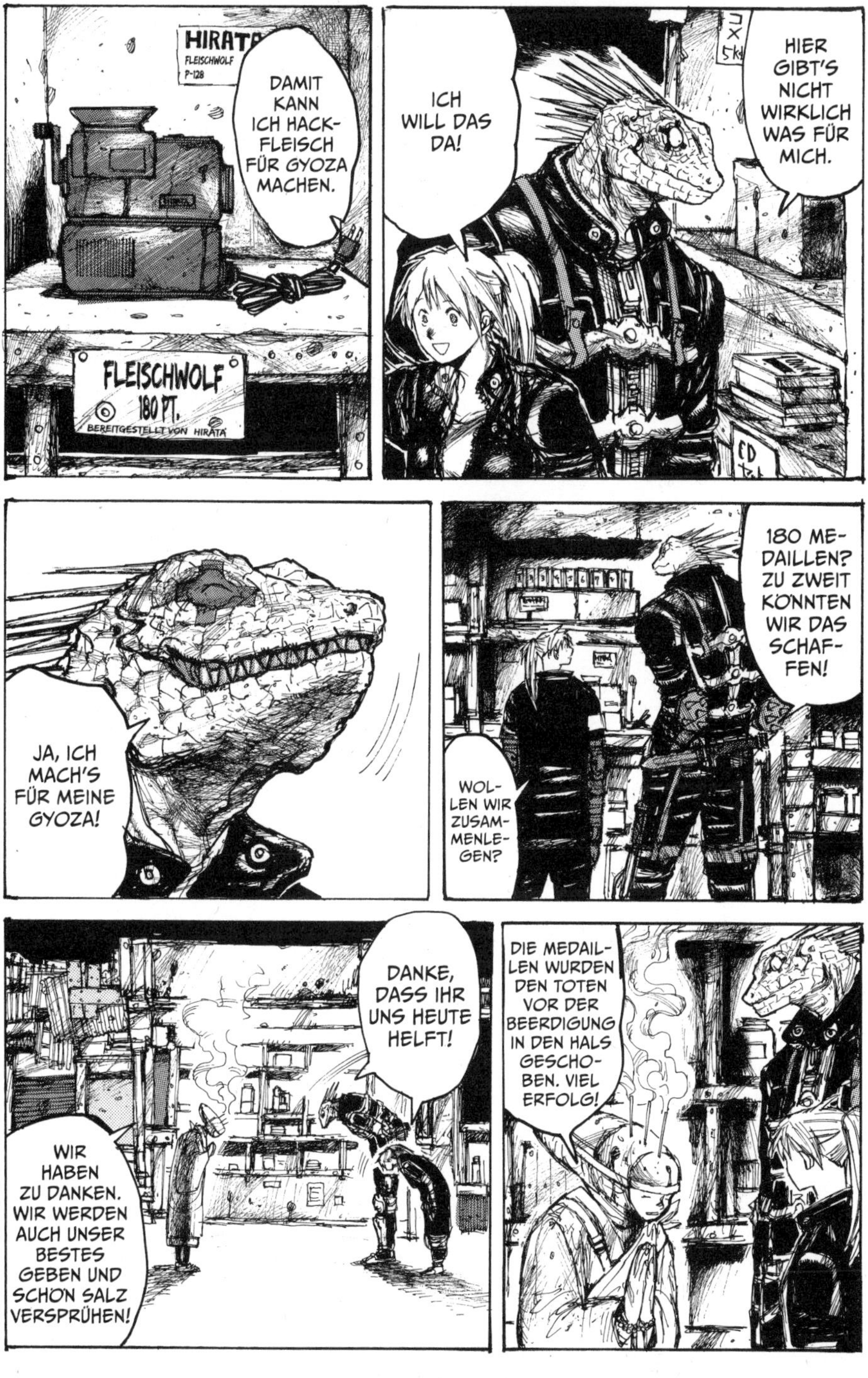
HIER GIBT'S NICHT WIRKLICH WAS FÜR MICH.
ICH WILL DAS DA!
HIRATA FLEISCHWOLF P-128
DAMIT KANN ICH HACKFLEISCH FÜR GYOZA MACHEN.
FLEISCHWOLF 180 PT.
BEREITGESTELLT VON HIRATA
180 MEDAILLEN? ZU ZWEIT KÖNNTEN WIR DAS SCHAFFEN!
WOLLEN WIR ZUSAMMENLEGEN?
JA, ICH MACH'S FÜR MEINE GYOZA!
DIE MEDAILLEN WURDEN DEN TOTEN VOR DER BEERDIGUNG IN DEN HALS GESCHOBEN. VIEL ERFOLG!
DANKE, DASS IHR UNS HEUTE HELFT!
WIR HABEN ZU DANKEN. WIR WERDEN AUCH UNSER BESTES GEBEN UND SCHÖN SALZ VERSPRÜHEN!

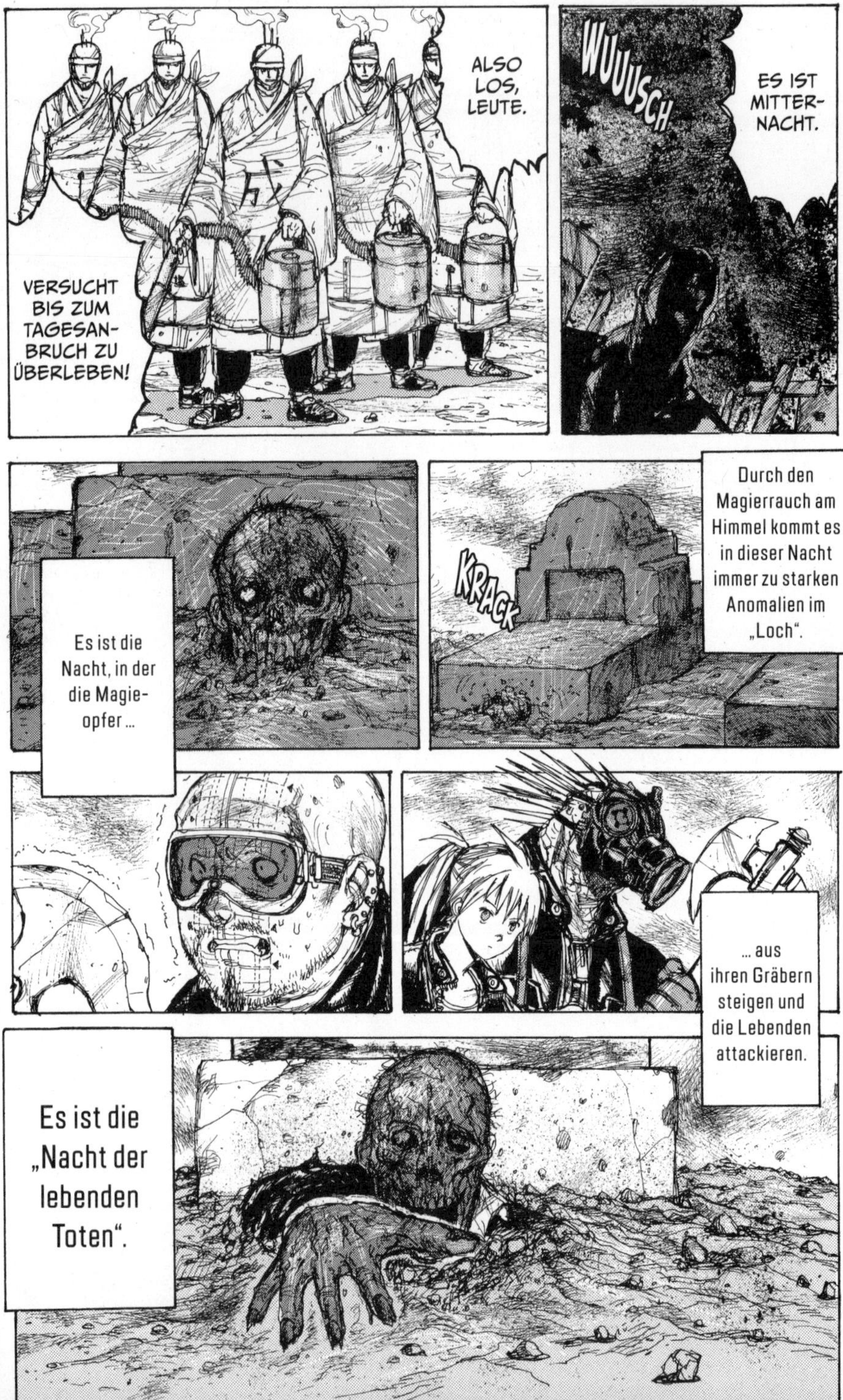
ALSO LOS, LEUTE.
VERSUCHT BIS ZUM TAGESANBRUCH ZU ÜBERLEBEN!
WUUUSCH
ES IST MITTERNACHT.
Durch den Magierrauch am Himmel kommt es in dieser Nacht immer zu starken Anomalien im „Loch“.
KRACK
Es ist die Nacht, in der die Magieopfer …
… aus ihren Gräbern steigen und die Lebenden attackieren.
Es ist die „Nacht der lebenden Toten“.

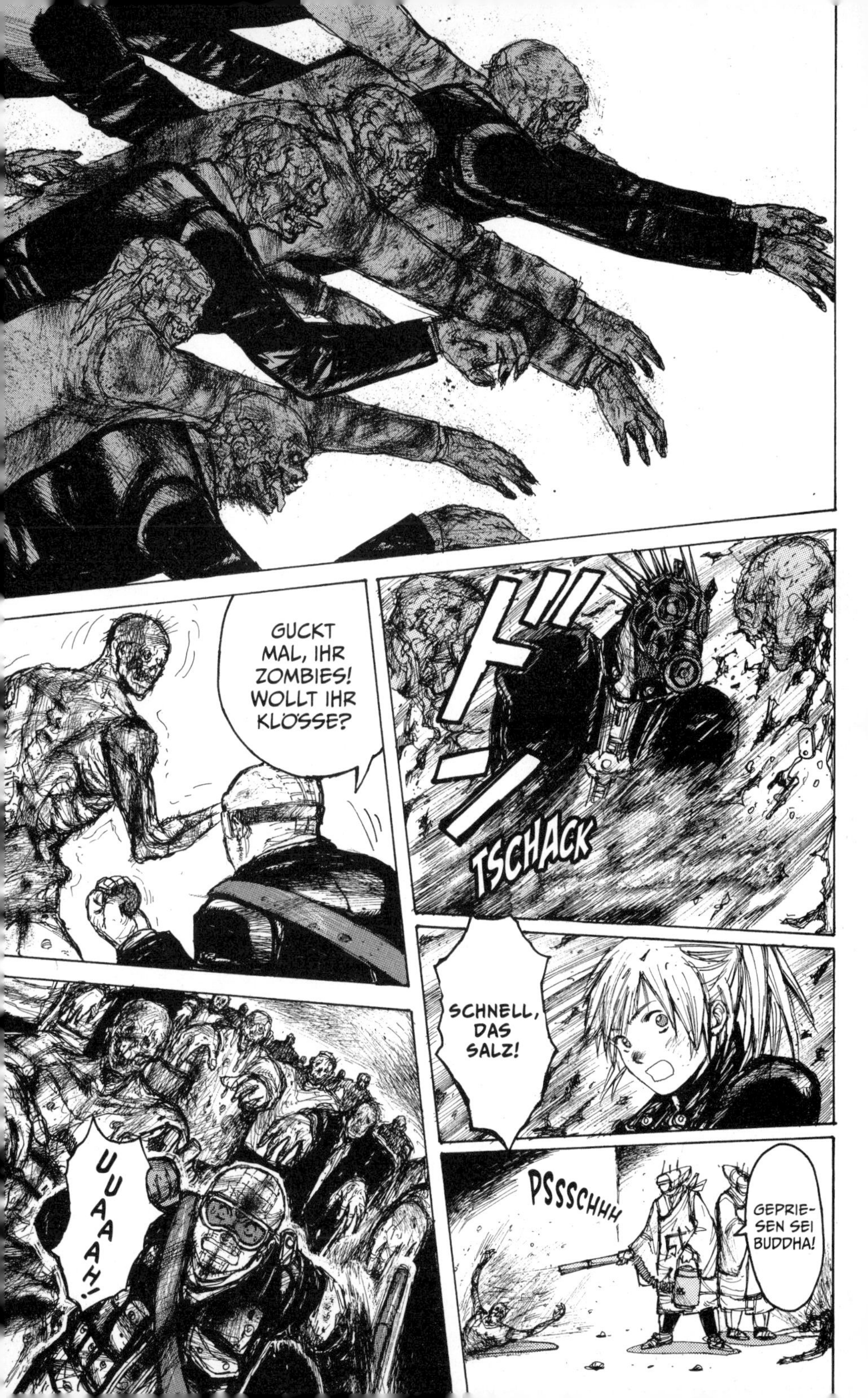
TSCHACK
GUCKT MAL, IHR ZOMBIES! WOLLT IHR KLÖSSE?
SCHNELL, DAS SALZ!
UUAAAH!
PSSSCHHH
GEPRIESEN SEI BUDDHA!

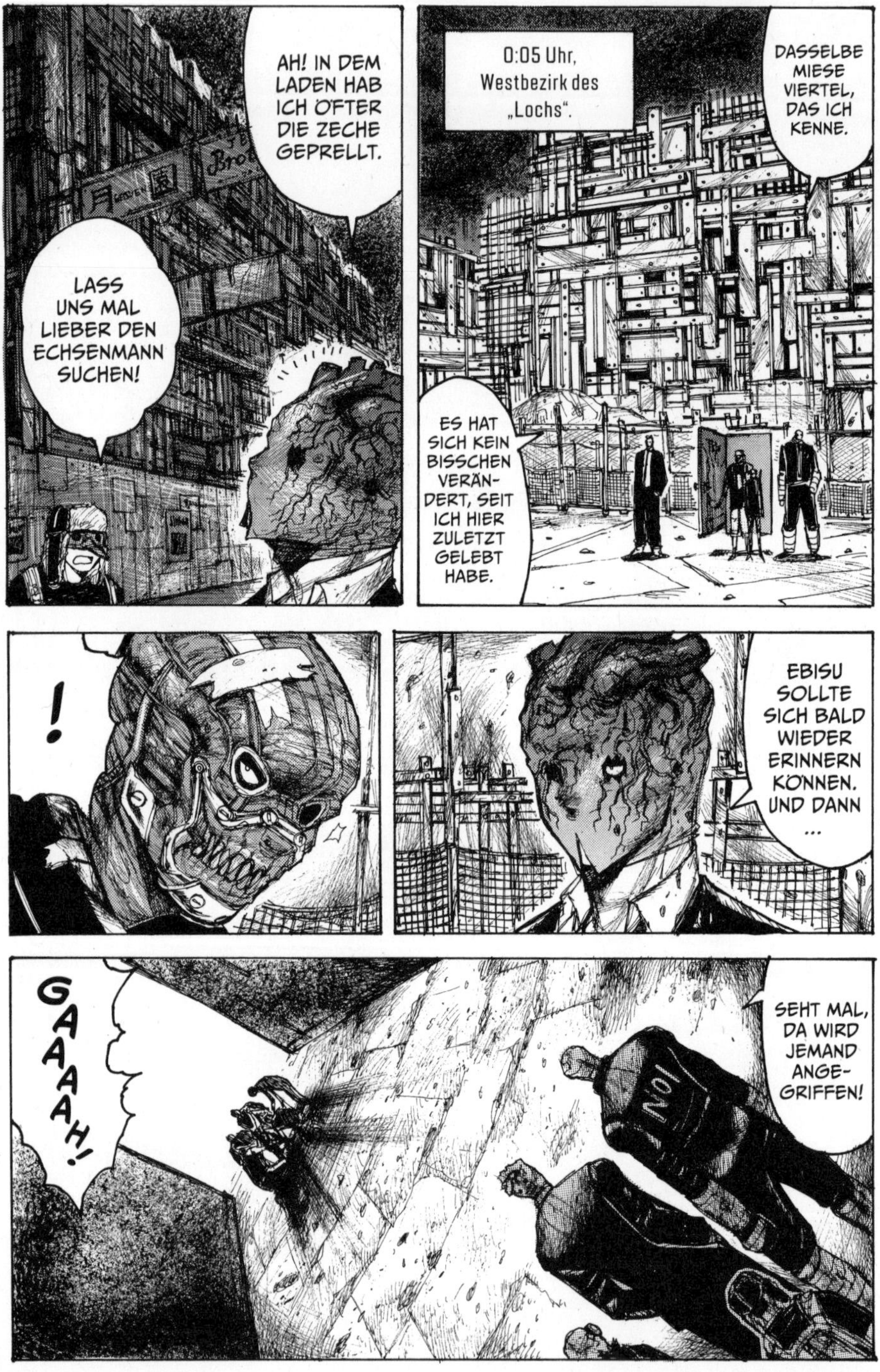
0:05 Uhr, Westbezirk des „Lochs“.
DASSELBE MIESE VIERTEL, DAS ICH KENNE.
ES HAT SICH KEIN BISSCHEN VERÄNDERT, SEIT ICH HIER ZULETZT GELEBT HABE.
AH! IN DEM LADEN HAB ICH ÖFTER DIE ZECHE GEPRELLT.
LASS UNS MAL LIEBER DEN ECHSENMANN SUCHEN!
EBISU SOLLTE SICH BALD WIEDER ERINNERN KÖNNEN. UND DANN …
!
SEHT MAL, DA WIRD JEMAND ANGE-GRIFFEN!
GAAAAH!

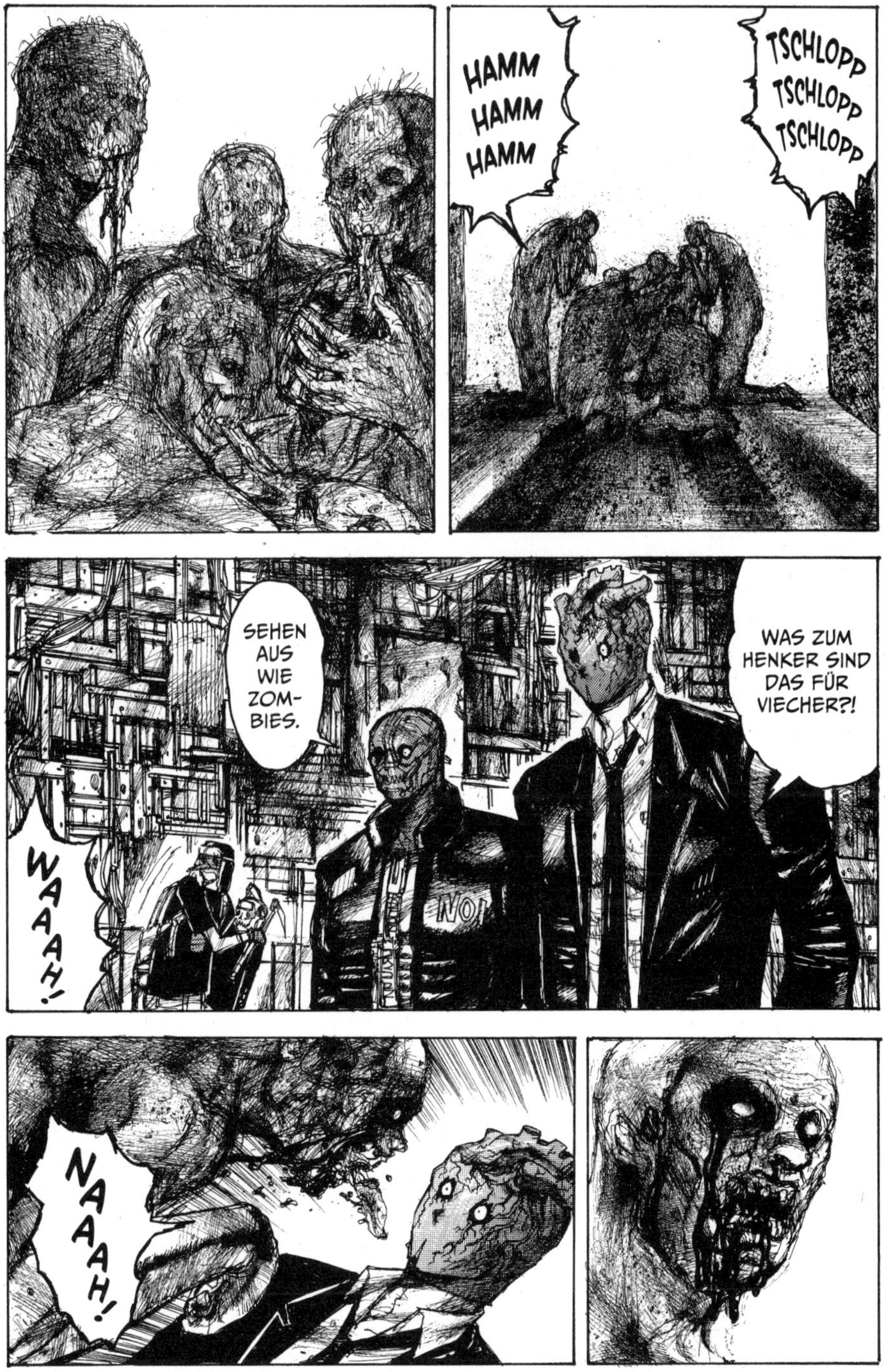
TSCHLOPP
TSCHLOPP
TSCHLOPP
HAMM
HAMM
HAMM
WAS ZUM HENKER SIND DAS FÜR VIECHER?!
SEHEN AUS WIE ZOM-BIES.
WAAAAH!
NAAAAH!

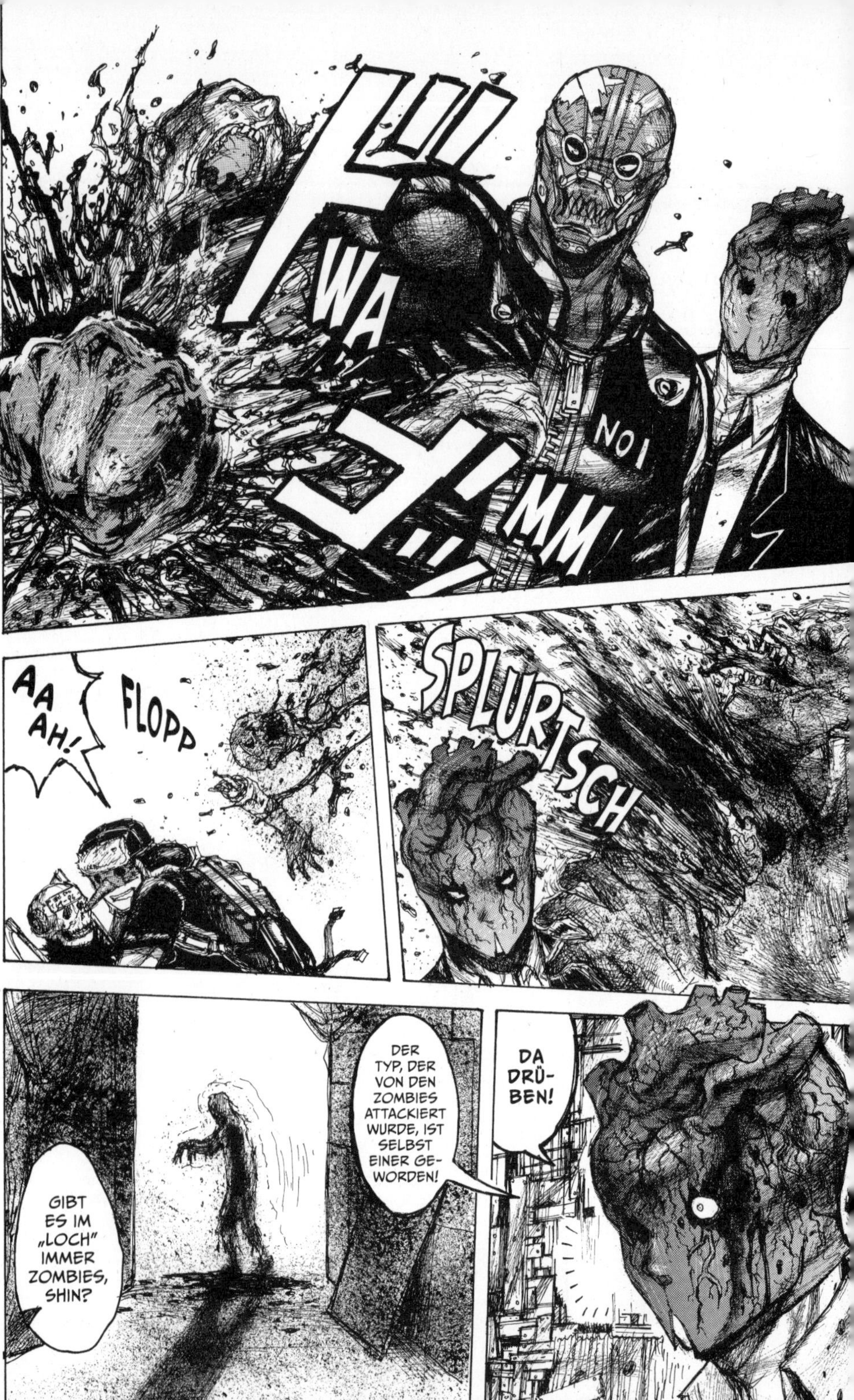
WAMM
NOI
SPLURTSCH
AAAH!
FLOPP
DA DRÜBEN!
DER TYP, DER VON DEN ZOMBIES ATTACKIERT WURDE, IST SELBST EINER GEWORDEN!
GIBT ES IM „LOCH" IMMER ZOMBIES, SHIN?

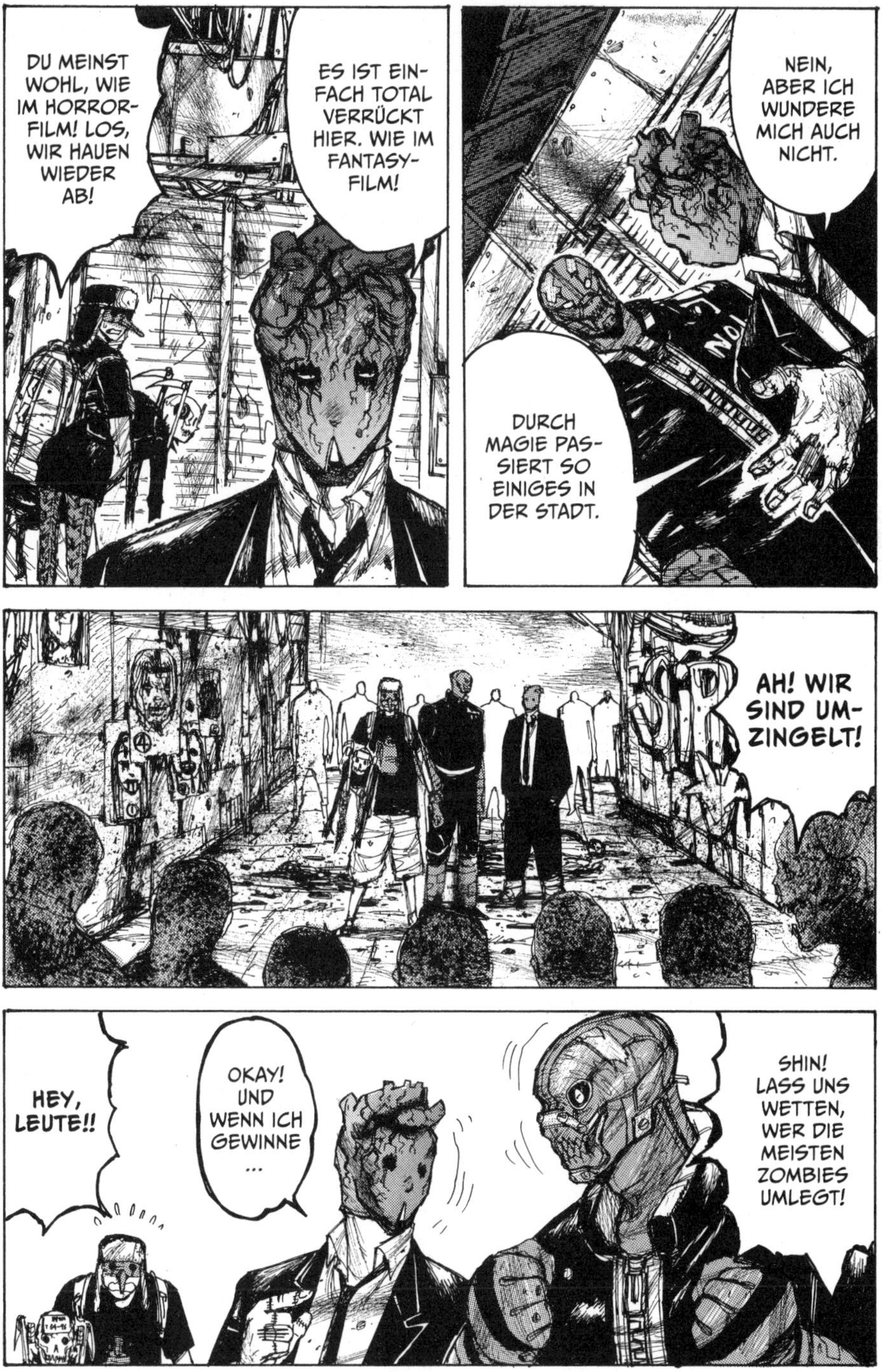
ES IST EIN-FACH TOTAL VERRÜCKT HIER. WIE IM FANTASY-FILM!
DU MEINST WOHL, WIE IM HORROR-FILM! LOS, WIR HAUEN WIEDER AB!
NEIN, ABER ICH WUNDERE MICH AUCH NICHT.
DURCH MAGIE PAS-SIERT SO EINIGES IN DER STADT.
AH! WIR SIND UM-ZINGELT!
SHIN! LASS UNS WETTEN, WER DIE MEISTEN ZOMBIES UMLEGT!
OKAY! UND WENN ICH GEWINNE ...
HEY, LEUTE!!

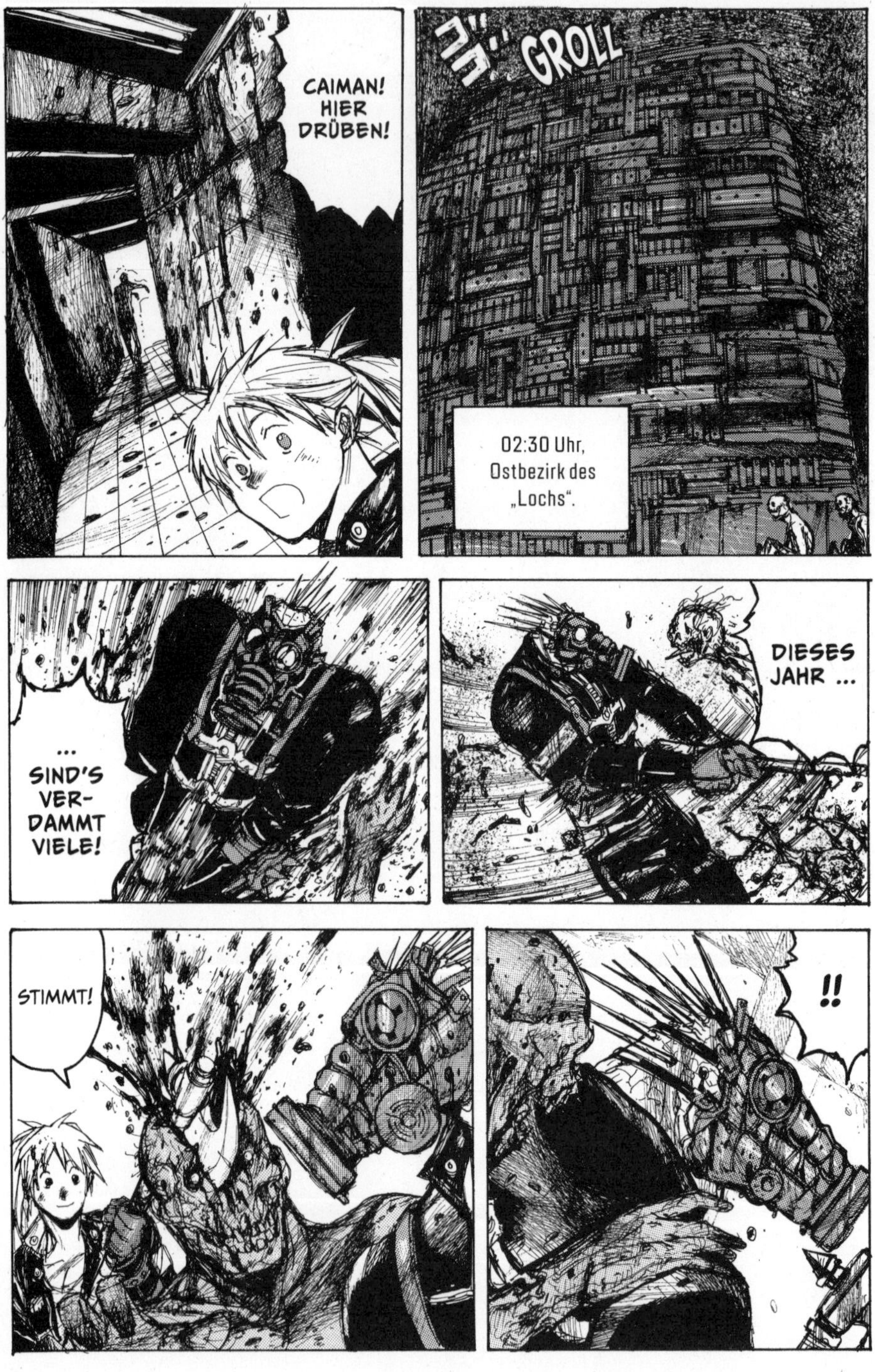
GROLL
02:30 Uhr, Ostbezirk des „Lochs".
CAIMAN! HIER DRÜBEN!
DIESES JAHR ...
... SIND'S VERDAMMT VIELE!
!!
STIMMT!

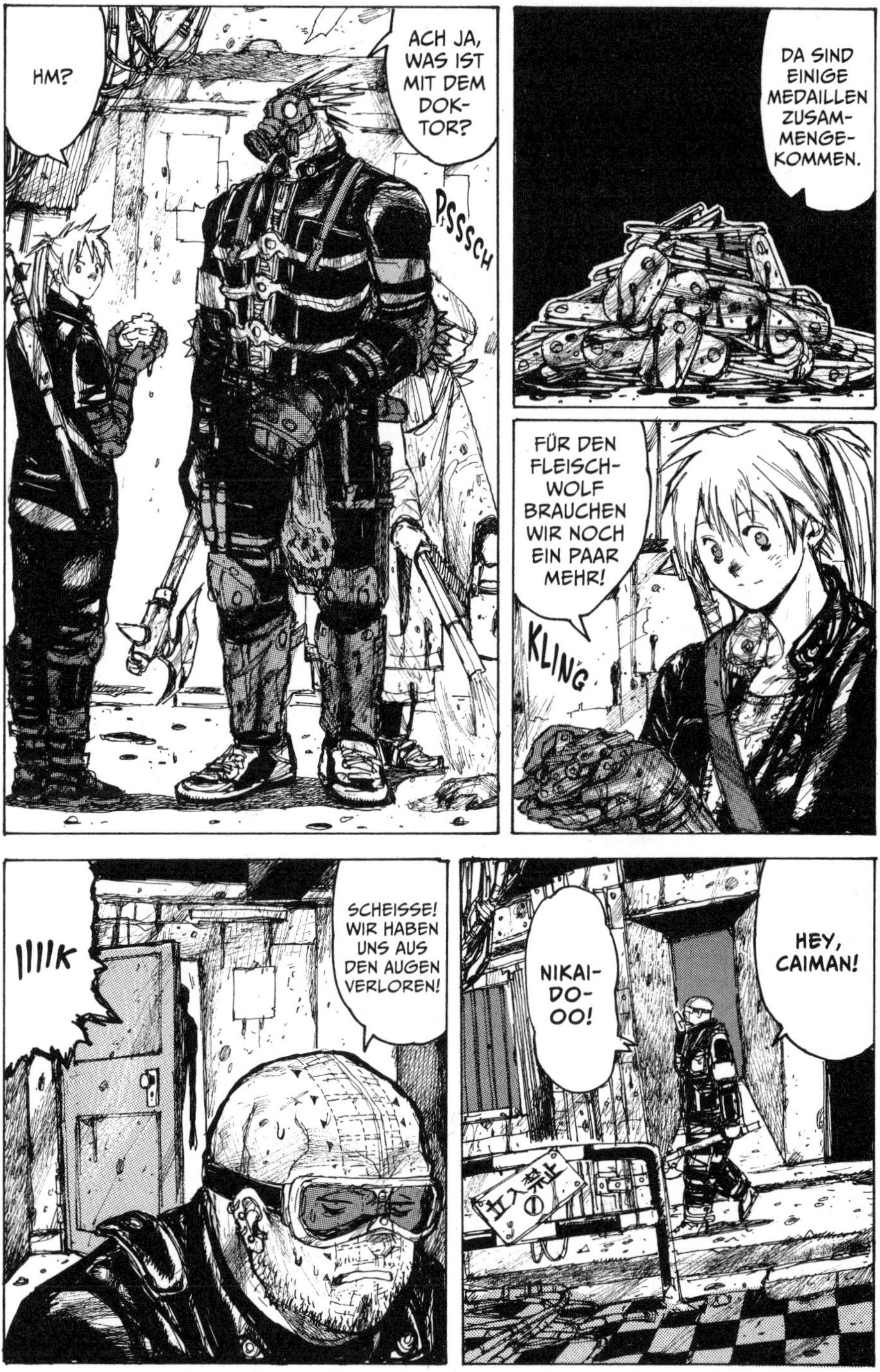
HM?
ACH JA, WAS IST MIT DEM DOKTOR?
PSSSCH
DA SIND EINIGE MEDAILLEN ZUSAMMENGEKOMMEN.
FÜR DEN FLEISCHWOLF BRAUCHEN WIR NOCH EIN PAAR MEHR!
KLING
IIIIK
SCHEISSE! WIR HABEN UNS AUS DEN AUGEN VERLOREN!
NIKAIDOOO!
HEY, CAIMAN!

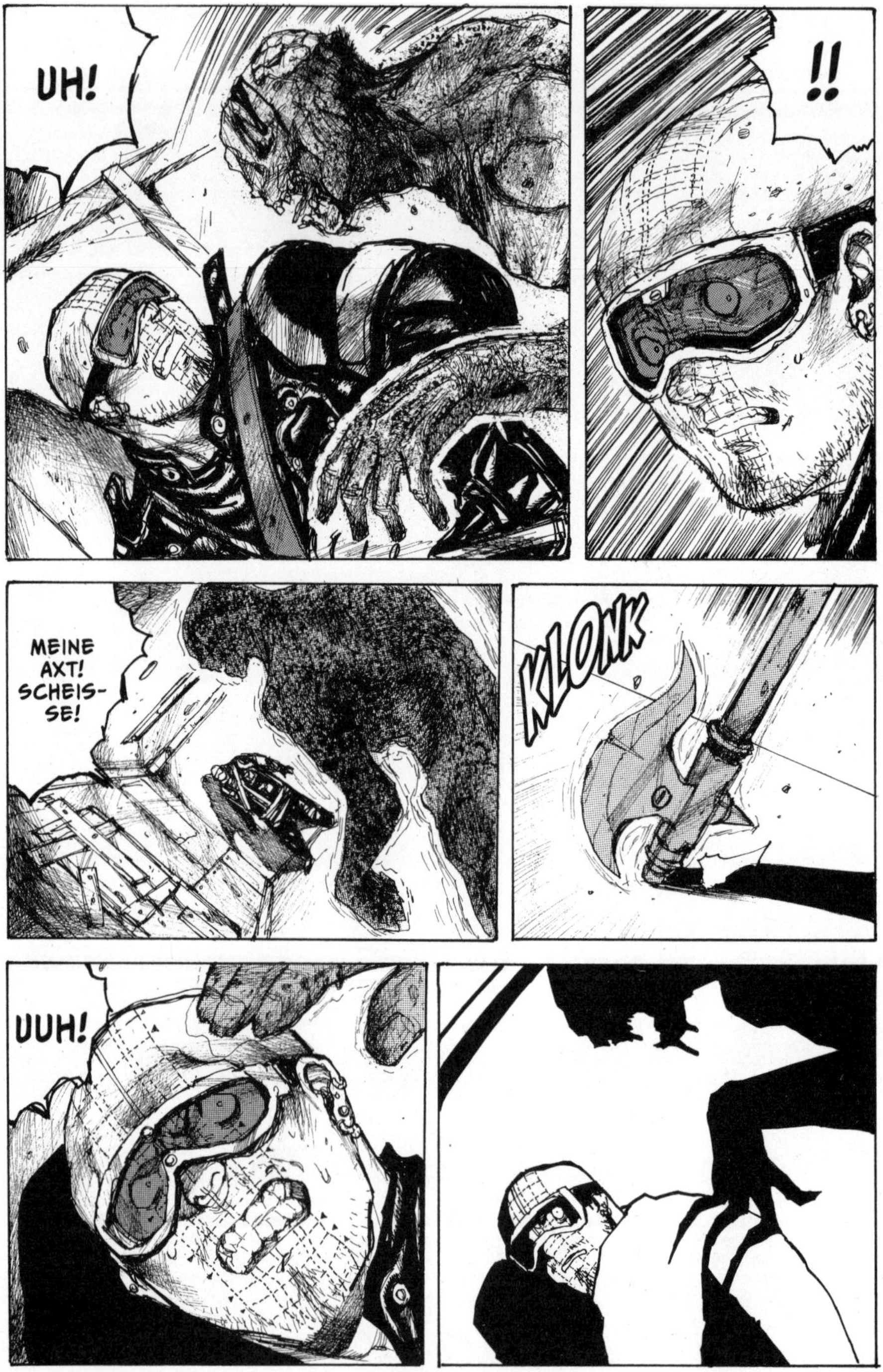
UH!
!!
MEINE AXT! SCHEIS-SE!
KLONK
UUH!

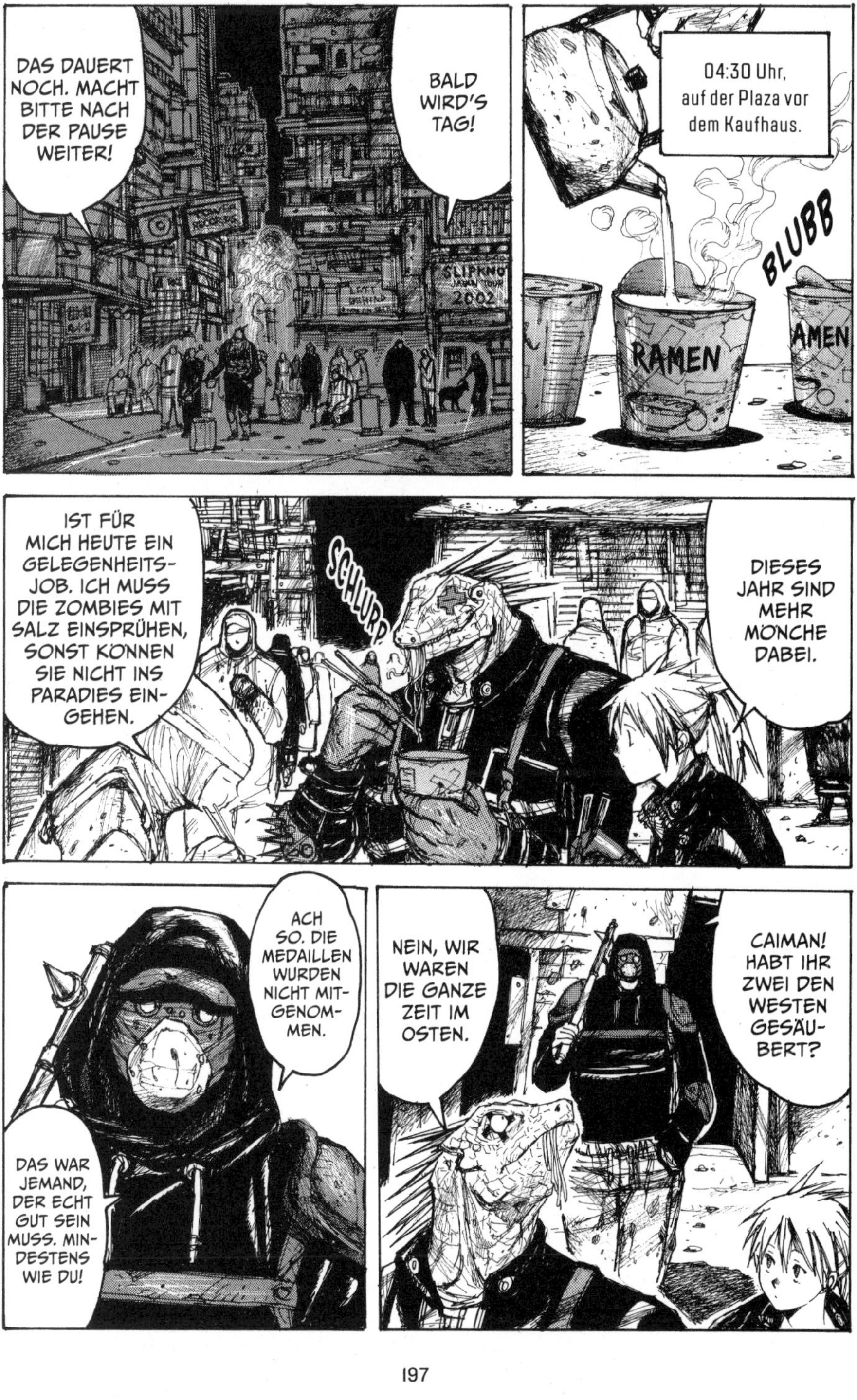
04:30 Uhr,
auf der Plaza vor dem Kaufhaus.
BLUBB
RAMEN
AMEN
BALD WIRD'S TAG!
DAS DAUERT NOCH. MACHT BITTE NACH DER PAUSE WEITER!
SLIPKNO
2002
DIESES JAHR SIND MEHR MÖNCHE DABEI.
SCHLURP
IST FÜR MICH HEUTE EIN GELEGENHEITS-JOB. ICH MUSS DIE ZOMBIES MIT SALZ EINSPRÜHEN, SONST KÖNNEN SIE NICHT INS PARADIES EIN-GEHEN.
CAIMAN! HABT IHR ZWEI DEN WESTEN GESÄU-BERT?
NEIN, WIR WAREN DIE GANZE ZEIT IM OSTEN.
ACH SO. DIE MEDAILLEN WURDEN NICHT MIT-GENOM-MEN.
DAS WAR JEMAND, DER ECHT GUT SEIN MUSS. MIN-DESTENS WIE DU!

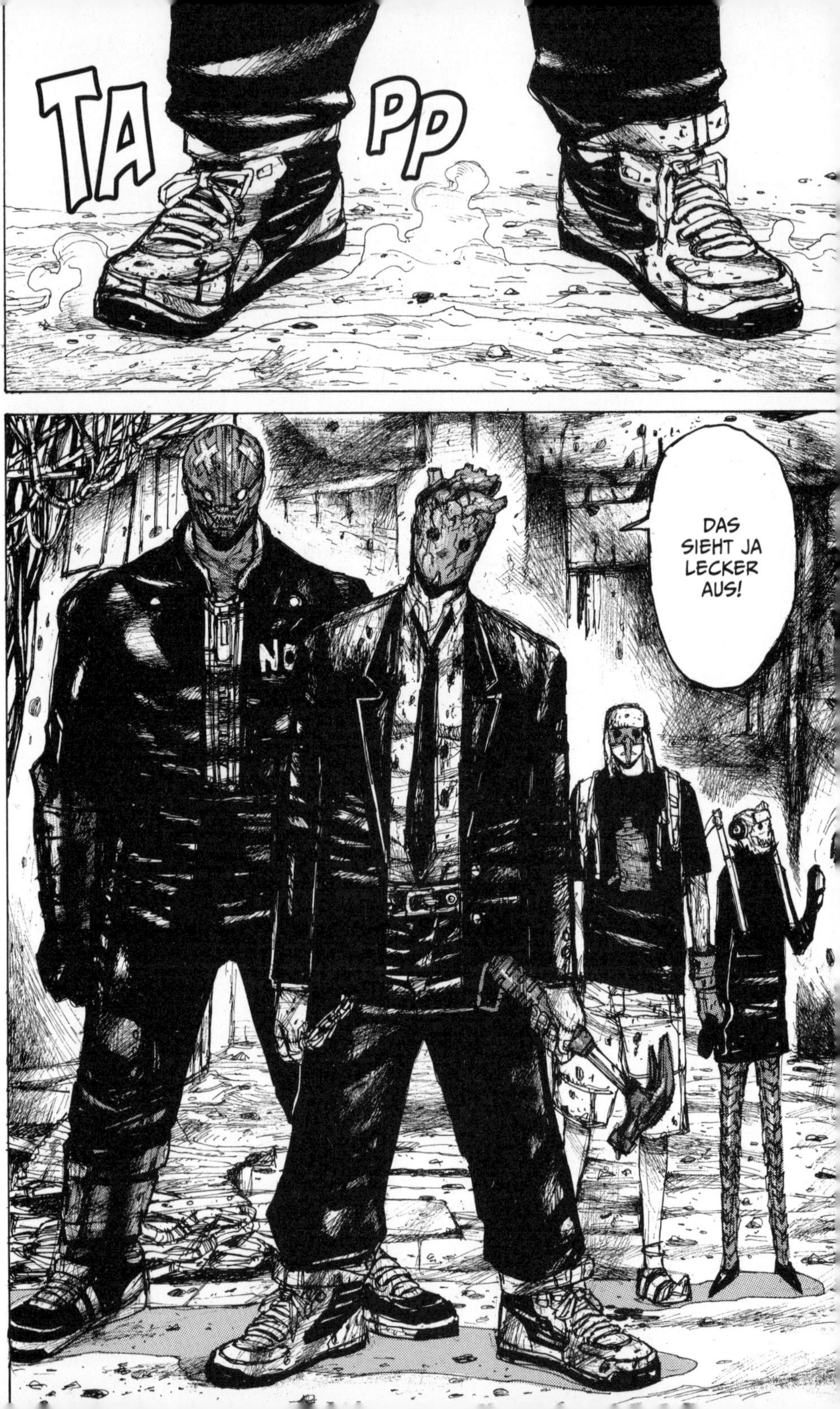
TA PP
DAS SIEHT JA LECKER AUS!

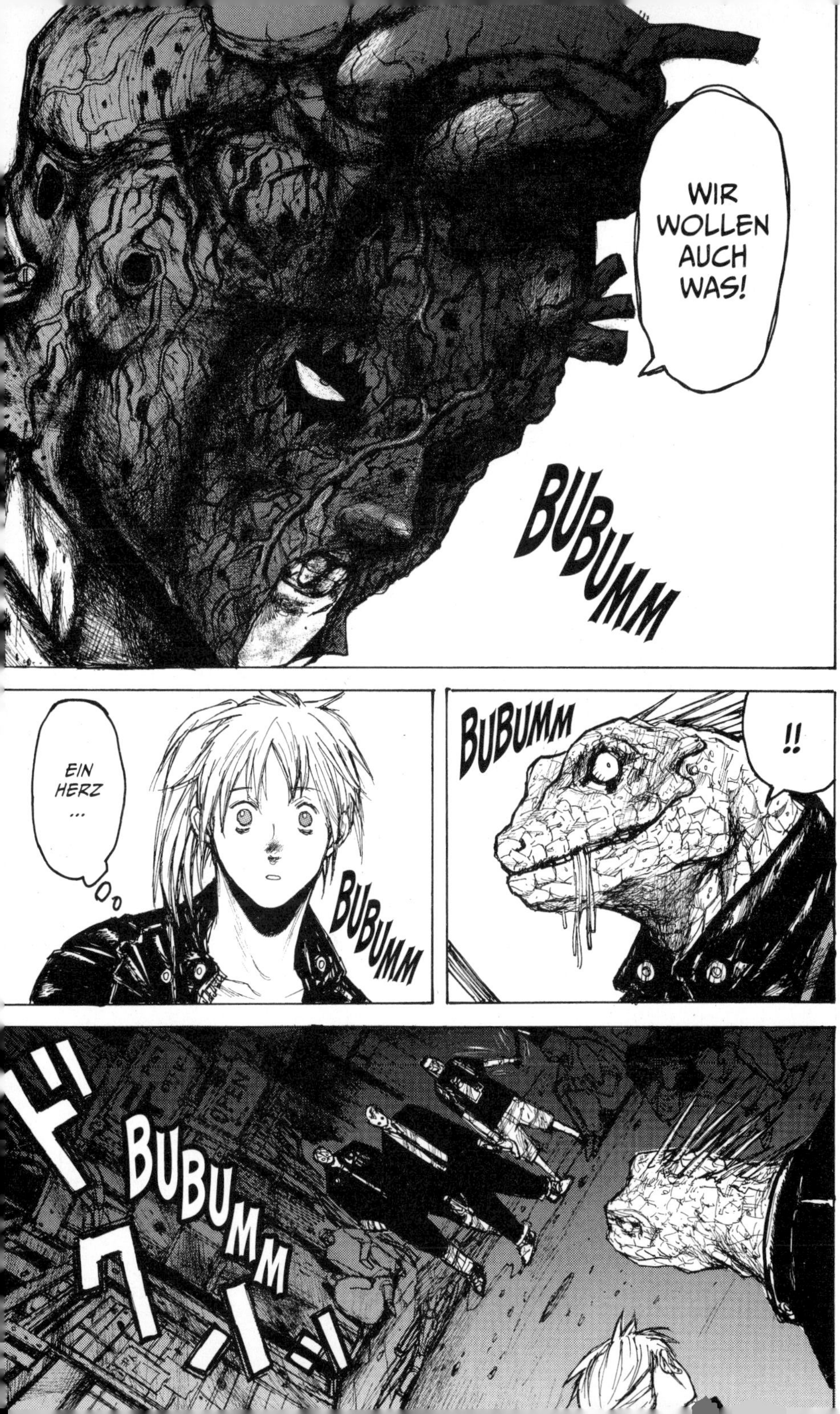
WIR WOLLEN AUCH WAS!
BUBUMM
!!
BUBUMM
EIN HERZ ...
BUBUMM
BUBUMM

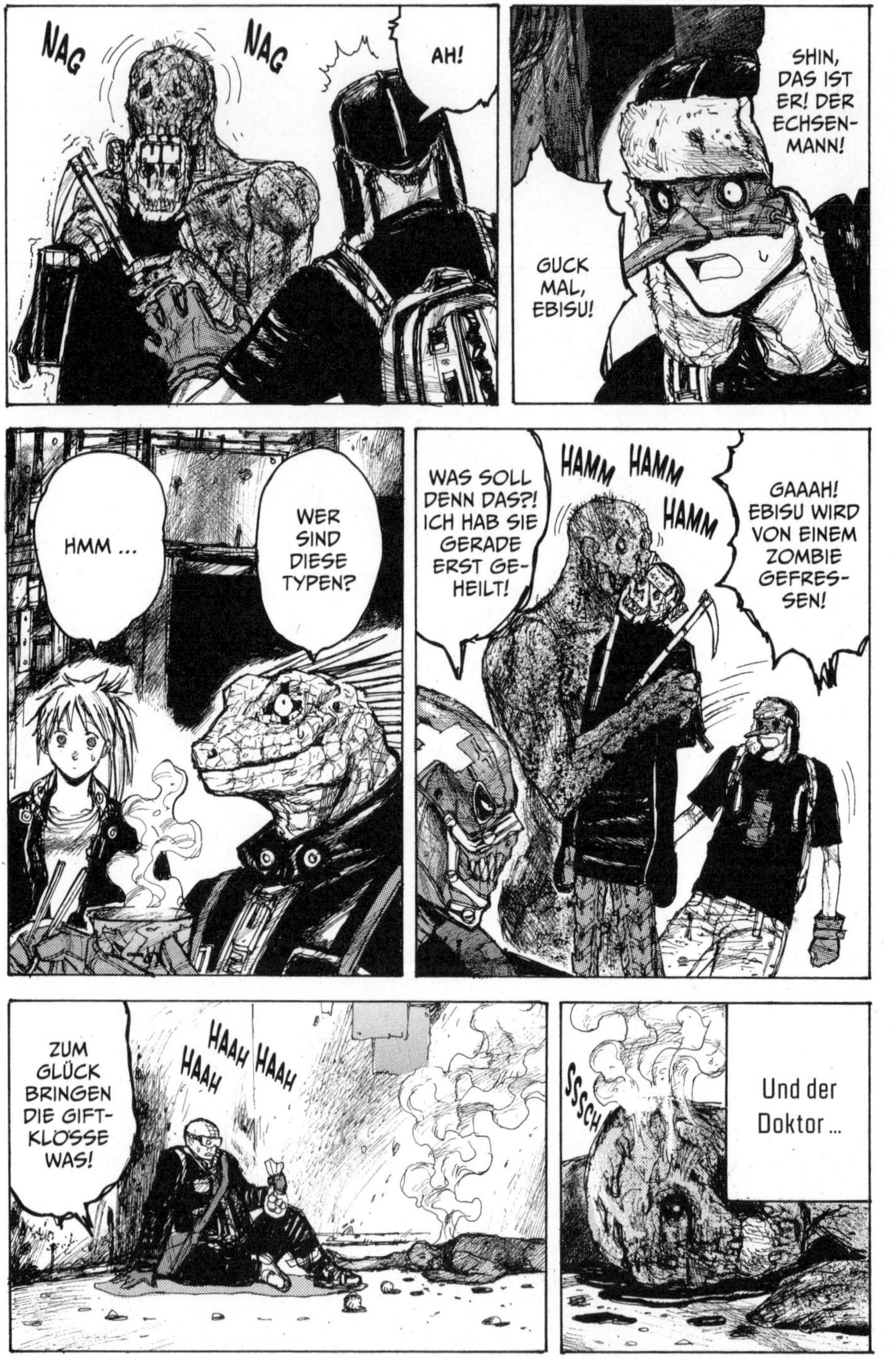
SHIN, DAS IST ER! DER ECHSEN-MANN!
GUCK MAL, EBISU!
AH!
NAG
NAG
GAAAH! EBISU WIRD VON EINEM ZOMBIE GEFRES-SEN!
HAMM HAMM HAMM
WAS SOLL DENN DAS?! ICH HAB SIE GERADE ERST GE-HEILT!
WER SIND DIESE TYPEN?
HMM ...
Und der Doktor ...
SSSCH
HAAH HAAH
HAAH
ZUM GLÜCK BRINGEN DIE GIFT-KLÖSSE WAS!

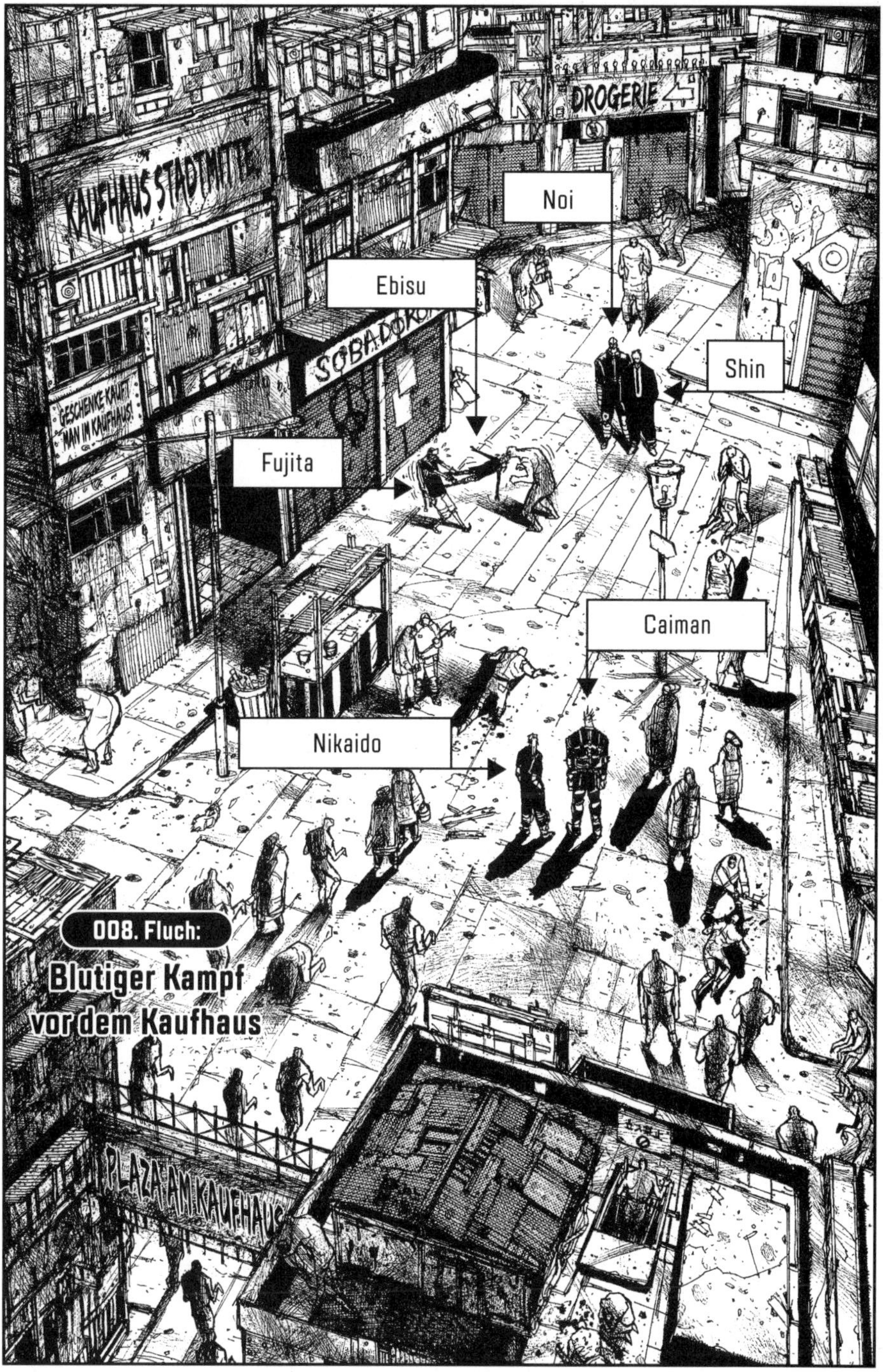
KAUFHAUS STADTMITTE
DROGERIE
Noi
Ebisu
SOBADOKORO
Shin
GESCHENKE KAUFT MAN IM KAUFHAUS!
Fujita
Caiman
Nikaido
008. Fluch:
Blutiger Kampf vor dem Kaufhaus
PLAZA AM KAUFHAUS

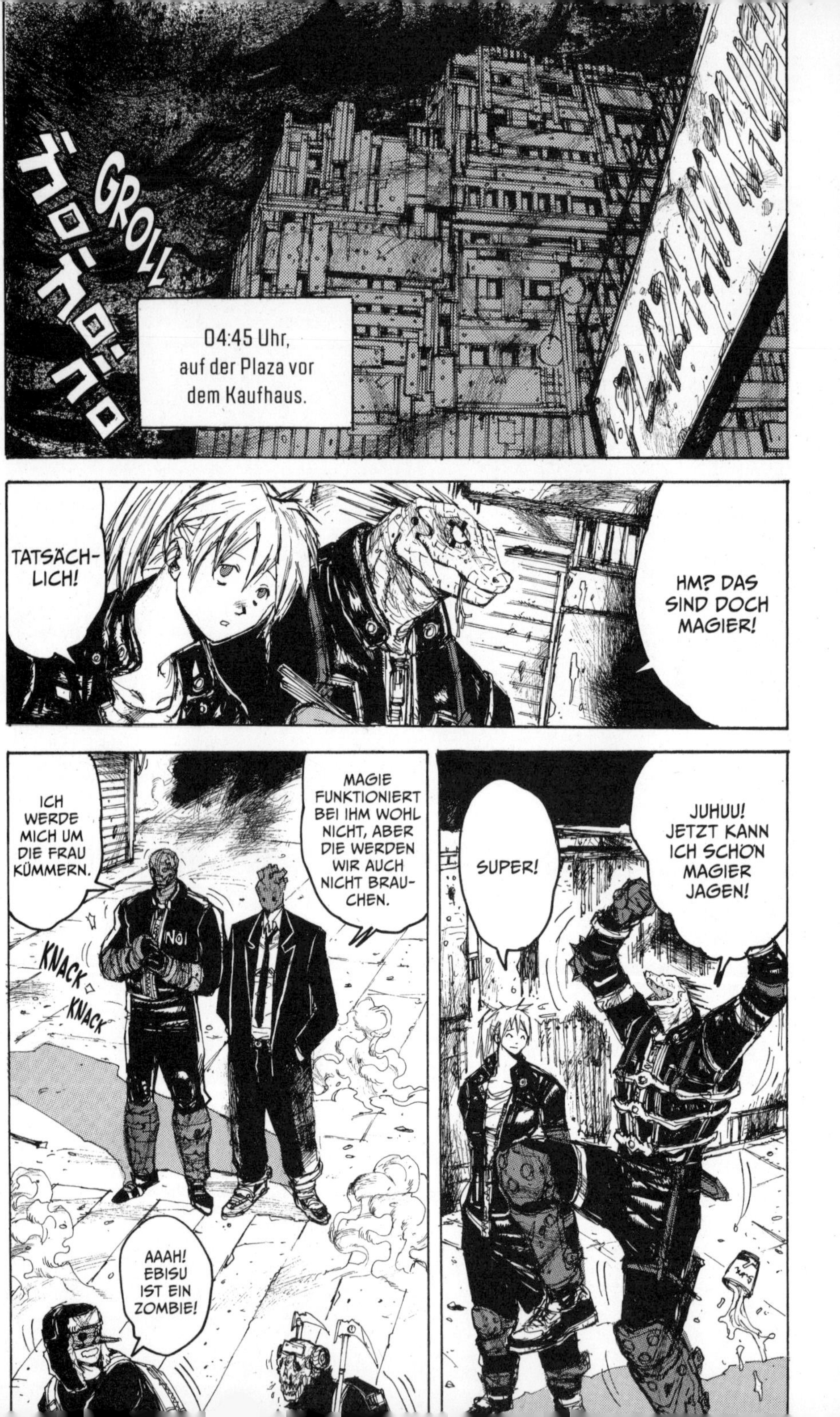
GROLL
04:45 Uhr, auf der Plaza vor dem Kaufhaus.
HM? DAS SIND DOCH MAGIER!
TATSÄCH-LICH!
JUHUU! JETZT KANN ICH SCHÖN MAGIER JAGEN!
SUPER!
MAGIE FUNKTIONIERT BEI IHM WOHL NICHT, ABER DIE WERDEN WIR AUCH NICHT BRAU-CHEN.
ICH WERDE MICH UM DIE FRAU KÜMMERN.
KNACK KNACK
AAAH! EBISU IST EIN ZOMBIE!

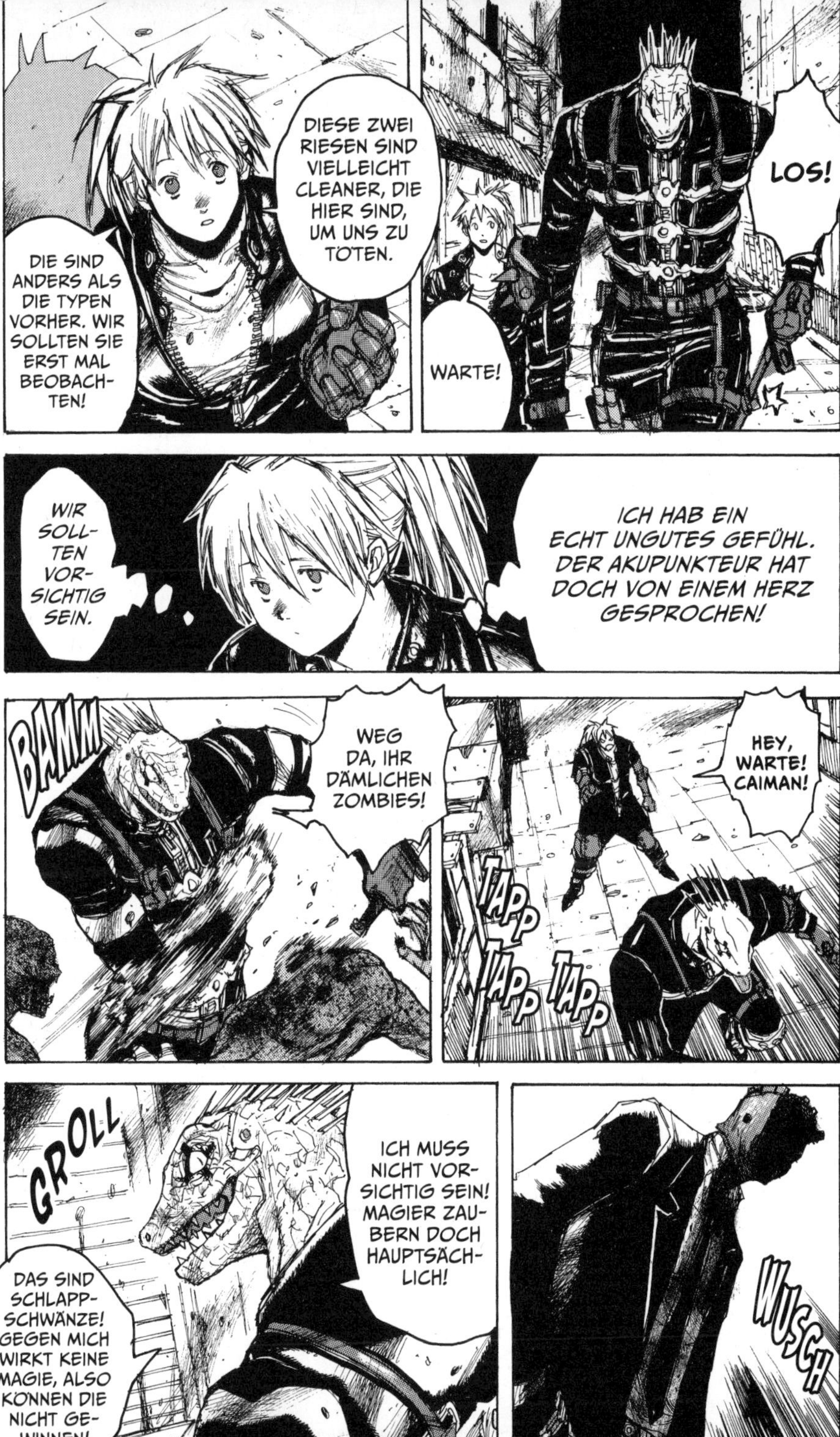
LOS!
WARTE!
DIESE ZWEI RIESEN SIND VIELLEICHT CLEANER, DIE HIER SIND, UM UNS ZU TÖTEN.
DIE SIND ANDERS ALS DIE TYPEN VORHER. WIR SOLLTEN SIE ERST MAL BEOBACHTEN!
ICH HAB EIN ECHT UNGUTES GEFÜHL. DER AKUPUNKTEUR HAT DOCH VON EINEM HERZ GESPROCHEN!
WIR SOLLTEN VORSICHTIG SEIN.
HEY, WARTE! CAIMAN!
TAPP TAPP TAPP
BAMM
WEG DA, IHR DÄMLICHEN ZOMBIES!
WUSCH
ICH MUSS NICHT VORSICHTIG SEIN! MAGIER ZAUBERN DOCH HAUPTSÄCHLICH!
GROLL
DAS SIND SCHLAPPSCHWÄNZE! GEGEN MICH WIRKT KEINE MAGIE, ALSO KÖNNEN DIE NICHT GEWINNEN!

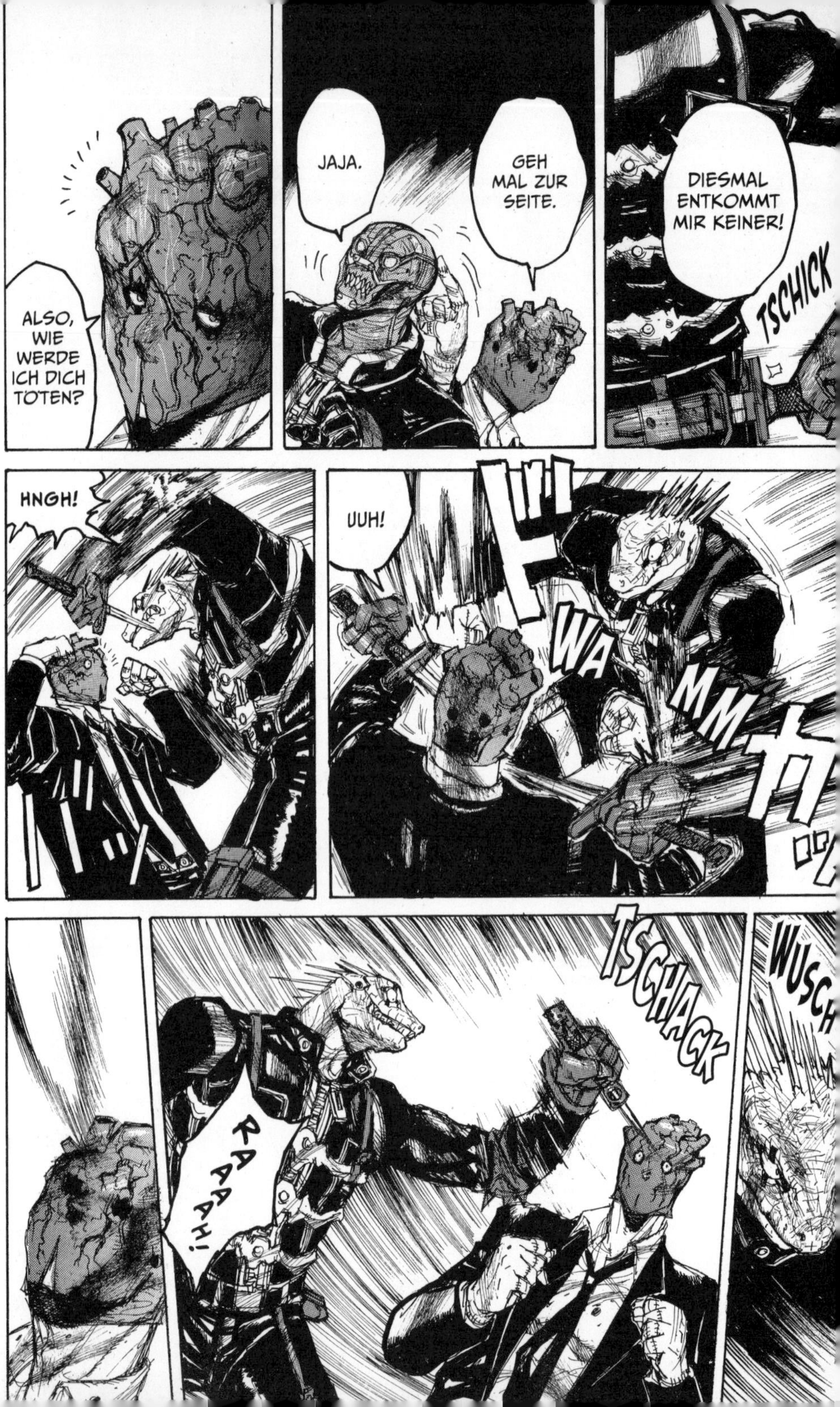
TSCHICK
DIESMAL ENTKOMMT MIR KEINER!
GEH MAL ZUR SEITE.
JAJA.
ALSO, WIE WERDE ICH DICH TÖTEN?
WAMM
UUH!
HNGH!
WUSCH
TSCHACK
RAAAAAH!

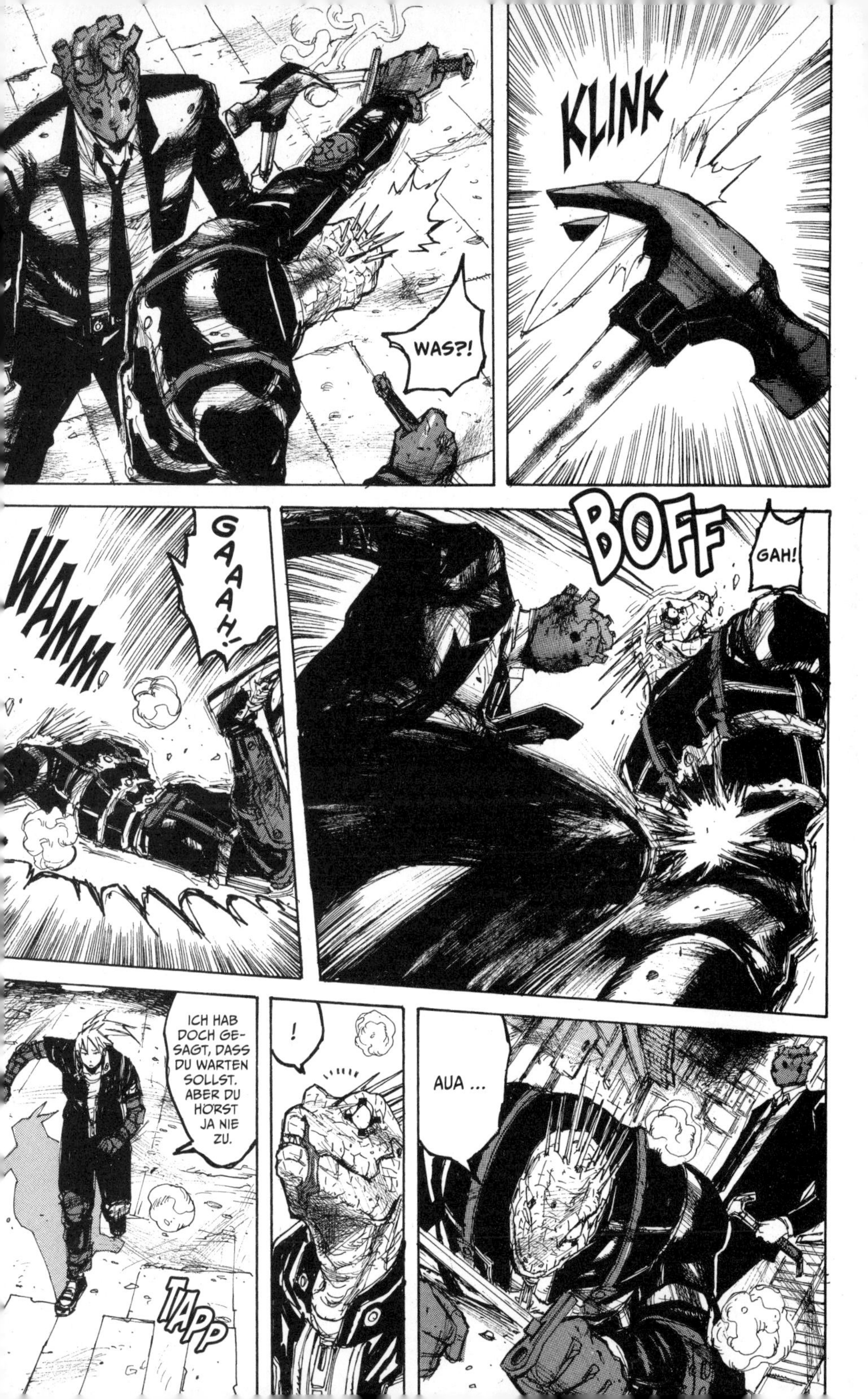
WAS?!
KLINK
WAMM
GAAAAH!
BOFF
GAH!
ICH HAB DOCH GESAGT, DASS DU WARTEN SOLLST. ABER DU HÖRST JA NIE ZU.
TAPP
!
AUA ...

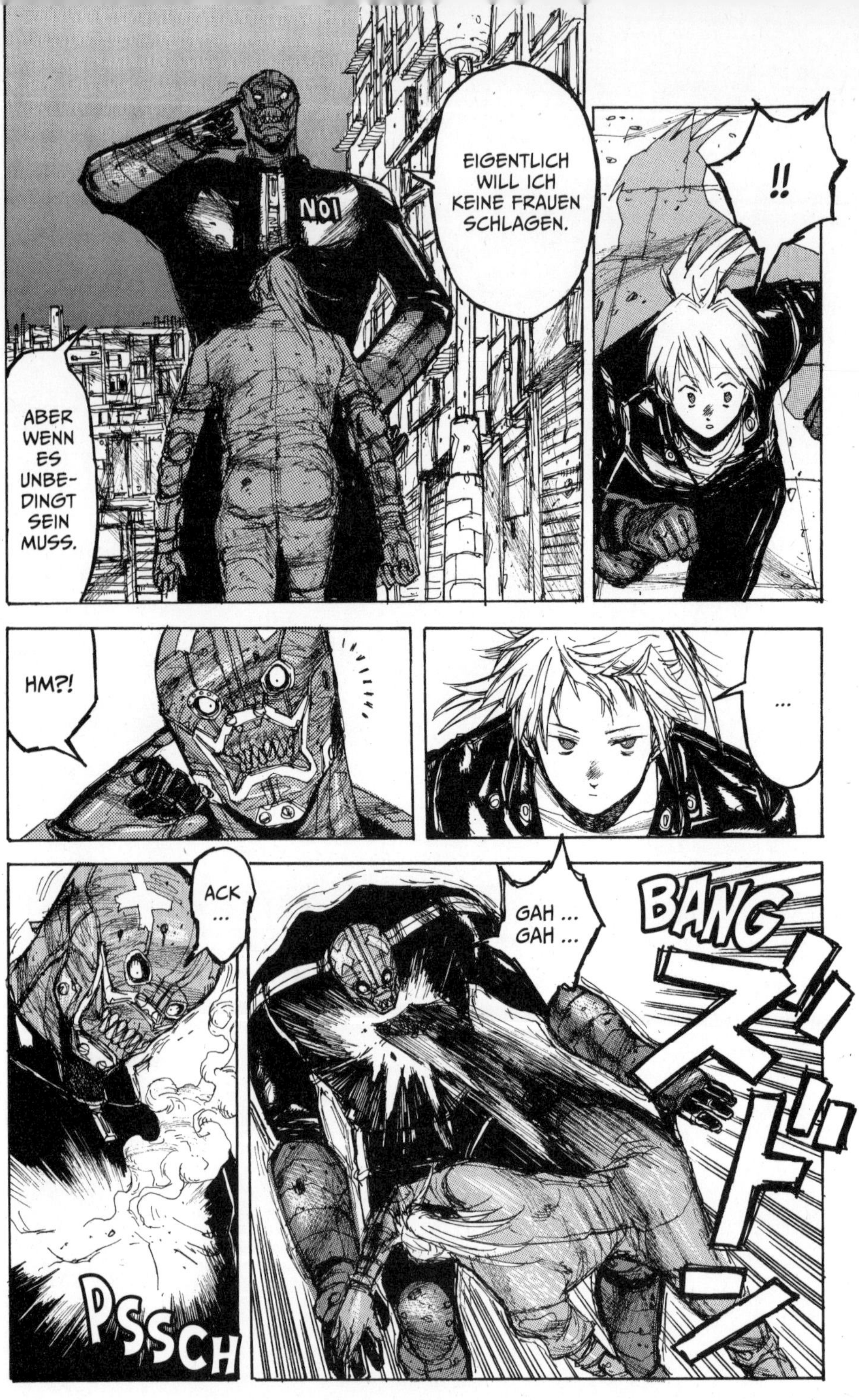
!!
EIGENTLICH WILL ICH KEINE FRAUEN SCHLAGEN.
ABER WENN ES UNBE-DINGT SEIN MUSS.
...
HM?!
BANG
GAH ... GAH ...
ACK ...
PSSCH

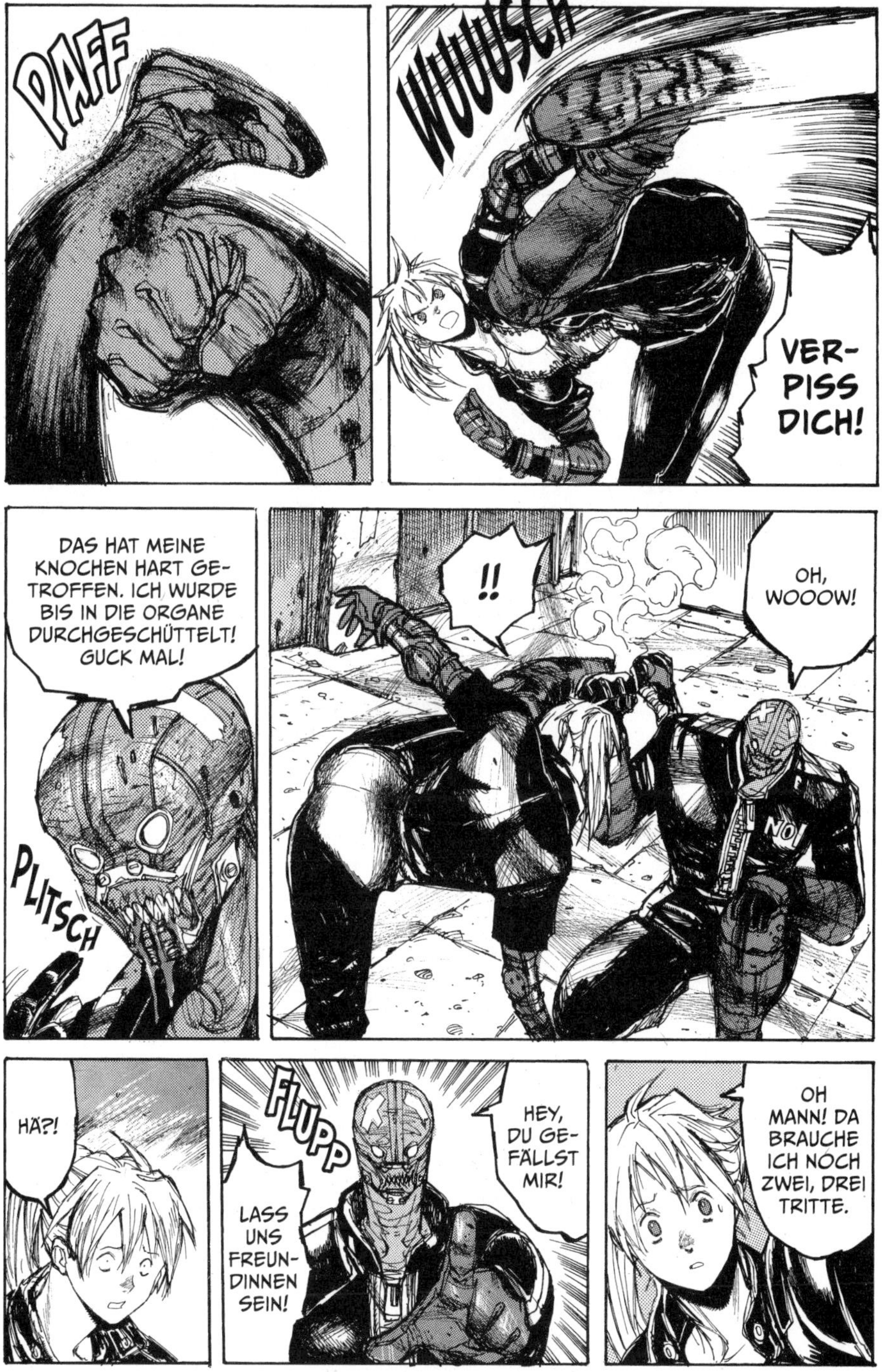

PAFF
WUUUSCH
VERPISS DICH!
OH, WOOOW!
!!
DAS HAT MEINE KNOCHEN HART GETROFFEN. ICH WURDE BIS IN DIE ORGANE DURCHGESCHÜTTELT! GUCK MAL!
PLITSCH
OH MANN! DA BRAUCHE ICH NOCH ZWEI, DREI TRITTE.
FLUPP
HEY, DU GEFÄLLST MIR!
LASS UNS FREUNDINNEN SEIN!
HÄ?!

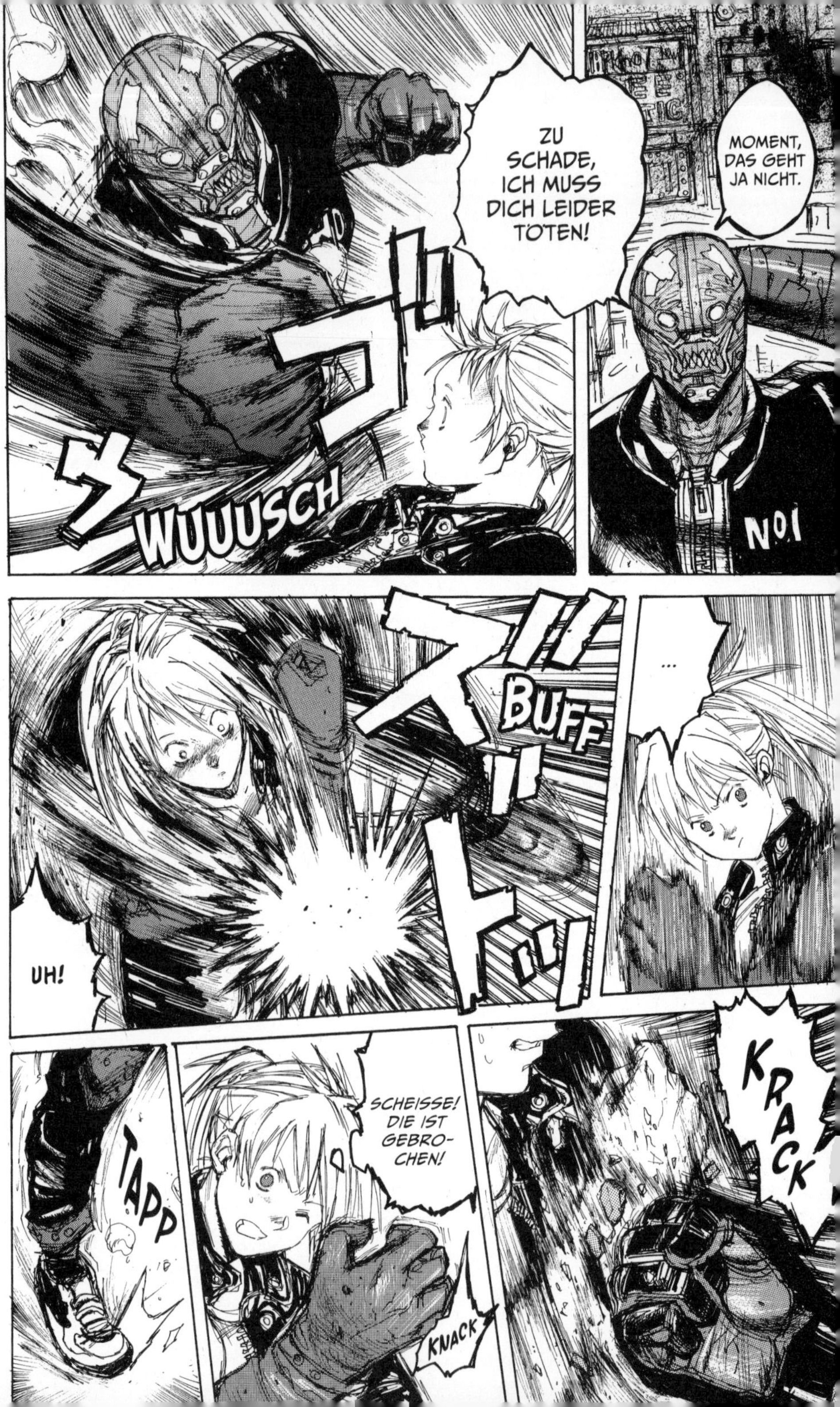
MOMENT, DAS GEHT JA NICHT.
ZU SCHADE, ICH MUSS DICH LEIDER TÖTEN!
WUUUSCH
NO1
...
BUFF
UH!
KRACK
SCHEISSE! DIE IST GEBRO-CHEN!
KNACK
TAPP

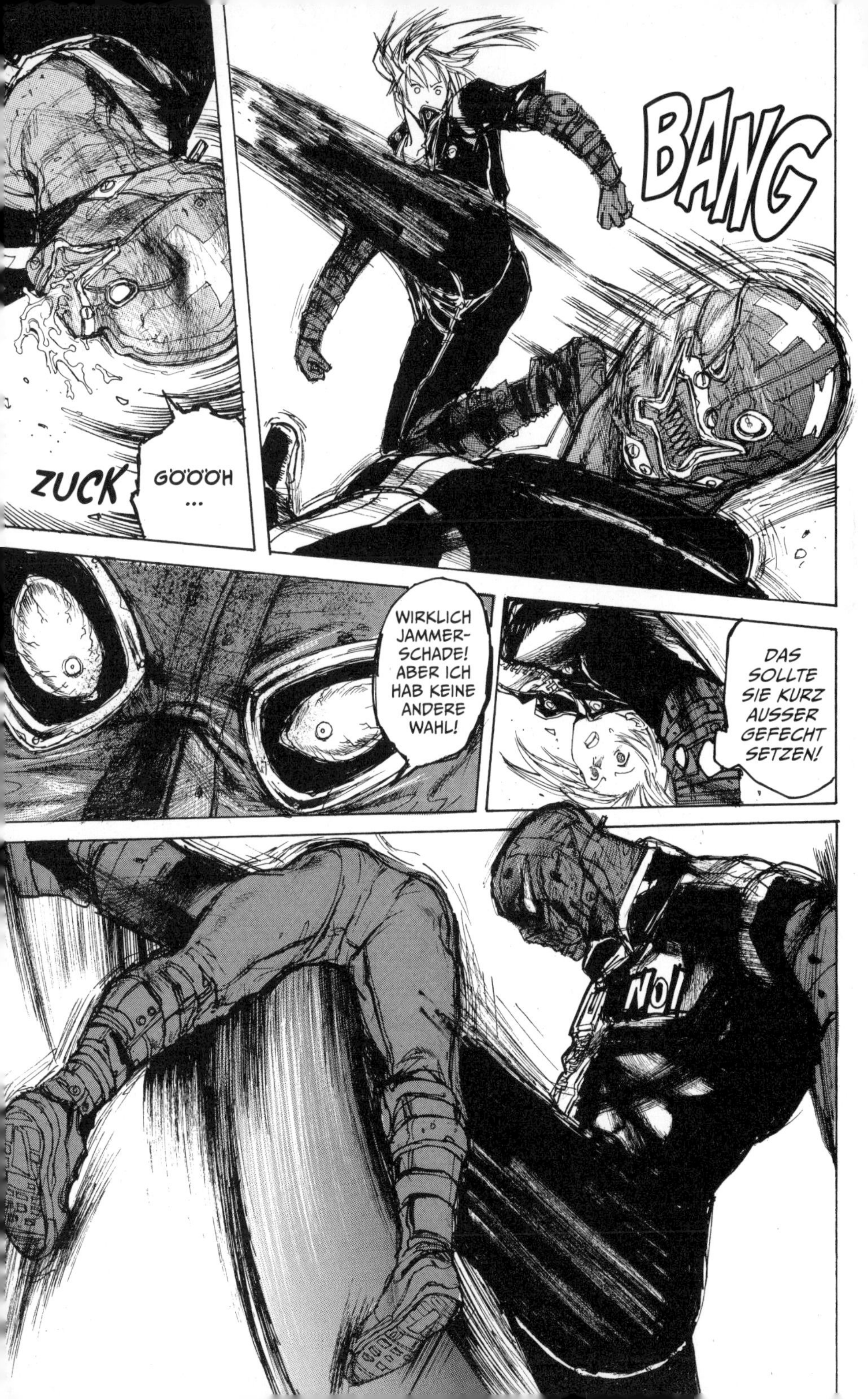
BANG
ZUCK
GÖÖÖH ...
DAS SOLLTE SIE KURZ AUSSER GEFECHT SETZEN!
WIRKLICH JAMMER-SCHADE! ABER ICH HAB KEINE ANDERE WAHL!

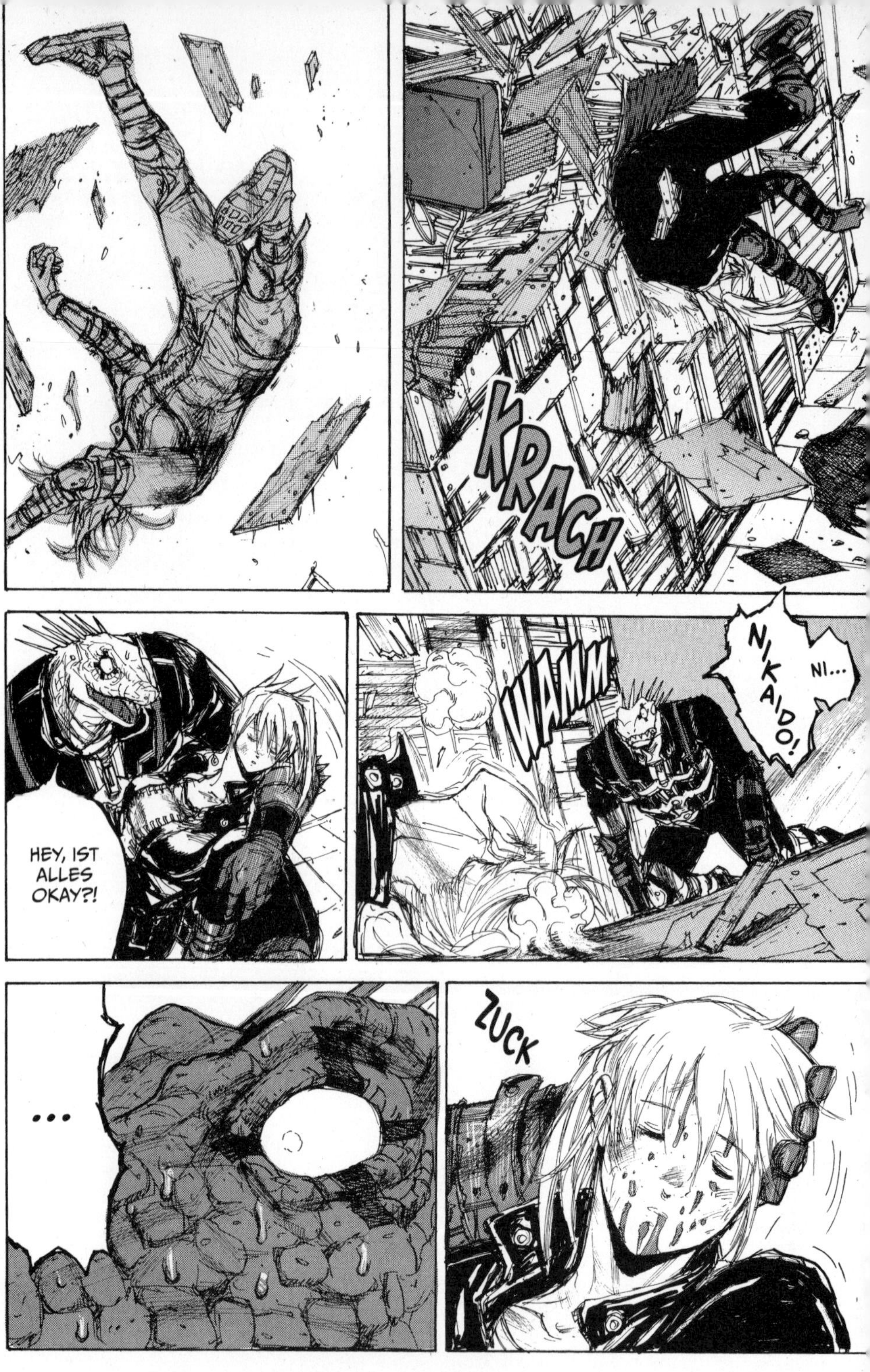
KRACH
NI...
NIKAIDO!
WAMM
HEY, IST ALLES OKAY?!
ZUCK
...

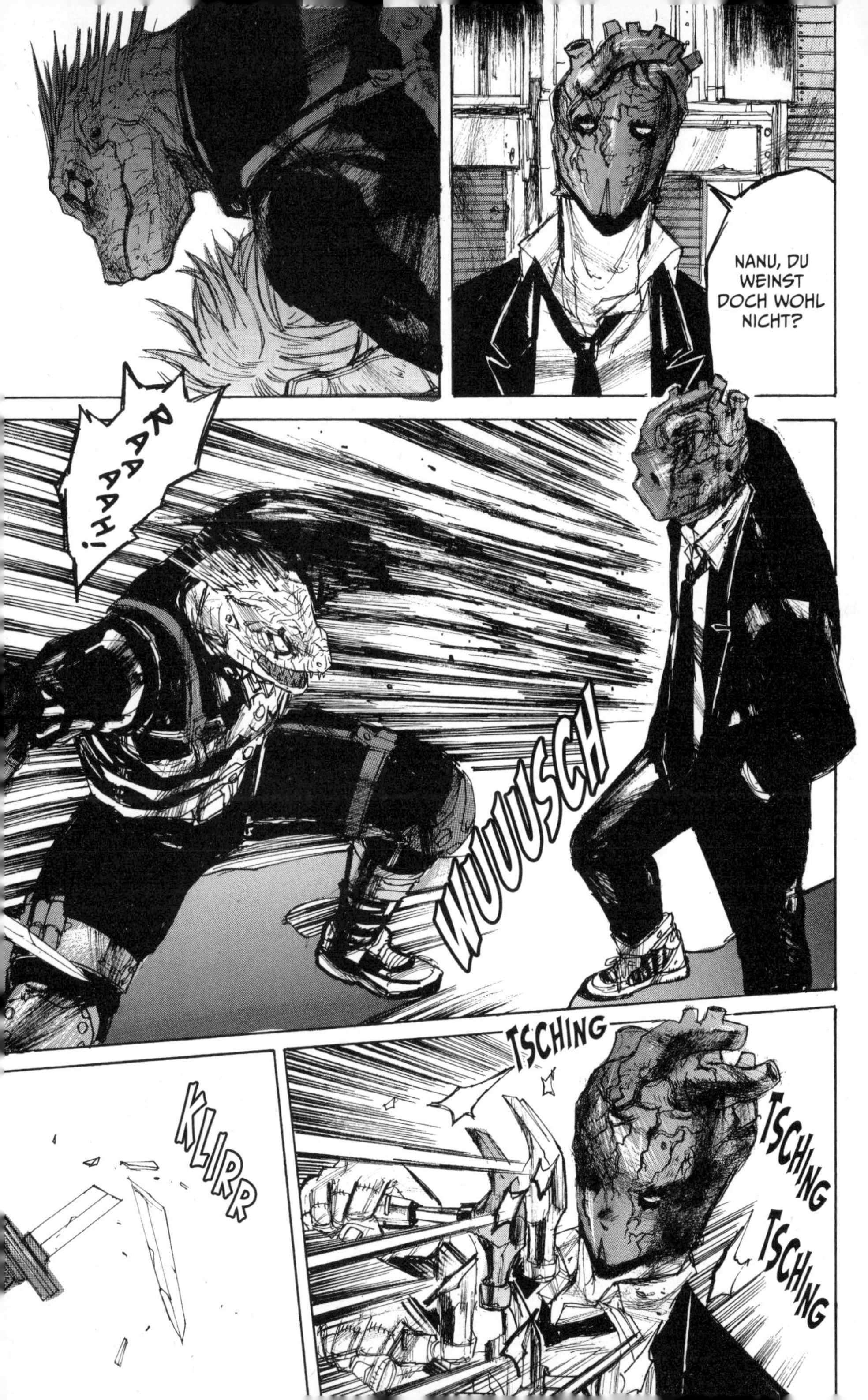
NANU, DU WEINST DOCH WOHL NICHT?
RAAAAAH!
WUUUSCH
TSCHING
TSCHING
TSCHING
KLIRR

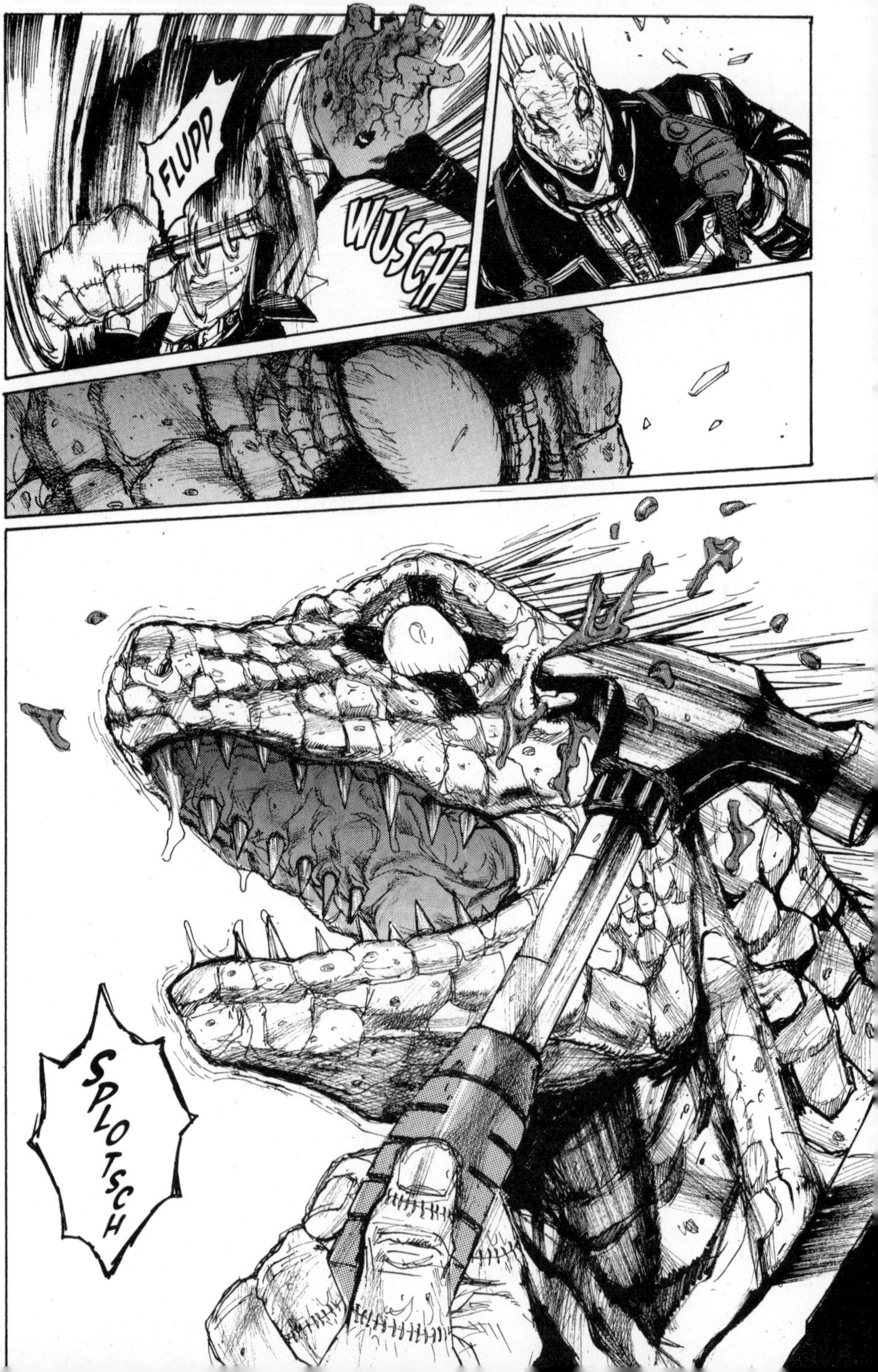
FLUPP
WUSCH
SPLOTSCH

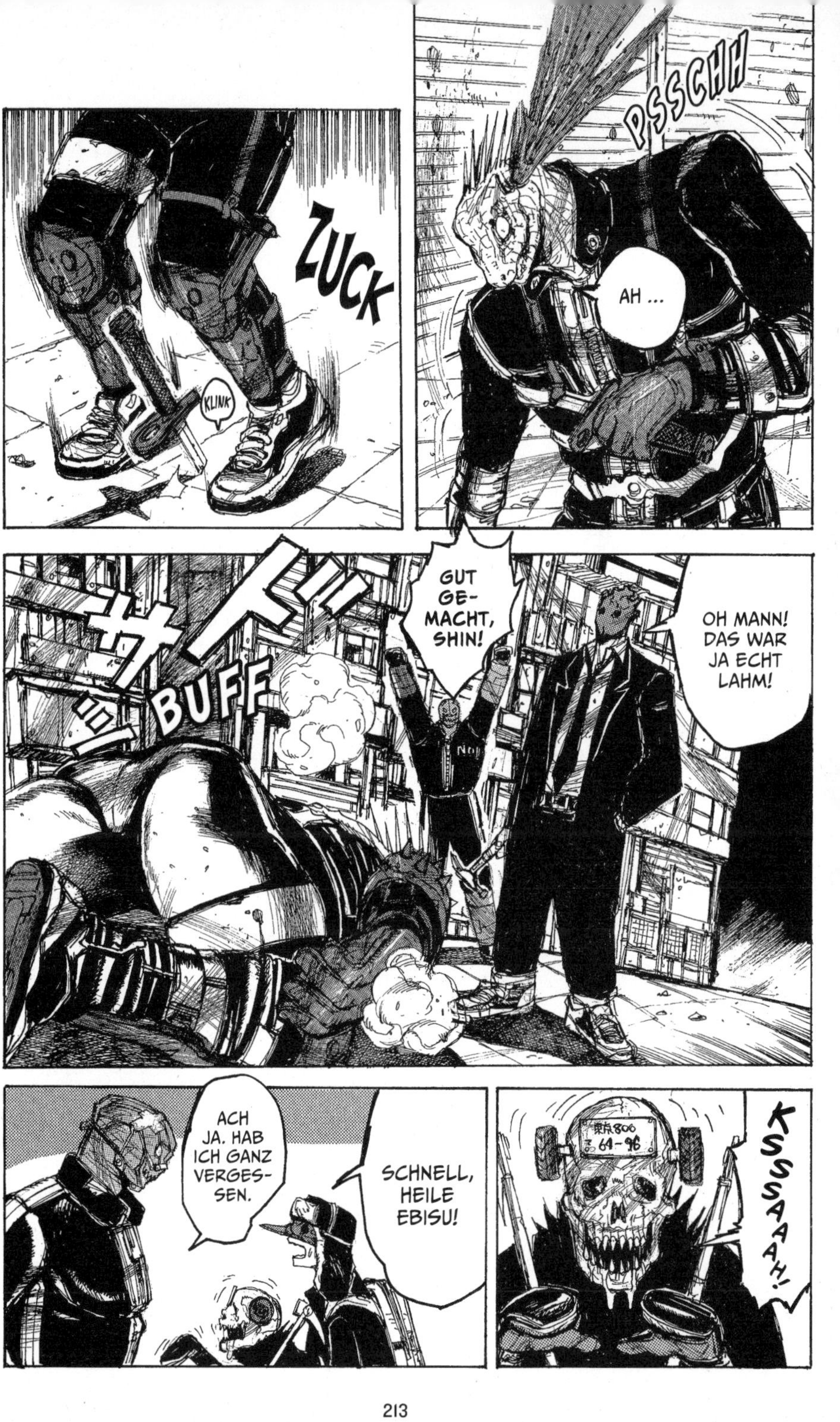
PSSCHH
AH ...
ZUCK
KLINK
OH MANN! DAS WAR JA ECHT LAHM!
GUT GE-MACHT, SHIN!
BUFF
KSSSAAAH!
SCHNELL, HEILE EBISU!
ACH JA. HAB ICH GANZ VERGES-SEN.

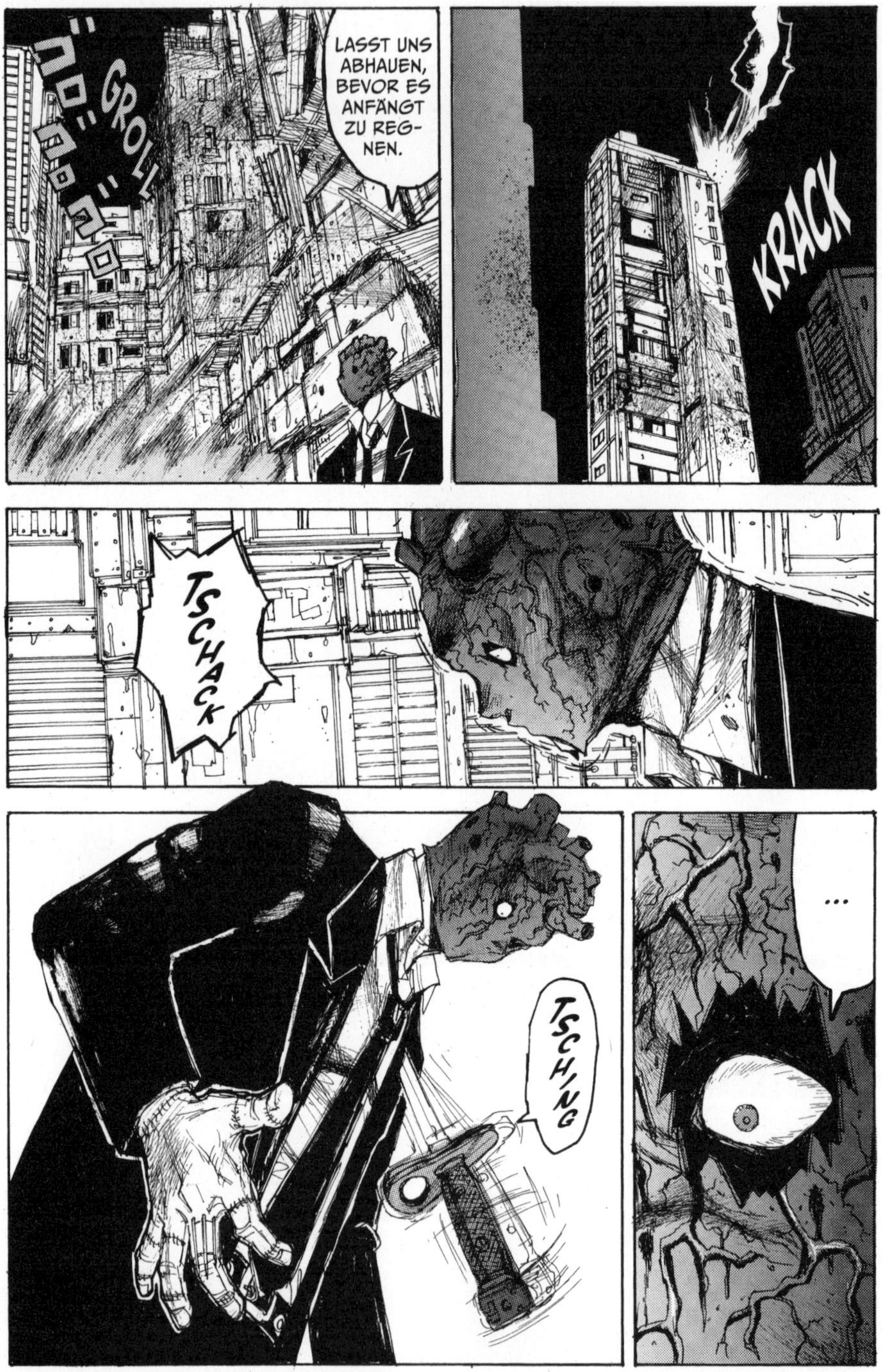
KRACK
GROLL
LASST UNS ABHAUEN, BEVOR ES ANFÄNGT ZU REGNEN.
TSCHACK
...
TSCHING

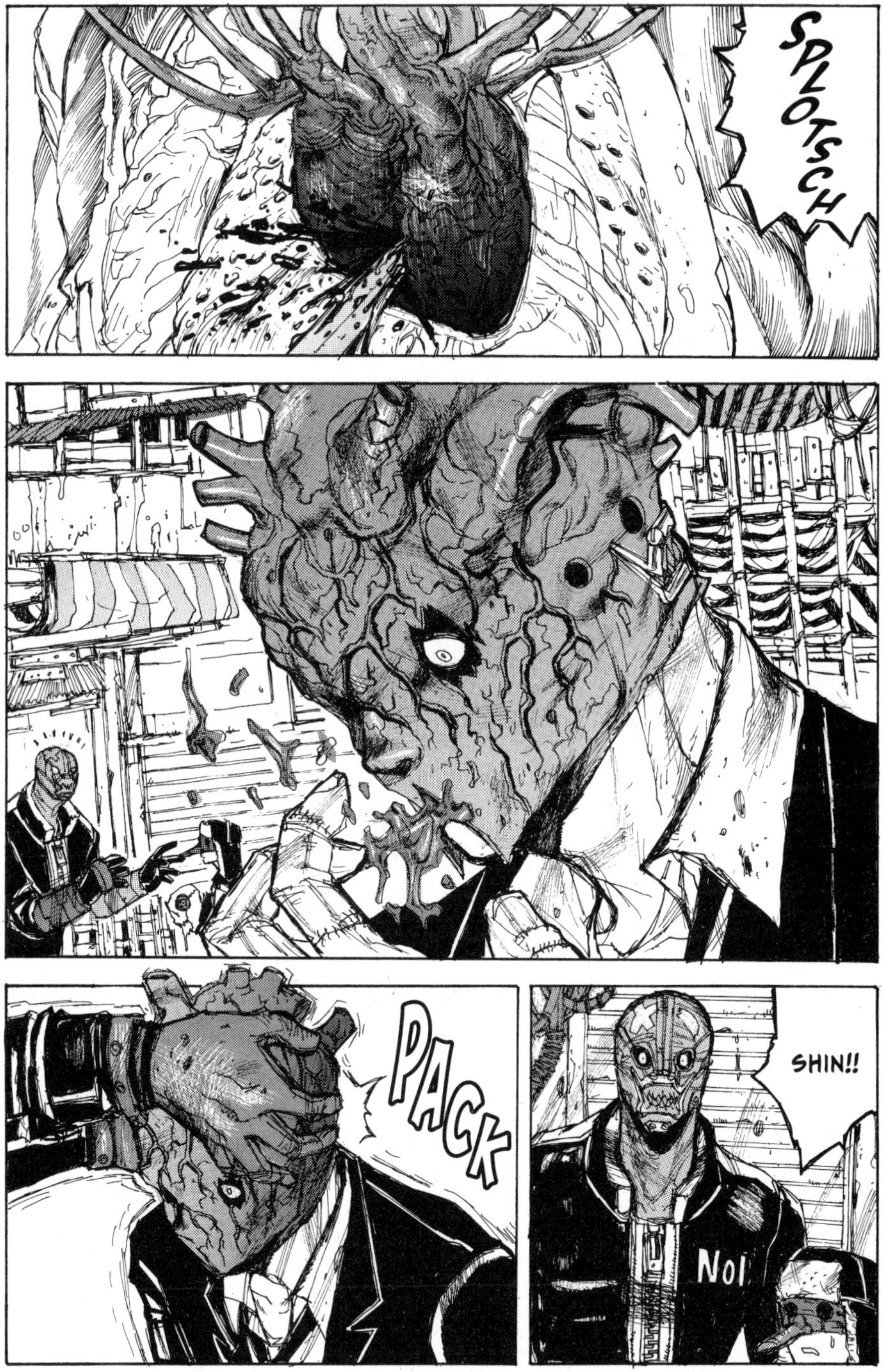
SPLOTSCH
PACK
SHIN!!
NOI

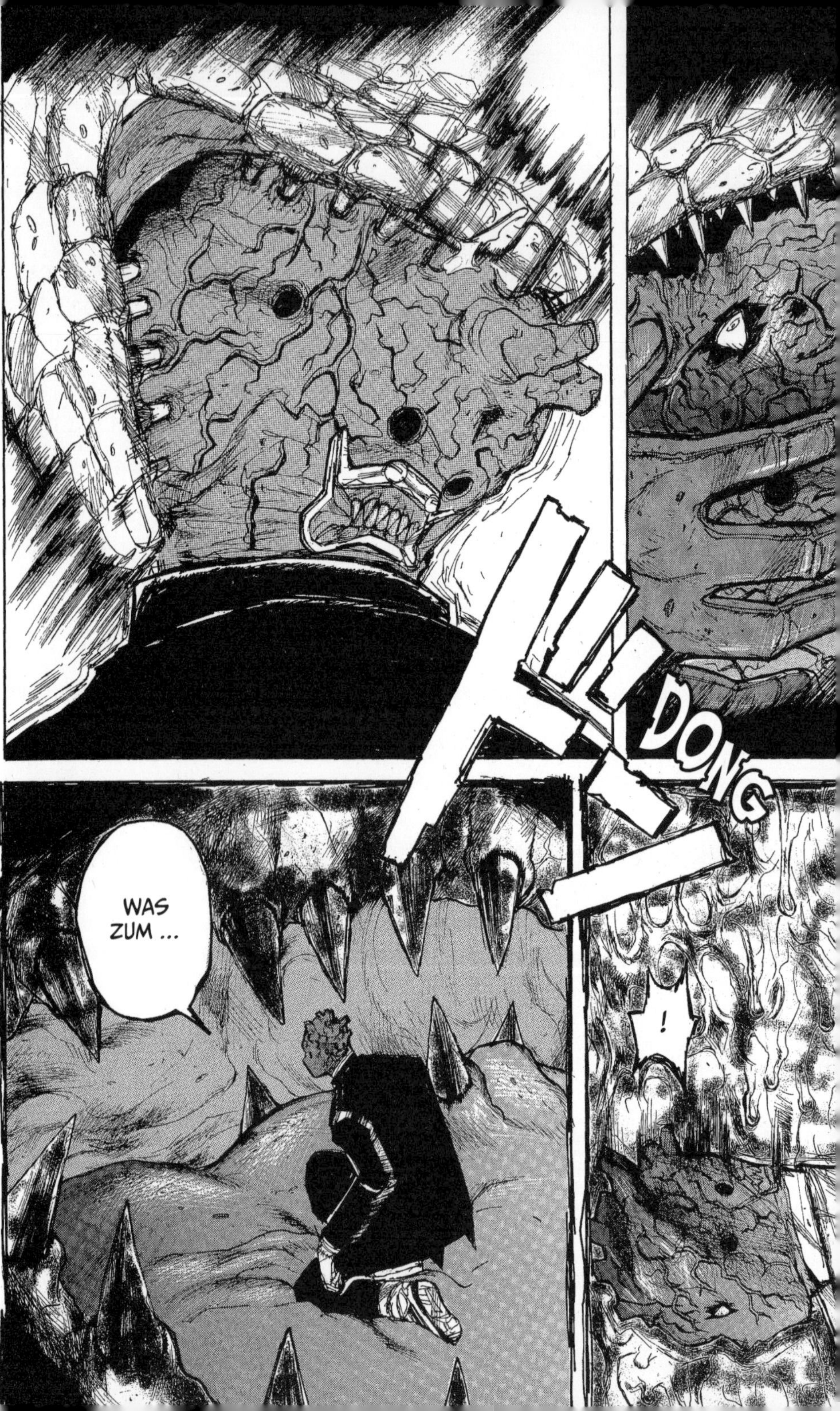
DONG
WAS ZUM …
!

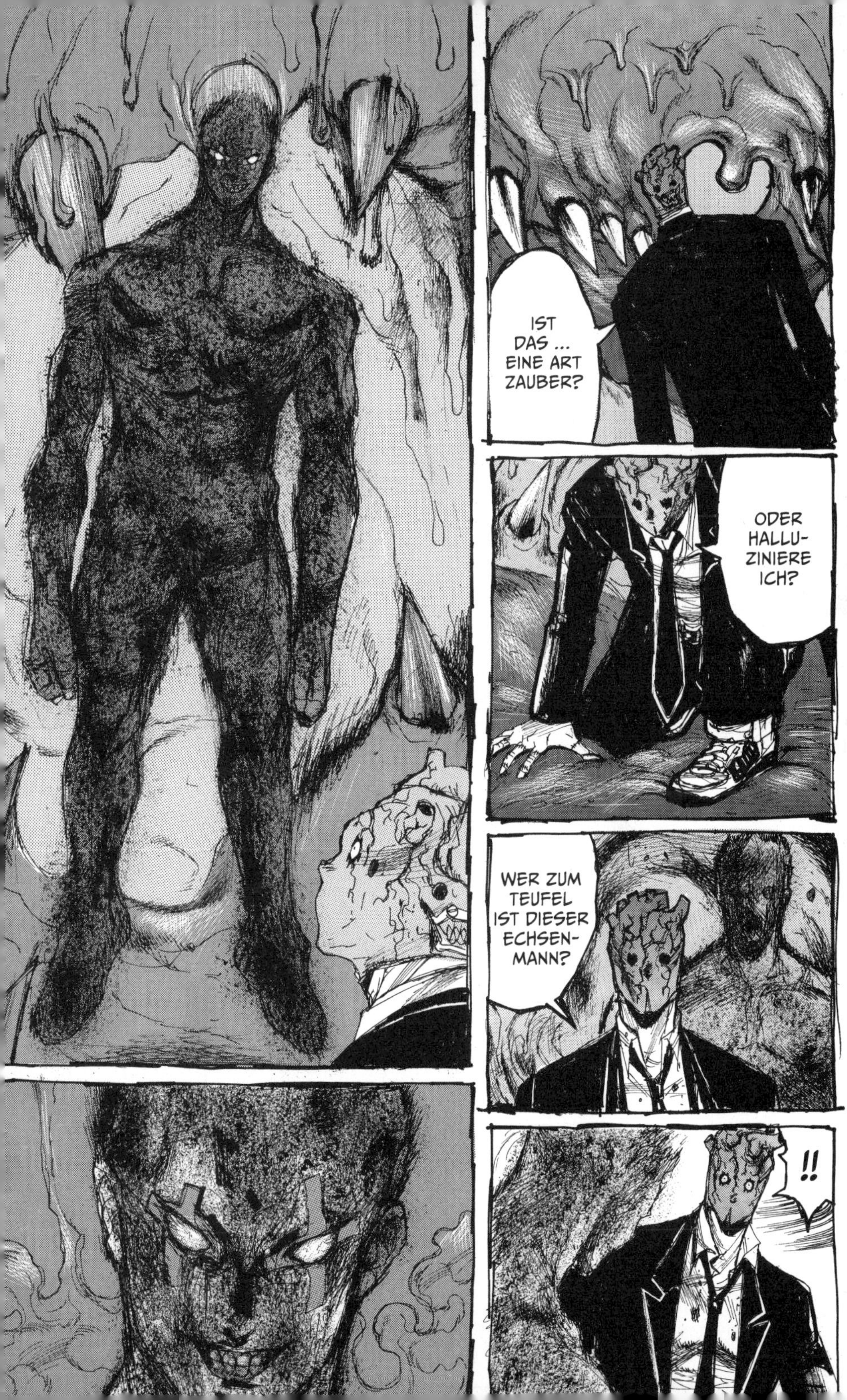
IST DAS ... EINE ART ZAUBER?
ODER HALLUZINIERE ICH?
WER ZUM TEUFEL IST DIESER ECHSENMANN?
!!

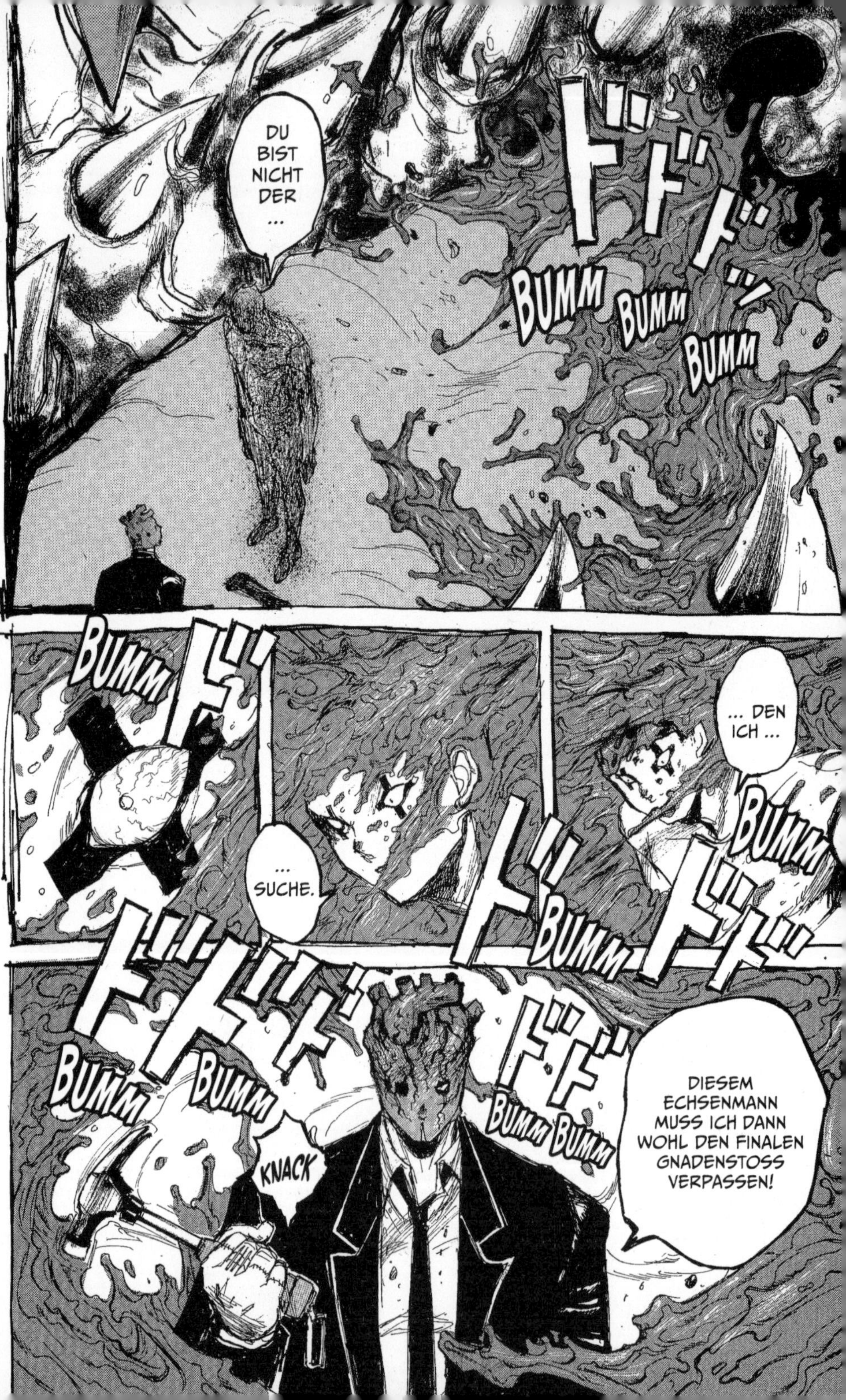
BUMM
BUMM
BUMM
DU BIST NICHT DER …
… DEN ICH …
BUMM
BUMM
… SUCHE.
BUMM
DIESEM ECHSENMANN MUSS ICH DANN WOHL DEN FINALEN GNADENSTOSS VERPASSEN!
BUMM BUMM
BUMM
BUMM
KNACK

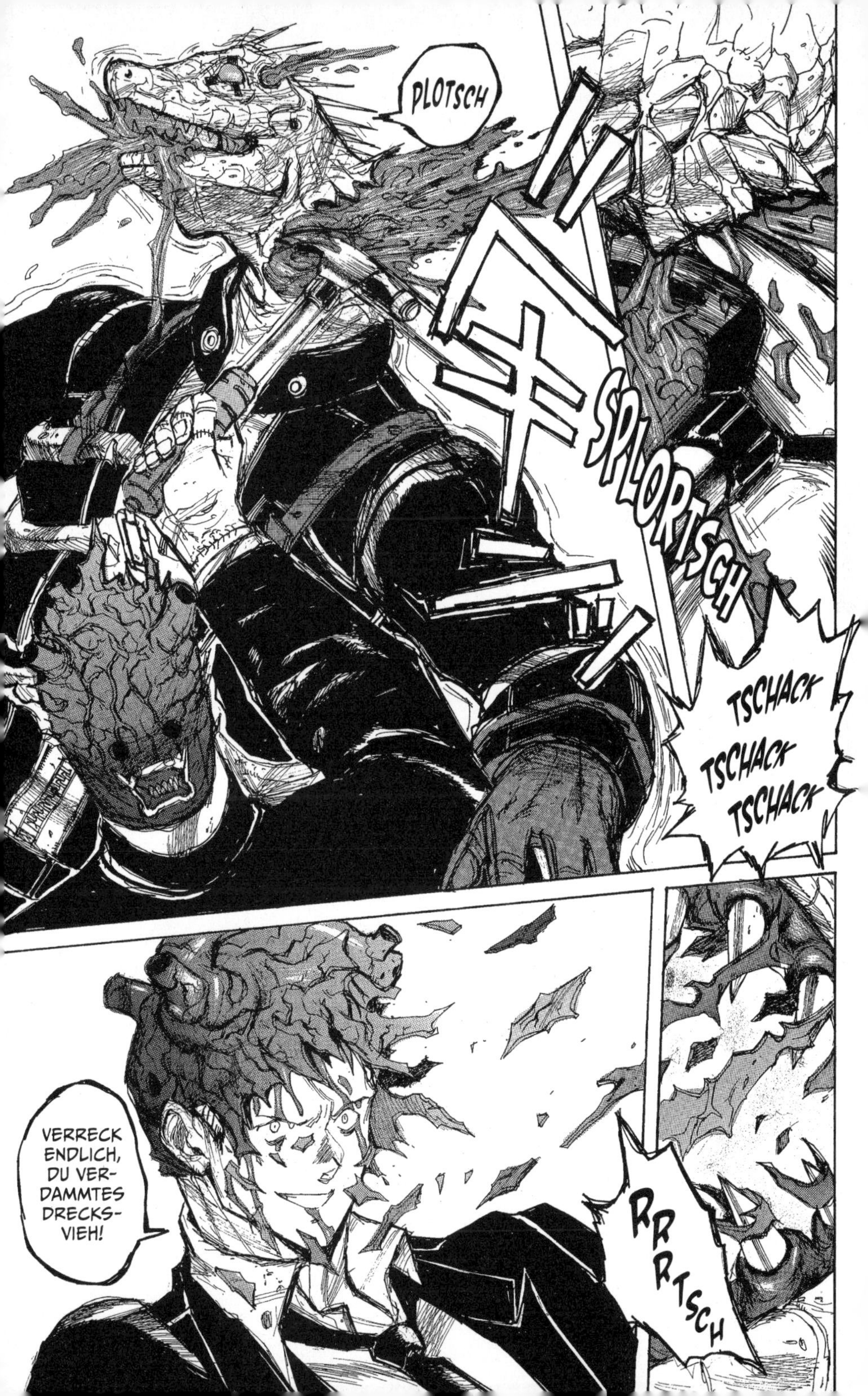
PLOTSCH
SPLORTSCH
TSCHACK TSCHACK TSCHACK
RRRTSCH
VERRECK ENDLICH, DU VERDAMMTES DRECKSVIEH!

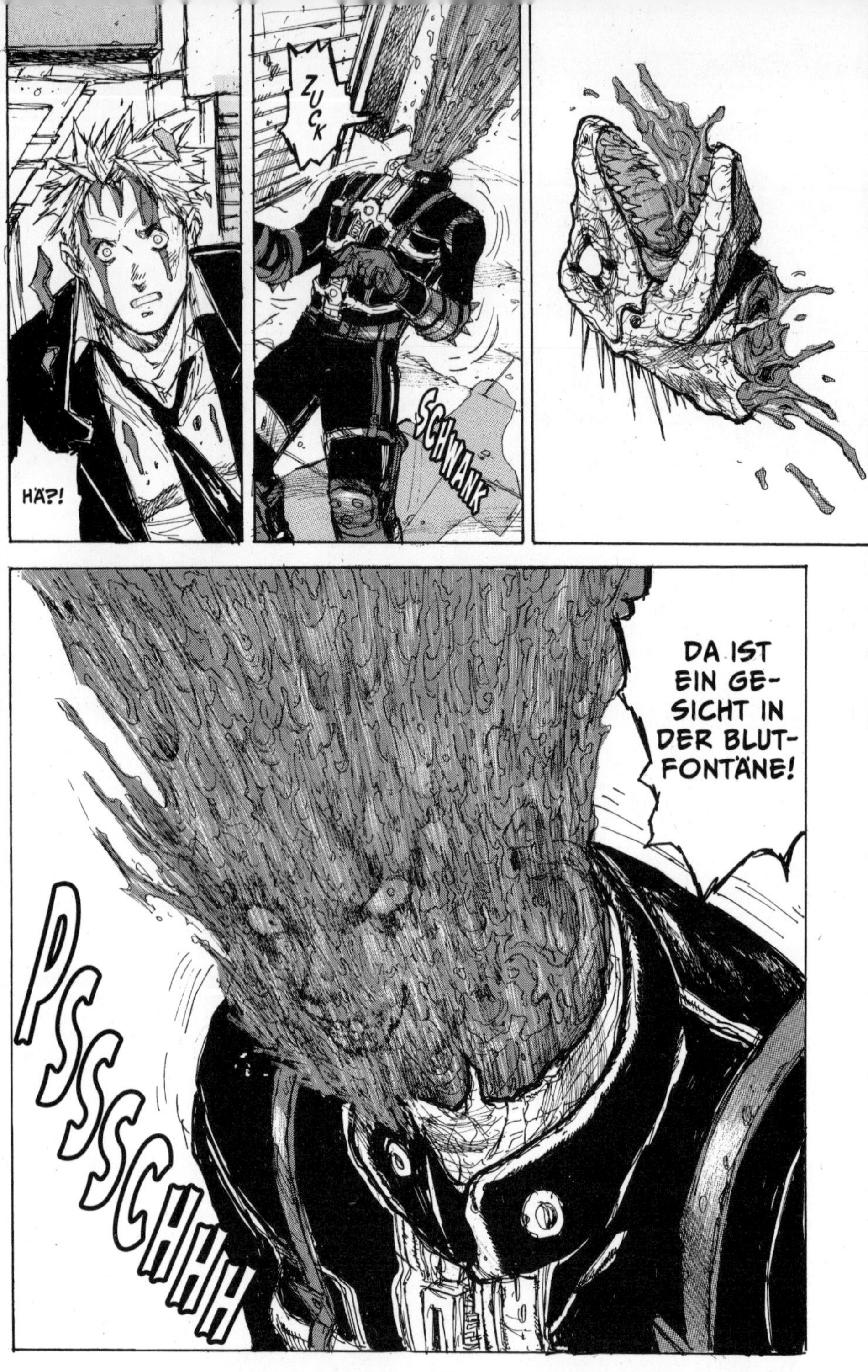
ZUCK
HÄ?!
SCHWANK
DA IST EIN GESICHT IN DER BLUTFONTÄNE!
PSSSCHHHH

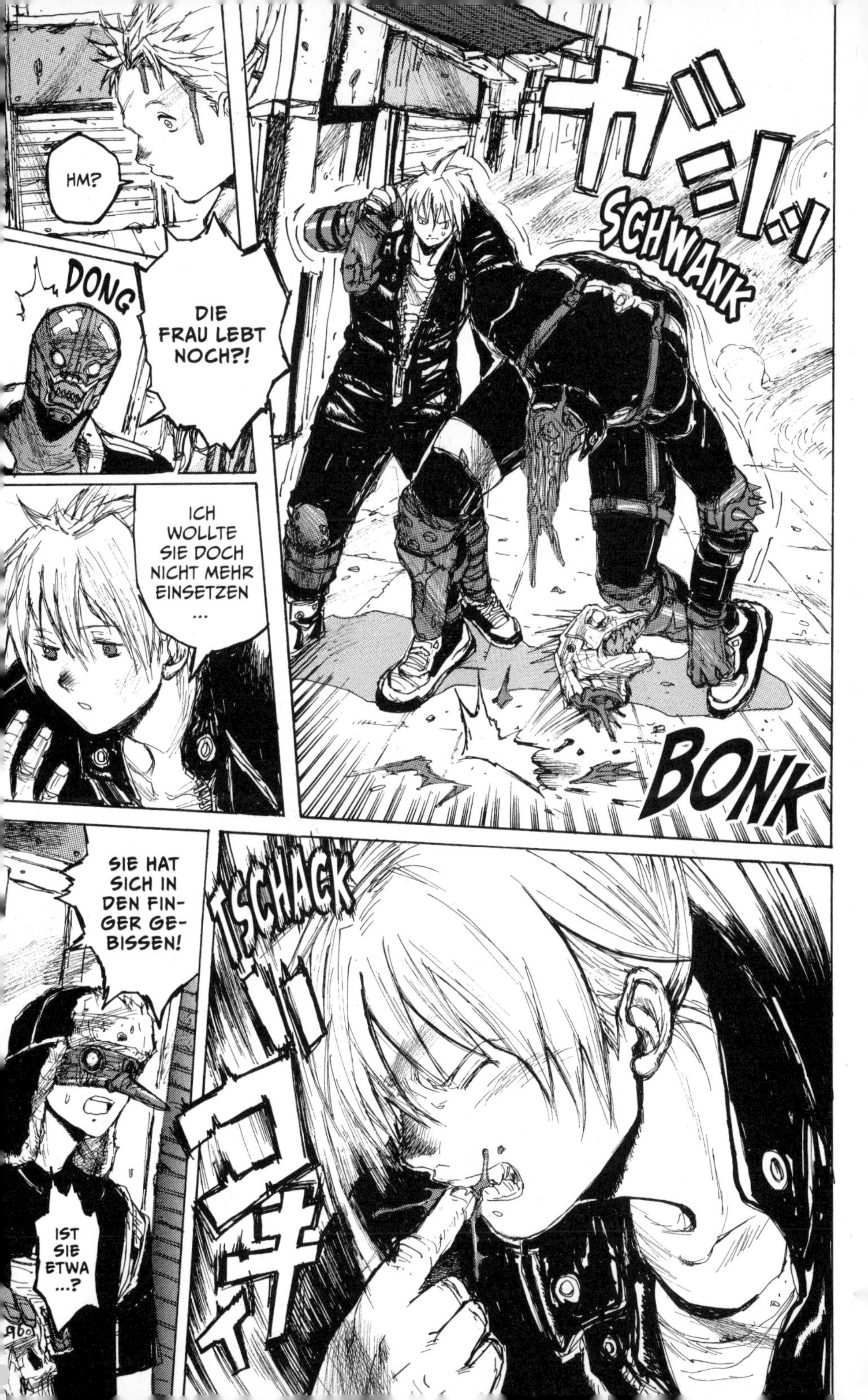
SCHWANK
BONK
HM?
DONG
DIE FRAU LEBT NOCH?!
ICH WOLLTE SIE DOCH NICHT MEHR EINSETZEN ...
TSCHACK
SIE HAT SICH IN DEN FINGER GEBISSEN!
IST SIE ETWA ...?

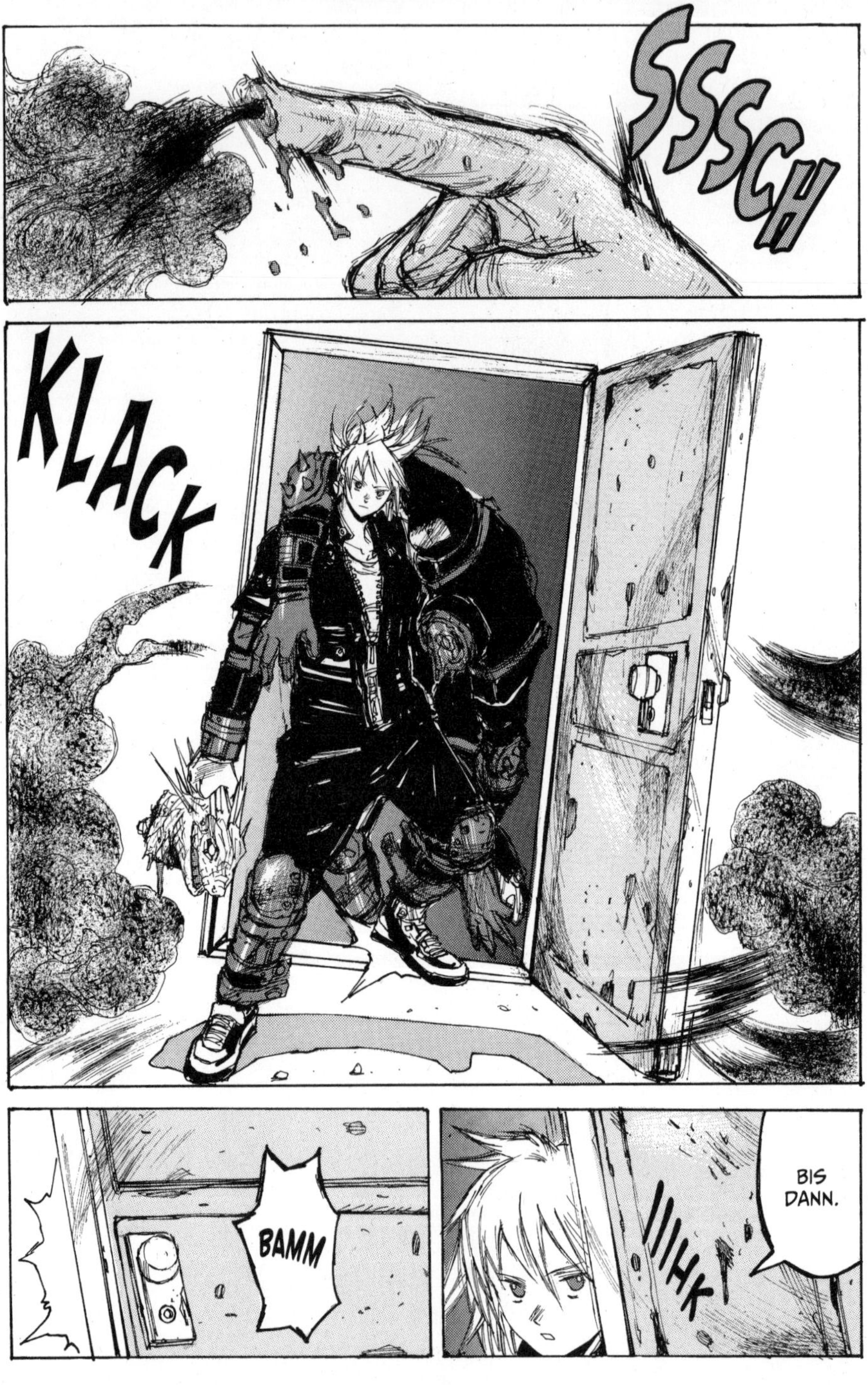
SSSCH
KLACK
BAMM
IIIHK
BIS DANN.

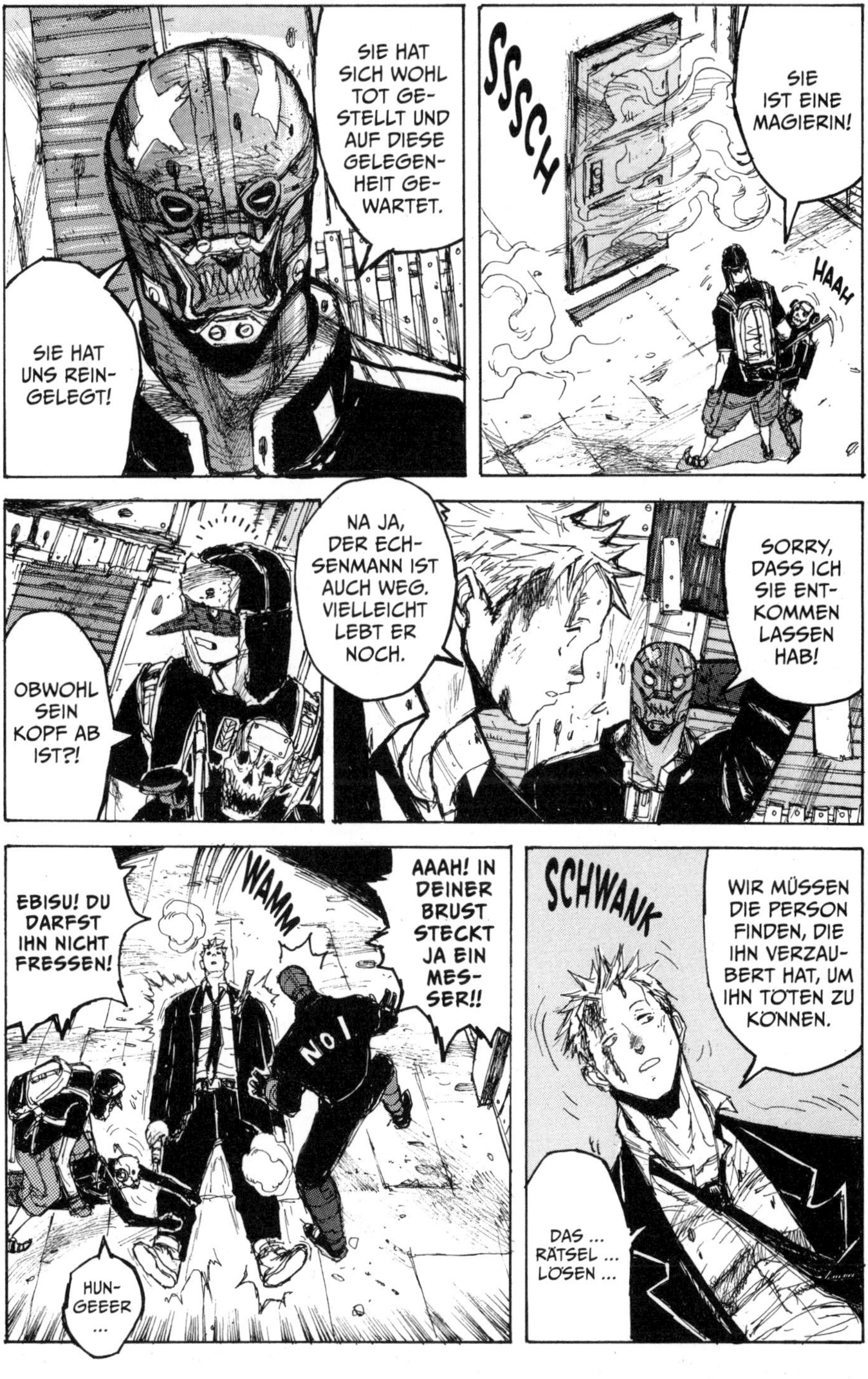
SIE HAT UNS REIN-GELEGT!
SIE HAT SICH WOHL TOT GE-STELLT UND AUF DIESE GELEGEN-HEIT GE-WARTET.
SSSCH
SIE IST EINE MAGIERIN!
HAAH
OBWOHL SEIN KOPF AB IST?!
NA JA, DER ECH-SENMANN IST AUCH WEG. VIELLEICHT LEBT ER NOCH.
SORRY, DASS ICH SIE ENT-KOMMEN LASSEN HAB!
EBISU! DU DARFST IHN NICHT FRESSEN!
WAMM
AAAH! IN DEINER BRUST STECKT JA EIN MES-SER!!
HUN-GEEER ...
SCHWANK
WIR MÜSSEN DIE PERSON FINDEN, DIE IHN VERZAU-BERT HAT, UM IHN TÖTEN ZU KÖNNEN.
DAS ... RÄTSEL ... LÖSEN ...

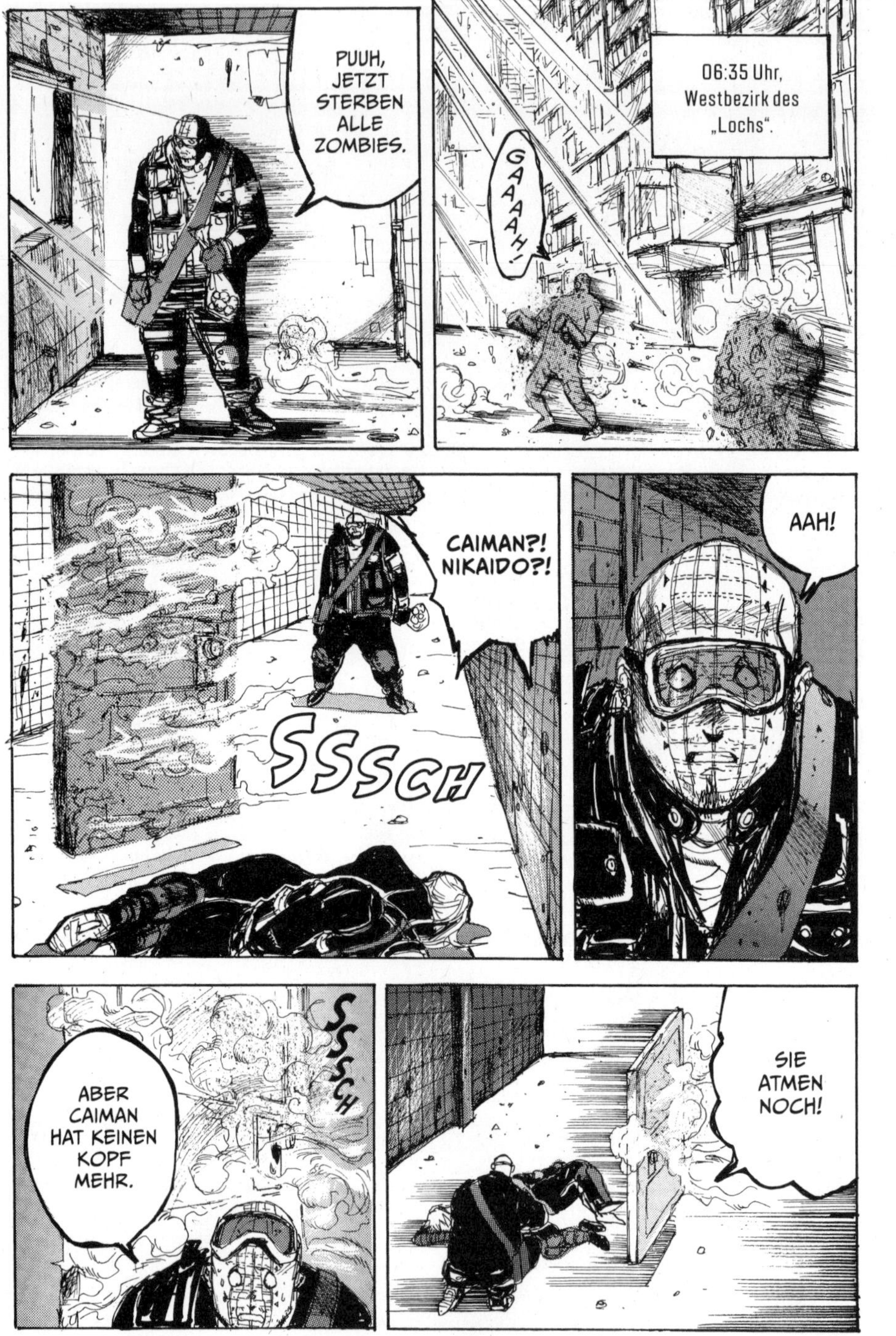
06:35 Uhr, Westbezirk des „Lochs“.
GAAAAH!
PUUH, JETZT STERBEN ALLE ZOMBIES.
AAH!
CAIMAN?! NIKAIDO?!
SSSCH
SIE ATMEN NOCH!
SSSCH
ABER CAIMAN HAT KEINEN KOPF MEHR.

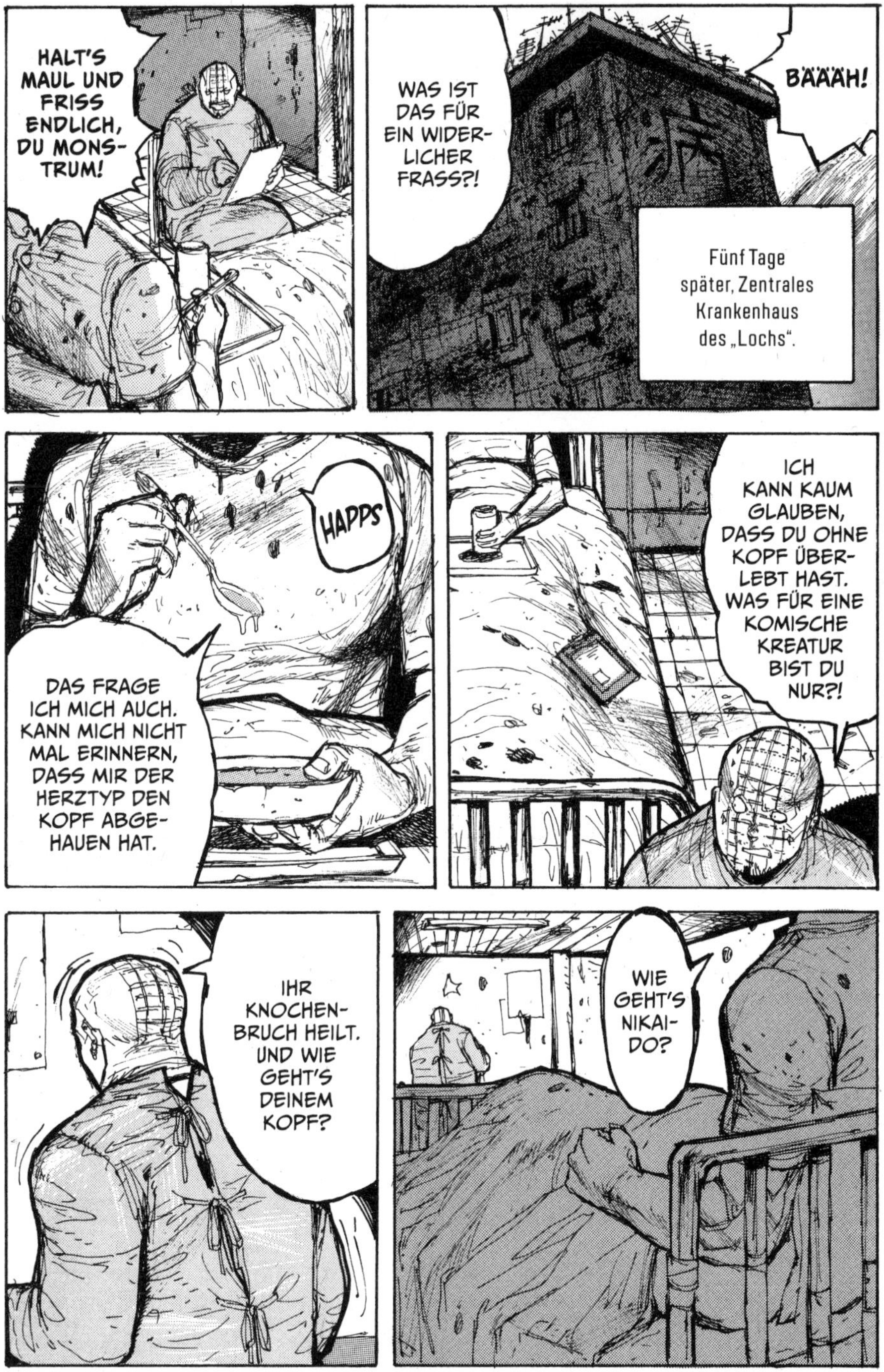
Fünf Tage später, Zentrales Krankenhaus des „Lochs“.
WAS IST DAS FÜR EIN WIDERLICHER FRASS?!
BÄÄÄH!
HALT'S MAUL UND FRISS ENDLICH, DU MONSTRUM!
ICH KANN KAUM GLAUBEN, DASS DU OHNE KOPF ÜBERLEBT HAST. WAS FÜR EINE KOMISCHE KREATUR BIST DU NUR?!
HAPPS
DAS FRAGE ICH MICH AUCH. KANN MICH NICHT MAL ERINNERN, DASS MIR DER HERZTYP DEN KOPF ABGEHAUEN HAT.
WIE GEHT'S NIKAIDO?
IHR KNOCHENBRUCH HEILT. UND WIE GEHT'S DEINEM KOPF?

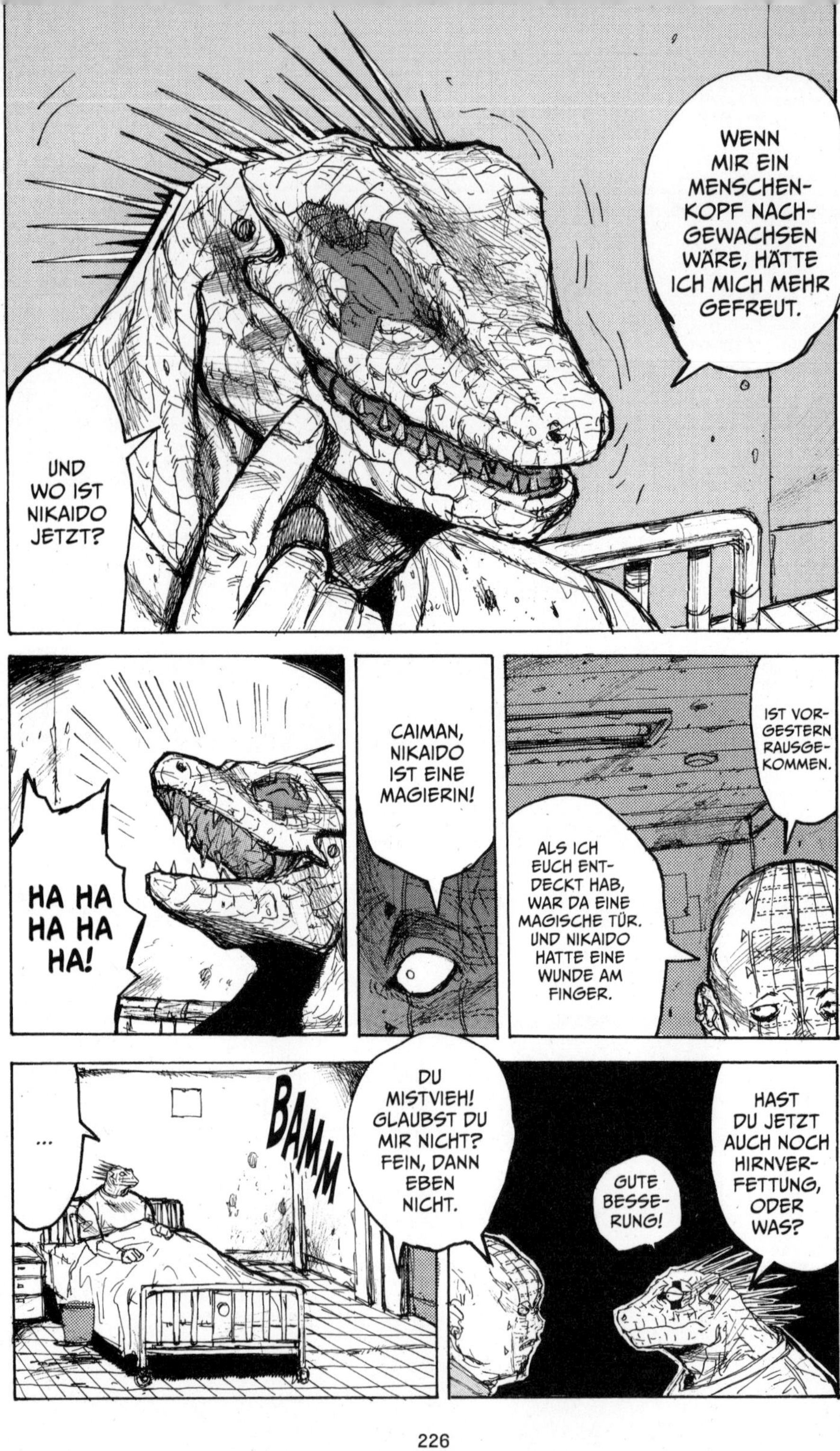
WENN MIR EIN MENSCHEN-KOPF NACH-GEWACHSEN WÄRE, HÄTTE ICH MICH MEHR GEFREUT.
UND WO IST NIKAIDO JETZT?
IST VOR-GESTERN RAUSGE-KOMMEN.
ALS ICH EUCH ENT-DECKT HAB, WAR DA EINE MAGISCHE TÜR. UND NIKAIDO HATTE EINE WUNDE AM FINGER.
CAIMAN, NIKAIDO IST EINE MAGIERIN!
HA HA HA HA HA!
HAST DU JETZT AUCH NOCH HIRNVER-FETTUNG, ODER WAS?
GUTE BESSE-RUNG!
DU MISTVIEH! GLAUBST DU MIR NICHT? FEIN, DANN EBEN NICHT.
BAMM
...

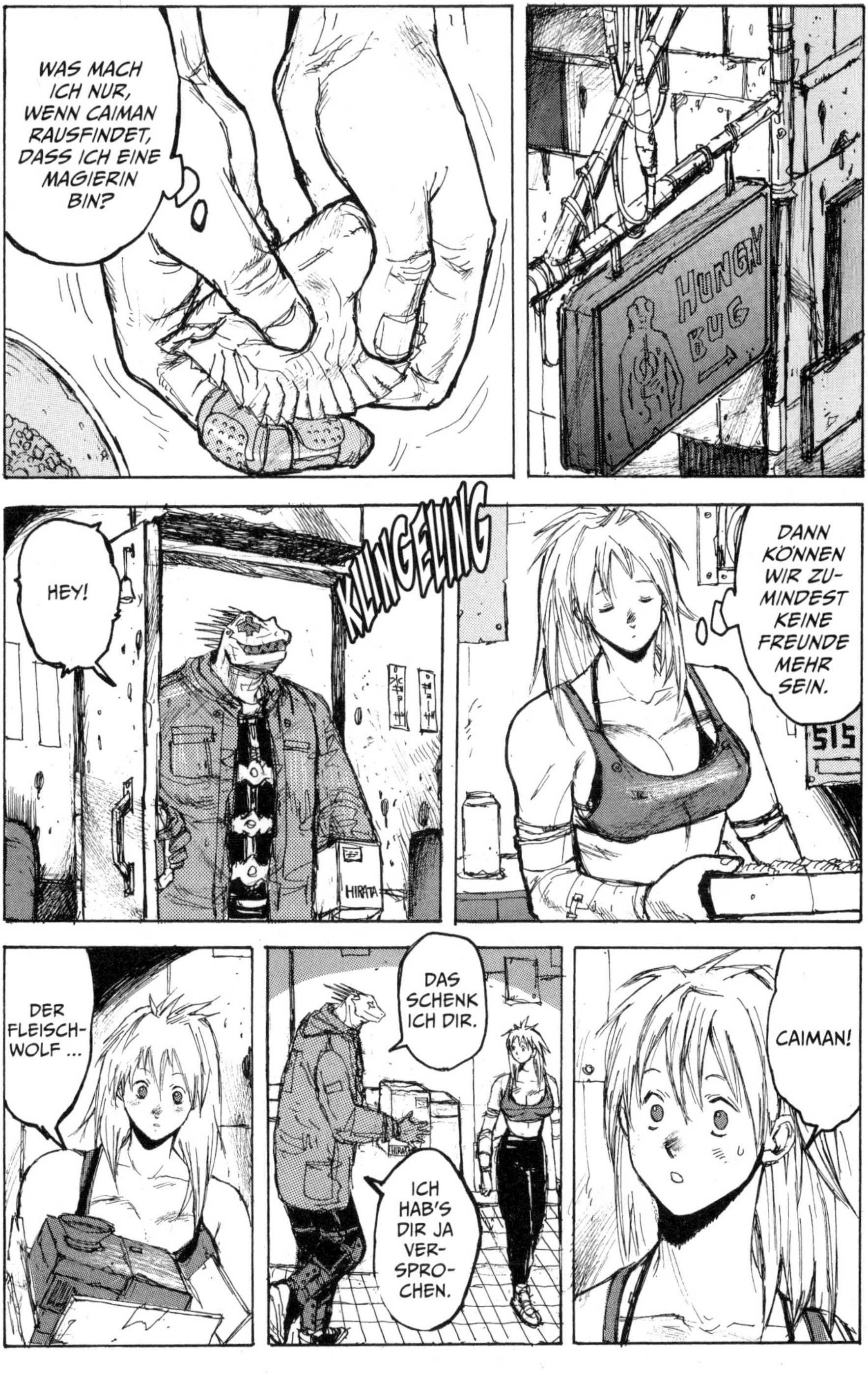
WAS MACH ICH NUR, WENN CAIMAN RAUSFINDET, DASS ICH EINE MAGIERIN BIN?
HUNGRY BUG
KLINGELING
DANN KÖNNEN WIR ZUMINDEST KEINE FREUNDE MEHR SEIN.
HEY!
CAIMAN!
DAS SCHENK ICH DIR.
ICH HAB'S DIR JA VERSPROCHEN.
DER FLEISCHWOLF ...

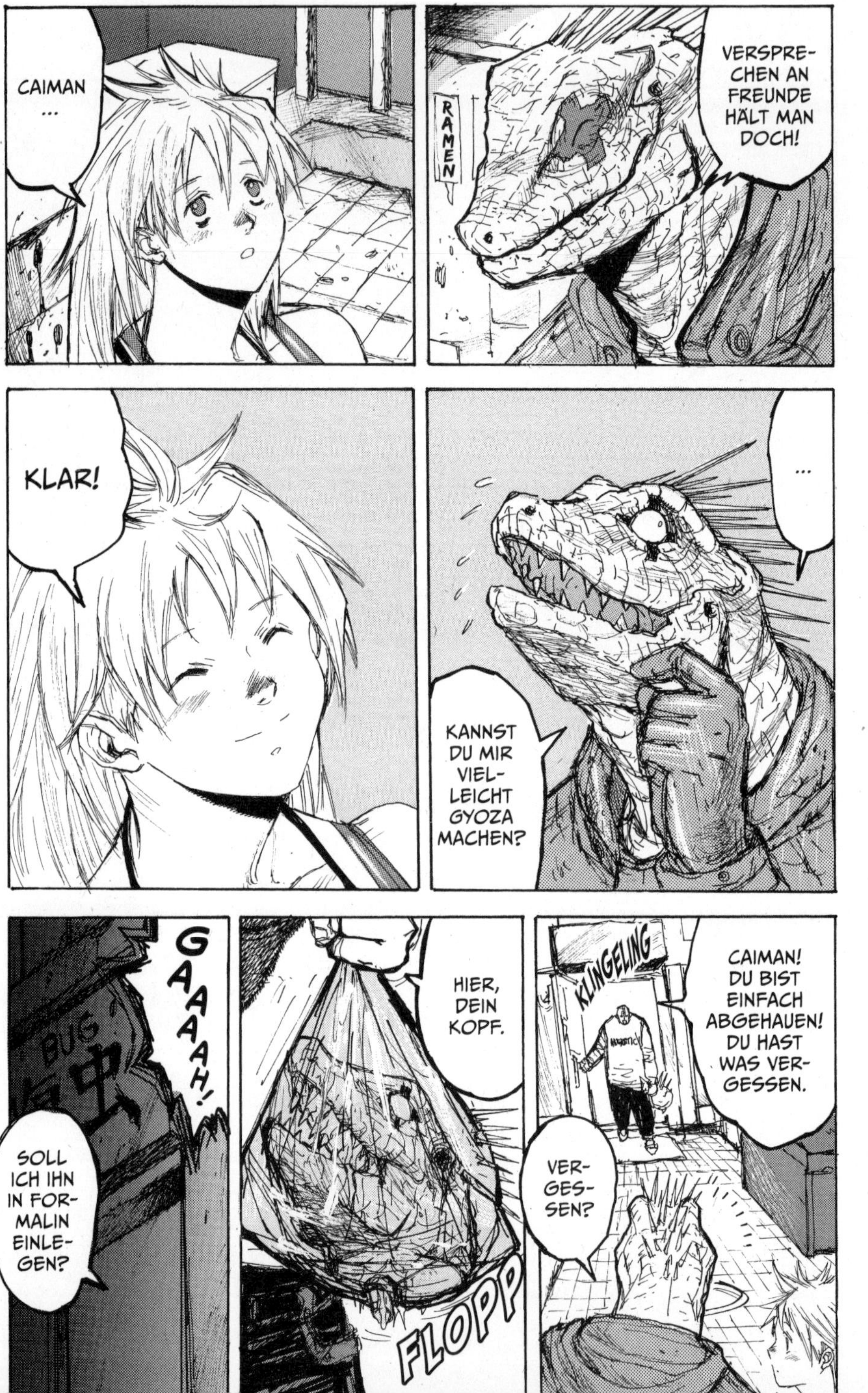
VERSPRECHEN AN FREUNDE HÄLT MAN DOCH!
RAMEN
CAIMAN ...
...
KANNST DU MIR VIELLEICHT GYOZA MACHEN?
KLAR!
KLINGELING
CAIMAN! DU BIST EINFACH ABGEHAUEN! DU HAST WAS VERGESSEN.
VERGESSEN?
HIER, DEIN KOPF.
FLOPP
GAAAAAH!
BUG
SOLL ICH IHN IN FORMALIN EINLEGEN?

009. Fluch:

Echsen können auch ganz viel tanzen!

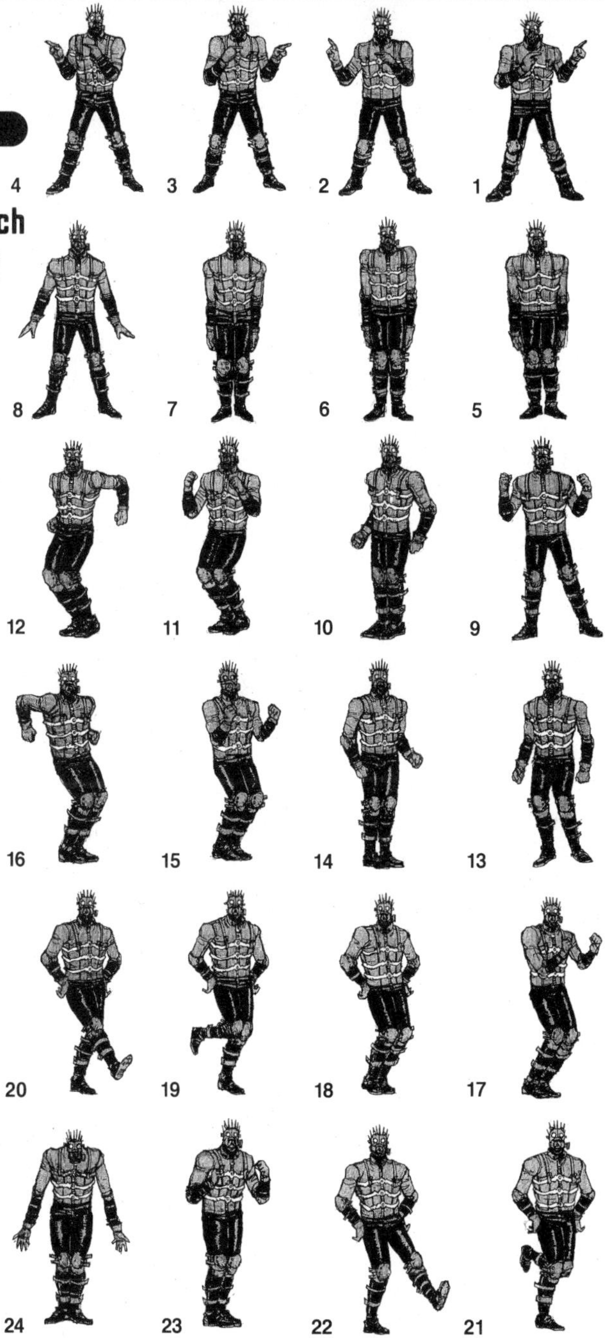

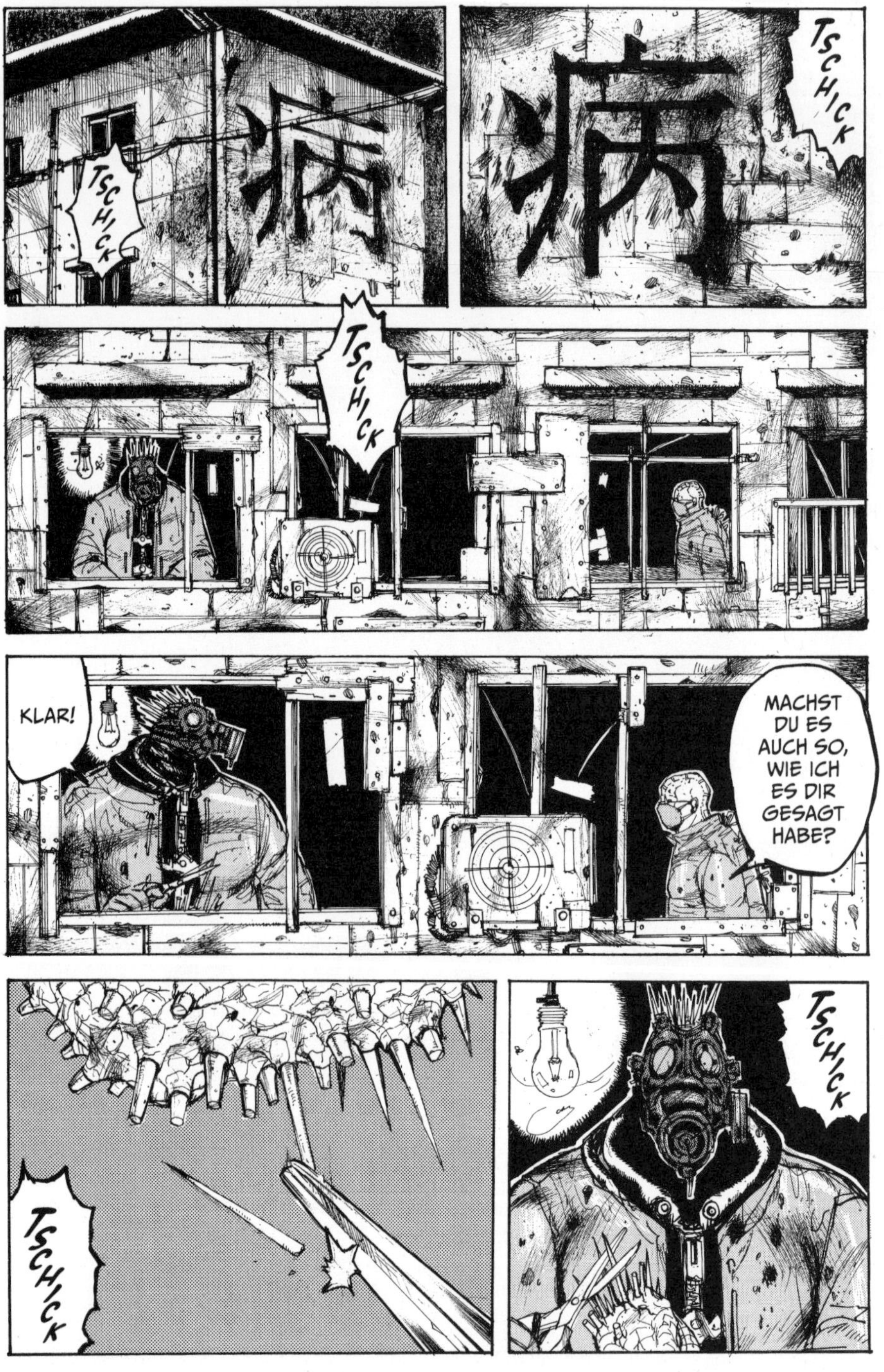
病
TSCHICK
病
TSCHICK
TSCHICK
MACHST DU ES AUCH SO, WIE ICH ES DIR GESAGT HABE?
KLAR!
TSCHICK
TSCHICK

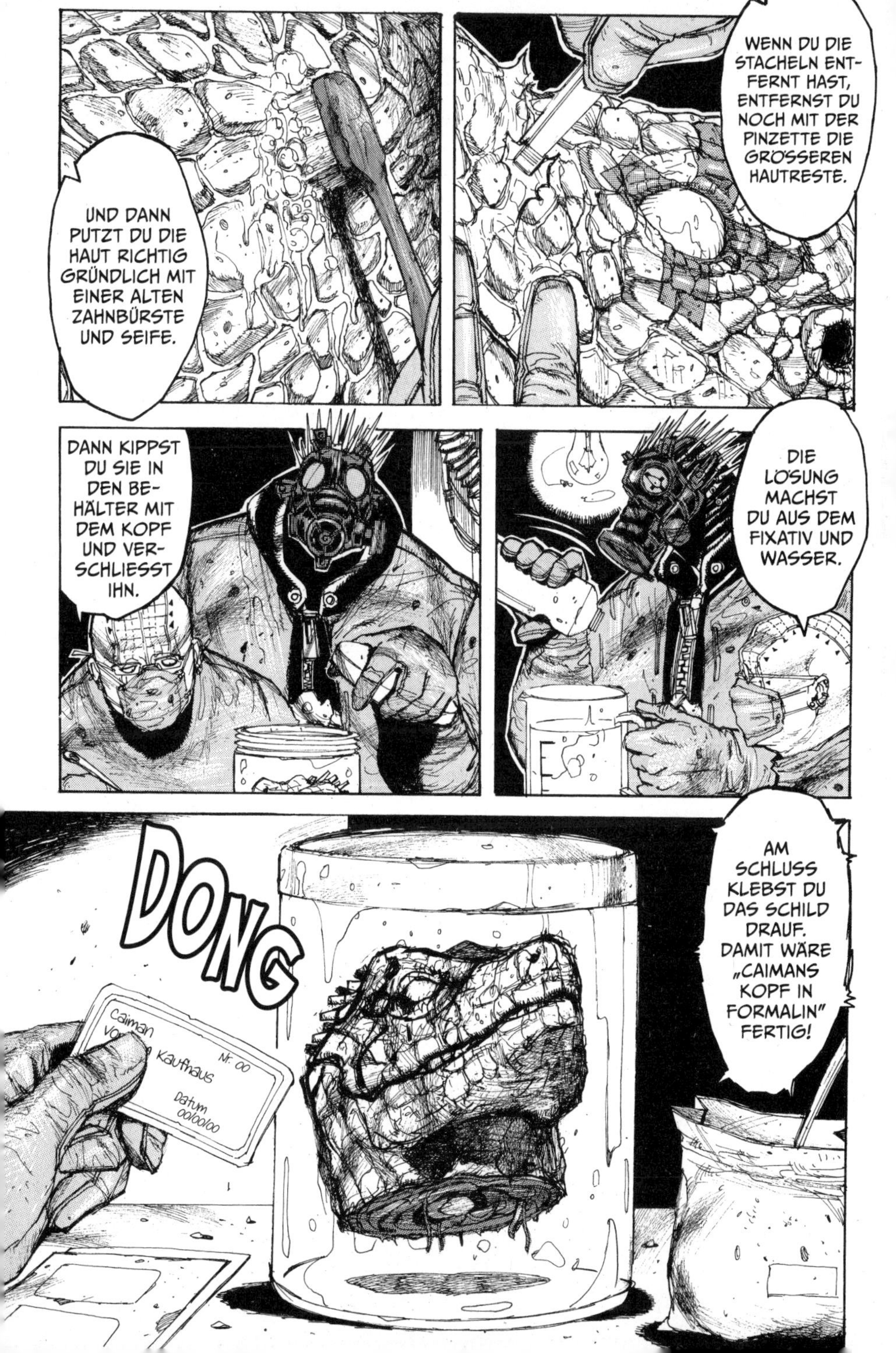

WENN DU DIE STACHELN ENTFERNT HAST, ENTFERNST DU NOCH MIT DER PINZETTE DIE GRÖSSEREN HAUTRESTE.
UND DANN PUTZT DU DIE HAUT RICHTIG GRÜNDLICH MIT EINER ALTEN ZAHNBÜRSTE UND SEIFE.
DIE LÖSUNG MACHST DU AUS DEM FIXATIV UND WASSER.
DANN KIPPST DU SIE IN DEN BEHÄLTER MIT DEM KOPF UND VERSCHLIESST IHN.
AM SCHLUSS KLEBST DU DAS SCHILD DRAUF. DAMIT WÄRE „CAIMANS KOPF IN FORMALIN" FERTIG!
DONG
Caiman
Nr. 00
Kaufhaus
Datum 00/00/00

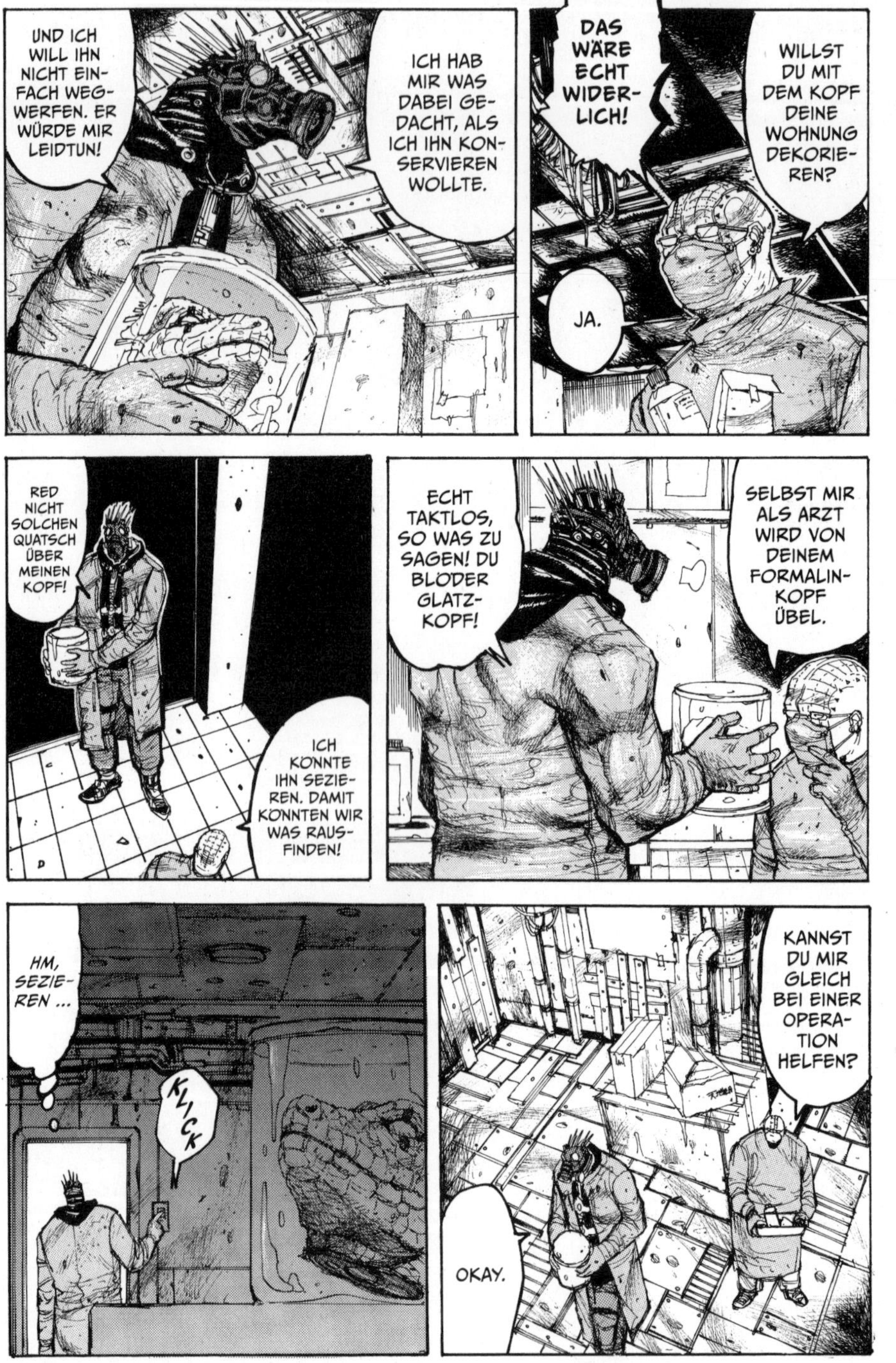
WILLST DU MIT DEM KOPF DEINE WOHNUNG DEKORIEREN?
JA.
DAS WÄRE ECHT WIDERLICH!
ICH HAB MIR WAS DABEI GEDACHT, ALS ICH IHN KONSERVIEREN WOLLTE.
UND ICH WILL IHN NICHT EINFACH WEGWERFEN. ER WÜRDE MIR LEIDTUN!
SELBST MIR ALS ARZT WIRD VON DEINEM FORMALINKOPF ÜBEL.
ECHT TAKTLOS, SO WAS ZU SAGEN! DU BLÖDER GLATZKOPF!
RED NICHT SOLCHEN QUATSCH ÜBER MEINEN KOPF!
ICH KÖNNTE IHN SEZIEREN. DAMIT KÖNNTEN WIR WAS RAUSFINDEN!
KANNST DU MIR GLEICH BEI EINER OPERATION HELFEN?
OKAY.
HM, SEZIEREN ...
KLICK

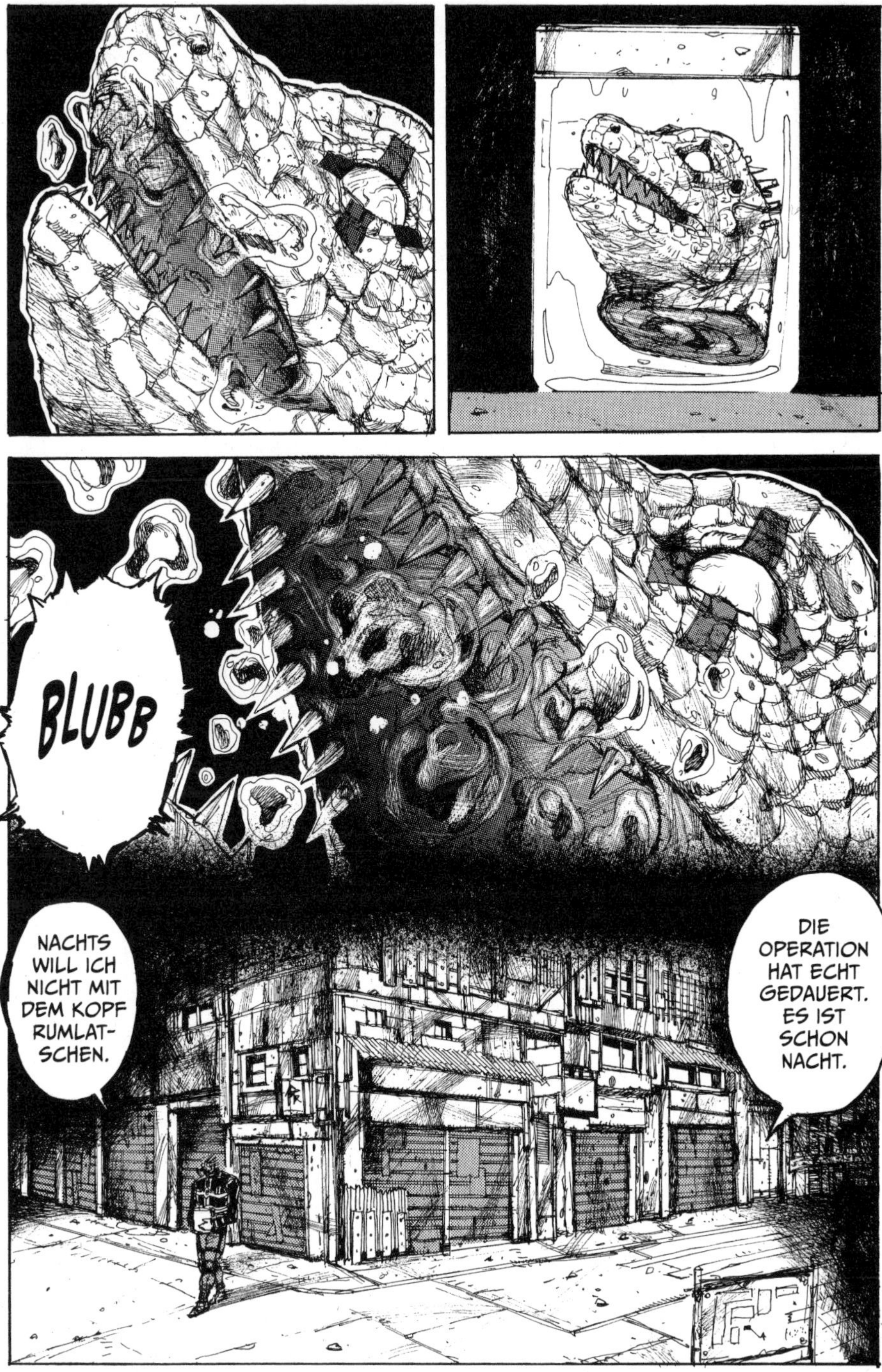
BLUBB
DIE OPERATION HAT ECHT GEDAUERT. ES IST SCHON NACHT.
NACHTS WILL ICH NICHT MIT DEM KOPF RUMLATSCHEN.

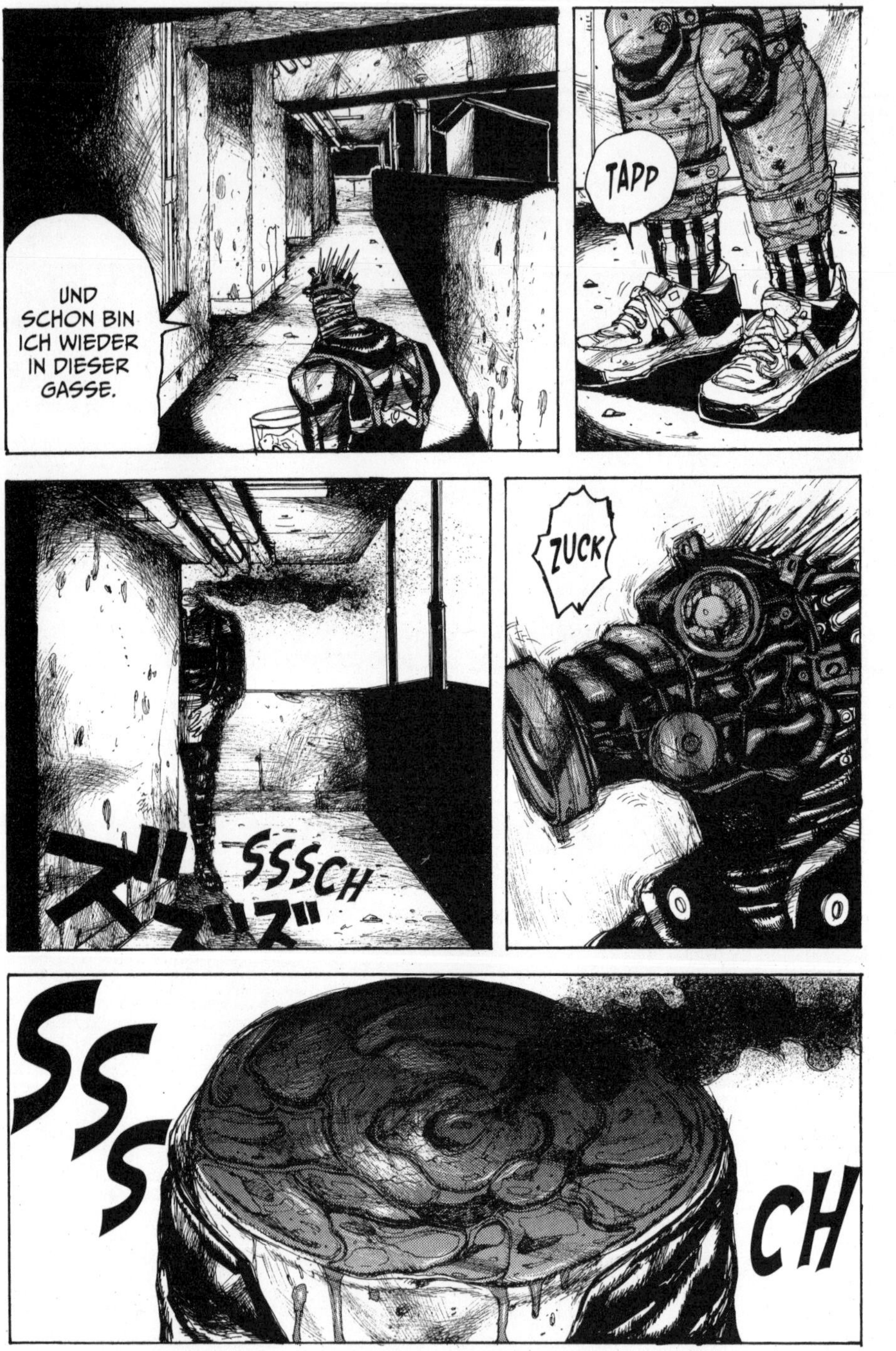
TAPP
UND SCHON BIN ICH WIEDER IN DIESER GASSE.
ZUCK
SSSCH
SSSCH

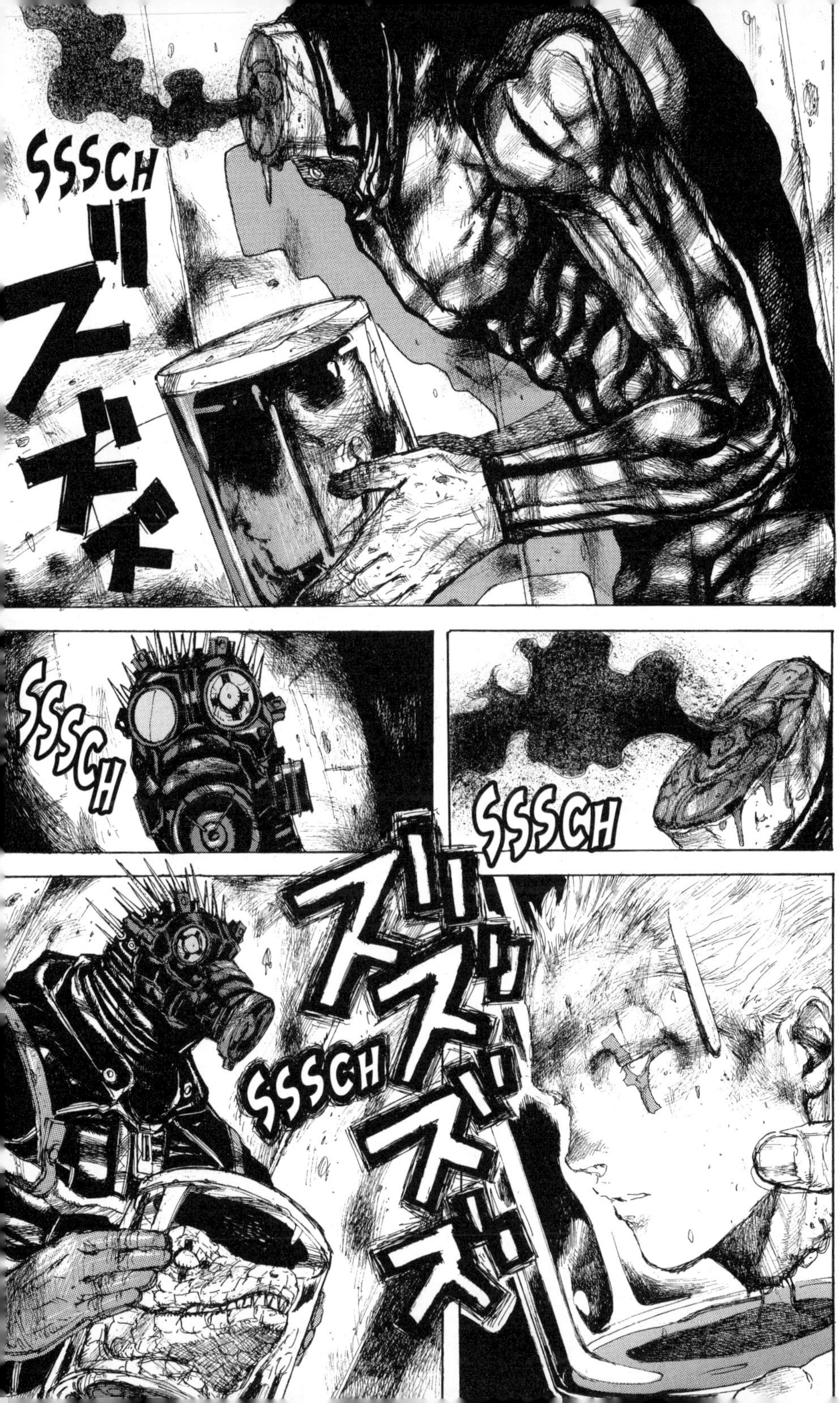
SSSCH
SSSCH
SSSCH
SSSCH

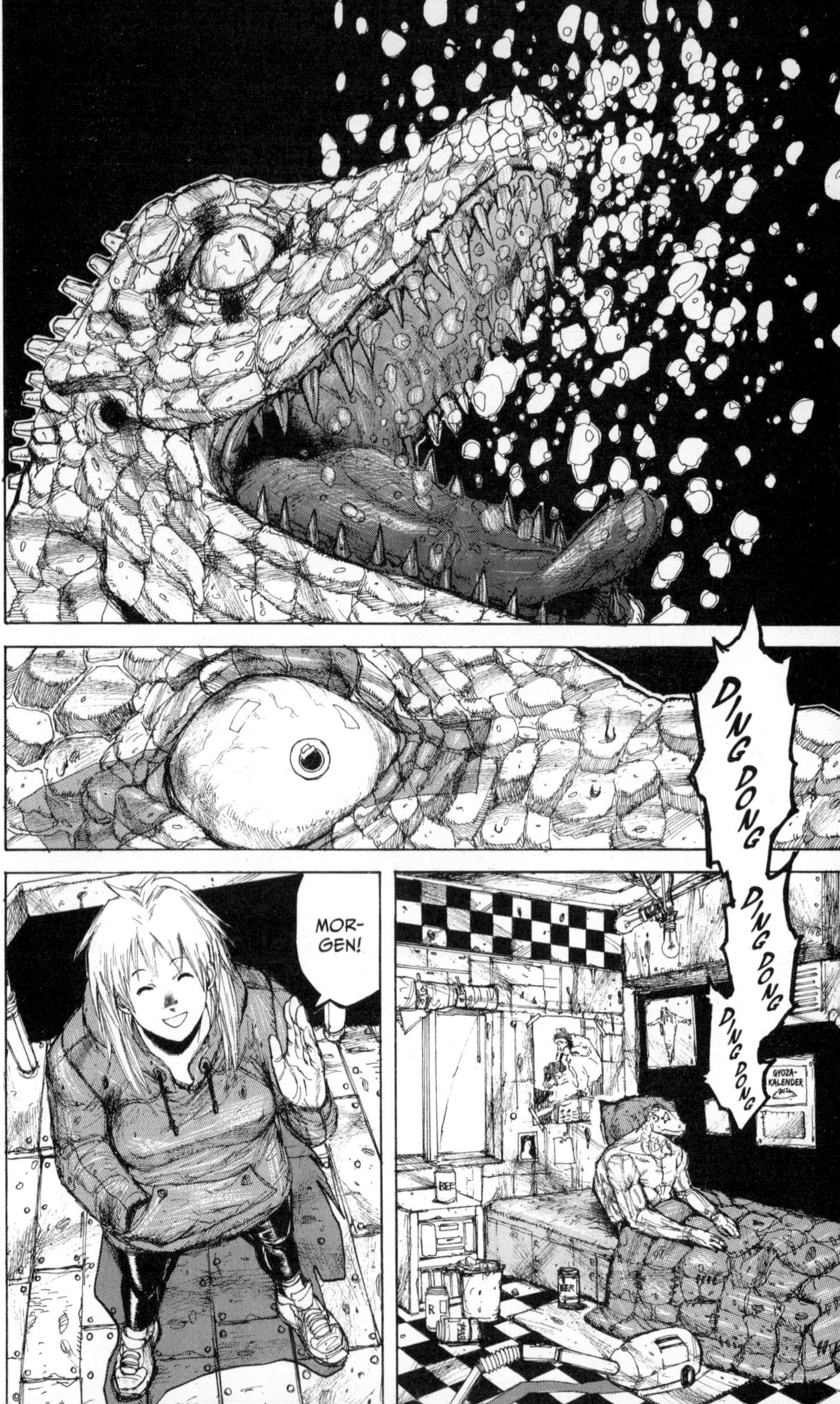
DING DONG
DING DONG
DING DONG
MOR-
GEN!
GYOZA-
KALENDER

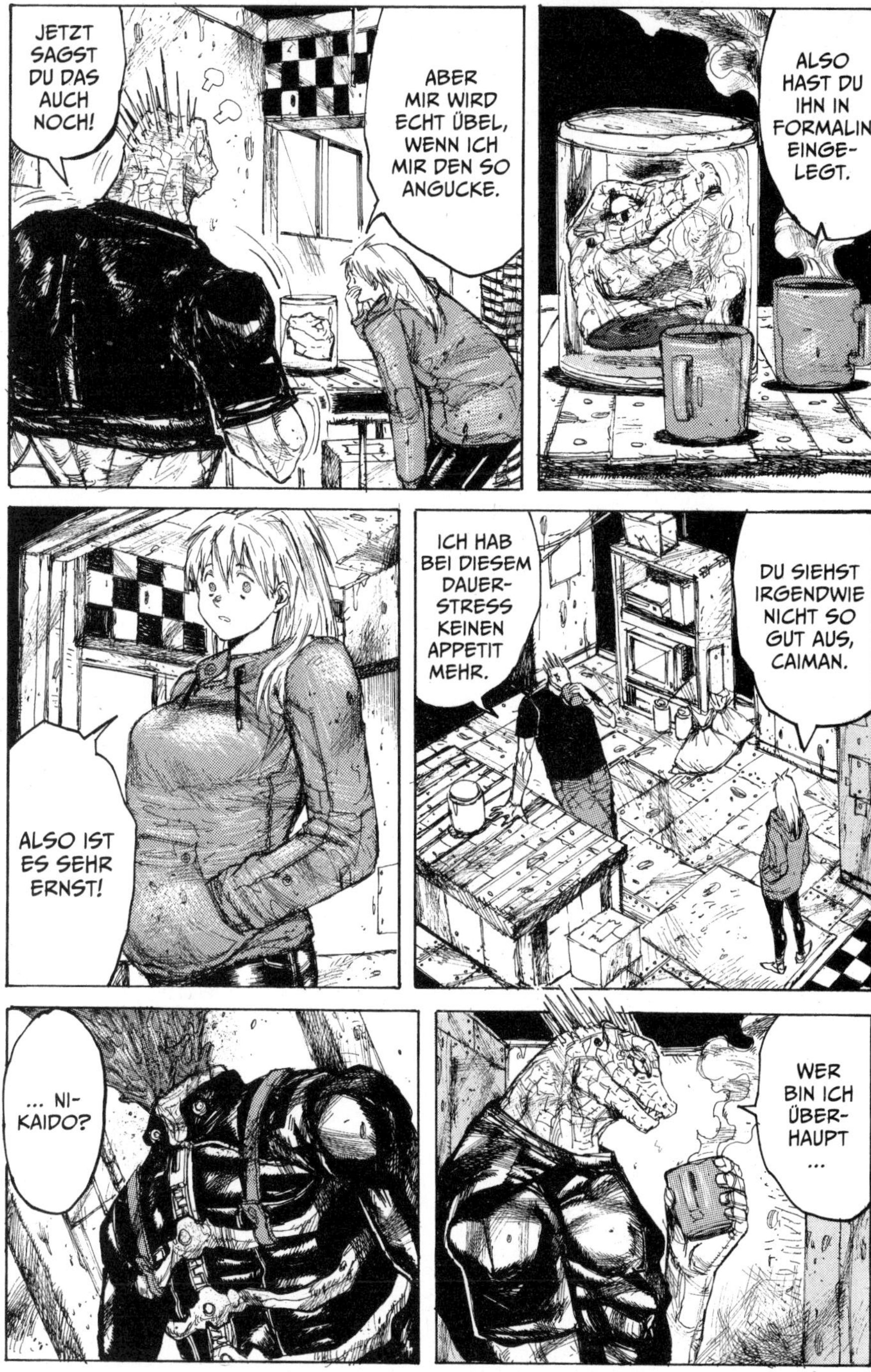
ALSO HAST DU IHN IN FORMALIN EINGE-LEGT.
ABER MIR WIRD ECHT ÜBEL, WENN ICH MIR DEN SO ANGUCKE.
JETZT SAGST DU DAS AUCH NOCH!
DU SIEHST IRGENDWIE NICHT SO GUT AUS, CAIMAN.
ICH HAB BEI DIESEM DAUER-STRESS KEINEN APPETIT MEHR.
ALSO IST ES SEHR ERNST!
WER BIN ICH ÜBER-HAUPT ...
... NI-KAIDO?

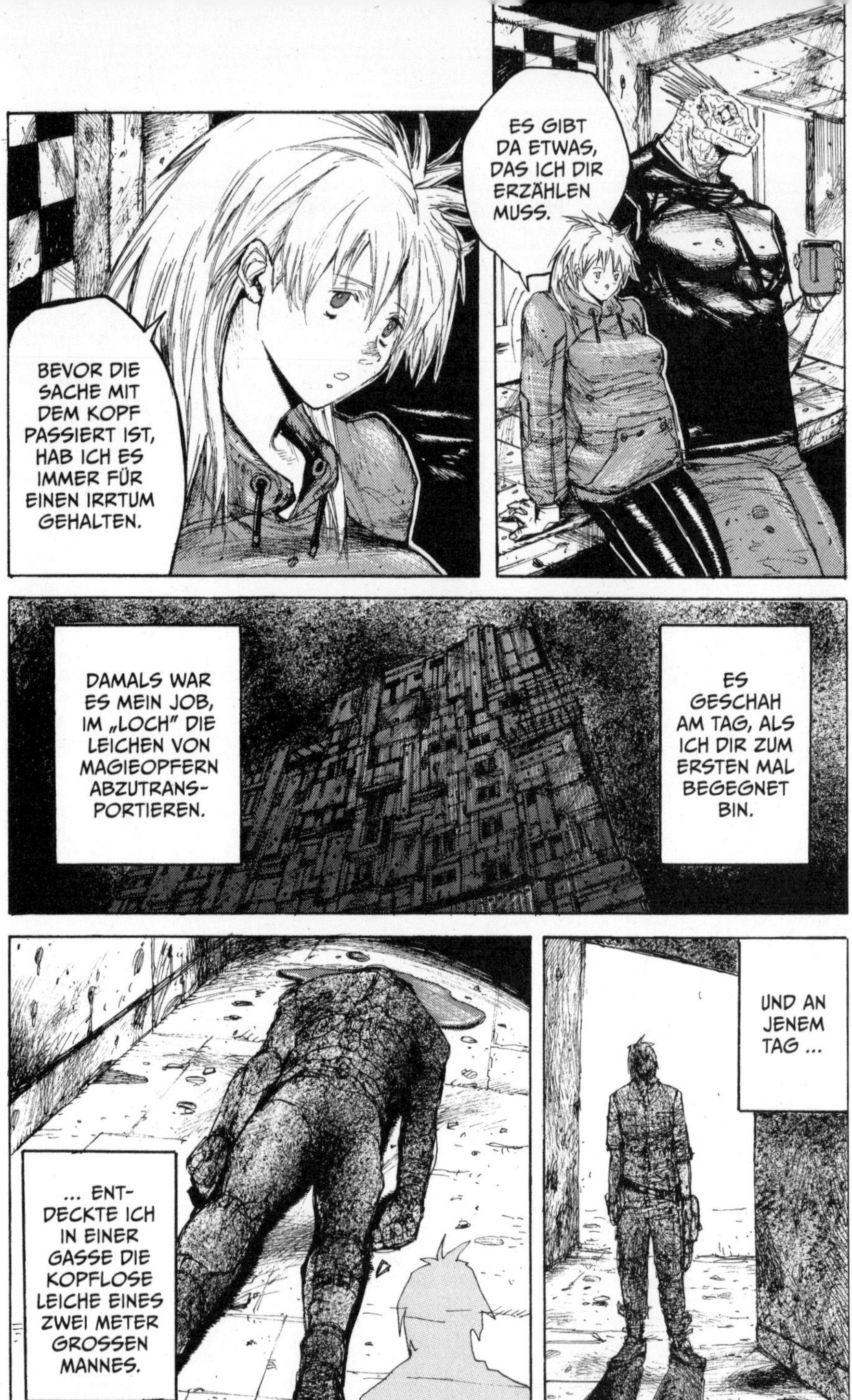
ES GIBT DA ETWAS, DAS ICH DIR ERZÄHLEN MUSS.
BEVOR DIE SACHE MIT DEM KOPF PASSIERT IST, HAB ICH ES IMMER FÜR EINEN IRRTUM GEHALTEN.
ES GESCHAH AM TAG, ALS ICH DIR ZUM ERSTEN MAL BEGEGNET BIN.
DAMALS WAR ES MEIN JOB, IM „LOCH" DIE LEICHEN VON MAGIEOPFERN ABZUTRANS-PORTIEREN.
UND AN JENEM TAG ...
... ENT-DECKTE ICH IN EINER GASSE DIE KOPFLOSE LEICHE EINES ZWEI METER GROSSEN MANNES.

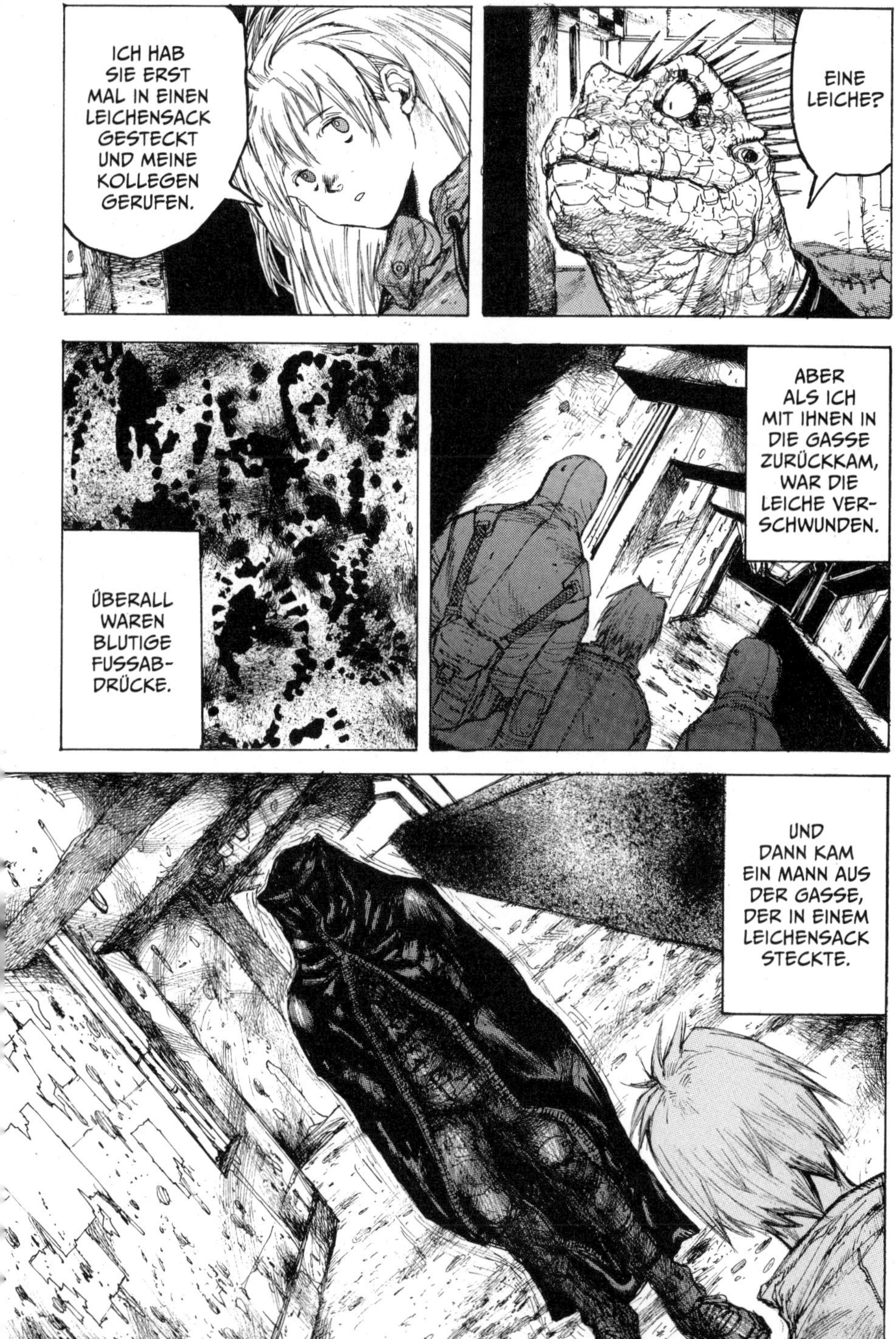
ICH HAB SIE ERST MAL IN EINEN LEICHENSACK GESTECKT UND MEINE KOLLEGEN GERUFEN.
EINE LEICHE?
ÜBERALL WAREN BLUTIGE FUSSAB-DRÜCKE.
ABER ALS ICH MIT IHNEN IN DIE GASSE ZURÜCKKAM, WAR DIE LEICHE VER-SCHWUNDEN.
UND DANN KAM EIN MANN AUS DER GASSE, DER IN EINEM LEICHENSACK STECKTE.

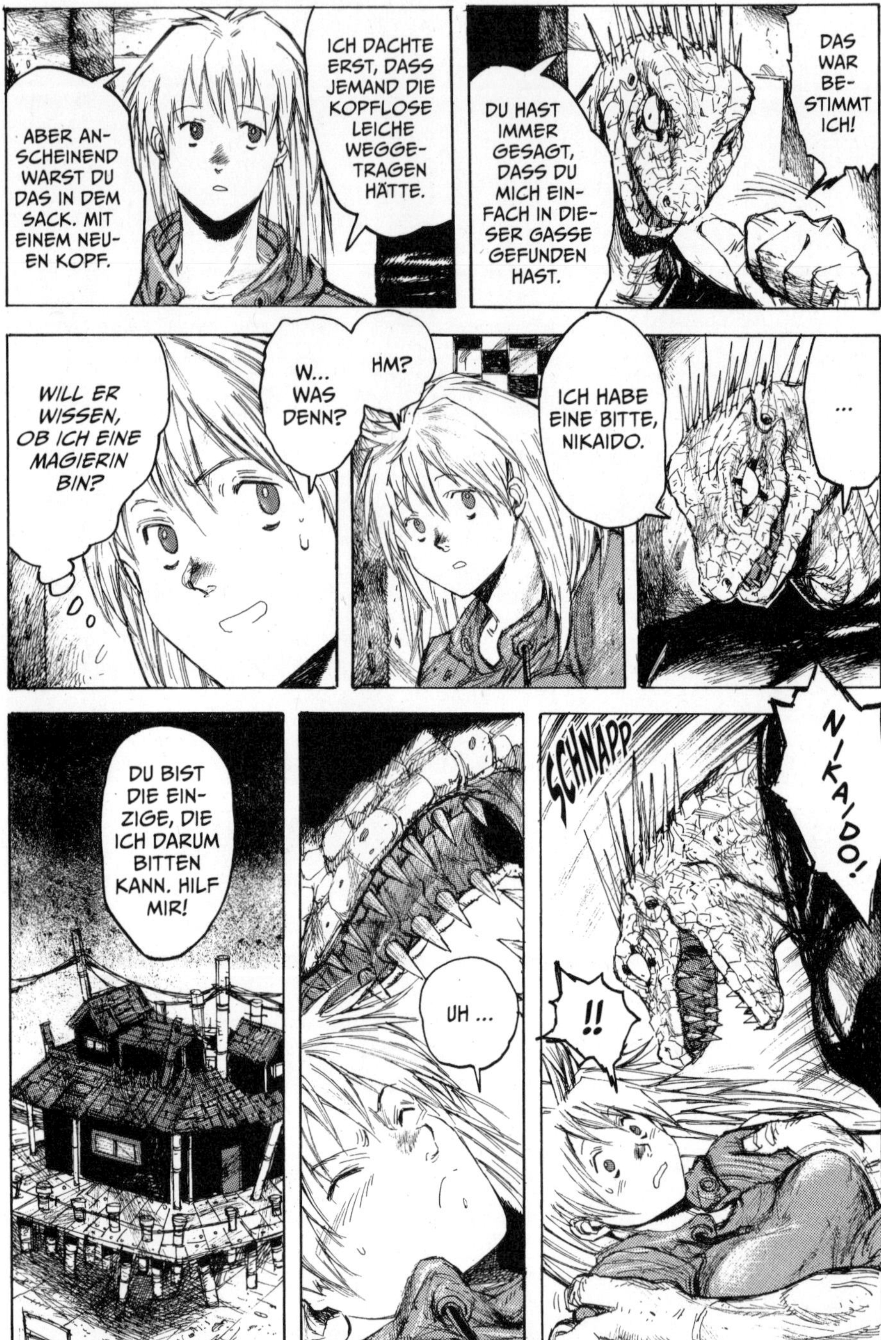
DAS WAR BE-STIMMT ICH!
DU HAST IMMER GESAGT, DASS DU MICH EIN-FACH IN DIE-SER GASSE GEFUNDEN HAST.
ICH DACHTE ERST, DASS JEMAND DIE KOPFLOSE LEICHE WEGGE-TRAGEN HÄTTE.
ABER AN-SCHEINEND WARST DU DAS IN DEM SACK. MIT EINEM NEU-EN KOPF.
...
ICH HABE EINE BITTE, NIKAIDO.
HM?
W... WAS DENN?
WILL ER WISSEN, OB ICH EINE MAGIERIN BIN?
NIKAIDO!
SCHNAPP
!!
UH ...
DU BIST DIE EIN-ZIGE, DIE ICH DARUM BITTEN KANN. HILF MIR!

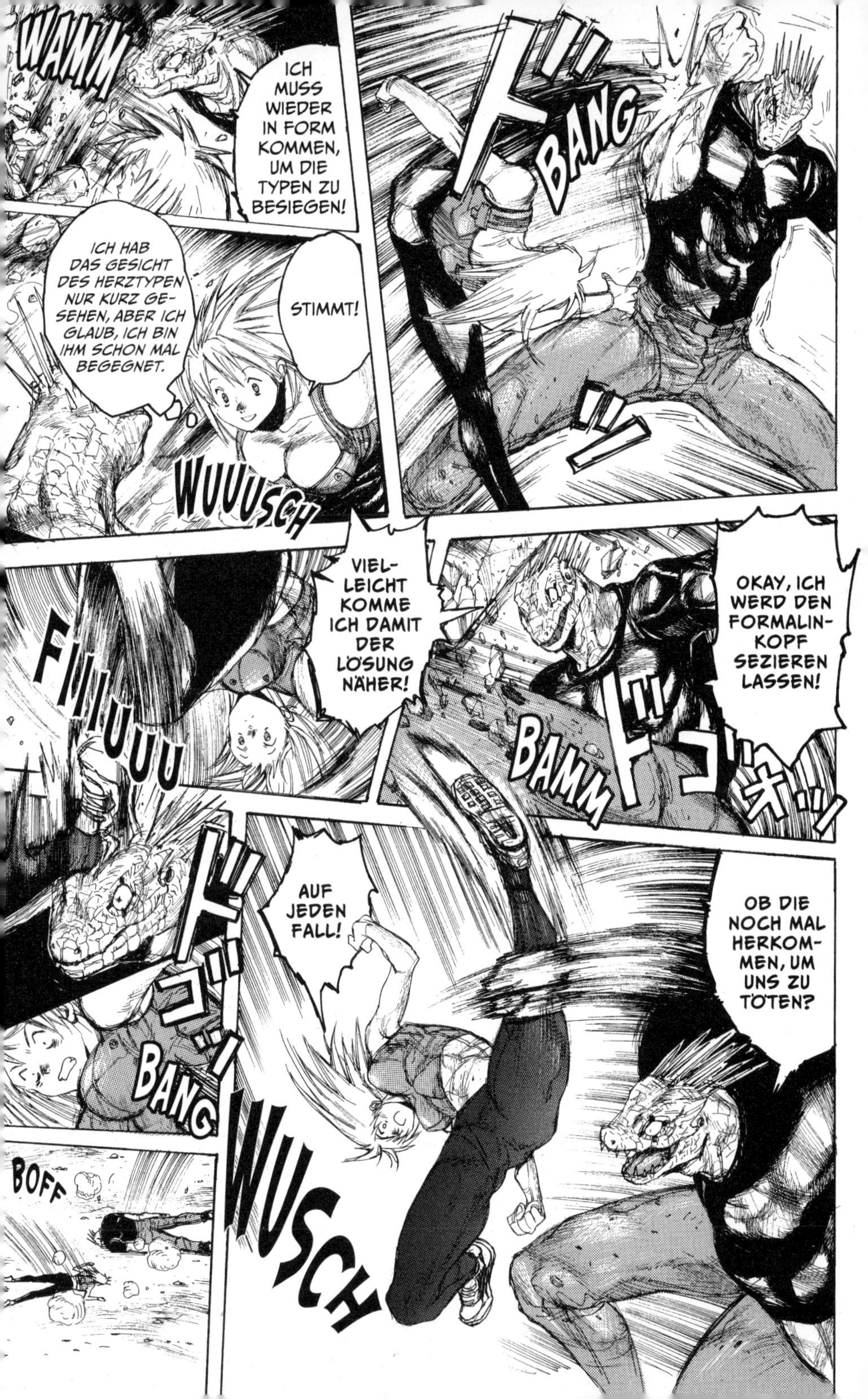
BANG
WAMM
ICH MUSS WIEDER IN FORM KOMMEN, UM DIE TYPEN ZU BESIEGEN!
STIMMT!
ICH HAB DAS GESICHT DES HERZTYPEN NUR KURZ GE-SEHEN, ABER ICH GLAUB, ICH BIN IHM SCHON MAL BEGEGNET.
WUUUSCH
OKAY, ICH WERD DEN FORMALIN-KOPF SEZIEREN LASSEN!
BAMM
VIEL-LEICHT KOMME ICH DAMIT DER LÖSUNG NÄHER!
FIIIUUUU
OB DIE NOCH MAL HERKOM-MEN, UM UNS ZU TÖTEN?
AUF JEDEN FALL!
WUSCH
BANG
BOFF

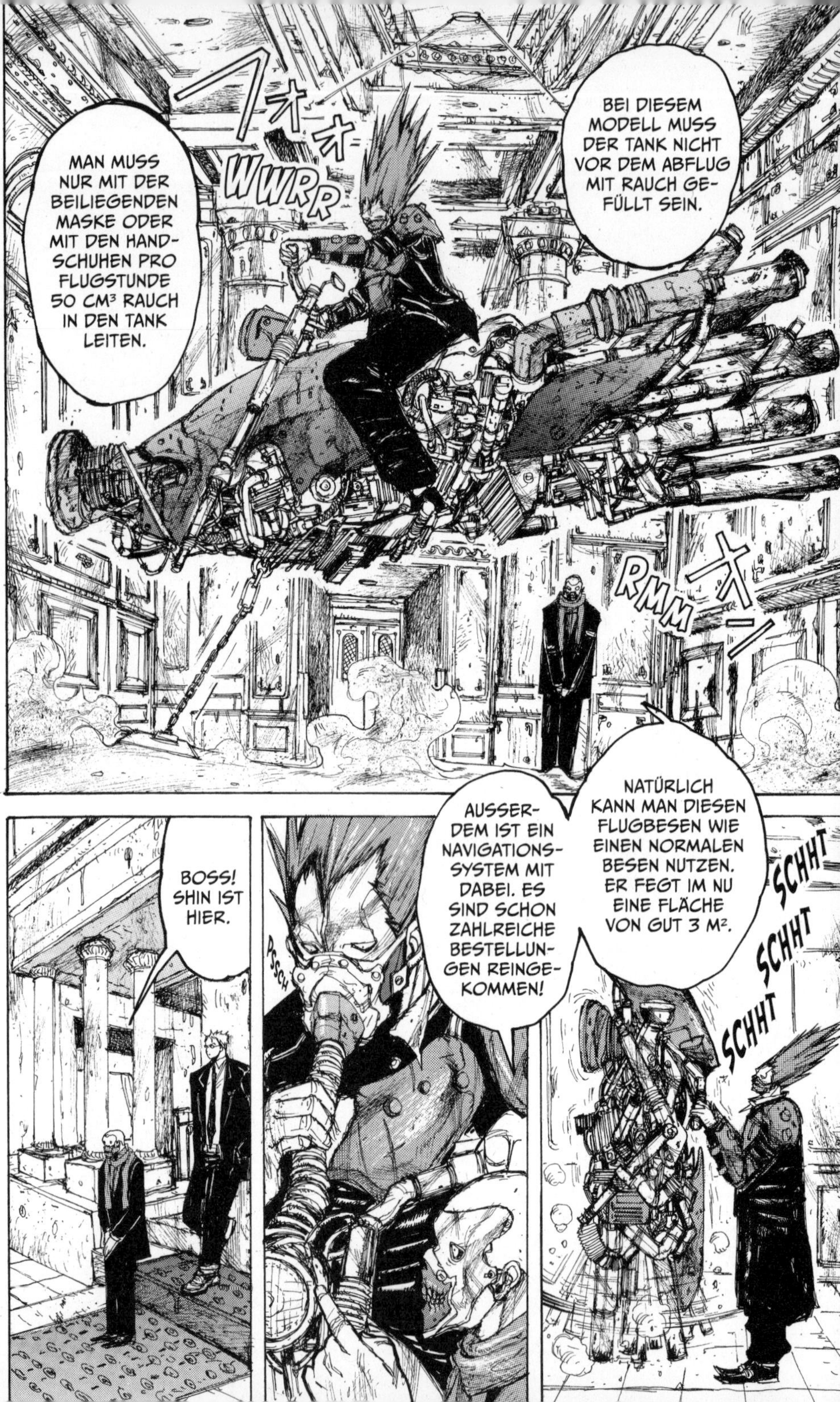
BEI DIESEM MODELL MUSS DER TANK NICHT VOR DEM ABFLUG MIT RAUCH GEFÜLLT SEIN.
WWRR
MAN MUSS NUR MIT DER BEILIEGENDEN MASKE ODER MIT DEN HANDSCHUHEN PRO FLUGSTUNDE 50 CM³ RAUCH IN DEN TANK LEITEN.
RMM
NATÜRLICH KANN MAN DIESEN FLUGBESEN WIE EINEN NORMALEN BESEN NUTZEN. ER FEGT IM NU EINE FLÄCHE VON GUT 3 M².
SCHHT
SCHHT
SCHHT
AUSSERDEM IST EIN NAVIGATIONSSYSTEM MIT DABEI. ES SIND SCHON ZAHLREICHE BESTELLUNGEN REINGEKOMMEN!
PSSCH
BOSS! SHIN IST HIER.

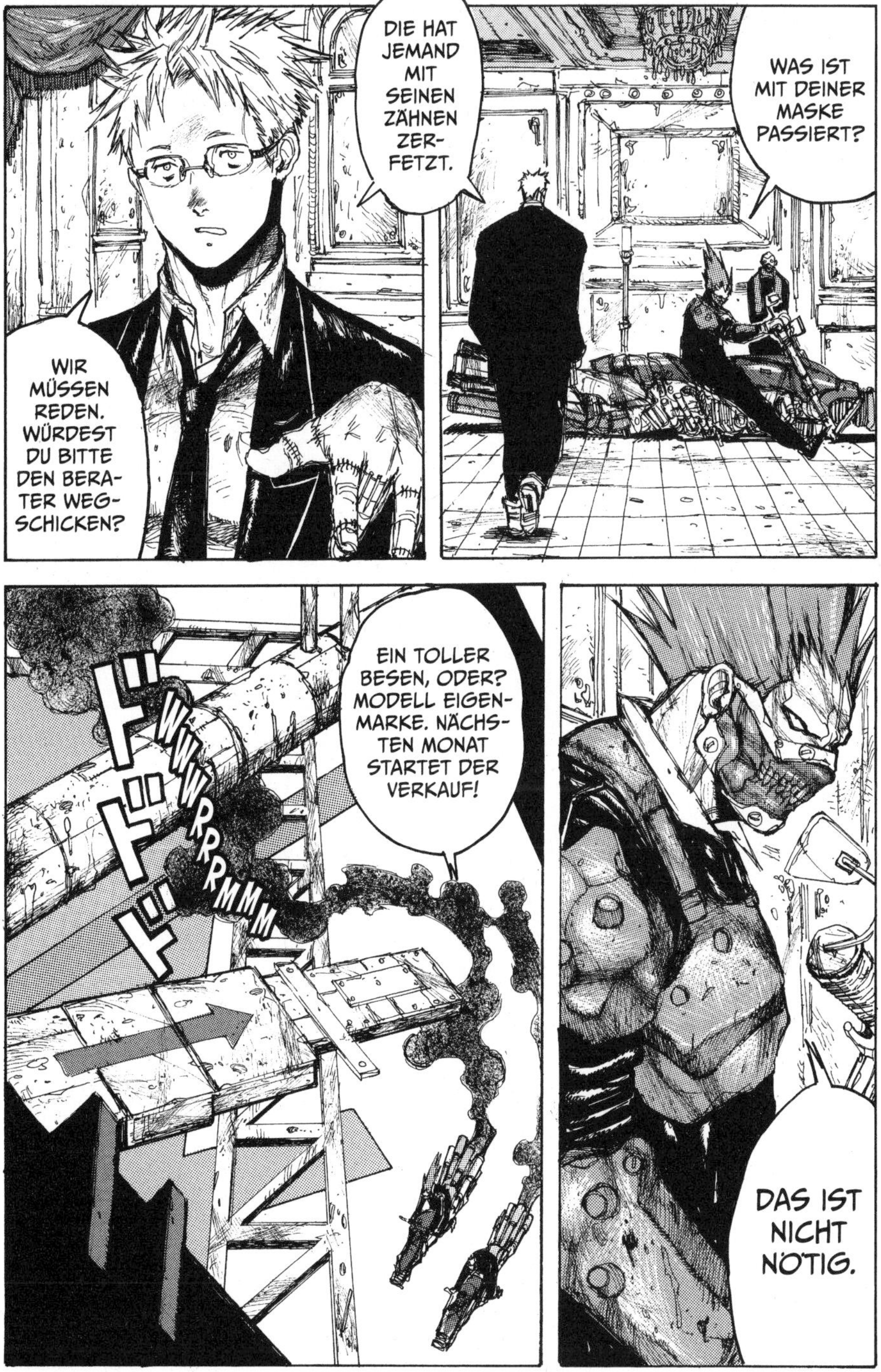
WAS IST MIT DEINER MASKE PASSIERT?
DIE HAT JEMAND MIT SEINEN ZÄHNEN ZER-FETZT.
WIR MÜSSEN REDEN. WÜRDEST DU BITTE DEN BERA-TER WEG-SCHICKEN?
DAS IST NICHT NÖTIG.
EIN TOLLER BESEN, ODER? MODELL EIGEN-MARKE. NÄCHS-TEN MONAT STARTET DER VERKAUF!
WWWRRRMMMM
ドドドド

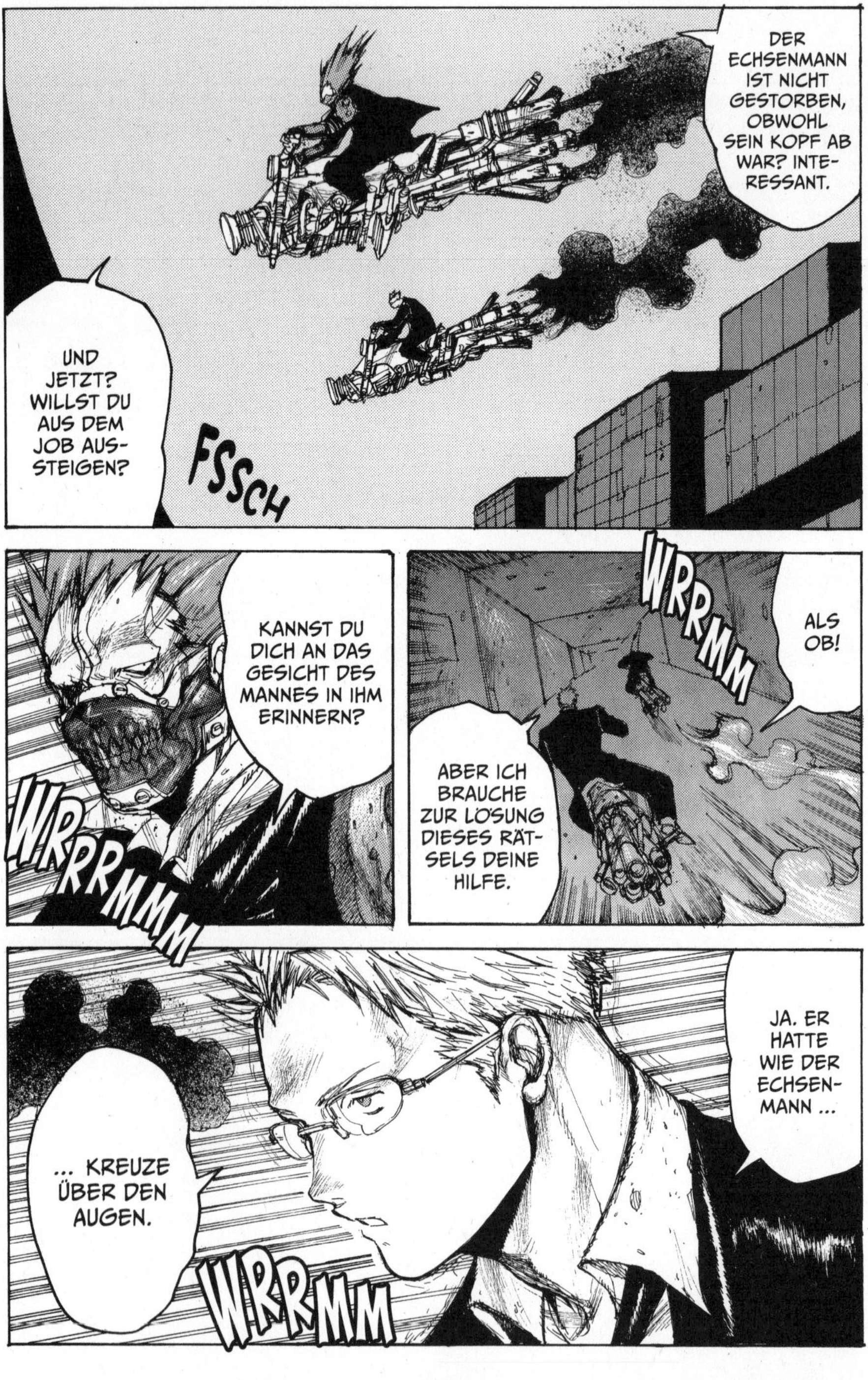
DER ECHSENMANN IST NICHT GESTORBEN, OBWOHL SEIN KOPF AB WAR? INTERESSANT.
UND JETZT? WILLST DU AUS DEM JOB AUSSTEIGEN?
FSSCH
WRRMM
ALS OB!
ABER ICH BRAUCHE ZUR LÖSUNG DIESES RÄTSELS DEINE HILFE.
KANNST DU DICH AN DAS GESICHT DES MANNES IN IHM ERINNERN?
WRRRMMM
JA. ER HATTE WIE DER ECHSENMANN ...
... KREUZE ÜBER DEN AUGEN.
WRRMM

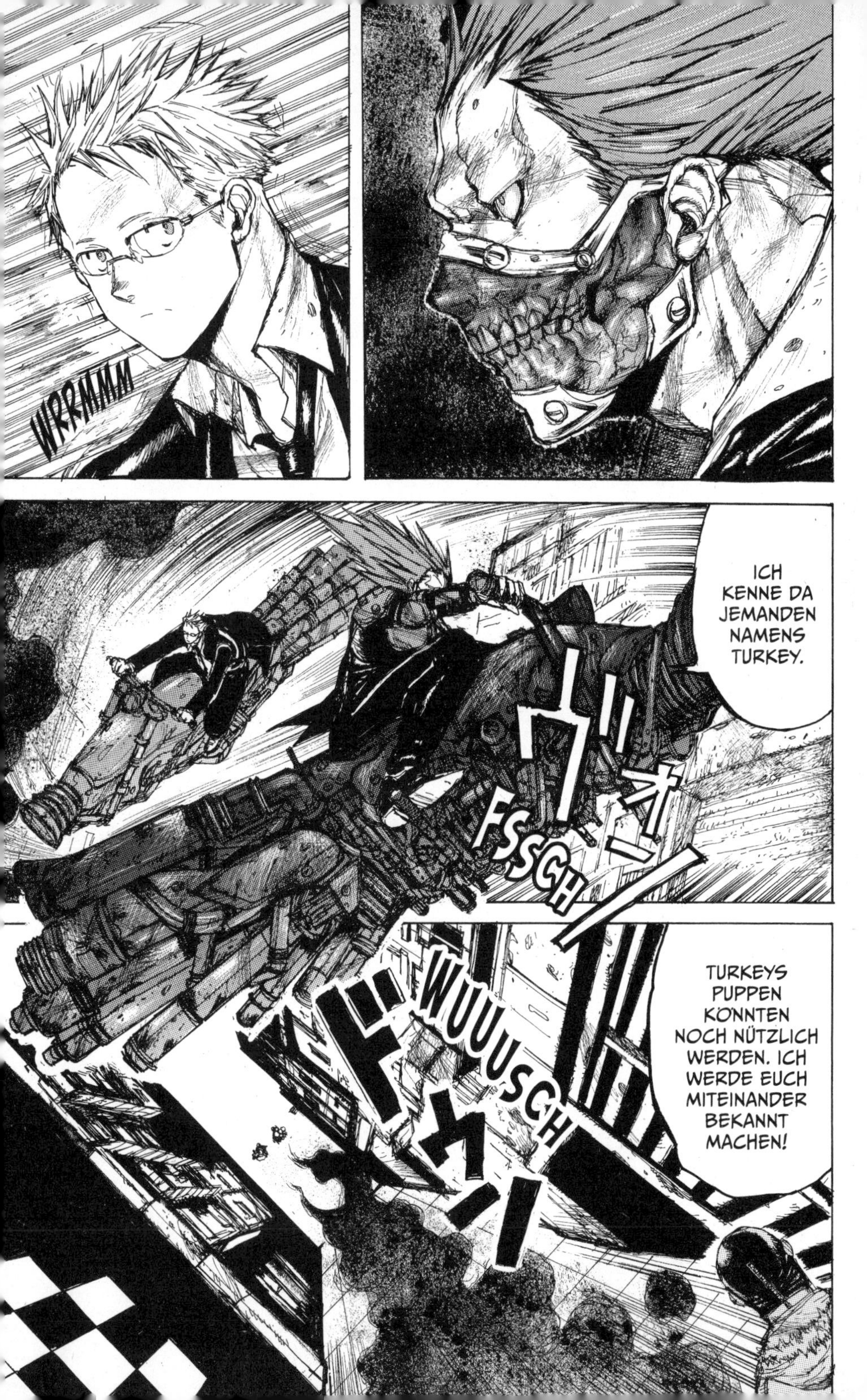
WRRMMM
ICH KENNE DA JEMANDEN NAMENS TURKEY.
FSSCH
TURKEYS PUPPEN KÖNNTEN NOCH NÜTZLICH WERDEN. ICH WERDE EUCH MITEINANDER BEKANNT MACHEN!
WUUUSCH

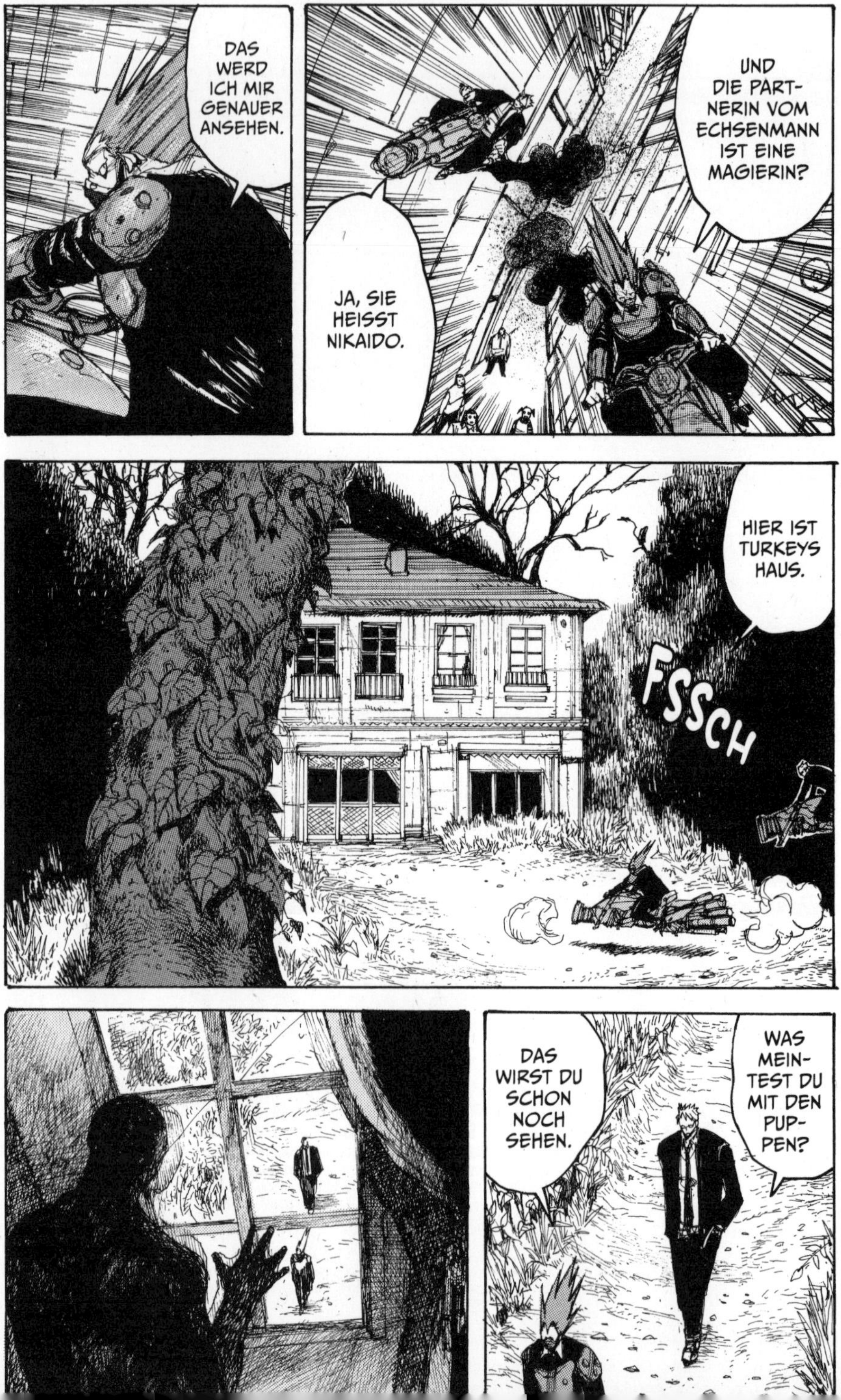
UND DIE PARTNERIN VOM ECHSENMANN IST EINE MAGIERIN?
JA, SIE HEISST NIKAIDO.
DAS WERD ICH MIR GENAUER ANSEHEN.
HIER IST TURKEYS HAUS.
FSSCH
WAS MEINTEST DU MIT DEN PUPPEN?
DAS WIRST DU SCHON NOCH SEHEN.

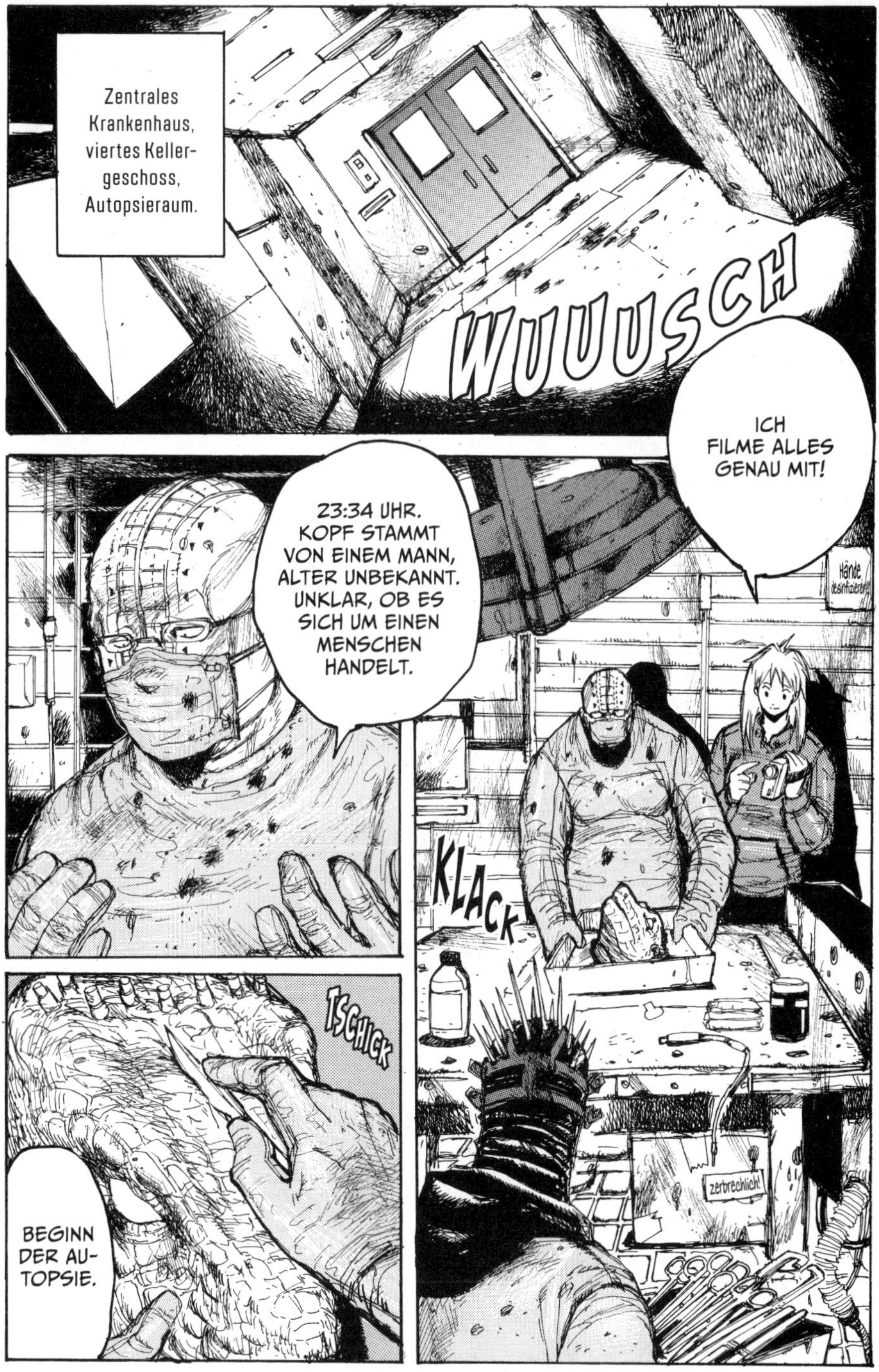
Zentrales Krankenhaus, viertes Kellergeschoss, Autopsieraum.
WUUUSCH
ICH FILME ALLES GENAU MIT!
23:34 UHR. KOPF STAMMT VON EINEM MANN, ALTER UNBEKANNT. UNKLAR, OB ES SICH UM EINEN MENSCHEN HANDELT.
Hände desinfizieren!
KLACK
zerbrechlich!
TSCHICK
BEGINN DER AUTOPSIE.

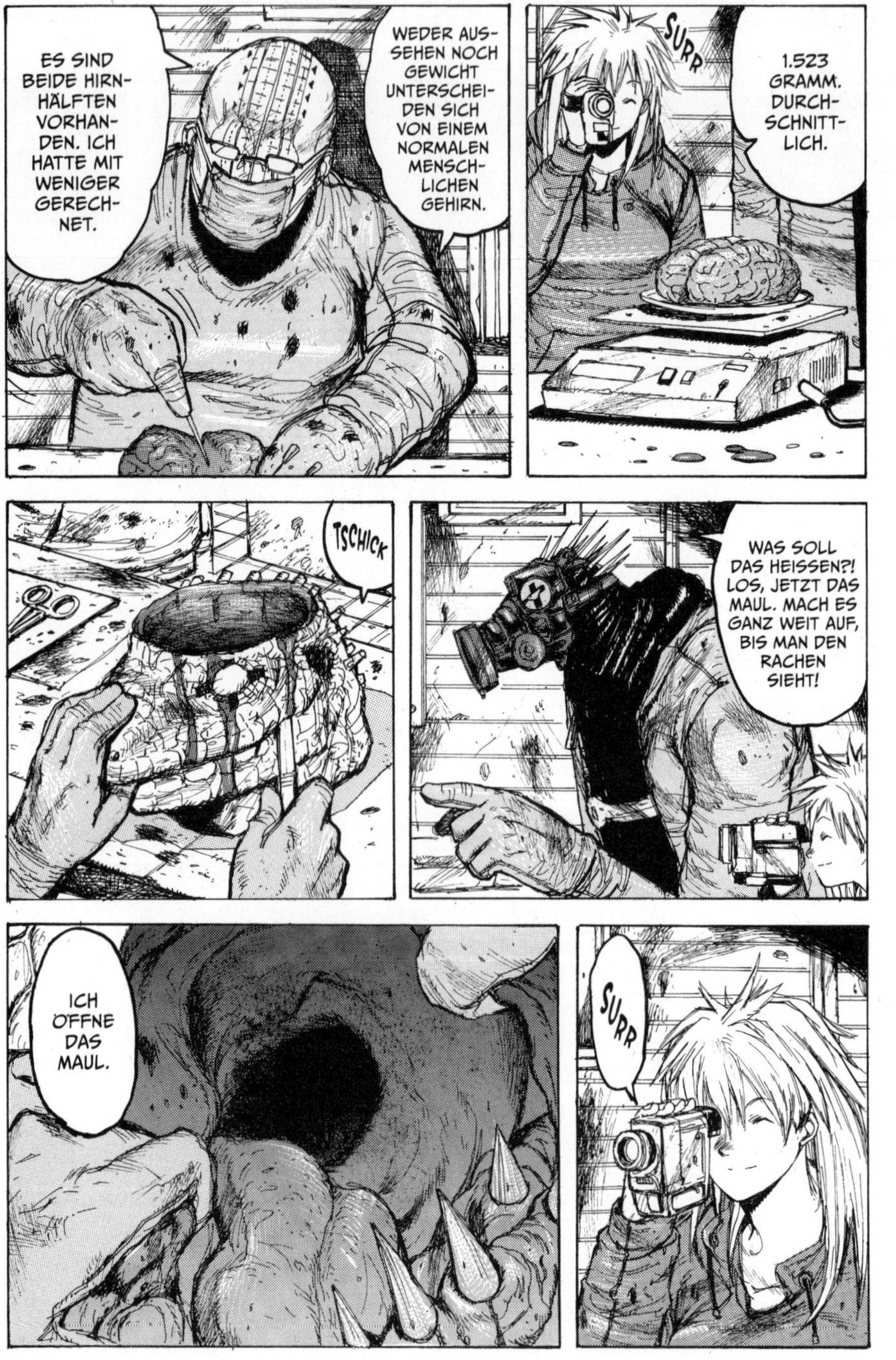

SURR
1.523 GRAMM. DURCHSCHNITTLICH.
WEDER AUSSEHEN NOCH GEWICHT UNTERSCHEIDEN SICH VON EINEM NORMALEN MENSCHLICHEN GEHIRN.
ES SIND BEIDE HIRNHÄLFTEN VORHANDEN. ICH HATTE MIT WENIGER GERECHNET.
WAS SOLL DAS HEISSEN?! LOS, JETZT DAS MAUL. MACH ES GANZ WEIT AUF, BIS MAN DEN RACHEN SIEHT!
TSCHICK
SURR
ICH ÖFFNE DAS MAUL.

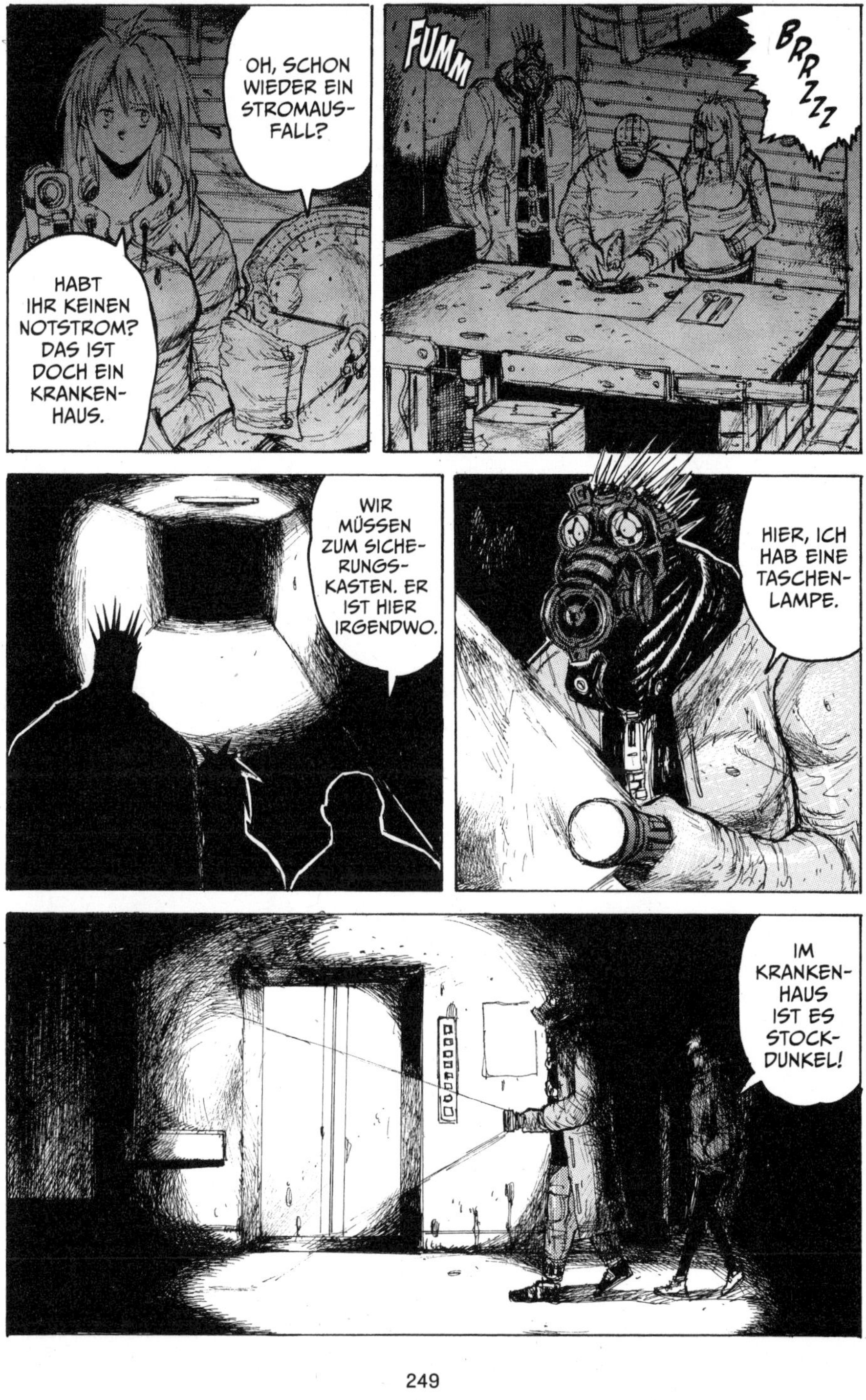

FUMM
BRRZZZ
OH, SCHON WIEDER EIN STROMAUSFALL?
HABT IHR KEINEN NOTSTROM? DAS IST DOCH EIN KRANKENHAUS.
HIER, ICH HAB EINE TASCHENLAMPE.
WIR MÜSSEN ZUM SICHERUNGSKASTEN. ER IST HIER IRGENDWO.
IM KRANKENHAUS IST ES STOCKDUNKEL!

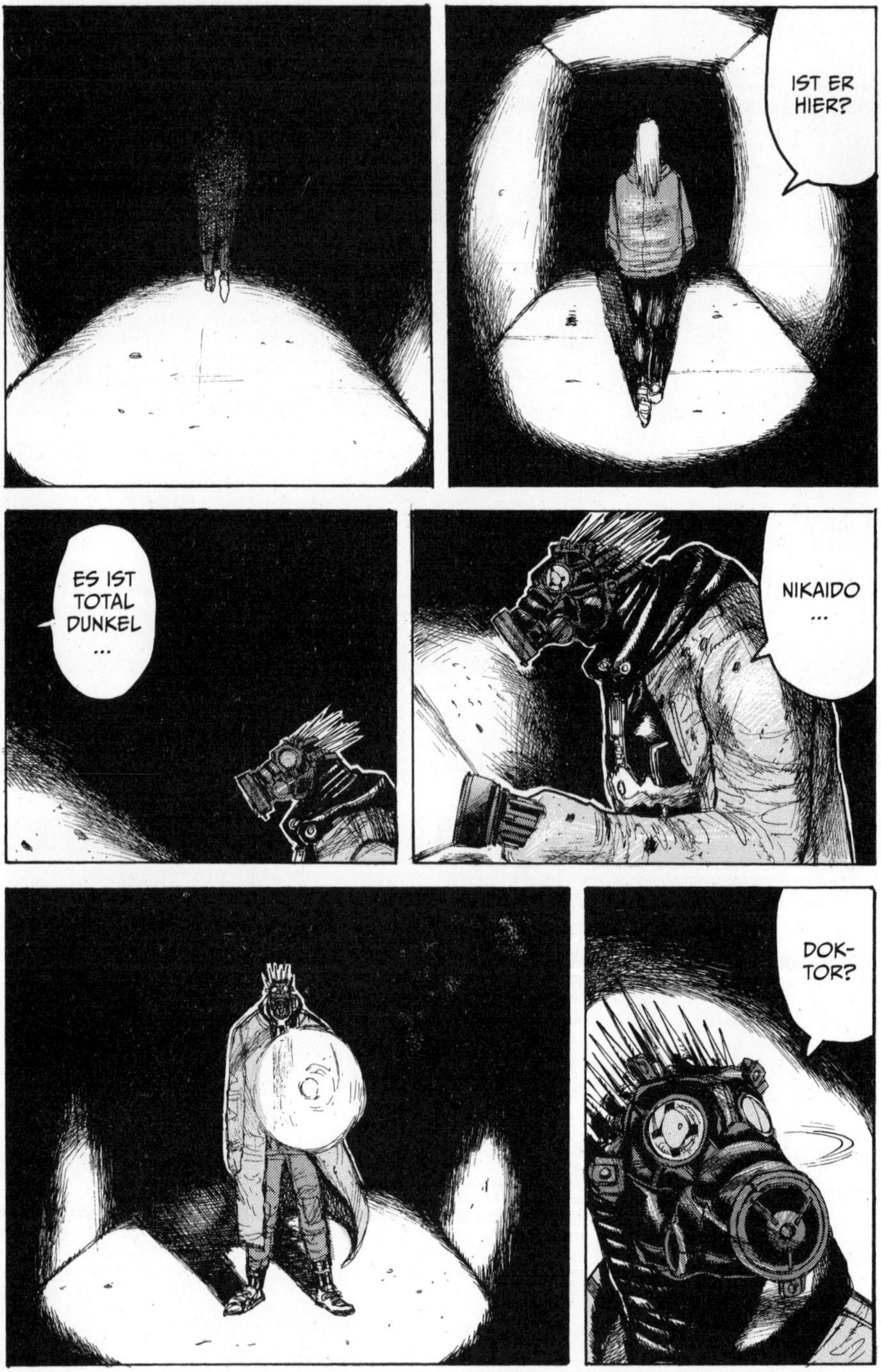
IST ER
HIER?
ES IST
TOTAL
DUNKEL
...
NIKAIDO
...
DOK-
TOR?

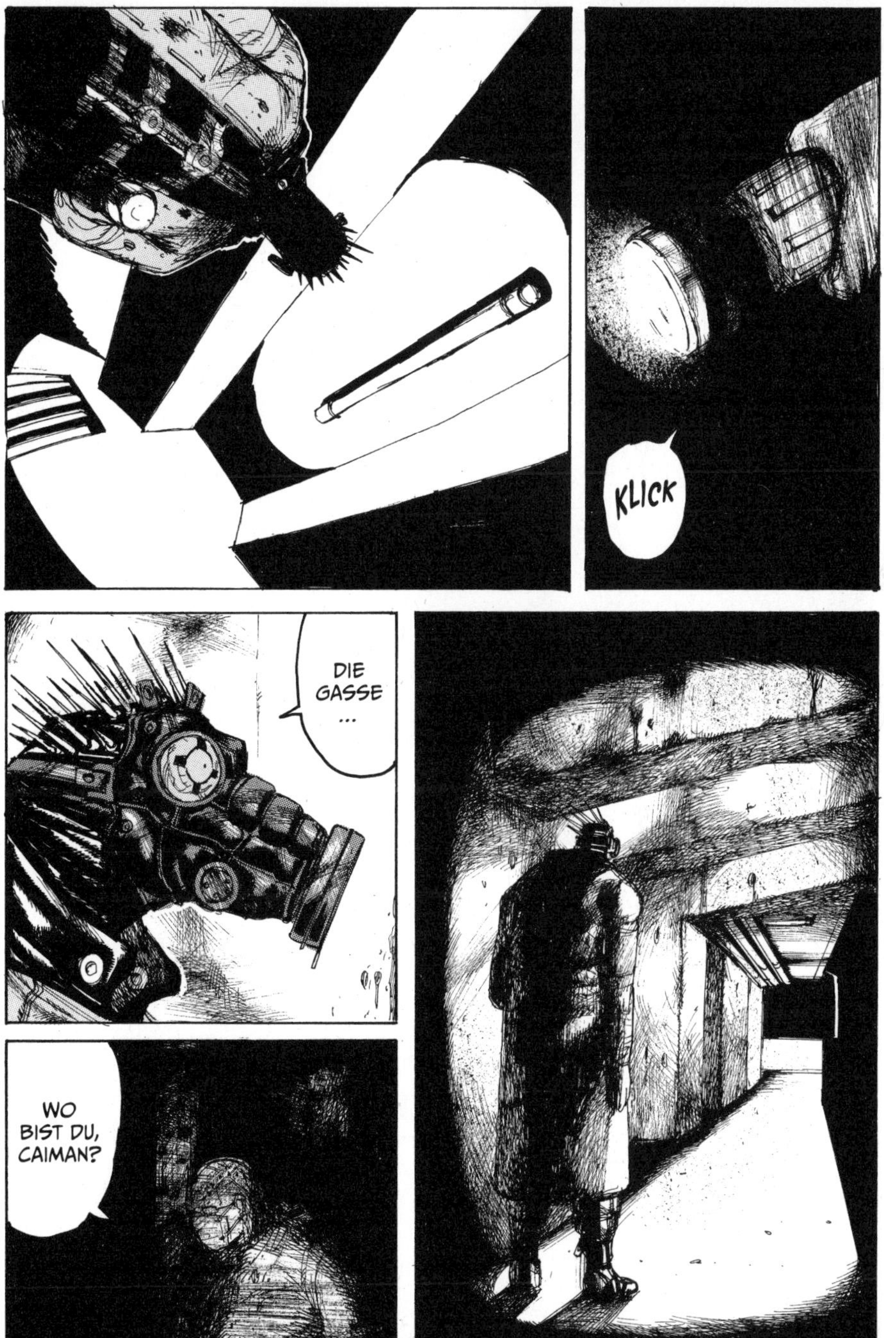
KLICK
DIE GASSE ...
WO BIST DU, CAIMAN?

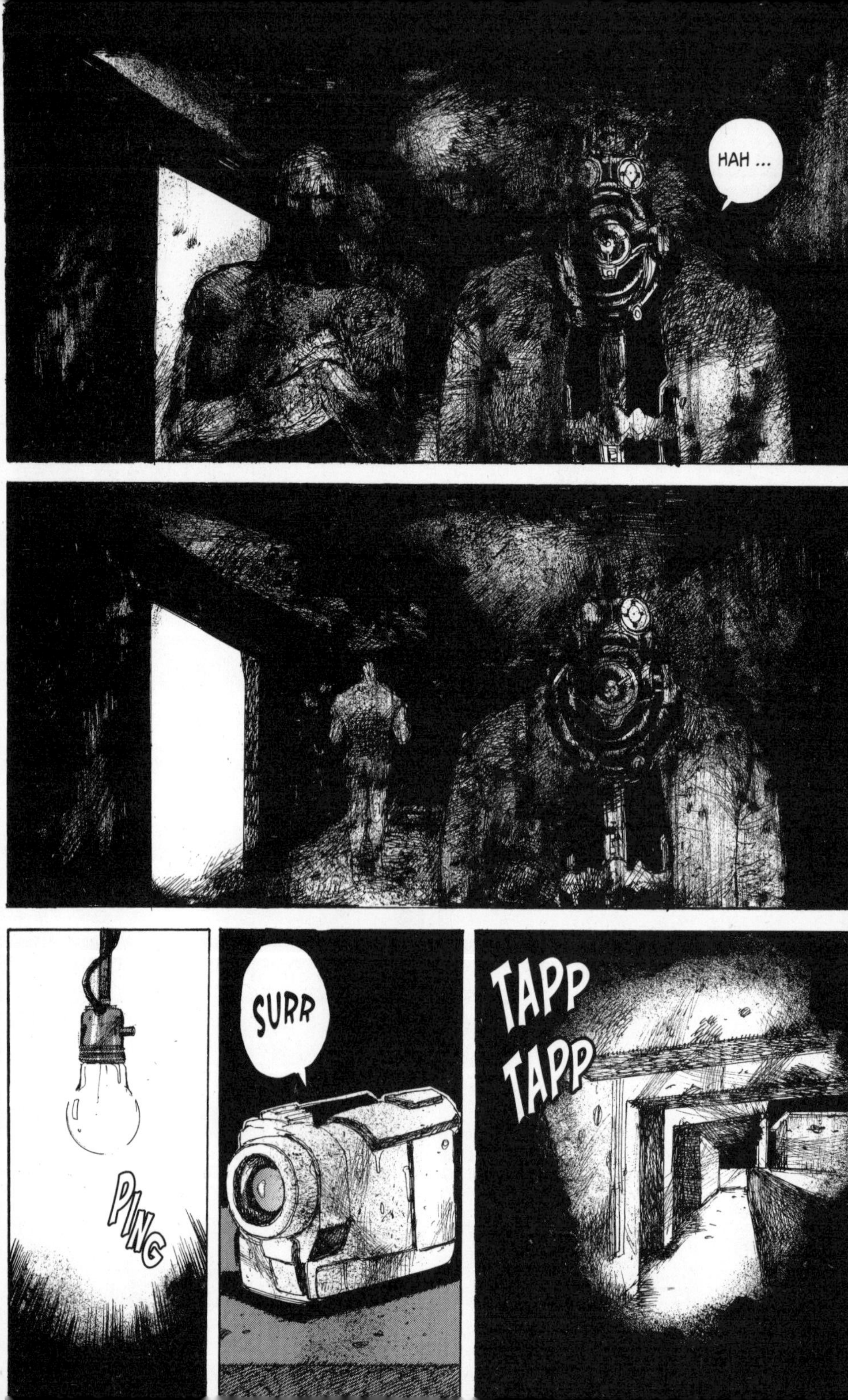
HAH ...
SURR
PING
TAPP
TAPP

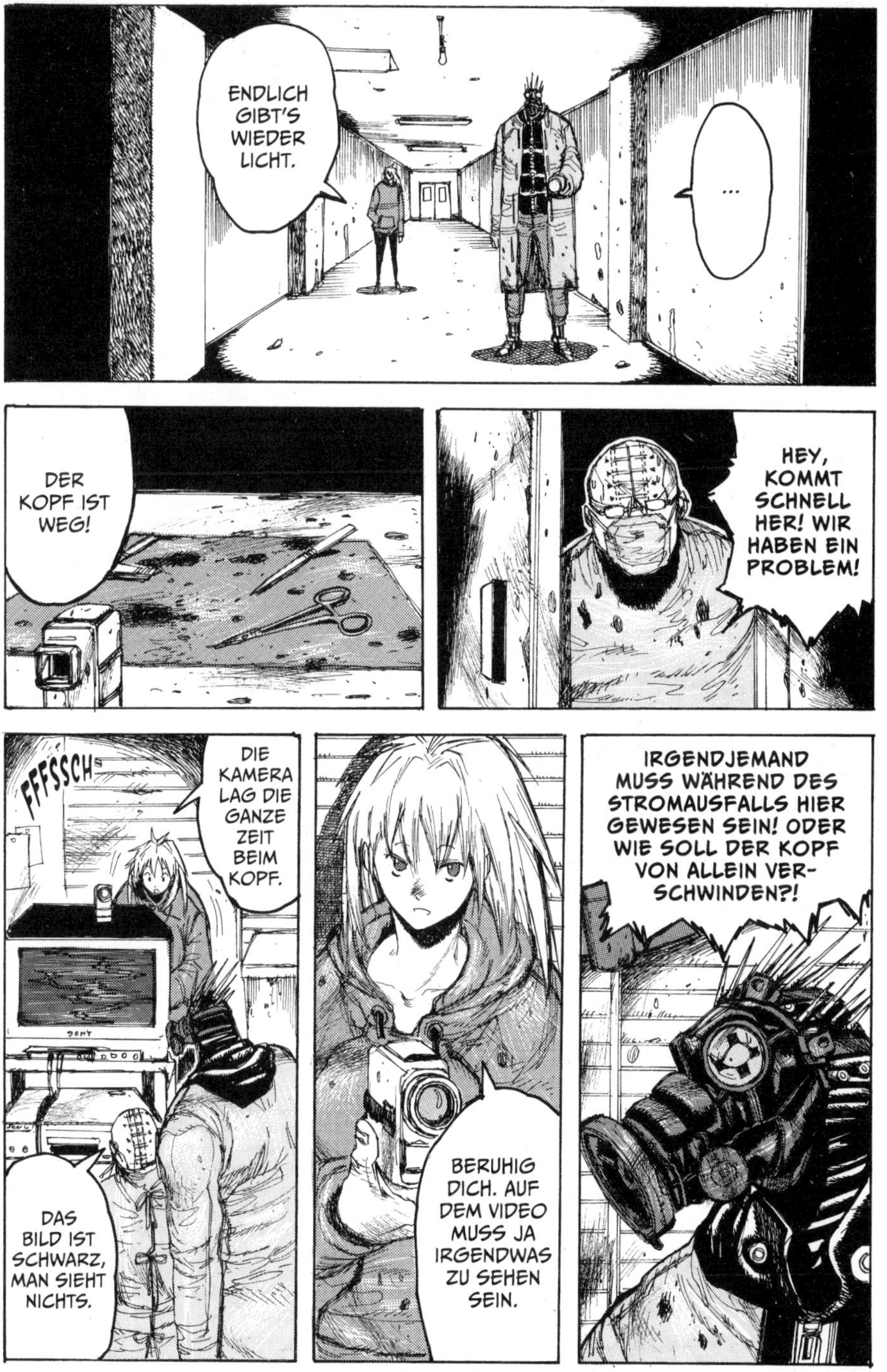
ENDLICH GIBT'S WIEDER LICHT.
...
HEY, KOMMT SCHNELL HER! WIR HABEN EIN PROBLEM!
DER KOPF IST WEG!
IRGENDJEMAND MUSS WÄHREND DES STROMAUSFALLS HIER GEWESEN SEIN! ODER WIE SOLL DER KOPF VON ALLEIN VERSCHWINDEN?!
BERUHIG DICH. AUF DEM VIDEO MUSS JA IRGENDWAS ZU SEHEN SEIN.
DIE KAMERA LAG DIE GANZE ZEIT BEIM KOPF.
FFFSSCH
DAS BILD IST SCHWARZ, MAN SIEHT NICHTS.

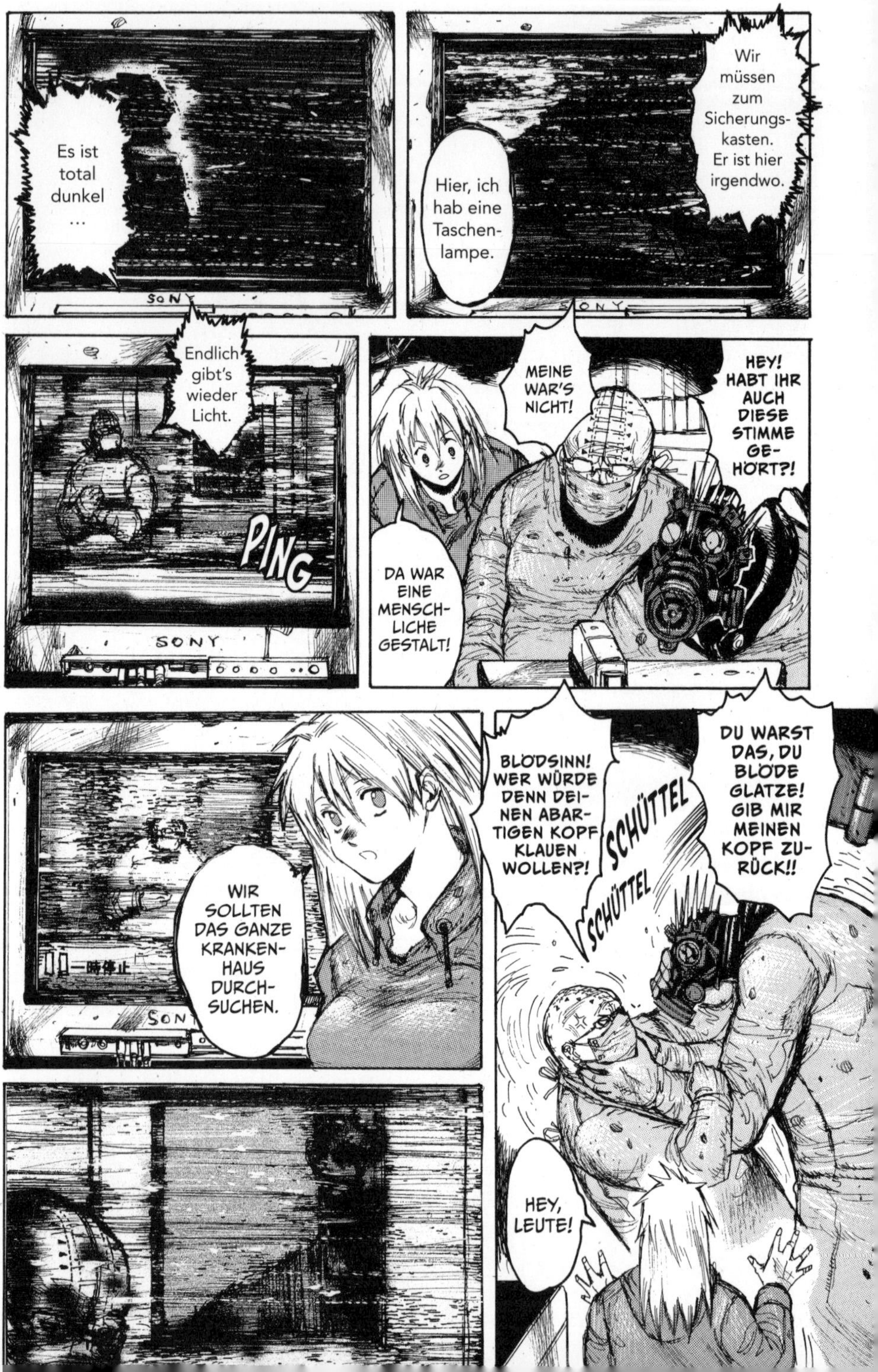
Wir müssen zum Sicherungskasten. Er ist hier irgendwo.
Hier, ich hab eine Taschenlampe.
Es ist total dunkel ...
HEY! HABT IHR AUCH DIESE STIMME GEHÖRT?!
MEINE WAR'S NICHT!
DA WAR EINE MENSCHLICHE GESTALT!
Endlich gibt's wieder Licht.
PING
DU WARST DAS, DU BLÖDE GLATZE! GIB MIR MEINEN KOPF ZURÜCK!!
BLÖDSINN! WER WÜRDE DENN DEINEN ABARTIGEN KOPF KLAUEN WOLLEN?!
SCHÜTTEL
SCHÜTTEL
HEY, LEUTE!
WIR SOLLTEN DAS GANZE KRANKENHAUS DURCHSUCHEN.

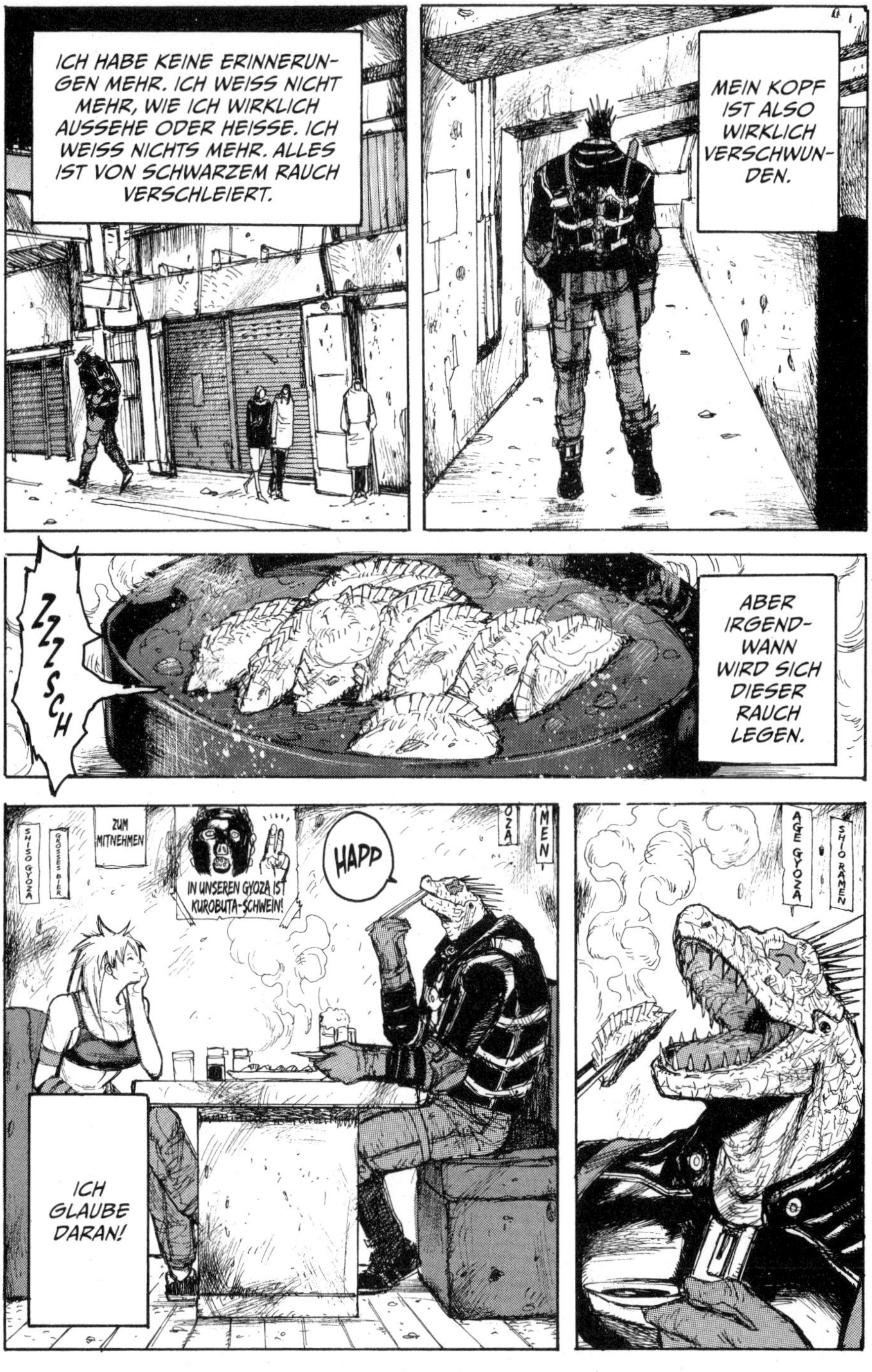
ICH HABE KEINE ERINNERUNGEN MEHR. ICH WEISS NICHT MEHR, WIE ICH WIRKLICH AUSSEHE ODER HEISSE. ICH WEISS NICHTS MEHR. ALLES IST VON SCHWARZEM RAUCH VERSCHLEIERT.
MEIN KOPF IST ALSO WIRKLICH VERSCHWUNDEN.
ZZZSCH
ABER IRGENDWANN WIRD SICH DIESER RAUCH LEGEN.
SHISO GYOZA
GROSSES BIER
ZUM MITNEHMEN
IN UNSEREN GYOZA IST KUROBUTA-SCHWEIN!
HAPP
ICH GLAUBE DARAN!
AGE GYOZA
SHIO RAMEN

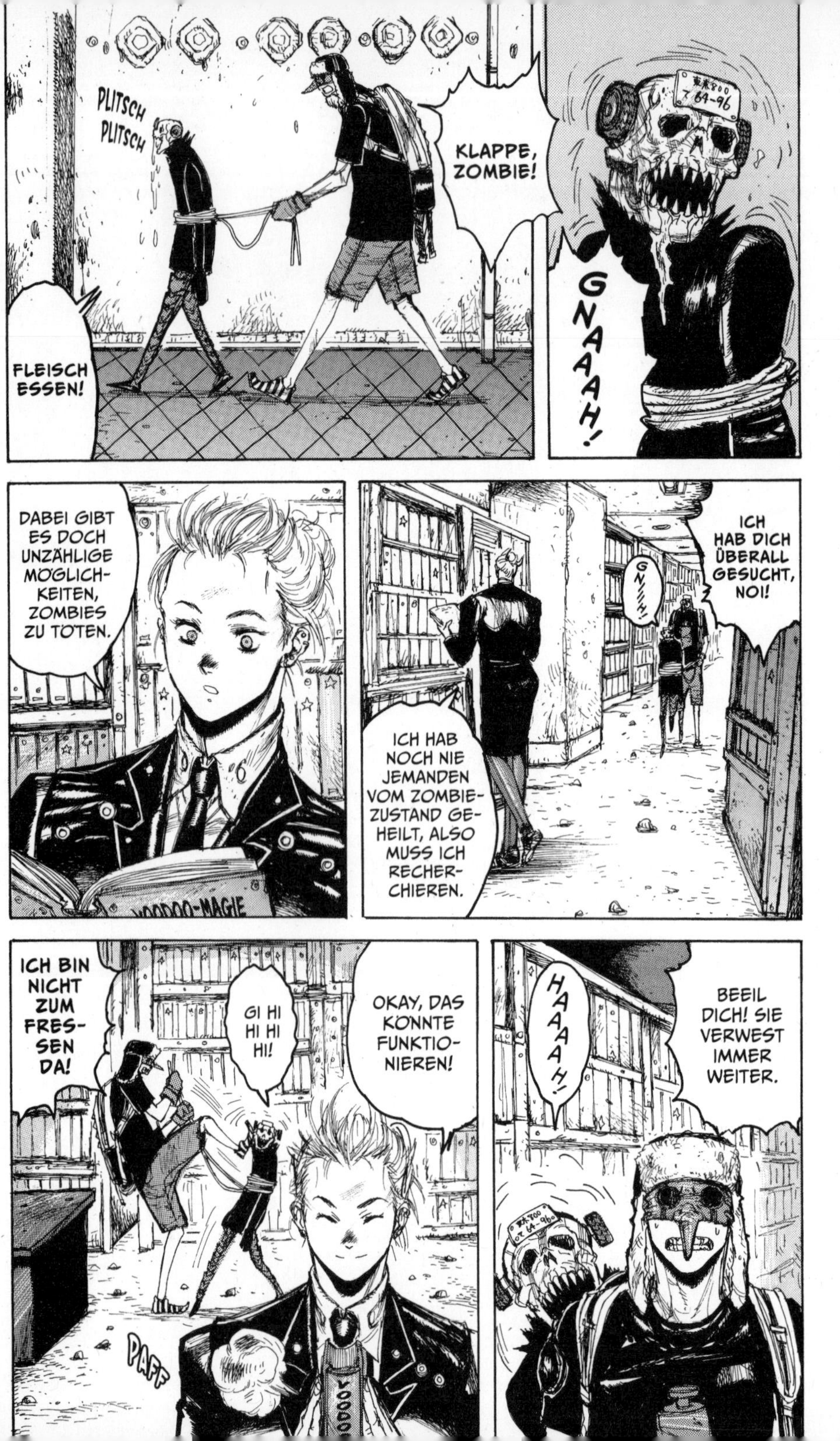
GNAAAAH!
KLAPPE, ZOMBIE!
PLITSCH PLITSCH
FLEISCH ESSEN!
ICH HAB DICH ÜBERALL GESUCHT, NOI!
GNIIIH!
ICH HAB NOCH NIE JEMANDEN VOM ZOMBIEZUSTAND GEHEILT, ALSO MUSS ICH RECHERCHIEREN.
DABEI GIBT ES DOCH UNZÄHLIGE MÖGLICHKEITEN, ZOMBIES ZU TÖTEN.
VOODOO-MAGIE
BEEIL DICH! SIE VERWEST IMMER WEITER.
HAAAAAH!
OKAY, DAS KÖNNTE FUNKTIONIEREN!
GI HI HI HI HI!
ICH BIN NICHT ZUM FRESSEN DA!
PAFF
VOODOO

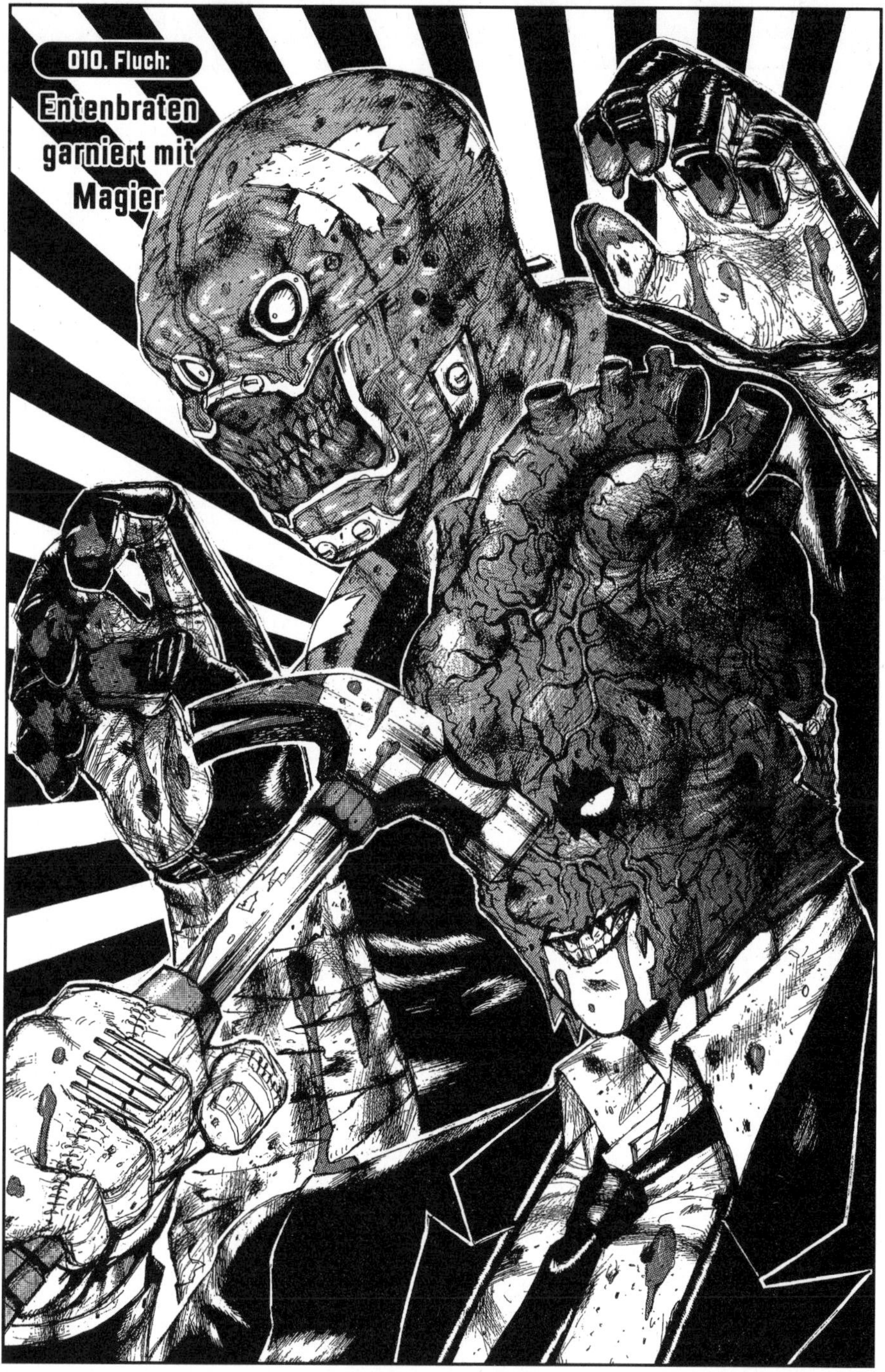
010. Fluch:
Entenbraten garniert mit Magier

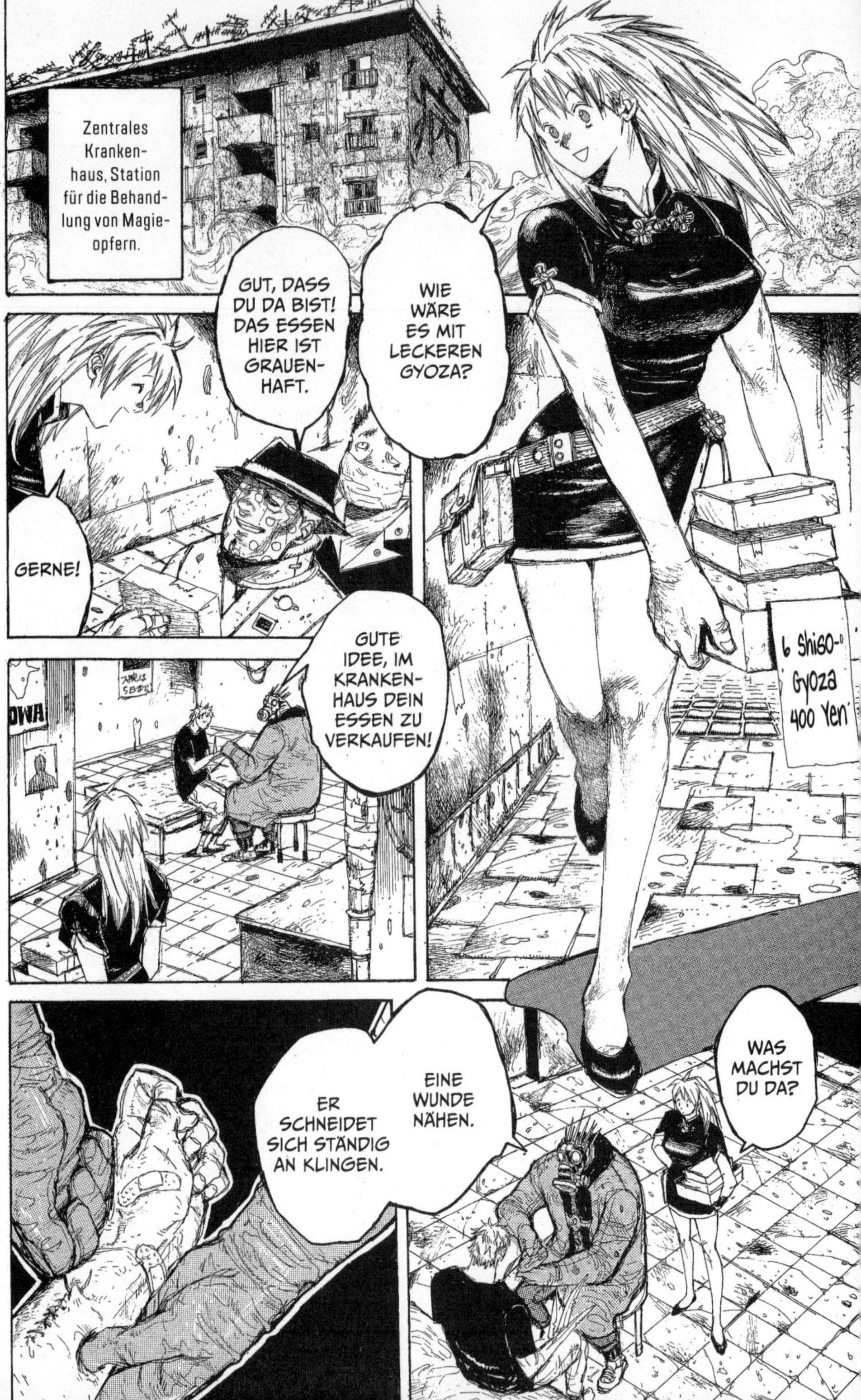
Zentrales Kranken-haus, Station für die Behand-lung von Magie-opfern.
WIE WÄRE ES MIT LECKEREN GYOZA?
GUT, DASS DU DA BIST! DAS ESSEN HIER IST GRAUEN-HAFT.
GERNE!
6 Shiso-Gyoza 400 Yen
GUTE IDEE, IM KRANKEN-HAUS DEIN ESSEN ZU VERKAUFEN!
WAS MACHST DU DA?
EINE WUNDE NÄHEN.
ER SCHNEIDET SICH STÄNDIG AN KLINGEN.

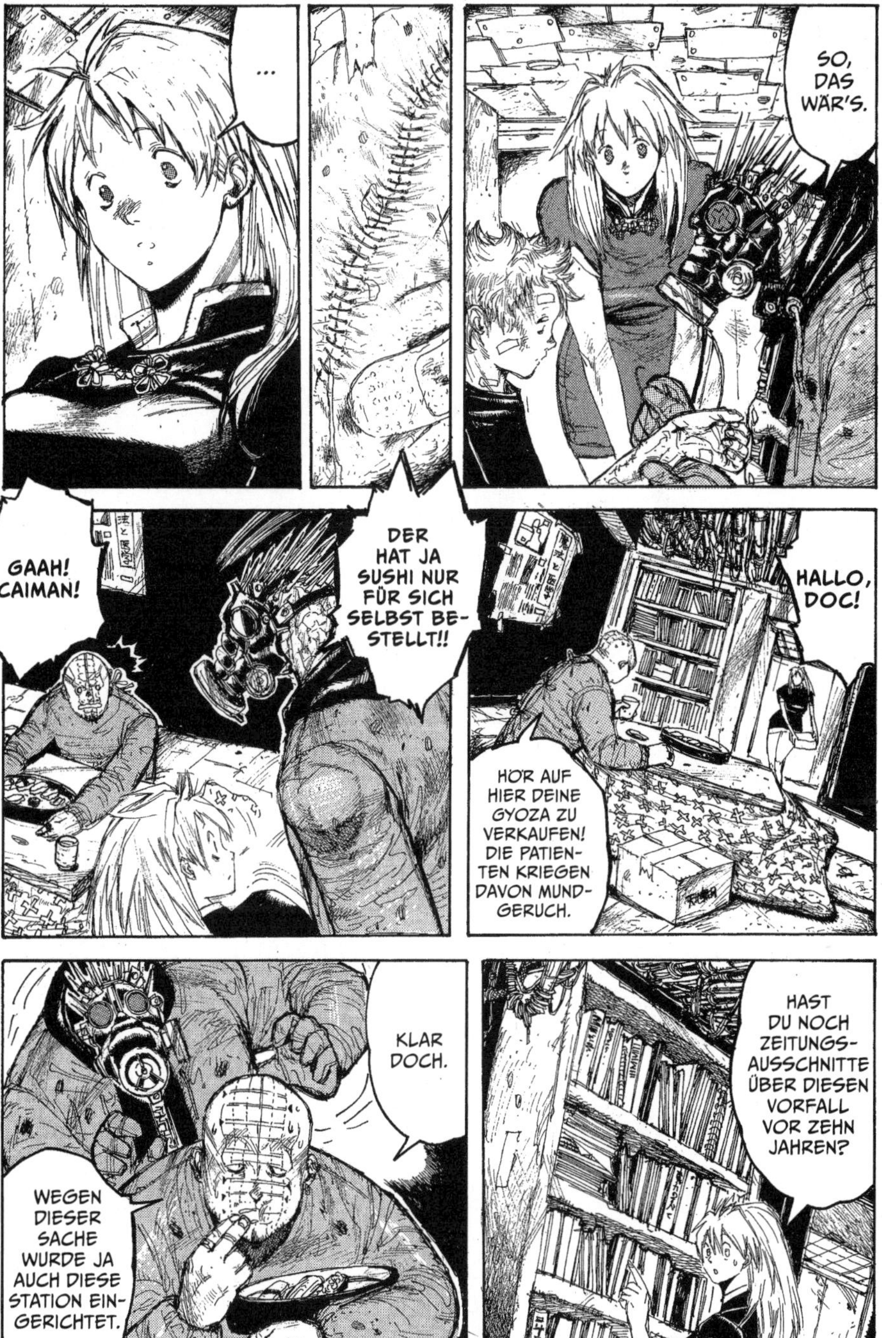
SO, DAS WÄR'S.
...
HALLO, DOC!
HÖR AUF HIER DEINE GYOZA ZU VERKAUFEN! DIE PATIENTEN KRIEGEN DAVON MUNDGERUCH.
DER HAT JA SUSHI NUR FÜR SICH SELBST BESTELLT!!
GAAH! CAIMAN!
HAST DU NOCH ZEITUNGSAUSSCHNITTE ÜBER DIESEN VORFALL VOR ZEHN JAHREN?
KLAR DOCH.
WEGEN DIESER SACHE WURDE JA AUCH DIESE STATION EINGERICHTET.

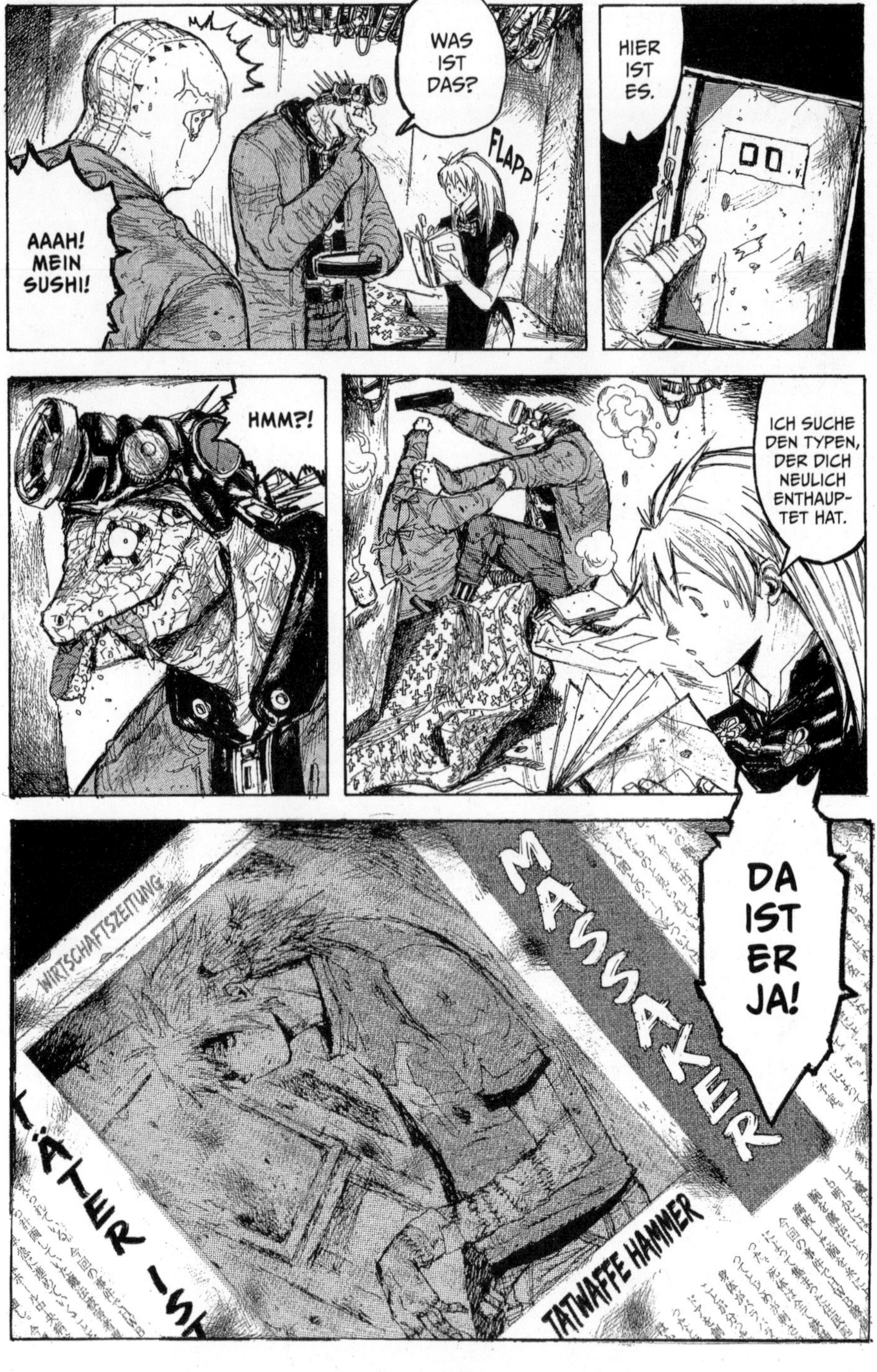
WAS IST DAS?
AAAH! MEIN SUSHI!
FLAPP
HIER IST ES.
HMM?!
ICH SUCHE DEN TYPEN, DER DICH NEULICH ENTHAUPTET HAT.
DA IST ER JA!
WIRTSCHAFTSZEITUNG
MASSAKER
TÄTER IST
TATWAFFE HAMMER

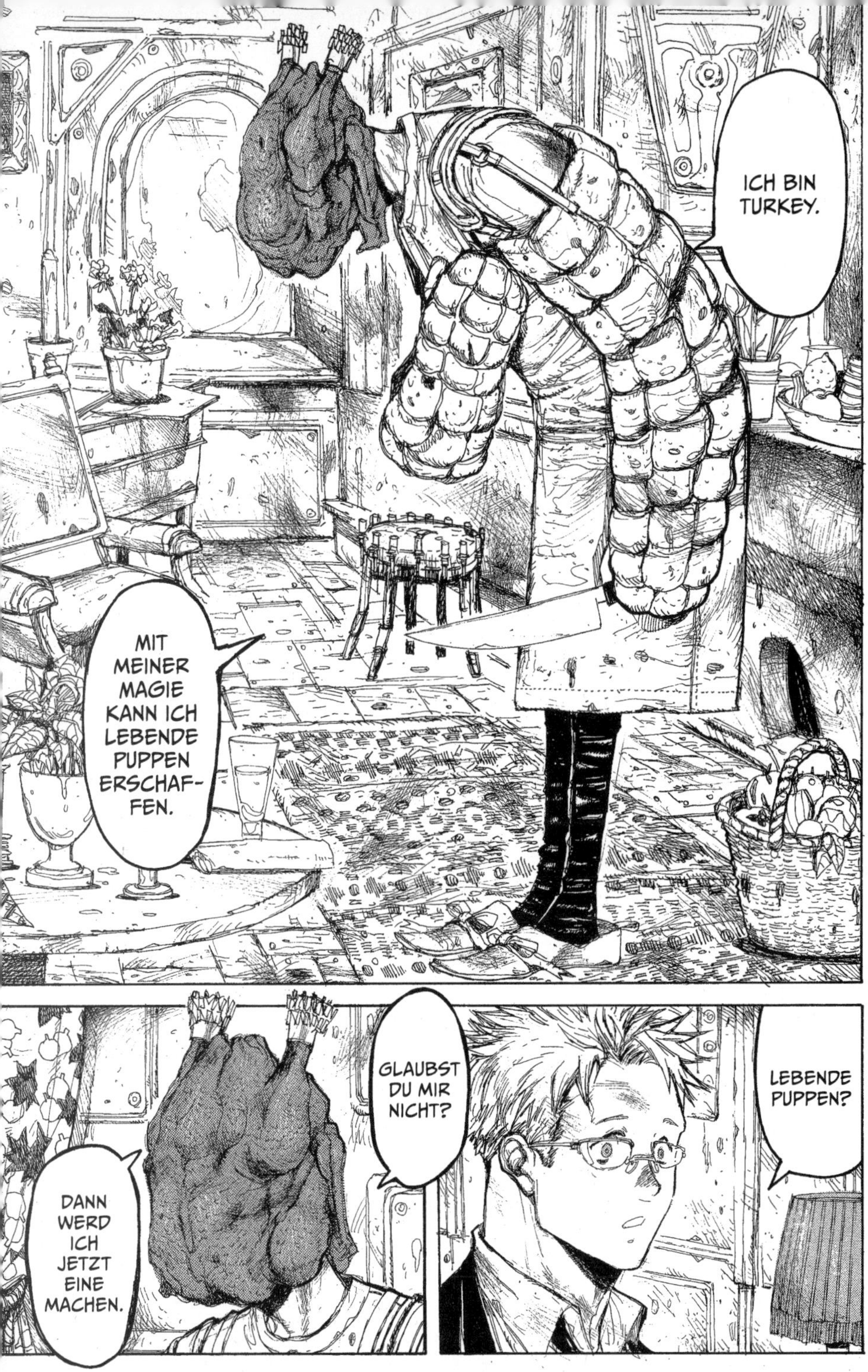
ICH BIN TURKEY.
MIT MEINER MAGIE KANN ICH LEBENDE PUPPEN ERSCHAF-FEN.
LEBENDE PUPPEN?
GLAUBST DU MIR NICHT?
DANN WERD ICH JETZT EINE MACHEN.

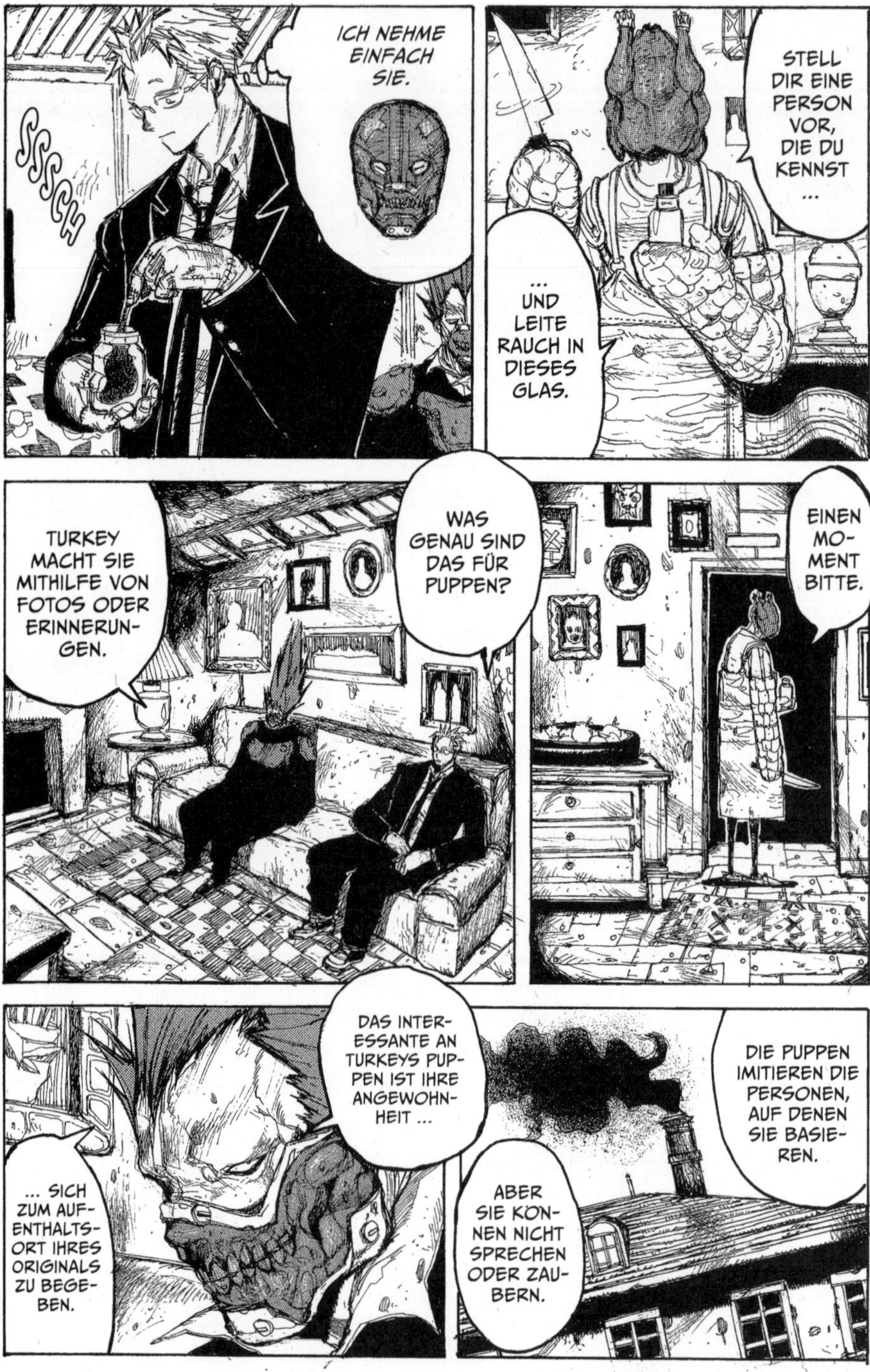
STELL DIR EINE PERSON VOR, DIE DU KENNST ...
... UND LEITE RAUCH IN DIESES GLAS.
ICH NEHME EINFACH SIE.
SSSCH
EINEN MOMENT BITTE.
WAS GENAU SIND DAS FÜR PUPPEN?
TURKEY MACHT SIE MITHILFE VON FOTOS ODER ERINNERUNGEN.
DIE PUPPEN IMITIEREN DIE PERSONEN, AUF DENEN SIE BASIEREN.
ABER SIE KÖNNEN NICHT SPRECHEN ODER ZAUBERN.
DAS INTERESSANTE AN TURKEYS PUPPEN IST IHRE ANGEWOHNHEIT ...
... SICH ZUM AUFENTHALTSORT IHRES ORIGINALS ZU BEGEBEN.

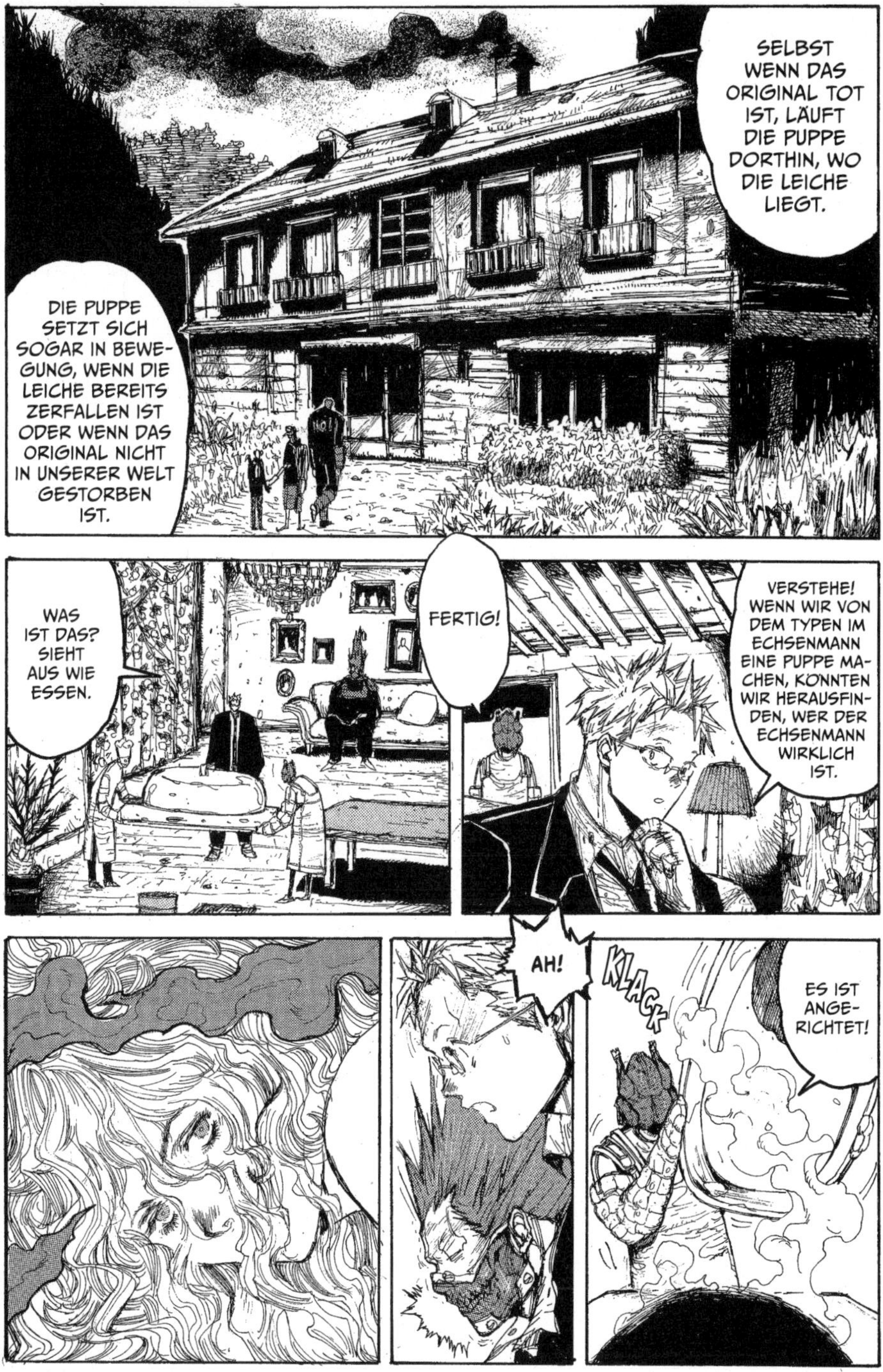
SELBST WENN DAS ORIGINAL TOT IST, LÄUFT DIE PUPPE DORTHIN, WO DIE LEICHE LIEGT.
DIE PUPPE SETZT SICH SOGAR IN BEWEGUNG, WENN DIE LEICHE BEREITS ZERFALLEN IST ODER WENN DAS ORIGINAL NICHT IN UNSERER WELT GESTORBEN IST.
VERSTEHE! WENN WIR VON DEM TYPEN IM ECHSENMANN EINE PUPPE MACHEN, KÖNNTEN WIR HERAUSFINDEN, WER DER ECHSENMANN WIRKLICH IST.
FERTIG!
WAS IST DAS? SIEHT AUS WIE ESSEN.
ES IST ANGERICHTET!
KLACK
AH!

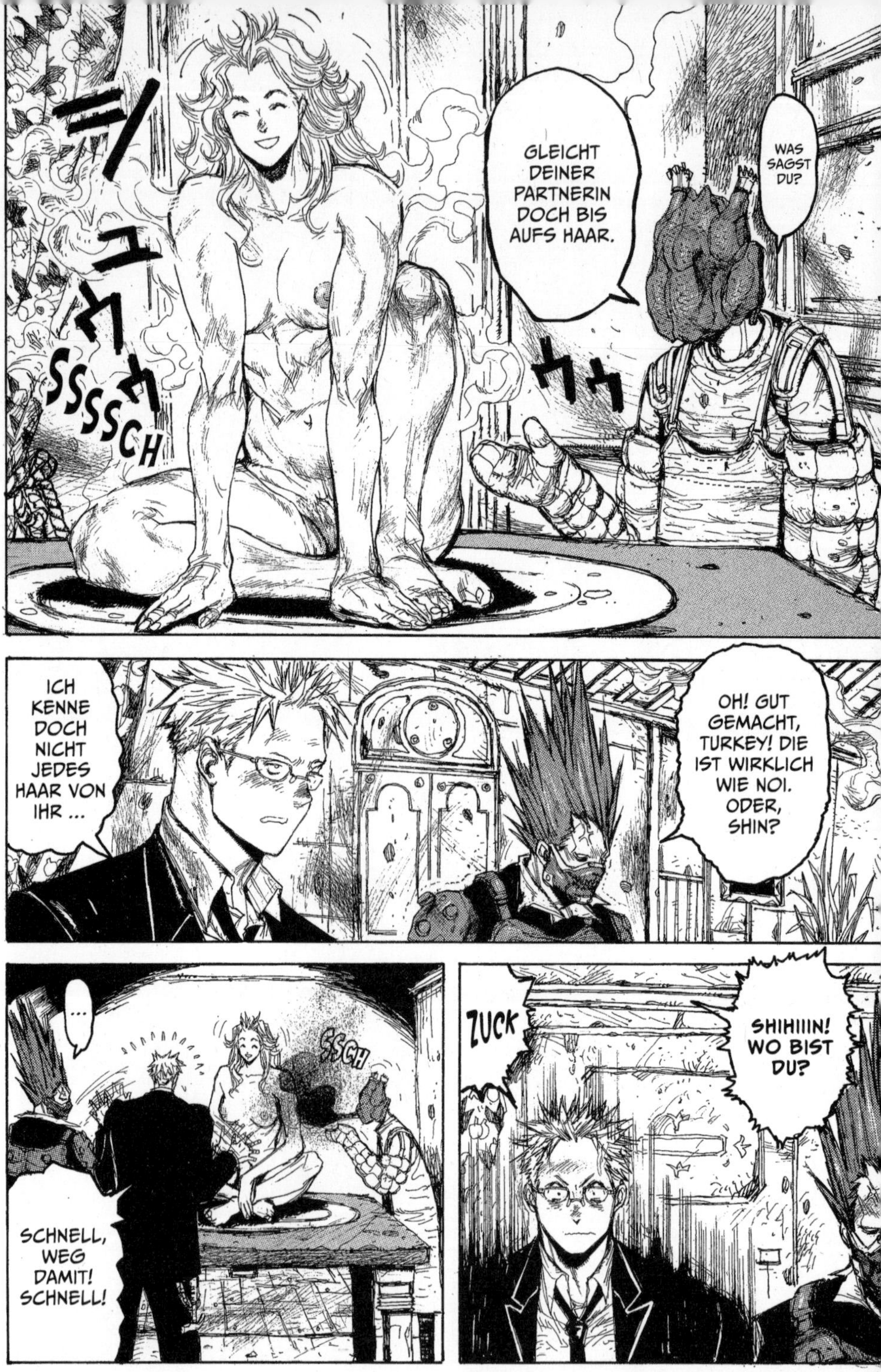
WAS SAGST DU?
GLEICHT DEINER PARTNERIN DOCH BIS AUFS HAAR.
SSSSCH
OH! GUT GEMACHT, TURKEY! DIE IST WIRKLICH WIE NOI. ODER, SHIN?
ICH KENNE DOCH NICHT JEDES HAAR VON IHR ...
ZUCK
SHIHIIIN! WO BIST DU?
...
SSCH
SCHNELL, WEG DAMIT! SCHNELL!

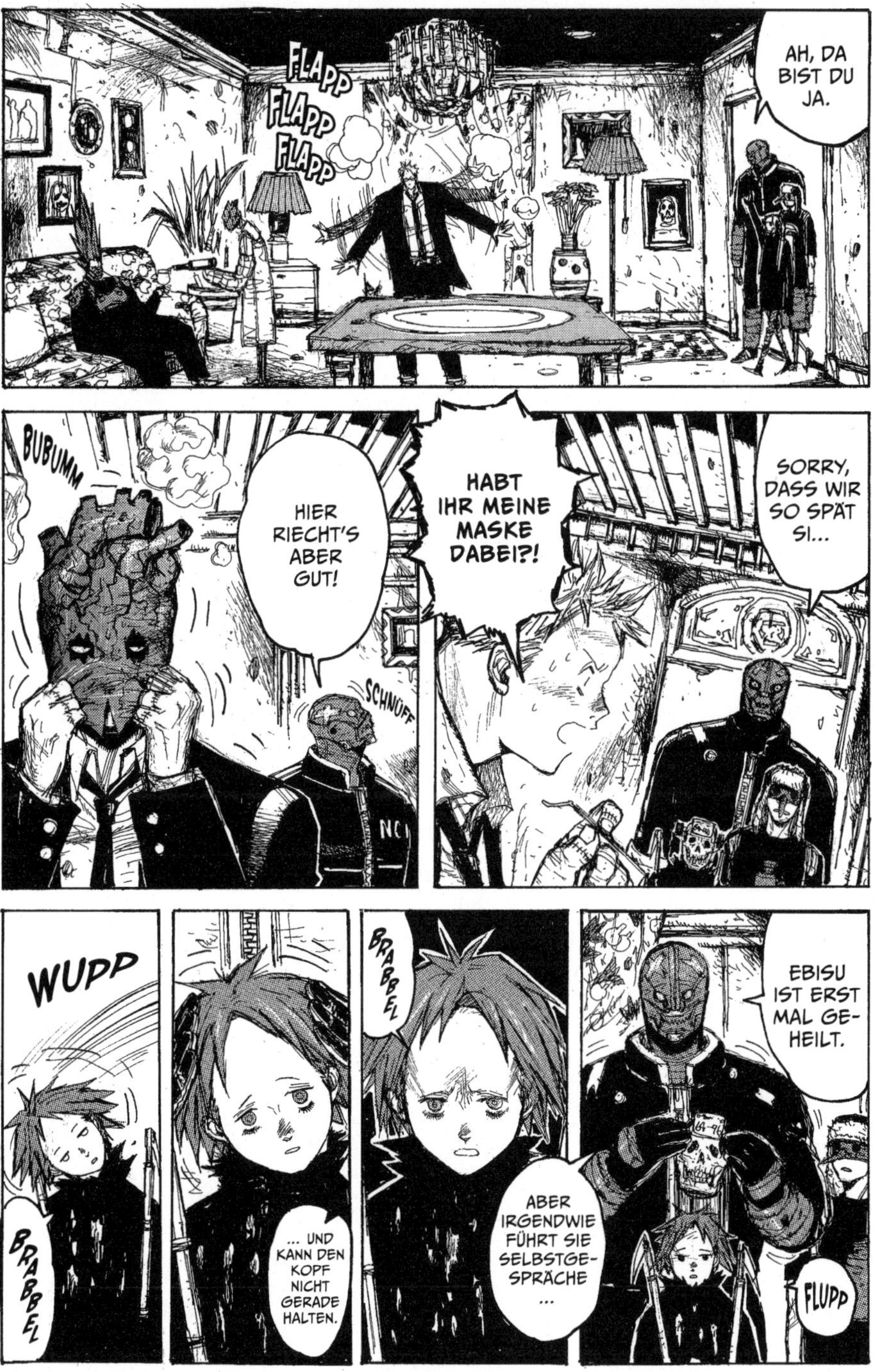
FLAPP
FLAPP
FLAPP
AH, DA BIST DU JA.
SORRY, DASS WIR SO SPÄT SI...
HABT IHR MEINE MASKE DABEI?!
BUBUMM
HIER RIECHT'S ABER GUT!
SCHNÜFF
EBISU IST ERST MAL GE-HEILT.
FLUPP
ABER IRGENDWIE FÜHRT SIE SELBSTGE-SPRÄCHE ...
BRABBEL
... UND KANN DEN KOPF NICHT GERADE HALTEN.
WUPP
BRABBEL

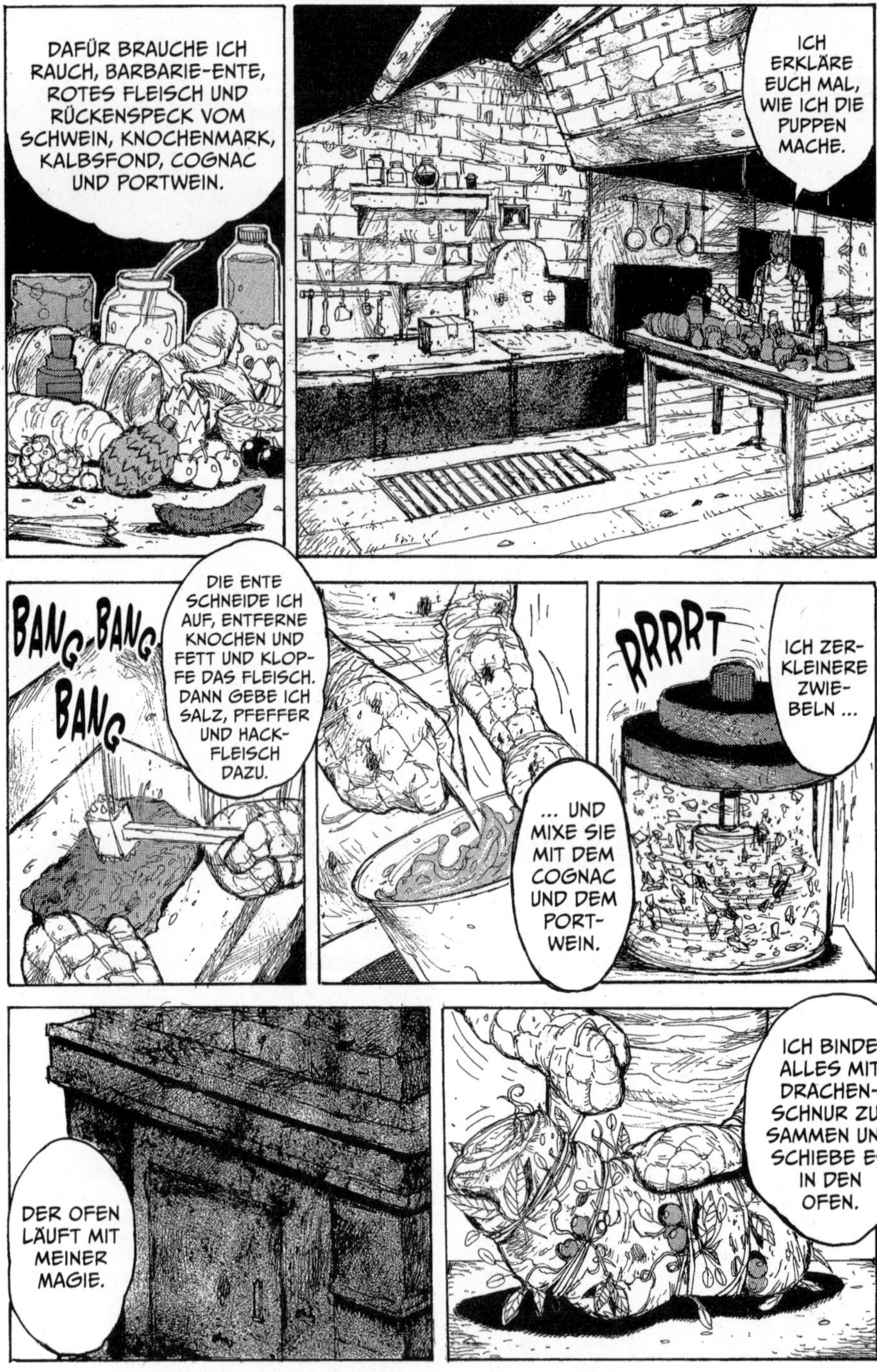
DAFÜR BRAUCHE ICH RAUCH, BARBARIE-ENTE, ROTES FLEISCH UND RÜCKENSPECK VOM SCHWEIN, KNOCHENMARK, KALBSFOND, COGNAC UND PORTWEIN.
ICH ERKLÄRE EUCH MAL, WIE ICH DIE PUPPEN MACHE.
BANG-BANG BANG
DIE ENTE SCHNEIDE ICH AUF, ENTFERNE KNOCHEN UND FETT UND KLOPFE DAS FLEISCH. DANN GEBE ICH SALZ, PFEFFER UND HACKFLEISCH DAZU.
RRRRT
ICH ZERKLEINERE ZWIEBELN ...
... UND MIXE SIE MIT DEM COGNAC UND DEM PORTWEIN.
DER OFEN LÄUFT MIT MEINER MAGIE.
ICH BINDE ALLES MIT DRACHENSCHNUR ZUSAMMEN UND SCHIEBE ES IN DEN OFEN.

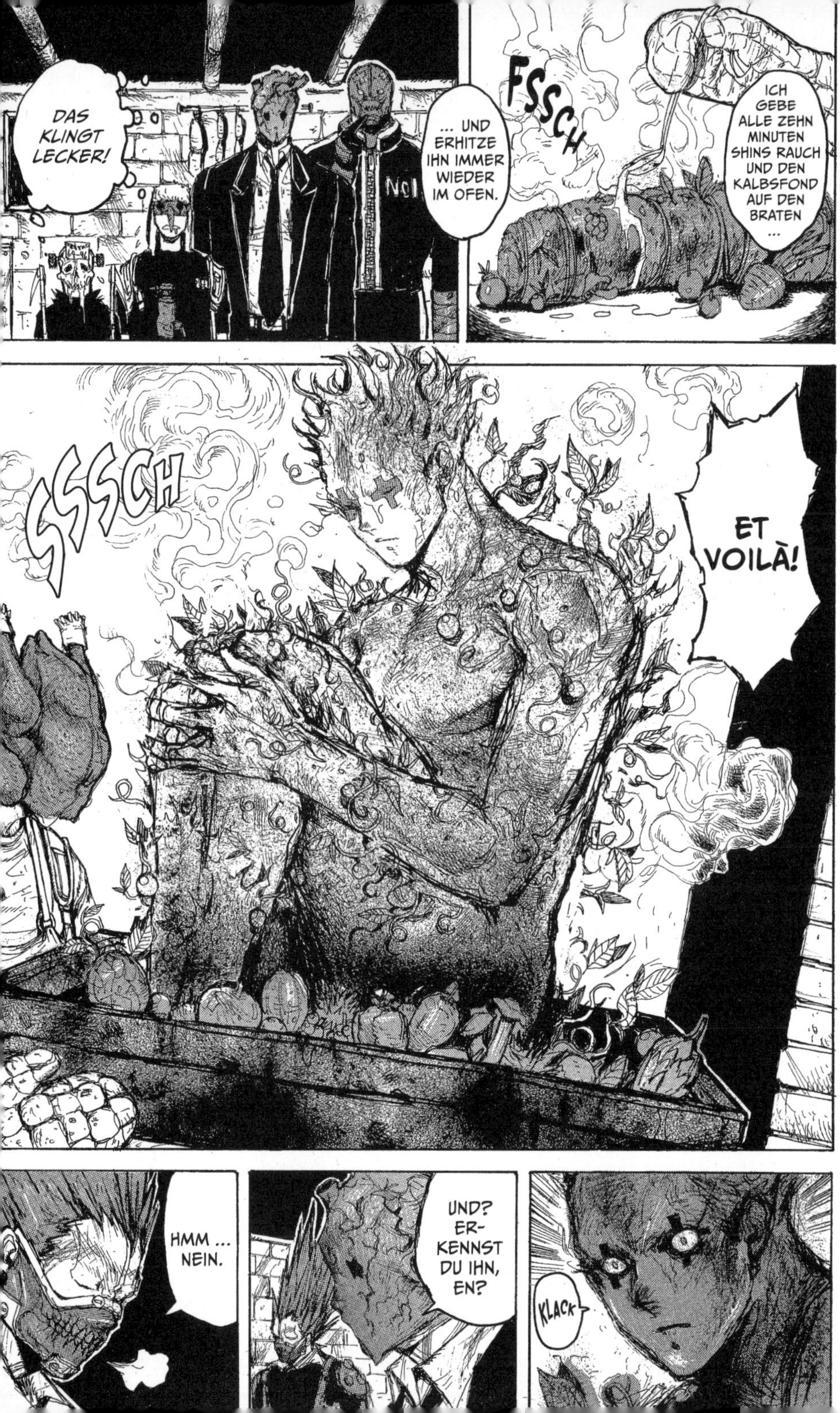
ICH GEBE ALLE ZEHN MINUTEN SHINS RAUCH UND DEN KALBSFOND AUF DEN BRATEN ...
FSSCH
... UND ERHITZE IHN IMMER WIEDER IM OFEN.
DAS KLINGT LECKER!
ET VOILÀ!
SSSCH
KLACK
UND? ER-KENNST DU IHN, EN?
HMM ... NEIN.

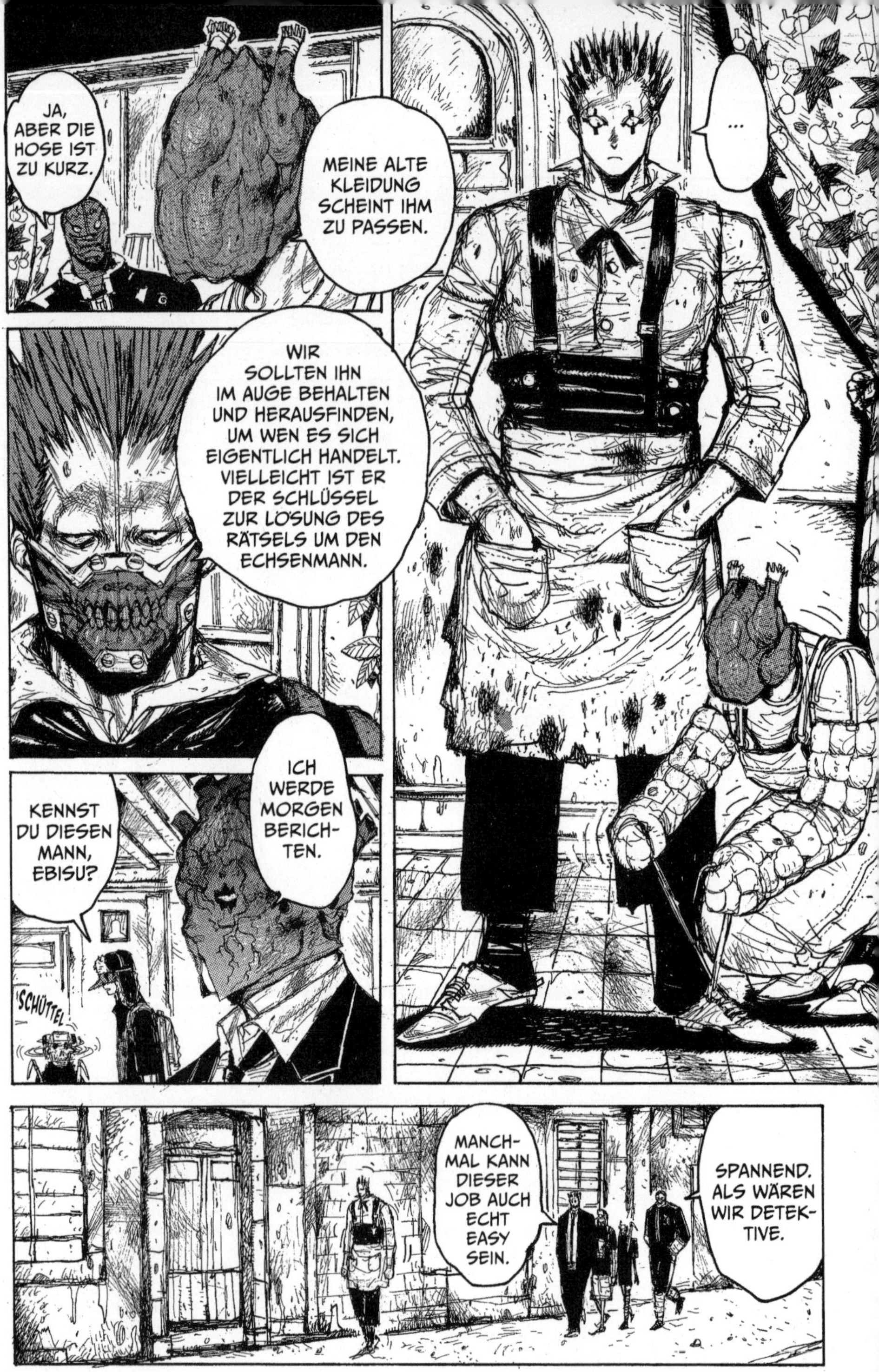
...
MEINE ALTE KLEIDUNG SCHEINT IHM ZU PASSEN.
JA, ABER DIE HOSE IST ZU KURZ.
WIR SOLLTEN IHN IM AUGE BEHALTEN UND HERAUSFINDEN, UM WEN ES SICH EIGENTLICH HANDELT. VIELLEICHT IST ER DER SCHLÜSSEL ZUR LÖSUNG DES RÄTSELS UM DEN ECHSENMANN.
ICH WERDE MORGEN BERICH-TEN.
KENNST DU DIESEN MANN, EBISU?
SCHÜTTEL
SPANNEND. ALS WÄREN WIR DETEK-TIVE.
MANCH-MAL KANN DIESER JOB AUCH ECHT EASY SEIN.

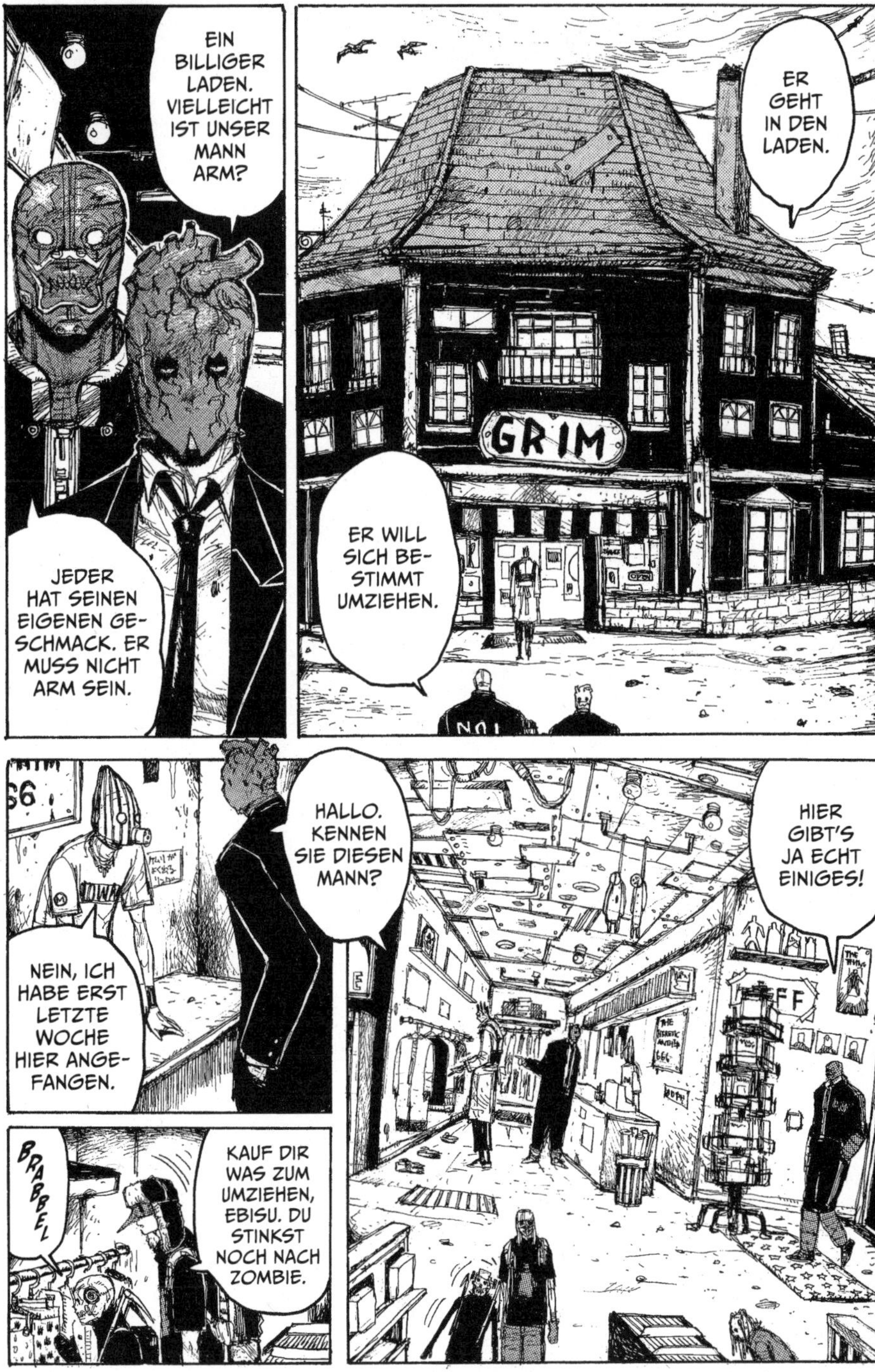
ER GEHT IN DEN LADEN.
GRIM
ER WILL SICH BESTIMMT UMZIEHEN.
EIN BILLIGER LADEN. VIELLEICHT IST UNSER MANN ARM?
JEDER HAT SEINEN EIGENEN GESCHMACK. ER MUSS NICHT ARM SEIN.
HIER GIBT'S JA ECHT EINIGES!
HALLO. KENNEN SIE DIESEN MANN?
NEIN, ICH HABE ERST LETZTE WOCHE HIER ANGEFANGEN.
KAUF DIR WAS ZUM UMZIEHEN, EBISU. DU STINKST NOCH NACH ZOMBIE.
BRABBEL

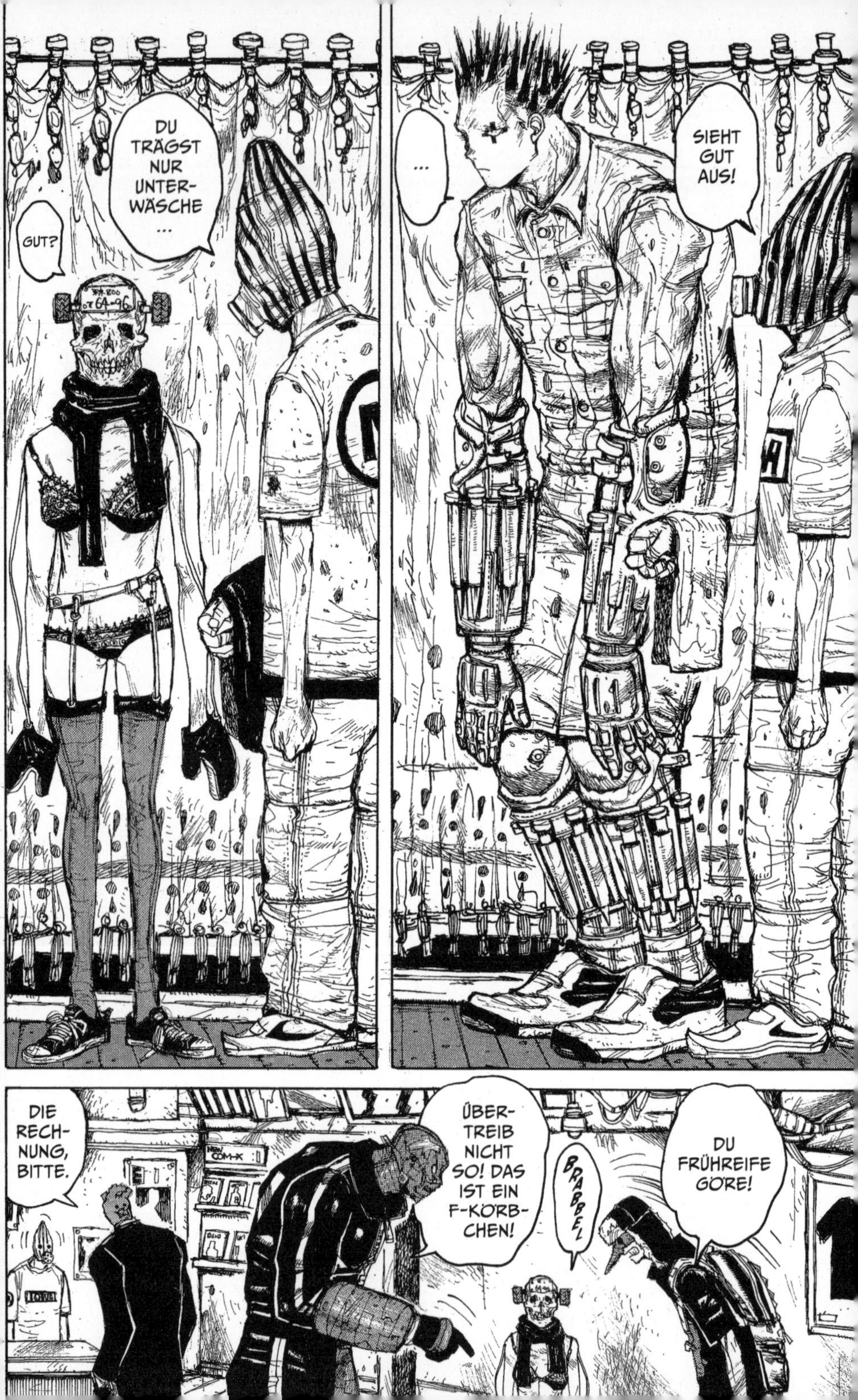
SIEHT GUT AUS!
...
DU TRÄGST NUR UNTER-WÄSCHE ...
GUT?
DU FRÜHREIFE GÖRE!
BRABBEL
ÜBER-TREIB NICHT SO! DAS IST EIN F-KÖRB-CHEN!
DIE RECH-NUNG, BITTE.

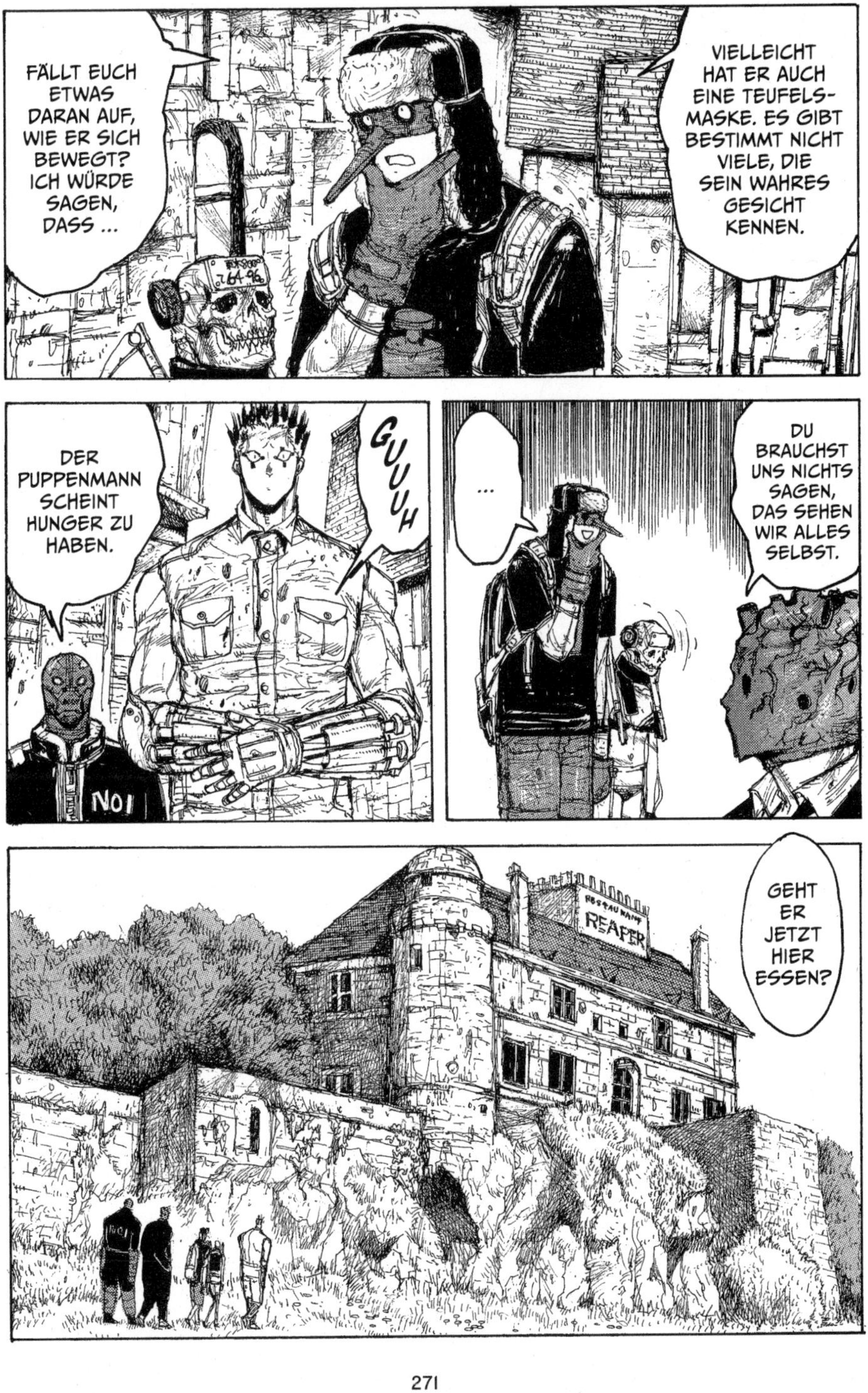
VIELLEICHT HAT ER AUCH EINE TEUFELS-MASKE. ES GIBT BESTIMMT NICHT VIELE, DIE SEIN WAHRES GESICHT KENNEN.
FÄLLT EUCH ETWAS DARAN AUF, WIE ER SICH BEWEGT? ICH WÜRDE SAGEN, DASS ...
DU BRAUCHST UNS NICHTS SAGEN, DAS SEHEN WIR ALLES SELBST.
...
GUUUH
DER PUPPENMANN SCHEINT HUNGER ZU HABEN.
NOI
RESTAURANT REAPER
GEHT ER JETZT HIER ESSEN?

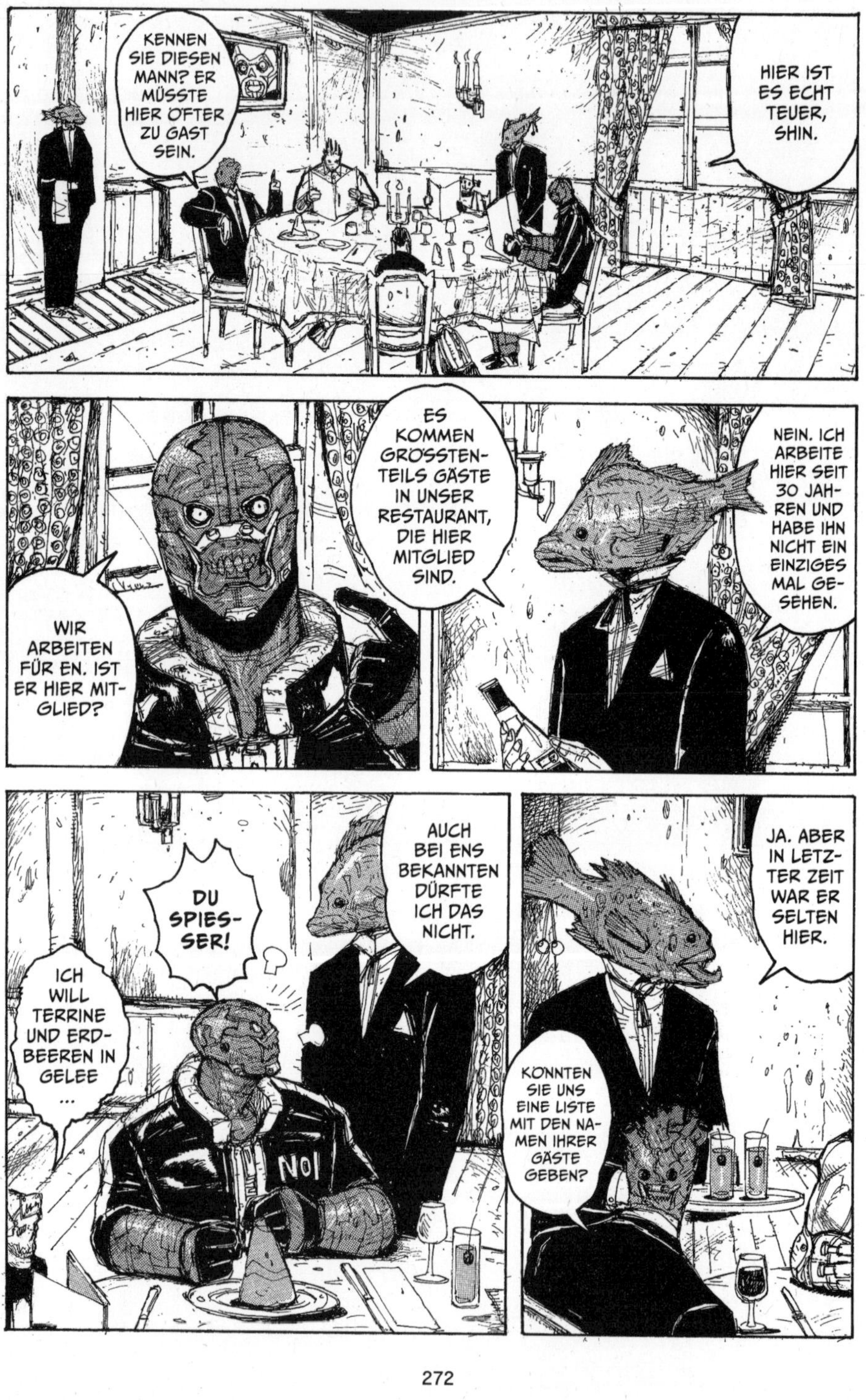
KENNEN SIE DIESEN MANN? ER MÜSSTE HIER ÖFTER ZU GAST SEIN.
HIER IST ES ECHT TEUER, SHIN.
WIR ARBEITEN FÜR EN. IST ER HIER MIT-GLIED?
ES KOMMEN GRÖSSTEN-TEILS GÄSTE IN UNSER RESTAURANT, DIE HIER MITGLIED SIND.
NEIN. ICH ARBEITE HIER SEIT 30 JAH-REN UND HABE IHN NICHT EIN EINZIGES MAL GE-SEHEN.
DU SPIES-SER!
ICH WILL TERRINE UND ERD-BEEREN IN GELEE ...
AUCH BEI ENS BEKANNTEN DÜRFTE ICH DAS NICHT.
NOI
JA. ABER IN LETZ-TER ZEIT WAR ER SELTEN HIER.
KÖNNTEN SIE UNS EINE LISTE MIT DEN NA-MEN IHRER GÄSTE GEBEN?

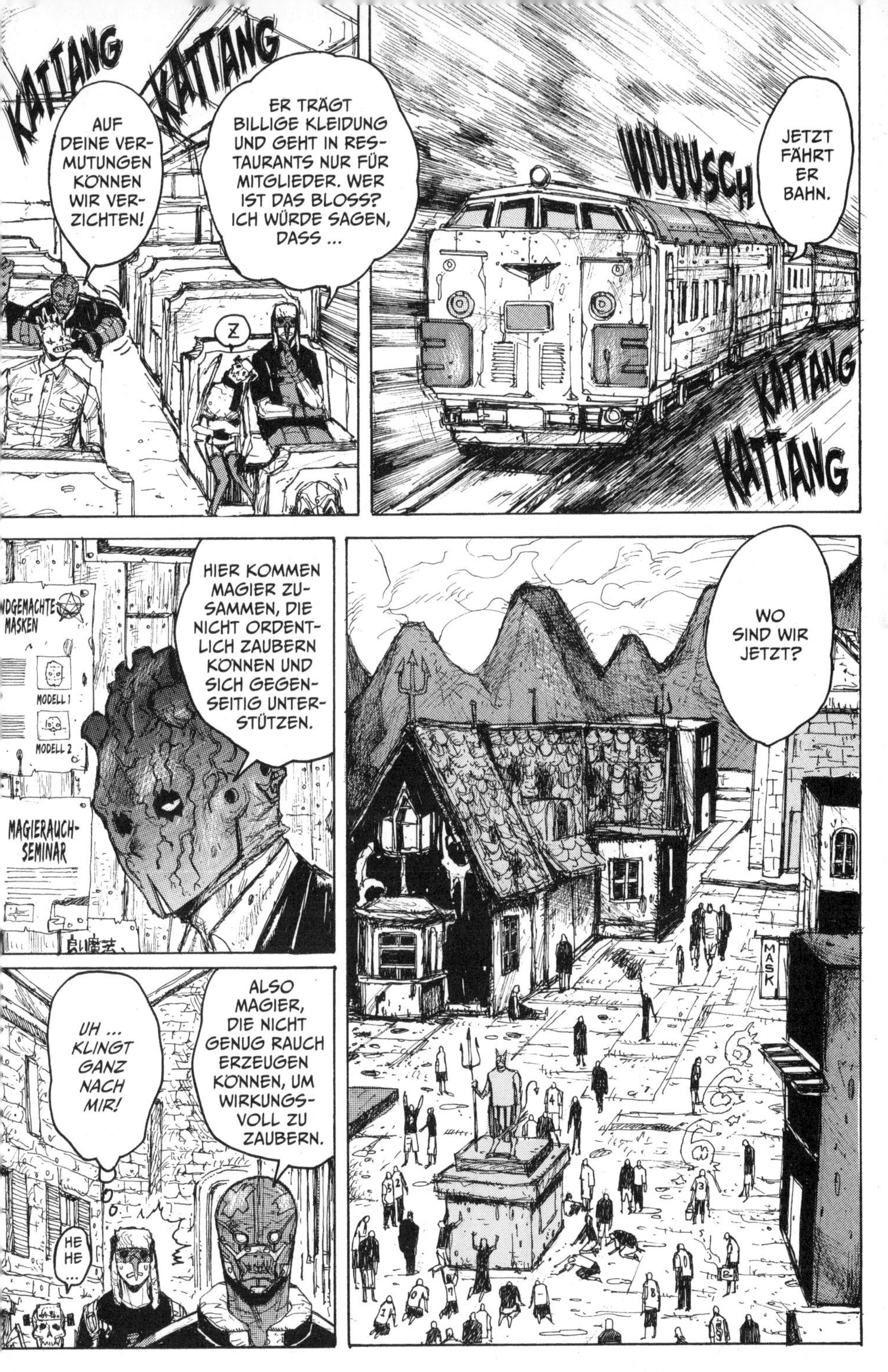
WUUUSCH
JETZT FÄHRT ER BAHN.
KATTANG KATTANG
KATTANG KATTANG
ER TRÄGT BILLIGE KLEIDUNG UND GEHT IN RESTAURANTS NUR FÜR MITGLIEDER. WER IST DAS BLOSS? ICH WÜRDE SAGEN, DASS …
AUF DEINE VERMUTUNGEN KÖNNEN WIR VERZICHTEN!
Z
WO SIND WIR JETZT?
MASK
HIER KOMMEN MAGIER ZUSAMMEN, DIE NICHT ORDENTLICH ZAUBERN KÖNNEN UND SICH GEGENSEITIG UNTERSTÜTZEN.
MODELL 1
MODELL 2
MAGIERAUCH-SEMINAR
ALSO MAGIER, DIE NICHT GENUG RAUCH ERZEUGEN KÖNNEN, UM WIRKUNGSVOLL ZU ZAUBERN.
UH … KLINGT GANZ NACH MIR!
HE HE …

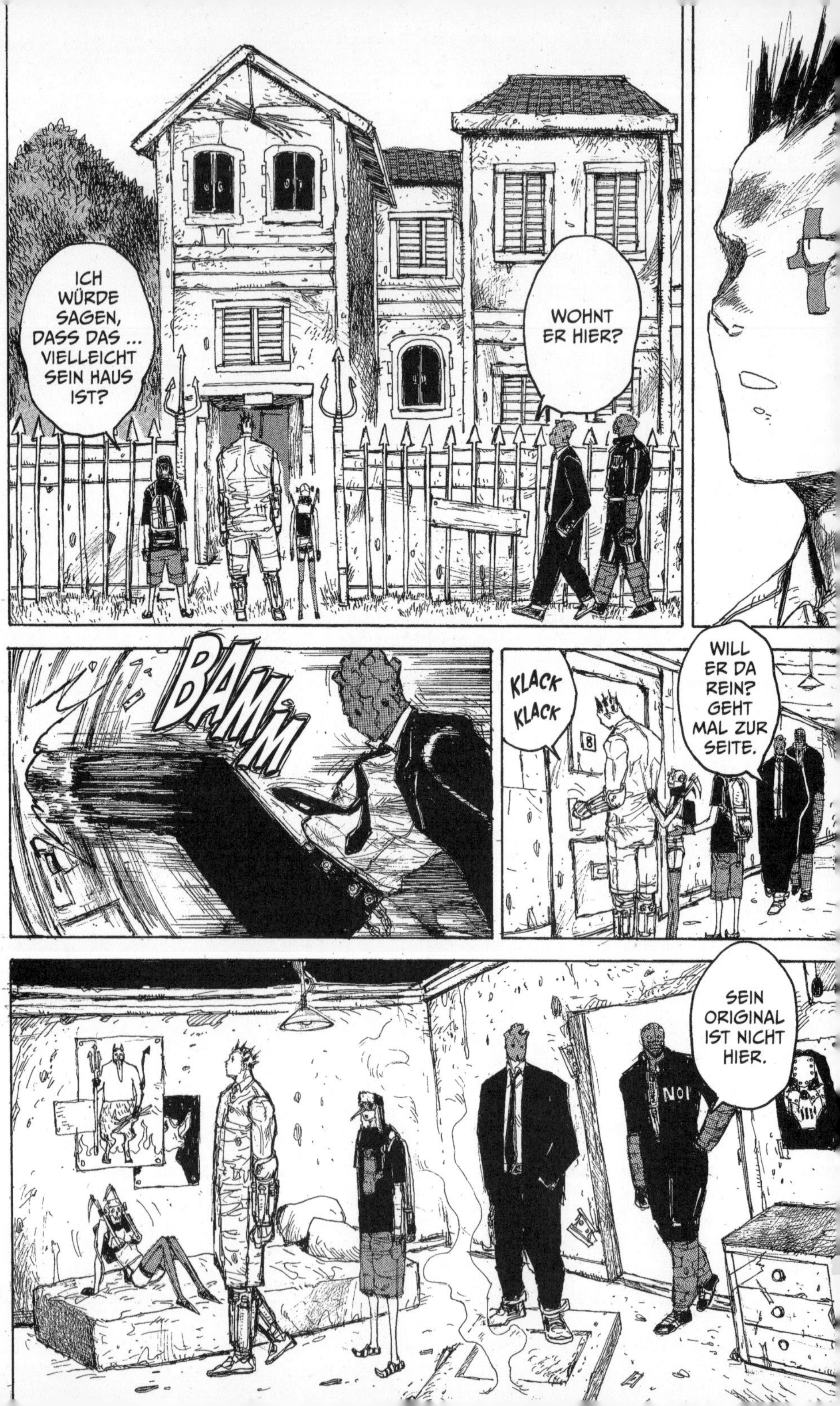
WOHNT ER HIER?
ICH WÜRDE SAGEN, DASS DAS ... VIELLEICHT SEIN HAUS IST?
WILL ER DA REIN? GEHT MAL ZUR SEITE.
KLACK KLACK
8
BAMM
SEIN ORIGINAL IST NICHT HIER.
NOI

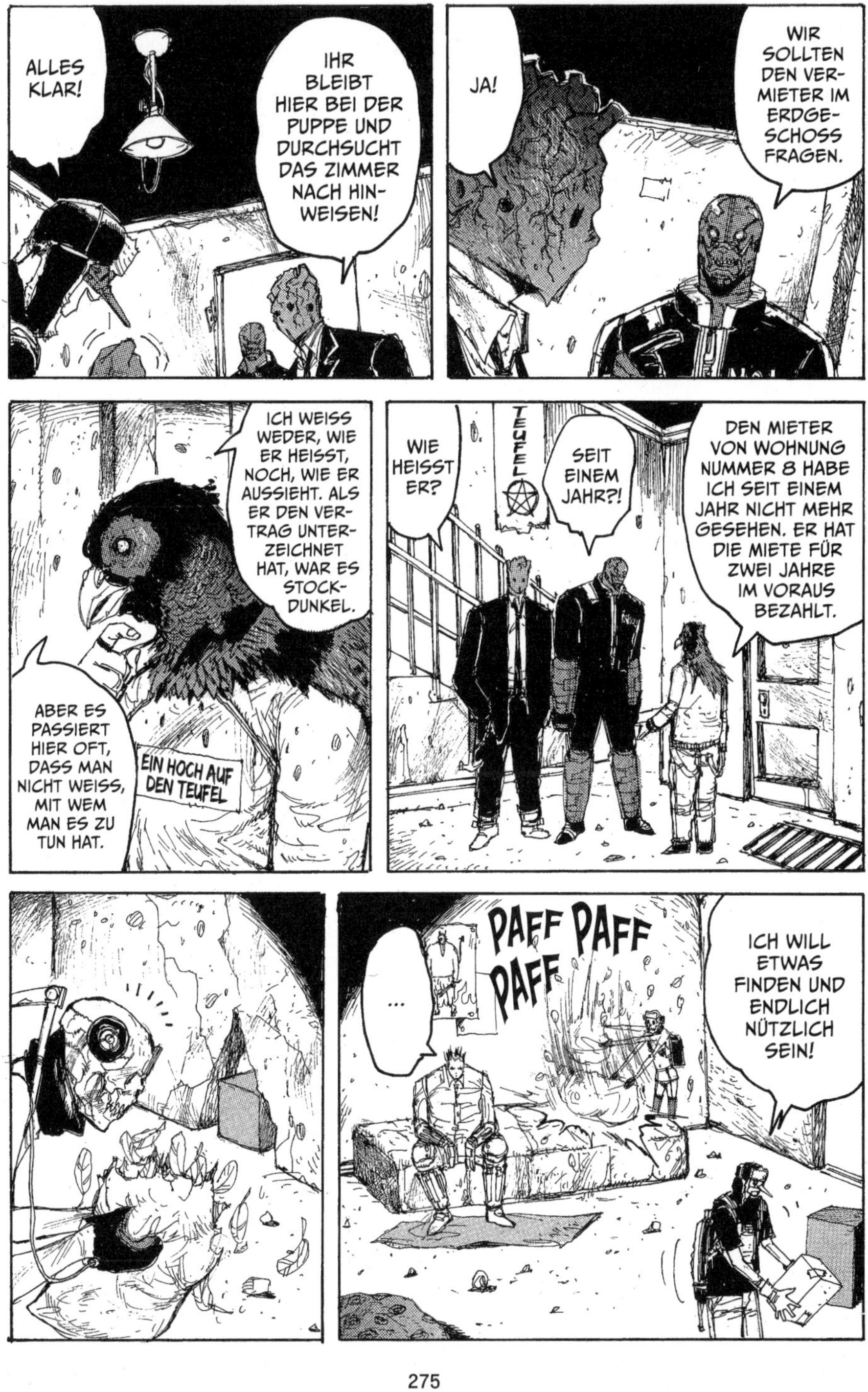
WIR SOLLTEN DEN VERMIETER IM ERDGESCHOSS FRAGEN.
JA!
IHR BLEIBT HIER BEI DER PUPPE UND DURCHSUCHT DAS ZIMMER NACH HINWEISEN!
ALLES KLAR!
DEN MIETER VON WOHNUNG NUMMER 8 HABE ICH SEIT EINEM JAHR NICHT MEHR GESEHEN. ER HAT DIE MIETE FÜR ZWEI JAHRE IM VORAUS BEZAHLT.
SEIT EINEM JAHR?!
TEUFEL
WIE HEISST ER?
ICH WEISS WEDER, WIE ER HEISST, NOCH, WIE ER AUSSIEHT. ALS ER DEN VERTRAG UNTERZEICHNET HAT, WAR ES STOCKDUNKEL.
ABER ES PASSIERT HIER OFT, DASS MAN NICHT WEISS, MIT WEM MAN ES ZU TUN HAT.
EIN HOCH AUF DEN TEUFEL
ICH WILL ETWAS FINDEN UND ENDLICH NÜTZLICH SEIN!
PAFF PAFF PAFF
...

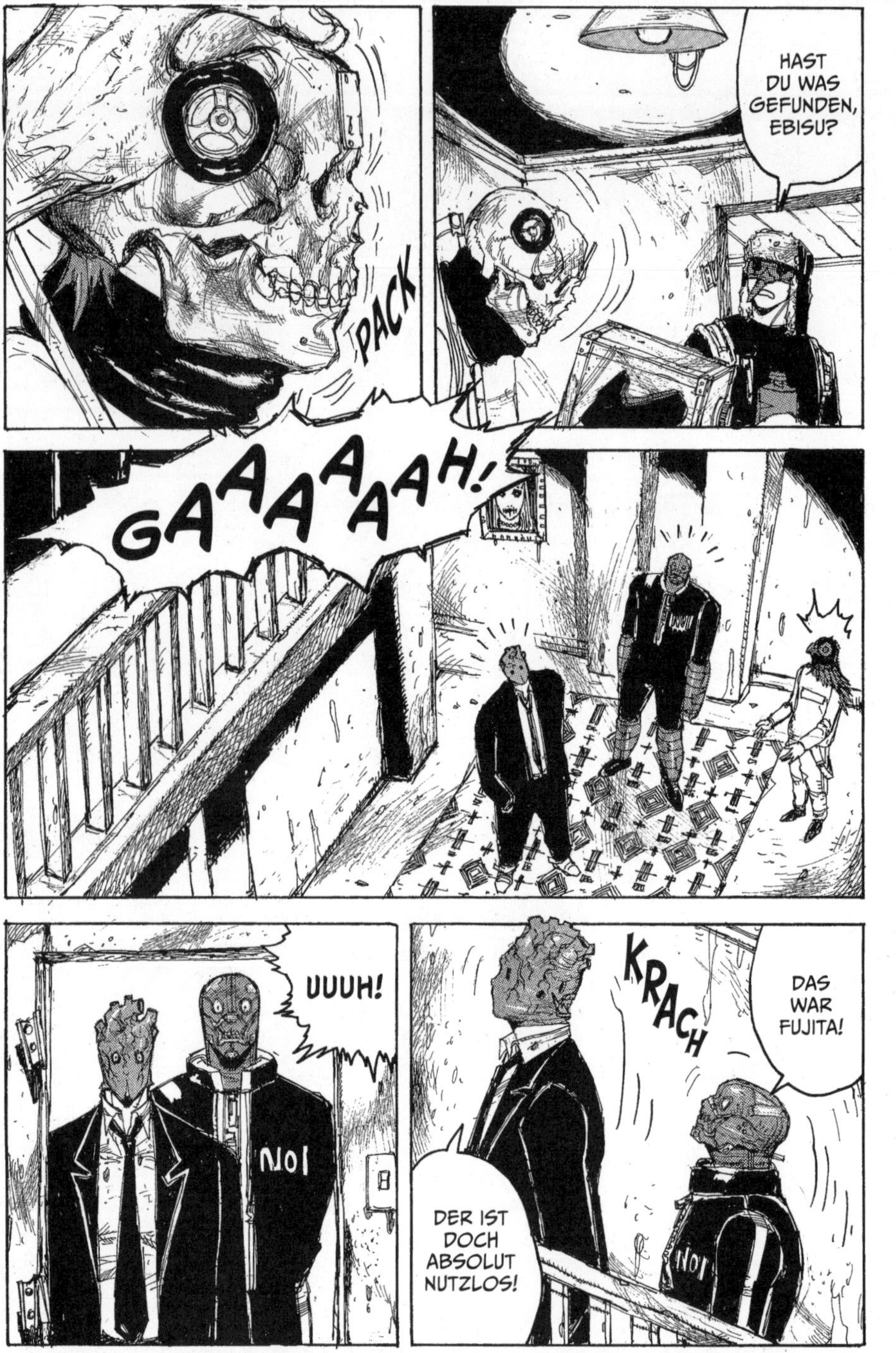
HAST DU WAS GEFUNDEN, EBISU?
PACK
GAAAAAAH!
DAS WAR FUJITA!
KRACH
DER IST DOCH ABSOLUT NUTZLOS!
UUUH!

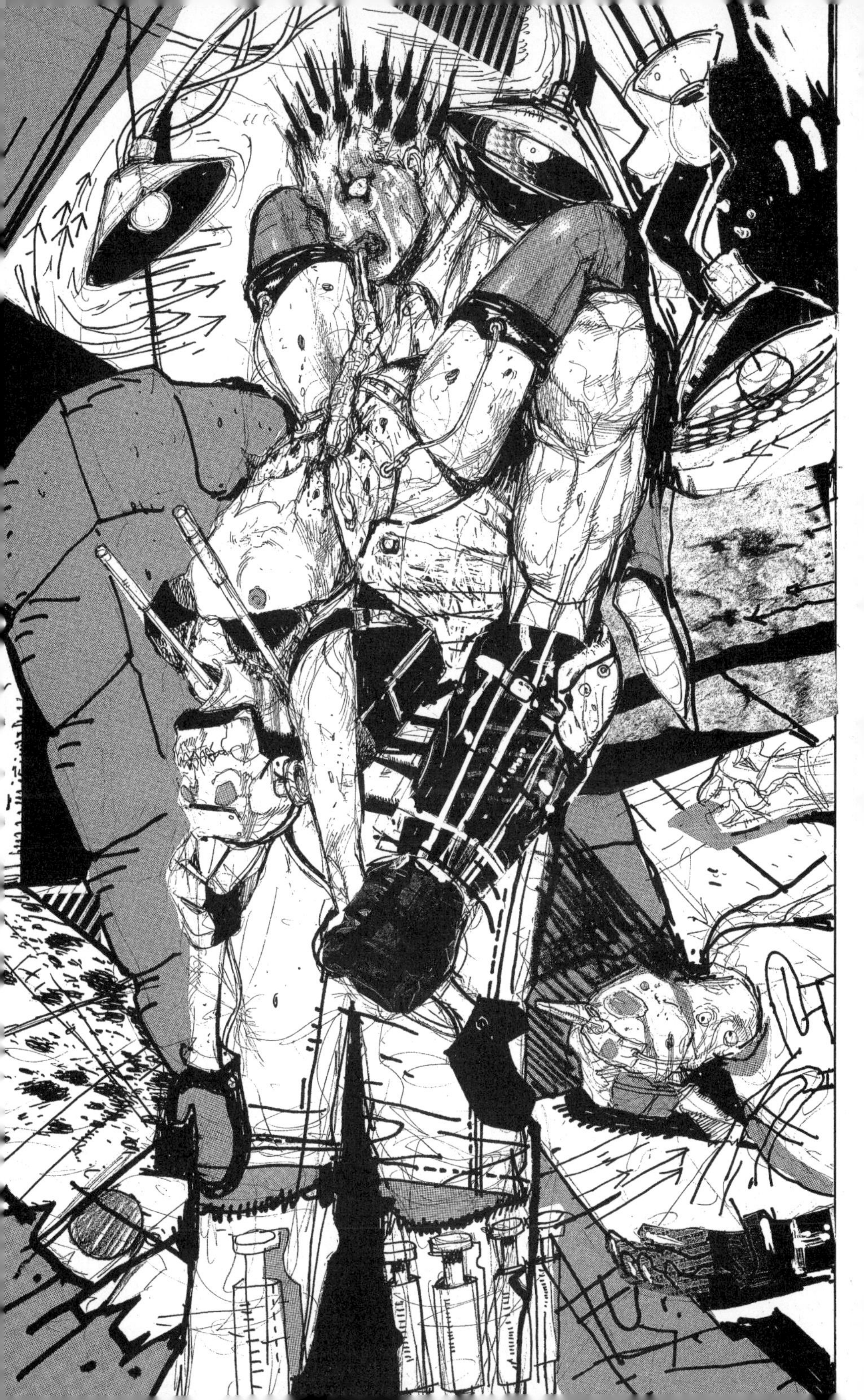

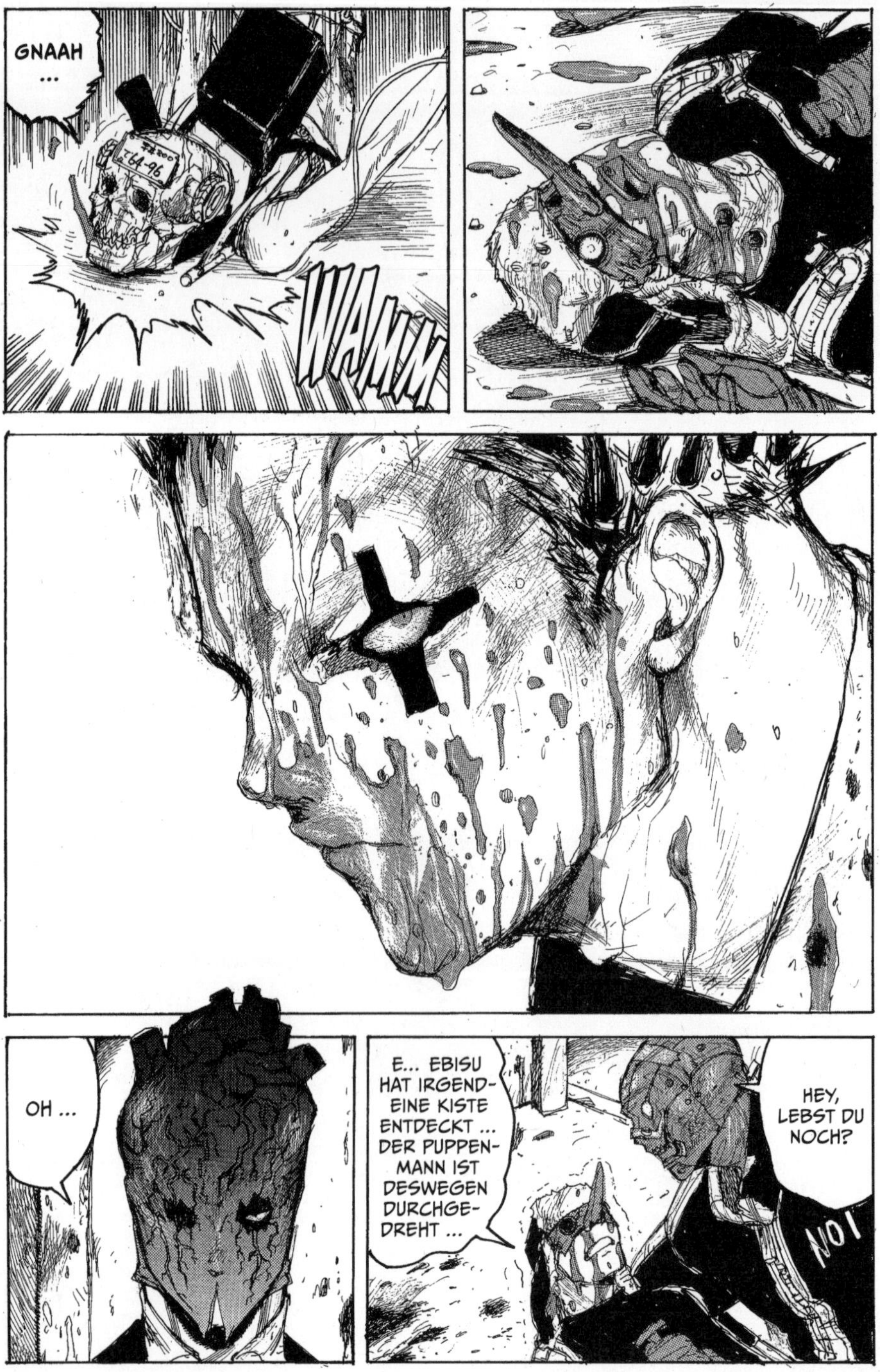
GNAAH ...
WAMM
HEY, LEBST DU NOCH?
E... EBISU HAT IRGEND-EINE KISTE ENTDECKT ... DER PUPPEN-MANN IST DESWEGEN DURCHGE-DREHT ...
NOI
OH ...

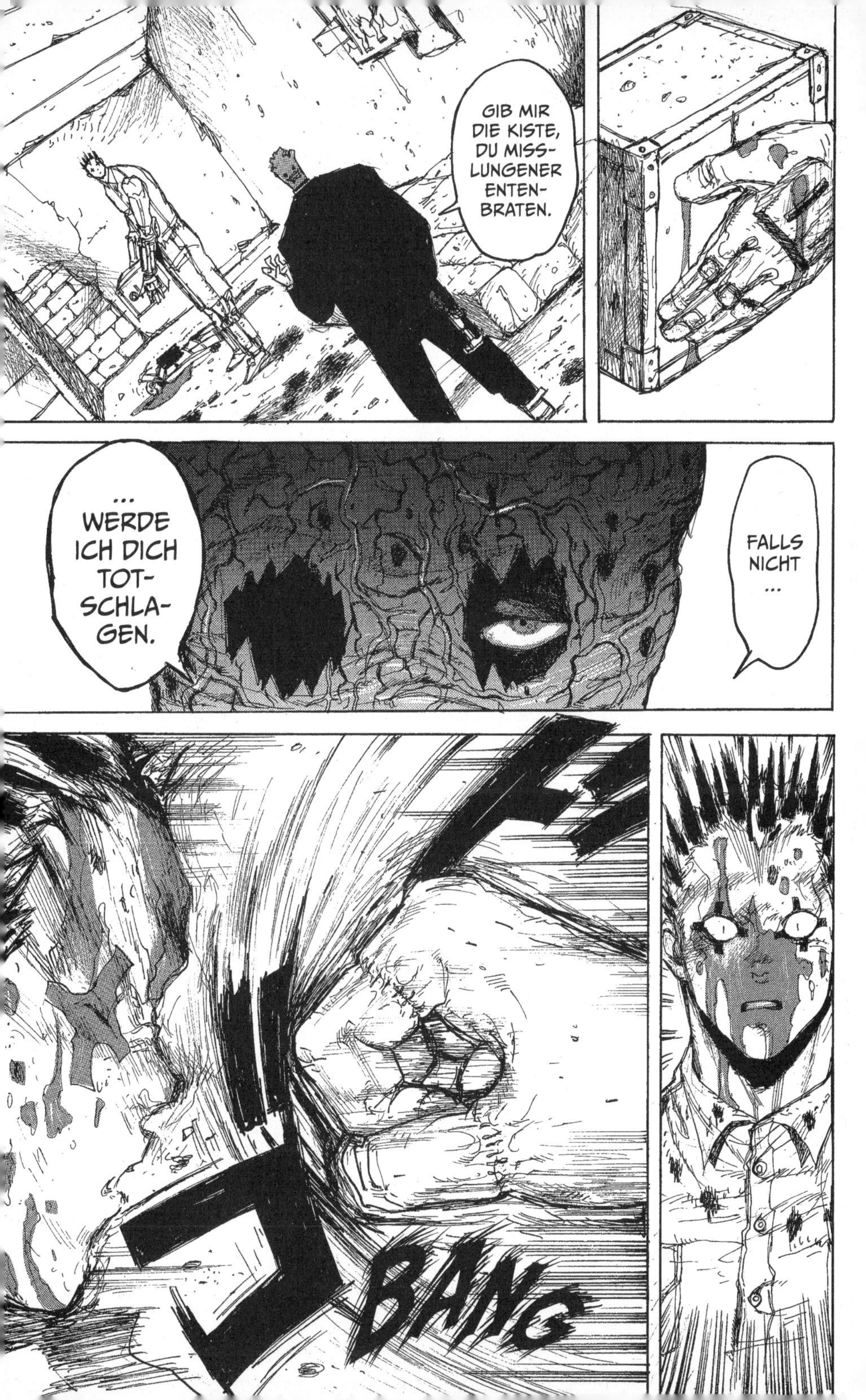
GIB MIR DIE KISTE, DU MISS-LUNGENER ENTEN-BRATEN.
FALLS NICHT ...
... WERDE ICH DICH TOT-SCHLA-GEN.
BANG

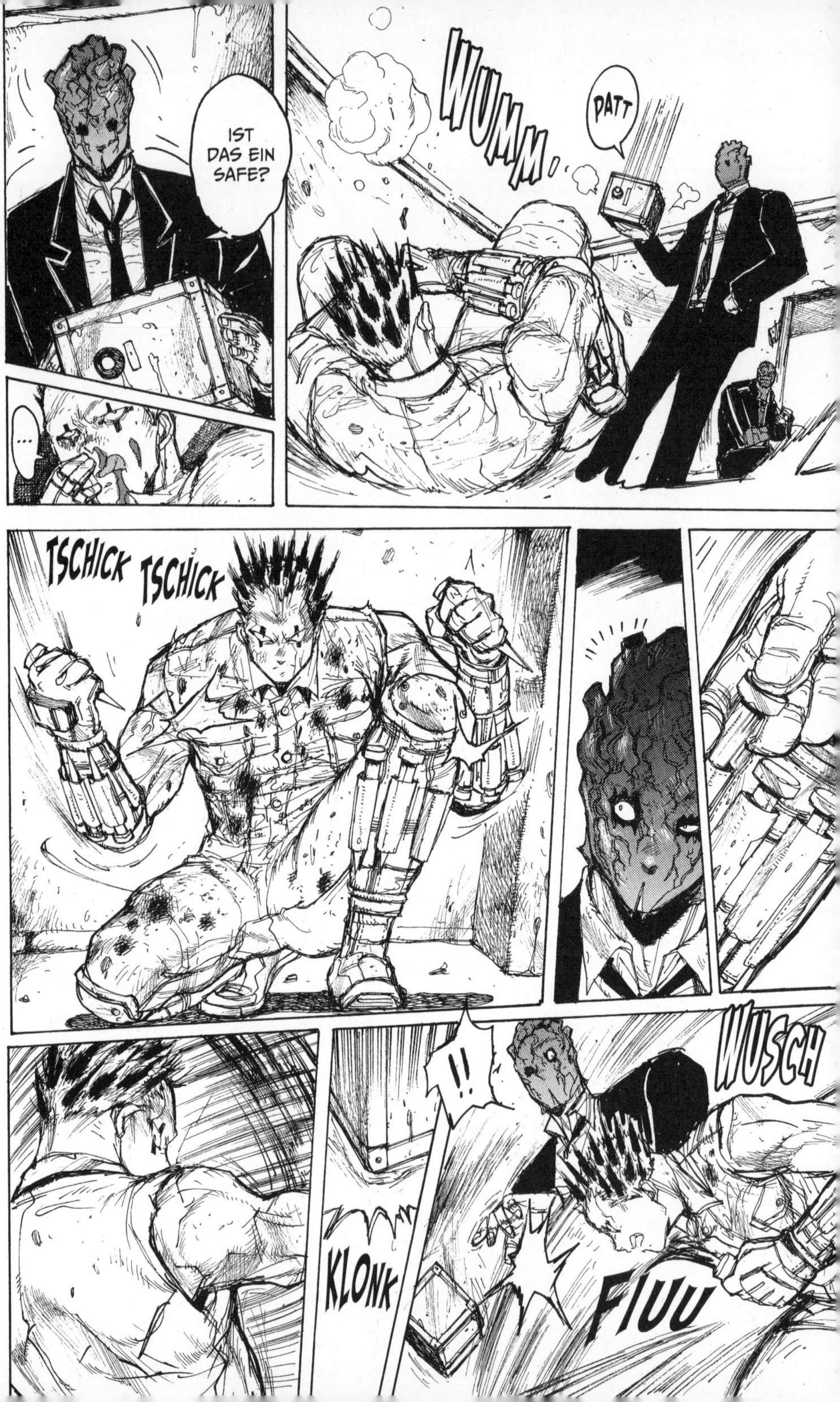
WUMM
PATT
IST DAS EIN SAFE?
...
TSCHICK TSCHICK
WUSCH
!!
FIUU
KLONK

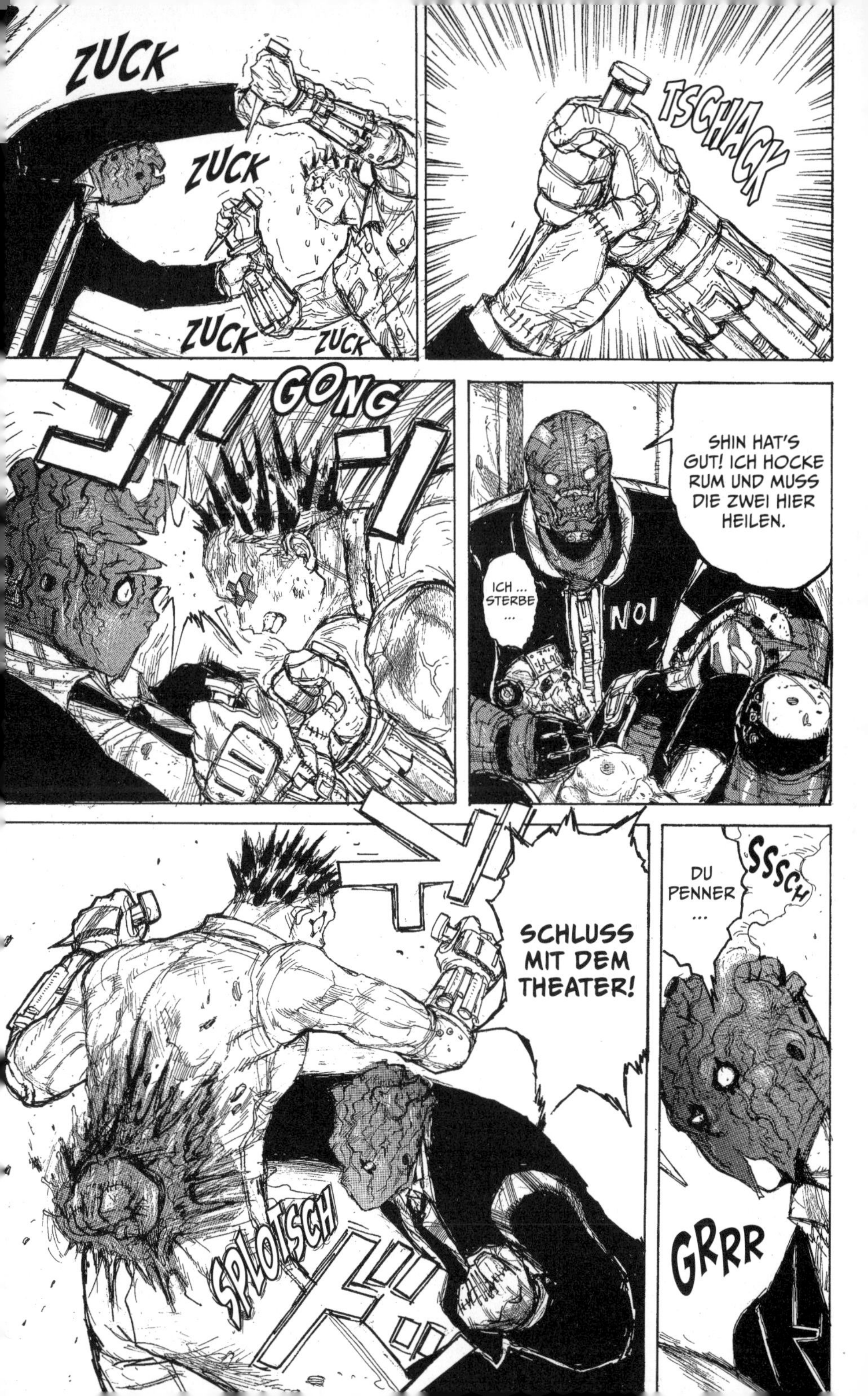
TSCHACK
ZUCK
ZUCK
ZUCK
ZUCK
SHIN HAT'S GUT! ICH HOCKE RUM UND MUSS DIE ZWEI HIER HEILEN.
ICH ... STERBE ...
NOI
GONG
SSSCH
DU PENNER ...
GRRR
SCHLUSS MIT DEM THEATER!
SPLOTSCH

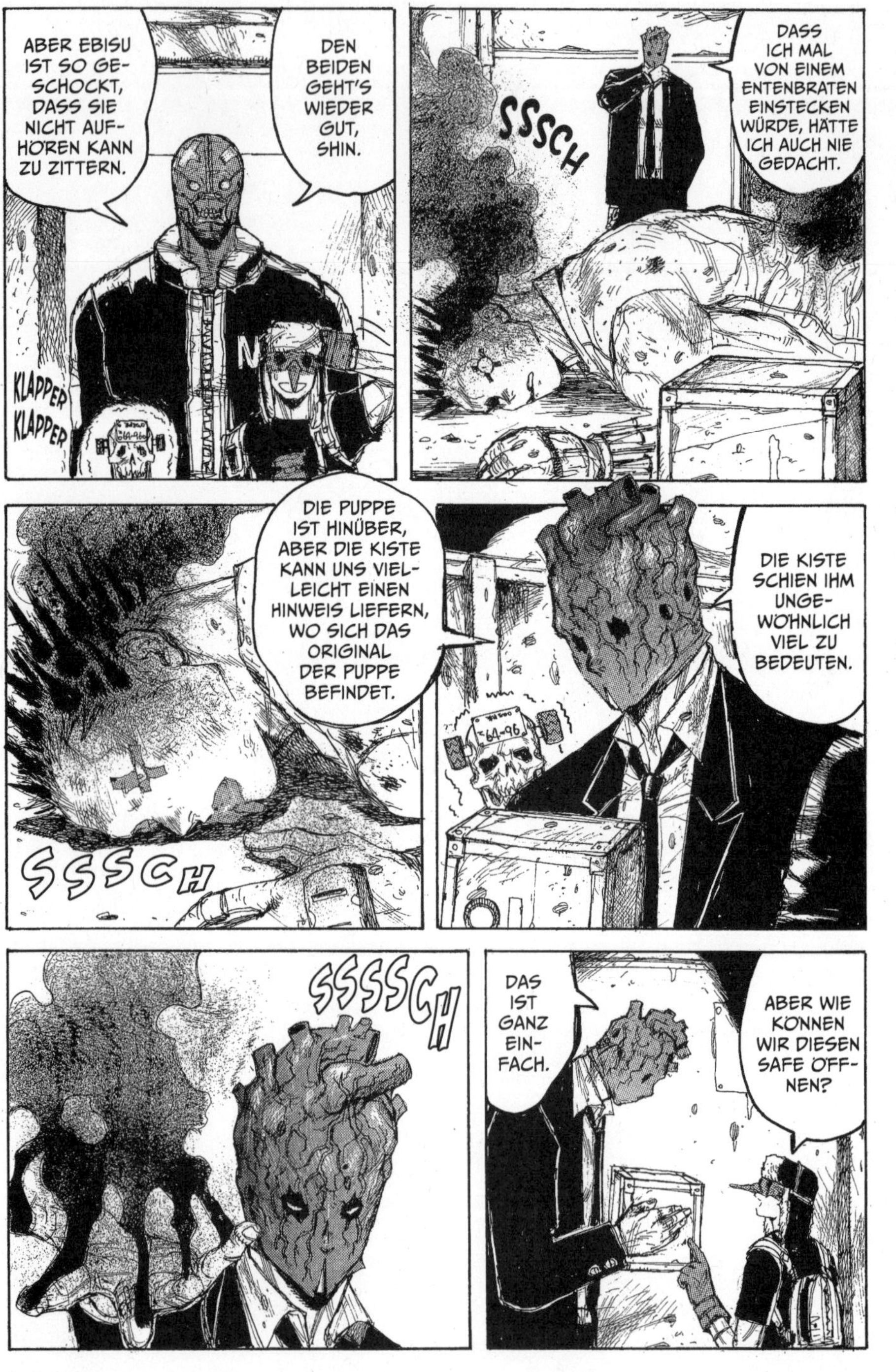
DASS ICH MAL VON EINEM ENTENBRATEN EINSTECKEN WÜRDE, HÄTTE ICH AUCH NIE GEDACHT.
SSSCH
DEN BEIDEN GEHT'S WIEDER GUT, SHIN.
ABER EBISU IST SO GESCHOCKT, DASS SIE NICHT AUFHÖREN KANN ZU ZITTERN.
KLAPPER KLAPPER
DIE KISTE SCHIEN IHM UNGEWÖHNLICH VIEL ZU BEDEUTEN.
DIE PUPPE IST HINÜBER, ABER DIE KISTE KANN UNS VIELLEICHT EINEN HINWEIS LIEFERN, WO SICH DAS ORIGINAL DER PUPPE BEFINDET.
SSSCH
ABER WIE KÖNNEN WIR DIESEN SAFE ÖFFNEN?
DAS IST GANZ EINFACH.
SSSSCH

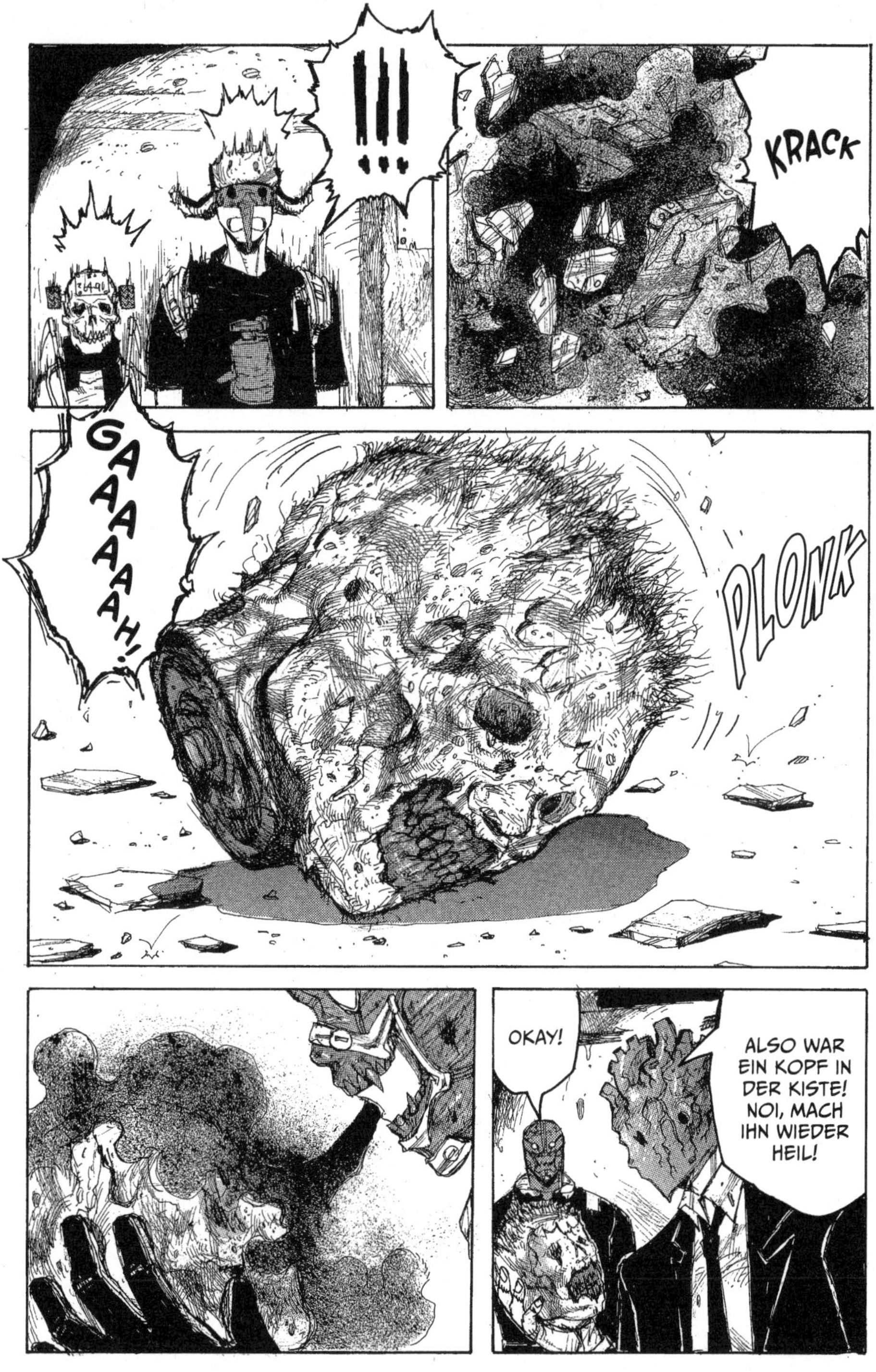
!!!
KRACK
GAAAAAAAH!
PLONK
ALSO WAR EIN KOPF IN DER KISTE! NOI, MACH IHN WIEDER HEIL!
OKAY!

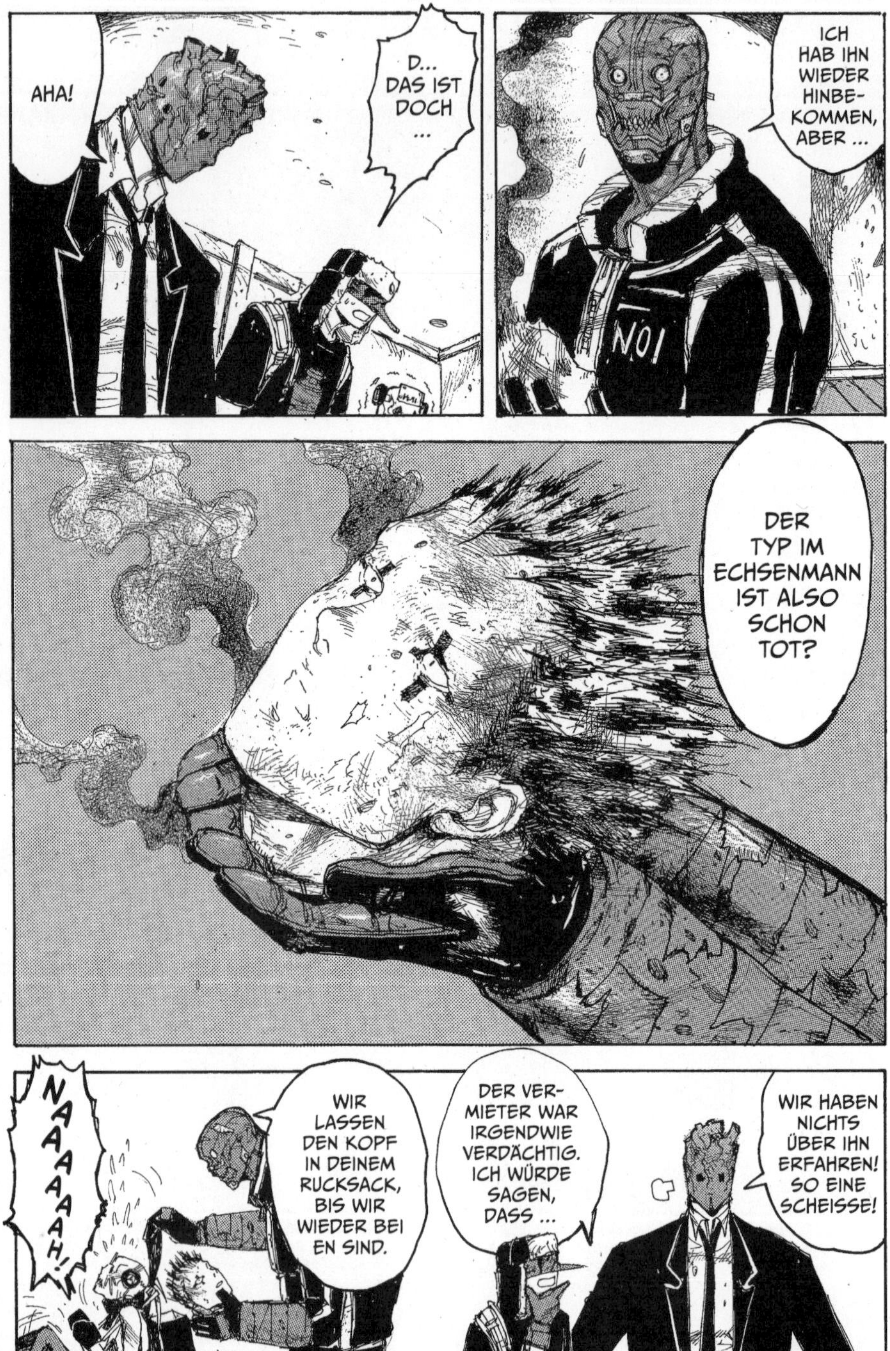
ICH HAB IHN WIEDER HINBE-KOMMEN, ABER ...
D... DAS IST DOCH ...
AHA!
DER TYP IM ECHSENMANN IST ALSO SCHON TOT?
WIR HABEN NICHTS ÜBER IHN ERFAHREN! SO EINE SCHEISSE!
DER VER-MIETER WAR IRGENDWIE VERDÄCHTIG. ICH WÜRDE SAGEN, DASS ...
WIR LASSEN DEN KOPF IN DEINEM RUCKSACK, BIS WIR WIEDER BEI EN SIND.
NAAAAAAH!

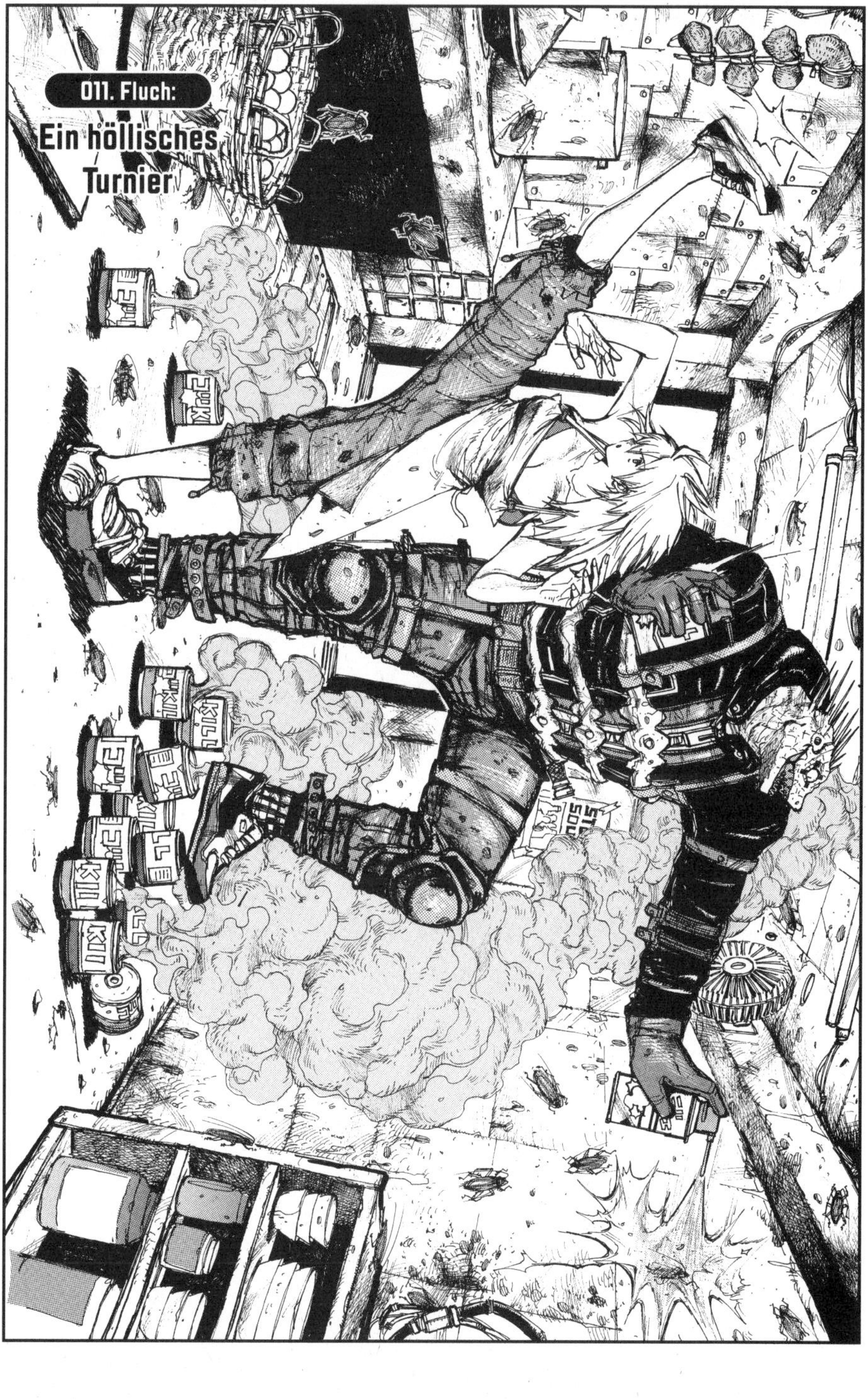
011. Fluch:
Ein höllisches Turnier

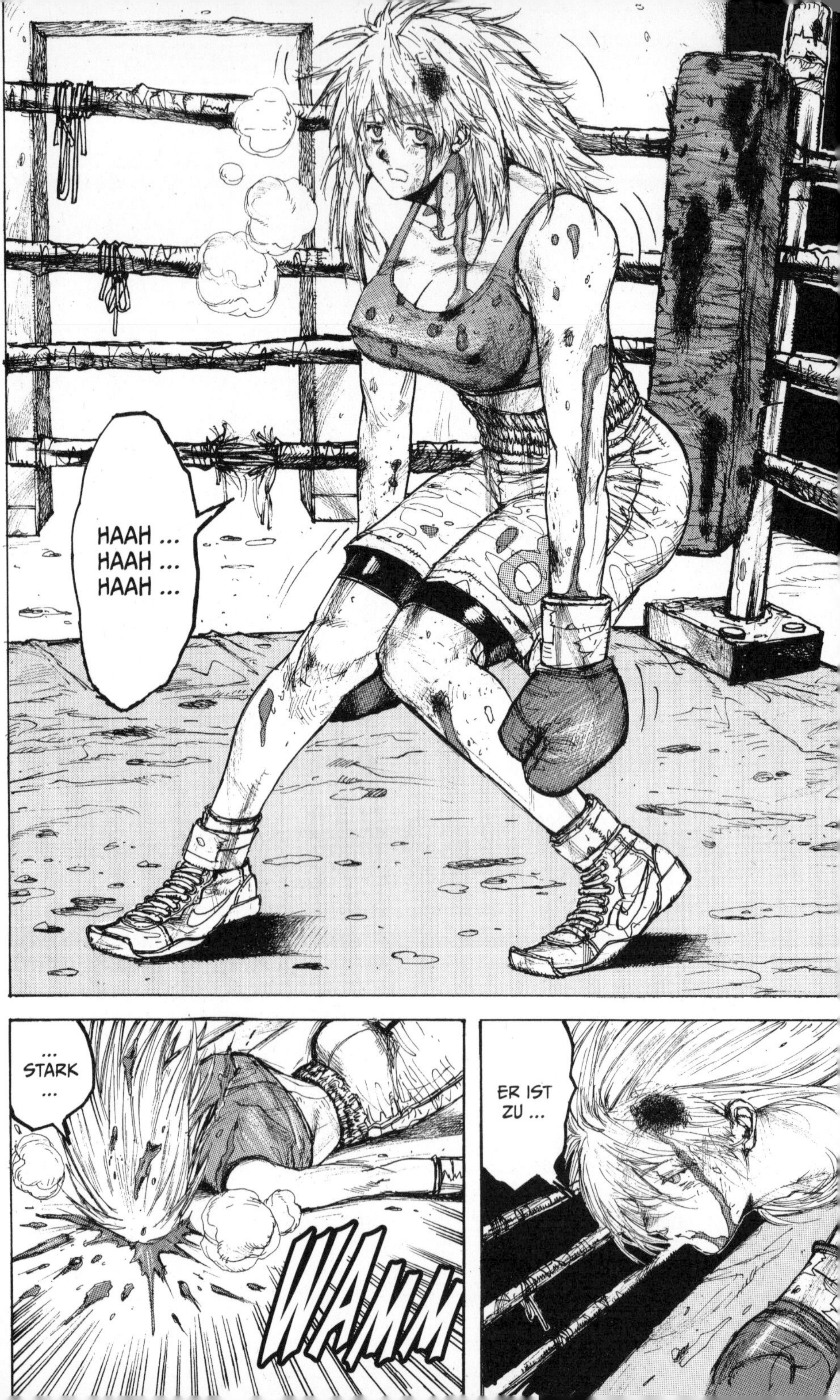
HAAH ...
HAAH ...
HAAH ...
ER IST ZU ...
... STARK ...
WAMM

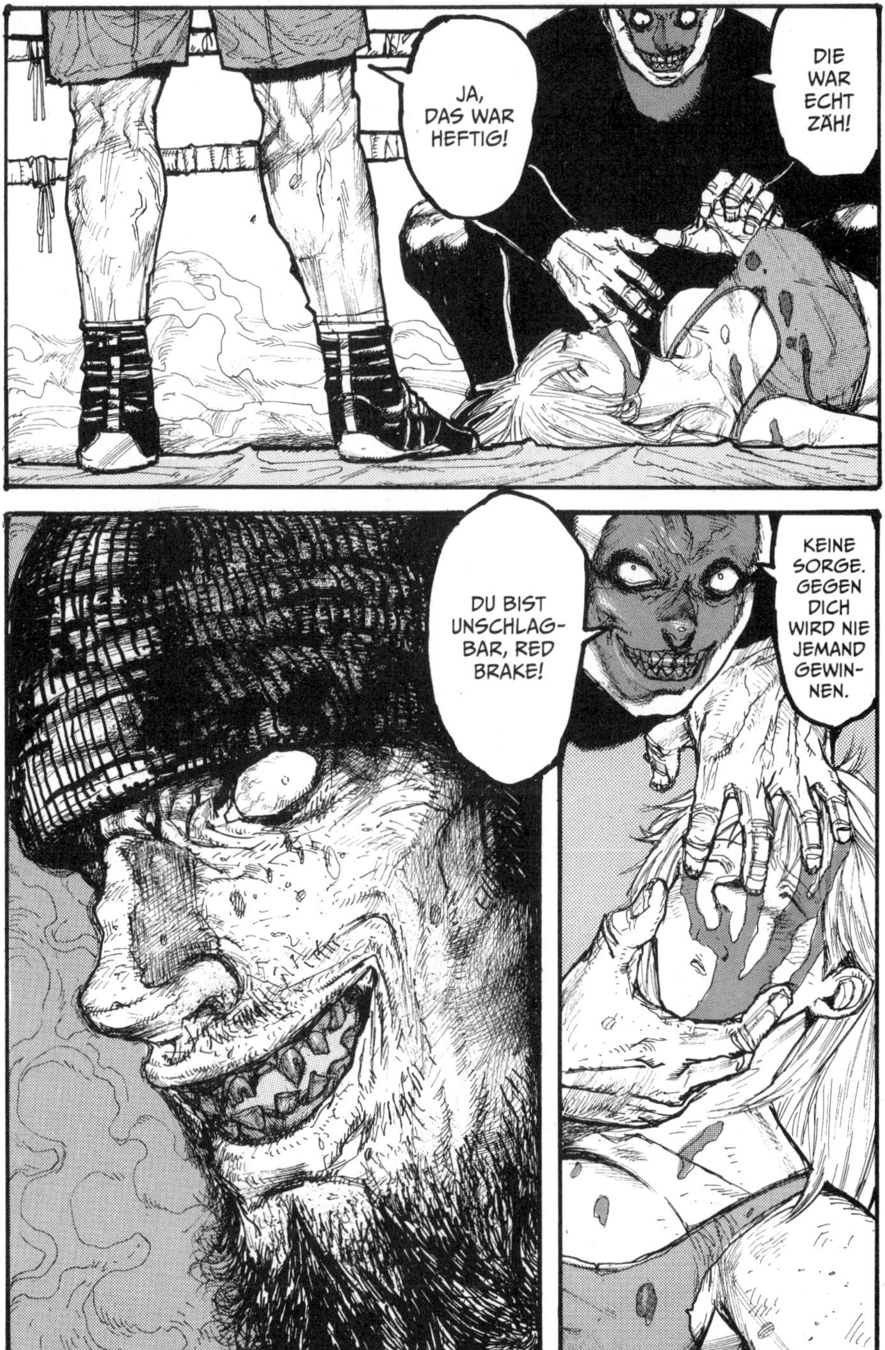
DIE WAR ECHT ZÄH!
JA, DAS WAR HEFTIG!
KEINE SORGE. GEGEN DICH WIRD NIE JEMAND GEWINNEN.
DU BIST UNSCHLAG-BAR, RED BRAKE!

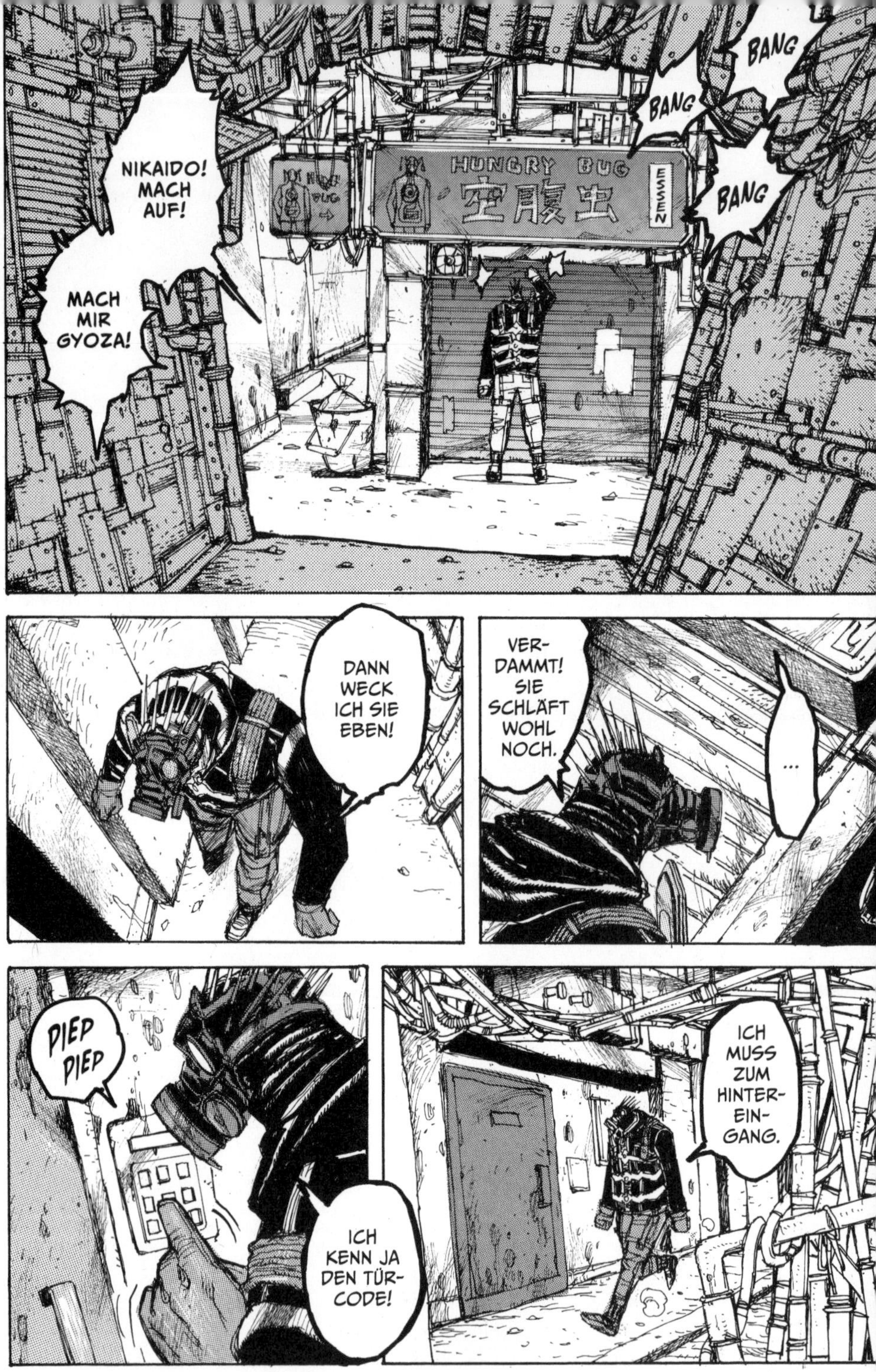
HUNGRY BUG
空腹虫
ESSEN
BANG
BANG
BANG
NIKAIDO! MACH AUF!
MACH MIR GYOZA!
...
VER-DAMMT! SIE SCHLÄFT WOHL NOCH.
DANN WECK ICH SIE EBEN!
ICH MUSS ZUM HINTER-EIN-GANG.
PIEP PIEP
ICH KENN JA DEN TÜR-CODE!

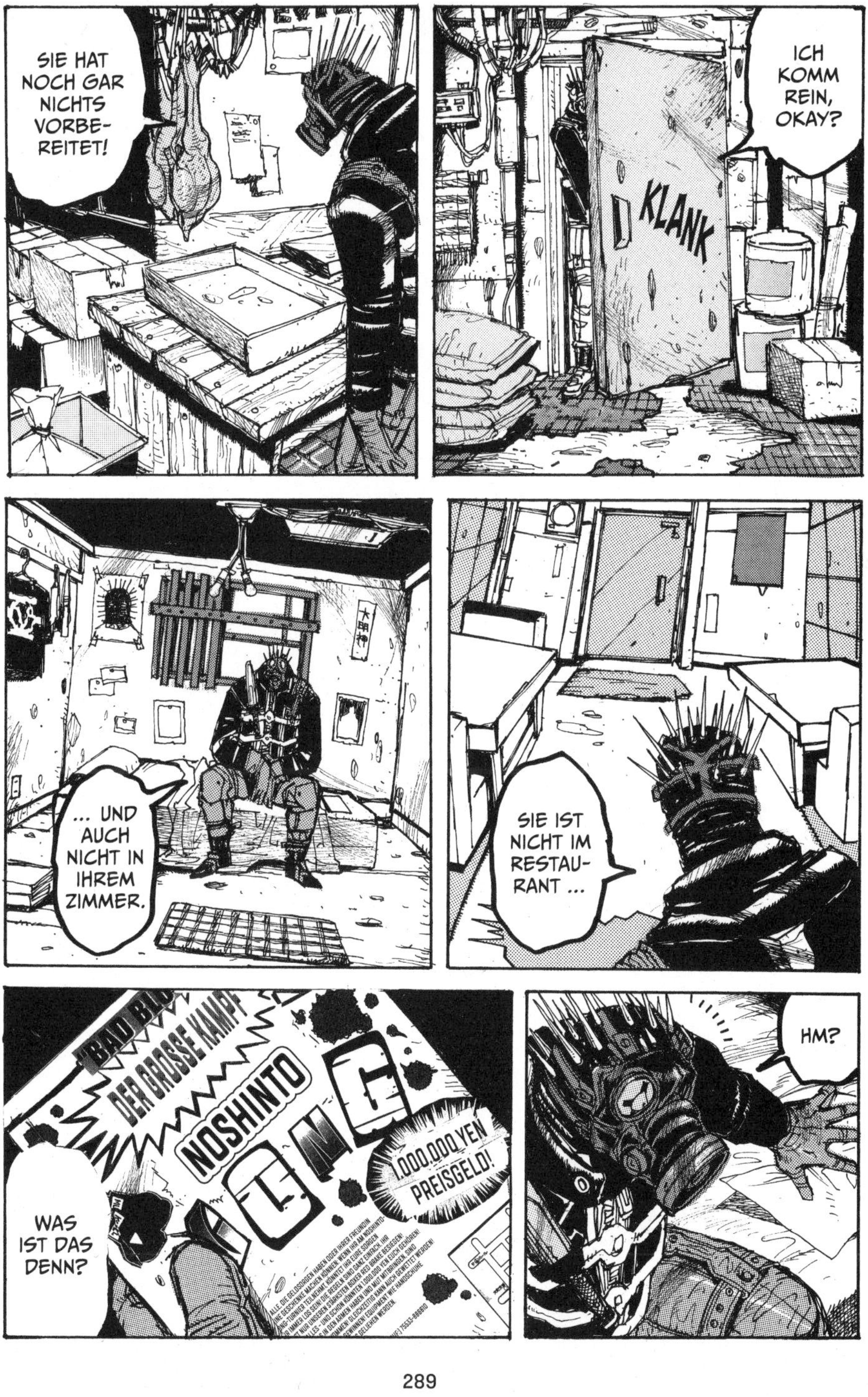
ICH KOMM REIN, OKAY?
KLANK
SIE HAT NOCH GAR NICHTS VORBEREITET!
SIE IST NICHT IM RESTAURANT ...
... UND AUCH NICHT IN IHREM ZIMMER.
HM?
DER GROSSE KAMPF
NOSHINTO
1.000.000 YEN PREISGELD!
WAS IST DAS DENN?

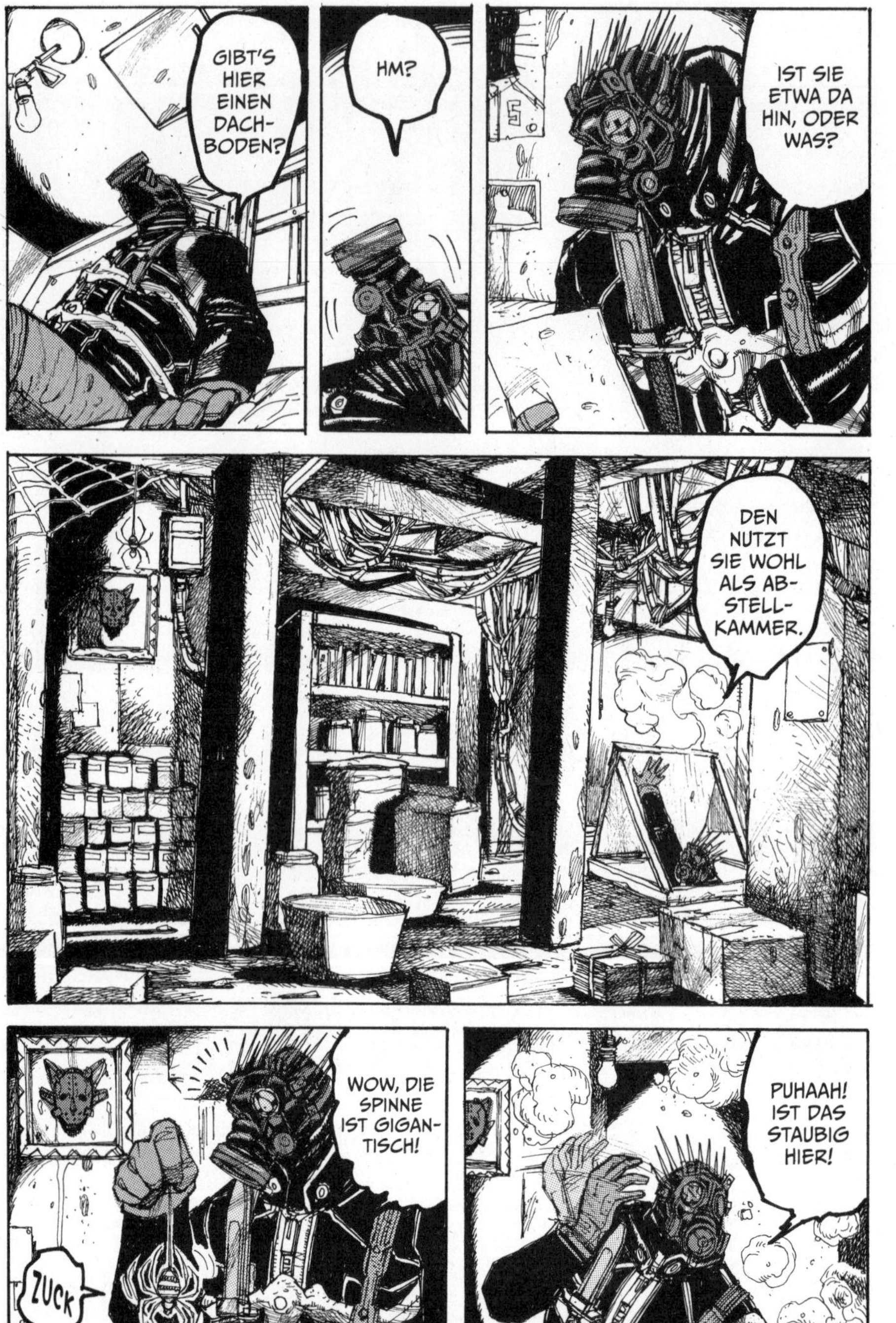
GIBT'S HIER EINEN DACH-BODEN?
HM?
IST SIE ETWA DA HIN, ODER WAS?
DEN NUTZT SIE WOHL ALS AB-STELL-KAMMER.
WOW, DIE SPINNE IST GIGAN-TISCH!
ZUCK
PUHAAH! IST DAS STAUBIG HIER!

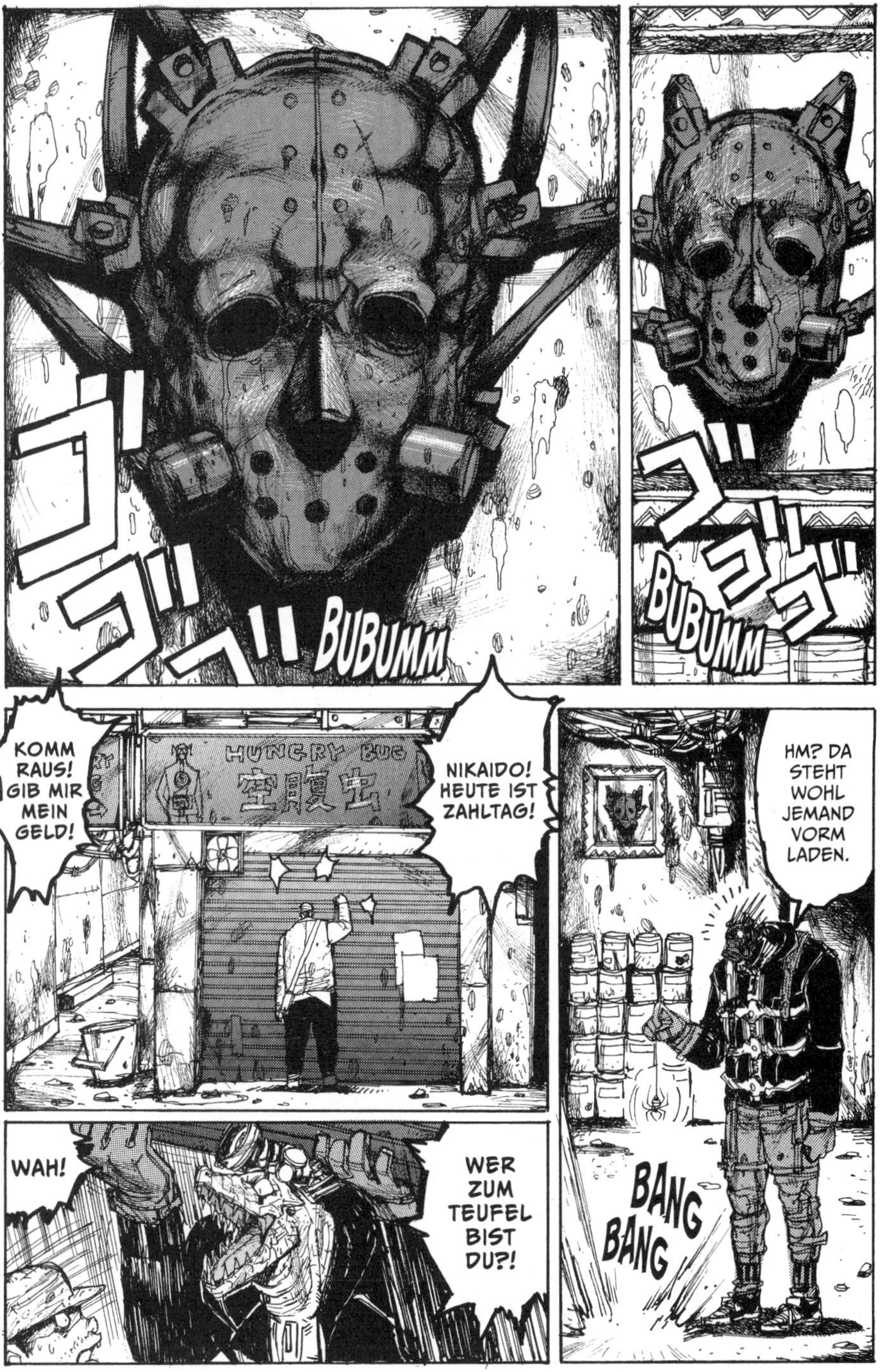
BUBUMM
BUBUMM
HM? DA STEHT WOHL JEMAND VORM LADEN.
BANG BANG
NIKAIDO! HEUTE IST ZAHLTAG!
HUNGRY BUG
空腹虫
KOMM RAUS! GIB MIR MEIN GELD!
WER ZUM TEUFEL BIST DU?!
WAH!

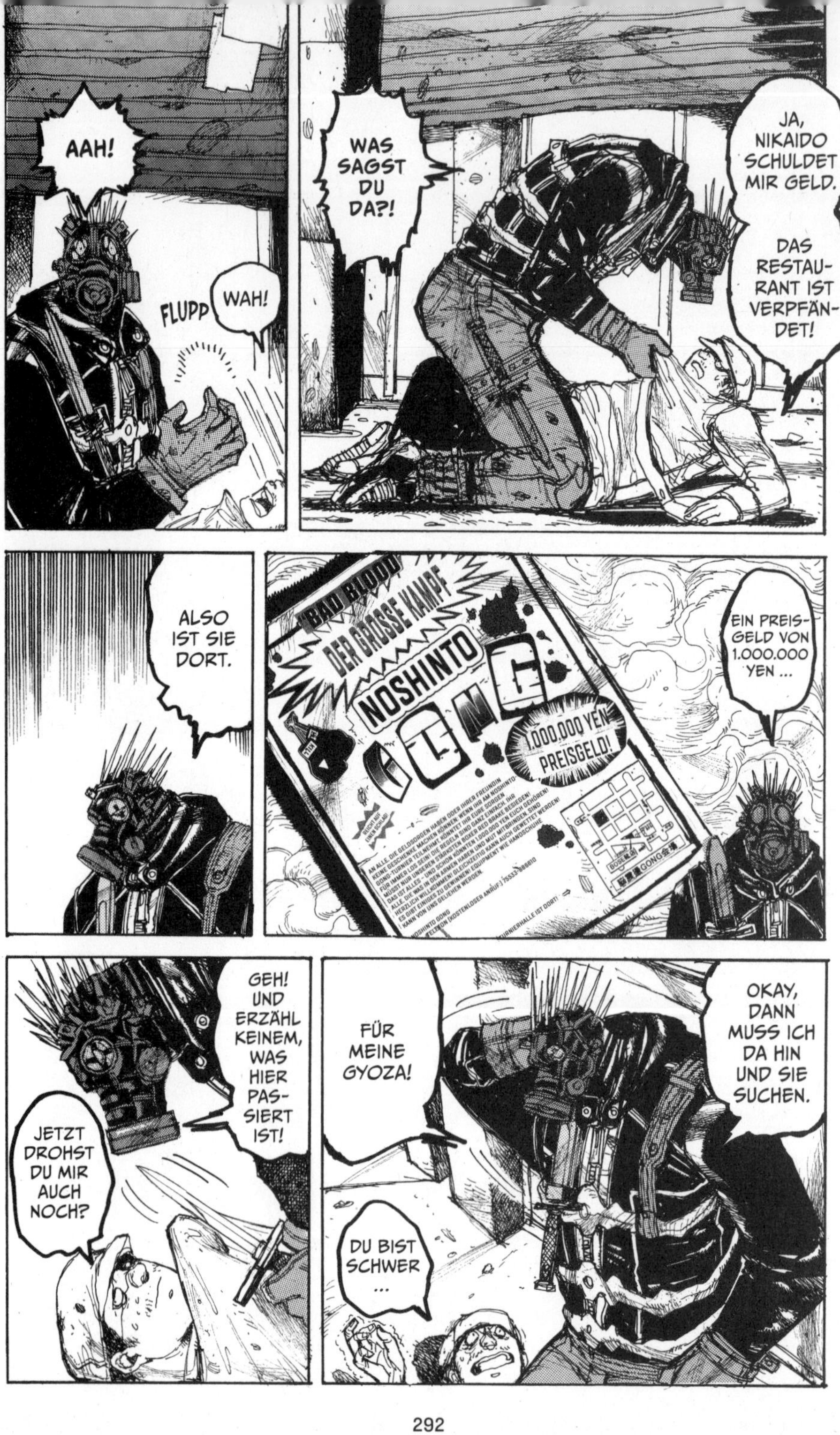
JA, NIKAIDO SCHULDET MIR GELD.
DAS RESTAURANT IST VERPFÄNDET!
WAS SAGST DU DA?!
AAH!
WAH!
FLUPP
EIN PREISGELD VON 1.000.000 YEN ...
BAD BLOOD
DER GROSSE KAMPF
NOSHINTO
GONG
1.000.000 YEN PREISGELD!
ALSO IST SIE DORT.
OKAY, DANN MUSS ICH DA HIN UND SIE SUCHEN.
FÜR MEINE GYOZA!
DU BIST SCHWER ...
GEH! UND ERZÄHL KEINEM, WAS HIER PASSIERT IST!
JETZT DROHST DU MIR AUCH NOCH?

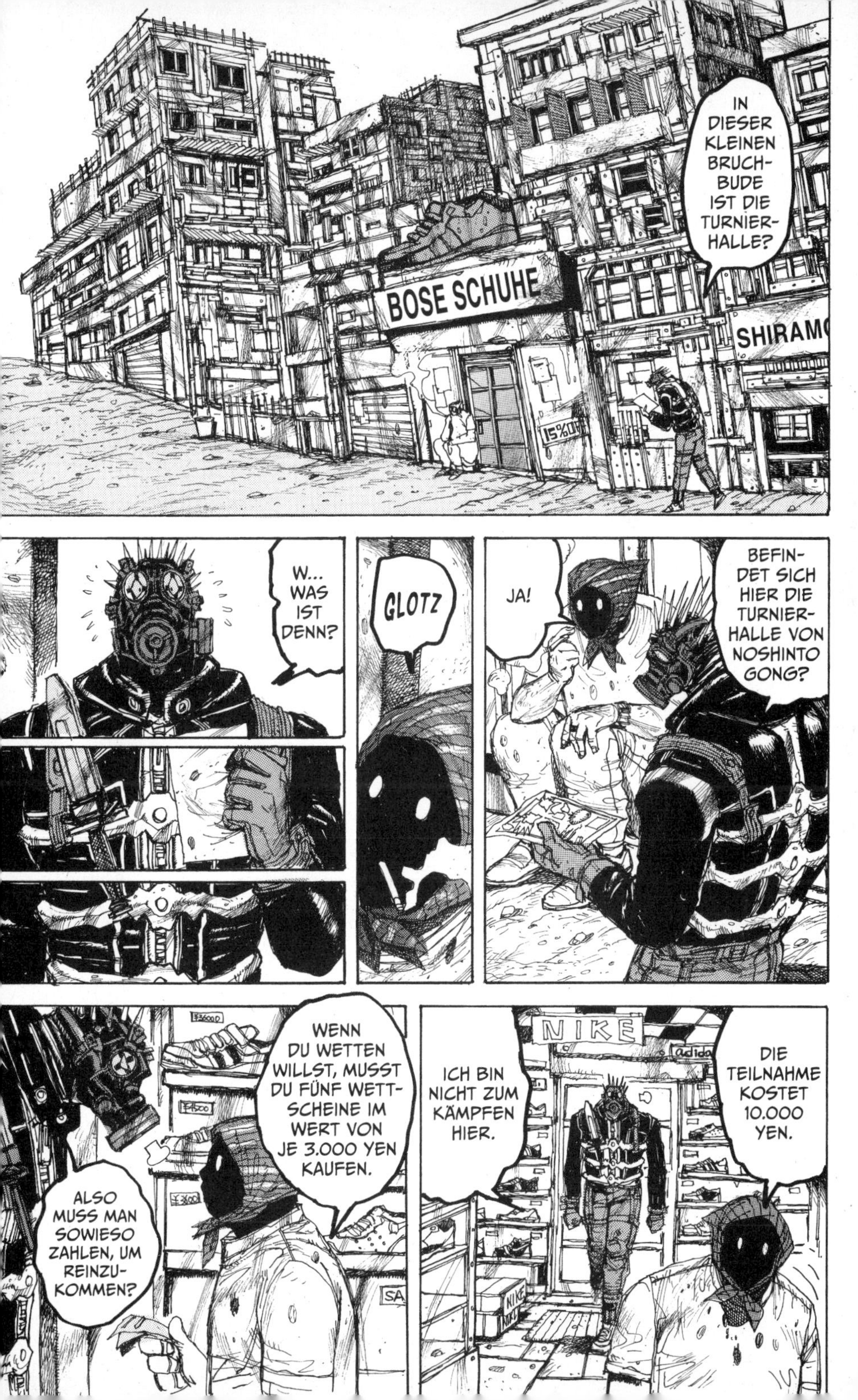
BOSE SCHUHE
IN DIESER KLEINEN BRUCH-BUDE IST DIE TURNIER-HALLE?
BEFIN-DET SICH HIER DIE TURNIER-HALLE VON NOSHINTO GONG?
JA!
GLOTZ
W... WAS IST DENN?
NIKE
DIE TEILNAHME KOSTET 10.000 YEN.
ICH BIN NICHT ZUM KÄMPFEN HIER.
WENN DU WETTEN WILLST, MUSST DU FÜNF WETT-SCHEINE IM WERT VON JE 3.000 YEN KAUFEN.
ALSO MUSS MAN SOWIESO ZAHLEN, UM REINZU-KOMMEN?

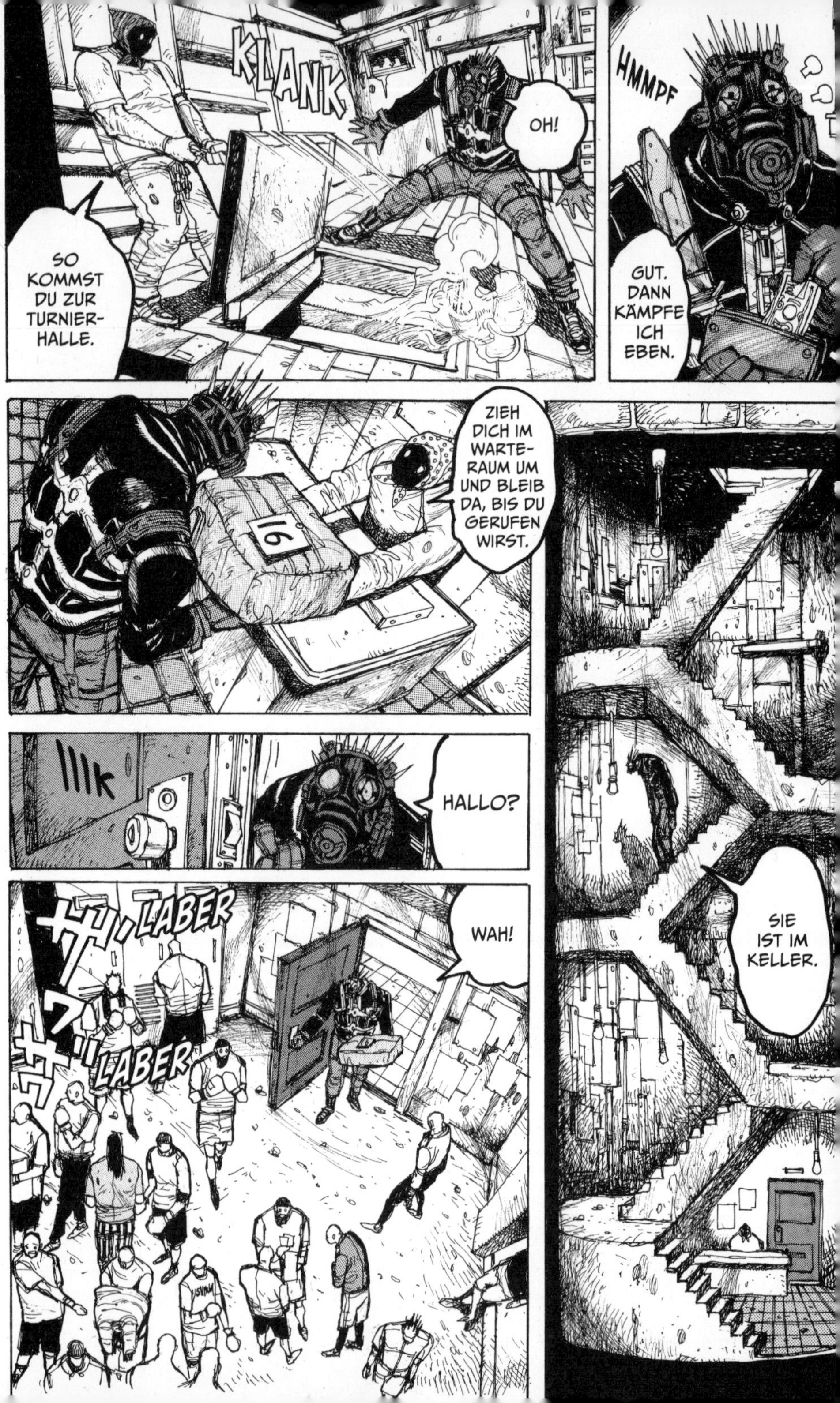
HMMPF
GUT. DANN KÄMPFE ICH EBEN.
KLANK
OH!
SO KOMMST DU ZUR TURNIER-HALLE.
SIE IST IM KELLER.
ZIEH DICH IM WARTE-RAUM UM UND BLEIB DA, BIS DU GERUFEN WIRST.
16
HALLO?
WAH!
LABER
LABER

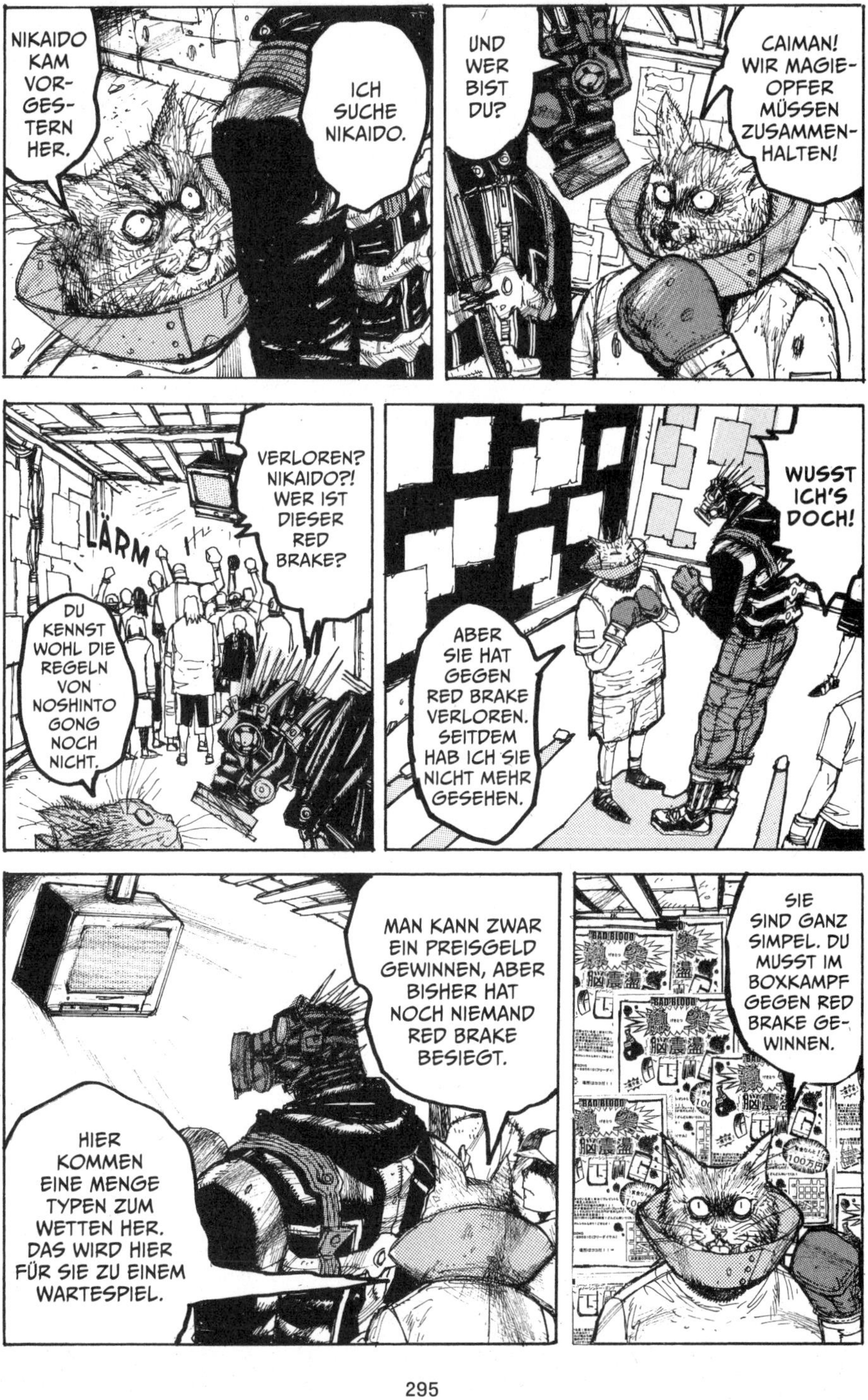
CAIMAN! WIR MAGIE-OPFER MÜSSEN ZUSAMMEN-HALTEN!
UND WER BIST DU?
ICH SUCHE NIKAIDO.
NIKAIDO KAM VOR-GES-TERN HER.
WUSST ICH'S DOCH!
ABER SIE HAT GEGEN RED BRAKE VERLOREN. SEITDEM HAB ICH SIE NICHT MEHR GESEHEN.
VERLOREN? NIKAIDO?! WER IST DIESER RED BRAKE?
LÄRM
DU KENNST WOHL DIE REGELN VON NOSHINTO GONG NOCH NICHT.
SIE SIND GANZ SIMPEL. DU MUSST IM BOXKAMPF GEGEN RED BRAKE GE-WINNEN.
MAN KANN ZWAR EIN PREISGELD GEWINNEN, ABER BISHER HAT NOCH NIEMAND RED BRAKE BESIEGT.
HIER KOMMEN EINE MENGE TYPEN ZUM WETTEN HER. DAS WIRD HIER FÜR SIE ZU EINEM WARTESPIEL.

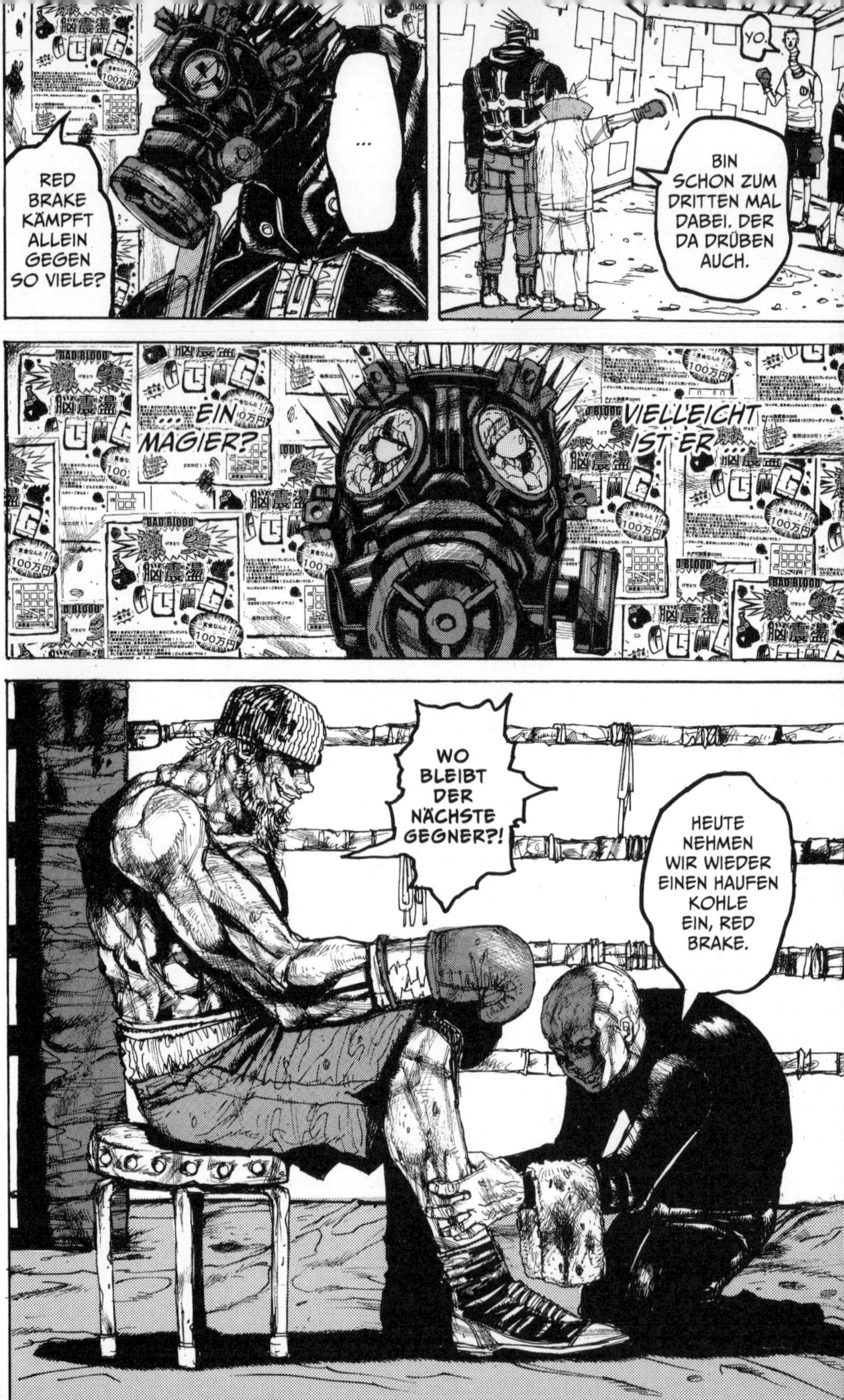
YO.
BIN SCHON ZUM DRITTEN MAL DABEI. DER DA DRÜBEN AUCH.
RED BRAKE KÄMPFT ALLEIN GEGEN SO VIELE?
...
VIELLEICHT IST ER ...
... EIN MAGIER?
HEUTE NEHMEN WIR WIEDER EINEN HAUFEN KOHLE EIN, RED BRAKE.
WO BLEIBT DER NÄCHSTE GEGNER?!

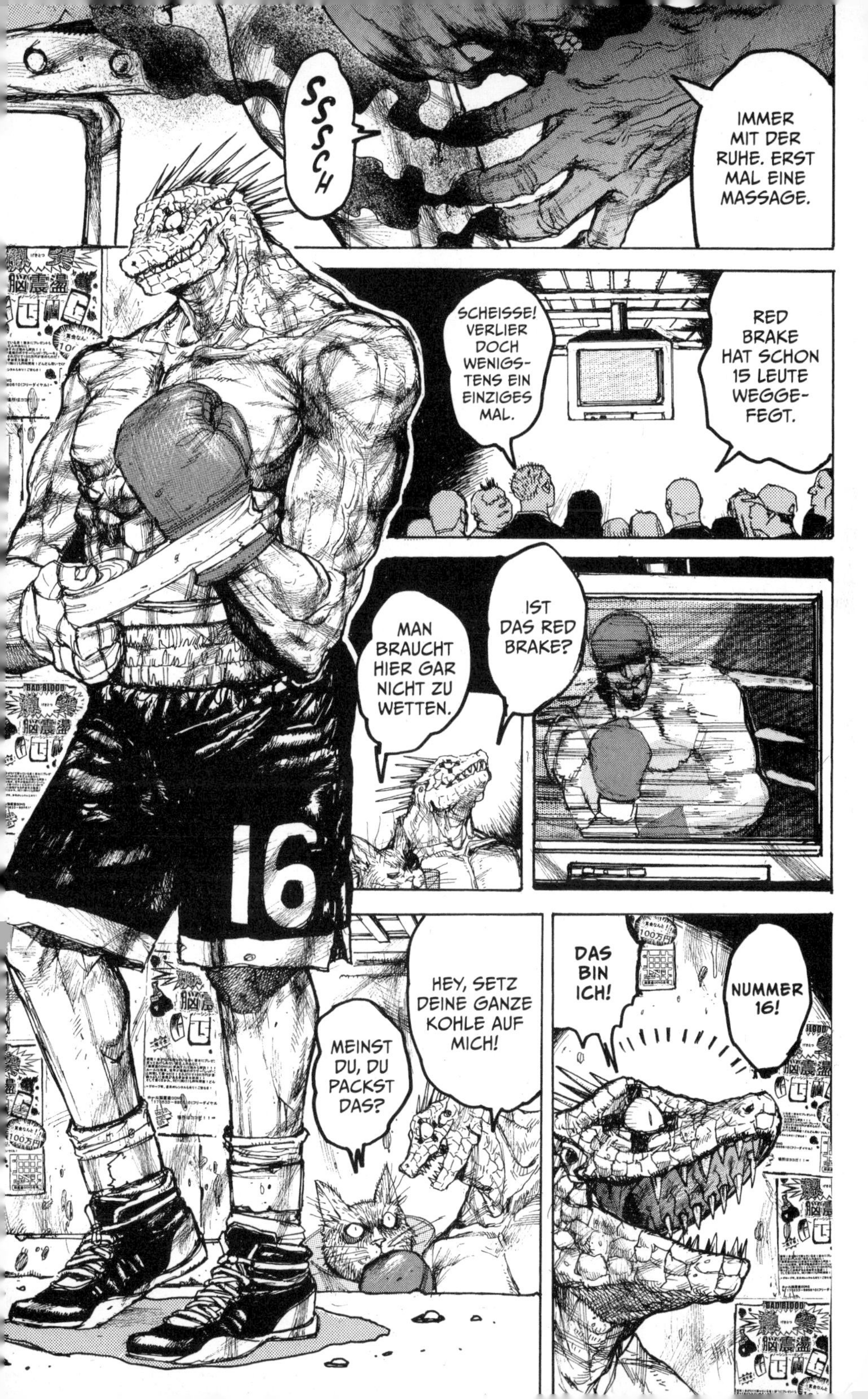

SSSCH
IMMER MIT DER RUHE. ERST MAL EINE MASSAGE.
RED BRAKE HAT SCHON 15 LEUTE WEGGEFEGT.
SCHEISSE! VERLIER DOCH WENIGSTENS EIN EINZIGES MAL.
IST DAS RED BRAKE?
MAN BRAUCHT HIER GAR NICHT ZU WETTEN.
16
NUMMER 16!
DAS BIN ICH!
HEY, SETZ DEINE GANZE KOHLE AUF MICH!
MEINST DU, DU PACKST DAS?

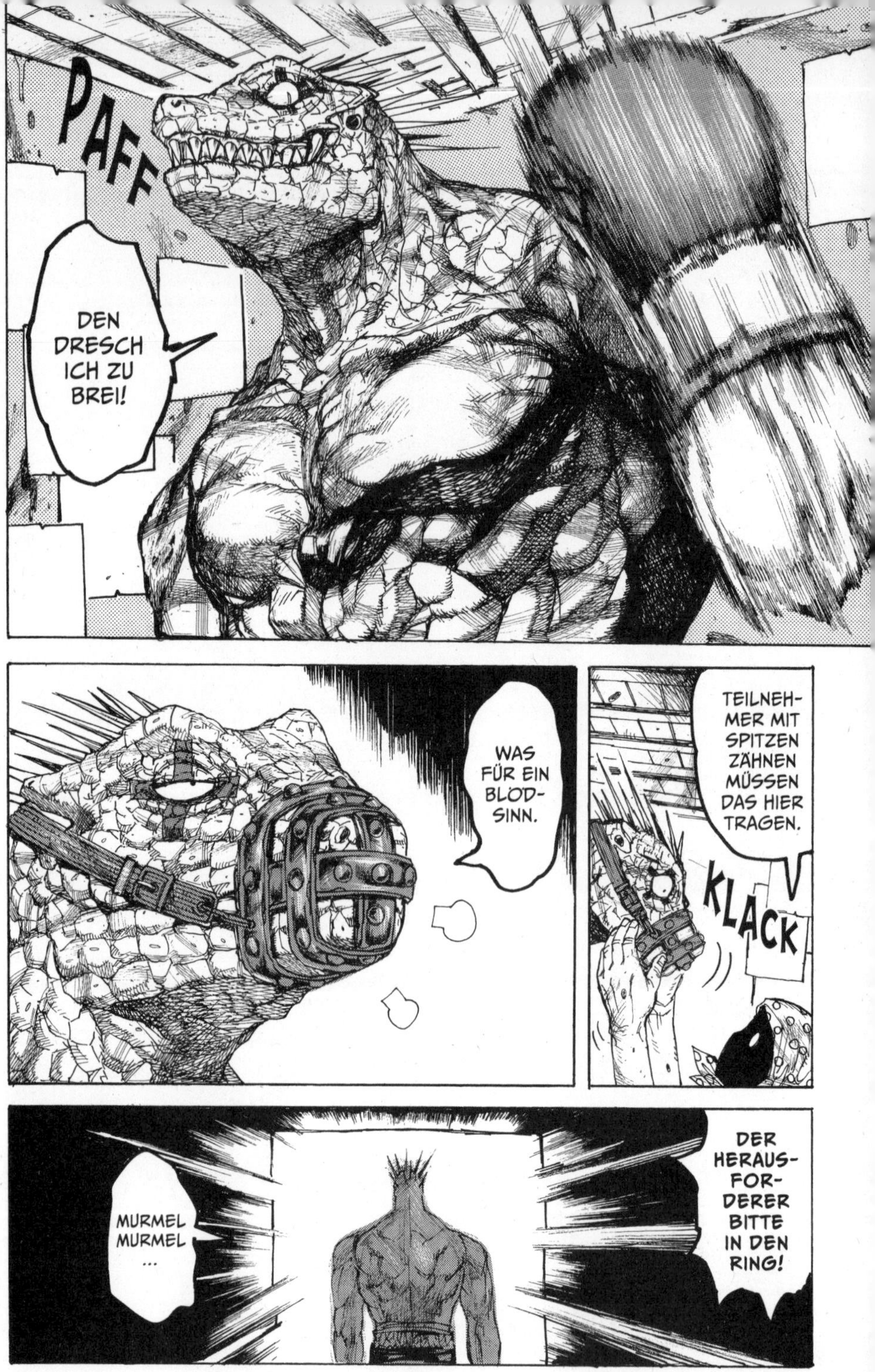
PAFF
DEN DRESCH ICH ZU BREI!
TEILNEHMER MIT SPITZEN ZÄHNEN MÜSSEN DAS HIER TRAGEN.
KLACK
WAS FÜR EIN BLÖDSINN.
DER HERAUSFORDERER BITTE IN DEN RING!
MURMEL MURMEL ...

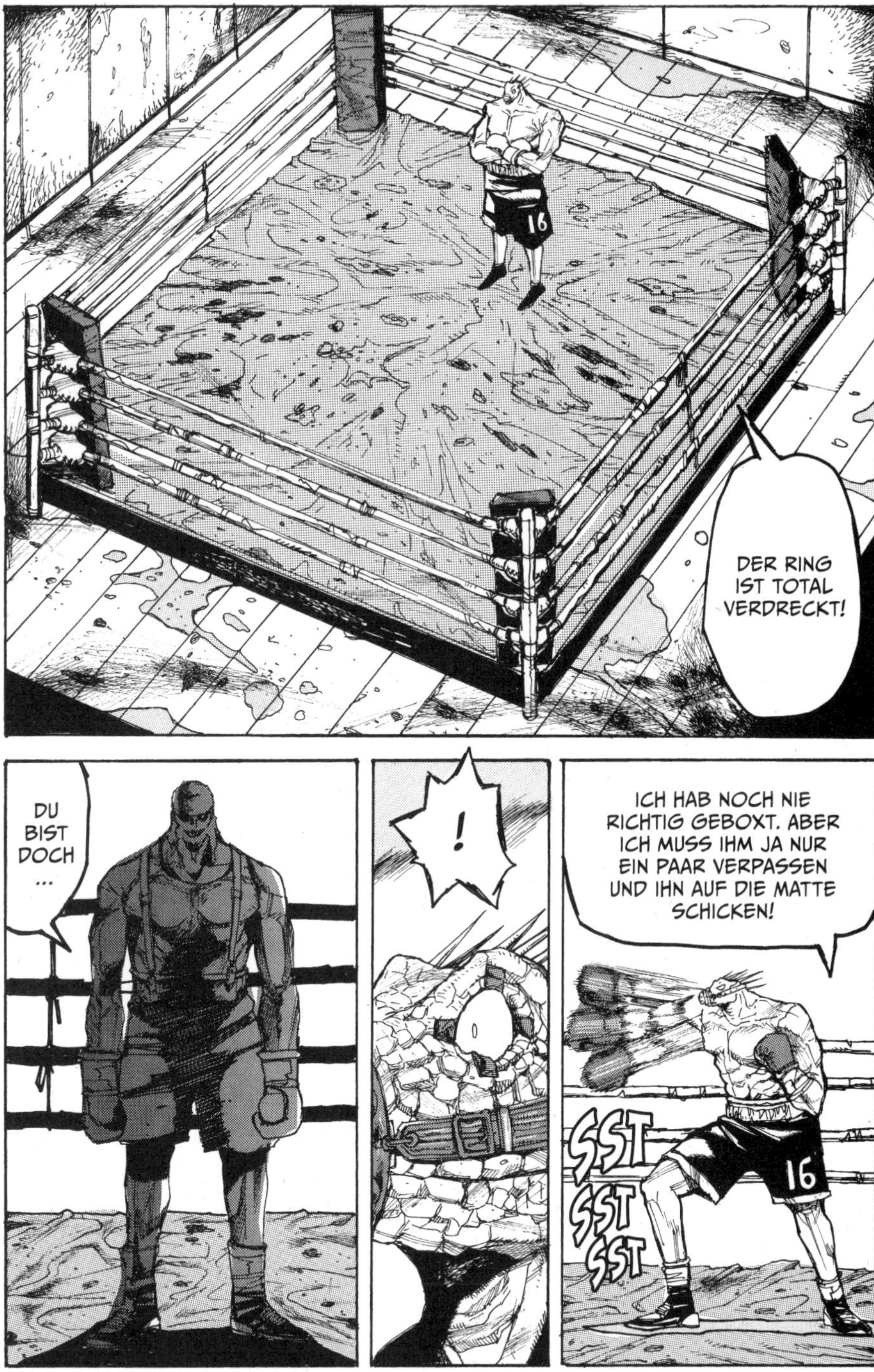
DER RING IST TOTAL VERDRECKT!
ICH HAB NOCH NIE RICHTIG GEBOXT. ABER ICH MUSS IHM JA NUR EIN PAAR VERPASSEN UND IHN AUF DIE MATTE SCHICKEN!
SST SST SST
!
DU BIST DOCH ...

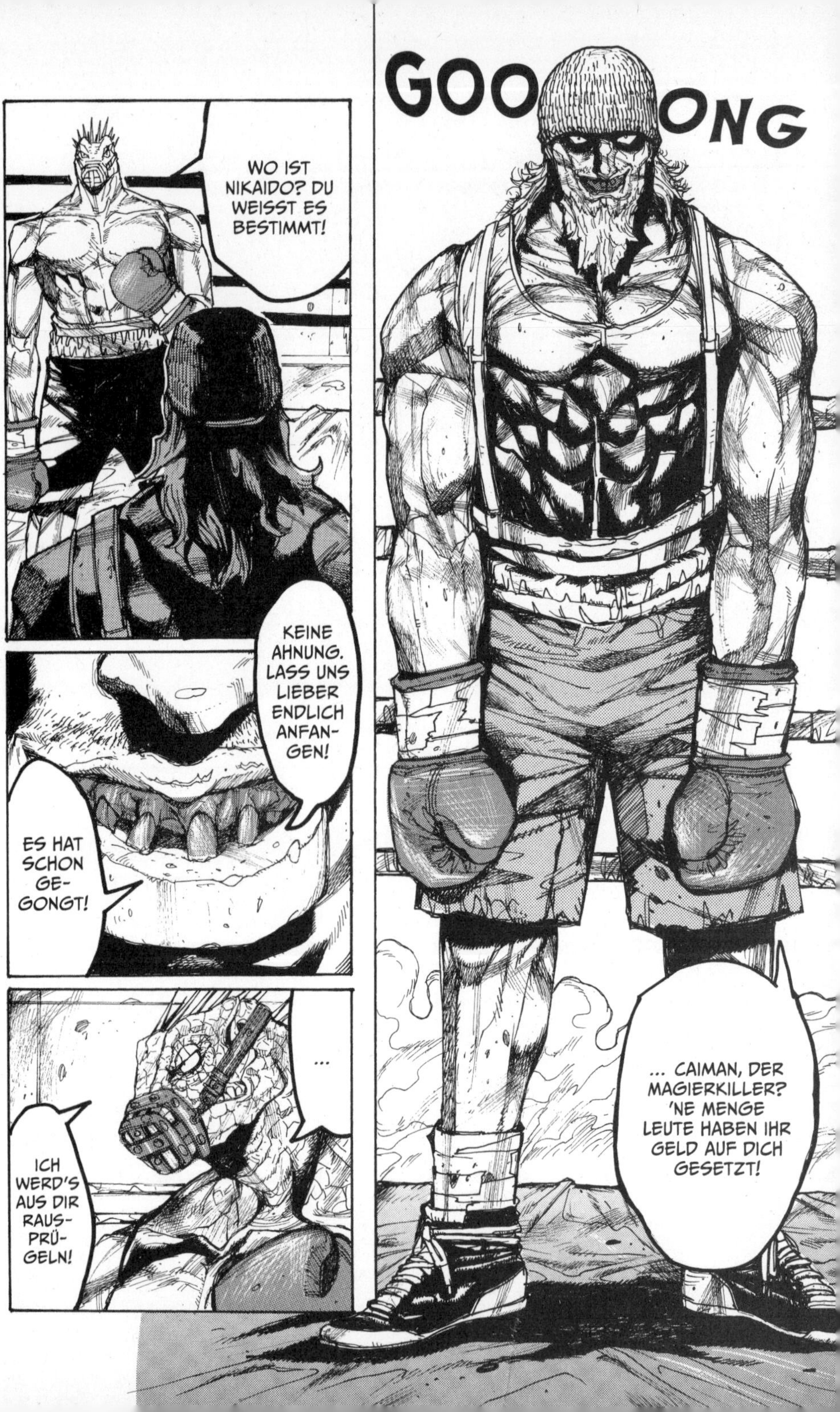
GOOONG
... CAIMAN, DER MAGIERKILLER? 'NE MENGE LEUTE HABEN IHR GELD AUF DICH GESETZT!
WO IST NIKAIDO? DU WEISST ES BESTIMMT!
KEINE AHNUNG. LASS UNS LIEBER ENDLICH ANFAN-GEN!
ES HAT SCHON GE-GONGT!
...
ICH WERD'S AUS DIR RAUS-PRÜ-GELN!

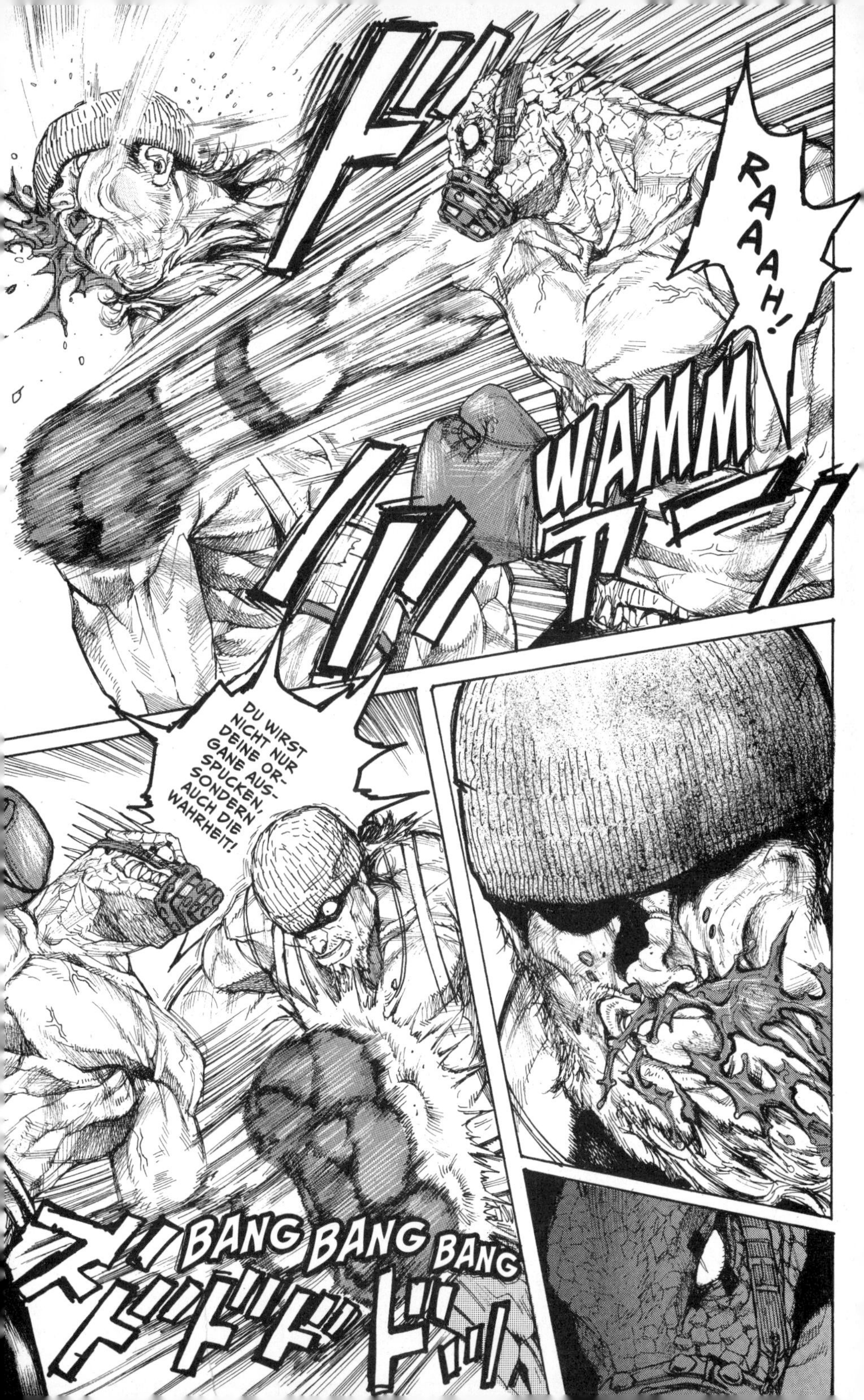
RAAAAH!
WAMM
DU WIRST NICHT NUR DEINE OR-GANE AUS-SPUCKEN, SONDERN AUCH DIE WAHRHEIT!
BANG BANG BANG

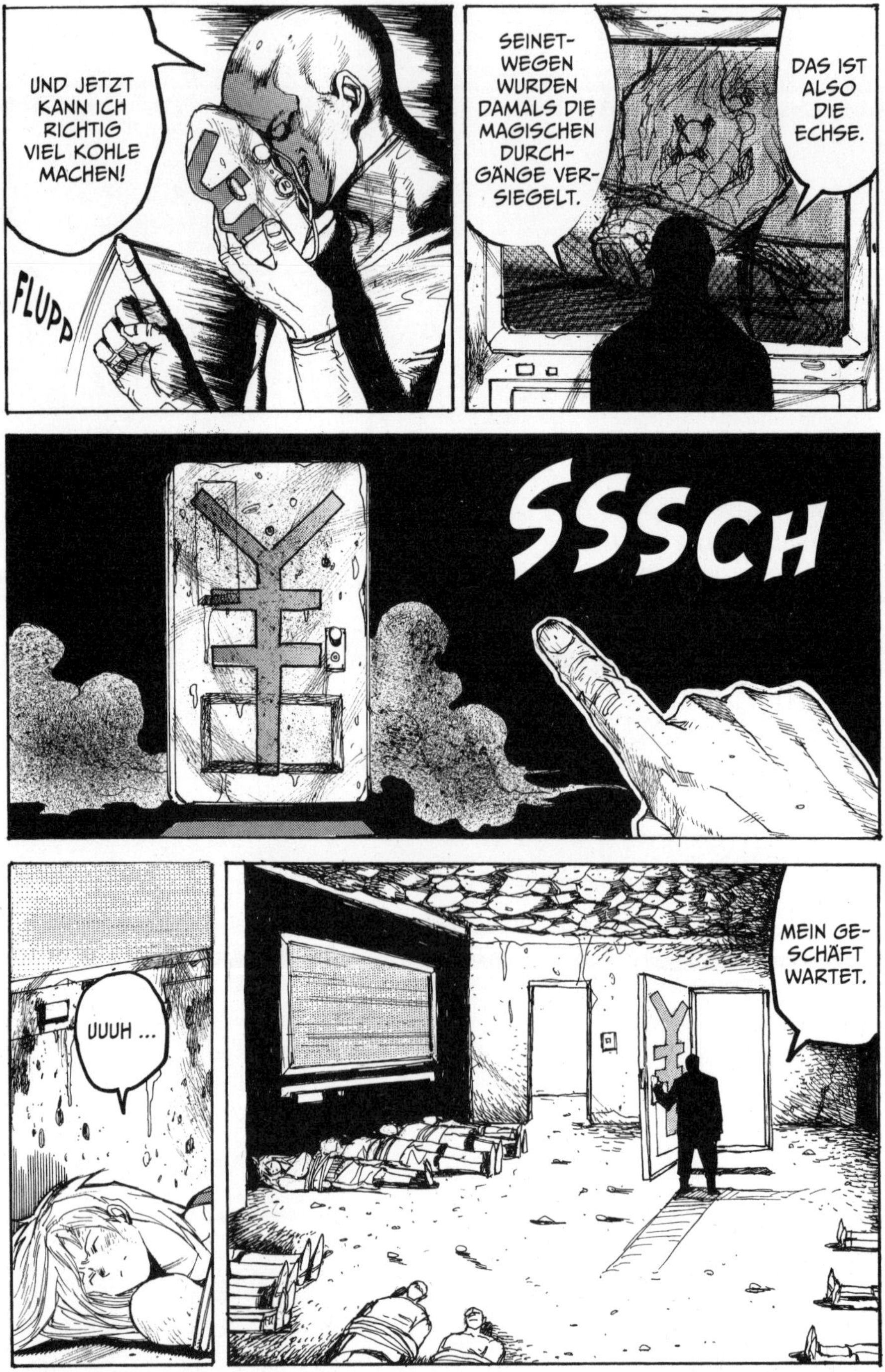
UND JETZT KANN ICH RICHTIG VIEL KOHLE MACHEN!
FLUPP
SEINET-WEGEN WURDEN DAMALS DIE MAGISCHEN DURCH-GÄNGE VER-SIEGELT.
DAS IST ALSO DIE ECHSE.
SSSCH
UUUH ...
MEIN GE-SCHÄFT WARTET.

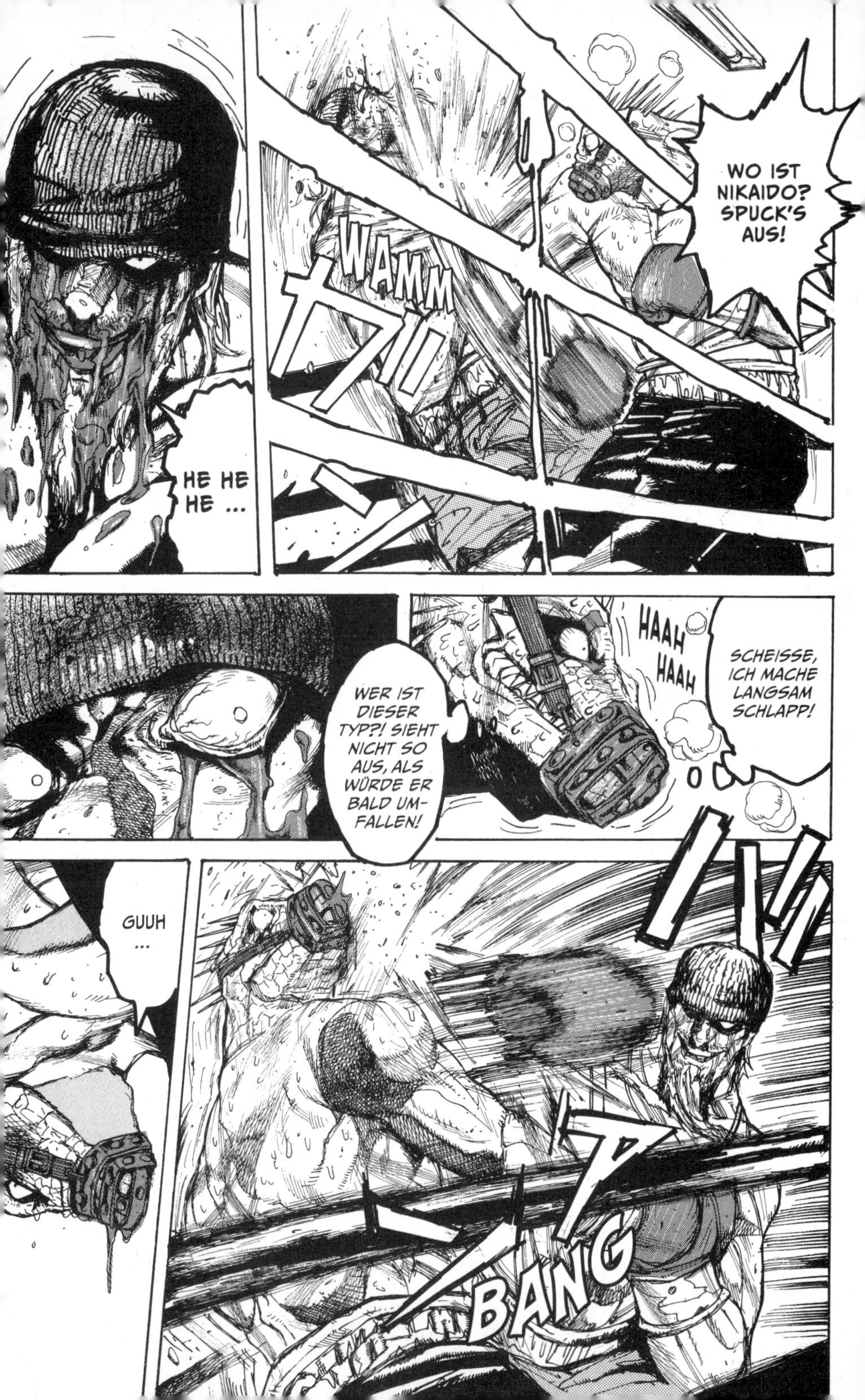

WO IST NIKAIDO? SPUCK'S AUS!
WAMM
HE HE HE ...
SCHEISSE, ICH MACHE LANGSAM SCHLAPP!
HAAH HAAH
WER IST DIESER TYP?! SIEHT NICHT SO AUS, ALS WÜRDE ER BALD UMFALLEN!
GUUH ...
BANG

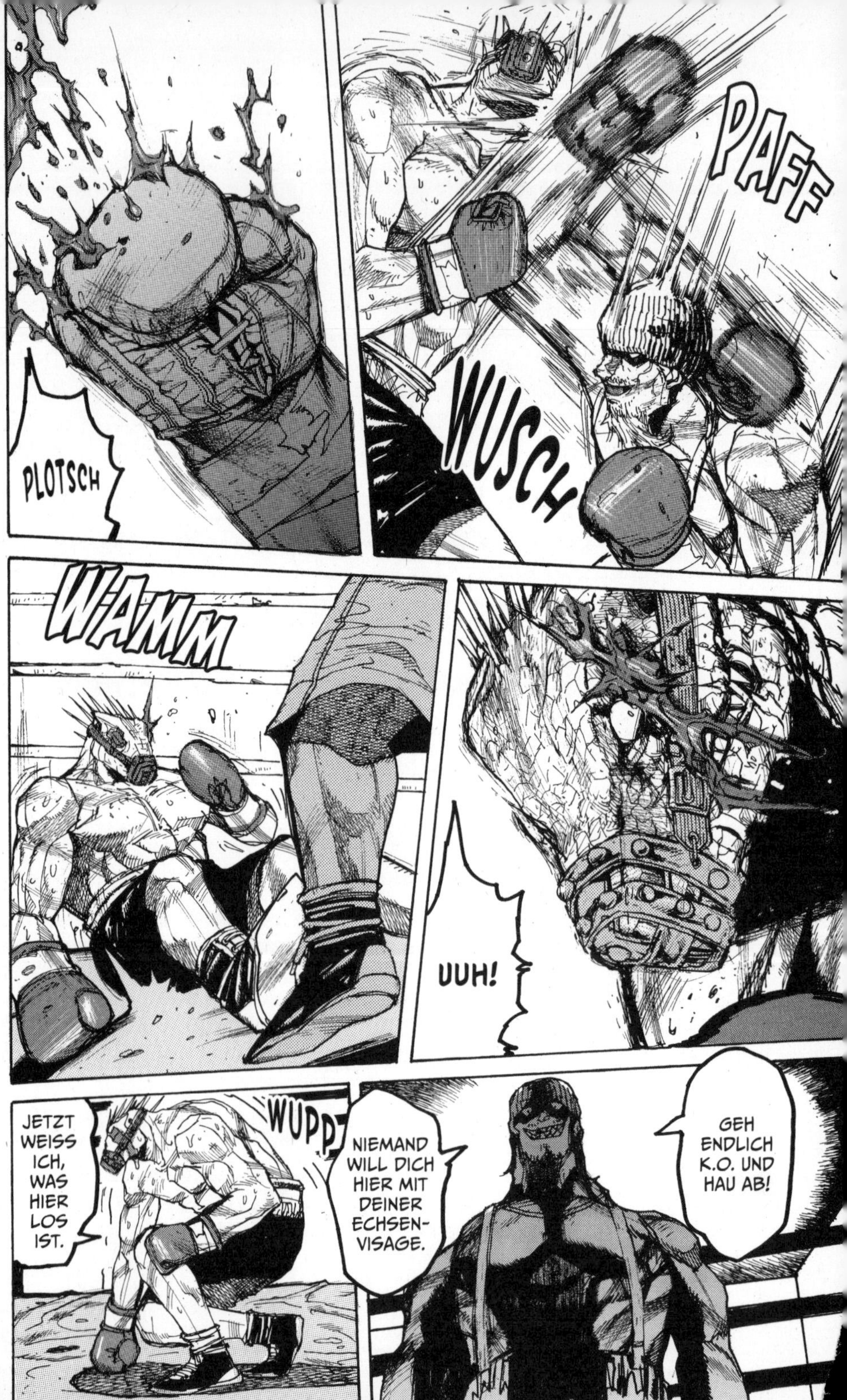
PAFF
WUSCH
PLOTSCH
UUH!
WAMM
GEH ENDLICH K.O. UND HAU AB!
NIEMAND WILL DICH HIER MIT DEINER ECHSEN-VISAGE.
WUPP
JETZT WEISS ICH, WAS HIER LOS IST.

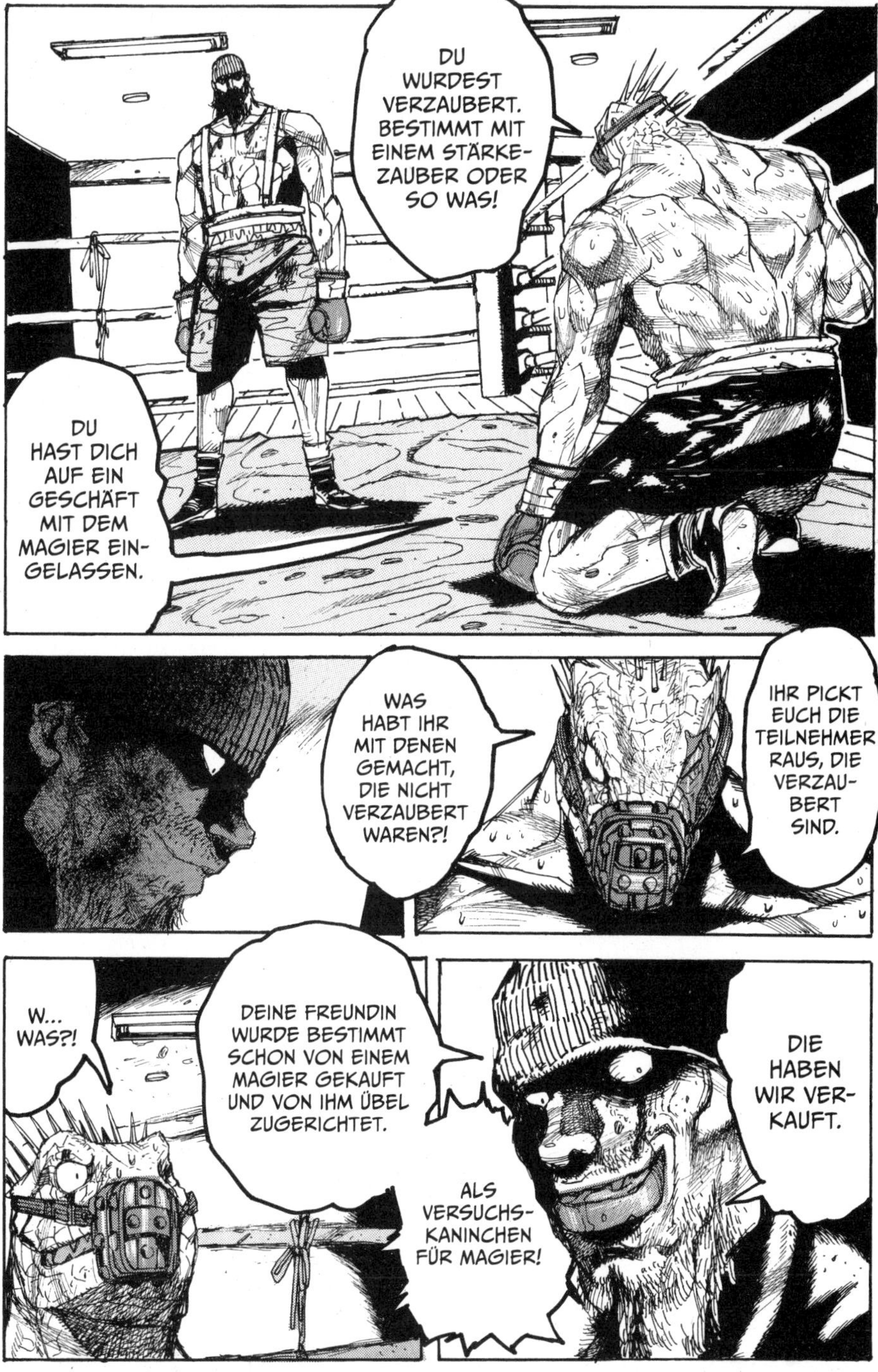
DU WURDEST VERZAUBERT. BESTIMMT MIT EINEM STÄRKE-ZAUBER ODER SO WAS!
DU HAST DICH AUF EIN GESCHÄFT MIT DEM MAGIER EIN-GELASSEN.
IHR PICKT EUCH DIE TEILNEHMER RAUS, DIE VERZAU-BERT SIND.
WAS HABT IHR MIT DENEN GEMACHT, DIE NICHT VERZAUBERT WAREN?!
DIE HABEN WIR VER-KAUFT.
ALS VERSUCHS-KANINCHEN FÜR MAGIER!
DEINE FREUNDIN WURDE BESTIMMT SCHON VON EINEM MAGIER GEKAUFT UND VON IHM ÜBEL ZUGERICHTET.
W... WAS?!

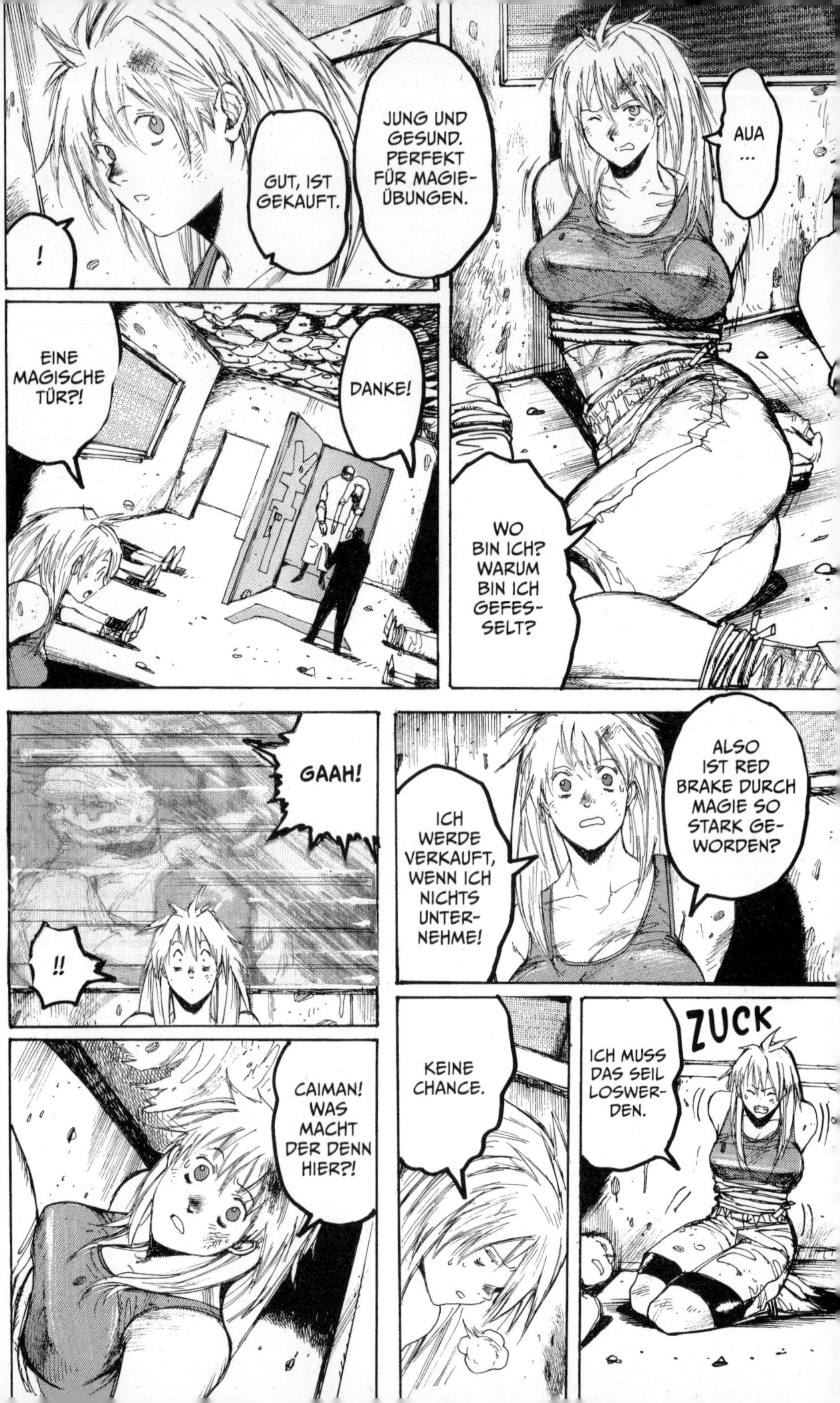
AUA ...
JUNG UND GESUND. PERFEKT FÜR MAGIE-ÜBUNGEN.
GUT, IST GEKAUFT.
!
DANKE!
EINE MAGISCHE TÜR?!
WO BIN ICH? WARUM BIN ICH GEFES-SELT?
ALSO IST RED BRAKE DURCH MAGIE SO STARK GE-WORDEN?
ICH WERDE VERKAUFT, WENN ICH NICHTS UNTER-NEHME!
GAAH!
!!
ZUCK
ICH MUSS DAS SEIL LOSWER-DEN.
KEINE CHANCE.
CAIMAN! WAS MACHT DER DENN HIER?!

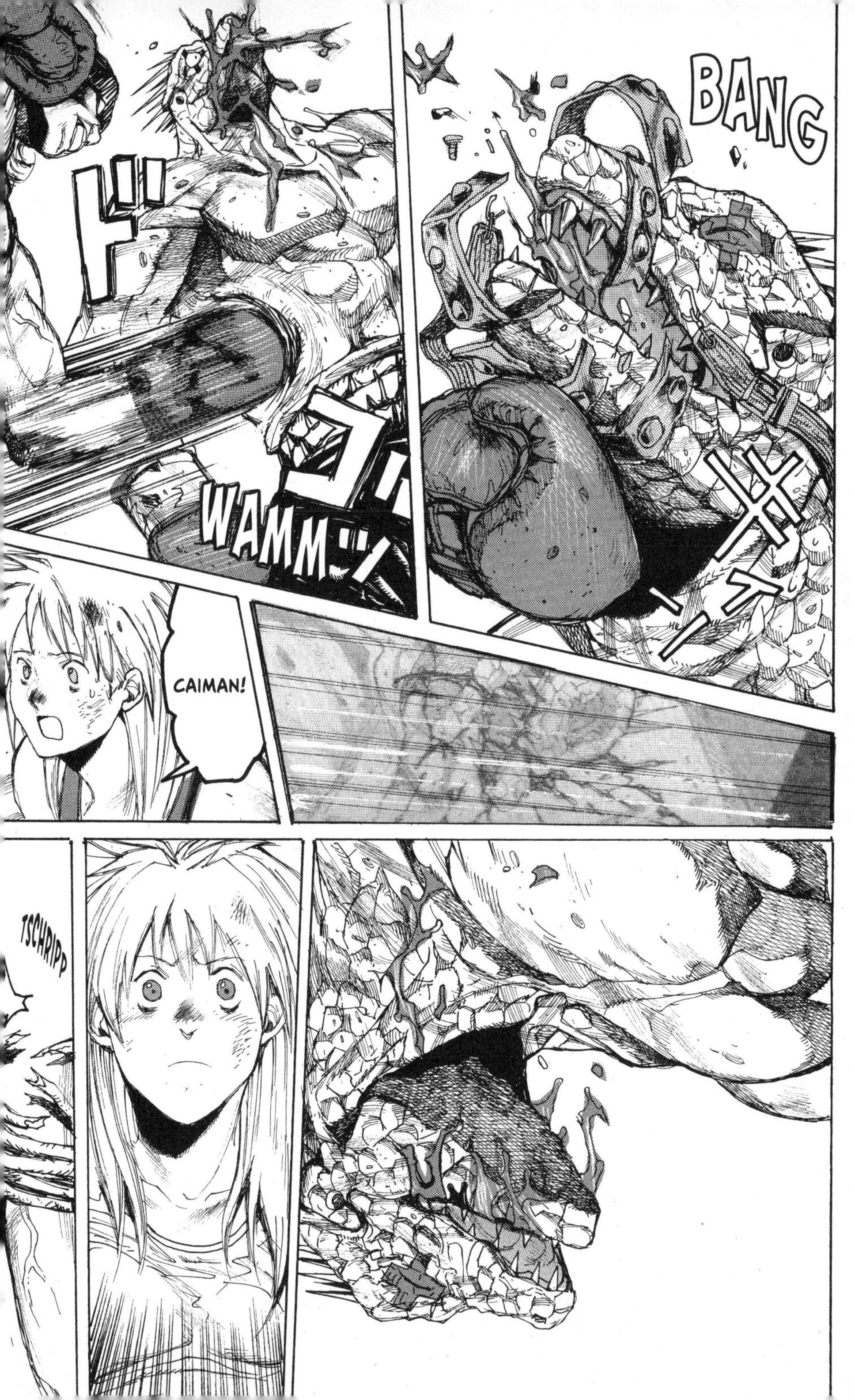

BANG
WAMM
CAIMAN!
TSCHRIPP

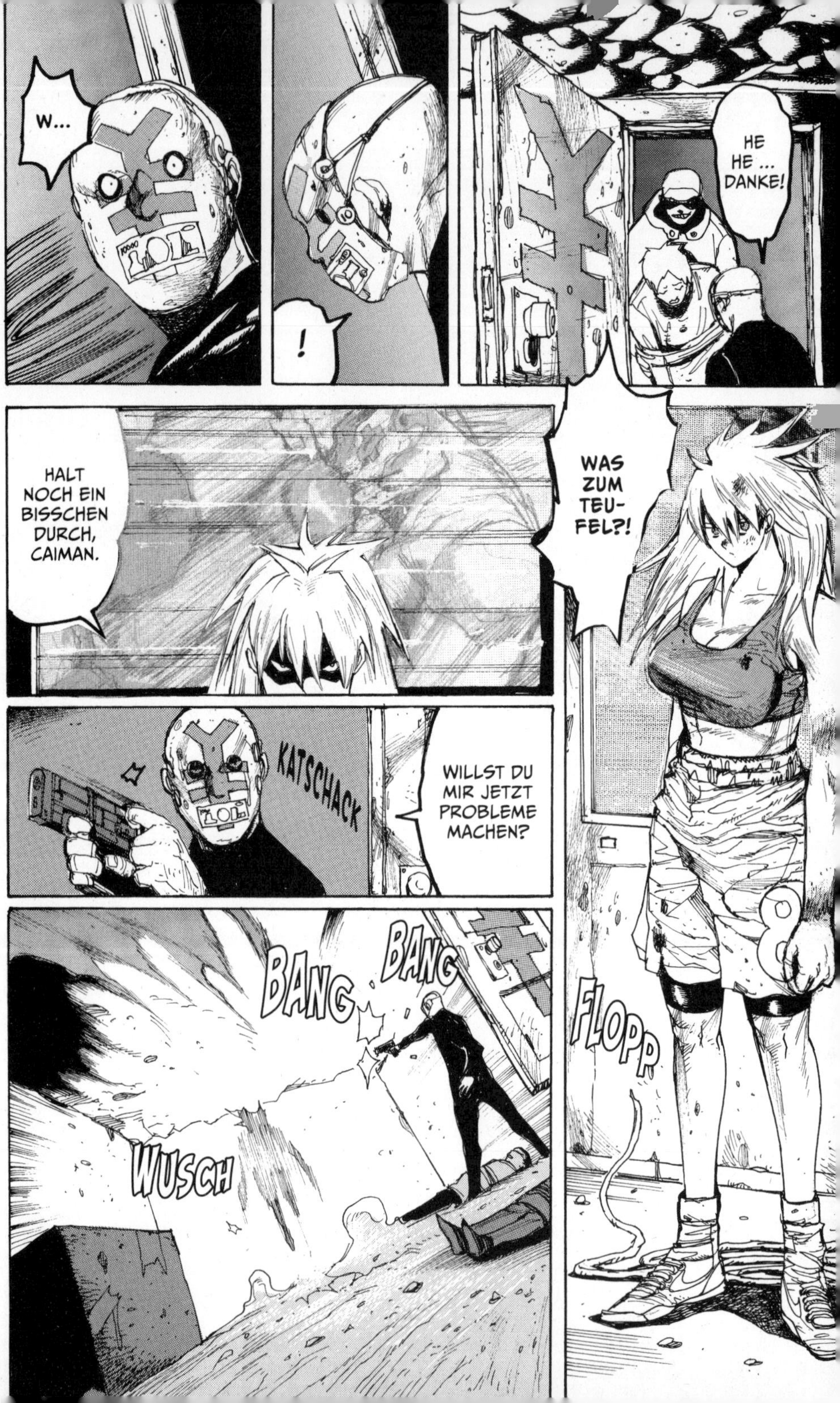
HE HE ... DANKE!
!
W...
WAS ZUM TEU-FEL?!
HALT NOCH EIN BISSCHEN DURCH, CAIMAN.
WILLST DU MIR JETZT PROBLEME MACHEN?
KATSCHACK
BANG
BANG
WUSCH
FLOPP

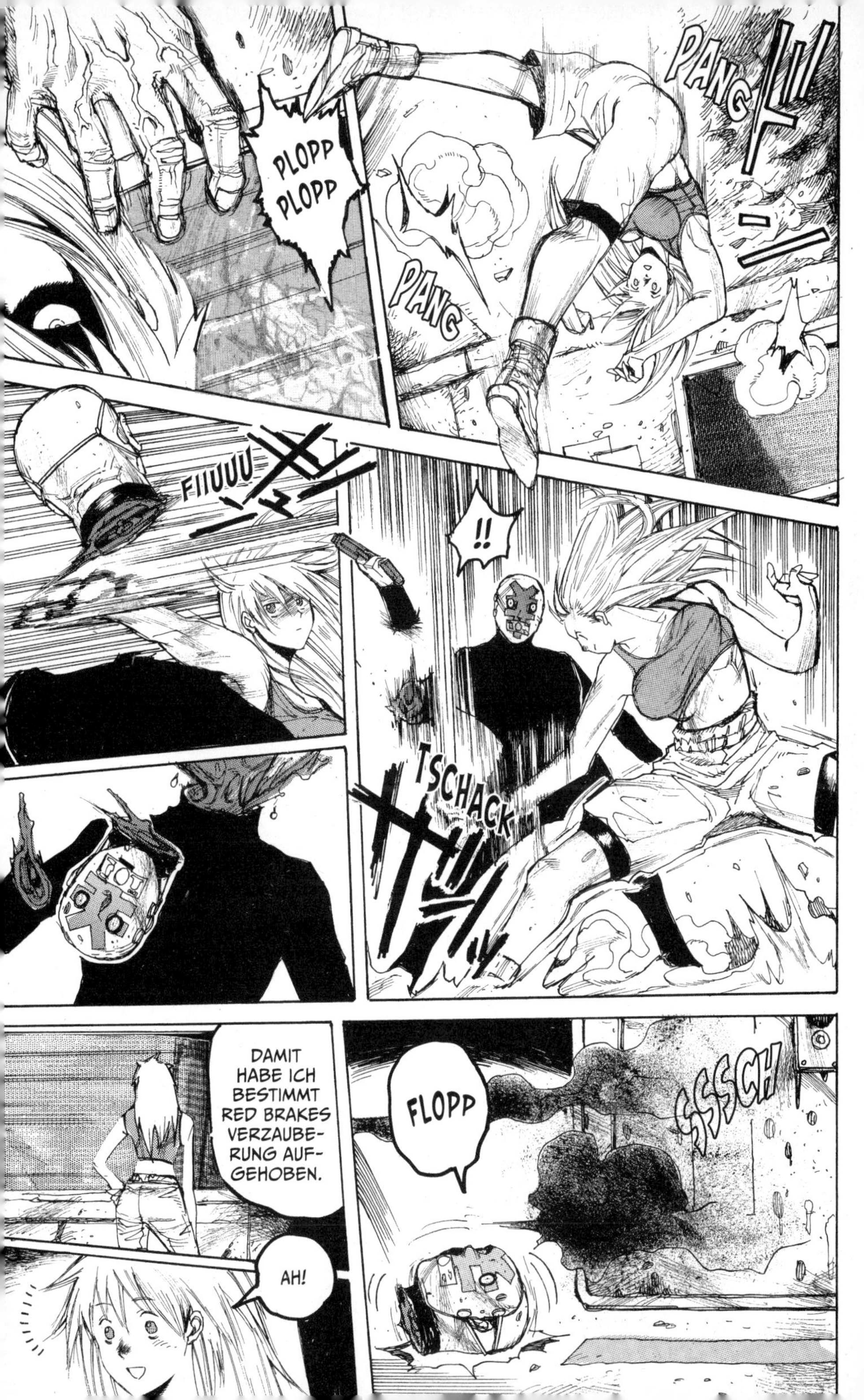
PANG
PANG
PLOPP PLOPP
!!
FIIUUU
TSCHACK
SSSCH
FLOPP
DAMIT HABE ICH BESTIMMT RED BRAKES VERZAUBERUNG AUFGEHOBEN.
AH!

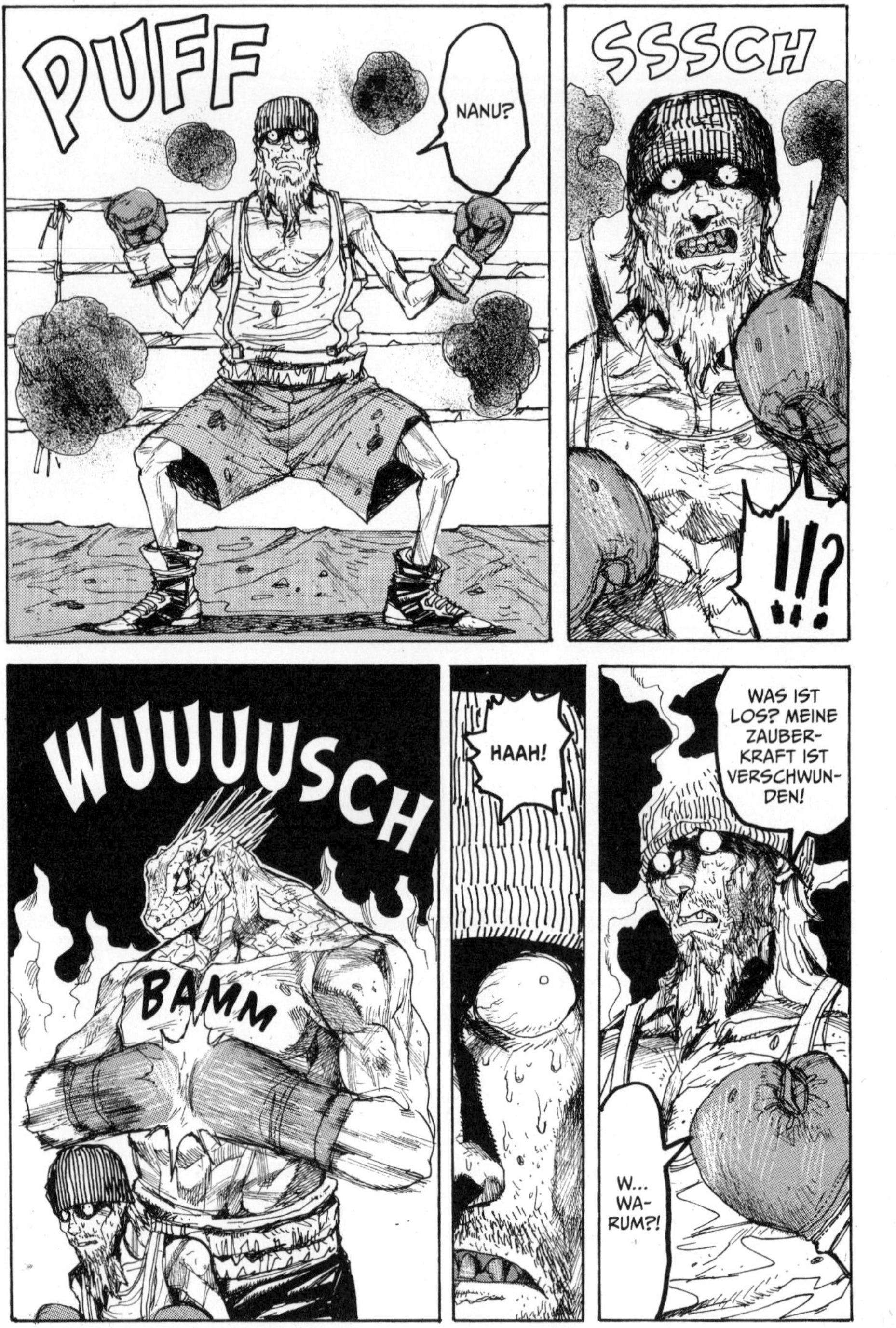
PUFF
NANU?
SSSCH
!!?
WUUUUSCH
BAMM
HAAH!
WAS IST LOS? MEINE ZAUBER-KRAFT IST VERSCHWUN-DEN!
W... WA-RUM?!

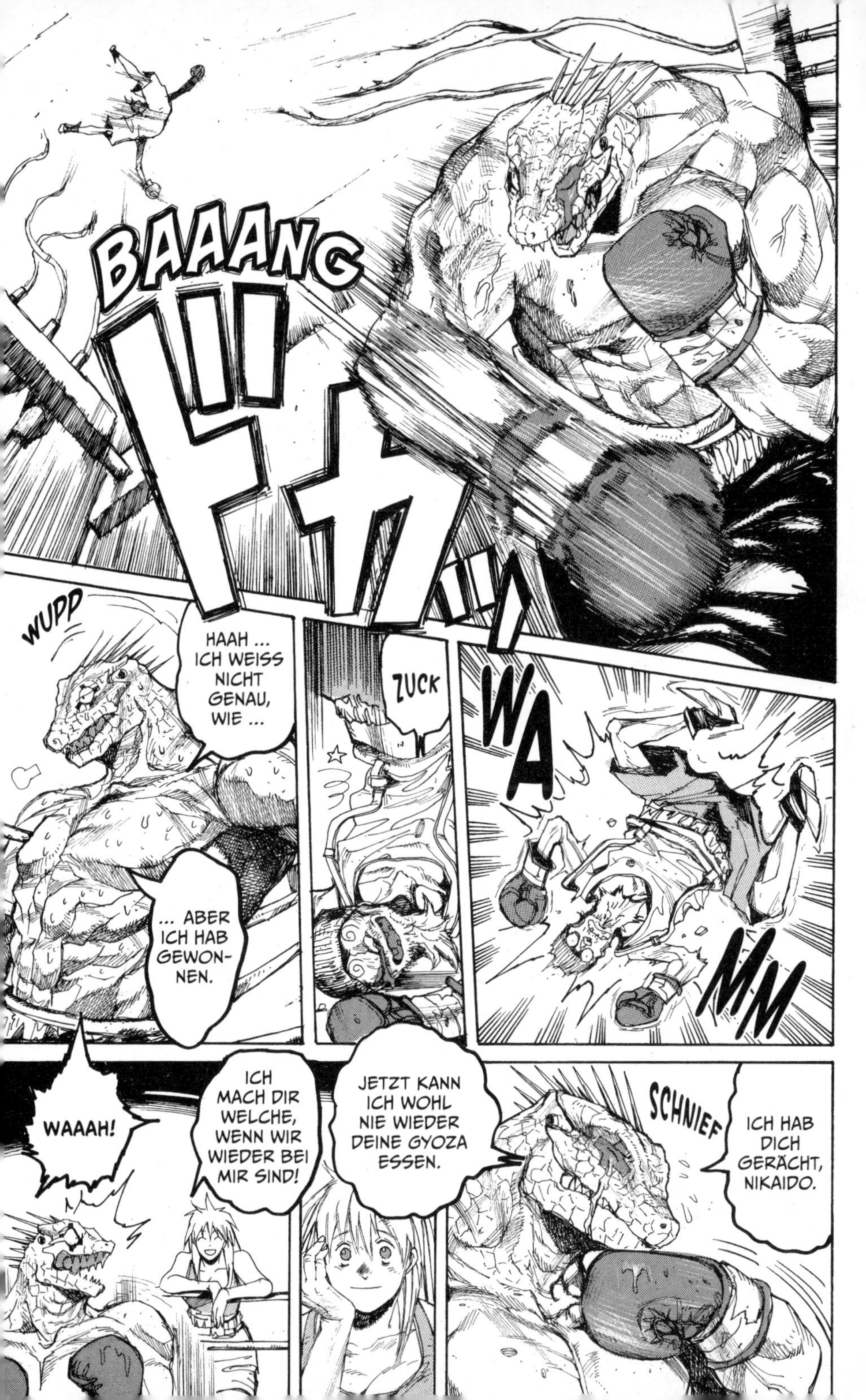
BAAANG
WUPP
HAAH ... ICH WEISS NICHT GENAU, WIE ...
... ABER ICH HAB GEWONNEN.
ZUCK
WA
MM
SCHNIEF
ICH HAB DICH GERÄCHT, NIKAIDO.
JETZT KANN ICH WOHL NIE WIEDER DEINE GYOZA ESSEN.
ICH MACH DIR WELCHE, WENN WIR WIEDER BEI MIR SIND!
WAAAH!

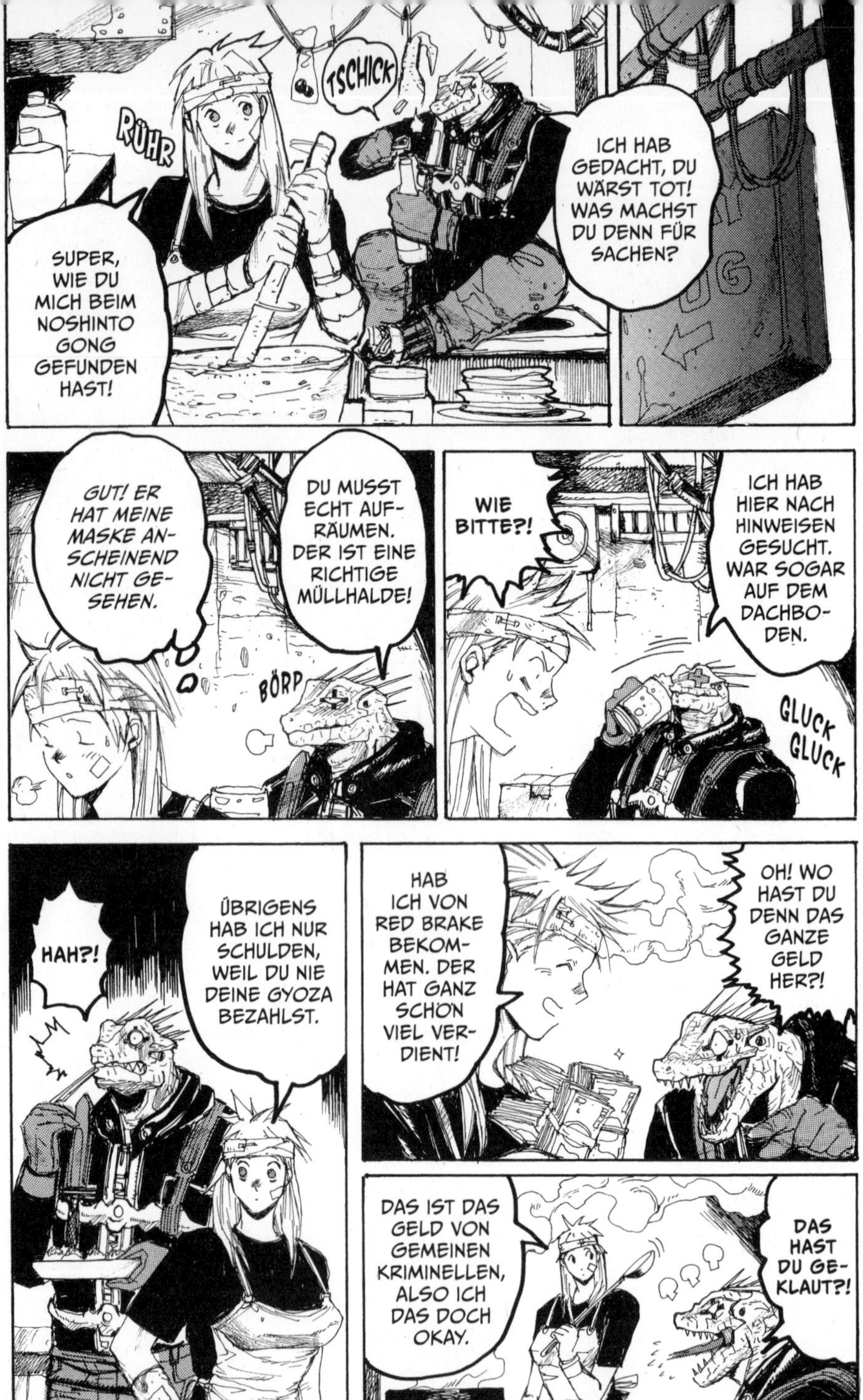
TSCHICK
RÜHR
ICH HAB GEDACHT, DU WÄRST TOT! WAS MACHST DU DENN FÜR SACHEN?
SUPER, WIE DU MICH BEIM NOSHINTO GONG GEFUNDEN HAST!
ICH HAB HIER NACH HINWEISEN GESUCHT. WAR SOGAR AUF DEM DACHBODEN.
WIE BITTE?!
GLUCK GLUCK
DU MUSST ECHT AUFRÄUMEN. DER IST EINE RICHTIGE MÜLLHALDE!
GUT! ER HAT MEINE MASKE ANSCHEINEND NICHT GESEHEN.
BÖRP
OH! WO HAST DU DENN DAS GANZE GELD HER?!
HAB ICH VON RED BRAKE BEKOMMEN. DER HAT GANZ SCHÖN VIEL VERDIENT!
DAS HAST DU GEKLAUT?!
DAS IST DAS GELD VON GEMEINEN KRIMINELLEN, ALSO ICH DAS DOCH OKAY.
ÜBRIGENS HAB ICH NUR SCHULDEN, WEIL DU NIE DEINE GYOZA BEZAHLST.
HAH?!

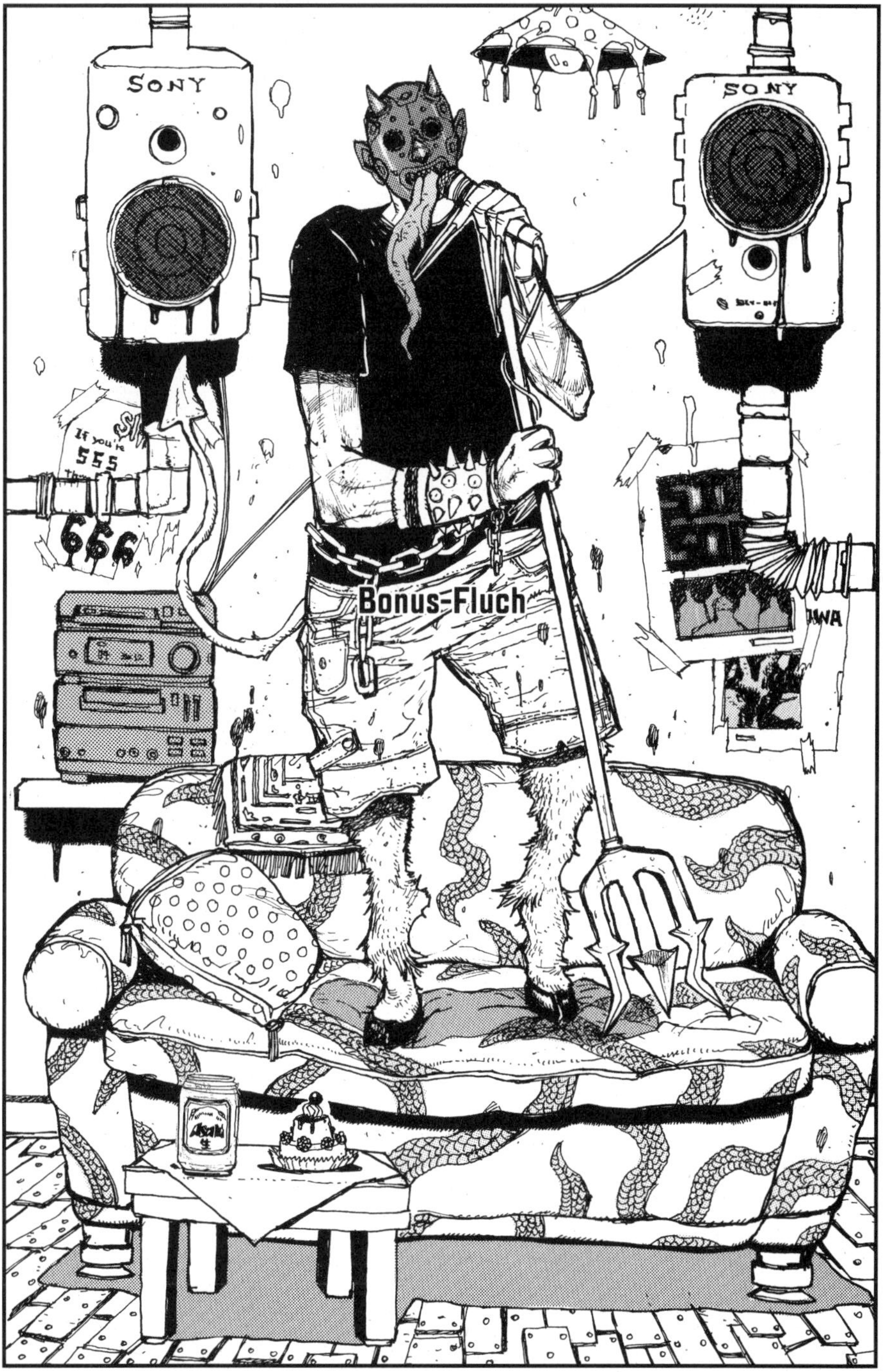
SONY
SONY
If you're
555
666
Bonus-Fluch

Achtung! Hier sind wieder Bonusseiten, die du nirgendwo sonst lesen kannst. Dafür bist du doch bestimmt dankbar?

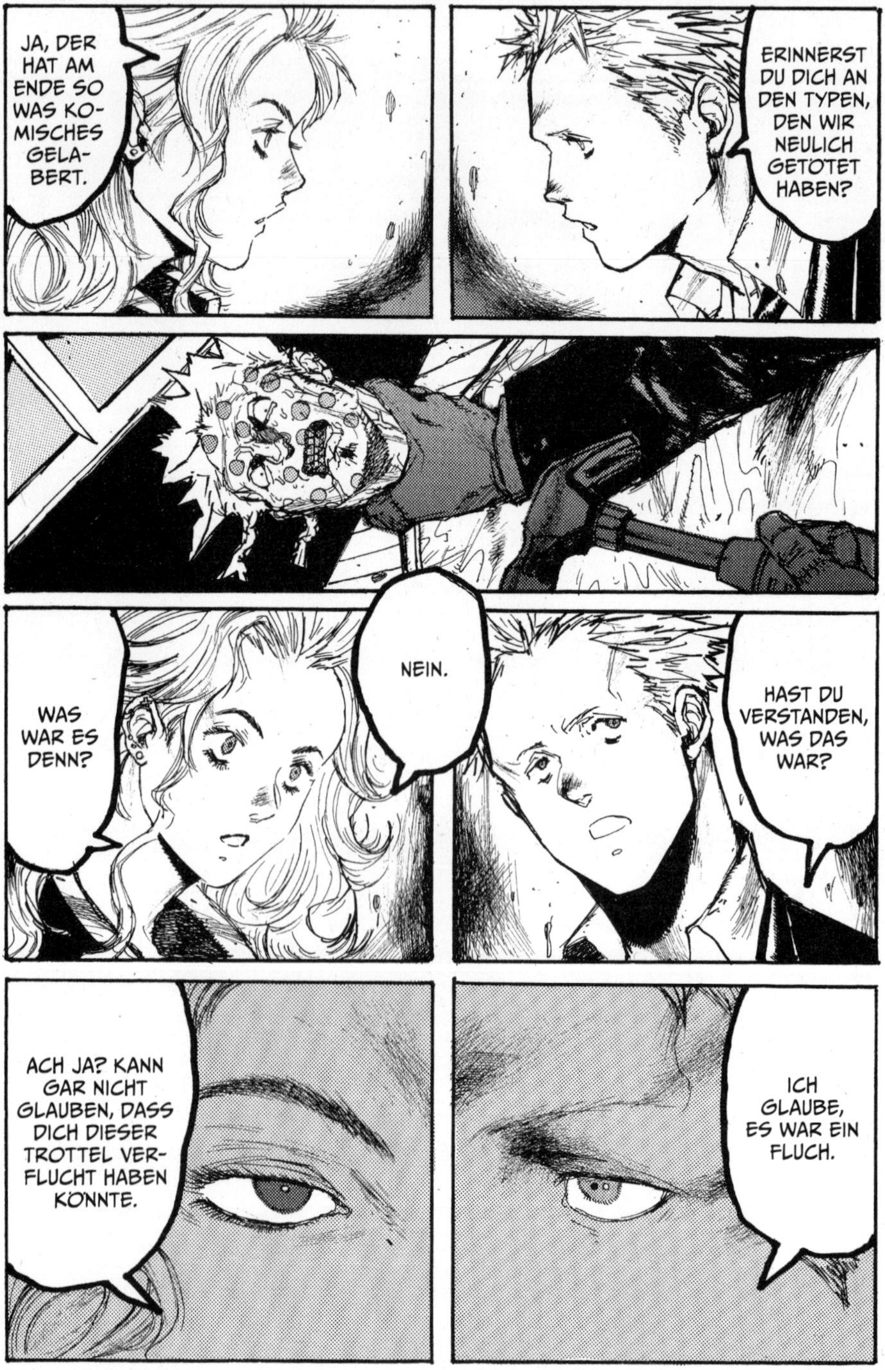

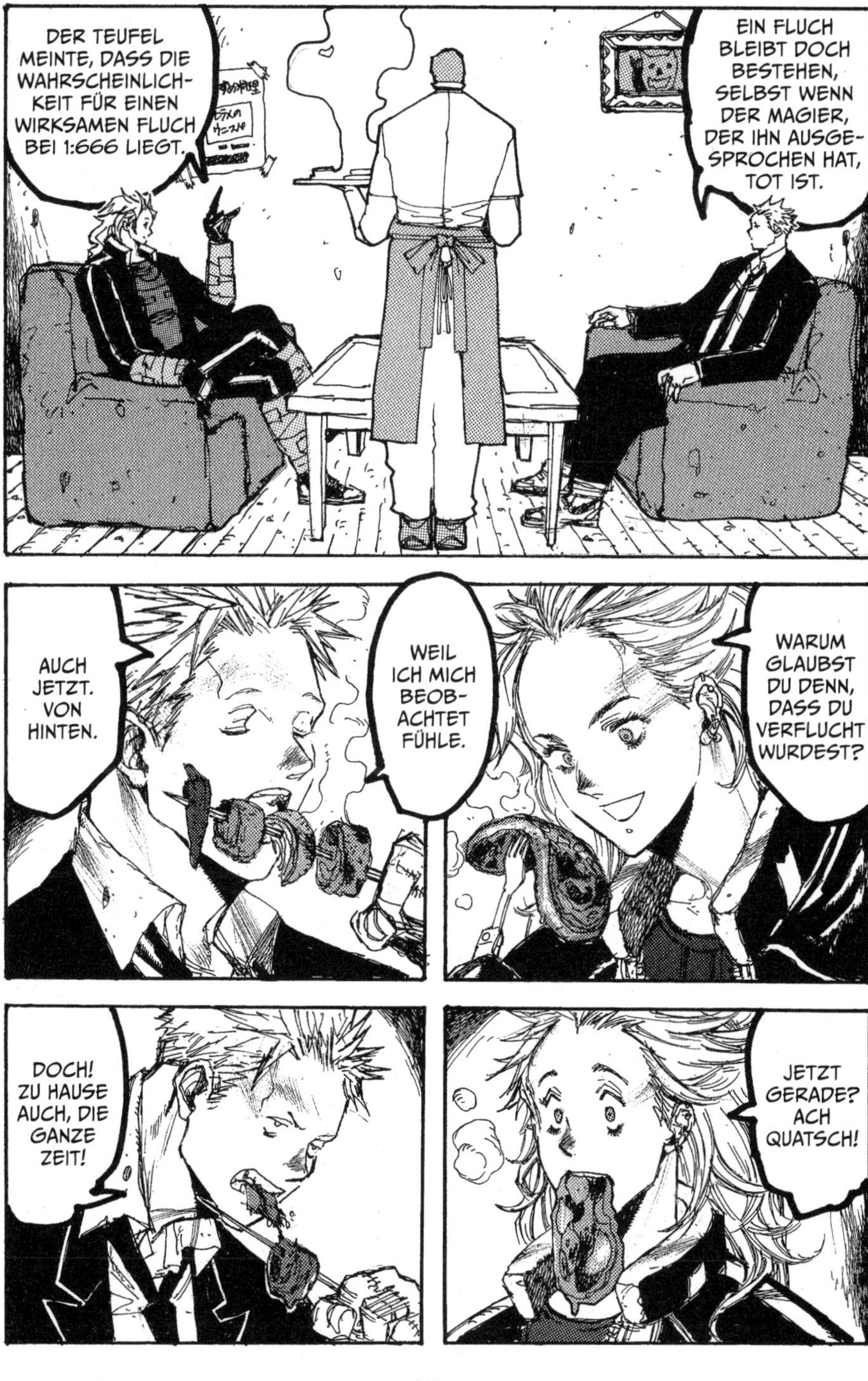
EIN FLUCH BLEIBT DOCH BESTEHEN, SELBST WENN DER MAGIER, DER IHN AUSGESPROCHEN HAT, TOT IST.
DER TEUFEL MEINTE, DASS DIE WAHRSCHEINLICHKEIT FÜR EINEN WIRKSAMEN FLUCH BEI 1:666 LIEGT.
WARUM GLAUBST DU DENN, DASS DU VERFLUCHT WURDEST?
WEIL ICH MICH BEOBACHTET FÜHLE.
AUCH JETZT. VON HINTEN.
JETZT GERADE? ACH QUATSCH!
DOCH! ZU HAUSE AUCH, DIE GANZE ZEIT!

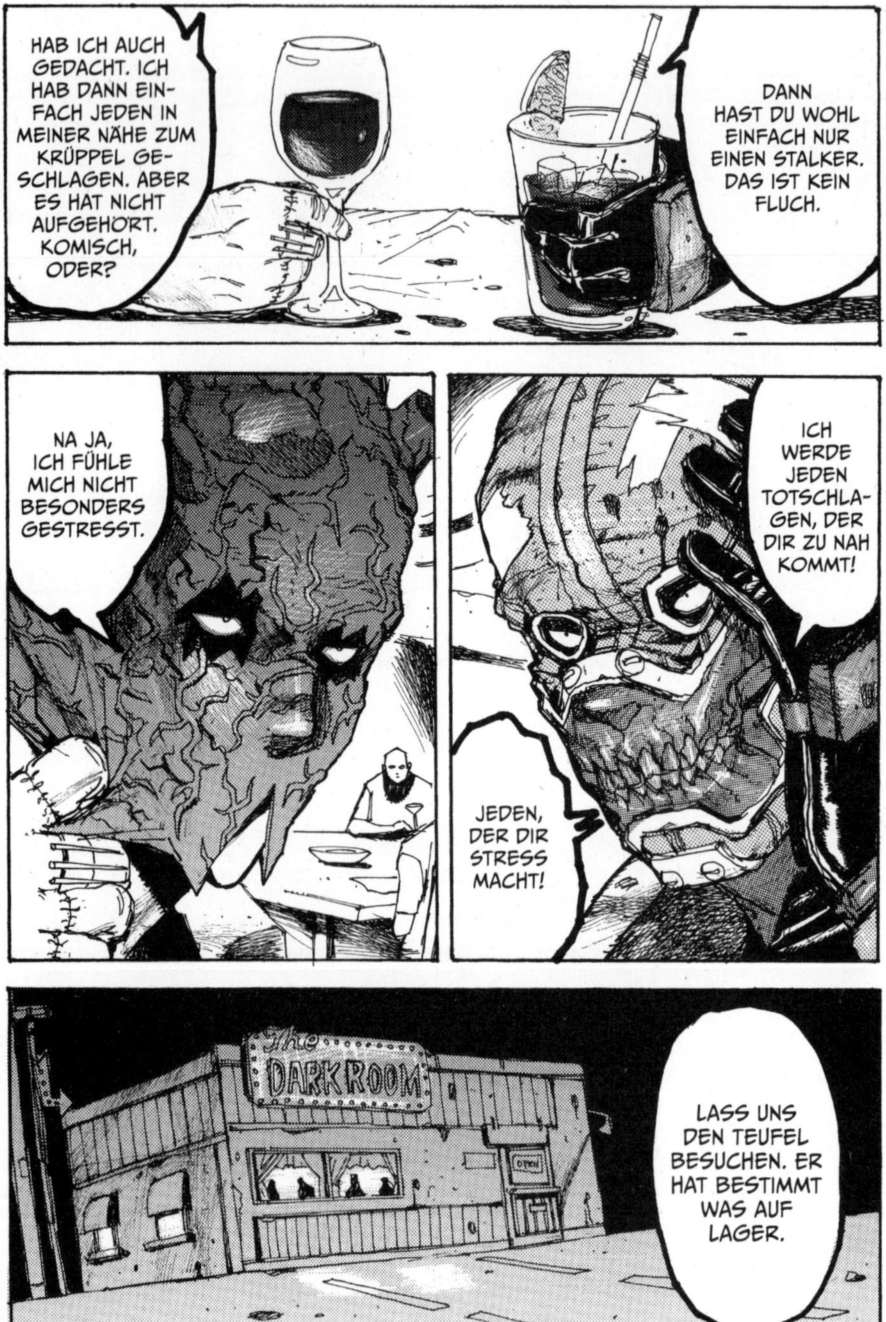
HAB ICH AUCH GEDACHT. ICH HAB DANN EIN-FACH JEDEN IN MEINER NÄHE ZUM KRÜPPEL GE-SCHLAGEN. ABER ES HAT NICHT AUFGEHÖRT. KOMISCH, ODER?
DANN HAST DU WOHL EINFACH NUR EINEN STALKER. DAS IST KEIN FLUCH.
NA JA, ICH FÜHLE MICH NICHT BESONDERS GESTRESST.
ICH WERDE JEDEN TOTSCHLA-GEN, DER DIR ZU NAH KOMMT!
JEDEN, DER DIR STRESS MACHT!
The DARKROOM
OPEN
LASS UNS DEN TEUFEL BESUCHEN. ER HAT BESTIMMT WAS AUF LAGER.

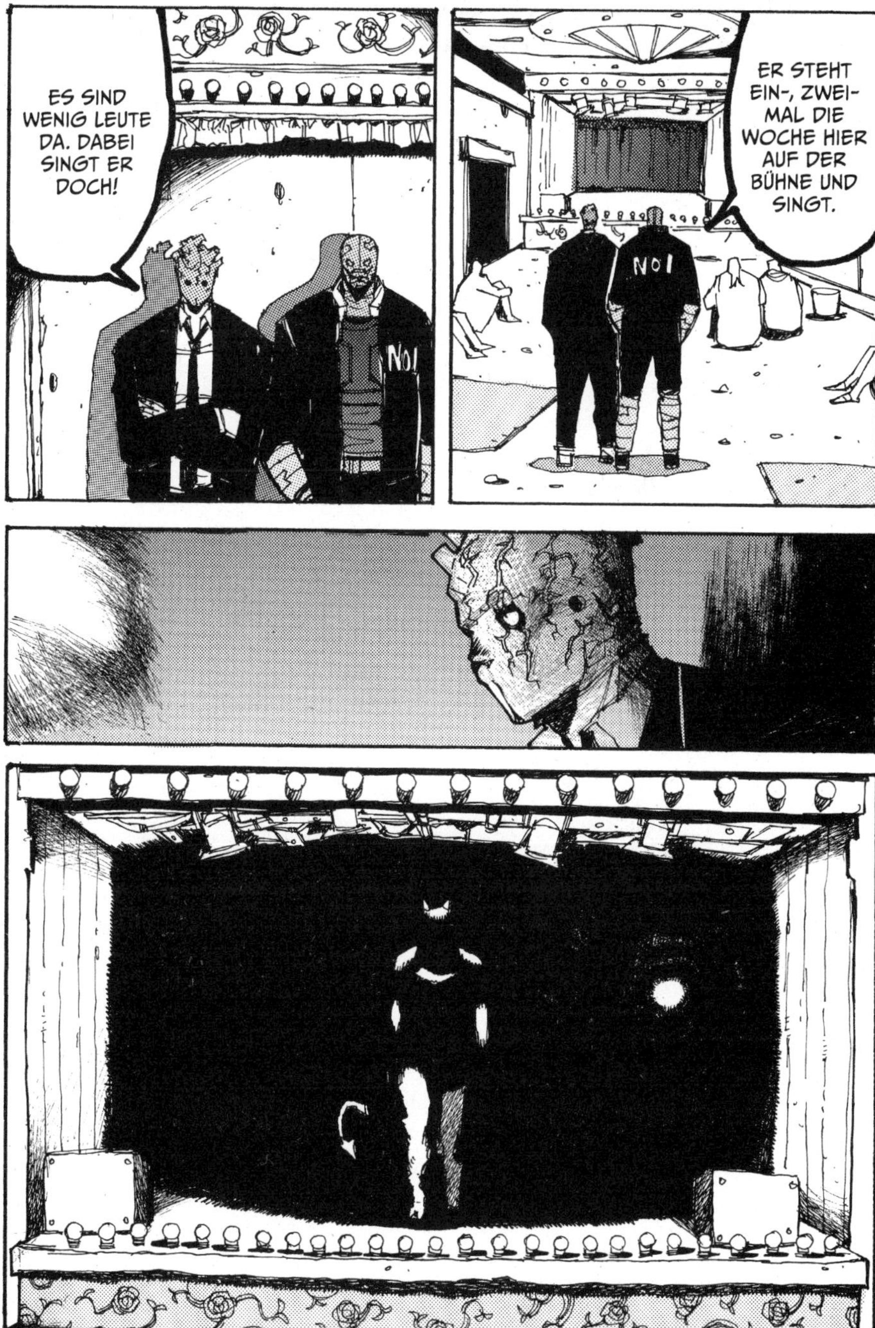
ER STEHT EIN-, ZWEIMAL DIE WOCHE HIER AUF DER BÜHNE UND SINGT.
ES SIND WENIG LEUTE DA. DABEI SINGT ER DOCH!

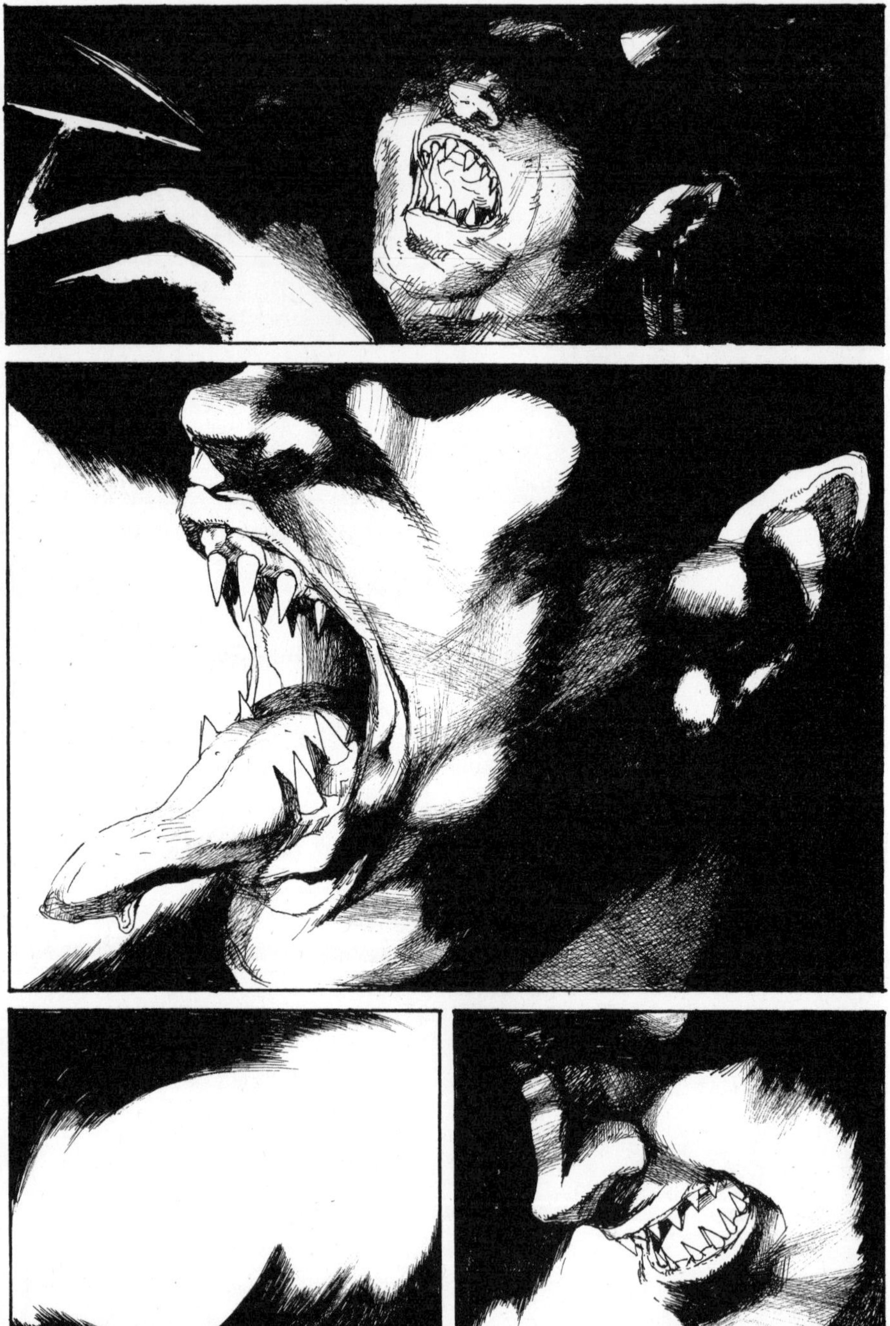

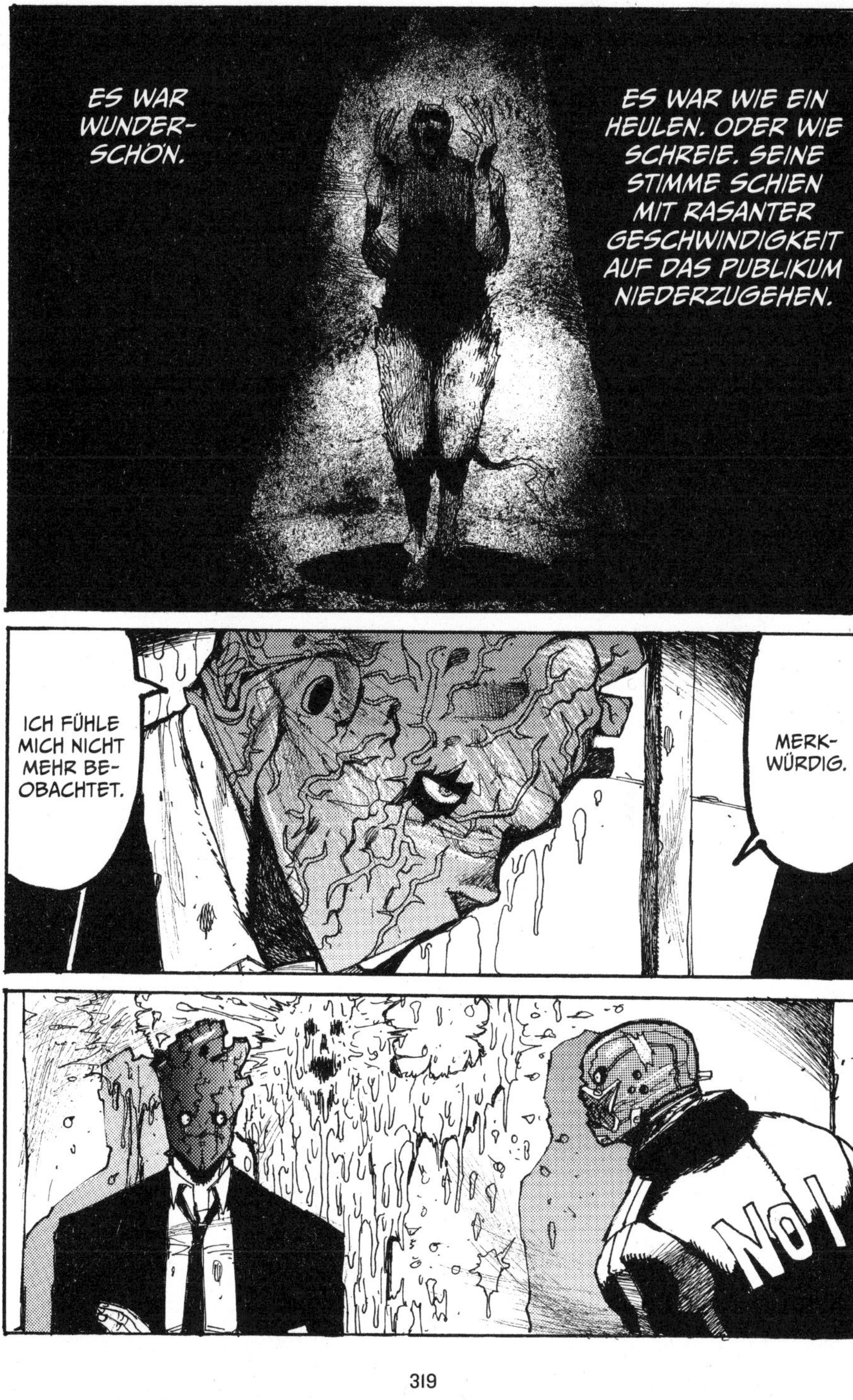

ES WAR WUNDER-SCHÖN.
ES WAR WIE EIN HEULEN. ODER WIE SCHREIE. SEINE STIMME SCHIEN MIT RASANTER GESCHWINDIGKEIT AUF DAS PUBLIKUM NIEDERZUGEHEN.
MERK-WÜRDIG.
ICH FÜHLE MICH NICHT MEHR BE-OBACHTET.
No1

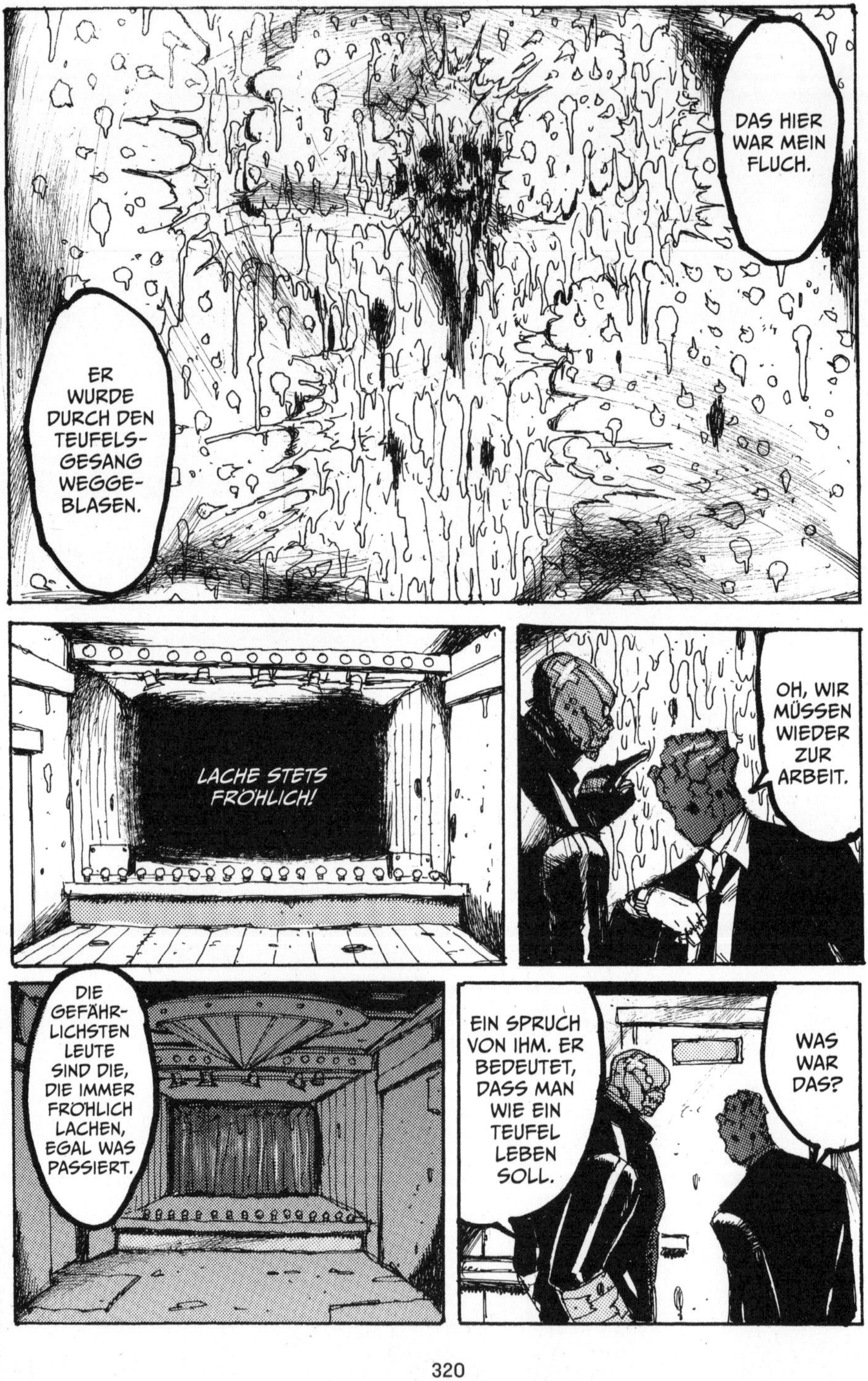
DAS HIER WAR MEIN FLUCH.
ER WURDE DURCH DEN TEUFELS-GESANG WEGGE-BLASEN.
OH, WIR MÜSSEN WIEDER ZUR ARBEIT.
LACHE STETS FRÖHLICH!
WAS WAR DAS?
EIN SPRUCH VON IHM. ER BEDEUTET, DASS MAN WIE EIN TEUFEL LEBEN SOLL.
DIE GEFÄHR-LICHSTEN LEUTE SIND DIE, DIE IMMER FRÖHLICH LACHEN, EGAL WAS PASSIERT.

Und was du durch Teil 2 sonst noch weißt:

① Zombies reagieren auf Salz.

② Nikaido hat eine Vergangenheit.

③ Ein Präparat sollte in Formalin bleiben.

④ Die Körbchengrößen im „Loch“ sind dieselben wie bei uns.

⑤ Der Mann in Caiman ist schon tot.

⑥ Das Hungry Bug hat finanzielle Schwierigkeiten.

⑦ Caiman sieht halbnackt fantastisch aus.

⑧ Die Story im zweiten Teil ist etwas kürzer, dafür hat er viele Bonusseiten.

**Und was wirst du nach Teil 3 wissen?
Es bleibt chaotisch!**

Willkommen bei DOROHEDORO!

DOROHEDORO TEIL 03

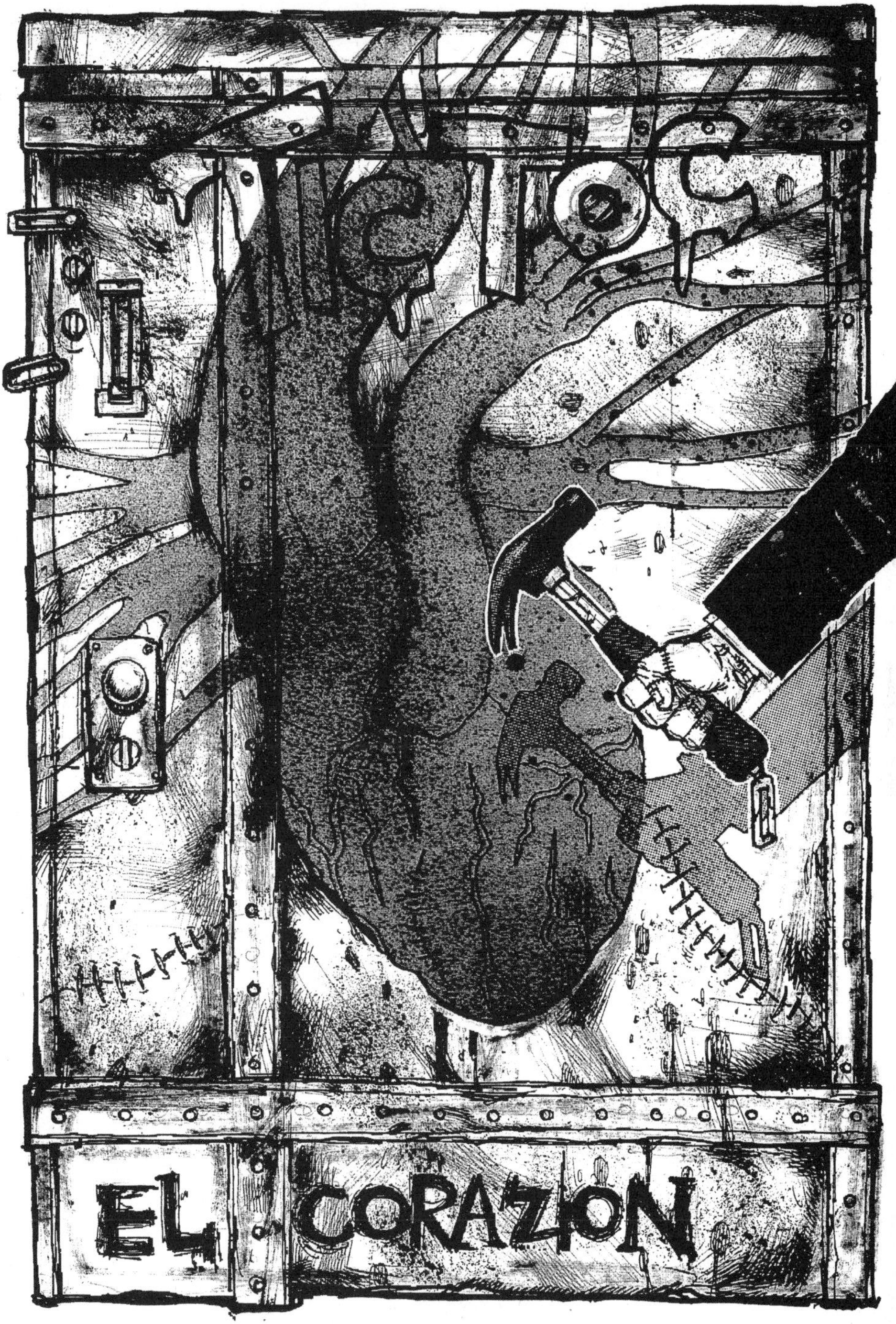

Q-HAYASHIDA

DOROHEDORO 01

INHALT

DOROHEDORO Teil 03

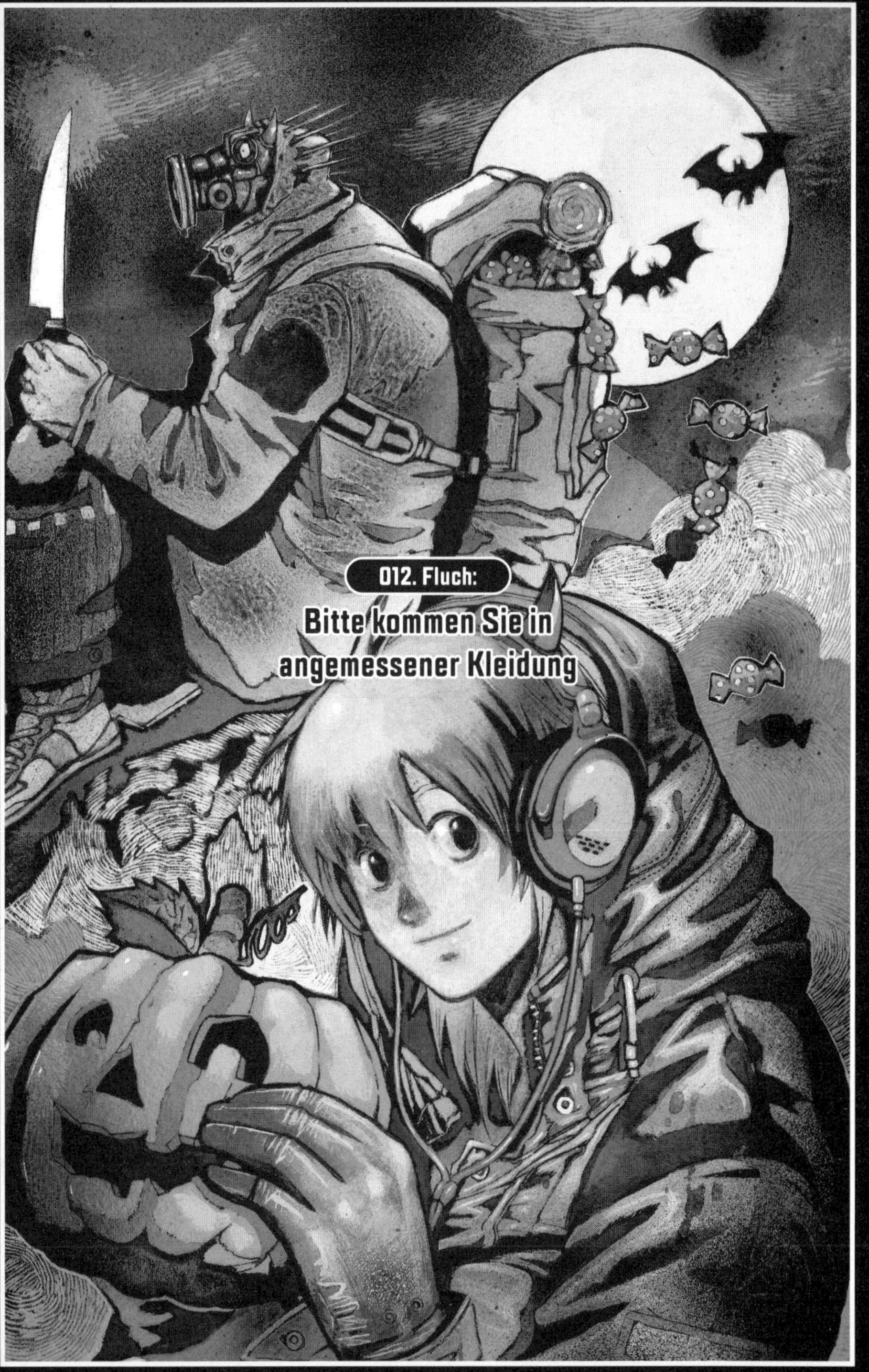
012. Fluch:
Bitte kommen Sie in angemessener Kleidung

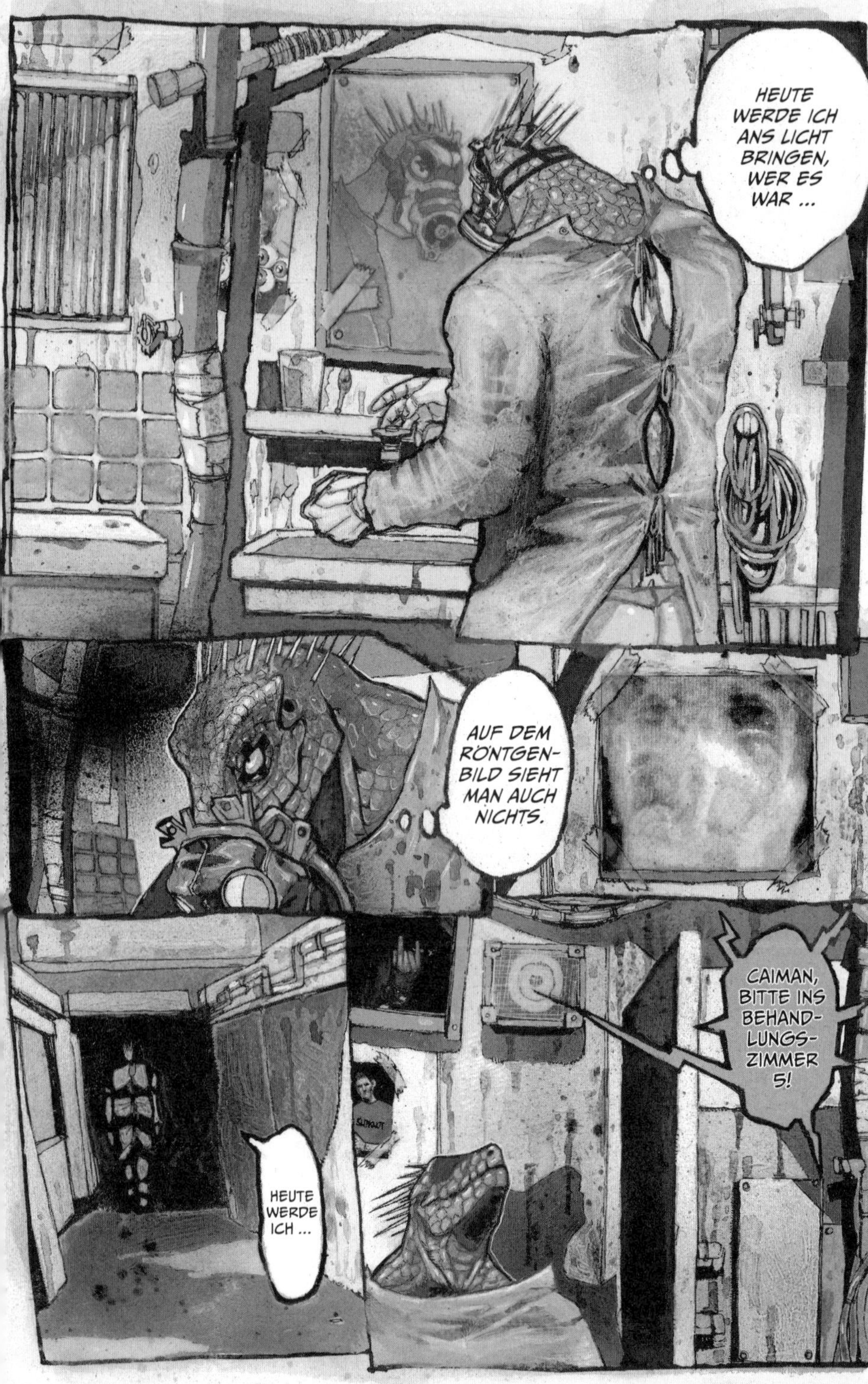
HEUTE WERDE ICH ANS LICHT BRINGEN, WER ES WAR ...
AUF DEM RÖNTGENBILD SIEHT MAN AUCH NICHTS.
CAIMAN, BITTE INS BEHANDLUNGSZIMMER 5!
HEUTE WERDE ICH ...

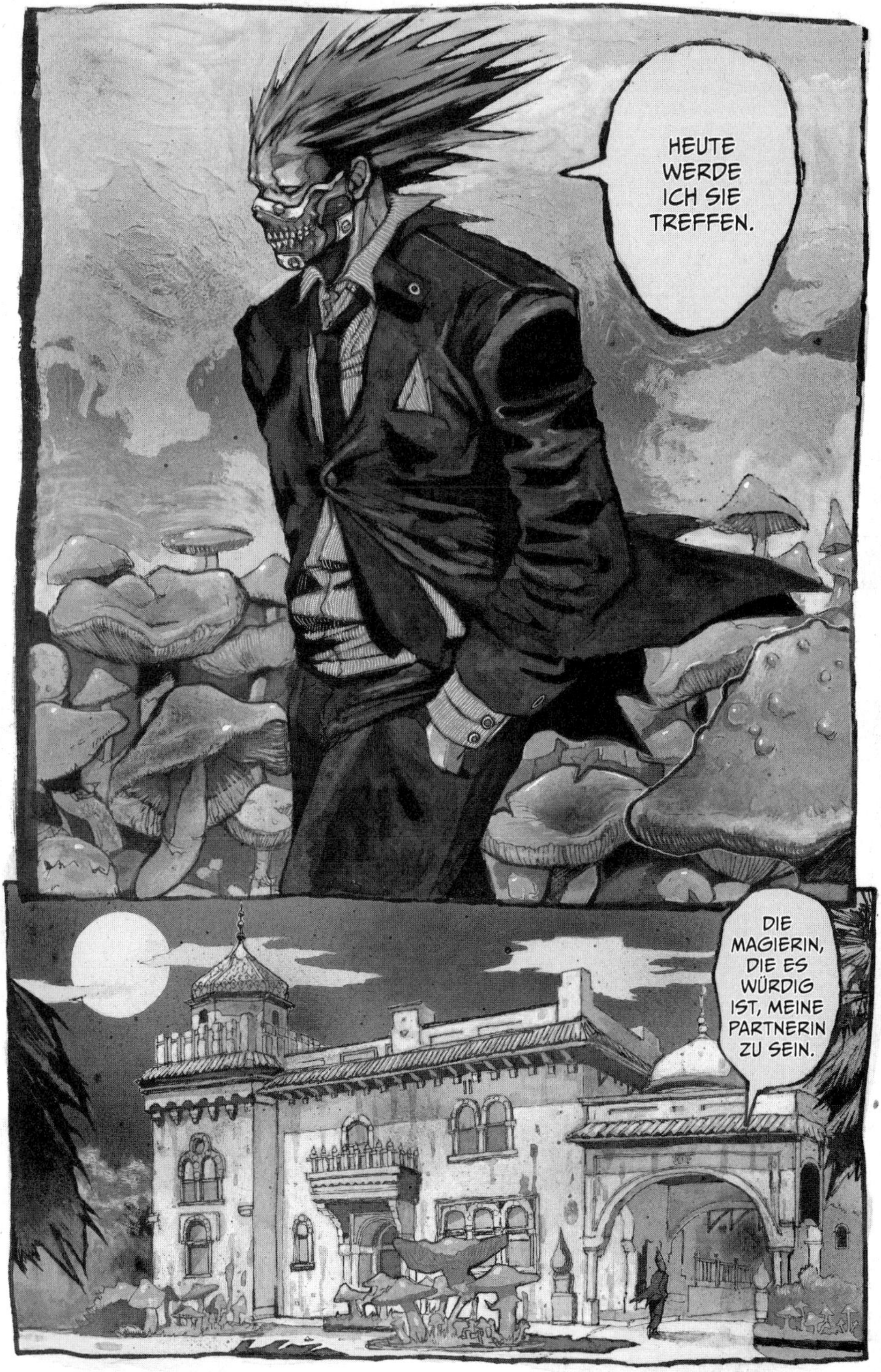
HEUTE WERDE ICH SIE TREFFEN.
DIE MAGIERIN, DIE ES WÜRDIG IST, MEINE PARTNERIN ZU SEIN.

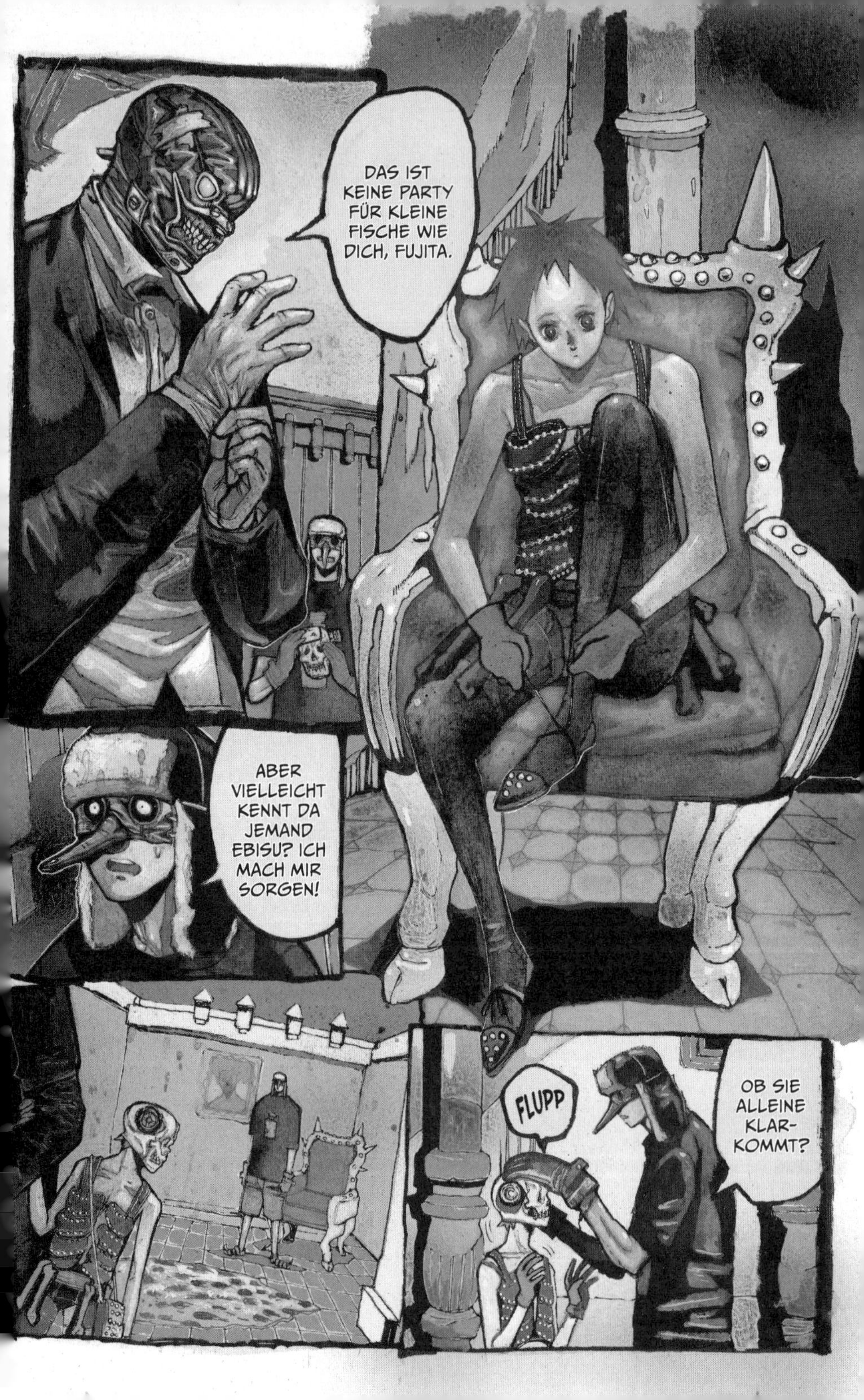

DAS IST KEINE PARTY FÜR KLEINE FISCHE WIE DICH, FUJITA.
ABER VIELLEICHT KENNT DA JEMAND EBISU? ICH MACH MIR SORGEN!
FLUPP
OB SIE ALLEINE KLAR-KOMMT?

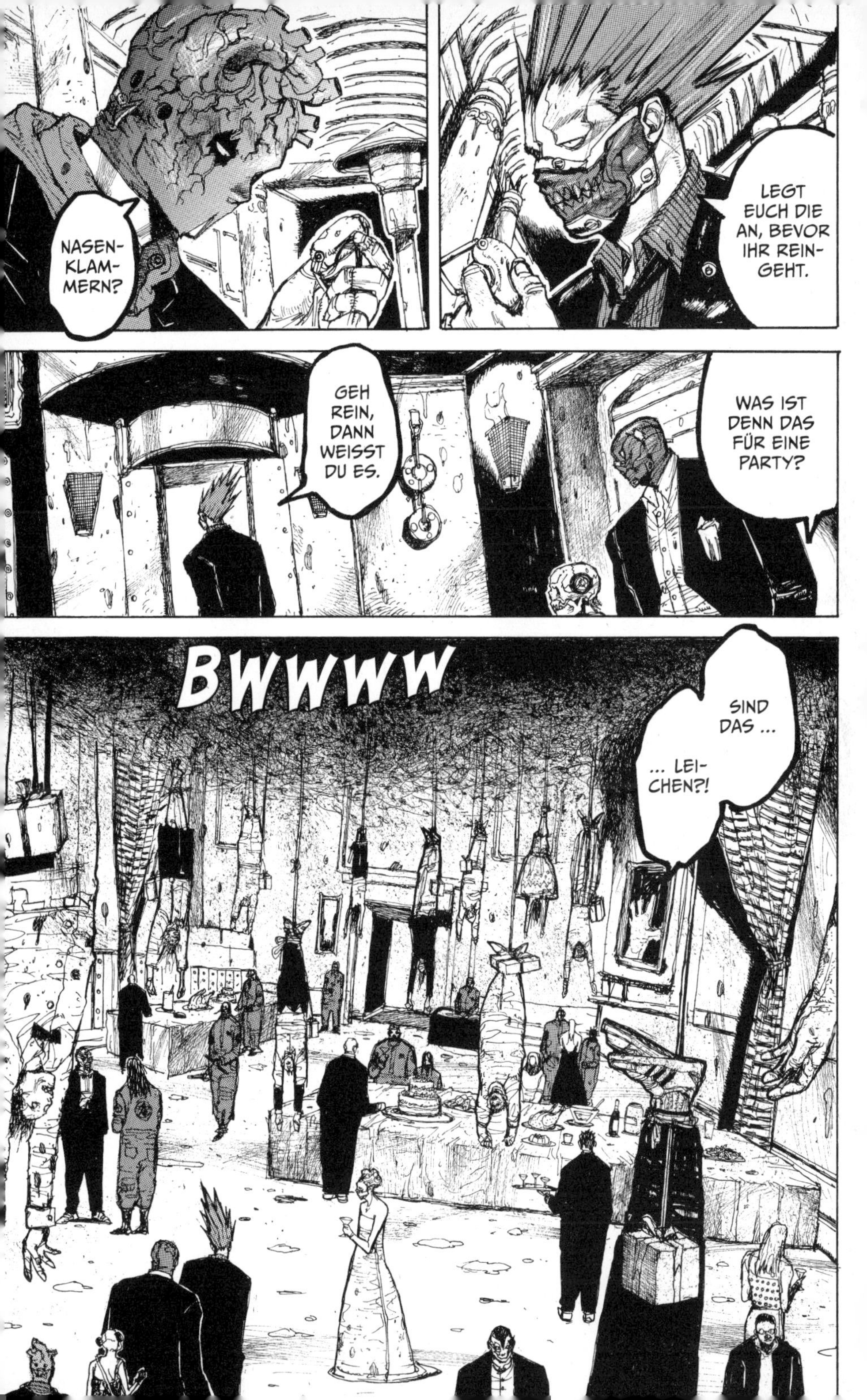
LEGT EUCH DIE AN, BEVOR IHR REIN-GEHT.
NASEN-KLAM-MERN?
WAS IST DENN DAS FÜR EINE PARTY?
GEH REIN, DANN WEISST DU ES.
BWWWW
SIND DAS ...
... LEI-CHEN?!

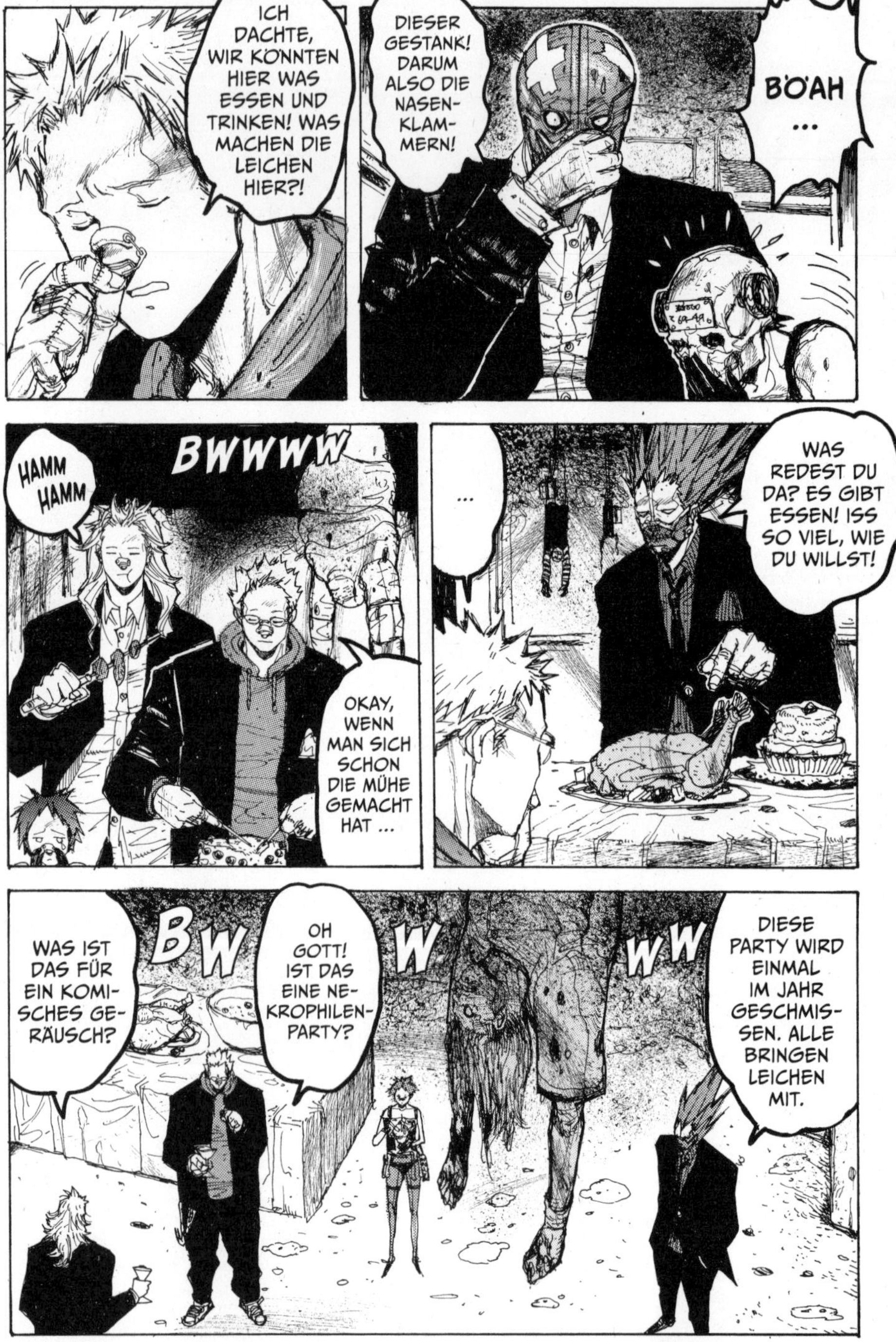
BÖAH ...
DIESER GESTANK! DARUM ALSO DIE NASEN-KLAM-MERN!
ICH DACHTE, WIR KÖNNTEN HIER WAS ESSEN UND TRINKEN! WAS MACHEN DIE LEICHEN HIER?!
WAS REDEST DU DA? ES GIBT ESSEN! ISS SO VIEL, WIE DU WILLST!
...
BWWWWW
HAMM HAMM
OKAY, WENN MAN SICH SCHON DIE MÜHE GEMACHT HAT ...
DIESE PARTY WIRD EINMAL IM JAHR GESCHMIS-SEN. ALLE BRINGEN LEICHEN MIT.
BW W WW
OH GOTT! IST DAS EINE NE-KROPHILEN-PARTY?
WAS IST DAS FÜR EIN KOMI-SCHES GE-RÄUSCH?

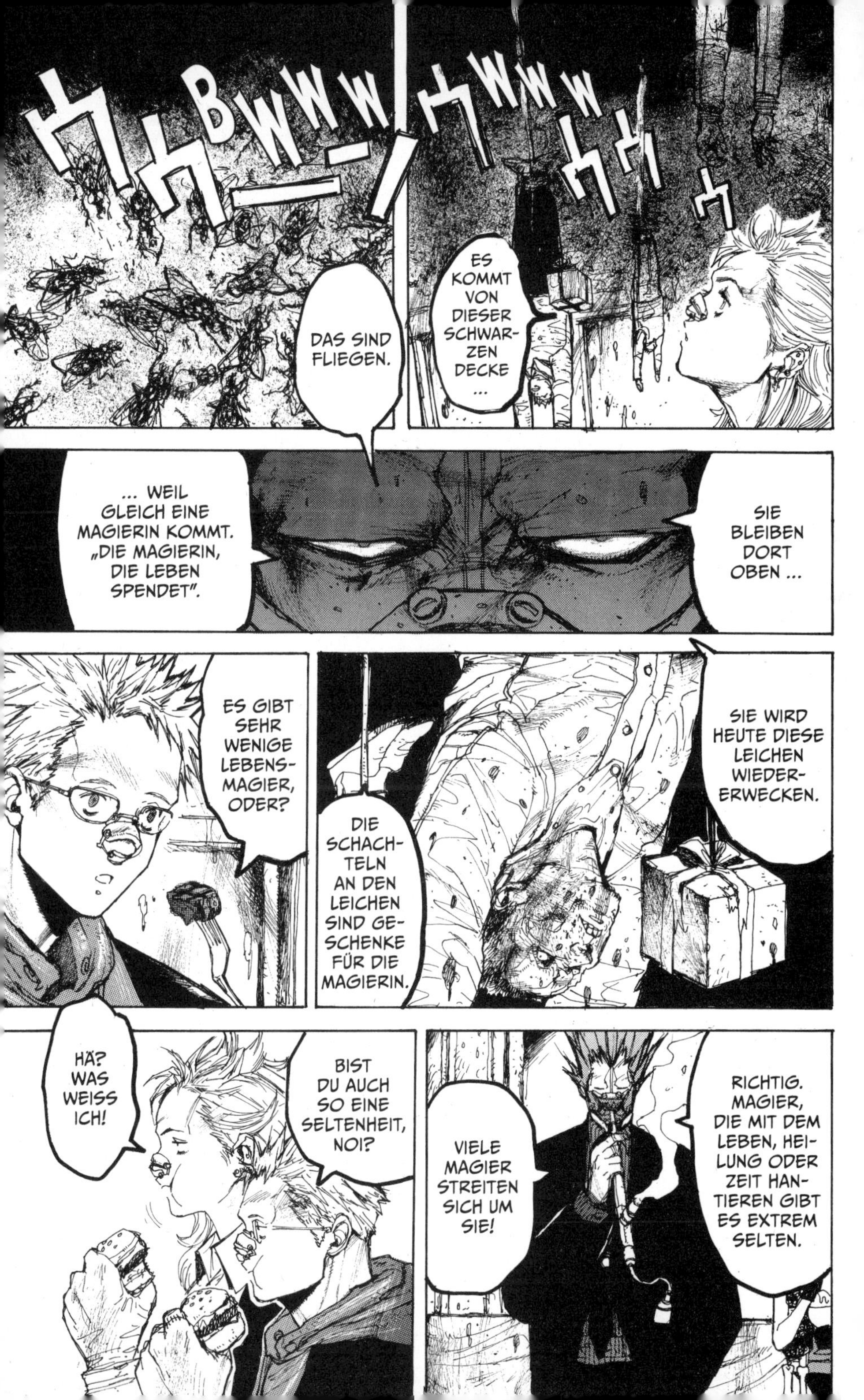
WWWW
ES KOMMT VON DIESER SCHWARZEN DECKE ...
BWWWW
DAS SIND FLIEGEN.
SIE BLEIBEN DORT OBEN ...
... WEIL GLEICH EINE MAGIERIN KOMMT. „DIE MAGIERIN, DIE LEBEN SPENDET".
SIE WIRD HEUTE DIESE LEICHEN WIEDERERWECKEN.
DIE SCHACHTELN AN DEN LEICHEN SIND GESCHENKE FÜR DIE MAGIERIN.
ES GIBT SEHR WENIGE LEBENSMAGIER, ODER?
RICHTIG. MAGIER, DIE MIT DEM LEBEN, HEILUNG ODER ZEIT HANTIEREN GIBT ES EXTREM SELTEN.
VIELE MAGIER STREITEN SICH UM SIE!
BIST DU AUCH SO EINE SELTENHEIT, NOI?
HÄ? WAS WEISS ICH!

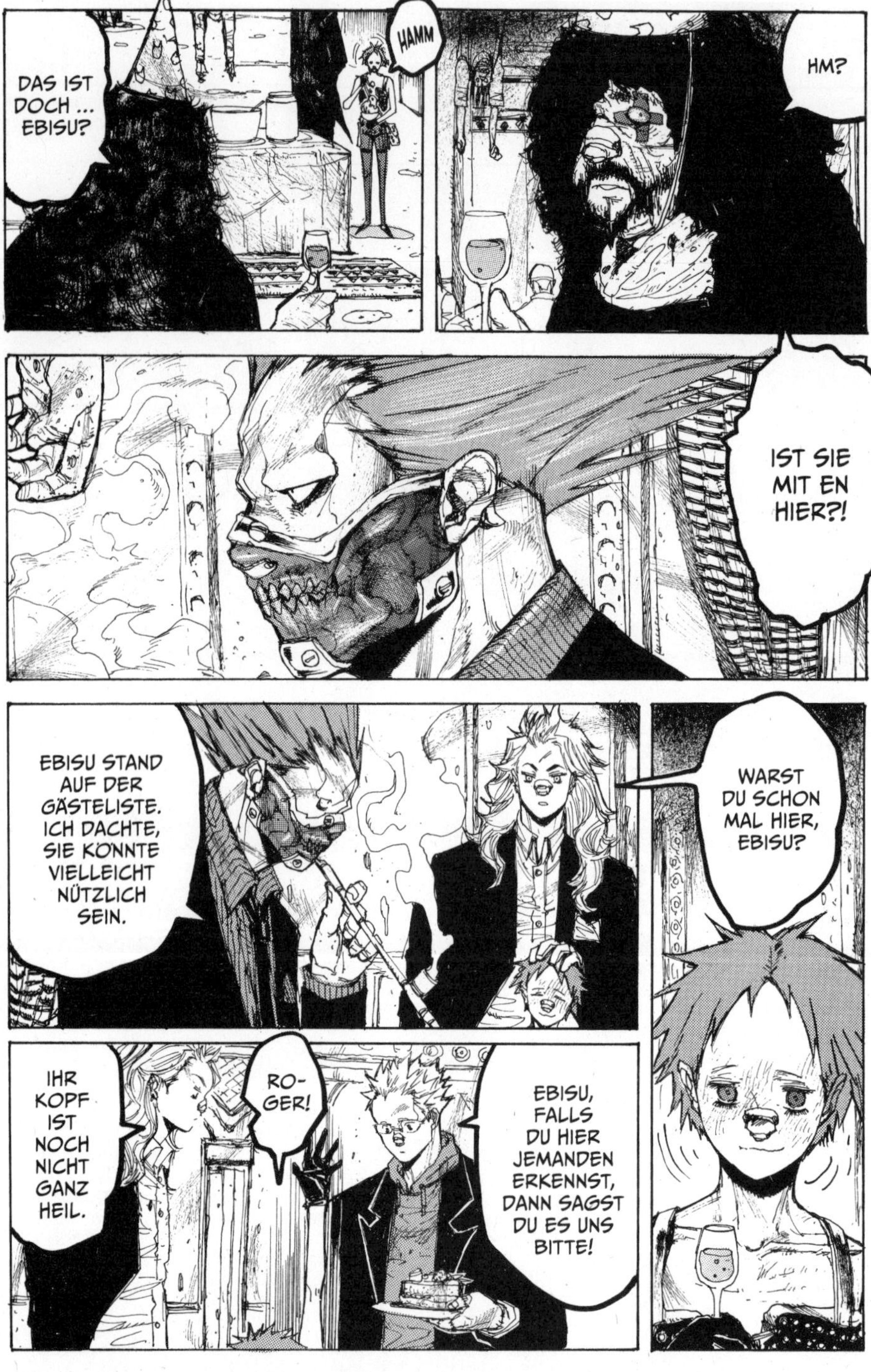
HM?
HAMM
DAS IST DOCH ... EBISU?
IST SIE MIT EN HIER?!
WARST DU SCHON MAL HIER, EBISU?
EBISU STAND AUF DER GÄSTELISTE. ICH DACHTE, SIE KÖNNTE VIELLEICHT NÜTZLICH SEIN.
EBISU, FALLS DU HIER JEMANDEN ERKENNST, DANN SAGST DU ES UNS BITTE!
RO-GER!
IHR KOPF IST NOCH NICHT GANZ HEIL.

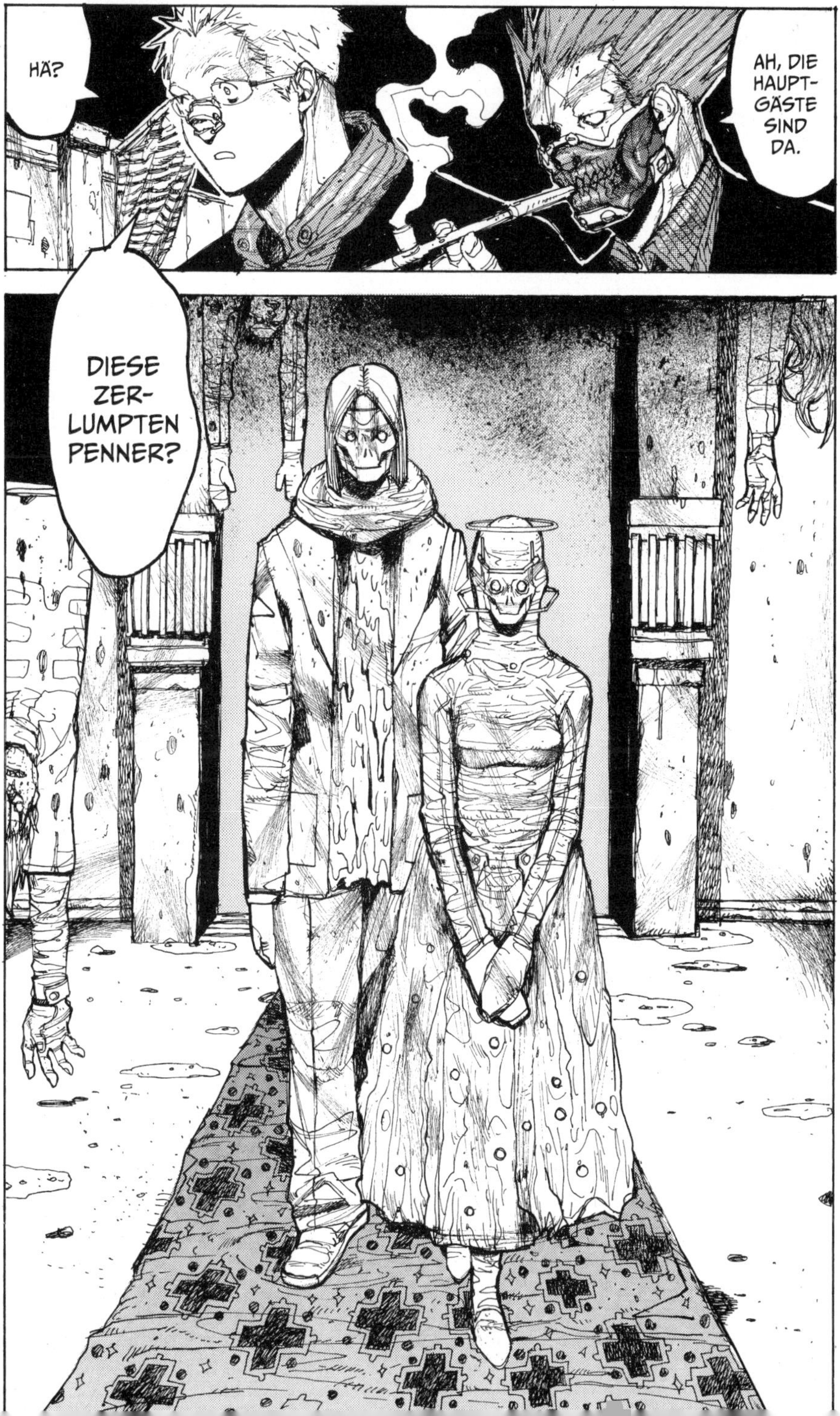
AH, DIE HAUPT-GÄSTE SIND DA.
HÄ?
DIESE ZER-LUMPTEN PENNER?

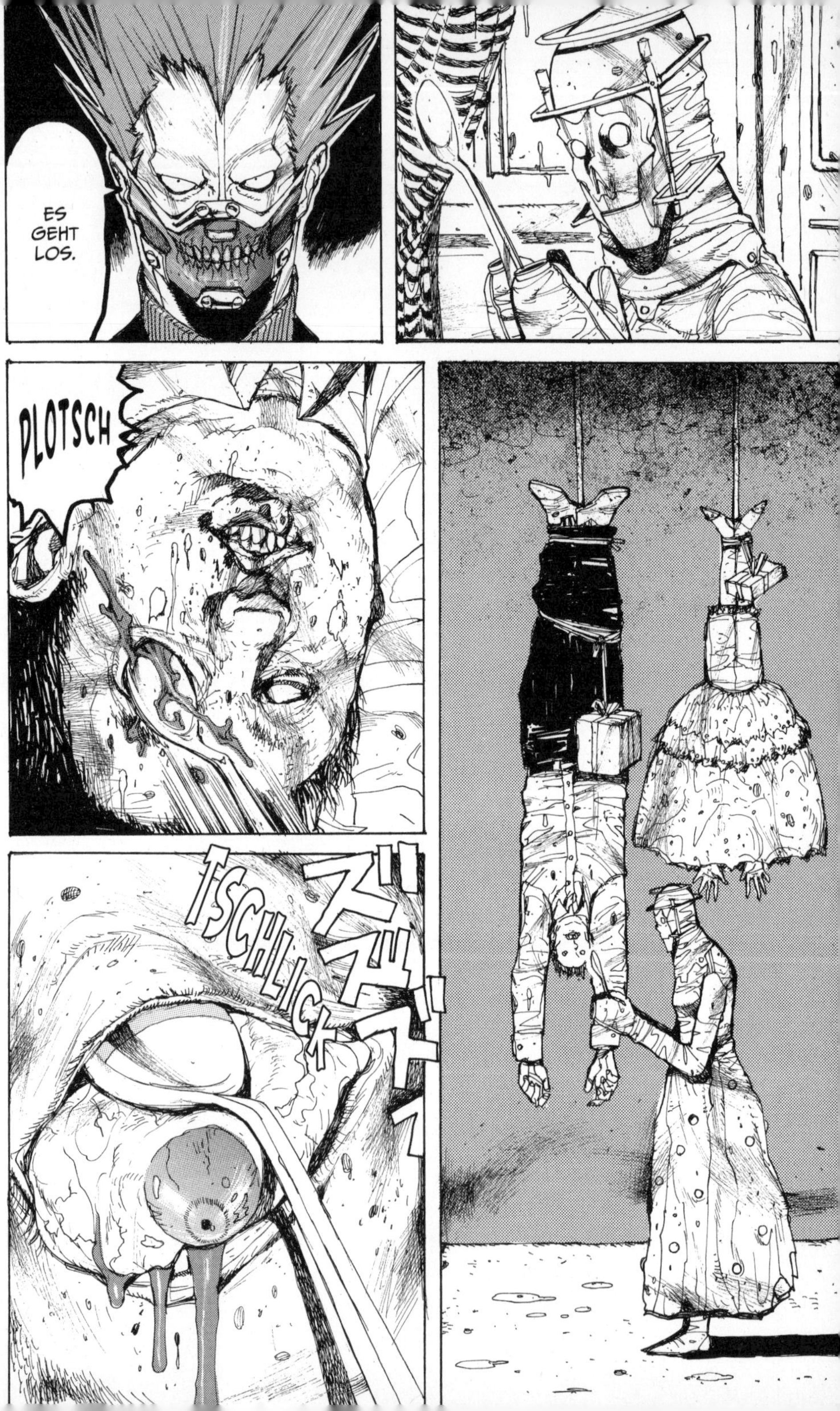
ES GEHT LOS.
PLOTSCH
TSCHLICK

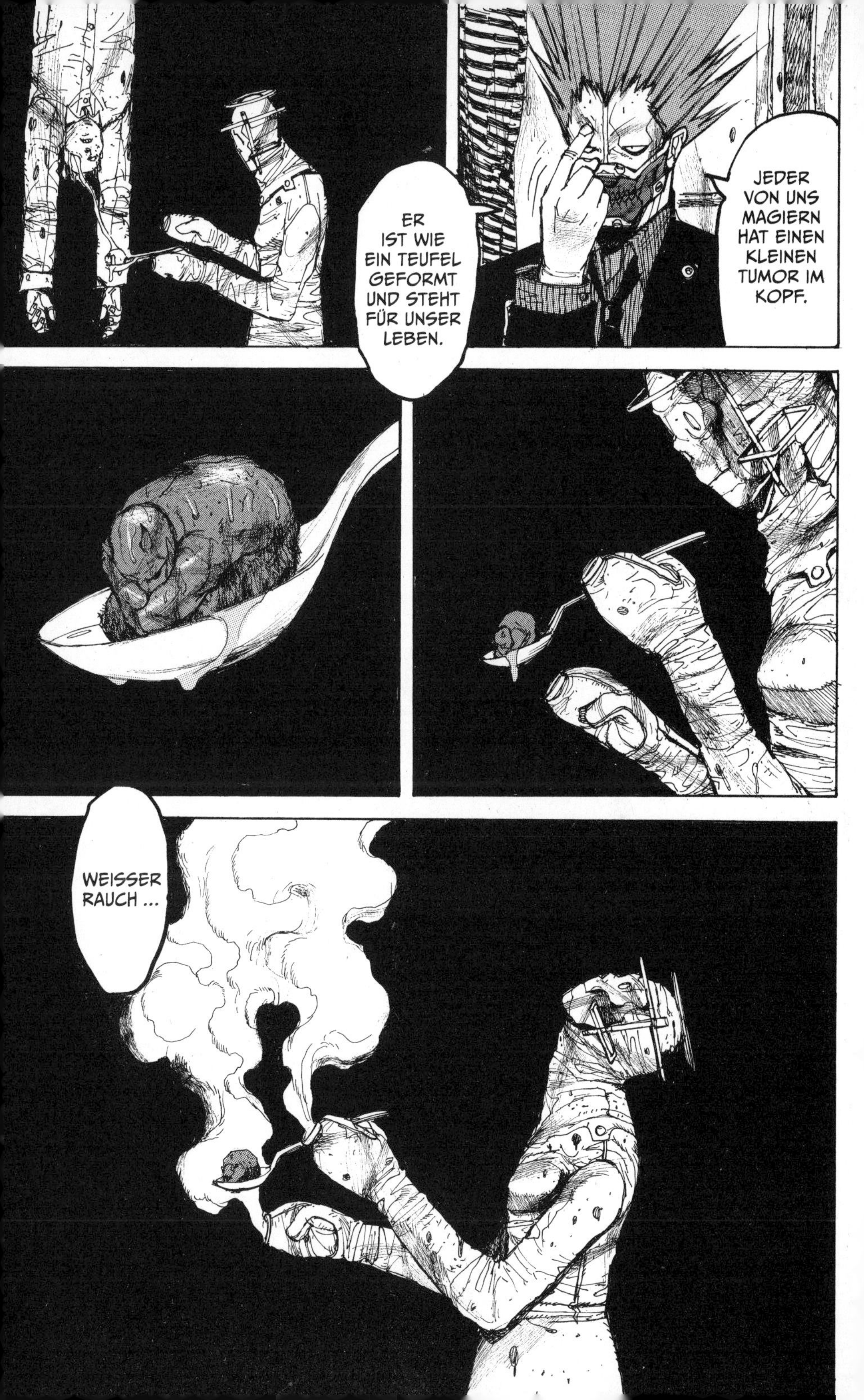
JEDER VON UNS MAGIERN HAT EINEN KLEINEN TUMOR IM KOPF.
ER IST WIE EIN TEUFEL GEFORMT UND STEHT FÜR UNSER LEBEN.
WEISSER RAUCH ...

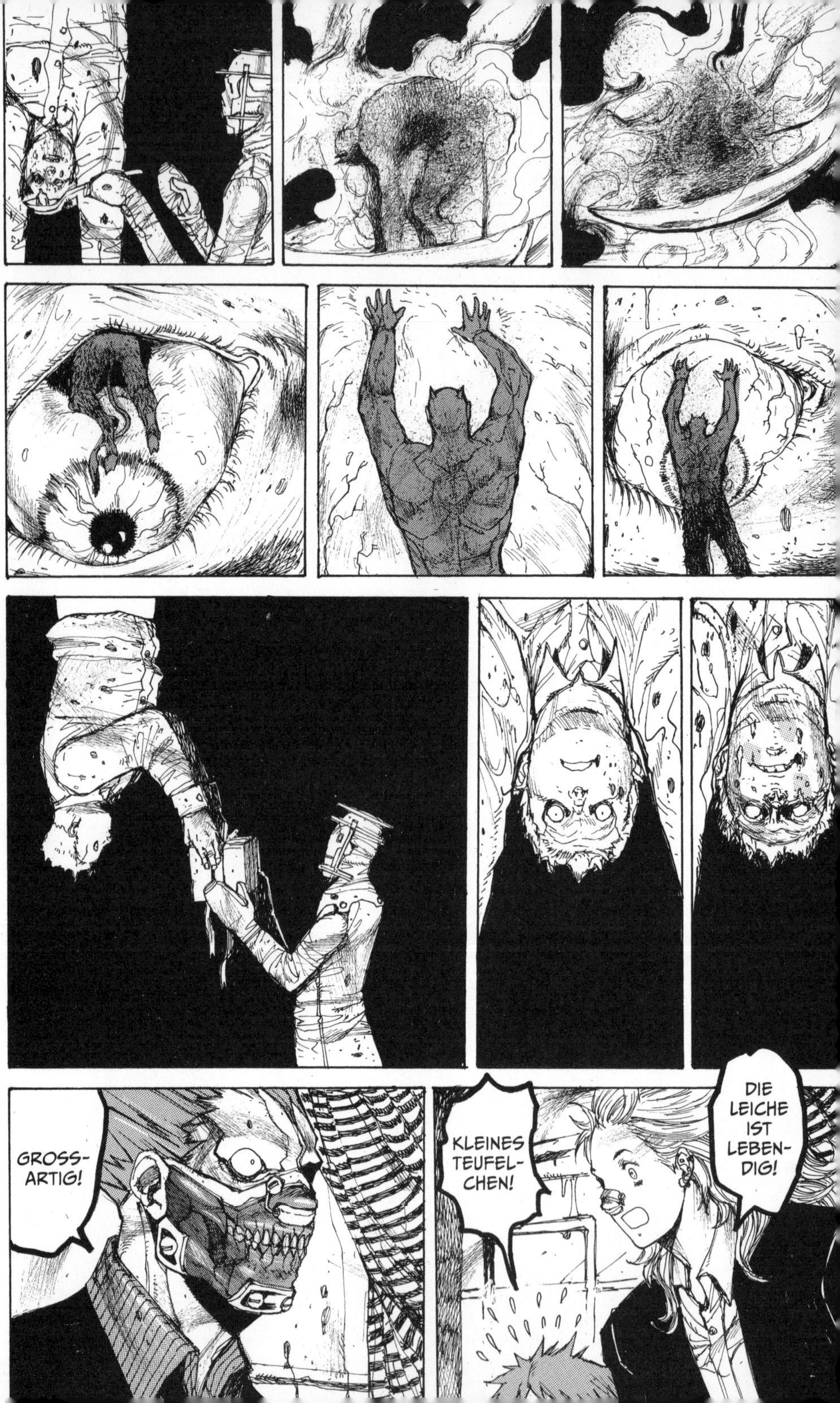
DIE LEICHE IST LEBEN-DIG!
KLEINES TEUFEL-CHEN!
GROSS-ARTIG!

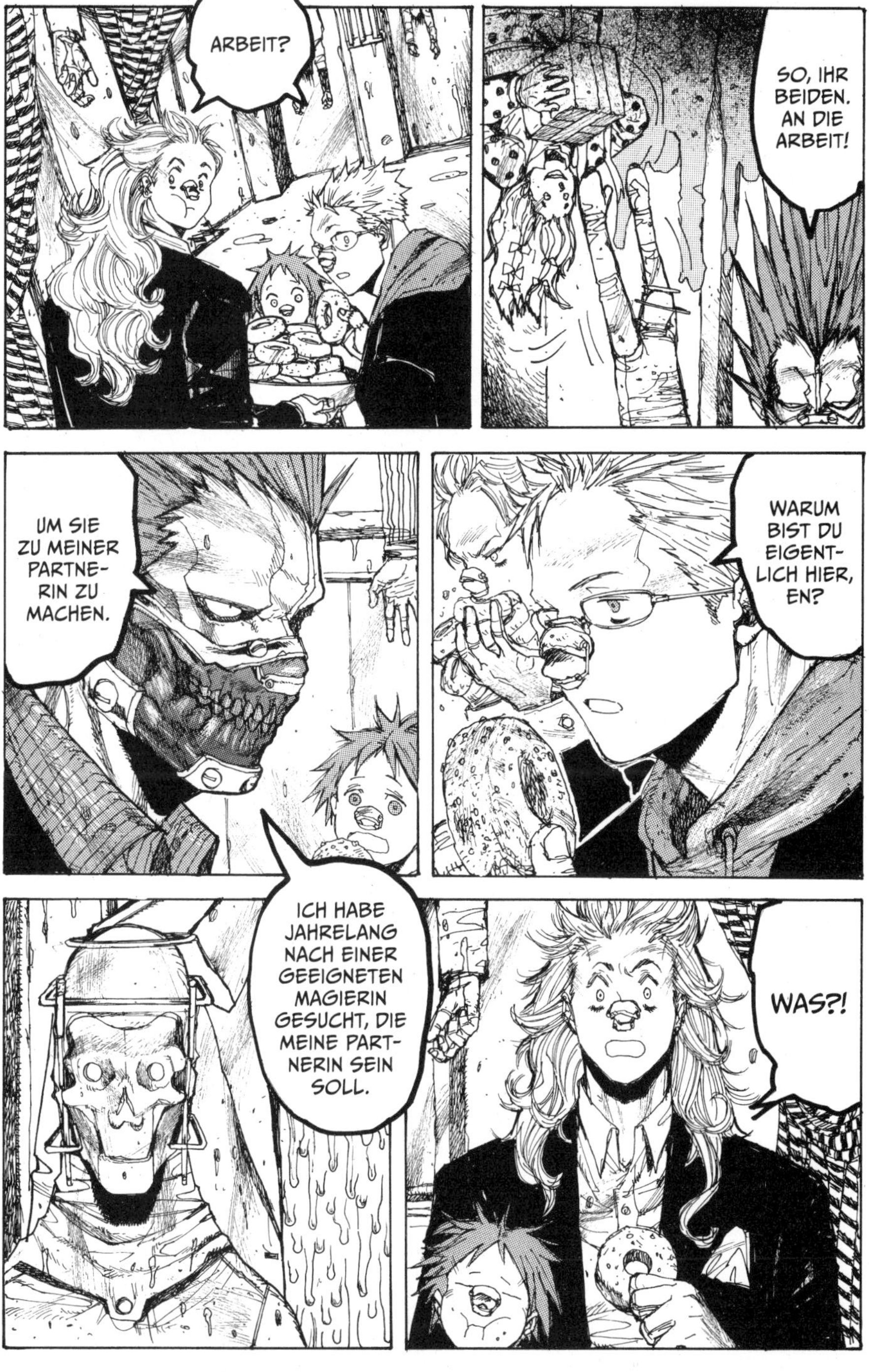
SO, IHR BEIDEN. AN DIE ARBEIT!
ARBEIT?
WARUM BIST DU EIGENTLICH HIER, EN?
UM SIE ZU MEINER PARTNERIN ZU MACHEN.
WAS?!
ICH HABE JAHRELANG NACH EINER GEEIGNETEN MAGIERIN GESUCHT, DIE MEINE PARTNERIN SEIN SOLL.

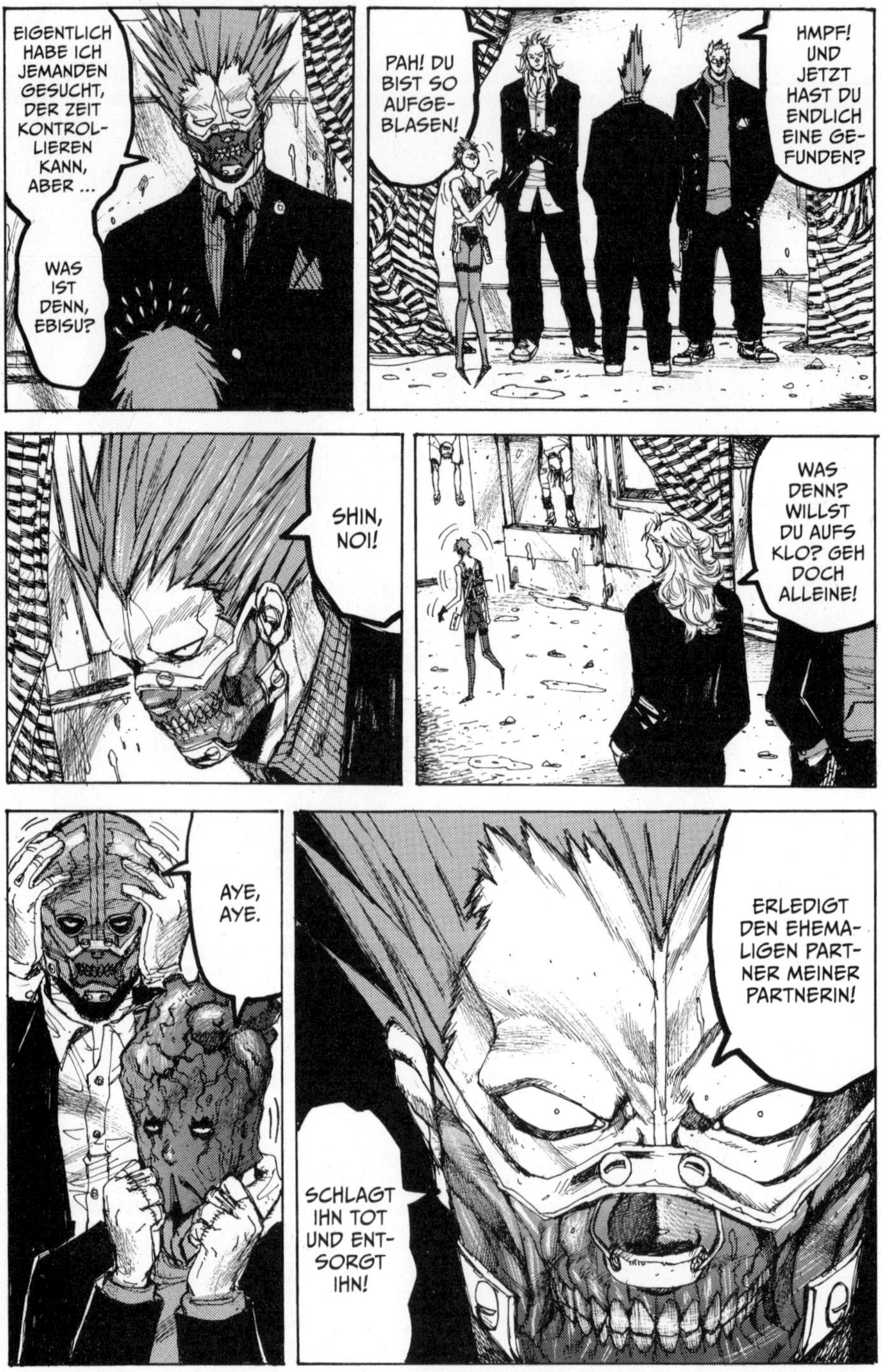
HMPF! UND JETZT HAST DU ENDLICH EINE GEFUNDEN?
PAH! DU BIST SO AUFGEBLASEN!
EIGENTLICH HABE ICH JEMANDEN GESUCHT, DER ZEIT KONTROLLIEREN KANN, ABER ...
WAS IST DENN, EBISU?
WAS DENN? WILLST DU AUFS KLO? GEH DOCH ALLEINE!
SHIN, NOI!
ERLEDIGT DEN EHEMALIGEN PARTNER MEINER PARTNERIN!
SCHLAGT IHN TOT UND ENTSORGT IHN!
AYE, AYE.

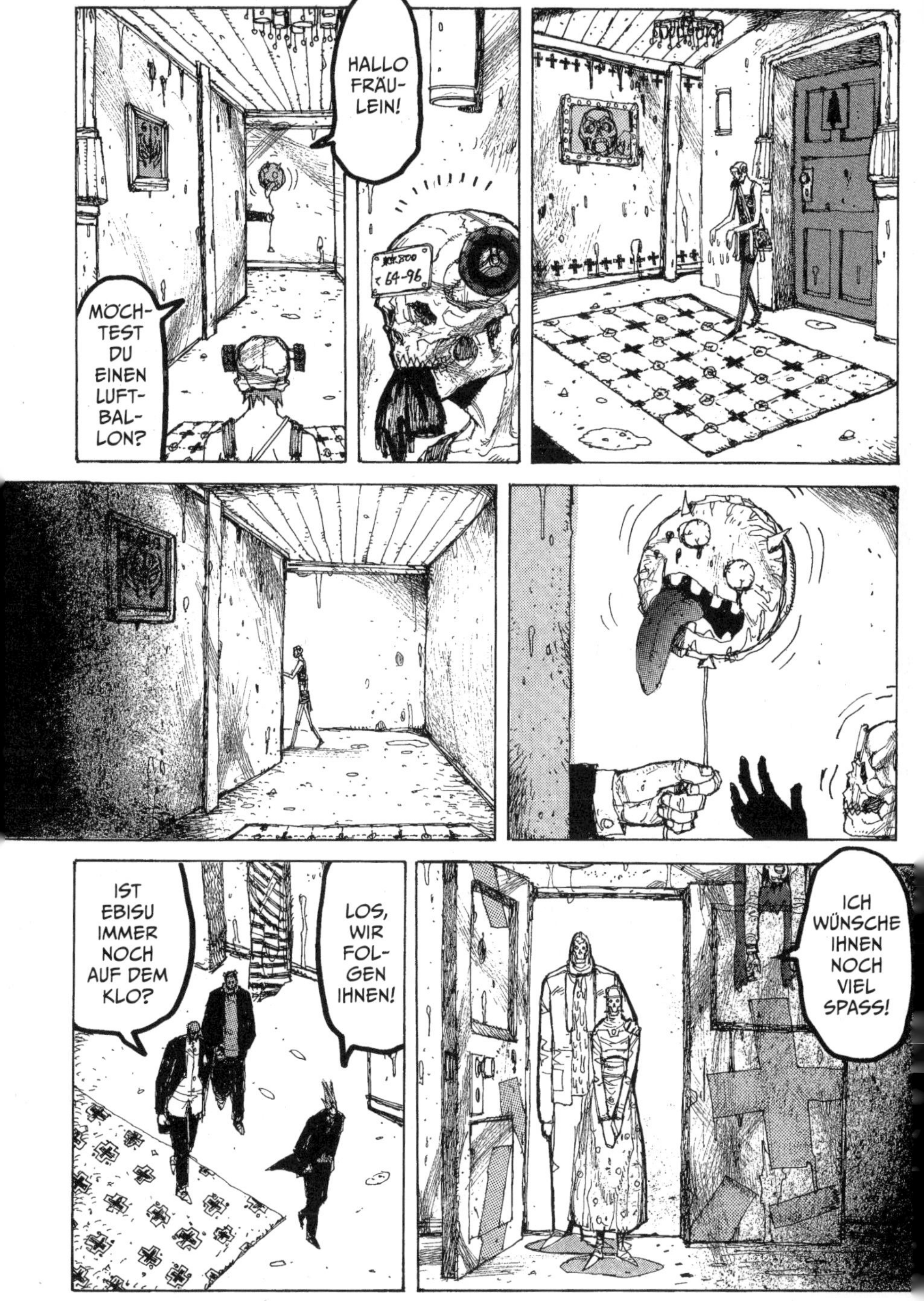
HALLO FRÄULEIN!
MÖCHTEST DU EINEN LUFTBALLON?
ICH WÜNSCHE IHNEN NOCH VIEL SPASS!
LOS, WIR FOLGEN IHNEN!
IST EBISU IMMER NOCH AUF DEM KLO?

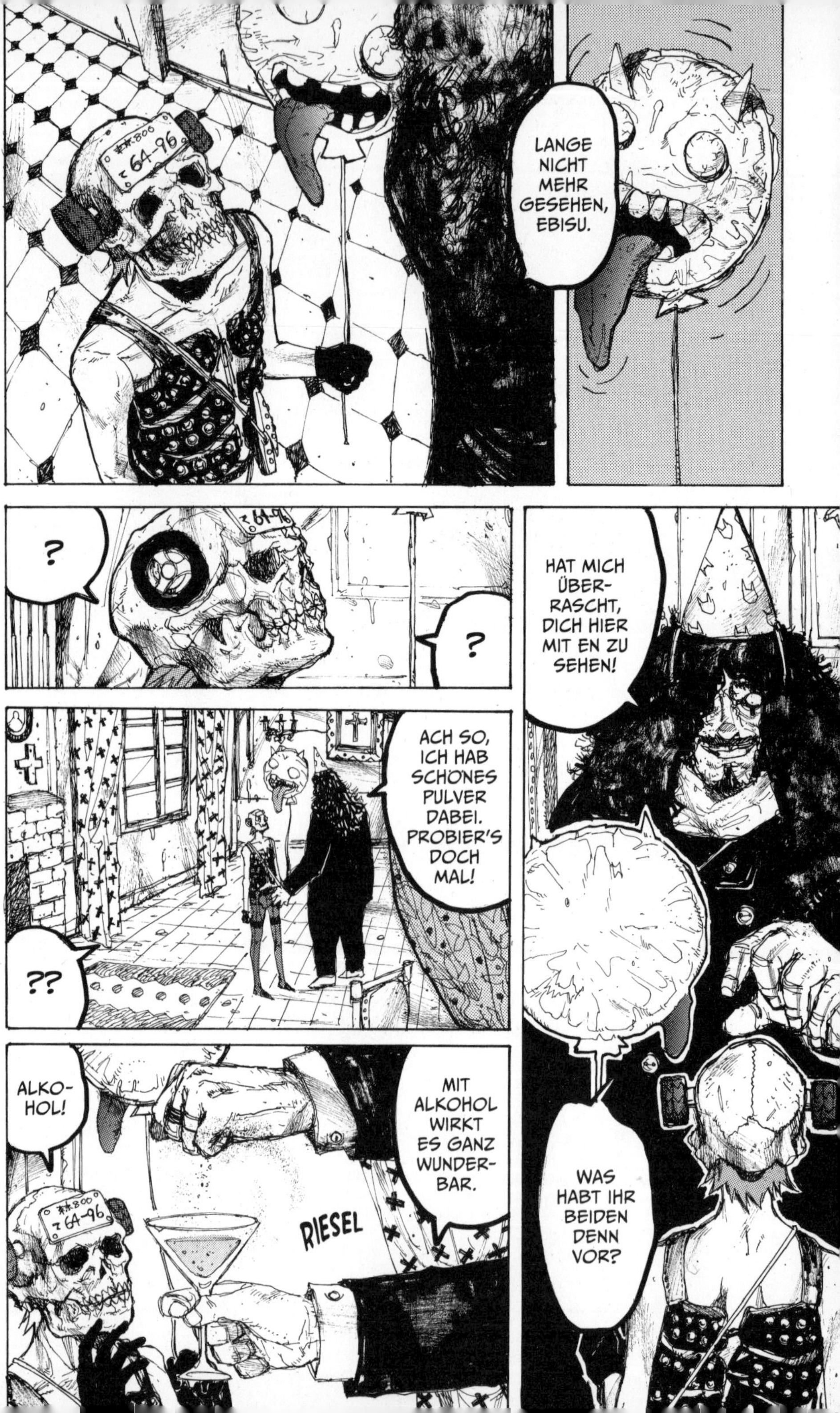

LANGE NICHT MEHR GESEHEN, EBISU.
HAT MICH ÜBER-RASCHT, DICH HIER MIT EN ZU SEHEN!
?
?
ACH SO, ICH HAB SCHÖNES PULVER DABEI. PROBIER'S DOCH MAL!
??
WAS HABT IHR BEIDEN DENN VOR?
MIT ALKOHOL WIRKT ES GANZ WUNDER-BAR.
ALKO-HOL!
RIESEL

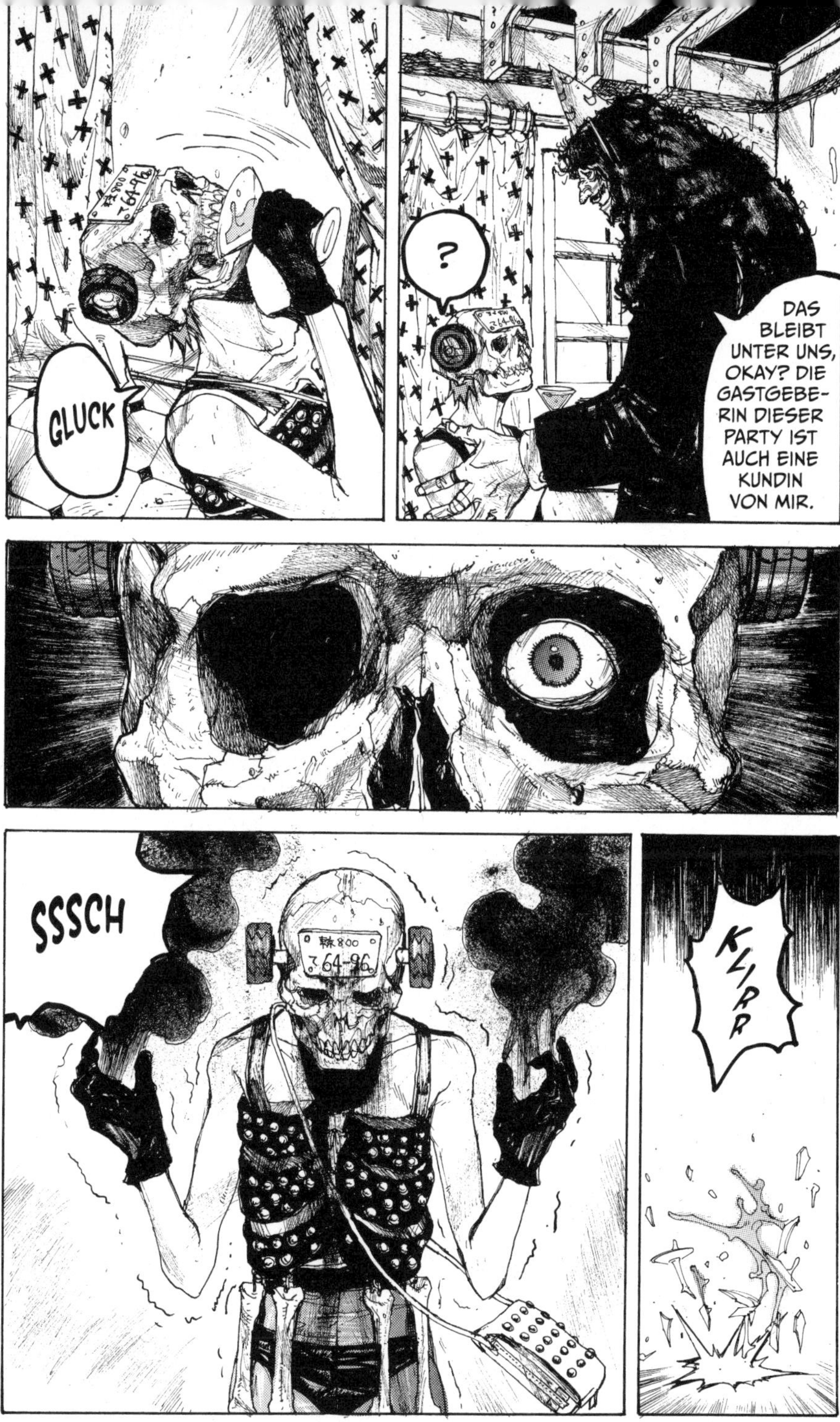
?
DAS BLEIBT UNTER UNS, OKAY? DIE GASTGEBERIN DIESER PARTY IST AUCH EINE KUNDIN VON MIR.
GLUCK
KLIRR
SSSCH

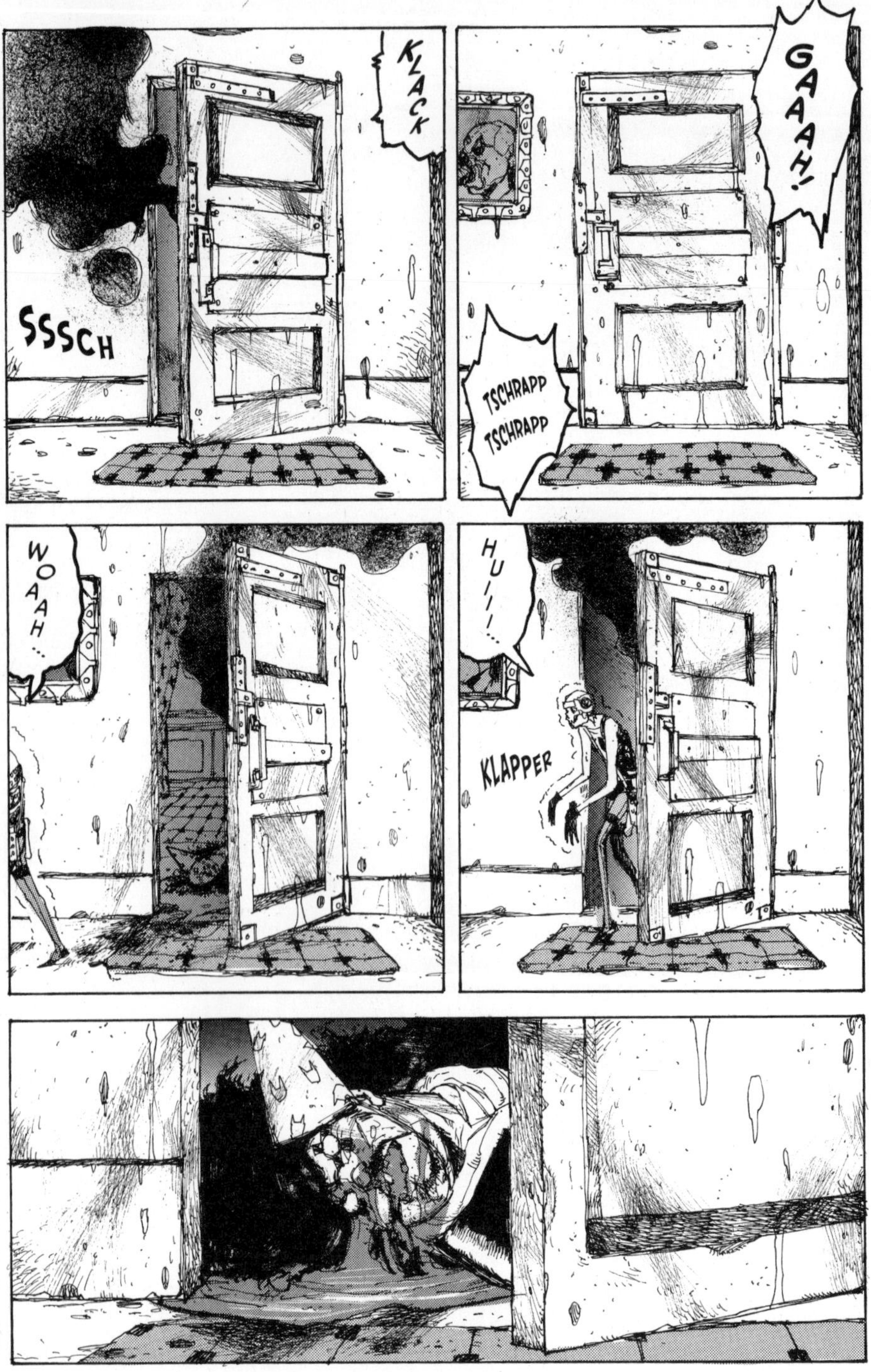
KLACK
SSSCH
GAAAH!
TSCHRAPP TSCHRAPP
WOAAAH...
HUIII...
KLAPPER

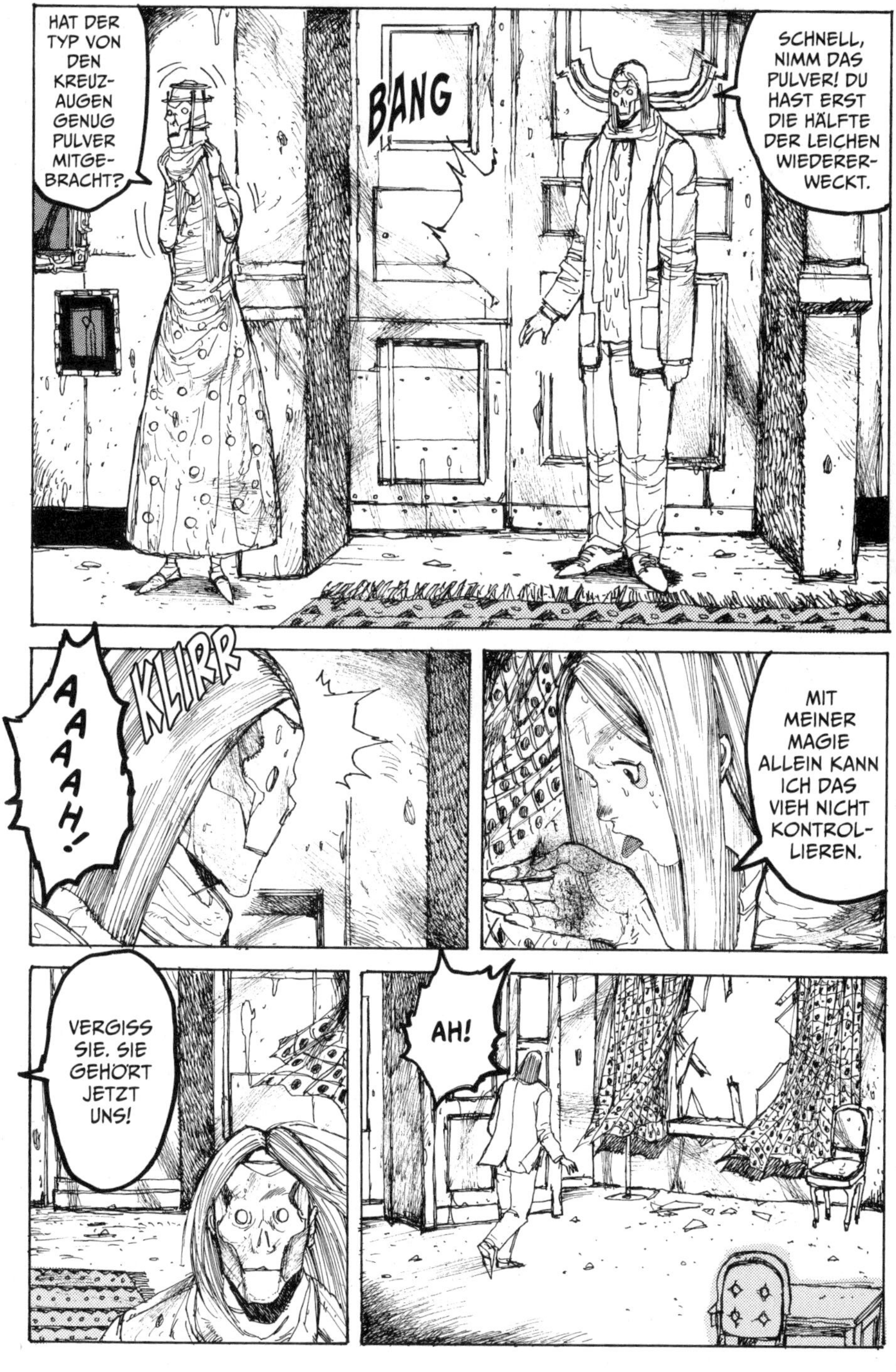
SCHNELL, NIMM DAS PULVER! DU HAST ERST DIE HÄLFTE DER LEICHEN WIEDERER-WECKT.
BANG
HAT DER TYP VON DEN KREUZ-AUGEN GENUG PULVER MITGE-BRACHT?
MIT MEINER MAGIE ALLEIN KANN ICH DAS VIEH NICHT KONTROL-LIEREN.
KLIRR
AAAAAH!
AH!
VERGISS SIE. SIE GEHÖRT JETZT UNS!

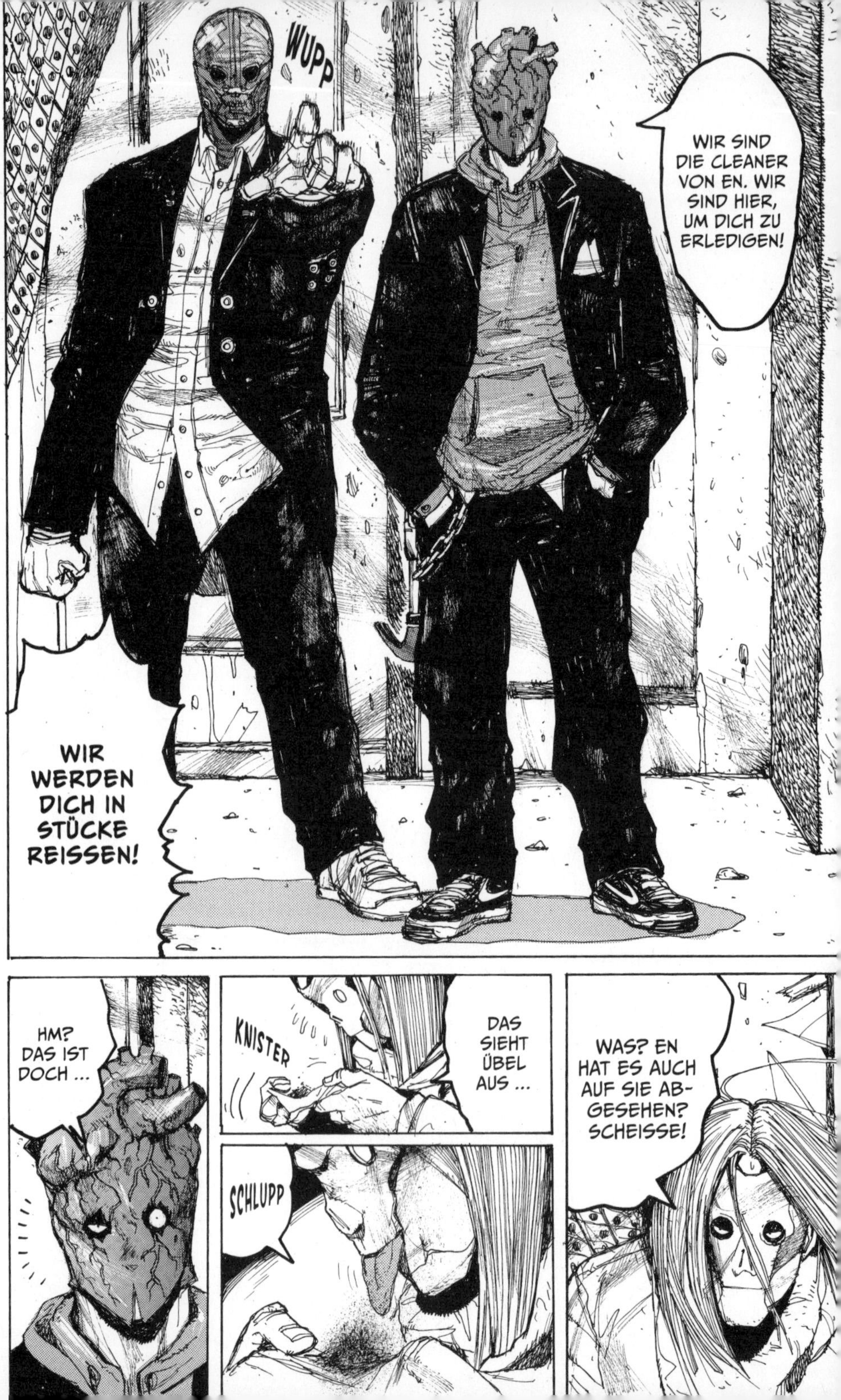
WUPP
WIR SIND DIE CLEANER VON EN. WIR SIND HIER, UM DICH ZU ERLEDIGEN!
WIR WERDEN DICH IN STÜCKE REISSEN!
WAS? EN HAT ES AUCH AUF SIE ABGESEHEN? SCHEISSE!
DAS SIEHT ÜBEL AUS ...
KNISTER
HM? DAS IST DOCH ...
SCHLUPP

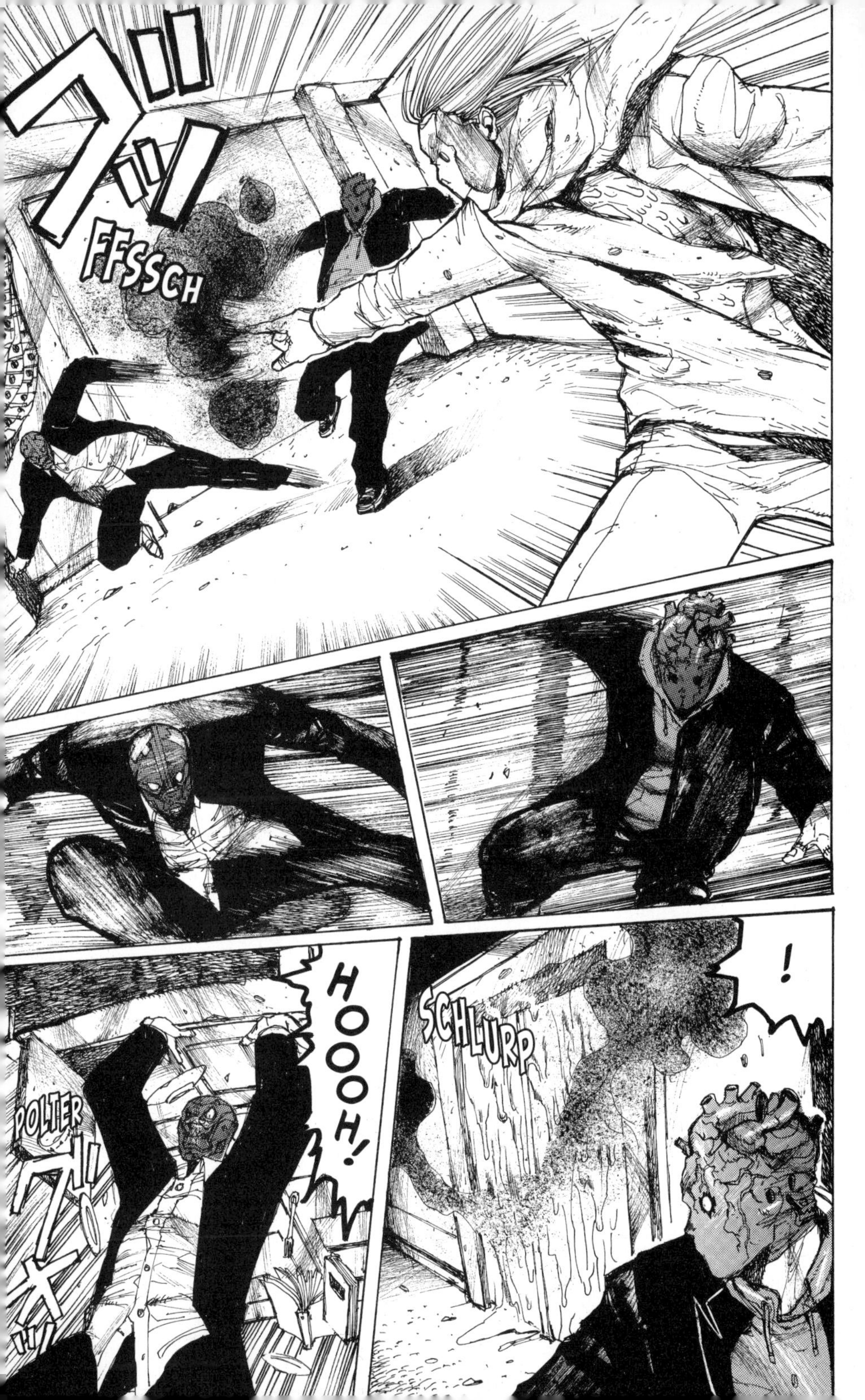

FFSSCH
!
SCHLURP
HOOOOH!
POLTER

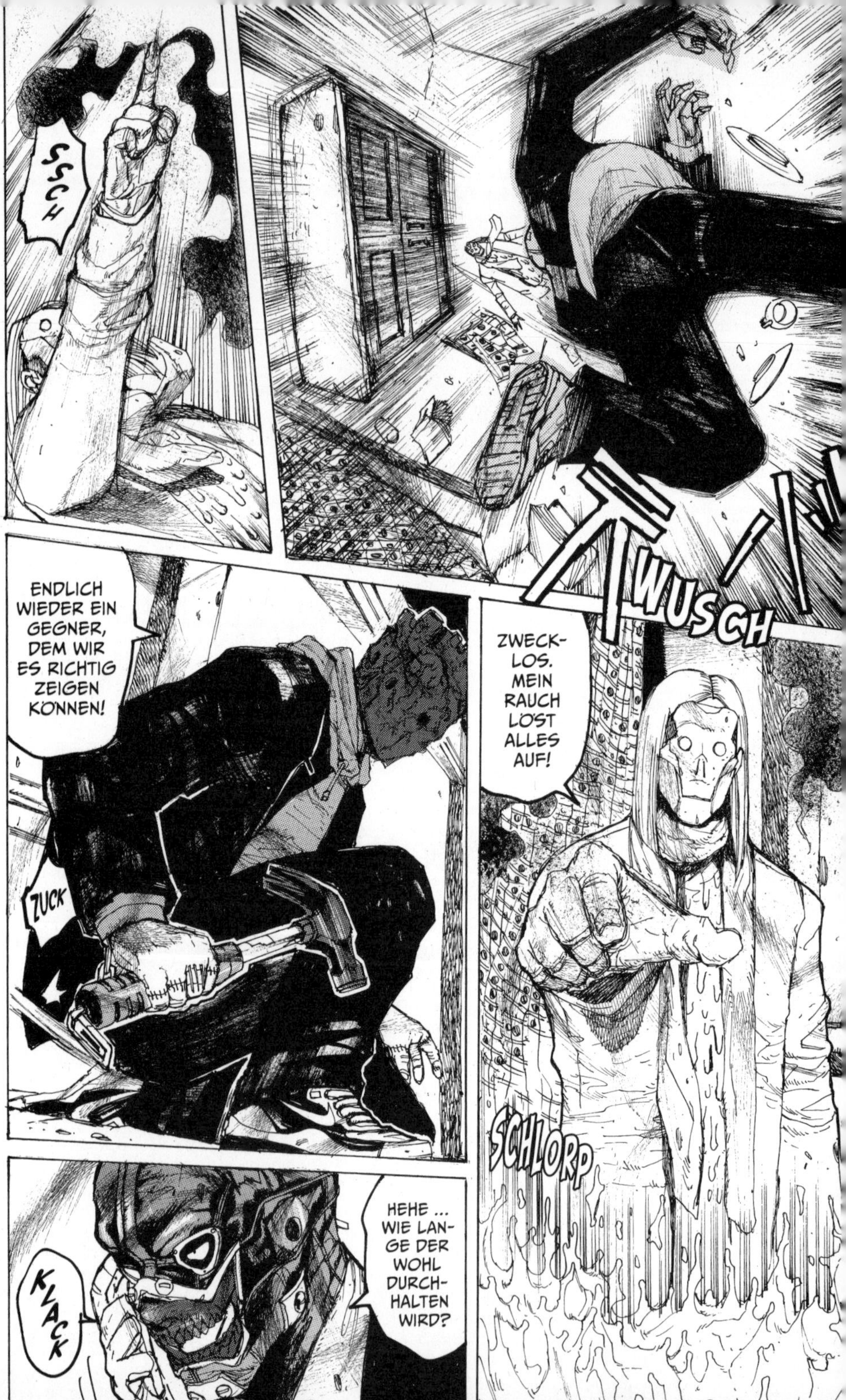
SSCH
WUSCH
ZWECK-LOS. MEIN RAUCH LÖST ALLES AUF!
ENDLICH WIEDER EIN GEGNER, DEM WIR ES RICHTIG ZEIGEN KÖNNEN!
ZUCK
SCHLORP
HEHE ... WIE LANGE DER WOHL DURCH-HALTEN WIRD?
KLACK

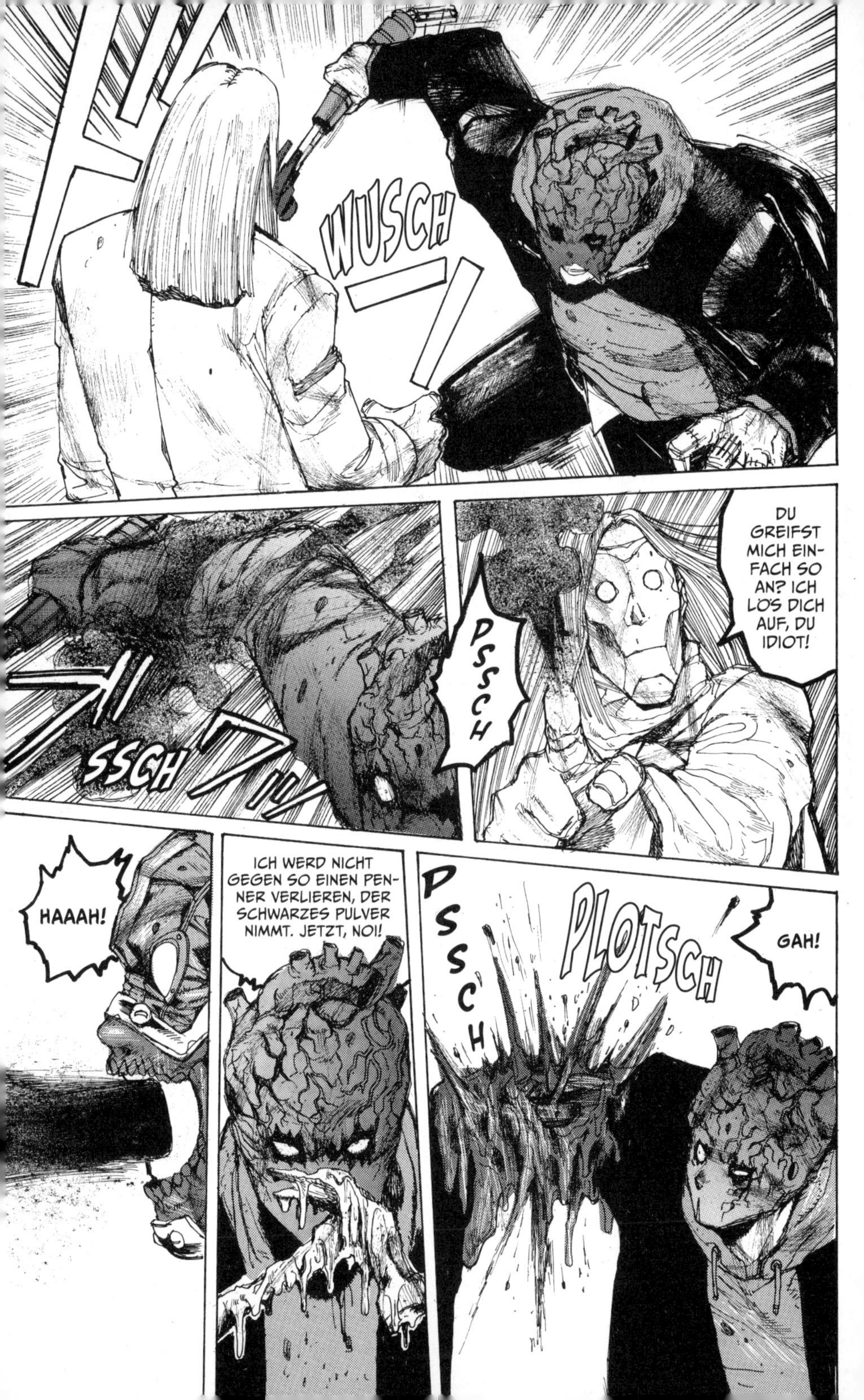
WUSCH
DU GREIFST MICH EINFACH SO AN? ICH LÖS DICH AUF, DU IDIOT!
PSSCH
SSCH
ICH WERD NICHT GEGEN SO EINEN PENNER VERLIEREN, DER SCHWARZES PULVER NIMMT. JETZT, NOI!
HAAAH!
GAH!
PLOTSCH
PSSCH

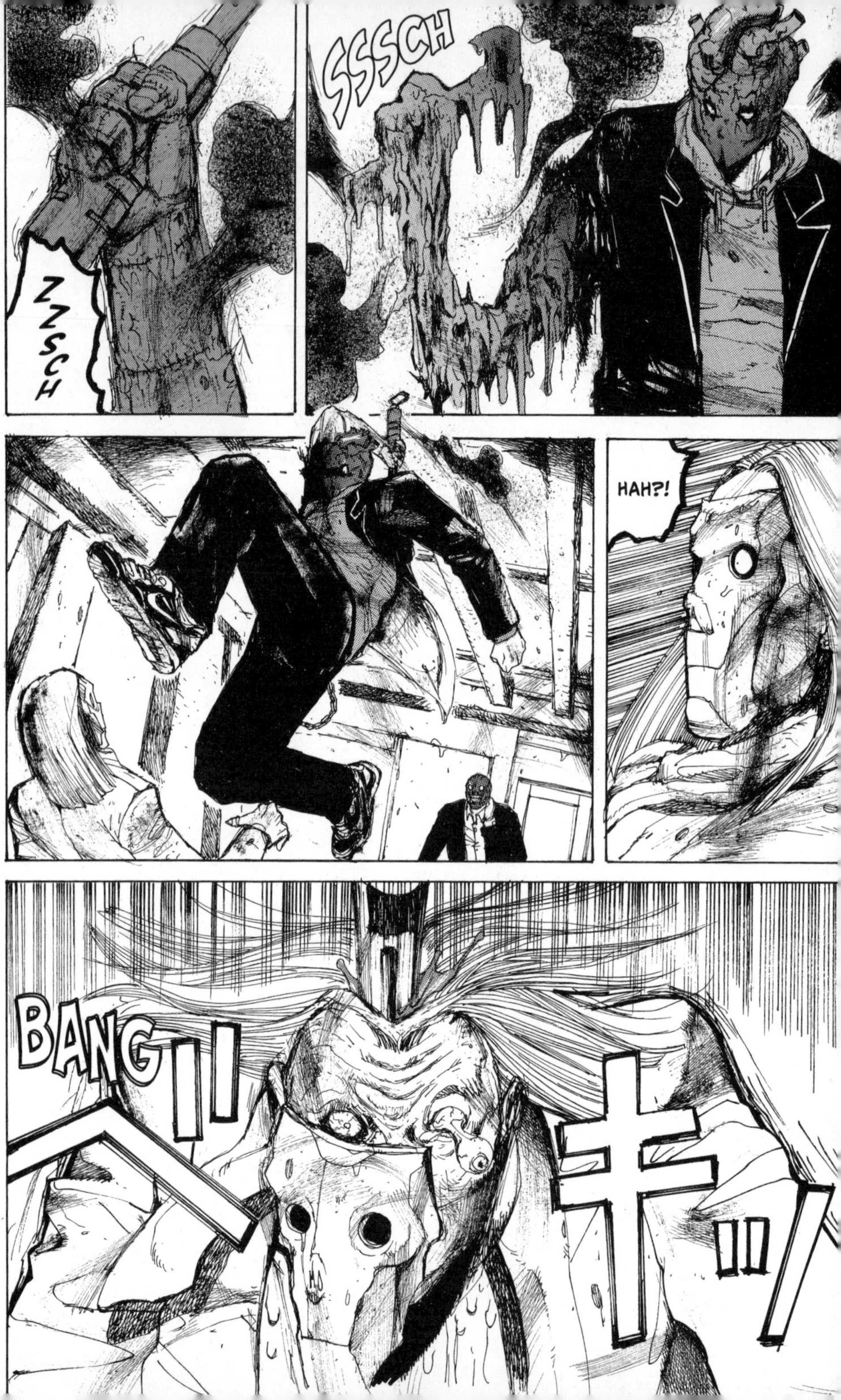
SSSCH
ZZSCH
HAH?!
BANG!!

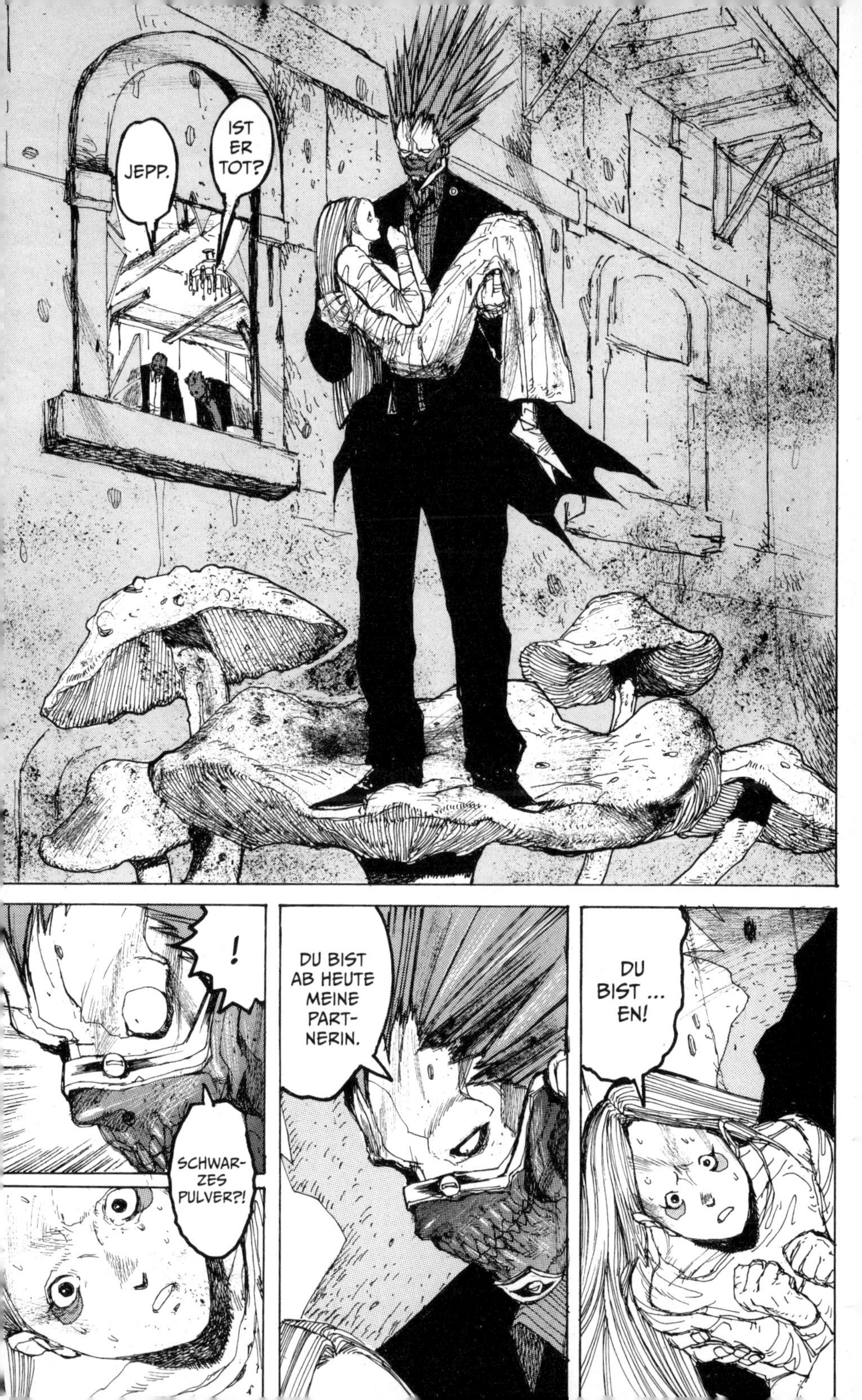
IST ER TOT?
JEPP.
DU BIST ... EN!
DU BIST AB HEUTE MEINE PART-NERIN.
!
SCHWAR-ZES PULVER?!

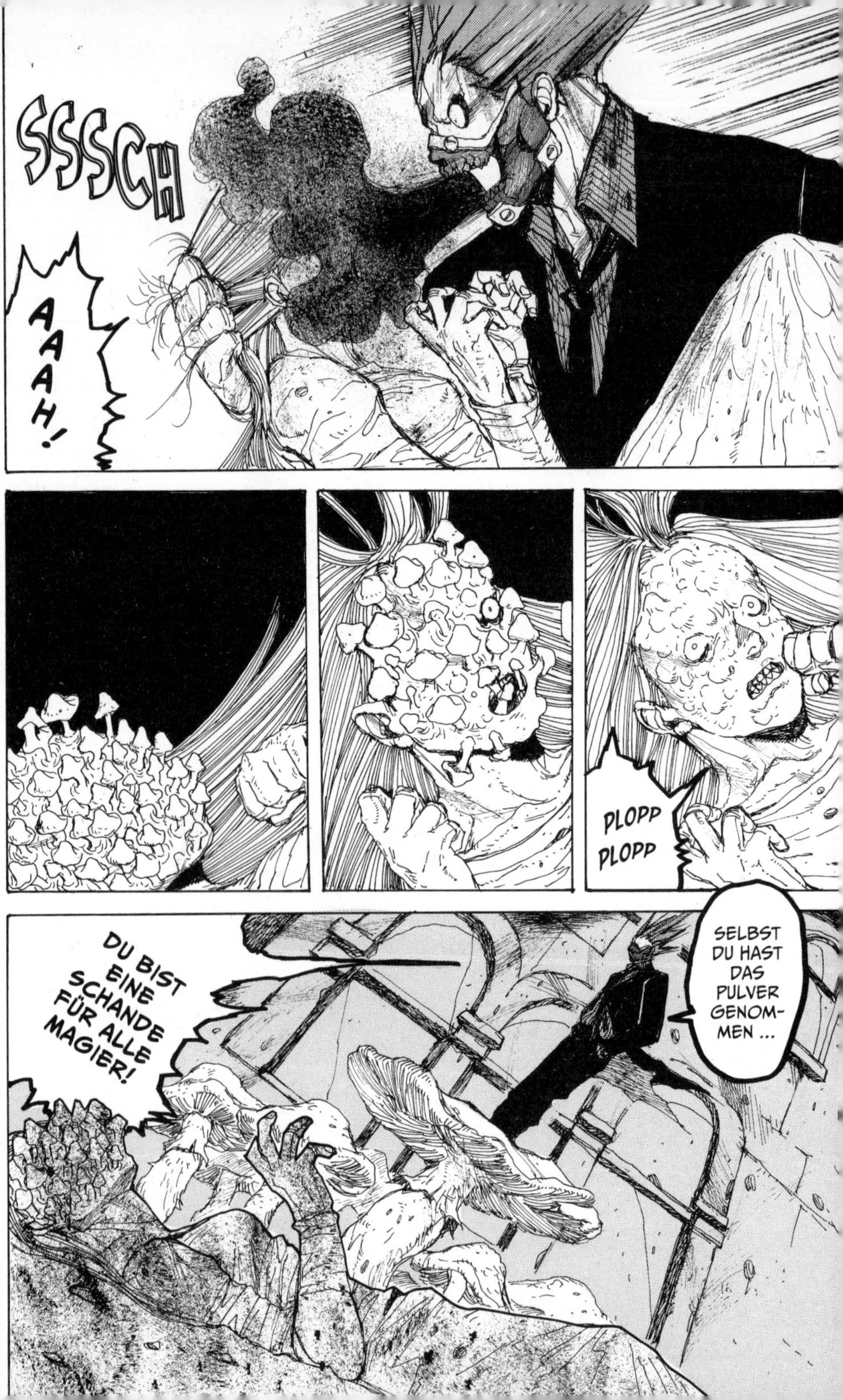
SSSCH
AAAAH!
PLOPP PLOPP
SELBST DU HAST DAS PULVER GENOMMEN ...
DU BIST EINE SCHANDE FÜR ALLE MAGIER!

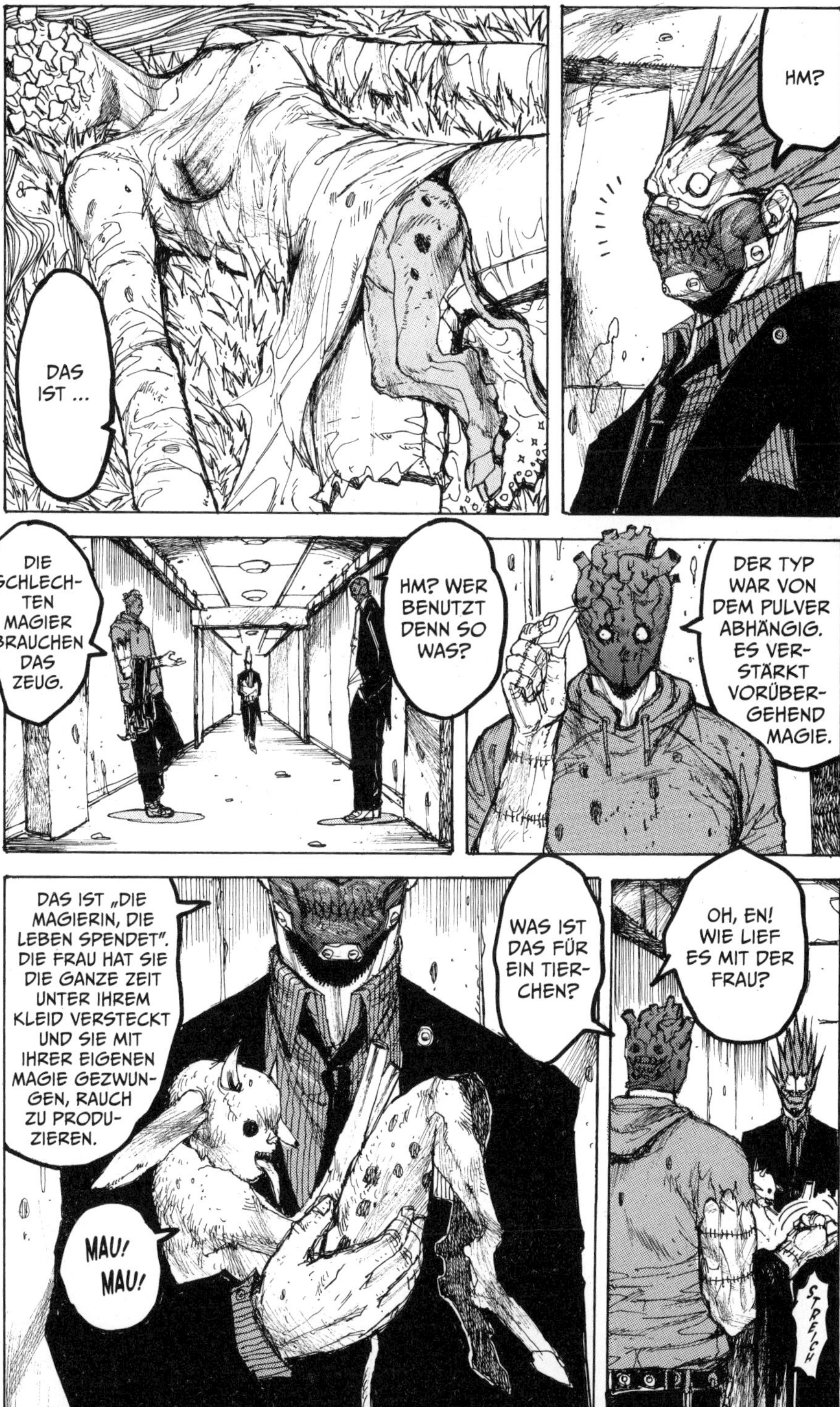
HM?
DAS IST ...
DER TYP WAR VON DEM PULVER ABHÄNGIG. ES VERSTÄRKT VORÜBERGEHEND MAGIE.
HM? WER BENUTZT DENN SO WAS?
DIE SCHLECHTEN MAGIER BRAUCHEN DAS ZEUG.
OH, EN! WIE LIEF ES MIT DER FRAU?
STREICH
WAS IST DAS FÜR EIN TIERCHEN?
DAS IST „DIE MAGIERIN, DIE LEBEN SPENDET“. DIE FRAU HAT SIE DIE GANZE ZEIT UNTER IHREM KLEID VERSTECKT UND SIE MIT IHRER EIGENEN MAGIE GEZWUNGEN, RAUCH ZU PRODUZIEREN.
MAU! MAU!

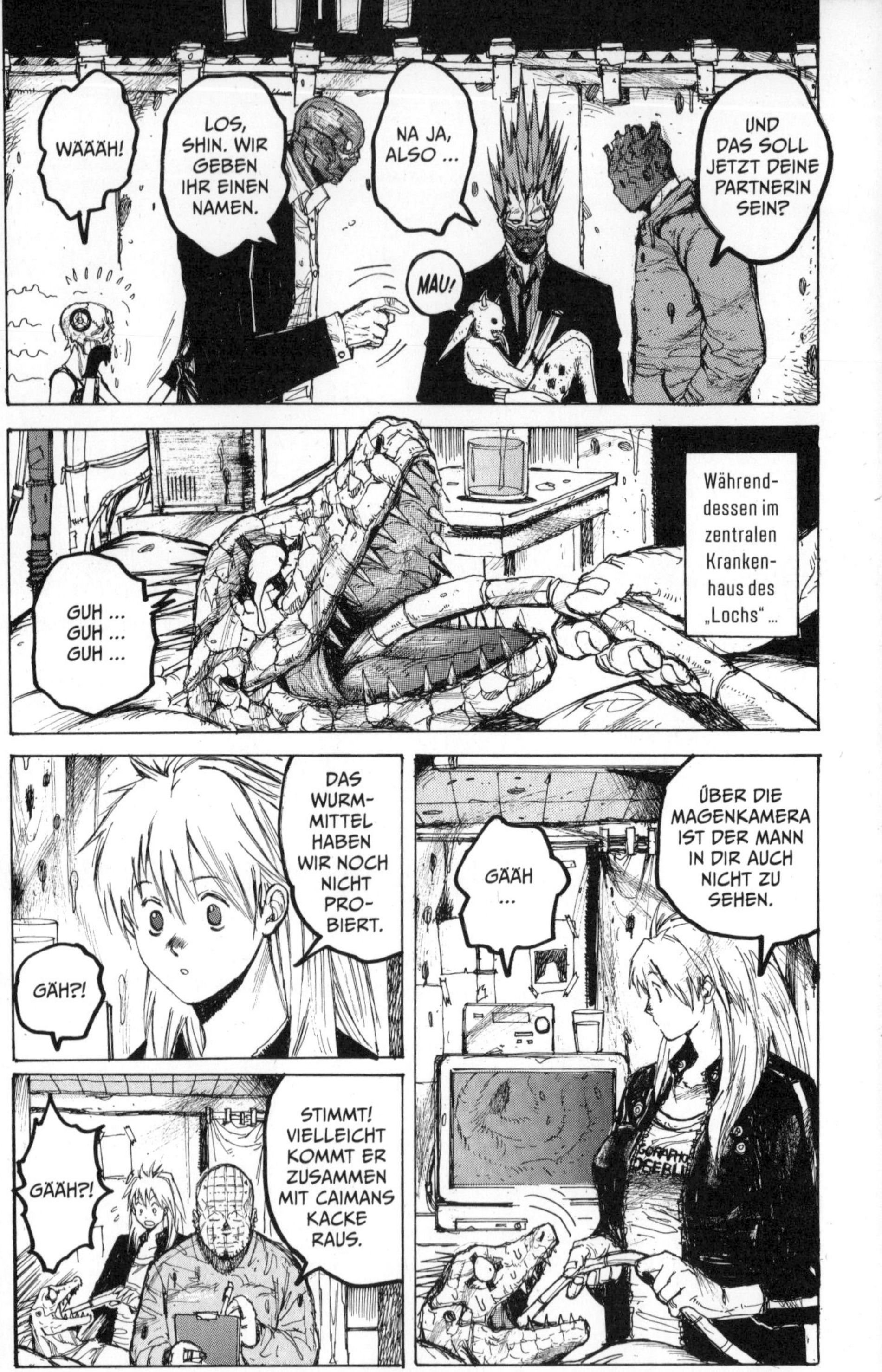
UND DAS SOLL JETZT DEINE PARTNERIN SEIN?
NA JA, ALSO ...
MAU!
LOS, SHIN. WIR GEBEN IHR EINEN NAMEN.
WÄÄÄH!
Während-dessen im zentralen Kranken-haus des „Lochs“ ...
GUH ... GUH ... GUH ...
ÜBER DIE MAGENKAMERA IST DER MANN IN DIR AUCH NICHT ZU SEHEN.
GÄÄH ...
DAS WURM-MITTEL HABEN WIR NOCH NICHT PRO-BIERT.
GÄH?!
STIMMT! VIELLEICHT KOMMT ER ZUSAMMEN MIT CAIMANS KACKE RAUS.
GÄÄH?!

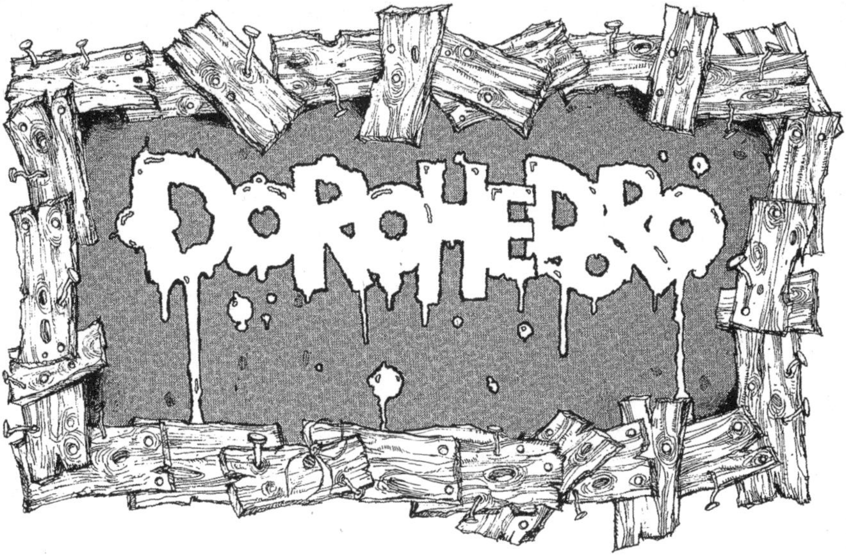

013. Fluch:
Ein Jahr geht, ein neues kommt

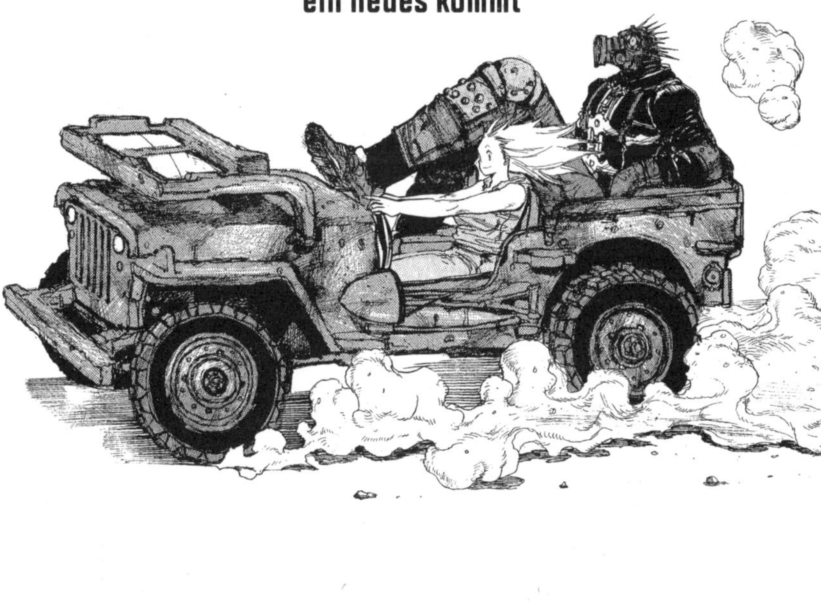

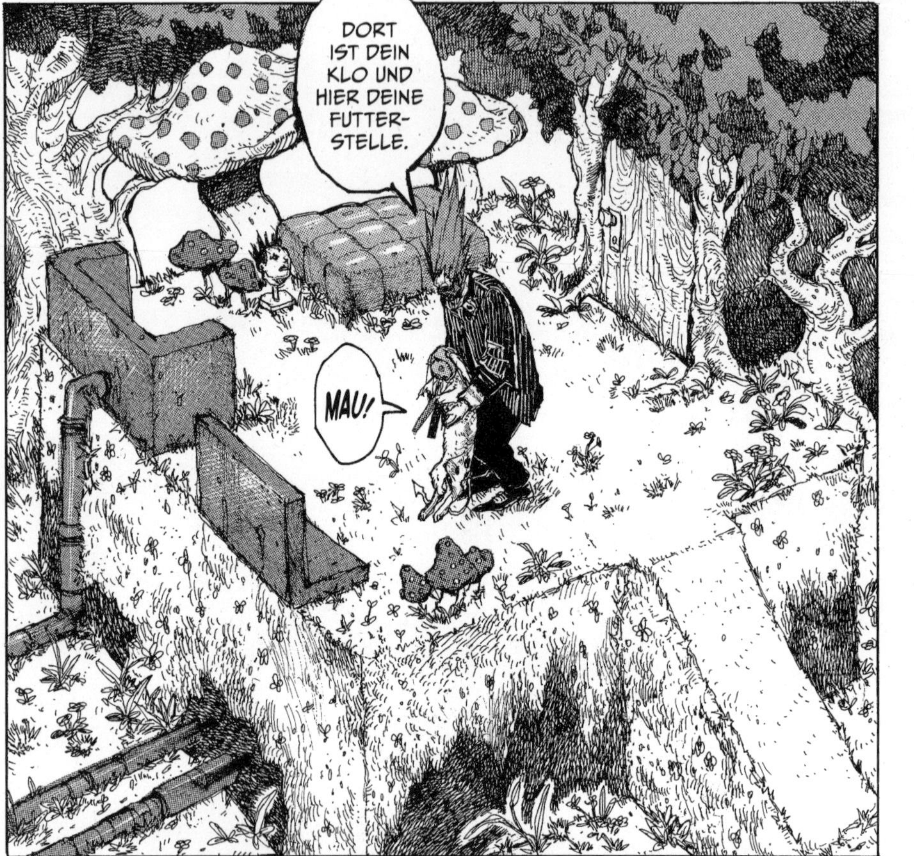
DORT IST DEIN KLO UND HIER DEINE FUTTER-STELLE.
MAU!

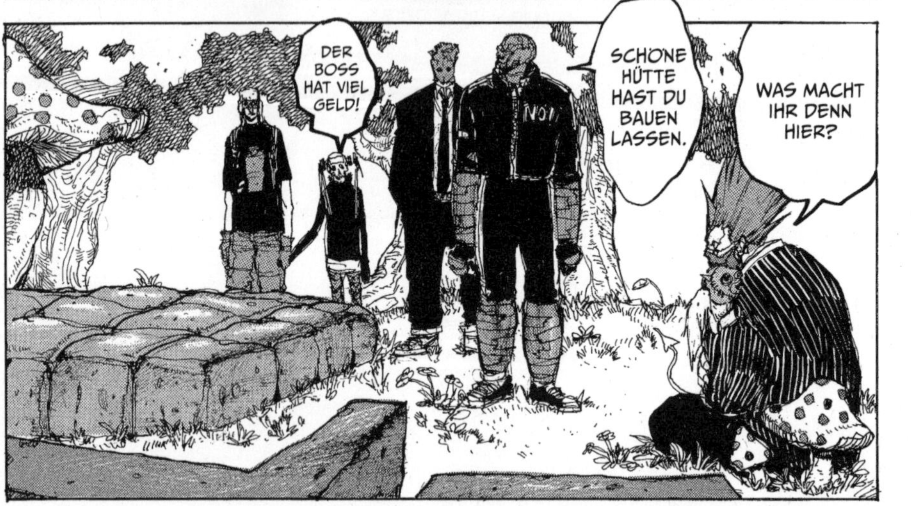
DER BOSS HAT VIEL GELD!
SCHÖNE HÜTTE HAST DU BAUEN LASSEN.
WAS MACHT IHR DENN HIER?
NO1

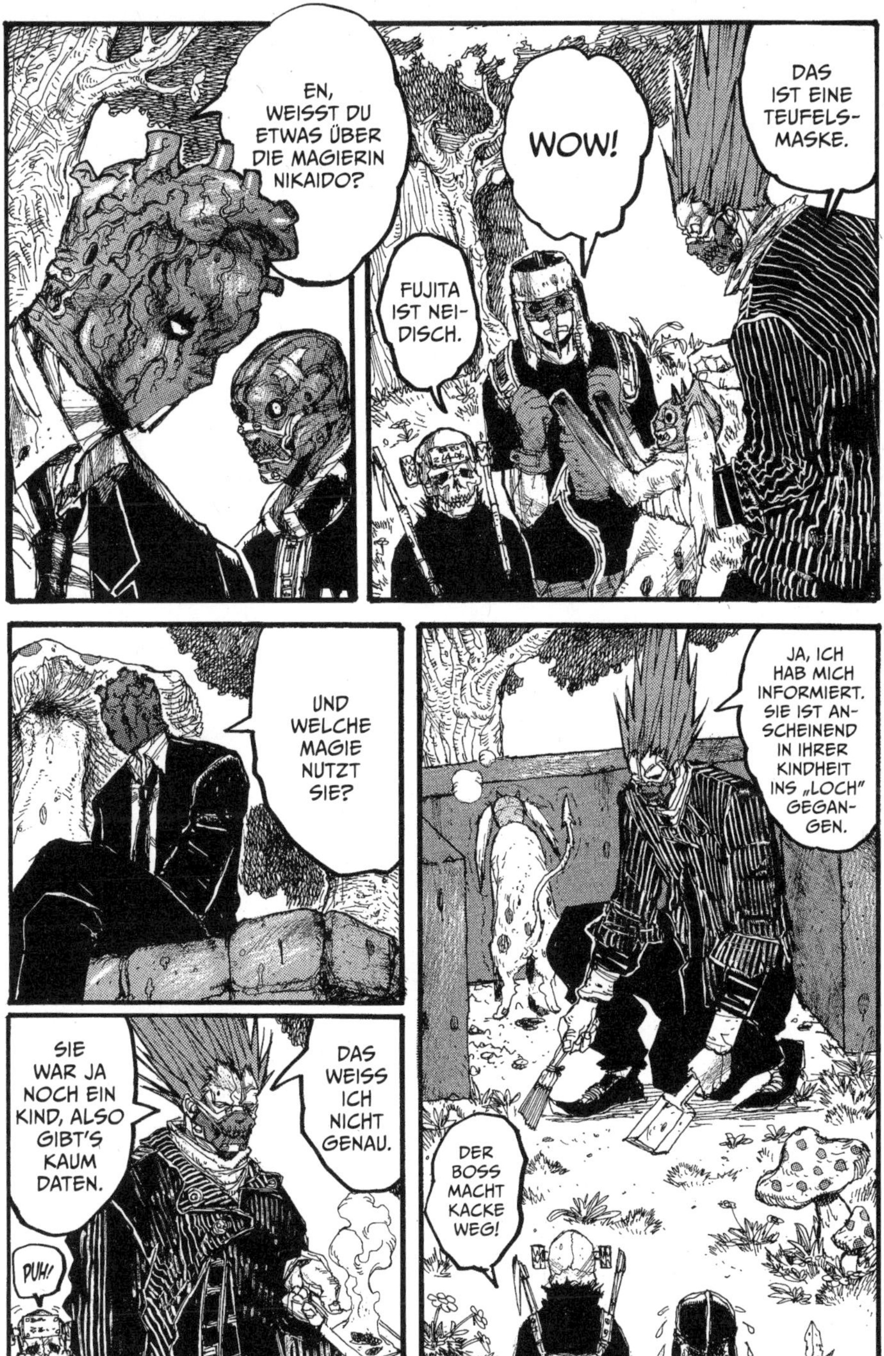
DAS IST EINE TEUFELSMASKE.
WOW!
FUJITA IST NEIDISCH.
EN, WEISST DU ETWAS ÜBER DIE MAGIERIN NIKAIDO?
JA, ICH HAB MICH INFORMIERT. SIE IST ANSCHEINEND IN IHRER KINDHEIT INS „LOCH" GEGANGEN.
DER BOSS MACHT KACKE WEG!
UND WELCHE MAGIE NUTZT SIE?
DAS WEISS ICH NICHT GENAU.
SIE WAR JA NOCH EIN KIND, ALSO GIBT'S KAUM DATEN.
PUH!

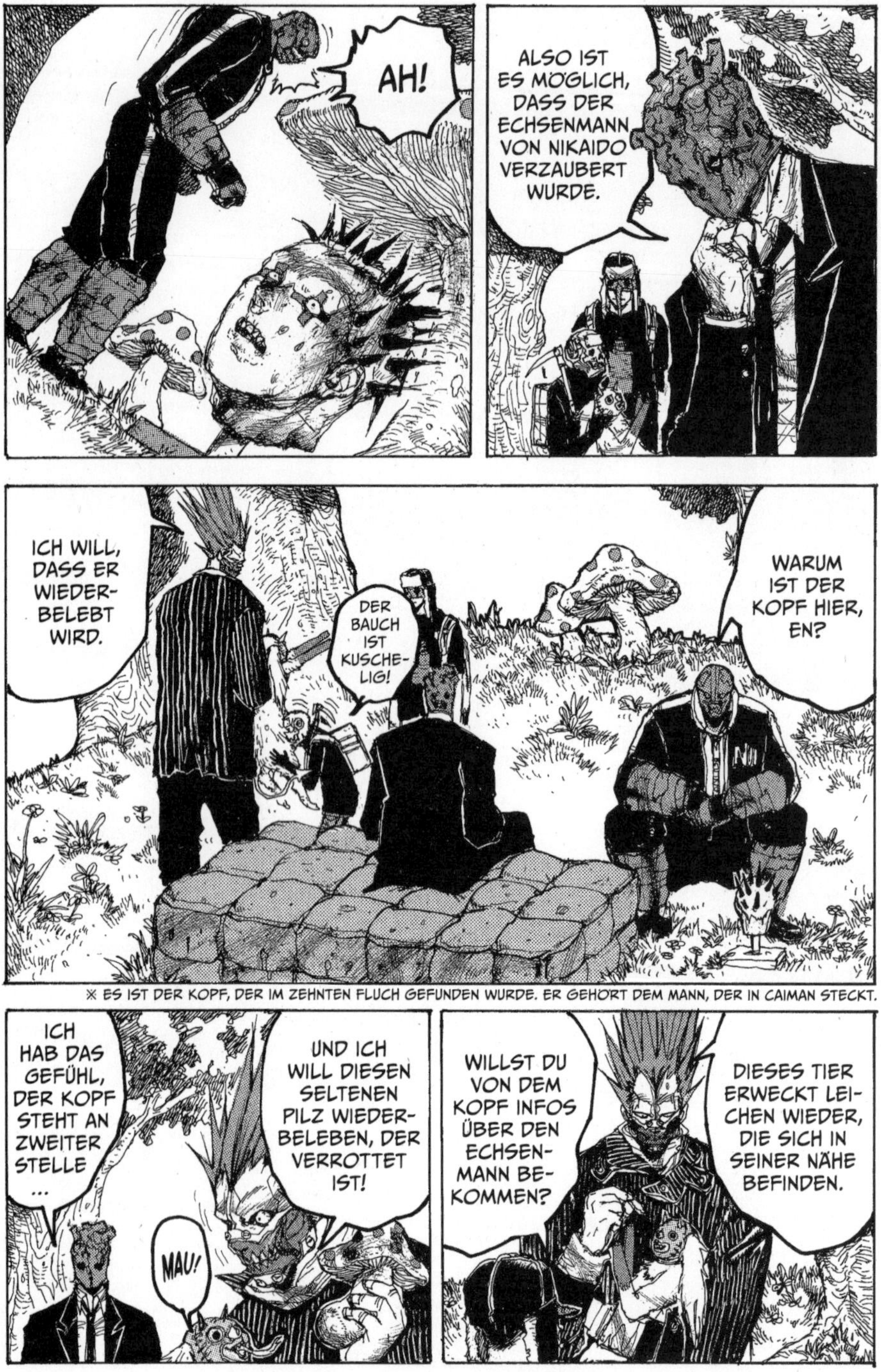

※ ES IST DER KOPF, DER IM ZEHNTEN FLUCH GEFUNDEN WURDE. ER GEHÖRT DEM MANN, DER IN CAIMAN STECKT.

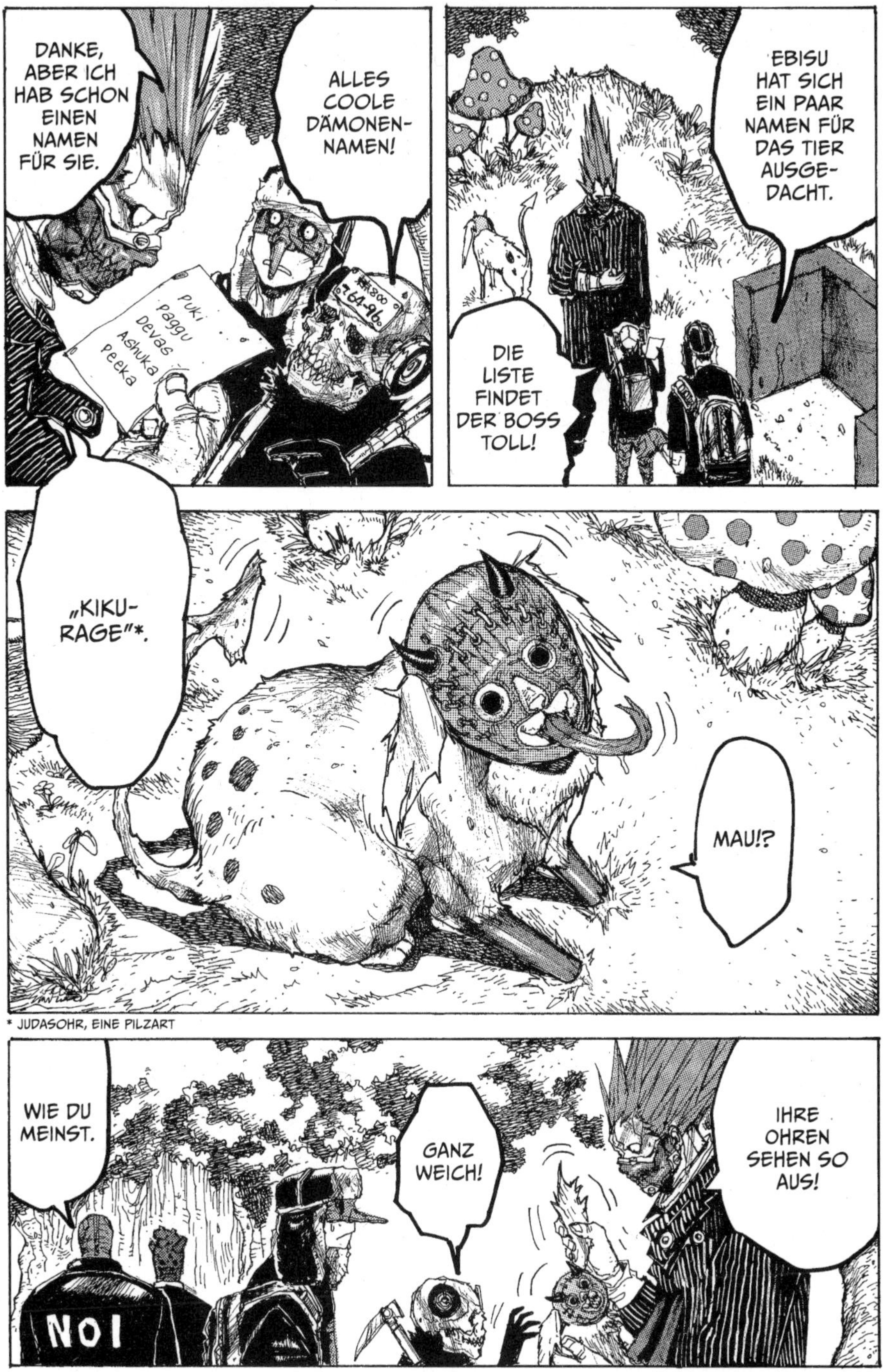

* JUDASOHR, EINE PILZART

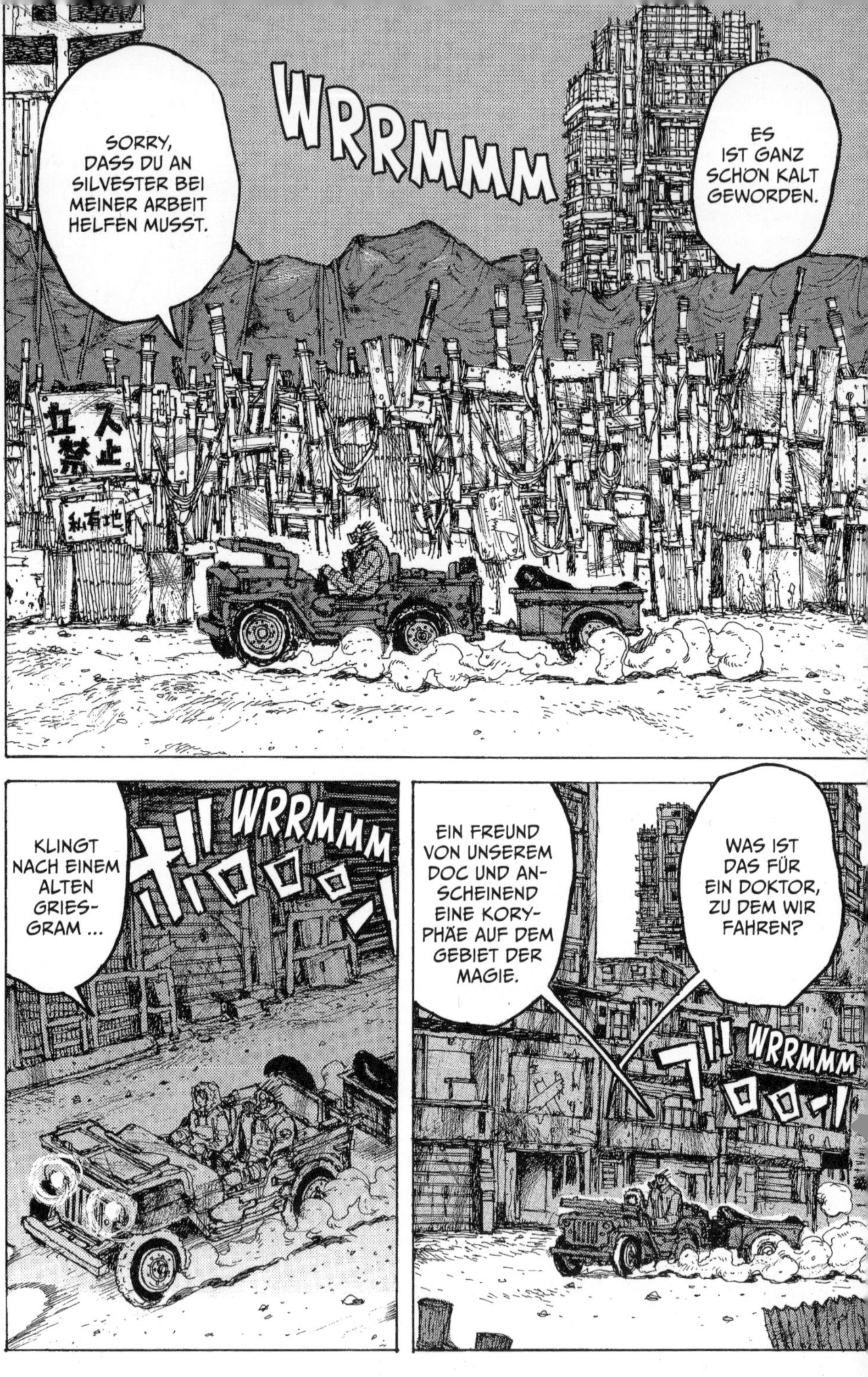

ES IST GANZ SCHÖN KALT GEWORDEN.
WRRMMM
SORRY, DASS DU AN SILVESTER BEI MEINER ARBEIT HELFEN MUSST.
立入禁止
私有地
WAS IST DAS FÜR EIN DOKTOR, ZU DEM WIR FAHREN?
EIN FREUND VON UNSEREM DOC UND AN-SCHEINEND EINE KORY-PHÄE AUF DEM GEBIET DER MAGIE.
WRRMMM
WRRMMM
KLINGT NACH EINEM ALTEN GRIES-GRAM ...

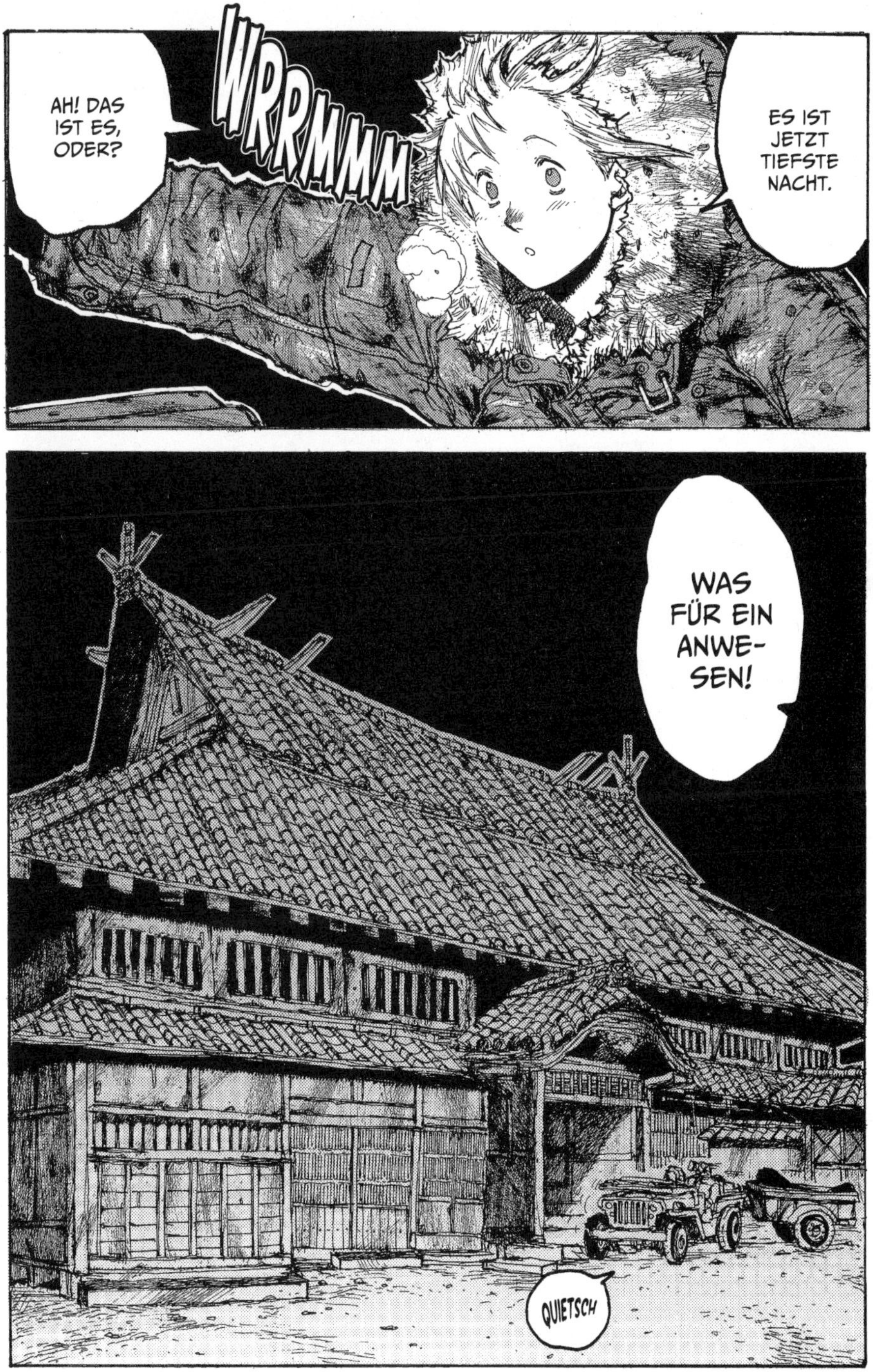

ES IST JETZT TIEFSTE NACHT.
WRRMMM
AH! DAS IST ES, ODER?
WAS FÜR EIN ANWE-SEN!
QUIETSCH

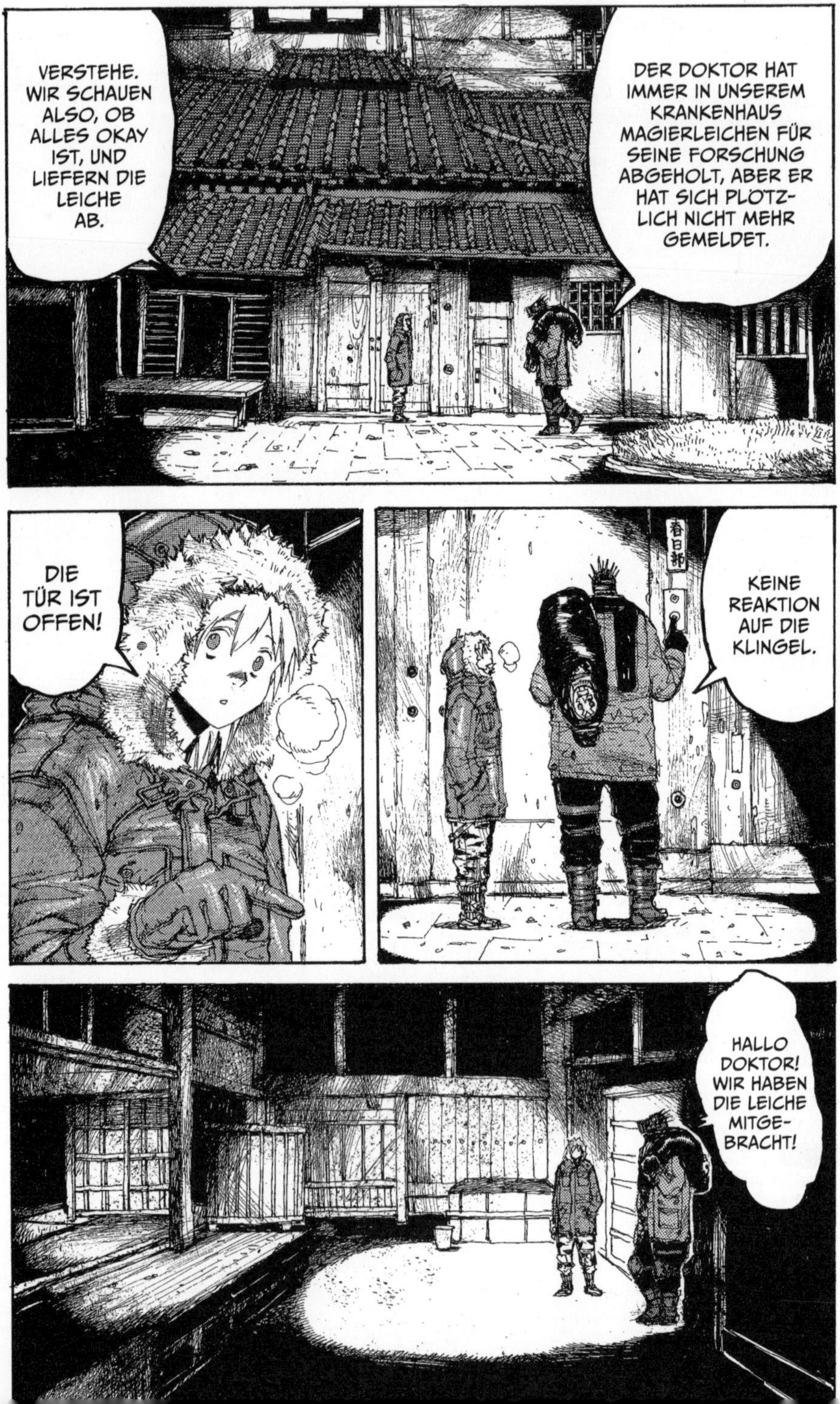
DER DOKTOR HAT IMMER IN UNSEREM KRANKENHAUS MAGIERLEICHEN FÜR SEINE FORSCHUNG ABGEHOLT, ABER ER HAT SICH PLÖTZLICH NICHT MEHR GEMELDET.
VERSTEHE. WIR SCHAUEN ALSO, OB ALLES OKAY IST, UND LIEFERN DIE LEICHE AB.
春日部
KEINE REAKTION AUF DIE KLINGEL.
DIE TÜR IST OFFEN!
HALLO DOKTOR! WIR HABEN DIE LEICHE MITGEBRACHT!

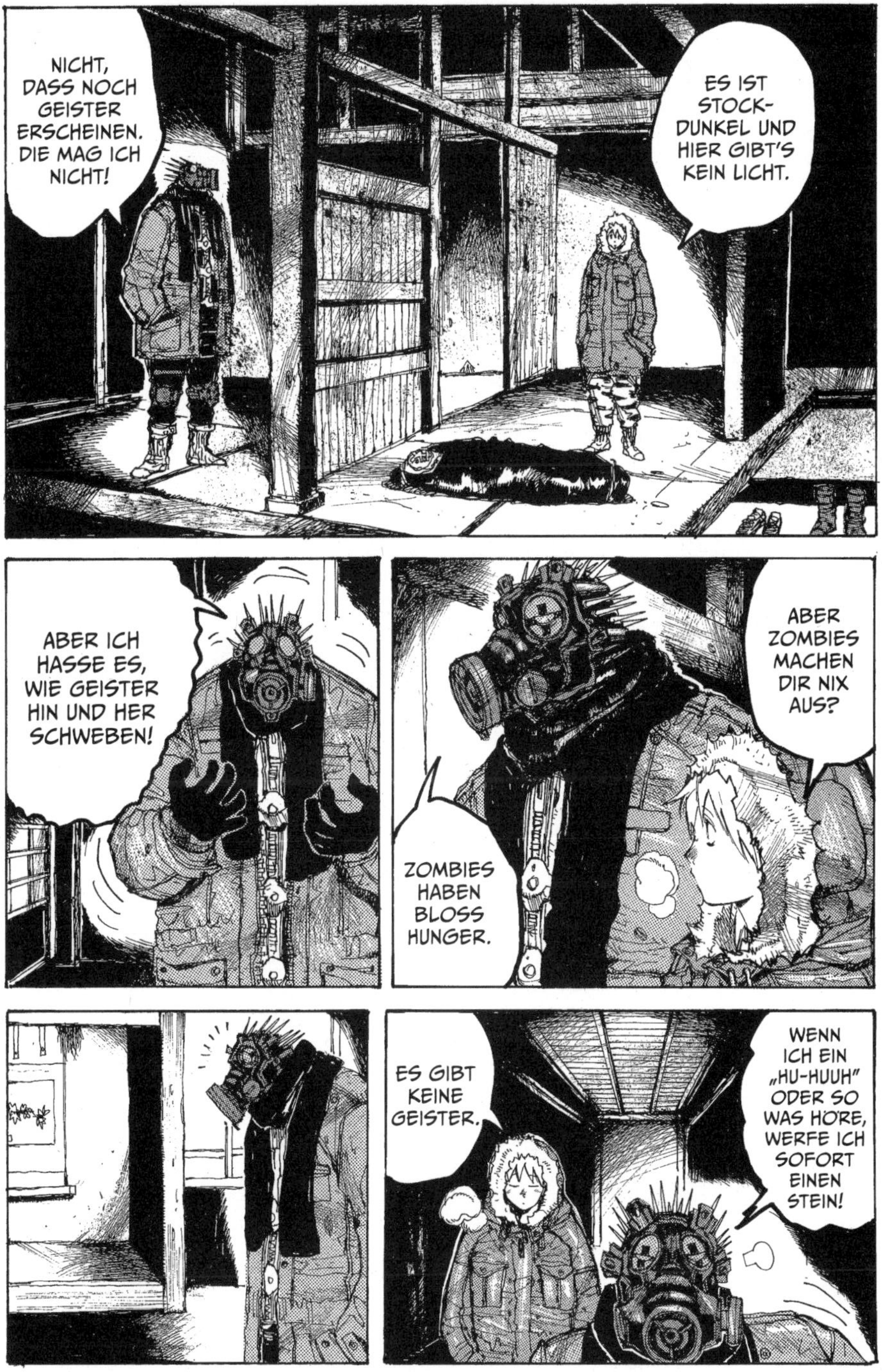

ES IST STOCK-DUNKEL UND HIER GIBT'S KEIN LICHT.
NICHT, DASS NOCH GEISTER ERSCHEINEN. DIE MAG ICH NICHT!
ABER ICH HASSE ES, WIE GEISTER HIN UND HER SCHWEBEN!
ABER ZOMBIES MACHEN DIR NIX AUS?
ZOMBIES HABEN BLOSS HUNGER.
WENN ICH EIN „HU-HUUH" ODER SO WAS HÖRE, WERFE ICH SOFORT EINEN STEIN!
ES GIBT KEINE GEISTER.

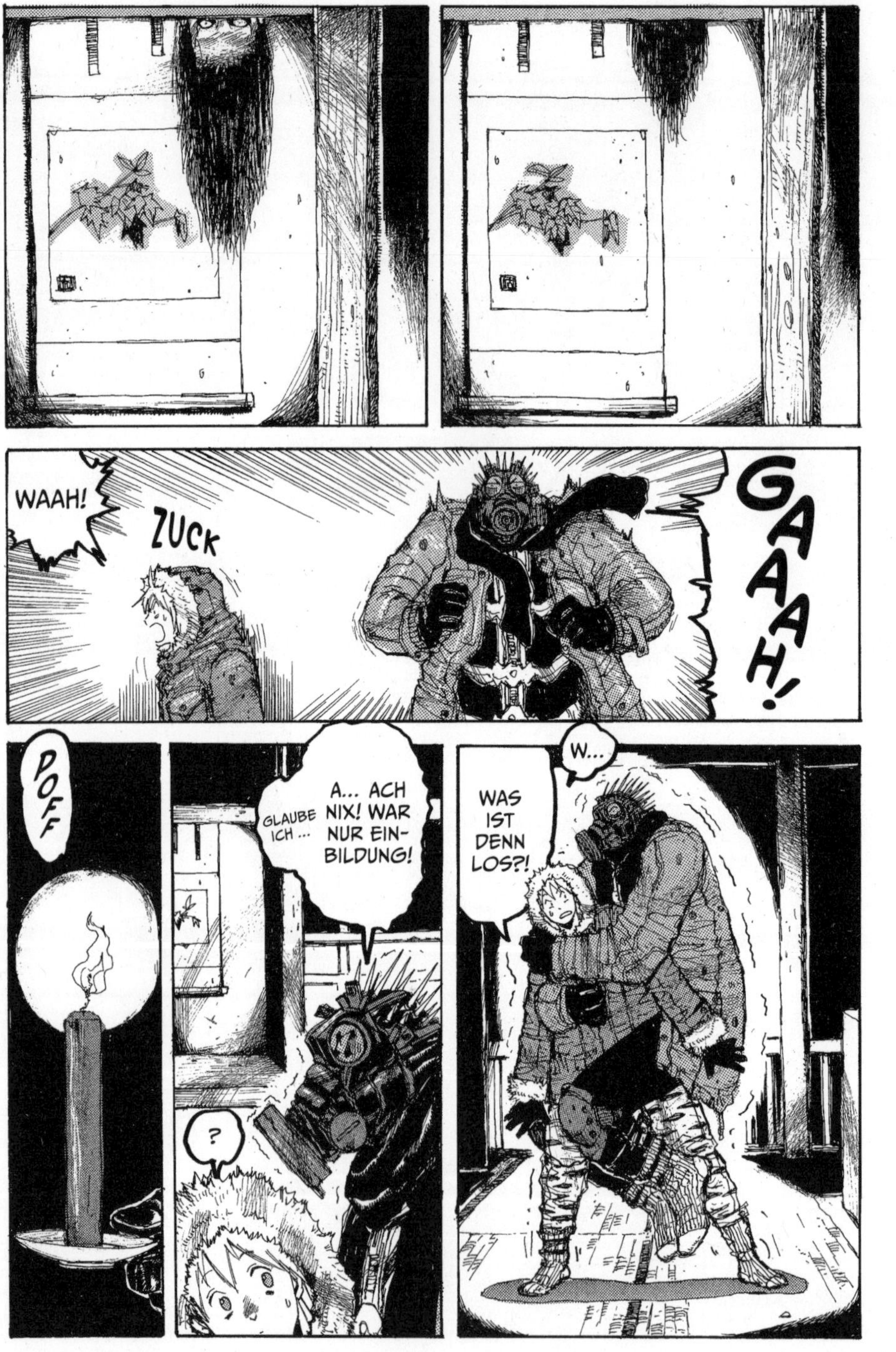
WAAH!
ZUCK
GAAAH!
POFF
GLAUBE ICH ...
A... ACH NIX! WAR NUR EIN-BILDUNG!
?
W...
WAS IST DENN LOS?!

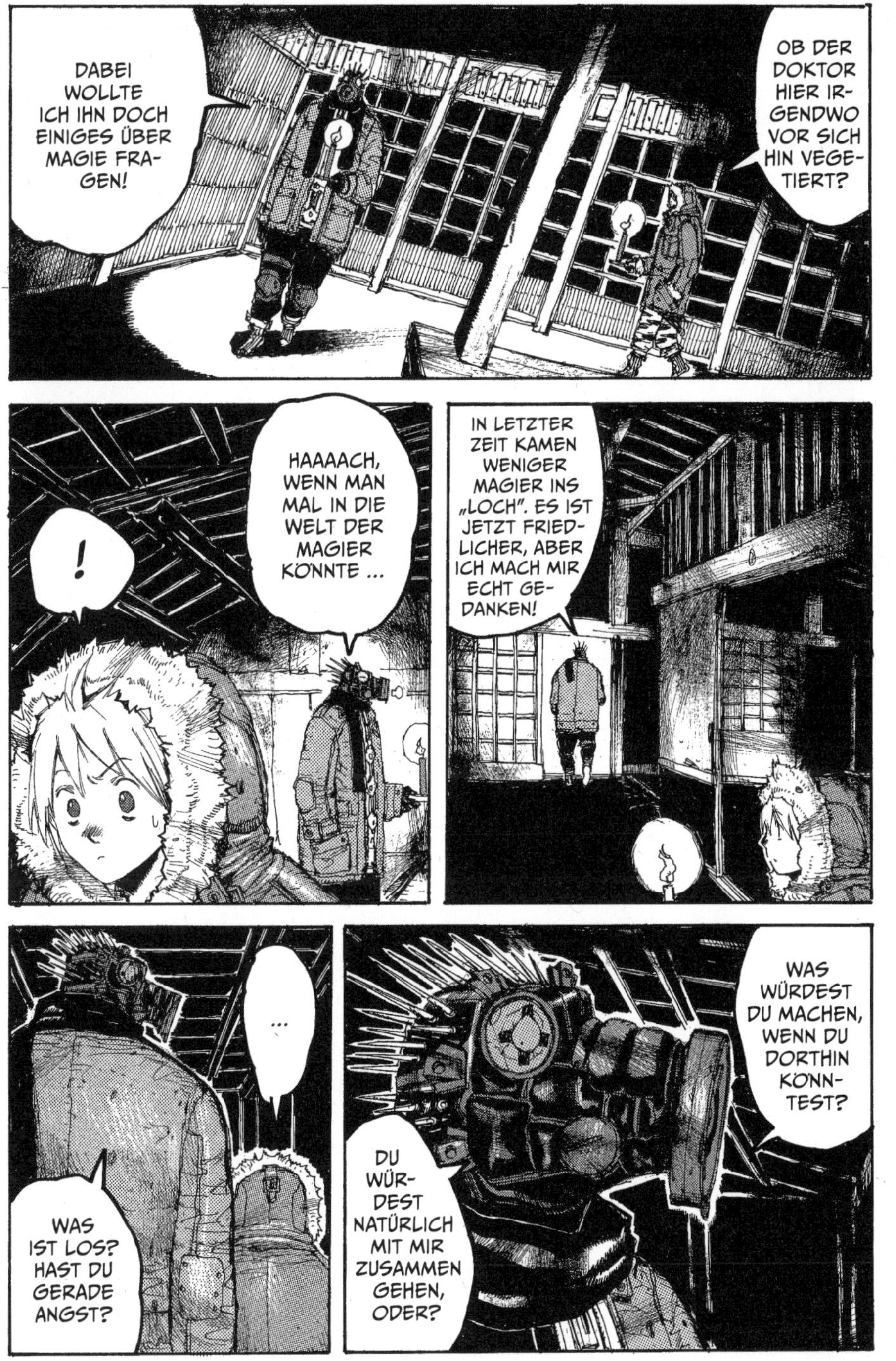

DABEI WOLLTE ICH IHN DOCH EINIGES ÜBER MAGIE FRA-GEN!
OB DER DOKTOR HIER IR-GENDWO VOR SICH HIN VEGE-TIERT?
!
HAAAACH, WENN MAN MAL IN DIE WELT DER MAGIER KÖNNTE ...
IN LETZTER ZEIT KAMEN WENIGER MAGIER INS „LOCH". ES IST JETZT FRIED-LICHER, ABER ICH MACH MIR ECHT GE-DANKEN!
...
WAS IST LOS? HAST DU GERADE ANGST?
WAS WÜRDEST DU MACHEN, WENN DU DORTHIN KÖNN-TEST?
DU WÜR-DEST NATÜRLICH MIT MIR ZUSAMMEN GEHEN, ODER?

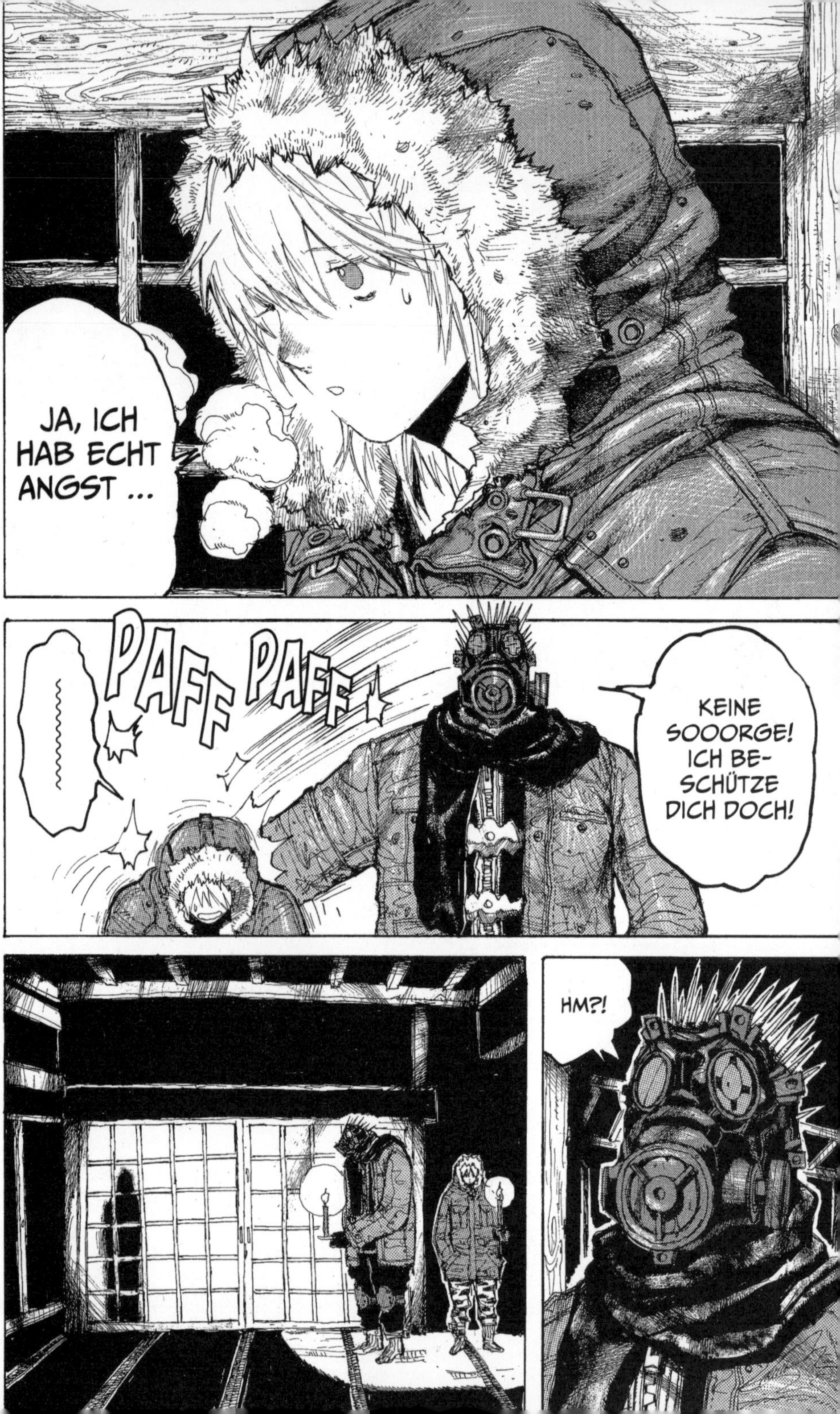
JA, ICH HAB ECHT ANGST ...
KEINE SOOORGE! ICH BESCHÜTZE DICH DOCH!
PAFF PAFF
HM?!

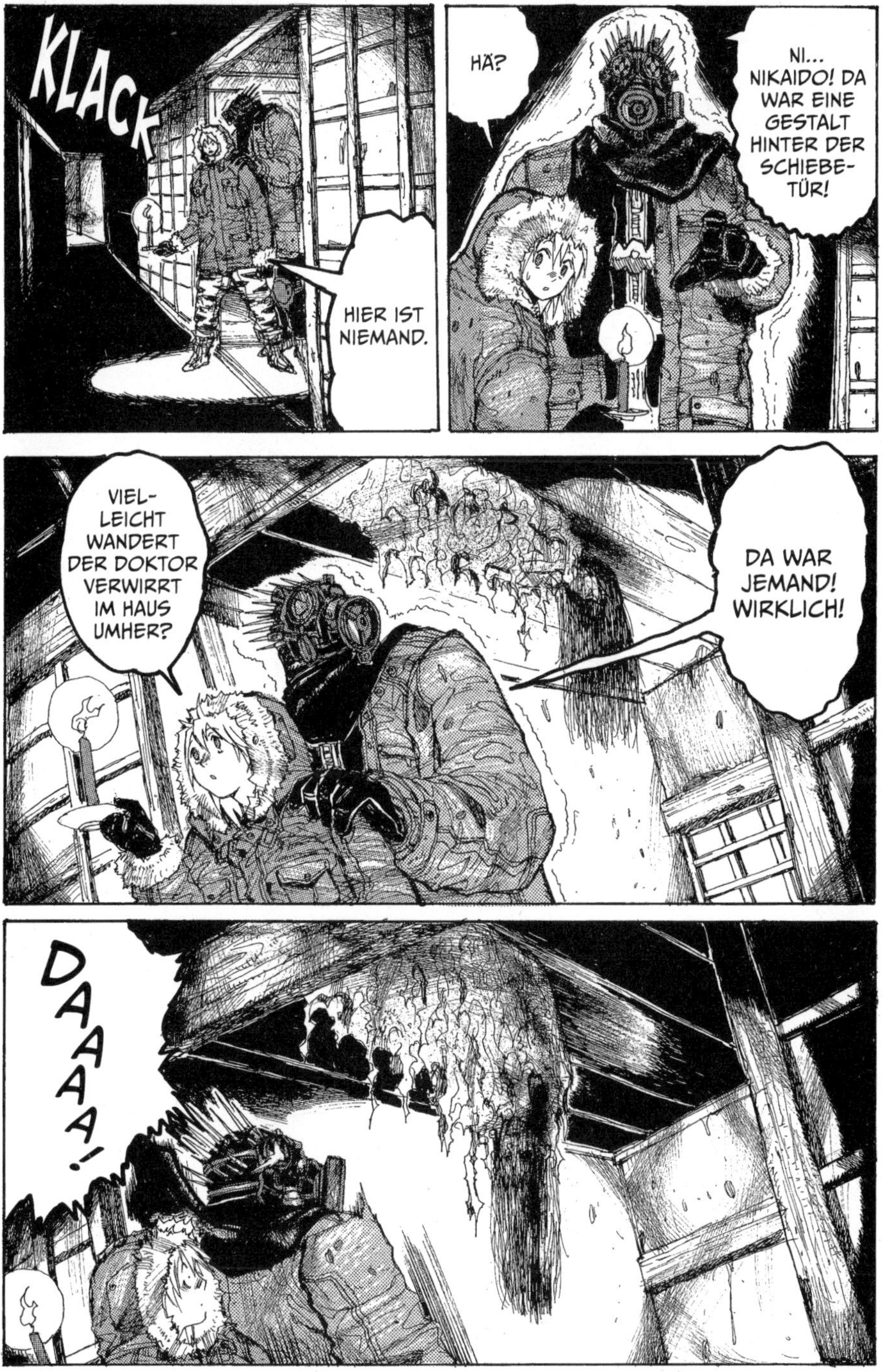
NI... NIKAIDO! DA WAR EINE GESTALT HINTER DER SCHIEBE-TÜR!
HÄ?
KLACK
HIER IST NIEMAND.
DA WAR JEMAND! WIRKLICH!
VIEL-LEICHT WANDERT DER DOKTOR VERWIRRT IM HAUS UMHER?
DAAAAA!

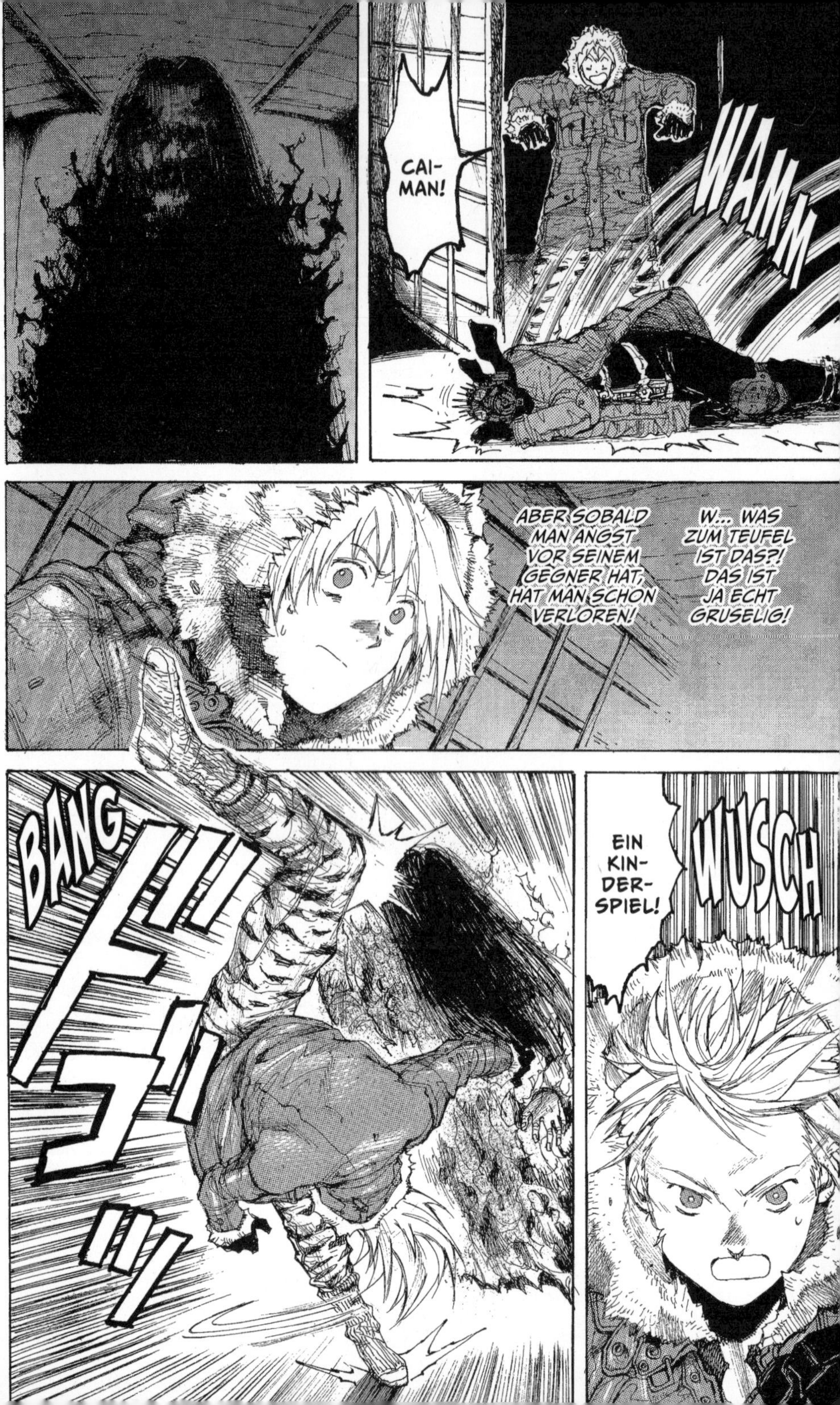
CAI-
MAN!
WAMM
W... WAS ZUM TEUFEL IST DAS?! DAS IST JA ECHT GRUSELIG!
ABER SOBALD MAN ANGST VOR SEINEM GEGNER HAT, HAT MAN SCHON VERLOREN!
WUSCH
EIN KIN-
DER-
SPIEL!
BANG
ドゴッ!

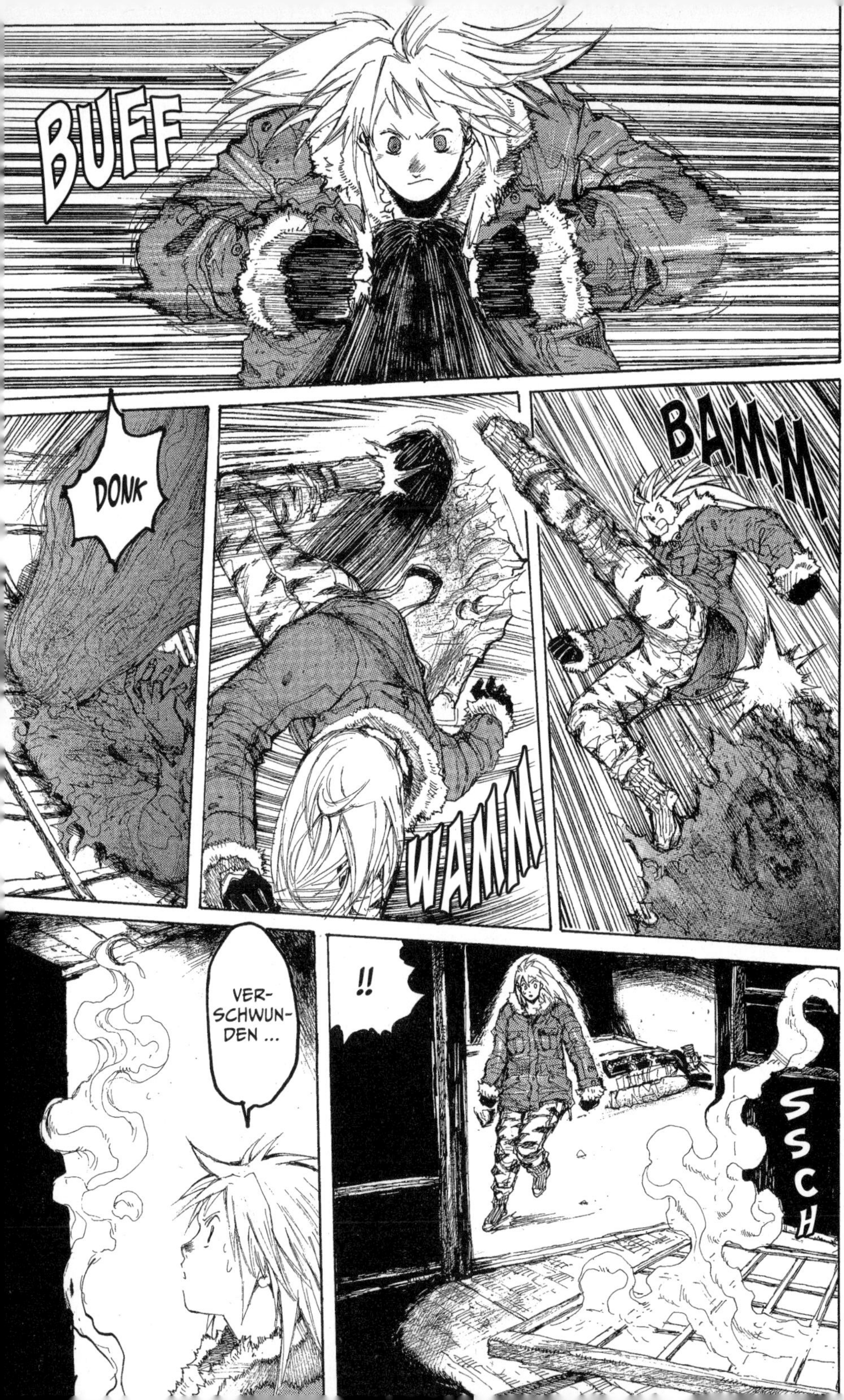
BUFF
BAMM
WAMM
DONK
SSCH
!!
VER-
SCHWUN-
DEN ...

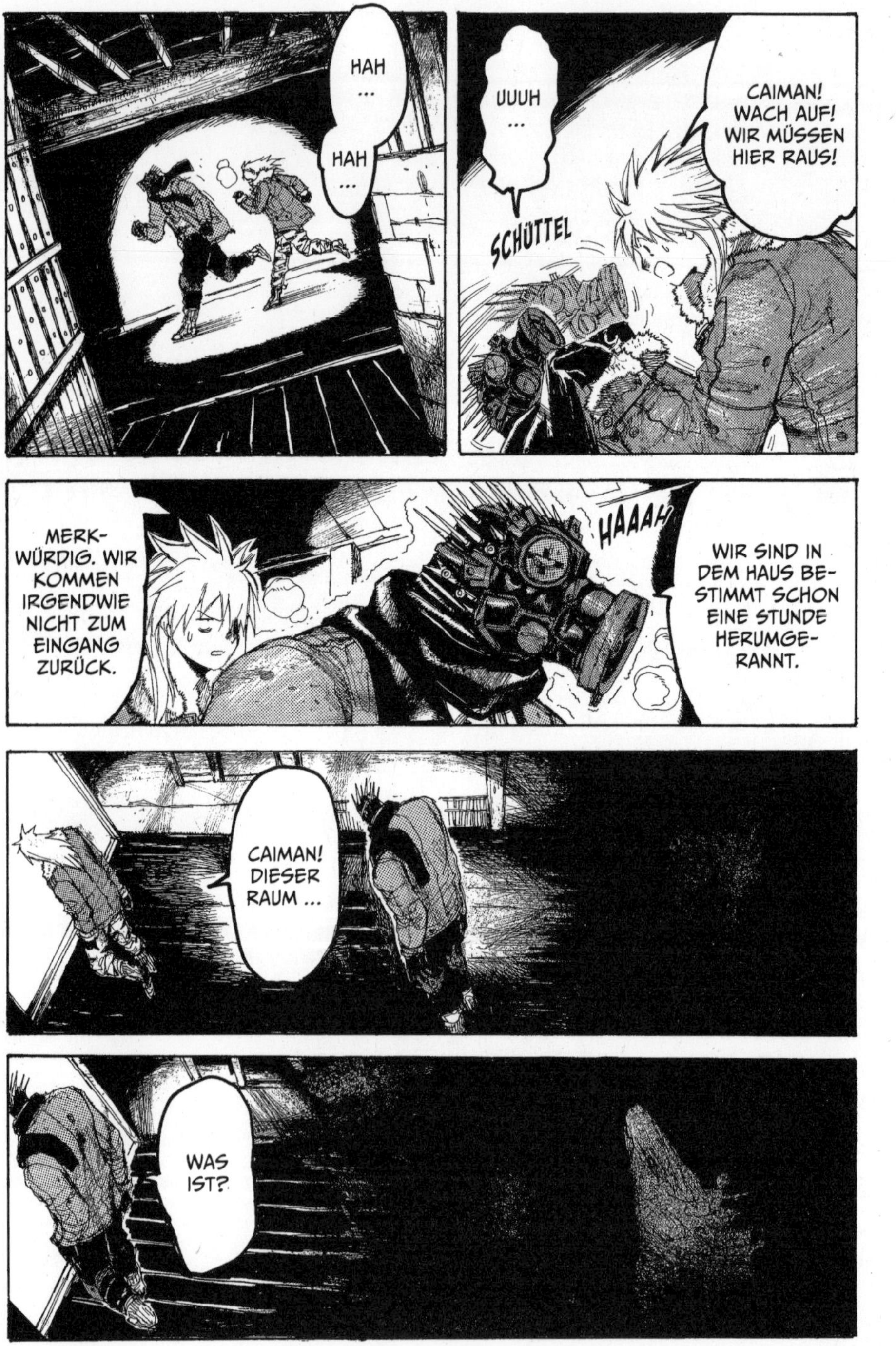
UUUH ...
CAIMAN! WACH AUF! WIR MÜSSEN HIER RAUS!
SCHÜTTEL
HAH ...
HAH ...
WIR SIND IN DEM HAUS BE-STIMMT SCHON EINE STUNDE HERUMGE-RANNT.
HAAAH
MERK-WÜRDIG. WIR KOMMEN IRGENDWIE NICHT ZUM EINGANG ZURÜCK.
CAIMAN! DIESER RAUM ...
WAS IST?

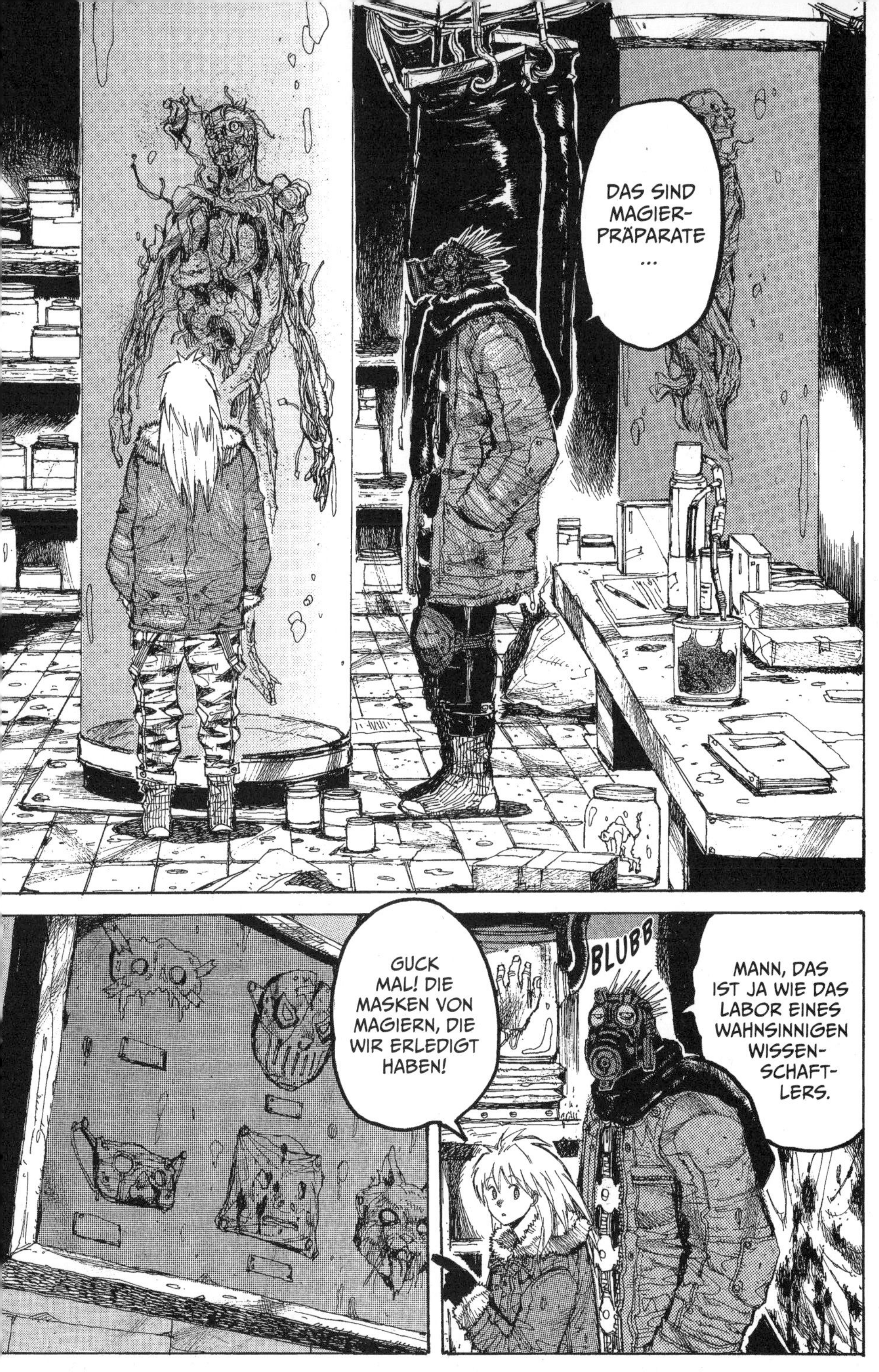
DAS SIND MAGIER-PRÄPARATE ...
MANN, DAS IST JA WIE DAS LABOR EINES WAHNSINNIGEN WISSEN-SCHAFT-LERS.
BLUBB
GUCK MAL! DIE MASKEN VON MAGIERN, DIE WIR ERLEDIGT HABEN!

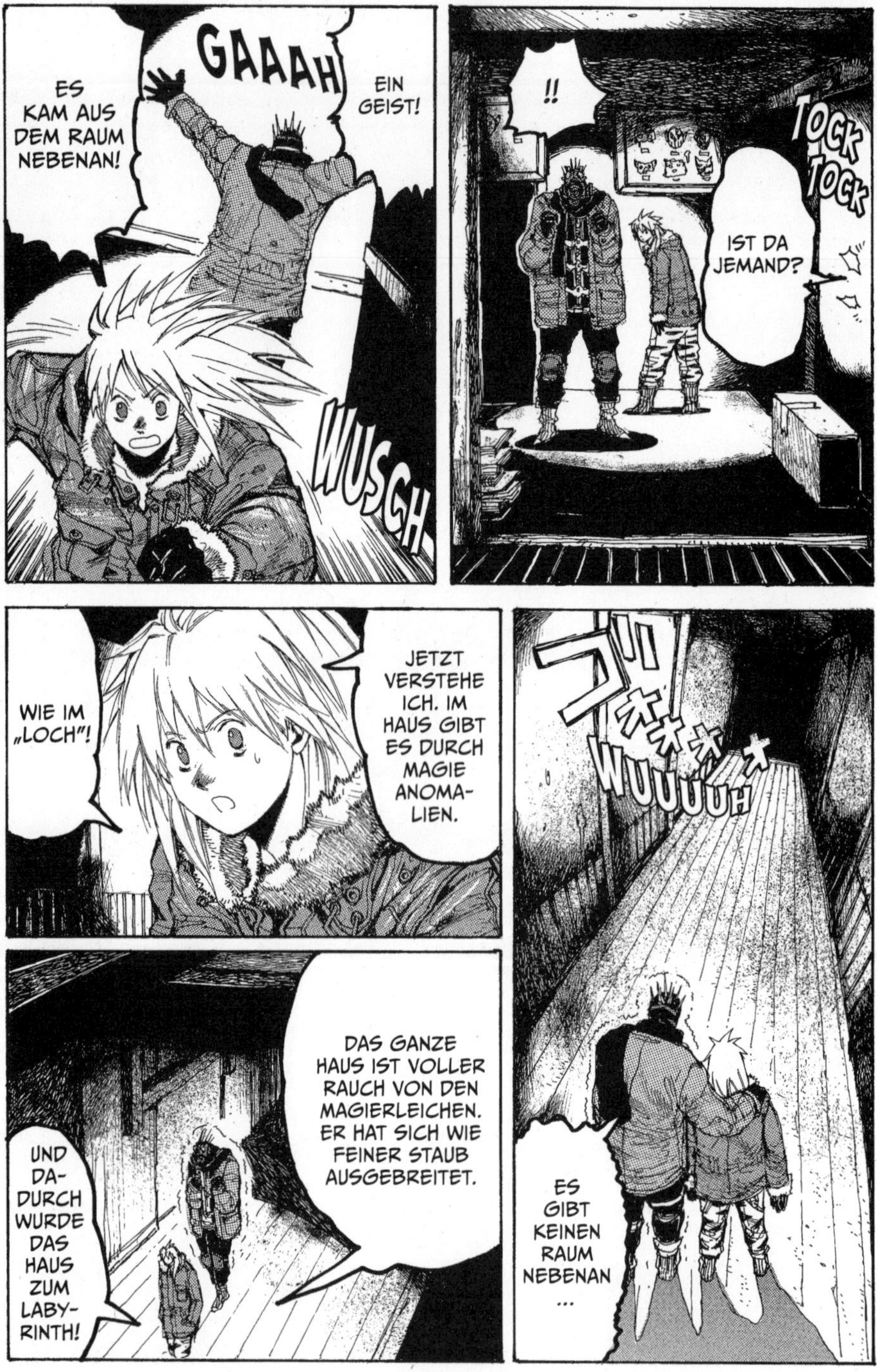
!!
TOCK TOCK
IST DA JEMAND?
EIN GEIST!
GAAAH
ES KAM AUS DEM RAUM NEBENAN!
WUSCH
WUUUUH
ES GIBT KEINEN RAUM NEBENAN …
JETZT VERSTEHE ICH. IM HAUS GIBT ES DURCH MAGIE ANOMALIEN.
WIE IM „LOCH“!
DAS GANZE HAUS IST VOLLER RAUCH VON DEN MAGIERLEICHEN. ER HAT SICH WIE FEINER STAUB AUSGEBREITET.
UND DADURCH WURDE DAS HAUS ZUM LABYRINTH!

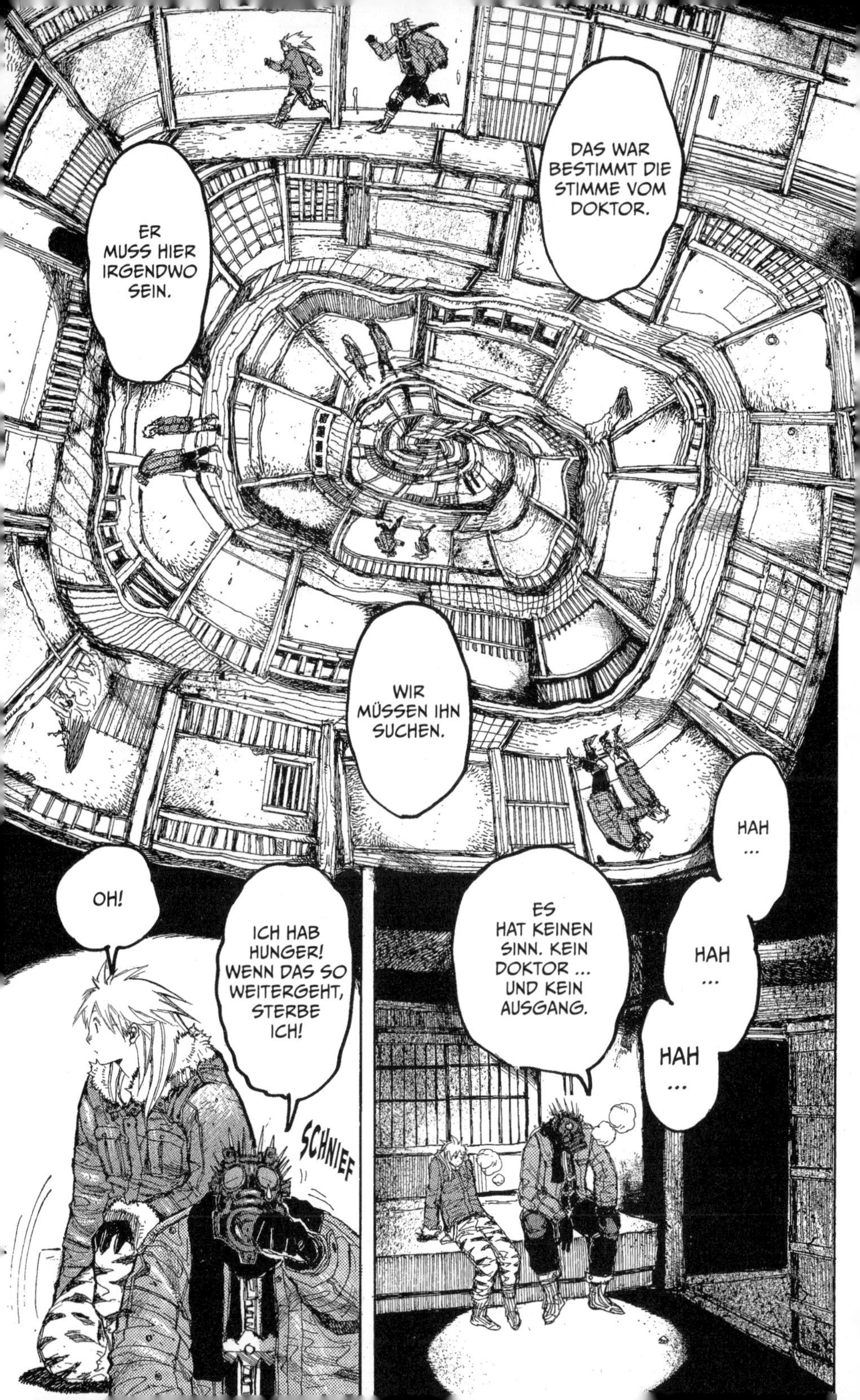
DAS WAR BESTIMMT DIE STIMME VOM DOKTOR.
ER MUSS HIER IRGENDWO SEIN.
WIR MÜSSEN IHN SUCHEN.
HAH ...
HAH ...
HAH ...
ES HAT KEINEN SINN. KEIN DOKTOR ... UND KEIN AUSGANG.
ICH HAB HUNGER! WENN DAS SO WEITERGEHT, STERBE ICH!
SCHNIEF
OH!

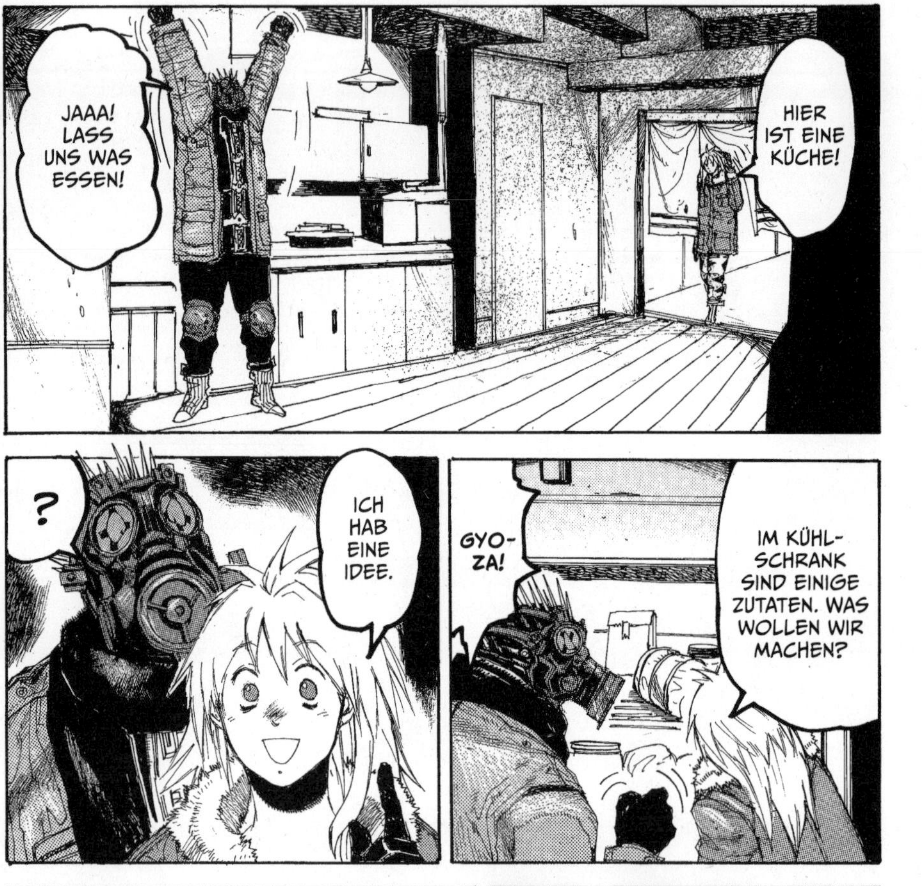
HIER IST EINE KÜCHE!
JAAA! LASS UNS WAS ESSEN!
IM KÜHL-SCHRANK SIND EINIGE ZUTATEN. WAS WOLLEN WIR MACHEN?
GYO-ZA!
ICH HAB EINE IDEE.
?

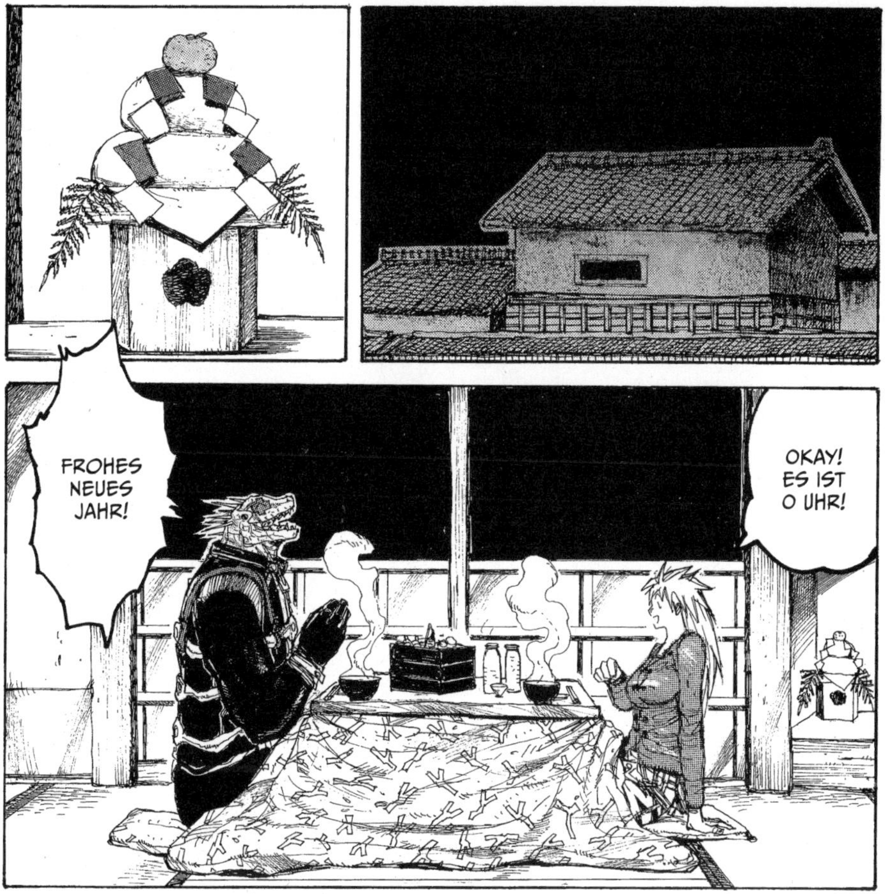
OKAY! ES IST 0 UHR!
FROHES NEUES JAHR!
UND HIER IST MEIN NEUJAHRS-ESSEN!
LASS ES DIR SCHMECKEN, CAIMAN.
HM?

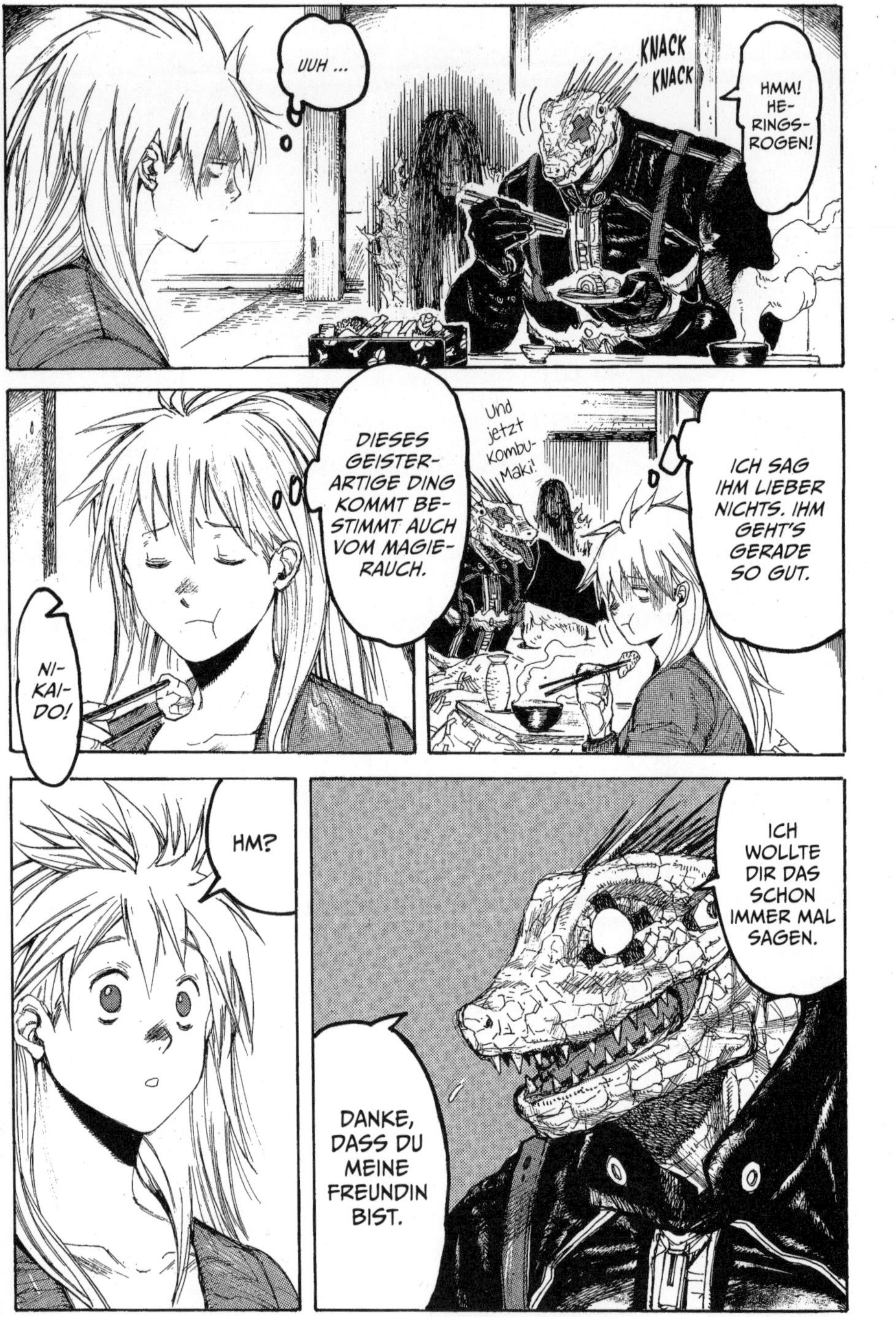
KNACK KNACK
HMM! HERINGSROGEN!
UUH ...
Und jetzt Kombu-Maki!
ICH SAG IHM LIEBER NICHTS. IHM GEHT'S GERADE SO GUT.
DIESES GEISTERARTIGE DING KOMMT BESTIMMT AUCH VOM MAGIERAUCH.
NI-KAI-DO!
ICH WOLLTE DIR DAS SCHON IMMER MAL SAGEN.
DANKE, DASS DU MEINE FREUNDIN BIST.
HM?

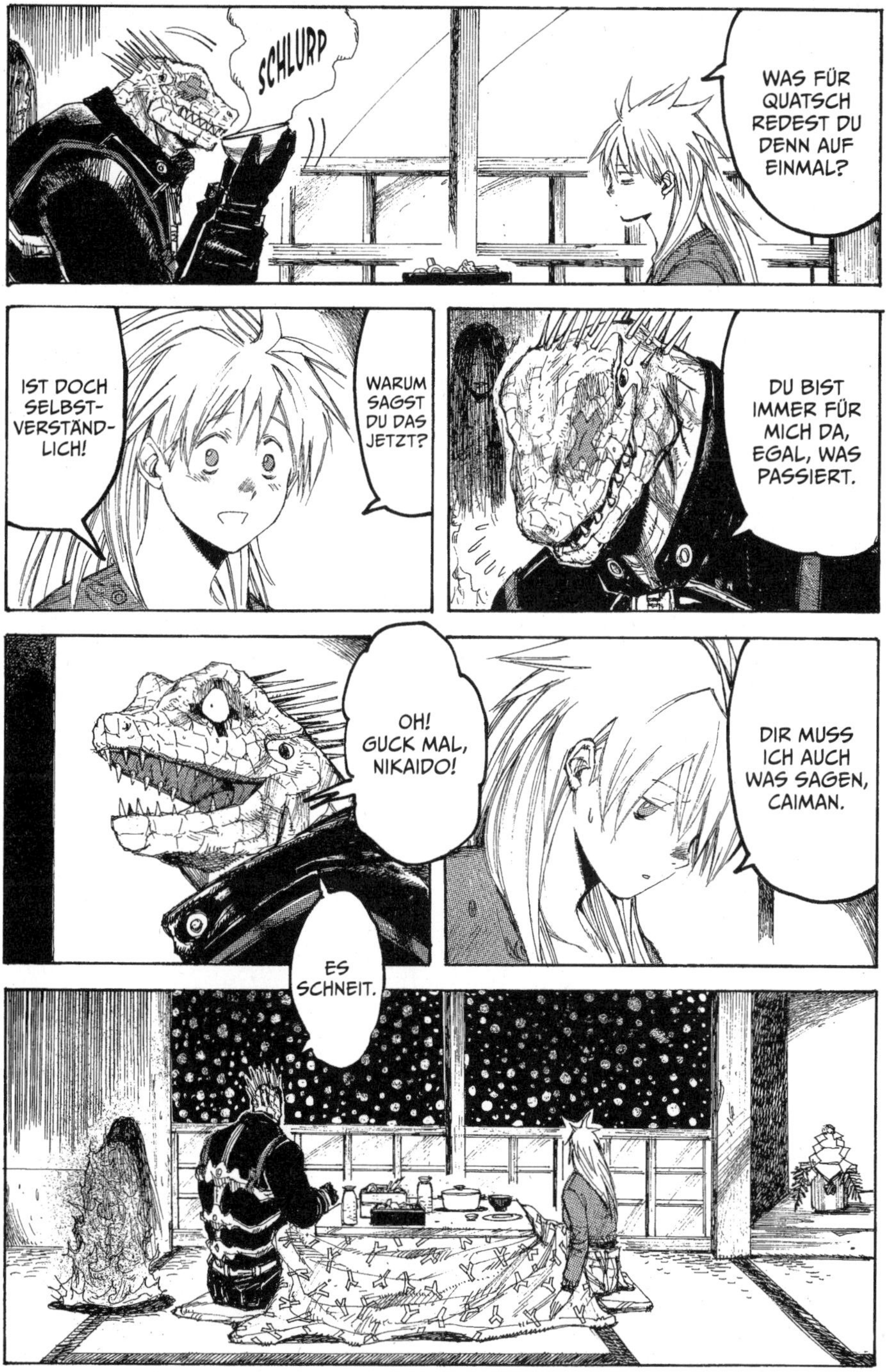
WAS FÜR QUATSCH REDEST DU DENN AUF EINMAL?
SCHLURP
DU BIST IMMER FÜR MICH DA, EGAL, WAS PASSIERT.
WARUM SAGST DU DAS JETZT?
IST DOCH SELBST-VERSTÄND-LICH!
DIR MUSS ICH AUCH WAS SAGEN, CAIMAN.
OH! GUCK MAL, NIKAIDO!
ES SCHNEIT.

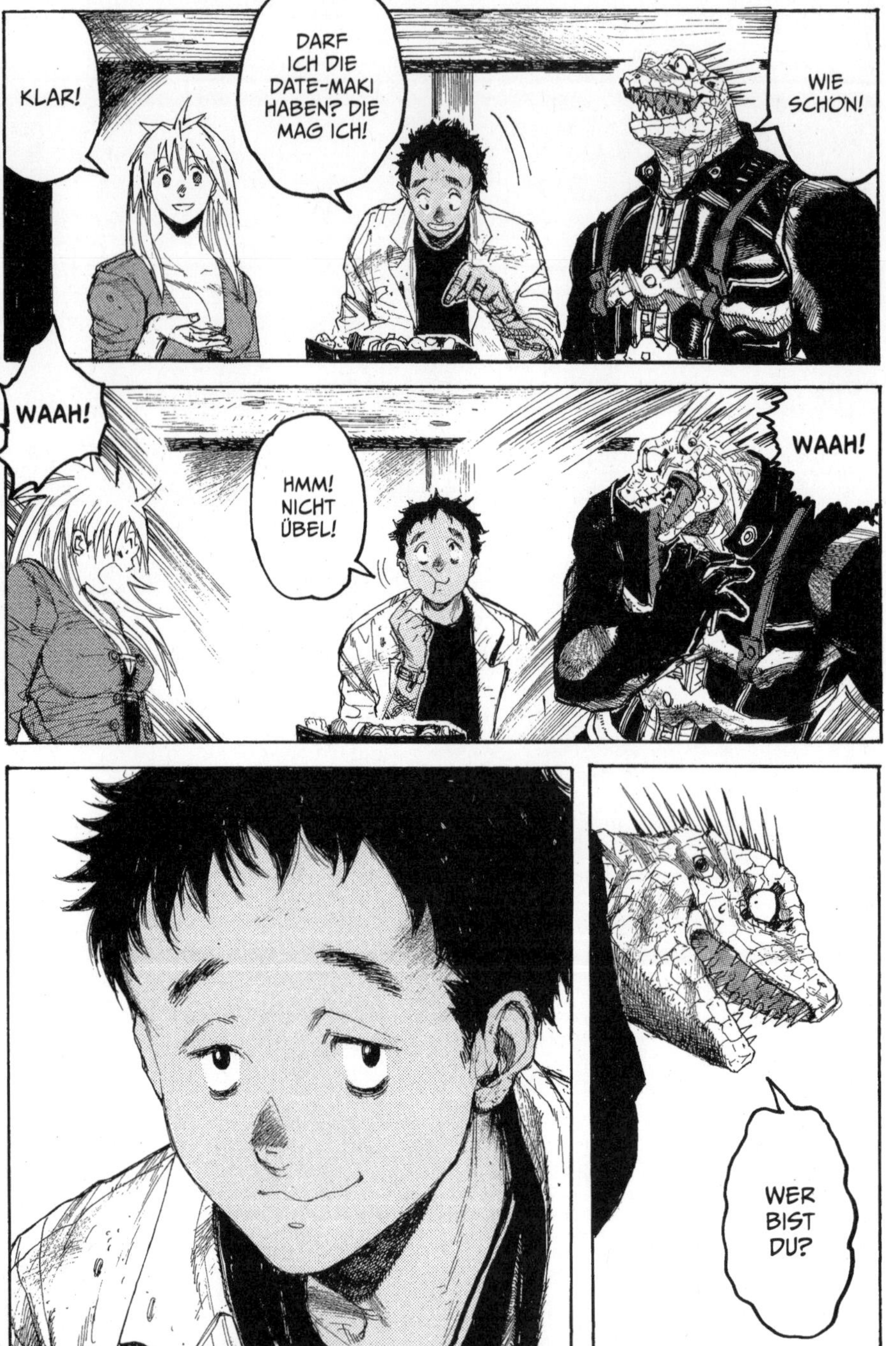

WIE SCHÖN!
DARF ICH DIE DATE-MAKI HABEN? DIE MAG ICH!
KLAR!
WAAH!
HMM! NICHT ÜBEL!
WAAH!
WER BIST DU?

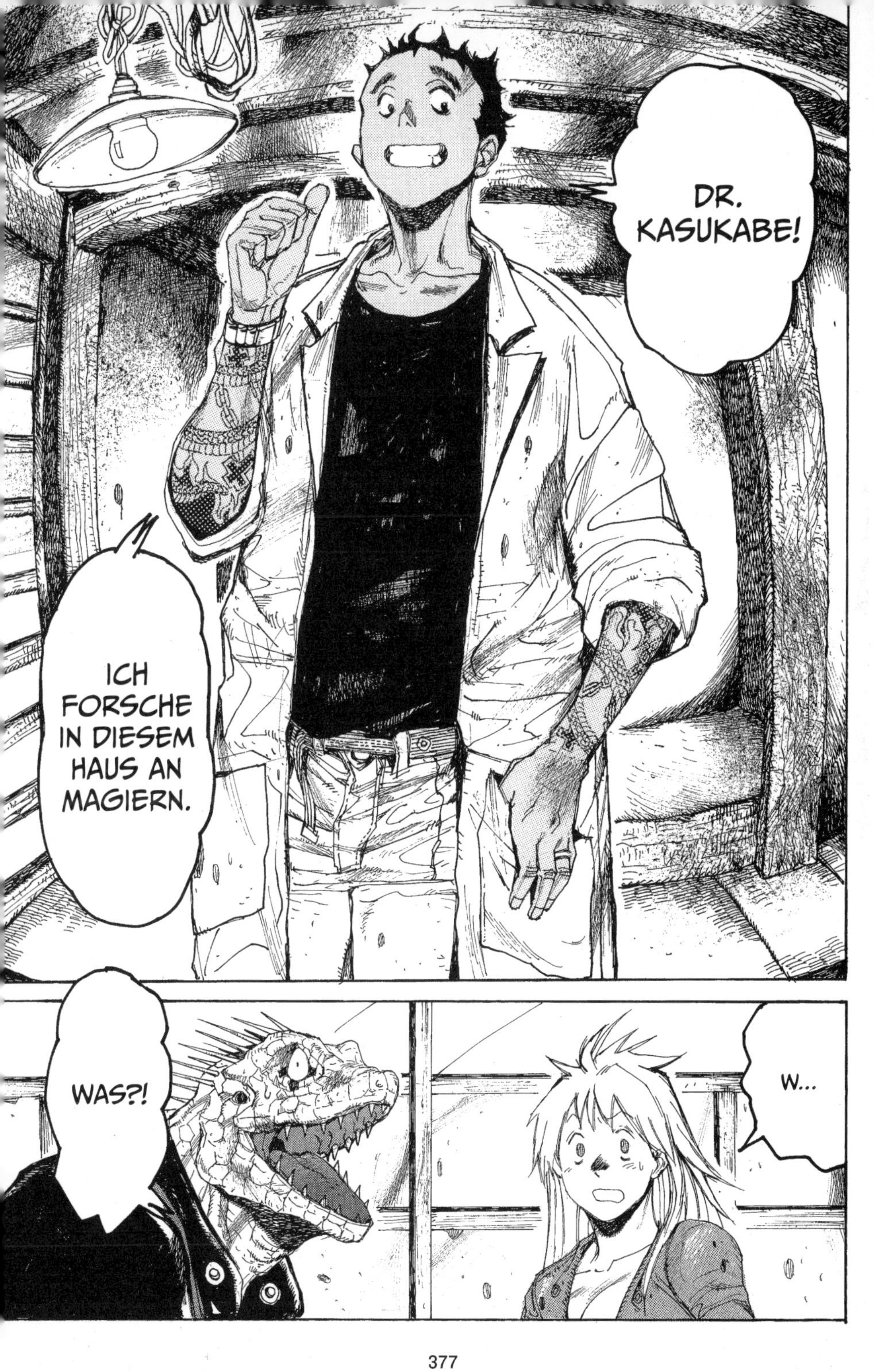
DR. KASUKABE!
ICH FORSCHE IN DIESEM HAUS AN MAGIERN.
W...
WAS?!

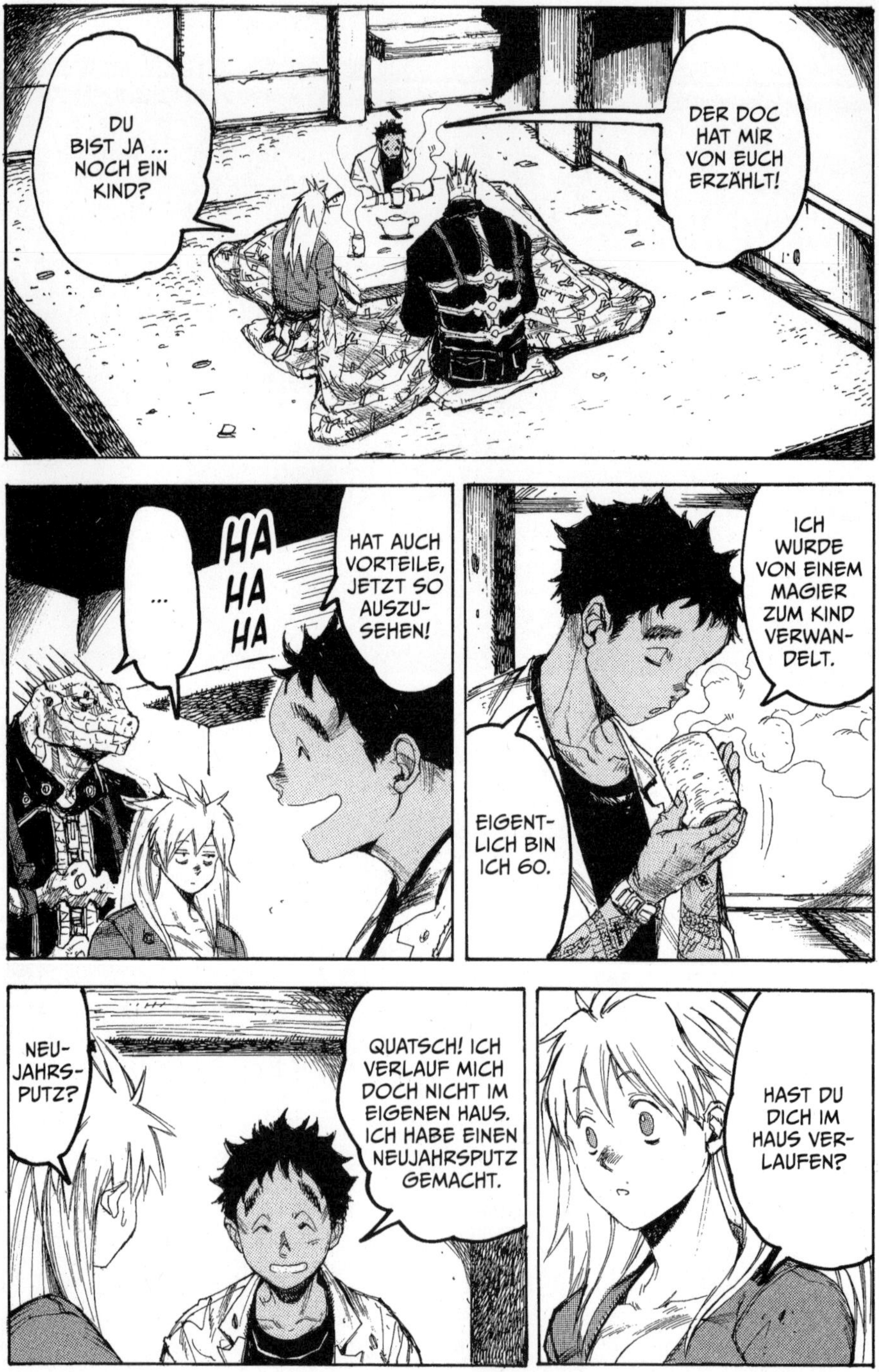
DER DOC HAT MIR VON EUCH ERZÄHLT!
DU BIST JA ... NOCH EIN KIND?
ICH WURDE VON EINEM MAGIER ZUM KIND VERWANDELT.
EIGENTLICH BIN ICH 60.
HAT AUCH VORTEILE, JETZT SO AUSZUSEHEN!
HA HA HA
...
HAST DU DICH IM HAUS VERLAUFEN?
QUATSCH! ICH VERLAUF MICH DOCH NICHT IM EIGENEN HAUS. ICH HABE EINEN NEUJAHRSPUTZ GEMACHT.
NEUJAHRSPUTZ?

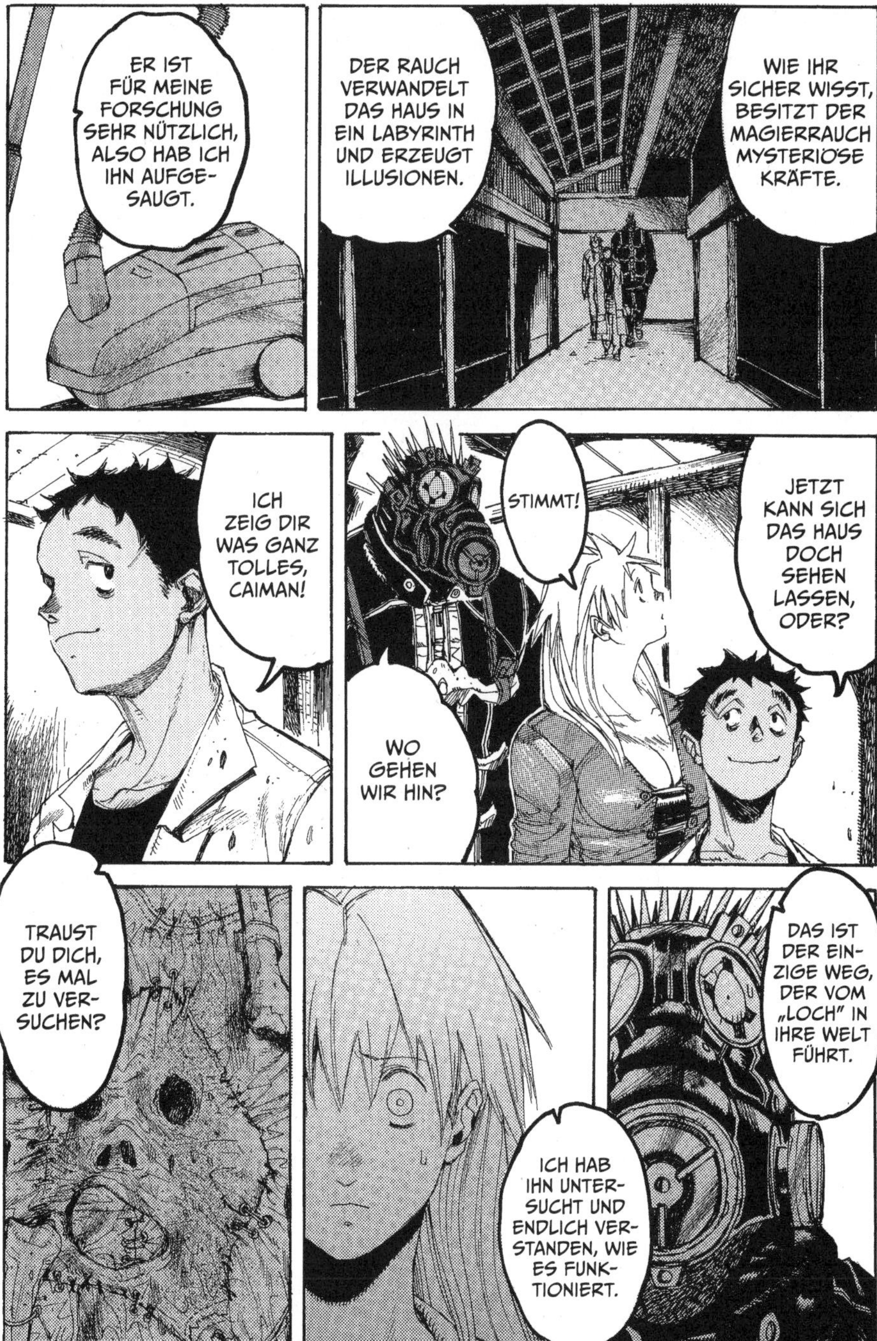
WIE IHR SICHER WISST, BESITZT DER MAGIERRAUCH MYSTERIÖSE KRÄFTE.
DER RAUCH VERWANDELT DAS HAUS IN EIN LABYRINTH UND ERZEUGT ILLUSIONEN.
ER IST FÜR MEINE FORSCHUNG SEHR NÜTZLICH, ALSO HAB ICH IHN AUFGESAUGT.
JETZT KANN SICH DAS HAUS DOCH SEHEN LASSEN, ODER?
STIMMT!
WO GEHEN WIR HIN?
ICH ZEIG DIR WAS GANZ TOLLES, CAIMAN!
DAS IST DER EINZIGE WEG, DER VOM „LOCH" IN IHRE WELT FÜHRT.
ICH HAB IHN UNTERSUCHT UND ENDLICH VERSTANDEN, WIE ES FUNKTIONIERT.
TRAUST DU DICH, ES MAL ZU VERSUCHEN?

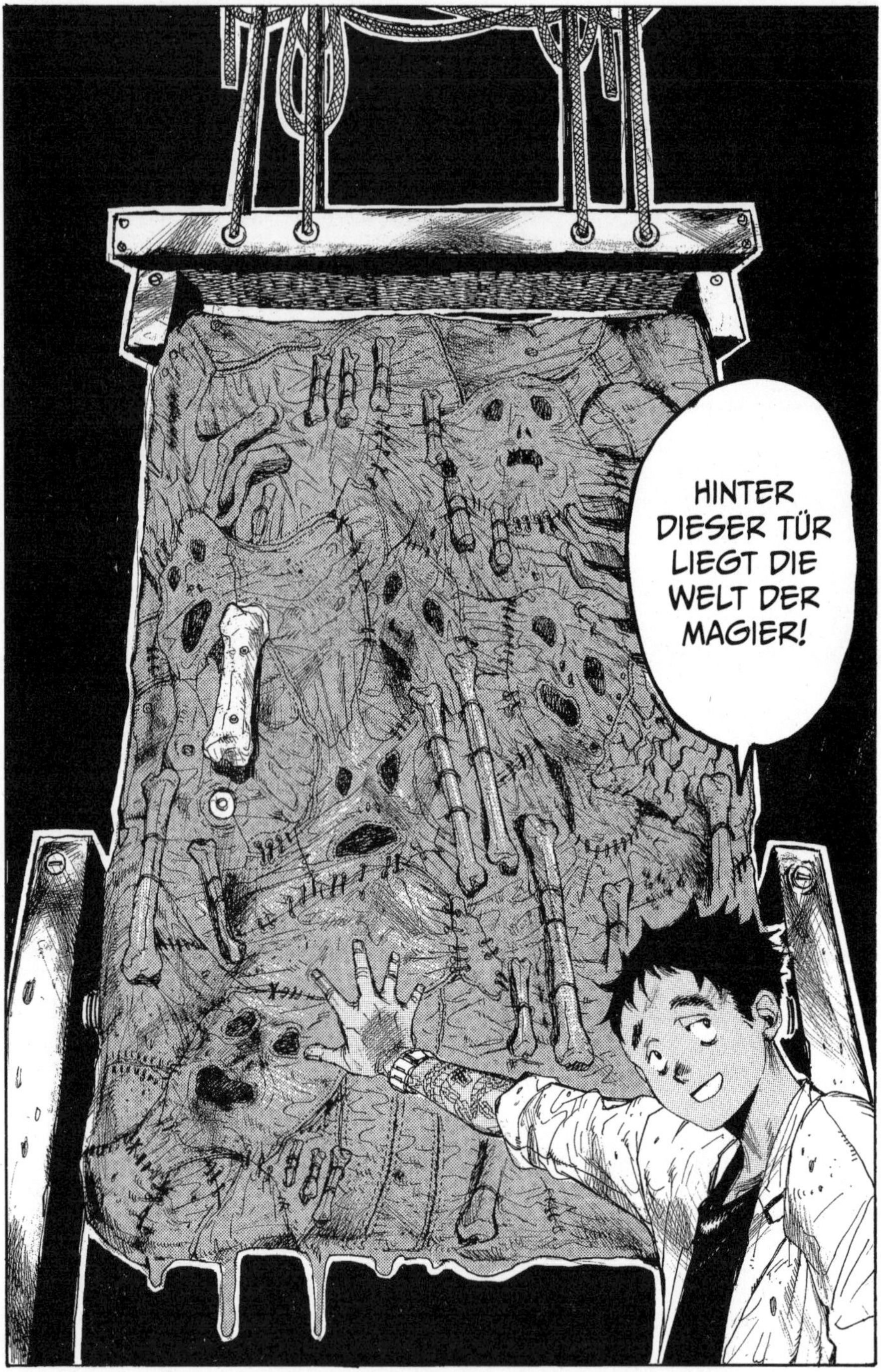
HINTER DIESER TÜR LIEGT DIE WELT DER MAGIER!

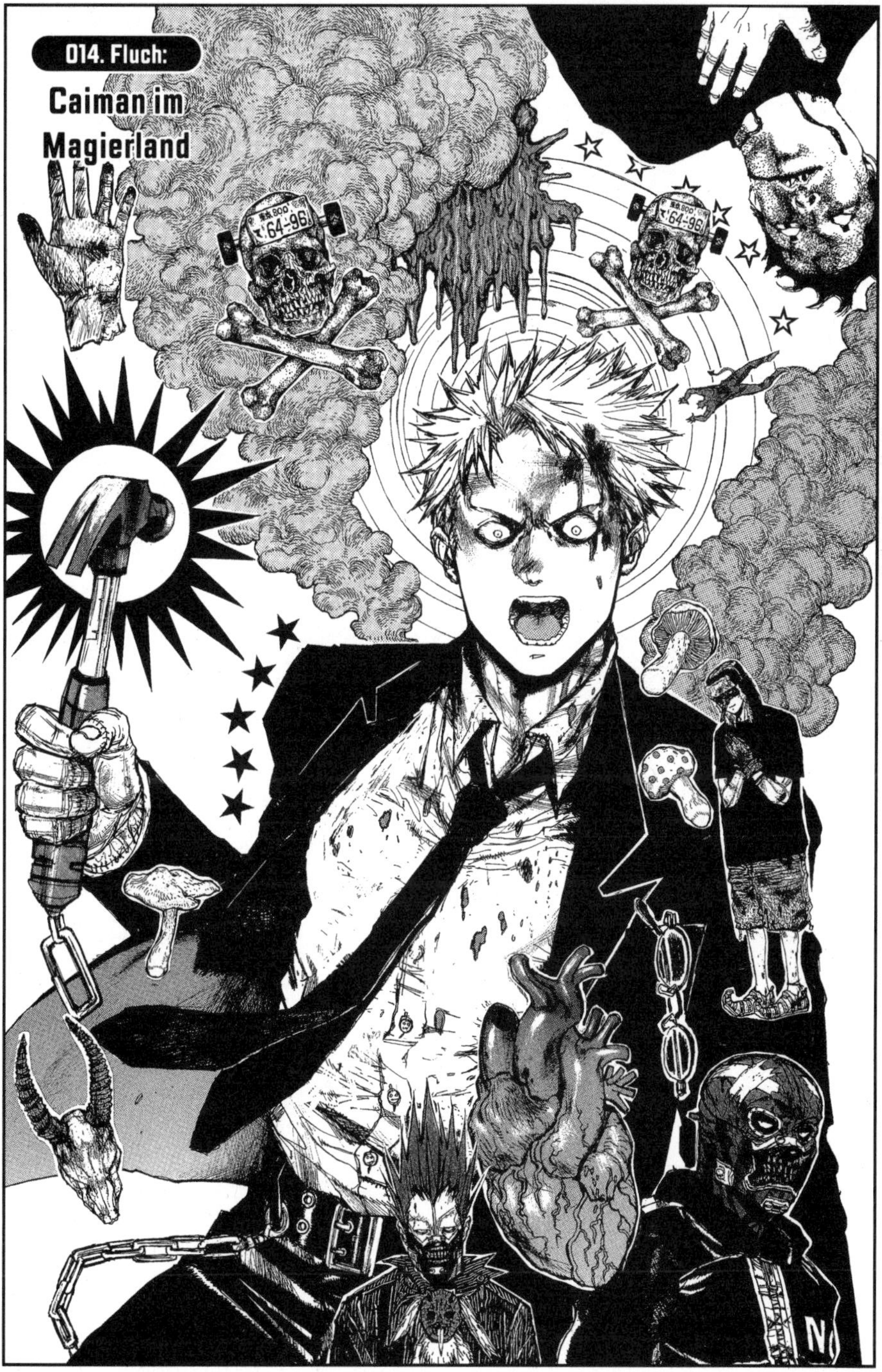
014. Fluch:
Caiman im Magierland

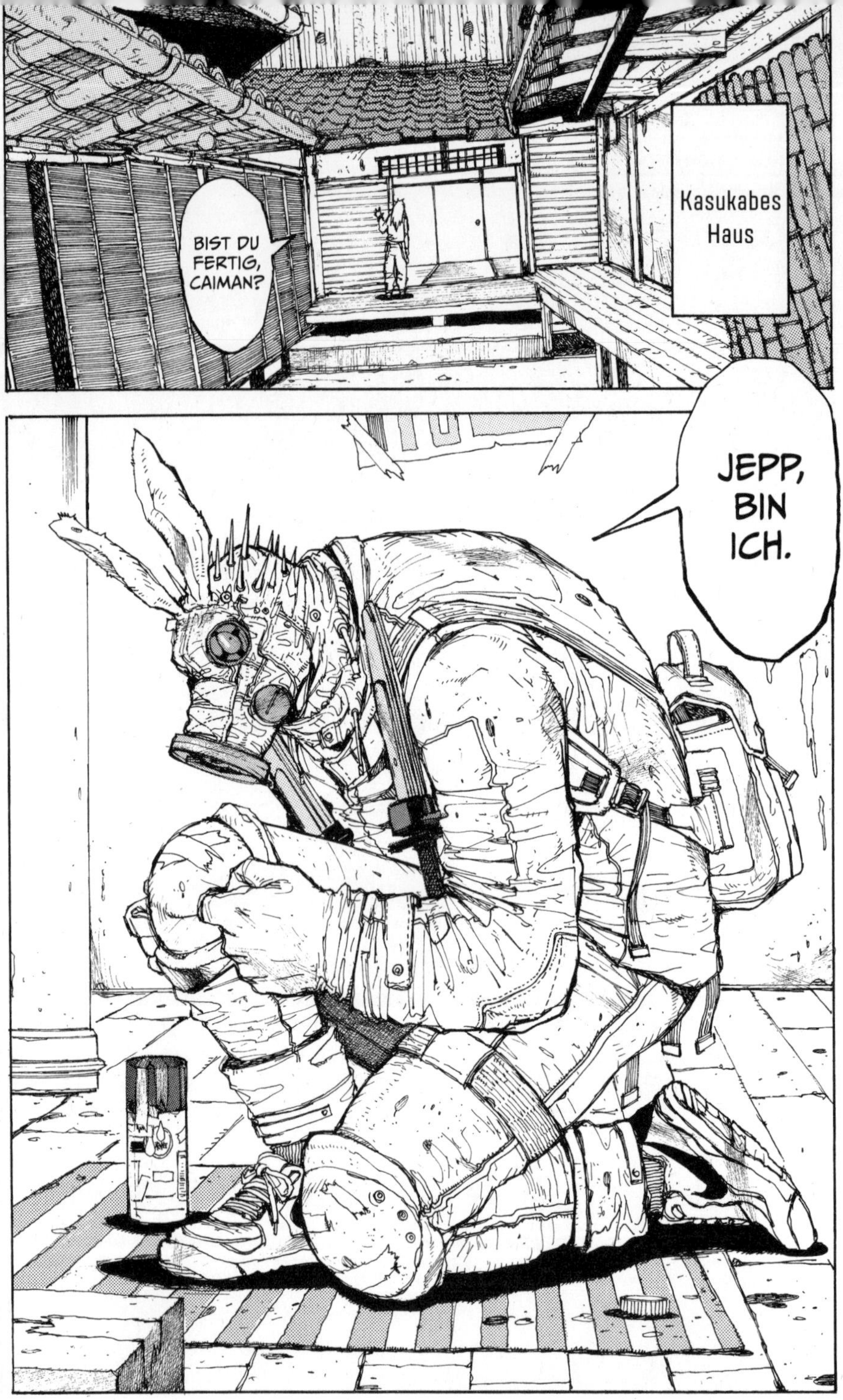
Kasukabes Haus
BIST DU FERTIG, CAIMAN?
JEPP, BIN ICH.

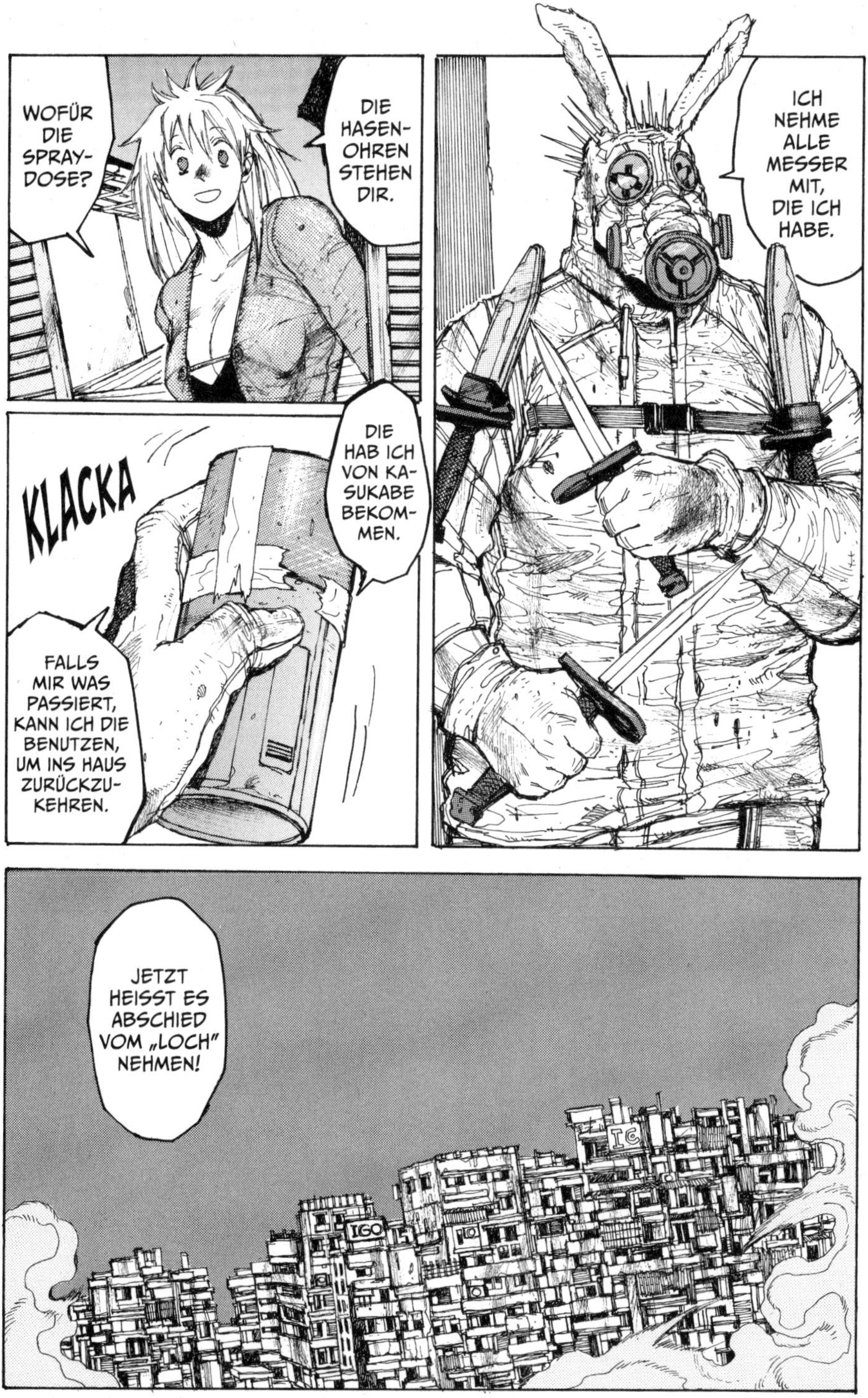
ICH NEHME ALLE MESSER MIT, DIE ICH HABE.
DIE HASEN-OHREN STEHEN DIR.
WOFÜR DIE SPRAY-DOSE?
DIE HAB ICH VON KA-SUKABE BEKOM-MEN.
KLACKA
FALLS MIR WAS PASSIERT, KANN ICH DIE BENUTZEN, UM INS HAUS ZURÜCKZU-KEHREN.
JETZT HEISST ES ABSCHIED VOM „LOCH" NEHMEN!

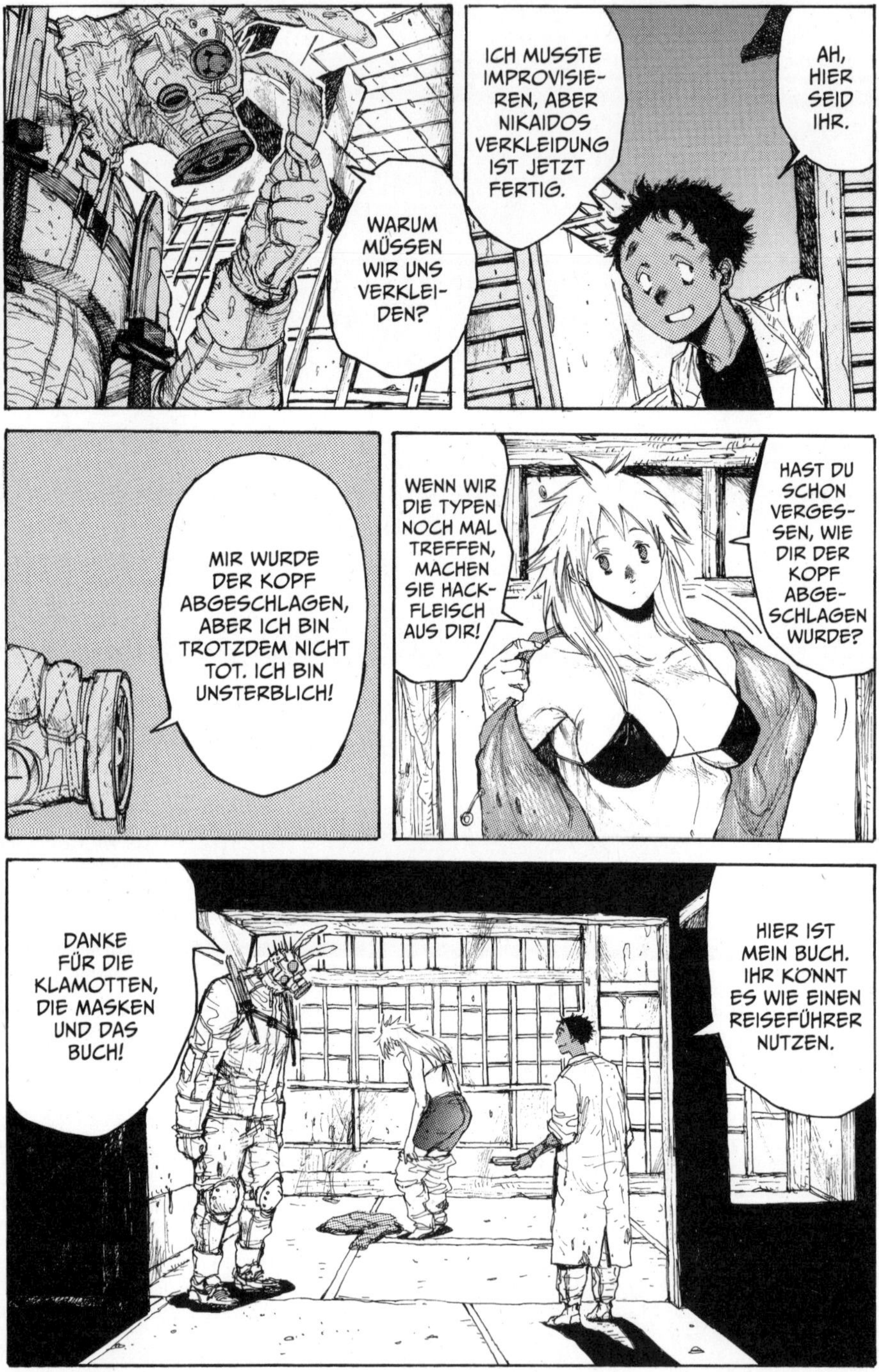
AH, HIER SEID IHR.
ICH MUSSTE IMPROVISIEREN, ABER NIKAIDOS VERKLEIDUNG IST JETZT FERTIG.
WARUM MÜSSEN WIR UNS VERKLEIDEN?
HAST DU SCHON VERGESSEN, WIE DIR DER KOPF ABGESCHLAGEN WURDE?
WENN WIR DIE TYPEN NOCH MAL TREFFEN, MACHEN SIE HACKFLEISCH AUS DIR!
MIR WURDE DER KOPF ABGESCHLAGEN, ABER ICH BIN TROTZDEM NICHT TOT. ICH BIN UNSTERBLICH!
HIER IST MEIN BUCH. IHR KÖNNT ES WIE EINEN REISEFÜHRER NUTZEN.
DANKE FÜR DIE KLAMOTTEN, DIE MASKEN UND DAS BUCH!

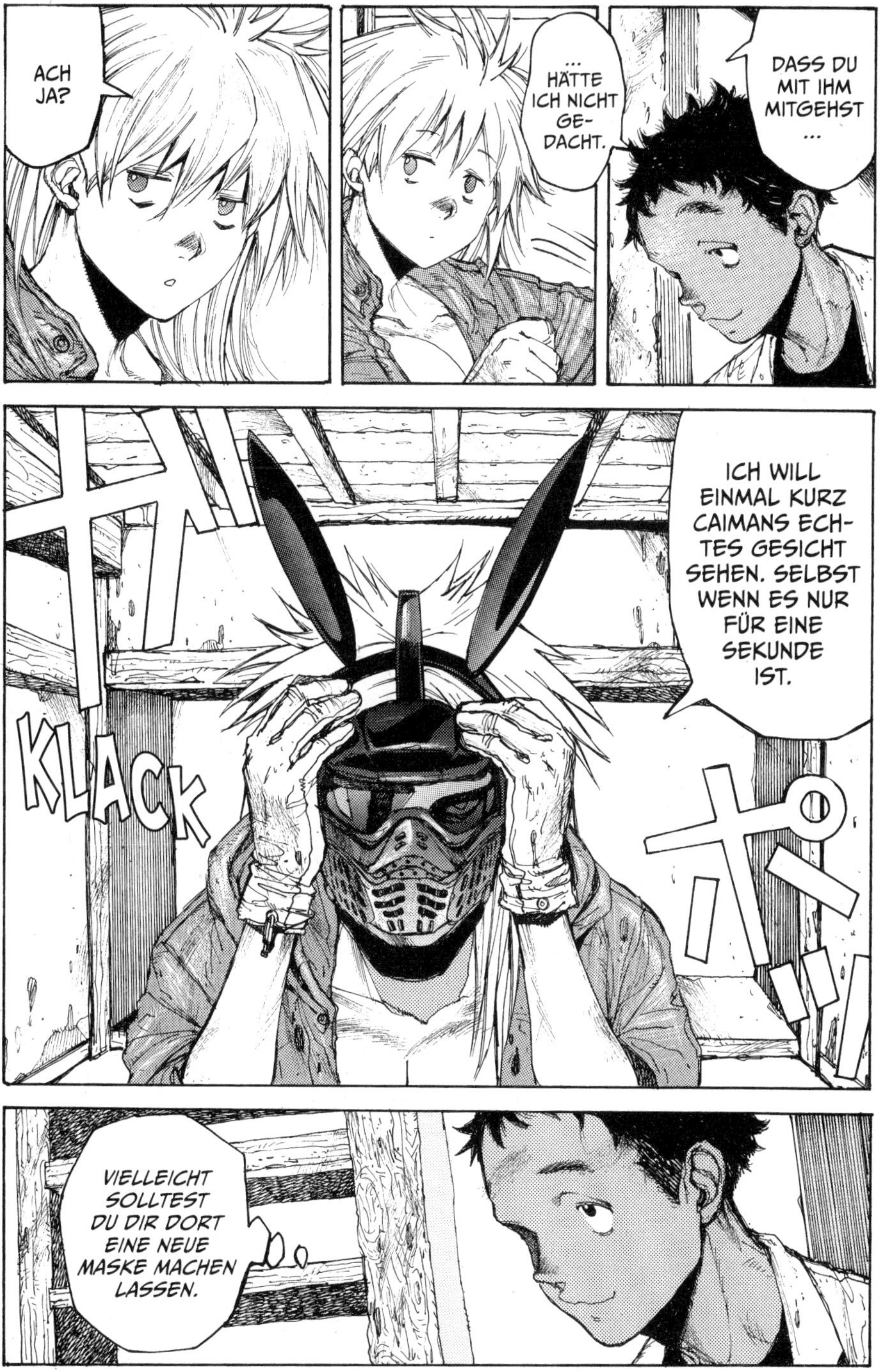
DASS DU MIT IHM MITGEHST ...
... HÄTTE ICH NICHT GEDACHT.
ACH JA?
ICH WILL EINMAL KURZ CAIMANS ECHTES GESICHT SEHEN. SELBST WENN ES NUR FÜR EINE SEKUNDE IST.
KLACK
VIELLEICHT SOLLTEST DU DIR DORT EINE NEUE MASKE MACHEN LASSEN.

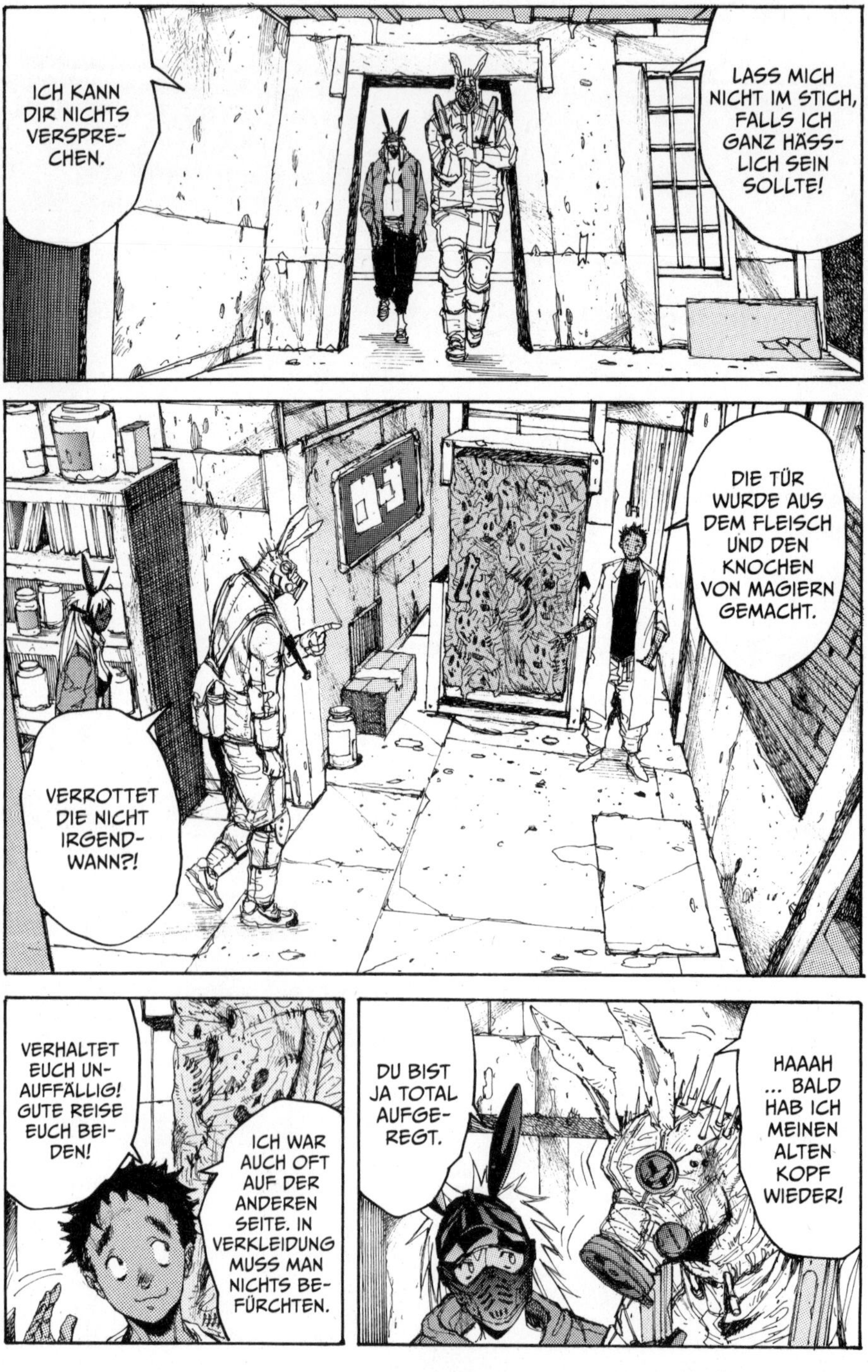
LASS MICH NICHT IM STICH, FALLS ICH GANZ HÄSS-LICH SEIN SOLLTE!
ICH KANN DIR NICHTS VERSPRE-CHEN.
DIE TÜR WURDE AUS DEM FLEISCH UND DEN KNOCHEN VON MAGIERN GEMACHT.
VERROTTET DIE NICHT IRGEND-WANN?!
VERHALTET EUCH UN-AUFFÄLLIG! GUTE REISE EUCH BEI-DEN!
ICH WAR AUCH OFT AUF DER ANDEREN SEITE. IN VERKLEIDUNG MUSS MAN NICHTS BE-FÜRCHTEN.
HAAAH ... BALD HAB ICH MEINEN ALTEN KOPF WIEDER!
DU BIST JA TOTAL AUFGE-REGT.

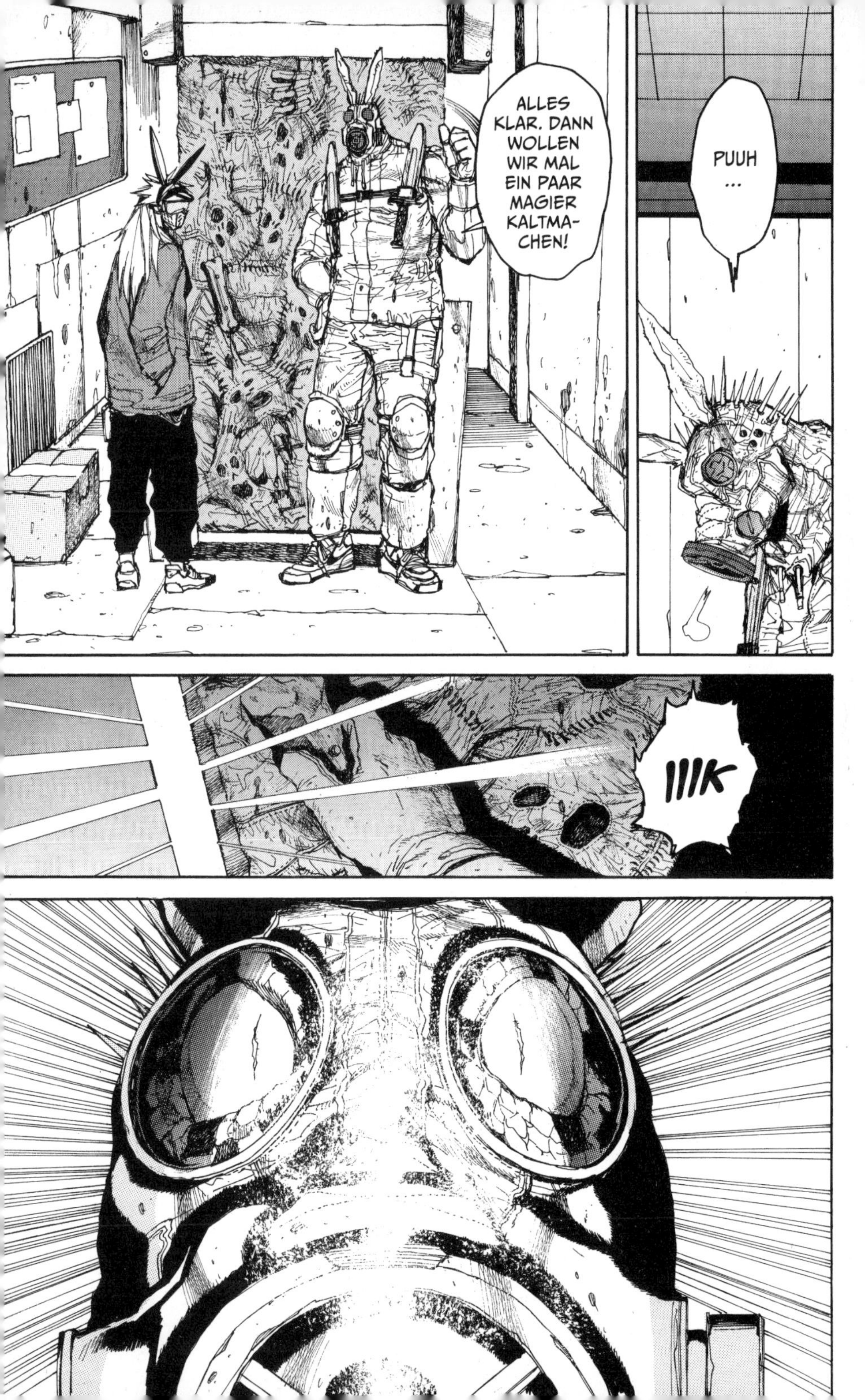
PUUH ...
ALLES KLAR. DANN WOLLEN WIR MAL EIN PAAR MAGIER KALTMA-CHEN!
IIIK

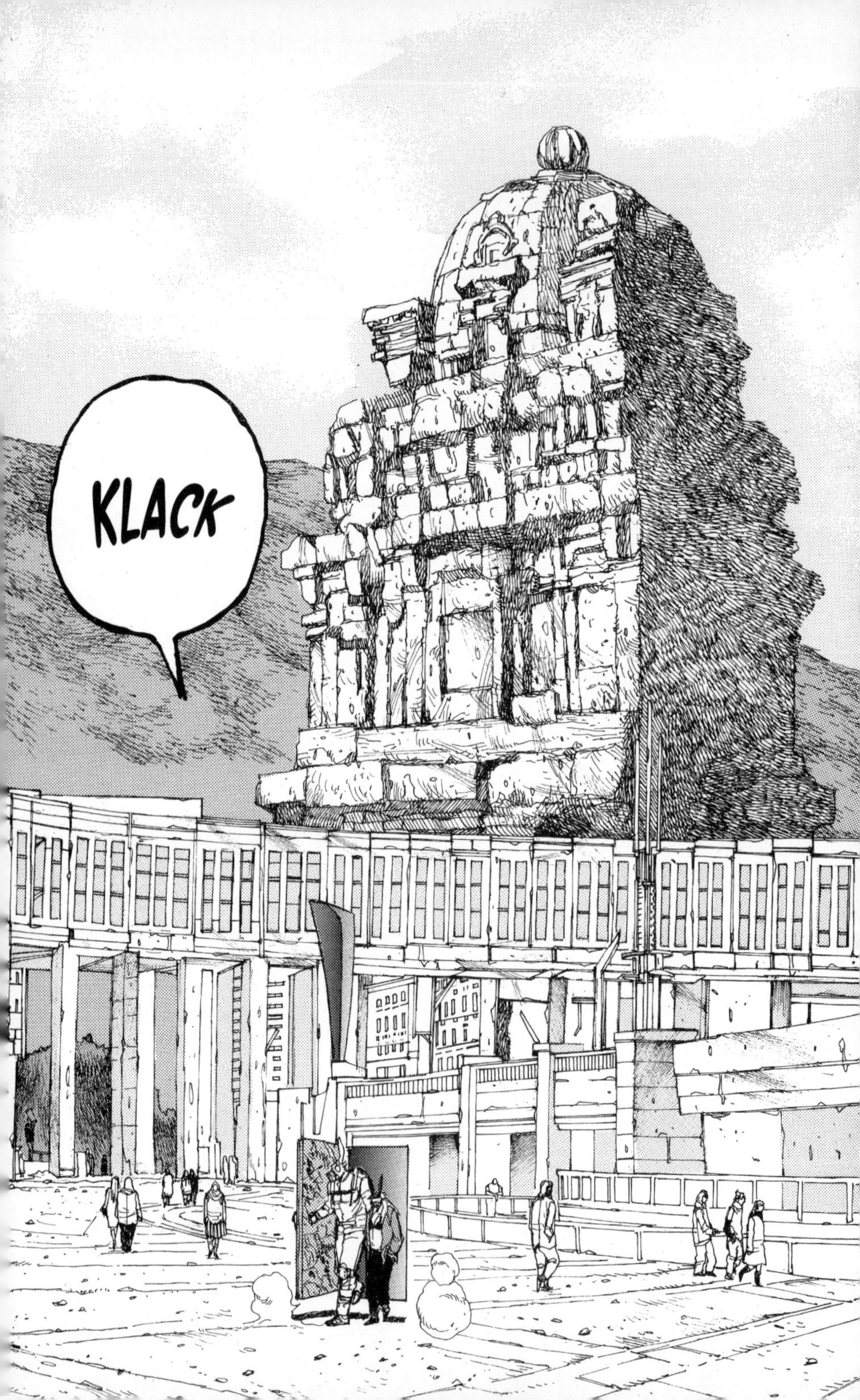
KLACK

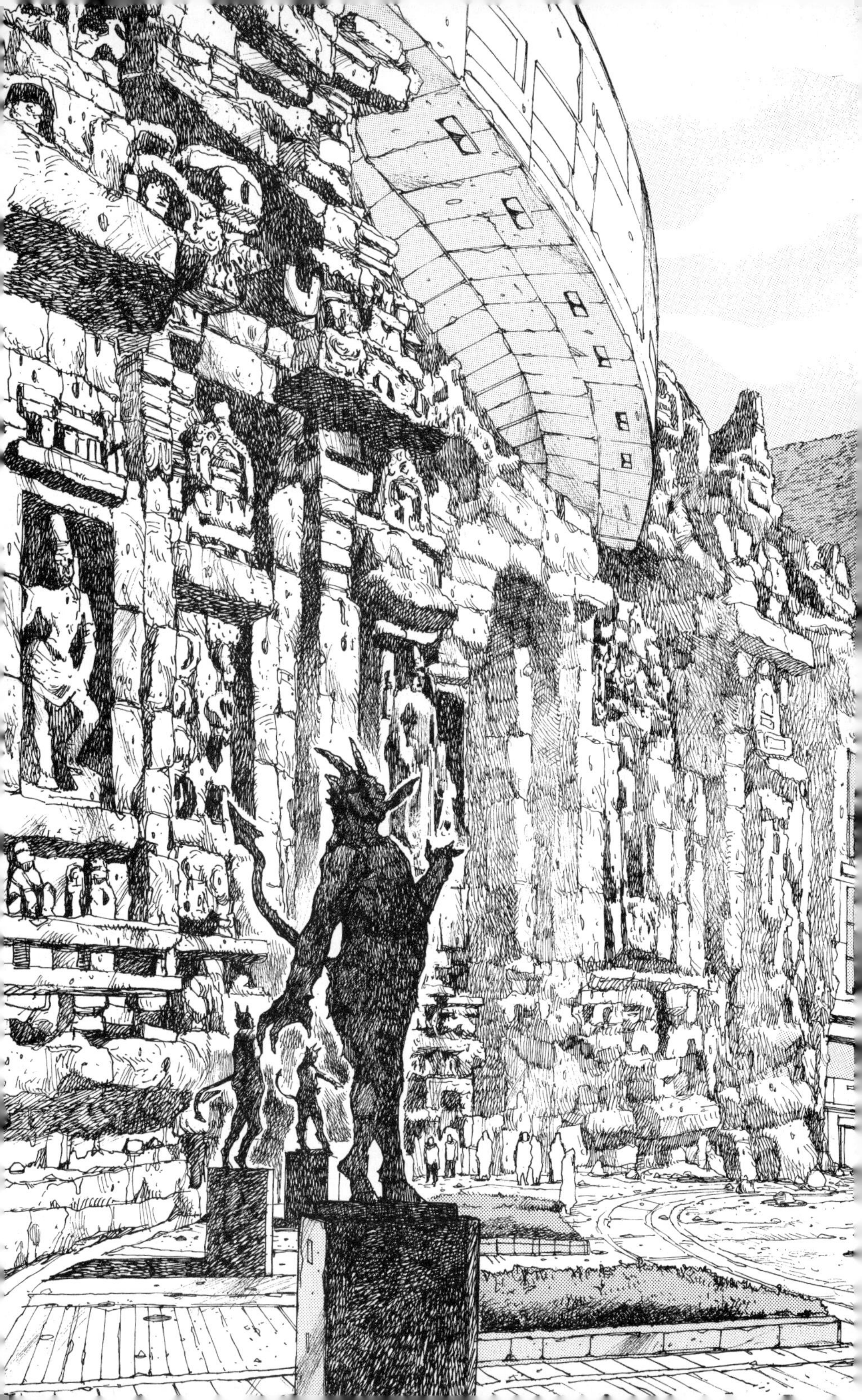

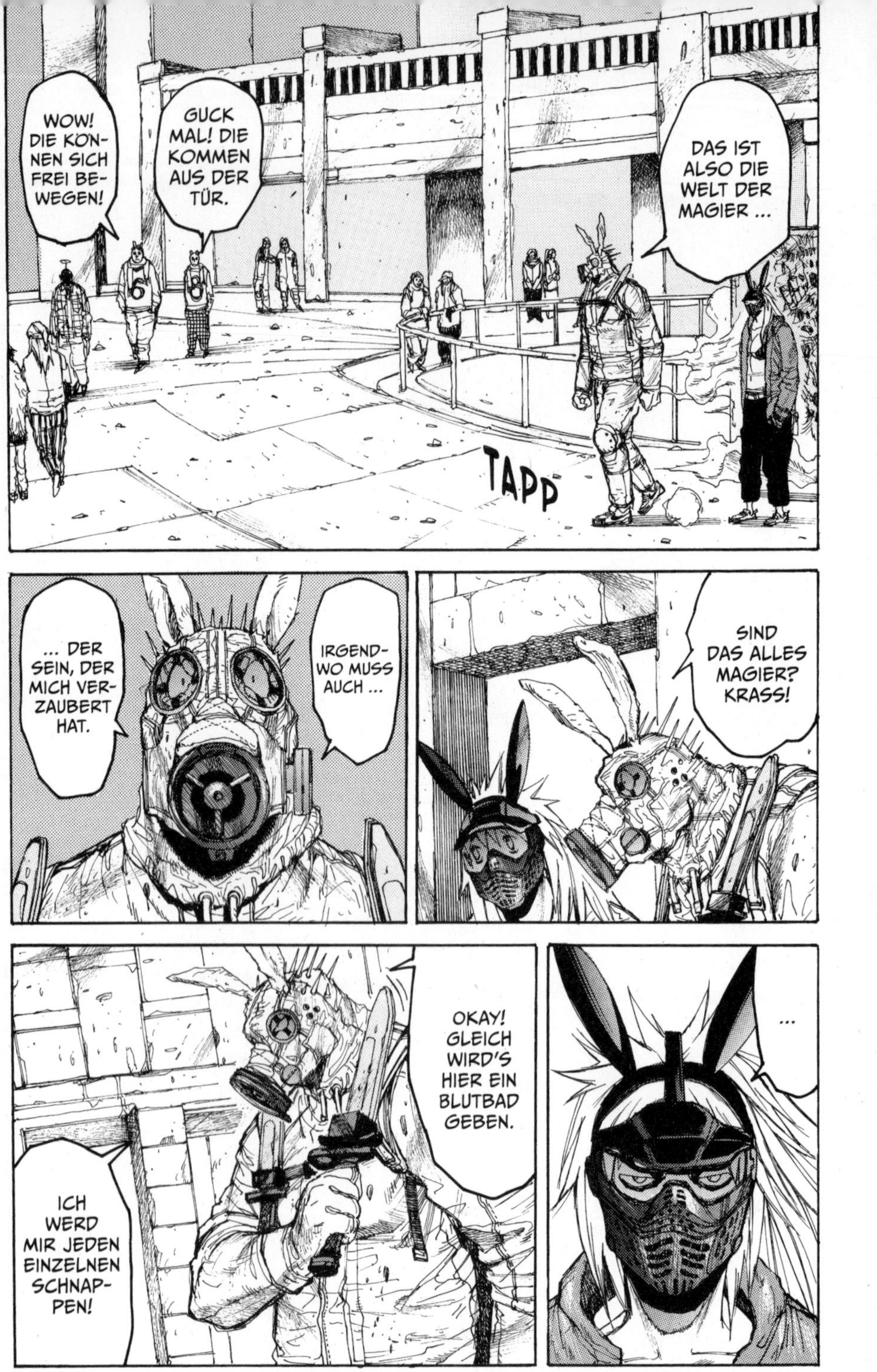
DAS IST ALSO DIE WELT DER MAGIER ...
GUCK MAL! DIE KOMMEN AUS DER TÜR.
WOW! DIE KÖN-NEN SICH FREI BE-WEGEN!
TAPP
SIND DAS ALLES MAGIER? KRASS!
IRGEND-WO MUSS AUCH ...
... DER SEIN, DER MICH VER-ZAUBERT HAT.
...
OKAY! GLEICH WIRD'S HIER EIN BLUTBAD GEBEN.
ICH WERD MIR JEDEN EINZELNEN SCHNAP-PEN!

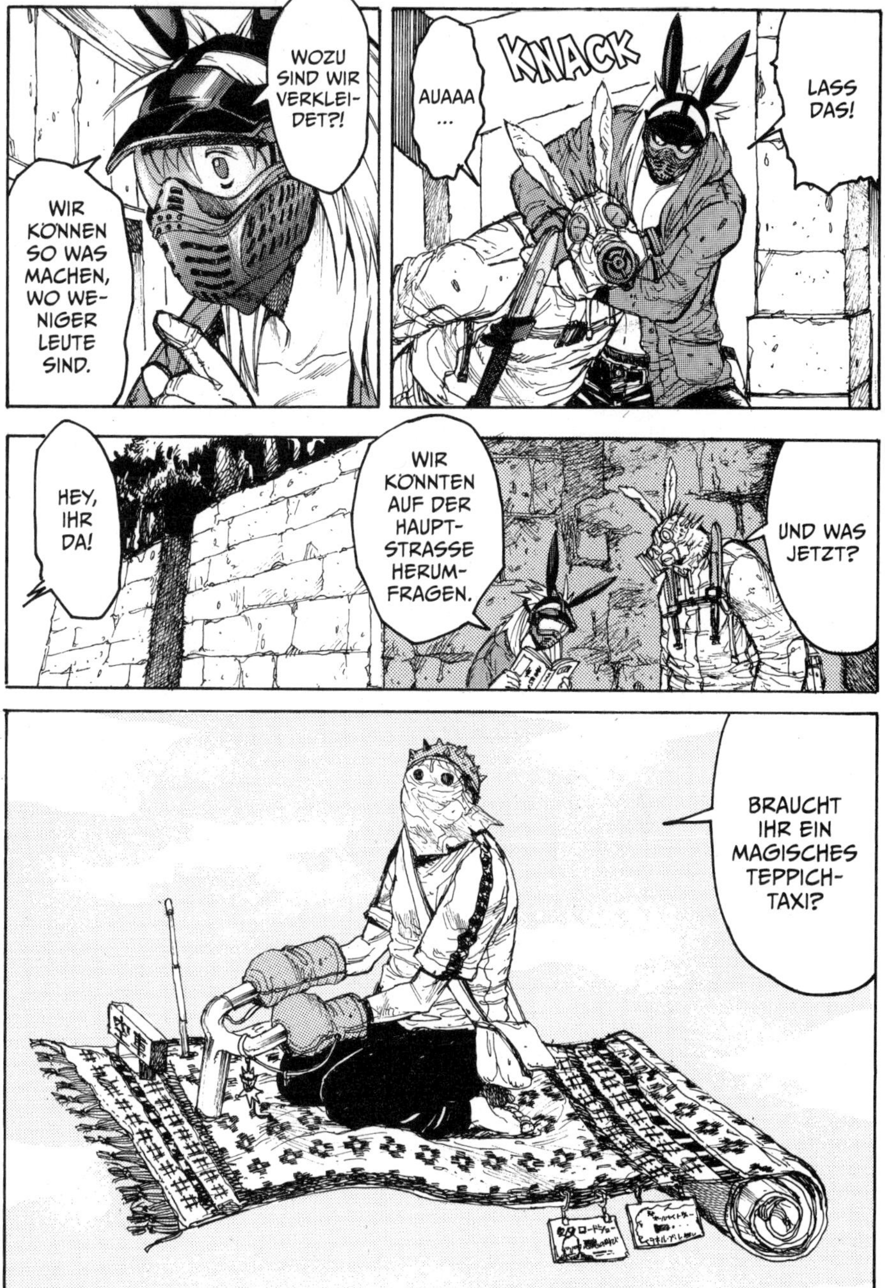
LASS DAS!
KNACK
AUAAA ...
WOZU SIND WIR VERKLEIDET?!
WIR KÖNNEN SO WAS MACHEN, WO WENIGER LEUTE SIND.
UND WAS JETZT?
WIR KÖNNTEN AUF DER HAUPTSTRASSE HERUMFRAGEN.
HEY, IHR DA!
BRAUCHT IHR EIN MAGISCHES TEPPICHTAXI?

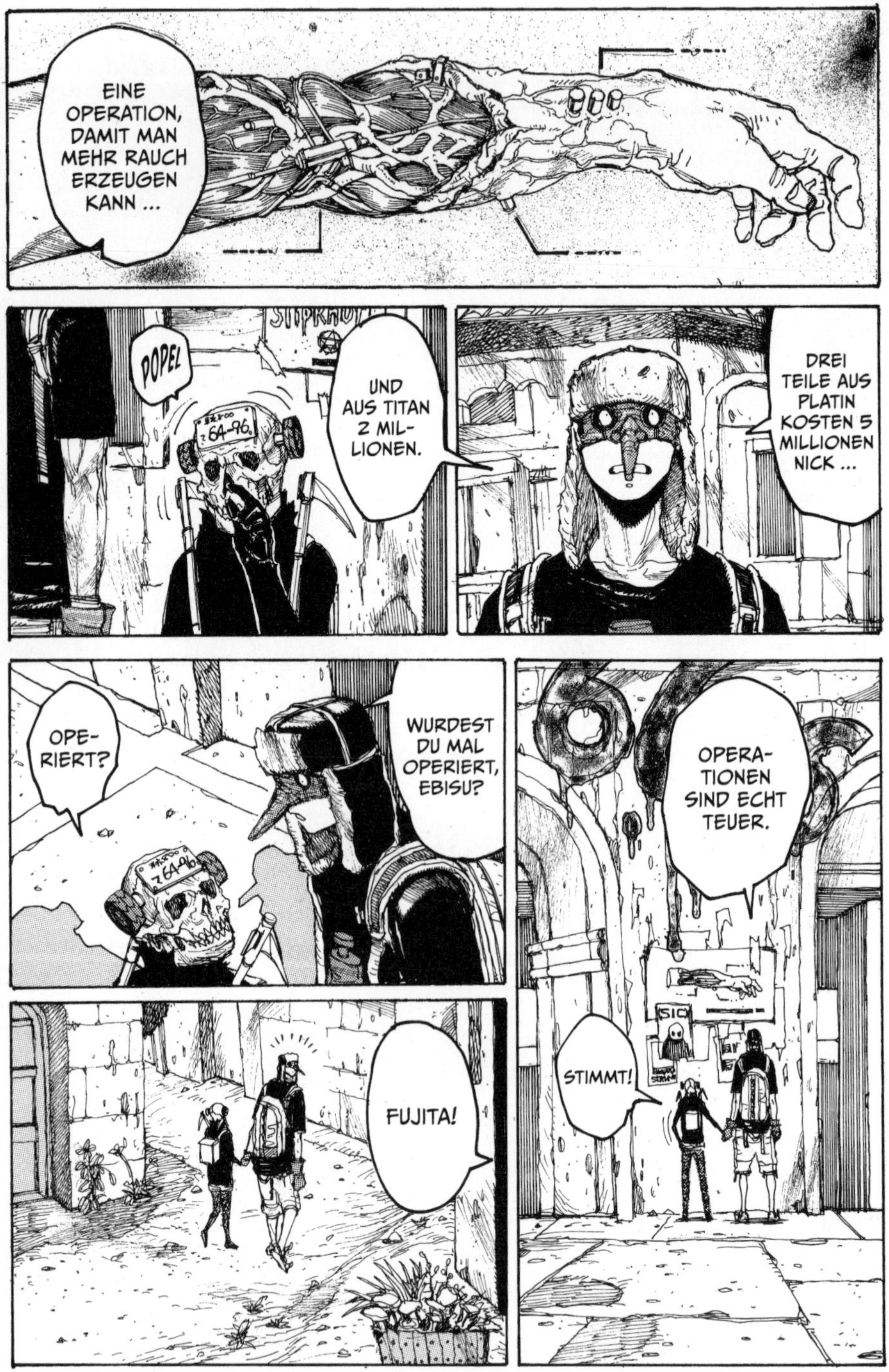
EINE OPERATION, DAMIT MAN MEHR RAUCH ERZEUGEN KANN ...
DREI TEILE AUS PLATIN KOSTEN 5 MILLIONEN NICK ...
UND AUS TITAN 2 MILLIONEN.
POPEL
OPERATIONEN SIND ECHT TEUER.
STIMMT!
WURDEST DU MAL OPERIERT, EBISU?
OPERIERT?
FUJITA!

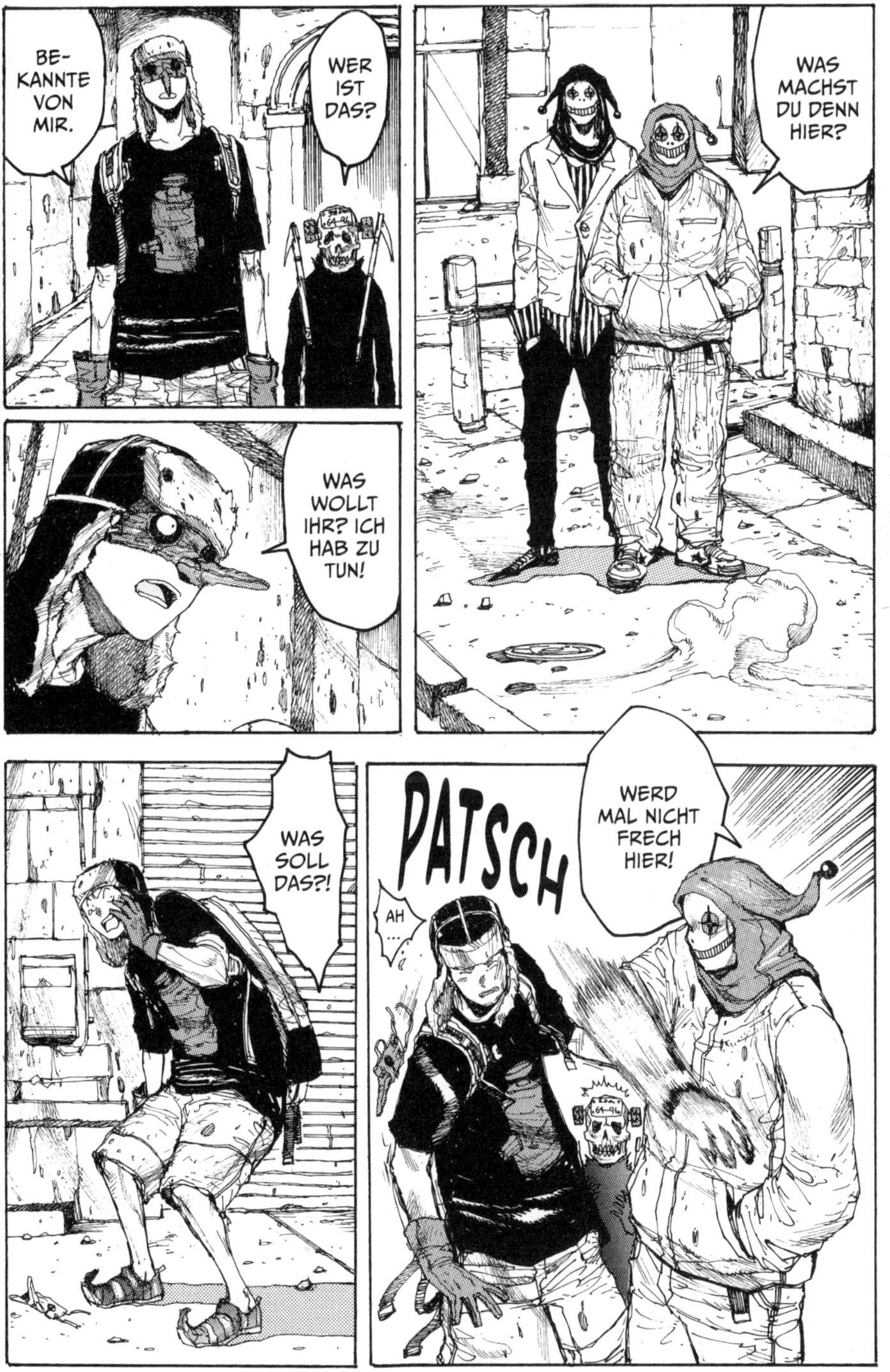
WAS MACHST DU DENN HIER?
WER IST DAS?
BE-KANNTE VON MIR.
WAS WOLLT IHR? ICH HAB ZU TUN!
WERD MAL NICHT FRECH HIER!
PATSCH
AH ...
WAS SOLL DAS?!

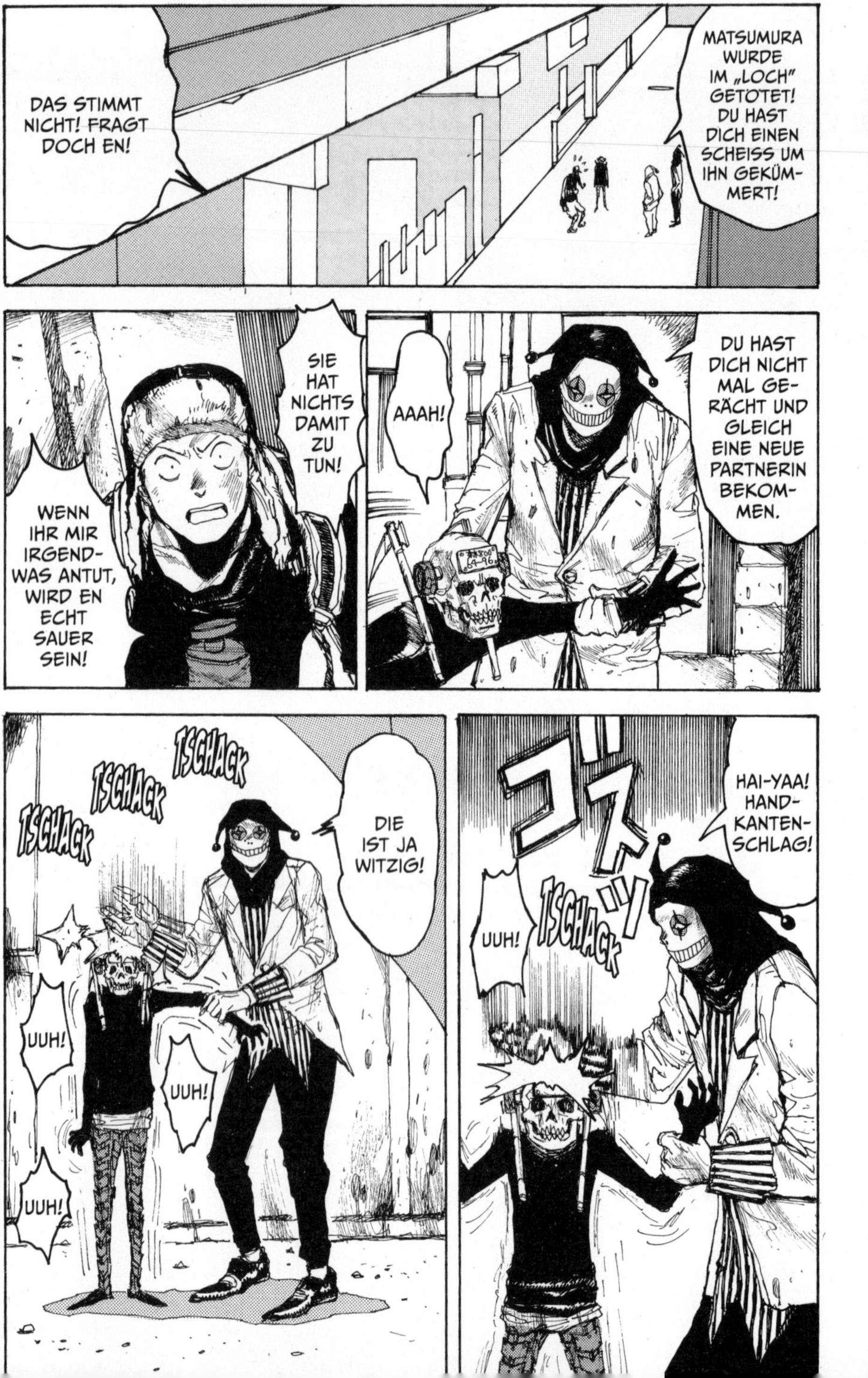
MATSUMURA WURDE IM „LOCH" GETÖTET! DU HAST DICH EINEN SCHEISS UM IHN GEKÜMMERT!
DAS STIMMT NICHT! FRAGT DOCH EN!
DU HAST DICH NICHT MAL GERÄCHT UND GLEICH EINE NEUE PARTNERIN BEKOMMEN.
AAAH!
SIE HAT NICHTS DAMIT ZU TUN!
WENN IHR MIR IRGENDWAS ANTUT, WIRD EN ECHT SAUER SEIN!
HAI-YAA! HANDKANTENSCHLAG!
TSCHACK
UUH!
DIE IST JA WITZIG!
TSCHACK
TSCHACK
TSCHACK
UUH!
UUH!
UUH!

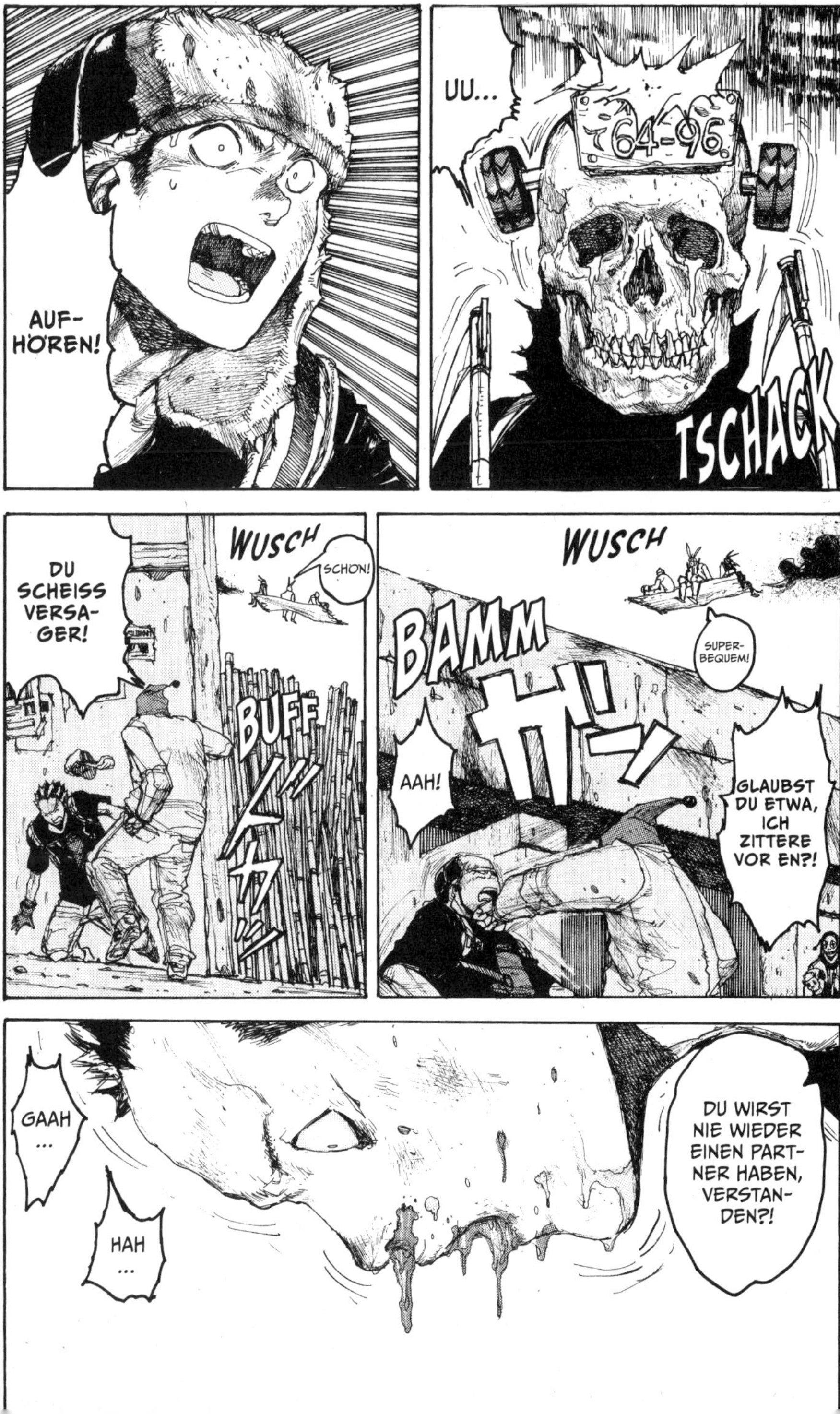
UU...
TSCHACK
AUF-HÖREN!
WUSCH
SUPER-BEQUEM!
BAMM
AAH!
GLAUBST DU ETWA, ICH ZITTERE VOR EN?!
WUSCH
SCHÖN!
DU SCHEISS VERSA-GER!
BUFF
DU WIRST NIE WIEDER EINEN PART-NER HABEN, VERSTAN-DEN?!
GAAH ...
HAH ...

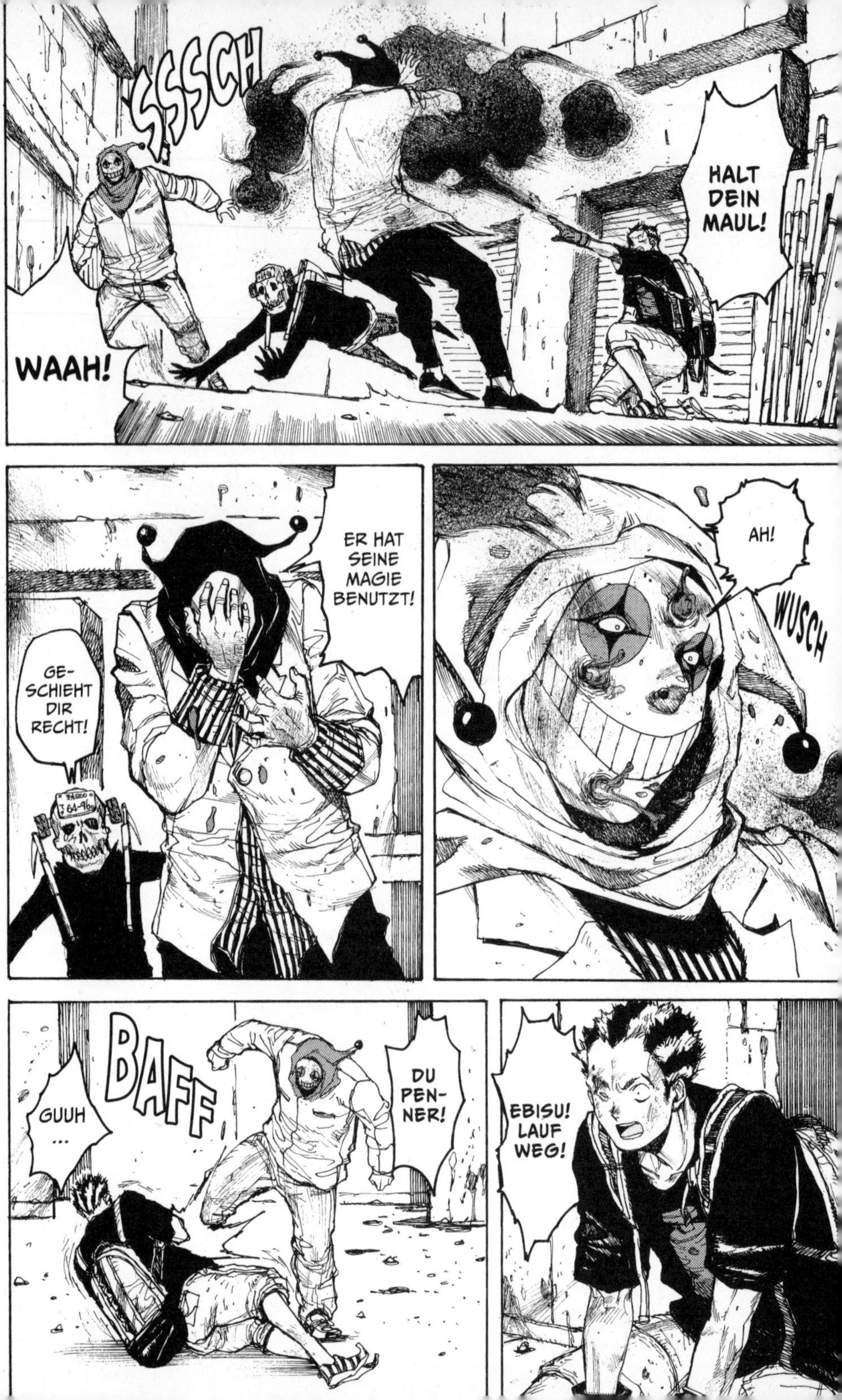
SSSCH
HALT DEIN MAUL!
WAAH!
ER HAT SEINE MAGIE BENUTZT!
GE-SCHIEHT DIR RECHT!
AH!
WUSCH
BAFF
DU PEN-NER!
GUUH ...
EBISU! LAUF WEG!

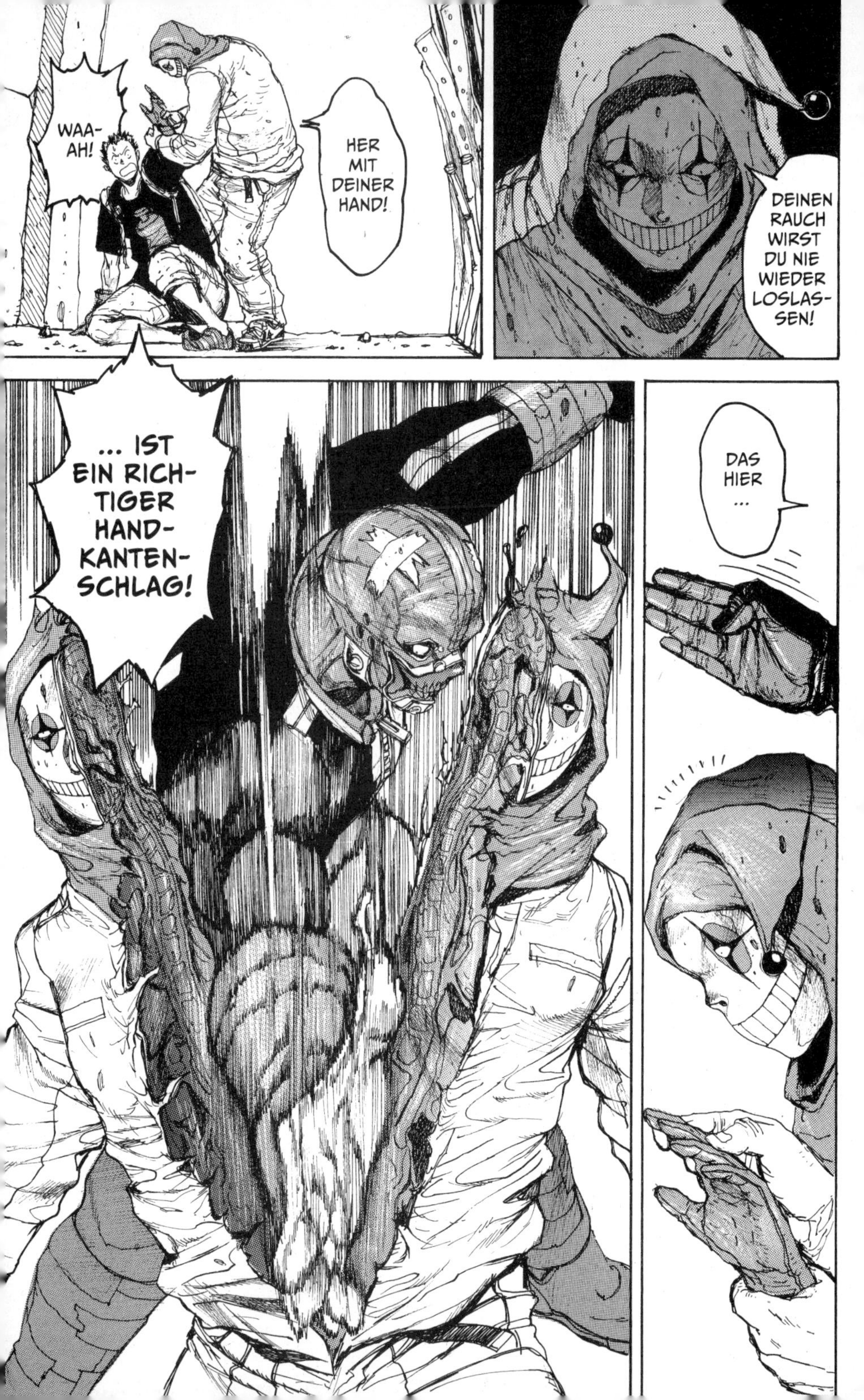
HER MIT DEINER HAND!
WAA-AH!
DEINEN RAUCH WIRST DU NIE WIEDER LOSLASSEN!
DAS HIER ...
... IST EIN RICHTIGER HANDKANTENSCHLAG!

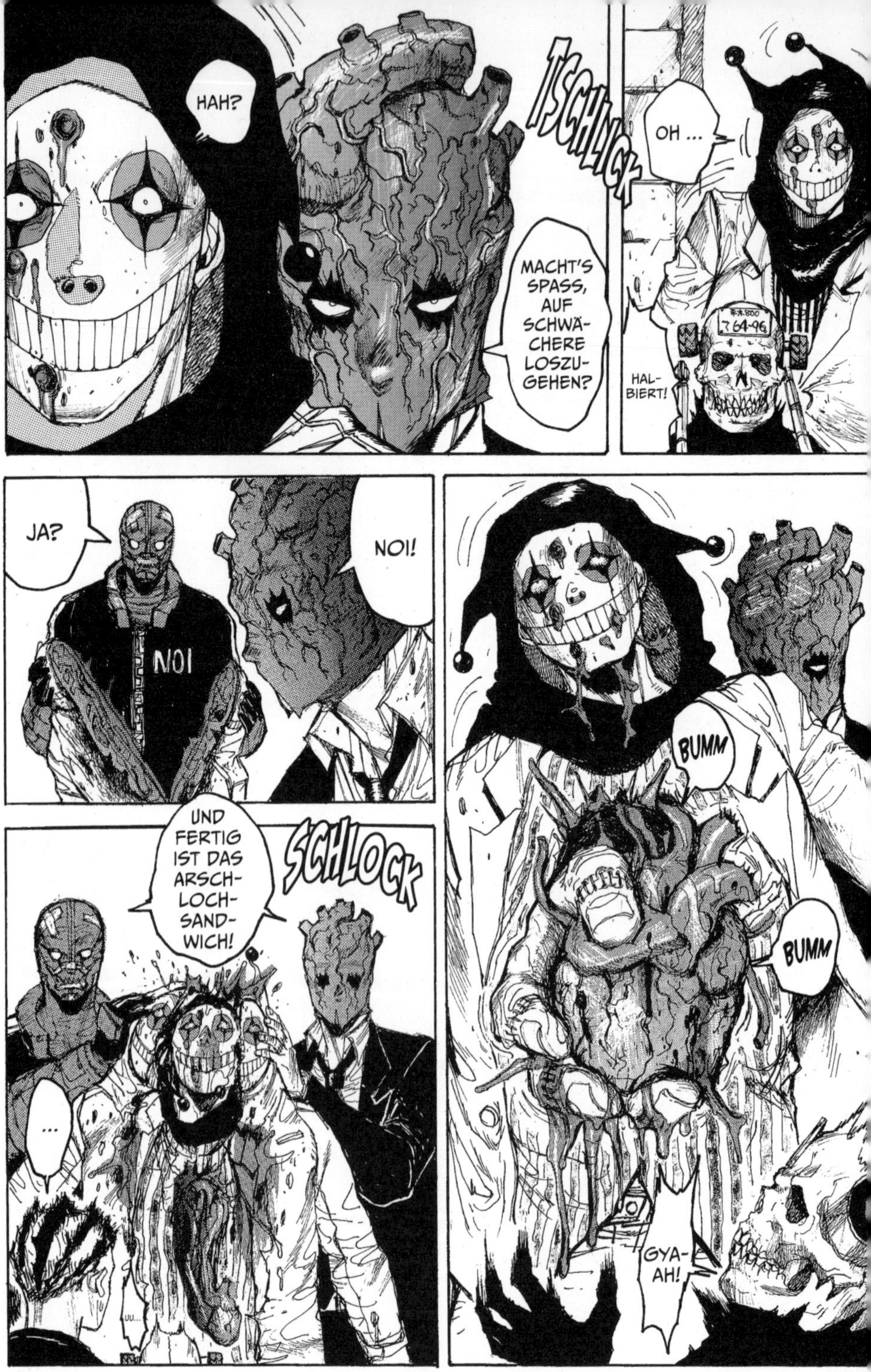
OH ...
HAL-
BIERT!
TSCHLICK
MACHT'S
SPASS,
AUF
SCHWÄ-
CHERE
LOSZU-
GEHEN?
HAH?
BUMM
BUMM
GYA-
AH!
NOI!
JA?
NOI
SCHLOCK
UND
FERTIG
IST DAS
ARSCH-
LOCH-
SAND-
WICH!
...
UU...

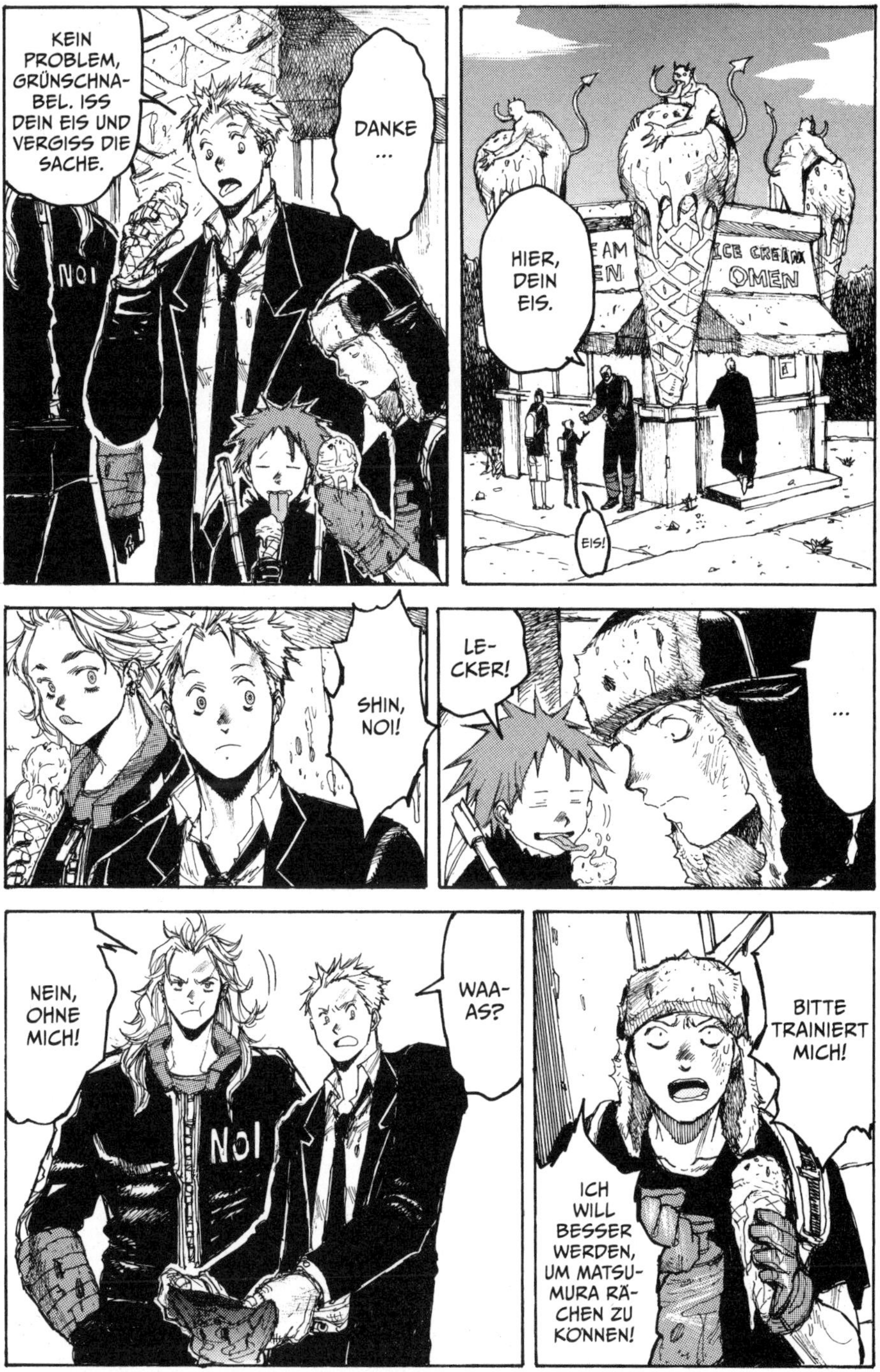
HIER, DEIN EIS.
EIS!
DANKE ...
KEIN PROBLEM, GRÜNSCHNA-BEL. ISS DEIN EIS UND VERGISS DIE SACHE.
LE-CKER!
...
SHIN, NOI!
BITTE TRAINIERT MICH!
ICH WILL BESSER WERDEN, UM MATSU-MURA RÄ-CHEN ZU KÖNNEN!
WAA-AS?
NEIN, OHNE MICH!

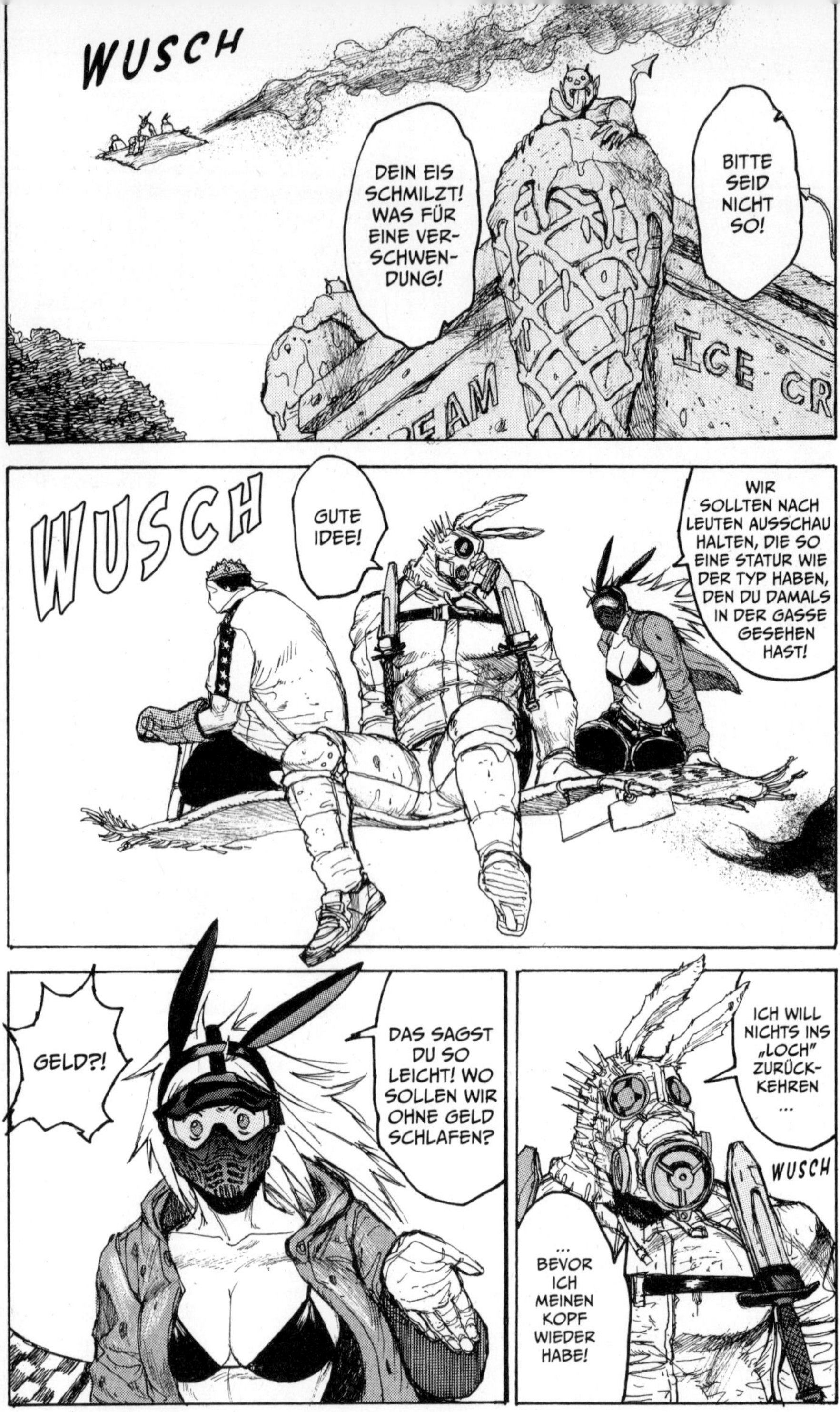
WUSCH
DEIN EIS SCHMILZT! WAS FÜR EINE VER-SCHWEN-DUNG!
BITTE SEID NICHT SO!
ICE CR
EAM
WUSCH
WIR SOLLTEN NACH LEUTEN AUSSCHAU HALTEN, DIE SO EINE STATUR WIE DER TYP HABEN, DEN DU DAMALS IN DER GASSE GESEHEN HAST!
GUTE IDEE!
DAS SAGST DU SO LEICHT! WO SOLLEN WIR OHNE GELD SCHLAFEN?
GELD?!
ICH WILL NICHTS INS „LOCH" ZURÜCK-KEHREN ...
WUSCH
... BEVOR ICH MEINEN KOPF WIEDER HABE!

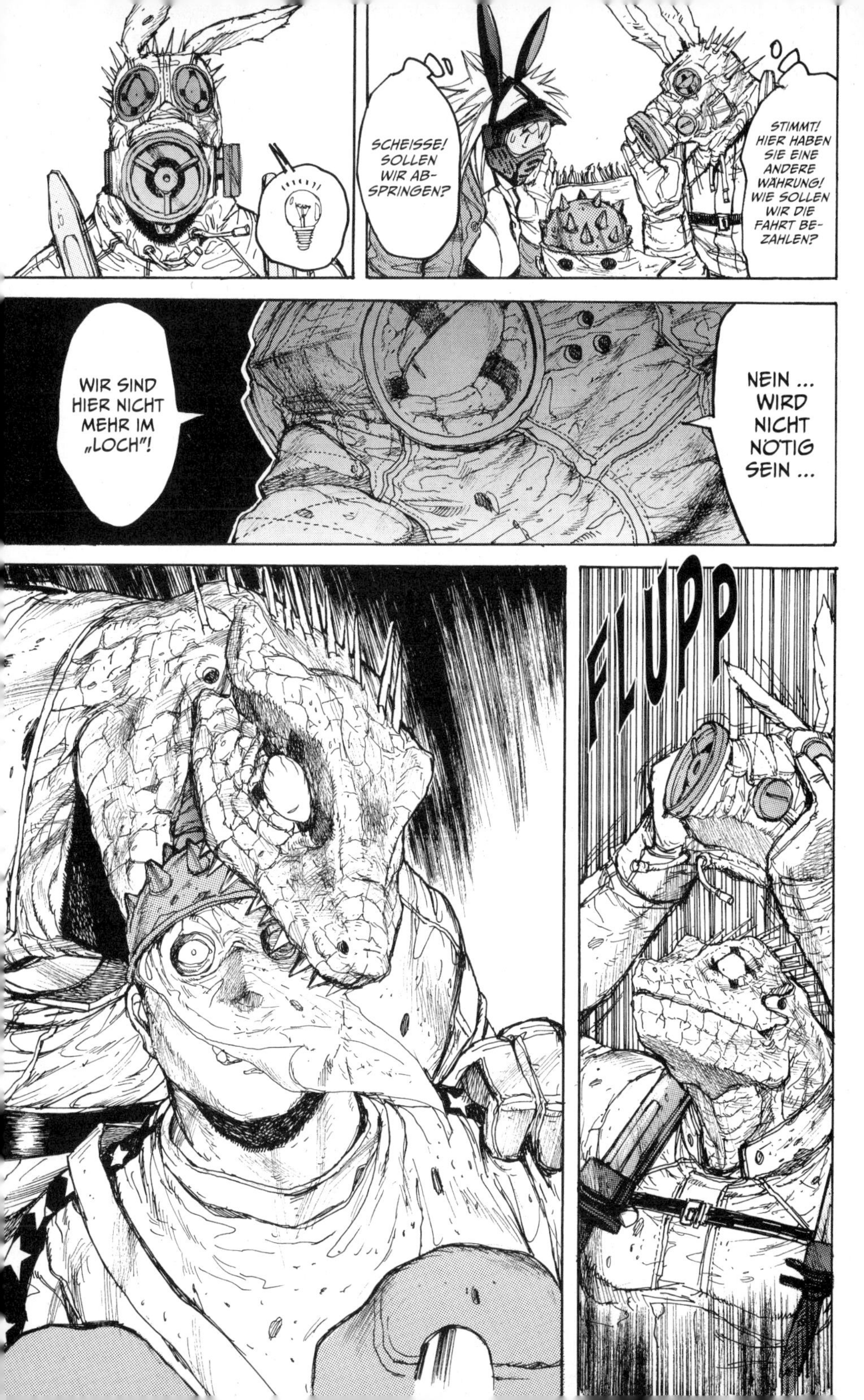
STIMMT! HIER HABEN SIE EINE ANDERE WÄHRUNG! WIE SOLLEN WIR DIE FAHRT BEZAHLEN?
SCHEISSE! SOLLEN WIR ABSPRINGEN?
NEIN ... WIRD NICHT NÖTIG SEIN ...
WIR SIND HIER NICHT MEHR IM „LOCH"!
FLUPP

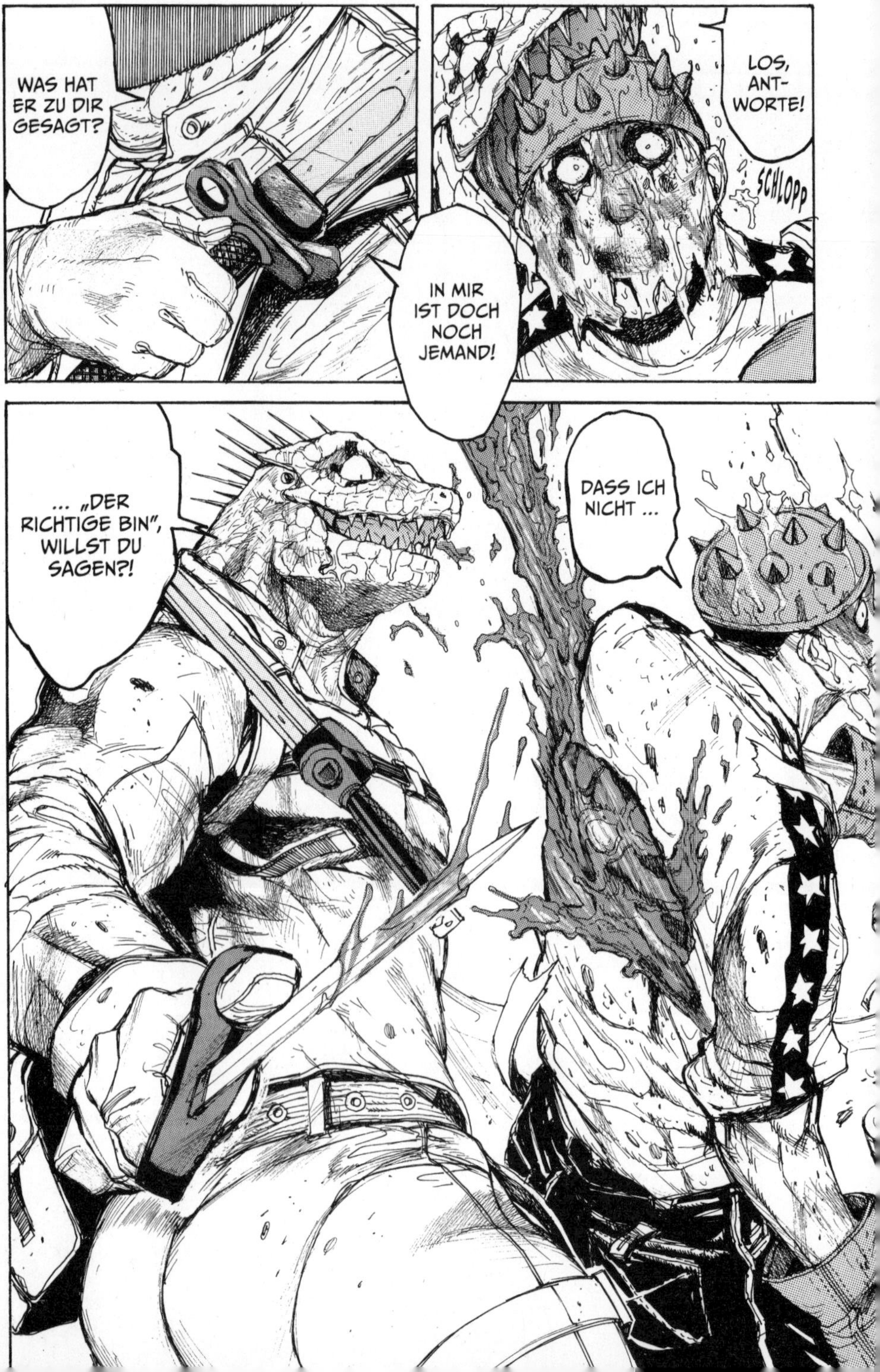
WAS HAT ER ZU DIR GESAGT?
LOS, ANT-WORTE!
SCHLOPP
IN MIR IST DOCH NOCH JEMAND!
DASS ICH NICHT ...
... „DER RICHTIGE BIN", WILLST DU SAGEN?!

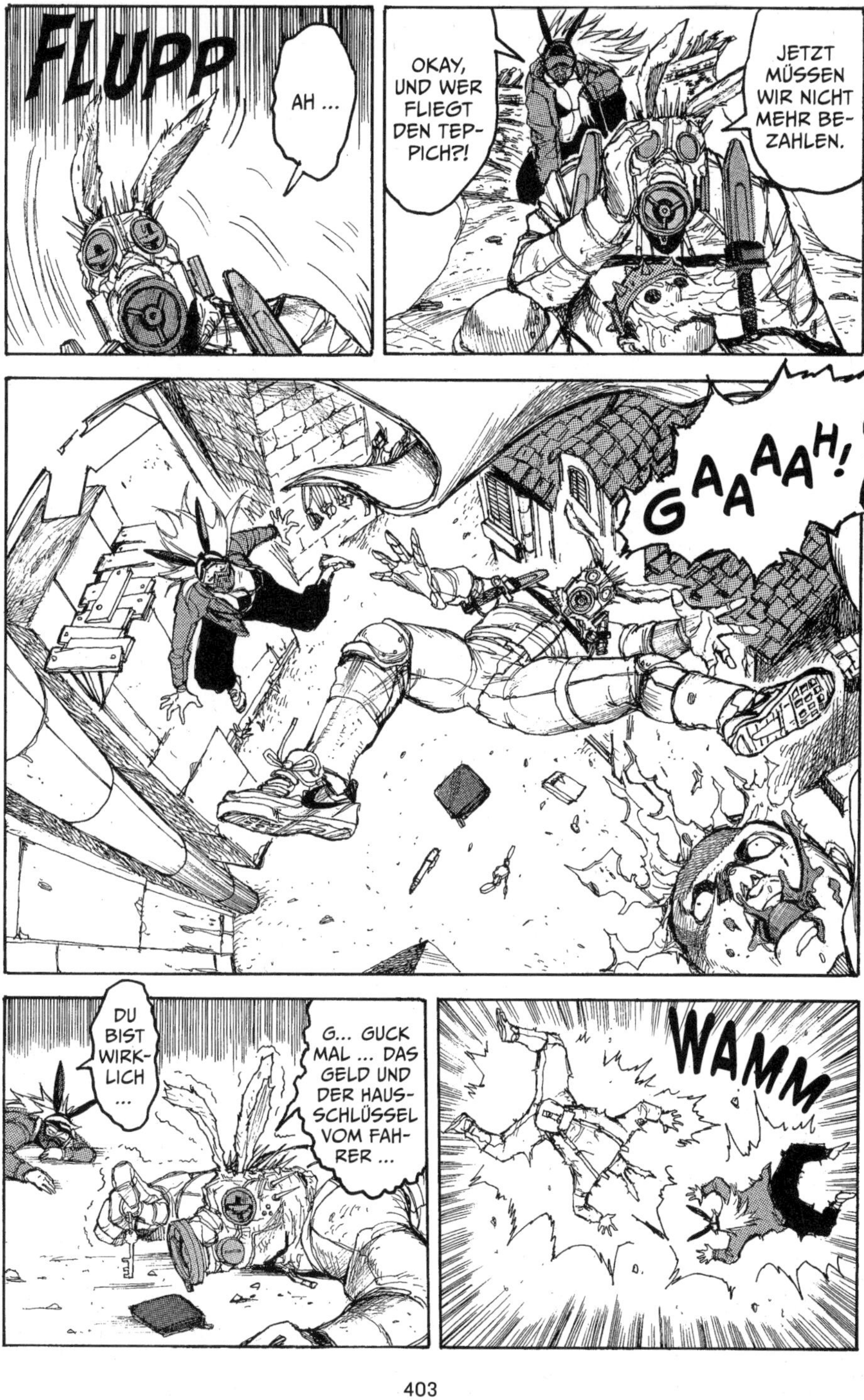
FLUPP
AH ...
OKAY, UND WER FLIEGT DEN TEP-PICH?!
JETZT MÜSSEN WIR NICHT MEHR BE-ZAHLEN.
GAAAAH!
DU BIST WIRK-LICH ...
G... GUCK MAL ... DAS GELD UND DER HAUS-SCHLÜSSEL VOM FAH-RER ...
WAMM

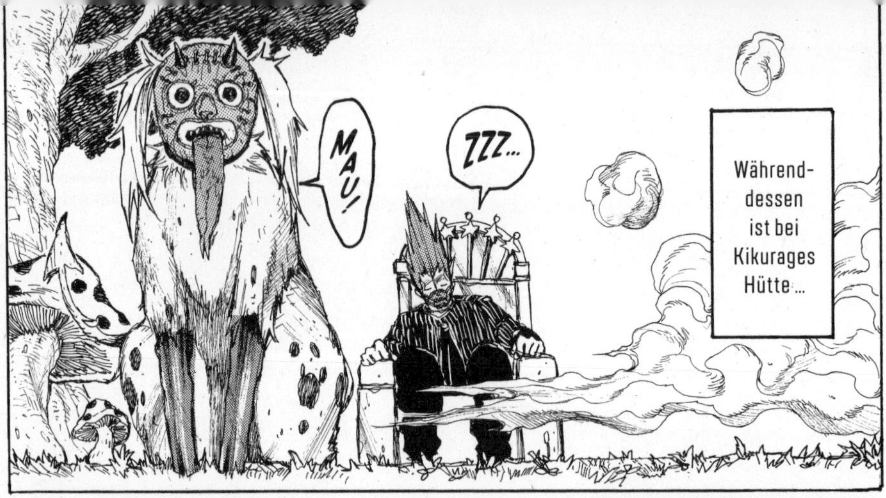
Während-
dessen
ist bei
Kikurages
Hütte …
ZZZ…
MAU!

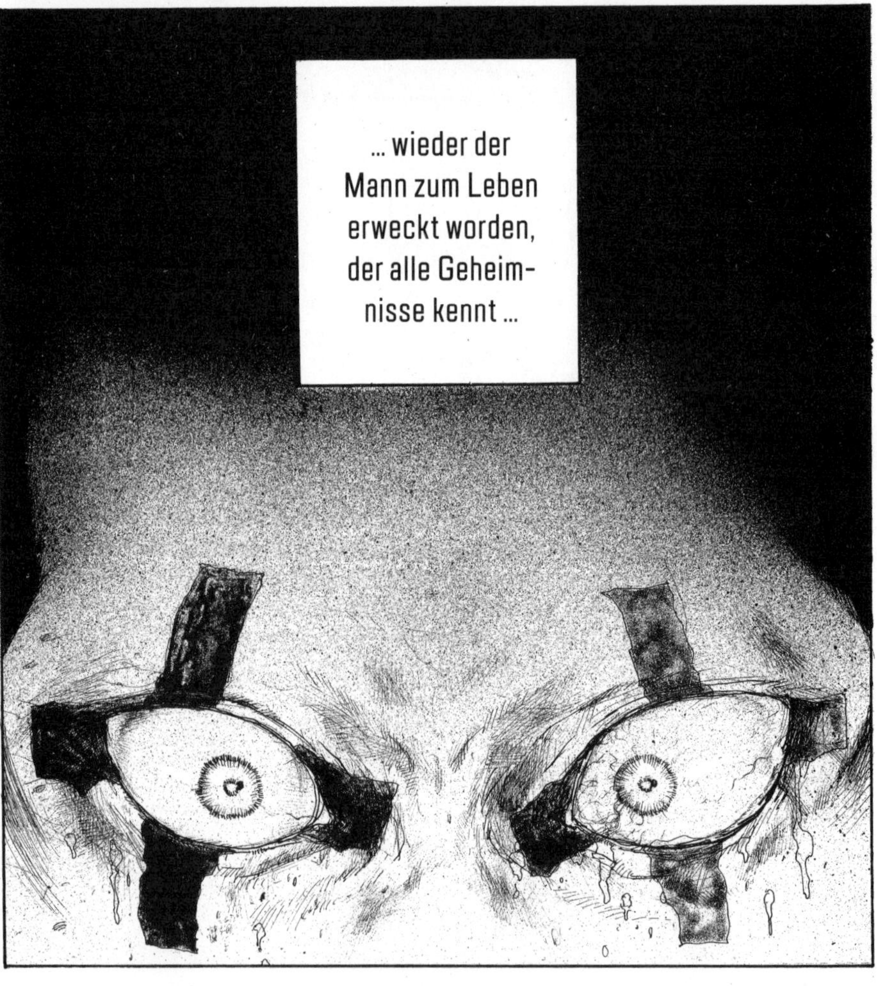
… wieder der
Mann zum Leben
erweckt worden,
der alle Geheim-
nisse kennt …

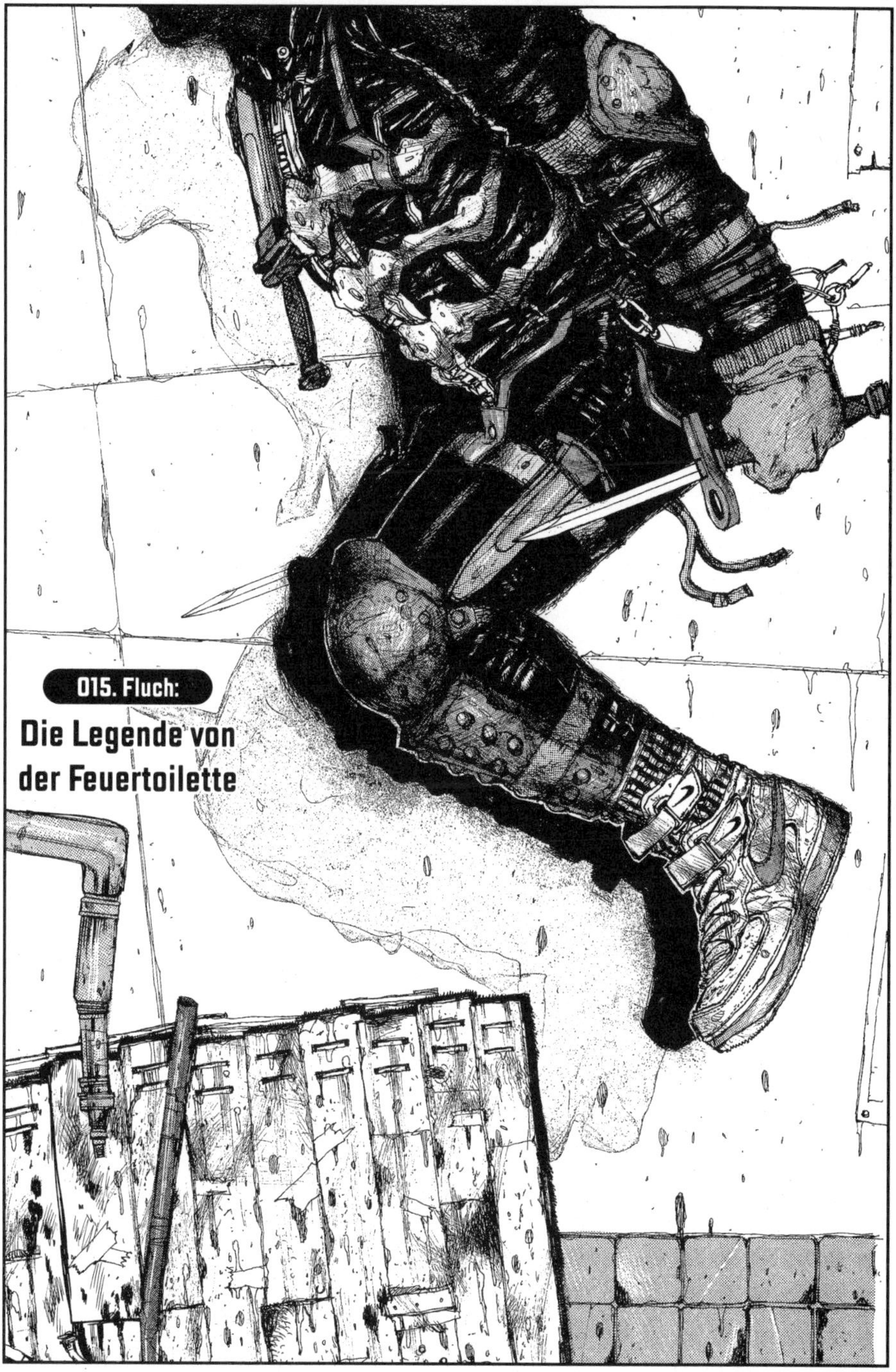
015. Fluch:
Die Legende von der Feuertoilette

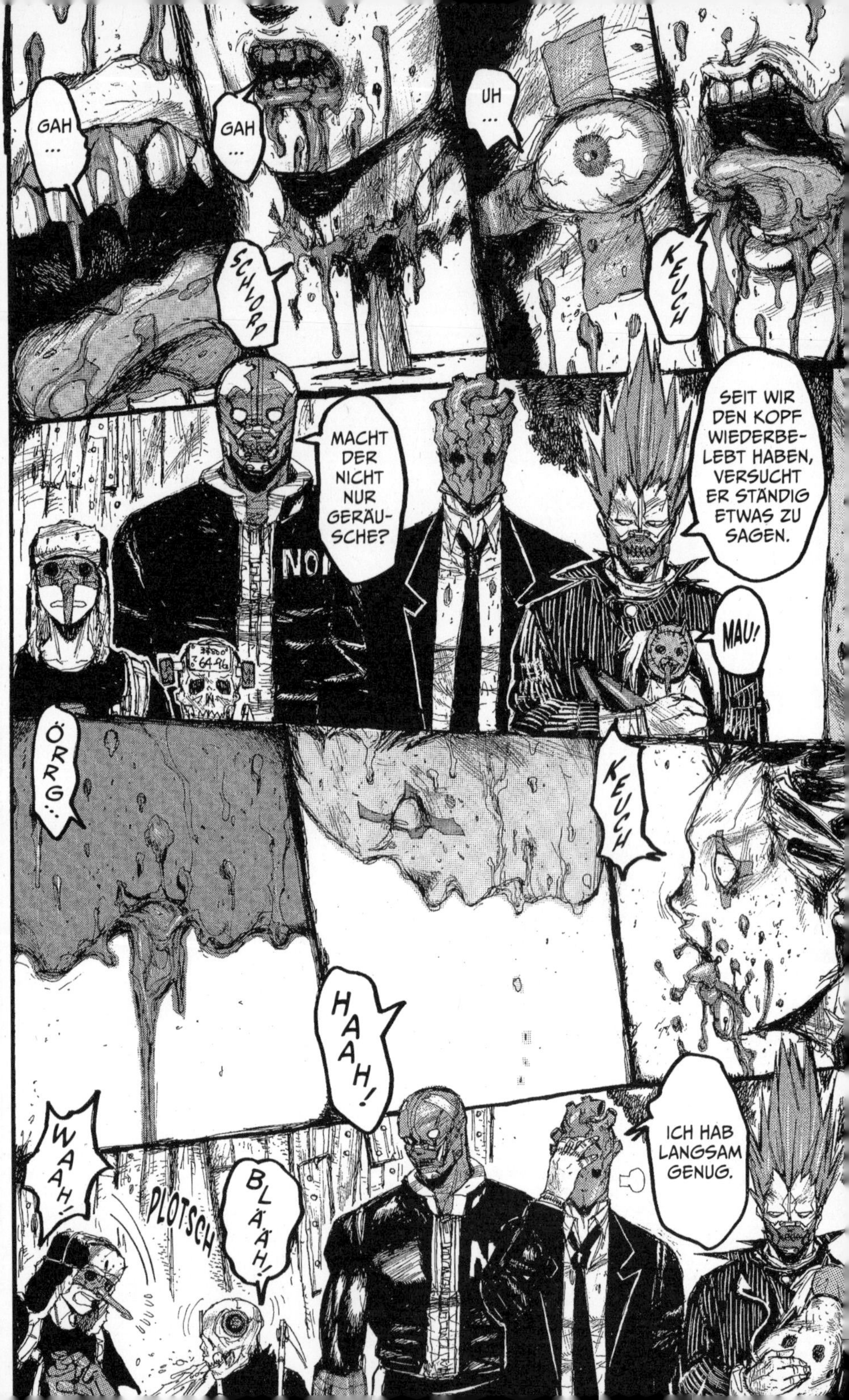
UH ...
KEUCH
GAH ...
GAH ...
SCHVORP
SEIT WIR DEN KOPF WIEDERBE-LEBT HABEN, VERSUCHT ER STÄNDIG ETWAS ZU SAGEN.
MAU!
MACHT DER NICHT NUR GERÄU-SCHE?
KEUCH
ÖRRG ...
ICH HAB LANGSAM GENUG.
HAAAH!
BLÄÄH!
PLOTSCH
WAAH!

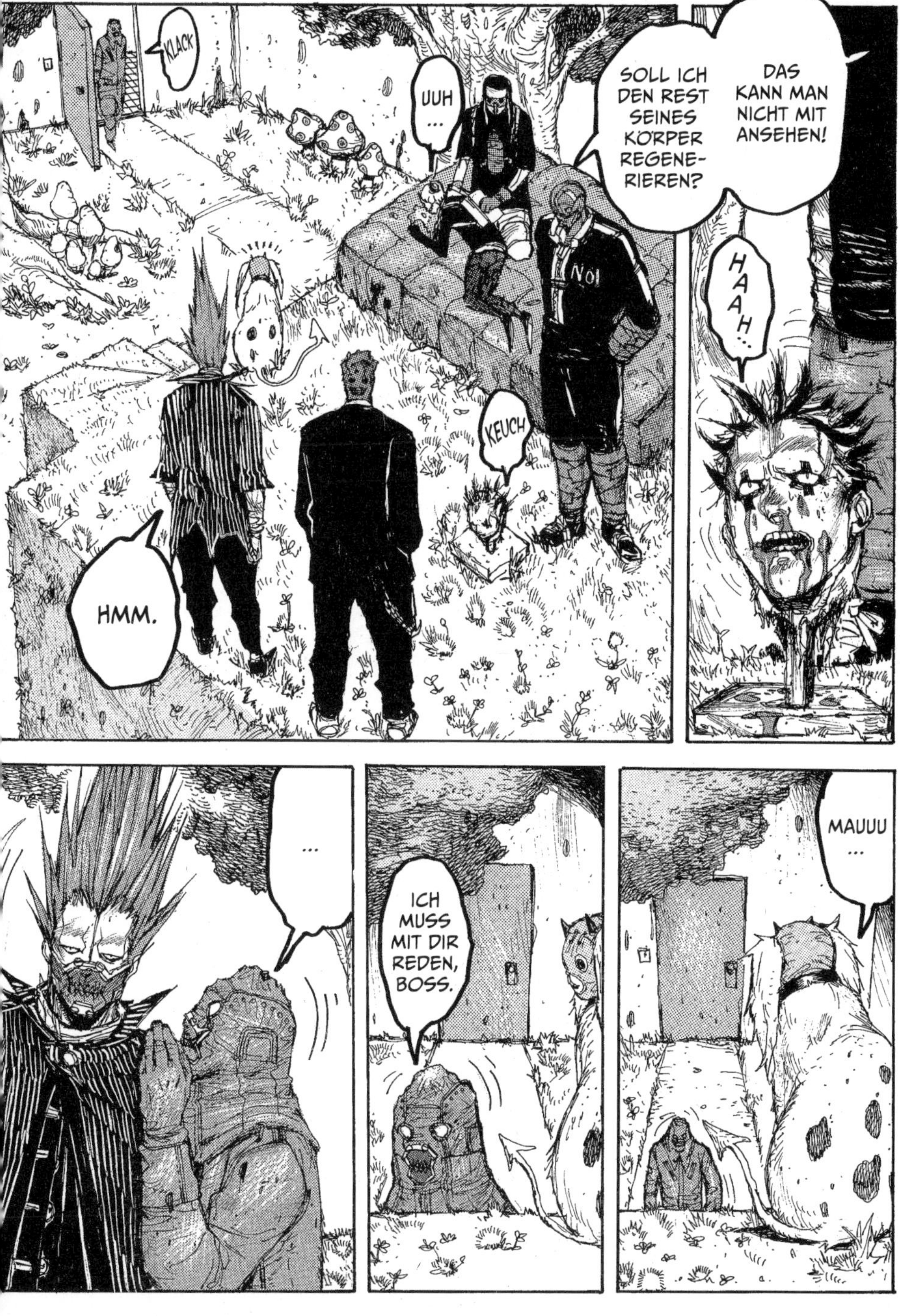
DAS KANN MAN NICHT MIT ANSEHEN!
SOLL ICH DEN REST SEINES KÖRPER REGENERIEREN?
UUH ...
KLACK
KEUCH
HMM.
HAAAH...
MAUUU ...
ICH MUSS MIT DIR REDEN, BOSS.
...

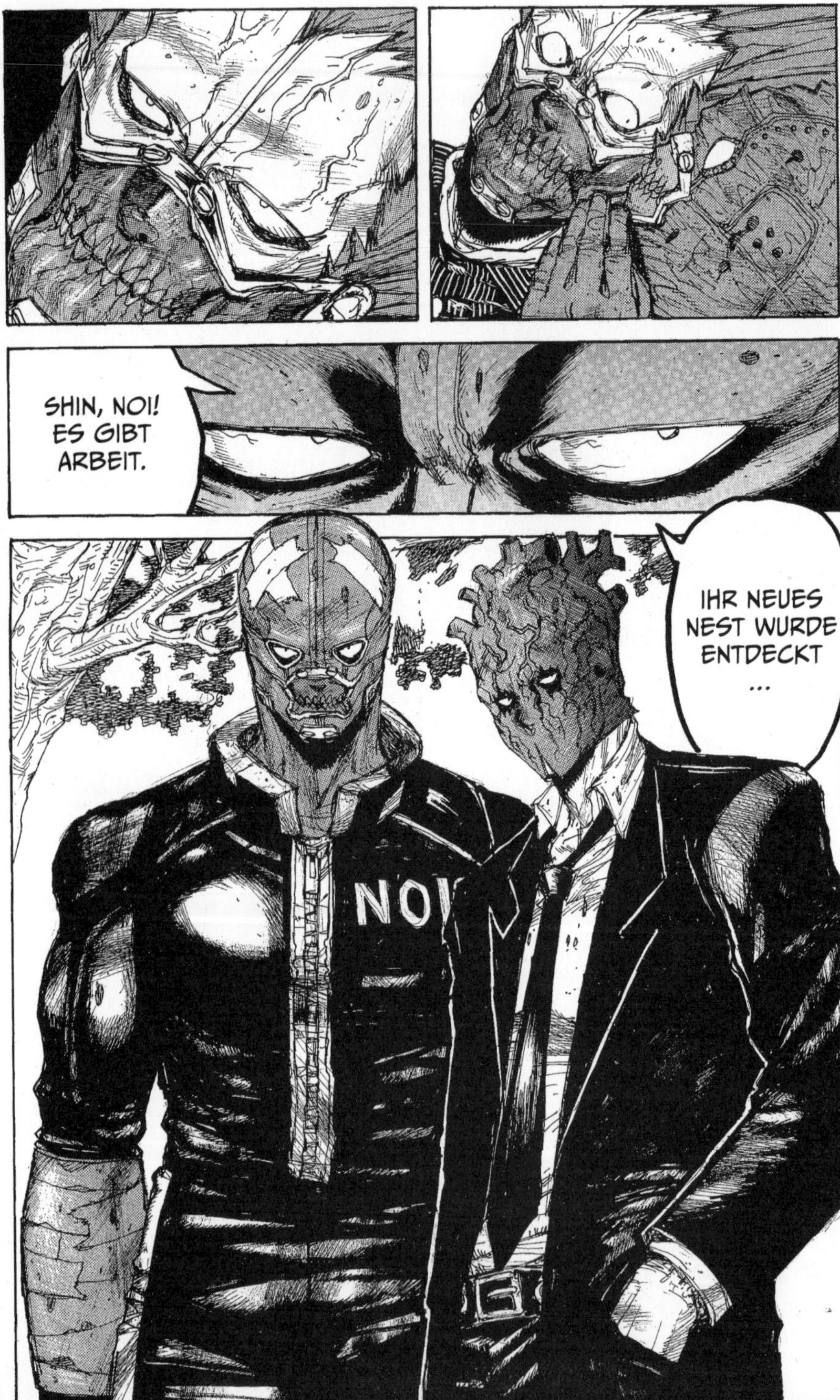
SHIN, NOI! ES GIBT ARBEIT.
IHR NEUES NEST WURDE ENTDECKT ...
NOI

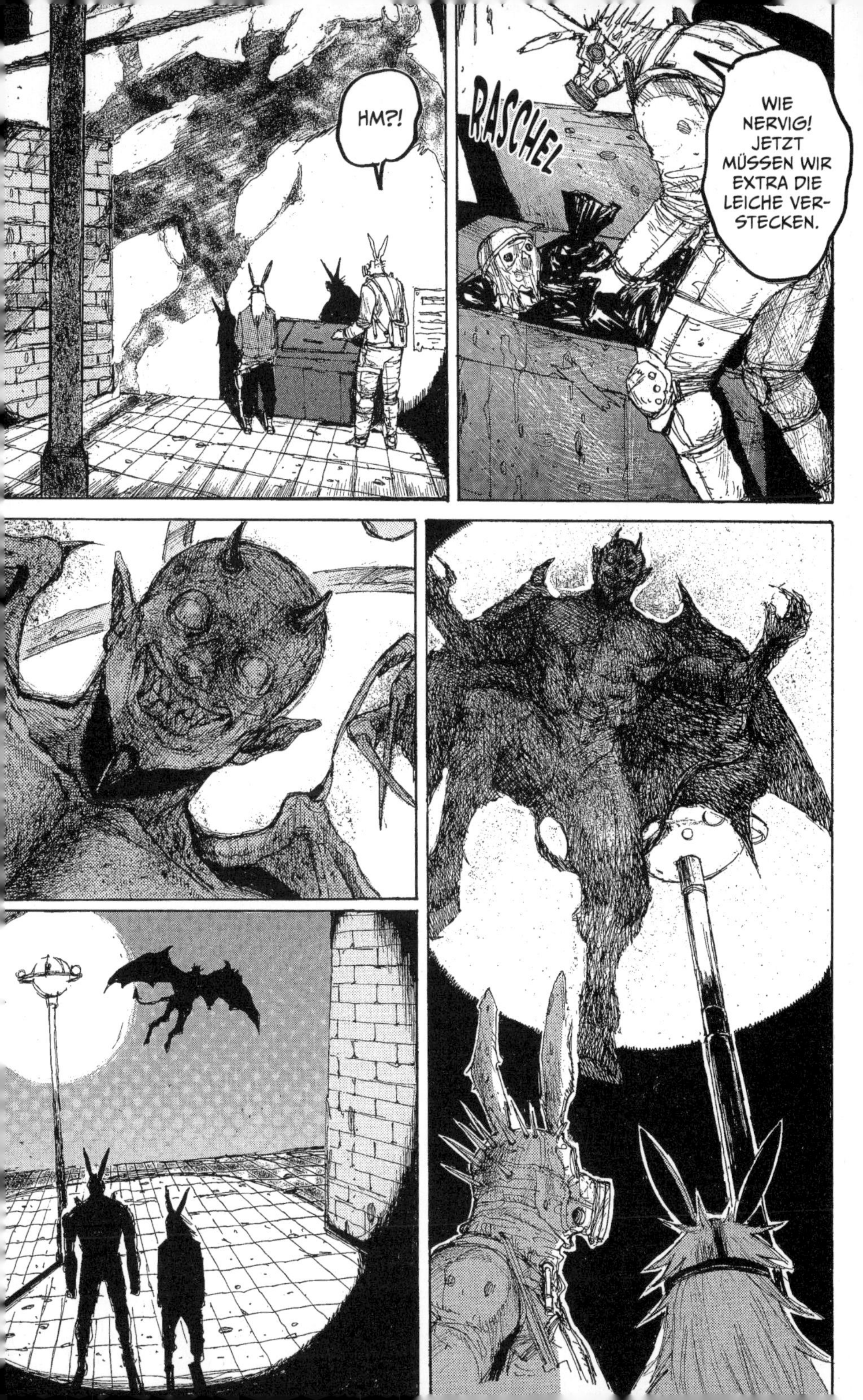
RASCHEL
WIE NERVIG! JETZT MÜSSEN WIR EXTRA DIE LEICHE VER-STECKEN.
HM?!

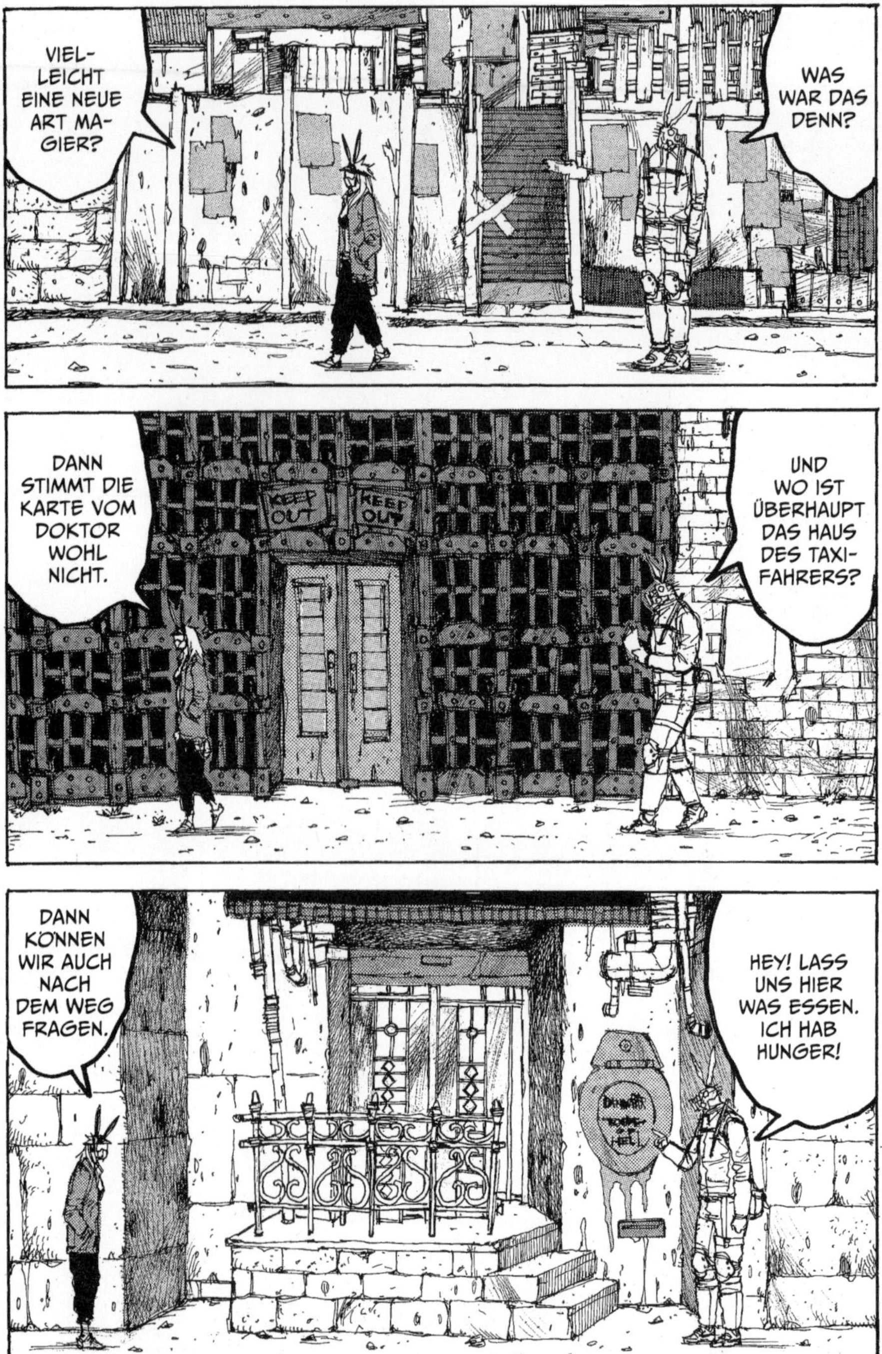
WAS WAR DAS DENN?
VIEL-LEICHT EINE NEUE ART MA-GIER?
KEEP OUT
KEEP OUT
UND WO IST ÜBERHAUPT DAS HAUS DES TAXI-FAHRERS?
DANN STIMMT DIE KARTE VOM DOKTOR WOHL NICHT.
HEY! LASS UNS HIER WAS ESSEN. ICH HAB HUNGER!
DANN KÖNNEN WIR AUCH NACH DEM WEG FRAGEN.

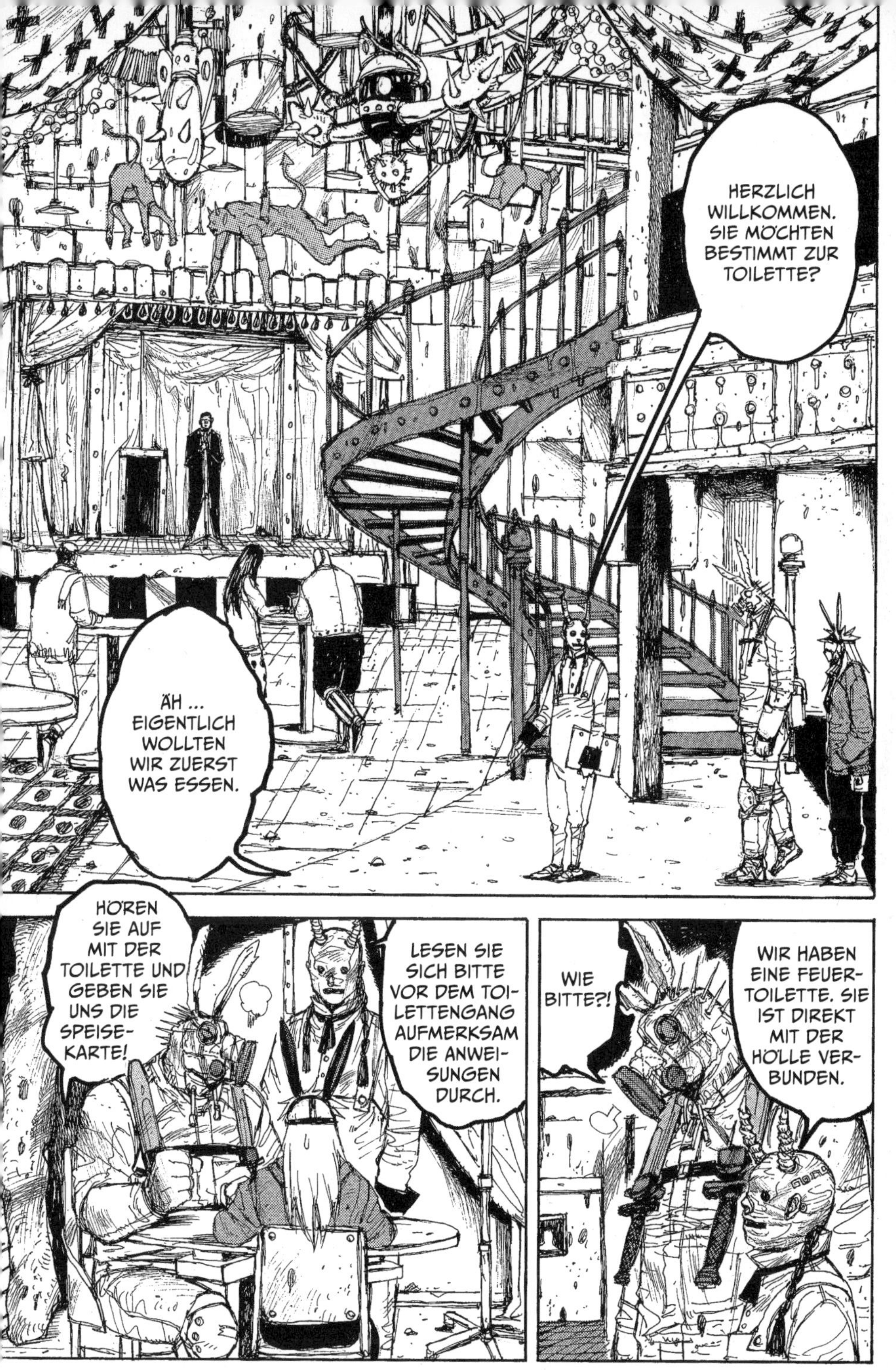
HERZLICH WILLKOMMEN. SIE MÖCHTEN BESTIMMT ZUR TOILETTE?
ÄH ... EIGENTLICH WOLLTEN WIR ZUERST WAS ESSEN.
HÖREN SIE AUF MIT DER TOILETTE UND GEBEN SIE UNS DIE SPEISE-KARTE!
LESEN SIE SICH BITTE VOR DEM TOI-LETTENGANG AUFMERKSAM DIE ANWEI-SUNGEN DURCH.
WIE BITTE?!
WIR HABEN EINE FEUER-TOILETTE. SIE IST DIREKT MIT DER HÖLLE VER-BUNDEN.

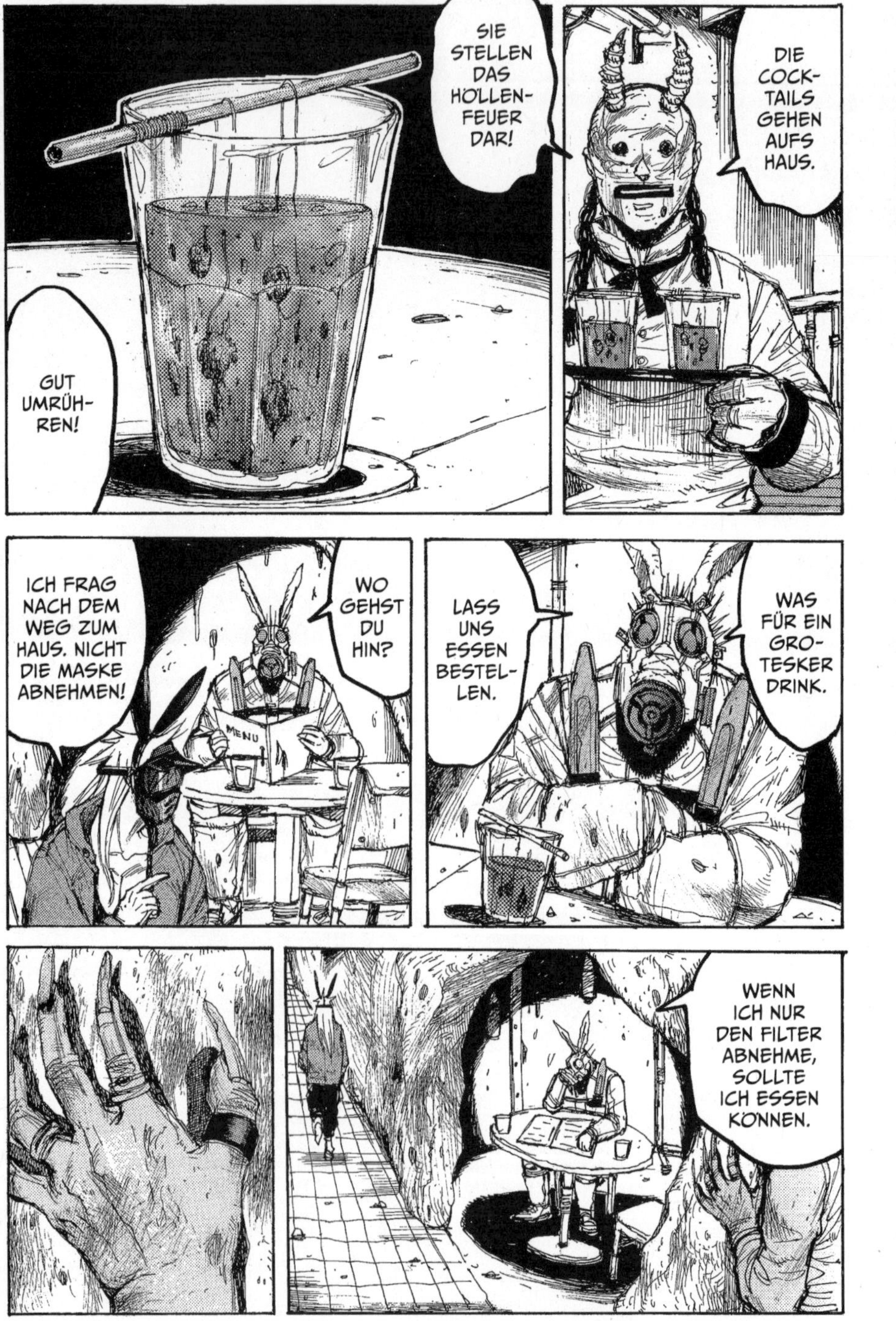
DIE COCKTAILS GEHEN AUFS HAUS.
SIE STELLEN DAS HÖLLENFEUER DAR!
GUT UMRÜHREN!
WAS FÜR EIN GROTESKER DRINK.
LASS UNS ESSEN BESTELLEN.
WO GEHST DU HIN?
ICH FRAG NACH DEM WEG ZUM HAUS. NICHT DIE MASKE ABNEHMEN!
MENU
WENN ICH NUR DEN FILTER ABNEHME, SOLLTE ICH ESSEN KÖNNEN.

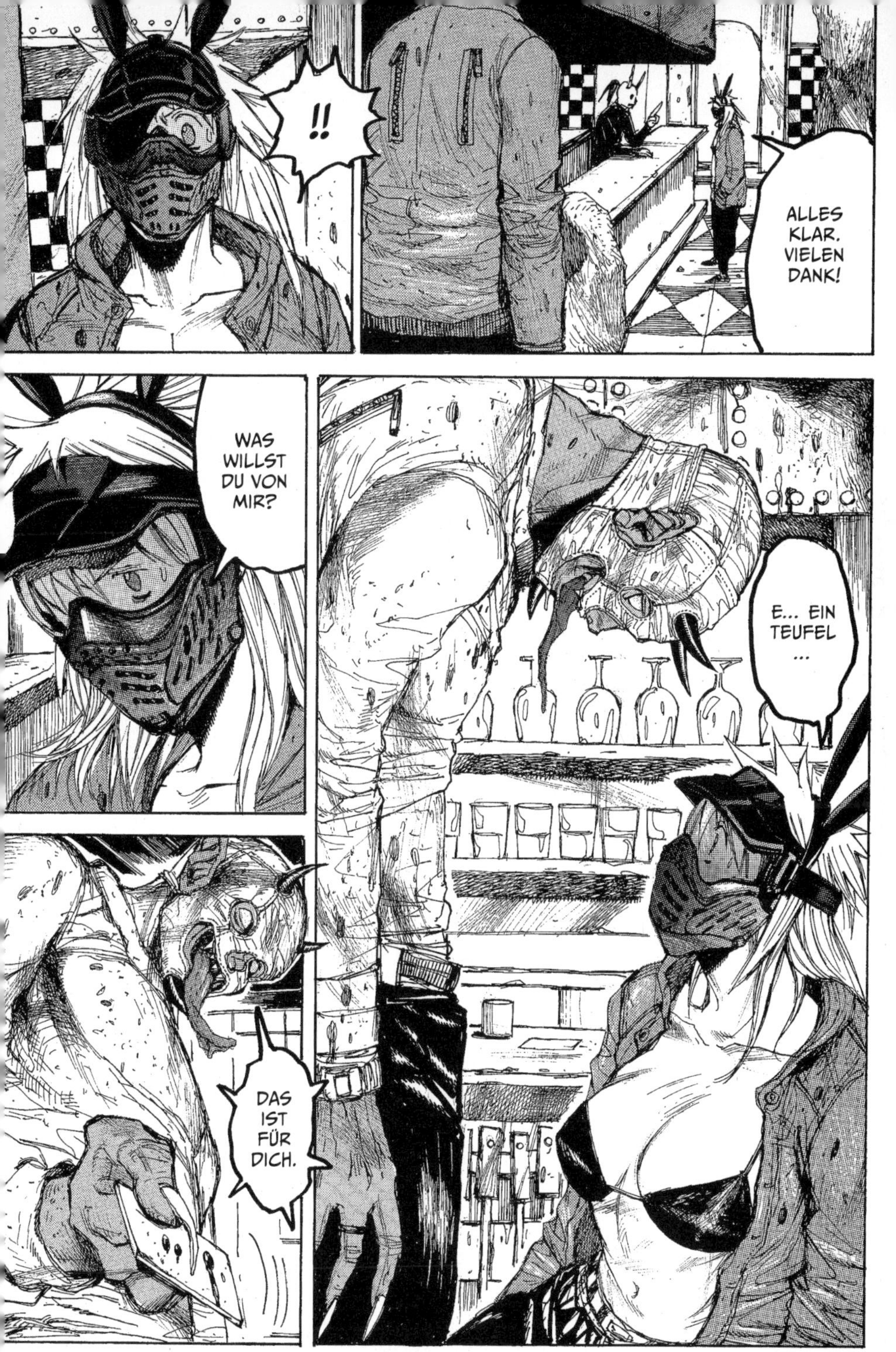
ALLES KLAR. VIELEN DANK!
!!
E... EIN TEUFEL ...
WAS WILLST DU VON MIR?
DAS IST FÜR DICH.

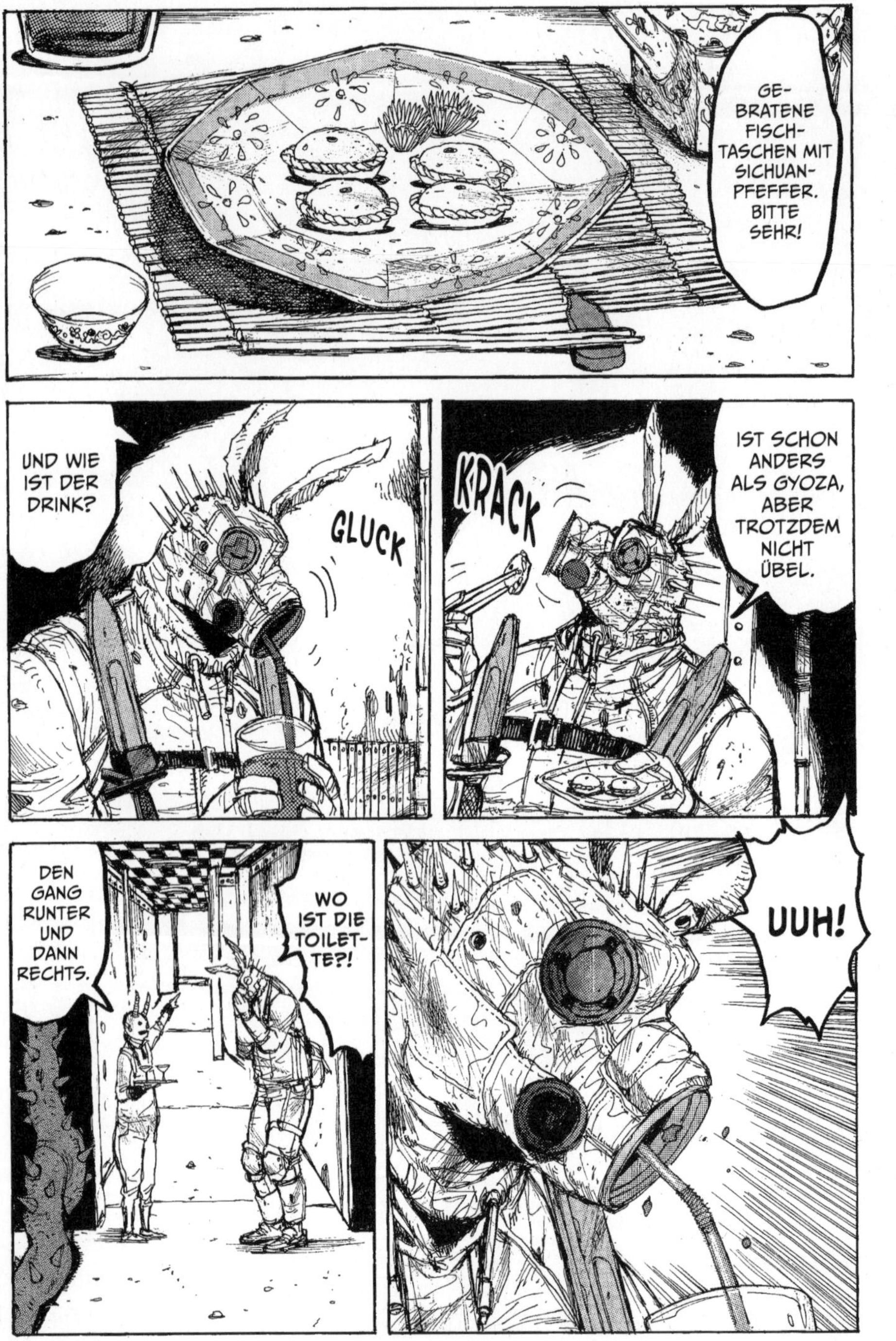
GEBRATENE FISCHTASCHEN MIT SICHUANPFEFFER. BITTE SEHR!
KRACK
IST SCHON ANDERS ALS GYOZA, ABER TROTZDEM NICHT ÜBEL.
UND WIE IST DER DRINK?
GLUCK
UUH!
WO IST DIE TOILETTE?!
DEN GANG RUNTER UND DANN RECHTS.

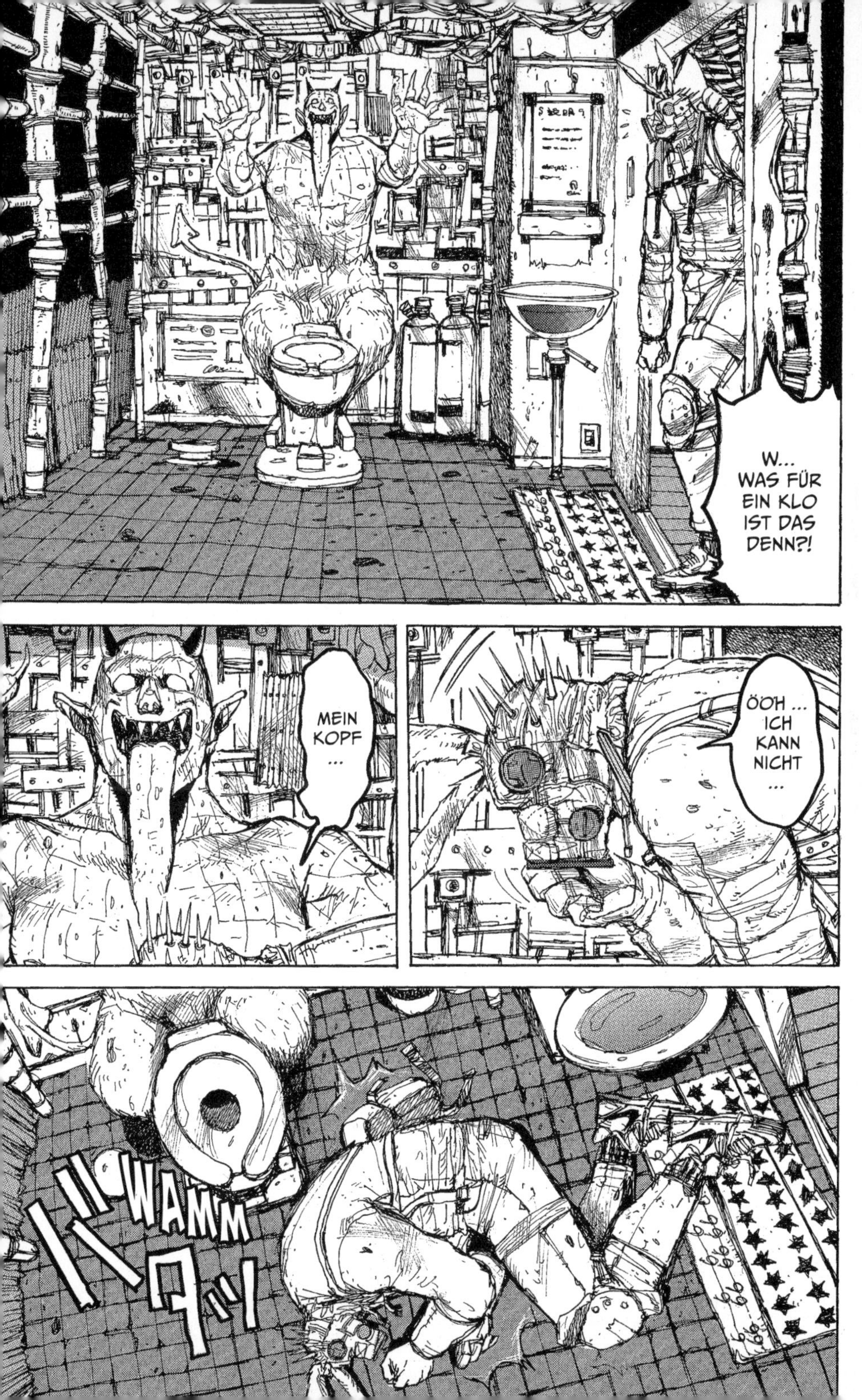
W... WAS FÜR EIN KLO IST DAS DENN?!
ÖÖH ... ICH KANN NICHT ...
MEIN KOPF ...
WAMM

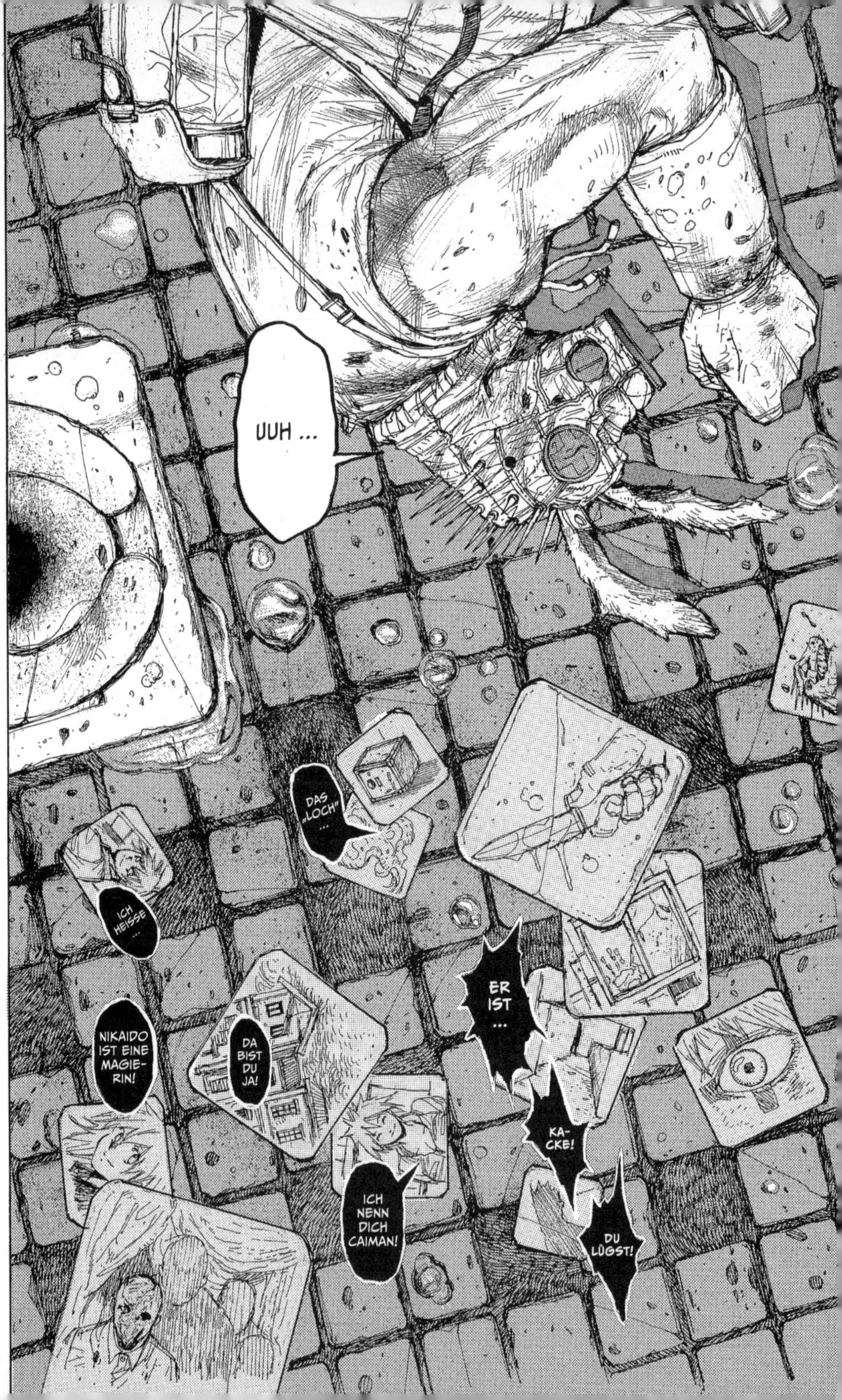
UUH ...
DAS „LOCH" ...
ER IST ...
KA-CKE!
DU LÜGST!
ICH HEISSE ...
DA BIST DU JA!
NIKAIDO IST EINE MAGIE-RIN!
ICH NENN DICH CAIMAN!

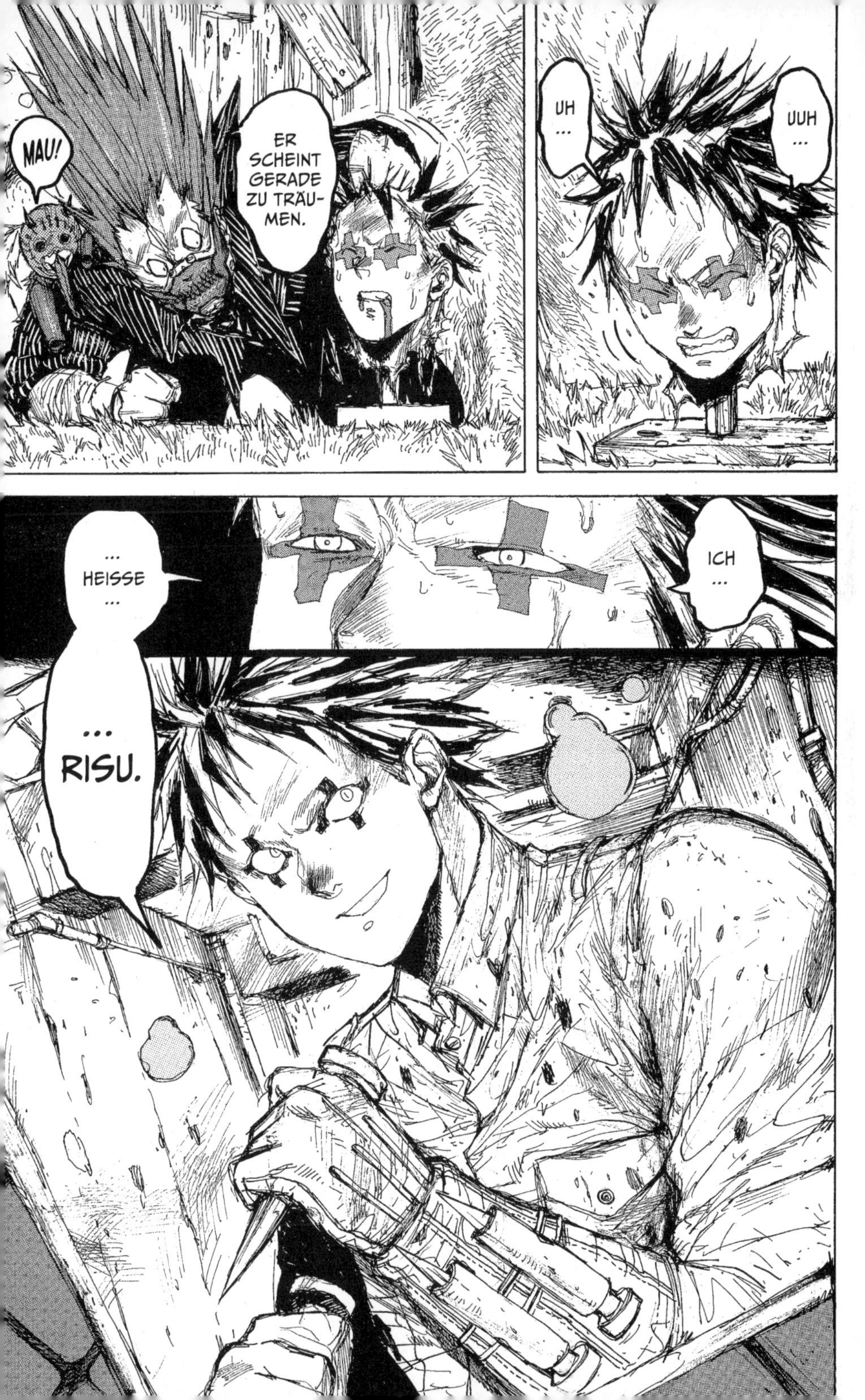
UUH ...
UH ...
ER SCHEINT GERADE ZU TRÄU-MEN.
MAU!
ICH ...
... HEISSE ...
... RISU.

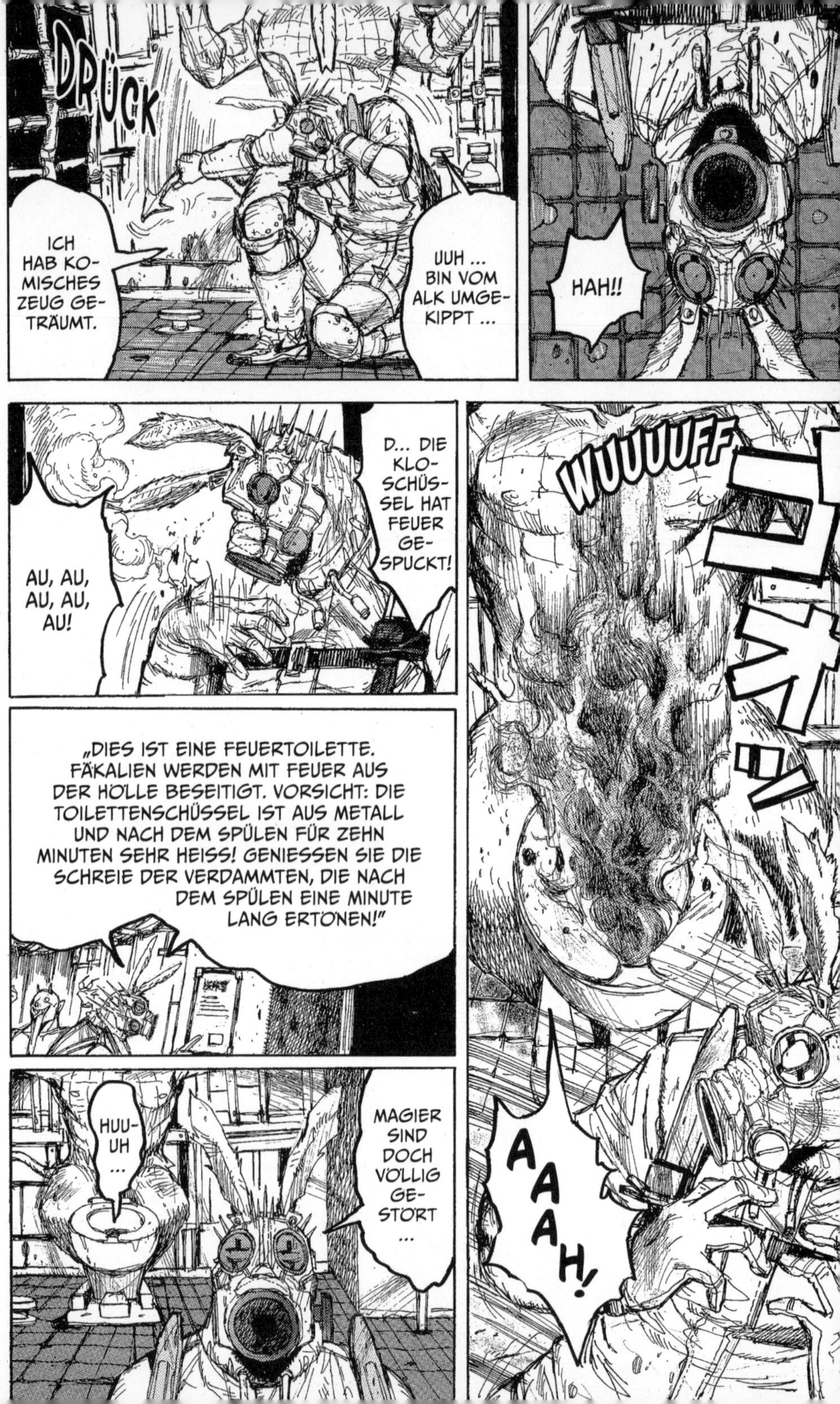
HAH!!
UUH ... BIN VOM ALK UMGE-KIPPT ...
ICH HAB KO-MISCHES ZEUG GE-TRÄUMT.
DRÜCK
WUUUUFF
AAAAH!
D... DIE KLO-SCHÜS-SEL HAT FEUER GE-SPUCKT!
AU, AU, AU, AU, AU!
„DIES IST EINE FEUERTOILETTE. FÄKALIEN WERDEN MIT FEUER AUS DER HÖLLE BESEITIGT. VORSICHT: DIE TOILETTENSCHÜSSEL IST AUS METALL UND NACH DEM SPÜLEN FÜR ZEHN MINUTEN SEHR HEISS! GENIESSEN SIE DIE SCHREIE DER VERDAMMTEN, DIE NACH DEM SPÜLEN EINE MINUTE LANG ERTÖNEN!"
MAGIER SIND DOCH VÖLLIG GE-STÖRT ...
HUU-UH ...

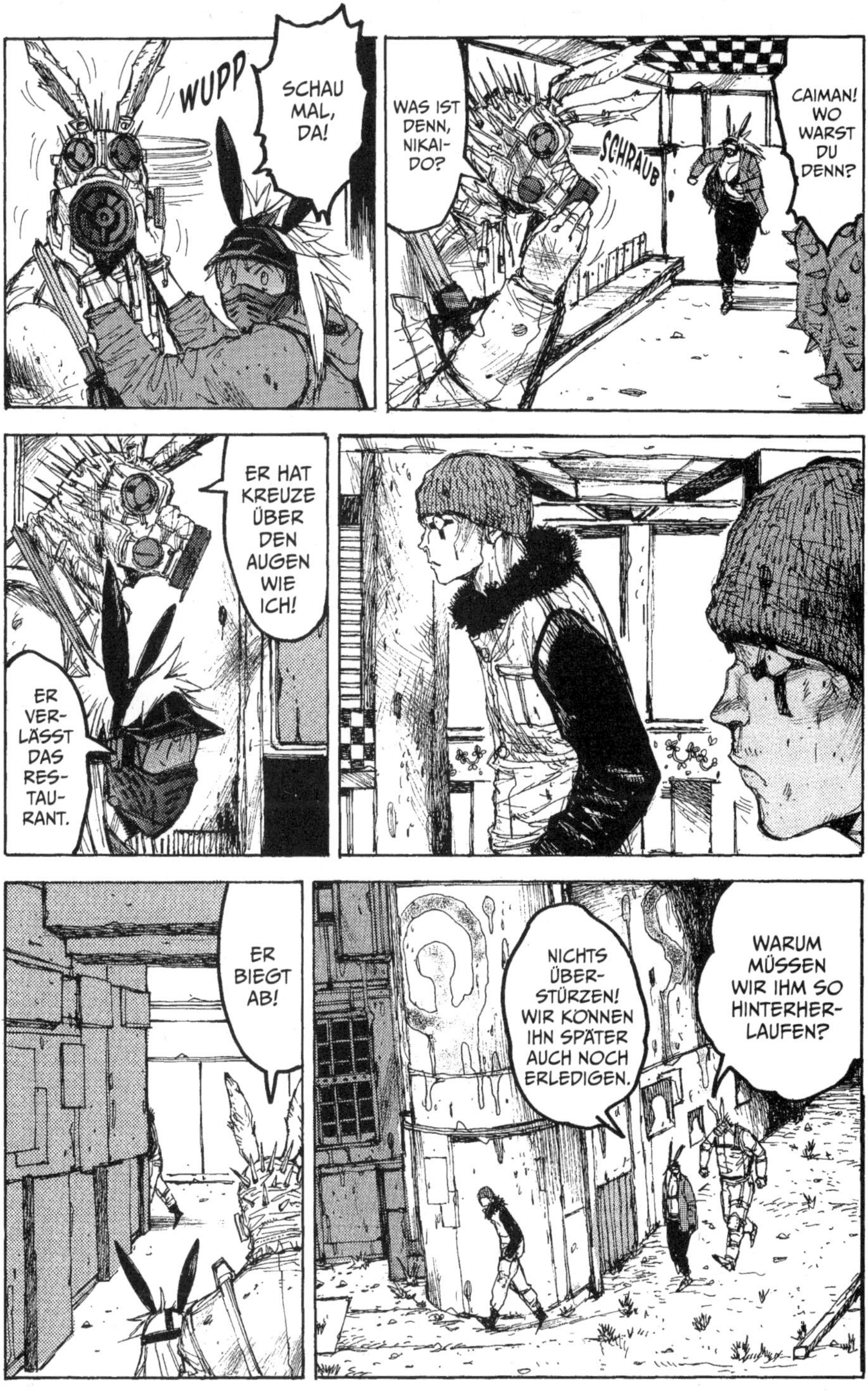
WUPP
SCHAU MAL, DA!
WAS IST DENN, NIKAIDO?
SCHRAUB
CAIMAN! WO WARST DU DENN?
ER HAT KREUZE ÜBER DEN AUGEN WIE ICH!
ER VERLÄSST DAS RESTAURANT.
ER BIEGT AB!
WARUM MÜSSEN WIR IHM SO HINTERHERLAUFEN?
NICHTS ÜBERSTÜRZEN! WIR KÖNNEN IHN SPÄTER AUCH NOCH ERLEDIGEN.

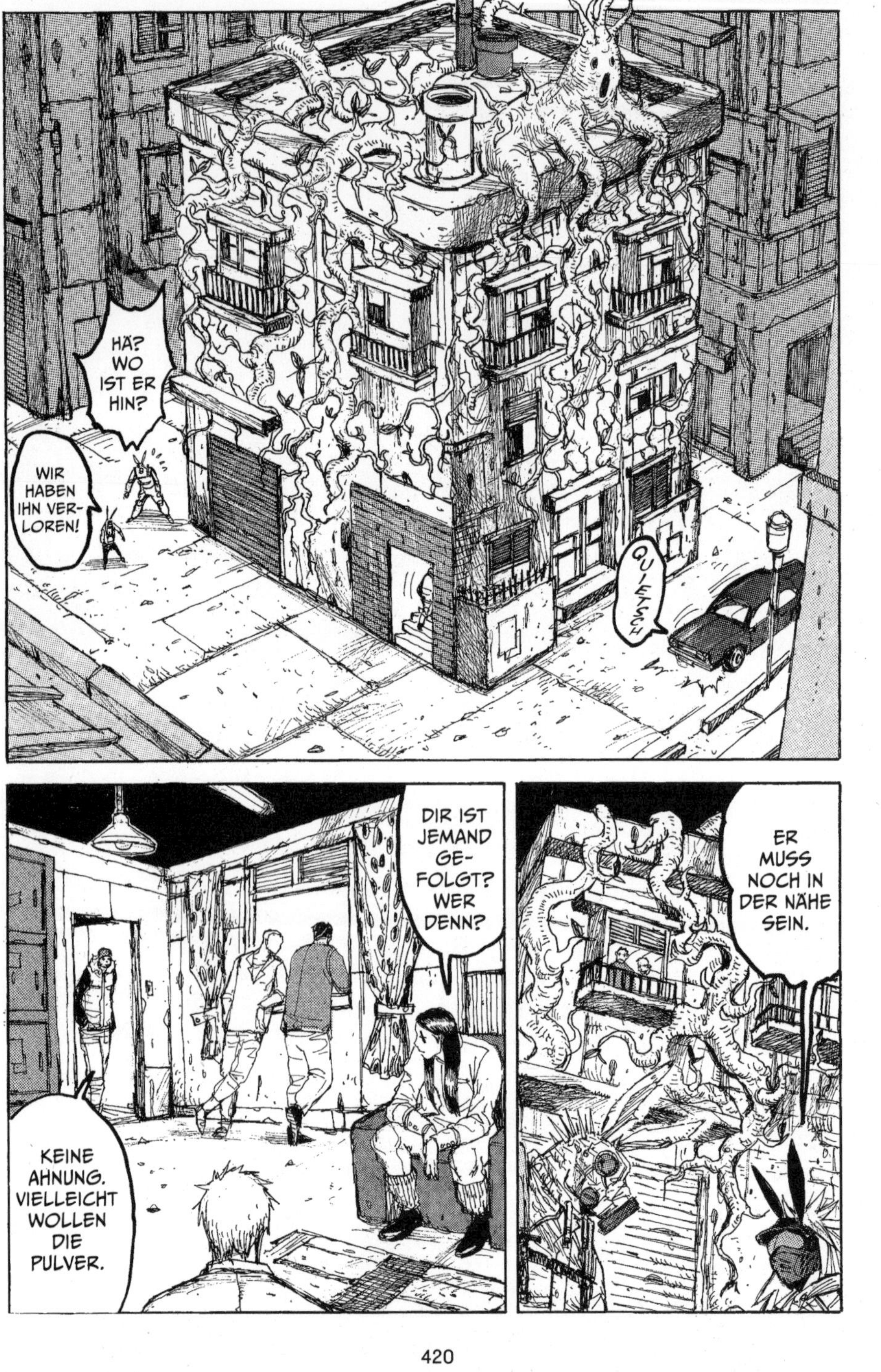
HÄ? WO IST ER HIN?
WIR HABEN IHN VERLOREN!
QUIETSCH
DIR IST JEMAND GEFOLGT? WER DENN?
KEINE AHNUNG. VIELLEICHT WOLLEN DIE PULVER.
ER MUSS NOCH IN DER NÄHE SEIN.

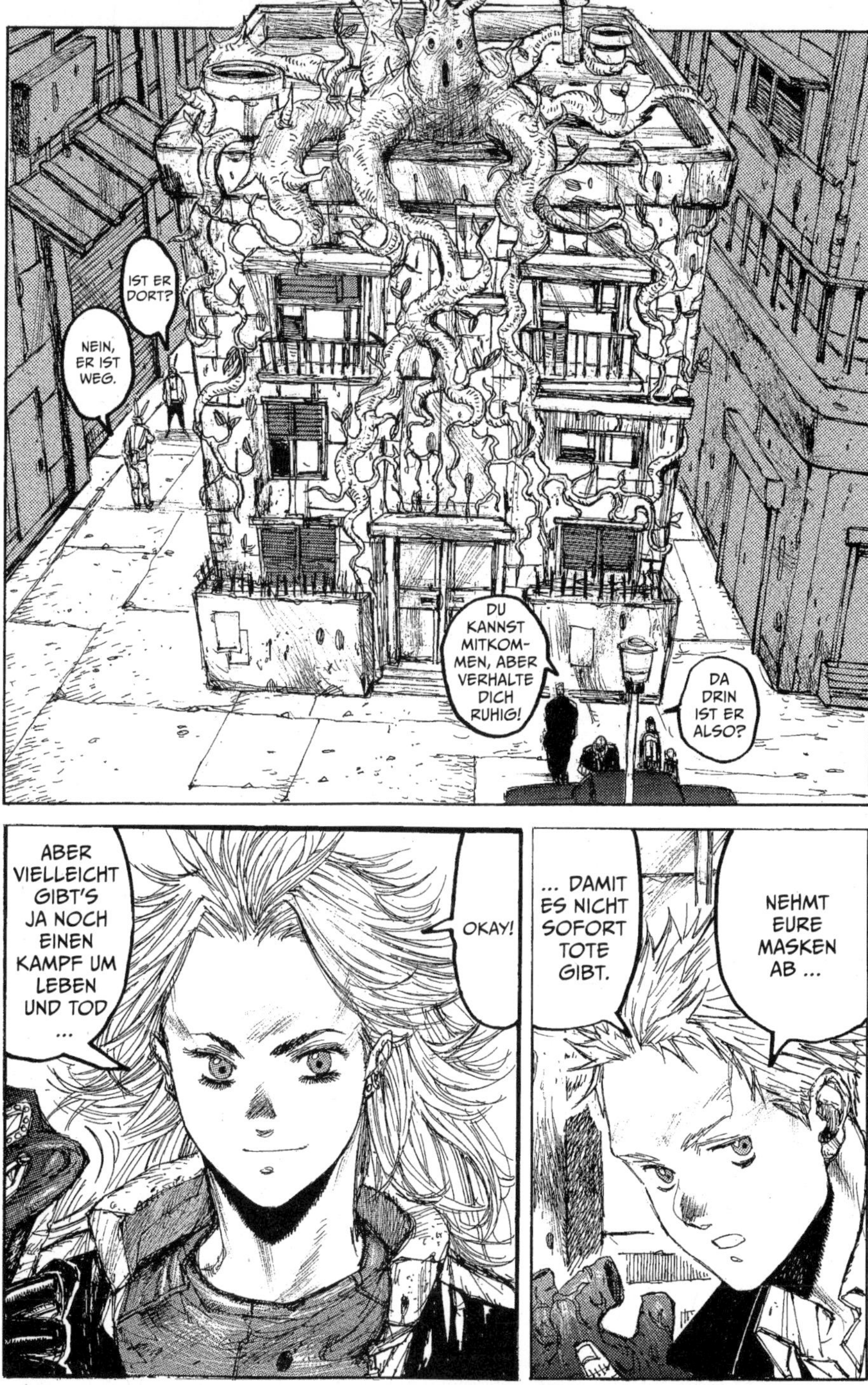
DA DRIN IST ER ALSO?
DU KANNST MITKOMMEN, ABER VERHALTE DICH RUHIG!
IST ER DORT?
NEIN, ER IST WEG.
NEHMT EURE MASKEN AB ...
... DAMIT ES NICHT SOFORT TOTE GIBT.
OKAY!
ABER VIELLEICHT GIBT'S JA NOCH EINEN KAMPF UM LEBEN UND TOD ...

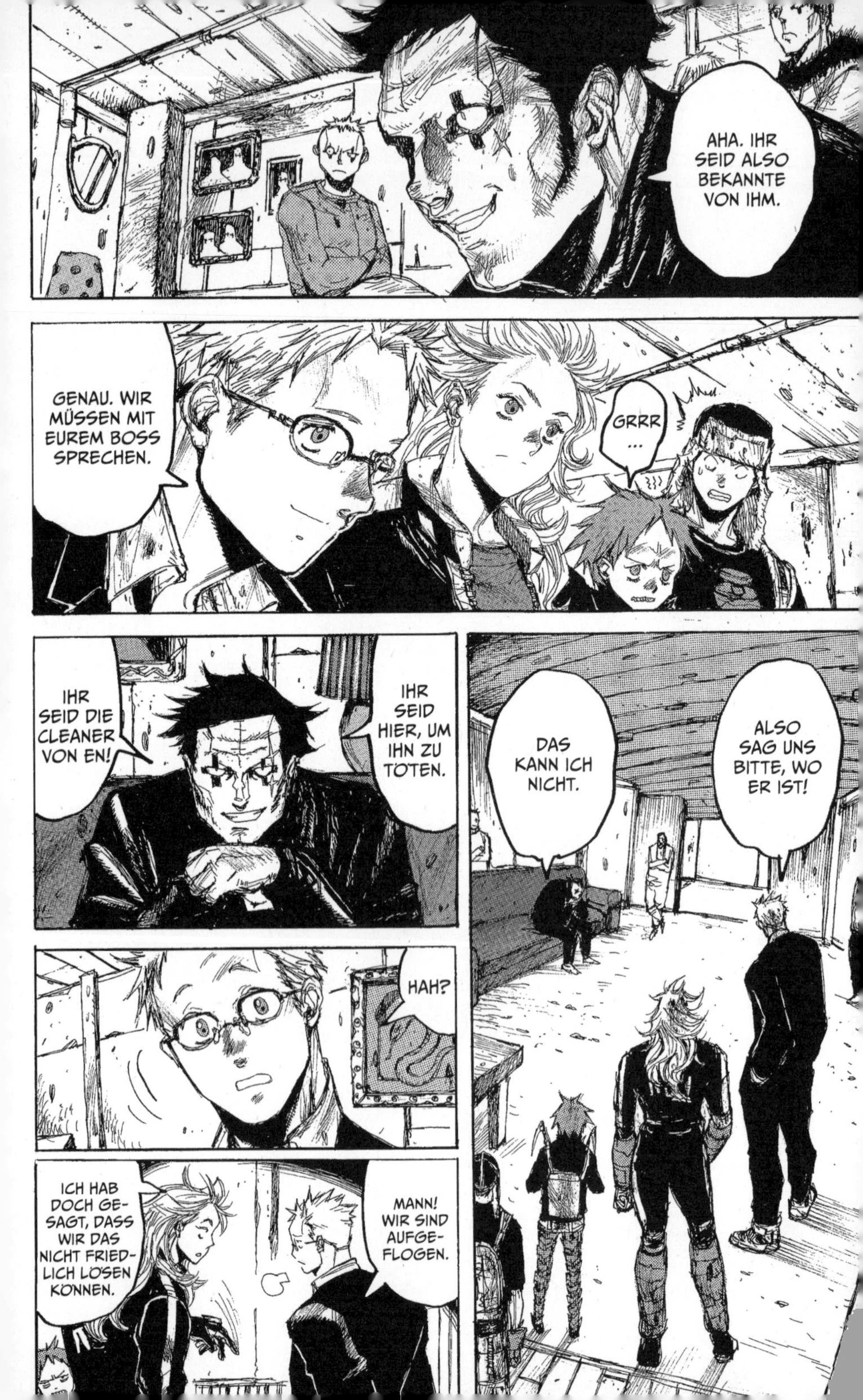
AHA. IHR SEID ALSO BEKANNTE VON IHM.
GENAU. WIR MÜSSEN MIT EUREM BOSS SPRECHEN.
GRRR ...
ALSO SAG UNS BITTE, WO ER IST!
DAS KANN ICH NICHT.
IHR SEID DIE CLEANER VON EN!
IHR SEID HIER, UM IHN ZU TÖTEN.
HAH?
MANN! WIR SIND AUFGE-FLOGEN.
ICH HAB DOCH GE-SAGT, DASS WIR DAS NICHT FRIED-LICH LÖSEN KÖNNEN.

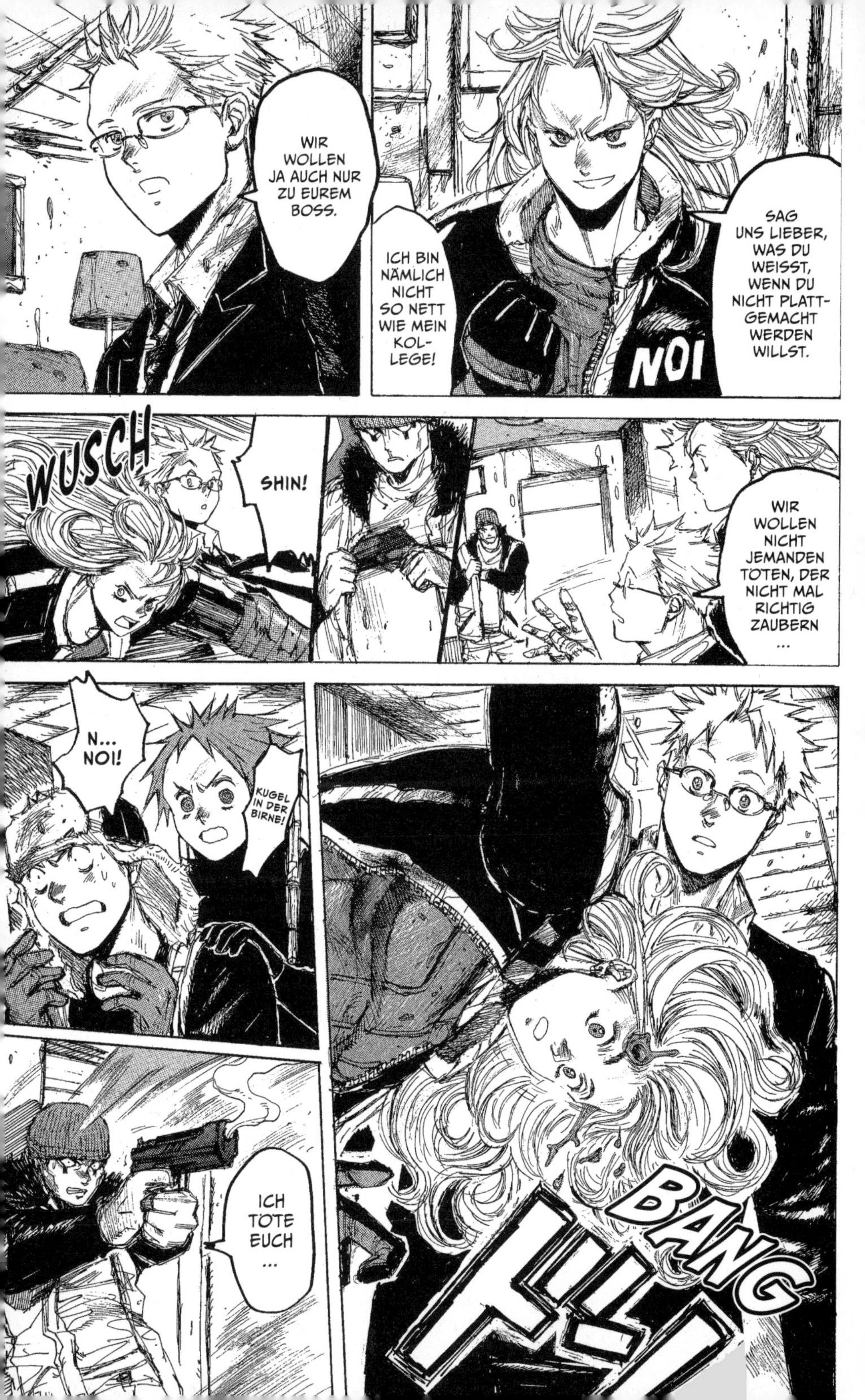
SAG UNS LIEBER, WAS DU WEISST, WENN DU NICHT PLATTGEMACHT WERDEN WILLST.
NOI
ICH BIN NÄMLICH NICHT SO NETT WIE MEIN KOLLEGE!
WIR WOLLEN JA AUCH NUR ZU EUREM BOSS.
WIR WOLLEN NICHT JEMANDEN TÖTEN, DER NICHT MAL RICHTIG ZAUBERN …
SHIN!
WUSCH
N… NOI!
KUGEL IN DER BIRNE!
BANG
ICH TÖTE EUCH …

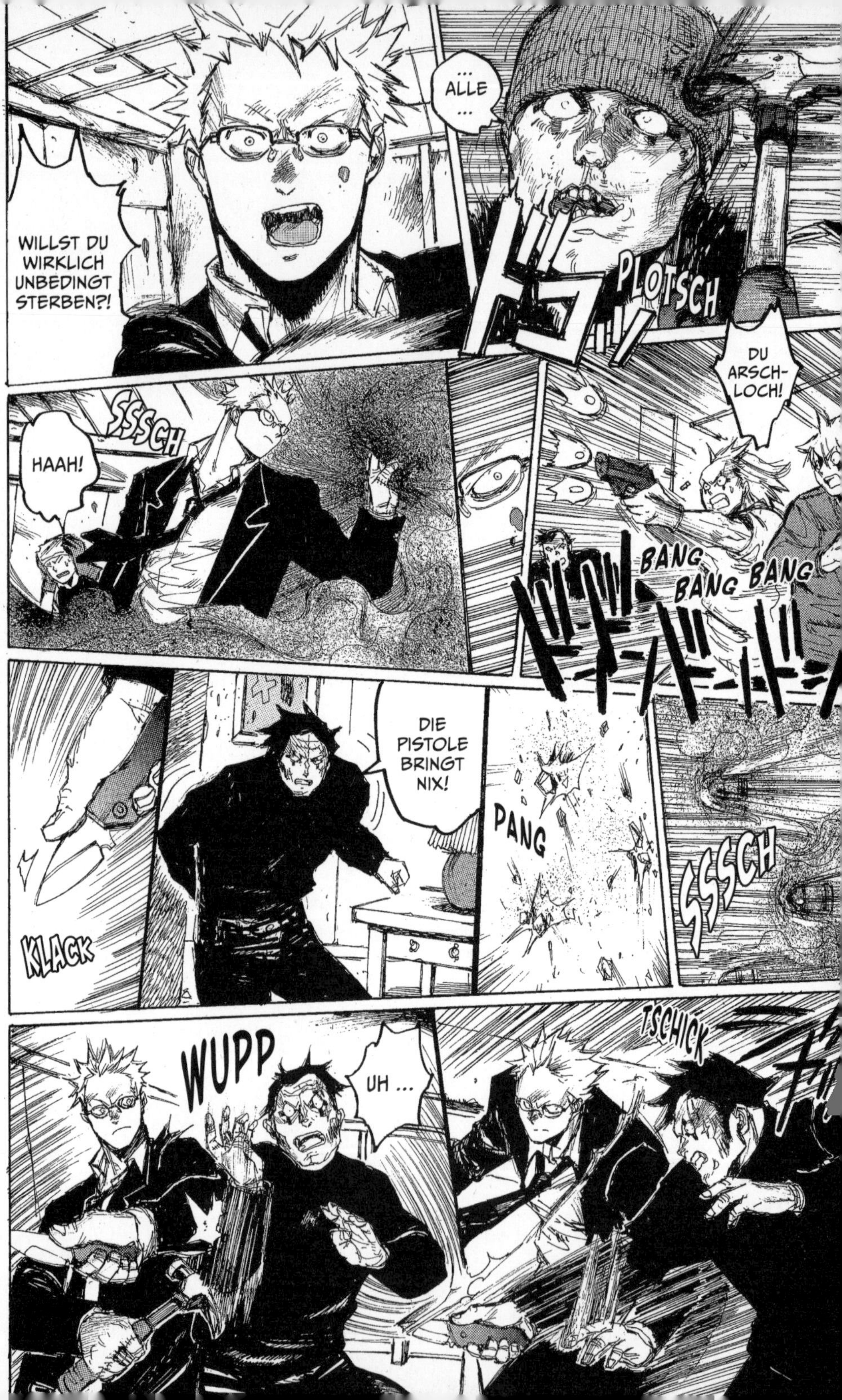
... ALLE ...
PLOTSCH
WILLST DU WIRKLICH UNBEDINGT STERBEN?!
DU ARSCH-LOCH!
BANG BANG BANG
SSSCH
HAAH!
SSSCH
PANG
DIE PISTOLE BRINGT NIX!
KLACK
TSCHICK
UH ...
WUPP

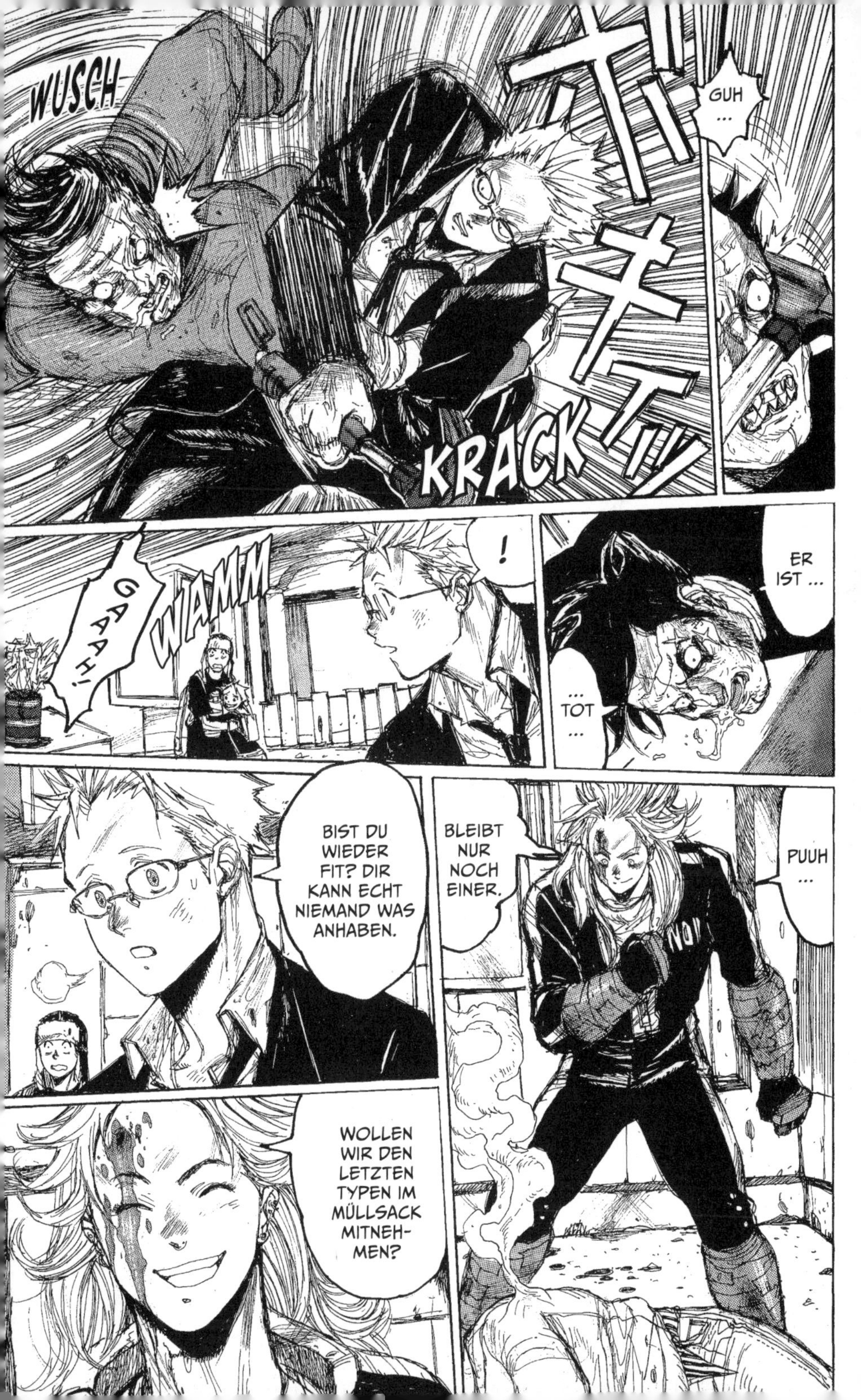
WUSCH
KRACK
GUH …
!
GAAAH!
WIAMM
ER IST …
… TOT …
BIST DU WIEDER FIT? DIR KANN ECHT NIEMAND WAS ANHABEN.
PUUH …
BLEIBT NUR NOCH EINER.
WOLLEN WIR DEN LETZTEN TYPEN IM MÜLLSACK MITNEH-MEN?

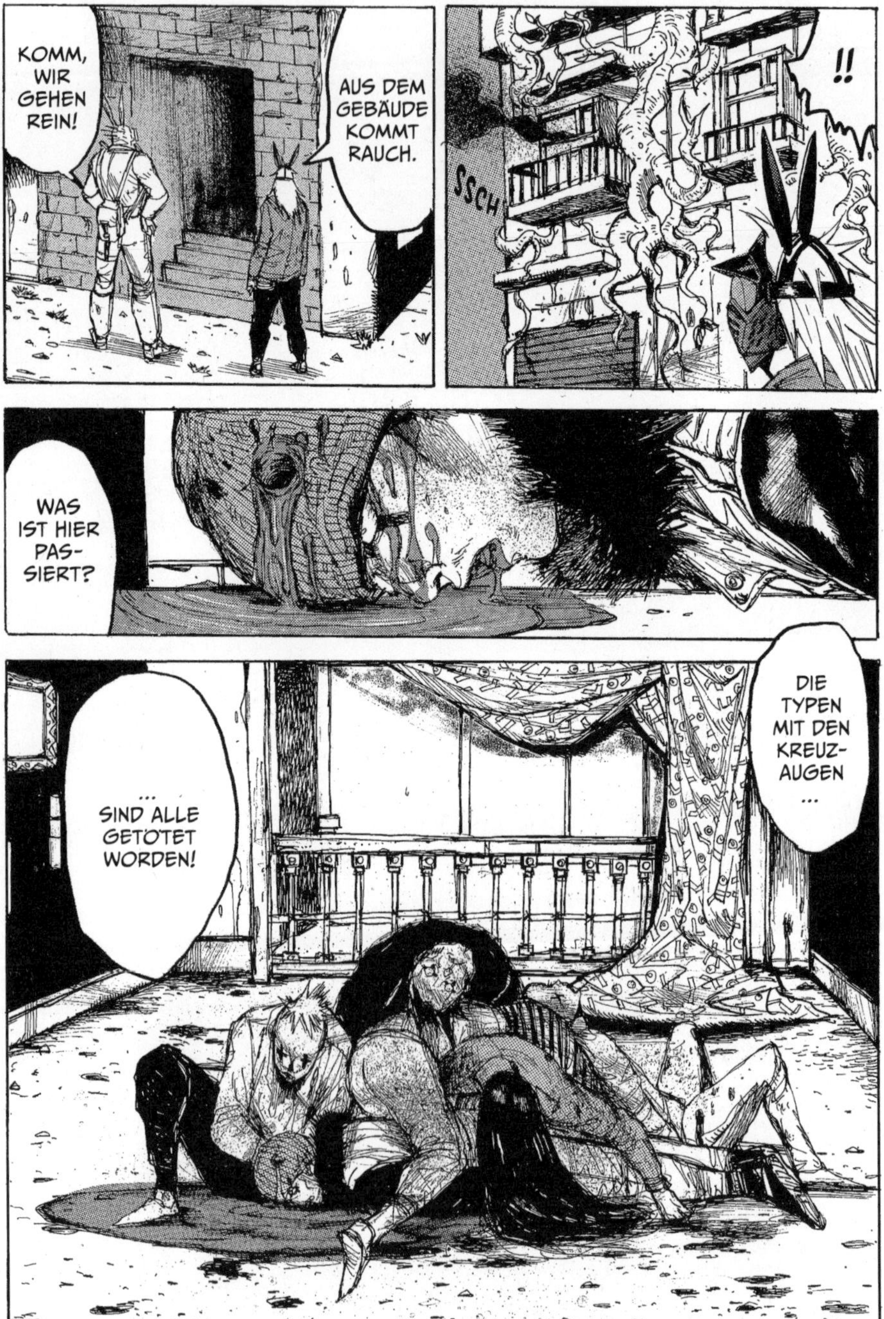

!!
SSCH
AUS DEM GEBÄUDE KOMMT RAUCH.
KOMM, WIR GEHEN REIN!
WAS IST HIER PAS-SIERT?
DIE TYPEN MIT DEN KREUZ-AUGEN ...
... SIND ALLE GETÖTET WORDEN!

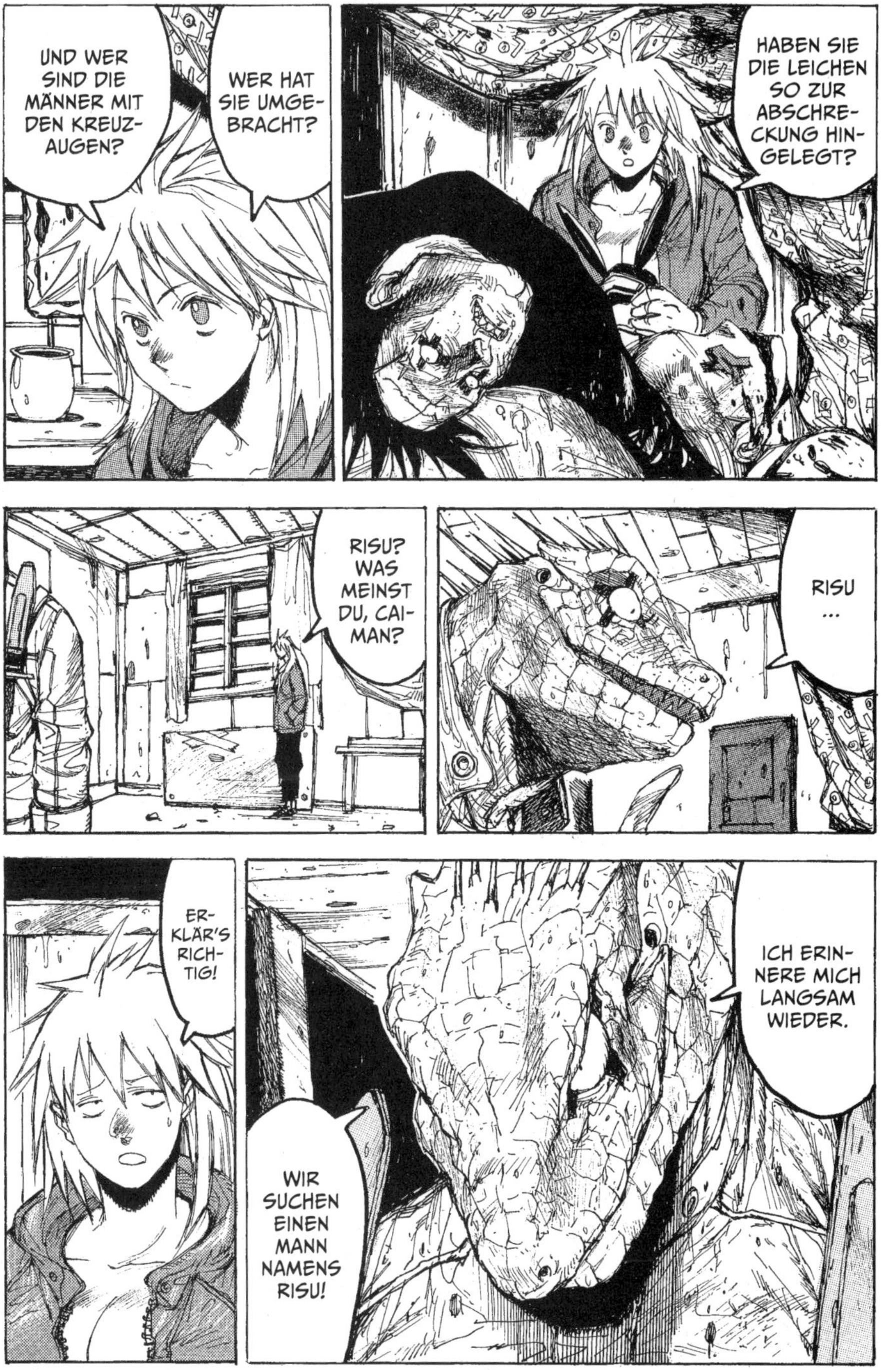
HABEN SIE DIE LEICHEN SO ZUR ABSCHRECKUNG HINGELEGT?
WER HAT SIE UMGEBRACHT?
UND WER SIND DIE MÄNNER MIT DEN KREUZAUGEN?
RISU ...
RISU? WAS MEINST DU, CAIMAN?
ICH ERINNERE MICH LANGSAM WIEDER.
WIR SUCHEN EINEN MANN NAMENS RISU!
ERKLÄR'S RICHTIG!

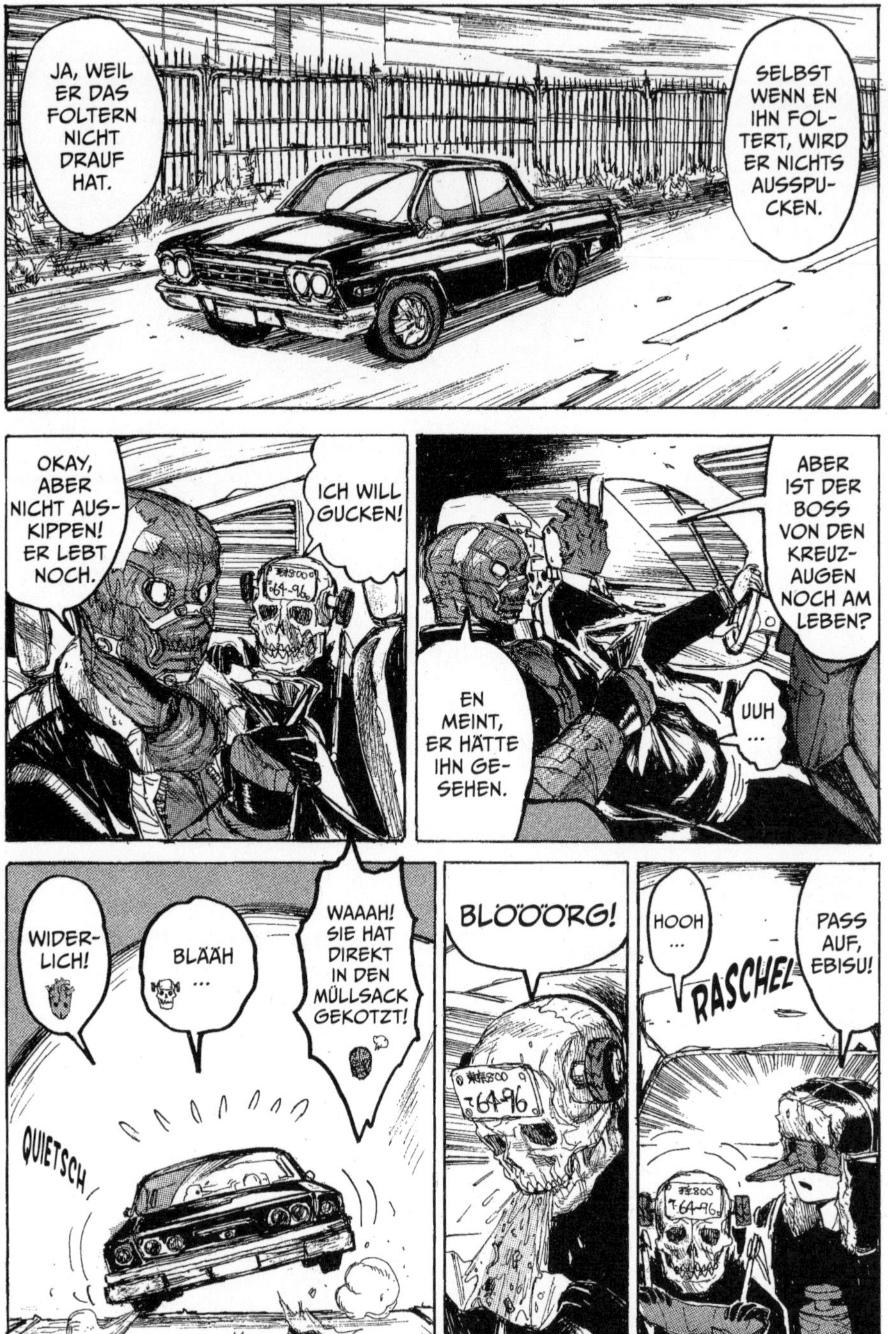

SELBST WENN EN IHN FOLTERT, WIRD ER NICHTS AUSSPUCKEN.
JA, WEIL ER DAS FOLTERN NICHT DRAUF HAT.
ABER IST DER BOSS VON DEN KREUZAUGEN NOCH AM LEBEN?
UUH ...
EN MEINT, ER HÄTTE IHN GESEHEN.
ICH WILL GUCKEN!
OKAY, ABER NICHT AUSKIPPEN! ER LEBT NOCH.
PASS AUF, EBISU!
HOOH ...
RASCHEL
BLÖÖÖRG!
WAAAH! SIE HAT DIREKT IN DEN MÜLLSACK GEKOTZT!
BLÄÄH ...
WIDERLICH!
QUIETSCH

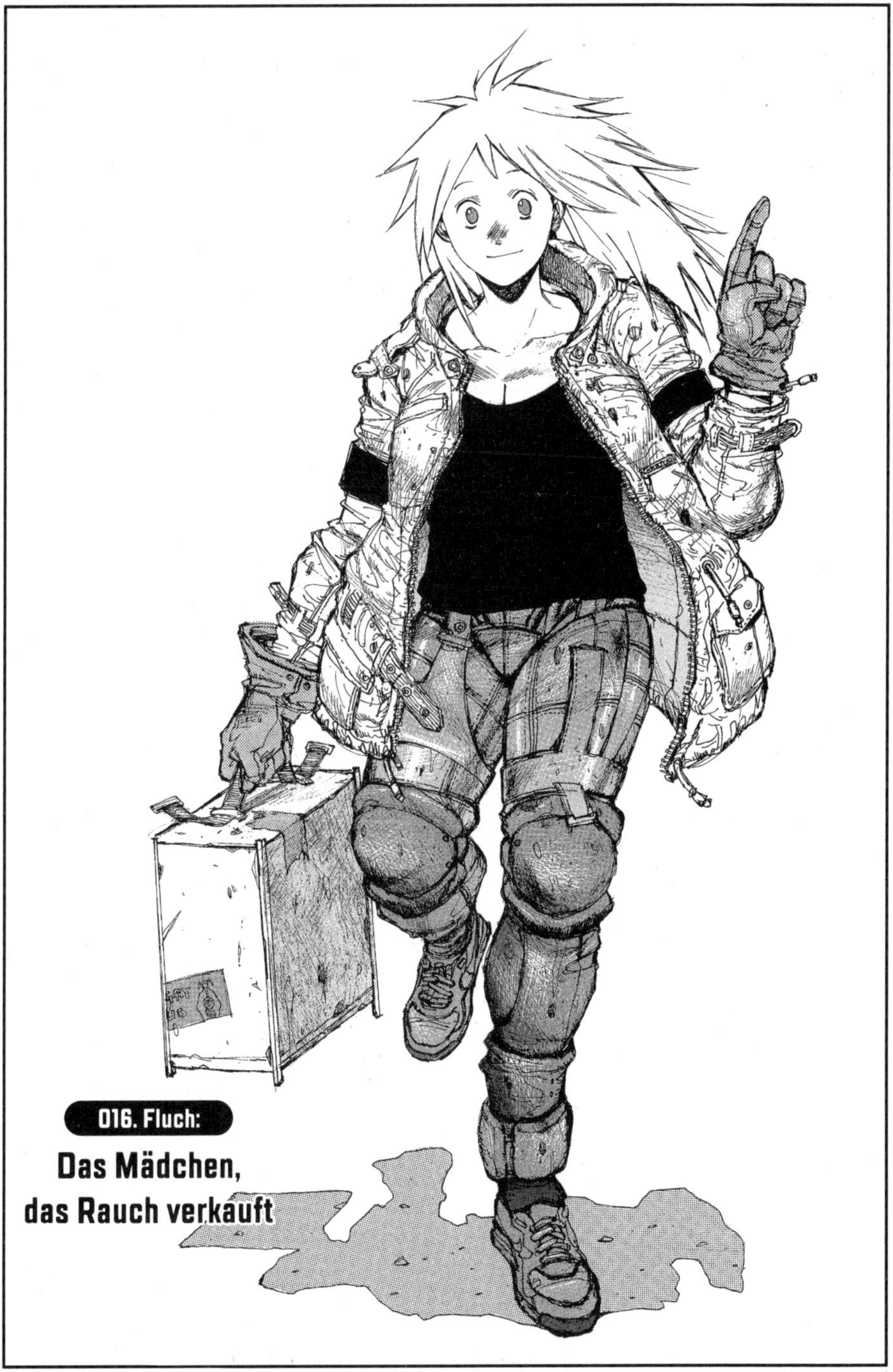
016. Fluch:
Das Mädchen,
das Rauch verkauft

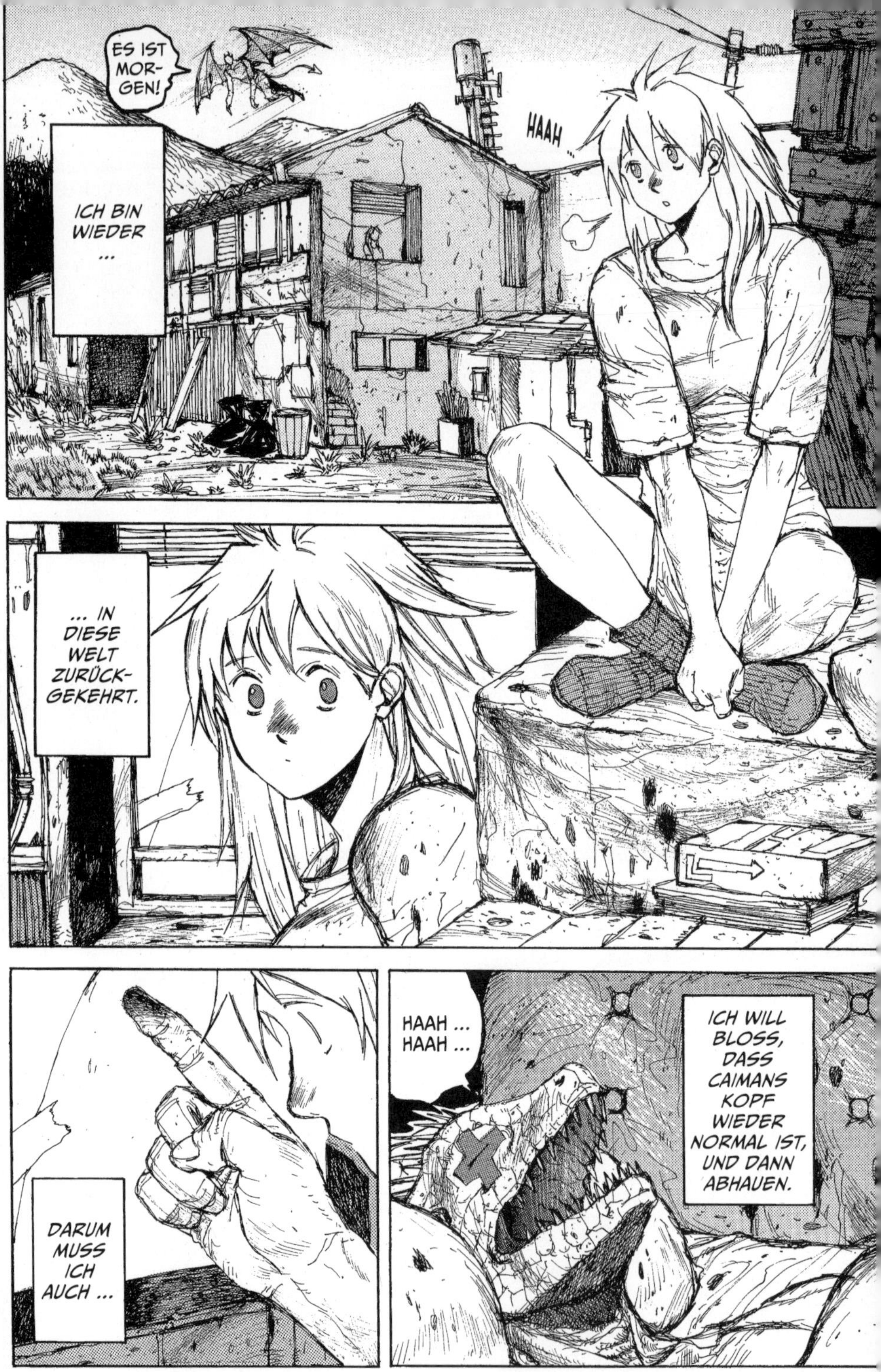
HAAH ...
ES IST MORGEN!
ICH BIN WIEDER ...
... IN DIESE WELT ZURÜCKGEKEHRT.
ICH WILL BLOSS, DASS CAIMANS KOPF WIEDER NORMAL IST, UND DANN ABHAUEN.
HAAH ... HAAH ...
DARUM MUSS ICH AUCH ...

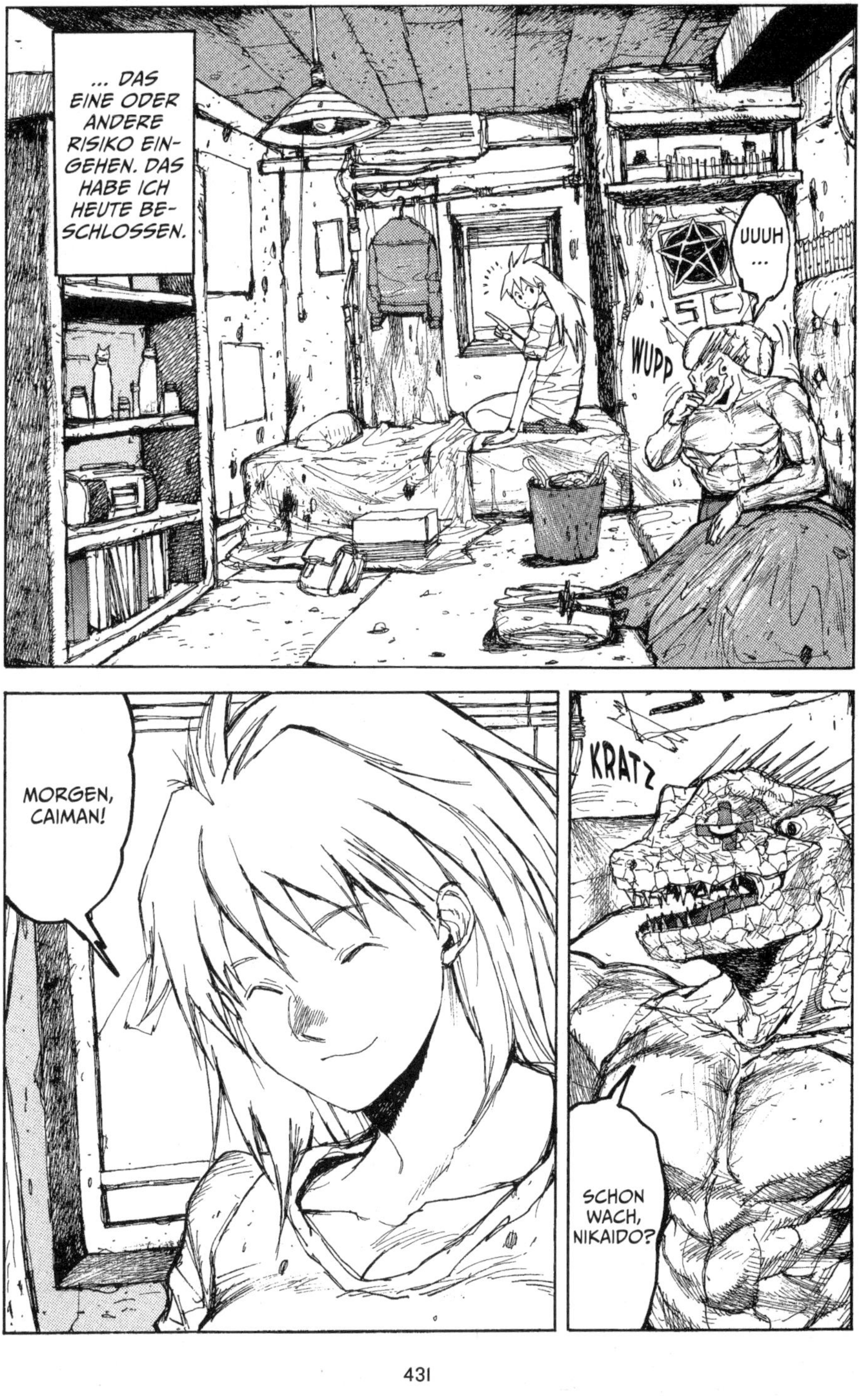
... DAS EINE ODER ANDERE RISIKO EINGEHEN. DAS HABE ICH HEUTE BESCHLOSSEN.
UUUH ...
WUPP
KRATZ
SCHON WACH, NIKAIDO?
MORGEN, CAIMAN!

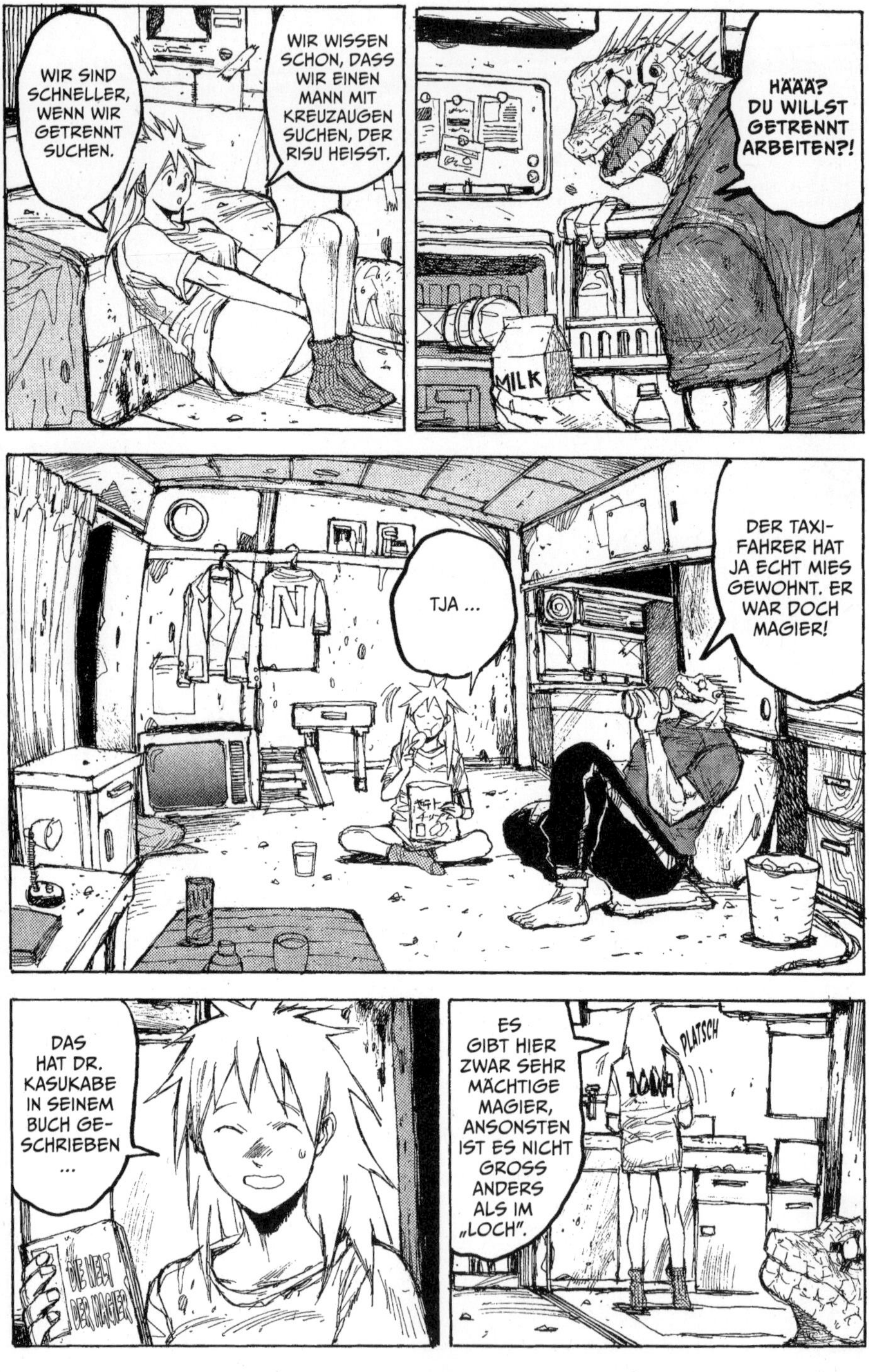
WIR SIND SCHNELLER, WENN WIR GETRENNT SUCHEN.
WIR WISSEN SCHON, DASS WIR EINEN MANN MIT KREUZAUGEN SUCHEN, DER RISU HEISST.
HÄÄÄ? DU WILLST GETRENNT ARBEITEN?!
MILK
DER TAXI-FAHRER HAT JA ECHT MIES GEWOHNT. ER WAR DOCH MAGIER!
TJA ...
DAS HAT DR. KASUKABE IN SEINEM BUCH GE-SCHRIEBEN ...
DIE WELT DER MAGIER
ES GIBT HIER ZWAR SEHR MÄCHTIGE MAGIER, ANSONSTEN IST ES NICHT GROSS ANDERS ALS IM „LOCH".
PLATSCH

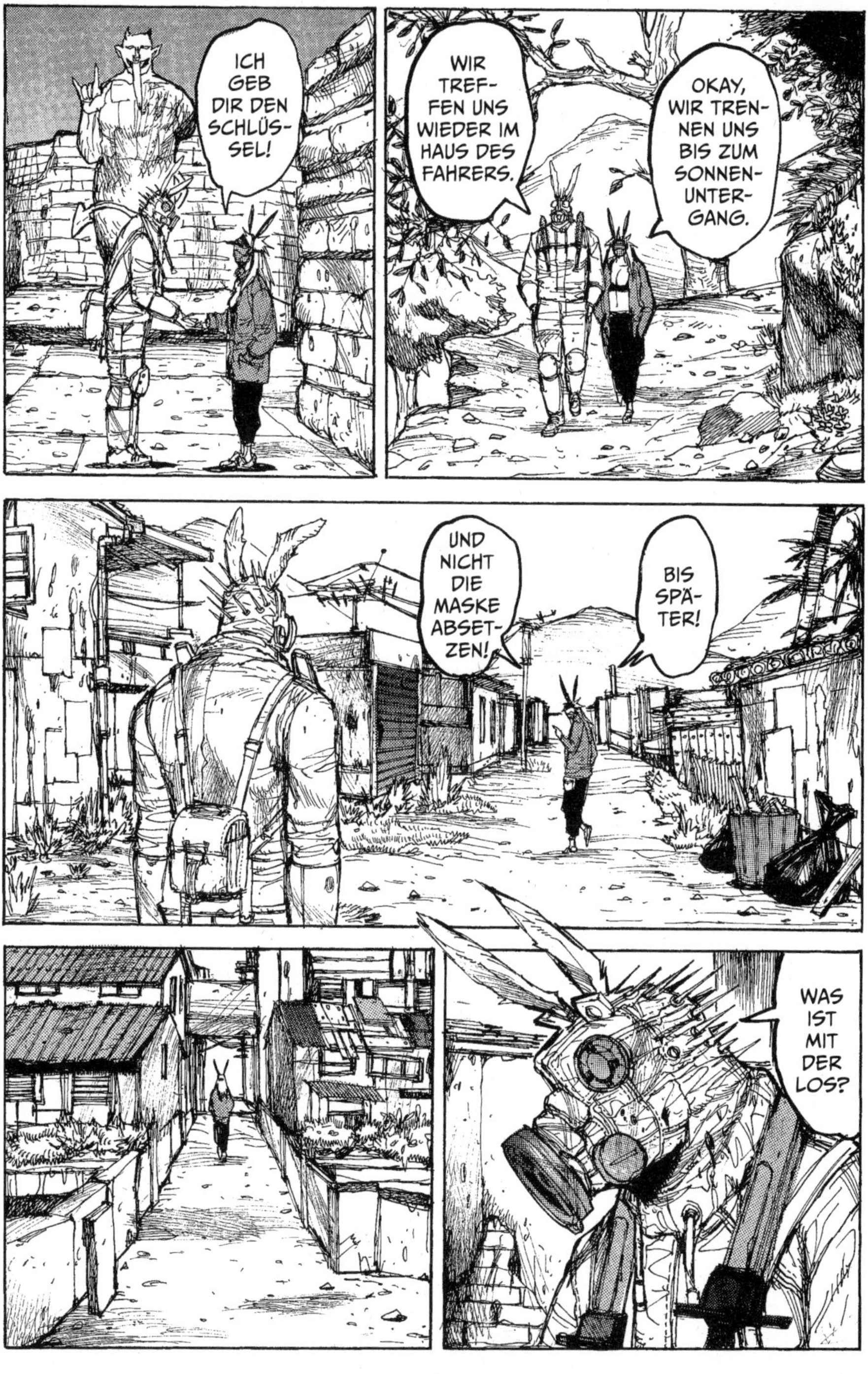
ICH GEB DIR DEN SCHLÜS-SEL!
OKAY, WIR TREN-NEN UNS BIS ZUM SONNEN-UNTER-GANG.
WIR TREF-FEN UNS WIEDER IM HAUS DES FAHRERS.
BIS SPÄ-TER!
UND NICHT DIE MASKE ABSET-ZEN!
WAS IST MIT DER LOS?

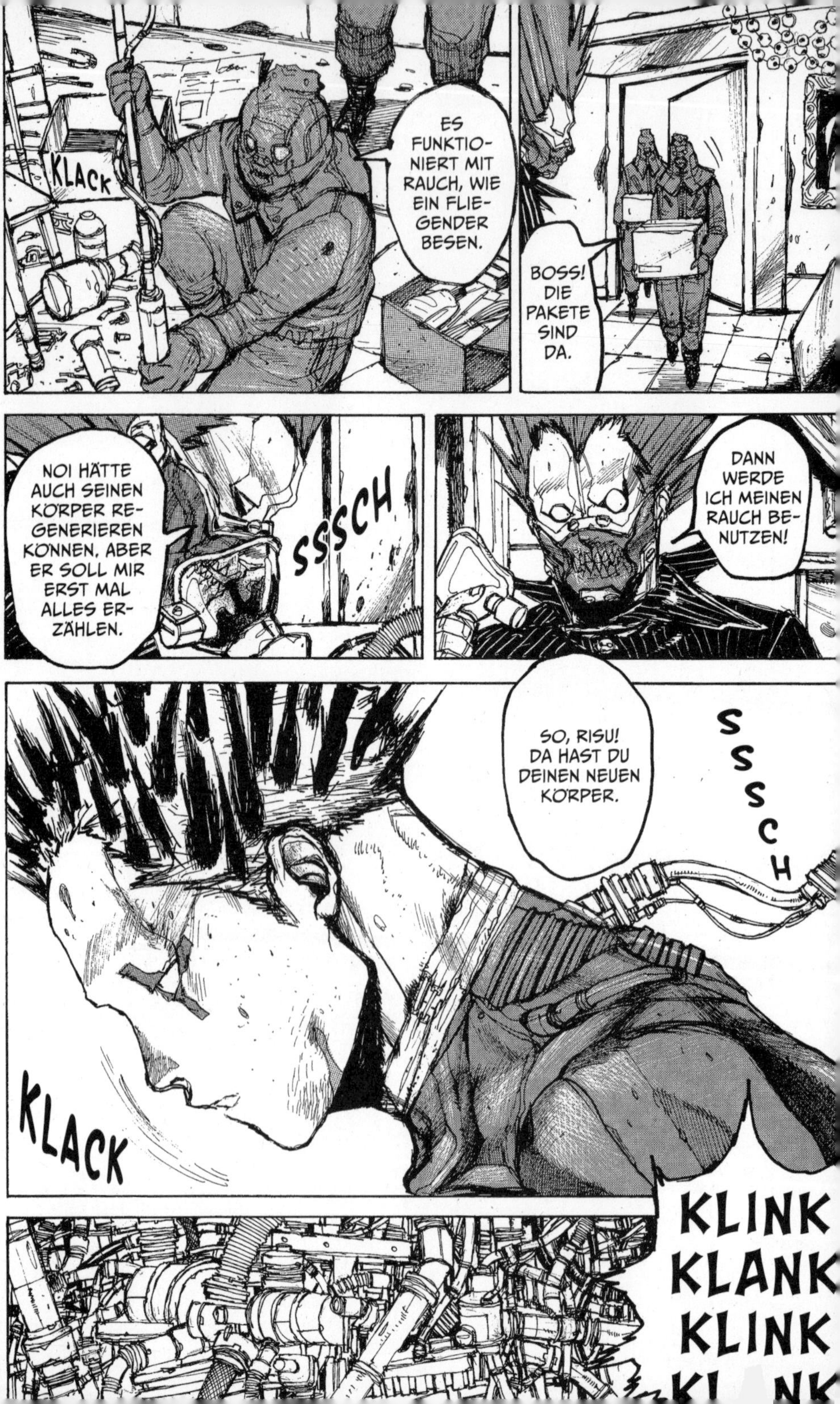
BOSS! DIE PAKETE SIND DA.
ES FUNKTIONIERT MIT RAUCH, WIE EIN FLIEGENDER BESEN.
KLACK
DANN WERDE ICH MEINEN RAUCH BENUTZEN!
SSSCH
NOI HÄTTE AUCH SEINEN KÖRPER REGENERIEREN KÖNNEN, ABER ER SOLL MIR ERST MAL ALLES ERZÄHLEN.
SSSCH
SO, RISU! DA HAST DU DEINEN NEUEN KÖRPER.
KLACK
KLINK
KLANK
KLINK

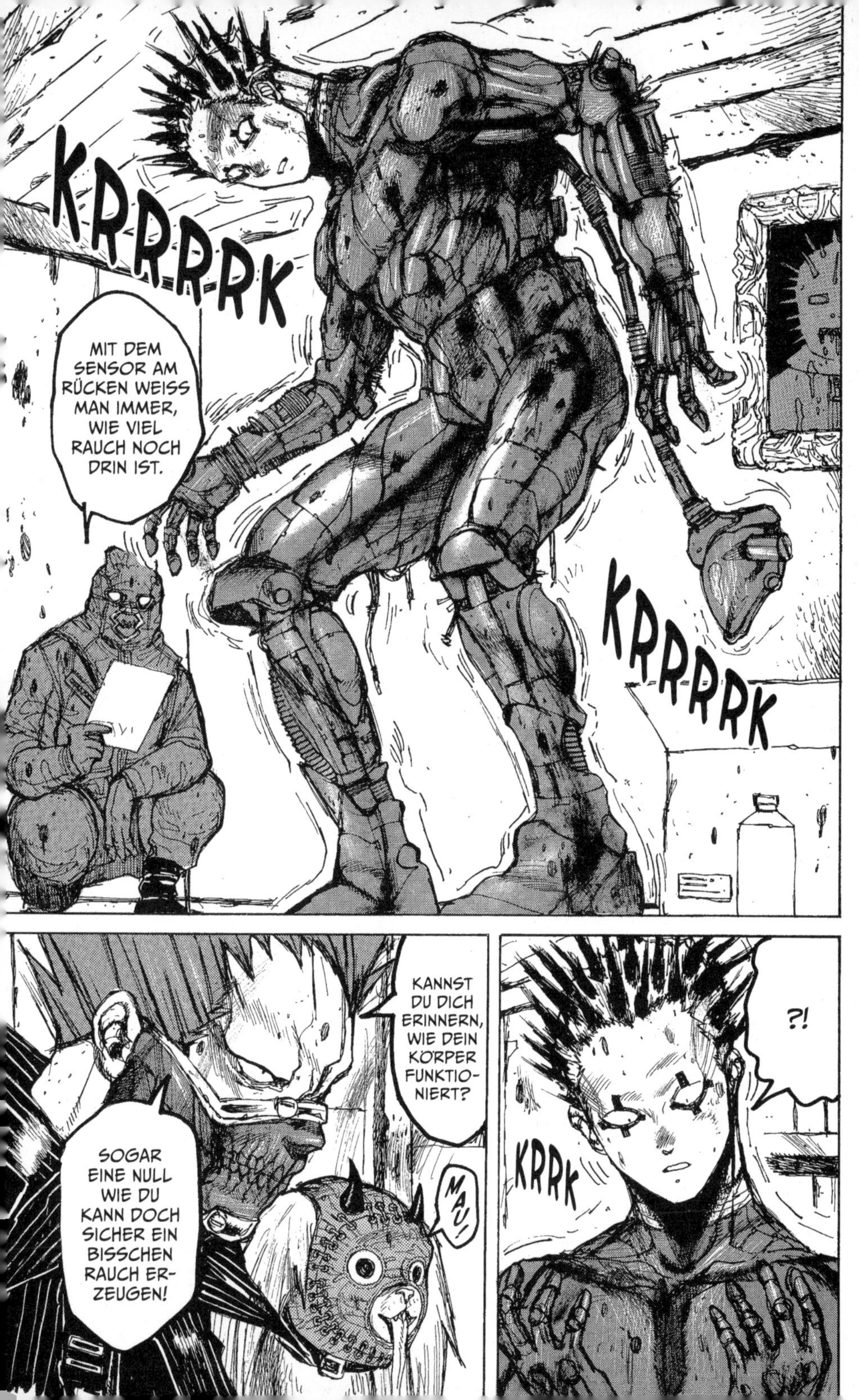
KRRRRRK
MIT DEM SENSOR AM RÜCKEN WEISS MAN IMMER, WIE VIEL RAUCH NOCH DRIN IST.
KRRRRRK
?!
KRRK
KANNST DU DICH ERINNERN, WIE DEIN KÖRPER FUNKTIO-NIERT?
MAU!
SOGAR EINE NULL WIE DU KANN DOCH SICHER EIN BISSCHEN RAUCH ER-ZEUGEN!

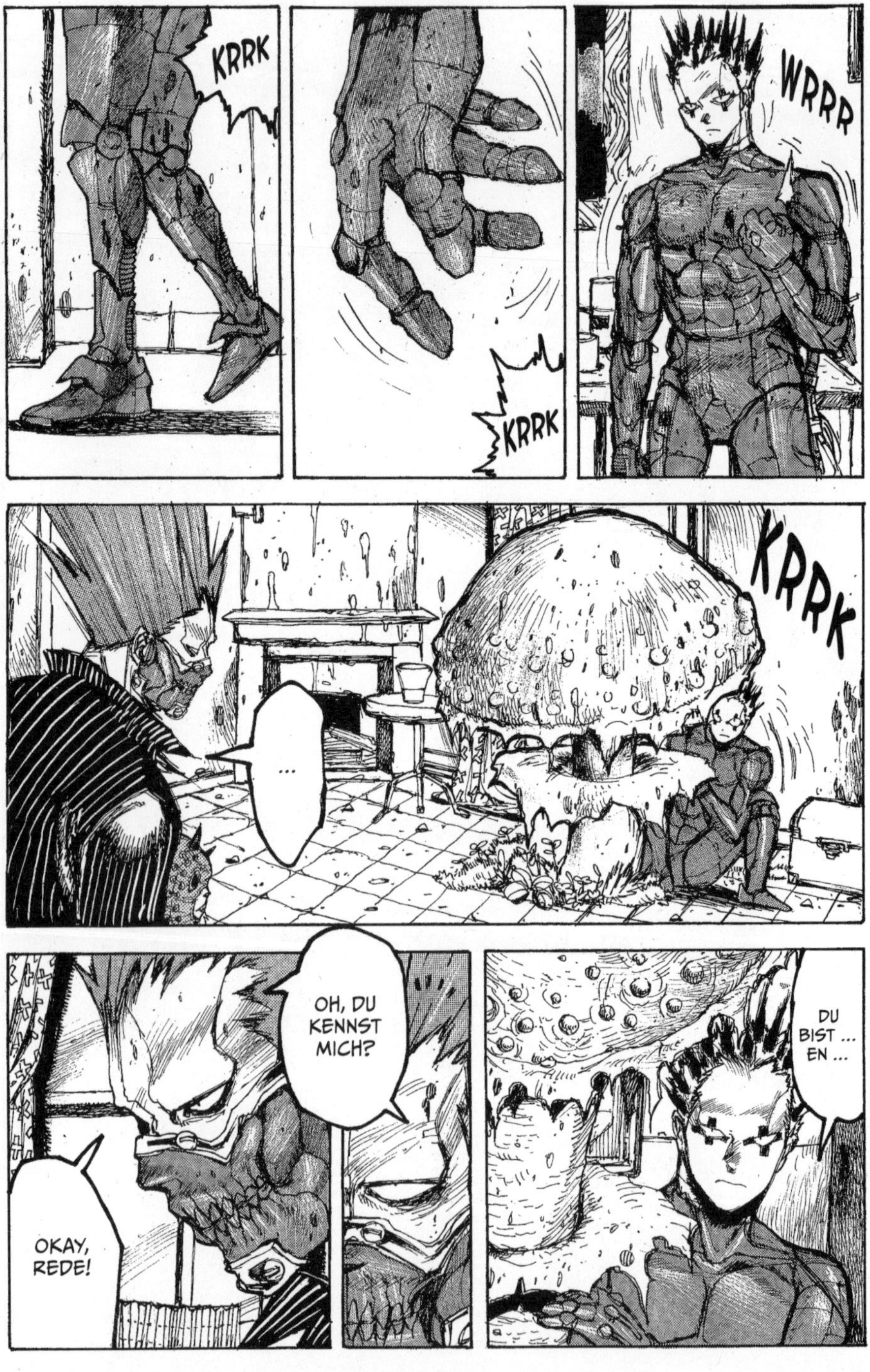
WRRR
KRRK
KRRK
KRRK
...
DU BIST ... EN ...
OH, DU KENNST MICH?
OKAY, REDE!

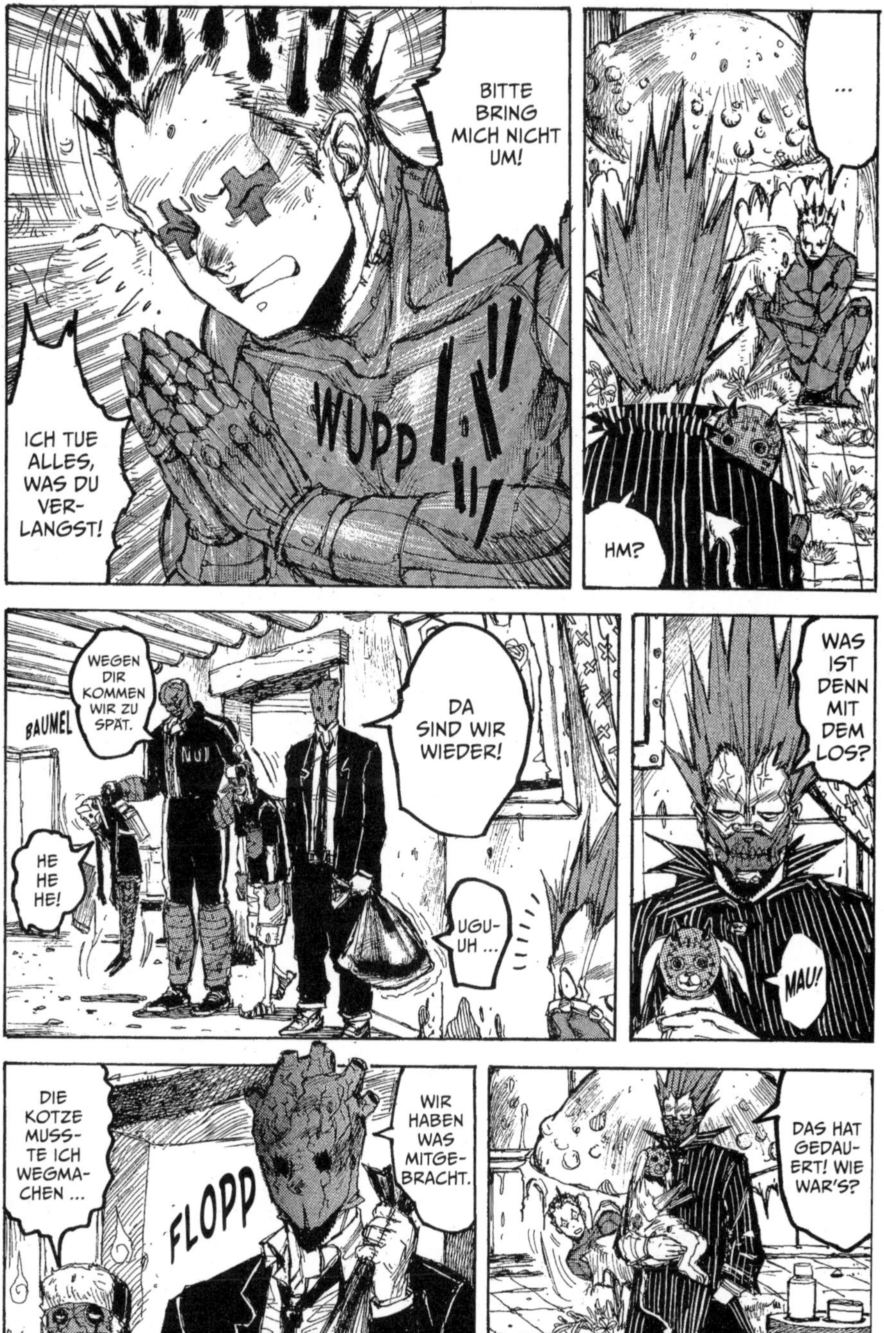
BITTE BRING MICH NICHT UM!
ICH TUE ALLES, WAS DU VERLANGST!
WUPP
...
HM?
WEGEN DIR KOMMEN WIR ZU SPÄT.
BAUMEL
DA SIND WIR WIEDER!
HE HE HE!
UGU-UH ...
WAS IST DENN MIT DEM LOS?
MAU!
DIE KOTZE MUSSTE ICH WEGMACHEN ...
FLOPP
WIR HABEN WAS MITGEBRACHT.
DAS HAT GEDAUERT! WIE WAR'S?

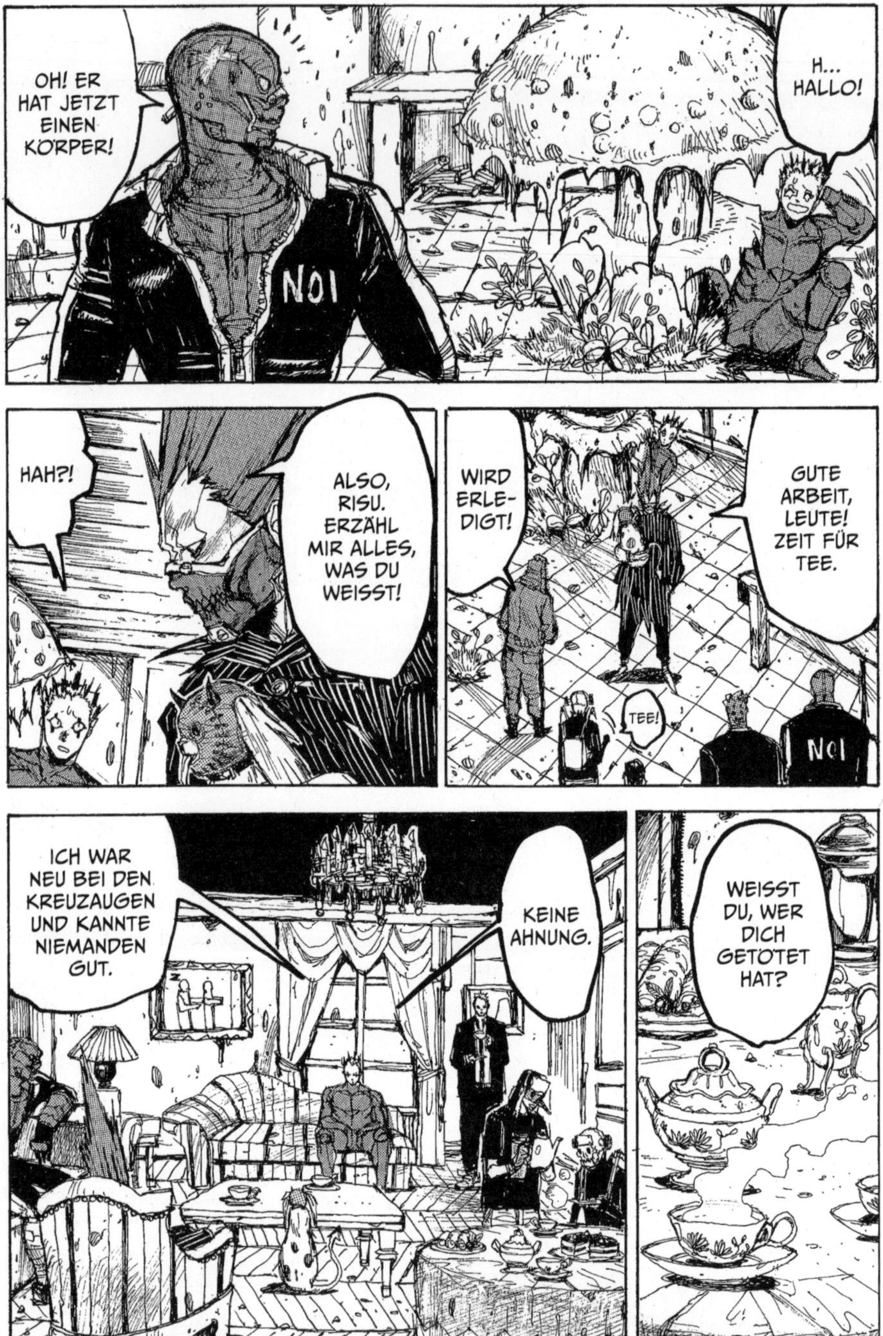
H... HALLO!
OH! ER HAT JETZT EINEN KÖRPER!
GUTE ARBEIT, LEUTE! ZEIT FÜR TEE.
WIRD ERLEDIGT!
TEE!
ALSO, RISU. ERZÄHL MIR ALLES, WAS DU WEISST!
HAH?!
NOI
WEISST DU, WER DICH GETÖTET HAT?
KEINE AHNUNG.
ICH WAR NEU BEI DEN KREUZAUGEN UND KANNTE NIEMANDEN GUT.

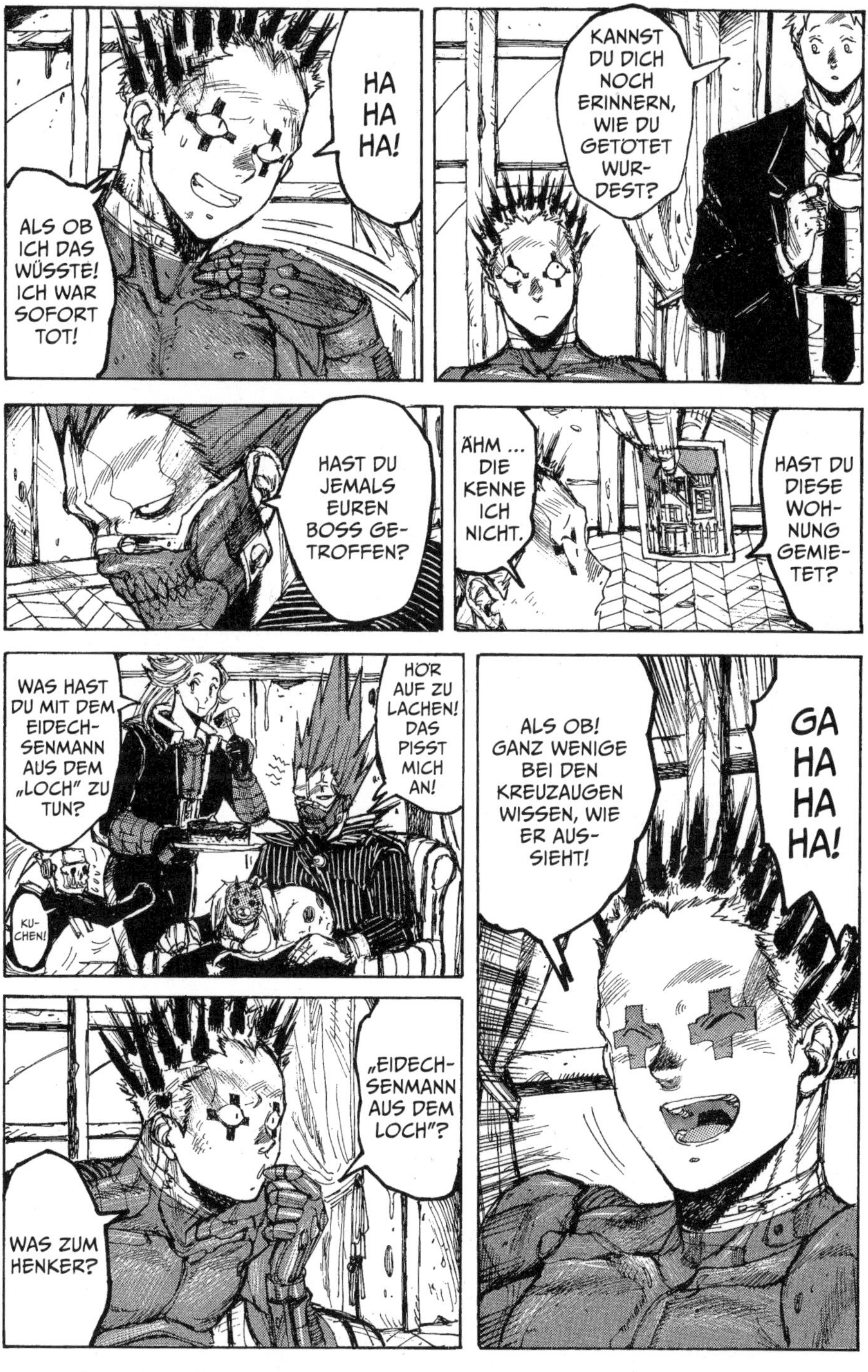
KANNST DU DICH NOCH ERINNERN, WIE DU GETÖTET WURDEST?
HA HA HA!
ALS OB ICH DAS WÜSSTE! ICH WAR SOFORT TOT!
HAST DU DIESE WOHNUNG GEMIETET?
ÄHM ... DIE KENNE ICH NICHT.
HAST DU JEMALS EUREN BOSS GETROFFEN?
GA HA HA HA!
ALS OB! GANZ WENIGE BEI DEN KREUZAUGEN WISSEN, WIE ER AUSSIEHT!
HÖR AUF ZU LACHEN! DAS PISST MICH AN!
WAS HAST DU MIT DEM EIDECHSENMANN AUS DEM „LOCH" ZU TUN?
KUCHEN!
„EIDECHSENMANN AUS DEM LOCH"?
WAS ZUM HENKER?

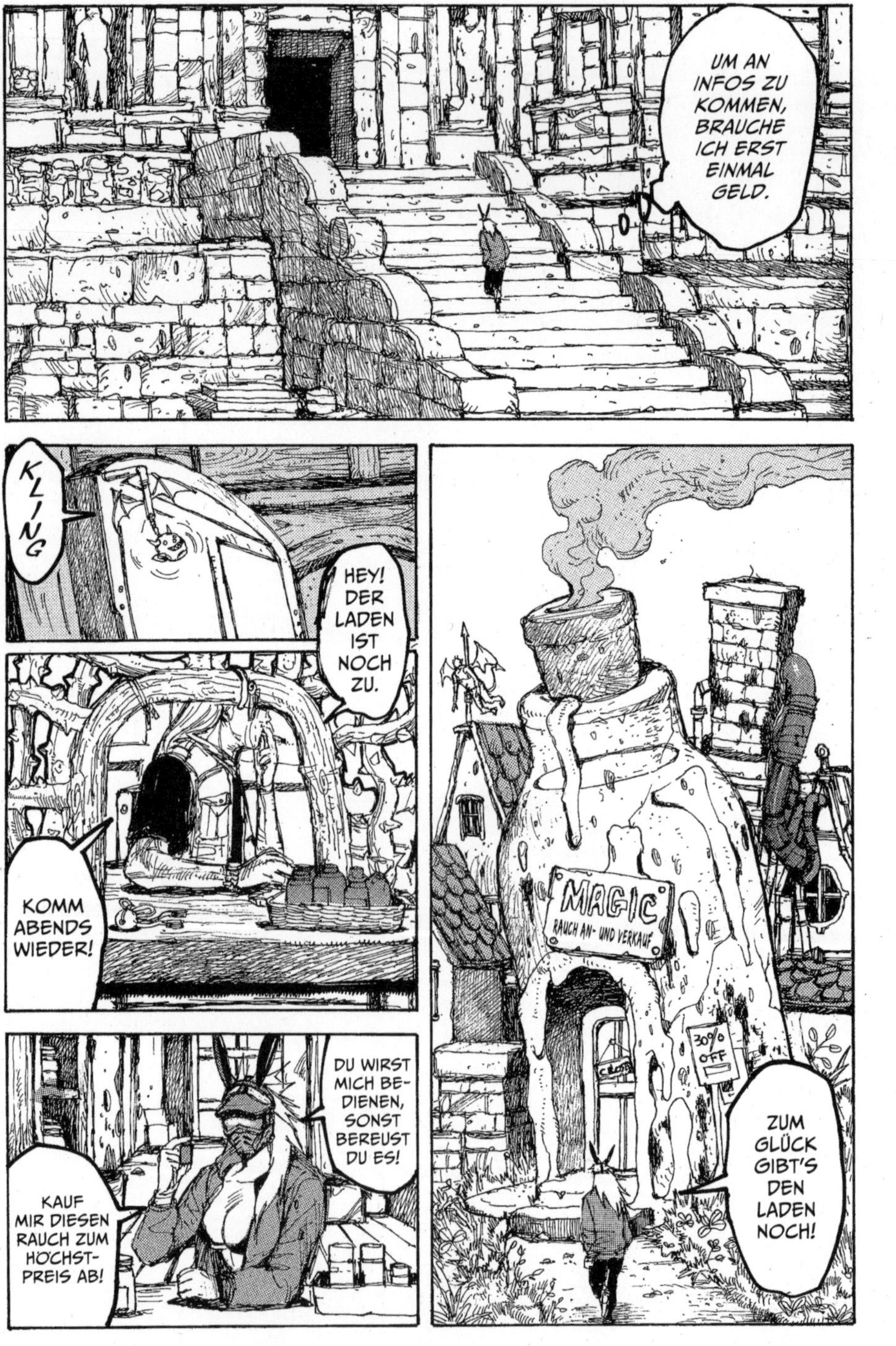
UM AN INFOS ZU KOMMEN, BRAUCHE ICH ERST EINMAL GELD.
MAGIC
RAUCH AN- UND VERKAUF
30% OFF
ZUM GLÜCK GIBT'S DEN LADEN NOCH!
KLING
HEY! DER LADEN IST NOCH ZU.
KOMM ABENDS WIEDER!
DU WIRST MICH BE-DIENEN, SONST BEREUST DU ES!
KAUF MIR DIESEN RAUCH ZUM HÖCHST-PREIS AB!

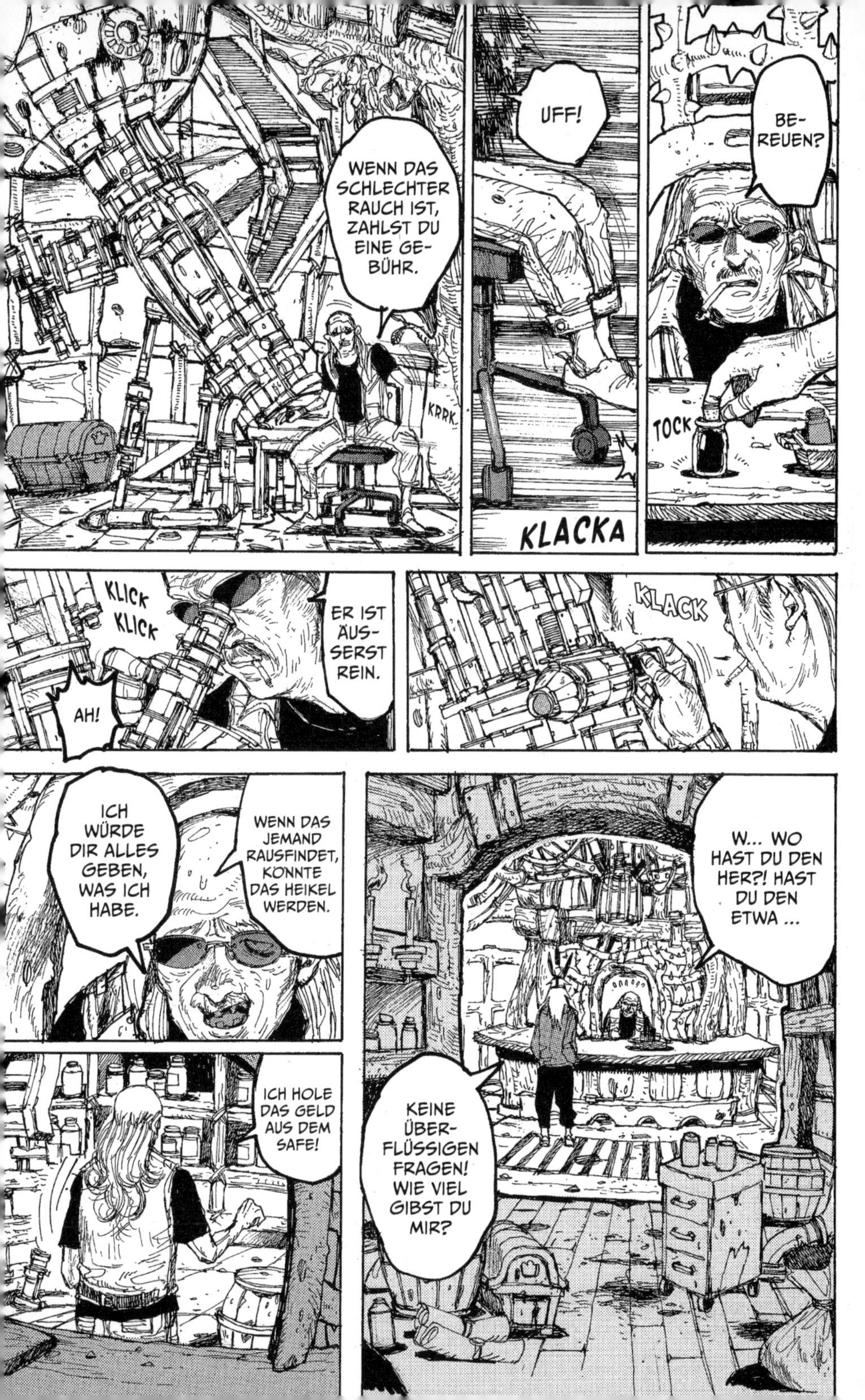
BE-REUEN?
TOCK
UFF!
KLACKA
WENN DAS SCHLECHTER RAUCH IST, ZAHLST DU EINE GE-BÜHR.
KRRK
KLACK
ER IST ÄUS-SERST REIN.
KLICK KLICK
AH!
W... WO HAST DU DEN HER?! HAST DU DEN ETWA ...
KEINE ÜBER-FLÜSSIGEN FRAGEN! WIE VIEL GIBST DU MIR?
WENN DAS JEMAND RAUSFINDET, KÖNNTE DAS HEIKEL WERDEN.
ICH WÜRDE DIR ALLES GEBEN, WAS ICH HABE.
ICH HOLE DAS GELD AUS DEM SAFE!

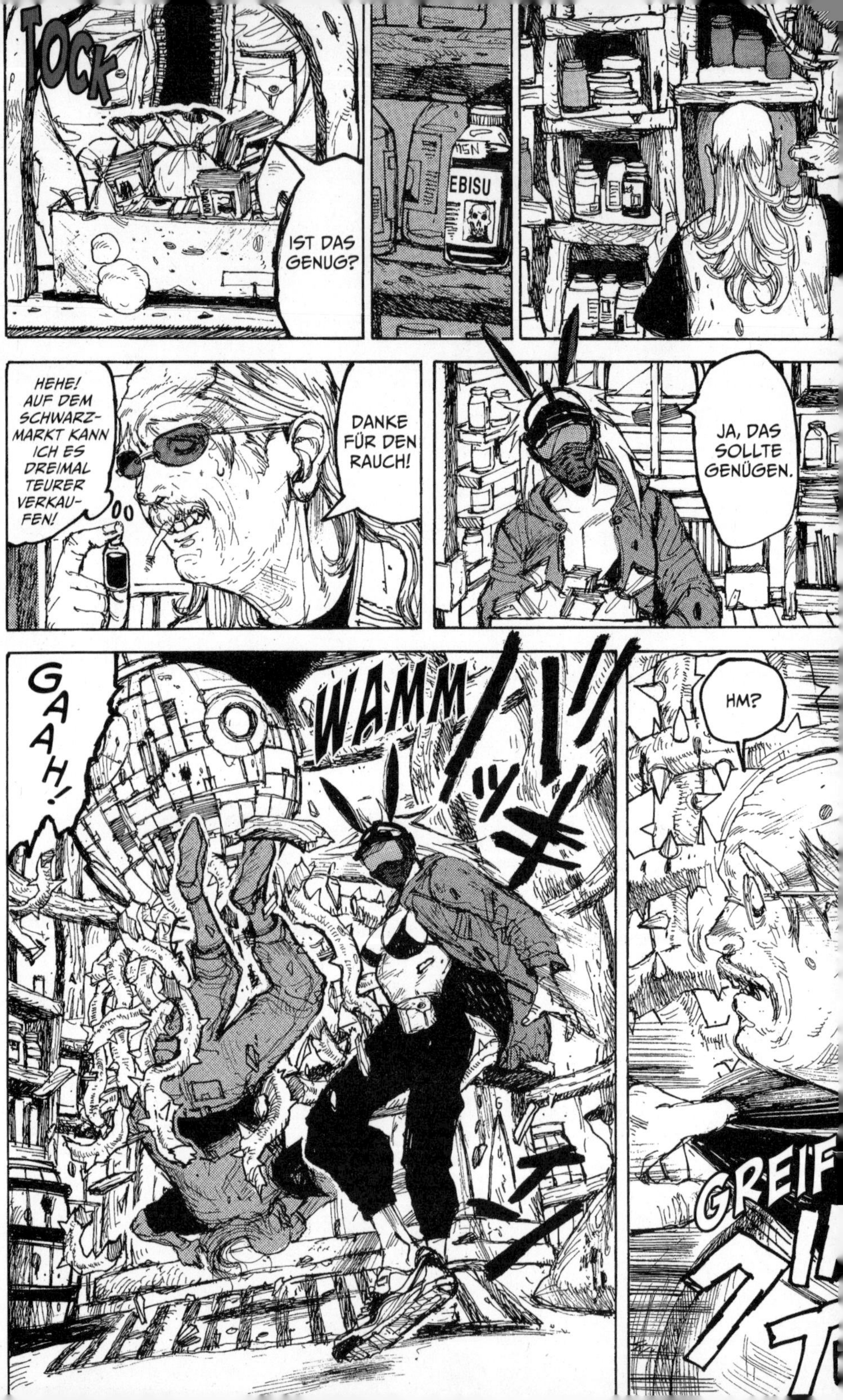
TOCK
IST DAS GENUG?
EBISU
JA, DAS SOLLTE GENÜGEN.
DANKE FÜR DEN RAUCH!
HEHE! AUF DEM SCHWARZMARKT KANN ICH ES DREIMAL TEURER VERKAUFEN!
HM?
GREIF
WAMM
GAAAH!

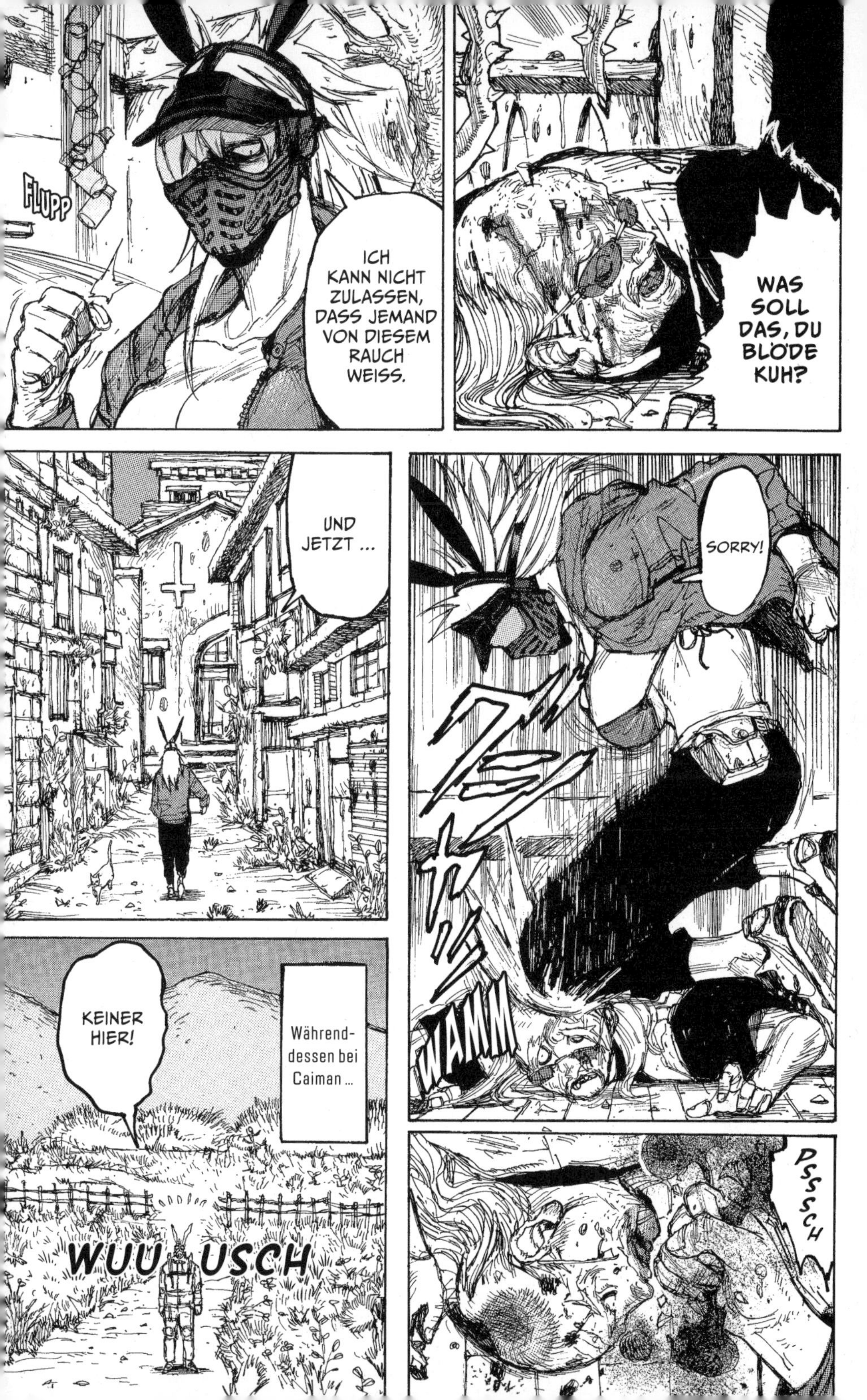
WAS SOLL DAS, DU BLÖDE KUH?
FLUPP
ICH KANN NICHT ZULASSEN, DASS JEMAND VON DIESEM RAUCH WEISS.
SORRY!
WAMM
UND JETZT ...
PSSSCH
Während-dessen bei Caiman ...
KEINER HIER!
WUUUSCH

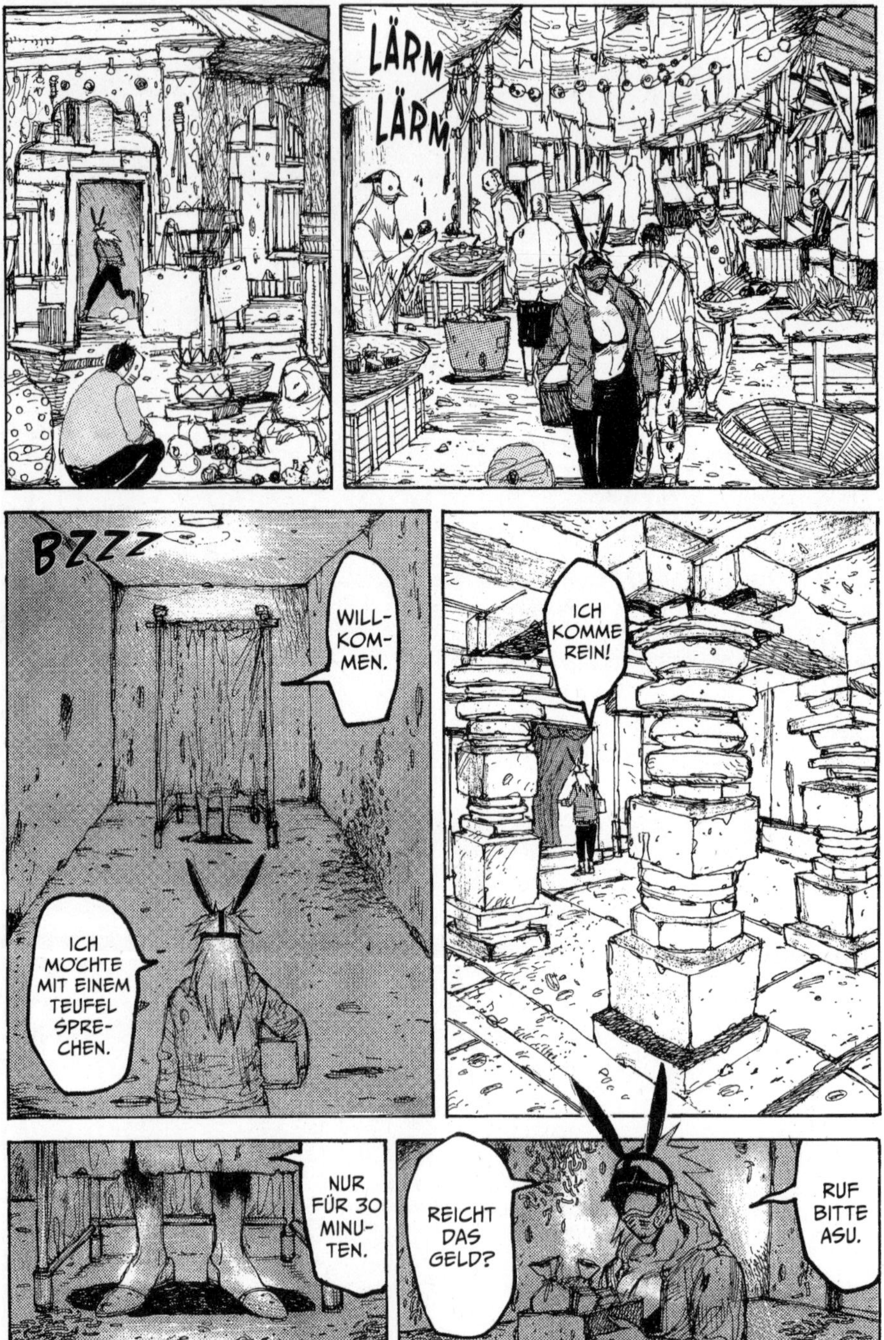
LÄRM
LÄRM
BZZZ
WILL-KOM-MEN.
ICH MÖCHTE MIT EINEM TEUFEL SPRE-CHEN.
ICH KOMME REIN!
RUF BITTE ASU.
REICHT DAS GELD?
NUR FÜR 30 MINU-TEN.

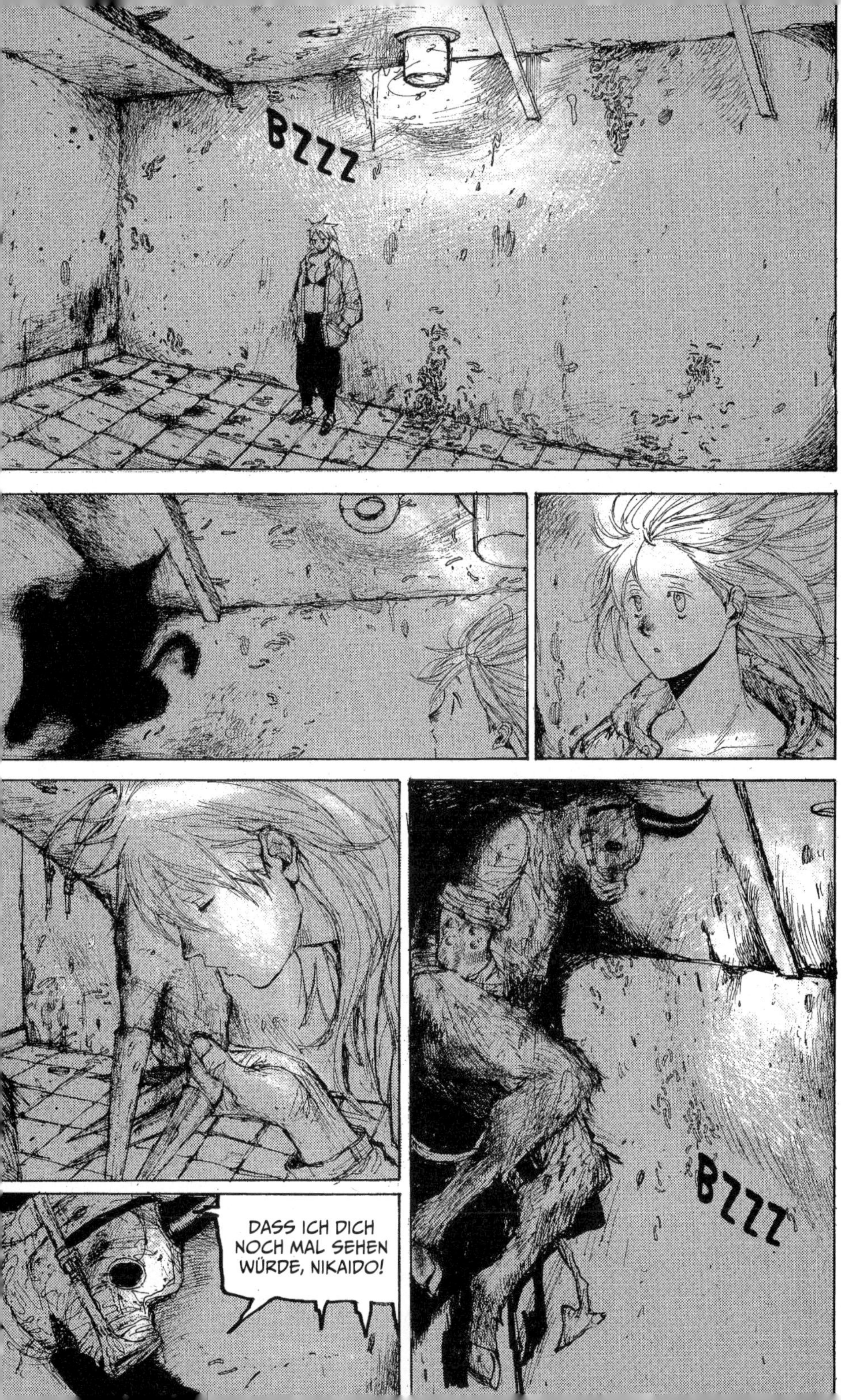
BZZZ
BZZZ
DASS ICH DICH NOCH MAL SEHEN WÜRDE, NIKAIDO!

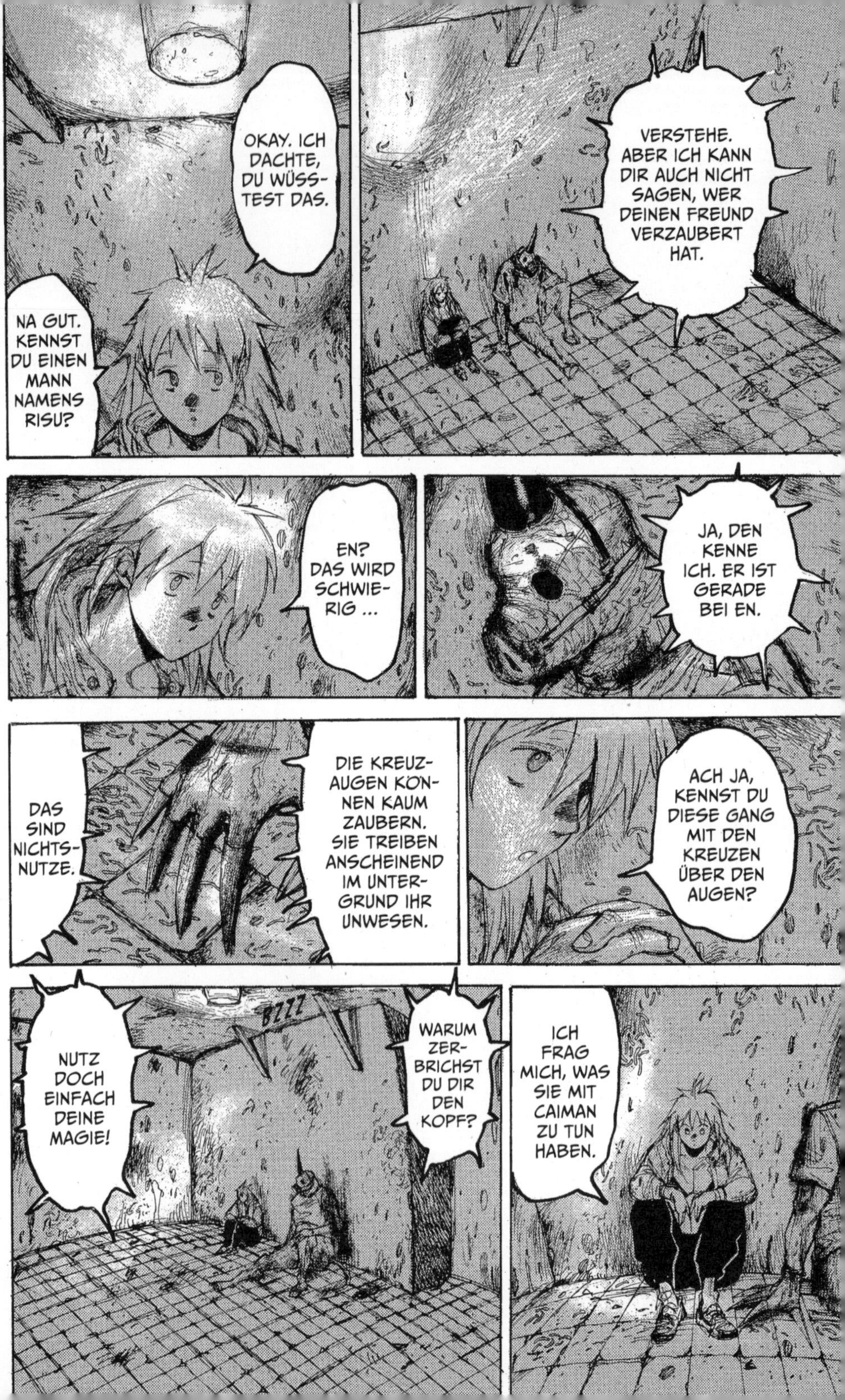
VERSTEHE. ABER ICH KANN DIR AUCH NICHT SAGEN, WER DEINEN FREUND VERZAUBERT HAT.
OKAY. ICH DACHTE, DU WÜSS-TEST DAS.
NA GUT. KENNST DU EINEN MANN NAMENS RISU?
JA, DEN KENNE ICH. ER IST GERADE BEI EN.
EN? DAS WIRD SCHWIE-RIG ...
ACH JA, KENNST DU DIESE GANG MIT DEN KREUZEN ÜBER DEN AUGEN?
DIE KREUZ-AUGEN KÖN-NEN KAUM ZAUBERN. SIE TREIBEN ANSCHEINEND IM UNTER-GRUND IHR UNWESEN.
DAS SIND NICHTS-NUTZE.
ICH FRAG MICH, WAS SIE MIT CAIMAN ZU TUN HABEN.
WARUM ZER-BRICHST DU DIR DEN KOPF?
BZZZ
NUTZ DOCH EINFACH DEINE MAGIE!

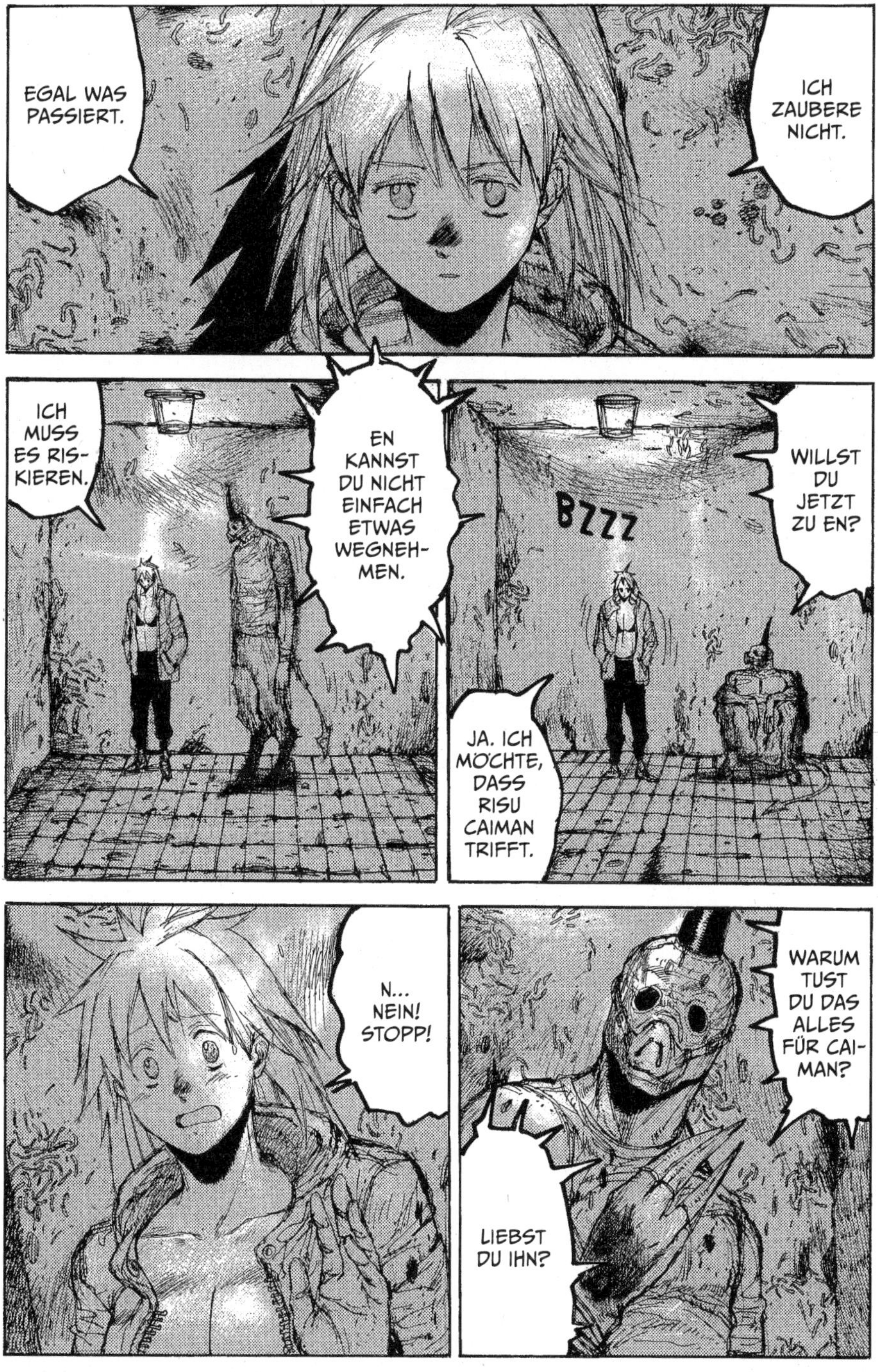
ICH ZAUBERE NICHT.
EGAL WAS PASSIERT.
WILLST DU JETZT ZU EN?
BZZZ
JA. ICH MÖCHTE, DASS RISU CAIMAN TRIFFT.
EN KANNST DU NICHT EINFACH ETWAS WEGNEHMEN.
ICH MUSS ES RISKIEREN.
WARUM TUST DU DAS ALLES FÜR CAIMAN?
LIEBST DU IHN?
N... NEIN! STOPP!

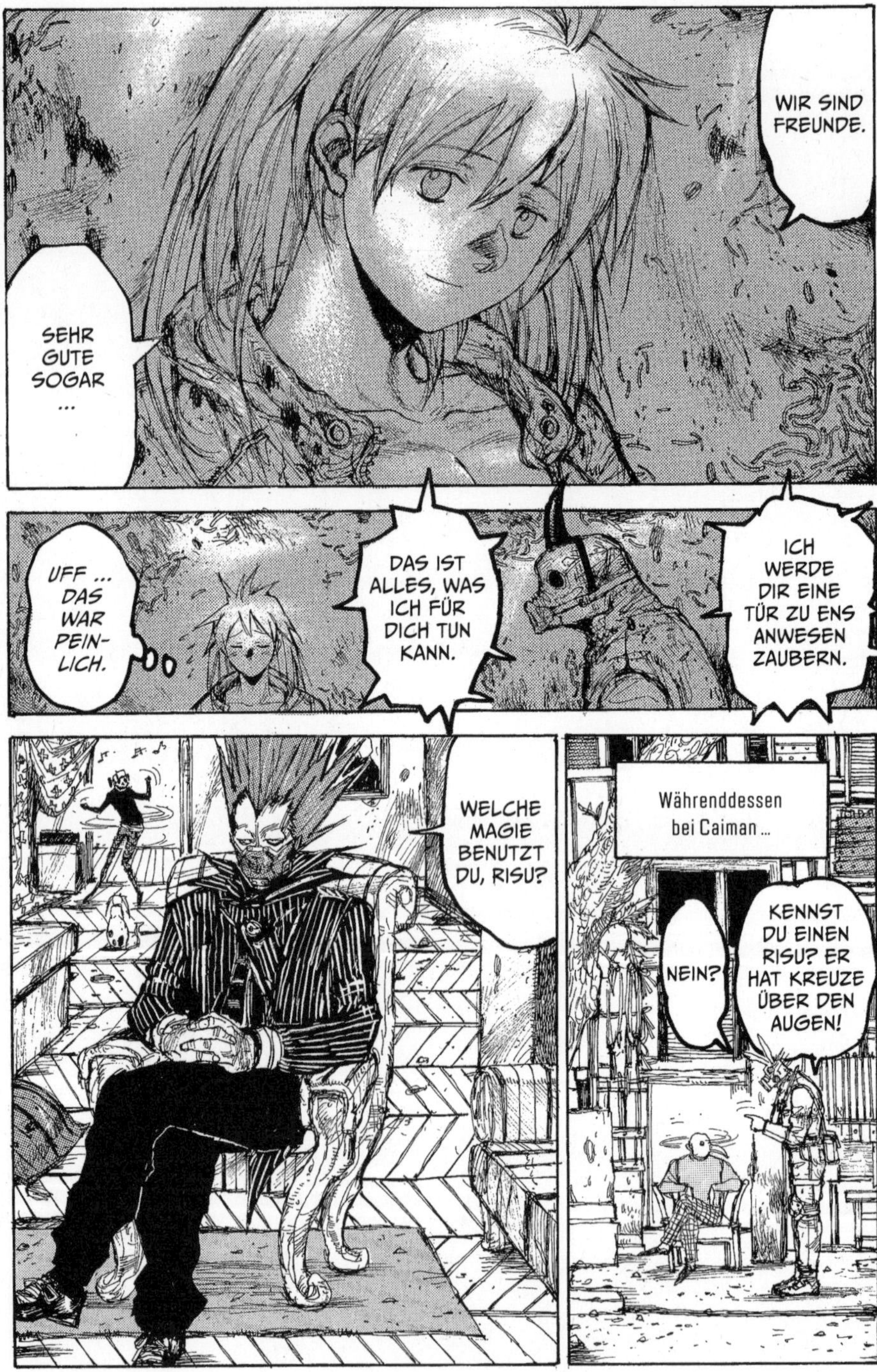
WIR SIND FREUNDE.
SEHR GUTE SOGAR ...
ICH WERDE DIR EINE TÜR ZU ENS ANWESEN ZAUBERN.
DAS IST ALLES, WAS ICH FÜR DICH TUN KANN.
UFF ... DAS WAR PEIN-LICH.
WELCHE MAGIE BENUTZT DU, RISU?
Währenddessen bei Caiman ...
KENNST DU EINEN RISU? ER HAT KREUZE ÜBER DEN AUGEN!
NEIN?

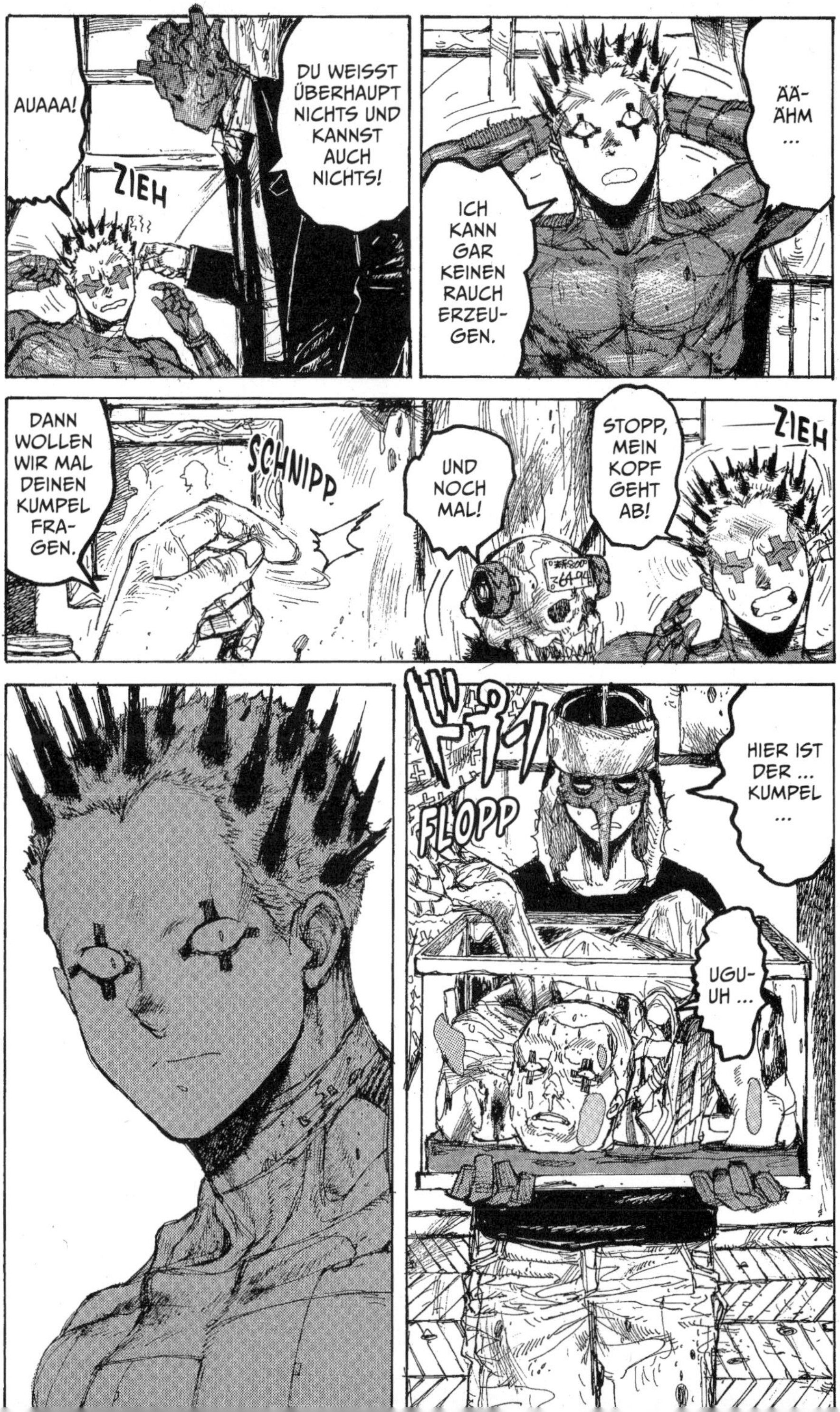
ÄÄ-ÄHM ...
ICH KANN GAR KEINEN RAUCH ERZEUGEN.
DU WEISST ÜBERHAUPT NICHTS UND KANNST AUCH NICHTS!
ZIEH
AUAAA!
ZIEH
STOPP, MEIN KOPF GEHT AB!
UND NOCH MAL!
SCHNIPP
DANN WOLLEN WIR MAL DEINEN KUMPEL FRAGEN.
FLOPP
HIER IST DER ... KUMPEL ...
UGU-UH ...

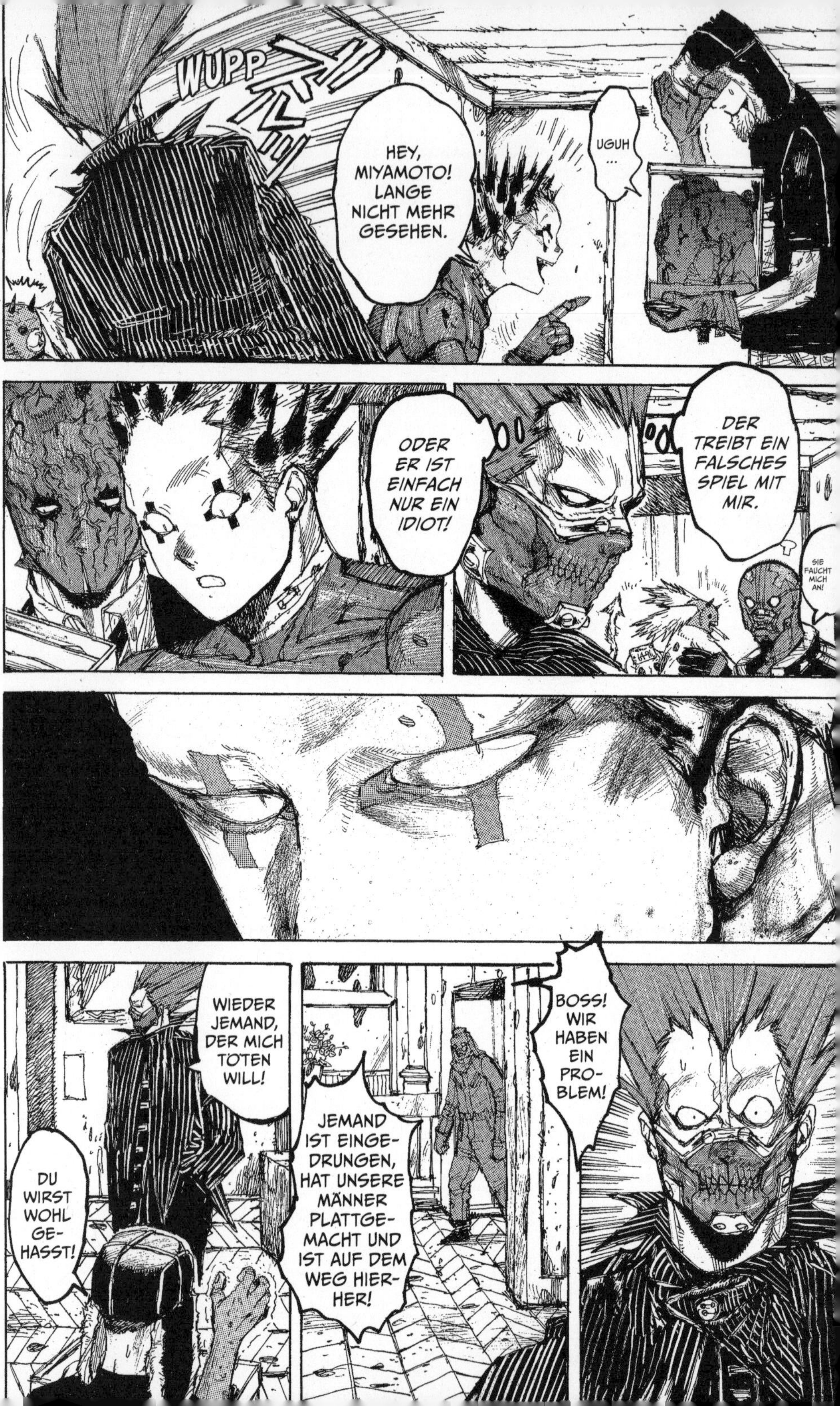
WUPP
UGUH ...
HEY, MIYAMOTO! LANGE NICHT MEHR GESEHEN.
DER TREIBT EIN FALSCHES SPIEL MIT MIR.
SIE FAUCHT MICH AN!
ODER ER IST EINFACH NUR EIN IDIOT!
BOSS! WIR HABEN EIN PROBLEM!
JEMAND IST EINGEDRUNGEN, HAT UNSERE MÄNNER PLATTGEMACHT UND IST AUF DEM WEG HIERHER!
WIEDER JEMAND, DER MICH TÖTEN WILL!
DU WIRST WOHL GEHASST!

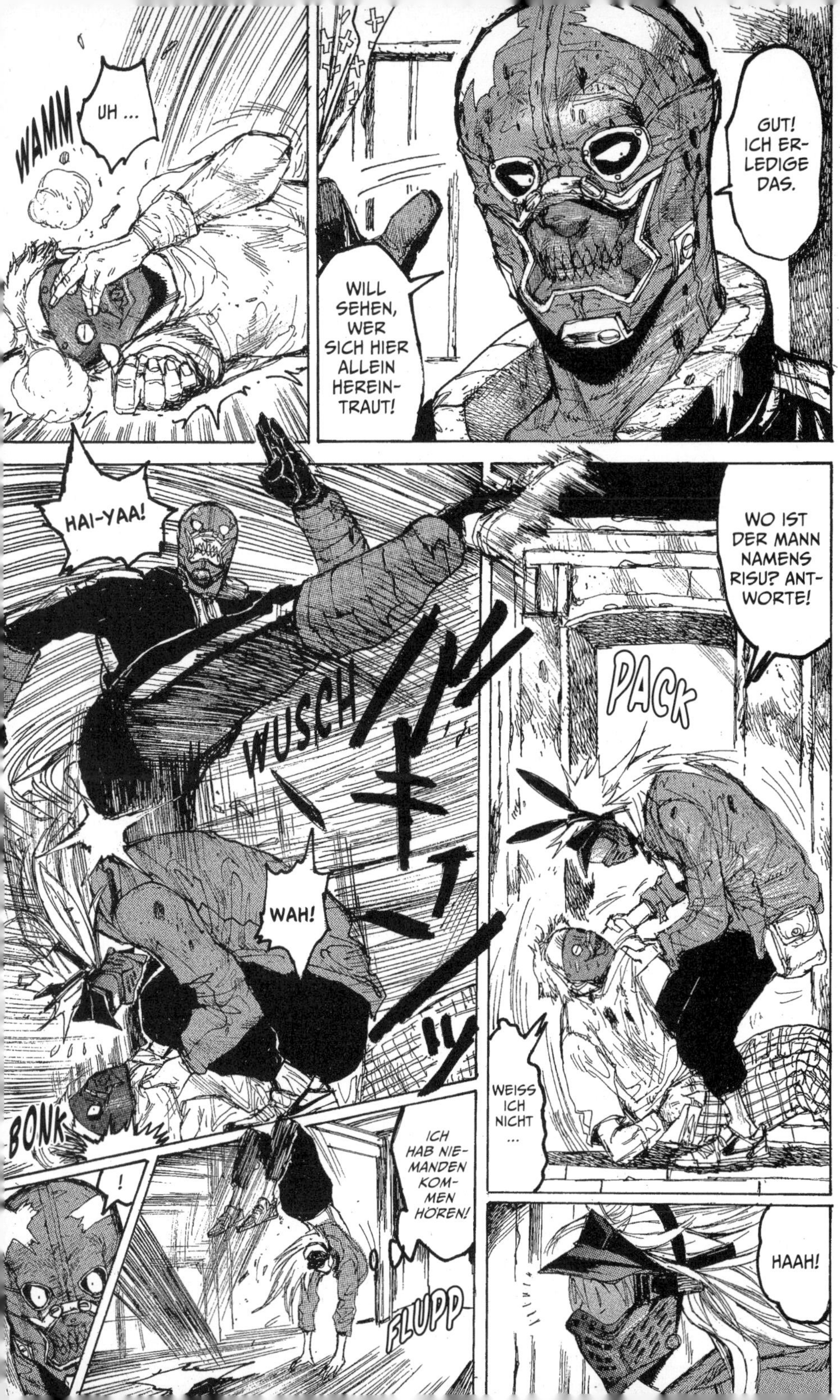
GUT! ICH ERLEDIGE DAS.
WILL SEHEN, WER SICH HIER ALLEIN HEREINTRAUT!
WAMM
UH ...
WO IST DER MANN NAMENS RISU? ANTWORTE!
PACK
WEISS ICH NICHT ...
HAI-YAA!
WUSCH
WAH!
BONK
HAAH!
ICH HAB NIEMANDEN KOMMEN HÖREN!
!
FLUPP

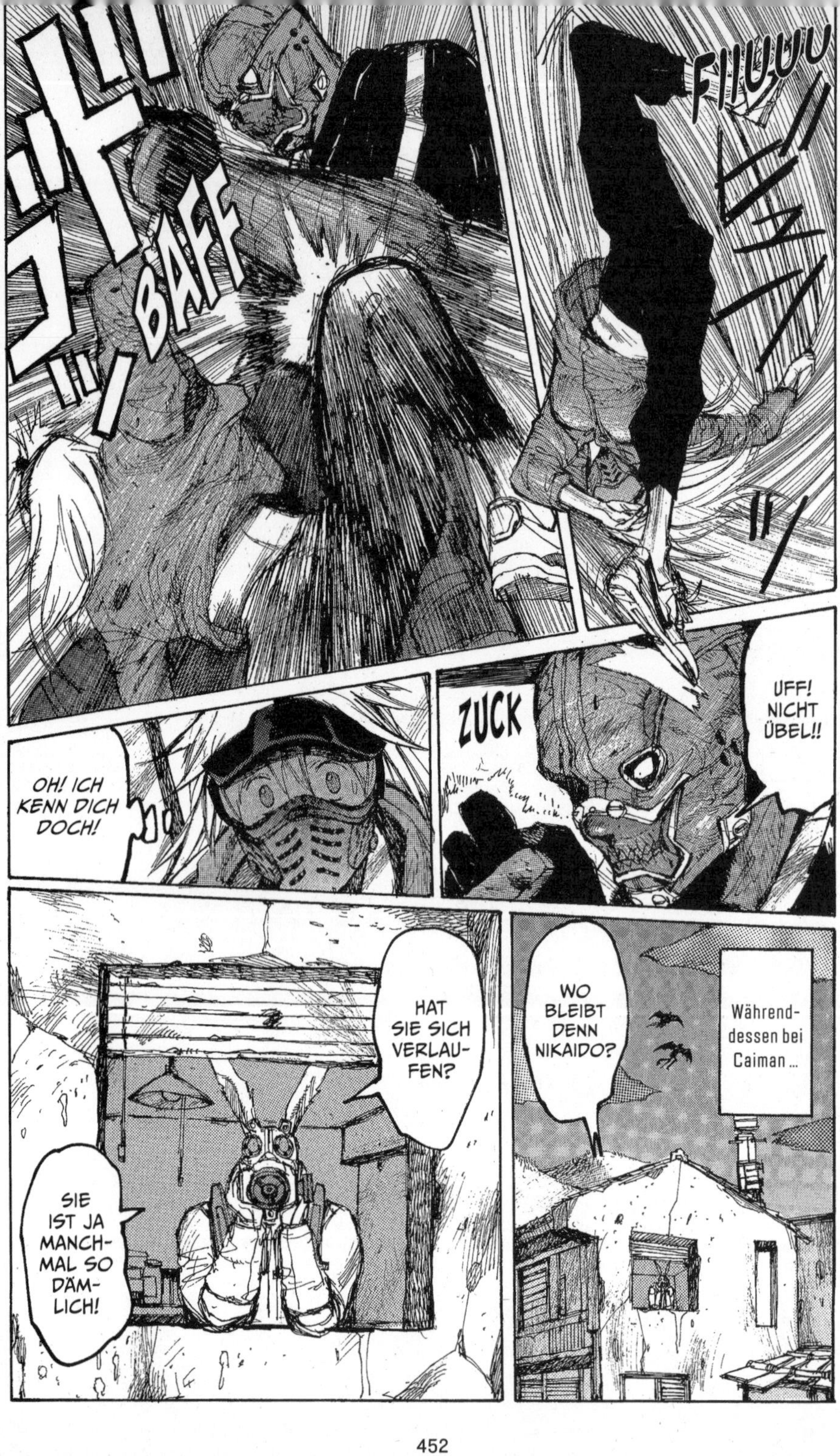
FIIUUU
BAFF
ZUCK
UFF! NICHT ÜBEL!!
OH! ICH KENN DICH DOCH!
Während-dessen bei Caiman ...
WO BLEIBT DENN NIKAIDO?
HAT SIE SICH VERLAU-FEN?
SIE IST JA MANCH-MAL SO DÄM-LICH!

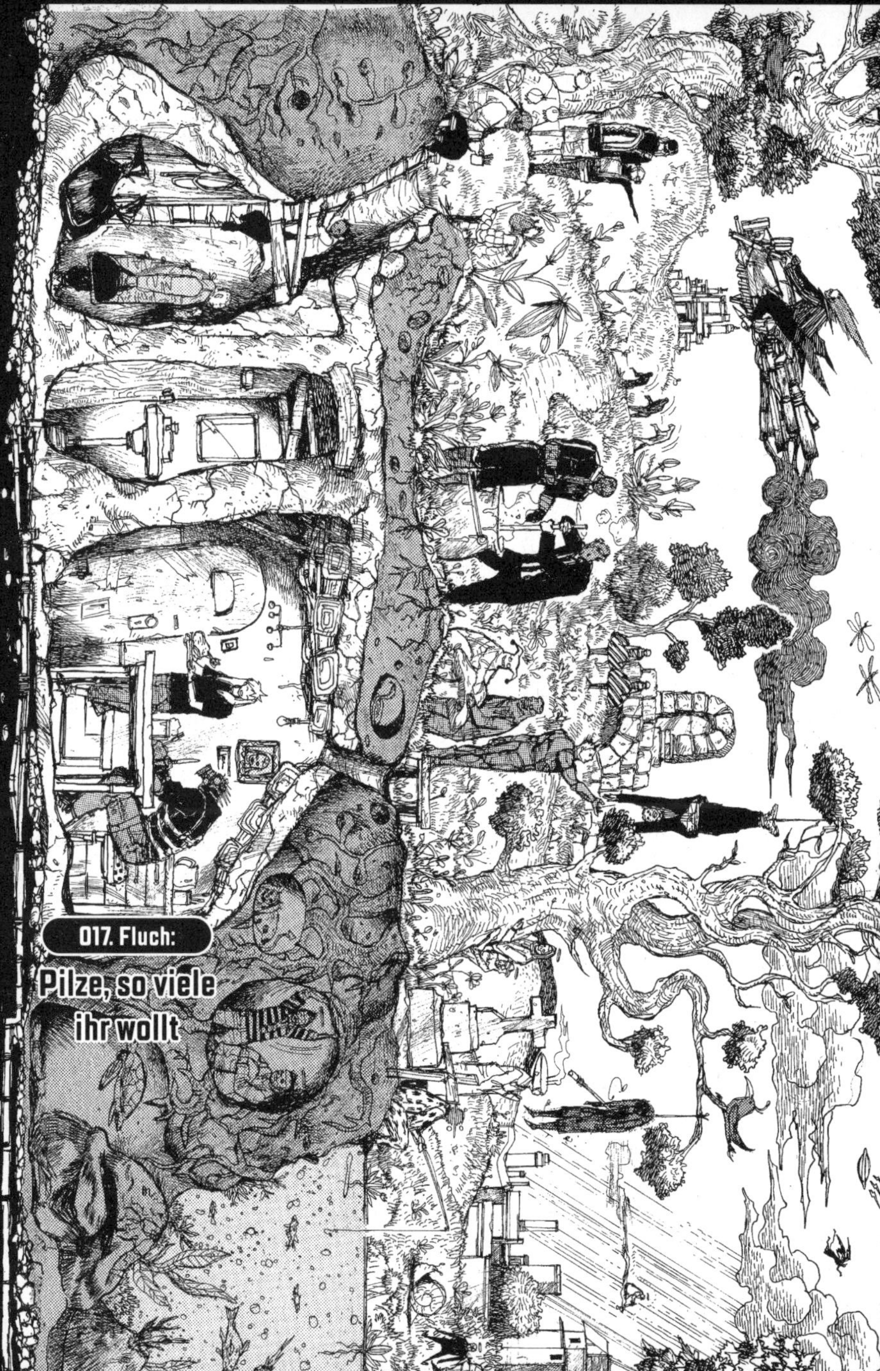

017. Fluch: Pilze, so viele ihr wollt

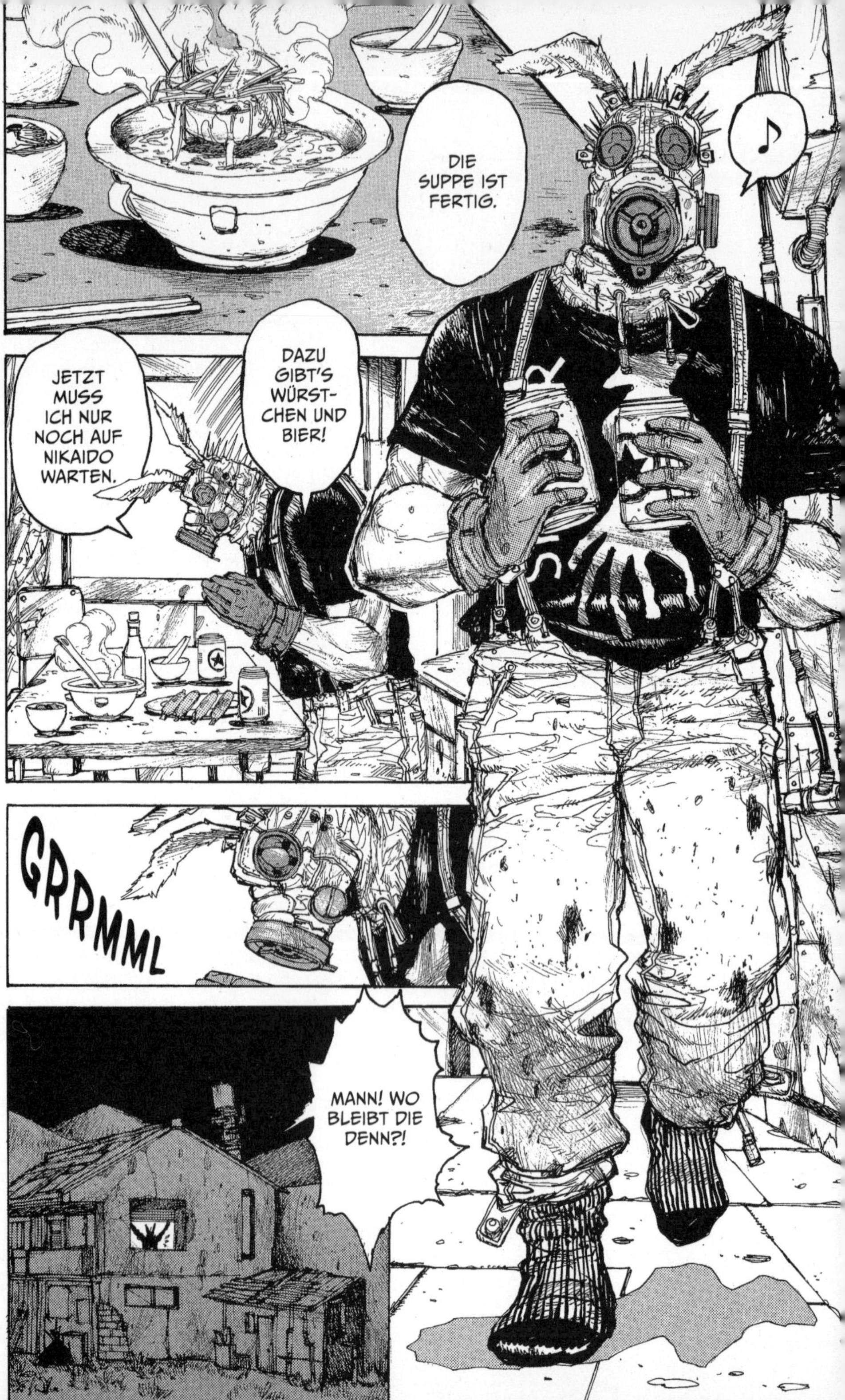
♪
DIE SUPPE IST FERTIG.
DAZU GIBT'S WÜRSTCHEN UND BIER!
JETZT MUSS ICH NUR NOCH AUF NIKAIDO WARTEN.
GRRMMML
MANN! WO BLEIBT DIE DENN?!

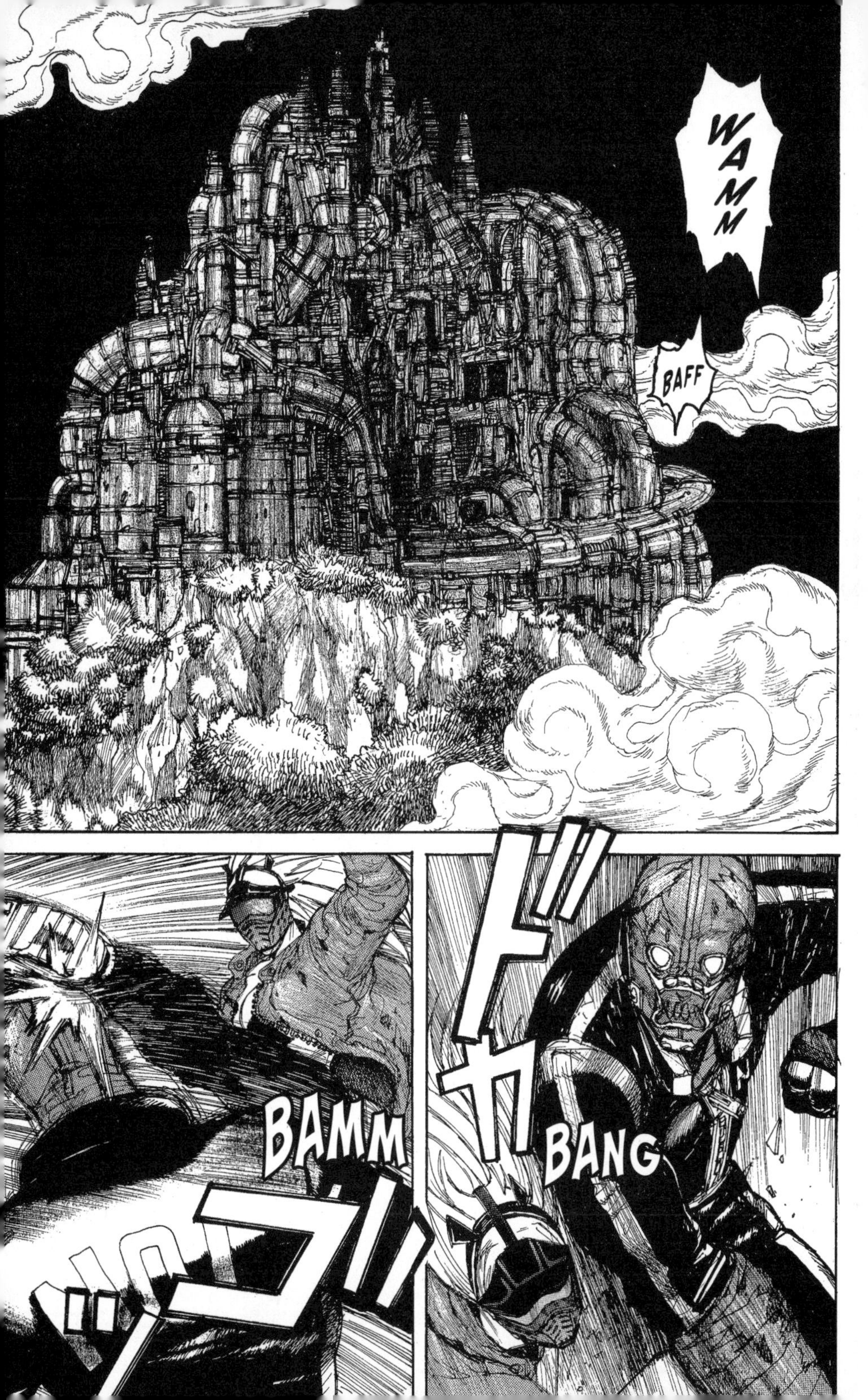
WAMM
BAFF
ドガ
BANG
BAMM

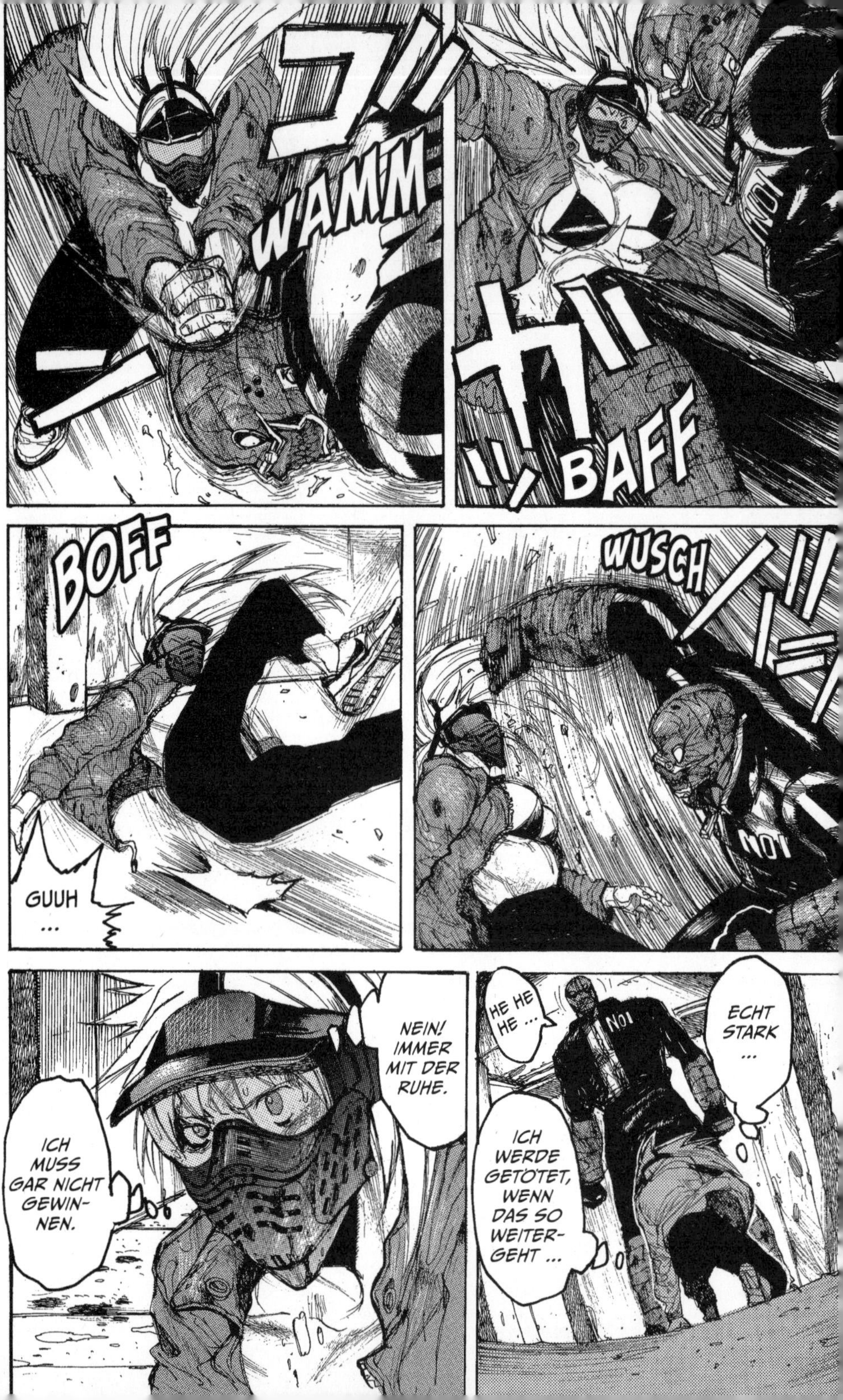
WAMM
BAFF
BOFF
GUUH ...
WUSCH
NEIN! IMMER MIT DER RUHE.
ICH MUSS GAR NICHT GEWINNEN.
ECHT STARK ...
HE HE HE ...
ICH WERDE GETÖTET, WENN DAS SO WEITERGEHT ...

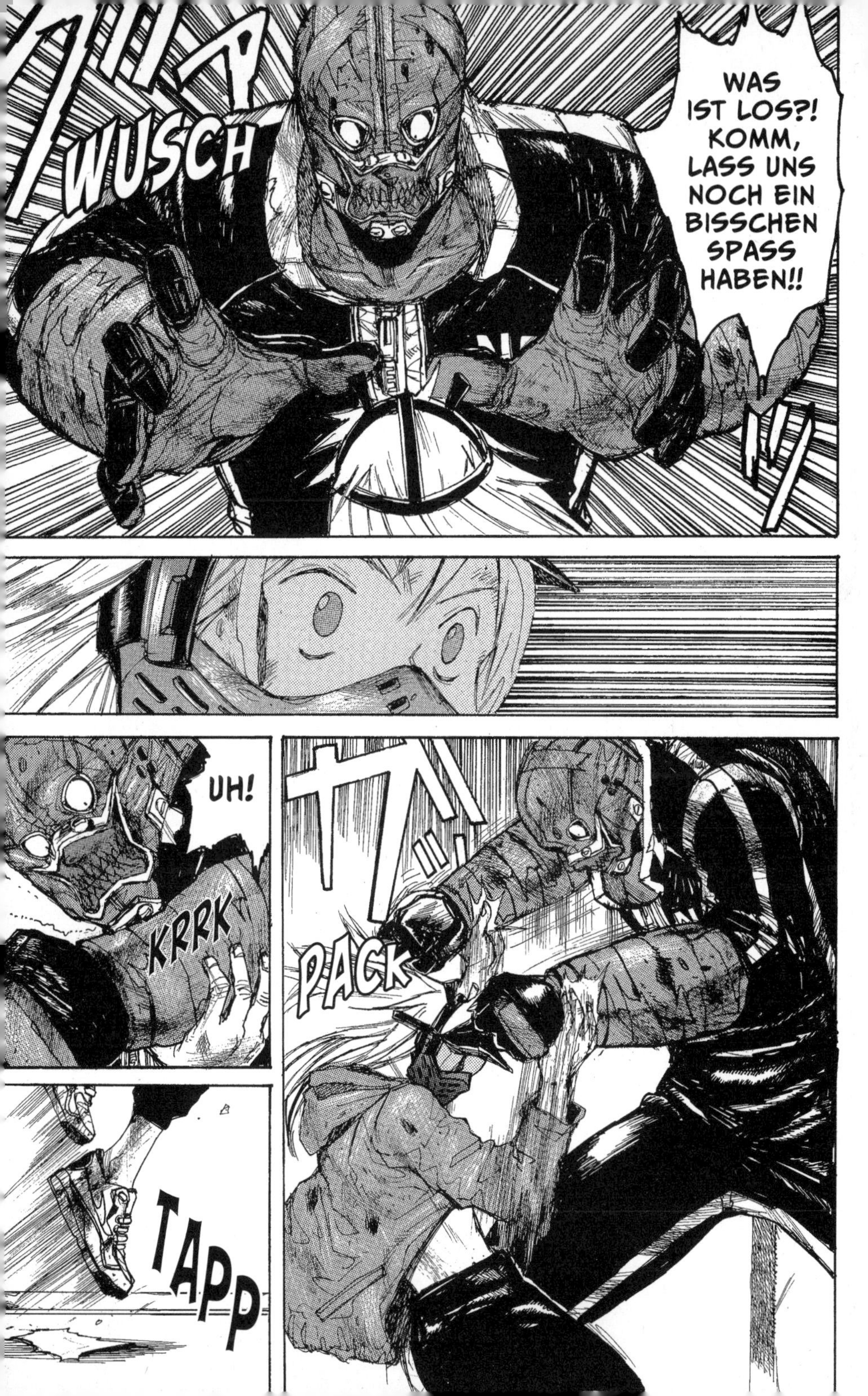
WUSCH
WAS IST LOS?! KOMM, LASS UNS NOCH EIN BISSCHEN SPASS HABEN!!
UH!
KRRK
PACK
TAPP

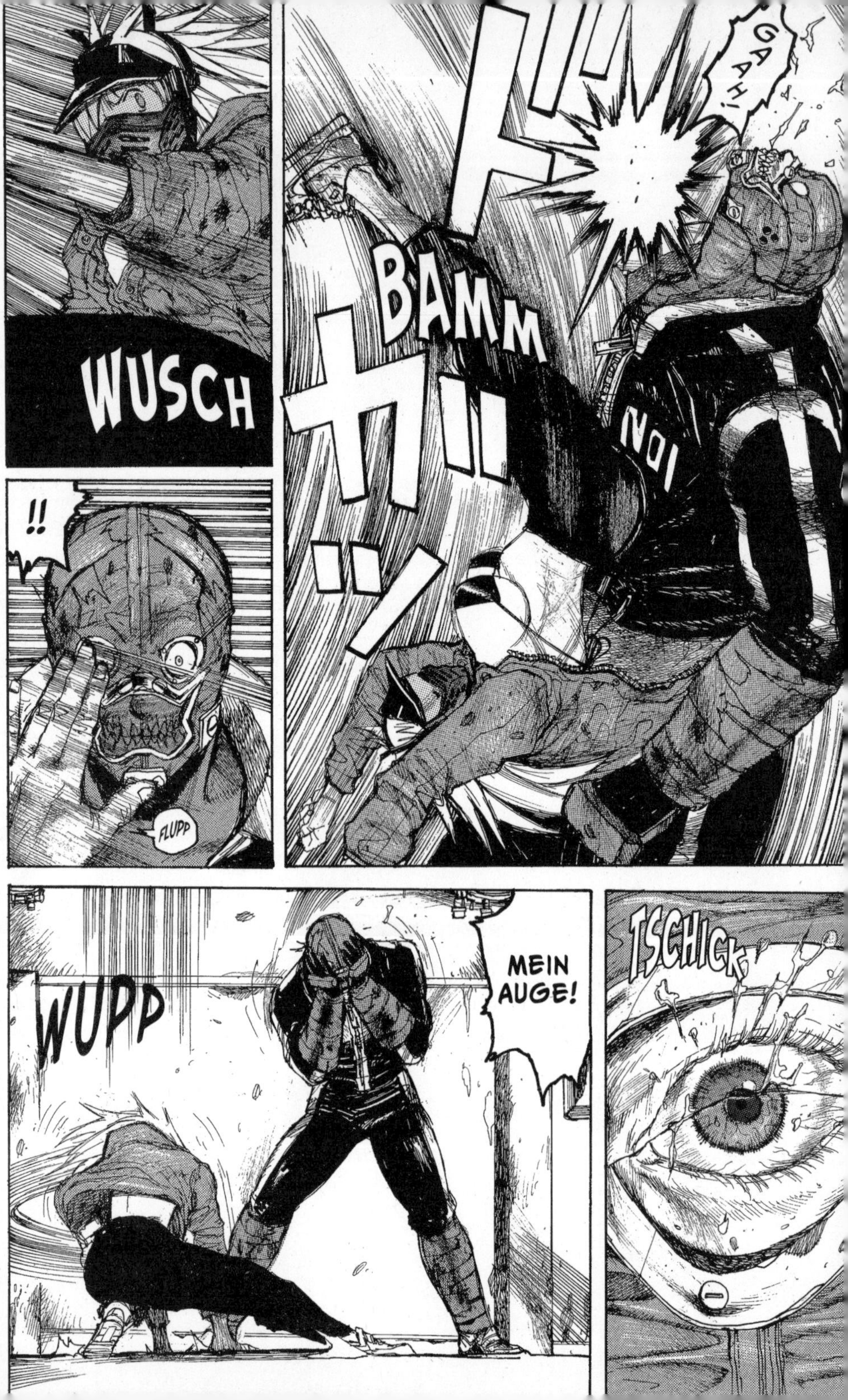
WUSCH
BAMM
GAAH!
NOI
!!
FLUPP
TSCHICK
MEIN AUGE!
WUPP

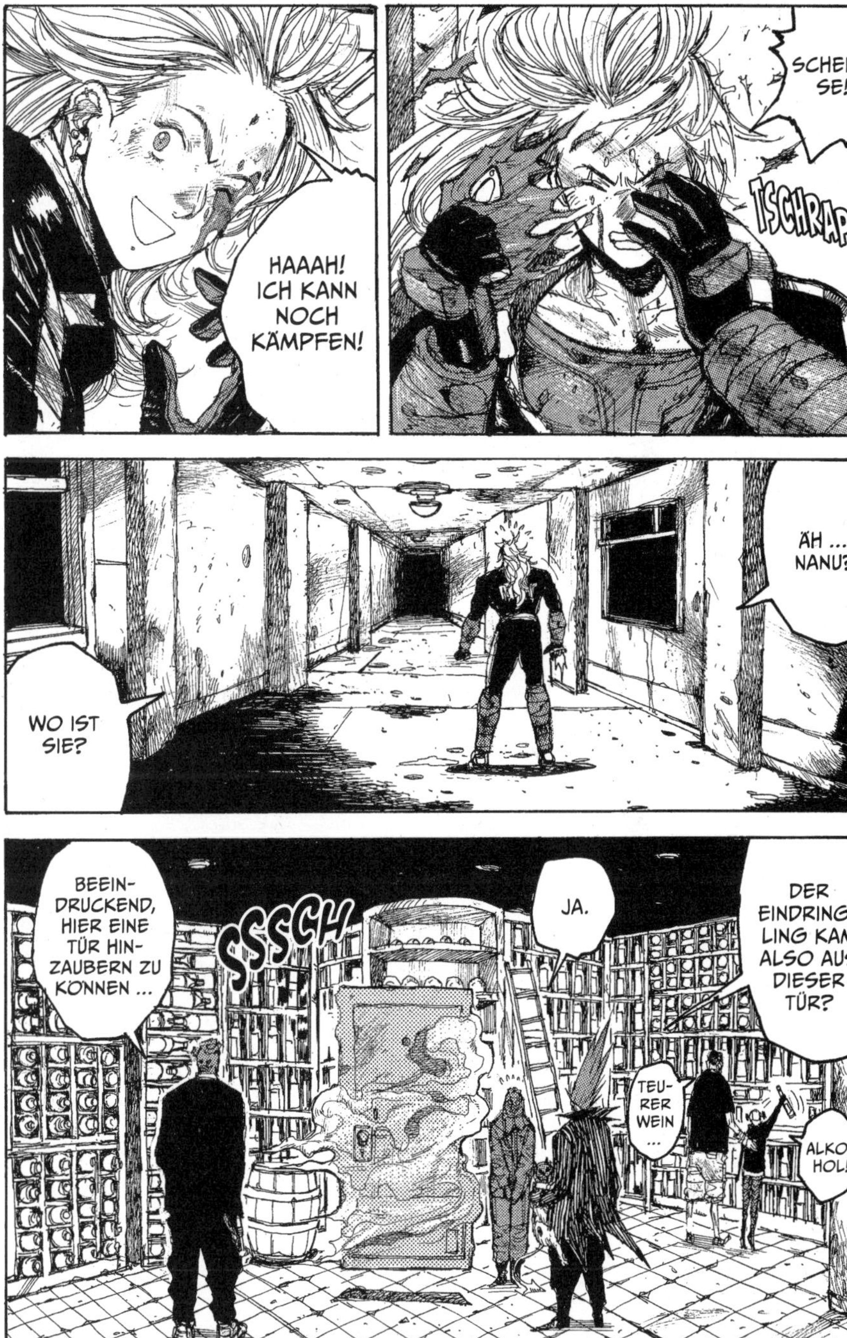
SCHEIS-SE!
TSCHRAPP
HAAAH! ICH KANN NOCH KÄMPFEN!
ÄH ... NANU?
WO IST SIE?
DER EINDRING-LING KAM ALSO AUS DIESER TÜR?
JA.
BEEIN-DRUCKEND, HIER EINE TÜR HIN-ZAUBERN ZU KÖNNEN ...
SSSCH
ALKO-HOL!
TEU-RER WEIN ...

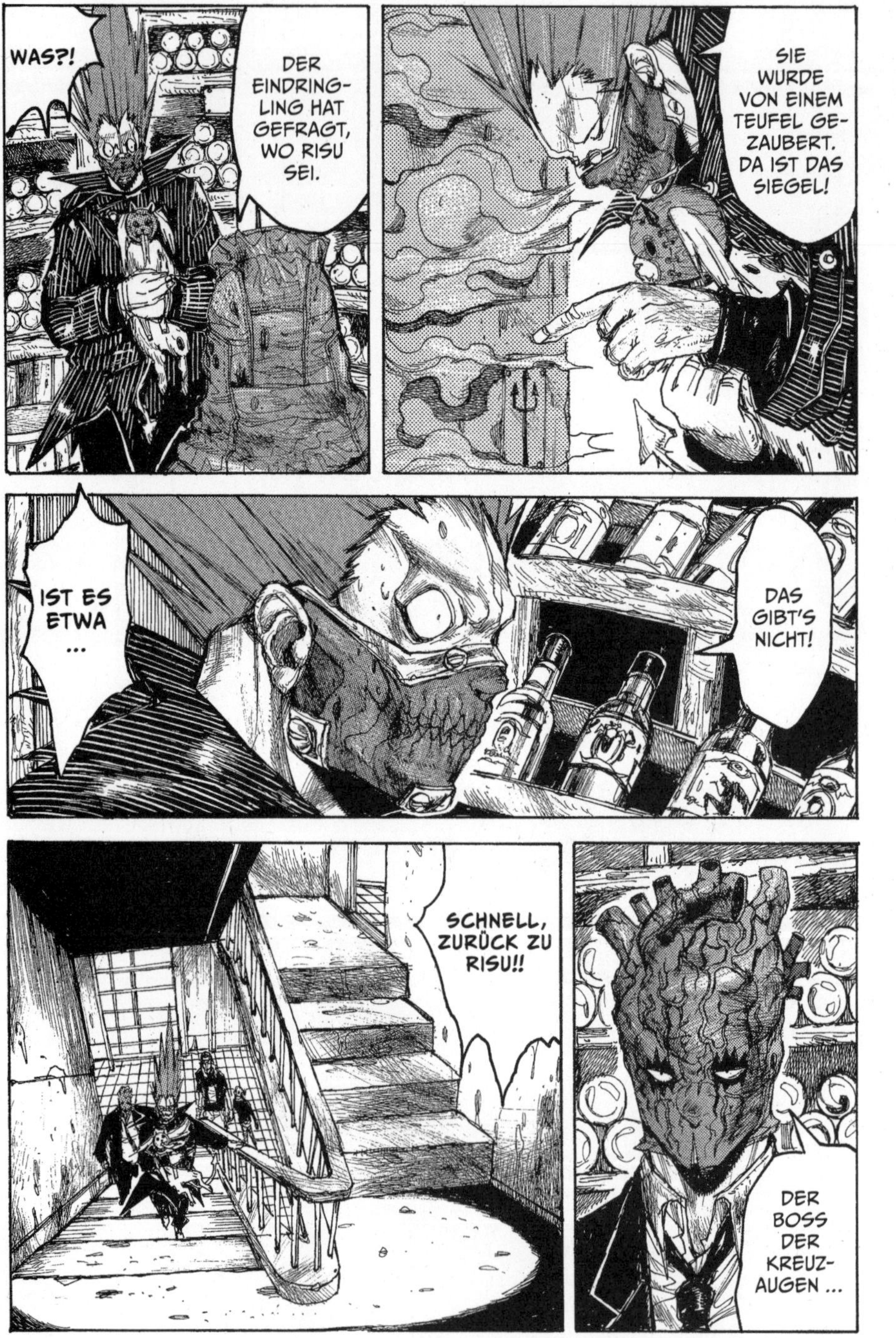
SIE WURDE VON EINEM TEUFEL GEZAUBERT. DA IST DAS SIEGEL!
DER EINDRING-LING HAT GEFRAGT, WO RISU SEI.
WAS?!
DAS GIBT'S NICHT!
IST ES ETWA ...
DER BOSS DER KREUZ-AUGEN ...
SCHNELL, ZURÜCK ZU RISU!!

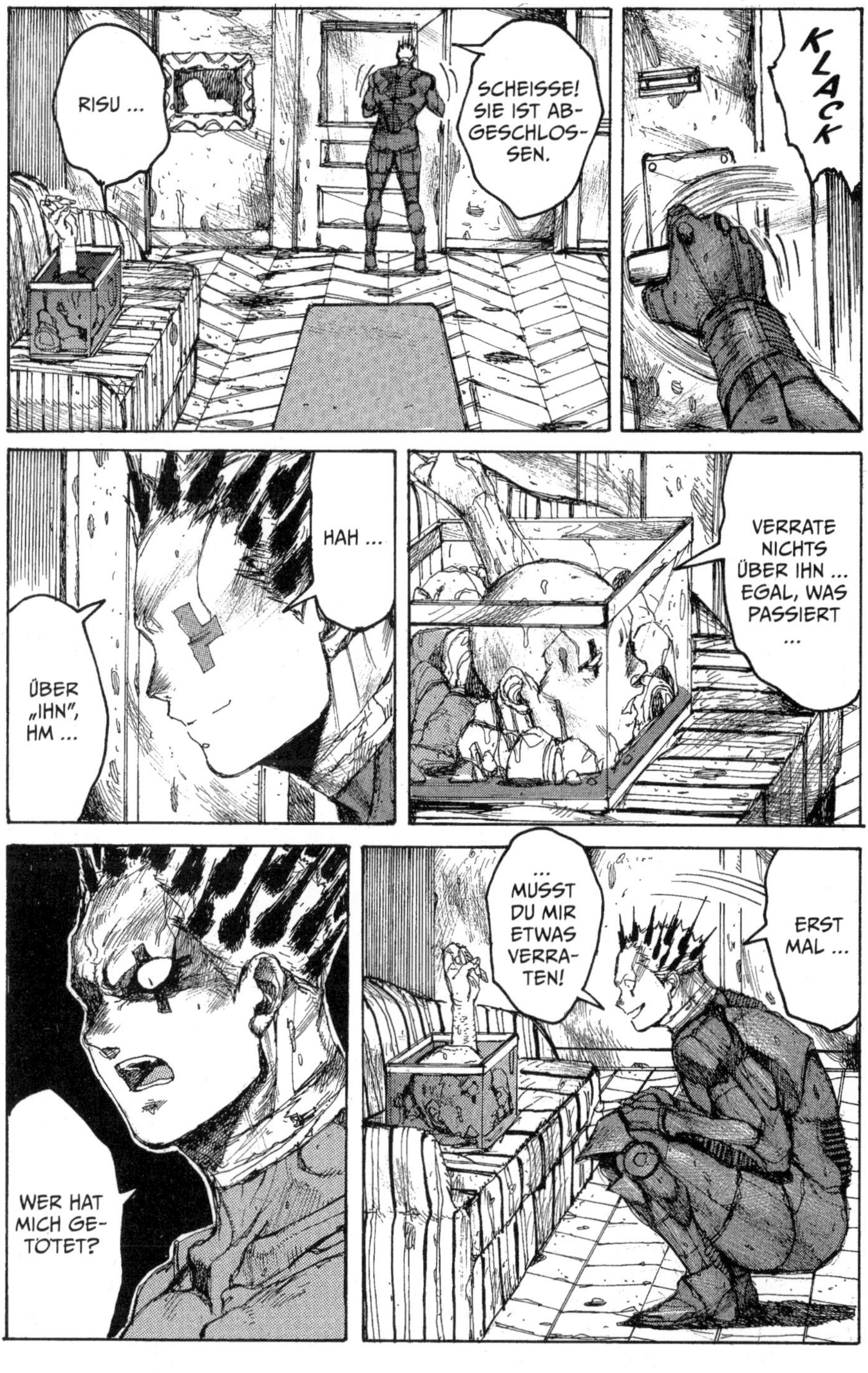
RISU ...
SCHEISSE! SIE IST ABGESCHLOSSEN.
KLACK
HAH ...
ÜBER „IHN", HM ...
VERRATE NICHTS ÜBER IHN ... EGAL, WAS PASSIERT ...
WER HAT MICH GETÖTET?
ERST MAL ...
... MUSST DU MIR ETWAS VERRATEN!

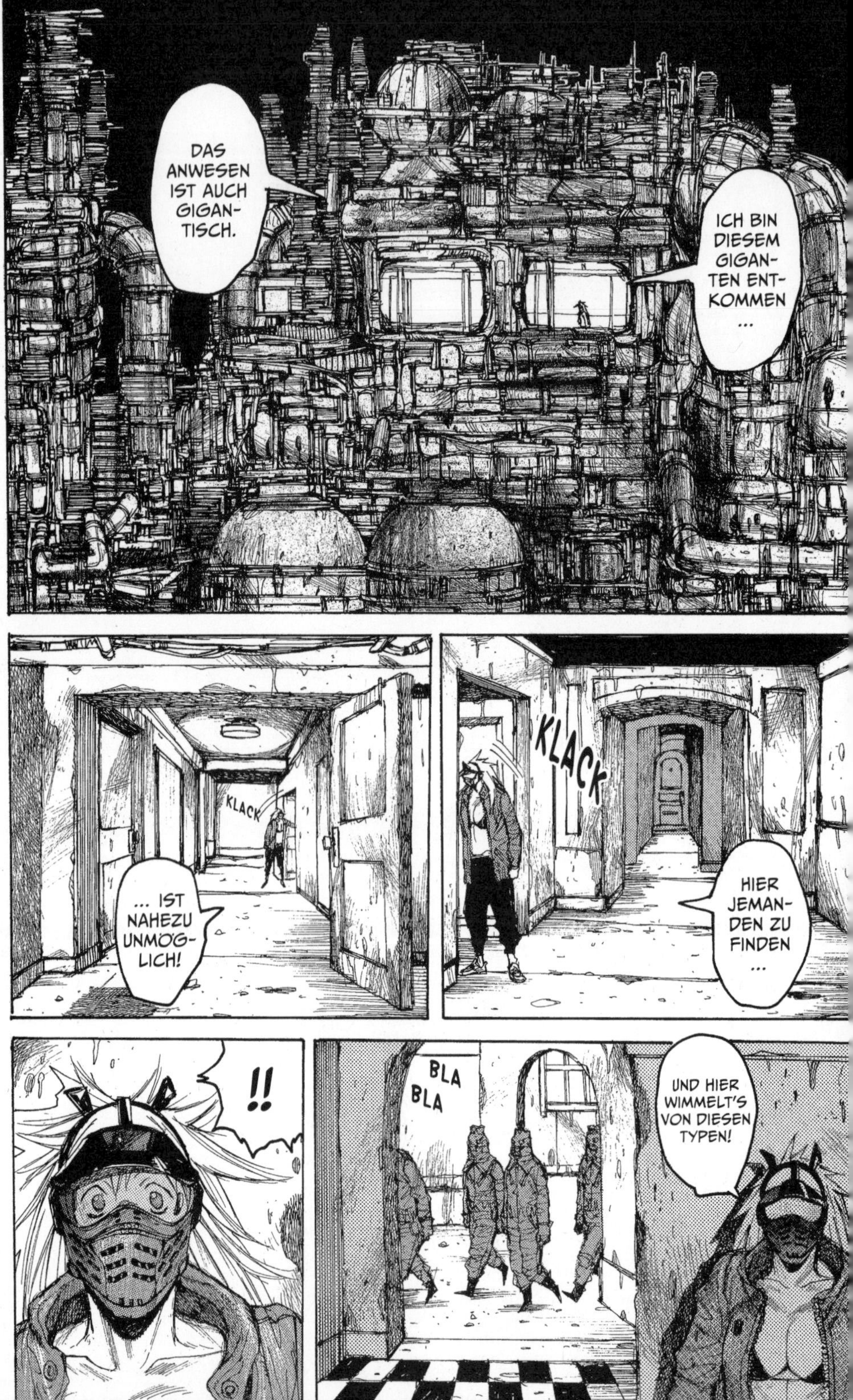
DAS ANWESEN IST AUCH GIGANTISCH.
ICH BIN DIESEM GIGANTEN ENTKOMMEN ...
KLACK
... IST NAHEZU UNMÖGLICH!
KLACK
HIER JEMANDEN ZU FINDEN ...
!!
BLA BLA
UND HIER WIMMELT'S VON DIESEN TYPEN!

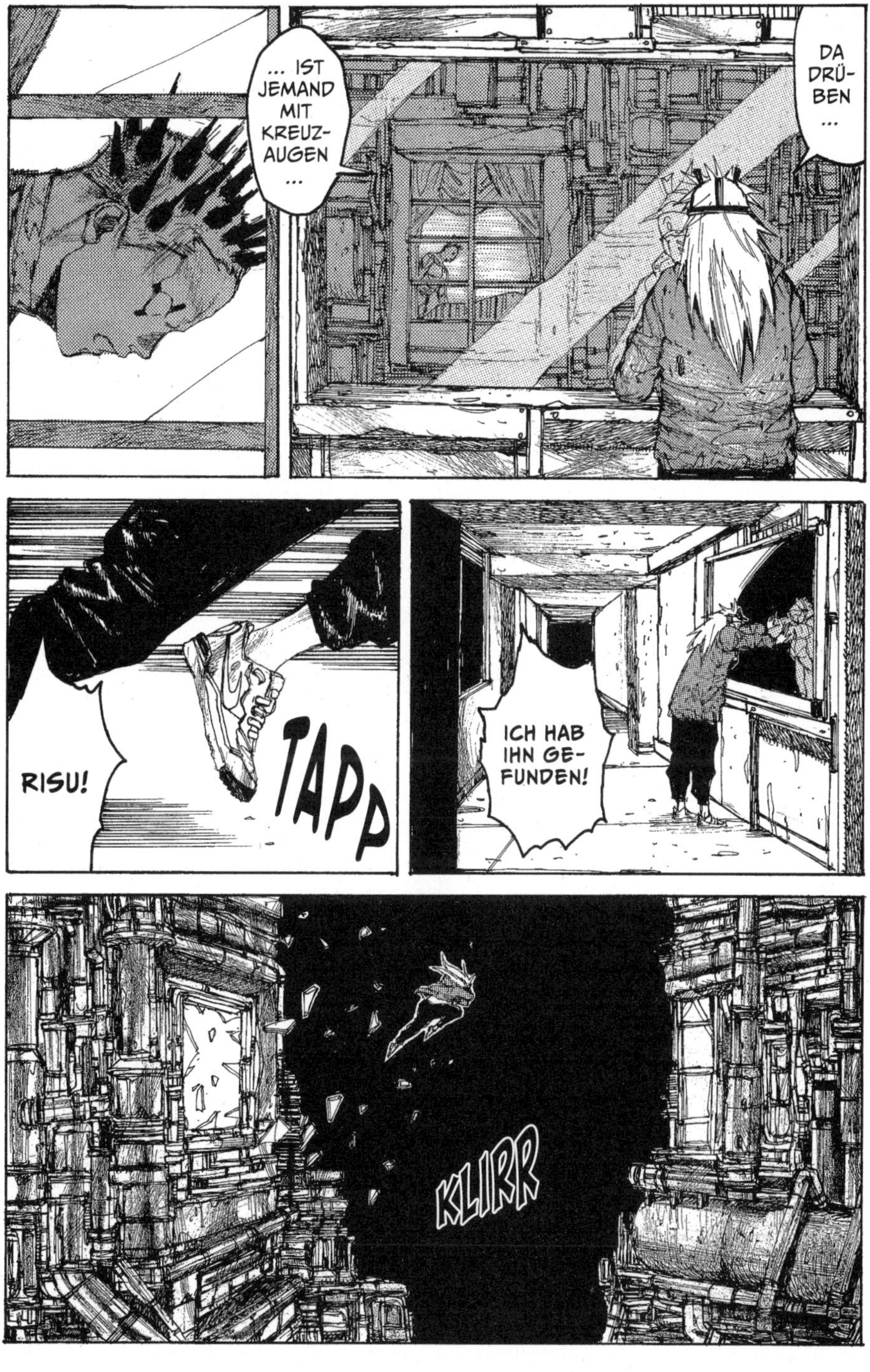
DA DRÜ-BEN ...
... IST JEMAND MIT KREUZ-AUGEN ...
ICH HAB IHN GE-FUNDEN!
TAPP
RISU!
KLIRR

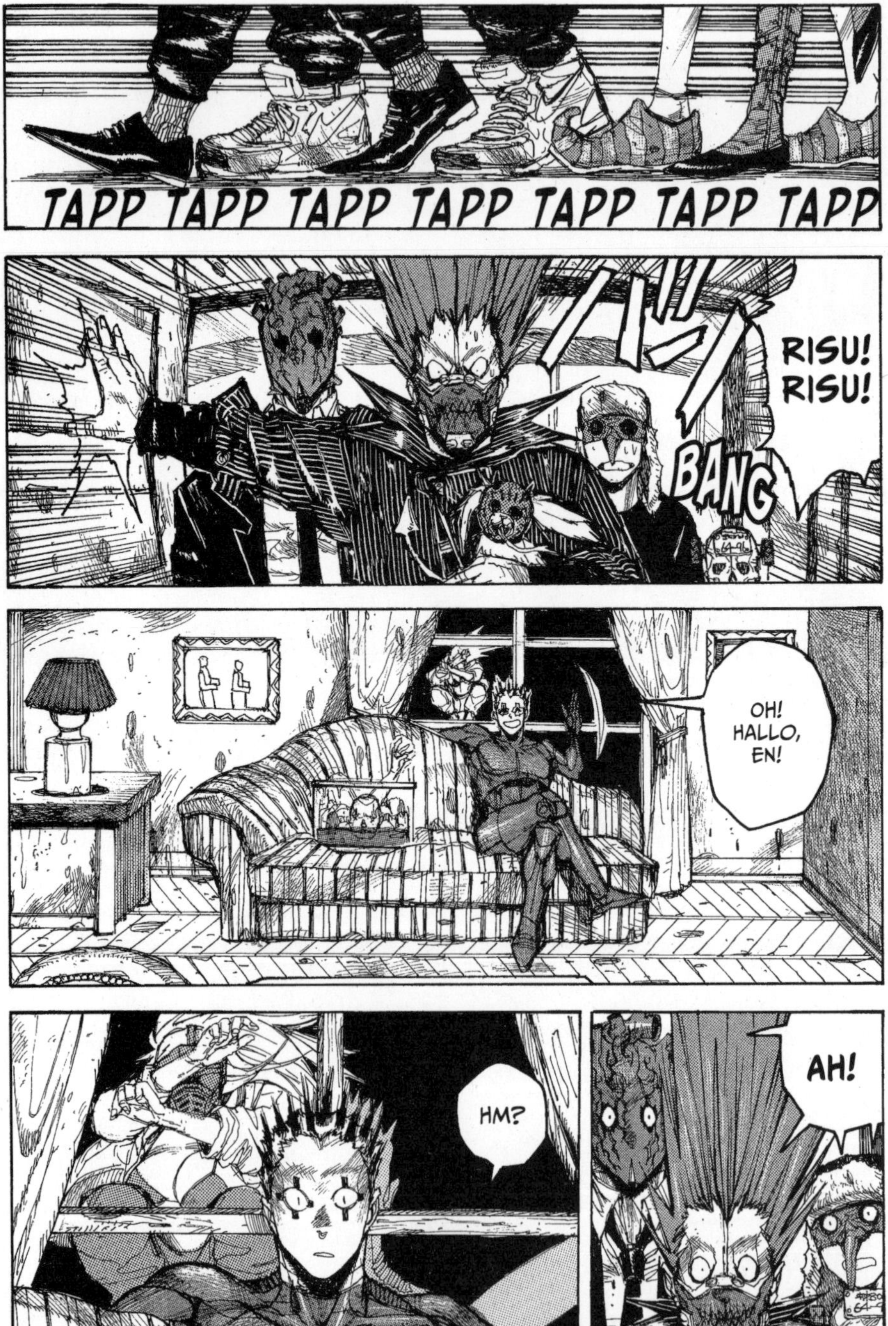
TAPP TAPP TAPP TAPP TAPP TAPP TAPP
RISU! RISU!
BANG
OH! HALLO, EN!
HM?
AH!

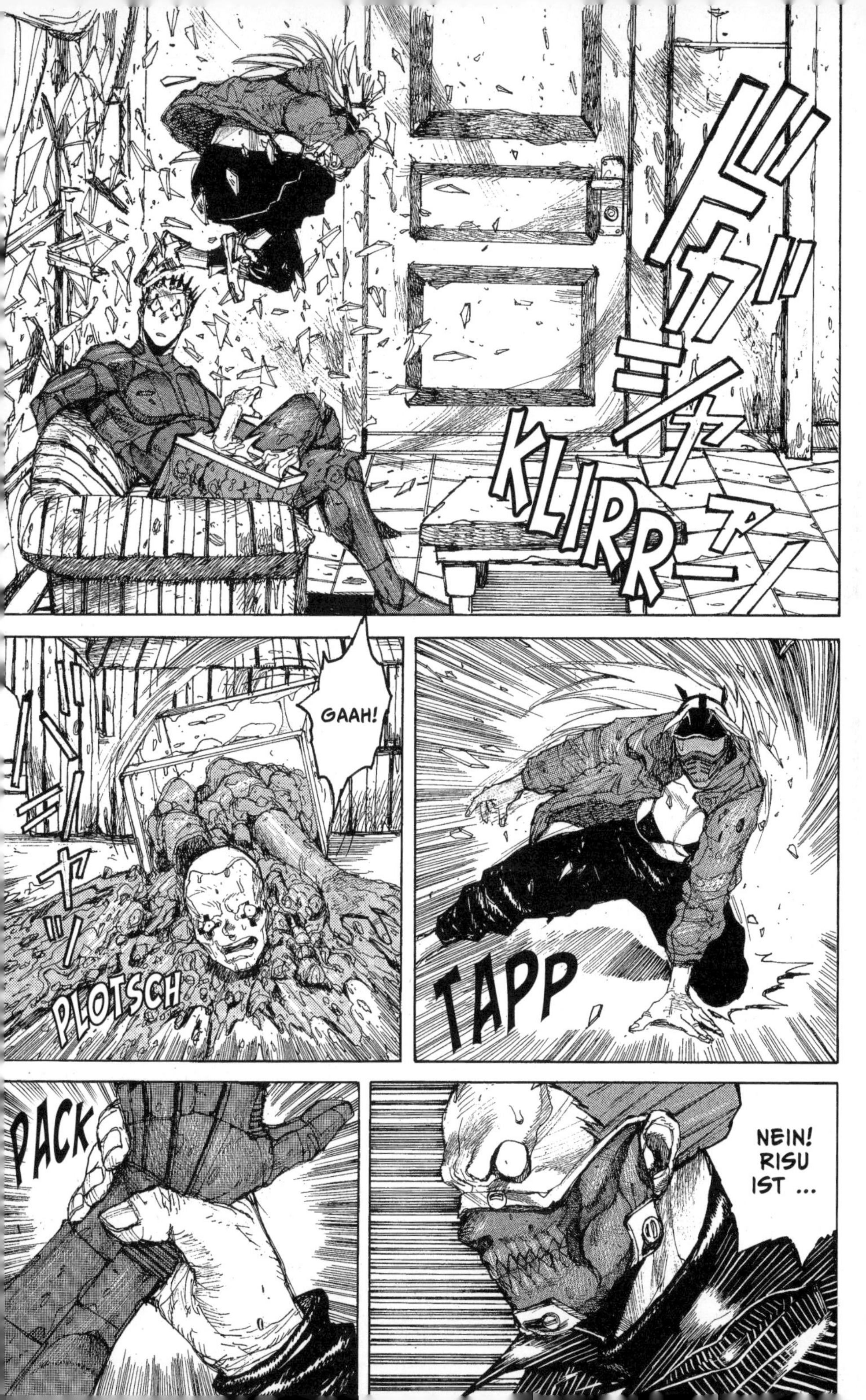
KLIRR
TAPP
GAAH!
PLOTSCH
NEIN! RISU IST ...
PACK

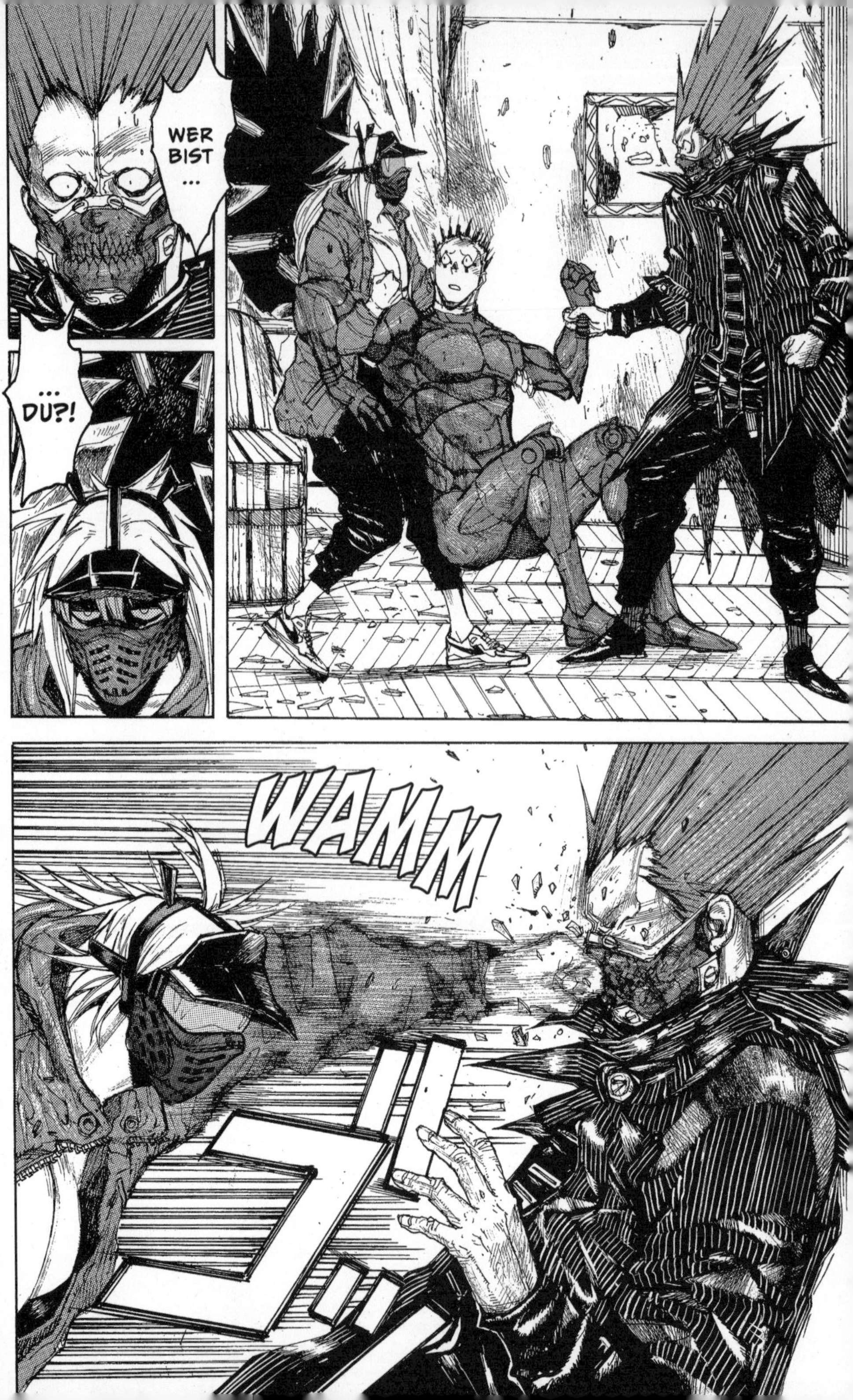
WER BIST ...
... DU?!
WAMM

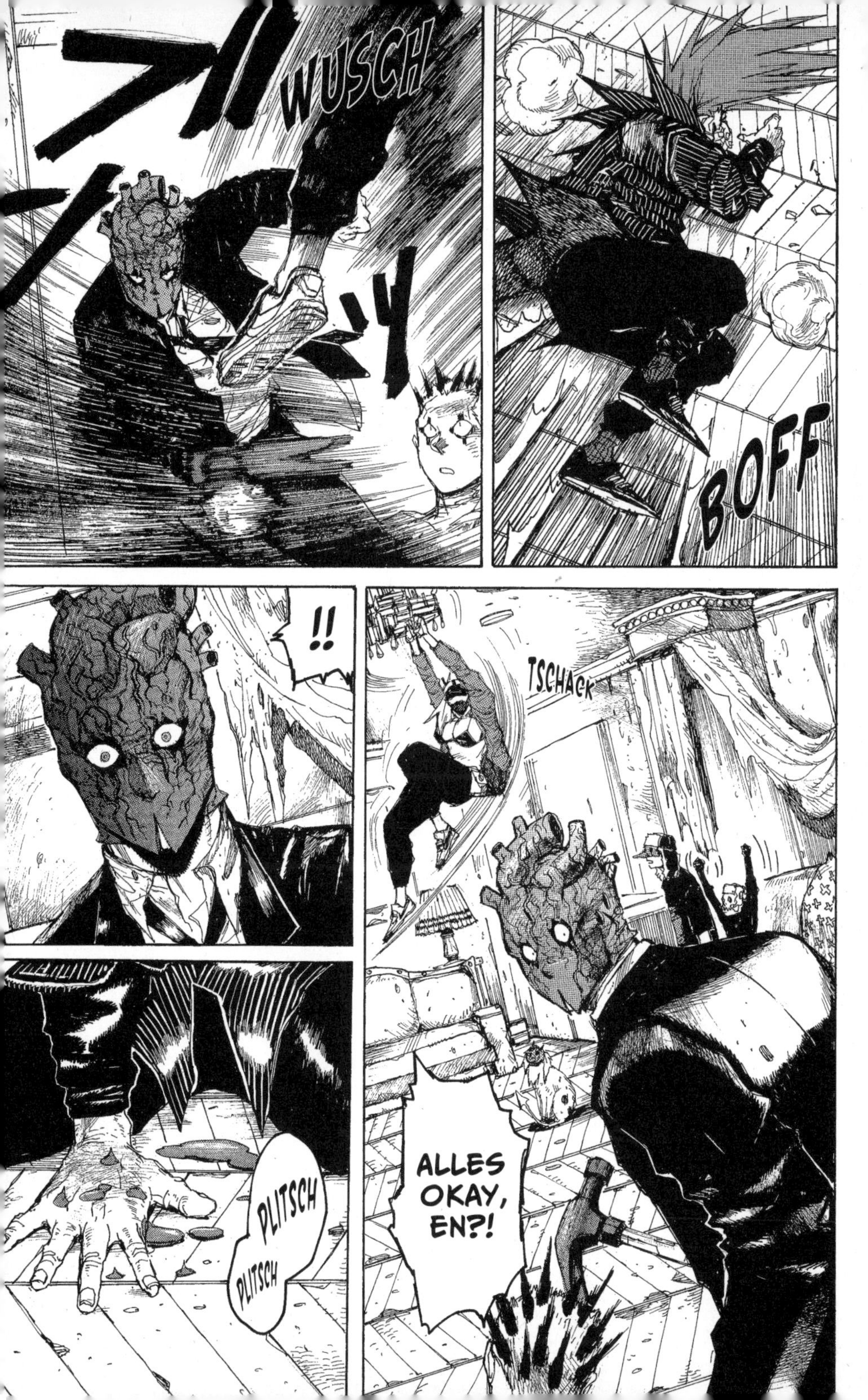
BOFF
WUSCH
!!
TSCHACK
ALLES OKAY, EN?!
PLITSCH
PLITSCH

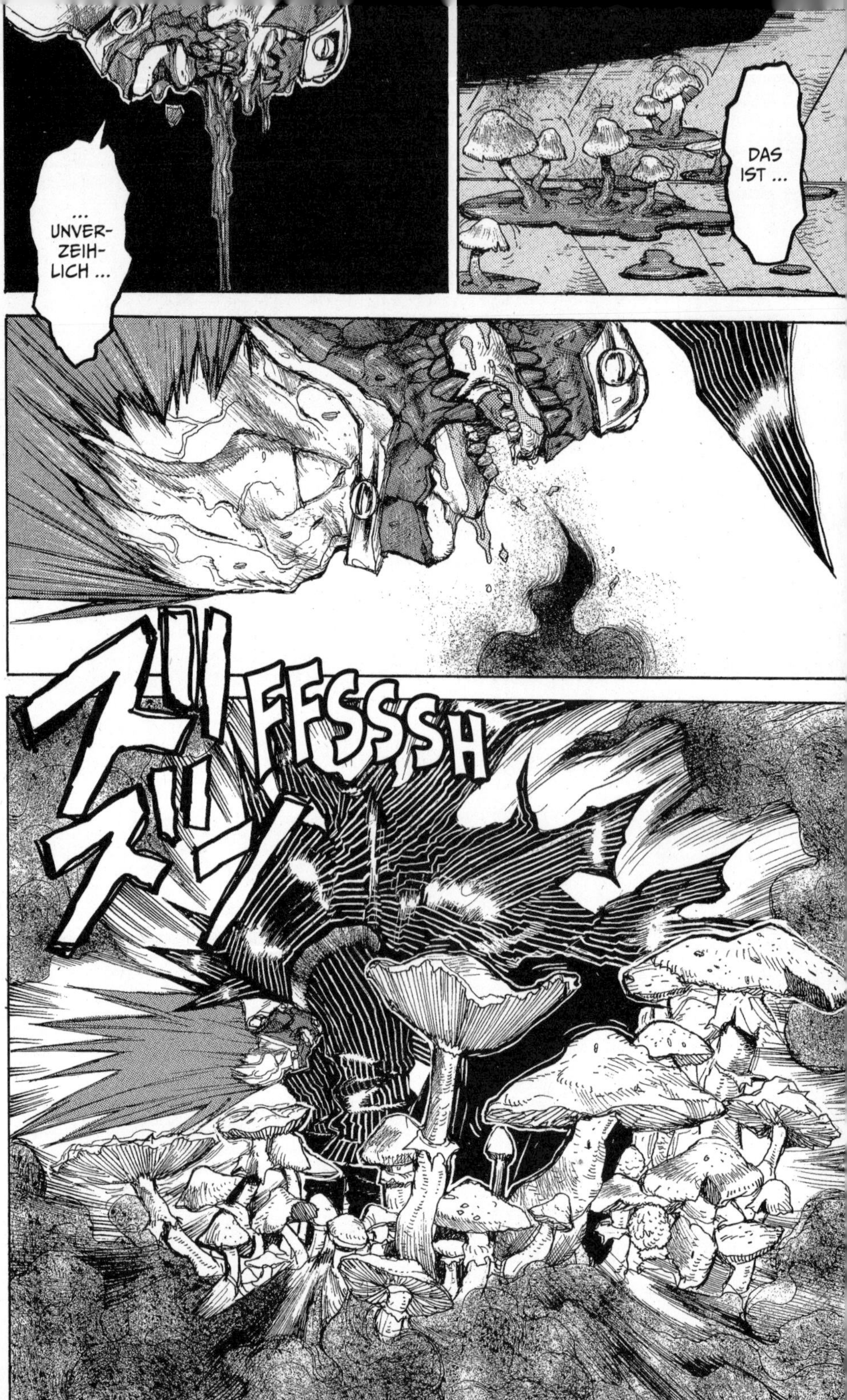
DAS IST …
… UNVER-
ZEIH-
LICH …
FFSSSH

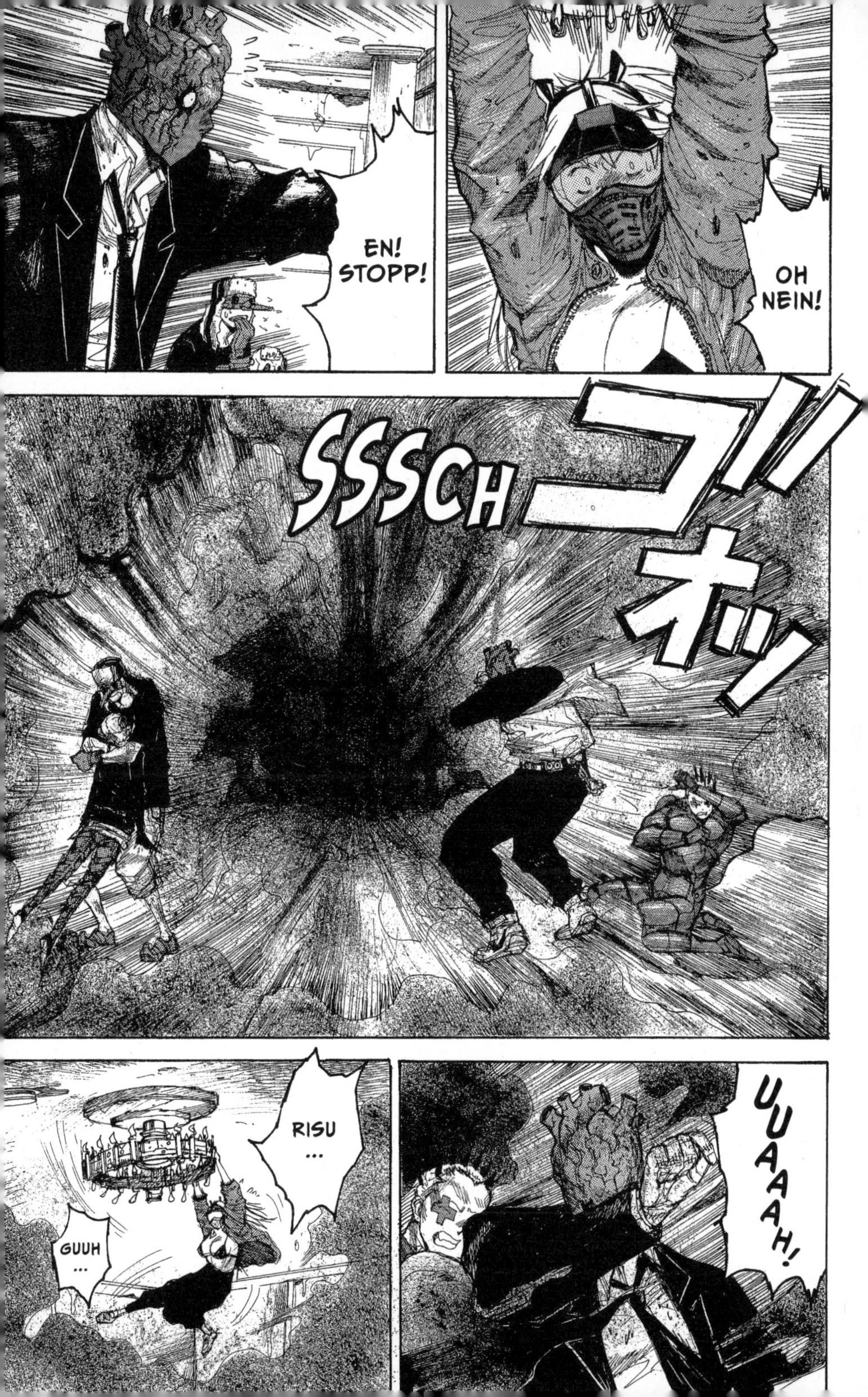
OH NEIN!
EN! STOPP!
SSSCH
ゴオッ
UUAAAAH!
RISU ...
GUUH ...

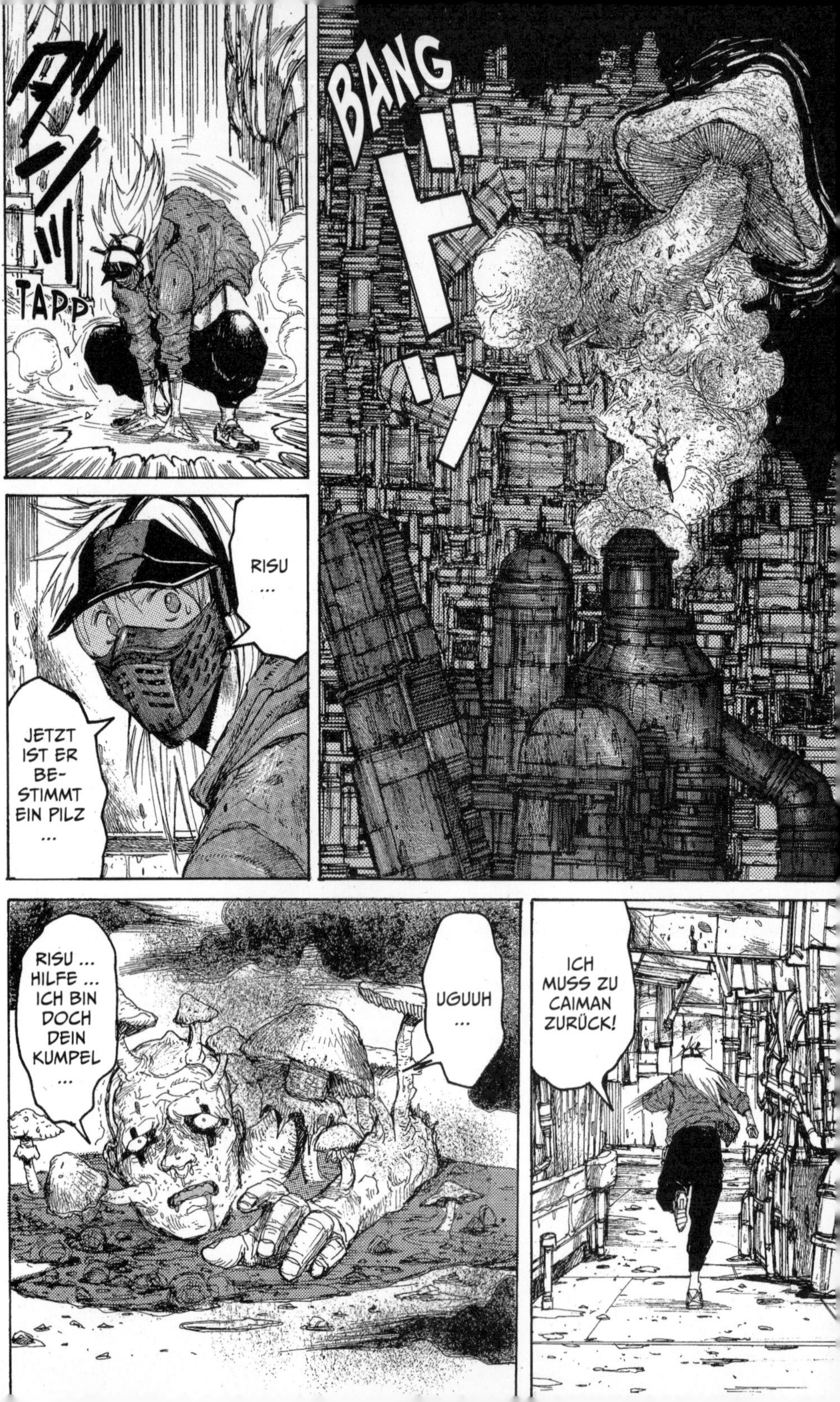
BANG
TAPP
RISU …
JETZT IST ER BE-STIMMT EIN PILZ …
ICH MUSS ZU CAIMAN ZURÜCK!
UGUUH …
RISU … HILFE … ICH BIN DOCH DEIN KUMPEL …

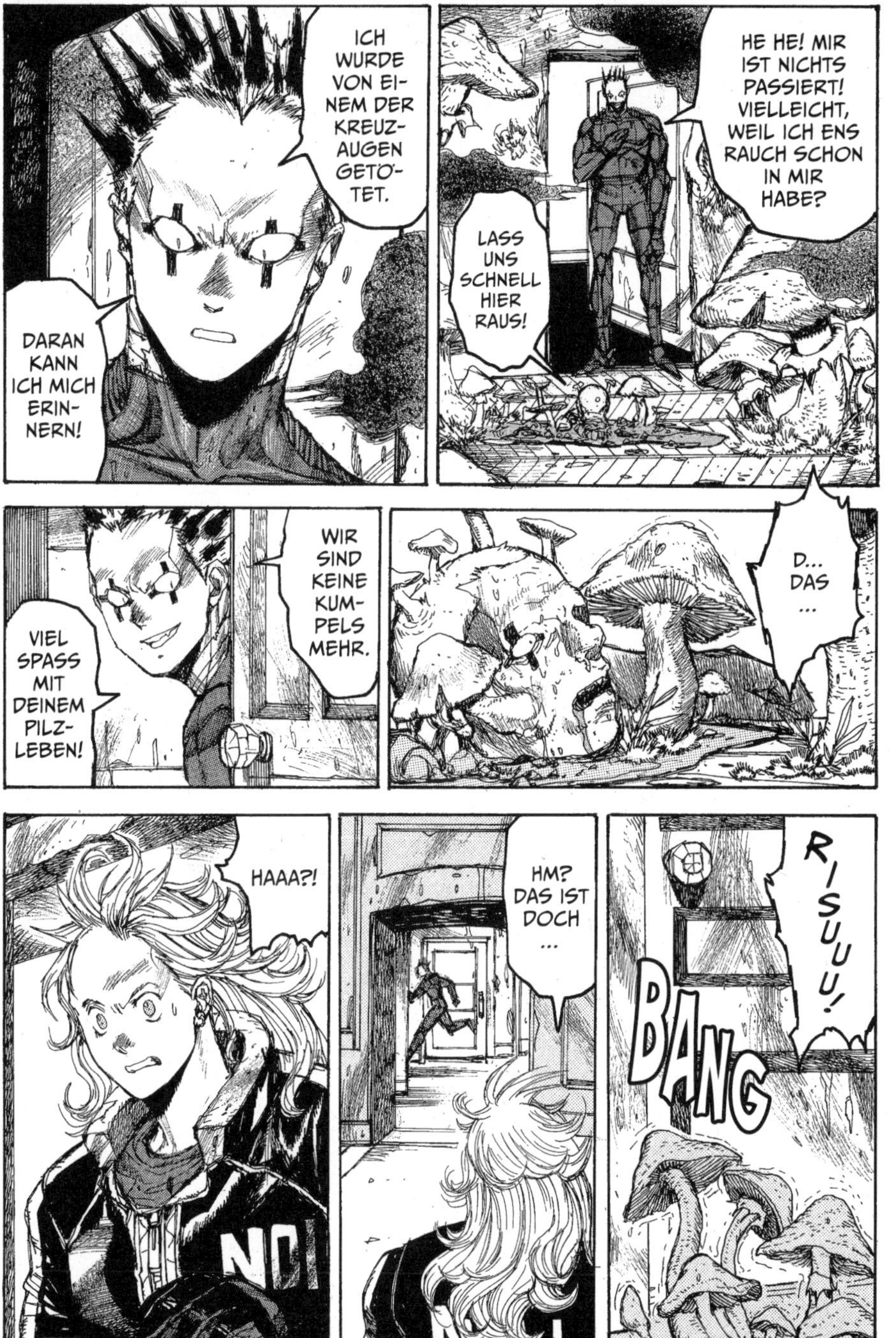

ICH WURDE VON EI-NEM DER KREUZ-AUGEN GETÖ-TET.
DARAN KANN ICH MICH ERIN-NERN!
HE HE! MIR IST NICHTS PASSIERT! VIELLEICHT, WEIL ICH ENS RAUCH SCHON IN MIR HABE?
LASS UNS SCHNELL HIER RAUS!
WIR SIND KEINE KUM-PELS MEHR.
VIEL SPASS MIT DEINEM PILZ-LEBEN!
D... DAS ...
HAAA?!
HM? DAS IST DOCH ...
RISUUU!
BANG

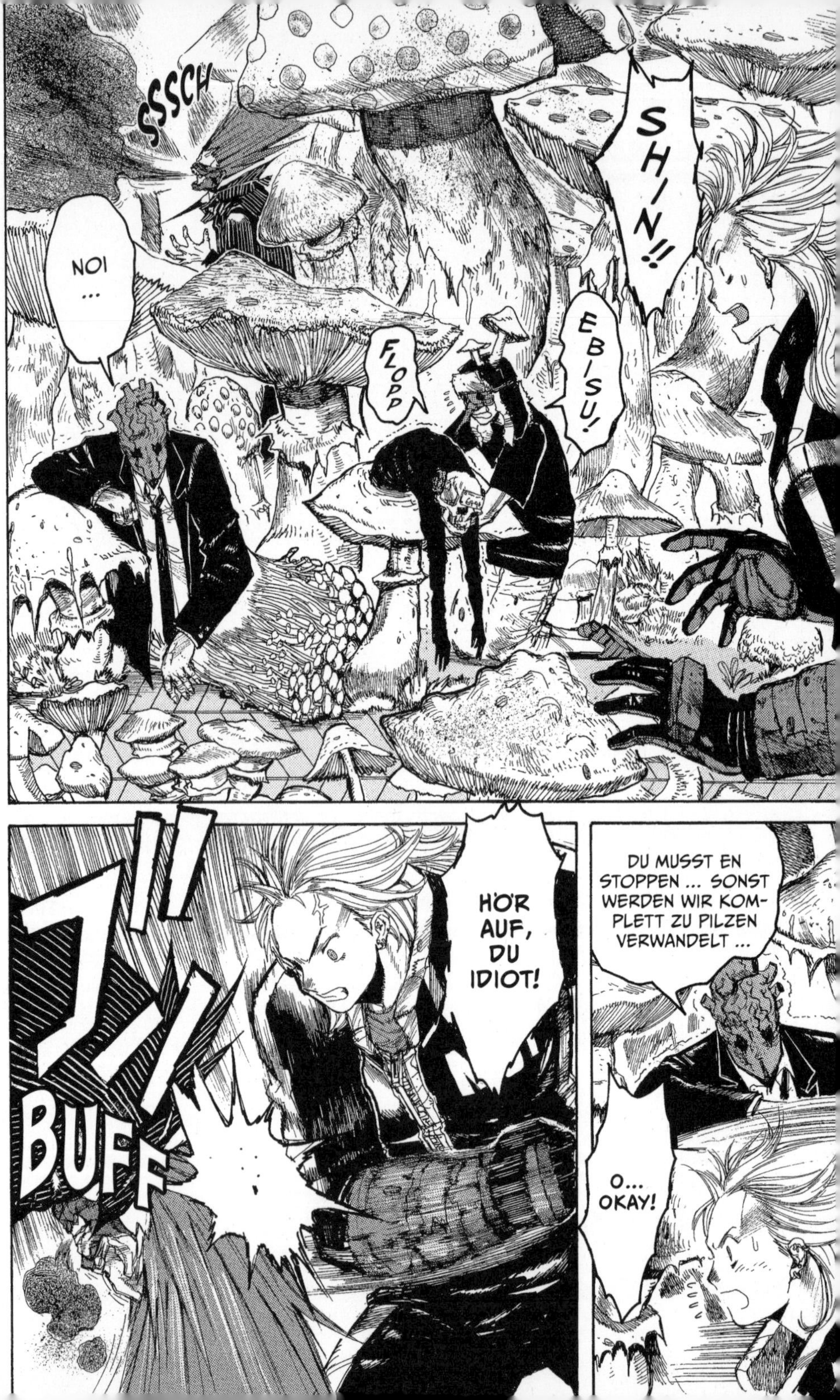
SHIN!!
EBISU!
FLOPP
NOI ...
SSSCH
DU MUSST EN STOPPEN ... SONST WERDEN WIR KOM-PLETT ZU PILZEN VERWANDELT ...
O... OKAY!
HÖR AUF, DU IDIOT!
BUFF

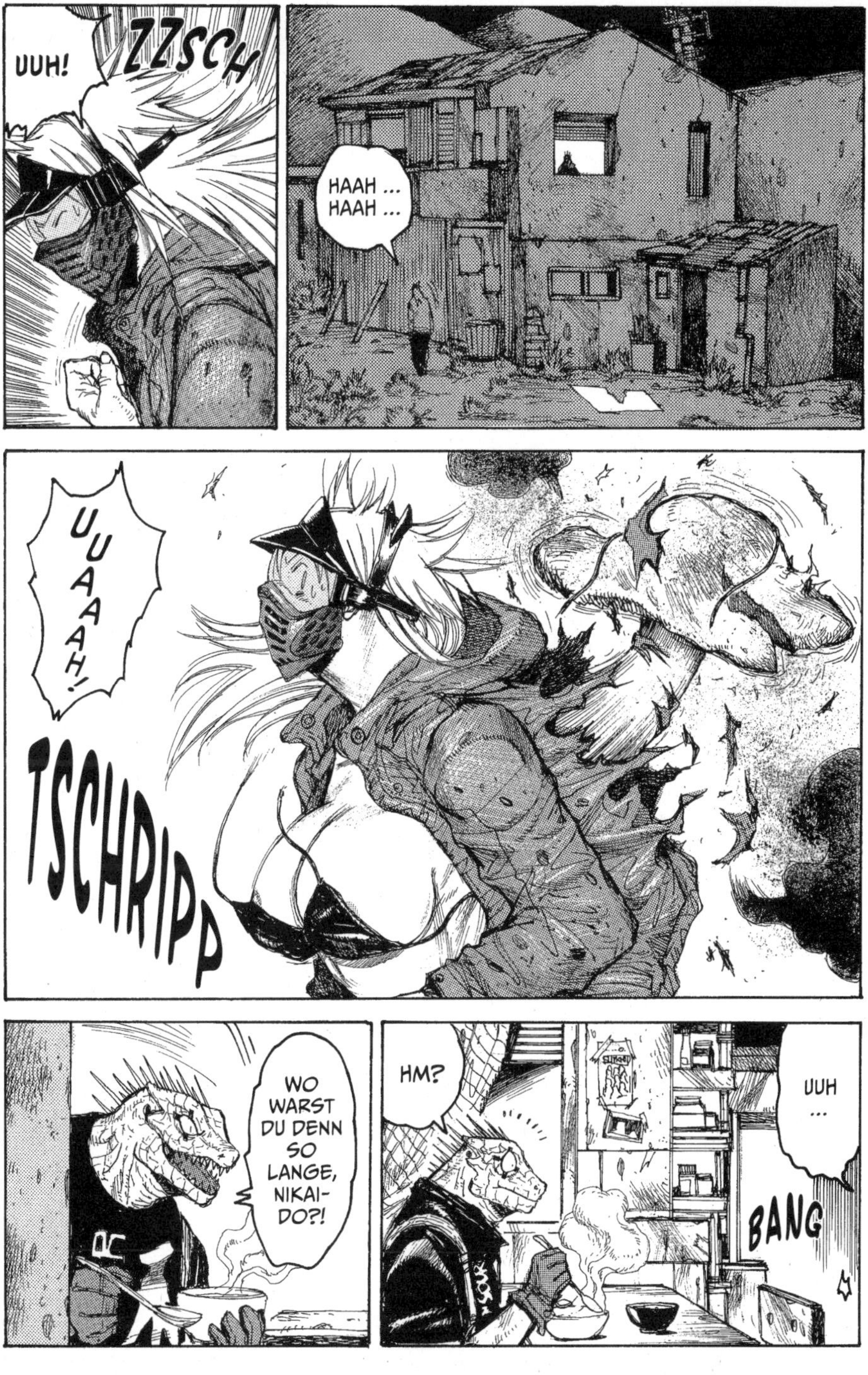
UUH!
ZZSCH
HAAH ...
HAAH ...
UUAAAAH!
TSCHRIPP
WO WARST DU DENN SO LANGE, NIKAIDO?!
HM?
UUH ...
BANG

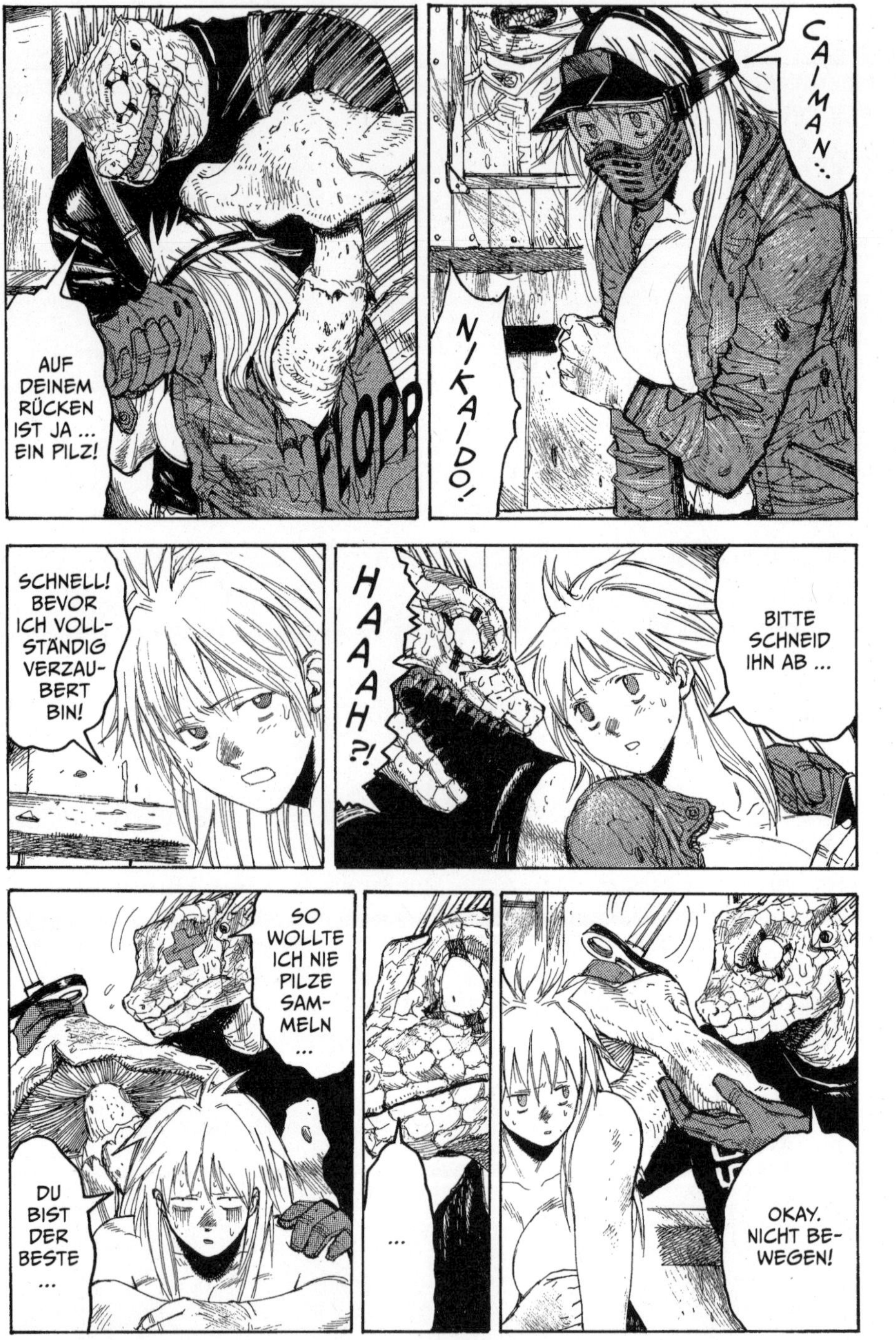
CAIMAN ...
NIKAIDO!
AUF DEINEM RÜCKEN IST JA ... EIN PILZ!
FLOPP
BITTE SCHNEID IHN AB ...
HAAAAH?!
SCHNELL! BEVOR ICH VOLLSTÄNDIG VERZAUBERT BIN!
OKAY. NICHT BEWEGEN!
...
SO WOLLTE ICH NIE PILZE SAMMELN ...
DU BIST DER BESTE ...

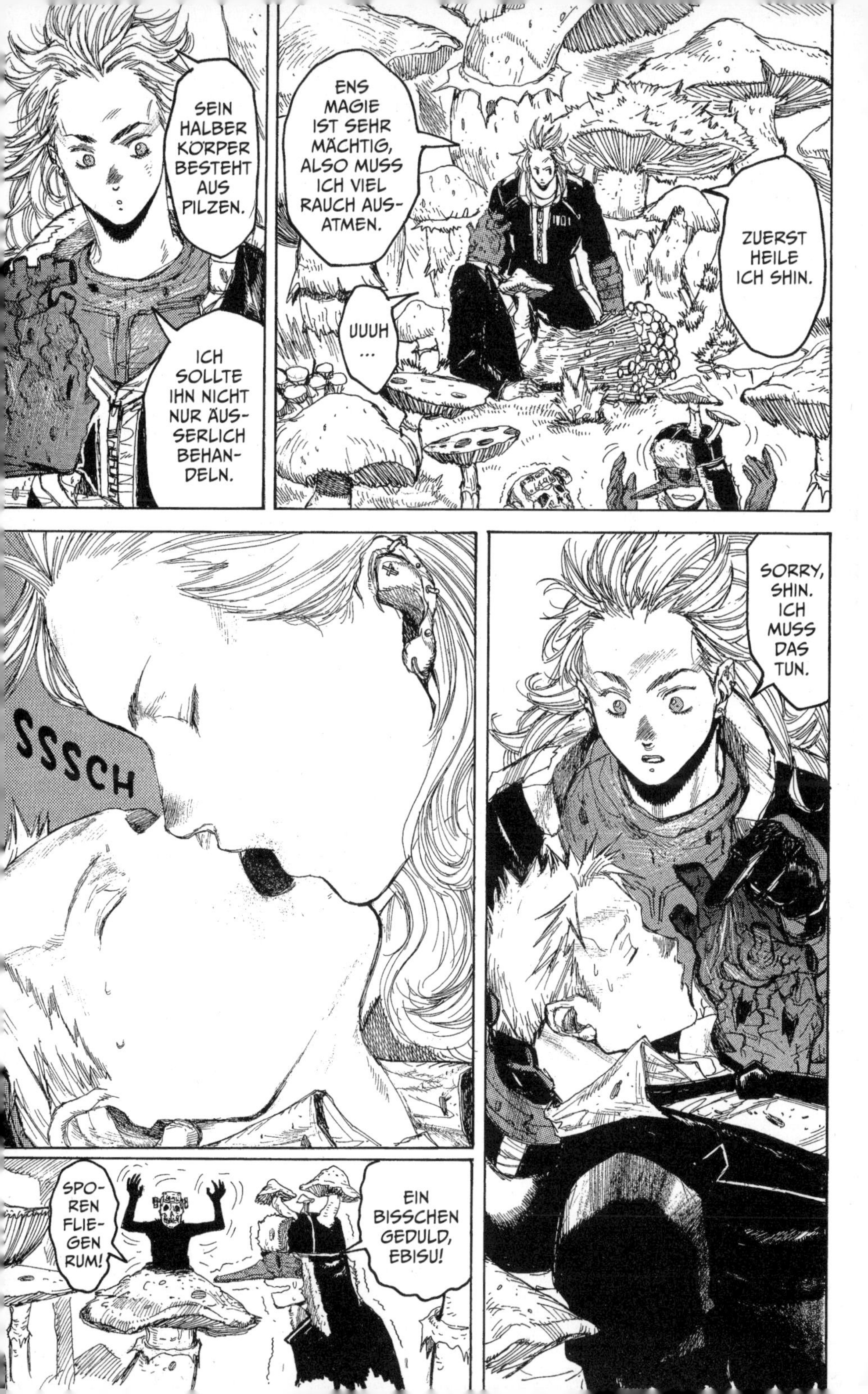
ZUERST HEILE ICH SHIN.
UUUH ...
ENS MAGIE IST SEHR MÄCHTIG, ALSO MUSS ICH VIEL RAUCH AUS-ATMEN.
SEIN HALBER KÖRPER BESTEHT AUS PILZEN.
ICH SOLLTE IHN NICHT NUR ÄUS-SERLICH BEHAN-DELN.
SORRY, SHIN. ICH MUSS DAS TUN.
SSSCH
SPO-REN FLIE-GEN RUM!
EIN BISSCHEN GEDULD, EBISU!

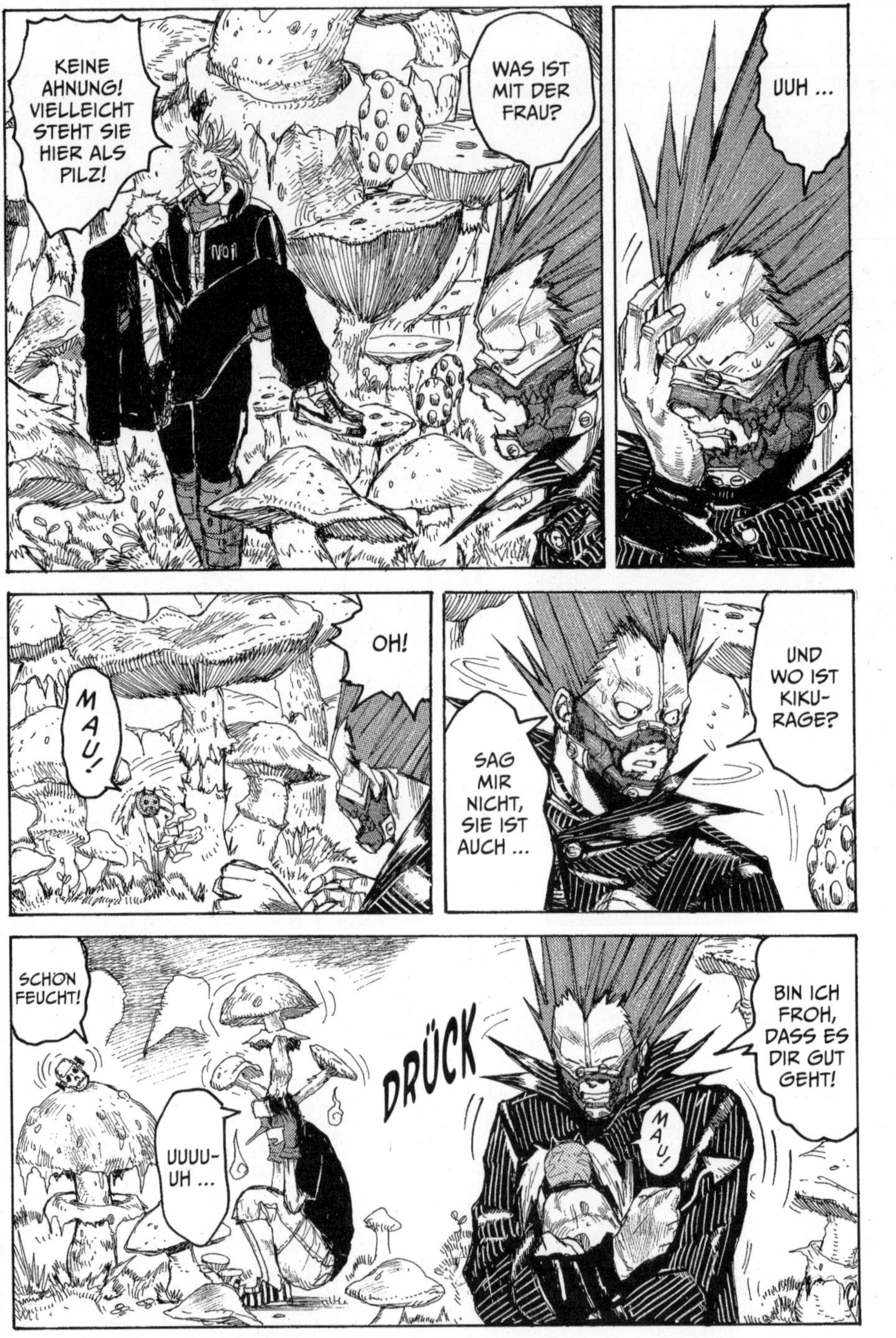
UUH ...
WAS IST MIT DER FRAU?
KEINE AHNUNG! VIELLEICHT STEHT SIE HIER ALS PILZ!
UND WO IST KIKU-RAGE?
SAG MIR NICHT, SIE IST AUCH ...
OH!
MAU!
BIN ICH FROH, DASS ES DIR GUT GEHT!
MAU!
DRÜCK
UUUU-UH ...
SCHÖN FEUCHT!

Bonus-Fluch

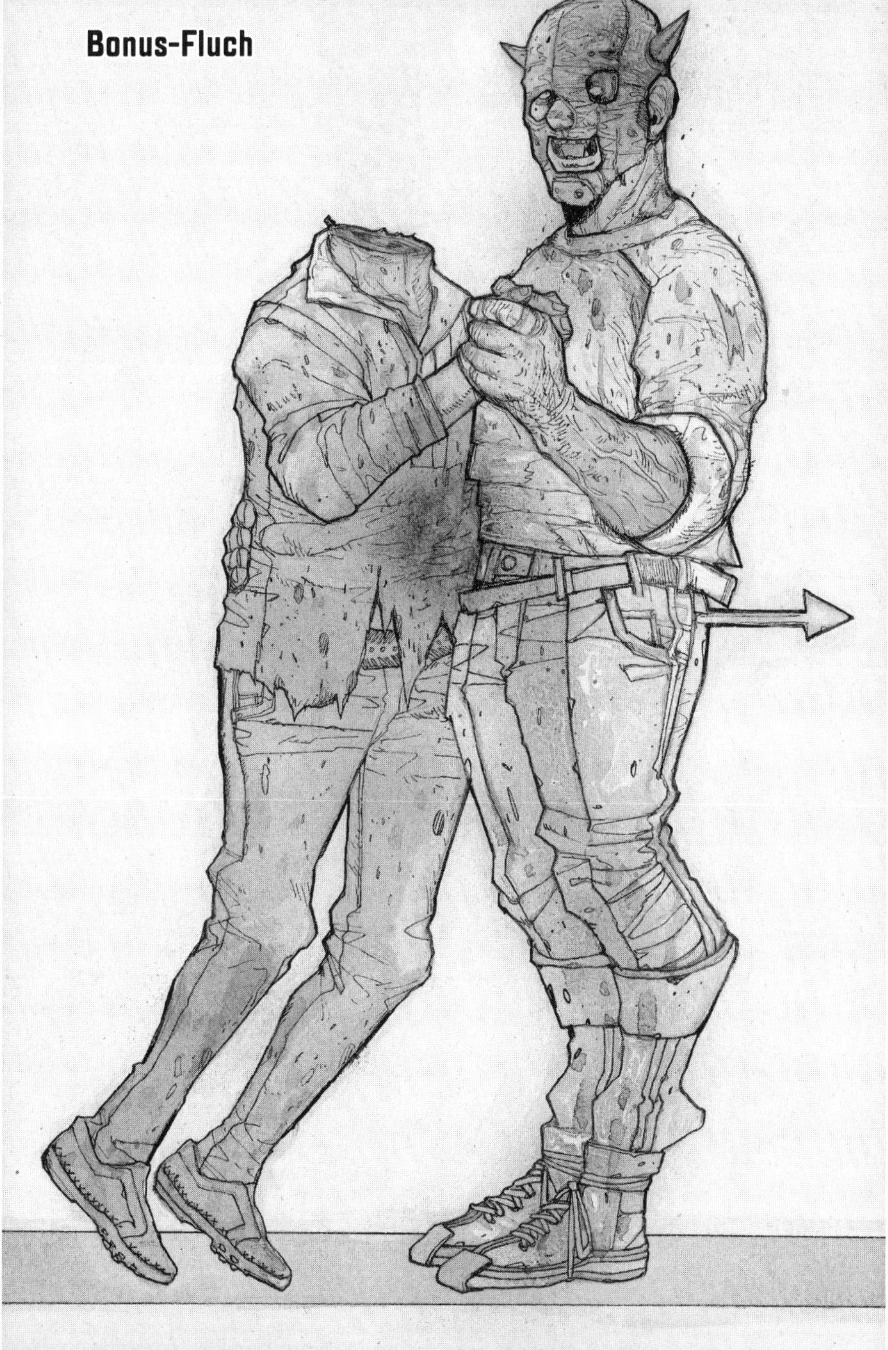

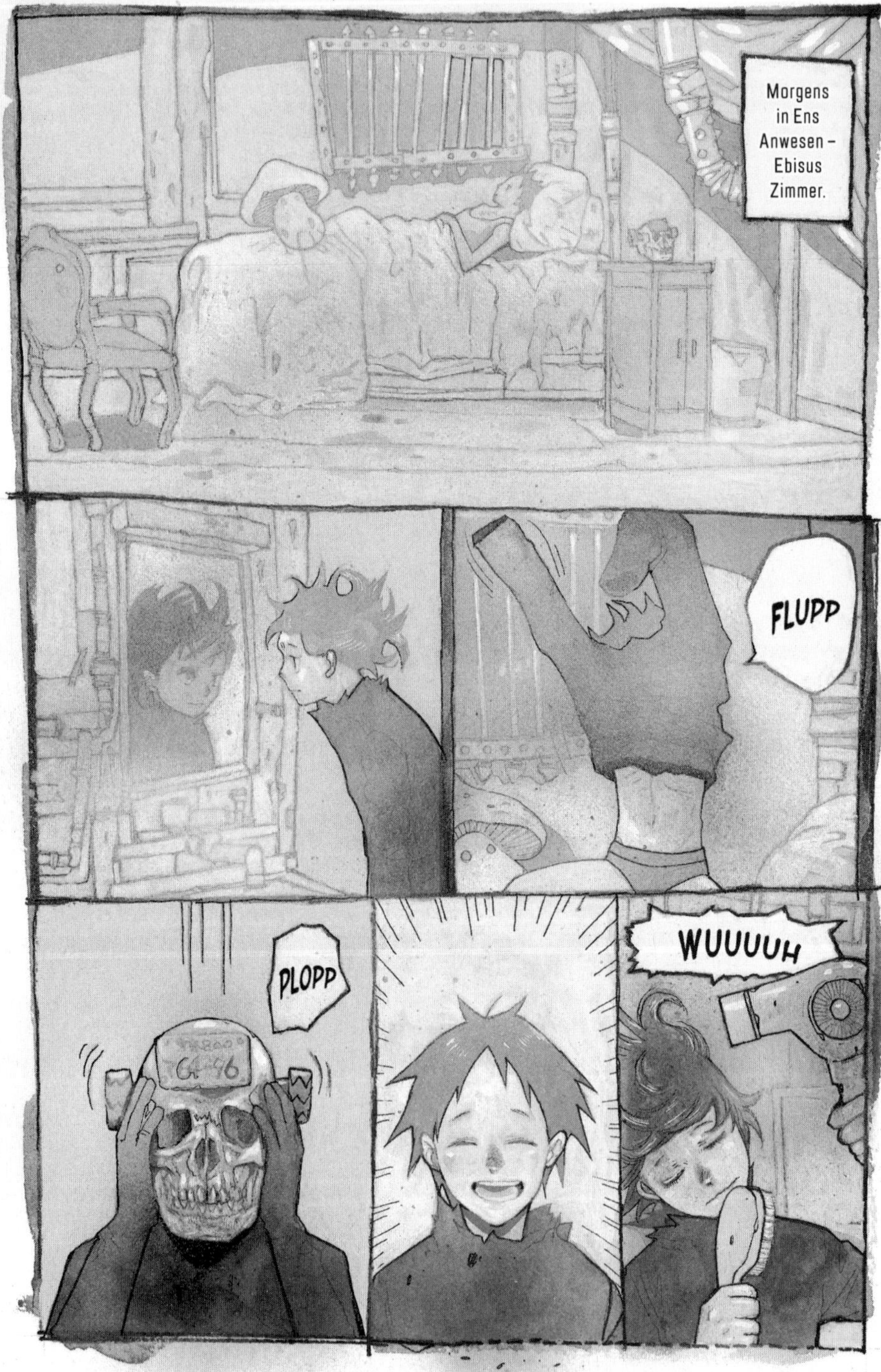
Morgens in Ens Anwesen – Ebisus Zimmer.
FLUPP
PLOPP
WUUUUH

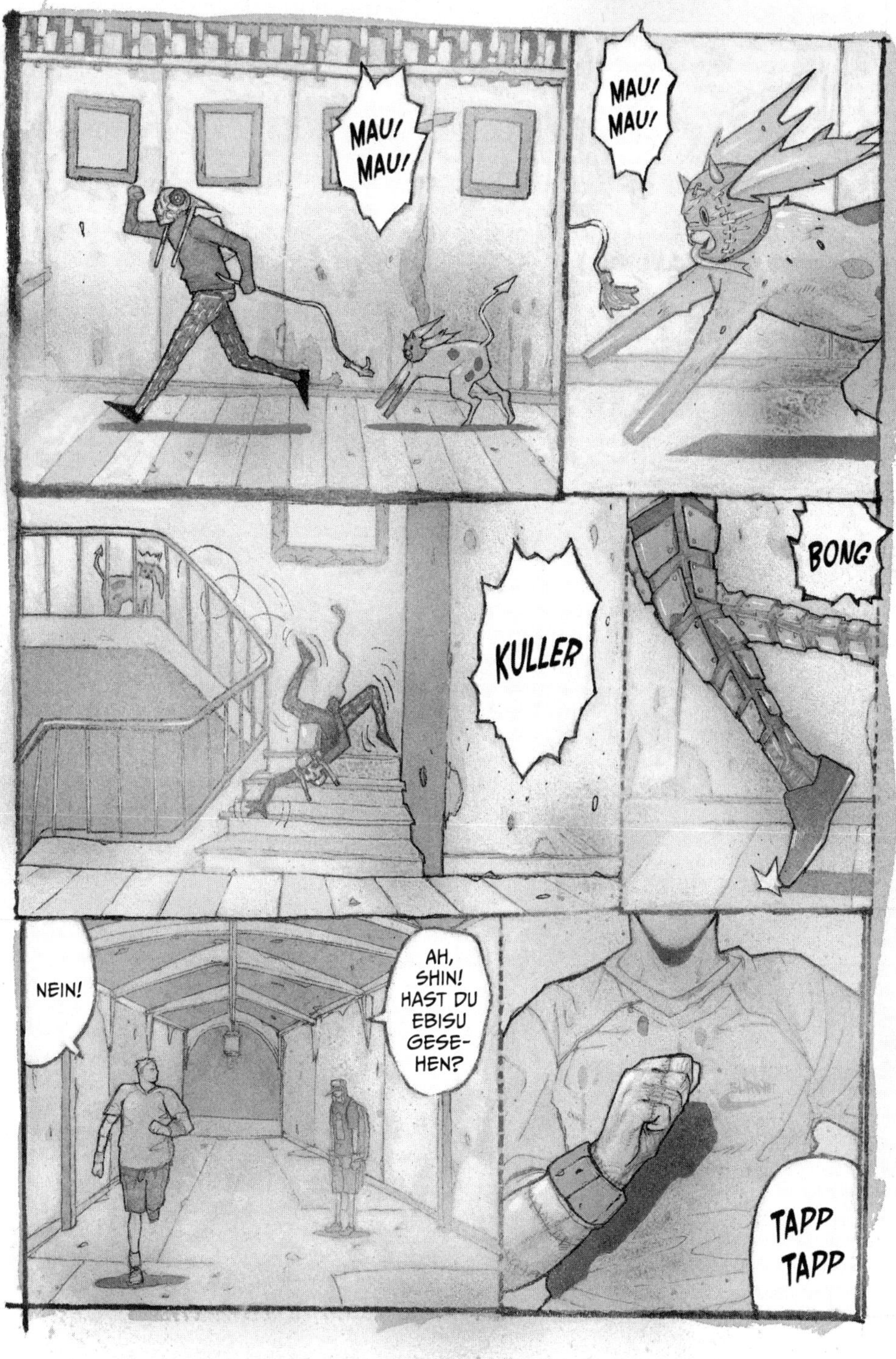
MAU! MAU!
MAU! MAU!
KULLER
BONG
NEIN!
AH, SHIN! HAST DU EBISU GESEHEN?
TAPP TAPP

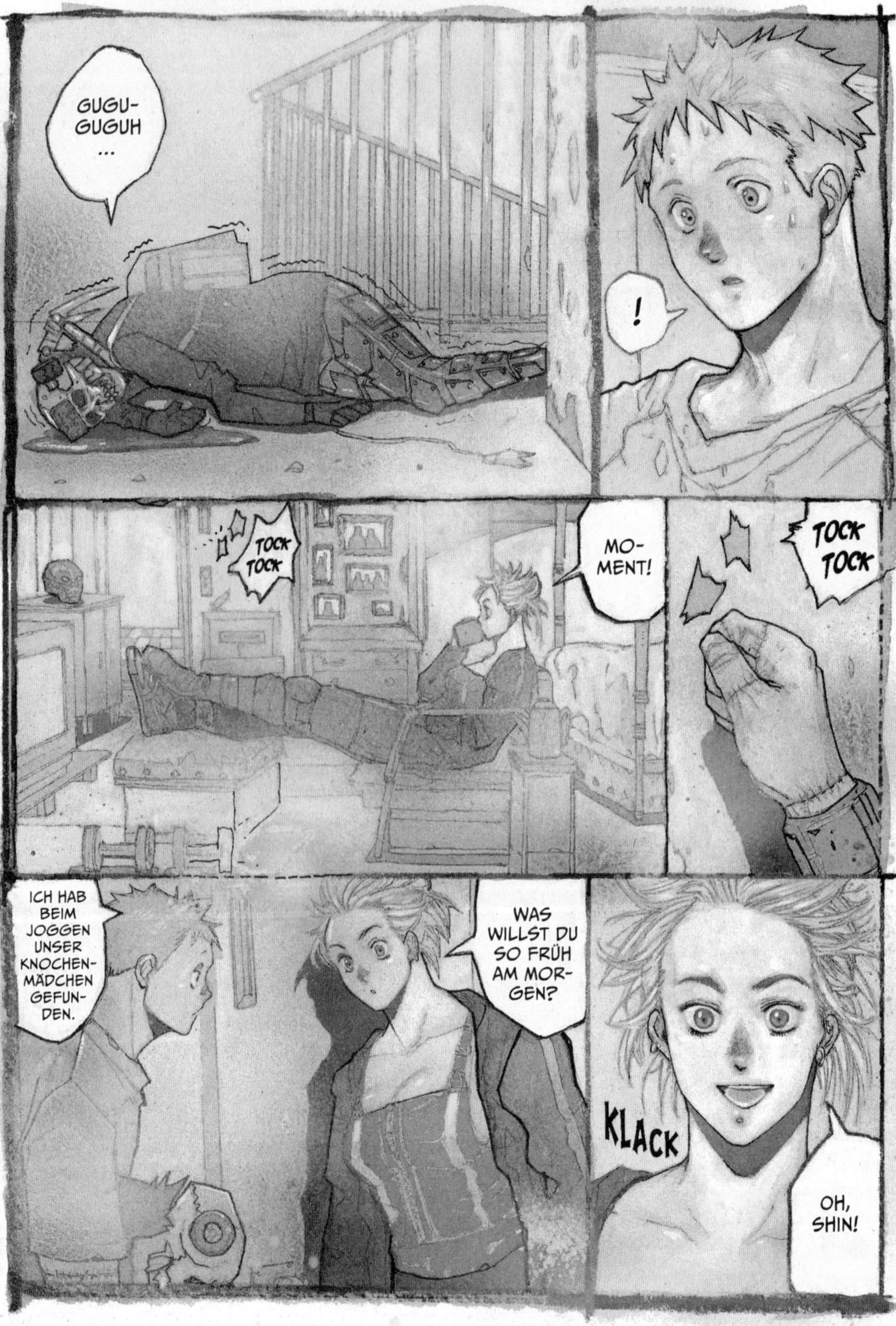
GUGU-GUGUH …
!
TOCK TOCK
MO-MENT!
TOCK TOCK
ICH HAB BEIM JOGGEN UNSER KNOCHEN-MÄDCHEN GEFUN-DEN.
WAS WILLST DU SO FRÜH AM MOR-GEN?
KLACK
OH, SHIN!

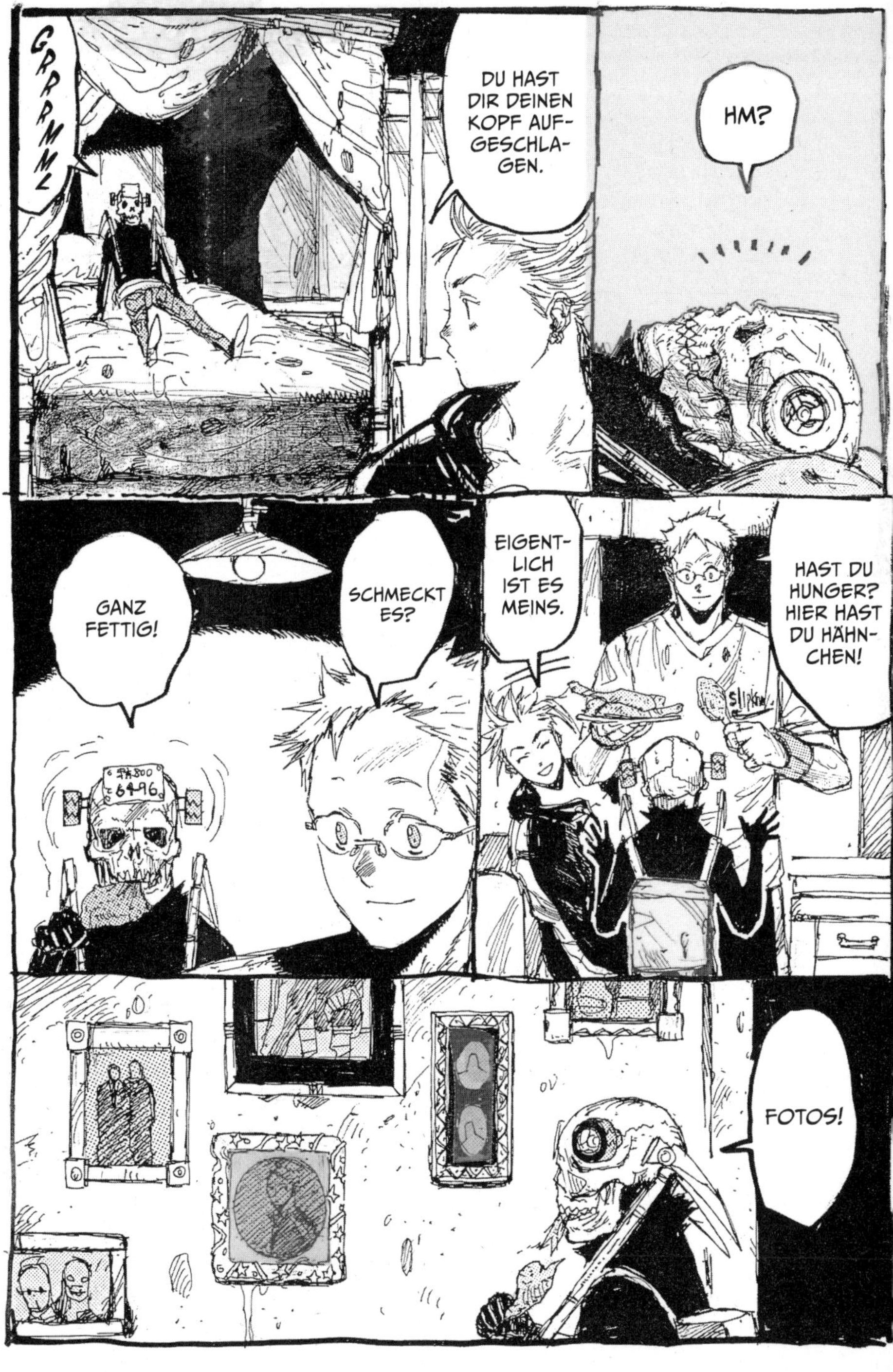
HM?
DU HAST DIR DEINEN KOPF AUF-GESCHLA-GEN.
GRRRMML
HAST DU HUNGER? HIER HAST DU HÄHN-CHEN!
EIGENT-LICH IST ES MEINS.
SCHMECKT ES?
GANZ FETTIG!
FOTOS!

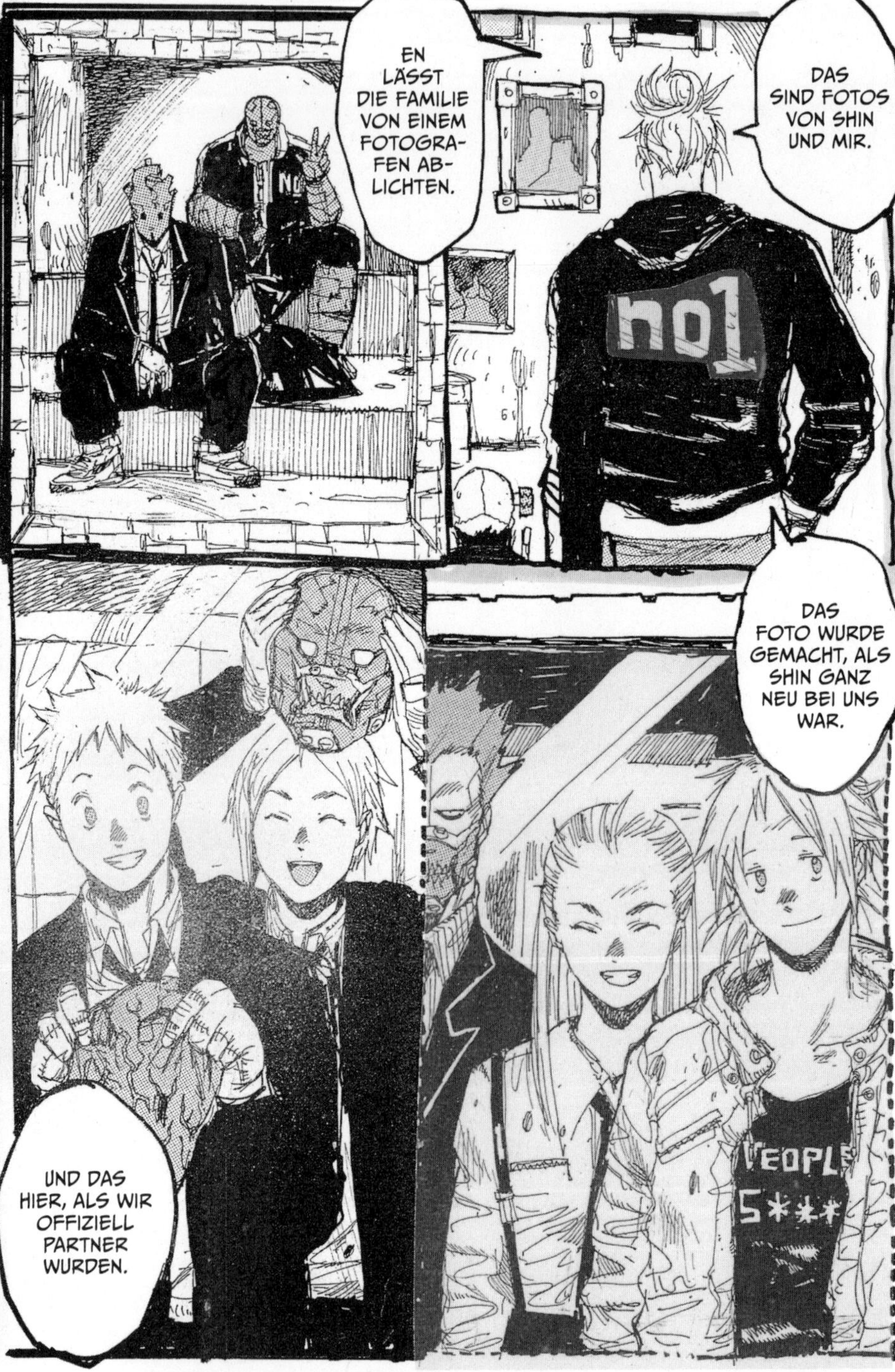
DAS SIND FOTOS VON SHIN UND MIR.
EN LÄSST DIE FAMILIE VON EINEM FOTOGRAFEN ABLICHTEN.
DAS FOTO WURDE GEMACHT, ALS SHIN GANZ NEU BEI UNS WAR.
UND DAS HIER, ALS WIR OFFIZIELL PARTNER WURDEN.
no1
PEOPLE

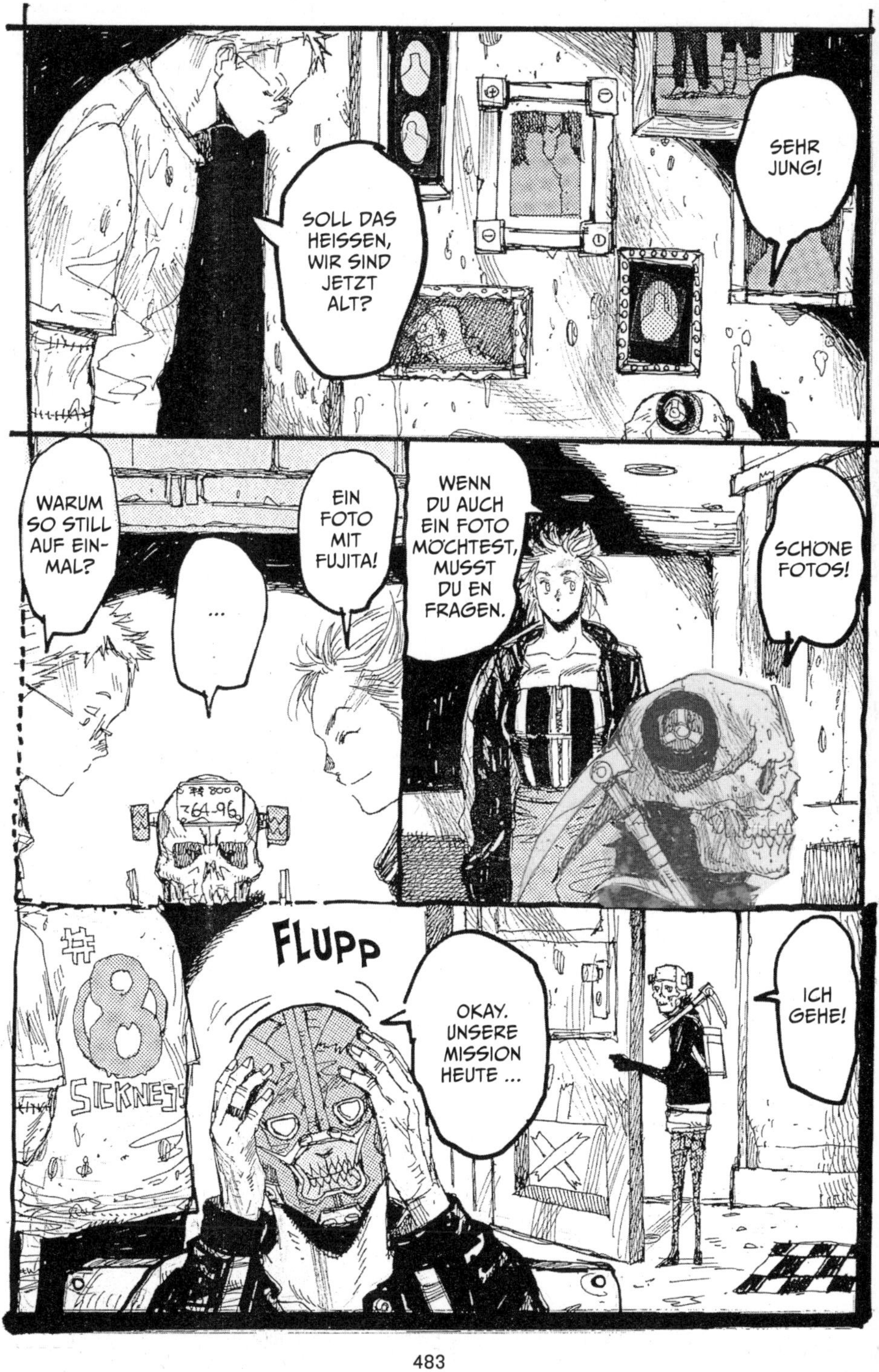
SEHR JUNG!
SOLL DAS HEISSEN, WIR SIND JETZT ALT?
SCHÖNE FOTOS!
WENN DU AUCH EIN FOTO MÖCHTEST, MUSST DU EN FRAGEN.
EIN FOTO MIT FUJITA!
...
WARUM SO STILL AUF EIN-MAL?
ICH GEHE!
OKAY. UNSERE MISSION HEUTE ...
FLUPP

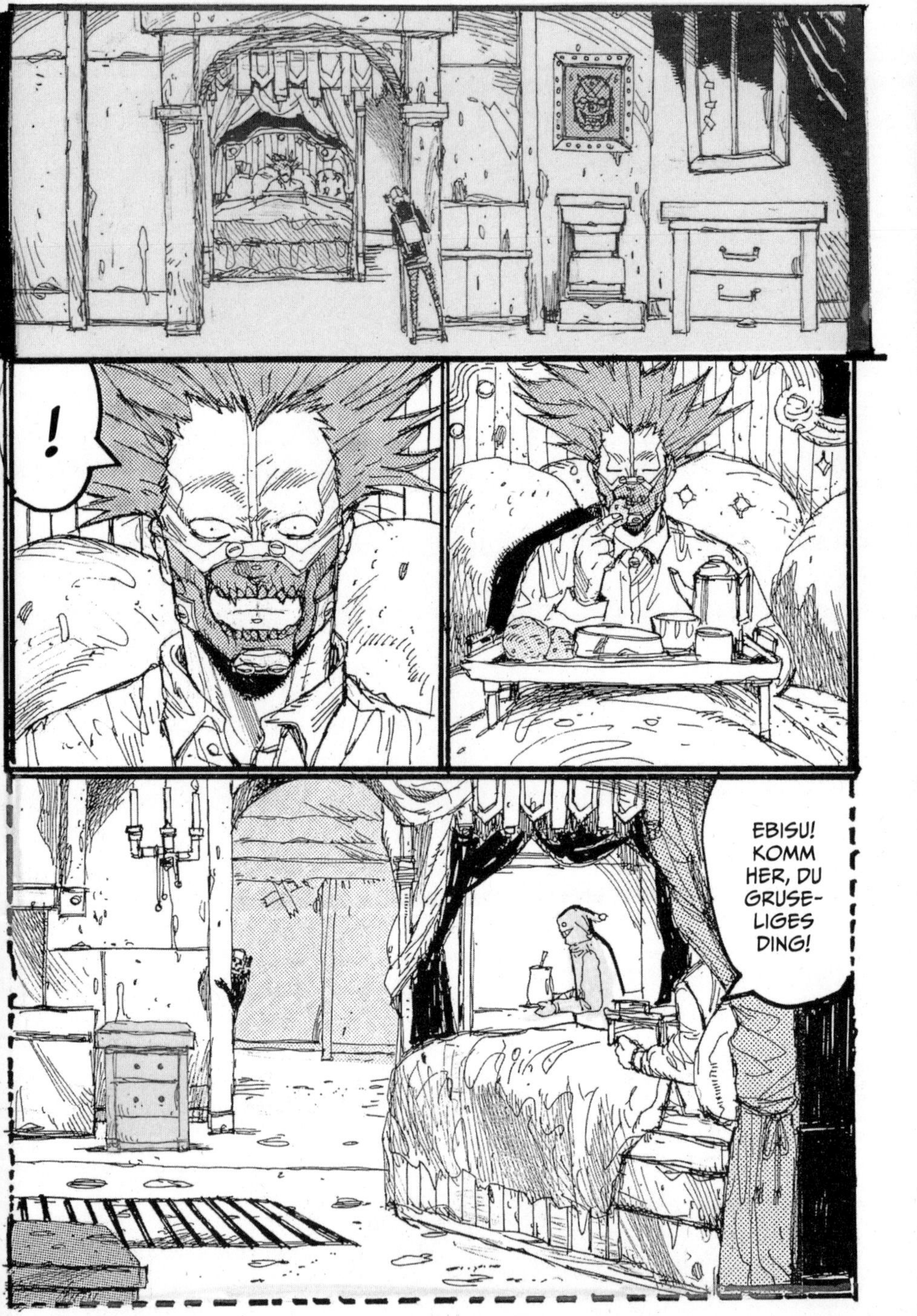
!
EBISU! KOMM HER, DU GRUSE-LIGES DING!

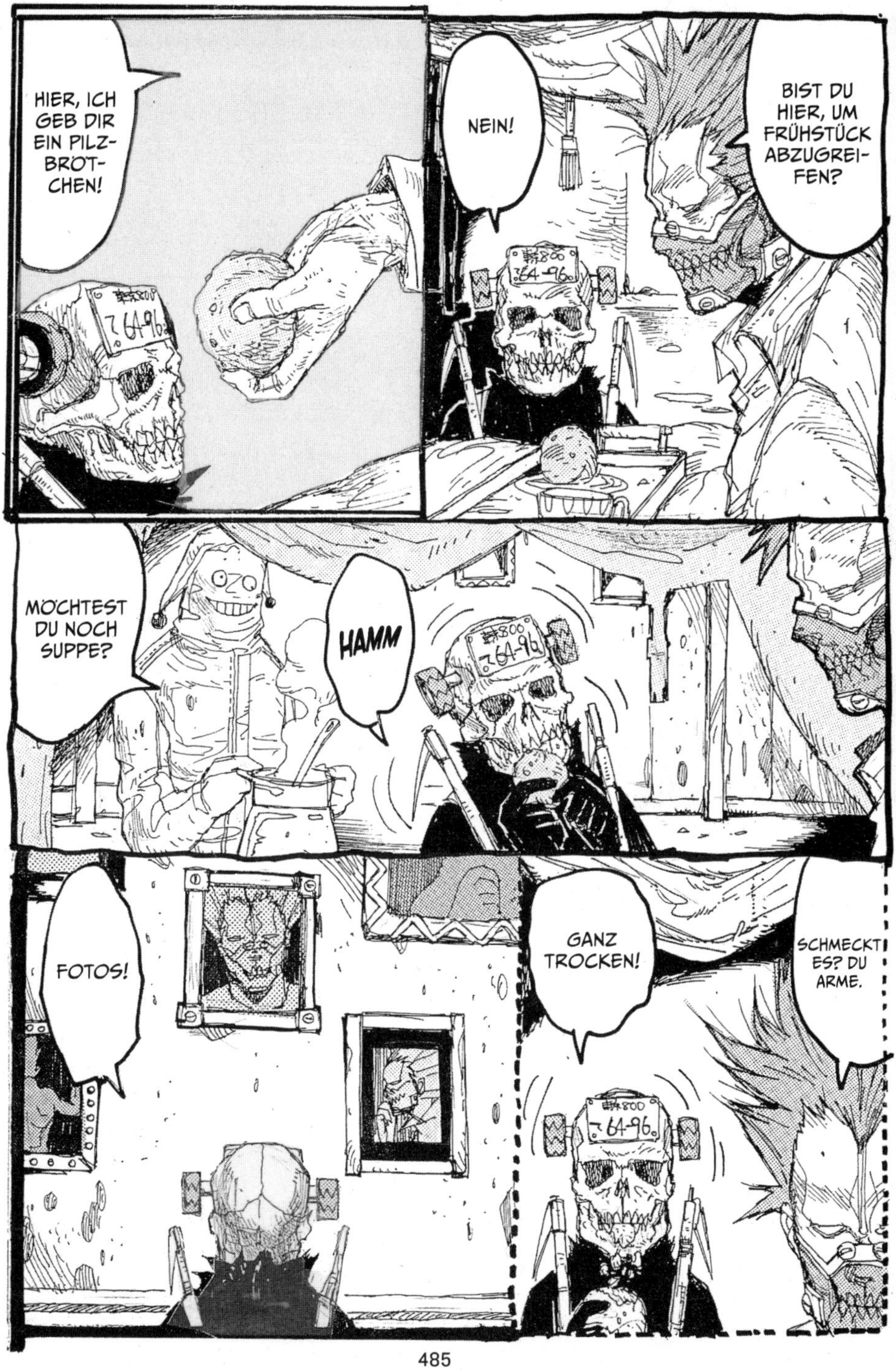
HIER, ICH GEB DIR EIN PILZ-BRÖT-CHEN!
BIST DU HIER, UM FRÜHSTÜCK ABZUGREI-FEN?
NEIN!
MÖCHTEST DU NOCH SUPPE?
HAMM
SCHMECKT ES? DU ARME.
GANZ TROCKEN!
FOTOS!

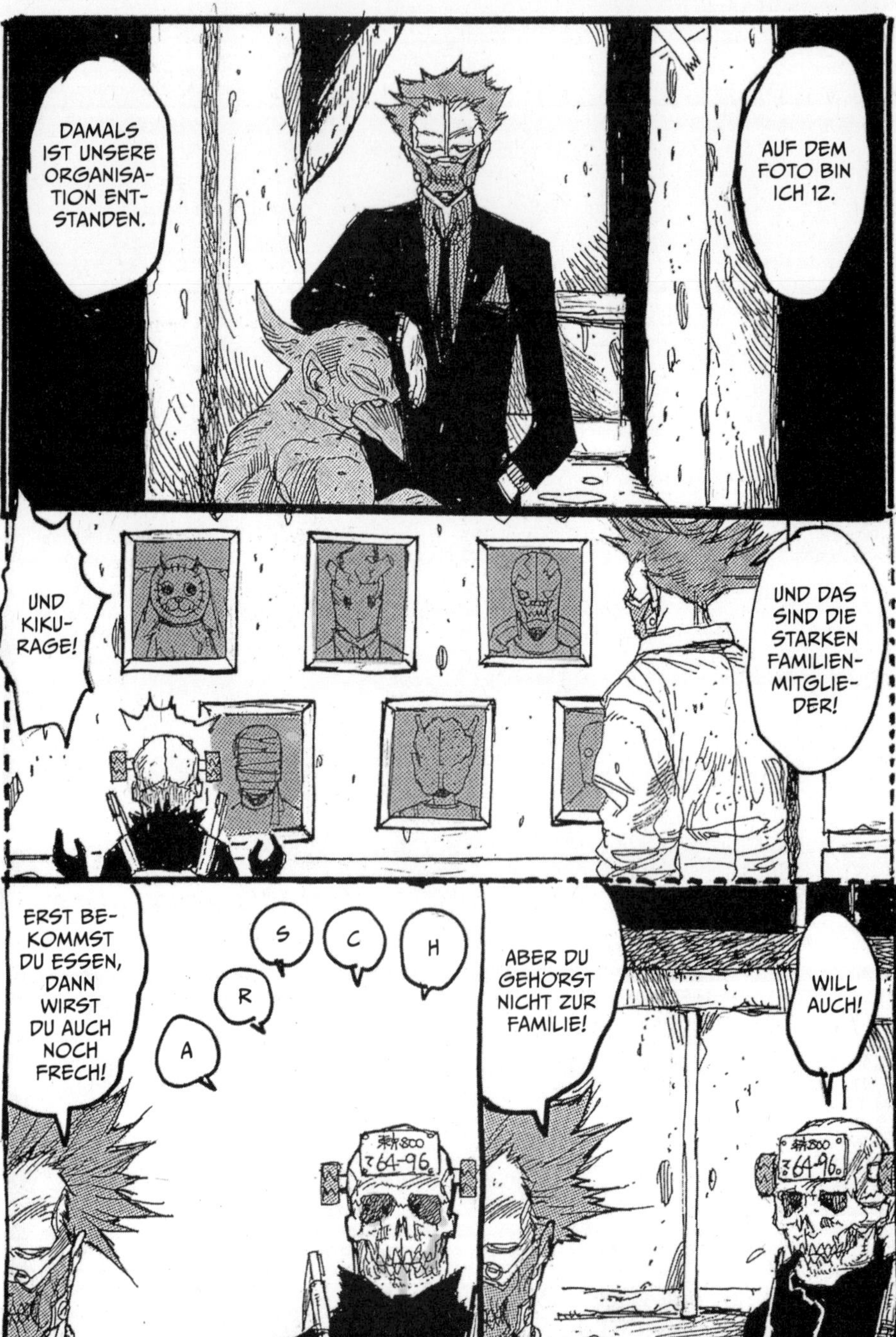
AUF DEM FOTO BIN ICH 12.
DAMALS IST UNSERE ORGANISA-TION ENT-STANDEN.
UND DAS SIND DIE STARKEN FAMILIEN-MITGLIE-DER!
UND KIKU-RAGE!
WILL AUCH!
ABER DU GEHÖRST NICHT ZUR FAMILIE!
A
R
S
C
H
ERST BE-KOMMST DU ESSEN, DANN WIRST DU AUCH NOCH FRECH!

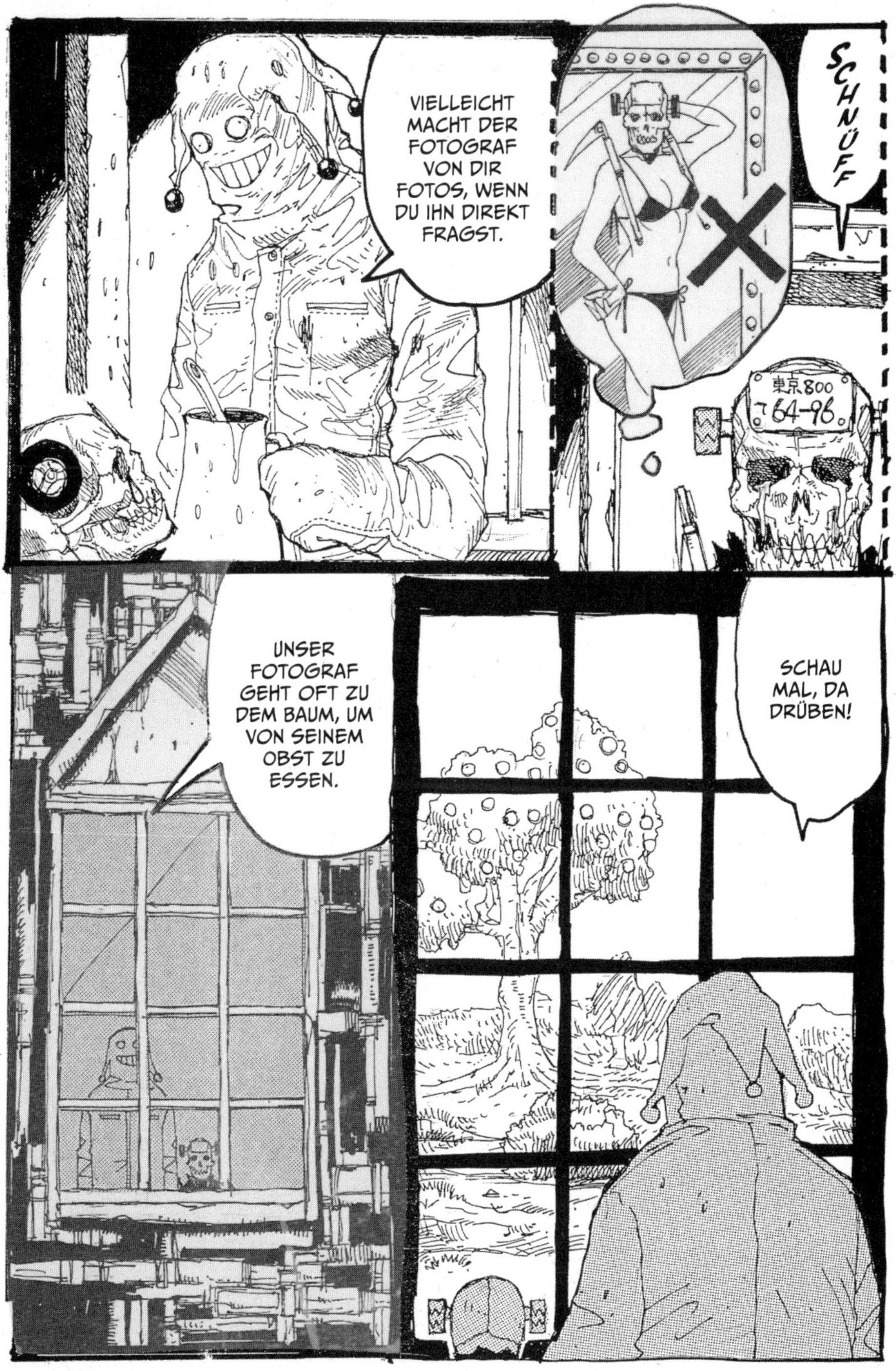
VIELLEICHT MACHT DER FOTOGRAF VON DIR FOTOS, WENN DU IHN DIREKT FRAGST.
SCHNÜFF
東京800
64-96
UNSER FOTOGRAF GEHT OFT ZU DEM BAUM, UM VON SEINEM OBST ZU ESSEN.
SCHAU MAL, DA DRÜBEN!

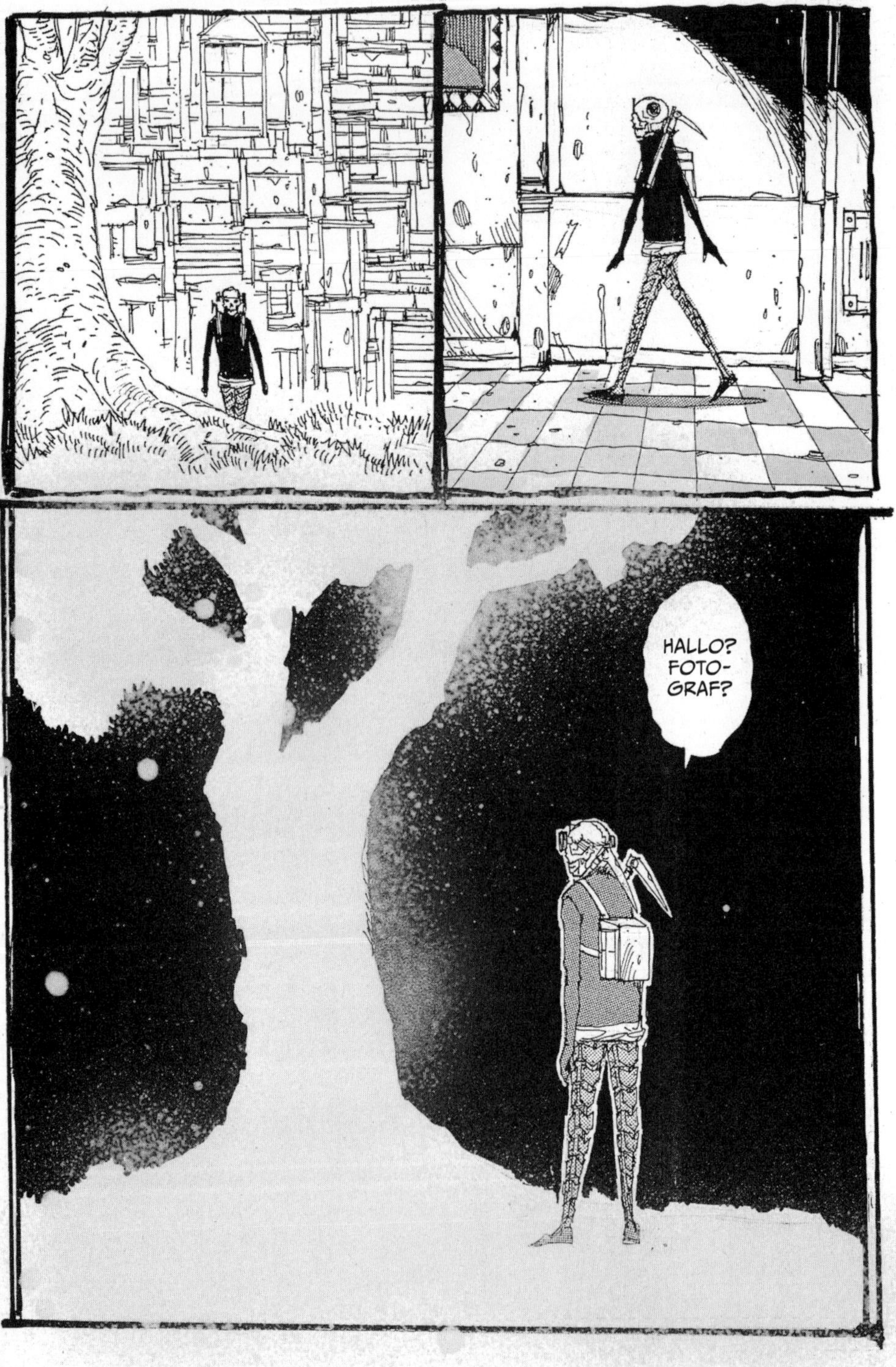
HALLO? FOTO-GRAF?

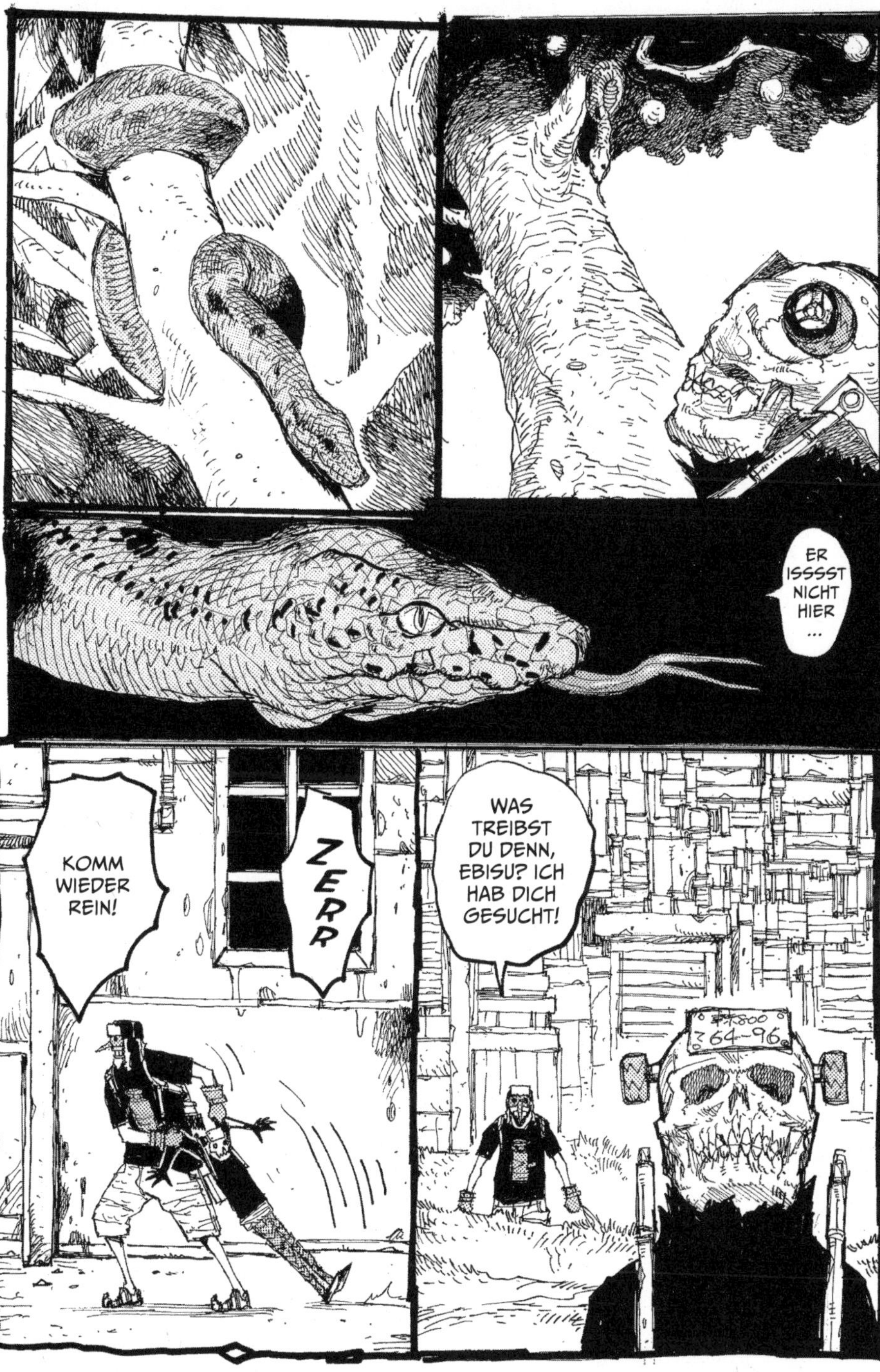

ER ISSSST NICHT HIER ...
KOMM WIEDER REIN!
ZERR
WAS TREIBST DU DENN, EBISU? ICH HAB DICH GESUCHT!

Was du jetzt weißt:
① Ens Leute wohnen in seinem Anwesen. ② Kikurage und Ebisu mögen sich. ③ Fujita und Ebisu gehören jetzt auch zur Familie.♡

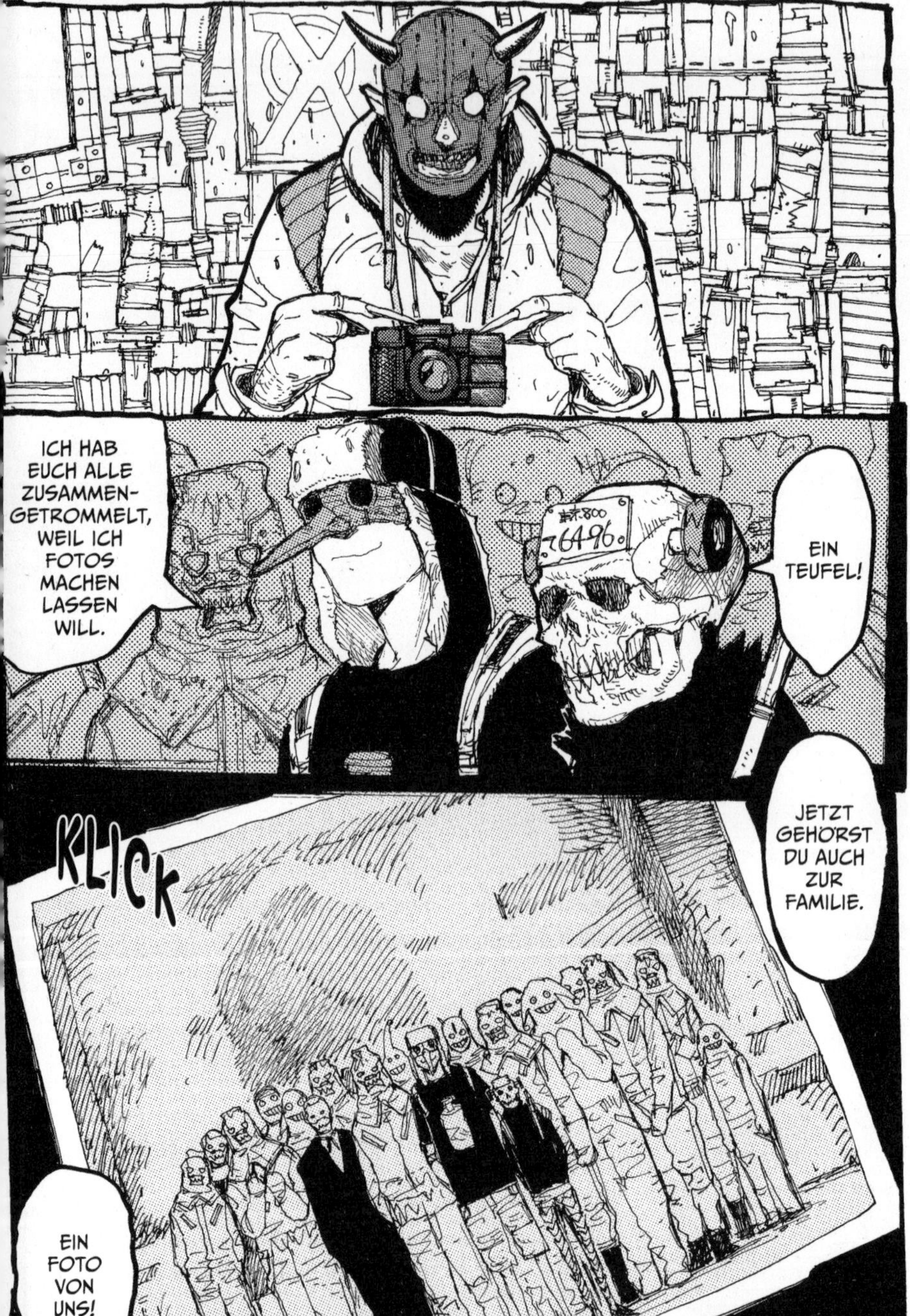

Und was du durch Teil 3 sonst noch weißt:

① En hat eine Partnerin gesucht.

② Caiman hat Angst vor Geistern.

③ Nikaido sieht halbnackt ebenfalls fantastisch aus.

④ In der Welt der Magier gibt es auch Arme und Reiche.

⑤ Das Essen in der Magierwelt ist super.

⑥ Die Kreuzaugen sind Ens Feinde.

⑦ Der Mann in Caiman heisst Risu.

⑧ Nikaido kann Rauch erzeugen.

Und was wirst du nach Teil 4 wissen?
Es bleibt chaotisch!

Willkommen bei DOROHEDORO!

MANGA CULT Checkliste ☑

CELLS AT WORK! BLACK
von Shigemitsu Harada & Issey Hatsuyoshiya & Akane Shimizu
☐ Band 01 ISBN: 978-3-96433-230-1
☐ Band 02 ISBN: 978-3-96433-243-1
☐ Band 03 ISBN: 978-3-96433-253-0
☐ Band 04 ISBN: 978-3-96433-292-9
☐ Band 05 ISBN: 978-3-96433-323-0
☐ Band 06 ISBN: 978-3-96433-425-1
☐ Band 07 ISBN: 978-3-96433-449-7
☐ Band 08 ISBN: 978-3-96433-510-4 Februar 2022
14x21 | SC | Action | Science | 16+
€ 10,– (D)

Cutie and the Beast
von Yuhi Azumi
☐ Band 01 ISBN: 978-3-96433-390-2
☐ Band 02 ISBN: 978-3-96433-391-9
☐ Band 03 ISBN: 978-3-96433-392-6
14x21 | SC | Romance | 13+
€ 7,99 (D)

Das Land der Juwelen
von Haruko Ichikawa
☐ Band 01 ISBN: 978-3-96433-104-5
☐ Band 02 ISBN: 978-3-96433-108-3
☐ Band 03 ISBN: 978-3-96433-112-0
☐ Band 04 ISBN: 978-3-96433-124-3
☐ Band 05 ISBN: 978-3-96433-162-5
☐ Band 06 ISBN: 978-3-96433-194-6
☐ Band 07 ISBN: 978-3-96433-223-3
☐ Band 08 ISBN: 978-3-96433-236-3
☐ Band 09 ISBN: 978-3-96433-245-5
☐ Band 10 ISBN: 978-3-96433-288-2
☐ Band 11 ISBN: 978-3-96433-438-1
14x21 | SC mit Klappen | Fantasy | 12+
€ 10,– (D)

DEMON SLAYER – Kimetsu no Yaiba
von Koyoharu Gotouge
☐ Band 01 ISBN: 978-3-96433-280-6
☐ Band 02 ISBN: 978-3-96433-281-3
☐ Band 03 ISBN: 978-3-96433-282-0
☐ Band 04 ISBN: 978-3-96433-283-7
☐ Band 05 ISBN: 978-3-96433-284-4
☐ Band 06 ISBN: 978-3-96433-406-0
☐ Band 07 ISBN: 978-3-96433-407-7
☐ Band 08 ISBN: 978-3-96433-408-4
☐ Band 08 ISBN: 978-3-96433-462-6 + Schuber | € 15,– (D)
☐ Band 09 ISBN: 978-3-96433-409-1
☐ Band 10 ISBN: 978-3-96433-410-7 Oktober 2021
☐ Band 11 ISBN: 978-3-96433-411-4 Dezember 2021
☐ Band 12 ISBN: 978-3-96433-412-1 Februar 2022
14x21 | SC | Action | 13+
€ 10,– (D)

Die Blumen des Bösen – Aku no Hana
von Shuzo Oshimi
☐ Band 01 ISBN: 978-3-96433-528-9 November 2021 | 3in1
☐ Band 02 ISBN: 978-3-96433-529-6 Januar 2022 | 2in1
☐ Band 03 ISBN: 978-3-96433-530-2 März 2022 | 2in1
14x21 | SC | Drama | 15+
Band 1 € 20,– (D) | ab Band 2 € 15,– (D)

BLAME! 0: NOiSE Master Edition
von Tsutomu Nihei
☐ Einzelband ISBN: 978-3-96433-140-3
16x24 | HC | Science-Fiction | 16+
€ 20,– (D) | **Abgeschlossen**

BLAME! Master Edition
von Tsutomu Nihei
☐ Band 01 ISBN: 978-3-95981-445-4
☐ Band 02 ISBN: 978-3-95981-449-2
☐ Band 03 ISBN: 978-3-95981-453-9
☐ Band 04 ISBN: 978-3-95981-457-7
☐ Band 05 ISBN: 978-3-95981-461-4
☐ Band 06 ISBN: 978-3-95981-714-1
16x24 | HC | Science-Fiction | 16+
€ 28,– (D) | **Abgeschlossen**

BLAME! +: Die Flucht der Elektrofischer Master Edition
von Koutarou Sekine & Tsutomu Nihei & BLAME! Production Committee
☐ Einzelband ISBN: 978-3-96433-320-9
16x24 | HC | Science-Fiction | 16+
€ 20,– (D) **Abgeschlossen**

BLUE PERIOD
von Tsubasa Yamaguchi
☐ Band 01 ISBN: 978-3-96433-302-5
☐ Band 02 ISBN: 978-3-96433-312-4
☐ Band 03 ISBN: 978-3-96433-368-1
☐ Band 04 ISBN: 978-3-96433-369-8
☐ Band 05 ISBN: 978-3-96433-370-4
☐ Band 06 ISBN: 978-3-96433-419-0
☐ Band 07 ISBN: 978-3-96433-437-4
☐ Band 08 ISBN: 978-3-96433-446-6
☐ Band 09 ISBN: 978-3-96433-566-1 November 2021
14x21 | SC | Special | 15+
€ 10,– (D)

CELLS AT WORK!
von Akane Shimizu
☐ Band 01 ISBN: 978-3-96433-128-1
☐ Band 02 ISBN: 978-3-96433-158-8
☐ Band 03 ISBN: 978-3-96433-190-8
☐ Band 04 ISBN: 978-3-96433-222-6
☐ Band 05 ISBN: 978-3-96433-235-6
☐ Band 06 ISBN: 978-3-96433-511-1 November 2021
14x21 | SC mit Klappen | Comedy | 13+
€ 10,– (D)

CELLS AT WORK! An die Arbeit, Blutplättchen!
von Yuko Kakihara & Yasu & Akane Shimizu
☐ Band 01 ISBN: 978-3-96433-401-5
☐ Band 02 ISBN: 978-3-96433-402-2
☐ Band 03 ISBN: 978-3-96433-403-9 März 2022
14x21 | SC | Comedy | Science | 13+
€ 7,99 (D)

6th Bullet
von Yusuke Osawa
☐ Einzelband ISBN: 978-3-96433-088-8
14x21 | SC | Science-Fiction | 16+
€ 15,– (D) | **Abgeschlossen**

A Man and his Cat
von Umi Sakurai
☐ Band 01 ISBN: 978-3-96433-512-8 Oktober 2021
☐ Band 02 ISBN: 978-3-96433-523-4 Dezember 2021
☐ Band 03 ISBN: 978-3-96433-524-1 Februar 2022
14x21 | SC | Slice of Life | 15+
€ 10,– (D)

Afterimage Slow Motion
von Jyanome
☐ Einzelband ISBN: 978-3-96433-503-6 Dezember 2021
14x21 | SC | Boys Love | 16+
€ 10,– (D)

APOSIMZ
von Tsutomu Nihei
☐ Band 01 ISBN: 978-3-95981-706-6
☐ Band 02 ISBN: 978-3-96433-068-0
☐ Band 03 ISBN: 978-3-96433-116-8
☐ Band 04 ISBN: 978-3-96433-220-2
☐ Band 05 ISBN: 978-3-96433-291-2
☐ Band 06 ISBN: 978-3-96433-431-2
☐ Band 07 ISBN: 978-3-96433-432-9 Oktober 2021
14x21 | SC mit Klappen | Science-Fiction 15+ | € 10,– (D)

APOSIMZ Full Color Master Edition
von Tsutomu Nihei
☐ Band 01 ISBN: 978-3-96433-324-7
16x24 | HC | Farbe | Science-Fiction | 15+
€ 30,– (D)

AYANASHI
von Yukihiro Kajimoto
☐ Band 01 ISBN: 978-3-96433-100-7
☐ Band 02 ISBN: 978-3-96433-182-3
☐ Band 03 ISBN: 978-3-96433-215-8
☐ Band 04 ISBN: 978-3-96433-231-8
14x21 | SC | Science Fiction | Action | 12+
€ 10,– (D) | **Abgeschlossen**

Basilisk Master Edition
von Futarō Yamada & Masaki Segawa
☐ Band 01 ISBN: 978-3-95981-465-2
☐ Band 02 ISBN: 978-3-95981-469-0
16x24 | HC | Fantasy | History | 16+
€ 28,– (D) | **Abgeschlossen**

BLADE of the Immortal Perfect Edition 2in1
von Hiroaki Samura
☐ Band 01 ISBN: 978-3-96433-371-1
☐ Band 02 ISBN: 978-3-96433-372-8
☐ Band 03 ISBN: 978-3-96433-373-5
☐ Band 04 ISBN: 978-3-96433-374-2 Oktober 2021
☐ Band 05 ISBN: 978-3-96433-375-9 Januar 2022
14x21 | SC mit Schutzumschlag | Action | 16+
€ 25,– (D)

Änderungen und Irrtümer vorbehalten. Stand 07/2021

MANGA CULT Checkliste

HI SCORE GIRL
von Rensuke Oshikiri

- ☐ Band 01 ISBN: 978-3-96433-254-7
- ☐ Band 02 ISBN: 978-3-96433-290-5
- ☐ Band 03 ISBN: 978-3-96433-304-9
- ☐ Band 04 ISBN: 978-3-96433-317-9
- ☐ Band 05 ISBN: 978-3-96433-378-0
- ☐ Band 06 ISBN: 978-3-96433-379-7
- ☐ Band 07 ISBN: 978-3-96433-380-3
- ☐ Band 08 ISBN: 978-3-96433-381-0
- ☐ Band 09 ISBN: 978-3-96433-382-7
- ☐ Band 10 ISBN: 978-3-96433-383-4

14x21 | SC | Slice of Life | 13+
€ 10,– (D) | **Abgeschlossen**

I'm Standing on a Million Lives
von Naoki Yamakawa & Akinari Nao

- ☐ Band 01 ISBN: 978-3-96433-463-3
- ☐ Band 02 ISBN: 978-3-96433-464-0
- ☐ Band 03 ISBN: 978-3-96433-466-4
- ☐ Band 04 ISBN: 978-3-96433-467-1 November 2021
- ☐ Band 05 ISBN: 978-3-96433-468-8 Januar 2022
- ☐ Band 06 ISBN: 978-3-96433-545-6 März 2022

14x21 | SC | Fantasy | 13+
€ 10,– (D)

Ich bin eine Spinne, na und?
von Okina Baba & Asahiro Kakashi

- ☐ Band 01 ISBN: 978-3-96433-132-8
- ☐ Band 02 ISBN: 978-3-96433-154-0
- ☐ Band 03 ISBN: 978-3-96433-186-1
- ☐ Band 04 ISBN: 978-3-96433-221-9
- ☐ Band 05 ISBN: 978-3-96433-234-9
- ☐ Band 06 ISBN: 978-3-96433-249-3
- ☐ Band 07 ISBN: 978-3-96433-287-5
- ☐ Band 08 ISBN: 978-3-96433-303-2
- ☐ Band 09 ISBN: 978-3-96433-451-0

14x21 | SC | Fantasy | Action | 13+
€ 10,– (D)

Ich bin eine Spinne, na und? Die vier Schwestern
von Okina Baba & Gratinbird

- ☐ Band 01 ISBN: 978-3-96433-533-3 Februar 2022

14x21 | SC | Fantasy | Action | 13+
€ 10,– (D)

IT'S MY LIFE
von Imomushi Narita

- ☐ Band 01 ISBN: 978-3-96433-202-8
- ☐ Band 02 ISBN: 978-3-96433-225-7
- ☐ Band 03 ISBN: 978-3-96433-238-7
- ☐ Band 04 ISBN: 978-3-96433-246-2
- ☐ Band 05 ISBN: 978-3-96433-285-1
- ☐ Band 06 ISBN: 978-3-96433-299-8
- ☐ Band 07 ISBN: 978-3-96433-310-0
- ☐ Band 08 ISBN: 978-3-96433-339-1
- ☐ Band 09 ISBN: 978-3-96433-340-7
- ☐ Band 10 ISBN: 978-3-96433-341-4
- ☐ Band 11 ISBN: 978-3-96433-418-3

14x21 | SC | Fantasy | 13+
€ 10,– (D) | **Abgeschlossen**

GANTZ:E
von Hiroya Oku & Jin Kagetsu

- ☐ Band 01 ISBN: 978-3-96433-476-3
- ☐ Band 02 ISBN: 978-3-96433-568-5 Februar 2022

14x21 | SC | Science-Fiction | 16+
€ 10,– (D)

GANTZ:G – Perfect Edition 3in1
von Hiroya Oku & Keita Iijika

- ☐ Einzelband ISBN: 978-3-96433-571-5 Februar 2022

14x21 | SC | Science-Fiction
16+| € 25,– (D)

GOLDEN KAMUY
von Satoru Noda

- ☐ Band 01 ISBN: 978-3-96433-256-1
- ☐ Band 02 ISBN: 978-3-96433-228-8
- ☐ Band 03 ISBN: 978-3-96433-241-7
- ☐ Band 04 ISBN: 978-3-96433-250-9
- ☐ Band 05 ISBN: 978-3-96433-294-3
- ☐ Band 06 ISBN: 978-3-96433-305-6
- ☐ Band 07 ISBN: 978-3-96433-318-6
- ☐ Band 08 ISBN: 978-3-96433-227-1
- ☐ Band 09 ISBN: 978-3-96433-240-0
- ☐ Band 10 ISBN: 978-3-96433-326-1
- ☐ Band 11 ISBN: 978-3-96433-436-7
- ☐ Band 12 ISBN: 978-3-96433-444-2
- ☐ Band 13 ISBN: 978-3-96433-450-3 November 2021
- ☐ Band 14 ISBN: 978-3-96433-389-6 Januar 2022
- ☐ Band 15 ISBN: 978-3-96433-493-0 März 2022

14x21 | SC | Action | History | 16+
€ 10,– (D)

GREEN WORLDZ
von Yusuke Osawa

- ☐ Band 01 ISBN: 978-3-95981-674-8
- ☐ Band 02 ISBN: 978-3-95981-678-6
- ☐ Band 03 ISBN: 978-3-95981-682-3
- ☐ Band 04 ISBN: 978-3-96433-048-2
- ☐ Band 05 ISBN: 978-3-96433-052-9
- ☐ Band 06 ISBN: 978-3-96433-056-7
- ☐ Band 07 ISBN: 978-3-96433-060-4
- ☐ Band 08 ISBN: 978-3-96433-064-2

14x21 | SC mit Klappen | Survival Horror
16+| € 10,– (D) | **Abgeschlossen**

Heavenly Delusion – Das verlorene Paradies
von Masakazu Ishiguro

- ☐ Band 01 ISBN: 978-3-96433-255-4
- ☐ Band 02 ISBN: 978-3-96433-295-0
- ☐ Band 03 ISBN: 978-3-96433-307-0
- ☐ Band 04 ISBN: 978-3-96433-445-9
- ☐ Band 05 ISBN: 978-3-96433-567-8 März 2022

14x21 | SC | Science-Fiction | 13+
€ 10,– (D)

Die Tagebücher der Apothekerin – Geheimnisse am Kaiserhof
von Natsu Hyuuga & Ikki Nanao & Nekokurage

- ☐ Band 01 ISBN: 978-3-96433-557-9 November 2021
- ☐ Band 02 ISBN: 978-3-96433-558-6 Januar 2022
- ☐ Band 03 ISBN: 978-3-96433-559-3 März 2022

14x21 | SC | Mystery | 15+
€ 10,– (D)

Dorohedoro 2in1 Edition
von Q Hayashida

- ☐ Band 01 ISBN: 978-3-96433-465-7 3in1 Edition
- ☐ Band 02 ISBN: 978-3-96433-483-1 Oktober 2021 | 2in1
- ☐ Band 03 ISBN: 978-3-96433-484-8 Dezember 2021 | 2in1
- ☐ Band 04 ISBN: 978-3-96433-485-5 Februar 2022 | 2in1

14x21 | SC | Fantasy | 16+
€ 15,– (D)

Dou kyu sei – Verliebt in meinen Mitschüler
von Asumiko Nakamura

- ☐ Einzelband ISBN: 978-3-96433-206-6

14x21 | SC | Boys Love | 15+
€ 10,– (D) | **Abgeschlossen**

EX-ARM
von HiRock & Shin-ya Komi

- ☐ Band 01 ISBN: 978-3-96433-145-8
- ☐ Band 02 ISBN: 978-3-96433-178-6
- ☐ Band 03 ISBN: 978-3-96433-207-3
- ☐ Band 04 ISBN: 978-3-96433-229-5
- ☐ Band 05 ISBN: 978-3-96433-242-4
- ☐ Band 06 ISBN: 978-3-96433-251-6
- ☐ Band 07 ISBN: 978-3-96433-296-7
- ☐ Band 08 ISBN: 978-3-96433-306-3
- ☐ Band 09 ISBN: 978-3-96433-319-3
- ☐ Band 10 ISBN: 978-3-96433-384-1
- ☐ Band 11 ISBN: 978-3-96433-385-8
- ☐ Band 12 ISBN: 978-3-96433-386-5
- ☐ Band 13 ISBN: 978-3-96433-387-2
- ☐ Band 14 ISBN: 978-3-96433-388-9

14x21 | SC mit Klappen | Science-Fiction
16+| € 10,– (D) | ab Band 13 € 12,– (D)
Abgeschlossen

GANTZ – Perfect Edition 3in1
von Hiroya Oku

- ☐ Band 01 ISBN: 978-3-96433-000-0
- ☐ Band 02 ISBN: 978-3-96433-004-8
- ☐ Band 03 ISBN: 978-3-96433-008-6
- ☐ Band 04 ISBN: 978-3-96433-012-3
- ☐ Band 05 ISBN: 978-3-96433-233-2
- ☐ Band 06 ISBN: 978-3-96433-248-6
- ☐ Band 07 ISBN: 978-3-96433-298-1
- ☐ Band 08 ISBN: 978-3-96433-316-2
- ☐ Band 09 ISBN: 978-3-96433-032-1
- ☐ Band 10 ISBN: 978-3-96433-036-9
- ☐ Band 11 ISBN: 978-3-96433-040-6
- ☐ Band 12 ISBN: 978-3-96433-044-4

14x21 | SC mit Klappen | Science-Fiction
16+| € 20,– (D) | ab Band 09 € 25,– (D)
Abgeschlossen

MANGA CULT Checkliste ☑

PARATAXIS
Master Edition
von Shintaro Kago
☐ Einzelband ISBN: 978-3-95981-750-9
16x24 | HC | Science-Fiction | 16+
€ 20,– (D) | **Abgeschlossen**

Quin Zaza –
Die letzten Drachenfänger
von Taku Kuwabara
☐ Band 01 ISBN: 978-3-96433-072-7
☐ Band 02 ISBN: 978-3-96433-076-5
☐ Band 03 ISBN: 978-3-96433-166-3
☐ Band 04 ISBN: 978-3-96433-198-4
☐ Band 05 ISBN: 978-3-96433-224-0
☐ Band 06 ISBN: 978-3-96433-237-0
☐ Band 07 ISBN: 978-3-96433-293-6
☐ Band 08 ISBN: 978-3-96433-358-2
☐ Band 09 ISBN: 978-3-96433-359-9
☐ Band 10 ISBN: 978-3-96433-360-5
März 2022
14x21 | SC mit Klappen | Fantasy | 15+
€ 10,– (D)

RG VEDA
Master Edition
von CLAMP
☐ Band 01 ISBN: 978-3-96433-149-6
☐ Band 02 ISBN: 978-3-96433-150-2
☐ Band 03 ISBN: 978-3-96433-151-9
☐ Band 04 ISBN: 978-3-96433-257-8
☐ Band 05 ISBN: 978-3-96433-153-3
16x24 | HC | Fantasy | 12+
€ 28,– (D) | **Abgeschlossen**

SHOJO-MANGAKA NOZAKI-KUN
von Izumi Tsubaki
☐ Band 01 ISBN: 978-3-96433-226-4
☐ Band 02 ISBN: 978-3-96433-239-4
☐ Band 03 ISBN: 978-3-96433-247-9
☐ Band 04 ISBN: 978-3-96433-286-8
☐ Band 05 ISBN: 978-3-96433-300-1
☐ Band 06 ISBN: 978-3-96433-311-7
☐ Band 07 ISBN: 978-3-96433-350-6
☐ Band 08 ISBN: 978-3-96433-351-3
☐ Band 09 ISBN: 978-3-96433-352-0
☐ Band 10 ISBN: 978-3-96433-353-7
☐ Band 11 ISBN: 978-3-96433-448-0
November 2021
☐ Band 12 ISBN: 978-3-96433-543-2
Januar 2022
14x21 | SC | Comedy | 13+
€ 7,99 (D)

SOMALI UND DER GOTT
DES WALDES
von Yako Gureishi
☐ Band 01 ISBN: 978-3-96433-232-5
☐ Band 02 ISBN: 978-3-96433-244-8
☐ Band 03 ISBN: 978-3-96433-252-3
☐ Band 04 ISBN: 978-3-96433-297-4
☐ Band 05 ISBN: 978-3-96433-308-7
☐ Band 06 ISBN: 978-3-96433-321-6
14x21 | SC | Fantasy | 12+
€ 10,– (D)

Sotsu gyo sei –
Verliebt in meinen Mitschüler
von Asumiko Nakamura
☐ Band 01 ISBN: 978-3-96433-279-0
☐ Band 02 ISBN: 978-3-96433-289-9
14x21 | SC | Boys Love | **Abgeschlossen**
15+ | € 10,– (D)

LAYLA UND DAS BIEST,
DAS STERBEN MÖCHTE
von Asato Konami & Eziwa Saito
☐ Band 01 ISBN: 978-3-96433-080-2
☐ Band 02 ISBN: 978-3-96433-084-0
☐ Band 03 ISBN: 978-3-96433-141-0
☐ Band 04 ISBN: 978-3-96433-170-0
14x21 | SC mit Klappen | Abenteuer | 12+
€ 10,– (D) | **Abgeschlossen**

Life Lessons with Uramichi
von Gaku Kuze
☐ Band 01 ISBN: 978-3-96433-550-0
November 2021
☐ Band 02 ISBN: 978-3-96433-551-7
Januar 2022
☐ Band 03 ISBN: 978-3-96433-552-4
März 2022
14x21 | SC | Comedy | 15+
€ 7,99 (D)

MEIN SCHULGEIST HANAKO
von AidaIro
☐ Band 01 ISBN: 978-3-96433-313-1
☐ Band 02 ISBN: 978-3-96433-331-5
☐ Band 03 ISBN: 978-3-96433-332-2
☐ Band 04 ISBN: 978-3-96433-333-9
☐ Band 05 ISBN: 978-3-96433-334-6
☐ Band 06 ISBN: 978-3-96433-439-8
☐ Band 07 ISBN: 978-3-96433-440-4
☐ Band 08 ISBN: 978-3-96433-441-1
Oktober 2021
☐ Band 09 ISBN: 978-3-96433-442-8
Dezember 2021
☐ Band 00 ISBN: 978-3-96433-544-9
Dezember 2021
☐ Band 10 ISBN: 978-3-96433-443-5
Februar 2022
14x21 | SC | Fantasy | 13+
€ 7,99 (D)

MUSHISHI
Perfect Edition
von Yuki Urushibara
☐ Band 01 ISBN: 978-3-96433-301-8
☐ Band 02 ISBN: 978-3-96433-314-8
☐ Band 03 ISBN: 978-3-96433-342-1
☐ Band 04 ISBN: 978-3-96433-343-8
☐ Band 05 ISBN: 978-3-96433-344-5
☐ Band 06 ISBN: 978-3-96433-345-2
☐ Band 07 ISBN: 978-3-96433-346-9
☐ Band 08 ISBN: 978-3-96433-347-6
☐ Band 09 ISBN: 978-3-96433-348-3
Oktober 2021
☐ Band 10 ISBN: 978-3-96433-349-0
Dezember 2021
14x21 | SC | Fantasy | 15+
€ 15,– (D)

My Next Life as a VILLAINESS:
Wie überlebe ich
in einem DATING-GAME?
von Satoru Yamaguchi & Nami Hidaka
☐ Band 01 ISBN: 978-3-96433-325-4
☐ Band 02 ISBN: 978-3-96433-354-4
☐ Band 03 ISBN: 978-3-96433-355-1
☐ Band 04 ISBN: 978-3-96433-356-8
☐ Band 05 ISBN: 978-3-96433-447-3
☐ Band 06 ISBN: 978-3-96433-556-2
Oktober 2021
14x21 | SC | Fantasy | 15+
€ 10,– (D)

JoJo's Bizarre Adventure –
Part 1: Phantom Blood
von Hirohiko Araki
☐ Band 01 ISBN: 978-3-96433-395-7
☐ Band 02 ISBN: 978-3-96433-396-4
Oktober 2021
☐ Band 03 ISBN: 978-3-96433-397-1
Dezember 2021
14x21 | SC | Action | 16+
€ 12,– (D)

JoJo's Bizarre Adventure –
Part 2: Battle Tendency
von Hirohiko Araki
☐ Band 01 ISBN: 978-3-96433-398-8
Februar 2022
14x21 | SC | Action | 16+
€ 12,– (D)

Kanojo mo Kanojo –
Gelegenheit macht Liebe
von Hiroyuki
☐ Band 01 ISBN: 978-3-96433-538-8
Oktober 2021
☐ Band 02 ISBN: 978-3-96433-539-5
Dezember 2021
☐ Band 03 ISBN: 978-3-96433-540-1
Februar 2022
14x21 | SC | Comedy | Romance | 13+
€ 7,99 (D)

Knights of Sidonia
Master Edition
von Tsutomu Nihei
☐ Band 01 ISBN: 978-3-96433-361-2
☐ Band 02 ISBN: 978-3-96433-362-9
☐ Band 03 ISBN: 978-3-96433-363-6
Oktober 2021
☐ Band 04 ISBN: 978-3-96433-364-3
Januar 2022
16x24 | HC | Science-Fiction | 16+
€ 28,– (D)

Kuhime
von Hideo Takenaka
☐ Band 01 ISBN: 978-3-95981-718-9
☐ Band 02 ISBN: 978-3-95981-722-6
☐ Band 03 ISBN: 978-3-96433-092-5
☐ Band 04 ISBN: 978-3-96433-113-7
14x21 | SC mit Klappen | Horror | 16+
€ 10,– (D) | **Abgeschlossen**

LAID-BACK CAMP
von afro
☐ Band 01 ISBN: 978-3-96433-309-4
☐ Band 02 ISBN: 978-3-96433-322-3
☐ Band 03 ISBN: 978-3-96433-335-3
☐ Band 04 ISBN: 978-3-96433-336-0
☐ Band 05 ISBN: 978-3-96433-337-7
☐ Band 06 ISBN: 978-3-96433-426-8
☐ Band 07 ISBN: 978-3-96433-427-5
☐ Band 08 ISBN: 978-3-96433-428-2
☐ Band 09 ISBN: 978-3-96433-429-9
November 2021
☐ Band 10 ISBN: 978-3-96433-430-5
Januar 2022
☐ Band 11 ISBN: 978-3-96433-537-1
März 2022
14x21 | SC | Slice of Life | 13+
€ 10,– (D)

STOPP!

STOPP!

DIES IST DIE LETZTE SEITE!

Dies ist ein Manga, und einen japanischen Comic liest man von hinten nach vorne. Auch die Lesereihenfolge der Bilder und Sprechblasen auf den Seiten ist anders als gewohnt: von rechts oben nach links unten.

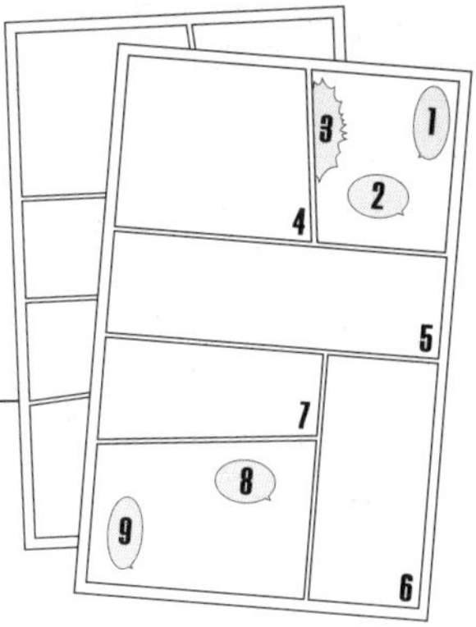

Dorohedoro 01
von Q-HAYASHIDA

7. Auflage, Januar 2025
Deutsche Ausgabe/German Edition
Deutsche Sammelausgabe, beinhaltet die Bände 1, 2 und 3 der japanischen Originalausgabe.

Verlagsleitung: Andreas Mergenthaler & Luciana Bawidamann

Aus dem Japanischen von Sascha Mandler

DOROHEDORO Vol. 1, 2, 3 by Q-HAYASHIDA

Original Japanese edition published by SHOGAKUKAN.
German translation rights in Germany, Austria, Liechtenstein and
German speaking area in Switzerland, Belgium, Italy and Luxembourg
arranged with SHOGAKUKAN through VME PLB SAS.
Original Cover Design: Artwork: Q-HAYASHIDA, Design: Sekine Shinichi Seisaku Shitsu

Redaktion: Sarah Elstner
Lektorat: Katrin Aust & Sarah Elstner
Korrektorat: Lea Heidenreich
Grafik/Produktionsleitung: Elke Epple
Layout und Lettering: Manga Cult, Datagrafix GSP GmbH, Berlin
Herstellung: Gerald Schmitt
Druck: GGP Media GmbH, Pößneck, Deutschland

Print-ISBN: 978-3-96433-465-7

www.manga-cult.de

MANGA CULT Checkliste

SURVIVING WONDERLAND
von Tabasa Iori
- Band 01 ISBN: 978-3-96433-096-3
- Band 02 ISBN: 978-3-96433-174-8
- Band 03 ISBN: 978-3-96433-211-0

14x21 | SC | Horror | Mystery | 16+
€ 10,– (D) | **Abgeschlossen**

TEKKON KINKREET
Master Edition
von Taiyō Matsumoto
- Einzelband ISBN: 978-3-95981-734-9

16x24 | HC | Science-Fiction | 15+
€ 32,– (D) | **Abgeschlossen**

The Holy Grail of Eris
von Kujira Tokiwa & Hinase Momoyama & Yunagi
- Band 01 ISBN: 978-3-96433-471-8
- Band 02 ISBN: 978-3-96433-472-5 Dezember 2021
- Band 03 ISBN: 978-3-96433-473-2 März 2022

14x21 | SC | Mystery | 15+
€ 7,99 (D)

TONIKAWA – Fly me to the Moon
von Kenjiro Hata
- Band 01 ISBN: 978-3-96433-452-7
- Band 02 ISBN: 978-3-96433-453-4
- Band 03 ISBN: 978-3-96433-454-1 November 2021
- Band 04 ISBN: 978-3-96433-455-8 Januar 2022
- Band 05 ISBN: 978-3-96433-456-5 März 2022

14x21 | SC | Romance | 13+
€ 7,99 (D)

Twilight Outfocus
von Jyanome
- Band 01 ISBN: 978-3-96433-469-5
- Band 02 ISBN: 978-3-96433-470-1

14x21 | SC | Boys Love | 16+
€ 10,– (D) | **Abgeschlossen**

Twittering Birds Never Fly
von Kou Yoneda
- Band 01 ISBN: 978-3-96433-315-5
- Band 02 ISBN: 978-3-96433-327-8
- Band 03 ISBN: 978-3-96433-328-5
- Band 04 ISBN: 978-3-96433-329-2
- Band 05 ISBN: 978-3-96433-330-8
- Band 06 ISBN: 978-3-96433-422-0 November 2021
- Band 07 ISBN: 978-3-96433-423-7 Februar 2022

14x21 | SC | Boys Love | 16+
Band 1 € 10,– (D) | ab Band 2 € 12,– (D)